国家出版基金项目
NATIONAL PUBLICATION FOUNDATION

國家出版基金項目

教育部哲學社會科學研究重大課題攻關項目

「十一五」國家重點圖書出版規劃項目·重大工程出版規劃

國家社會科學基金重大項目

北京大學「九八五工程」重點項目

儒藏

精華編二四七冊上

集部

儒藏

精華編

北京大學《儒藏》編纂與研究中心

《儒藏》精華編第二四七册

首席總編纂　季羡林

項目首席專家　湯一介

總編纂　湯一介　龐樸　孫欽善　安平秋（按年齡排序）

本册主編　韓格平

《儒藏》精華編凡例

一、中國傳統文化以儒家思想爲中心。《儒藏》爲儒家經典和反映儒家思想、體現儒家經世做人原則的典籍的叢編。收書時限自先秦至清代結束。

二、《儒藏》精華編爲《儒藏》的一部分，選收《儒藏》中的精要書籍。

三、《儒藏》精華編所收書籍，包括傳世文獻和出土文獻。傳世文獻按《四庫全書總目》經史子集四部分類法分類，大類、小類基本參照《中國叢書綜録》和《中國古籍善本書目》，於個別處略作調整。凡單書已收入入選的個人叢書或全集者，僅存目録，並注明互見。出土文獻單列爲一個部類，原件以古文字書寫者一律收其釋文文本。韓國、日本、越南儒學者用漢文寫作的儒學著作，編爲海外文獻部類。

四、所收書籍的篇目卷次，一仍底本原貌，不選編，不改編，保持原書的完整性和獨立性。

五、對入選書籍進行簡要校勘。以對校爲主，確定内容完足、精確率高的版本爲底本，精選有校勘價值的版本爲校本。出校堅持少而精，以校正誤爲主，酌校異同。校記力求規範、精煉。

六、根據現行標點符號用法，結合古籍標點通例，進行規範化標點。專名號除書名號用角號（《》）外，其他一律省略。

七、對較長的篇章，根據文字内容，適當劃分段落。正文原已分段者，不作改動。千字以内的短文一般不分段。

八、各書卷端由整理者撰寫《校點説明》，簡要介紹作者生平、該書成書背景、主要内容及影響，以及整理時所確定的底本、校本（舉全稱後括注簡稱）及其他有關情況。重複出現的作者，其生平事蹟按出現順序前詳後略。

九、本書用繁體漢字豎排，小注一律排爲單行。

《儒藏》精華編第二四七册

集部

上册

道園學古録　道園遺稿（道園學古録卷之一—道園學古録卷之三十四）〔元〕虞集 …… 1

下册

道園學古録　道園遺稿（道園學古録卷之三十五—道園遺稿卷之六）〔元〕虞集 …… 801
師山先生文集〔元〕鄭玉 …… 1289

《儒藏》精華編第二四七册

集部

上册

道園學古録　道園遺稿（道園學古録卷之一——道園學古録卷之三十四）〔元〕虞集　…………………… 1

道園學古録　道園遺稿

〔元〕虞集　撰
龍德壽　校點

目録

上册

校點説明 一

雍虞公文序 一

道園學古録卷之一 一

賦 一

別知賦送袁伯長 一

古劍賦 一

畫枯木賦 二

木齋賦 二

操 三

思魯琴操 三

芝亭永言 三

古詩四言 三

味經堂詩 三

題宋誠甫侍郎垂綸亭 四

高彦敬青山白雲圖 四

趙忠簡公祠堂詩 五

賦衛節婦王夫人 五

題學易齋 五

古詩五言 六

諼草生竹間 六

高竹臨水上 六

月出古城東 六

書上京國子監壁 六

至治壬戌八月十五日榆林對月 七

憶三十年前與元復初參政同賦秋日梨花元有句云朝食葉底梨莫看枝上花而忘其後句因續之云 七

李老谷 七

泰定甲子上京有感次韻馬伯庸待制 七

賦水木清華亭 八

天曆戊辰前續詠貧士一首 八

又一首答舍弟見和 八

後續詠貧士四首 八

觀花有感……九
赤城館……九
同閣學士賦金鴨燒香……九
退直同柯敬仲博士賦……一〇
送良上人賦得井上桐……一〇
送吴子高……一〇
于仲元舍賦紅梅……一〇
寄題新治亭……一〇
題儋耳東坡載酒堂……一一
盜發亞父塚……一一
應制題王朏畫吴王納涼圖……一一
步虚詞四首……一二
題商學士畫……一二
贈藝監小吏……一二
記子昂畫……一三
送西臺治書仇公哲……一三
送張道士歸上清……一三
日出行……一三
贈治冠者……一四
贈寫真佟士明……一四
寄陳衆仲助教上都作……一四
贈鐵菴道者二首……一四
題商德符華山圖……一五
寄幻庵主者……一五
賦茅山道士雲松巢……一五
酬上清道士鈔陰何詩……一五
題李溉之學士白雲半間……一六
題浴日觀……一六
爲范尊師賦雲林清遊……一六
吹笛圖……一六
送甘以禮調官歸鄉……一七
送李彦方閫憲……一七
題鄭秀才隱居……一八
題朱邸竹木……一八
詠史……一九
畫古木……一九
賦蘇伯脩滋溪書堂……一九
題薛外史瓊林臺……一九
送張兵部孟功廵河分題得屋上烏……二〇
題彭澤陶氏家譜……二〇

道園學古録卷之二

芝亭永言……二一
古詩七言……二一
賦洛川老人九十……二一
張令鹿門圖……二一
子昂畫馬……二二
湛湛行……二二
家兄孟脩父輸賦南還……二二
子昂墨竹……二三
商德符畫幽篁古木……二三
吴郡陸友仁得白玉方印其文曰衛青臨川王順伯定以爲漢物求賦此詩……二三
爲達兼善御史題墨竹……二四
畫鶴……二四
題畫……二四
寫廬山圖上……二五
題旦景初僉司畫……二五
題柯敬仲畫……二五
白翎雀歌……二六
敬仲畫扇……二六
題簡生畫澗松……二六
題李受益承旨作東平章萬户繼志堂後……二七
題柯博士畫……二七
題高彦敬尚書趙子昂承旨共畫一軸爲户部楊侍郎作……二八
題滦陽胡氏雪溪卷……二八
題楊友直檢校所藏李營丘枯木圖……二九
題詹圃老梅圖……二九
酬蕭侯送蒲萄……二九
題袞塵騶圖……二九
律詩五言……三〇
林皋亭……三〇
題子昂長江疊嶂圖……三〇
挽胡伯恭令尹二首……三〇
題雪谷曉行圖……三〇
送先隴二隣僧還吴二首……三一
節婦王夫人劉氏……三一
次韻阿榮存初參議秋夜見寄……三一
雪谷早行……三一

雪岩樓觀……三二
送人之劍閣倅……三二
寄子山尚書……三二
漫興……三二
送張尚德……三二
寄丁卯進士薩都剌天錫……三三
送趙繼清令尹之官安陸……三三
明皇按樂圖……三三
送長沙守……三三
送趙編脩祀西嶽江瀆……三四
代衆仲作……三四
題宋雲舉大常臨汾二節婦序後……三四
送王照磨之官雲南……三四
玉堂燕集圖……三四
寄答桂風子先生……三五
寄莆田先生……三五
鄭谷圖……三五
畫檜……三五
李員嶠墨竹……三五
爲歐陽少監題宋好古竹……三六
贈楊友直……三六
題朱邸竹木……三六
寄阿魯翬學士……三六
赤壁圖……三六
題况肩吾縣令贈行卷……三七
送朱萬初之廣東照磨……三七
八月八日有感題視草堂壁……三七
賦程氏竹雨山房二首……三七
戲作試問堂前石五首……三七
代石答五首……三八
送魯子翬廉使之漢中……三九
立春夜試墨……三九
蜀人曲江之官贈以墨竹……三九
正月十一日朝回即事……三九
贈别兵部崔郎中暫還高麗即回中朝……四〇
次韻筠軒司徒足成旦公所藏英宗御題之句
元題曰日光照吾民月色清我心又題琴曰
至治之音……四〇
次韻李侍讀東平王哀詩……四一
慶史顯甫治書父八十……四一

送國王朵而只之遼東……四二
送陳碩……四二
奎章閣有靈壁石奇絶名世御書其上曰奎章玄玉有勑命臣集賦詩臣再拜稽首而獻詩曰……四三
送南宮舍人趙子期宣詔交趾……四三
道園學古録卷之三……四四
芝亭永言……四四
律詩七言……四四
送袁伯長扈從上京……四四
代祀西嶽至成都作……四四
贈星上人歸湘中……四四
子昂秋山圖……四五
題黄竹村所藏畫卷……四五
過池陽與周南翁同知……四五
安慶路雙蓮寺得上人超然亭……四五
謝茅山主者贈白羅氅衣請爲作大洞祖宗師四十五贊……四六
送莫京甫廣憲經歷……四六
集與諸公遊尚書何公山莊公孫斯明先爲剪薙荆榛并致酒饌遂得瞻敬尚書墓道盡日乃還偶成四詩酬斯明兄弟并簡同遊者……四六
黄氏妹之葬余以他故不及送之既葬之明日仲常弟與譚元之表姪述事興懷形諸詠嘆後十餘日始得併見諸公和章集憂患之餘觸事易於傷感俯仰存殁不覺清涕之交頤也依舍弟韻亦述二章一以示黄氏諸甥一以寄元之表姪……四七
題故太子少傅翰林承旨李野齋幽居圖……四七
送江聲伯……四八
歐陽元功待制入院後僕以兼領成均辰酉甚嚴絶不得相見今夜當同宿齋宮賦此先寄并柬謝敬德脩撰……四八
次韻張蔡國公淡菴青山寺詩……四八
次韻國子監同官……四八
次韻馬伯庸實監學士見貽詩并簡曹子貞學士燕信臣待制彭允蹈待制……四九
其二……四九

鼇峰者國史院庭中石名也伯寧御史爲僕言
自其先公時與諸老名勝賦詩者蓋數百篇
今玉堂無本而御史家具有之且曰峰所托
差低盍稍崇其址乃八月五日既克如命因
賦此以報且請録示舊詩補故事以傳云……四九
進講後侍宴大明殿和伯庸贊善韻……五〇
十一月二十夜思仲常弟……五〇
次韻道士竇神清賦舜粟……五〇
太一道士張彦輔族本國人從玄德真人學道
妙齡逸趣特精繪事爲其友天台徐中字用
商集賢家法作江南秋思圖東觀大隱蜀虞
翁生爲賦此詩……五一
贈竇神清歸隱茅山……五一
題南野亭……五一
送貢仲章學士奉祠嶽瀆……五一
次韻吴成季宗師赤城阻雨……五二
次韻伯庸尚書春暮遊七祖真人庵兼簡吴宗
師……五二
送宋誠甫太監祀天妃……五二
觸石墜馬卧病蒙恩予告先至上京寄溉之學
士敬仲參書……五三
閒閒宗師和前韻期望過當復用韻以謝……五三
雲州道中數聞異香……五三
次韻楊友直北行道中……五四
王儀伯参政見和郊字韻詩復用韻敘謝……五四
十月十六日奎章奏對回至李溉之學士宅宣
旨行香孔林按上得佳紙因賦此詩并得其
鎮紙玉蟾……五四
次韻馬伯庸尚書……五四
送甘太史祀名山大川……五五
就甘太史并寄天台武夷太無三君……五五
子昂墨竹……五五
二十五日即事呈閣老諸學士……五五
賦胡氏皆山……五六
賦碭山成簡卿心遠亭……五六
送全州録事……五六
與衆仲助教讀王臨川遺事慨然興懷良上人
爲蔣山善公求送行因爲賦此……五六
玉堂讀卷……五七
謝吴宗師送牡丹并簡伯庸尚書……五七

和范德機從楊搗進士見寄……五七
送進士劉聞文廷赴臨江録事……五七
大廷策士問經世之道僕忝在讀卷之列觀諸
　進士所對有感賦此録以贈別鎦性粹中支
　渭興文舉二賢良……五八
羅朋友道擢高科拜官還崇仁賦此爲別……五八
贈趙生……五八
贈昇龍觀主……五八
訪李真人不遇……五九
賦壺洲……五九
完哲篤下第歸蜀……五九
吴宗師夢予得山居奇勝特甚夢覺歷歷分明
　忻然相告賦此……五九
答李簡伯司業分俎……六〇
次韻朱本初訪李溉之學士不遇……六〇
寄趙子敬平章……六〇
仁壽寺僧報更生佛祠前生瑞竹有懷故園……六〇
題張太玄爲陳升海畫廬山圖……六一
別國史院鼇峰石……六一
神鳳琴……六二
繼陶居士傳……六二
謝書巢送宣和瀘石硯……六二
送蘇伯脩御史……六二
次韻柯玉文寄別……六三
謝書巢惠梅花……六三
再用韻簡巢翁……六三
送玉泉長老栗木果……六三
送王君實御史……六四
寄句曲外史張伯雨……六四
寄答馬昂夫總管……六四
觀大洞經書與董道士……六四
送劉宗師歸茅山……六五
與薩都剌進士……六五
送歐陽元功謁告還瀏陽……六五
送王師魯編脩祠南鎮……六五
次韻楊友直……六六
題東平王與盛熙明手卷……六六
和馬侍御西山口占……六六
到先隴爲墓人書……六七
八月十五日傷感……六七

題煖翠亭……六七
送許有孚赴湖廣提舉……六七
賦石竹……六八
集爲朵兒只慎齋平章題紫微亭用王右丞語
　也并賦詩一首奉寄……六八
賦碧筠堂……六八
奉同吴宗師賦蔡七祖新齋……六八
次韻吴宗師……六九
寄來鶴亭主人……六九
送王中夫赴安慶教授……六九
送張兵部巡視運河……七〇
謝吴宗師惠墨……七〇
再和……七〇
三用韻答巢翁就以奎章賜墨賜之……七一
四用韻寄吴宗師奉祠城東岱祀其一謝夏真
　人送海棠一枝……七一
謝吴宗師送牡丹……七一
題著色山圖……七一
題熊太古畫……七二
送趙伯常自中臺出貳淮憲……七二
送浄慈書記……七二
送趙秉彝因王君實末章以起句……七二
題畫……七三
城東觀杏花……七三
題張希孟中丞送畢提點申達卷後……七三
寄海南故將軍……七三
次韻宋誠甫學士城南訪病莫歸……七四
寄泉南三老人……七四
次韻答衆仲助教相壽之句……七四
題康里子山尚書凝春小隱六韻……七四
次韻杜德常博士萬歲山……七五
次韻宋顯甫……七五
絶句五言……七五
燕陳公子宅贈燕學士……七五
宣和墨竹寒雀……七五
上馬……七六
題旦僉司所藏慧甄腐瓜行蟻圖……七六
雙鴛圖……七六
畫扇雀竹……七六
畫扇柳蟬……七六

畫雙蝶……七六
商德符畫松……七七
河梁泣别圖……七七
題蒙古松壑書……七七
捕魚圖……七七
子昂畫……七七
右……七七
雜寫……七八
右……七八
右……七八
右……七八
右……七八
右……七八
右……七九
題柯敬仲雜畫……七九
右……七九
右……七九
右……七九
右……七九
右……八〇
右……八〇
右……八〇
右……八〇
右……八〇
右……八〇
右……八一
右……八一
右……八一
右……八一
題李溉之學士湖上諸亭……八一
煙蘿境……八一
金潭雲日……八一
漏舟……八二
紫霞滄洲……八二
秋水觀……八二
無倪舟……八二
紅雲島……八二
蕭間堂……八二
松關……八三
大千豪髮……八三

觀心……八三
題熊太古畫……八三
右……八三
敬仲竹樹古石……八三
六言……八四
題柯博士九疑秋色圖……八四
題柯士畫……八四

道園學古録卷之四……八五

芝亭永言……八五
絶句七言……八五
次韻竹枝歌答袁伯長……八五
木夫容……八五
水夫容……八五
送四川憲使……八六
曹將軍馬……八六
舊屋……八六
誰家……八六
馬圖……八七
先君太史棄諸孤之四年集來吴門省連州府君大墓始見叔父南山翁翁與集同出太師雍國公蓋四從矣翁曰後會未可期幸留數語識歲月翁方客授外鄉又以推人生年月日論禍福以助道故不能久留城中敢用賦此以承命云耳……八七
王母圖……八七
竹杏沙頭鸂鶒……八八
閬州海棠……八八
畫猿……八八
記夢中詩三首……八八
祝融君紫虚君率子廉……八八
題周東陽進士爲南郭園林記後……八九
維摩……八九
錢舜舉折枝夫容……八九
商德符小景……八九
天曆改元十月題子昂馬……八九
寄馬伯庸尚書……九〇
商德符小景……九〇
賦故宋李忠襄公植烏石渡舊隱……九〇
訪杜弘道長史不值道中偶成……九〇

聽雨 ……九〇
春雲 ……九〇
與趙子期趁閣 ……九一
玉堂讀卷雜賦次韻 ……九一
題陳衆仲助教送人之官南平序後 ……九一
院中獨坐 ……九一
題歐陽原功少監家柯敬仲畫 ……九一
子昂人馬圖 ……九二
紹興間臨安士人有賦曲一春長費買花錢日日醉湖邊玉驄慣識西湖路驕嘶過沽酒樓前紅杏香中簫鼓緑楊影裏鞦韆晚風十里麗人天花壓鬢雲偏畫船載得春歸去餘情付湖水湖煙明日重扶殘醉來尋陌上花鈿思陵見而喜之恨其後疊第五句重携殘酒酸寒改曰重扶殘醉因歐陽原功言及此與陳衆仲尋腔度之歌之一再董此字求書其事因書之并系以此詩 ……九二
題畫古木 ……九二
八月十五日得旨先歸驛騎在門復召還草詔十七日至桓州驛題壁 ……九二
子昂幽蘭脩竹 ……九三
子昂竹石 ……九三
畫竹石 ……九三
酬書巢送棕箒 ……九三
子昂畫 ……九三
送上黨長 ……九三
畫馬 ……九四
畫羅漢 ……九四
題納涼圖 ……九四
題畫 ……九四
題趙子固山礬瑞香水仙蘗蕙 ……九四
息齋竹 ……九五
冬至前一日答吴宗師 ……九五
題吴彩鸞所書唐韻 ……九五
壬申芝亭春帖子 ……九五
華蕚樓宴集圖 ……九六
爲歐陽學士題子昂墨竹 ……九六
送道士趙虚一歸金陵 ……九六
題子昂春江聽雨圖 ……九七
賦思州田氏楊夫人栢舟堂 ……九七

次韻杜德常典籤秋日西山有感……九七
題畫柯敬仲雜畫……九七
黄筌夫容乳狗……九八
題柯敬仲畫……九八
題蔡端明蘇東坡墨蹟後……九八
題著色山圖……九九
題東坡帖……一〇〇
題畫……一〇〇
題李氏青溪精舍……一〇〇
題李氏浩然堂……一〇〇
聽雪軒……一〇〇
放鶴亭……一〇一
臘日偶題……一〇一
無題……一〇一
與陳升海……一〇一
與陳道士……一〇一
題扇與周幹臣……一〇一
樂府……一〇二
次韻禮院孟子周僉院秋夜曲二疊……一〇二
招熊少府……一〇二
廬山尋真觀題法曲導引……一〇二
題梅花寒雀圖……一〇二
柳梢青題楊補之梅花……一〇三
風入松……一〇三
頌……一〇三
皇太子受寶頌……一〇三
郊祀慶成頌……一〇四
銘……一〇六
劉氏求志齋銘……一〇六
益齋銘……一〇七
陳伯昇新齋鑿北牆之兩端因空以容匱舍琴書則遷而寘焉請虞集爲著銘其左銘
曰……一〇七
中齋銘……一〇七
爲潘憲臣作韓氏陶研銘……一〇七
洮硯銘爲陸友仁作……一〇八
斡克莊硯銘……一〇八
潭心銘……一〇八
永思堂銘……一〇九
贊……一〇九

御書贊……一〇九
御書贊……一一〇
臨川吴先生畫像贊……一一〇
自贊……一一〇
魯子翬僉院畫像贊……一一一
奎章閣大學士光禄大夫忽公畫像贊……一一一
蘇君真像贊……一一一
西夏相斡公畫像贊……一一二
天根子贊……一一三
橐駞圖贊……一一四
大象圖贊……一一四
謝靈運小像贊……一一五

道園學古録卷之五……一一六

序……一一六
雲南志序……一一六
稾城董氏世譜序……一一七
高唐李氏世譜序……一一八
田氏先友翰墨序……一一九
游長春宫詩序……一二〇
送許世茂詩序……一二一
李景山詩集序……一二一
女教書序……一二二
送文子方之雲南序……一二三
題史秉文資陽故譜序……一二五
送集賢周南翁使天壇濟源序……一二六
送彰德經歷韓君赴官序……一二七
送蘇子寧北行詩序……一二九
送李亨赴廣州教授詩序……一三〇
送廉充赴浙西憲司照磨序……一三〇
送李擴序……一三一
送孛完赴建德總管序……一三四
經世大典序録……一三五
張師道文稿序……一三七
忠史序……一三八
送憲部張樂明大夫使還海東詩序……一三八
易啓蒙類編序……一三九
送杜立夫歸西蜀序……一四〇
送朱仁卿赴安慶教授序……一四一
送趙茂元序……一四二
送熊太古詩序……一四四

道園學古録卷之六 …… 一四六
序 …… 一四六
國子監後圃賞梨花樂府序 …… 一四六
贈何明之序 …… 一四六
李仲淵詩稾序 …… 一四七
本德齋送別進士周東揚赴零陵縣丞詩序 …… 一四八
安敬仲文集序 …… 一四九
題尹先生壽詩序 …… 一五一
送李仲淵雲南廉訪使序 …… 一五二
魏氏請建鶴山書院序 …… 一五三
兩尹先生慶九十壽詩序 …… 一五五
送魯遠序 …… 一五六
吴張高風圖序 …… 一五七
送翰林編脩王在中奉祠西嶽序 …… 一五八
孔林廟學新設管勾簡西碧之任詩序 …… 一五九
隴右王汪氏世家勳德録序 …… 一六〇
送祠天妃兩使者序 …… 一六一
詔使禱雨詩序 …… 一六二
國子監學題名序 …… 一六四
送江西行省全平章詩序 …… 一六四
送李道濟之官夷陵詩序 …… 一六五
送達溥化兼善赴南臺御史詩序 …… 一六六
送進士劉楨序 …… 一六六
陳雲嶠省親詩序 …… 一六七
宣城貢先生慶八十詩序 …… 一六八
送甘以禮詩序 …… 一六九
曾魯公世家盛事集後序 …… 一六九
禁扁序 …… 一七〇
送趙茂元歸鄉序 …… 一七一
道園學古録卷之七 …… 一七三
記 …… 一七三
西山書院記 …… 一七三
鶴山書院記 …… 一七四
白鹿洞書院新田記 …… 一七七
尊經閣記 …… 一七八
王先生祠堂記 …… 一七九
小孤山新修一柱峰亭記 …… 一八〇
致慤亭記 …… 一八一
孝思亭記 …… 一八二
知還齋記 …… 一八三

誠存堂記……一八四
克復堂記……一八五
樂善堂記……一八六
沛縣尉李君美政記……一八七
天爵堂記……一八八
劉正奉塑記……一八九

道園學古録卷之八……一九一

記……一九一
新昌州重脩儒學宣聖廟記……一九一
光澤縣雲巖書院記……一九三
董澤書院記……一九五
藍山書院記……一九七
舒城縣學明倫堂記……一九九
滕州學田記……二〇一
滕州性善書院學田記……二〇二
中書省檢校官廳壁記……二〇四
京畿都漕運使善政記……二〇五
潼川王氏忠孝堂記……二〇六
王氏山南隱居記……二〇七
松友記……二〇八
可庭記……二〇九
悠然亭記……二一〇
琅然亭記……二一〇
思蘭亭記……二一一

道園學古録卷之九……二一三

記……二一三
慈利州天門書院記……二一三
順德路魏文貞公宋文貞公祠堂記……二一四
平江路重建虹橋記……二一六
悦生堂記……二一八
思學齋記……二一八
高氏貞節堂記……二二〇
德符堂記……二二一
書隱堂記……二二三
興雲橋記……二二四
説……二二五
尚志齋説……二二五
題王氏子五歲女弟説……二二六
李士弘二子字説……二二七

李克畯字説……二二八
書曾仲禮字説後……二二九
劉仲經字説……二三〇

道園學古録卷之十

題跋……二三一
皇帝聖旨特命禮部尚書哈剌拔都兒充奎章閣捧案官宜令哈剌拔都兒準此天曆二年五月日……二三一
題趙祕書景緯所撰知郡王公庚應墓碑後……二三二
跋陸友仁所模金石款識……二三二
題孝節堂記後……二三三
書王氏草韻後……二三三
題宋孝宗書貞觀遺事……二三四
跋御筆除丑閭太府太監……二三四
題臨川吴先生所述劉伯宣事狀後……二三四
題楊將軍往復書簡後……二三五
題心遠卷後……二三五
題吾子行小篆卷後……二三六
書古劍銘後……二三六
題和林志……二三六
跋真西山畫像……二三七
跋王端明畫像……二三七
跋大安閣圖……二三八
題王忠簡公進士謝恩詩後……二三八
題朱侯所臨智永千文……二三八
題故國子司業李公挽詩後……二三九
題王夫人貞節詩卷……二四〇
跋鮮于伯幾與嚴處士翰墨……二四一
題鮮于伯幾小篆……二四一
跋子昂書陰符經……二四一
跋陳信仲行卷……二四二
跋陳信仲行卷……二四二
跋魯祭酒試諸生聯句……二四三
題湯東澗與張文子手帖……二四三
題宋諸陵畫象後……二四三
題閬州陳彦和致樂堂記……二四四
題陳彦和魁星圖……二四四
題晉陽羅氏族譜圖……二四四
題咬住學士孝友卷……二四五
書蕭氏官誥後……二四五

書仁本堂記後 …… 二四六
跋晦菴與蔡季通書 …… 二四七
題義士卷 …… 二四七
跋謝太傅中郎帖 …… 二四七
跋紹興三年召故參知政事歐陽脩之孫世興赴都堂審察省劄 …… 二四八
題申屠子邁畫馬圖 …… 二四八
題朵來學士所藏御書後 …… 二四九
抄録御書 …… 二四九
題御書奎章閣記後 …… 二四九
題蕭氏家世事狀 …… 二五〇
題蕭從道平雲南詩卷後 …… 二五〇
題米南宮墨蹟 …… 二五一
題黄山谷墨迹 …… 二五一
題宋高宗書便面 …… 二五一

道園學古録卷之十一 …… 二五二

跋 …… 二五二

朱文公白鹿洞賦草跋 …… 二五二
紡績圖跋 …… 二五二
約齋跋 …… 二五三
王逸老草書跋 …… 二五三
子昂墨竹跋 …… 二五四
安生送行詩後跋 …… 二五四
題劉貢父蘇子瞻兄弟鄧潤甫曾子開孔文仲兄弟賡和竹詩墨蹟 …… 二五四
跋王贊善遺事後 …… 二五五
順菴銘跋 …… 二五六
題趙樊川與張侯手書 …… 二五七
題山谷書食時五觀 …… 二五八
子昂臨洛神賦跋 …… 二五八
王維輞川圖後 …… 二五八
所翁龍跋 …… 二五九
題張彬孝義手卷 …… 二五九
金壇李氏唐誥跋 …… 二六〇
題吳傳朋書并李唐山水跋 …… 二六一
晦翁與劉晦伯書 …… 二六二
跋晦翁書後 …… 二六二
歐陽元公待制瀟湘八景圖跋 …… 二六三
孛术魯氏貞節跋 …… 二六四
書趙學士簡經筵奏議後 …… 二六四

高宗御書……二六五
跋高宗御書……二六六
孟同知墓誌銘跋……二六六
題諸公與曹士弘文……二六七
跋葉振卿喪禮會紀後……二六七
題程氏遺子元氏送女二詩……二六八
題高宗臨顔魯公乞米帖……二六九
題董温其官誥……二六九
又題……二七〇
題子山學士所藏永興公墨蹟……二七〇
跋申屠君墓表後……二七〇

道園學古録卷之十二……二七二

奏疏……二七二
奏開奎章閣疏……二七二
表箋……二七三
經筵謝宣表……二七三
中書省慶親祀禮成表……二七四
國子監賀親祀告成表……二七四
即位太傅府賀表……二七五
中書省賀元正表……二七五
正朔中書省賀中宫箋……二七五
翰林國史院賀天壽聖節表……二七六
上尊號翰林國史院稱賀表……二七六
賀册皇后表……二七六
中書省賀皇后受册箋……二七七
監脩國史府賀皇后受册箋……二七七
建儲中書省賀皇太后箋……二七七
建儲翰林國史院賀皇太后箋……二七八
賀登極表……二七八
代中書平章政事張珪辭職表……二七九
講畢奏特加稿城董氏封贈表……二八一
謚議……二八二
中書平章政事趙璧……二八二
兩淮轉運副使潘琚……二八三
中書平章政事何榮祖……二八四
陳文靖公謚議……二八五
書啓……二八六
請吴先生書……二八六
慶章廬先生初度啓……二八六

回吴先生慶初度啓……二八七
賀海南將軍啓……二八七
賀原功少監初度啓……二八八
除夜以獐送歐陽少監……二八八
答歐陽少監餽歲……二八八
答原功待制慶初度啓……二八九
回胡貢士啓……二八九
答蔄西碧餽歲啓……二八九
道園學古録卷之十三……二九〇
碑銘……二九〇
上都留守賀惠愍公廟碑……二九〇
賀丞相神道碑……二九三
趙文惠公神道碑……二九七
兩浙運使智公神道碑……三〇二
福州總管劉侯墓碑……三〇四
道園學古録卷之十四……三〇九
碑銘……三〇九
淮陽獻武王廟堂之碑……三〇九
知昭州秦公神道碑……三一九
真定蘇氏先塋碑……三二一
道園學古録卷之十五……三二五
碑銘……三二五
嶺北等處行中書省左右司郎中蘇公墓碑……三二五
牟伯成墓碑……三二九
桐鄉阡碑……三三二
户部尚書馬公墓碑……三三三
洛陽楊氏先塋碑……三三七
國子助教李先生墓碑……三三七
道園學古録卷之十六……三四〇
碑……三四〇
御史中丞楊襄愍公神道碑……三四〇
大宗正府也可札魯火赤高昌王神道碑……三四五
孫都思氏世勳之碑……三五〇
道園學古録卷之十七……三五三
碑……三五三
徽政院使張忠獻公神道碑……三五三
宣徽院使賈公神道碑……三五九
翰林學士承旨劉公神道碑……三六四

高魯公神道碑 …… 三六八

道園學古録卷之十八 …… 三七四

墓誌銘 …… 三七四

賀丞相墓誌銘 …… 三七四

中書平章政事蔡國張公墓誌銘 …… 三八〇

張隱君墓誌銘 …… 三八九

熊與可墓誌銘 …… 三九一

林彦栗墓誌銘 …… 三九三

項鼎墓誌銘 …… 三九五

揭志道墓誌銘 …… 三九六

故丹陽書院山長馬君墓碣銘 …… 三九六

故梅隱先生吴君墓銘 …… 三九八

道園學古録卷之十九 …… 四〇一

墓誌銘 …… 四〇一

王知州墓誌銘 …… 四〇一

曾巽初墓誌銘 …… 四〇二

胡彦明墓誌銘 …… 四〇六

趙曼齡墓誌銘 …… 四〇八

葉謙父墓誌銘 …… 四一〇

王誠之墓誌銘 …… 四一〇

王公信墓誌銘 …… 四一二

王宜之墓誌銘 …… 四一三

倪行簡墓誌銘 …… 四一五

鄧伯某甫妻田夫人墓誌銘 …… 四一六

汪夫人墓誌銘 …… 四一七

鄭夫人墓誌銘 …… 四一八

周夫人李氏墓誌銘 …… 四二〇

史夫人墓誌銘 …… 四二一

趙夫人岳氏墓誌銘 …… 四二二

道園學古録卷之二十 …… 四二三

墓誌銘 …… 四二三

祝夫人墓誌銘 …… 四二三

潁川夫人黄氏墓誌銘 …… 四二四

史氏程夫人墓誌銘 …… 四二五

史夫人改葬誌 …… 四二七

表 …… 四二八

王伯益墓表 …… 四二八

行狀 …… 四三一

翰林學士承旨董公行狀……四三一
傳……四三九
王貞傳……四三九
李象賢傳……四四〇
祭文……四四一
祭袁學士文……四四一
祭潘博士文……四四二
謝先生誄……四四二

道園學古録卷之二十一……四四四
册文……四四四
皇后祔廟册文……四四四
皇后册寶文……四四四
明宗皇帝祔廟册文……四四五
皇太后册文……四四五
明宗皇帝升祔樂章……四四六
策問……四四六
會試策問……四四六
會試策問……四四七
廷試策問……四四八
廷試策問……四四八
詩……四四九
題周怡臨韓幹明皇出游圖……四四九
明皇出游圖……四四九
端午賜大長公主……四五〇
董元夏景山口待渡圖……四五〇
徽宗畫梨花青禽圖……四五〇
趙千里小景……四五〇
燕文貴小景……四五一
趙千里出峽圖……四五一
藴能羅漢圖……四五一
白樂天重屏圖……四五一
陳閎畫中宗射鹿圖……四五一
羅漢圖……四五二
韓幹馬……四五二
曹霸下槽馬……四五二
韓晉公混土星像……四五二
柯博士畫扇……四五二
胡虔取水蕃部圖……四五二
滕昌祐蘐香睡鵝圖……四五三

銘 …… 四五三
奎章閣銘 …… 四五三
棋盤銘 …… 四五三
棋盤銘 …… 四五三
贊 …… 四五四
趙平章畫像贊 …… 四五四
趙中丞畫像贊 …… 四五五
吴宗師畫像贊 …… 四五五
御馬五雲驥圖贊 …… 四五六
瑞鶴贊 …… 四五七
道園學古録卷之二十二 …… 四五九
制誥 …… 四五九
封宣聖夫人制 …… 四五九
鄆安大長公主詞頭 …… 四五九
燕帖木右丞相封太平王制 …… 四六〇
封營都王制 …… 四六〇
營都王夫人 …… 四六一
封營國公制 …… 四六一
營國公夫人 …… 四六一
封寧朔王制 …… 四六二
封寧朔王夫人 …… 四六二
封遼陽王制 …… 四六三
封燕卜鄰知院祖明里 …… 四六三
祖母 …… 四六四
父 …… 四六四
趙平章加官封制 …… 四六四
封悟理閒八制 …… 四六五
封鑑贊八制 …… 四六五
封蔣山寶公和尚制 …… 四六五
封張真君制 …… 四六六
大道教十一祖張真人制 …… 四六六
序 …… 四六七
皇圖大訓序 …… 四六七
金字藏經序 …… 四六八
飲膳正要序 …… 四六八
承天仁惠局藥方序 …… 四六九
記 …… 四七〇
奎章閣記 …… 四七〇
五色石屏風記 …… 四七一

御史臺記……四七二
天心水面亭記……四七四
敕賜龍章寶閣記……四七五
敕賜玉像閣記……四七七
碑銘……四七八
大元敕賜饒州路番君廟文惠觀碑銘……四七八
道園學古録卷之二十三……四八一
碑……四八一
武衛新建先聖廟學碑……四八一
黄籙普度大醮功德碑……四八三
東嶽仁聖宫碑……四八五
大都城隍廟碑……四八六
句容郡王世績碑……四八八
道園學古録卷之二十四……四九九
碑銘……四九九
曹南王勳德碑……四九九
高昌王世勳之碑……五〇五
大崇禧寺碑……五一〇
集慶路重建太平興國禪寺碑……五一二
道園學古録卷之二十五……五一五
碑……五一五
大龍翔集慶寺碑……五一五
大承天護聖寺碑……五一七
河圖仙壇之碑……五二〇
靈惠冲虚通妙真君王侍宸記……五三〇
道園學古録卷之二十六……五三六
供醮文……五三六
水陸會功德山……五三六
水陸會緣起文……五三七
建國醮建壇青詞……五三八
朝詞……五三八
三清……五三九
昊天……五三九
后土……五三九
醮星祝文……五四〇
太陽……五四〇
太歲……五四〇
歲后……五四〇

金星 …… 五四〇
太陰 …… 五四〇
室宿 …… 五四〇
天剛 …… 五四一
病符 …… 五四一
大耗 …… 五四一
土星 …… 五四一
小吉 …… 五四一
喪門 …… 五四二
金星 …… 五四二
九月十四日高昌王大夫傳旨作醮星文 …… 五四二
元辰天罡 …… 五四二
羅睺 …… 五四二
室宿 …… 五四二
小吉元辰 …… 五四三
太陽 …… 五四三
參宿 …… 五四三
太衝元辰 …… 五四三
太陽 …… 五四三
斗宿 …… 五四四
太陽 …… 五四四
太白 …… 五四四
軒轅 …… 五四四
太陰 …… 五四四
太歲 …… 五四四
白虎 …… 五四五
太耗 …… 五四五
迎神 …… 五四五
送神 …… 五四五
醮星祝文 …… 五四六
迎神 …… 五四六
太陽 …… 五四六
太歲 …… 五四六
歲后 …… 五四六
勝光 …… 五四七
土星 …… 五四七
婁宿 …… 五四七
病符 …… 五四七
金神 …… 五四七
灾殺 …… 五四七

喪門……五四八
五鬼……五四八
青龍……五四八
白虎……五四八
送神……五四八
醮星祝文……五四九
迎神……五四九
太陽……五四九
太歲……五四九
天罡……五四九
小吉……五五〇
功曹……五五〇
歲星……五五〇
羅睺……五五〇
太陽……五五〇
太衝……五五〇
太白……五五一
熒惑……五五一
歲后……五五一
青龍……五五一
白虎……五五一
送神……五五二
金籙普天大醮青詞……五五二
建齋詞……五五二
祈嗣密表……五五二
皇后保安密表……五五二
建壇詞……五五三
第一日早朝祭皇天后土三界萬靈上資宗祧先聖凝神沖漠垂祐邦家祝延睿算保固丕圖中闔齊年本支繁衍……五五三
午朝祭日月星宿祈日月齊明星辰順度……五五三
晚朝祭五嶽名山祈社稷尊安宗藩輯睦風俗醇厚百辟忠貞……五五四
第二日早朝祭聖帝明王先農后稷消禳水旱蟲蝗祈五穀豐稔民物阜康……五五四
午朝祭風雲雷雨祈風調雨順寒暑應時……五五四
晚朝祭四海四瀆祈山川定位海宇清寧……五五四
第三日早朝祭三洞四輔經籙傳教宗師祈百神效職臣鄰忠孝國祚延長……五五五
午朝祭左社右稷城隍社令祀典神祇祈民

樂太平物無疵癘兵寢刑措疫癘潛銷 …… 五五五
晩朝祭九壘土皇幽陰主宰資度忠臣義士
兵死横亡六道四生俱登道岸 …… 五五五
散壇 …… 五五六
設醮詞 …… 五五六
三清 …… 五五六
玉帝 …… 五五六
星主 …… 五五七
天皇 …… 五五七
后土 …… 五五七
至順二年十二月二十三日祭星常國公
奉旨命撰祝文 …… 五五七
迎神 …… 五五七
天剛 …… 五五八
羅睺 …… 五五八
室宿 …… 五五八
弔客 …… 五五八
小吉 …… 五五九
太陽 …… 五五九
參宿 …… 五五九
金神 …… 五五九
太衝 …… 五五九
太陽 …… 五五九
斗宿 …… 五六〇
白虎 …… 五六〇
病符 …… 五六〇
太陽 …… 五六〇
太歲 …… 五六〇
青龍 …… 五六一
歲后 …… 五六一
送神 …… 五六一
黄籙溥天大醮青詞 …… 五六一
建壇詞 …… 五六一
第一朝回薦皇朝宗廟列聖神儀 …… 五六一
第二朝回薦扎牙篤皇帝 …… 五六二
第三朝回薦皇親國戚一切靈儀 …… 五六二
第四朝回薦后妃公主嬪御靈儀 …… 五六二
第五朝普薦勳臣宰輔文武官僚 …… 五六二
第六朝普度兵刑横死男女衆魂 …… 五六三
第七朝普度普天率土兆姓群生苦爽窮魂

幽靈等衆……五六三
第八朝專爲和安天地調順陰陽保國寧家
康民阜物……五六三
第九朝昭謝皇天后土岳瀆山川陰陽主宰……五六四
解壇詞……五六四
設醮詞……五六四
三清……五六四
玉帝……五六四
后土……五六五
東極……五六五
風伯祝文……五六五
雨師祝文……五六五
皇后修設黄籙大齋齋意……五六六
正薦位白文……五六六
孤魂榜……五六六
正三門……五六七
啓玄殿……五六七
正薦位……五六七
總真殿……五六八
萬法宗壇門……五六八
殿後西門……五六八
北斗殿……五六八
殿後東門……五六八
景曜殿……五六八
寥陽殿……五六八
朱陵府……五六八
齋厨……五六九
齋堂……五六九
茭郭……五六九
祭風伯文……五六九
祭雨師文……五六九
長春宫祈福保安齋意……五六九
青詞……五七〇
崇真宫祈福保安齋意……五七〇
祭海神文……五七〇
祭伍子胥文……五七一
大龍翔集慶寺正殿小上梁文……五七一
吾殿小上梁文……五七一
大龍翔集慶寺正殿上梁文……五七一
吾殿上梁文……五七二

道園學古録卷之二十七 …………………… 五七四
東皋賦 …………………… 五七四
芝亭永言 …………………… 五七五
古詩四言 …………………… 五七五
環洲詩爲蔡天壁作 …………………… 五七五
冰雪相看亭 …………………… 五七五
竹林七賢圖 …………………… 五七六
竹溪六逸圖 …………………… 五七七
古詩五言 …………………… 五七七
題汪華玉所藏蘭亭圖 …………………… 五七七
寄題曹元賓尚書臨流圖王繼學参政畫 …… 五七七
玉隆留題 …………………… 五七八
黄堂留題 …………………… 五七八
記夢 …………………… 五七八
次韻陳溪山櫻履 …………………… 五七九
其二 …………………… 五七九
其三 …………………… 五八〇
浮丘公吟寄赤城陳道士入山有遇爲溪山壽 …………………… 五八〇
爲燮理普化題陳立所作龍眠山圖 …… 五八〇
和陳溪山韻 …………………… 五八一
和陳溪山送蘭花韻 …………………… 五八一
送空岩印公還徑山 …………………… 五八二
題張観海所携虚舟竹所二毛圖 …… 五八二
送龍翔高獨峰上人還金陵 …………………… 五八二
送海東銛上人十首 …………………… 五八二
楚石琛藏主自蔣山歸却欲就叢林閲藏同舟清江之上賦此贈之 …………………… 五八三
題東郊山房 …………………… 五八四
題蒙庵爲黄石谷賦 …………………… 五八四
爲黄氏賦大雅詩 …………………… 五八四
己卯十月廿二日從宜春郡幙嚴伯威觀南軒新閣登舟有賦却寄同游者劉粹中賢良 …………………… 五八五
秋堂 …………………… 五八五
題雪泉齋 …………………… 五八六
平江開元雪窗光禪師訪予臨川山中其歸也予與賓客用一雨六月涼中宵大江滿分韻送之不足予爲繼之而予分得一字 …… 五八六

賦彭氏静深堂 …………………… 五八七
秋山行旅圖 …………………… 五八七
爲題馬竹所九歌圖 …………………… 五八七
清明山房詩爲危太朴作 …………………… 五八八
次韻太朴良友對何仙舟讀書山中見懷
之作 …………………… 五八八
道園學古録卷之二十八 …………………… 五八九
芝亭永言 …………………… 五八九
古詩七言 …………………… 五八九
江樓看劍歌書趙子昂劍銘後 …………………… 五八九
劉忠肅公之四世孫中書舍人諱震孫之曾
孫益之題其居曰雲松巢予家與劉氏累
世之契故爲書忠肅公文集之首詩三篇
并賦此詩與之 …………………… 五八九
吳興趙子昂十馬圖 …………………… 五九〇
畫馬 …………………… 五九〇
題畫 …………………… 五九〇
空山歌 …………………… 五九一
爲夔玄圃題鼇溪春曉圖 …………………… 五九一
題馬竹所畫 …………………… 五九二
霍元鎮規模董北苑米南宫父子寫山水雲
物殊有標致見示春江捕魚圖遂賦此 …… 五九二
南岡 …………………… 五九二
題何大夫畫馬 …………………… 五九二
同開先南楚悦禪師觀息齋畫竹卷於崇仁
普安寺煜公之禪室蓋煜之師一初本公
所藏也因記延祐甲寅息齋奉詔寫嘉熙
殿壁南楚與之同寓慶壽寺同予時爲太
常博士俯仰之間已爲陳迹乃題其後云 …… 五九三
題村田樂圖 …………………… 五九三
柳塘野鴨 …………………… 五九三
丙吉問牛喘圖 …………………… 五九四
江貫道江山平遠圖 …………………… 五九四
爲汪華玉題所藏長江萬鴉圖 …………………… 五九四
盤車圖 …………………… 五九五
贈羽士費無隱 …………………… 五九五
題漁村圖 …………………… 五九六
題韓幹畫馬 …………………… 五九六
題黄都事仲綱山居溪閣圖二首 …………………… 五九六

題秦虢二夫人承召遊華清宮圖 …… 五九七
方壺畫山水歌 …… 五九七
示冏 …… 五九八
律詩五言 …… 五九八
玉隆宮所藏宋乾道宸翰雲壑二字 …… 五九八
寄忽承旨 …… 五九八
寄三衢守馬九皋 …… 五九八
題朱澤民山水 …… 五九九
寄題汪道士草亭 …… 五九九
黄敬延送竹本 …… 五九九
聞鴈 …… 五九九
錢舜舉畫 …… 五九九
山水圖 …… 六〇〇
丹霞觀黄知微留别 …… 六〇〇
題馬竹所畫 …… 六〇〇
題曹霸馬 …… 六〇〇
答陳溪山元日即事 …… 六〇〇
送客北門晨登山木閣 …… 六〇一
次韻陳溪山 …… 六〇一
又 …… 六〇一
杏園詩爲黄思順賦 …… 六〇一
寄題樓撫山普潤禪寺 …… 六〇一
寄題許愿夫抗雲樓 …… 六〇二
贈劉無作 …… 六〇二
又贈劉無作 …… 六〇二
道園學古録卷之二十九 …… 六〇三
芝亭永言 …… 六〇三
七言律詩 …… 六〇三
與燮元溥登仙遊和李浩卿韻 …… 六〇三
陳可復爲予寫戴笠圖賦詩四首 …… 六〇三
仙游道士余岫雲爲予從珠溪余隱士求得
華山下黄茅岡一曲規作丹室喜而賦之
不覺五首 …… 六〇四
崇仁監邑阿里仁甫茉莉花盆中折竹插之
而生枝葉近年翰林學士薩公謙齋作御
史時亦有此瑞朝之士大夫引寇萊公故
事以爲徵名其堂曰瑞竹而咏歌之薩公
仕東南歷郡守部使者所至有仁政著清
節美名者壽今爲中朝老臣瑞蓋不虛發

也仁甫長邑三年清介明恕孚于上下此
竹之生父老庶士争走山中相告因取而
觀之略寫其狀賦詩以美之……六〇五
撫郡天寧明極覺講主陪敬齋監郡奉祠華
蓋特有高咏三讀敬嘆僕偶共清游輒復
次韻衰退不工聊資笑粲……六〇五
鄧公信吾契家賢弟比奉憲臺書幣存問衰
朽于山中其還也無以爲餞賦此與之……六〇六
安成劉雲章漢章兄弟兩秀才來訪一長書
一長詩皆有志文學賦此爲別……六〇六
壽陳溪山生日……六〇六
秋日同朋游北塔山……六〇六
送尼山廟學彭山長……六〇七
游浴湖田舍……六〇七
題范德機詩集後……六〇七
溪山翁所居與小雅易君相近翁與予賦詩
易君之季子至善輒隨録之遂成巨帙賦
此以答其美意云耳……六〇八
題徐孟俊屏山閣……六〇八
送易用昭……六〇八
和陳溪山雪中雪晴二首……六〇八
和陳溪山立春後三日即事……六〇九
寄陳奉常……六〇九
集自郡城歸溪山翁寄詩并和申字韻垂教
依韻再呈殊愧遲拙……六〇九
謝陳溪山送蛾眉豆種……六一〇
己卯秋舟過清江憶范德機……六一〇
宜春臺晚眺……六一〇
廬陵歐陽德器游京以所藏先世誥勑見原
功於玉堂賦此以送之……六一一
送黄子勖……六一一
書武進縣學記後……六一一
己卯臘八日雪爲魏伯亮賦……六一二
寄賀吴宗師七十壽旦……六一二
和陳溪山元日後雪……六一二
撫郡玄都觀羽士黄一初自京師還得大宗
師吴公所爲和詩三篇其一故翰林學士
吴先生廿年前廬山中所賦其一則和天
師所與詩其一則予在茅山羅山第一谷
中送一初詩也臨行大宗師囑之云到臨

川即以示予也忽復一歲一初又將北游却賦此一百六十八字託一初謝大宗師古道高誼也 …… 六一三
和吴先生韻 …… 六一三
和天師韻 …… 六一三
自和韻 …… 六一三
贈武夷道士羅鑑空兼憶范德機 …… 六一四
寄題采石新造觀瀾亭 …… 六一四
某與胡伯友書問疏闊稍久因楚石藏主待謁翹仰高誼賦寄此詩 …… 六一四
贈楚石藏主謁饒心道六有先生 …… 六一四
十月朔旦同監邑大用暨僚屬游北塔山 …… 六一五
九月與薛玄卿外史會于黄氏溪園陪坐溪山先生談玄觀古仙像 …… 六一五
會後將登華山按茅岡玄卿先往候予至 …… 六一五
予與玄卿相遇山下別後和朱德嘉韻奉寄重釐賡和再用韻奉謝 …… 六一五
和朱德嘉登華蓋山有賦韻寄薛玄卿和詩未成登山已遇玄卿下山道中足成以寄 …… 六一六
縉山張君榮字仲華來丞撫之崇仁歷兩政六年心平氣順上下相安如一日雖有遠役重勞亦無闕事甚可稱也予之閒居相愛如故舊每懷扈從東道往來縉山道中見其風土之勝民俗之美未嘗不談道以爲樂於其受代調官京師因記之以詩而與之别明年進秩南來觀舊治父老兒童相迎於東門之外又當歌此以爲一笑之歡也 …… 六一六
集家世以文學爲業亂離顛沛憂患困苦無敢失墜然學未成而出早涉筆爲文應事而已人或以爲能自知其不足也歸田以來稍得安閑而目疾相嬰學不加進於立德立言之事無有乎爾也是以所作事過即罷不復記録至元庚辰冬臨川李伯宗黄仲律來訪山中拾殘稾於敝篋得粗可屬讀者二百餘篇而録之賦此以謝 …… 六一七
答黄仲律學文之問 …… 六一八
重題環翠亭爲李浩卿作 …… 六一八
答馬竹所見示詩韻 …… 六一八
送吴文明 …… 六一九

冬至後陳溪山貺以佳句謹用韻奉答 …… 六一九
雪夜有懷華蓋山王玉玄 …… 六一九
答盱江聶空山 …… 六一九
寄和吴閑閑大宗師 …… 六二〇
答吴宗師壽稀年詩韻 …… 六二〇
送撫郡經歷海朝宗調官 …… 六二〇
寄趙知微廉使 …… 六二一
題致爽樓 …… 六二一
東坡墨竹 …… 六二二
白雲間上人度夏 …… 六二二
寄龍翔寺訢笑隱 …… 六二二
寄魯學士 …… 六二二
答甘允從寄海東白紵 …… 六二三
次韻董子羽見寄 …… 六二三
次韻答聶空山 …… 六二三
寄貞居張先生 …… 六二三
孫宰金碧山水 …… 六二四
甲戌四月十七日至臨川沖雲寺祝聖壽齋
罷爲賦此詩 …… 六二四
蜀人鎦夢良效楊補之掀蓬圖 …… 六二四
寄吴思可廉使 …… 六二四
寄南安燕信臣總管 …… 六二五
遊仙遊山賦詩 …… 六二五
方壺作仙遊山圖 …… 六二五
答錢翼之 …… 六二五
次韻聶空山送杏 …… 六二六
和陳溪山春雪見貽 …… 六二六
予少年過薊門酒樓賦此題曰連十八書郡
人疑其爲吕洞賓詩也謾記于此 …… 六二六
即事 …… 六二六
目疾偶成二首 …… 六二七
柯敬仲畫古木踈篁 …… 六二七
答盱江石門江秀才 …… 六二七
夢吴成季真人見訪夢中作 …… 六二七
嘉平幾望陳谿山自山齋還邑月下獨步有
賦 …… 六二八
題馬竹所照磨捕魚圖 …… 六二八
李伯宗録詩 …… 六二八
壽陳溪山生日 …… 六二九
鶴 …… 六二九

海棠……六三三
黄蜀葵……六三四
芙蓉……六三四
家茶……六三四
題趙師舜所藏雪竹圖……六三四
題饒世英所藏孤鶴圖……六三四
贈朱萬初四首……六三四

道園學古録卷之三十……六三七

芝亭永言……六三七
七言絶句……六三七
雪後偶成……六三七
自贊題白雲求陳可復所寫像……六三七
築室……六三七
客有好仙者持唐人小遊仙詩求予書之惡其淫鄙别爲賦五首……六三八
子昂竹……六三八
子昂蘭石……六三八
夢蟾圖……六三八
唐五王出遊圖……六三九

八駿圖 …… 六三九
射獵圖 …… 六三九
題白玉蟾像 …… 六三九
題大別山栢圖 …… 六三九
答趙乘彝送地黄膏 …… 六三九
酧張用鼎 …… 六四〇
題關尹問道圖 …… 六四〇
中秋前偶賦 …… 六四〇
次韻答魯子翬参政四首 …… 六四〇
題赤城站壁 …… 六四一
又和赤城壁韻 …… 六四一
秋夜有作 …… 六四一
玉龍圖 …… 六四一
郭熙畫木 …… 六四一
浙西提舉陳衆仲以其省之命請考秋試其還也賦此贈之 …… 六四一
贈閒白雲 …… 六四二
無題 …… 六四二
題亡弟嘉魚大夫與眉山奴詩 …… 六四二
書蘭亭後 …… 六四二
題黄敬申虎圖 …… 六四三
聞機杼 …… 六四三
賦玉簪花 …… 六四三
溪橋踏雪 …… 六四三
奉答吴仲谷見寄兼簡許愿夫 …… 六四三
賦范德機詩後 …… 六四四
題文丞相詩後 …… 六四四
次韻陳溪山春日即事 …… 六四四
題吕洞賓見滕子京像 …… 六四四
題魏受禪碑 …… 六四四
崇仁邑士吴景永客授齊安寓定惠院書來報寺之海棠東坡所爲賦詩者今二百五十餘年枝蕚復盛住山明月溪增葺坡翁舊寓并録所賦爲寄偶成三章答之并呈斡公克莊部使者云 …… 六四五
次韻東山鳳栖別墅四時詞 …… 六四五
臨川艾蜚英茂才求書北游京師荒山久病筆墨盡廢偶有近詩二首寫寄國史侍講祭酒先生數千里外一笑契舊有同在者共一看之亦知衰朽托庇無恙也 …… 六四五

和陳溪山韻……六四六
題樓攻媿織圖……六四六
送程以文兼束揭曼碩……六四七
西郊草堂圖爲從子豈作……六四七
至正改元辛巳寒食日示弟及諸子姪……六四七
寄成都孝成姪……六四七
寄吴門弟姪……六四八
寄子安民從子宣……六四八
癸酉歲晚留上方觀……六四八
葵榴雙𩀱……六四八
題明皇按舞圖……六四八
題昭君出塞圖……六四九
題陳氏遠塵樓……六四九
偶成……六四九
桂亭……六四九
田舍……六四九
題漢孝宣受貢圖……六五〇
答饒心道四首……六五〇
題約牖爲譚無咎賦……六五〇
別燮玄圃後重寄……六五〇
聞燮玄圃除御史……六五一
燮玄圃除御史後寄蕭性淵巡檢……六五一
題趙子固梅……六五一
古檜……六五一
題夢良梅……六五一
留昜小雅樓促陳溪山同飲……六五一
和陳溪山櫻桃……六五二
留題龍門寺……六五二
樂府……六五二
滿庭芳……六五二
寄阿里仁甫……六五三
法曲獻仙音三疊爲陳溪山壽……六五三
浣溪沙……六五三
銘……六五三
虚白齋銘爲陳玉林作……六五三
方床銘……六五四
几銘……六五四
先君硯銘……六五四
贊……六五五

子昂畫陶淵明像贊 六五五
劉原父遺像贊 六五五
劉貢父遺像贊 六五五
先公遺像贊 六五五
邵菴老人畫像自贊 六五六
孝女贊 六五六
玄帝畫像贊 六五七
宰淵微先生畫象贊 六五七
子昂書忠孝二表贊 六五八

道園學古録卷之三十一 六五九

序 六五九
周易玩辭序 六五九
戴石玉所著三禮序 六六一
戒子通録序 六六三
六書存古辨誤韻譜序 六六四
春秋胡氏傳纂疏序 六六六
鄭氏毛詩序 六六七
飛龍亭詩集序 六七〇
曹文貞公文集序 六七〇
楊叔能詩序 六七二
送危太樸序 六七三
葛生新采蜀詩序 六七四
甘天民詩序 六七六
臨川黄氏復姓譜序 六七六
送饒則明序 六七七

道園學古録卷之三十二 六七九

序 六七九
送太平文學黄敬則之官序 六七九
國朝風雅序 六八一
送墨莊劉叔熙遠游序 六八三
送李仲永游孔林序 六八五
易南甫詩序 六八六
臨川晏氏家譜序 六八七
葉宋英自度曲譜序 六八九

道園學古録卷之三十三 六九〇

序 六九〇
廬陵劉桂隱存稿序 六九〇
曹士開漢泉漫稿序 六九二
陳文肅公秋岡詩集序 六九四

李梅亭續類稿序……六九六
送楊生序……六九七
楊賢可詩序……六九八
礀谷居愧稿序……六九九
送楊拱辰序……七〇〇
新喻州丁士英舉遺逸序……七〇〇
洛陽楊氏族譜序……七〇一
送常伯昂序……七〇三
周氏族譜序……七〇四
道園學古録卷之三十四……七〇六
序……七〇六
送李敬心之永嘉學官序……七〇六
翰林直學士曾君小軒集序……七〇七
曾摶齋緣督集序……七〇八
范左司松溪詩集序……七一〇
送朱德嘉序……七一一
送鄉貢進士孔元用序……七一三
饒敬仲詩序……七一四
漁樵問對序……七一五
送吴尚志序……七一六
送李棟伯高序……七一七
熊萬初舊雨集序……七一八
醫書集成序……七一八
撫州臨汝書院興復南湖詩序……七二一
撫州路經歷趙師舜祈雨有感序……七二二
送醫士吴益謙序……七二三
胡師遠詩集序……七二四
送李伯宗序……七二五
朔南風雅序……七二八
朱萬初製墨序……七二九
下册
道園學古録卷之三十五……七三一
記……七三一
王文公祠堂記……七三一
南豐曾氏新建文定公祠堂記……七三三
奉元路重脩先聖廟學記……七三四
澧州路慈利州修儒學記……七三七
新喻州重脩宣聖廟儒學記……七三九
撫州路重脩宣聖廟學記……七四二

寧國路旌德縣重建宣聖廟學記……七四三
撫州路樂安縣重脩儒學記……七四五
袁州路分宜縣學明倫堂記……七四七
道園學古録卷之三十六……七五一
記……七五一
袁州路儒學新建尊經閣記……七五一
南軒書院新建藏書閣記……七五三
尼山書院記……七五五
重脩張巖書院記……七五七
袁州路萬載縣重脩宣聖廟學記……七五八
南康路都昌縣重脩儒學記……七六〇
瑞昌蔡氏義學記……七六三
屏山書院記……七六四
考亭書院重建文公祠堂記……七六七
澧州路慈利州重建三皇廟記……七六八
撫州路樂安縣新建三皇廟記……七七〇
崇仁縣重建醫學三皇廟記……七七一
袁州路分宜縣新建三皇廟記……七七三
吉安路三皇廟田記……七七五
道園學古録卷之三十七……七七七
記……七七七
飛龍亭記……七七七
榷茶運司記……七七九
江西湖東道肅政廉訪司經歷司題名記……七八〇
撫州路總管府推官廳壁題名記……七八二
龍興路重建滕王閣記……七八三
襄陽路南平樓記……七八五
撫州路重建譙樓記……七八七
崇仁縣重脩縣治記……七八八
羊角洞天記……七九〇
青雲亭記……七九一
道園學古録卷之三十八……七九三
記……七九三
大本堂記……七九三
時中堂後記……七九四
思本堂記……七九五
誠全堂記……七九七
君子堂記……七九九
德星堂記……八〇一

謹敕堂記……八〇二
柏友亭記……八〇四
寫韻軒記……八〇五
余氏極高明樓記……八〇七
主静齋記……八〇八
環翠亭記……八一〇
廣西都元帥章公平猺記……八一一
題吴氏春暉堂記……八一六
撫州臨汝書院復南湖記……八一七
撫州路重修東嶽廟記……八二〇
趙氏義齋記……八二一
浩然樓記……八二三
環碧樓記……八二四

道園學古録卷之三十九……八二六

説……八二六
海樵説……八二六
孟宗魯字説……八二七
平心説……八二八
新喻蕭淮仲乂字説……八二九
劉瓊彦温字説……八二九
鄧漢傑改漢淳字説……八三〇
趙孟昌以順字説……八三一
趙孟誠以信字説……八三二
易晉用昭説……八三三
易至善字説……八三四

書……八三五
答方仲約論春秋書……八三五
答張率性書……八三五
答劉桂隱書……八三七

題跋……八三八
跋濟寧李璋所刻九經四書……八三八
黄勉子勖説……八三九

道園學古録卷之四十……八四二

題跋……八四二
跋劉資深墨莊後……八四二
題吴先生真樂堂記後……八四三
跋艾聖傳三絶碑後……八四三
跋程文憲公遺墨詩集……八四四
書范左司事後……八四四

題斡羅氏世譜……八四五
跋雙井黄氏家譜後……八四五
跋曹氏通濟倉記後……八四六
跋曾氏世譜後……八四七
跋劉墨莊世譜後……八四八
題先丞相寨屋親帖……八四九
跋朱文公先生與黄商伯書後……八四九
跋吴先生新登譙樓詩後……八五〇
重書黄子中澄陂堂記後……八五〇
書先世手澤後……八五二
跋柳誠懸墨蹟……八五三
跋山谷書蕭濟夫墓志後……八五四
跋吴廉使可堂説後……八五五
題李肩吾字通序……八五五
跋宋高宗親札賜岳飛……八五六
跋朱先生答陸先生書……八五七
跋子昂所畫陶淵明像……八五八
跋張魏公與劉和州墨帖後……八五九
題臨川西原許氏族譜……八六〇
跋黄思順醫説後……八六〇
跋張方先生傳後……八六〇
跋彭壽卿所藏先郡公手澤卷後……八六一
題盱江傳路手卷……八六二
題蘇文忠公諸帖……八六二
題何氏所藏蜀郡名公書翰……八六二
又題……八六三
題岳飛墨蹟……八六三
題曾歐二公帖……八六四
跋黄勉所藏醴泉銘……八六四
表……八六五
謝恩表……八六五
謝箋……八六五
道園學古録卷之四十一……八六七
碑……八六七
江西行省平章政事伯撒里公惠政碑……八六七
建寧路崇安縣尹鄒君去思之碑……八七〇
崇仁縣顯應廟沖惠侯故漢欒君之碑……八七四
昭毅大將軍平江路總管府達魯花赤兼管內勸農事黄頭公墓碑……八七七

元故累贈集賢直學士亞中大夫追封魏郡侯張公神道碑銘有序……八八二

道園學古録卷之四十二……八八五

碑……八八五

通議大夫簽河南江北等處行中書省事贈正議大夫吏部尚書上輕車都尉追封潁川郡侯謚文肅陳公神道碑……八八五

正議大夫江南湖北道肅政廉訪使特贈宣忠効力翊戴功臣大司徒金紫光禄大夫上柱國夏國公謚襄敏楊公神道碑……八九〇

朝列大夫僉燕南河北道肅政廉訪司事贈中議大夫禮部侍郎上騎都尉追封天水郡伯趙公神道碑……八九四

道園學古録卷之四十三……九〇〇

墓志銘……九〇〇

臨川隱士孫君履常甫墓誌銘……九〇〇

故臨川處士吴仲谷甫墓誌銘……九〇二

亡弟嘉魚大夫仲常墓誌銘……九〇四

皮棨維楨墓誌銘……九〇八

故修職郎建昌軍軍事判官雷君墓誌銘……九〇九

故奉訓大夫衡州路總管府判官致仕楊君墓誌銘……九一二

袁仁仲甫墓誌銘……九一四

故臨川隱士婁君太和墓誌銘……九一五

劉宗道墓誌銘……九一八

故臨川黄君東之墓誌銘……九一九

王母龔氏孺人墓志銘……九二一

同安縣主簿周君仁甫墓誌銘……九二三

道園學古録卷之四十四……九二六

墓表……九二六

李仲華墓表……九二六

行狀……九二八

故翰林學士資善大夫知制誥同脩國史臨川先生吴公行狀……九二八

祭文……九四二

祭吴先生文……九四二

祭孫履常文……九四三

傳……九四四

陳炤小傳……九四四

道園學古録卷之四十五

……九四六
銘……九四六
龍虎山道藏銘……九四六
大若巖廣福靈真宮銘……九四七
贊……九四九
佛母贊……九四九
辛澄蓮花菩薩像……九四九
維摩居士文殊像……九五〇
龍眠華藏變相贊……九五〇
瑞光塔院贊……九五〇
達摩象贊……九五〇
昆沙門天王贊……九五〇
多聞天王贊……九五一
老子贊……九五一
題陳希夷先生畫像贊……九五一
三茅山四十五代宗師贊……九五二
第一代太師……九五二
第二代玄師……九五二
第三代真師……九五二
第四代宗師……九五二
第五代宗師……九五二
第六代宗師……九五三
第七代宗師……九五三
第八代宗師……九五三
第九代宗師……九五三
第十代宗師……九五三
十一代宗師……九五四
十二代宗師……九五四
十三代宗師……九五四
十四代宗師……九五四
十五代宗師……九五四
十六代宗師……九五四
十七代宗師……九五五
十八代宗師……九五五
十九代宗師……九五五
二十代宗師……九五五
二十一代宗師……九五五
二十二代宗師……九五六

二十三代宗師……九五六
二十四代宗師……九五六
二十五代宗師……九五六
二十六代宗師……九五六
二十七代宗師……九五七
二十八代宗師……九五七
二十九代宗師……九五七
三十代宗師……九五七
三十一代宗師……九五七
三十二代宗師……九五七
三十三代宗師……九五八
三十四代宗師……九五八
三十五代宗師……九五八
三十六代宗師……九五八
三十七代宗師……九五八
三十八代宗師……九五九
三十九代宗師……九五九
四十代宗師……九五九
四十一代宗師……九五九
四十二代宗師……九五九
四十三代宗師……九六〇
四十四代宗師……九六〇
四十五代宗師……九六〇
張宗師畫像贊……九六〇
吴宗師畫像贊……九六〇
道士小象贊……九六〇
序……九六一
送昌上人詩序……九六一
會上人詩序……九六一
送吉上人序……九六三

道園學古録卷之四十六……九六四

序……九六四
送吴真人序……九六四
送薛玄卿序……九六五
送趙虚一奉祠南海序……九六七
貞一藁序……九六八
送丹稜史講師詩序……九六九
記……九六九
潭州重建壽星觀記……九六九

四川順慶路蓬州相如縣大文昌萬壽宮記……九七〇
處州路少微山紫虚觀記……九七二
白雲觀記……九七四
蒼玉軒新記……九七五
著存閣記……九七六
滕州新脩東岳廟記……九七七
道園學古録卷之四十七……九八〇
記……九八〇
新修開元浴室院記……九八〇
相山重脩保安觀記……九八一
勅賜黄梅重建五祖禪師寺碑……九八三
大興龍普明禪寺碑……九八六
成都路正一宫碑……九八八
開元宫碑……九九〇
玉笥山清真宫碑……九九二
道園學古録卷之四十八……九九五
碑……九九五
崇壽觀碑……九九五
仙都山新作玉虚宫碑……九九七
勅封顯祐廟碑……九九八
銘……一〇〇〇
佛國普安大禪師塔銘……一〇〇〇
智覺禪師塔銘……一〇〇三
大辨禪師寶華塔銘……一〇〇五
道園學古録卷之四十九……一〇〇九
銘……一〇〇九
晦機禪師塔銘……一〇〇九
廣鑄禪師塔銘……一〇一一
斷崖和尚塔銘……一〇一五
鐵牛禪師塔銘……一〇一八
道園學古録卷之五十……一〇二四
碑……一〇二四
真太道教第八代崇玄廣化真人岳公之碑……一〇二四
陳真人道行碑……一〇二七
九萬彭君之碑……一〇三〇
倪文光墓碑……一〇三二
墓誌銘……一〇三五

玄門掌教孫真人墓誌銘……一〇三五
黄中黄墓誌銘……一〇三七
張宗師墓誌銘……一〇三八
非非子幽室志……一〇四三
李本跋……一〇四六
道園遺稿序（黄溍）……一〇四七
道園遺稿序（楊椿）……一〇四八
道園遺稿卷之一……一〇四九
操……一〇四九
釣雪操……一〇四九
古詩四言……一〇四九
致樂堂詩……一〇四九
萬户張公廟堂詩……一〇五〇
栢堂詩……一〇五一
題胡徵君器之和陶軒……一〇五一
心遠堂詩……一〇五二
題上官樵寓……一〇五二
東坡戴履圖……一〇五二
洞賓像……一〇五三
玉清道士魚障……一〇五三
墨蘭……一〇五三
畫魚……一〇五三
古詩五言……一〇五四
次韻答袁伯長學士……一〇五四
早起……一〇五五
夜坐……一〇五五
遊長春宫詩分韻得在字……一〇五五
題張希孟凝雲石……一〇五六
題許愿夫抗雲樓……一〇五六
次韻袁泊長贈陶心山……一〇五六
送周東揚赴零陵分韻得鳥字……一〇五七
魏氏園亭分韻得池字……一〇五七
喜雨分韻得須字……一〇五七
鄭同甫書帶草軒……一〇五七
朱秀之杞菊軒……一〇五八
柜軒詩……一〇五八
聽秋軒……一〇五九
玉壺堂詩……一〇五九

送可無上人……一〇六〇
送南野真人……一〇六〇
次韻鄧善之游山中……一〇六〇
題王眉叟真人溪居對月圖……一〇六〇
題天台柯東谷……一〇六一
春山曉行圖……一〇六一
山居避暑圖……一〇六一
秋江待渡圖……一〇六一
雪嶺盤車圖……一〇六一
雲屋圖……一〇六二
群鮮朝鯉圖……一〇六二
謝吳宗師送芍藥名酒……一〇六二
次韻天台張秋泉……一〇六三
寄青城道者……一〇六三
十月十八日聽誦道書……一〇六三
陳溪山先生留山齋春日賢郎來省具酒
爲樂某賦此詩……一〇六三
病起謝陳溪山及齋中諸友……一〇六四
送會稽宰進士夏仲善……一〇六四
送豫章熊太古兼寄蘇伯脩參政……一〇六四
哀陳童子……一〇六五
答明士恭二首……一〇六五
書昔人出入西廣詩後……一〇六五
宿紫極宮新樓……一〇六五
秋江亭……一〇六六
次韻陳溪山送摇扇……一〇六六
贈喻仁本……一〇六六
夢舊游諸友……一〇六七
題金溪汪尉雲松巢畫卷……一〇六七
雲林圖……一〇六八
次韻……一〇六八
紀夢二首……一〇六八
足痛吟寄費無隱……一〇六九
歲寒吟……一〇六九
賦神蛙……一〇六九
道園遺稿卷之二……一〇七一
古詩七言……一〇七一
雪山圖爲劉伯温監憲賦……一〇七一
天涯山歌爲崞山公賦……一〇七一
謝王員外贈古銅帶鈎劍琫歌……一〇七二

無住和尚命俞岩隱寫予陋質予蓋簪
纓家子其意亦蕭散因作山偈一首
戲贈聊發住公一笑也 …… 一〇七三
金人出塞圖 …… 一〇七三
九歌圖 …… 一〇七四
送吕教授還臨川 …… 一〇七四
三鳳行贈海東之下第南歸 …… 一〇七五
戴和父歸越 …… 一〇七五
題米友仁長江煙雨圖寄柯敬仲 …… 一〇七六
吴中女子畫花鳥歌 …… 一〇七六
楊補之掀篷圖 …… 一〇七六
王侍御崆峒石 …… 一〇七六
雪嶺駝車 …… 一〇七七
題上都崇真宫壁繼復初參政韻 …… 一〇七七
城南春曉圖 …… 一〇七七
天台圖 …… 一〇七八
桃源圖 …… 一〇七八
牧牛歌贈自牧上人 …… 一〇七八
澧州謝家通濟橋 …… 一〇七九
豐州李氏孝義詩 …… 一〇七九
龍興黄堂隆道宫西華太姆元君飛茆詩 …… 一〇七九
郎官湖李白祠 …… 一〇八〇
金馬圖 …… 一〇八〇
王晉卿畫赤壁圖 …… 一〇八一
趙子昂畫馬圖 …… 一〇八一
柯丹丘畫松竹二首 …… 一〇八一
陳容畫十四龍 …… 一〇八一
孫康映雪圖 …… 一〇八二
墨竹歌 …… 一〇八二
金源野人獻麞圖 …… 一〇八二
送人游廬山 …… 一〇八三
題虎屏 …… 一〇八三
陳容畫龍 …… 一〇八三
題劉仲明鳴鳳朝陽操 …… 一〇八四
題劉光遠琴泉詩卷後 …… 一〇八四
玄潭觀劍歌 …… 一〇八四
書昔人出入西廣詩後 …… 一〇八五
送程楚公子叔賓官海上 …… 一〇八五
送胡士則 …… 一〇八五
寄謝楊友直太守送桃竹杖 …… 一〇八六

寄薛玄卿 …… 一〇八六
題表姪陳可立青山白雲圖 …… 一〇八六
溪山圖 …… 一〇八六
畫龍 …… 一〇八七
射虎歌 …… 一〇八七
刷馬歌 …… 一〇八七
按弓圖 …… 一〇八八
題游弘道所藏劉伯熙畫 …… 一〇八八
汪華玉所藏李息齋古木竹石圖 …… 一〇八九
題寫生手卷贈李道山赴九江茶官 …… 一〇九〇
趙伯高所藏楊補之松竹梅圖 …… 一〇九〇
鍾生清露軒 …… 一〇九〇
與族姪孫從善 …… 一〇九〇

律詩五言 …… 一〇九一

出小東郭 …… 一〇九一
望巴山 …… 一〇九一
次韻葉賓月山居十首 …… 一〇九一
名酒 …… 一〇九二
無疑先生不遠千里訪某於寂寞之濱曾未旬日賦詩留别雖無以欵未忍從也次韻且致繾綣之私 …… 一〇九二
題平遠趙公像 …… 一〇九三
題踈齋盧公像 …… 一〇九三
次吴宗師韻題朱本初藏秀樓 …… 一〇九三
和龔子敬竹亭詩 …… 一〇九三
次韻馬伯庸少監 …… 一〇九四
題趙繼清詩藁 …… 一〇九四
題草亭 …… 一〇九四
奉别阿魯威東泉學士游甌越 …… 一〇九四
寄白雲閒公講師 …… 一〇九五
書趙節度建炎誥勑後 …… 一〇九五
讀王伯儀參政中山周氏賑粟詩感歎遂賦 …… 一〇九五
次韻劉伯温送王止善員外四首 …… 一〇九五
題黄思謙所藏雪窗蘭 …… 一〇九六
送董生赴仙居尉 …… 一〇九六
寄段惟德憲副 …… 一〇九六
酬崔御史送熊掌 …… 一〇九七
題全平章所藏竹石圖 …… 一〇九七
周彦文野泉圖 …… 一〇九七

遠法師圖像……一〇九七
虎溪三笑圖……一〇九七
贈堯公開講番陽……一〇九七
用唐棊毋著作韻送閒白雲長老還吴……一〇九八
重用韻贈閒白雲上人……一〇九八
寄吴宗師……一〇九八
米元暉山水……一〇九八
雙駿圖……一〇九八
步雪圖……一〇九九
踏雪圖……一〇九九
題黄太史書老將行……一〇九九
周德尚見訪……一〇九九
城山閣……一〇九九
挽胡伯恭令尹……一一〇〇
題劉昇卿崇軒……一一〇〇
覺非齋……一一〇〇
題南禪寺壁……一一〇〇
送長老住山……一一〇〇
送憲史武子宣……一一〇一
贈簡天碧畫士……一一〇一
重贈……一一〇一
新作暖閣望陳溪山不至……一一〇一
正月十一夜坐……一一〇二
暮春溪上作示涂振鐸……一一〇二
用趙壎韻示次子延年……一一〇二
天藻亭壁下生二笋示幼子翁歸……一一〇二
到寺……一一〇三
夕照……一一〇三
移柴門次韻薛玄卿……一一〇三
答易小雅送商陸根……一一〇三
織錦迴文詩……一一〇三
題畫馬……一一〇三
贈上清高士吴霞所……一一〇四
題春塘謝公程文……一一〇四
次韻蕙畝遊何氏莊……一一〇四
次韻貢仲章題城南書隱……一一〇四
題秋山圖……一一〇五
哭熊昶之……一一〇五
道園遺稿卷之三……一一〇六
律詩七言……一一〇六

代祀西嶽答袁伯長王繼學馬伯庸三學士 …………… 一一〇六
自仁壽回成都 …………… 一一〇六
題王庶山水 …………… 一一〇六
張道士蜀山圖 …………… 一一〇七
范文正公書伯夷頌 …………… 一一〇七
拜歐陽文忠公遺像 …………… 一一〇七
輓文文山丞相 …………… 一一〇八
從兄德觀父與集同出滎州府君宋亡隱居不仕而歿集來吴門省墓從外親臨邛韓氏得兄遺蹟有云我因國破家何在君爲脣亡齒亦寒不知爲誰作也撫誦不覺流涕因是成一章併發其幽潛之意云 …………… 一一〇八
興聖宫朝退次韻袁伯長見貽是日上加尊號禮成告謝集即東出奉祠齋宫 …………… 一一〇八
朝迴和周南翁待制韻 …………… 一一〇八
輓歌辭 …………… 一一〇九
和李秋谷平章小車詩 …………… 一一〇九
送朱伴讀南歸 …………… 一一〇九
送李通甫赴湖廣行省都事 …………… 一一〇九
答周伯輝 …………… 一一一〇
伯輝北山堂 …………… 一一一〇
柬鄧善之 …………… 一一一〇
用退朝韻奉懷伯長試院久别 …………… 一一一〇
送高尚志下第歸江西 …………… 一一一一
題李道復所作艾全真乃父□墓銘 …………… 一一一一
次韻柯丹丘見寄 …………… 一一一一
眉菴自賦 …………… 一一一二
次韻寄謝魏雄卿録事表兄 …………… 一一一二
和偰世南除西臺御史 …………… 一一一二
游岡子原呈王學士 …………… 一一一二
次韻寄元復初 …………… 一一一三
次韻馬可山人見招 …………… 一一一三
次仲章韻 …………… 一一一三
無塵道人 …………… 一一一四
和上都華嚴長老見寄 …………… 一一一四
和斷江恩上人緑松見貽之句 …………… 一一一四
題了堂悟上人溪聲閣 …………… 一一一四
賦松濤齋 …………… 一一一五

賦雪洲 …… 一一一五
送茅秀才歸茅山 …… 一一一五
送韓伯高浙西僉憲 …… 一一一五
寄馬叔惠福建僉憲 …… 一一一六
題故太子少傅翰林承旨李野齋幽居圖 …… 一一一六
奉元王氏孝義詩 …… 一一一六
賦張志甫八十 …… 一一一六
送道士危亦樂歸臨川 …… 一一一七
送張用鼎還鄉 …… 一一一七
題大都香山寺圖 …… 一一一八
爲馬竹所照磨題香山圖 …… 一一一八
端午節飲客與趙伯高 …… 一一一八
用蕭性淵詩一句足成一章送常伯昂 …… 一一一八
題時録判齊山吟卷 …… 一一一九
王真人眉叟在京上都賜酒倡和 …… 一一一九
送張伯雨入茅山 …… 一一一九
次韻熊太古題金石編 …… 一一一九
次韻錢翼之寫大學衍義局中詩卷 …… 一一二〇
題王本齋歷官紀年畫像 …… 一一二〇
謝僧以長送銅龜水滴 …… 一一二〇
題静壽道人自誌後 …… 一一二〇
輓危公遠道士 …… 一一二一
與筆生 …… 一一二一
白雲閒上人以橘一枝見予作詩以謝 …… 一一二一
答舒真人送牡丹 …… 一一二一
送胡古愚 …… 一一二二
游小孤及彭浪廟承學士命録以示畢推官因次韻二首 …… 一一二二
送柳唐佐懷孟總管 …… 一一二二
題李息齋竹 …… 一一二二
題先天觀 …… 一一二三
次韻雲章丈欲訪德機學士故以末句相屬冀以因行致之 …… 一一二三
予與胥翁亞仙自劍池觀山水遇客石橋吳氏訪自牧長老于昭福時寺新成方卜門向予與亞仙皆以正對大羅爲妙一時同游約齋朝輔朝佐皆吳氏之良而牧亦吴出也莫不共贊其美因爲賦詩以識之 …… 一一二三
去冬過昭福留詩□溪上牧所既而蒙半

村先生與國賓茂才青雲諸名勝相繼
屬和盛意不可忘也先從牧翁寄此尚
需面敘區區也 …… 一一二四
贈丹士 …… 一一二四
題朱澤民畫 …… 一一二四
題董生畫 …… 一一二四
羅若川畫松 …… 一一二五
又次游仙遊山詩韻 …… 一一二五
董掾湖山堂 …… 一一二五
留上方道院 …… 一一二五
寄陳湛堂法師 …… 一一二六
送胡士恭 …… 一一二六
送雙林西白長老用太白起句 …… 一一二六
寄白雲間上人 …… 一一二六
寄訢笑隱 …… 一一二七
陳君璋新園池亭得煙雨横塘舊扁表之
本漁墅陳氏之物我大父尚書公所書
也尚書書此時已九十年而君璋之父
年且九十矣故賦詩及之 …… 一一二七
題蕭正肅公及尚書與楊誠齋書幅後 …… 一一二七
費無隱丹室 …… 一一二八
寫韻軒 …… 一一二八
楊判官春雨亭 …… 一一二八
揭北海山雨亭 …… 一一二八
珉上人俯清軒 …… 一一二九
楊伯恭柳隱山房 …… 一一二九
揭北海蓬萊亭太湖石峰 …… 一一二九
秋屏閣 …… 一一二九
王欽道活水源堂 …… 一一三〇
題送林松磵照磨詩卷後 …… 一一三〇
御風亭 …… 一一三〇
雙檜軒詩 …… 一一三〇
黄仙巖 …… 一一三一
古亭詩爲張仲淵作 …… 一一三一
觀耕詩爲王可敏賦 …… 一一三一
與熊天宇 …… 一一三二
行丞相掾唐仲英事母至孝在臨川時太
夫人嘗藝蘭於亭中花繁茂累歲增盛
異於常植君子有以占其子孫之興也
他日太夫人去世而蘭亦悴而弗華三

年而忽榮如太夫人在時仲英感歎如見母之存焉都人士咸以爲瑞相率爲歌詩以頌太夫人之遺德而識天錫瑞以彰仲英之孝後數年虞某在豫章與仲英續賦一章云……一一三二
憲府瑞栢……一一三二
書蕭母傳後……一一三三
黄節婦詩……一一三三
送阿里仁甫舟中作……一一三四
題高彦敬竹石……一一三四
南浦遐觀圖……一一三四
古木圖……一一三四
趙伯高所藏高彦敬吴山夜景圖……一一三五
東山圖……一一三五
百馬圖……一一三五
周昉畫……一一三五
天師菴壁間墨竹……一一三六
從子旦欽賚賜金至山中次陳溪山韻……一一三六
謝予棕雨笠……一一三六
題毛秀發薛玄卿戴笠圖卷後……一一三六
止家人製衣……一一三七
荒唐……一一三七
虚齋……一一三七
真止軒……一一三七
石巖詩爲道童總管作……一一三八
竹所詩爲馬照磨作……一一三八
送揭子尚之京師……一一三八
送李伯儀……一一三八
送吴志淳……一一三九
送劉仲禮游浙……一一三九
送艾友文之静江……一一三九
送太原郭誂還豫章灌園精舍讀書……一一三九
送劉元補淮南漕司書吏……一一四〇
送李仲淵雲南廉使……一一四〇
題河東李集賢倜詩後……一一四〇
送僧歸俗……一一四〇
聽劉元彈琴……一一四一
陳立持所畫山水及酒饌來求詩法詩法無之得與齋中朋友一餉之樂……一一四一
與趙伯高論詩……一一四一

宿周氏東齋聞饒以和李本夜話賦此……一一四二
觀王繼學參政贈臨川艾庸詩有感……一一四二
題陳維新詩卷……一一四二
題劉伯温行卷……一一四二
題黄智仲詩卷繼夔御史黎僉事詩後……一一四三
書莊武公遺事後……一一四三
自題爲危太朴作……一一四三
故人……一一四四
孟莊……一一四四
吴先生壽日……一一四四
寄壽楊友直……一一四四
寄楊友直……一一四五
寄陳衆仲……一一四五
寄陳溪山……一一四五
寄楊臨川……一一四五
寄蒙古松巖……一一四六
寄費無隱……一一四六
寄趙中山……一一四六
用聶御史韻贈忻都兼寄張伯雨……一一四六
次韻陳溪山……一一四七
次韻陳溪山紅梅……一一四七
次韻答楊臨川……一一四七
舟次臨川用趙壎韻……一一四八
山行次韻……一一四八
次韻曹子貞……一一四八
舟泊安和阮宅次黄志高韻……一一四八
舟宿湖口……一一四九
次韻劉桂隱……一一四九
謝廬陵兩劉君……一一四九
次韻孟天暐典簿佐奉使行江西所賦……一一四九
山木閣一首送人之京……一一五〇
送撫州推官于夢臣改除吴興别駕……一一五〇
送陳繹思歸會稽讀書……一一五〇
送秘書也速答兒大監載書歸成都……一一五〇
送普從昇驛史調廣東……一一五一
送成彦舉奏差還湖南……一一五一
送人回湘用魯子翬僉院韻……一一五一
寄監郡敬齋……一一五一
仲秋二十一日雨後聞桂香柬竹齋諸友……一一五二
訪羅元德隱居……一一五二

憲副孛顔帖木兒行部過訪……一一五二
與易小雅……一一五二
憲府集後書與紀長之……一一五三
與陳維新……一一五三
答劉無作……一一五三
答毛南楚惠書……一一五三
答陳明復……一一五四
保同監邑送桑本……一一五四
陳幼德送竹本……一一五四
謝董子道參政……一一五四
謝馬昂夫總管……一一五五
謝陳溪山慶生朝……一一五五
謝劉伯温……一一五五
謝胡士則……一一五五
謝魯元起監縣……一一五六
謝楊士弘爲録居山詩稿……一一五六
酬吴彤暨諸友編文……一一五六
贈義上人赴京……一一五六
贈張元朴……一一五七
贈婁行所……一一五七
贈道士……一一五七
贈彭致中遊廬山……一一五七
贈高文舉……一一五八
贈道士鄒雲山……一一五八
舟中書贈吴彤……一一五八
贈徐元度……一一五八
贈敬上人……一一五九
贈鄒生……一一五九
遣興……一一六〇
爲熊曼初賦静觀……一一六〇
滕王閣……一一六〇
玉華山……一一六〇
天峰道院……一一六一
次韻寄題象外道院……一一六一
寄題三益亭録呈仲義參謀……一一六一
題梅仙峰與彭致中……一一六一
題新喻吴氏浩然堂……一一六二
浙西憲郎武子宣監試秋闈……一一六二
魯國趙公世延哀詩……一一六二
故贈奉議大夫太常儀禮院判官廬陵

范公哀輓……一一六三
題楊友直步鶴圖……一一六三
春雲亭……一一六三
題鄱陽胡仙伯活死人窩……一一六三
寄題鄱陽李氏適軒……一一六四
酬書巢送雉尾拂……一一六四
會宗海藏主來江西一日山雨稍涼同溥
安枯石見過復有還浙之興書偈爲别
并柬一關大士同發一笑……一一六四
送文學隱上人……一一六四
送劍江復見心上人游徑山……一一六五
重贈復見心游浙兼簡張貞居……一一六五
賦文子方家篔簹亭竹影……一一六五
梅庭詩爲李重山賦……一一六六
送戈伯敬東訪伯循御史就遊京師……一一六六
與侯頤軒……一一六六
題商德符蜀山圖……一一六七

道園遺稿卷之四……一一六八

絶句五言……一一六八
漁樵耕牧四詠……一一六八
題子昂五馬圖……一一六八
趙大年小景……一一六八
題黄西麓扇……一一六九
題柯敬仲雜畫……一一六九
子昂桃花馬……一一六九
題馬學士詩後……一一六九
京師秋夜……一一六九
題雜畫二十八首……一一七〇
黄蜀葵……一一七〇
白芍藥……一一七〇
海棠……一一七〇
山茶……一一七〇
芙蓉……一一七〇
荷花……一一七〇
著色竹……一一七一
著色蘭……一一七一
墨蘭……一一七一
子猷訪戴……一一七一
蘇李泣别……一一七一
西子遊湖……一一七一

蕭史鳳臺　一一七二
襄王夢　一一七二
梅梢月　一一七二
幽禽　一一七二
雪茶雙雀　一一七二
荷葉雪姑　一一七二
梨花靛甕　一一七三
荔支山鼠　一一七三
並鵲　一一七三
天鵞　一一七三
鴈　一一七三
鵞　一一七三
鴨　一一七四
煙浦釣舟　一一七四
荷鍤圖　一一七四
蘭蕙圖　一一七四
題何玉泉錢塘詩卷後　一一七四
楊友直湖亭　一一七四
六言　一一七五
題江山煙雨圖　一一七五
柯博士竹樹古石　一一七五
趙承旨蘭石僧日觀蒲萄　一一七五
趙承旨畫松　一一七五
題聶空山扇　一一七五

道園遺稿卷之五

道園遺稿卷之五　一一七六
絶句七言　一一七六
次韻竹枝歌答袁伯長　一一七六
竹枝歌奉陪諸公送舊而歸暮聞短歌江上其竹枝之遺響乎因成四章　一一七六
題秋日蜀棠　一一七七
摘芙蓉　一一七七
見叔父南山翁　一一七七
眉菴自賦　一一七七
橫塘寺留題　一一七七
洞庭湖　一一七七
晚過金山　一一七八
趙承旨躑躅畫眉　一一七八
宣和馬圖　一一七八
王朋梅東涼亭圖延祐中奉勑所作草也　一一七八
方壺臨董元山水　一一七八

息齋竹　一一七八
寄張伯雨　一一七九
寄薛玄卿　一一七九
寄訢笑隱　一一七九
寄恩斷江　一一七九
寄王本齋　一一七九
寄斡克莊僉憲　一一七九
答斡克莊惠白氈　一一八〇
別燮玄圃　一一八〇
恭華道院納涼　一一八〇
書蘇公帖後　一一八〇
書先參政與黄浮山賦紫薇再花遺墨後　一一八一
書晚宋諸名公題墮淚碑詩後　一一八一
題宋淵聖宸翰　一一八一
跋劉光遠湘川行稿後　一一八一
書子昂延祐間墨蹟後　一一八一
吴興公所書出師表　一一八二
訪溉之不遇書壁　一一八二
丁卯禮部考試次韻　一一八二
固陵寒雀圖　一一八二
聞子規　一一八三
自述　一一八三
東家四時詞　一一八三
絶句　一一八三
金丹五頌　一一八三
寄金蓬頭道人　一一八四
劉正甫周孟瑄游華蓋回見訪　一一八四
贈毛拱辰　一一八四
贈蔣子中　一一八四
送夏大之教授還鄉　一一八五
題黄晉卿上京道中紀行詩後　一一八五
題開元宫來鶴亭　一一八五
題明復菴　一一八五
清皋舊隱　一一八五
題贈葉梅野　一一八六
雜題　一一八六
趙師舜所藏雪竹圖　一一八七
西村山水　一一八七
西湖畫景　一一八七
蒲萄葵花　一一八七

池塘秋晚……一一八七
天藻亭舍下生竹枝……一一八七
青山白雲圖……一一八八
僧巨然山水……一一八八
畫竹……一一八八
題戈叔義墨竹……一一八八
留題龍門寺……一一八八
題周東揚進士爲南郭園林記後……一一八九
寄謝臨川王正則録事……一一八九
酬吴子高……一一八九
題魏雄卿齋壁……一一八九
題畫……一一八九
南浦圖……一一八九
柯博士畫……一一九〇
秋江圖……一一九〇
紅蓼雙凫……一一九〇
畢公濟掀篷梅……一一九〇
題王□□所藏歐陽文忠公遺墨……一一九〇
雙禽圖……一一九〇
臨王摩詰舊竹……一一九一
楊補之蘭……一一九一
商德符畫……一一九一
子昂古木……一一九一
子昂墨菊……一一九一
畫梅風雪老嫩四首……一一九一
畫馬……一一九二
次韻王繼學題太乙……一一九二
送柴高士南遊……一一九二
贈傅與礪……一一九二
贈盧生録詩……一一九三
題范德機墨蹟後……一一九三
種橘……一一九三
彭致中送松花……一一九三
喜雨寄郡中諸官……一一九三
題表姪陳可立雜畫……一一九三
贈朱本初……一一九四
葛子熙欲往吴越售長安諸碑以危太樸書來求詩書尾餘空尚多紙佳極宜於書不忍劃絶之因題此詩贈子熙兼寄衆仲提學亦欲故人知吾得太樸也……一一九五

寄朱環溪 …… 一一九五
悼亡 …… 一一九五
次陳溪山韻 …… 一一九六
維摩文殊 …… 一一九六
達磨 …… 一一九六
何奉議子路問津圖 …… 一一九六
荷蓧圖 …… 一一九六
李陵别蘇武 …… 一一九七
羲之觀鵞 …… 一一九七
孟浩然 …… 一一九七
和靖行吟 …… 一一九七
陶穀烹雪 …… 一一九七
醉翁亭圖 …… 一一九七
原泉圖 …… 一一九八
贈王自得 …… 一一九八
送余道士 …… 一一九八
延祐三年過金鴈欲訪諸公以王事不
果今二十年 …… 一一九八
寄謙上人 …… 一一九八
寄曇芳笑隱 …… 一一九九
寄光雪窗 …… 一一九九
宿天寧寺 …… 一一九九
聞白雲上人自吴中來訪表姪陳可復
書其像因題之曰 …… 一一九九
題馮九淵墨龍 …… 一一九九
題了堂上人所藏雲屋圖 …… 一一九九
題袁誠夫所藏山水 …… 一二〇〇
墨梅 …… 一二〇〇
孩兒桃 …… 一二〇〇
洪厓橋 …… 一二〇〇
五絃琴詩爲劉子雨賦 …… 一二〇〇
次書巢雜韻 …… 一二〇一
題畫 …… 一二〇一
畫松 …… 一二〇一
漁樂圖 …… 一二〇一
捕魚圖 …… 一二〇一
百牛圖 …… 一二〇二
畫虎 …… 一二〇二
畫鶴 …… 一二〇二
息齋墨竹 …… 一二〇二

蘭……………………………………一二〇二
雨竹……………………………………一二〇三
村夜上元作……………………………一二〇三
送艾幼清歸臨川………………………一二〇三
昱上人盆竹……………………………一二〇三
題夢良梅………………………………一二〇三
述懷……………………………………一二〇四

道園遺稿卷之六……………………一二〇六

樂府……………………………………一二〇六
燭影摇紅………………………………一二〇六
蝶戀花…………………………………一二〇六
賀新郎…………………………………一二〇七
風入松爲莆田壽………………………一二〇七
鳴鶴餘音………………………………一二〇七
蘇武慢…………………………………一二〇八
無俗念…………………………………一二一一

附録……………………………………一二一二

重刊道園學古録敘……………………一二一二
道園學古録提要………………………一二一三
道園遺稿序……………………………一二一四
補刊道園續稿序後……………………一二一五
道園遺稿跋……………………………一二一六
道園遺稿提要…………………………一二一六
虞文靖公道園全集序…………………一二一七

校點説明

《道園學古録》《道園遺稿》，元虞集撰。虞集（一二七二——一三四八），字伯生，號道園，亦號邵庵。世家會稽，唐初遷雍，中和間徙居四川仁壽。宋亡，僑寓江西崇仁。集性敏好學，十六師從吴澄遊，備聞前修格言，於前代典故及舊家世系，考覈尤爲精詳。元成宗大德六年（一三〇二）得大臣薦，授大都路儒學教授。歷事九朝，官至奎章閣侍書學士、翰林侍講學士、通奉大夫。元惠宗元統元年（一三三三）秋，以病辭歸崇仁。至正八年（一三四八）卒，享年七十七，謚文靖。事見《元史》本傳、趙汸《邵庵先生虞公行狀》、歐陽玄《元故奎章閣侍書學士翰林侍講學士通奉大夫虞公神道碑》。

集爲元代文章鉅擘，生平爲文萬篇，行於世者十之二三。歐陽玄《雍虞公文序》云：「皇元混一之初，金、宋舊儒，布列館閣。然其文氣高者崛强，下者委靡，時見舊習。承平日久，四方俊彦萃於京師。笙鏞相宣，風雅迭倡。治世之音日益以盛矣。於時，雍虞公方回翔胄監、容臺間。吾黨有識之士見其著作法度謹嚴，辭指精覈，即以他日斯文之任歸之。至治、天曆，公仕顯融，文亦優裕。一時宗廟朝廷之典册，公卿大夫之碑板，咸出公手，粹然自成一家之言。山林之人，逢掖之士，得其贈言如獲拱璧。公之臨文，隨事酬酢，造次天成。初無一毫尚人之心，亦無拘拘然步趨古人之意。機用自熟，境趣自生，左右逢原，各識其職。」對集文壇地位及爲文風格作了恰切評價。

虞集現存著作，有《道園學古録》五十卷、《道園遺稿》六卷。現將底本和校本的幾種版本情況簡介於下：

一、《道園學古録》五十卷，由集門人李本等編録，斡克莊刊於建安。李本卷末識語説：「至正元年十有一月，閩憲斡公使文公之五世孫炘來，求記屏山書院，并徵先生文稿以刻諸梓。本與先生之幼子翁歸及同門之友編輯之，得《在朝稿》二十卷、《應制録》六卷、《歸田稿》一十八卷、《方外稿》六卷。蓋先生在朝時，爲文多不存稿，固已十遺六七。歸田之稿，間以放軼，今特就其所有者而録之，所謂泰山一豪芒也。」與虞集《酬諸友編文》詩序説法合。並詳列了參加編録人員的姓名。朱炘取得書稿返建安時，虞集又寫了《送朱明仲歸建安并簡貳憲斡克莊》詩。以上説明《學古録》五十卷，於至正元年冬編定，刊印於建安。建安爲閩海道建寧路治所，世稱建寧本，或曰建本。此本早已不存。明翻刻本有二：（一）景泰七年（一四五六）鄭達、黄仕達刊本（簡稱「景泰本」）。此本比初刊本增刊了三十四篇詩文。目録後附重增目録，注明該詩文刊入的卷次。明成化間，葉盛將歐陽玄爲《雍虞先生道園類稿》寫的《雍虞公文序》刊入卷首。據《皕宋樓藏書志》引葉盛識語云：「道園先生文集，往時劉伯温所刊大字本，有歐陽圭齋序，今板已亡矣。近見昆山新刻斡克莊建本，遂于先生四世從孫吴江虞茂湜家，模得此序并書一通，冠諸首云。」景泰本，今國圖等館有藏。《四部叢刊》初編即據此本影印。又有《四部備要》排印本。（二）嘉靖四年（一五二五）陶諧、虞茂刊本（簡稱「嘉靖本」）。此本據景泰本校刊。但將《雍虞公文序》、重增目録及三十四篇詩文。卷首有順天府尹萬鏜所作《重刊〈道園學古録〉序》。此本今國圖、北大圖書館有藏。《四庫全書》集部《學古録》即據此本抄入。

二、《雍虞先生道園類稿》五十卷，虞集門人吴彤等編輯，江西湖東道肅政廉訪使劉沙剌班（劉伯温）等于至正五年五月牒請刊于臨川郡學。卷首有至正六年二月歐陽玄《雍虞公文序》，至正五年五月《憲司牒文》。《類稿》編刊時間比《學古録》晚五年，編輯人員、刊印地點、編次均不同。將《學古録》前三編與刊印後增入的新作混合，按文體編次。一至十八卷爲詩，十九至五十卷爲文。《學古録》中的《方外稿》六卷，全予删除。故二者所收文有出入，文字也有差異。臨川本《類稿》明初有覆刊本，其後再無刊印，故罕爲流傳。《元人文集珍本叢刊》影印的即爲明初覆刊本。

三、《遺稿》六卷，虞集從孫爲補《學古録》、《翰林珠玉》等編之失落，廣爲搜輯，得古、律詩七百餘首，編爲六卷，吴江金伯祥命其子鏐書入刻。此即元金伯祥刊本，北京大學圖書館有藏。卷首有至正二十年正月十日黄溍序，至正十九年五月楊椿序。卷末有至正十四年五月虞堪識語。明朱存理《珊瑚木難》收有黄溍《虞先生詩序》，作序時間爲至正十五年正月十五日，云「得古、律詩七百三十七篇」，較此本「七百四十一篇」詩少四首，其餘内容則同。「至正二十年正月十日」當爲刊印者致誤。此本有至正二十四年金天瑞補刊本，增補了馮尊師《蘇武慢》二十首，並有至正二十四年八月金天瑞識語。《四庫全書》集部即據此本抄入。

四、《道園續稿》六卷，國家圖書館藏有清抄本，卷末至正二十三年十二月彭城劉玄《補刊〈道園續稿〉序後》云：「長洲陸君守道，早從虞堪勝伯游，受其教益居多。堪嘗裒其從祖道園先生古、律詩總七百餘首，并古樂府若干。而元金華黄公晉卿、眉山楊公子年皆序於前，金氏伯祥已爲鋟梓。迨今歲久，版多亡缺，存者僅三之一，且糊糢間出，守道以其師之故，方圖補刊而易其糊糢者，奄及易簀。二子珩、瑄念其父志，用續成之，徵玄序其事。」劉説可信。將《續稿》與《遺稿》對照，從編次和内容看，兩者無差别。只是書題、序題、綱目中的《遺稿》改爲《續稿》，進一步證明《續稿》是《遺稿》的補刊本。

五、《虞文靖公道園全集》六十卷。編次爲：《學古録詩集》八卷、《道園詩遺稿》八卷、《學古録文集》四十四卷。孫錤等編輯，清道光十七年（一八三七）四川鵝溪《古棠書屋叢書》刊本。今北京師範大學圖書館有藏。據此本補刊的有民國元年

（一九一二）存古書局補刊本，有《中華文史叢書》影印本。

此次整理，《學古録》以《四部叢刊》影印景泰本爲底本，以《元人文集珍本叢刊》影印《雍虞先生道園類稿》（簡稱「類稿本」）、影印文淵閣《四庫全書》本《學古録》（簡稱「四庫本」）爲校本，參校《四部備要》本、《虞文靖公道園全集》本（簡稱「蜀本」）。《遺稿》六卷，以北京大學圖書館藏元刊本爲底本，以國家圖書館藏清抄本《續稿》、影印文淵閣《四庫全書》本《遺稿》爲校本，參校《道園詩遺稿》（簡稱「蜀本」）。

《學古録》《遺稿》底本未刊入的序跋提要等七篇，作爲附録，以供參考。《學古録》後所附《李本跋》，原無標題，今予新擬。

校點者　龍德壽

雍虞公文序❶

斯文與造化功用相彌綸、國家氣象相表裏。故文人生於世有數，文章用於世有時。斯言若夸，理實然也。皇元混一之初，金、宋舊儒布列館閣。然其文氣高者崛强，下者委靡，時見舊習。承平日久，四方俊彦萃於京師。笙鏞相宣，風雅迭倡，治世之音，日益以盛矣。于時雍虞公方回翔胄監、容臺閒。吾鄉有識之士，見其著作法度謹嚴，辭指精覈，即以他日斯文之任歸之。至治、天曆，公仕顯融，文亦優裕。一時宗廟朝廷之典册、公卿大夫之碑板，咸出公手，粹然自成一家之言。山林之人，逢掖之士，得其贈言，如獲拱璧。公之臨文，隨事酬酢，造次天成，初無一豪尚人之心，亦無拘拘然步趨古人之意。機用自熟，境趣自生，左右逢原，各識其職。故自其外觀之，如深山穹林，葱蒨蓊鬱，莫測根柢；鉅野大澤，汪洋澹泊，不爲波濤。試剌其中，則日月之精凝結，歲久皆成金珠；龍虎之氣變化，時至即爲風雲，孰能窮其妙也哉？太史夏臺劉君伯温，蚤歲鼓篋從公成均，及爲江右肅政使者，近公寓邑，乃裒公之文，將傳諸梓。書來京師，屬玄爲序。玄惟李漢於昌黎，子瞻於廬陵，皆能知而能言者，走豈能爲前人役乎？第於公有世契，生平敬慕公之文，以附著姓名爲幸。又高劉君政事之暇，敦

❶ 建寧初刊本《學古録》無序，此序是爲類稿本而作。明成化間，葉盛修補《學古録》時刊入。

篤風誼如是，遂不敢辭而爲之序。至正六年二月，翰林學士承旨、榮禄大夫、知制誥兼脩國史歐陽玄序。

道園學古録卷之一

在朝稿一

雍虞集伯生

賦

别知賦送袁伯長

余忽忽處此之無故兮，幾偃蹇以自窮。逝斂裳以遐征兮，抗九霄之雲風。頫三辰之徘徊兮，遲後古以爲期。何夫子之倀倀兮，亦踉蹌而在兹。于嗟乎！世德之浩浩兮，恥謂人以不賢。陳珮玉於交逵兮，被徒輿以瑶環。設厚顔之鬱沉兮，孰敢即問乎津涯？發疾叫于咽嗌兮，衆披靡而莫支。夫冶倡之狐惑兮，豈不足於内揆？顧西子之蓬垢兮，益返忌兮故意。惟前聖之無悶兮，老氏亦貴夫知希。顧涼薄之多懲兮，猶慷慨而尚辭。余固將去此而無悔兮，念夫子之與我日進。余以不及兮，又證余以其可。余嘗究往來之爲道兮，論因革之爲權。莫或知其濩落兮，子獨謂其固然。庶久子以自輔兮，克有聞以時行。忽先我而南騖兮，殆若爲乎余情。迺歌以送之曰：長江渾渾兮，春多浪波。白日耿耿兮，擊楫爲歌。天薄我賦兮，非以病我。于嗟兮，昔之盛者何其多？

古劍賦

吴季有劍，古所服兮。先時利行，後伏

匿兮。歷世十百，神物來兮。精英上浮，久乃識兮。截截庚庚，玉理仄兮。質化光泯，黝正黑兮。匡視白日，澹斂色兮。燧人司金，石水泐兮。終古不磨，奇雄特兮。勿褻勿試，靈具戒兮。鬼目睒睒，頭鬅鬅兮。竊擬窺之，自造慝兮。靈怒殛女，不女貸兮。神宮無人，帝湛默兮。季冠如山，采衣翼兮。長身好脩，又正直兮。稱是容佩，有加飾兮。魚室珠繞，雜文織兮。虞于帝傍，順降陟兮。握奇中運，授神職兮。旋陽制陰，物不忒兮。辟却百非，五兵息兮。大宰不劌，完以爲德兮。變窮于傳，填無極兮。

畫枯木賦

夫誰畫此枯樹兮？臨不食之散泉。既偃蹇又嚙食兮，骨岸岸以弗妍。想執筆以極思，忽機釋而神旋。遺衆壤於蹔有，❶勒不毁之所全。或埀去於斤運，或石泐於溜穿。渀無雨以如晦，怳非規而能圓。澹黝乎其既失，旋蒼然而在前。命以物而不可，孰春秋而論年？噫吁嘻！被草以毛，❷膏慮用丹。❸眥爲流眩，頤常注次。❹獨何爲托寂寞於無意，而刻畫其不傳者邪？

木齋賦

奎章閣藝文監秀才方積，昔在匡廬，讀書群木之間，謂之木齋。余愛其高秀而賦之。其辭曰：

❶「壤」，類稿本、四庫本作「壤」。
❷「草」，四庫本作「革」。
❸「慮」，四庫本作「膚」。
❹「次」，四庫本作「歡」。

二

夫何硉矹以峑峩兮，據積水而鬱盤。有梗楠與豫章兮，翳松柏之丸丸。攬芳草之盈庭兮，聽呦呦之鳴鹿。濯余纓於滄浪兮，沐余髮乎飛瀑。余潔清以有待兮，歎望之而彌高。絓余驂以弗馳兮，氣緜薄而心勞。感春物之芳芭兮，又晚實之不食。更千歲其未已兮，退自脩乎兹室。

操

思魯琴操

龜山之陰陰兮，有雲垂天。河目而海口兮，將見其人。望之彌尊兮，即之彌親。大音寥寥兮，中信而真。

芝亭永言

古詩四言

味經堂詩 有序

國子祭酒魯公伯子翬父，作味經堂，自爲記以勖其子遠。公嘗命遠從予遊，故賦此詩。

維昔玄聖，有子過庭。學禮學詩，詔之丁寧。面牆之室，繇不知味。親能使學，不能使嗜。觀于德容，聽于德音。詠歌周旋，實悦我心。❶邈乎千載，聖往言在。舍而不求，匪罔斯殆。畏友翬父，窮經篤行。既有諸躬，思貽厥成。既菑既畬，俾稼之食。既畋既漁，俾鼎之實。作堂高明，曰子遠來。吾經在兹，遠其味之。始予虛羸，匍匐來食。茹草飲水，以禦朝夕。窮人得歸，自我父師。俛焉斯文，老至不知。煌煌靈芝，如彼嘉玉。薄言采之，在彼中谷。南陽之人，來詹來言。君子豈弟，宜其後昆。

題宋誠甫侍郎垂綸亭

岷源建高，駛無游舠。漢會其委，安流滔滔。爰有君子，垂綸其下。雖不得魚，意甚閒暇。援藟引楫，至于中沱。蔭樹以休，悠悠永歌。逝波沄沄，不轉維石。樂兹忘憂，矢言不食。烝然雲興，風舉以高。駝翔中天，遺景九皋。木其落矣，魚亦潛渚。睠言夙好，❷除于風雨。風吹衣裳，彼爲栖栖。行吟望予，寔勞我思。山有榛棘，河有鰉鯉。❸豈其飲泉？必泠之美。君子冠絁，❹秩秩大經。洞有清酌，可以濯纓。

高彦敬青山白雲圖❺

兩崖之間，曾不容舠。白雲悠悠，與山俱高。

❶「悦」，原作「説」，據類稿本、四庫本改。
❷「夙」，原作「風」，據類稿本、四庫本改。
❸「鰉」，類稿本作「魴」。
❹「絁」，類稿本作「純」。
❺「高」上，類稿本有「題」字。

趙忠簡公祠堂詩

皇元至順三年春，解州聞喜縣學，用禮部符祠其鄉先生故宋丞相趙忠簡公。公六世孫國子博士質翁，求虞集作迎送神詩。

山河邈悠，宗國爲虛。❶騎箕來歸，懷此故都。嗚梟在樹，飢鼯在渚。閟宫不存，公食無所。董澤之陂，有蒲與荷。子孫具來，式燕以歌。瞻彼洛矣，其水泱泱。斯文在兹，俾也可忘。

秦檜既貶趙公於海南，隨使人逼殺之。公臨終，從所寓寺僧索素帛一方，❷書其上云：「身騎箕尾歸天上，氣作山河壯本朝。」以付寺僧而絶。聞喜之董澤，公鄉也。

賦衛節婦王夫人

汎汎淇水，岸有佳竹。閨門嚴嚴，樂爾貞獨。泛泛淇流，岸有松舟。閨門閒閒，樂爾貞幽。汎汎淇右，有堂孔阜。娟娟貞幽，肅肅眉壽。淇原有泉，可濯可沿。亨鬻勺尊，樂爾高年。高年樂止，亦有孫子。式歌《衛風》，以告國史。

題學易齋 其人將詣孔林

惟學《易》君子，慎其齋居。動息有存，起處是於。奇耦玩畫，方員視圖。晝循静

❶「宗」，類稿本作「宋」。

❷「帛」，原作「吊」，據類稿本、四庫本改。

始，夜根動初。罔不在中，日居月諸。乃秉元化，以時盈虛。共惟玄聖，啓我後愚。載瞻巍巍，魯林鬱如。

古詩五言

諼草生竹間

諼草生竹間，翠色相綢繆。美人欣有託，君子故忘憂。昔聞有鳴鳳，飲水來丹丘。不食衆木實，樂只淇園秋。

高竹臨水上

高竹臨水上，幽花在崖陰。以彼貞女姿，當此君子心。春陽不自媚，夕露忽已深。湘妃昔鼓瑟，悵望蒼梧岑。❶

月出古城東

月出古城東，海氣浮空濛。車騎各已息，宫闕何穹窿。牧馬草上露，吹笳沙際風。帳中忽聞鴈，傳令彀雕弓。

書上京國子監壁

神京極高寒，幽居了晨夜。雷風無時發，零雨每飄灑。炎光不到地，蕭爽度長夏。大化漠無宰，豈必事陶冶？揚雄不曉事，守道栖栖者。《玄經》百無徵，白髮謾盈把。

❶「岑」，原作「岺」，據類稿本、四庫本改。

至治壬戌八月十五日榆林對月

日落次榆林，東望待月出。大星何煜煜，芒角在昴畢。草樹風不起，蛩蜩絶啁唧。天高露如霜，客子衣盡白。羸驂齕餘棧，嫠婦泣幽室。行吟毛骨寒，坐見河漢没。驛人告晨征，曈曈曉光發。

憶三十年前與元復初參政同賦秋日梨花元有句云朝食葉底梨莫看枝上花而忘其後句因續之云❶

朝食葉底梨，莫看枝上花。花開食實後，霜風振長柯。遠水良可鑒，彩雲亦易過。念爾白於雪，日莫當如何？

李老谷

十轉山崦交，九度沙磧溜。始辭平漠曠，稍接山木秀。老病畏行役，慰藉得良覿。秋嶺晚更妍，寒花晝如繡。故園夫如何？朝陽眩霜柚。

泰定甲子上京有感次韻馬伯庸待制

翰音迎日轂，儀羽集雲路。寂寞就書閣，老大長郎署。爲山望成岑，織錦待盈度。我行起視夜，星漢非故處。

---

❶ 此題前，類稿本有題「續秋日梨花詩」。

賦水木清華亭

中流泛蘭枻，望彼嘉樹林。落日蕩野水，浮雲生夕陰。游魚戀芳藻，好鳥鳴幽岑。爲樂恐易老，吾將脱朝簪。

天曆戊辰前續詠貧士一首

目昏畏附火，枯坐寒窗中。破褐著絮重，虚豆兼冰崇。病骨於此時，浮屠屹撑空。呼兒檢餘曆，記日待春風。雖欣解凍近，翻驚紀年窮。貰酒欲自廣，無錢似陶翁。

又一首答舍弟見和

蜀侯昔罹憂，嶺海萬死中。詩書庶不泯，焉思禄位崇。爾來五十年，所以恆屢空。涉世惟信道，卓然立頹風。漫仕非我能，偶貧豈人窮？深耕定有穫，歸嘆兩衰翁。

後續詠貧士四首

老骨寒不寐，夜長況聞風。心悸危欲折，跼蹐敗絮中。鷄鳴當晨參，馬疥芻不充。山童衣百鶉，唤之愧匆匆。求火掃木葉，庭樹亦已空。決起不敢怠，曙光屋南東。苟遂牛馬性，歸放春草豐。

歸蜀越關隴，棧閣危登天。適越河濟

隔，堰水丈尺間。飢寒迫旦暮，舟車計茫
然。東家有一叟，欲去初不言。早朝聽詔
畢，喚馬閶闔前。童奴受宿戒，向暖争相
先。聞之嗔兒子，我何爲汝牽。屨無千金
賈，吾足安暇憐。

爲政貴察色，讀書在研覃。司視既不
明，兩者無一堪。尚不逭吏責，爲師固宜
慚。聖世無棄物，況茲久朝簪。決去豈我
志，知止亦所諳。頗聞南山下，菊根浸寒
潭。濯餌千日期，冰膚復清涵。老馬果識
道，更服鹽車驂。

天風夕號怒，霜日殊清妍。探架得古
書，前日手所編。奈何視茫茫，字若萬蟻
緣。精意成寂寞，惆悵還棄捐。於帷仲尼
衰，清夢不復然。小子未聞道，何以卒
歲年？

觀花有感

掛巾花樹枝，酌酒花樹下。風吹巾上
塵，花落手中斝。清唱起相壽，毋遽且聊
暇。流光急去人，莫怪行樂者。

赤城館

雷起龍門山，雨灑赤城觀。蕭騷山木
高，浩蕩塵路斷。魚龍喜新波，燕雀集虚
幔。開户微風興，倚杖衆雲散。

同閣學士賦金鴨燒香

黄金鑄爲鴨，焚蘭夕殿中。窈窕轉斜
月，逶迤動微風。綺席列珠樹，華鐙連玉

虹。無眠待顧問，不知清夜終。

退直同柯敬仲博士賦

月下白玉階，露生黄金井。踈條栖鵲寒，衰蕙流螢冷。戀闕感時康，懷歸覺宵永。晨鍾禁中來，白髮聊自整。

送良上人賦得井上桐

桐陰秋轉薄，井氣曉爲霜。交柯舞幽鏡，墮葉響鳴璫。高巢翠羽下，澄水玉虯藏。上人從定出，行吟繞石床。

送吴子高

懷寶獻京國，悼亡還獨歸。日落雲中樹，風吹江上衣。湘靈瑟在席，織女石支機。遠道多寂寞，强飯勿相違。

于仲元舍賦紅梅

白雪不成夜，丹霞遂崇朝。妙質承日映，飛英向風飄。醉來紅袖近，歌罷綵雲消。揚州問何遜，何似董嬌嬈？

寄題新冶亭

窈窕冶亭莫，蕭條江南秋。泛覽山河外，張樂鳳皇丘。公子飛翠蓋，美人回綵舟。從兹至黄髮，樂哉以忘憂。

題儋耳東坡載酒堂

翳翳儋耳城，歷歷桄榔樹。百年遺故丘，新堂設賓阼。清風海上至，朝陽在庭户。丹山五色鳳，覽德屢來下。甘辛熟桂酒，羅列雜藷蕷。苻黎多孫子，食飲祭先具。蛟龍波浪深，歸來風雨除。

鑿井得甘泉，渴者恆自私。流潤不擇地，委順復何疑？海南絶風雨，水木況華滋。隣舍解讀書，諸生還誦詩。何必懷故都？聊樂宜在兹。星河度白鶴，山月懸蛾眉。來晚去何速？勞人千載思。

盜發亞父塚

彭城有盜識寶氣於亞父塚上。發之，得一劍云。

盜發亞父塚，寶劍實累之。塚開寶氣盡，獄吏書盜辭。盜言惟見寶，寧知亞父誰？項王不相信，弟子遂輿尸。黄腸下深錮，千歲復何爲？大河繞城東，落日在城西。過客立城下，踟躕望安期。

應制題王朏畫吴王納涼圖❶

雨過太湖上，風生響屧廊。紅綃拂几席，白紵製衣裳。朱光淪厚地，明月在高堂。何以保玉體，長年樂未央。

❶ 此篇，類稿本編入律詩五言。

步虛詞四首

步虛長松下，流響白雲間。華星列爟火，明月懸珮環。肅然降靈氣，穆若愉妙顏。竹宮憺清夜，望拜久乃還。

稽首望太霞，離羅間層霄。絪緼結沖氣，要眇出空謠。前參干景精，後引務猷收。攝衣上白鶴，招搖事晨朝。

朱光出東海，高臺迎赫曦。❶六龍獻陽燧，九鳳保金支。鍊丹軒轅鼎，濯景崑崙池。拜賜冰玉佩，玄洲共遨嬉。

學仙淮南王，問道劉更生。三年鍊神丹，九載淩上清。日月作環珮，雲霓爲旆旌。回首召司命，靈雨灑蓬瀛。

題商學士畫❷

方士好服食，商山多紫芝。采之長松下，濯以清澗漪。滄涼百里内，秦皇都不知。駕舟載男女，築宮東海涯。

贈藝監小吏

廣術何迢迢，榆槐蔭蔽之。鼓鍾晨莫起，車馬中間馳。此有嫠居者，閉户教孤兒。十歲學文史，十五從吏師。丹青出天性，落筆有令姿。藝監取材伎，小大無一遺。署兒筦庫下，禄薄不足爲。手持一束

❶「迎」，類稿本作「近」。
❷「商」下，類稿本有「德符」二字。

書，求以慰母思。告兒勿薄吏，公卿出自兹。請看孟氏里，軻母自有祠。

記子昂畫❶

春風動蘭葉，庭户光陸離。言收竹上露，石角掛綀衣。❷車行不擇路，芣苡何楚楚？遊子憺忘歸，徘徊歲云莫。

送西臺治書仇公哲

陜郊得時雨，生意始來復。存者事稼穡，還者葺牆屋。安知凋瘵餘？政可致新福。闢除正廣術，區井表深瀆。均齊定恒志，忠厚保敦篤。豈無憂世士？受仕在芻牧。爲義苦多違，好名常不足。治書肅將指，善類庶有勖。

送張道士歸上清

白雲盱水上，自古多仙人。手携緑玉杖，頭戴白綸巾。袖中出風雨，天上禮星辰。歸來庭户静，芳草自生春。

日出行

日出上城府，日莫當蚤歸。❸城門已擊柝，出郭何焉依？下馬投館人，空垣月當扉。涼風振庭樹，巢鳥屢驚飛。起坐搔白髮，忽如霜草稀。周公不復夢，仲尼故沾

❶ 此題，類稿本作「吴興公畫蘭」。

❷ 「綀」，類稿本作「彩」，四庫本作「練」。

❸ 「莫」，類稿本作「晏」。

衣。老萊有孺色，傳聞惟食薇。求之事已晚，徘徊行道微。

贈治冠者

車馬入隘巷，言尋治冠師。反關不受客，高坐哦書詩。布衣不掩脛，晝食甘藿藜。冠成動經歲，不售亦不辭。我少好文章，把筆無不爲。愧爾爰寂寞，慎與當自兹。

贈寫真佟士明

佟郎居上京，閲人如風花。拈筆寫其似，千歲留英華。邇來七十年，將相紛在目。來者有如此，往者那可續？昔我初北遊，面白鬢如鴉。點染煩粉墨，華星映丹霞。今如雪中松，苦硬雜蒼白。却視當年容，邈如不相識。不識當如何？臨風且長歌。黄雲接河漢，白雪漫坡陁。乞身願歸老，吴、蜀山總好。贈君千黛螺，翠色秋可掃。

寄陳衆仲助教上都作

學省足清晝，詞垣驚蚤秋。美人隔河漢，落月在高樓。持衣未成曲，吹笛不勝愁。還趁鳷鵲觀，别製鷫鸘裘。

贈鐵菴道者二首

昔遊雲臺觀，山色上衣青。松花春雨落，栢葉秋露零。飢來煮白石，睡起看《黄庭》。人間忽已老，莫問少微星。

海上别妻子，山中求伏苓。白虎戲玄渚，蒼龍護黄扃。燒香招五老，行厨庖六丁。從子似非遠，丹霞粲華星。

題商德符華山圖

昔祠雲臺館，行穿御階栢。夕陰嵐氣深，重碧照行客。獨訪張超谷，漸覺巖險迫。冰生玉井頭，日射仙掌側。豈無鐵鎖懸？翻身若飛鶻。恐煩華陰令，不奈昌黎伯。王事況有程，車馬何忽忽？流觀終南山，周覽天府國。爾來十七年，欲往不再得。山河想邈悠，傷殘轉蕭索。摩挲商老圖，彷彿希夷宅。高哉蓮華峰，白雲澹秋色。

寄幻庵主者

朝遊武夷麓，莫入匡廬岑。放舟臨野水，采藥過幽林。清泉磨寶劍，磐石鼓瑶琴。臘月歸溪上，還作蚤春吟。

賦茅山道士雲松巢

昔年李太白，廬山思結巢。褰雲自天上，和鶴止松梢。道士潘閬遠，高居古大茅。誦經門卧虎，看劍石眠蛟。飛步脱鳧舄，長吟吹鳳匏。九江攬秀色，許爾作神交。

酬上清道士鈔陰何詩

殘雪松上落，輕冰硯裏生。寫詩過夜半，欹枕又天明。❶ 少陵愛何遜，太白似陰鏗。不愁勞弱翰，亦足助高情。

❶「又」，類稿本作「到」。

題李溉之學士白雲半間

山中多白雲，何由到城邑？招之恐不來，欲攬遽無迹。栖檐候晨光，納牖作秋色。用冲不爲盈，常住寧若客。分張任蒼松，散落還白石。日照香爐峰，月射仙掌側。有恩封一鄉，與子當共食。

題浴日觀

煌煌赤老烏，三浴乃出海。波濤始晃瀁，宇宙破冥昧。西登泰華顛，東望方丈外。稽首希夷翁，今晨良慶會。❶

爲范尊師賦雲林清遊

大茅千仞下，結屋三四楹。雲林户牖潤，❷鶴去海天平。坐上發長嘯，人間聞玉笙。斸苓春霧重，煮朮晚煙輕。緑室噓丹氣，蒼崖受日精。樵遺伐木斧，真降引霓旌。九鼎金還就，千齡樹不傾。問誰解居此？云是范長生。

吹笛圖❸

白雲悠悠去，長松披高丘。匡坐吹笛

❶「良慶」，四庫本作「慶良」。
❷「林」，類稿本作「生」。
❸「吹」上，類稿本有「題」字。

人，似是馬督郵。飛鴻遺哀響，幽泉發春流。女樂亦何有？逍遥以忘憂。

送甘以禮調官歸鄉

甘君有良材，於政無不宜。白頭郡縣下，尚覺非所施。奈何筦庫冗，而可絀吏師。豈直名吏師？積學本書詩。高情抗浮雲，廉節濯清漪。君子安所遇，固無喜愠辭。嗟我忝從官，簪筆恆殿帷。竟無國士薦，徒稱故舊知。晚歲向田里，藜杖相追隨。尊酒以怡老，未爲負明時。

送李彦方閫憲

文監李公彦方，出貳閫憲，同朝群公皆賦詩以爲贈。彦方屢擢臺職，激揚之宜，有不待予言者。適有一事，深有感於愚衷。先正魯國許文正公，實表章程、朱之學，以佐至元之治。天下人心風俗之所係，不可誣也。近日晚學小子，不肯細心讀書窮理，妄引陸子静之説，以自欺自棄，至欲移易《論語章句》，直斥程、朱之説爲非。此亦非有見於陸氏者也，特以文其猖狂，不學以欺人而已，此在王制之必不容者也。閩中自中立之歸，已有道南之歎。仲素、愿中，至于元晦，端緒明白，皆在閩中，不能不於彦方之行發之。去一贓吏，治一弊政，不如此一事有以正人心，儒者之能事也。集卧病，目眚尤甚，援筆書此云。

七閩去天遠，顛連苦無告。牧人受深寄，昧者覆爲暴。犀象雜金貝，饑渴劇飫膏。大言相鄙夷，饜奪心自恔。豈無循廉吏？實病黑白撓。聰明屬旒黈，聽瑩資所到。李侯金閨彥，圖史擅讎校。晨聞大夫奏，夕理武夷棹。君子慎修職，寧適豐廩稍。蕉荔甘多毒，薑桂老堪芼。所懷延平翁，揚休似明道。授受有源委，精微足深討。言立聖如在，表正愚可造。師匠久不興，真妄如枘鑿。云何誚支離？肆誕長凶傲。異言古所誅，末學足深悼。閩雖在海隅，前聞此淵奧。正誼從簡編，良俗宜善導。贈言不及它，持此永爲好。

題鄭秀才隱居

陶翁昔好菊，荒徑不暇鋤。素琴初無絃，名酒亦屢虛。雖有二三子，薪水不讀書。凄涼千載下，高名將焉如？不如鬼谷洞，鄭子樂有餘。種菊以爲田，田中更爲廬。善藥不二價，詠觴送居諸。有子揮五絃，涼風在庭除。時來青田鶴，亦出濠梁魚。昨者遊京師，侯門曳華裾。捧檄忽一喜，翩然告歸與。芳蒲采甘露，玉漿釀清醑。老父坐堂上，稚子具籃輿。晨遊南山陲，暮濯清水渠。席間撫猗蘭，房中詠《關雎》。以此得高壽，何必南陽居？

題朱邸竹木

猗猗淇園竹，結根磐石安。枝幹相扶持，風雨不可干。其實鳳所食，君子思保完。恆恐聲影疏，蕭條霜露寒。金玉慎高節，千載承清歡。

詠史

軒后邈已遠，漢武亦雄哉。荒忽九州外，百年過煙埃。變化庶長久，臨海築層臺。黃金靡鏤飾，喬林摧斷裁。樂通竟先死，孫卿殊未回。不知作者意，空令來者哀。奉盤泣繁露，馳道殷奔雷。志氣昔所在，風雲恆往來。

畫古木

荒郊卧蒼苔，蛟龍在其上。不知風雨來，垂影一千丈。後主撥鐙法，江南久寂寥。空令没骨畫，容易媚中朝。

賦蘇伯脩滋溪書堂

滋源恆伏流，春雨川乃盈。林疇廣敷潤，草木俱繁榮。臨深見遊鯈，仰喬有鳴鶯。君子樂在斯，齋居托令名。積學抱沉默，時至有攸行。抽簡《魯史》存，采詩《商頌》并。禹穴追馬公，湘江歌屈生。紉蘭不盈握，伐木有餘情。浩然欲浮海，歸興還濯清。❶ 方舟我爲楫，白髮愧垂纓。

題薛外史瓊林臺

高臺積方石，瓊林樹交柯。晨光眩白雪，夕景纏紫蘿。每聞樵子唱，恐是仙人過。

❶「興」，類稿本作「與」。

塵世在足下，豈能聞笑歌？過海祇騎鶴，開池還養鵝。外史政瀟灑，太白焉足多。❶

送張兵部孟功巡河分題得屋上烏

花發上陽春，門開未央曙。城柝起群栖，流光散朝羽。息影須近檐，結巢願當户。轆轤轉金井，終日灌嘉樹。

題彭澤陶氏家譜

百甓在户外，❷五柳當門前。燕去王、謝宅，人依墟里煙。述德尚千載，人情猶昔年。以安遺孫子，高哉爲世賢！

道園學古録卷之一

❶「焉」，四庫本作「烏」。
❷「外」，類稿本作「牖」。

道園學古録卷之二

在朝稿二

雍虞集伯生

芝亭永言

古詩七言

賦洛川老人九十

洛川老人年九十，須眉如畫身玉立。錦袍金帶方烏巾，手挽强弓無決拾。八月平原秋氣高，聞有狡獸依蓬蒿。清晨上馬薄暮返，累騎毛血懸韃橐。身是前朝將家子，生逢大平百無事。都將英氣化高年，何物小兒堪指使？太守上言朝有恩，束帛養牛兼上尊。洛川老人過百歲，擊壤爲歌傳子孫。

張令鹿門圖❶

張侯襄陽人，深知襄陽樂。十年宦學懷襄陽，故托豪縑寫山郭。老我不樂思蜀都，人言嵩陽好隱居。三十六峰常對面，水竹田廬還可圖。欲往不能心慄慄，忽見新圖被山惱。沙禽浦樹俱可人，金澗石床爲誰好？向來耆舊皆英雄，駕言從之道焉從。弄珠月冷識遊女，沉劍潭深知卧龍。

❶ 「張」上，類稿本有「題」字。

八月霜晴水清淺，聞道扁舟足迴轉。何時古寺傍檀溪？幾處殘碑在江峴。呼鷹臺高秋草多，養魚池中蓮芡波。蜀嵩未必不如此，我今不遊奈老何？張侯張侯蚤結屋，莫待史詹爲君卜。要看壠上課兒耕，好在魚梁白沙曲。

子昂畫馬❶

憶昔從公侍書殿，天閑過目如飛電。池邊儘有吮豪人，神駿誰能誇獨擅？公今騎鯨隘九州，人間空復看驊騮。惟應馭氣可相逐，黄竹雪深千萬秋。

湛湛行

湛湛天宇玄以黝，星白如銀垂近人。牛羊散漫草多露，大帳中野傍無隣。去年八月羽書急，婦女上馬小兒泣。今年八月天子來，身屬櫜鞬月中立。

家兄孟脩父輸賦南還

大兄五月來作客，八年不見頭總白。五人兄弟四人在，每憶中郎淚沾臆。我家蜀西忠孝門，無田無宅惟書存。兄雖筦庫實父蔭，弟竊微禄承君恩。❷文章不如仲氏好，叔氏最少今亦老。五郎十歲未知學，嗟我何爲長遠道？諸兒讀書俱不多，又不力耕知奈何？憂來每得二三友，看花把酒臨風哦。蜀山嵯峨歸未得，盤盤先壠臨川側。

❶「子昂」，類稿本作「吴興公」。以下同，不一一出校。
❷「微禄」，類稿本作「餘澤」。

碧梧翠竹手所移，應與青松各千尺。南風吹雪河始冰，兄歸烏帽何罘罘？❶ 明年乞身向天子，共讀父書歌大平。

子昂墨竹

吳興畫竹不欲工，腕指所至生秋風。古來篆籀法已絶，止有木葉雕蚕虫。黄金錯刀交屈鐵，大陰作雨山石裂。蛟龍起陸真宰愁，雲暗蒼梧泣湘血。吳興之竹乃非竹，吳興昔年面如玉。波濤浩蕩江海空，落月年年照秋屋。

商德符畫幽篁古木

湘君宫在洞庭湖，幽篁古木龍所都。石壇雨長碧苔蘚，水屋風動青珊瑚。老人欹枕看螻蟻，嫠婦停舟聽鷓鴣。江南蜀道問來往，商公商公今有無？

吴郡陸友仁得白玉方印其文曰衛青臨川王順伯定以爲漢物求賦此詩❷

將軍騎從公主時，豈意刻玉爲文章？珠襦已隨黄土化，此物還同金鴈翔。軍中只識長平侯，西風木葉茂陵秋。人生卑微何可忽？碌碌姓名誰見收？

❶「罘罘」，四庫本作「稜稜」。

❷「定」上，類稿本有「審」字。「漢」，原作「漠」，據類稿本、四庫本改。此題前，類稿本有題「玉印歌」。

爲達兼善御史題墨竹❶

蜀道荒涼多古木，篔簹千尺相因依。小年慣見今白髮，杜宇夜啼愁不歸。老可嘗作陵州守，古墨蛟龍多入手。春雷每恐破壁去，神鼎空令夔魅走。丹丘越人不到蜀，脩葉何以能縱横？内府人家爛熳寫，使可見之心亦驚。江南御史龍頭客，暫别那能不相憶。知君深識篆籀文，故作寒泉溜崖石。

畫　鶴❷

薛公少保昔畫鶴，毛羽蕭條向寥廓。通泉縣壁久微茫，故物都非況城郭。長鳴闊步貌閒暇，解寫高情亦奇作。田中芝草日應長，石上松花晚猶落。赤壁江深孤月小，白雲野迥秋霄薄。群帝相從絳節朝，八公許製黄金藥。誤嬰塵網跡易迷，移召中洲夢如昨。借懸素壁憶真侶，忽有微風動林壑。碧虚寥寥積雪高，直過蕭臺絶栖泊。

題　畫

棠梨生竹間，牽牛引蔓相因依。晨華墜露天水碧，斷蘚絡石斕斑衣。鵂鶹踏枝歲將莫，蟋蟀在户人當歸。蕭條落墨人間稀，蕭條落墨人間稀。❸

❶ 此題，類稿本作《題達兼善御史所藏墨竹》。
❷ 「畫」上，類稿本有「題」字。
❸ 「蕭」上，四庫本有「吁嗟乎」三字。

寫廬山圖上

憶昔繫船桑落洲，洲前五老當船頭。風吹雲氣迷谷起，霜墮楓葉令人愁。高人祇在第九疊，大白一去三千秋。石橋二客如有待？裹茶試泉春岩幽。

題旦景初僉司畫

旦公山堂城東南，畫圖古檜何毿毿。城中無山有山癖，直藉毫墨窮幽探。旦公彈琴古檜下，鬱鬱窗户生晴嵐。春雨時來鶴鳴谷，秋聲夜作龍吟潭。先皇晝坐群玉府，内使趣召飛双驂。畢宏、韋偃出中秘，營丘、北苑開縢緘。是時旦公主舒卷，一二文士相交參。旦公歸來坐成想，亦頗拈筆爲梗楠。伯熙奉詔每有作，礧砢相並將無慚。嗟予懷歸亦已久，摩挲老目百不堪。山中豈乏真偃蹇？可容白髮抽朝簪。

題柯敬仲畫

予先世居隆州州治之後山石室。翁守郡時，隆爲陵州。州事簡，時來就吾家，拾故紙背作茅蘭竹木之屬，所得頗多。吾幼時，尚收得數紙，今亦亡之。丹丘生用文法作竹木，而坡石過之。近又以新意作墨花，甚妙。從子悦，有眉山學官之行，丘爲作此，❶予愛而賦之。

昔者老可守陵州，守居北山吾故丘。

❶「丘」上，類稿本有「丹」字。

大守時來看山雨，每畫紙背成滄洲。老蒲松煙色過重，揮霍陰崖交劍矛。百年離乱亡故物，敝篋江南誰復收。新圖篔簹枝葉脩，使我不樂思昔侯。碧雞祠前杜鵑叫，❶玉女井上叢篁幽。棠梨樹高青子落，碧花翠蔓縈牽牛。揚雄無家不歸老，蠨蛸蟋蟀寒相求。丹丘先生東海客，何以見我空山秋？蕭條破墨作清潤，殘質刊落精英留。陂陁重複分細草，山石縈紆生乱流。眉山學官莫厭冷，言歸故鄉非遠遊。石田茅屋倘可得，萬里欲上東吴舟。百花潭深濯新錦，持報以比珊瑚鉤。

白翎雀歌

烏桓城下白翎雀，雌雄相呼以爲樂。平沙無樹托營巢，八月雪深黄草薄。君不見舊時飛燕在昭陽？沉沉宫殿鎖鴛鴦。夫容露冷秋宵永，芍藥風暄春晝長。

敬仲畫扇

松根伏苓如石髓，服食令人壽千歲。長鑱子欲求之觀此圖，老身偃蹇枝扶疎。篝火新雨霽，羽人丹丘期不至。却剪蒼筤崖石間，吹作龍吟秋滿山。

題簡生畫澗松

簡生與我皆蜀人，留滯東南凡幾春？每拂齊紈作山水，使我感慨懷峨岷。如此長身兩松樹，滿谷悲風散陰霧。雌雄如劍

❶「鵑」，類稿本作「宇」。

變爲龍，鱗鬣齊成擘崖去。秘閣嘗觀韋偃圖，蒼潤雄深世所無。默識形神出模畫，把筆莽蒼增嗟吁。玉堂寶書本同館，官府既分難復見。摩挲新墨慰衰朽，鬓雪飄蕭數開卷。昔我樵牧青城山，坐起政在雙樹間。當時簡生若相見，應并寫此聽潺湲。劉郎集賢好賓客，好著幽窗對晴碧。凌雲爲我哦七言，❶有鶴飛來破秋色。

題李受益承旨作東平章萬户繼志堂後❷

將軍腰間黄金符，父兄功成百戰餘。大平不復事弓馬，秋雨高堂聞讀書。門有喬松墓有草，永言思之願終保。幙中賓客誰屬文，東魯儒生國元老。

題柯博士畫❸

磯頭風急潮水長，蒹葭蒼蒼繫魚榜。青山一髮是江南，白頭不歸神獨往。幽篁繞屋茅覆簷。木葉脱落秋滿簾。買魚沽酒待明月，定是黄州蘇子瞻。子瞻文章世希有，謫向江波動星斗。夜投斷岸發清嘯，栖鶻驚飛怒蛟吼。圖中風景偶相似，欣然揮洒春雲開。子瞻應是念鄉里，還化江東孤鶴來。

❶「雲」，原作「靈」，據四庫本改。
❷「堂」下，類稿本有「記」字。
❸「博士」，類稿本作「敬仲」。

題高彦敬尚書趙子昂承旨共畫一軸爲户部楊侍郎作❶

不見湖州三百年，高公尚書生古燕。西湖醉歸寫古木，吴興爲補幽篁姸。國朝名筆誰第一，尚書醉後妙無敵。老蛟欲起風雨來，星墮天河化爲石。趙公自是真天人，獨與尚書情最親。高懷古誼兩相得，慘淡酬酢皆天真。侍郎得此自京國，使我觀之三歎息。今人何必非古人，淪落文章付陳迹。

題灤陽胡氏雪溪卷

去年，予與侍御史馬公同被召，出居庸未盡，東折入馬家甕。望縉山，度龍門百折之水。登色澤嶺，過黑谷，至于沙嶺乃還。道中奇峰秀石，雜以嘉木香草，輦道行其中。予二人按轡徐行，相謂頗似越中，但非扁舟耳。適雨過，流潦如奔泉，則亦不甚相遠。郭熙畫記言畫山水數百里間，必有精神聚処乃足記，散地不足書。此曲折有可觀，恨不令郭生見之。灤陽胡太祝乃以雪溪自號，豈所見與予二人同乎？然灤水未秋冰已堅，尋常已不可舟，況雪時耶？當具溪意云耳，因爲賦詩云。

積雪平沙陰山道，射虎殘年不知老。豈識船如天上坐？翠竹爲帷樹爲葆。昔乞鏡湖苦不早，白髮如絲照清潦。它年此地若相逢，應著漁簑脱貂帽。

---

❶「楊」下，類稿本有「顯之」二字。

題楊友直檢校所藏李營丘枯木圖

老龍出海蒼髯鬚，營丘枯木天下無。回枝屈鐵墮崖雪，澗底應拾青珊瑚。明堂清廟要梁棟，朔風吹沙澤腹凍。老身不用嘆遲莫，按圖來求萬鈞重。

題詹圃老梅圖

鄉人共識古梅樹，移植詹亭仍百年。計時當生宣政前，僻遠幸遺花石船。昔僑寶唐尋故物，石樓嵯峨白沙白。陵陽慈竹樂公移，根節相扶俱遠客。此樹乃在隣邑間，看花食實真足閒。人言支離故多壽，我意培植玆惟艱。華蓋高人世師表，爲爾賦詩歌窈窕。詹家孫子多讀書，早晚春雷化龍矯。

酬蕭侯送蒲萄

蕭侯昔致蒲萄苗，山童不灌三日焦。一月宛西上品復親致，手種窗南自澆水。一當生一尺長，移向江頭薜荔牆。秋深雨足馬乳重，舉囊石壓青霞漿。是時蕭侯當走馬，來訪衰翁茅屋下。酒酣舞劍傾一尊，不信金盤露如瀉。

題袞塵騮圖

驊騮食粟石每既，立仗歸來汗如洗。脱羈展轉聊自恣，落花塵土隨身起。君不見春雷起蟄龍欠伸，霧擁雲蒸九河水。

律詩五言

林皋亭

九月天氣肅，鶴鳴在林陰。使君甚好客，來者總能吟。紅樹秋山近，黄華夕露深。隣翁八九十，有酒即相尋。

題子昂長江疊嶂圖

昔者長江險，能生白髮哀。百年經濟盡，一日畫圖開。僧寺依稀在，漁舟浩蕩回。蕭條數根樹，時有海潮來。

挽胡伯恭令尹二首

二十南陵簿，才名舅氏同。千金劍客散，一棹酒船空。朱紱稱循吏，安輿已病翁。神明盡今日，嘆惋謾群公。

病起思歸日，齋居卧治時。抱孫方在膝，反席遽如遺。江路牽愁遠，坊門望到遲。遥憐賢弟哭，未忍老親知。

題雪谷曉行圖

踏雪度嶙峋，霜髯跨玉麟。前瞻那有際，後至豈無人。松樹紛紛老，梅花的的春。金烏海底出，遍界爛如銀。

送先隴二隣僧還吴二首

蘭若背山陰，松筠夾逕深。門閒容虎卧，湖近聽龍吟。雨過泉添澗，風飄磬出林。衲衣皆舊識，一一謝幽岑。

東崦憶招提，幽尋日未西。過山隨虎跡，倚石待猿啼。雲外催歸錫，松間覓舊題。卜隣吾欲老，毋惜伴扶藜。

節婦王夫人劉氏

憶昔中丞在，清淳古道存。節高賢女弟，文托外諸孫。慈竹宜家慶，桓楹表國恩。燕秦欝相望，美俗繫人門。

次韻阿榮存初參議秋夜見寄

寓館城門夕，高秋雨露開。天垂華蓋近，月轉紫垣來。疏闊思良會，淹留到不才。深期謝安石，揮麈散風埃。

雪谷早行❶

積雪擁柴門，行人稍出村。溪頭或遇虎，木末不聞猿。接棧迴山閣，支橋就樹根。驅車上重坂，回首見朝暾。

❶ 此題，類稿本作「重過李老谷」。

雪岩樓觀❶

高閣丹青起，中天紫翠分。窗當大白雪，門俯九疑雲。伐木山人去，吹簫帝子聞。塵中歸未得，春思轉紛紛。❷

送人之劍閣倅

往年登劍閣，快馬著春衫。設險懷前賦，磨崖覓舊劖。鄉人遊雪界，郡倅試冰銜。歸道觀新政，春江不掛帆。

寄子山尚書

竹色侵衣碧，重簾雨氣深。白鵝翻墨沼，紫燕入書林。北海春尊側，西山夕閣陰。東曹公事少，歌舞散黄金。

漫興

雨閣添衣潤，風簾隱几高。白頭更事少，病目向書勞。南客傳音信，東家問酒醪。江邊茅屋破，歸楫若爲操。

送張尚德

史館薦張尚德爲檢閲官，朝廷以爲宜，稱可其請，未奏也。有司以闕簿注新進士，尚德頗有聞，即斂裳宵逝。噫！進退若是，可以信史館之薦人

❶ 此題類稿本作「香山寺」。

❷ 「紛紛」，原作「紛」，據類稿本、四庫本補。

矣。予力雖不足以留之，亦終不敢失之也，故作是詩以餞之。❶

六月初聞雨，官河潦水生。江南歸宋玉，稷下謝荀卿。鵬鶚青霄迥，蒹葭白露盈。都留詩興在，來聽上林鶯。

寄丁卯進士薩都剌天錫 鎮江録事宣差

江上新詩好，亦知公事閒。投壺深竹裏，繫馬古松間。夜月多臨海，秋風或在山。玉堂蕭爽地，思爾佩珊珊。

送趙繼清令尹之官安陸

雲夢開七澤，陪尾貫連山。爲政煙塵表，吟詩松竹間。故人總華要，令尹獨清閒。文學偏宜老，毋愁鬢髮斑。

明皇按樂圖❷

新度霓裳曲，三年教得成。驚鴻渾不下，飛燕若爲輕。芍藥春亭莫，夫容野水生。黎園多白髮，吹笛到天明。

送長沙守

白髮長沙守，循良又好文。近辭金馬去，遠有玉魚分。對竹聽湘雨，開簾看嶽雲。漢廷思賈誼，一飯莫忘君。

---

❶ 此序，類稿本作：「尚德下第，史館留之，報可未下，即斂裳而逝，以此送之。」

❷ 「明皇」二字，類稿本作「唐玄宗」。以下同，不再一一出校。

送趙編脩祀西嶽江瀆❶

西道祠官去，東風入斾斜。汾陰已歸鴈，江水正飛花。歲事聞宜穀，鄉人喜過家。老來思故里，欲寄使君車。

代衆仲作❷

昔在泉州住，將軍每見招。春雲山對屋，夜雨水平橋。池鴨穿荷葉，溪魚上柳條。禁城鐘鼓起，❸車馬晚蕭蕭。

題宋雲舉大常臨汾二節婦序後

許氏姪從姑，相承患難餘。自傷还自擔，同志復同居。白髮冰霜共，丹心鐵石如。有關名教重，珍重大常書。

送王照磨之官雲南

遺廟珍珠浦，歸舟僰道溪。飛鳶愁暑雨，走馬畏山泥。官署尊丹鷲，祠官勝碧鷄。題詩遠相送，紅日五雲西。

玉堂燕集圖❹

朝廷多暇日，別館又青春。薄醉猶催酒，清歌況有人。玉堂金硯匣，翠袖白綸巾。老去渾無賴，憑誰爲寫真？

❶「趙」下，類稿本有「仲禮」二字。
❷「代」下，類稿本有「陳」字。
❸「起」，類稿本作「定」。
❹「玉」上，類稿本有「題」字。

寄答桂風子先生

深隱廬山裏，題詩忽見存。風高應跨虎，月落更聽猿。酒熟邀皆去，丹成笑不言。雲屏第九疊，相與浴晨暾。

寄莆田先生❶

懸榻塵生席，深居晝下帷。齊眉安饋食，擁髻近歌詩。藥裹須鍾乳，書題憶荔枝。白頭吟更苦，何必蜀人思。

鄭谷圖

道士徐太虛，生紙畫山居。林壑春煙裏，桑麻夜雨餘。過橋九節杖，連屋一床書。似是子真谷，歸耕三月初。

畫檜

茅山多古樹，此檜更長生。鸛鶴棲來穩，蛟龍化得成。雲深還近户，月落似聞笙。千載如相見，蒼然故舊情。

李員嶠墨竹❷

河東李學士，隨意放洋州。月落亭陰迴，雲生谷口幽。江濤空渺渺，筆墨更悠悠。瀟灑西清地，令人憶舊遊。

---

❶「莆田先生」，類稿本作「陳衆仲」。

❷「李」上，類稿本有「題」字。

爲歐陽少監題宋好古竹❶

幕中能寫竹，作此雨瀟湘。出石根还瘦，臨溪影更長。班班稚子立，一一鳳雛將。日有長安使，平安問老蒼。

贈楊友直

雒陽楊友直，字儗漢中郎。畫若錐穿石，垂如雨漏牆。舞花羞女美，醉草笑僧狂。昨日鴻都學，煩君寫數行。

題朱邸竹木

江上復春雨，曾陰覆碧波。石高龍影卧，林迴鶴聲過。解佩猗蘭浦，揚旍落木坡。❷佳人翠岫薄，日莫欲如何？

寄阿魯翬學士❸

問訊東泉老，江南又五年。涼風鳴步屧，明月棹歌船。陪講長懷舊，還朝獨後賢。治平二三策，蚤晚玉階前。

赤壁圖❹

過鶴生新夢，携魚憶舊遊。清霜凋木葉，落月湧江流。隱者時堪訪，良田亦易求。如何玉堂夜？白髮不勝愁。

---

❶「歐陽少監」，類稿本作「少監歐陽原功」。
❷「旍」，四庫本作「舲」。
❸「阿魯翬」，類稿本作「魯東泉」。
❹「赤」上，類稿本有「題」字。

題況肩吾縣令贈行卷

縣庭都禁謁，衹許見諸生。接壤皆興學，遊民亦願耕。絃歌居室迥，山水畫圖清。千載雲巖石，能留令尹名。

送朱萬初之廣東照磨

聖主多清暇，臨池愛日長。天章垂鳳彩，雲氣動龍香。進諫慚簪筆，争書敢近床。承恩君最蚤，服玉向炎方。

八月八日有感題視草堂壁

載筆趍芸閣，探囊索緼袍。坐銷秋日浄，心折夜風高。識字頭先白，謀生計轉勞。文園多病渴，常想賜蒲萄。

賦程氏竹雨山房二首❶

春雨過山竹，幽泉繞舍鳴。燕泥書帙晚，魚浪釣絲晴。奉席從孫子，連床總弟兄。舊聞林下叟，讀《易》到天明。

遊子聞春雨，思親望故園。竹間開几席，❷花底注山尊。累世書連屋，頻年稻滿村。卜鄰淳朴地，絶學欲重論。

戲作試問堂前石五首

試問堂前石，來今幾十年？衰顔空雨

❶「氏」，類稿本作「以文」。
❷「几」，類稿本作「綺」。

雪，幽致自風煙。微醉寒堪倚，孤吟静更眠。舊湖春水長，誰繫釣魚船？

爲問堂前石，何年别大湖？春風神不王，夜月影長孤。不中明堂柱，空遺艮嶽圖。頗思嘉種木，歲晚與相扶。

爲問堂前石，何無藤蔓纏？金蓮疑可致，紫菊若爲妍。舊夢遺波浪，閒情閲歲年。祇緣相識久，親爲濯清泉。

碣石久淪海，女媧曾補天。乾坤遺蕞爾，霧雨護蒼然。淬劍龍隨化，彎弓虎自全。昔賢多賦此，誰賦最流傳？

爲問堂前石，屢逢堂上人。遠來嗟最久，獨立與誰隣？運載勞車馬，摩挲識鳳麟。鑾車書吉日，追琢到嶙峋。

代石答五首

幸自隣頑鄙，毋煩問歲年。當寒金作礪，向暖玉生煙。眉黛無歸意，毛群有叱眠。涼州三百斛，亦未酹觥船。

昔觀一柱觀，还度幾重湖。雪尽身还瘦，雲生勢不孤。研穿鄴臺瓦，賦就草堂圖。芝閣玄雲在，危踪敢藉扶。

牛角何堪礪？蝸涎謾自纏。沉冥辟邪古，羞澁望夫妍。神物須清鑒，靈根屬小年。金輿曾共侍，千載憶甘泉。

轉徙寧論地，存留亦信天。露盤危欲折，劫火不同然。雒下殘經斷，岐陽數鼓全。向無文字托，寂寞竟誰傳？

去歲留詩别，嗟哉白髮人。冠依子夏製，居切左丘隣。執籥充振鷺，脩辭綴獲麟。終須愁坎壈，勿用誚嶙峋。

送魯子翬廉使之漢中

封上頌臺禮，輕車入漢中。節毛吹渭雨，木葉動秦風。把酒臺基古，馳書歲事豐。朝回倚西閣，日日數歸鴻。

立春夜試墨

輕雪作春花，飛來入鬢斜。紫貂迎曉霧，絳蠟炫晴霞。書詔頻趍閣，思歸即借車。幾時將稚子，隨意踏江沙。

蜀人曲江之官贈以墨竹

拈筆寫琅玕，❶清風入室寒。蜀山空偃蹇，海郡更盤桓。雲霧瓊簫遠，冰霜玉節完。莫忘鄉里意，持向曲江看。

正月十一日朝回即事

宮柱春陰合，霓旌拂曙來。天光臨閣道，雲氣轉蓬萊。晝漏沉沉鼓，晨尊灧灧盃。香霏簾底霧，❷樂殷殿前雷。祥瑞儀曹奏，珍淳尚食催。舞庭分鷺序，效獻過龍媒。融雪微生草，輕風不動埃。老人南極至，王母上方回。玉色何多喜？金華得重陪。裁詩賀新雨，西閣待門開。

❶「拈」，原作「粘」，據類稿本、四庫本改。

❷「底」，類稿本作「裹」。

贈别兵部崔郎中暫還高麗即回中朝❶

束髪來東海，從軍護北門。珠光連旭景，玉氣達春温。淵静龍含德，門嚴虎列屯。從容參幄帳，慨慷屬櫜鞬。拜表推黎獻，趍朝謁至尊。雲依温室樹，星入紫微垣。不道璠璵貴，仍嬰筦庫煩。利行雖近市，義守不窺園。眷遇忘身得，危難欲手援。懷邦維父母，於國實甥婚。□□還羈靮，❷原原致璧飧。魯連名竟重，箕子教應存。簡在從當日，扶持□宿藩。❸清宫風肅肅，驂乘火焞焞。帝所爲郎重，王家報禮焞。暫伸桑梓敬，未愛李桃繁。神闕秋期蚤，康侯晝錫蕃。九成思閣鳳，六月待冥鵾。

次韻筠軒司徒足成旦公所藏英宗御題之句元題曰日光照吾民月色清我心又題琴曰至治之音

化國多長日，高人侍紫宸。❹觀書從上相，屬筆念生民。雲漢文章備，風雷號令新。惟應青簡在，能載古風淳。御翰龍池曉，繙經鷲殿陰。雲依清静葉，月印妙明心。千載堂堂去，諸天肅肅臨。朱絃誰爲鼓？至治有遺音。

❶ 此題，類稿本作「贈兵部崔郎中」。
❷ 「□□」，類稿本作「瑣瑣」、四庫本作「騣騣」。
❸ 「□」，類稿本作「自」，四庫本作「仗」。
❹ 「人」，類稿本作「僧」。

次韻李侍讀東平王哀詩

宇宙生奇變，明良陷逆圖。傳聞昏白晝，悲憤結全區。治極機潛否，恩深事失謨。犯車仍斷軏，壞户竟傷樞。魑魅嫌明鏡，强梁忌雅模。甘心成首禍，藉口肆群腴。隱忍危衝決，憑陵善唯俞。自天傒鈇鉞，累月具簞壺。裹革疑亡地，招魂競出都。笳鳴殘夕月，馬僨四交衢。所痛倉皇際，將無古昔殊。腹心何蠹蝕，肘腋不支梧。列位多翹楚，干城總豹貙。詎言歸厄數，不復頌貞符。天討公無赦，皇心愛不姑。報讎論婉孌，錫爵酹嗚呼。相業今如在，民生寔少痡。誰能疵璧玉？唯有泣瓊珠。執簡書群盜，當闕欠一夫。馳奔嗟薄日，沐浴止中途。決去思投闕，違之或汎湖。危知無復死，恨不奮前誅。春雨煩寃滌，朝陽癯思蘇。謳吟申感慨，述作惧荒蕪。芒忽思離散，焄蒿起菀枯。神還嵩岳峻，氣直斗杓孤。陟降先皇側，回翔造化徒。❶英靈常會合，瞻想豈虛無？

慶史顯甫治書父八十

治世尊三壽，高年見八朝。羽儀參漢皓，神觀邁周喬。柱下聲名遠，壺中日月饒。微酡霞灼灼，新沐雪蕭蕭。地厚原初峻，天全玉不琱。一經傳令子，貳憲肅群僚。侃侃稱時望，英英樹國標。繡衣兼綵服，白日上青霄。上壽歸榮異，推恩錫爵超。紫深宗伯槖，金重列侯腰。珍膳應恆

❶「化」，類稿本作「物」。

從，安車必見招。乞言逾藥石，報德稱瓊瑤。千歲庭來鳳，群工韻合韶。陳詩方懿頌，擊壤比康謡。❶

送國王朵而只之遼東

大祖收中夏，元臣有武功。建邦開土宇，爲位冠君公。奕世王章在，諸孫相業隆。春秋周正月，禮樂魯新宫。鹿幣金遺酎，熊侯算失中。河山仍鉄契，寶玉右琱弓。投筆鄒枚秀，揚旍芮綰雄。塞雲依碣石，涷雨洒遼東。戎器櫜藏尽，賢書奏納同。大夫勞暬御，惇史采民風。

送陳碩

莆田陳氏，慶曆名法從故家也。自衆仲來京師，集得友焉。凡問學脩己之事，有益於愚陋多矣。又從知其父兄之賢也，問所自出，則南塘趙氏，信乎其學之有傳矣。嘗以其從子碩來見，予愛其端謹。可望南歸省父，衆仲送之以文，予不能忘也。乃賦詩曰：❷

六歲過閩郡，書聲憶滿城。目盲今子夏，心醉昔延平。爾叔同游息，吾文愧老成。每分重席暖，相對一燈明。遠海乘桴意，高山伐木情。願携筇竹杖，往看離支生。辟掾青衫舊，趍庭綵服輕。爲言穿木榻，亦未厭藜羹。寶瑟留飛鴈，蘭舟及囀鶯。佩懷湘渚贈，綬向會稽迎。去去江雲

❶「比」，原作「此」，據類稿本、四庫本改。

❷此序，類稿本作：「莆田陳氏，慶曆從官之孫。自衆仲來京師，予得友焉。其從子碩南歸，賦此送之。」

濕，飄飄島霧清。重來知有意，時我已歸耕。

奎章閣有靈壁石奇絶名世御書其上曰奎章玄玉有勑命臣集賦詩臣再拜稽首而獻詩曰❶

禹貢收浮磬，堯階望矞雲。自天承雨露，拔地起絪緼。擊拊磬音合，衡從玉兆分。巨鼇三島力，威鳳九苞文。辨位資乾坎，爲山填幅員。固知興寶藏，不假運神斤。書帙侵春潤，香爐借宿薰。煙光晴冉冉，波影晝沄沄。融結繇元化，登崇荷聖君。瑞於龜出洛，重若鼎來汾。柱立尊皇極，磐安廣帝勛。詎云陳秘玩，因願獻前聞。

送南宮舍人趙子期宣詔交阯

三年頒正朔，五月向南交。將命方離闕，陪臣已在郊。衣裳鴻羽漸，干戚虎皮包。瘴霧衝風散，瀧湍急雨捎。朱鳶窺土室，白雉下橧巢。夜浦鮫停織，陽岡荔折苞。初筵分氎罽，後騎器笳鐃。諏日脩王貢，兼時眂客庖。方言書仄理，海錯藉青茅。漢柱苔侵篆，秦林柱拂旓。括囊無薏苡，當户有蠨蛸。即見還英節，毋煩筮繇爻。

道園學古録卷之二

❶ 此題，類稿本作「賦奎章玄玉應制」。

道園學古録卷之三

在朝稿三

芝亭永言

雍虞集伯生

律詩七言

送袁伯長扈從上京

日色蒼涼映赭袍，時巡毋乃聖躬勞。天連閣道晨留輦，星散周廬夜屬櫜。白馬錦韉來窈窕，紫駞銀甕出蒲萄。從官車騎多如雨，祇有揚雄賦最高。

代祀西嶽至成都作

我到成都纔十日，駟馬橋下春水生。度江相送荷主意，過家不留非我情。鸕鷀輕筏下溪足，鸚鵡小窗知客名。賴得郫筒酒易醉，夜深衝雨漢州城。

贈星上人歸湘中

潭北湘南無影樹，一花吹度海門潮。天香滿室定初起，雲氣上衣身欲飄。寶月夜寒龍在鉢，銀河秋近鵲成橋。豈無一箇邛州竹？與爾松根共寂寥。

子昂秋山圖

翁昔少年初畫山，丹楓黃竹雜潺湲。直疑積雨得深潤，不假浮雲相往還。世外空青秋一色，窗中遠黛曉千鬟。瀛洲雞犬同人境，尚想翁歸向此間。

題黃竹村所藏畫卷

雪後城陰雪一坡，寒梅踈竹共婆娑。經行不覺籃輿遠，點染還疑綵筆多。蜀棧煖雲生野樹，匡廬晴照落江波。商公已老高公死，惆悵誰人奈汝何？

過池陽與周南翁同知

使過池陽聞上日，好懷浩蕩爲君開。江干維楫車馬集，亭上持盃風雨來。通夜魚龍聽語竟，明年鴛鷺憶朝回。九華秋色翠可食，爲問謫仙安在哉？

安慶路雙蓮寺得上人超然亭

超然之亭何所超，雙蓮孤塔共岧嶢。城頭踈雨散花至，江外斷雲將樹朝。晨飯舊從香積化，晚鍾常送海門潮。❶尋原悵望空歸去，此地安禪試往招。

❶「常」，四庫本作「仍」。

謝茅山主者贈白羅鷺衣請爲作大洞祖宗師四十五贊

鶴鷺裁成雪色新，仙翁持寄感情真。清高自此全抛俗，寬博由來穩稱身。佩玉洞聞雲外響，劍光飛射日中塵。畫圖寫向群真裏，便是揮毫贊詠人。

送莫京甫廣憲經歷

延春閣下承恩日，是我經帷侍講時。方擁青編臨綺席，遥看朱紱拜丹墀。風微細草鳴珂珮，日煖飛花近鬢絲。上憶遠人常軫念，莫言南海是天涯。

集與諸公遊尚書何公山莊公孫斯明先爲剪薙荆榛并致酒饌遂得瞻敬尚書墓道盡日乃還偶成四詩酬斯明兄弟并簡同遊者❶

盛德高年陟泰階，歸尋仙隱石樓開。舊聞前引朱衣吏，每爲行吟緑逕苔。夜色園林瓊圃樹，春寒庭館石湖梅。誰家今有賢孫子？黄菊高秋與客來。

先君夙有登臨志，老去無能共往還。敢謂菊華憐寂寞，許教節竹歷孱顔。地高天近惟秋好，雲淡風輕盡日閒。早晚涪翁酬素約，更從几杖一躋攀。

石梯一逕仙凡交，過此先見蒼崖坳。

❶ 此題，類稿本作「遊何月湖山莊四首」。

幽穿斗角潛蛟窟，危出雲根棲鳳巢。題字百神驚澗底，嘯歌衆籟越林梢。重吟仙伯石樓詠，一解齊人山鬼嘲。

黄姑仙崖置屋牢，我躡飛磴如猿猱。環山翠黛是城郭，平地白雲皆海濤。人頭關上走馬健，仙掌峰前飛隼高。願得金丹換毛骨，三清八極共遊遨。

黄氏妹之葬余以他故不及送之既葬之明日仲常弟與譚元之表姪述事興懷形諸詠嘆後十餘日始得併見諸公和章集憂患之餘觸事易於傷感俯仰存殁不覺清涕之交頤也依舍弟韻亦述二章一以示黄氏諸甥一以寄元之表姪❶

寒泉涓涓山木秋，予弟行役荒原頭。忍聽諸生哭慈母，浩將孤淚灑新丘。山川神氣蚤晚復，珠璧輝光日夜浮。不惜衰年待爾輩，受成積德過岑樓。

憶别高堂十五秋，不堪俯仰雪盈頭。翁時贈玉歌清渭，子正將車從太丘。久矣孤懷成寂寞，勖哉古學矯虚浮。每看舍弟承咨辨，如見從容月滿樓。

題故太子少傅翰林承旨李野齋幽居圖

車蓋歸來托遠林，魯山峕崒魯原深。漁樵相識頻分席，賓客時過共賜金。百歲儀刑猶近古，五朝文物至于今。披圖想見登臨地，松滿徂徠起夕陰。

❶ 此題，類稿本分作兩題：「次韻仲常弟葬黄氏妹併示表姪譚元之及黄氏諸甥」「再示表姪譚元之」。

送江聲伯

家近茅峰無百里，羨君來往及清秋。每看丹井晨光起，幾見龍池雨氣浮。白髮紅塵嗟我老，素書玉訣使人愁。仙都群老渾相識，定著雲裘訪羽丘。

歐陽元功待制入院後僕以兼領成均辰酉甚嚴絶不得相見今夜當同宿齋宮賦此先寄并柬謝敬德脩撰❶

學省初兼禁直稀，故人同署却相違。食餘苜蓿承朝日，坐候棠梨過夕暉。成均堂東有棠梨樹，日影至則師生始散，二十餘年矣。預喜奉祠秋寺燭，定知催襆早朝衣。今晨瘦馬經門巷，想擁青綾尚掩扉。

次韻張蔡國公淡菴青山寺詩❷

相國觀山負夙期，聖恩祇許暫相違。身隨雲影留三宿，心了泉聲絶百非。開士談空依寶樹，野人耕雨薦山薇。雙龍深護安禪處，繞坐諸天近紫微。

次韻國子監同官

坐隱烏皮髀肉消，諸生應笑懶邊韶。階前老馬隨秋草，袖裏遺編俟早朝。乞米西隣晨有粥，留家南國暑無綃。經明亦是

❶ 此題，類稿本作「與歐陽原功待制久不相見今夜同宿齋宮并柬謝敬德修撰」。

❷ 「青」，類稿本作「香」。

歸耕好，清夢無時萬里橋。

學官南直禁垣陰，假寓唯愁兩壁沉。一曲鏡湖遺老事，三年經幄小臣心。銀河回夜天逾近，草逕迎秋露轉深。珍重鄉人居巷北，時能來往和鳴琴。

次韻馬伯庸寶監學士見貽詩并簡曹子貞學士燕信臣待制彭允蹈待制

禁廬曉直夾城西，經笥龍光映璧奎。繞閣浮雲飛野馬，當階生草伏馴麛。雷行已識天無妄，風烈唯聞帝弗迷。徒積寸誠無補報，每還米署欲鷄栖。

其　二

奉節通宵虎帳西，重光貫玉護文奎。賜餘分食兼羔雉，侍側專茵雜豹麛。樂事易成團月怨，吟情深入五雲迷。上林更有高枝在，彩鳳還來擇舊栖。

巃峰者國史院庭中石名也伯寧御史爲僕言自其先公時與諸老名勝賦詩者蓋數百篇今玉堂無本而御史家具有之且曰峰所托差低盍稍崇其址乃八月五日既克如命因賦此以報且請録示舊詩補故事以傳云❶

視草堂前石一峰，何人移置自何年？久憐翠色連重地，故拔孤根近九天。俯仰

❶ 此題，類稿本作「題巃峰石」，其序曰：「巃峰者，玉堂前太湖石也。前輩多賦詩，今在劉伯寧御史家。伯寧，乃中安學士子也。」

百年承雨露，等閑千尺接雲煙。故家御史遺書在，爲録鼇峰舊賦篇。

進講後侍宴大明殿和伯庸贊善韻

丞相承恩自九天，講臣春殿秩初筵。養賢敢謂占頤象，陳戒猶思誦抑篇。既奏文韶兼善美，豈無后稷暨艱鮮？願推餘澤均黎庶，樂只邦基億萬年。

劍履歸來帶玉瑤，元臣促召不崇朝。盍簪誠與朋求助，納約須從牖向招。御柳新條臨畫殿，仙桃曉色上春潮。❶校書寂寞揚雄老，亦賦淩雲麗九霄。

十一月二十夜思仲常弟

江梅應發去年叢，叔也俄爲畢竟空。來後去先康節苦，離多會少子瞻窮。近書時閲猶疑在，舊學重思孰與同？萬里相從憐季子，白頭清淚夜窗中。

還京聞訃在秋餘，老淚無多眼易枯。丹旐到無頻入夢，佳城得否未收書。食貧未已憐孤幼，述德無聞愧老夫。忍讀近緘成永訣，爲敦衰薄趣歸與。

次韻道士竇神清賦舜粟

帝德無爲保太和，歷山遺種有嘉禾。想經稷教躬耕法，正及堯時《擊壤歌》。旆旆九秋新雨露，離離千古舊山河。曲肱飲水幾忘肉，最憶宣尼感歎多。

❶「曉」，類稿本作「晩」。

太一道士張彦輔族本國人從玄德真人學道妙齡逸趣特精繪事爲其友天台徐中字用商集賢家法作江南秋思圖東觀大隱蜀虞翁生爲賦此詩❶

三年別却釣魚磯，晝看新圖夜夢歸。石壁蒼松含爽氣，江沙翠竹弄晴暉。西瞻雪嶺家何在？東入天台路轉微。賀監若蒙湖曲賜，遍翔千仞振塵衣。

贈竇神清歸隱茅山

翩翩歸鶴自遼東，又向茅山擬住冬。啄食定依何處竹，結巢應得古時松。雪滿空山騎一虎，月明秋水佩雙龍。別來彷彿三千歲，亦欲還栖第一峰。

題南野亭

門外煙塵接帝扃，坐中春色自幽亭。雲横北極知天近，日轉東華覺地靈。前澗魚遊留客釣，上林鶯囀把杯聽。莫嗟韋曲花無賴，留擅終南雨後青。

送貢仲章學士奉祠嶽瀆

三十過從今六旬，故人唯我兩吟身。空華作賦相爲壽，寧復升堂互拜親。送別轉令嗟影獨，思歸從此上心頻。南湖春滿鷗波緑，定艤乘槎往問津。

❶「字」，四庫本作「孚」。

次韻吴成季宗師赤城阻雨

人間伏日當蚕休，道上馬車如水流。神仙不愁風雨夕，父老已知禾黍秋。誰憐司馬久多病？惟有杜康能解憂。北溟之鵾六月息，載我八極歌遠遊。

次韻伯庸尚書春暮遊七祖真人庵兼簡吴宗師

賞心不作三春過，高興都爲百事牽。願解蘭舟溪水汎，思携藜杖野雲穿。真人館在無塵界，太尉詩如絶行仙。花下共遊仍獨往，不辭泥醉晚朝天。

石渠承雨作流泉，中有參差荇菜牽。花近飛觴魚駭逝，柳低步障燕隨穿。紅塵朝路常參吏，清晝齋居幾劫仙。但乞會稽尋賀監，酒船一棹水中天。

花時宫館多賓客，春酒盈缸餼在牽。據石發歌風爲起，臨流揮翰硯將穿。紫髯一去惟憑夢，白髮頻搔豈解仙。賴有看雲高閣在，江東烟樹共晴天。

一住京華三十年，春花秋月謾相牽。高情總付珠簾卷，危坐空餘木榻穿。水曲停驂新禊事，牆陰題字昔遊仙。動成陳迹多惆悵，安得長生老後天。

送宋誠甫太監祀天妃

使者受節大明殿，候神海上非求仙。廟前水生客戾止，帷中靈語風泠然。麗牲有石載文字，沉璧用繅求淵泉。賈生何可久不見？海若宰職君子還。

觸石墜馬卧病蒙恩予告先至上京寄溉之學士敬仲參書❶

翠幄臨都尚駐郊，言瞻龍漠度前茅。雨餘草氣千原合，日下雲章五色交。給札脩辭持玉筆，賜羹充腹出珍庖。白頭感遇知何補？阿閣清嚴栖鳳巢。❷

趍召顛隮歎目昏，旋聞予告荷深恩。藥頒西域千金劑，酒賜初筵九醖尊。默憶舊書忘晝永，行吟冷署覺春温。摩挲素壁光於雪，思得參書寫樹根。

間間宗師和前韻期望過當復用韻以謝

草堂長憶蜀西郊，屢卜歸休自折茅。司馬檄傳驚父老，少陵詩苦入神交。山多美竹深宜屋，江有嘉魚遠致庖。乞得閑身當及早，堯時元自有由、巢。

書卷連床度曉昏，懷歸猶復戀君恩。養生賴得南華論，好客時傾北海尊。山木向秋俱老大，海霞迎日共清温。蓬萊正與鼇峰接，幾見浮雲起石根。

雲州道中數聞異香

雲中樓觀翠岧嶢，載道飛香遠見招。非有芝蘭從地出，略無煙霧只風飄。玉皇案側當霄立，王母池邊向日朝。却袖餘薰散人世，九天清露海塵飄。❸

❶「溉」上，類稿本有「李」字；「敬」上，類稿本有「柯」字。
❷「栖」，類稿本作「接」。
❸「飄」，類稿本作「消」。

次韻楊友直北行道中

蕭蕭戎馬昔升虛，壯士吹笳慘不舒。關外羽書三月急，道傍茅舍百年餘。沙田雨足仍生黍，河水冰消不禁漁。洛下賈生猶獻策，平明立在玉階除。

王儀伯參政見和郊字韻詩復用韻敘謝

龍游宮沼鳳游郊，通水明堂不剪茅。緜蕝草儀三日具，大亨饗帝五雲交。執輿已信神爲馬，和鼎寧容祝代庖。八月涼風張樂地，頌聲洋溢播雲巢。

聖遠言湮感墊昏，河汾千載最知恩。垂紳論道稱前古，束髮明經奉至尊。車騎身從游汗漫，庭闈心在視寒温。朝回未覺歸途晚，斗柄西移揭角根。

十月十六日奎章奏對回至李溉之學士宅宣旨行香孔林按上得佳紙因賦此詩并得其鎮紙玉蟾

聖恩深念魯東家，林木蕭條散暮鴉。丹詔先令脩古廟，彤庭即日遣皇華。閣中學士馳山驛，天上文星絢海霞。偶爲傳宣到書閣，就床奪得玉蝦蟆。

次韻馬伯庸尚書

邃閣晨趍禁掖西，莫街騎馬及鷄栖。退朝每想花邊散，得句應從竹上題。賜被南宮無宿火，❶齋居方丈有蒸藜。鳳池何似承明近？久候文星共聚奎。

送甘太史祀名山大川

太史名山閲秘經，承恩衣繡許趍庭。宣室江頭飛蓋逢春雨，林下幽人識使星。清朝盛典夜深蓮燭絳，石渠風煖竹書青。須成蹟，最想遄歸駟馬駉。

就甘太史并寄天台武夷太無三君

武夷山裏芝三秀，華頂峰前黍一炊。浮闢湖老每懷鴻去遠，山人毋謂鳳來遲。賀監清狂紫氣緣書住，照夜青藜賴客知。天所放，故令華髮侍安期。

子昂墨竹

高崖數竹凌風雨，老可當年每畫之。縱橫倐影自憐流水遠，虚心如待出雲時。百世湖州鴻爪留沙磧，宛轉鵞群向墨池。仍見此，故知王子善参差。

二十五日即事呈閣老諸學士

松陰鵠立候宫車，風送飛花著白鬚。近床水影漸移簾側畔，鶯聲祇在殿東隅。大液雨凝進名臣操，❷載筆親題《列女圖》。餘波浪動，龍舟初試散魚凫。

❶「火」，原作「大」，據類稿本、四庫本改。
❷「操」，類稿本作「傳」。

賦胡氏皆山

萬山起伏如波浪，外固中寬故可居。日出擁金千仞雪，雲生納翠八窗虛。亭中留客多爲酒，谷裏成樓更貯書。朝往莫歸勞杖屨，醉翁應不憶環滁。

賦碭山成簡卿心遠亭

作亭臨河河水渾，草樹繞屋啼鳥聞。夢回枕上彭城雨，目送檐間芒碭雲。歸來黃菊有佳色，坐老青山無垢氛。但願尊中長得酒，曲阿莫問舊參軍。

送全州録事

清湘郡城公事少，録事官曹盡日閒。且可隨雲度流水，更宜把酒看青山。僧前虎跡石苔紫，雨裏鳥聲江竹斑。應會吟詩一百首，寄與明年春鴈還。

與衆仲助教讀王臨川遺事慨然興懷良上人爲蔣山善公求送行因爲賦此

霜筠雪竹鍾山寺，最憶臨川舊所遊。病骨荒陂秋澹澹，白頭遺恨思悠悠。燕歸雲海迷華屋，鷺起星河近綵舟。欲托善公重到日，❶松間石上試相求。

❶「重」，類稿本作「同」。

玉堂讀卷

玉堂策士詔儒臣，御筆親題墨色新。省樹坐移簾底日，官壺馳賜殿頭春。❶虞廷制作夔龍盛，漢代文章董賈醇。書閣莫年偏感遇，但歌天保答皇仁。

謝吴宗師送牡丹并簡伯庸尚書

輕風紫陌少塵沙，忽見金盤送好花。雲氣自隨仙掌動，天香不許世人夸。青春有態當窗近，白髮多情插帽斜。最愛尚書才思別，解吟胡蝶出東家。

和范德機從楊撝進士見寄

清江先生最好奇，十年不出髮如絲。田舍每詢歸後計，玉堂今見寄來詩。風前雨過林花動，日下雲行省樹移。還覓舊遊春欲莫，楊撝爲我道深期。

送進士劉聞文廷赴臨江録事

清江百尺石爲城，❷太華千峰積雨晴。❸官府幾時書帙静，漁舟盡日釣絲輕。故家好訪《春秋》學，上國多傳月旦評。頗

❶ 「官」，類稿本、四庫本作「宫」。
❷ 「尺」，原作「人」，據類稿本、四庫本改。
❸ 「華」，類稿本作「秀」。

有老懷煩録事，到州爲問范先生。

大廷策士問經世之道僕忝在讀卷之列觀諸進士所對有感賦此録以贈別鎦性粹中支渭興文舉二賢良

昔人有欲問先天，林下相期二十年。已向塵埃成白髮，尚從燈火事青編。獲麟遂訖《春秋》後，鳴鳥猶聞禮樂前。春雨未來農事晚，獨懷歸計在山田。

羅朋友道擢高科拜官還崇仁賦此爲別

重溪疊嶂竹交加，曾著芒鞵踏白沙。名勝多年嗟寂寞，文章此日羡才華。青雲步武纔重見，白屋詩書尚幾家？鄉邑相逢煩告語，好敦忠信作生涯。白沙友道居近之，昔崇仁有何同父尚書、李公父舍人，墳墓故宅在焉。國朝六科，崇仁舉進士第者惟家弟與友道，纔二人，故云重見。所以深期望於來者云。

贈趙生

天門一日觀黄榜，茅屋三年掩素扉。湘帙蠹魚春雨潤，練囊螢火夜光微。夢游朔雪留鴻跡，思入南山望鶴飛。會倚官牆看射策，上林初日炫朝衣。

贈昇龍觀主

榻前親製先生號，賜與江南謝舜咨。太華雲開天使下，少微星動史官知。龍飛滄海留珠樹，虎卧丹房守玉芝。聖主無爲千萬壽，更應築館候安期。

訪李真人不遇

退朝花底佩珊珊，去訪真人曉出關。芳草欲迷行徑古，長松深護步廊閑。蒼龍挾雨得瑤簡，白鹿穿雲致玉環。如到天壇看月影，定知清露滿人間。

賦壺洲

傳聞海上有玄洲，曾是安期舊所遊。千頃白雲都種玉，一杯弱水不勝舟。魚龍夜護黃金鼎，鸞鵠晨朝紫綺裘。波浪不驚星斗近，步虛聲裏度清秋。

完哲篤下第歸蜀

西郊長憶草堂吟，塵外幽居更可尋。奏賦上林春事晚，携書舊隱歲華深。濯錦江波紅灩灩，浣花潭水碧沉沉。白頭未覺歸歟莫，待子重來獻好音。

吴宗師夢予得山居奇勝特甚夢覺歷歷分明忻然相告賦此❶

夜來夢我山居好，笑我平生豈有之？野服許辭金殿直，俸錢足辦草堂貲。安知蓬島非兜率？不是匡廬定武夷。還有勝緣同晚歲，至人無睡已多時。

❶ 此題，類稿本作「吴宗師夢予得山居因賦此詩」。

答李簡伯司業分俎

憶昔同堂肄樂歌，朝陽煦煦午風和。炮羔升俎堆紅玉，酾酒盈尊汎緑波。坐席已成三載別，交情猶似嚮時多。尋常飽德寧私我，願賦緇衣上禁坡。

次韻朱本初訪李溉之學士不遇

城南城北煖塵飛，伐木相求苦未歸。吟到碧桃還細雨，行尋芳草又斜暉。綺窗綵筆題詩遍，斗帳沉香入袖微。共載小車勝上馬，重遊莫待曉紅稀。

寄趙子敬平章

聞道乘閒入翠微，猶愁嵐氣濕人衣。道傍野樹飛花盡，溪上春雲作雨歸。故舊釣絲輕在手，仙人棋局静忘機。赤松曾許同千載，擬向高秋傍鶴飛。

仁壽寺僧報更生佛祠前生瑞竹有懷故園

聞道故園生瑞竹，試從來使問何如？篬筤獨出千叢裏，翠節駢生數尺餘。比管可吹丹穴鳳，長竿莫釣錦溪魚。折筳已向靈氛卜，❶亦説能歸似兩疏。

聞道故園生瑞竹，今人歸興滿江干。

❶「卜」，類稿本作「決」。

扁舟不畏瞿塘險，匹馬誰云蜀道難？杜甫溪頭花匼匝，孔明廟裏栢闌珊。新堂題作歸歟字，定得臨江把釣竿。

聞道故園生瑞竹，山僧爲我重栽培。百年雨露餘生息，一日風雲幾往迴？壠上枯桑烏萃止，城東華表鶴歸來。聖恩若許歸田里，千石清尊爲爾開。

聞道故園生瑞竹，吾家孫子好歸看。佛祠竟日春陰覆，先隴多年莫雨寒。門户凄涼嗟老病，鄉關迢遞報平安。重來愼勿勞余夢，駟馬橋邊據馬鞍。

題張太玄爲陳升海畫廬山圖

誰向匡廬成舊隱？畫中一似夢中看。千株松樹參天起，一箇茅亭傍水安。清風空谷傳吟嘯，白日高岑生羽翰。寄語山中陸脩静，葛巾不畏過溪寒。

別國史院鼇峰石

秋雨莓苔數尺身，文章曾見百年人。吁嗟一代興王盛，付托諸公製作新。坰野有詩皆在魯，泰山無刻更先秦。鳳麟一去無消息，空使駑駘愧後塵。

執戟揚郎久不遷，頻年從幸到甘泉。賜歸特許先三日，作賦時令奏一篇。翠勺娱人花帶露，貂裘倚馬草横煙。殷勤爲謝堂前石，何處來秋共月圓？

神鳳琴

嗚鳥人間久不聞，遺紋欲托斷琴紋。❶曾看土鼓歌朝日，亦共陶尊醉夜分。五色雲中迎太一，九疑山下望湘君。采詩應被唐風譜，早晚樓船或祀汾。

繼陶居士傳

汴水滔滔蜀嶺高，飛蓬千里棘心勞。道間化虎作人語，城上慈烏向子嘷。玉樹斷歌殘王氣，朱門往事付鴻毛。將軍莫歎今爲庶，居士當年已繼陶。

謝書巢送宣和爐石硯❷

巢翁新得瀘州硯，拂拭塵埃送老樵。毁壁復完知故物，沉沙俄出認前朝。豪翻夜雨天垂藻，墨汎春冰地應潮。恐召相如令草檄，爲懷諸葛渡軍遥。

送蘇伯脩御史

新除御史南臺去，頓覺文星闕下稀。病起可堪江霧濕，信還莫待苑花飛。千年鳳鳥來阿閣，萬里鱸魚出釣磯。總道揚雄文最古，君知頭白久思歸。

❶「紋」，類稿本、四庫本作「音」。
❷「書」上，類稿本有「張」字。下同。

次韻柯玉文寄別

避弋驚鴻過遠汀，啄苔病鶴想華亭。臨卭杜騎情都盡，於越扁舟影更俜。賓客莫詢温室樹，君王猶問楚江萍。重來賈傅非年少，前席從容對夕廷。

謝書巢惠梅花

巢翁遠送梅花樹，正在東風四日前。紅萼無言餘舊雪，白頭相見又新年。喜從嘉樹來江雨，憶共香杭上海船。春夜不眠賓客醉，只留孤鶴伴清妍。

再用韻簡巢翁

豈無尊酒梅花側？聞道長齋繡佛前。方閣護雲宜煖日，小車衝雪稱高年。願辭閣下金蓮炬，但乞湖中罨畫船。約取巢翁携鶴去，鬢毛同白不争妍。

送玉泉長老栗木果

非青非黄栗木果，使者西川馬上來。楚國共疑金橘味，衛人祇道木瓜栽。頻婆妙色情懷别，橄欖餘甘齒頰迴。歸到玉泉應説法，試令闞老聽轟雷。

送王君實御史

頓覺文星闕下稀，旁人猶道此言非。東風十日京城雪，西道三春客子衣。鶯滿輞川君定到，鵑啼劍閣我思歸。千花並繞圖書府，相待承恩入紫微。

寄句曲外史張伯雨

獨抱長鑱管白雲，琴心誰録内篇文。清齋三日秋仍瘦，遍禮群真夜每分。石記恐妨塵外事，山經聊許世人聞。已從司馬求真籙，更爲通章九老君。

寄答馬昂夫總管

白髮先朝舊從官，幾年南郡尚盤桓。九華山裏詩題遍，采石江頭酒量寬。鴈到京城還日莫，馬懷餘棧又春殘。何時得共鳴皋鶴，八月匡廬散羽翰。

觀大洞經書與董道士

江東昔有大茅君，大藥親令二弟分。紺緑俄消頭上雪，玄黄初合洞中雲。雷鳴春谷龍三變，月滿秋空鶴一群。一落人間成老大，何年名字刻瓊文。

送劉宗師歸茅山

長松落落千峰雪，碧漢寥寥一鶴風。十月暫離句曲洞，早春還謁大明宮。君王舊識蒼龍劍，圖畫新傳白髮翁。欲把紫芝歌隱德，三茅應聽月明中。

與薩都剌進士

當年薦士多材俊，忽見新詩實失驚。今日玉堂須倚馬，幾時上苑共聽鶯。賈生誰謂年猶少，庾信空慚老更成。唯有臺中馬侍御，金盤承露最多情。

送歐陽元功謁告還瀏陽

憶昔先君早識賢，手封製作動成編。交游有道真三益，翰墨同朝又十年。心似古人機獨敏，用周當世德仍全。雍祠已有蒼崖石，欲托高文與代傳。

曉奉新書進御床，解纓隨見濯滄浪。歸鴻不計江雲闊，倦驥空懷野水長。竹簟暑風魂夢遠，茶煙清晝鬢毛蒼。籃輿千里宜春道，投老相求訪石霜。

送王師魯編脩祠南鎮

山陰巖壑多塵迹，王事能來況莫春。太史好探神禹穴，老夫先是會稽人。海東日出雕闌近，湖上風生白苧新。若得柂樓同晚飯，便從賀監卜爲隣。

次韻楊友直

真館能容客避囂，深簾飛絮晝寥寥。數枝芍藥誰相贈？一束生芻故可招。坐定驚雷經席上，酒闌纖月在林標。何由長共陶弘景？聽取松風作鳳韶。

題東平王與盛熙明手卷

宋宣和手勅一通卷首題識四字，我朝英宗皇帝御書也。帝嘗以至治三年正月十五日，幸五華山，臣有以此書獻者。丞相拜住侍側，❶就題以賜之。既歸第，曲先盛熙明寫金字佛書一帙贄丞相，丞相因以此卷貺之，且語以其故。至順三年三月八日，熙明屬歐陽玄記其事於左方。

聖代御題前代勅，小臣叨備史臣書。事業久爲人土苴，文章猶作世璠璵。海淪碣石圖空在，墓築祁連計已踈。誰識全燕天所斬？萬年形勝帝王居。

和馬侍御西山口占

岧嶤宫殿水西頭，春日時聞翠輦遊，霧引旌幢連閣道，風傳鍾鼓出城樓。群臣頌德金爲刻，萬歲稱觴玉作流。避暑醴泉涼氣早，旋京應喜大田秋。❷

❶「住」，原作「在」，據類稿本改。
❷「喜」，類稿本作「作」。

到先隴爲墓人書

未忍他鄉作故鄉，故因使騎入陵陽。鄉人共訝聲音似，客路疑將鬢髮蒼。親老長懷鄉里意，孫多宜置墓田旁。治生自可依諸葛，數頃膏腴八百桑。

八月十五日傷感

宮車曉送出神州，點點霜華入弊裘。無復文章通紫禁，空餘涕淚洒清秋。苑中苜蓿煙光合，塞外蒲萄露氣浮。最憶御前催草詔，承恩回首幾星周？

題煖翠亭

老去唯思卧白雲，一亭萬竹喜初聞。波回曉日鴛鴦並，沙散晴煙翡翠分。把釣左泉歸衛女，乘舟北渚望湘君。誰能獨采薇盈袖，却道高寒思不群。

送許有孚赴湖廣提舉

奉詔掄文秘殿西，才華知合藉金閨。思親浩蕩江波遠，戀闕遲回苑樹低。望鶴樓前移綵鷁，吟詩花底聽黄鸝。歸來尚覺春風早，鴈字充庭玉筍齊。

賦石竹

積雪初消蕚緑華，東風吹動絳綃霞。龍嘘石氣千年潤，鶴過林陰一逕斜。刻字欲尋金錯落，析旌如織翠交加。綺窗坐對吹笙暖，未覺人間歲月賒。

集爲朵兒只慎齋平章題紫微亭用王右丞語也并賦詩一首奉寄

右丞昔向終南住，❶獨對南山賦紫微。春雨乍收原上牧，晚晴仍見谷中歸。好留杜牧爲賓客，更覓園公共蕨薇。聞道新亭多雅興，想持尊酒看清暉。

賦碧筠堂

藹藹江東雨後雲，碧筠堂上注芳尊。眉山老去無賓客，番水春生有子孫。團扇晚涼留翠黛，踈林纖月對黄昏。問誰吹得參差玉？爲斸蒼苔向石根。

奉同吴宗師賦蔡七祖新齋

城南煙樹聽鶯啼，石上莓苔覓舊題。自有琴心傳内景，更將書帙事幽棲。晚來相鶴風生竹，雨過籠鵝水滿溪。蜀客草玄成底事，蕭條白髮愧青藜。

❶「終」，類稿本作「東」。

次韻吴宗師

硯池滿貯薔薇水，罌腹輕磨翡翠釵。仙苑煙雲隨地煖，道山風日向春佳。巢笙夜夜鳴金屋，飛舄時時步玉階。祇恐江頭花事晚，謾勞車馬賦茅齋。

寄來鶴亭主人

德清舊館何時到，雨後春泉定滿池。緑字久無弘景信，紫苔應長少霞碑。數峰煙樹天垂野，千頃鷗波雨散絲。海内交遊多老去，爲誰溪上放船遲？

送王中夫赴安慶教授

太行積雪都消盡，船到舒州水正高。江樹連城分野色，門生加豆薦溪毛。尋原自去書山石，問字誰能載醴醪。爲覓種椒張處士，早收丹實待歸舠。

予延祐己未秋，南歸安慶，城東有張教授，與予同舟。從者得椒實數升，至江右種，皆成。予復來京師，又十數年，山中椒已無存者。可爲求種。秋過江上，行取之爾。

送張兵部巡視運河

畫橋冰泮動龍舟，❶鴨緑粼粼出御溝。使者旌旗穿柳過，人家鳧鴈傍溪浮。桃花吹雨春牽纜，江水平堤夜唱籌。應有餘波方浩蕩，不令歸楫恨淹留。

謝吴宗師惠墨

念我衰年不廢書，錦囊古墨送幽居。明窗塵影丹同熟，玄圃雲英玉不如。敢爲文章勝虎豹，祇應箋註到蟲魚。研磨不盡人間老，傳與兒孫尚有餘。

再和

慣見天真按筆書，七言婉麗出閒居。❷誰云太璞無存者？藏在丹房已久如。寫韻臺虛人跨虎，換鵞池暖水生魚。玄霜比似金丹秘，祇得刀圭便有餘。

家傳戈法負遺書，得墨深將藻繪居。華采每慚誇既往，平安聊遺問何如。畫殘翠黛愁蛾緑，寫得《黄庭》辟蠹魚。鬚髮如霜還可染，硯池不敢棄君餘。

❶「泮」，原作「判」，據四庫本改。
❷「婉」，原作「宛」，據四庫本改。

三用韻答巢翁就以奎章賜墨賜之❶

隣父長思長史書，不辭頻謁惱巢居。臨池三月玄霜盡，對月千篇白雪如。賦敵洛波翔翠羽，歌成湘浦媵文魚。故分瀘石松煙色，猶是奎章舊賜餘。

四用韻寄吴宗師奉祠城東岱祀其一謝夏真人送海棠一枝

休奉東封遠獻書，神宫咫尺九重居。香飄秘殿人顒若，靈降方壇樂翕如。水上祓除祠候燕，雨中歸牧夢占魚。此時最憶風雲地，濯濯清沂詠歎餘。

定計歸來已束書，高齋虚寂似禪居。好花送與春風共，病目愁看宿霧如。四月落林多野筍，半陂流水足溪魚。今春又過今秋早，一飯跏跌不願餘。

謝吴宗師送牡丹

人人看盡洛陽花，誰似堯夫小小車？高閣每煩君實望，西街還過伯淳家。東風寒食吹煙散，燕子空梁莫景斜。最憶青城坪上樹，樵人衹向檐頭誇。

題著色山圖

江樹重重江水深，楚王宫殿在山陰。白雲窈窕生春浦，翠黛嬋娟對晚岑。宋玉少時多諷詠，江淹老去倦登臨。扁舟却上

❶「賜之」，四庫本作「贈之」。

巴陵去，閑聽孤猿月下吟。

題熊太古畫

亭上長松三百丈，何人可以此經過？窮冬藜杖出同谷，清夏籃輿還曲阿。栖鶻每來從島嶼，老猿時復下藤蘿。王維、韋偃久不見，病目摩挲愁奈何？

送趙伯常自中臺出貳淮憲

淮南地沃偏宜麥，況可扁舟弋鴈鳧。此地正須能賦客，中臺新剖使君符。山城過雨驚春盡，野老扶藜到日晡。行部若臨江岸闊，煙波冉冉有漁夫。

送浄慈書記

寒梅的的西來意，翠竹青青劫外春。日出碧鷄山作霧，臺空彩鳳地無塵。八年寫遍湖光好，萬里歸來月色新。我在錦官城裏住，❶白雲滿屋便爲隣。

送趙秉彝因王君實末章以起句

朝裏儒冠盡白頭，斯言三復使人愁。芳叢獨見芝蘭樹，蚤歲不矜稊稗秋。藏書靈谷訪遺老，把釣清江懷故侯。太中梁棟小榱桷，匠氏尋引還相求。

---

❶「官」，原作「宫」，據四庫本改。

題畫

緝熙殿裹御屏風，零落誰收百歲中。錦樹總含春雨露，畫橋猶是舊青紅。花開陌上懷歸燕，潮落江頭送去鴻。何似緑波生太液，絳桃風急綵船東。

城東觀杏花

明日城東看杏花，丁寧兒子蚤將車。路從丹鳳樓前過，酒向金魚館裹賒。緑水滿溝生杜若，煖雲將雨少塵沙。絶勝羊傳襄陽道，❶歸騎西風擁鼓笳。

題張希孟中丞送畢提點申達卷後

十年七聘不還朝，起爲飢民夜駕軺。嘉樹百年誰忍伐，生芻一束不能招。❷西州華屋交游少，北海清尊意氣消。欲寫濟南名士傳，泉聲山影晚蕭蕭。

寄海南故將軍

海上風來五月秋，晚涼應上木蘭舟。金盤丹荔生南國，玉椀清冰出北州。狂客醉時花作陣，美人歌罷月如鉤。期門舊識將軍面，從獵還披翠羽裘。

❶「傳」，原作「傳」，據類稿本、四庫本改。
❷「不」，類稿本作「詎」。

次韻宋誠甫學士城南訪病莫歸

騎馬城南覓舊題，飄蕭蓆帽碧雲低。東風花柳過韋曲，落日兒童唱大堤。繡閣豈無和玉髓，錦囊還有鑄金蹄。歸來吟轉樓頭月，池冷夫容翡翠栖。

寄泉南三老人

春城連海樹扶疎，中有幽人八十餘。庾信流傳江左賦，伏生零落濟南書。鄰翁社舞尊多酒，弟子晨炊饌有魚。前代衣冠今絶少，故懷三老載安車。

次韻答衆仲助教相壽之句❶

老牛無力服柴車，道遠鞭驅未到家。碩果當留霜後樹，寒梅深辨雪中花。青城萬里懷空谷，滄海千年望太霞。賴有良朋相慰藉，釣竿隨分倚江沙。

題康里子山尚書凝春小隱六韻

群玉府中香滿袖，凝春亭裏看花開。綵雲近席微風動，紅日當窗好客來。西海珊瑚階下長，東家胡蝶雪中回。竹深每聽尚書履，池煖時分太液盃。鳳咮浮煙金錯落，鵝群隨水白毰毸。人間應得函封帖，青

❶ 此題，類稿本作「次韻答陳衆仲相壽」。

李來禽繞舍栽。

次韻杜德常博士萬歲山

秘閣沉沉便殿西，頻年立此聽春鸝。風搖翠岸新生柳，雨浥銅池舊産芝。玉几由來常咫尺，衡門此日遂栖遲。申生欲去柴車在，杜甫長吟雪鬢垂。墨沼遊魚翻宿藻，畫檐飛燕罥晴絲。山中竹篳涼如水，應夢鈞天九奏時。

次韻宋顯甫

御溝雪融三月初，鳧鷖鴻鴈總來居。蒲萄水緑可爲酒，楊柳條青堪貫魚。迤邐天河起箕、尾，滉瀁雲海浮青、徐。舟前花落傍飛燕，隄上風來濕舞裾。翠輦時留金騕褭，錦波不著玉夫渠。臨流宋玉偏能賦，莫待東都客問予。❶

絶句五言

燕陳公子宅贈燕學士

落日照大隄，花間聞馬嘶。城頭鼓角起，相送五門西。

宣和墨竹寒雀❷

洒墨寫琅玕，深宮春晝閒。蕭條數枝

❶「客」，類稿本作「更」。
❷「宣」上，類稿本有「題」字。以下《雙鴛圖》等八題同。

雪，不似紇干山。

上馬

眼昏身手鈍，上馬怕風沙。祇好扶藜杖，循籬看落花。

題旦僉司所藏慧甄腐瓜行蟻圖

瓜腐來螻蟻，梧生致鳳凰。荒園空宿雨，阿閣自春陽。

雙鴛圖

戢翼石梁陰，秋風日夜深。使君莫行野，江水蕩人心。

畫扇雀竹

啄粟野田莫，飛鳴亦求雌。誰家江上雨，發船歌竹枝。

畫扇柳蟬

不食遂終日，長吟如老翁。金盤九秋露，玉樹一絲風。

畫雙蝶

舞罷庭花落，池邊看睡皃。無端雙蛺蝶，飛上繡羅襦。

商德符畫松

松根生茯苓，松葉纏兔絲。服之可長生，歸哉南山陲。

河梁泣别圖

落葉滿長安，秋風漢節還。裁詩寄歸鴈，三月到天山。

題蒙古松壑書

長風壑中來，吹雨洒高竹。憶昔曾見之，終南跨黄犢。

捕魚圖

網罟日相從，天寒澤國空。釣竿長倚樹，老却渭川翁。

子昂畫

拂石蘗竹間，采蘭幽林下。遊子憺忘歸，何以遺遠者。

右

松上一枝雪，竹間千本蘭。江濤嗟遠道，風雨憶春寒。

雜　寫

韓子登華封，縣令捐其階。囂呼始得下，亦不傷雅懷。❶

右

粤人善操舟，先去令人愁。今年水未落，不見蓴鱸秋。

右

狂罵人不怒，徒然傷天和。問君丹丘月，當勝白蘋波。

右

雲間陸士龍，寧知千金貲。文章倘有取，論薦何愧辭？

右

長鬚一握雪，昏目九重雲。不爲成去計，猿鶴皆怨紛。

右

夕望姑蘇月，晨瞻太湖波。金章還闕下，隨意覓漁簑。

右

❶「雅」，原作「稚」，據類稿本、四庫本改。

右

貪禄戀君恩，三年金馬門。願於堯、舜世，頭白老人村。

題柯敬仲雜畫

北苑今仍在，南宮奈老何？青山解浮動，端爲白雲多。

右

雨過蒼苔石，雲生埜岸泉。幽懷春冉冉，稚子秀娟娟。

右

鐵石餘生色，冰霜作曉妍。春雷明日起，何處尚龍眠？

右

雨過黃陵廟，蒼梧雲正愁。何時倚虛幌？對此滿林秋。

右

江上秋漠漠，風雨晚蕭蕭。千載誰相識，惟應待老樵。

右

昔過篔簹谷，鉤衣石角斜。儗尋龍作杖，拾得上天槎。

右

黄金千瑣甲，琱玉六簾鉤。雨送鴛鴦夢，煙籠翡翠愁。

右

娟娟生玉潤，楚楚作金聲。羽扇迎風定，羊車過月明。

右

峽口春雲重，江南夜雨多。水深桃葉渡，風急竹枝歌。

右

蒼涼初出日，黄落早知秋。不遇采芝客，寧知叢桂幽。

右

明堂要梁棟，大匠取修直。鬱屈崖石間，秋風動蕭瑟。

右

平陸蒼龍起，近山生遠煙。前村三萬頃，明日水平田。

右

莓苔生石路，翠竹自交加。不惜青鞵濕，臨流踏白沙。

右

昨夜采樵去，偶逢三尺枯。山人不到海，不識是珊瑚。

右

瀟洒一枝新，惟堪掃浄塵。白雲在窗户，留作老僧隣。

題李溉之學士湖上諸亭

煙蘿境

玉女乘煙霧，松間采薜蘿。飛行了無跡，明月送空歌。

金潭雲日

金沙灘上日，潭底見雲行。衹有琴高

鯉，時時或作群。

漏舟

春水如天上，秋潭見月中。如何列禦寇？猶欲待冷風。

紫霞滄洲

洞裏琴鳴澗，洲前棹入雲。擬尋雲谷叟，同訪武夷君。

秋水觀

湖深山影碧，天浄月光空。幸自無波浪，蘋花謾晚風。

無倪舟

三周華不注，水影浸青天。不上銀河去，空明擊棹還。

紅雲島

日出湖邊曙，雲生島上紅。綵舟移曲岸，白麈對微風。

蕭閒堂

受業蕭閒老，令人憶稼軒。高堂何處是？湖曲長蘭孫。

松　關

黛色浮空表，蒼髯積雪邊。鷄鳴從此度，掉臂向秋天。

大千豪髮

善聽返無聲，善視入無覩。還將一緒雲，散作萬山雨。

觀　心

炯炯燈留室，微微息若存。仰探當月窟，俯察識天根。

題熊太古畫

路過秦時檜，家留蜀道山。長安都看遍，回首入柴關。❶

右

海内此亭古，幽村春事多。扁舟歸未得，江水已生波。

敬仲竹樹古石❷

雪樹寒逾勁，霜筠晚更脩。玄雲動蒼

❶「柴」，類稿本作「雲」。
❷「敬」上，類稿本有「題柯」二字。

石，令我憶湖州。

六　言[1]

題柯博士九疑秋色圖

余獨游兮洞庭，野雲徘徊兮天將雨。望九疑兮不可見，結幽篁兮聊延竚。

題　柯　士　畫[2]

登孤丘而望遠，見江上之楓林。放余舟兮澧浦，何天高而水深。

道園學古録卷之三

[1]「六言」，四庫本作「長短句」。

[2] 此題前，四庫本有「絶句六言」四字。「柯」下，四庫本有「博」字。

道園學古録卷之四

在朝稿四

芝亭永言

雍虞集伯生

絶句七言

次韻竹枝歌答袁伯長

沙禽東去避網羅，蕩舟相逐如遠何？
越山青青越女白，從此勞人魂夢多。

春江風濤苦欲歸，東盡滄溟南斗低。
明年白日百花静，❶憶爾琴中烏夜啼。

燕姬當壚玉雪清，簫中吹得鳳凰聲。
不及晴江轉柂鼓，洗盞船頭沙鳥鳴。

木夫容

九月襄王宴渚宫，霓旌翠羽度雲中。❷
滿汀山雨衣裳濕，宋玉愁多賦未工。

水夫容

長洲宫沼醉西施，蕩漾蘭舟不自持。
願奉君王千歲樂，一盤清露玉淋漓。

❶「静」，類稿本作「盡」。
❷「羽」，類稿本作「蓋」。

送四川憲使

晚趍嚴召直承明，侃侃論思歲未更。
國老不應持節去，鄉人徒羡過家榮。
錦溪園裏千尋竹，夏日移床就緑陰。
烏帽練衣卬竹杖，閒來誰與共清吟？
已歎《玄經》返墨池，復愁國史奉嚴祠。
離鄉遊子歸仍晚，獨對東風惜鬢絲。
小東郭外今無舍，萬里橋西況問田。
不恨錦官非昔日，但尋玉局是何年？
龍游峽口芝千本，仙井山中玉數蔘。
老去首丘天所念，未甘孫子祇東南。

曹將軍馬❶

高秋風起玉關西，踣鐵歸朝十萬蹄。
貌得當時第一匹，昭陵風雨夜聞嘶。

舊屋

舊屋已屬他人家，臨風且復立江沙。
欲從子雲訪墨沼，更向少陵尋浣花。

誰家

誰家結屋倚江湍？五月湍聲入座寒。
種樹已堪維馬騎，開軒即可把漁竿。

❶「曹」上，類稿本有「題」字；「軍」下，類稿本有「畫」字。

馬　圖❶

昔在乾淳撫蜀師，賣茶買馬濟時危。
鄉人啜茗同觀畫，解説前朝復有誰？

先君太史棄諸孤之四年集來吴門省連州府君大墓始見叔父南山翁翁與集同出太師雍國公蓋四從矣翁曰後會未可期幸留數語識歲月翁方客授外鄉又以推人生年月日論禍福以助道故不能久留城中敢用賦此以承命云耳❷

玉屏古栢與天齊，使過于今又七期。
各道遺書向江上，西風江水鬢絲絲。

玉遮墓下有諸孫，東望滄波每斷魂。
泣血三年餘喘在，更將衰淚灑荒園。

族人散處江南郡，不識音容但記名。
世澤須令孫子憶，故家今幾尚簪纓。

王　母　圖❸

瑶草春深晝日閒，靈芝清露自怡顔。
雙成吹徹參差玉，八駿人間去不還。

偷桃小兒癡且妍，恃恩無賴更蒙憐。
竊翻雷電天公怒，風雨落花紅九川。

黄竹遺墟白雪高，空桑戴勝向晨嘷。
茂陵多欲非仙器，枉賜金盤五色桃。

西望瑶池斗柄旋，金明水浄月娟娟。
請觀阿母神仙籍，名在龜山第幾篇？

❶「馬」上，類稿本有「題」字。
❷此題前，類稿本有題「留別叔父南山翁三首」。「大」，作「之」。
❸「王」上，類稿本有「題」字。

竹杏沙頭鸂鶒❶

蛺蝶飛來石竹蘩，羅襦曾試繡紋重。
荷花啼鳥銀屏暖，卧看窗間唾碧茸。

閬州海棠

閬州城南天下稀，海棠參天鸚鵡飛。
百年高興付蕭散，老著西江何日歸？

畫猿❷

冷泉亭下呼常到，巫峽舟中聽更愁。
老石枯藤還見汝，因懷經處思悠悠。

記夢中詩三首

祝融君紫虚君率子廉

出海雲霞九色芒，金容滉瀁水中央。
向曾賜服玄洲玉，今結蕭臺五鳳章。

飛步崔嵬上九宫，親題彩筆篆明虹。
玉樓臨海連天碧，待子扶桑鶴出籠。

失脚漁磯返棹遲，幾回石上候來期？
老翁岩下諸年少，總解題詩笑鬢絲。

❶ 此題，類稿本作「題竹石鸂鶒圖」。
❷ 「畫」上，類稿本有「題」字。

題周東陽進士爲南郭園林記後

南郭名園纔隔縣，好添花竹又清時。
歸來未老柴車在，百里尋春定可期。

維　摩

二士同開不二門，是何境界擬評論。
若爲普供諸香飯，貴得薰聞悟識根。

錢舜舉折枝夫容❶

白髮多情憶劍南，秋風溪上看春酣。
剪來一尺吴江水，擬比千花濯錦潭。

商德符小景❷

商公昔者觀秦、蜀，劍閣崢嶸筆底開。
又向江南住三載，不爲廬阜即天台。

天曆改元十月題子昂馬❸

朝廷無事日從容，太僕承恩出九重。
前代王孫今閣老，只畫天閑八尺龍。

❶「錢」上，類稿本有「題」字；「舉」下，類稿本有「所畫」二字。
❷「商」上，類稿本有「題」字。
❸此題，類稿本作「題吴興公畫馬」。

寄馬伯庸尚書

江上河豚吹柳花，三月淮船當到家。
賜金盡賣買田舍，坐對八公吟日斜。

商德符小景

五老峰前屢往來，紫雲如蓋蔭崔嵬。
十年京國頻看畫，最愛高僧坐石苔。

賦故宋李忠襄公植烏石渡舊隱

窈窕幽篁帶薜蘿，青春白日坐蹉跎。
試詢烏石江頭水，寧有微波接汨羅。

訪杜弘道長史不值道中偶成❶

雨浥輕塵道半乾，朝回隨處借花看。
牆東千樹垂楊柳，飛絮時來近馬鞍。

聽雨

屏風圍坐鬢毿毿，絳蠟搖光照暮酣。
京國多年情盡改，忽聽春雨憶江南。

春雲

春雲漠漠度宮城，樓雪初融水未生。
行過御溝成久立，起頭枝上有流鶯。

❶「偶」，原作「倡」，據類稿本、四庫本改。

與趙子期趍閣

日出風生太液波，畫橋千尺彩船過。
橋頭柳色深如許，應是偏承雨露多。

玉堂讀卷雜賦次韻

待漏宮門聽鑰開，袖中進卷總賢才。
奏名殿裏千花合，傳勑階前好雨來。

千花覆檻柳垂絲，晝刻傳呼淑景遲。
聖主自觀新進策，侍臣簪筆立多時。

文章光焰貫長虹，來者無窮去者空。
頭白眼昏心力盡，高堂深夜燭揺紅。

題陳衆仲助教送人之官南平序後

我憶錦溪最上原，春雲爲雨日行天。
何時獨上溪邊閣，不待冷風已洒然。

院中獨坐

何處他年寄此生，山中江上總關情。
無端繞屋長松樹，盡把風聲作雨聲。

題歐陽原功少監家柯敬仲畫

涔陽日日水生波，翠袖黄裳晚櫂過。
珠樹月明花婀娜，鳳毛春煖錦婆娑。❶

楚宮朝雨過江潭，燕燕新來試浴蠶。

❶「毛」，類稿本作「袍」。

庭下錦衣皆稚子，窗前秀色是宜男。[1]

子昂人馬圖

緑衣奴子十七八，面如紅玉牽馬過。
繡簾美人時共看，堦前青草落花多。

紹興間臨安士人有賦曲一春長費買花錢日日醉湖邊玉驄慣識西湖路驕嘶過沽酒樓前紅杏香中簫鼓緑楊影裏鞦韆晚風十里麗人天花壓鬢雲偏畫船載得春歸去餘情付湖水湖煙明日重扶殘醉來尋陌上花鈿思陵見而喜之恨其後疊第五句重携殘酒酸寒改曰重扶殘醉因歐陽原功言及此與陳衆仲尋腔度之歌之一再董此字求書其事因書之并系以此詩[2]

重扶殘醉西湖上，不見春風見畫船。
頭白故人無在者，斷堤楊柳舞青煙。

題畫古木

高秋木落洞庭空，岳陽城南多晚風。
蛟龍夜護玉壇古，劍影長留明月中。

八月十五日得旨先歸驛騎在門復召還草詔十七日至桓州驛題壁[3]

烏桓東望天無際，衹有銀蟾出海頭。
不得吹簫送清夜，禁城鐘鼓度中秋。

[1]「前」，類稿本作「中」。
[2] 此題前，類稿本有題「題宋人詞後」。
[3] 此題，類稿本作「桓州驛題壁」。

子昂幽蘭脩竹

舊時長見揮豪處，脩竹幽蘭取次成。
欲把一竿苕水上，鷗波千里看雲生。

子昂竹石

數尺琅玕近玉階，連昌宮苑少人來。
庚庚蒼石如人立，恐有題名上紫苔。

畫竹石❶

井中墮却翡翠釵，海上拾得珊瑚鉤。
蒼龍過雨影在壁，斷雲零落令人愁。
篔簹谷中春事晚，老鶴俛啄莓苔生。
長鳴戛戛雨氣潤，舞羽翛翛山月明。

酬書巢送棕篇❷

積雨蒼苔路不分，松華盡日落紛紛，塵
埃滿袖歸來晚，誰與柴門掃白雲？

子昂畫

棠梨枝上白頭翁，墨色如新最惱公。
直似故園花石外，銅盤和露寫東風。

送上黨長

春雨人參長紫苗，縣庭無事坐終朝。

❶「畫」上，類稿本有「題」字。
❷「書」上，類稿本有「張」字。

俯看雲氣千山表，野有新田市有謡。

畫馬❶

蕭條沙苑貳師還，苜蓿秋風盡日閒。
白髮圉人曾習御，長鳴知是憶關山。
虢國夫人學畫眉，宮門催入許先馳。
春風十里聞薌澤，新賜金鞍不受騎。

畫羅漢

虎嘯千山木葉空，晴空無處著神通。
蒼龍浴罷軍持水，閒玩明珠似日紅。

題納涼圖

百頃芙蓉水滿隄，綺窗只在畫橋西。
羊車薄莫過湖曲，驚起鴛鴦不並棲。

題畫

松戴蓬萊山上雪，竹含滄海岸邊風。
三更月上誰能看？唯有河東學劍翁。

題趙子固山礬瑞香水仙蘐蕙

梁園池館日蒼涼，飛蓋追隨憶故鄉。
澤畔行吟春事晚，時時駐屐近微香。

❶「畫」上，類稿本有「題」字。

息齋竹[1]

紫貂蚤解獵圍驂，一棹夷猶雪滿簪。
山雨欲來春樹暗，盡將情思寫江南。

冬至前一日答吴宗師

緜緜微息起黄庭，仰望搏桑拂帝青。
海上鶴來知有意，手持楊許寫來經。

題吴彩鸞所書唐韻

豫章城頭寫韻軒，繡簾窣地月娟娟。
尋常鶴唳霜如水，書到人間第幾篇？

壬申芝亭春帖子

祇今江上無茅屋，何日成都有薄田？
若荷聖恩歸去蚤，東風擊壤慶堯年。

髮從更白三千丈，身似初生第一春。
久向黄庭留白鶴，偶隨華蓋駕蒼麟。

東風吹雪著髭鬚，目力都妨讀舊書。
兒子總堪供稼穡，故人還許共樵漁。

一種芝蘭異楚薪，儀如鸞鳳氣如春。
他山借石成瑚璉，莫負深耕種玉人。

---

❶「息齋竹」，類稿本作「題李息齋墨竹」。

華蕚樓宴集圖❶

華蕚樓前翠輦來，寧王吹笛百花開。
夾城誰敢争馳道？　獨對霓裳進玉盃。

爲歐陽學士題子昂墨竹❷

蒼崖倚木雲千尺，新筍穿林玉一雙。
若到瀟湘聽夜雨，定知剪燭向西窗。
先生歸到歸鴻閣，閣下應生此竹枝。
定有鳳凰來共宿，可憐翡翠立多時。

送道士趙虚一歸金陵

三月二十五日，❸集侍立延閣，上顧問集：「嘗至金陵否？」集謹對曰：「嘗到。」又曰：「冶亭是汝所題，往年八九至其處，新松當長茂矣。」集謹對曰：「臣猶是未種松時到也。」近臣奏曰：「玄妙住持道士趙虚一所種也。」上曰：「然。」又顧集曰：「已陞觀爲宫，汝知之乎？」集謹對曰：「臣奉勑題榜賜之矣。」是日，趙虚一來別歸江南，即告以聖上不忘冶亭之意。又三日，吴大宗師賦詩贈行，董先生爲持卷來索賦，因録所得聖語如上云。

春明晝侍奎章閣，聖上從容問冶亭。
爲報仙都趙貞士，新松好護萬年青。

❶「華」上，類稿本有「題」字。
❷「學士」，類稿本作「原功」。
❸「三」，類稿本作「五」。

題子昂春江聽雨圖

越鳥巢南枝，所欲得於江湖之上者甚不多也。區區不余，畀覩此慨然。

憶昔江湖聽雨眠，翩翩歸鴈度春前。
數株古木依茅舍，老去何年踏釣船。

賦思州田氏楊夫人栢舟堂

白髮高堂晝霧昏，自將忠義教兒孫。
邊傍種得千株柳，春雨深深荷主恩。

次韻杜德常典籤秋日西山有感

落日龍舟山下回，寺門依舊對山開。
霜凋碧樹煙生草，從此頻傷八月來。

百頃夫容野水光，石梁秋日度流香。
空遺玉座臨高閣，只有金仙住上方。

閣上露華生翡翠，潭陰日色射金虬。❶
舊時車駕迎風動，此日闌干傍水流。

每進文章出殿遲，日華西轉萬年枝。
甘泉罷幸揚雄老，滿鬢秋風不受吹。

題畫柯敬仲雜畫❷

夢裏江南憶舊遊，明璫翠佩不勝愁。
一鉤纖月清如水，吹笛何人共綵舟？

❶「陰」字，類稿本作「雲」。
❷此題，類稿本作「題柯敬仲雜畫」。

黃筌夫容乳狗❶

西旅初聞效貢來，金毛覆地不凡材。騶虞麟趾同靈囿，抱子花陰卧石苔。

題柯敬仲畫

牽牛引蔓上棠梨，上有幽禽夜夜栖。自有秋風動踈竹，江南落月不須啼。

題蔡端明蘇東坡墨蹟後

「天際烏雲含雨重，樓前紅日照山明。嵩陽道士今何在，青眼看人萬里情。」此蔡君謨夢中詩也。僕在錢塘，一日謁陳述古，邀余飲堂前小閣中。壁上小書一絶，君謨真跡也。「綽約新嬌生眼底，❷侵尋舊事上眉尖。問君別後愁多少？得似春潮夜夜添。」又有人和云：「長垂玉筯殘粧臉，肯爲金釵露指尖。萬斛閒愁何日盡？一分真態爲誰添？」二詩皆可觀，後詩不知誰作也。杭州營籍周韶多蓄奇茗，❸嘗與君謨鬥勝，韶又知作詩，子容過杭，述古飲之，韶泣求落籍，子容曰：「可作一絶。」韶援筆立成曰：「隴上巢空歲月驚，忍看回首自梳翎。開籠若放雪衣女，❹長念觀音《般若經》。」韶時有服衣白，一坐嗟嘆。遂落籍，同輩皆有詩

❶「黃」上，類稿本有「題」字；「狗」下，類稿本有「圖」字。
❷「嬌」，原作「橋」，據類稿本、四庫本改。
❸「周」，原作「問」，據類稿本、四庫本改。
❹「若」，原作「苦」，據類稿本、四庫本改。

送之。二人最善，胡楚云：「淡粧輕素鶴翎紅，移入朱闌便不同。應笑西園舊桃李，强匀顏色待春風。」龍靚云：「桃花流水本無塵，一落人間幾度春？解佩暫酬交甫意，濯纓還見武陵人。」固知杭人多慧也。

祇今誰是錢塘守，頗解湖中宿畫船。曉起鬬茶龍井上，❶花開陌上載嬋娟。白樂天、蔡君謨、陳述古、蘇子瞻，皆杭守也。

老却眉山長帽翁，茶煙輕颺鬢絲風。錦囊舊賜龍團在，誰爲分泉落月中？

三生石上舊精魂，解后相逢莫重論。縱有繡囊留别恨，已無明鏡著啼痕。

能言學得《妙蓮華》，赢得春風對客誇。乞食衲衣渾未老，爲題靈塔向金沙。

丹丘柯敬仲，多蓄魏、晉法書，至宋人書，殆百十函，隨以與人弗留也。他日，獨見此軸在几格間，甚怪之。及取觀，則吾坡翁書蔡君謨夢中詩，及守居閤中舊題也。第三詩以爲不知何人作。其軒轅彌明之流，與陳太守放營妓三詩，亦辱翁翰墨，流傳至今，亦有緣耶！卷後多佳紙，❷敬仲求集作詩識其後，賦此四首。是日試郭屺墨，但目疾轉深，不復能作字。又知年歲後，雖若此者亦尚能作否？臨楮慨然。至順辛未二月望日，蜀人虞集書。

題著色山圖

巫山空翠濕人衣，玉笛凌虚韻轉微。

❶「上」，原作「士」，據類稿本、四庫本改。
❷「佳」，原作「侍」，據類稿本、四庫本改。

宋玉多情今老矣，閒雲閒雨是耶非？

題東坡帖

東坡先生書少陵翁《負薪行》，筆力與辭氣同一高古。憶在江上，聞舟人竹枝一首，謾識於此。

魚復浦前春水生，負薪渡江初月明。憑郎莫下巫峽去，楚王宫殿在專城。

題畫張彦輔小景❶

山下吴王避暑宫，宫前浪起白蘋風。抱琴響屧廊頭去，多是扁舟笠澤翁。

題李氏青溪精舍

昔逢李白青溪上，醉著宫花紫綺袍。松雪落崖迴晚櫂，海風吹月見秋豪。

題李氏浩然堂

水滿青溪花滿蕖，浩然堂上看春風。小車還過溪頭去，遍看青山似洛中。

聽雪軒

樓前宿鷺起星河，近歲江南雪轉多。投老鍾山寒不寐，滿山松竹夜如何。

❶ 此題並小字，類稿本作「題張彦輔小景」。

放鶴亭

山人不受北山移，春雨開田種紫芝。昨日華陽真逸到，借令過海問安期。

臘日偶題

大藥無功卦氣銷，等閒雙鬢雪飄蕭。東家釀得黄精酒，説道凌晨許見招。

舊時燕子尾毿毿，重覓新巢冷未堪。爲報道人歸去也，杏花春雨在江南。

無題

夏簟琅玕冷於水，緑韝烹魚手操匕。西風歸燕杏梁深，恨不身先貴人死。

與陳升海

門外大風都不起，窗前卷書浄於水。匡廬道士上清來，吹笛數聲月明裏。

與陳道士

門外大風吹樹倒，窗下燒香禮黄老。日午誦徹《大洞經》，白鶴隨人啄瑶草。

題扇與周幹臣❶

玉疊松花蜜餅香，❷龍珠星顆露盤涼。

❶「幹臣」，類稿本作「維翰」。
❷「疊」，類稿本作「堂」。

遥知環碧樓中坐，翠竹蒼松夏日長。❶

樂府

次韻禮院孟子周僉院秋夜曲二疊

天闊秋高初夜長，浮塵銷盡霧蒼茫，澄澄孤月轉危牆。金井有聲惟墜露，玉階無色乍疑霜，不聞人語只吟螿。

風力清嚴掃莫煙，纖塵不碍月嬋娟，太虚那得有中邊。大地山河空復影，九霄宫闕舊無傳，幾承劍氣一飄然。

招熊少府

南阜小亭臺，薄有山花取次開。寄語多情熊少府，晴也須來，雨也須來。隨意且銜盃，莫惜春衣坐緑苔。若待明朝風雨過，人在天涯，春在天涯。

廬山尋真觀題法曲導引

闌干曲，正面碧崔嵬。嵐氣着衣成紫霧，墨香横壁長蒼苔，爲白玉蟾詩。柏影掃空臺。江海客，欲去更徘徊。霧鬟雲鬢何處在？風泉雪磴幾時來？鶴翅九秋開。

題梅花寒雀圖

残雪曉，窗外幽禽小。春聲初動苔枝裊，花落知多少？春起早，苦被東風惱。

❶「夏」，類稿本作「化」。

緑陰青子歸來好，滿徑生芳草。

柳梢青題楊補之梅花

至順癸酉立春，客有持逃禪翁此卷相示，清潤緼藉，使人意消。因所題《柳梢青》調，亦賦一首云。

從别幽華，玉堂金馬，十載忘家。横幅踈枝，如逢舊識，同在天涯。荒村茅屋欹斜，待歸去重尋釣槎。解卻絲鉤，青鞋藜杖，翠竹江沙。

風入松

畫堂紅袖倚清酣，華髮不勝簪。幾回晚直金鑾殿？東風軟，花裏停驂。書詔許傳宮燭，香羅初剪朝衫。御溝冰泮水挼藍，飛燕又呢喃。重重簾幙寒猶在，憑誰寄金字泥緘？爲報先生歸也，杏花春雨江南。

頌

皇太子受寶頌有序

臣某等，敬覩皇太子受寶於行幄，謹再拜稽首而言曰：臣聞古之所謂能以天下讓者，審幾於先事，謂之至德。既勸而庸巽，謂之予賢。是皆人道之常，而未若今日之盛者也。我皇太子以人文之資、智勇之德，當撥亂反正，以纘祖宗之統，則躬當大難，嬰犯霜露而不辭。及功成治定，既膺歷服之歸，則推奉聖兄，謙居儲貳而不伐。剛明之斷，堅於金石而無變；素定之誠，質諸天地而無疑。求仁得仁，若處固有；樂道忘勢，訢然無爲。此實帝王之所難能，古昔之所未有，而卓然特見於前後千萬世之内者也。臣嘗讀《周易》，而觀於乾龍之象，自潛至躍，時升位異。九五天飛，中正極矣。益進而上，庸知退乎？而仲尼之讚上九曰：唯聖人知進退之正。言非聖人不能及此。噫！仲尼發此義於千五百年之前，而昉見其事於聖代。宗社生靈，萬世無疆之福也。於乎，盛哉！臣等幸以文學，得備延閣之顧問，親逢盛禮，爰敢作頌以獻。頌曰：

於穆皇儲，文武聖明。於赫大帝，受命輯成。天運日行，既明既健。神交意孚，曾是脩遠。帝載龍旂，其行遲遲。萬民傒來，皇儲有思。載思載瞻，于廬于旅。式好在原，莫敢寧處。風雨孔時，道無游塵。肅肅鑾車，通宵及晨。帝曰勞止，毋趨行邁。會言近止，交喜更慨。灤陽之京，世皇所營。我毋即安，次于郊坰。坰有豐草，雨露既渥。差騶于牧，緐纓濯濯。皇儲攸止，百靈具扶。群臣受詔，奉寶來趣。維時藴櫝，龍光上燭。祖宗之傳，景命攸屬。寶來自天，追琢有章。卿雲隨之，五色景芒。有親有尊，有友有愛。以承武皇，聖孝斯在。古人有言，兄弟家邦。咨爾臣庶，於乎勿忘！史臣作頌，丕昭盛德。既壽以昌，子孫千億。

郊祀慶成頌

奎章閣大學士、光禄大夫、臣忽都魯都兒迷失等言。臣聞天子有天德，則克當天心，以享天命。故其爲禮必親祀上帝，而尊祖以配之，所以明乎大寶之位，付受繼承之公，至誠而無妄者也。粤若至順元年十月辛酉，親祀南郊前一日，大駕出次郊所。天光低佪，陽煦充達。冰釋于澤，風不鳴條。群臣駿奔，百靈後先。其在齋宫也，端拱無爲，致思純一。神物表見，雲氣發輝，五采郁紛，彌綸會際。人神之感，已兆于斯。至乎望舒方中，星緯環列。太和磅礴，如時在春。降玄水於方諸，明爟火於紫陛。奉常告具，侍中奏嚴。玄裘迺御，匏勺斯舉。奠圭升燎，上帝臨饗。有神光以致祥，出景星以昭德。熙事備成，坤乾𣋡嘔。乃還次于幄殿，將迎暾於陽谷。應龍嘘其重潤，若霧絢乎曾霄。天子又出次而拜貺焉。於是公卿大臣奉觴上壽，各陳其説，以賛休嘉。天子曰：嘻！予以天地祖宗之靈，克正統緒，君臨兆人。凡所以昭事上帝者，豈私朕躬哉？予惟對越億萬年而無斁者，予何敢不勉。於戲！聖人之心，天之心也。故感應之速如此，敢再拜稽首而獻頌曰：

惟皇建國，辨方正位。相其南東，吉土立時。象圜于穹，因高于地。稽古有作，以事上帝。昔我皇祖，受命自天。報祭之始，以質爲虔。土宇闢章，彌文日宣。作樂告成，式禮弗愆。赫赫世祖，百度咸秩。成廟繼志，奠此郊域。於皇武考，敬恭翼翼。升配太祖，貽我憲則。禮已始興，命彼儒臣。酌今之宜，考古于文。玉帛犧盛，越席陶尊。將命寔來，則有司存。人習見聞，曰兹既備。惟我天子，聰明睿知。曰惟事天，匪躬莫致。既祼於廟，又議饗帝。自我踐祚，于今三年。雨暘若時，稼穡廡蕃。孰爲貳携？神發其奸。

孰爲不庭？服于師干。衆賢在廷，夙夜濟濟。入而陳規，出則將美。覈名以實，總綱于紀。一人以寧，萬國咸理。升中于郊，實惟其時。載卜載諏，曰惟辛宜。載祓載齊，我將親祀。無敢弗共，在爾有司。大臣岩岩，小臣闇闇。執衛桓桓，執禮循循。黎民芸芸，衆神殷殷。載嗟載咨，載悦載欣。惟明天子，與天爲一。不饗亦臨，不顯亦式。矧兹來郊，衮冕佩舄。躬酌躬薦，上帝用格。明星景光，卿雲麗天。望之若遥，顧依于壇。當寒而暄，陟降舒安。行禮孔彰，天豈不言？皇皇丕基，明明聖君。億萬億年，盛德日新。以對于天，以保于民。稽首作頌，播之韶均。

銘

劉氏求志齋銘

作事之始，志必先立。如游有方，若射置的。苟不素定，倀倀奚適？是故君子，惟志是尚。灼知當爲，勇往不讓。職有常分，匪求外妄。其志伊何？惟道是義。是達是行，❶求而得矣。❷無顯無隱，從事在己。信美劉君，執書受徒。惟志之求，爰表齋居。尚審尚端，勿惰勿迂。

❶「行」，類稿本作「求」。
❷「求」，類稿本作「行」。

益齋銘

人有不足，則必求益。小人于利，君子于德。雖同於求，實異其物。是故學者，當慎所擇。奪上弗饜，朘下自豐。日極而攻，干凶之逢。知有未崇，道有未隆。力致其功，美積乃躬。齋居君子，去彼取此。善不在大，過不在細。遷之如風，改之如雷。勇無留難，尚鑒兹哉！

陳伯昇新齋鑿北牆之兩端因空以容匱舍琴書則遷而寘焉請虞集爲著銘其左銘曰❶

潛神于深，❷養威于陰。蓄之有方，奮爲雷風。君子則之，作庋居琴。内密以安，外無侈淫。時出用之，以哥雅南。閒靖永年，勿褻以欽。

中齋銘毉者

凡人有生，寔受厥中。氣有奇偏，或害乃躬。聖神是惻，於過不及。損益寔虚，斟酌緩急。約其反歸，藥石則施。中焉而止，教必有師。藝之專成，乃墮於術。善爾齋居，知中之極。

爲潘憲臣作韓氏陶研銘

大陶軒轅范阿泓，搏丹合土水火并。

❶ 此題前，類稿本有題「新齋銘」。「匱」，類稿本作「匵」。
❷ 「潛」，原作「僭」，據類稿本、四庫本改。

隤然凝質幾天成，重厚密澤堅方平。發揮文章著光晶，磨涅千歲無毀傾。潘甫愛之如奉盈，有虞尚陶爰勒名。

洮硯銘爲陸友仁作

雲生洮中化完玉，膚理縝潤色正緑，保而用之吴郡陸。

斡克莊硯銘

毓德深泓，達材清明。磨礱圭角，浸潤光精。至溥之澤，至華之英，作爲文章，以頌治平。

潭心銘

馮玉得吴先生所遺詩，取詩末潭心字以名齋。豫章揭曼碩既爲之銘，玉又欲予銘。予奚言哉？姑拾其緒餘，以誦之云耳。其辭曰：

潭有止水，環鄉得中。名之曰心，天光下容。舉體涵空，即物顯色。日行中天，委景如的。因見而指，謂中在兹。實無限量，可儗津涯。雖無限量，而有自起。斂微散殊，周流終始。往來有恆，應感不私。天施地生，莫爲而爲。受而生者，明通則一。請視斯潭，汎應何迹？齋居君子，鑒而新之。敬以事天，不其純而。

永思堂銘

先王制禮，一本民彝。粲乎情文，匪强僞爲。惟均受命，心同理一。品節以行，至當有則。執親之喪，哀豈外興。國俗則亡，脱因獨能。知能之良，隨感以見。弗學而合，昭厥本善。善之所推，寧止於斯。君子曰嘻，我其擴之。於惟充思，作聖之事。禽獸是歸，弗思爾己。爾羹爾牆，如將見之。召辱貽名，動必致思。翼翼新堂，孝子所止。以宴以享，皆思之地。服惟三年，喪則終身。死而後已，慎哉爲人。薄化還敦，詎不由此？我銘永思，以錫孝子。

贊

御書贊❶

欽天統聖至德誠功大文孝皇帝，當龍德之淵潛，乃海瓊而于邁。山川近承於潤色，草木咸被於恩光。況乎粲然雲漢之章，照耀下土。昔人有言：「天不愛道，地不愛寶。」此之謂歟！故武略將軍，瓊州安撫副使臣林應瑞之子天麒，得事上於游泳翰墨之際，百拜求所以顯揚其親者，乃蒙賜之「梅邊」二字，以賁飾其祠堂云。至順元年閏七月，天麒朝於京師，來求臣集述贊於下

❶ 「御書贊」，類稿本作「梅邊贊」。

方。集拜手稽首，而作贊曰：❶

天日照臨，萬物咸遂。有生有成，何間遠邇？顧瞻海邦，波濤不驚。上際於天，晨光清明。小臣守土，靖恭厥職。維皇念之，厥有殊錫。維南嘉木，梅作其花。冰雪之英，炫於朝霞。昔者其胄，有若逋者。隱於湖山，託此爲雅。今以命之，輝光其家。億萬斯年，承我休嘉。

御書贊

天子親除吏，至御翰墨以賜之，此聖恩之至隆、文治之極盛者。臣伯單衣被光顯，何其榮幸乎？臣集謹再拜稽首而述贊曰：

宫中之政，昔統冢宰。出令詔禮，陰教斯在。維皇念之，慎簡乃僚。書以命之，雲漢於昭。凡我民庶，敬共率職。永懷忠貞，以報天德。

臨川吴先生畫像贊

業廣而精，德周而尊。釐析群言，❷以究斯文。章甫玄端，書册左右。豈弟君子，天錫眉壽。

自贊

邈乎千載之下，而謂古今一時也；眇

❶ 此序，類稿本作：「武略將軍瓊州安撫副使林應瑞得文皇所賜梅邊字以告，史臣集述以贊云。」

❷ 「釐析」，類稿本作「折衷」。

乎五尺之軀，而謂天地一體也。廓乎不自知，其所知也；欿乎未能至，其所至也。俛乎若憂，非有傷乎其内也；泊乎若休，無所待乎其外也。服今人之服，食今人之食，同乎今之人，聊以順吾際也。讀古人之書，頌古人之詩，思夫古之人，不知老之至也。

魯子翬僉院畫像贊

篤信聖賢之要，力求經傳之遺。屹乎山嶽之峙，粲乎日星之垂。端居兮，憂世之侃侃。致用兮，儼然而有思。緊豈弟之君子，庶人文兮在兹。

奎章閣大學士光禄大夫忽公畫像贊

蒼然松栢之堅貞，縝乎圭璋之粹美。慈焉在物之春風，澹若秋淵之止水。抱完器而晚售，逢聖明而特起。紬往哲之緒言，貫聲文而同理。造膝乎帷幄之密，贊化於經綸之始。致清華於崇朝，長詞林以踰記。謙自牧以立誠，勇有爲於信史。受深知於明主，曰嘉遯之君子。開延閣而首召，佇嘉言之來啓。剛不吐而柔不茹，滿知足而高知止。蓍龜宗社之先幾，麟鳳治朝之多祉。錫眉壽以爲期，儼丹青之綬履。

蘇君真像贊❶

偉哉蘇君，曰子寧父。廉有所不取，介有所不與。赫奕者有所不趍，澹泊者有所不去。嚴於操持有所不爲，謹於思慮有所

❶ 「君真」，類稿本作「子寧畫」。

不語。以詩書爲業而不虛不踈，以法令爲師而不深不固。此所以用適乎今，而行合乎古。畫而肖之萬一，得其心素矣。

西夏相斡公畫像贊有序❶

公姓斡氏，其先靈武人。從夏主遷興州，世掌夏國史。公諱道沖，字宗聖。八歲，以尚書中童子舉。長通五經，爲蕃漢教授。譯《論語註》，别作解義二十卷曰《論語小義》，又作《周易卜筮斷》，以其國字書之，行於國中，至今存焉。官至其國之中書宰相而殁。夏人嘗尊孔子爲至聖文宣帝，是以畫公象列諸從祀，其國郡縣之學，率是行之。夏亡，郡縣廢於兵，廟學盡壞，獨甘州僅存其迹。興州有帝廟門榜及夏主《靈芝歌》石刻。涼州有殿及廡。至元間，❷公之曾孫雲南廉訪使道明，奉詔使過涼州，見殿廡有公從祀遺像，欷歔流涕不能去，求工人摹而藏諸家。延祐間，荆王修廟學，盡徹其舊而新之，所象亡矣。廉訪之孫奎章閣典籤玉倫都，嘗以《禮記》舉進士，從予成均，於閣下又爲僚焉。間來告曰：「昔故國崇尚文治，先中書與有功焉。國中從祀廟學之像，僅存於兵火之餘，而泯隊於今日，不亦悲夫！先世至元所摹像，固無恙也，願有述焉，以貽我後之人。」乃爲録其事，而述贊曰：

西夏之盛，禮事孔子。極其尊親，以帝廟祀。乃有儒臣，蚤究典謨。通經同文，教其國都。遂相其君，作服施采。顧瞻學宫，遺像斯在。國廢人遠，

❶「西」上，類稿本有「故」字。
❷「至」上，類稿本有「皇元」二字。

人鮮克知。壞宮改作，不聞金絲。不忘其親，在賢孫子。載圖丹青，取徵良史。

天根子贊 有序

天根子者，金華葉審思先生也。先生生長富貴家，人世之樂，略已足備。而自幼求道甚切，遍歷諸方。年四十餘，始克盡屏諸累，往來閩粵間。大山蓁林，草屋石室，蕭然獨居。宴坐定息，或累數十晝夜。人有疾癘、水旱殃怪之屬，强起之，亦欣然往，應如其禱，而初無所爲也。有西域僧自海上至，海上人長老識其爲二三百歲人。人扣其道不可得，見先生獨喜而告之曰：「海岸有草，與子採之，鬻湏立成黄金。」先生笑而不受。它日又曰：「行吾所能，壽千百歲不足爲多。吾久擇人授之，無如子者。」先生又不受。僧嘆曰：「吾先佛所謂大乘根器者。」予聞諸莆田陳衆仲者如此。至順二年，聞有天根子北游醫無間之山，訪其友薊子訓之徒，予解后見之，則先生也。予從問天根之説，得其言而次第之，作《天根子贊》。贊曰：

恝乎其乾，❶隤乎其坤。氣聲軋摩，營霸吐吞。孰鼓其槖，爲此翕闢。往禪來續，生以不息。君子湛默，求端於初。視聽内收，返旋中虛。巍巍尊高，至極之極。能生天地，以及萬物。譬之於龍，斂微保沖。緜緜來升，體完用充。出入百爲，私智妄作。歸求有得，不矜不怍。無以喻之，命曰天根。

❶「恝」，類稿本、四庫本作「確」。

形銷名亡，獨此之存。迺繇金華，去之海上。神明恬愉，玩此無象。瑶巹翠虆，❶枝葉扶疏。靈風鬱迴，光儀發舒。累累重山，日出醴露。茂育無方，以長終古。

橐駞圖贊

皇武肇迹，宛宛龍漠。其居其康，輯乘爲郭。有服維駝，礧肉載崿。毳旃帷房，鞗輀簟鞹。軋軋千里，載泉于橐。黄頭羔裘，騎引顧却。人習見聞，聖獨有作。深宫穆清，思詔勤約。手著厥初，伊勞匪樂。公劉纘稷，于邠式廓。裹餱啓行，致祚八百。史臣作雅，稽古允若。

大象圖贊

皇帝畫大象二贊，皇太子監察御史前典寶少監臣忽禮台承命裝潢而寶藏之。翰林直學士臣集，再拜稽首而作贊曰：

有偉馴象，貢自南域。鞗革鏤鍚，路車是服。維皇在輿，游目於式。任重持安，眡力知德。燕閒以思，寫之几格。天章龍文，臻妙造極。嗟爾微勞，尚軫宸臆。師武臣能，有不察識。若稽庖犧，受圖布畫。遠取不遺，以啓神易。擬兹形容，克配古昔。臣用述贊，與世作則。

❶「巹」，類稿本作「𢍰」是，四庫本作「蒉」。

謝靈運小像贊

刊山木以遐眺，抗浮雲而脱屣。望高秋兮極浦，見夫容之出水。

道園學古録卷之四

道園學古録卷之五

在朝稿五

雍虞集伯生

序

雲南志序

京師西南行萬里爲雲南，雲南之地，方廣蓋萬里。在憲宗時，世祖帥師伐而取之，守者弗能定。既即位，奠海内，使省臣賽典赤往撫以威惠。沿其俗而道之善利，鎮以親王貴人者四十年。方是時，治平日臻，士大夫多材能，樂事朝廷，不樂外宦。天子閔遠人之失牧也，常簡法增秩，優以命吏。而爲吏者多徼幸器名，亡治術，亡惠安遐荒之心，禽獸其人而漁食之，亡以宣布德澤稱旨意。甚者啓事造釁，以毒害賊殺其人。故暴悍素不知教，冤憤竊發，勢則使然。不然舍生樂死，夫豈其情也哉？嗟夫！簞壺迎傒之民，日以老死且盡。生者格於貪吏虐卒，❶以自遠於恩化。其吏士之見知者，亡所建白。馭於中者，不識察其情狀。一隅之地，常以爲中國憂。而論治者，卒未究其故，不亦悲乎！

河間李侯京，繇樞廷奉使宣慰烏蠻。烏蠻，雲南一部也。始下車，未及有所施。會群蠻不靖，巡行調發，餽給鎮撫，周履雲南，悉其見聞，爲《略志》四卷，因報政上之。

❶「卒」，原作「率」，據類稿本改。

集嘗按而讀之，考其生産風氣服食之宜，人物材力之愚智勇怯，山川形勢之阨塞要害，而世祖皇帝之神威聖略概可想見，未嘗不俯伏而感歎也。其《志》曰：「張喬斬犴猾長吏九十餘人，而三十六部盡降。諸葛孔明用其豪傑，而財賦足以給軍國。史萬歲貪賂，隨服隨叛；梁毗一金不取，酋長感悦。李知古以重賦僇尸，張虔陀以淫虐致亂，死者至二十餘萬，中國卒不能有之。此於事至較著明白者也，其術不甚簡易乎？」有志之士，尚有所鑒觀焉。至讀其紀行諸詩，必有悲其立志者矣。

槀城董氏世譜序

維先王建國邑，命氏族以報功德之臣。其功德有厚薄，而子孫有盛衰也，不可以無維持之法。故因其嫡庶親踈而等殺之，爲之大宗一以重其本，爲之小宗四以聯其支。然後本原之深固者，得以暢達蕃衍，而末流餘澤，雖或小有間斷者，其勢盤固錯互，亦不可動。此三代之際，功臣世德之家所以傳代歷次，至於數十百年，與其國家相爲終始者也。然其法之廢久矣。漢初，群臣未有無功而侯者，及其見絶，遂散爲民庶，降爲庸保，後雖欲稍收合而封樹之，往往又泯没而可續者無幾。是豈其澤固若是斬然哉！亦維持者無其素耳。魏、晉下逮隋、唐，徒以百官名臣之族姓，家有譜諜，官有簿狀，昏因選舉，互爲考證，子孫亦有所顧賴，而世系因得不失。故雖世代促迫，功烈不及於古，後之君子猶有所徵焉。故曰宗法立，世系明，則世臣多，而朝廷之勢尊。於乎！有國有家者，可不思古之成法，而補今之不足也與？

吾於國家功臣之系，得槀城董氏功德事狀，思見其子孫之能長久也，乃爲録而序之，以附其家傳。使其後之人猶有考於其本，而知所維持焉，則庶幾先王之遺意也。譜曰：「董氏出董父者，以字爲氏。出陸終之子參胡者，姓董，以姓爲氏。」其在槀城者，墓有遺石，表曰御史大夫。然中更亂離，不知何代人，亦不知其所自氏。今定譜，自其可知者世别而備書之。

高唐李氏世譜序

《高唐李氏譜》一篇，李處恭所自撰也。維昔黄帝之子孫，分國受姓，尊宗别庶。歷堯、舜、三代數千年，見諸傳記，敘次可覩。而漢、隋、唐之際，名家巨族，莫不有述，蓋古人之重譜諜如此。嗚呼！由厥初生民，而至於化育，繁殖無窮矣。然傳緒由世德，故多不齊。或隱或著，或微或盛。或久或近，或廢或興。時世推遷，泯然中絶者，何可勝數？而獨於其中，形蜕氣禪，緜緜延延，幾千百傳，得至於今日而得聞者，殆非偶然之故。或者昧於世德，莫究所自始，豈皆忽焉墜之？亂離相仍，不幸散軼，而氏族所因起，固多不可强推者。

唐人實尚氏族，而李氏之譜曰：「李氏嬴姓，自咎繇世官大理，爲理氏。由利貞食李逃生，爲李氏。」蓋難徵矣。且唐有天下之日，隴西之外，别族尚多。其以功賜國氏者，又多至十數族。分合之由，久而淆混，雖有博識精别之士，亦將若之何哉？故嘗感歎而爲之言曰：「夫人之生，體性一本也，氣形一初也，而何别異之有？然子孫之於祖考，雖若邈焉冥漠，而精神貫通，魂氣之復，肸蠁之交，感應無間，焉可誣也？是故前乎今，而億萬年不可知矣。後乎今，而億萬世亦不可知矣。不可知，則亦末之知已。而孝子曾孫之處乎其間者，必有事焉，則不可以不知也夫？然則今之君子，感傳緒之在茲，遡世德之不易，盍亦求知於孝子曾孫之所當知者乎？如此可謂知所重矣。

田氏先友翰墨序

女真入中州，是爲金國，凡百年。國朝發迹大漠取之，士大夫死以十百數。自古國亡慷慨殺身之士，未有若此其多者也。於乎！中州禮樂文獻所在，伏節死誼，固出於性情也哉！彼其人固知天命所在，寧輕一死而不顧，吾知其感於中者深矣。及余來中州，追其哀憤之遺意，將次序其事以待來世，已七八十年，故老莫有存者，簡册無所於徵，未嘗不爲之流涕而大息也。間從將相故家，竊問世祖皇帝初時事。云當時豪傑不死者，莫不起爲世祖用。不起者竟老死，然其才皆足以用于世。於乎！此其不輕於一死者，固亦非淺丈夫也。蓋以是知世祖之聖神無敵於天下矣。大德七年夏，兵部員外郎彰德田君師孟，緝其先友手翰爲一卷，使余爲之序。余讀其辭而悲之，蓋其憤鬱哀壯，稱余所謂豪傑者多在是：

楊弘道字淑能，淄萊人。王盤字文炳，東平人。姚樞字公茂，中書左丞，謚文獻。徒單公履字雲甫，女真人。高鳴字雄飛，太原人。張豸字義夫，彰德人。趙復字仁卿，楚人。楊雲鵬字飛卿。楸舉字彦舉，關東人，不覊，詩有律。劉百熙字善甫，燕人。平玄字浩然，真定人。郭可畀字仲通，渾源人。楊果字正卿，中山人。薛玄字微之，洛陽人。曹居一字通甫，燕人。杜仁傑字善甫，濟南人，善謔。趙著字光祖，燕人，大俠。張朴字孝純。田文鼎字仲德，衍之先君子也。史噩者，其鄰人。詩文總八十五。衍，師孟名。六月庚戌，西蜀虞某序。

游長春宫詩序

國朝初，作大都於燕京北東，大遷民實之。燕城廢，惟浮屠老子之宫得不毁，亦其侈嚴瑰偉，有足以憑依而自久。是故迨今二十餘年，京師民物日以阜繁，而歲時游觀，尤以故城爲盛。獨所謂長春宫者，壓城西北隅，幽迴亢爽，游者或未必窮其趣。而幽人奇士，樂於臨眺，往往得意乎其間。大德八年春，集與豫章周儀之、四明袁伯長、宣城貢仲章、廣信劉自謙、廬陵曾益初，始得登於其宫之閣而觀之。神京雄據之埶，瞭然几席之間。於是古昔之疆理，近代之興廢，因得指而論之，信可謂奇觀者矣。嗟夫！遠蹈幽隘者，無與乎宏達之觀，近爲世用者，何有於閒曠之適？今吾六人者，幸生明時，以得從事於斯也。然而簡書責任之所不及，迺得以其深懷遠志，一肆夫登臨覽觀之勝，豈非天與？古之能賦者，其有哀樂虧成，必托歌詩以見志，兹獨不可相與諷詠，以待夫後之知者耶！況乎人生出處聚散不可常也，解后一日之樂，固有足惜者矣，豈獨感慨於陳迹而已哉？乃以蓬萊山在何處爲韻，以齒敘而賦之，得古詩六首。別因仲章所賦倡和，又得律詩十有三首，稡爲一卷，謹敘而藏之。

送許世茂詩序

某嘗言於袁伯長曰：先王之澤及於人，深且厚矣。而杞、宋文獻之無徵，則歷年久而益忘之故也。故國之亡垂三十年，而百世禮樂之淵懿，淪落銷刻，其存無幾者何也？上之君子，將有事於制作，或者求而訪焉，則其所取徵不其微乎？嗟夫！斯文之興喪，信非其人之所能爲，而眇焉獨繭之緒，寄諸其人者，焉可誣也？且其獨然一世之下，毅然千古之上，脩其事，終其身以俟，不自棄，亦不自獻者，是蓋故家遺族，不忍以其積委之久，遂就於湮微者也。或者不察，將以爲與持深挾高之士，計數於一日，猶瞠然瞷之，亦獨何心也哉？伯長聞而解之曰：「物之盛衰，迭爲消息，理則固然。昔之著見於世者，嘗盛矣。且子適當其微，而何怪其然也？」及許君世茂，上計畢事，將歸于武昌。乃謂某曰：「度德論世，同於舊者益寡。而清慎雅厚若世茂者，又當遠去而弗能相左右，信乎微者之未遽振也。」率周儀之、貢仲章作詩以送之。維吾蜀詩書之故家，而近者十數，互有昏因、師友之好，而許與我今家江之西，故某作《送許世茂詩序》。

李景山詩集序

古之人，以其涵煦和順之積，而發於詠歌。故其聲氣明暢而溫柔，淵靜而光澤。至於世故不齊，有放臣、出子、斥婦、囚奴之達其情於辭者，蓋其變也。所遇之不幸者也。而後之論者，乃以爲和平之辭難美，憂憤之言易工。是直以其感之速，而激之深者爲言耳。盍亦觀於水夫？安流無波，演迤萬里，其深長豈易窮也？若夫風濤驚奔，瀧石險壯，是特其遇物之極於變者。而曰水之奇觀必在於是，豈觀水之術也哉？

余讀景山之詩，而有感於此矣。景山蚤歲即起家，掌故樞府，不數年遂長其幙，方驟用而遽坐廢。蓋五年而後宣慰雲南，三年而報使，移病歸鄉里者又二年矣。二十年間，爲詩凡數百篇。而雲南諸作，尤爲世所傳誦，豈非感激於其變者然哉？然余觀其樞府所賦，迺多在於西山、玉泉之間。其雲南之詩，至自敘曰：「其辭或傳，幸得托於中州人士之末。」雖能悲宕動人，察其意則能深省順處，無怨尤忿厲之氣。其居鄉諸作，放曠平易，又若初未始更憂樂之變者。余因歷考其所遇，而察其所立言者，有以見其所存者，庶幾不繆於古之人矣。而徒以雲南之作知景山者，特未尽窺景山者也。景山於書無不讀，而酷好《老子》。於古之人無不學，而獨慕白樂天。然則其能廓然以自廣，脱然以自處者，殆有由來也。景山年未甚高，而道學方力，後此而有作，余將不足以窺之也夫。景山姓李氏，名京，河間人，鳩巢其自號也。故其詩總題曰《鳩巢漫稾》。虞某序。

女教書序

《女教》之書者，相人許獻臣之所輯録也。古之王者理陽教以治外，后理陰教以治内，未有無教而可以爲治者也。其教之之具，男子則王宮、國都、閭巷之學，禮樂、射御、書數之文是也；女子則織紝組紃之工，宗室籩豆之奠，姆師之訓，誦詩正事之聞是也。其事則見乎日用常行之間，父子兄弟之倫，男女夫婦之别，飲食衣服之制，冠昏喪祭之禮者矣。曰：女子處乎閨門之内，從乎人而無所專制者也，其教之也，亦若是其備耶？嗚呼！盍亦觀於《周南》《召南》之風乎？本乎后妃，達乎諸侯之夫人、大夫士之妻，以至閭巷田野之婦人女子，皆有以涵泳乎深仁美化。處乎身而發乎言者，從容動合乎禮法，此先王之盛，所以後世莫之及也。語治道者，豈有遺於此哉？先儒君子所以示吾學者，大綱細目罔有遺軼，然猶有不能致知而力行者。言女教者，近幾絶響，自非詩禮之家，見聞之習，與夫天資之本美者，其不陷溺於流俗者幾希，此固知治者之所憂也。

獻臣之書六篇，略倣朱子《小學》之書類例，本之經以端其原，因乎禮以道其别，摭先儒之言以極其理，參傳記之事以適其變，而女事備矣。君子之立言，貴乎有益於風教，此書其殆庶幾乎？獻臣學正學，行正行。居親喪以能喪聞，居官以能官聞。有子擢進士高第，爲時聞人，其成教於家者可見矣，書豈空言云乎哉？

送文子方之雲南序

自昔著作之廷，職在討論。文學材藝之士處之，無所與乎有司之事也。而文君子方之在是官，前既出受交趾方貢，今又分典選事於雲南，何其賢勞也。廷議嘗以子方爲刑部主事。辭不就，意若避劇要也。而特無憚遠於是行，何也？子方之言曰：

「世祖皇帝之集大統也，實先自遠外始。故親服雲南，而郡縣之鎮之以親王，使重臣治其事。自人民、軍旅、賦役、獄訟、繕脩、政令之屬，莫不總焉，獨不得承制署置屬吏耳。凡其仕者，服冠帶，治文書，内地之人與土著豪傑參伍而雜處，使其皆受命于朝而後仕也。則道里遼遠，將不勝其往來。每三歲，輒遣使者往，即而臨定焉。比於閩、蜀、二廣，祖宗制法之意微矣。且選調之法，自中書吏部才得擬其七品以下，其上者固造命於朝廷。今使者之出，雖三品之貴，猶得按資格擬所宜居官以聞。其下者，如使者所命。即治其事歸報，出成命授之，其重如此。是以嘗遣大官，若精强吏以往。自有成法以來，行之四五十年，未嘗使踈遠文人以館閣之職行也，而執政者選擇而使之，然則有不得而辭之矣。」

嗚呼！可謂知所重輕也哉。或曰：古之仕者不出其國，命於天子才一二人耳，其餘皆其國之人也。故其察之也審，而用之也當。後世雖小官必命於京師，而期集者衆，選曹不復能察其賢否，徒以歲月先後多寡以爲差次，此世之通患也。然猶以吏部之官數人，攷覈討論，而後其文具，乃始論定以官之，蓋亦密矣。今遠方雖曰姑俟闕略，然使者馳萬里乃至，直取其姓名員闕而聞焉，亦未暇於詢攷，[1]而聽察其人乎？苟比而録之，則一利刀筆，一日治之有餘矣，何足以勞吾子方也耶？曰：不然，古之言使乎使乎者，天下之達材也。遠險之國，玩於承平久矣。風俗移易之漸，政令張弛之故，利害之消長、險易之通塞、治忽之

[1]「未」，原無，據類稿本補。

眹兆、情僞之幾微、與夫奇材偉器之當以名聞者，至者有弗能知也，知者有弗能察也，察者有弗能言也，言者有弗能達也。國家所以明見萬里之外而制之者，將何以哉？子方知足以周事，慮足以及遠，辯足以達情，勇足以致用。是行也，使邊鄙之吏民聽其議論，而觀其施設，悚然驚愕。以爲雖一乘之使，其風采才略如此，莫不充然而歆羨，恬然而厭服，知朝廷之有人也，非子方其孰能與於此乎？同朝之士，以其行之遠也，慕回路相贈之誼，皆爲歌詩以遺之。嗚呼！殆亦難爲言哉！將言其設施之方與？則子方素慮已定，不待於人言也。❶將言其山川風物之美與？則子方將親歷之，固能賦者也，則果難爲言矣。雖然，跋涉之餘，公事之暇，能無少休乎？試取而詠之，亦足以□□□之深，❷導□性情之正矣。❸於是察所以期望之意，其亦有發於小知大受之辯矣哉！

題史秉文資陽故譜序

某嘗聞父兄言二百年間眉山史氏之盛也。方其盛時，蓋一時兄弟至數百房，而四明諸史，世相封王，富貴之極，東南無與並者。其稍後，真定之史，際遇國朝，推其所自，大抵皆本太史佚之後云。其族三處，雖各極一時之盛，❹尤它族之所無也。秉文氏出其資陽故譜石刻，固亦眉之分也。資陽之族猶二百房，則散在它郡者，可推而知

❶ 「待」字，原作「侍」，據類稿本、四庫本改。
❷ 「□□□」，蜀本作「見寅恭」。
❸ 「□」，蜀本作「和」。
❹ 「雖」，原作「羅」，據四庫本、蜀本改。

已。今資陽譜惟秉文一人以文學仕于朝，又能追求先世墳墓、譜系於故鄉湮翳之後，誠可尚也。今蜀史之在東南，嘗見興化史君藥房翁，諱孝祥，則學齋祕監先生諱繩祖之令子也。興化與先蜀侯兄弟也，興化之子，以蔭官江西州縣，而嘉興路經歷繩武正翁者，則《通鑑釋文》之曾孫也。近有台孫景星者，嘗歷浙東帥府掾教官也，來求誌其五世祖母出蜀時殺身存後之事。其它以儒學教授田里及浮湛民間尚多，不及僂數，而某不及知者亦多也。藥房家在江陰，正翁家長沙，而景星遂真爲湖州人矣。嗚呼！以數千百房之子孫，而某所知者僅若此，不亦悲夫！某外祖楊侍郎，亦眉山人。當其盛時，不減諸史，而仕宦顯著者尤多。今外祖惟有孫一人，與某兄弟同寓江西，族人甚少。因□□□所題族望，❶益重感慨云。

送集賢周南翁使天壇濟源序

先王之禮，莫嚴於事天矣。國朝大德十年，始雜采周、漢、唐、宋儒者之説，爲壇於國南門外，曰圜丘以祀天。嘗以大臣攝事，國有大典禮當請命，則於是告焉。而竊聞祖宗之制，天子與后親祀天，必更服，服甚質，禮甚簡。執事者非世族，其先祖嘗與祀事者不敢與。今道家方士之爲祀也，爲壇於其宮中，設祠具用致上帝，治文書檄，凡鬼神之可名者以多爲貴。用其弟子行事，盡七日若九日乃成，然後範金爲龍形，負以玉刻符凡二：一曰山簡，寘之名山深穴；一曰水簡，即大川沉之。曰將通信於

❶「□□□」，蜀本作「書秉文」。

上帝，蓋近沉瘵者云。

至大四年辛亥四月壬寅朔，有旨命大長宮道家方士，用其法爲祠。既祠，將致其所謂簡者於天壇之山，濟水之瀆，而集賢周君南翁寔受命以行。君嘗事上青宮，爲文學之臣。天子事天尊神之禮，肇見於此，其尚克敬致之。於戲！禮樂之制作大備，極大平之盛典，將在今日矣。使且復命，當受釐。用漢文召賈生故事，得使對從容論說，庶幾原理之本，推致其節文之宜，而陳之也夫。

送彰德經歷韓君赴官序❶

木之爲器以利民用者，非生而成形也。欲圓者取以爲規，欲方者取以爲矩。居者取以爲屋室，行者取以爲舟車。揉之爲弧矢，屈之爲栝棬。惟其有是材也，因夫人之所急，定之爲器，以致用焉。人亦猶是矣。其生也，初未有士農賈吏之名，儒墨名法之習也。時有所尚，則群趍之。時尚黃老，則趍黃老；時尚申韓，則趍申韓；時尚儀秦，則趍儀秦。尚風節則有黨錮，尚標致則多清談，非生而然也。時之所尚，人之所趍，則豪傑者必爲之先。故尚黃老，則人材出黃老；尚申韓，則人材皆申韓；尚儀秦，則人材多儀秦。黨錮之禍多奇節，清談之流俱雅人，非此數者之能爲人材也。豪傑者趍其所尚，而表表然出乎其間矣。

國朝之始定中原也，其先離亂傷殘之日久矣。老儒學士幾如晨星，末之爲繼。而天下初定，圖籍文書之府，户口阨塞之

❶ 此題，類稿本作「送韓守敬赴彰德經歷序」。

數，律令章程之故，會期征役之當，趍赴奉承之勞，蓋必有足其用者焉。而操它業者，不得與於此也。於是貴富之資，公卿之選，胥此焉出矣。然則豪傑之士舍此奚進哉？豪傑由是而進，則名是業者，沛然足以周當世之用也，無疑矣。邇者，聖上嘉尚儒學，而爲儒者或以迂緩巽懦取呰笑。嗟夫！非儒者之不足用也。儒之名久不振，非有特立獨行之識量，不足以究其至。而世之所謂豪傑，有貴富公卿之器，以足用夫世者，不屑有是名故也。誠使一日表章之，則向之所謂豪傑，有貴富公卿之器，以足用夫世者，必折而從此矣。果折而從乎此，則其業之所講，志之所存，術之所操，豈不益有可觀者哉？故愚嘗以爲，人非生而有習業之專名也，時尚有以驅之耳。必也端其尚而正其趍，使夫人繇經術道誼以達其才而廣其用，則未必徒見表於書計便給而已也。京師自昔稱浩繁，而今尤盛。爲吏者素號精敏，猶或不給。然府總其大，而己身親治之者，迺在所謂警巡使。使之佐曰判官，尤責任之藂委者也。衛輝韓君守敬，自刑曹以明法成名來爲之，恢恢乎其有餘也。政成，選爲中都開寧尹，又選爲彰德路總管府經歷。余嘗觀其材，蓋練於事而敏於成功者也。使贊畫諾於臺省，❶猶優爲之，況一郡乎？信乎人材之不徒見也。余爲成均博士時，其子豫，繇國子生選爲監學典籍，從余且久。君之適相也，來求序其事，以徵詩於大夫君子能賦者，必有以贊其行矣。延祐甲寅九月辛未，虞某序。

❶「畫」，原作「晝」，據類稿本、四庫本改。

送蘇子寧北行詩序

士大夫出處，貴乎知所重輕，義命是也，而人知者鮮矣。是故有合乎此者，可不識哉。和林城控制要害，北邊重藩。往時朝廷歲出金繒布幣餱糧以實之。轉輸之事，月日相繼，猶以爲未足。又捐數倍之利，募民入粟其中，亦不可勝計，由是遂爲殷富。又嘗有大臣鎮撫經理之，安庶比於都會。仕有不次之擢，賈有不貲之獲，而僥倖之民爭趍之矣。邇者，一旦邊警遽至，非亡則隨喪失，其所主守，緩急無一可賴者何也？人素不知義，不守法故也。

延祐丁巳，真定蘇君自樞庭出長其幙府。受命之日，不復内顧其家，廷議壯之。方是時，使往者多憚行，使蘇君計其資，非不足於美宦京師也。然毅然當隆冬衝犯寒雪，遠出萬里無所避，非所謂知重輕者乎？蘇君昔從御史按事北邊，將竟其法，或謂邊宜少寬假。蘇君持之曰：「不可，遠人素無教，漸不可長，何得以苟徇免？當使明知國法，凡爲臣子之義，後不敢犯，乃所以假之也。」予嘗聞其言而識之，鄉使後君往者，皆持法守令，其吏民知分義黑白，豈至如今日哉？今此行，其能有所設施矣。或曰：方無事時，常人饜其利，少值艱難則君子當之，不亦偏乎？予應之曰：理固然矣。且蘇君之志決矣，第觀其還報成功于天子可也。朝賢送之者，皆以歌詩，而蜀郡虞某爲之序。

送李亨赴廣州教授詩序

明道先生嘗欲聚賢能於大學而教之，使以分教天下，此誠一道德以同風俗之成法也。許文正公初教國子，精擇名家高材者，以爲伴讀。如今翰林承旨姚公、故按察副使白公彦隆，其人皆傑然有以表襮於世。于後伴讀之選拘於例。然既受教國學歲久，即以次出教外郡，則庶幾明道先生之遺意，而其效之淺深，則又係諸其人，非法之罪也。番陽李生亨，入學數年，會同舍生歎者，爲大常禮儀院判官，得幸今上於東宫，以生苦學，薦擢爲伴讀三年，得授廣州教授。苦志敏學，在國學之日久，其所講明者，固將推以行諸一郡也。廣爲極南一大都會，昔者儒先人之轍迹，猶有可識。而其郡之人，亦嘗有大名法節具見於世者，❶幸毋以遠而忽之也。官成而歸，君子將有徵焉，教授勉之矣。將行之日，自大司成以下皆有詩餞之，博士虞某爲之序。

送廉充赴浙西憲司照磨序

國朝建學之初，以許文正公爲之師，其弟子往往鉅公名卿才大夫也。及門者猶藉其門得美仕，至于今不絶。國學既立，人才由此出爲時用者相望也。然特起驟爲大官者常因其族，而不盡以諸生選，而其人猶曰「吾嘗受教國學」云耳。其由諸生選者，三歲一貢，貢凡六人。其初，受官上不過七品，今天子即位，始特詔歲貢六人而予官，

❶「法」，類稿本作「偉」。

自六品以下皆有差。於是取材甚急，責效甚嚴矣。臺臣體聖上之意，察於諸生之中得廉生焉，以爲浙西憲司屬。生系出西方之貴族，自平章公以英材雄略、清節重望，事世祖皇帝，得以廉爲氏。其子孫皆貴近顯用，出入中外，天下無不知者。生之來學也，其兄今中丞公，嘗實與臺之長貳，親致天子之命焉。而生也不矜不揚，退然就列，執經問義，歲無曠日。友生服其敏，師資許其通，而生之名著矣，此臺臣所以取而用之也。然生之家世若此，則生以貴官起，人孰曰不可？今憲幕八品官耳，而君子樂道之者，以其由諸生選而非常貢也。以臺臣之取於諸生者，前所未有也。以生之族貴而得小官，兢兢然若弗勝，無自足之容，無不足之意也。生之行，其友皆歌以餞之，而請序於僕。僕曰：子行矣，及子之還，君子曰是能不倍其學，以無負於教育者，則庶幾勉之哉！

送李擴序

國家之置學校，❶肇自許文正公。文正以篤實之資，得朱子數書於南北未通之日。讀而領會，起敬起畏。及被遇世祖皇帝，純乎儒者之道，諸公所不及也。世祖皇帝聖明天縱，深知儒術之大，思有以變化其人而用之，以爲學成於下，而後進於上。或疏遠未即自達，莫若先取侍御貴近之特異者，使受教焉，則效用立見，故文正自中書罷政爲之師。是時風氣渾厚，人材樸茂，文正故表章朱子《小學》一書以先之。勤之以灑掃應

❶「學校」，原無，據類稿本補。

對，以折其外；嚴之以出入游息，而養其中。掇忠孝之大綱，以立其本；發禮法之微權，以通其用。於是數十年，彬彬然號稱名卿材大夫者，皆其門人矣。嗚呼！使國人知有聖賢之學，而朱子之書得行於斯世者，文正之功甚大也。文正没，國子監始立，官府刻印章如典故。其爲之者，大抵踵襲文正之成跡而已。然余嘗觀其遺書，文正之於聖賢之道，五經之學，蓋所志甚重遠焉。其門人之得於文正者，猶未足以盡文正之心也。子夏曰：「君子之道，孰先傳焉，孰後倦焉。」❶程子曰：「聖賢教人有序，非是先教以近者小者，而不教之遠者大者也。」夫天下之理無窮，而學亦無窮也。今日如此，明日又如此，止而不進非學也。天下之理，無由而可窮也。故使文正復生於今日，必有以發理義道德之藴，而大啓夫人心之精微，天理之極致，未必止如前日之法也。而後之隨聲附影者，謂修詞申義爲玩物，而從事於文章；謂辯疑答問爲躐等，而始困其師長。謂無猷爲，❷爲涵養德性；謂深中厚貌，爲變化氣質。是皆假美言以深護其短，外以聾瞽天下之耳目，内以蠱晦學者之心思。此上負國家，下負天下之大者也。而謂文正之學果出於此乎？

近者吴先生之來爲監官也，見聖世休明，而人材之多美也，慨然思有以作新其人，而學者翕然歸之，大小如一。於是先生之爲教也，辯傳註之得失，而達群經之會同；通儒先之户牖，以極先聖之閫奥。推鬼神之用，以窮物理之變；察天人之際，以

❶ 「倦」，原作「傳」，據類稿本、四庫本及《論語》原文改。
❷ 「無」下，類稿本有「所」字。

知經綸之本。禮樂制作之具，政刑因革之文。考據援引，博極古今。各得其當，而非夸多以穿鑿。靈明通變，不滯於物，而未嘗析事理以爲二。使學者得有所據依，以爲日用常行之地；得有所標指，以爲歸宿造詣之極。噫！近世以來，未能或之先也。惜夫在官未久，而竟以病歸。嗚呼！文正與先生學之所至，非所敢知所敢言也，然而皆聖賢之道則一也。時與位不同，而立教有先後者，勢當然也。至若用世之久速，及人之淺深，致效之遠近小大，天也，非人之所能爲也。僕之爲學官，與先生先後而至。學者天資通塞不齊。聞先生言，或略解，或不能尽解。或暫解而旋失之，或解而推去漸遠。退而論集於僕，❶僕皆得因其材，而達先生之説焉。先生雖歸，祭酒劉公以端重正大臨其上，監丞齊君嚴條約以身先之，故僕得以致其力焉。未幾，二公有他除，近臣以先生薦於上。而議者曰：「吴幼清陸氏之學也，非朱子之學也，不合於許氏之學，不得爲國子師，是將率天下而爲陸子静矣。」遂罷其事。嗚呼！陸子豈易言哉？彼又安知朱、陸異同之所以然，直妄言以欺世拒人耳。是時，僕亦孤立不可留，未數月，移病自免去。鄧文原善之以司業召至，會科詔行，善之請改學法。其言曰：「今皇上責成成均至切也，而因循度日，不惟疲庸者無所勸，而英俊者摧敗，無以見成效。」議不合，亦投劾去。於是紛然言吴先生不可，鄧司業去而投劾爲矯激，而僕之謗尤甚。悲哉！

歸德李擴事吴先生最久，先生之書，皆

❶「集」，類稿本作「辯」。

得授而讀之。先生又嘗使來授古文，故於僕尤親近。去年，以國子生舉，今年有司用科舉法，依條試之中選，將命以官。間來謁曰：「比得官猶歲月間，且歸故鄉治田畝，益得温其舊學，請一言以自警。」會僕將歸江南，故略敘所見以授之，使時觀之，亦足以有所感而興起矣。

送孛完赴建德總管序

國朝右武而尚功，將帥之家以世相繼，下至部曲裨佐，無異制也。雖有卿相之貴，賢勞之著，延賞各有分限，不得而並焉。昔在世祖皇帝，混一海内，布爪牙干城於内外，遐邇星列棋置，聯絡相承。定其武功統率之大小衆寡，以次受職。其子子孫孫，勿俾廢墜，非有大故，未有絶而不續者，蓋與國家相爲無窮者也。故後此者，非有奇勳偉伐，則未有能得與乎其間者矣。噫！國家之所以待之者，不亦重乎！國子楊思睿進曰：「吾今而後知武功之所以爲重也。思睿之所□□，❶孛完君之領軍江海之上，竊以爲未足。乃今而後，信其所得之遠且久，爲可貴也。君以金源之貴族，事武宗皇帝於潛藩，以治文書爲職事。武宗憫其勤勞，書其名封以金璽，使樞府如而用之。皇太后及今上皇帝之在潛邸也，以君屬樞府，如武宗之旨。皇慶二年，始佩金符，長千兵於懷孟之軍而鎮建德焉。當武宗之龍飛，一時被遇恩寵，富貴赫奕，熏灼天地者何可勝計？可謂勝矣！然或不能自久者，物理當然耳，非上之恩意不足也。君以十餘

❶「□□」，四庫本作「知者」。

年之後，始即軍事於外郡，若不必爲幸，然久而傳之子孫可以無窮，以彼視此，所得果孰爲多乎？ 延祐初元之三月，近臣以君入見嘉禧殿，聖上顧而念之，若曰：『所佩金符故敝，何以示遠人？』寵舊功，更命尚方以新製者賜之。天下之長千兵者多矣，宥府歲奏所當得者以百十數，孰得此於盛明之朝也哉！ 君賢而樂善，其被遇固當異於常人也歟！ 請敘其言以遺之。」予曰：人材者，有國者之珙璧重寶也。 賢而樂善，誠如君侯者，其將傳所授於其後，而以才能見用於顯要無難矣。 吾固將望之，豈徒曰送之云乎？

經世大典序録❶

欽惟欽天統聖至德誠功大文孝皇帝，以上聖之資，纂承大統。聰明睿知，度越古今。至讓之誠，格于上下。重登大寶，天命以凝。於是闢延閣以端居，守中心之至正。慨念祖宗之基業，旁觀載籍之傳聞。思輯典章之大成，以示治平之永則。迺天曆二年冬，有旨命奎章閣學士院、翰林國史院，參酌唐、宋《會要》之體，會稡國朝故實之文，作爲成書，賜名《皇朝經世大典》。明年二月，以國史自有著述，命閣學士專率其屬而爲之。大師、丞相答剌罕、大平王臣燕帖木兒總監其事。翰林學士承旨、大司徒臣阿隣帖木兒，奎章大學士臣忽都魯篤爾彌實，奎章閣大學士、中書右丞臣撒迪，奎章閣大學士、大禧宗禋使臣阿榮，奎章閣承制學士、僉樞密院事臣朵來，並以耆舊近臣，

❶「録」下，類稿本有「應制」二字。

習於國典，任提調焉。中書左丞臣張友諒，御史中丞臣趙世安等，以省臺之重，表率百官，簡牘具來，供給無匱。至於執筆纂脩，則命奎章閣大學士、中書平章政事臣趙世延，而貳以臣虞集，與學士院藝文監官屬分局脩撰。又命禮部尚書臣巙巙，擇文學儒士三十人，給以筆札而繕寫之。出内府之鈔以充用。

是年四月十六日開局。倣《六典》之制，分天、地、春、夏、秋、冬之别，用國史之例，别置蒙古局於其上，尊國事也。其書，悉取諸有司之掌故，而脩飾潤色之。通國語於爾雅，去吏牘之繁辭。上送者無不備書，遺亡者不敢擅補。於是定其篇目，凡十篇：曰君事四，臣事六。君臨天下，名號最重，作《帝號》第一。祖宗勳業，具在史策。心之精微，用言以宣。詢諸故老，求諸紀載，得其一二於千萬，作《帝訓》第二。風動天下，莫大於制誥，作《帝制》第三。大宗其本也，藩服其支也，作《帝系》第四。皆君事也，蒙古局治之。設官用人，共理天下，治其事者，宜録其成，故作《治典》第五。疆理廣袤，古昔未有，人民貢賦，國用係焉，作《賦典》第六。安上治民，莫重於禮，朝廷郊廟，損益可知，作《禮典》第七。肇基建業，至于混一，告成有績，垂遠有規，作《政典》第八。刑政之設，以輔禮樂，仁厚爲本，明慎爲要，作《憲典》第九。六官之職，工居一焉。國財民力，不可不慎，作《工典》第十。皆臣事也。以至順二年五月一日，草具成書，繕寫呈上。

臣集等，皆以空疏之學，謬叨委屬之隆。才識既凡，見聞非廣。或疏遠不知於避忌，或草茅不識於憂虞。諒其具稿之誠，實欲更求是正。踈略之罪，所不敢逃。竊觀《唐會要》，始於蘇冕，續於崔鉉。至宋王溥，而後成書。《宋會要》始於王洙，續於王珪，至汪大猷、虞允文，二百年間，三脩三進。竊惟祖宗之事業，豈唐、宋所可比方？而國家萬萬年之基，方源源而未已。今之所述，粗立其綱。乃若國初之舊文，以至四方之續報，更加搜訪以待增脩。重惟纂述之初猷，實出聖明之独斷。假之以歲月，豐之以廩餉，給之以官府之書，勞之以諸司之宴。禮意優渥，聖謨孔彰。而纂脩臣寮，貪冒恩私，不稱旨意。下情兢惧之至，惟陛下矜而恕之。謹序。

張師道文稿序

蒙養先生文集若干卷者，故翰林直學士嘉興張公，諱伯淳字師道之所著也。公少年時，與吴興趙公子昂爲中表，人物相望。至元中，子昂召拜兵部郎中，而公用薦者言，除閩憲幙。薦者又言，所薦非爲幙府求人也。乃自海隅召至闕，得見上。論事數十條，皆當世急務。辭意剴切，上爲動容聽之。命就中書，與執政以次議舉行。其一，曰罷冗官。方條具其事，而大官貴人已不悦。曰何物遠人，欲奪吾官，使健者候諸塗要詰之，幾不得免。而事已浸罷，公遂留翰林。大德中，天子命近臣修時祀於嶽瀆，必老成慎重者，公在遣中。公以老病辭行，久之遂不起。至大、延祐之間，趙公受知聖明，大見顯用，而公已不及，時論惜之。自公之亡至于今二十有餘年，中外大夫士，多能誦公所爲世祖言者。思見其議論，而想其風采，邈乎幾就泯没，未嘗不爲之慨嘆也。今其孫炯，輯其文而傳之，使來者知公之才，雖不及盡用，而可見者猶在於此。此固孝子之心，亦大夫士之意，故爲序其端云。

忠史序

《忠史》者，番昜楊玄所著也。玄之大父，死於宋咸淳末，玄傷其事不著於世，故爲是書。列夏、商以來，末至宋而止，❶得以忠可書者八百餘人。泰定初元，以其書來京師，國史與學省皆是之，上送于朝。有司不以聞，凡三年不遇而歸。且行，來求一言以爲識。某曰：於乎！某嘗讀横渠張子之書，以爲事親猶事天也。著文以爲銘。嗟乎！事君亦猶是矣。孔子謂子文忠矣，未知，焉得仁？而謂微子、箕子、比干爲仁，而不及忠也。然則非善事天者，其孰能與於此乎？而古今之言忠，或以一事自見，概可謂之忠矣。必仁也，然後無慊於斯乎。予嘗薦玄不報，心竊愧之，姑推能忠之本原，以廣其著述之意云耳。

送憲部張樂明大夫使還海東詩序

高麗於國家，有甥舅之好。是以王國得建官儗于天朝，他屬國莫之敢也。樂明爲憲部，蓋秋官之長也。攷諸故實，周有大司寇，魯亦有司寇，夫何慊乎？樂明以其君之命，請善醫于尚方，使事之間，乃從士君子問文學以爲樂，不亦善乎。於其還也，歌詩以送之，而僕題其卷首云。昔箕子之以《洪範》告武王也，其疇九，而政居其一

❶「末」，原作「未」，今據四庫本改。

焉。政之爲目八，❶而司寇居其一焉。範之所陳，凡開物成務之故，天人之際，事理之通，蓋無不備焉。刑也者，有國家之所至慎重者也。而僅及司寇之名者，豈無説乎？吾聞之矣，彝倫敘則九疇錫，彝倫斁則天不畀之矣。彝倫敘矣，則刑復何用哉？雖然，儆夫有位則亦有言矣。若曰：惟辟作福作威玉食，臣無有作福作威玉食。臣而有是，凶害隨之，刑之措不措，良系于此乎。東方之國，有箕子之遺教在焉。而樂明又任其司寇之事，故予得以爲説而序之。

易啓蒙類編序

朱子之論傳《易》者曰：「邵傳羲畫，程衍周經。」蓋欲求乎羲、文、周、孔之《易》，舍邵子、程子之學，則莫之能進矣。朱子著《易本義》，多補塞程子之義。又作《易學啓蒙》，原圖書卦畫，而先天之説可得而窺焉。然獨怪夫邵子、程子並生一時，居甚近也，道同出也，年又不相遠也。而叔子註《易傳》，不聞與邵子有所講明。而伯子嘗謂邵子之學爲加倍法，後問之則又以爲忘之矣。及聞其講風天小畜，與天附地、地附天之説，迺歎曰：「嚮嘗聞此於茂叔矣。」噫！豈非三君子之《易》學，莫逆於心而無所問辨，故無以傳聞于後世也歟？是以朱子有《易學啓蒙》之書者，蓋言蒙者之始求於《易》，不可不自此而啓其端也。

某嘗竊學是書，而未之有得。及與今國子祭酒魯公同司業成均，爲學者互相發明此書以爲教。數年之後，友朋之間，亦獨

❶ 「目」，原作「日」，據類稿本、四庫本改。

聞魯公以此爲意，而歎其不倦不厭也。新安程璹，以所著《類編》相示，則蓋取朱子與門人平日之語，有及於此者，則彙而附焉，予深嘆其知學於此也。夫立言以著書，則其辭精而約。師友之問答，則其言辨而博。精而約者，必深思而後得。辨而博者，則快然而通暢。此善學者所以讀古人之書，而便作今日耳聞者也。璹年齒方壯，其進未可量也，又安得不歎美於此乎？新安，朱子之闕里也。聞其山林之間，猶有縉紳先生、黄髮之士相與授受，使遺言絶學猶有存者，璹固多見之已乎。某老矣，得徜徉江湖之上，尚當從璹求見其人而受教焉。

送杜立夫歸西蜀序

天曆建元，詔書播告中外，天下翕然同心達順。蜀帥以世臣宿將，迺執狂悖，阻險爲暴。潼川杜巘肖一布衣遠方書生，能言國家統緒之正，天命人心之歸，在我今上皇帝。明詔忠厚之至也，省臣奈何迷不知？復陷吾蜀以不義之名，而致殺毒於無辜者哉！遂被重罪，其得不死者，特幸免而已。蜀事定，省起杜生爲掾。行御史臺與蜀憲交章論杜生事，宜見表異，憲臺謄狀，朝廷未報也。杜生以掾進奏京師，事已即西還。人或謂生小留，朝議必有處忠義先見之士者。生曰：「吾以使事來，當歸報耳，不知其他也。」嗚呼！君子之所爲，惟其義之當而已矣。當慷慨論逆順去就時，惟知義之所在，當如是耳，初豈有假此望榮進之意哉！不然，非有肉食之奉，職事之繫也，而甘以七尺之身，自試於必死不測之危禍哉！今日之事，御史言之，朝廷知之，天下壯之，學士大夫韙之。爲杜生者，可無憾也。忠義必見用，自繫朝廷，弗繫杜生矣。僕執筆太史，若生之事，敢軼而弗書乎？非特爲鄉里之有生也。

送朱仁卿赴安慶教授序

國學之俊秀，❶與貴游久處者，歲貢八人於吏部，前四人部補令史，後四人除郡教授。其自江南來者，名雖在前，不得補吏，惟得爲教授。習俗移人，樂吏之操權而速化以爲重，不知教授之所繫不輕也。趍走以事人，與專席以講學者孰尊？尚書侍郎書一札呼而使之，與宰相命以天子之勅者孰貴？苟以爲易進取也，教授未必盡沉淪，部吏未必皆顯達，然則教授豈相薄哉？雖然，是猶以利害較也。明道先生欲取天下之賢者聚而教之京師。其學成也，則以分教天下，一道德而同風俗，其法莫若焉。今自國家教之，而出一郡，其法良是已，而其效不然者，非法之罪也。其學也，脩己之道，或未盡其仕也。治人之道初弗知，倀倀然徒以苟且尺寸豪末爲意，宜其不足於教授之行知，學者之有感於斯言已乎。盱江朱仁卿，在上庠十餘年，師友所共愛敬。乃爲安慶教授，來求一言以爲别。

某在成均時，嘗書廳壁記曰：「今吾學之所講，其書《易》《詩》《書》《春秋》《論語》《大學》《中庸》《孟子》，其道則堯、舜、禹、湯、文、武、周公、孔子。所以明其道者，顏、曾、思、孟、周、程、張、邵、朱之言也。」仁卿在此則遵是而學之，往彼則循此而教之。

❶「俊」字，原作「後」，據類稿本、四庫本改。

勿爲新奇以取名，勿爲昏誕以徇俗。賢而知者修此以善導之，愚不肖者准此而砭訂之。使賢而知者據而立，愚不肖有所化而改。❶敦敦篤篤，自信既成。又力行之三年，宦成，父兄、子弟必有可望者，慎勿自薄爲也。仁卿齒業俱進，慮事甚周，巽順勤敏。其於事上接下之密，勾稽錢穀之嚴，繕脩屋舍器物之備。時人以爲能者，在仁卿爲餘事，故特舉所以爲教者，爲仁卿言之。噫！亦嘗言耳，《易》曰：「君子思不出其位。」隨其所在而致力焉而已耳。他非所計也。

送趙茂元序

百十年前，吾蜀鄉先生之教學者，自《論語》《孟子》《易》《詩》《書》《春秋》《禮》，皆依古注疏句讀授之。正經日三百字爲率，若傳註、史書、文章之屬，必盡其日力乃止。率晨興至夜分，不得休以爲常。持身以尚孝友、惇忠信、厲節義爲事。其爲文，多尚左氏、蘇子瞻之説。及稍長而後，專得從於周、程之學焉。故其學者，雖不皆至博洽，而亦無甚空疏。及其用力於窮理正心之學，則古聖賢之書，帝王之制度，固已先著於胸中，及得其要，則觸類無所不通矣。此其大概也。

集與舍弟未髫齔，先君携之避地嶺海，諸書皆先親口授。十歲至長沙，始就外傅。從祖父祕監公必使求諸鄉人教之，猶守此法也。弱冠至臨川，鄉人惟二人在焉。一

❶「肖」下，類稿本有「者」字。

人爲故宋樂安縣丞黄某，❶予同縣人也。江西帥臣黄棄疾以臨川内附，檄至樂安，縣丞獨不肯傳檄者，國人義而不忍殺之。去入深山中，忍卧不至死。❷教其子讀《春秋》而已。其一人，故宋崇仁縣丞范大冶，成都人。幼時，嘗及從學滄江書塾中。宋亡，亦貧不仕。時時來與先君、先舅語，舉書傳，常連卷數千百言不遺一字。天文、地理、律曆，姓氏、職官，一問累千百言不止。先親常勖某曰：「讀書，當如范公之博。立身，當如黄公之嚴。」斯言猶在耳也。於是，稍從侍側，問鄉里文獻之在東南者，則知臨卭魏氏子孫在吴都，眉山平舟楊氏在天台，或在武陵，桂芝程氏在安吉，學齋史氏在江陰，同郡牟氏亦在安吉。集仕京師，歷年遂多，皆不能於此有所考問。而士友之至自蜀者，從而問之，則遺老、舊書多不存矣，不亦悲夫！至治壬戌，集既免先君喪，省墓吴門，而趙君茂元在焉。蓋與予，皆眉山楊氏之外孫也。以楊氏之學論之，平舟公爲朱氏、張氏之學，以道學自任。其議論政事，必出於此。而見山公與其弟吏部公，以《春秋》嘗爲太學師。陳義甚正，非特文學而已。宋亡五十年，其門人學者皆盡。諸舅氏亦已物故，遺書存者無幾。獨茂元猶能有所誦而傳之，庶幾遺風流韻之可見者乎？

至順辛未，茂元來調官京師，急於親養，乞遠方一巡徼以去。集知其情，不敢以館閣薦留也。將行，求一言以敘别。念無足爲茂元言者，獨以昔者蜀人爲學之説而

❶「某」，類稿本作「申」。
❷「卧」，類稿本作「餓」。

陳之。庶乎其鄉人昆弟子孫之在東南者，因集之言，亦有以推其先世之學而有立焉，則區區恭敬桑梓之微意也。集老矣，茂元尚有以勖予也哉！

送熊太古詩序

昔者，周公、孔子之爲教，蓋莫大於禮焉。千數百年以來，其書闕軼多矣。漢儒即所聞而綴輯之，因所言傅會之，❶先王制作之緒餘，賴其記載而有可知者，亦不可誣也。伊洛諸君子，因遺言而得其心，發真識以廣其義。行焉而安乎其躬，道焉而信乎其人。學者得以推見三代之上，豈不盛哉？昔横渠張子與兩程子並起一時，張子專以執禮佐持敬之教，可遵而行也。世俗之弊，樂放肆而忽檢束之常，狃見聞而失性情之正。迂鄙其行事而莫肯從，繁厭其緒言而不知講。於是，綱淪而法斁，所由來之漸。吁，可畏哉！豫章先生獨知憂之。因進士之設科，慨斯經之鮮學，其意遠矣。先生之子太古，承遺訓於指授，又力究之有年。儒林望之，爲日久矣。薦書來上，乃弗偶焉。非惟朝之學士大夫，縉紳先生惜之，雖主司與偕貢之士，亦莫不共惜之也。夫學古者，言淡而意深，固不足以逞夫衒鬻之場。多識而博援，❷亦不足以較夫涉獵之次。抱器善藏，夫何慊哉？於是，僕與一二同志，欲相率而留之。太古曰：「不可，如是則有所不安者矣。」故作詩以送之。其辭曰：

❶「傅」，原作「傳」，據類稿本、四庫本改。
❷「博」，原作「搏」，據類稿本、四庫本改。

風從閶闔興，花向上陽開。白日如逝波，遲子殊未來。雨雪載遠道，卞生獻其寶。駕之千金車，藉以五色纕。意重翻成失，棄捐將奈何。先哲猶待賈，歸哉聊永歌。

道園學古録卷之五

道園學古録卷之六

在朝稿六

雍虞集伯生

序

國子監後圃賞梨花樂府序

至大庚戌之仲春，大成殿登歌樂成。時雨適至，我司業先生樂雅樂之復古，顧甘澤之及時，於是乎賦喜雨之詩，推本歸功於成均之和。迺三月辛巳，國子監後圃梨花盛開。先生率僚吏，席林臺之上。尊有醴，盤有蔬，肴蔌雜陳，勸酬交錯。飲且半，命能琴者作古操一闋。禽鳥翔舞，雲風低迴。先生於是歌木蘭之引，以寓斯文之至樂，而泳聖澤之無窮也。明日，僚友酌酒而賡之。又明日，諸生之長酌酒而賡之。氣和辭暢，洋洋乎盛哉！虞某起言曰：古之教者必以樂，故感其心也深，而成其德也易。命大夫者，猶與之登高賦詩，而觀其能否，兹事不聞久矣。今吾師友僚佐，乃得以講誦之暇，從容詠歌，庶幾乎樂而不淫者，亦成均之義也。命弟子緝録爲卷，以貽諸好事可覽觀焉。謹序。

贈何明之序

中山何君，以醫道行乎京師，求視病發藥者，足相踵於門，旦暮不絶。何君嘗以病緩急爲先後，不徇貴富，不棄貧賤。與藥當病，不計其貲之高下，故人多趍之。衣服、幣帛、貨具，至於車馬之餽，常常而至，君亦不甚經意也。國子伴讀李生，病寒熱，日且久不解，衆謀可以起其疾者，咸推君焉。於是，得何君治，如法良愈，生同舍爲倒槖中餘貲以謝。君曰：「子去家遠，姑俟他日。」及生歸復來，又致所以謝。則又却之曰：「書生無爲事此。」生思所以答何君者，來請敘其事，求歌詩於名筆以道之。嗟夫！名與實對，義與利反。今何君之爲醫也，不區區於一簪之獲，而以活人爲心，其度越等儕遠矣。誠有其實，雖無文字之傳，猶將見稱於當世。況君子知其實，而樂道其事者乎！吾知何君之道章矣。

李仲淵詩槀序

集賢直學士李君仲淵，自録其五言詩，而題之《宗雅》。觀其製名，則其所以自喻者可得而知矣。五言之道，近世幾絶，數十年來，人稱涿郡盧公。故仲淵自序，亦屬意盧公。然仲淵來朝廷爲學士，而盧公去世已久，獨吴興趙公深知之。至以爲上接蘇州。吴興博古通藝，精詣入神，兼古人之能事者多矣。而獨常吟諷其詩，每欲以詩人自稱，而天下亦信其誠有不可及者，迺獨推公若此，信知言哉！某嘗以爲世道有升降，風氣有盛衰，而文采隨之。其辭平和而意深長者，大抵皆盛世之音也。其不然者，則其人有大過人，而不係於時者也。善夫袁伯長甫之言曰：「雅、頌者，朝廷之間、公卿大夫之言也。」某聞之矣：「君子之德風也，小人之德草也，草上之風必偃。」觀《宗雅》者，可以觀德於當世矣夫？

本德齋送别進士周東揚赴零陵縣丞詩序

至治辛酉，富州周君東揚登進士第，授零陵丞。十月，將之官。其州人熊君衪之尉崇仁，實予寓邑也，爲之言曰：君之行，送之者歌詩凡數百篇，天慵熊先生序之。又百餘篇曰《本德齋詩》者，州人之嘗從君者所賦也，屬某序之。夫門人弟子之於其師也，聞其議論，觀其容色，而習其傳授也久矣。其未見者，施之涖官臨民者也。今又將親見之，則其期望視則者，宜其異於他人哉，别爲卷而表之宜矣。某聞之，延祐初，天子慨然思見儒者之治，命執政講求取士之法。執政者退而與廷臣議焉。曰：「唐、宋科舉之制，先朝議論常及之。蓋周人鄉舉里選之遺也。以爲可盡得天下之士乎？固不敢必。以爲不足以得天下之士乎？則昔之大賢君子，胥此焉出？其弊者，尚文之過也。今爲是舉者，本之德行以觀其素，求之經學以觀其實，博之以文藝以觀其華，策之以政事以觀其用。通此，其庶幾矣。」而或者以爲此四者，自古之人據其一已足名世，今欲兼之不亦難乎？是不知本出一原，體用無二致也。

於是，天子特出睿見，獨斷而行之。其宵旰望之之志深矣。搢紳先生之言曰：「吾黨之士，何以報上哉？」蓋企而望之，伏而歎焉，庶乎其有以當上意矣。初，君與予弟仲常，同舉進士，而有司竟失君。於乎！上下之屬望，豈不欲少見善治善教於天下哉！夫世之言官者，大抵各極其才智之所能至耳，未有出於學者也。今朝廷之初議若此，宜必有豪傑之士自此出矣。然而進士之見用爲吏者，或忌之，或容之，且以積歲月進分寸者，視進士一日之易，常情固不能無忌。或曰：「是儒者新進，宜於吏治有所不知，姑容之。」姑容之夫？忌者未必非進德之礪，而君子安有受容於人而莫之恥乎？顧方屈曲睢盱，以效夫常人之所能而未能也。略不少見儒者之效，則亦豈所望者哉？雖然，此衆人之言云耳，殆未足以知君子之所爲也。《本德齋詩》者，師友相與之言在焉，予故得極其説，不自知其言之過也，君子亦亮之否乎？零陵，永附城也。昔我先大父開國府君嘗守永，今餘六十年矣。豈無父老之子孫猶識其遺治者哉？而山石之間，登覽題詠之蹟，尚多有之。周君佐理之暇，時出游以自適，或有見焉，願歸以告某也。

安敬仲文集序

《默庵集》者，詩文凡若干篇，槀城安君敬仲之所作，其門人趙郡蘇天爵之所緝録者也。既繕寫，乃來告曰：「昔容城劉静脩先生，得朱子之書於江南，因以之遡乎周、程、吕、張之傳，以求達夫《論語》《大學》《中庸》《孟子》之説。古所謂『聞而知之者』，此其人歟？」聞其風而慕焉者，敬仲也。與静脩之居，間數百里耳，然而未嘗見焉，徒因其門人烏叔備，承問其説以爲學。則是敬仲之於静脩，蓋亦聞而知之者乎。願序而傳焉。

嗟乎！「知之爲知」，有未易一概言

者。聖賢之道大矣，世多豪傑，能因其才識之所至，而知其所及者，其人豈易得哉？昔者，天下方一，朔南會同，縉紳先生固有得朱子之書，而尊信表章之者，今其言衣被四海，家藏而人道之，其功固不細矣。而静脩之言曰：「老氏者，以術欺世而自免者也。陰用其説者，莫不以一身之利害，而節量天下之休戚，其終必至於誤國而害民。然而特立於萬物之表，而不受其責焉。而自以孔、孟之時義，程、朱之名理自居，而人莫知奪之也。」觀其考察於異端幾微之辨，其精如此，則其下視一世之苟且汙濁者，不啻蠛蠓之細、犬彘之穢，豈不信然？敬仲氏終身師慕之，則其所見何可量哉？然静脩門人，嘗有與予同爲國學官者，從問其師説，不予告也。退而求諸其書，見其告先聖文曰：「早因躁狂，若將有志。中實脆屈，未立已頽。揆厥無成，實由貪懦。時馳意去，凛不自容。顧念初心，怳焉如失。」觀乎此言，則静脩道德之所至可見矣。噫！吾道之大，豈委靡不振、鹵莽依托者所可竊假於斯哉？其必有振世之豪傑而後可也。以予觀于國朝混一之初，北方之學者，高明堅勇，孰有過於静脩者哉！誠使天假之年，遂志以優入，不然使得親炙朱子，以極其變化充擴之妙，則所以發揮斯文者，當不止是哉！又嘗求敬仲於其書矣，其告先聖文曰：「追憶舊聞，卒究前業。洒掃應對，謹行信言，餘力學文。窮理盡性，循循有序，發軔聖途。以存諸心，以行諸己，以及於物，以化於鄉。」然則敬仲得於朱子之端緒，平實切密，何可及也？誠使得見静脩，廓之以高明，厲之以奮發，則劉氏之學，不既昌大於時矣乎！惜乎，静修既不見朱子，而敬仲又不獲親於静脩。二君子者，皆未中壽而卒，豈非天乎？予與敬仲，年相若也。少則持未成之學以出，及粗聞用力之要，而氣向衰，凜然有不及之歎。視敬仲之蚤有譽於當世，寧無慨然者乎！若蘇生之拳拳於其師之遺書如此，益可見其取友之端矣。是皆予之所敬畏而感發者，故題以爲序。

題尹先生壽詩序❶

君子有耆年而居其鄉者，眂寒暖之節以適其體，❷治甘旨之具而備其養，❸調其容色聲氣，必循於禮以樂其心志，則其子孫共之矣。居焉而莫敢並，行焉而莫敢先，則其鄉人子弟能及之矣。有容焉仰之以爲表，有言焉受之以爲教。奉之而不敢忽，敬之而不敢違。温詔以問之，束帛以禮之，則縣官有司能具之矣。至若道其黄髮兒齒之異，詠其耆艾康强之美。倡焉而酬之，宣焉而收之。律吕之相和，金玉之相應，可以被之絃歌，施之宴享。于以推天地至和之委，于以贊國家涵煦之深，于以明鄉里風俗之厚，于以見德齒久盛之美。因以知時和歲豐，庶物阜多，人得備養，則非賢人君子不能已，吾於會川尹先生伯仲之爲壽也見之。先生伯仲同年月日生，延祐己未之歲，皆八十矣。正月一日，其生之日也。其子孫、族人、昆弟、姻戚、鄉黨，將以是日爲酒饌，合樂高會以慶之。事聞京師，大夫士之賢且

❶ 此題，類稿本作「兩尹先生八十壽詩序」。
❷ 「眂」，原作「眂」，據類稿本、四庫本改。
❸ 「具」，原作「其」，據類稿本、四庫本改。

仁者，皆嘆而美之曰：「是豈獨尹氏之福？會川之榮乎？蓋聖上盛德之所致，而太平之明徵也。」乃相與歌而詠之，可傳而觀者如此。嗚呼盛哉！

雖然，今日地大物衆，古所未有也。德厚仁溥，歷代之所莫及也。然則海宇之内，田里之間，以八袠識其甲子者，豈止兩尹先生而已乎？而詠歌若是其盛者何也？昔周之時，有伯達、伯适、仲突、仲忽、叔夜、叔夏、季隨、季騧者，傳以爲其母四乳，而八君子者生焉。聖人嘆其生賢之多也，故頌言之，而門人弟子識之。夫盛氣之生物也，觀夫動植之類，蓋有並生而駢育者矣。然或不能以兩大，或不能以兩久，理固然矣。一以名顯於昔，一以壽著於今，而其生也，適皆以同乳，見異不謂之異，不可也。以名顯者，見稱於聖人，見録於傳記。以壽著者，見之詠歌，采之史氏，一時之雅，不亦宜乎？然而兩尹先生之生也，天也；其壽也，亦天也，非人之所能爲也。而兩尹先生之敦行孝義，友愛敬讓，子孫順焉，鄉里化焉，則其所以致此者，抑又有由矣。尚論者年盛德者，盍亦觀諸兩尹先生可也。先生之孫，侍書王邸，嘗與予游，故爲之序。

送李仲淵雲南廉訪使序

延祐五年六月，翰林直學士李公仲淵，除雲南肅政廉訪使。十二月二十有八日，乘驛騎五，出國門西去。明日，還書京師，告諸執政、臺閣、侍從之臣、文學之士、常所從游者曰：「區區萬里之行，每爲諸公貴游，平昔愛厚，分當言别。蓋難爲别，亦不忍别也。請亮其慺慺之誠，幸甚。」嗟夫！

朝廷豈棄君於蠻夷哉？雲南之域，世祖皇帝親征而服之者也。土廣物衆，幾比内地，常以親王重臣鎮之。五六十年之間，晏不敢動，間或小不靖，非惟其人性情則然，亦有司亡狀，失撫綏之故也。且以其遠，常不知其微而慎之，每至於著而難也。聖天子在御，内外宴安。寧輟文儒於禁近，不遠萬里，持一節以往者，將使其人知朝廷不鄙夷之之意。而凡仕於其地，樂邊鄙之野陋頑鈍者，亦少見天子近臣之表儀文章，有以歆羨而慕效也。幾微之旨，其亦出諸此乎？然則君子之雅志，本朝固不忍一日遠之也。誠知其意若是，則何爲是栖栖者歟？某也聞之，古者君之遣使臣也，則賦《皇皇者華》，其辭曰：「詵詵征夫，每懷靡及。」及勞其來也，則歌《四牡》，其辭曰：「豈不懷歸，是用作歌。」夫雅者，公卿大夫之言也。敢請述光華之意以遺之，使下國之人，知使者之來，朝廷禮意，有加於古昔。速其歸也，則又述其有功見知而陳之，以備一代之盛典，不亦宜乎？

魏氏請建鶴山書院序

集適吴，臨卭魏氏之在吴者曰起，謂某言曰：「欽惟延祐制書：周元公以次九君子者，皆從祀先聖孔子之廟，起讀而感焉。昔我曾大父文靖公，在先宋時，轉運潼川，嘗拜疏于朝，乞與周、張、二程錫爵定謚，從祀廟學。所定謚，今元純正誠是也。豈意易代遭逢聖明從祀之典，迺如其志於百年之後。是固天理之當然，因時而見，豈獨先文靖一人之私也？起所思念者，先□文靖之

□□□□□緒，❶而亂離以來，其門生學者死亡已盡，無能有所發明。而起生晚而力薄，先世墜緒不絶如髮，此所以朝夕兢懼，如履春冰，而憑秋濤也。昔文靖之歸臨卭，即白鶴山築屋聚書，會友講習，四方謂之鶴山先生。及謫居靖州七年，從學者益衆，又爲鶴山書院於靖。❷在政府，理宗親書扁賜之。今周、程、朱、張之所經歷，與其門人弟子，及爲是學者，凡有遺蹟皆立學官。我先文靖奮起西南，不後於諸君子，而未有專祠建學於今日者，則我後之人無所肖似者然也。今臨卭故居，莽爲茂莞，而靖之所存且亦無幾。文靖實葬于吴，即吴而祠之，不亦可乎？起將告于有司，上請于朝，以先人之居分籍在己者，規以爲鶴山書院，請得與明師良友，講求其所傳學。子以爲何如？」

某對曰：朝廷文治日新，大夫士非正學弗學也。若子之志，豈謂豪傑之士將助成之，朝廷有司固將趣之，而天亦且相之也。昔我先大父利州府君，親以丞相孫講學滄江之上，時則有若資中趙希光、昱。成都范文叔、仲黼。季才、蓀。少才、子長。少約、子該。豫章李思永、脩己。延平張子真、士佺。漢嘉薩仲章、紱。陵陽程叔達、遇孫。李微之、心傳。貫之、道傳。唐安宋正仲、德之。漢嘉鄧元卿諫從。相爲師友。而文靖公以高科顯官，亦來定交。悉去記誦詞章之習，切劘相長，以究極聖賢之旨要。吾蜀之士，盡知伊洛之淵源，則我曾大父與文靖公實發揮之也。我曾大父建學簡州，文靖公爲

❶「先□文靖之□□□□□緒」，蜀本作「先公文靖之學其肇復統緒」。

❷「於」下，原有「二」字，據類稿本、四庫本删。

之記曰：「所謂教者，賾諸天地萬物之奧，而父子夫婦之常不能違也；驗諸日用飲食之近，而鬼神陰陽之微不能外也。近思反求，精體熟玩，期不失其本心焉。」我曾大父曰：「子言即予言也。」其志同道合如此。子以霜降水涸之餘，知脱落凡近俗習，而歸求於此，庶其志之有成也。某雖不敏，尚願誦所聞於父兄者，以與其子弟從事乎二家之家學。幸名世之君子，有以終教之也。

兩尹先生慶九十壽詩序

會川兩尹先生伯仲，同以己亥歲正月一日生，至今泰定丁卯，皆九十矣。而彊健聰明，二翁如一。其二季，亦各八十餘。昆弟之子總九人，諸孫十八人，曾孫十數人。家庭之間，慈孝愛敬，藹如也。丞相長史，燈伯氏之孫也，來語某曰：「昔翁之歲八十也，子嘗序其事，以啓群公之賦詠。當時榮之，至今傳焉。今兹又十稔矣，起居飲食，不減於昔年。朔旦之吉，子孫、親戚、閭里舉酒爲壽，自州郡長吏與大夫士之家居者，父老幼稚咸集，莫不歆慕而頌禱焉。誠不可以無述。子爲我復爲之，可乎？」

集曰：昔之壽朋見詠於詩人久矣，其後或相與高隱於深山之中，而精神風采足以聳動乎朝廷。或名遂身退於既老之日，而盛德雅望足以敦厚其風俗。著在信史，見乎詠歌，以爲一代之盛美者，人人知之。然而其人不必出於一家，其生未必同於一日。則尹氏之異，可不重紀乎？且夫太平之世，物有盛而異者焉矣。若嘉禾之同穎，瑞木之連枝，世猶或喜傳而樂道之，況尹氏之人瑞乎？且夫和氣之應，而瑞嘉生焉，人物固無以大相遠也。然而草木之偶見於年歲之間者，其可與生人之盛同日而語乎！吾嘗上遡二翁始生之年，國家方得中原未數歲也。甲兵未盡息，呻吟未盡起也。而渾厚純固之氣，已潛復於摧傷零落之餘，其見於人物之生者，已有若二翁之盛，身受安樂共養，以觀乎列聖百年之治平，謂之偶然，可乎？噫！觀物者，常因生人之盛，而推考太平之始，則必自斯翁矣。善頌者，常自一家之善，而推本聖代之昌，亦必自斯翁矣。某也屬書東觀，敢不具録乎？

送魯遠序

泰定乙丑秋，南陽先生孛术魯公拜汴省郎中，其子遠，自京師往省，來徵言焉。謹告之曰：古今學者，苟有志於斯文，則必贏糧治笈，違親戚，去鄉井，求明師而從之。道途不敢計遠近，歲月不敢論久速，期於業成而後已。猶有遇不遇之不可必焉，蓋亦勞且難矣。今吾子之嚴君，天下之碩師也。講明問辨，不待出勤於外傅，觀瞻儆則，不必近越乎户限，何其幸與？昔予與公並於成均也，日進諸生於一堂之上而誨之，更互倡和，以發明聖經賢傳之指歸，不極於至當不止也。當是時，豈惟學者有所啓發？雖以區區之不敏，亦得其退過進不及之助焉。然而不能久者天也。吾是以知吾子之歸，求而有餘也。夫識察於動容周旋之間，考析於言語文字之表，視則之法也；慎之於日用常行之微，徵之以前言往行之實，用力之地也。以是事親，日求所未知未能，而求必盡其職分焉。所以歸求者如此，吾子勉之。

吴張高風圖序

泰定二年春，翰林學士臨川先生吴公移疾，假寓南城天寶宫之别館。宫中之人，因爲先生言其教之因起，與今第九代掌教玄應張真人之制行堅白也。先生曰：「世乃有斯人耶？」乃盡出真人家世、鄉里、苦節、高行、孝慈之迹，神明之異，求先生爲文。先生言而天下後世信之，未嘗有不試之譽也。獨於真人，欣然命筆，具道其所立之難、所至之峻也，且有儆於時俗者焉。他日病愈，返乎史館，思真人之爲人，乘輿巾車，從以門生、兒子，即天寶而見焉。及門，童子辭曰：「真人深居至静，自中朝貴人大官至者，未嘗敢以報，先生勿訝也！」先生顧謂從者曰：「是其人，視走高門、縣薄，唯恐失一夫者有間矣。」即命迴車，蓋不唯不以爲忤，而更歎重其不可及。自是，夏多雨潦，規再往未能也。而真人曰：「秋氣且清，吾不可不往謁吴先生。」因著芒屩，戴臺笠，策木杖，布褐短才至膝，從弟子一人，服亦如之。步至國史院門上馬石上踞坐。弟子告閽人曰：「真大道張真人，上謁吴學士。」閽人相顧嘻曰：「他日見真人者至，容服不若是。」疑不爲通。而先生方脩《實録》，與同官坐堂上，不知也。先生之子偶出門，見而識之，進問真人何來？真人曰：「吴學士子耶？」以杖畫地，作「誠」字示之曰：「還語若翁，吾來報謁。」先生聞之，亟出見，真人去矣，獨地上字畫在耳。咨嗟久之，使追及於麗正門南三里所。長歌徐行，音韻清暢，上出林表，追者不敢致辭而返。

好事者高二公之風，畫爲圖以傳觀，而托僕敘其事如此。或曰：昔孟子與南華翁生並世，而未嘗相見。二子之書具在，莊氏之辯，莫或嬰其鋒者。惜乎！其不見孟子也。今吴、張實相知又相求，而卒不相遇，遂無一言可以發其緼者，其何以一道德乎？僕曰：觀其風致，而思過半矣。何言之待乎？子必以其言求之乎？僕試論其行矣，君子之學，以不欺爲要。有志於慎獨者，果能堅制峻卓，如真人之道行者乎？吴先生蓋累千百言，刻之金石，可考也。真人畫地之字，蓋子思、孟子之言也。有能因此而真知歸求者，則真人之一字不爲少也。吾又聞真人系出横渠。其精思力踐，殆有自耶？則又有僕不能知者。

送翰林編脩王在中奉祠西嶽序

國史王君在中之奉祠西山川也，同館之士，爲賦詩以餞之，多道祈年之事者。侍講曹公序之曰：「古者天子有事四岳，蓋考制度、一風俗焉，望秩其一也。今歲遣使禮祠脩時事，必曰祈也，將神明可以干福乎？」或者疑二説之同異，而問諸某。某曰：皆是也。史館諸君子，誠見皇上處太平之盛，據中和之會，然猶宵衣旰食，思致斯民，不忍一夫不獲被其澤者。是以四方水旱之沴，有司不敢伏，宰相不敢忽也。必以聞而拯之，此所以偏舉於祈年也，蓋仁之事也。曹公嘗位大宗伯，爲朝廷大儒老臣，深練治道，知夫奇衺之萌。乘上意所鄉，矯誣禳禬之方，紛然日至，以蠹財而熒聽，殆不勝言。故深憂之，而爲是端本之言者，智之事也。思兼仁智之説，其使者之道已乎。

夫祠使之遣，自中統、至元以來，五六十年矣，民間習聞之。方獻歲發春，吏民必盻盻然望之曰：「天子之使，其將至乎？庶幾有以撫吾人也。」祠事畢，使者宜止車褰帷，慰問父老，以宣上德意，而察其隱微鬱塞，以待顧問之萬一，豈非其事乎？且并、雍之境，素以勤儉善年，而比以歉告，有不忍聞者。凡所以佐吾民之術，而上之人容有未盡知者，可咨詢而得之乎？吾蜀以罹兵之久，山谷故郡縣之地，多閒田敏藪。四方之民，趨而至者以萬萬計。宜及此時節制均定以輯撫之，使善良有所養，而强黠有所檢。以爲他日之慮，久遠之計，亦有説乎。凡此之類，皆仁智兼盡之意也。不然，一乘之使，誰不可行而有待於在中？又有徵於曹公與諸君子之言乎？

孔林廟學新設管勾簡西碧之任詩序❶

昔者，禮樂之器，魯蓋備有之。是以聖人於老聃有問焉，於師襄有問焉。始仕於魯，而與祭於廟也，又每事問焉。當是時，雖曰禮壞樂崩，而有官守者，尚執其藝事而不敢廢也。故曾子曰「籩豆之事，則有司存」焉。明器物事爲之有可徵也。去古益遠，雖有司之末，亦亡絶無餘矣。而猶欲以爲非君子之所重，可乎？成均嘗設管勾，主廟學禮器祭衣之屬。致和之元，孔林亦放而設是，以吾簡君始爲之。君子善官守之復古，而選擇之得人也，多賦詩遺之，而

❶ 此題，類稿本作「送簡生赴孔林廟學管勾序」。

求予序焉。乃爲之言曰：嗚呼！聖帝明王之制作，猶可見於今者，則吾夫子之所刪定贊述而存者。而所謂器物事爲者，亦其具也。前三十年，導江張達善氏嘗爲孔林之師，固嘗發明斯道之大，以迪其人矣。所謂器物事爲者，初不廢也。今簡君往治其有司之事，尚善其職守，則君子又將因夫器物事爲之存者而徵焉，道固不外是也。或因本而及末，❶或即粗而得精，沿遡並行不悖，不亦可乎？張先生，吾蜀人。某外祖氏之門人也。簡亦吾蜀人，故得盡吾言焉，而非私也。

隴右王汪氏世家勳德録序

國家龍興朔漠，威行萬方，金源日蹙，吏士守者，或降或死且盡，不能成軍。山東、西之間，豪傑並起，據保城壁，大抵非金署置之。舊隴右鞏昌汪氏，據高制遠，統郡縣數十，勝兵數萬，號曰便宜都總帥。柵石門，爲金守者三世。及我兵攻鞏昌，則金亡已二世矣。汪氏猶不忍降，其士大夫皆曰：「君死國亡，民將安歸？」乃縞素爲金發喪，登陴哭三日。因皇子闊端以自歸，太宗皇帝察其誠，仍以爲便宜都總帥，鎮故地。取蜀之役，資糧甲兵之賦，終始畢給。功多之紀，他將鮮儷焉。此諱世顯者，所以封隴右王也。王有子八人，孫十有九人，多居將相，官封公者已八人。傳五世，兄弟子孫百八十餘人。總軍鞏昌者，既世其職，餘多大官。尤顯者，今御史中丞壽昌也。其兄成都萬户嗣昌曰：「世荷國恩，功業在盟

❶「末」，原作「未」，據類稿本、四庫本改。

府，褒卹有制詔，世次具譜牒。行事歲月，則先塋、家廟之碑文在，請輯録刻模，以傳于世。」諗諸太史，太史虞某曰：予觀于功臣之家，以世業顯融者固多。得統其軍、世守其地者，惟汪氏。或曰：道家忌三世爲將，汪氏之德，必有大過人者。其言信歟？予固以爲汪氏先人，事故主無憾，見信國家，非他人所得而及也歟？

送祠天妃兩使者序

世祖皇帝歲運江南粟以實京師。漕渠孔艱，吴人有獻策航海道便以疾。久之，人益得善道，于今五十年，運積至數百萬石以爲常。京師官府衆多，吏民游食者至不可算數，而食有餘、賈常平者，海運之力也。天曆二年，漕吏或自用，不聽舟師言，趍發違風信，舟出洋已有告敗者。及達京師，會不至者，蓋七十萬。天子憫之，復溺者家，至載之明詔。廷臣恐懼，思所以答上意。或曰：有神曰天妃，廟食海上，舟師委輸吏必禱焉，有奇應。將祀事有弗虔者與，宜往祠。有勑翰林直學士本雅實理、蓺文太監宋本其行。嗚呼！二公能導上意，致誠敬，已事而竣，周覽其形勢風俗，而觀其政治之得失，亦有可言者乎？

往年，某嘗適吴，見大吏發海運，問諸吴人。則有告者曰：「富家大舟受粟多，得傭直甚厚。半實以私貨，取利尤夥。器壯而人敏，常善達。有不願者，若中産之家。輒賄吏求免，宛轉期迫，輒執畸貧而使之。舟惡，吏人朘其傭直，工徒用器食卒取具，授粟必在險遠，又不得善粟，其舟出輒敗，蓋其罪有所在矣。今日之事，此其一端乎。」近歲，大農以乏用告，會議廷中，各陳裕財之説。有獻議曰：「國家方取江南，用兵資糧，悉出於中原，而民力不至乏絶。及盡得宋地，貢賦與凡貨財之供，日輸月運，無有窮已。而國計弗裕者，上不節用，而下多惰農故也。且京師之東，萑葦之澤，賓海而南者，廣袤相乘，可千數百里，潮淤肥沃，實甚宜稻。用浙、閩隄圩之法，則皆良田也。宜使清彊有智術之吏，稍寬假之，量給牛、種、農具。召募耕者，而素部分之期，❶成功而後税。因重其吏秩以爲之長，又可收游惰，弭盜賊，而彊實畿甸之東鄙。如此則其便宜，又不止如海運者。奈何獨使東南之人竭力以耕，盡地而取，而使之歲蹈不測之淵於無窮乎？」時宰以爲迂而止。宋公家京師，既首廷對，未嘗一日去朝廷。歷丞相御史府，爲名法從，參預國事。而學士嘗以使指出南詔，西南降蠻夷部落，所謂大小徹里者方數千里，引其酋長入見。才與其從者數十人，俱無一兵一財之費。二公之重且賢如此，旨意其有所在乎？不然，禱祠之官豈無其人，而以屬之二公乎？故同朝皆爲之賦詩，而某爲之序。

詔使禱雨詩序

陝右比歲以旱饑告。縣官出粟與財，省賦已責以振之而不能捄。力田者布種於土，而暵燥弗生，貨幣並竭，商賈弗至，❷去歲國家有大正於逋詩宿懥，守者迷去效之宜，神怒人怨，天不悔禍。及計窮歸服，而

❶「素」，類稿本作「疏」。
❷「弗至」，原無，據類稿本補。

吾民之病日深矣。居者瘠殍，行者道殣，存者十二三。天子爲選大吏治行省臺，出大農之帑鉅萬者數，而雨終不降，人無生意。於是行省臺之臣，使人入告于朝曰：「天子幸念疲甿，使臣等奉宣德意。既竭駑鈍，靡神不舉，❶而靈貺弗臻。意者，天子使專使持玉幣以禮其山川，庶有濟乎？宰相即日以聞。

天子愀然以興曰：「孰能稱朕使者？」於是翰林直學士普顔實立以誠慤精敏，將命直指。乃四月己亥，受旨幄殿，陰雲低回，肸蠁孔邇。學士乃召驛傳，謹齋戒，不留宿于家。乙卯祀西嶽，五月丁巳朔，雲雷雨大作。辛酉，與行省臺臣共禱于城中之群祀。壬戌，與左丞亦憐真禱於太一元君廟，即大雨。其日，又詣高山太白峽靈湫廟。湫在絶頂，峽隘石險，炎暍喘汗，牽掖僅至。親致上命，下即祠宫，❷幾數十里。祠故唐作，積蕪不治，牆毁瓦墮，妥歆無所。祠者俟命門下，上無庇蓋，跼蹐中夜，並見雲興于湫，頃而滃合。明日又禱，大澍連日。於是東自陝州，西至鳳翔，南達興元，北暨鞏昌，皆來告足。甲戌，至鳳翔，與憲使、郡守祀於雅朧鑾神之廟。雅朧鑾者，高昌部大山有神，高昌人留關中者，移祀於此云。既祠，又雨。丁丑，祀西鎮之吴嶽，亦雨。竣事乃還，而隴陜之間，田苗浡興，瓜蔓有實。稍有廬處，而守者下車詢咨。則曰：「宿種在土，得雨始萌。壅埴日滋，是以怒長。苗秀且實，而瓜瓞可食矣。」由是，疾疫頓愈，而流移未遠者，漸克來歸。七月

❶「靡」，原作「亲」，據類稿本、四庫本改。

❷「宫」，原作「官」，據類稿本、四庫本改。

辛酉，復命于上都，行省臺各遣使入奏，如其言。而學士以其副致國史，予得而觀焉。嗚呼！天豈不念斯民哉？彼旱饑至於斯極者，誰實爲之？聖神一念之發，使者將命之謹，而效應如此。逆順誠僞之辨，可不察乎？故備書之，與吾黨之士詠歌焉。

國子監學題名序

世祖皇帝至元二十四年，置國子監學。以孔子之道教近侍、國人子弟，公卿、大夫士之子，俊秀之士。其書《易》《詩》《春秋》《禮記》《論語》《大學》《中庸》《孟子》。其説則周、程、張、朱氏之傳也。監有祭酒一人。比立監，先置此官，許文正公衡首爲之。司業二人。監丞一人。後又置典簿一人，治文書、金穀。學有博士二人。助教二人，後增置六人。其下設正二人，録二人，司樂一人，典籍二人，管勾一人。以高第弟子充，秩滿則官之。弟子員今五百六十人。天曆二年，始克追考祭酒至助教姓名、歲月，刻石。來者尚繼之，俾後有所徵。三月甲子序。

送江西行省全平章詩序

《詩》不云乎：「顒顒昂昂，如圭如璋，令聞令望。豈弟君子，四方爲綱。」何其善言君子乎？鳳凰麒麟，非所以資服乘也；醴泉朱草，非所以適飢渴也。然而一日至焉，山川爲之春涵，草木爲之玉潤。蓋天生神物，禀乎沖和之至，自然有所鬯達，無所事乎用力也。今平章全公，名臣世家，高情雅節，至正而不厲，至明而不察。達乎事物之變，而不屑於言；究乎天人之緼，而不滯於迹。淵乎其有道，充乎其有容。氣完而不忤於物，接用大而不事於小施，幾古之所謂杜德機者乎？江右有水旱之菑，民力竭矣。天子慨然輟公於親密之地，以往鎮之，吾民其庶幾乎？豫章之流湯湯，匡廬之雲蒼蒼，❶公超然有意於其間乎？君子來朝，其旂旆旆，鸞聲噦噦，請得與都人士共候焉。

送李道濟之官夷陵詩序

東觀古稱蓬萊道山，今尤爲清華高簡。予與今禮部康公子山尚書在館時，新進士六七人爲之僚，道濟以文學署掾。一時雍容蕭散，非特人羨之，諸君子亦自以爲樂也。未年歲間，各遷官散去，掾獨留館數年，始得官夷陵幕，來徵文爲別。吾聞州小而地僻，民淳而事少。魚米筍菜，可以奉甘旨；江雲峽雨，可以極游覽。蓋樂不在館閣之下。昔子之鄉先生六一公，嘗令夷陵。欲借書觀之而不可得，乃從故府取吏牘而遍閱之。於是周知情僞，備察姦利謬欺之故，悵然以爲深感。後公爲政治郡，輒有大過人者。及代包孝肅公尹開封，清簡平易，乃有過於包公者，則夷陵閱牘之功，有以增益之也。天下未見書莫盛於東觀，道濟既得讀之累年，今之夷陵吏牘固其職，尚毋鄙其事而盡心焉。鄉先生之芳躅，不亦可庶幾乎？

❶「廬」，類稿本作「阜」。

送達溥化兼善赴南臺御史詩序

古人有言：朝廷天下之事，宰相可行之，臺諫可言之，行者或不無牽制，而言者庶幾得以盡心焉？非其位不得言，得其位或不足於言，故世以爲難也。兼善以先朝進士第一人，事今上天子于奎章之閣，一日輟以爲行臺御史，此所謂得言之位，可言之時，能言之人者乎？予聞之，事有大小緩急之異。小而急者驟言之，大而緩者深言之。而又有大且急者，如東南水旱頻仍，民力凋耗，賦用不給者乎？吾意兼善受命之日，念故已在此矣。醫之爲病也，知證易，用藥難。藥具矣，❶而病家用不用，服不服，又有不可知者，而醫不敢盡其技。聖天子在上，視民如傷。當宁以思，無言不從，無諫不入。兼善在閣下，朝夕之所見者也。使數千里之遠，如在旒黈之下，非兼善吾誰望乎？諸賢賦詩贈之，虞集爲之序。

送進士劉楨序

今歲，吾蜀與計偕者五士，皆以鄉里來見。既退，坐客有留爲予言者曰：「五士皆美才，如木向春，唯年最少者二人差後，然皆佳士。次二坐者，家必有陰德。」予漫聽之，不以爲意。及南宮奏進士名，果三人先登，次二坐者，昌州劉楨維周也。及登第，始克問其鄉里、氏族、家世、父兄所治業。乃知劉氏世《春秋》學，避兵瀘州，因家焉。鄉人爲言：劉氏之遷瀘，二十餘口，及避

❶「具」，原作「其」，據類稿本、四庫本改。

兵，唯字德甫者獨存。有子女三人，城破，子女俱失，久之，得其二子，德甫夫婦念其一女尤切。次子善卿，思解其親憂，行四方求之，知爲楊將所得，又轉之文。文豪虐，百計不可得，無以悦親心，不遑寧處。善卿子偶至成都。聞文亡家析，其姑適同俘者敘南程復元，有子矣。悉所將貲竭衣裝盡，購得以還。至家，善卿問曰：「成都知姑氏音問否？」具對以文亡適程狀。曰：「何不購以歸。」曰：「皆至矣。」善卿大悦。德甫歿矣，未及見之，諒以子孫能奉己爲慊。今程氏夫婦偕其子，俱養善卿家。衣食如一，中外無間言。善卿子，即楨也。進士來見者，首張岡于高，次者楨，次者支謂興文舉，次則李玲彦博、令狐子仁彦安也。或言維周得姑氏歸，與其父對答，殊類范丞相麥舟也，意欲予書之。予不敢靳予言也，故具載如此。詠歌而傳之，則在能賦之士大夫君子矣。至順庚午閏七月二十八日書。

陳雲嶠省親詩序

夫神駿之馬，可以一日千里，而不可從容鸞和於交衢之舞；寬博之衣，可以揖讓升降，而不可奮揚干戈於戰陳之交。隨其所遇而周於用者，世常難其材焉。泗人陳君新甫，以名將相家，遭逢盛明廣大之日。其昏姻皆衛、霍、金、張之門，其交游兼嬰、布、皋、乘之屬。散萬金於一醵，而不爲泰；待千乘之卿以長揖，而不爲敖。此其人，豈屑屑錐刀之末、求譽於鄉原，局局於唧檗之間、而效用於軌轍者哉？宜乎一出而受知仁廟，驟命以三品之貴而不屑也。既而草儀前殿，贊禮明廷，俯仰進退，郁郁乎有文。是以英皇肇行鹵簿，既閑習於緜蕝之初；皇上親祠太室，妙對揚於顧問之頃。博問洽禮之士，無以加焉。世所謂難其材者，新甫其兼之矣乎。吾嘗見其退食也，琴書在前，寄逸興於篇翰；其屢空也，賓客散去，無悔志於當時。其孝於親也，出乎天性。方承顔於膝下，母命之仕則仕；從事於朝廷，母思其歸則歸。其去就之決，又有如此者。同朝之士，喜其歸省之及時，惜其投簪而暫遠，作詩以餞之。吾聞新甫之在維揚也，東渡大江，得佳山水於常、潤之間。登高丘而望滄海，見其所謂雲嶠者，眇然乎虛明浩蕩之外，將無乘風而長往乎？太夫人年高，新甫方强仕，願敦孝弟之道，以成忠厚之德。吾占諸《易》，得《漸》之上九：「鴻漸于遠，❶其羽可用爲儀，吉。」新甫尚翩翩而來朝哉！

宣城貢先生慶八十詩序

宣城貢先主，年八十之歲，親戚、鄉黨、郡縣長吏、部使者，咸往慶樂之。中朝公卿、學士大夫嘗與其季仲章同朝者，聞而咨羡焉。爲文章歌詩，以授其子師正，俾歸以爲先生壽，而集題辭焉。夫古之人，所以尊夫高年者，詩書、琴瑟足以相其德；衣裳、鼎俎足以奉其體；子孫、賓客足以樂其志。遭時昇平，耳目不接於拂膺之境，則爲全美焉。而先生皆兼有之，誠所謂人瑞者乎？昔者，西都諸儒申公、伏生皆八九十至於百歲，而浮丘伯或者又謂其得仙道，壽蓋不知其紀也。貢氏明經世家也，爲申，爲伏，爲

❶「遠」，《周易正義》作「陸」。

浮丘，固其宜哉！

送甘以禮詩序

集之從祖惠州通判府君，以歲丁丑避地至古端而殁焉，即葬於其郡之江上。内附國朝以來，諸叔相繼淪謝，獨先參政郡公北還，規往迎遷，率以事阻。歲時嘗遣子弟、門人往省。後先公老，猶恆以此爲念。集仕于朝，未獲申先志，而無一時敢忘也。泰定中，甘君以禮有交游之舊。適調端幕府，集以情告焉。以禮既下車，期月之間，政以敏辦，乃率其僚與縣吏，以暇日即吾壠而問焉。則樵牧洊至，耕者或侵其域矣。乃召訊故老而得其實，伐木表其處曰：「虞通判墓。」置守冢一户，❶俾食度舟之利，以圖永久。且將祀諸學官，而秩滿歸矣。武夷詹君景仁僉憲廣東，行部至端，申理其事，大抵皆以禮之遺也。集家本雍、蜀，兵火以來，墳墓散在東南者，未能一一歸葬。而省掃不能歲至，先惠州之墓乃蒙以禮高義如此，其感激何可忘耶？以禮調官京師，僅取便家一筦庫以去。集備位班行，知以禮之材賢而不能薦，感以禮之恩而不能報，於中心寔有愧焉。故直敘其事以識別，乃若區區之心，尚或自見於他日乎？

曾魯公世家盛事集後序

聞故史臣曰：「宋昭陵時，韓魏公與曾魯公同爲相。歐陽公參知政事。韓公於法令典故則問曾公，文學人材則問歐陽公。

❶「冢」，原作「家」，據類稿本、四庫本改。

百官奉法循理，而朝廷治。」噫！何其盛也。然則不治者，其由於不奉法循理也歟？古之人所謂豈弟君子者，蓋以爲有盛德備福之人，則可以爲治世者也。至順三年十月，曾公之裔孫香山令淳來京師。以其先世門人林彬，所述《曾氏衣冠盛事》一卷來相見曰：「東都之事備矣。而南渡後，若乾道宰相、慶元倫魁以下蓋略焉，將敘而録之。鄉先生傅季謨甫謂淳曰：『雍虞氏之在史官者，宜請敘之。』是以來告。」

集惟先忠肅公實與相國同事阜陵，有同朝之好，不敢忘也，故謹書其事如右。莆田陳衆仲，慶曆從官故家，今爲國學官，嘗爲余言：「至元時，有御史按事過泉州，問曾氏家廟所在而敬拜焉。初内附，族人驚不知所爲。御史乃徐言族人：我魯公諸孫之留居鄭州者也。出譜牒，敘昭穆，與族人昆弟、父兄相對，愴然泣下。隨至白石村拜墓，驩會一月乃去。」惜不記御史名。予從弟弦，至治中宰管城，知有曾氏墳墓在其境，亦不知御史何人？淳行求之，以見諸譜可也。嗚呼！前朝世家子孫，至于今淪落盡矣。淳言曾氏猶數十房。淳雖遠仕南海上，然去鄉不遠，惓惓以先世遺事泯殁爲懼而輯録之。忠厚之澤，於此蓋可見矣。後之人尚鑒兹哉。

禁扁序

繼志，故翰林學士承旨、中書參議、魯國王文康公之次子也。世祖皇帝既取宋，淮南忠武王還奏，留董忠獻公鎮綏江南。時文康公以翰林應奉文字，使董公軍中，因謂董公曰：「宋氏經史圖籍，文書略備，不及今上送朝廷，懼將散軼，不可復得，關係甚重也。」董公奇其言，悉録中秘外府圖書，運舸致之京師，而屬文康公護之。今館閣所藏，多當時故物。有識者甚韙二公所爲也。于後，文康公揚歷臺省，賓客門人，一時文學之選皆在是。以繼志兄弟見聞異於常人，又以彊記博學稱於時。自紈綺之習，固無與斯事，而寒雋視之，更興寡陋之嘆矣。《禁扁》之書在史館，暇日所編，號爲詳贍，而他著述尚多也。繼志年富力彊，好親師友，則所學又當不止如著此書者。

送趙茂元歸鄉序❶

百年之前，吾蜀文獻之懿，多出在東南，名家者數十。宋亡，先輩凋謝，流風餘韻，其或存寡矣。眉山趙君茂元，自其大父、王大父，世以《春秋》掇危科、登顯仕，有譽聞於當世。與同郡楊氏、史氏、程氏、家氏，門户相望，互爲婚姻。雖遠在吴越，家庭之間，郁郁乎故鄉近古之意也。内附垂六十年，茂元父子服其冠衣，講學郡縣，不以官卑禄薄爲嫌，意氣濯如也、藹如也。至治壬戌，予適吴，將即遺老故家而有徵焉。未幾，召還史館，未及有所訪問。獨茂元方爲吴學正，得從容焉。而茂元有悼亡之戚，亦不獲盡所欲言也。後十年，調官京師，乃取閩中一巡徼以去曰：「親老矣，急於養焉。」又匆匆以別。噫！子終庶以廣其寡陋也乎？前年，被詔纂述史記，頗恨蜀學微絶，諸君子緒言不少見於故府。聞茂元

❶「鄉」，類稿本作「浙」。

得其曾外祖平舟楊公遺文，將從官下，❶并其家集刻之，此志誠忠厚矣。集欲更推其意，訪諸家之有傳者録以上送，其於補塞闕違，不亦美哉？　敢書此以爲别。

道園學古録卷之六

❶「下」，類稿本作「所」。

道園學古録卷之七

在朝稿七

記

雍虞集伯生

西山書院記

建寧路浦城縣，真文忠公之故居在焉。其孫淵子言：其族人用建安祠朱文公之比，築室祠公，相率舉私田，給凡學於其宫者，而請官爲之立師。江浙行中書省上其事，朝廷偉之，❶名之曰「西山書院」，列爲學官。實延祐四年四月也。是年天子命大司農晏、翰林學士承旨忽都魯都兒迷失，譯公所著《大學衍義》，用國字書之，每章題其端曰真西山云。書成奏之，上嘗覽觀焉。昔宋臣嘗繕寫唐宰相《陸宣公奏議》以進，其言曰：「若聖賢之相契，即如臣主之同時。」識者以爲知言。由今觀之，宣公之論治道，可謂正矣。然皆因事以立言，至於道德性命之要，未暇推其極致也。

公之書，本諸聖賢之學，以明帝王之治；據已往之跡，以待方來之事。慮周乎天下，憂及乎後世。君人之軌範，蓋莫備於斯焉。董仲舒曰：「人主而不知《春秋》，前有讒而不知，後有賊而不見。」此雖未敢上比於《春秋》，然有天下國家者，誠反覆於其言，則治亂之别，得失之故，情僞之變，其殆

❶「偉」，類稿本作「韙」。

庶幾無隱者矣。公當理宗入繼大統之初，權臣假公之出以定人心。既而斥去之十年，復召，首上此書。當時，方注意用之，未幾而公亡矣。《詩》云：「人之云亡，邦國殄瘁。」公再出，而世終不獲被其用，豈非天乎？庸詎知百年之後，而見知遇於聖明之時也。然則公之祀，豈止食於其鄉而已乎？蓋嘗聞之，工師之爲宮室也，猶必有尺度繩墨之用，樸斲締構之制，未有無所受其法者也。爲天下國家，其可以徒用其材智之所及者哉！今天子以聰明睿智之資，然猶能自得師，尊信此書以爲道揆，況衆人乎？學者之游於斯也，思公之心而立其志；誦公之書而致其學。聖朝將得人於西山之下焉，不徒誦其言而已也。

鶴山書院記❶

昔者，儒先君子論道統之傳，自伏羲、神農、黄帝、堯、舜、禹、湯、文、武、周公，至於孔子，而後學者傳焉。顔子殁，其學不傳。曾子以其傳授之聖孫子思，而孔子之精微，益以明著，孟子得以擴而充之。後千五百年以至于宋，汝南周氏，始有以繼顔子之絶學，傳之程伯淳氏。而正叔氏，又深有取於曾子之學，以成己而教人。而張子厚氏，又多得於孟子者也。顔、曾之學，均出於夫子，豈有異哉？因其資之所及，而用力有不同焉者爾。然則所謂道統者，其可以妄議乎哉？朱元晦氏論定諸君子之言，

❶「記」下，類稿本有「應制」二字。

而集其成，蓋天運也。而一時小人用事，惡其厲己，倡邪説以爲之禁，士大夫身蹈其禍，而學者公自絶以苟全。及其禁開，則又皆竊取緒餘，徼倖仕進而已。論世道者，能無畫然于兹乎？方是時，蜀之臨邛，有魏華父氏起於白鶴山之下，奮然有以倡其説於摧廢之餘，拯其弊於口耳之末。故其立朝，惓惓焉以周、程、張四君子易名爲請，尊其統而接其傳，非直爲之名也。及既得列祀孔廟，而贊書乃以屬諸魏氏，士君子之公論，固已與之矣。及我聖朝，奄有區夏，至於延祐之歲，文治益盛，仍以四君子并河南邵氏，涑水司馬氏，新安朱氏，廣漢張氏，東萊吕氏，與我朝許文正公十儒者，皆在從祀之列。

魏氏之曾孫曰起者，隱居吴中，讀詔書而有感焉，曰：「此吾曾大父之志也，何幸親復見諸聖明之朝哉？今天下學校並興，凡儒先之所經歷，往往列爲學官。而我先世鶴山書院者，臨邛之灌莽，莫之翦治，其僑諸靖州者，存亦亡幾。而曾大父實葬於吴，先廬在焉。願規爲講誦之舍，奉祠先君子而推明其學。雖然，不敢專也。」泰定甲子之秋，迺來京師，將有請焉。徘徊久之，莫伸其説。至順元年八月乙亥，上在奎章之閣，思道無爲。鑑書博士柯九思，得侍左右，因及魏氏所傳之學，與其曾孫起之志。上嘉念焉，命臣集題「鶴山書院」，著記以賜之。

臣聞魏氏之爲學，即物以明義，反身以求仁。審夫小學文藝之細，以推致乎典禮會通之大；本諸平居屋漏之隱，而充極於天地鬼神之著。巖巖然，立朝之大節，不以夷險而少變。而立言垂世，又足以作新乎斯人，蓋庶幾乎不悖不惑者矣。若夫聖賢之書，實由秦、漢以來，諸儒誦而傳之，得至于今。其師弟子之所授受，以顯門相尚，雖卒莫得其要。然而古人之遺制，前哲之緒言，或者存乎其間，蓋有不可廢者。自濂洛之説行，朱氏祖述而發明之。於是學者知趍乎道德性命之本，廓如也。而從事於斯者，誦習而成言，惟日不足，所謂博文多識之事，若將略焉，則亦有所未盡者矣。況乎近世之弊，好爲鹵莽。其求於此者，或未切於身心，而攷諸彼者，曾弗及於詳博。於是傳注之所存者，其舛譌牴牾之相承，既無以明辨其非是，而名物度數之幸在者，又不察其本原。誠使有爲於世，何以徵聖人制作之意，而爲因革損益之器哉！魏氏又有憂於此也，故其致知之日，加意於《儀禮》《周官》、大小戴之《記》，及取九經注疏正義之文，據事別類而録之，謂之《九經要義》。其志將以見夫道器之不離，而有以正其臆説聚訟之惑世，此正張氏以禮爲教，❶而程氏所以有徹上徹下之語者也。而後人冥究其説，以兼致其力焉。昔之所謂鹵莽，日以彌甚，甘心自棄於孤陋寡聞之歸。嗚呼！魏氏之學，其可不講乎？今起之言曰：「起幸甚！身逢聖天子文治之盛，追念先世，深惜舊名。起將於斯與明師良友，教其族人子孫、昆弟及鄉黨州閭之俊秀，庶乎先君子之遺意。而魏氏子孫，世奉其祀事，精神血氣之感通，亦於是乎在。其有托於永久而不墜也，不亦悲夫！」臣之曾大父寔與魏氏同學於蜀西，故臣得其粗者如此，敢輒書以爲記。魏氏名了翁，字華甫，臨邛人。年

❶「此」，原作「北」，據類稿本、四庫本改。

十八登故宋慶元己未進士高第，仕至資政殿大學士、參知政事、僉書樞密事、都督江淮軍馬，贈大師，封秦國公，謚文靖。而學者稱爲鶴山先生云。十二月丁未，具官臣虞集，奉勑謹記。

白鹿洞書院新田記

南康白鹿洞書院山長柴實翁，誦其郡守崔侯之言曰：「昔者斯洞在南唐時，學者之盛，猶至數百人。宋初，固不待言矣。及朱文公作而興之，以講道其間，其規約之要，被乎天下，學者嚮往以爲宗焉。此其所建立，又非昔人所能及者。翼之不敏，假守茲郡，誠不敢以學校爲緩。於聖人之道，誠亦知所尊信，而未之能學也。思致其所以爲教者，而未之能爲也。然而繕其既禀，使其師弟子得安於治其業，顧力雖不足，猶庶幾可能乎。乃視學田之入，而節縮其冗泛，計其貲之積，可易民田百畝。實翁之未至也，教授王君肖翁，實通攝書院之事。乃能親行田，視其肥磽去取之，故所得皆上壤。夫侯之意，王君之勞，田之始入，皆不可無記，願刻其事于石。」

嗚呼！朱子之書，學者蓋家藏而人誦之矣。其於聖賢之傳，爲學之要，本末始終，豪分縷析，無復餘蘊。使窮鄉下邑獨學特行之士，苟能玩而習之，思而得之，體而踐之，及其久也，猶可以入聖賢之域。況乎有明師良友，相先後之討論問辨，以求其正，觀感契會，以推致其極者乎？此其人，固何待於人之食之而後用也？雖然，侯，郡守也。書院，郡之學也。自侯爲之者，當如是耳。來者，其勿負侯之心也哉！侯名翼之，字鵬舉，燕山人。歷官多美政，守是郡也二年矣。通練樂易，敏勤堅信，民無隱情，庭無留事。其用民力也，若增石閘，繕郡治，非必當爲者不爲也，是以事集而人不知擾。至治初元之詔，命司臬事舉天下守令之最，江西部使者牢某，舉侯政績，著明考二十五事。後使者怯烈察之如章，併以上御史。邦人士請象侯而祠之，侯亦莫能止也。其得民如此。王君，金華人，其大父師勉齋黃氏。柴君，番易人，其父師雙峰饒氏。皆不忘其世學，故併書之。

尊經閣記❶

寧州西南二百里，脩水出焉。世居其上者曰師氏，著姓也。宋嘉熙中，諱巖起君嘗築進齋以讀書。司刑使者察其勤，爲著之記。後四十年，齋燬于兵。又三十年，其孫天麟，始因故基作新閣，而名之曰尊經，承先志也。客有過而嘆之，爲之言曰：「是其爲處也，山發春以獻秀，水涵秋而致清。懸崖飛流出其右，長秋古樹列其側。擇其名之攸當，未可以僂數。慨獨念其先世之所尚而尊之，此其志，固君子之所樂道者哉！」

予乃言曰：嗟夫！尊經者，舉其書而加之諸子百家之上而庋之乎？將姑爲之名乎？夫經也者，無待於尊而常尊者，聖人之心之所著也，聖人之道之所載也。通三才之知，以知變化之本，極經綸之妙。吾心之運量，又未始與聖人異也。有能知其心之大，而尊之者乎？由其道，以推致聖人之至者乎？是則尊經之大者。今天子以獨

❶「尊」上，類稿本有「師氏」二字。

斷，黜吏議，貶虛文，一以經學取士。士大夫言學者，非程子、朱子之説不道也，上下尊經之事蓋如此。故竊以爲必有通乎聖人之心、以達聖人之道者出乎其間。觀乎尊經之有閣，得不重感於予心乎？吾聞豫章之境，有高山深林，稍與世俗相遠者。古學之士，多峩冠博衣，深隱乎其中。將必有爲師君言之者，後有知言之君子，將即斯閣而求之。天麟，字勝瑞，今爲同知吉水州事云。

王先生祠堂記

許人有祠其鄉先生于學宮之傍，曰王先生，諱德元，字仲元，邢臺人。金大安中，舉經童第二人。既受官，又從常山周晦之先生學。歲壬辰，避兵來許，許人以爲師。出其門者，前後數十百人，經先生口授經者，今且老，猶歷歷成誦。其爲人豈弟敦厚，與人言必本於忠信。待朋友有禮，所與交或死已久，歲時往撫其家如生存。鄰里有喪疾，皆親捄問，無間貴賤，許人化之。至元甲戌，先生年八十而卒。明年，其配錢夫人卒。無後。門人劉世安、張居禮、郝守寧等，葬諸姚范之村，而私以時祀之。惟先生之田廬，有司不忍收也，而又不可以久。大德甲辰，請于河南之會府，以其宅爲長社縣學。立禮殿講堂，賦其田以爲廪餼。守寧曰：「古之所謂鄉先生者，没而可祭則祭之，柰何使先生泯而弗祀。方先生來許時，環許之人日戒于兵，恬然寧許人以學者，先生之賜也。今門人盡矣，獨守寧在。守寧而不盡其情，誰當盡其情哉！」至大戊申，與其同志築屋於學，以奉先生遺像。於是縣長吏、學官、諸生，以春秋釋奠先聖之明日，遂祠之。歲會田入三之一，以具祀事，請刻石，使來者有攷焉。嗚呼！於是中原文獻淪喪隊軼者，且百數十年，而幸有能誦詩、讀書，傳諸其人，以待後之學者，其功詎可忘也？况許人之息游于斯者，皆其門人之子孫、昆弟也。彷彿其聲容，而感其志氣之所存，能無有以係其思者乎？迺作詩遺之，使歌以具祠。詩曰：

載除我宫，我宫爲堂，聖神斯來享。誰其從之？有合匪彼鄉。昔居允臧，諷言喤喤。金石之揚，人用不忘。即祠于次，有醴有胾，取具孔類。自許多士，多士孫子，奉兹永世。

小孤山新修一柱峰亭記

延祐五年，某以聖天子之命，召吴幼清先生於臨川。七月二十八日，舟次彭澤。明日，登小孤山。觀其雄特險壯，浩然興懷。想夫豪傑曠逸名勝之士，與凡積幽憤而懷感慨者，之登兹山也，未有不廓然樂其高明遠大，而無所留滯者矣。舊有亭在山半，足以納百川於足下，覽萬里於一瞬，泰然安坐而受之，可以終日。石級盤旋以上，甃結堅縝，闌護完固，登者忘其險焉。蓋故宋江州守臣厲文翁之所築也。距今六十三年，而守者弗虔，日就圮毁，聚足以涉，顛覆是懼。至牧羊亭上，蕪穢充斥，曾不可少徙倚焉。是時，彭澤邑令咸在，亦爲赧然愧，艴然怒，奮然將除而治之。問守者，則曰：非彭澤所治境也，乃相與憮然而去。明日，過安慶，府判李侯維肅，某故人也，因以告之。曰：「此吾土也，吾爲子新其亭，而更題曰一柱，可乎？夫所謂一柱者，將以卓然獨立，無所偏倚。而震凌衝激，八面交至，終不爲之動摇。使排天沃日之勢，雖極天下之驕悍，皆將靡然委順聽令其下而去。非兹峰其孰足以當之也耶？新亭峥嶸，在吾目中矣。子當爲我記之。至池陽，求通守周侯南翁，爲吾書之以來也。」李侯真定人，仕朝廷數十年，歷爲郎官，謂之舊人。文雅有高材，以直道剛氣自持，頗爲時輩所忌。久之起佐郡，人或憤其不足，侯不屑也。觀其命亭之意，亦足以少見其爲人矣。且一亭之微，於郡政非有大損益也。到郡未旬日，一知其當爲，即以爲己任。推而知其當爲之大於此者，必能有爲無疑矣。

致慤亭記

古者之祭於廟也，取其深廣静密，將以聚精神而致感焉。亭云者，升高望遠則可，已非祭之所也。然祭之先，則必致其思。致其思，則或於亭焉可也。荏平梁君潤之爲亭於其先塋之右，春秋登於斯，望其墓而祀，蓋以寓其孝思之不忘也。集賢學士宋公渤名之曰致慤，取《祭義》之文云。君之第七子宜，來求予文以爲記。蓋嘗聞之，孝子於其親也，蓋無所不致其思焉。況其遺骸之所托，松柏翳如，霜露時至。於是乎登而望之，則必有無窮之感焉，是固非祭所也。先祭而思焉，莫著於斯矣。然則名之爲致慤，不亦可乎？宜進士高科，有位于朝矣。於法，君當得封，循而進焉。爲士、爲大夫、爲卿、爲公，古之廟制可考而用之矣。且君之父子講乎詩書之藝，明乎禮法之辯，將能祭之以禮。爲其所得，爲麗牲有石，尚能爲君銘之，使鄉之人有所取則也。

孝思亭記

國子伴讀，茌平梁生，爲予言其邑之善士，曰張氏兄弟，以孝友稱於鄉，作亭於先塋之左，手種松柏，鬱鬱成林，爲請於監察御史周君景遠，得大書孝思二字，以表其處，而求文以爲記。予嘗聞之，古之君子之爲禮也，蓋無墓祭。夫祭者之於鬼神也，求諸陰陽之義備矣。墓也者，遺體之所藏也，苟於是乎永之，豈不可哉？而古之君子之爲禮也，而墓無祭，何也？凡有國有家者，必有寢有廟。廟所以祭，而墓非祭也。有廟者，必有主。主之始立也，三祭以虞之。歸必奉諸其廟，歲時祀之，曰是神明之所依也。有禰之廟者，自己之兄弟子孫皆至焉；有祖之廟者，自父之昆弟子孫皆至焉；有曾祖之廟者，自祖之兄弟子孫皆至焉；有高祖之廟者，自曾祖昆弟子孫皆至焉；有大宗之廟者，凡族之昆弟子孫莫不至焉者矣，是合族之大法也。而近世士大夫家廟主之制，或莫之考。一再傳之，後昧於世次者，或有之矣，況於民庶者乎？是固君子之所深惜也。

嗟夫！古之不可復也，然幸而猶有一焉。今中原之地，平衍温厚。故其爲塋兆也，高、曾而下，凡子孫皆得以次祔葬。歲時上塚，則猶得以知其處。此爲某親，此爲某親。拜於墓下者，孰爲某親之子，孰爲某親之孫？蓋深有維持族姓之意焉。後之君子，苟以義起禮，則墓亭之設，固在所不廢也。張氏兄弟拳拳於墓亭之意，豈非知本者乎？其以孝友稱於鄉也，宜矣。張氏兄弟三人：曰通甫，曰欽甫，曰君用。張氏之後，必有顯者，其自此三子者始歟？

知還齋記

相國李秦公，治小齋於居第之後，取陶淵明《歸去來兮辭》中語，名之曰「知還」，而命某記之。某對曰：夫身任天下之重者，必有周天下之慮。慮周天下，則凡所以竭其心力者勞矣。於是求高明廣大之居，以佚其身、休其氣、息其聰明之用，以待事物之無窮者，人之所同也。而竊嘗觀盛德於下風矣。初，天子之在淵潛也，公以仁義爲之師。處憂患於危疑之日，而不爲動；決幾微於造次之頃，而不爲懾；挈宗社於大安之地，而不爲矜。神閒意定若初，無爲乎其間。及天子即位，公以舊學爲之相。大綱細目，疏治條理，不紊不遺，意若有不足。而公方日與天子坐論道德，治乎無爲。四海晏然蒙其澤，而莫之覺。此其所存者大，而所息者深，又何假夫居以厚其養哉？顧迺因方丈之室，托微物以見志。若懼滿盈而有退然之意者，其憂深思遠之故，某何足以知之？雖然，公命也，某不敢辭。迺爲之記曰：朝出乎喬林，而夕返乎一枝者，衆鳥也。故隱民遠士，得以寄興而自喻。乃若鳴鳳，歷數千百載而一出，其進退豈直係其身也哉？是故奉其身以爲進退者，庶士之事也。進退不係其身而係其道者，大人之事也。公以身係天下之安危，其道著矣。今而自托於此，是豈以功名富貴易其心者哉！某以是知《易》道之所以貴夫知進退，而不失其正者也。

誠存堂記

昔者君子之言居也，宅曰安宅，居曰廣居。泰哉！其所以自處者乎，何其安重尊高之若是也。竊意君子之所以爲安重尊高者，固無待於外。而上棟下宇，益得以休其體而致其養，夫豈苟然也哉？集賢司直鄱陽周君之爲堂也，築必固，材必美。攻斲必純澤，構締必堅縝，曲執必周正，❶户牖必疏達，温清必宜適。待其後之人，必久而無斁，凡作室之道備矣。及其成也，曾不以是自佚，方挈挈然以誠存題之。此其意豈淺淺者？顧使某爲之記，某何足以知之？嘗試即堂而言之：仰升俯降，卑高之位定矣；處深嚮明，内外之辯嚴矣；左揖右讓，少長之序列矣。以祀以養，以宴以食，父兄宗族之親在是矣。鄉黨僚友之情，可得而洽矣。静以養，動以思。朝以興，夕以寧。曒曒乎燭之而弗迷也，粲粲然列之而有文也，循乎其行之無忤步也，確乎其歸之無異本也。繹繹乎其繼也。渾渾乎其無窾郤之有待於彌縫也。若是者，庶乎其名義之近之也乎？而某又何足以言之？大江之南，鄱爲大郡，物殷而家給。土木之盛，甲乙爲比，❷而又以文雅相尚，抑豈無以美名表其居者乎？夸者已張，警者已末，未有反身切求，若是其實而大者也，某又安敢不爲之記也？惜乎某之不足以知之，不足以言之也。謹記之曰：周氏誠存之堂，作以某歲，成以某歲。名之者，集賢大學士姚公

❶「曲執」，類稿本作「面勢」。

❷「比」，原作「北」，據類稿本、四庫本改。

端甫。題之者，集賢侍講學士趙公子昂也。

蜀郡虞某記。

克復堂記

「克己復禮」之説，在聖門，惟顔子得聞之。當是時，七十子者，蓋有不及盡聞者矣。後學小子，迺得誦其言於方册之中，聞其説於千載之下，豈非幸歟？蓋予嘗反而求之，沈冥於物欲之塗者，固無與乎此也。而知致力焉者，僅足以爲原憲之所難而已。其拔本塞源，脱然不遠而能復者，世甚鮮也。然則苟有志於聖賢者，舍此奚適矣？然而難言也。昔者，程伯子少而好獵，及見周子而有得焉。自以爲此好，絶於胸中矣。而周子曰：「是何言之易也？」後十餘年，程子見獵者於道旁，不覺有喜意，夫然後知周子識察之精也。嗚呼！自顔子而降，若程子之高明而敦厚，純粹而精微，一人而已。其爲學也，必不爲原氏之剛制也明矣。其十數年間，豈無所用其功哉？而是好也，深潛密伏於纖微之際，不能不發見於造次之間。噫！亦微矣。鄉非周子識察之精，固不足以知其必動於十數年之前。非程子致察之密，亦何足以自覺其動於十數年之後。是固不可與迂生曲學者論也。而衆人迺欲以鹵莽苟且之功，庶幾近似其萬一，可乎不可乎？此則予之所甚懼，而旦莫不忘者也。國子伴讀、掌儀康生敏，以「克復」名其堂，而來求文以爲記。予既嘉其慕尚之高遠，而又懼其易之也。故著其説，使寘諸壁間，因得以觀覽，而資其行遠升高之一二也。

樂善堂記

京師之南城，有爲堂焉。而名之以「樂善」者，承事郎、左藏大使渝人胡君善甫之居，故應奉翰林文字駱公之所命也。後二十餘年，因鄉貢進士史君質，求予作文以記之。某聞諸長老曰：昔吾蜀全盛之時，以詩書文學起家，若勳業事功昭著，閥閱見聞可攷知者不論。其事物俗宜近民者云城邑，自漢、晉近逮唐、宋，豪傑所營置，往往而在，其所完聚，有久固之勢。不幸間有僭竊者崛起，攙搶於其間，非降即亡，事亦旋定。故其民積安於豐厚，屋室之華壯，錦繡之穠茂，滋味之腴盛，❶貨利聲色之殷阜精嚴，自東南言纖靡者，莫或過之。是以婚姻喪祭之禮，宴游之樂，服御之飾，恆出於有餘。又漸被夫文章詩禮之懿，下至市井田野婦女兒子，往往習誦讀，知古今，以孝弟信義相尚。其不然者，衆指目之，詈斥之以爲風。嗟夫！使其人所以易爲善者，豈徒然哉？然而盛衰、治亂、興廢之相尋，非惟其數然也，理若是矣。國家將啓南服，獨先受兵，芟夷劉刮者幾百年。而後昔之所謂盛者，始掃地無復遺餘矣。脱身百年之下，遠而去之，既生全焉，又富完焉，又將以子孫衆多而貴焉，此其先所積累者，豈不異哉？然則樂善之名，駱公蓋有以徵其前，而望諸後者矣。不記殆不可也。胡君盡力所事，受知世祖皇帝，特命筦庫保定，非常例也。常歸其鄉，修先人墳墓，而收其族人子弟、鄉里之貧弱者，教養恩義甚篤。君子

❶「滋」，原作「玆」，據類稿本、四庫本改。

以爲難能，有司嘗旌異之。今官進而年益高，二子歷仕將顯要，其福蓋未艾也。前五十七年，駱公解舟鄂渚，風引之入世祖皇帝軍中，得召見，論兵事奇中，世祖以之北來。然不願仕，故以翰林應奉終其身。史進士之父史先生，駱公之甥也。胡君嘗以駱公之命，續兄弟之好，是以進士爲之請。某亦蜀人也，故爲之屬筆以記不敢辭。後有以盛德之家稱於燕山者，將在胡氏，尚有徵於予言也。

沛縣尉李君美政記

沛人有尉，善其職，其父老愛之。願刻姓名于石，以示遠久。國子生張復，邑人也。疏其邑人之頌云：「舟車衝衝，出我沛邦。我任我載，唯尉之從，力用不窮。歲饑有盗，尉制之有道。田則有蝗，尉除之有方。泗漢患水，防隄善圮。尉將役人，如視妻子。民有無告，尉繕其屋。有繫在獄，尉哺之粟。顧瞻學宮，迺牖迺墉。釋其弓刀，揖遜有容。」復之言曰：「尉嘗學于濟南李昌道先生，故知愛人之説。其父奉使平陽，罹地震之禍，尉以恩得官，故能感憤，自樹立也。」嗟夫！尉於縣政，無所敢自遂也，而及乎民者如此。自昔沛以勇宕爲俗，今父老獨不忘於一尉之善者又如此。且世之豪民狂吏，以動摇劫持爲能。視一秩滿尉何有，此乃以終愛聞，不亦參善夫。使尉益自勵，所至不倦，雖古循吏，何以過之。有司用材者，能無考於斯乎？尉姓李，名茂，字廷實，德州齊河人。初爲濮州觀城尉，遷沛尉。父老曰張仲昂。

天爵堂記

饒國吴公，以其子玄德真人之貴，推恩錫爵，以老于家。乃築堂以居，名之曰「天爵」。以某游於玄德也，來求文以記之。某謹爲之記曰：善夫，戴帥初氏之言曰：「方番昜盛時，朱紫組印，人無寧蹤，而公處之恬然。」及今驅馳之事盡息，而公𢡟然如昨日也，❶論其立志，概可見矣。況又使其子爲道家，曾不以淡泊爲慮，此其初，寧有一毫富貴之心哉！及其老也，迺能即家建國，與其夫人偕老而康寧，備福之盛，當世幾無與比。然則公之所致，夸一時、榮一鄉有餘矣。而方名堂以天爵而自見，則公之所以致此者，其必有所不知，而天獨知之者夫。方今天下之盛，仕者以千萬計，挈挈然進取是務，且莫不足於心，不得一日寧其身。如公之萬一者，亦獨何心哉？且人之材，相去豈遽遐邈也夫？莫之爲而爲者，莫之致而至者，智未必盡不足以及之也。然而略不能以自信者，升天爵之堂，而觀吴公之德，其所勸不既多已乎？雖然，玄德以清静爲宗，而能奉其親以榮耀，天子之賜也，亦天所以成其孝也，公非有求於時也。居有貴富而不辭，天也，亦教忠之效也。無營也，而至貴者至焉。無欲也，而至樂者存焉。然則惟公之所自居者爲天爵乎？千乘之國，耇頤之壽，何莫非天者，猗歟盛矣！

❶「𢡟」，原作「⿱刮心」，據四庫本改。

劉正奉塑記

至元七年，世祖皇帝始建大護國仁王寺，嚴梵天佛象以開教於天下。求奇工爲之，得劉正奉於黄冠師。正奉先事青州把道録，傳其藝非一。及被召，又從阿尼哥國公，學西天梵相，神思妙合，遂爲絶藝。凡兩都名刹，有塑土範金摶換爲佛者，一出正奉之手，天下無與比者。由是上兩賜宫女爲之妻，又命以官長其屬，迨今四十餘年。凡行幸，無所不從。今上皇帝尤重象教。嘗勑正奉，非有旨，不許擅爲人造它神象者，其見貴異如此。將作院經歷洛陽田君，博物君子也。嘗謂予言：「大都南城長春宫都提點馮道頤，始作東嶽廟于宫之東。謀其徒曰：『不得劉正奉名手，無以稱吾祠。且正奉嘗從吾徒游，將無靳乎。』即詣正奉言之，正奉以前勑，未之許也。是時廟未成，民間以靈異、禍福相恐動，事未甚顯灼。馮去後，正奉果怳惚，若有所感者，病不知人者三日。或爲之禱，乃起，謂其門人子孫曰：『速爲我御，我且之東嶽廟。』至廟，疾良已。會立廟事奏御，正奉祝曰：『願親造仁聖帝象。』既而疾大安，又進秩二品。益喜曰：『是神之賜也。』因又造炳靈公、司命君象。而佐侍諸神有弗當其意，悉更之，蓋幾有神助者。」

延祐四年春，予游長春，因即而觀焉。凡廊廡時共稱好者，皆市井物怪情狀，蓋易以悦人。及仰瞻仁聖帝，巍巍乎帝王之度矣，餘皆稱其神之所以名者。予尤愛其盛服立侍，侃侃若不勝憂深思遠之至者。乃歎曰：「運思一至此乎！」田君曰：「初正奉欲造侍臣象，心計久之，未措手也。適閲祕書圖畫，見唐魏徵象。乃矍然曰：「得之矣，非若此，莫稱爲相臣者。」遽走廟中爲之，即日成，異哉！非直藝矣。正殿仁聖帝兩侍女，兩中侍，四丞相，兩介士。其西，炳靈公兩侍女，兩侍臣。其東，司命君兩道士，兩仙官，兩武士，兩將軍，皆正奉之手。善觀者，知非他工所可雜其間也。長春之「白雲觀」金人汾王先生十一曜，奇妙爲世所稱道，今遂配之，略不可優劣也。予所見，又有上都三皇廟，❶尤古粹，造意得三聖人之微者，亦正奉之所造也。而梵佛多祕不得觀。予嘗讀張彦遠《名畫記》，録兩京寺觀、祠宇畫者數十人，塑者一二耳。計其運神之妙，致思之精，心手相應，二者略無彼此。而傳世多少懸絶如此，良由畫可傳玩、模搨久遠。塑者滯一處，好事識者或不得而覽觀，使精藝不表白於後世，誠可慨也，故田君請著爲《劉正奉塑記》。正奉名元，字秉元，薊之寶坻人，年七十矣。其官曰昭文館大學士、正奉大夫、祕書監卿。摶換者，漫帛土偶上而髹之，已而去其土，髹帛儼然其象，昔人嘗爲之，至正奉尤極好摶丸，又曰脱活。京師人語如此。

道園學古録卷之七

❶「上」，原作「士」，據類稿本、四庫本改。

道園學古録卷之八

在朝稿八

記

雍虞集伯生

新昌州重脩儒學宣聖廟記❶

新昌州之士，有居京師者曰前百丈縣尹張質夫，以其州人諸生之書來告曰：「吾州，瑞之屬邑也。建學自宋慶曆始，縣令以時葺之，其名因事而見者，甯麟、陳才、曾淵子也。有石刻記焉，故諫官謝公諤之文也。江南内附之初，鄰境寇起，遂以湮廢。至元三十年，瑞州守臣始命縣尉蘇澤作新學，建大成殿。殿有廡，中象夫子而奉之，配享從祀者，位設如常制。殿之門爲重屋，講誦之堂曰仰高堂。祠鄉先賢於別室，自漢梅南昌福以下，凡二十餘人。□□年，❷縣陞爲州，廟學如故。泰定乙丑，前守夏侯質孫以詔書增設從祀九儒象。甃廟前池，架梁以達於外門。至順辛未，今守趙侯居仁始來謁廟學，顧瞻屋宇，庳陋湫隘。嘆曰：『吾州亦子男之邦矣，歲時有事於夫子。尊俎籩豆有序，鐘磬琴瑟在列。而周旋升降，揖拜跪起，殆不容接武於户庭之間，則何以奉揚文治，以淑吾邦人乎？』眡諸學廪，歲爲粟千石，曰：『是固可以有爲也。』乃節冗

❶「新」上，類稿本有「瑞州路」三字。
❷「□□」，類稿本作「元貞初」。

費，究宿弊，以圖新之。易旁近民間地，以廣其宫。而後衡縮端直，凡八十丈。屋之高廣，視舊各加五尺。增兩廡，各十一間。又崇大其列戟之門，階墄唐甓，廉縝高固，一與殿稱，而規制與瑞州之學侔矣。取材賦役，皆有其方，凡民與儒家者無所勞費，以三年五月告成。謂邦侯之功不可忘，而歲月不可無紀也。子之先君參政雍公，嘗分教於瑞州，新昌之士，固嘗承乎下風矣。不遠數千里，願子有述焉。」而質夫又曰：「昔吾州之士，彬彬然以文學進用至於卿大夫者，代有人焉。聖元以進士取人材於天下，凡六科矣。而吾州之廟學始大以新。繼自今吾鄉之父兄、昆弟來至於斯也，瞻夫子之德容，而有所觀感；依夫子之廣居，以安其息游。德義之士，其自此興乎？」

某乃爲之言曰：古之學者，於其先師，則有釋奠釋菜之禮焉，非廟之謂也。前代之制，夫子南面，以其門人配而廟食於學宫。我國家因而推用之，日以盛大。賢守令有意於民事者，必先用力於廟學，謂之知本。夫廟無與於學也，然而道統之傳在是矣。學於此者，誦其詩，讀其書，習禮明樂於其間。誠其道也，不敢不俛焉以盡其力；非其道也，不敢雜然以妄用其心。聖賢去之千載，求諸彷彿之形容，以端其所嚮導焉，所繫不已重乎？且異時先儒之爲學校，言者每病進取之文害道，必欲撤而改之，使得以反求爲己之實，憂世之意深矣。聖元混一區宇且五十餘年，而進士之議始行。當是時，固以先儒之憂爲憂而爲之。制曰：詢孝弟於所居之鄉，以觀其行之力；考學問於所治之經，以見其道之正。求才華於適用之文，察舉措於論事之要。求之之術，亦既精且詳矣。果得如斯人而用之，則天下寧有乏材之嘆乎？然而或盡其事，而不偶於有司。或裒然充貢，而不盡如其説。得失之故，非直其人之所遭然也，文運世道蓋於此可驗焉。故某懼夫學者無以自致於道。質夫之所望於其鄉人士者，蓋有在此而不在彼者乎。新昌，文物之邦也。父師少師，其必以内聖外王之説，而教其人焉，某固不敢以一言概之也。趙侯字仲義，亳社人。起身江西幙府，連治縣有聲，今以奉訓大夫知新州事，多善政。督工者學正蕭焱，訓導劉天桂，直學張志道、胡謙。

光澤縣雲巖書院記

古之長民者，治而教之之外，無他事也。後世有簿書、期會、徵調、共億，趍走逢迎之煩。私計之迫，而得盡心於民事者或寡矣，而舞文殖貨者，又不與焉。其善者，豈無德慧術智者哉？而於先王之法意，未知其何如也。是故時之仕者，審獄訟，時賦役，慎保守，不大得罪於民，則已爲難矣，豈復有爲治之具，而況於教乎？若夫以儒入官者，宜有見於此矣。或者於道實未有聞，於學實未有得，蒙其名以進。一旦莅事，不闒茸鹵莽以取謬悠之譏，則反睢盱恣睢，竊取時俗之緒餘，以苟且毫末之得而不恥者，亦何心哉？噫！何吾民之重不幸也如此？吾友況侯肩吾則不然，自其少壯讀書，已有用世之意。及部使者連帥方伯取以爲掾，持法嚴明而能恕，蚤有聞於時。稍遷塩筴、筦庫，乃能從容爲大府建通融之計，使其言盡用，所益固不細也。泰定末，爲光澤大夫，始得其民而用之。委曲於當世法令之所得，爲達其能，卓如也。下車之日，富强民素爲長吏信從畏憚者，一不聽入謁。獨諸生講學，則循循與之言。於是始有延師教子者。侯曰：「然則善人也」。乃稍以是得進見。訟者在庭，一見得其情僞。其負者故可立決也，侯曰：「吾非不能立決，立決則傷而閭里親戚之情矣。」輒教令退思之，是以多不終訟。嘗有兄弟争田，侯曰：「吾視若貌非不恭友者。」授以《伐木》之詩，身爲之諷詠解説，使日誦於學。未踰月，皆感泣求解，知争田爲深恥。縣學弊，侯率儒家者更脩之，曰：「善爲之，吾不以它役溷爾也。」而富人或請出財以助，侯不許，曰：「有公上之供以待汝。修學，非爾事也。」不日而學成，合邑之境民聚爲社者，皆請建學立師如令。而教養之舍，或略倣於縣學，則又爲義倉以附其旁，寬爲之制，使民受成而守之。侯乃慨然曰：「訓其子弟，而不本諸父兄，殆不足使之易知而速肖也。」即邑南三里，有雲巖書院故基在焉，故宋國子録通守辰州李先生方子講學之故處也。先生祖、子、孫三世，受學朱子之門，邑之鄉先生也。書院廢，李氏有遺田亦侵没於人。侯日退食，即其處理泉石，斬荆棘，徘徊詠嘆，若將見乎其人者。得其遺文數篇民間，❶稍與學者誦説之。於是昔之願脩學而不得者，造庭而言曰：「自侯之至於斯也，吾無汎役，而有餘力，請更作書堂，以成侯之志。侯其許之乎？」侯曰：「今可矣。」聽爲之。乃作室，象夫子燕居。又作祠，象先生。作一講堂、四齋舍，以容師、弟子。門垣庖湢，以次庀工。經始於天曆二年二

❶「得」下，類稿本有「無是乎」三字。

月，八月日成。理侵没之田而得之，收其入以爲養。率其僚吏諸生，舍采落成。郡守西公以其事達部使者，使者韙之。閫帥上其事，請列爲學官。至順三年，侯至京師，請予書其事，將刻石以示後之人。

予迺爲之言曰：昔周子、程子，作於聖遠言湮千載之下。而程子門人楊中立氏之歸閩也，叔子歎曰：「吾道南矣。」宋既南渡，中立氏以其學，傳諸豫章羅氏、延平李氏。至于朱子，而益大顯明焉。當是時，閩之學者，比於鄒、魯。予從侯，得先生所爲《朱子年譜序》，知其於朱氏之學，確守而不變，所謂毫分縷析，致知力行，蓋終身焉。及其爲《縣學記》，懇懇焉，欲其鄉之士息奔趍流浪之志，以從事於愛親敬兄之實。必也宗族稱孝，鄉黨稱弟，經明行脩，然後謂之成材。噫！先生之於其鄉之人，何其愛之深而慮之遠也。鄉之人誠能求先生之言於無窮，由是而學焉，則可以趍乎聖賢之域，而無大過矣。烏乎！君子學道則愛人，小人學道則易使也。寥寥乎求一二於千百而不可得，吾況侯乃能篤信而推用之，吾焉得不爲之喜乎！斯邑也，由況侯而知先生，由先生而知學道，則吾況侯之遺愛，豈有涯哉？四方長民之吏，聞況侯之風，必有作而興者，矧光澤之後至者乎。侯名逵，廬江人，後居高安，今爲某官。其爲政，若平反冤獄之類，有去思碑。此因著其教事云。

董澤書院記

帝王之爲天下，治與教而已。自聖賢不必有位，而其事分。是故表程子之墓者曰：「周公殁，天下無善治。孟軻死，百世無真儒。」治不出於真儒，雖治弗善也。昔伯子之師友，則周子、邵子及張子，與其弟叔子也。程子之學出於周，邵氏雖若别出，及伯子論其學之所至，謂之安且成，則固無以異矣。前聖既遠，此數君子者出，而後聖賢之學、帝王之道，始大明於天下。有知其説，而得以見諸行事焉，此孟子所謂「一治一亂」之所繫者也。周、邵與伯子，廣大而精微，高明而平實。渾融旁薄，人莫得而窺焉。及叔子之時，邪説益以用事，有待於匡闢，而争者起矣。門人徒以其説相傳，衆人固怵於利害，棄絶而弗之從已。時則有若故宋丞相忠簡趙公鼎，奮自頽靡。❶聞喜諸生獨能學邵氏於其子，學程氏於其門人，得其説而尊信之，生死以之而弗變也。及相其君於危難之間，庶幾行其道，而竟以貶死，非天也夫？公子孫以此多留江南，而其族人之在董澤者，無恙也。我國家混一，始得以音問相通。今國子博士賔翁，公之六世孫也。得請於朝，祠公聞喜縣學。董澤之族人聞之，來走京師見賔翁，謁告與之歸，❷將作書院於其鄉，以淑其人，庶幾公之遺意焉。蓋距公之時幾二百年矣。賔翁來求某記之。

某受言而作曰：烏乎！公爲相五年，人心天理之所存者遠矣。而害之者日勝，卒不得盡行其志，以爲天喪斯文乎！而周、邵、張、程之説，至朱元晦氏，而條理發明，以推致其極，則天之未喪斯文也。夫博士，將有以教其人也。公之德業，在國史論

❶「頽靡」二字原無，據類稿本補。

❷「謁」上，類稿本有「賔翁」二字。

定，百世人得而觀焉。若夫其所以爲學者，則凡朱氏之所述者有之矣。昔者，周子之言必合伊尹、顔淵而並論之。而後賢之誨學者，亦曰：「立志以明道。」希文自期待游於董澤者，其以是求之哉！

藍山書院記

藍山書院者，弋陽張君卿弼之所作也。卿弼，字希契，故宋時，繇太學登咸淳戊辰進士第，除福州司户，辟充教授。用舉者員足改官，仕至興化倅而宋亡，歸弋陽。隱居不出，門生弟子從受業者甚衆。郡邑方内附，學校多廢，僉提刑按察司事王公某强起之，至縣學以爲師，縣人士翕然來從之，乃新作縣學。江東宣慰使王公某又迎至郡學以爲師，以教一郡六邑之人，又作郡學。於是有列薦之于朝者，非其志也，即攝衣而歸。至元十七年，其門人楊應桂、申益章，以來學者之衆，無所息游也，規爲學舍以處之。得地於縣之水南，士人徐氏舊宅，廣袤幾八里。中爲宫焉，有廟堂以祀夫子；兩廡翼焉，有明倫堂以講學，有祠以奉其鄉先生。其左右齋，曰稽古、學易、約史、興詩、立禮、成樂。祭器有藏，庖湢有所。前爲大門，略如郡縣學之制。明年九月告成，名之曰藍山書院。其後鄰縣陞爲州，直隸行省，割水南地以益之，獨書院之境仍隸弋陽。張君始爲山長，應桂繼之，既列爲學官，行省署官來任之矣。

至順三年春，繁昌縣尹張純仁來言曰：「昔先大父之始爲此也，買田以繼師弟子之食，與鄉人之以田來助者，通計若干畝。純仁與弟顯忠，又以私田若干畝以增其不足。皆買諸民田，官仍徵其常税弗除也。昔先大父殁，學者祠諸講堂之東，使顯忠奉之。書院之設五十餘年，純仁等以時補葺，不敢廢先人之志。來官于是者，率三年代去，經始之故，將遂湮没。純仁深惟大父之爲此學也，庶幾邑人士之有成立焉。今純仁始登至治辛酉進士第，大父之門人方回孫登泰定丁卯進士第，而純仁之子熙載亦解於鄉，則皆遺教餘澤之所出也，又何敢忘乎？敢請一言，歸而刻諸石，以圖不朽焉。」某曰：「昔者子之大父之在斯堂也，何以爲教乎？」純仁曰：「蓋嘗聞諸大父之執友矣。其誨學者曰：聖學之學，載在六經，明於日月。漢、魏以來，諸儒或以讖緯爲奥，或以老、莊爲高，使異端百家之説，與六經參錯於天地之間千有餘年。自濂洛諸公之出，辭而闢之，廓如也。窮鄉晚進之士，或無良師友，已未有端識，而或驟遇舊説，見其汪洋恣睢，將無迷誘而陷溺者乎？遍取傳記百十家。擇其合於脩己之學而不墮於清虚、治人之方而不雜於術數者，輯而録之，名曰《六經精義》，凡數百卷，獨恨未及成書而卒耳！」

某曰：善哉！其爲言也。某聞之宋之季年，有志於爲己之學者，病郡縣學校以科舉進士爲業，而時王之制不可廢也，別立精舍以講學焉。敦道義而絶功利，以私淑諸人。蓋取睢陽白鹿書院之遺制而名之。國家初有江南，曾未數年而藍山首有書院。脱餘生於鋒鏑之餘，正人心以絃歌之事。盛哉！張君之用心乎。我國家表章聖經以興文化，至於《論語》《大學》《中庸》《孟子》，定以周子、二程子、張子、朱子及其師友之説，以爲國是。非斯言也，罷而黜之。

其正乎道統之傳，可謂嚴矣。然而老師宿儒日以澌盡，愚者無所啓發，狂妄者得以其不根無學之言，竊附于往哲之緒餘，以誣衆罔俗。則自欺自棄之甚者也，不亦悲夫！來學于斯者，盍亦深求聖賢之意於遺書，以知夫乾坤父母畀付之重。涵養乎本原之正，審察乎幾微之發。擴充善端，攻去邪欲。日孜孜以勖其不及，又求正於有道，使不至陷於差繆，必至於聖人而後止，庶幾學者之事也乎？請以諗諸同志，俾無負作者之意，不亦可乎？是爲記。

舒城縣學明倫堂記

學校，講學之地也。古未有廟，其釋奠於先聖先師者，非廟也。後世始爲廟，以祀夫子，通乎天下，三四百年之間，禮制寖盛。我國家郡縣無小大，皆得建學，尤以廟爲重焉，是以有司脩祀典勿敢缺。而教無其師，師非其人，則或有不暇計者，此士大夫因循苟且之通弊。要其識慮，初不及此，無怪其然也。舒城，古邑也。自宋季數有軍旅之事，故學校之盛，微不及東南。然而山川高深，風氣完密。民生其間者，有中州質愿之美。而奇岩幽谷，往往有昔賢名人遺蹟，足以風動其人。而其人亦樂道之，故其俗爲易化者矣。延祐乙卯，前令杜思敬始重建廟。而講堂庳陋弗治，久而益壞。部使者宋公翼嘗督縣令改作，辭以故。逮燮理溥化，登蒙古進士第，長是邑，始出獨見，捐己俸，以天曆己巳之歲，度材庀工，撤而新之。凡爲堂五間，規制宏敞，始與廟稱。未朞告成，則某月也。董役者，典史周允、耆儒宋楊椿、傅熙、宋文富。莅工者，范應月、胡立本，皆儒也。至順元年秋，燮理君以職事如京師，踵門來求文以記之。今夫郡縣之吏，急於簿書、期會，有不暇於爲治，❶而況教乎？燮理君之爲邑，知重學校；於爲學，知重講習，豈非知本者乎？夫君臣、父子、兄弟、夫婦、朋友之倫，本諸天理之固然，有不待於强名者。人之爲道，豈有出於此五者之外者乎？然而明之則敘，不明之則斁，此教之所由興也。氣質之不齊，雖萬其殊，而大概知愚賢不肖之分而已矣。斯倫也，愚者有所不知，不肖者又違而遠之，故有待於啓迪矯率無疑也。乃若賢且智者，所謂質之美者也。於其倫之所在，亦知求盡其心焉。然而不聞聖賢之傳，不經師友之辨，則不足以知天理之節文、精義之攸當。則直情徑行，❷必有墮於私意之所爲。疑似之近，❸幾微之差。其流弊反有以失其良心之正，而貽世俗無窮之害焉，此係於教者爲最切。故古昔學校之教，壹是皆以明人倫爲事，豈非憂之深而慮之遠者乎？烏乎！洒掃應對而敬其事，則窮理盡性之學斯在；服勤就養而盡其職，則存神知化之妙已存。不踰乎屋室户庭之近，而天地萬物之奥已具；不外乎耳目口鼻之用，而陰陽鬼神之微已通。人之所以爲人者，亦大矣。故曰聖人，人倫之至而已。不有以明之，孰得而知之哉？嗚呼！其説亦微矣。登斯堂者，觀其名而思其實。因余之言，而求燮理君之志，庶幾有所觀感也。夫昔邑之君子，有李公麟伯時，嘗讀書龍眠山，因

❶「治」，原作「冶」，據類稿本、四庫本改。
❷「情」，原作「清」，據類稿本、四庫本改。
❸「似」，原作「以」，據類稿本、四庫本改。

以自號。故有龍眠書院在縣治東、飛霞亭之北。國初，東禪寺僧并之，而書院廢。夔理君得隙地於清心池亭之上，蓋伯時與蘇子瞻、黄魯直諸賢之所共游者也。迺闢地爲屋，以復書院之舊，以廣爲學之處。夔理君之於其民也，有古人之道哉。來者尚克繼之于永久。

滕州學田記

國家之制，自京師、會府、郡縣皆有學，學必有廟。廟以奉先聖先師之祭祀。學設師弟子員，有廩饍之給，補葺之費。故學有田，田多因其舊，有缺者有司得以閒田與之，俾募人以耕，歲收其入。然田之蕪治，租之有無，祭祀廩饍之充歉，則系於長吏之善不善，用意與不用意。而教之力不力，系於師。師得其人，則長吏敬之，民庶服之。故教行而化興，不然則否，此其大凡也。滕州之學，右爲廟。廟有殿，殿有廡，廡有門。左爲學，學有講堂，東西有齋舍。有庖、有庫。成於至元己丑，則滕縣尹陳諶、州學正陳渥之所爲也。明年，諶以如市鄉官地五頃餘爲學田，從渥請也。大德甲辰，滕縣長吏阿不思等，又以如市鄉官田五頃與之，用學正張中立請也。至治壬戌，般陽李德昭爲學正，滕守李元重之思所以相德昭治學者，取租於田而給之。教養奉祠之外，户牖幕帟之飾，塈茨丹雘之工，聖賢肖象有衣裳之制，廟貌有牆宇之嚴，焕然一新，郡人稱之。

其間，郡吏無良，民豪無忌，❶租入弗

❶「豪」，原作「蒙」，據四庫本改。

至，生徒散去，德昭有憂之而未能振。洛陽曹侯鐸之來爲州也，以學校爲先務，教養爲己任，清介自守，政如神明。田之見占於强家者，始復歸於學。而囂訟者搆言於司臬，謀有以撓侯。會使者趙公行部至滕，得其實，歸田如曹侯言。因又以禮教鄉之五頃增之，簿正以定其租，立石以表其畔。猶懼後之人或失之也，又使德昭請于濟寧，于山東憲司，于中書禮部，以文書下之，俾勿敢斁。又來求文刻石以爲記。烏乎！滕與鄒、魯，兄弟之邦也，聖賢之遺化在焉，其人固易使也。今侯久遠之計，將質諸契券以待之，孰若善其教以正人心，美風俗，則人知禮義廉恥，亦何忍自欺乎？跬步之土，而私圭撮之利乎？曹侯儒者也，其必有以勸其父兄，率其子弟者矣。不然，文墨何足以制之哉？是歲，朝廷命天下廟學，以顏子、曾子、子思、孟子並配孔子，西面北上。有司或憚煩，多不及奉行。而侯於滕學，獨更新設象如法，其知本蓋如此。來者尚有徵焉。

滕州性善書院學田記

天曆庚午五月，滕州守洛陽曹侯振父，❶介前學正李德昭至京師，來告曰：「吾郡有性善書院者，大德四年，前守尚敏作義塾州治之南。其屋四楹，覆以瓦。其齋舍，茅茨而已。延師以教郡人之子弟，出己俸以率州士，得錢五千緡。貸諸人取子息，以供師弟子之食。明年，以禮教鄉官地三頃給之。延祐元年，監察御史任居敬言於朝

❶「父」，類稿本作「文」。

曰：『昔滕文公嘗聞性善之説於孟子，宜表義塾曰性善書院。』朝廷用其言，性善書院列於學官，置山長以爲之師。延祐二年，前守鄭某改築於滕之舊治。其宫之地，凡八畝。右廟堂以祠孟子，左講堂翼以兩齋以居業。❶張忙古歹繼成之，❷又給以使相鄉户絶地二頃一十五畝，如市鄉一十八畝。而鐸之來也，於學校之事不敢後。既爲深督其教養，脩完其宫牆屋室，治其用器之未備。究子息之亡失，地之見侵者，悉經理之。增給禮教鄉官地五頃，合其舊有凡爲田十頃三十餘畝。使滕縣簿明安答兒、山長滕昂霄，行田表其畔。歲非甚侵，亦足以備用矣。鐸代者且至，將去之，懼來者無所攷。謹伐石載始末，請一言而表之。」

予迺爲之言曰：師弟子之講習於是者，其亦嘗致意於性善之説乎？息焉處焉，亦有存其初者乎？念慮之興，酬酢之頃，亦有以察其幾而致其辨者乎？有能一日用其力於此，庶幾賢太守之所以望於郡人者乎？蓋古之人，其幼無不學者。及其長也，受田而耕。而俊秀者入於學，以學乎脩己治人之道。畊者食人，而不以爲勞；學者食於人，不以爲泰，誠以學者有益於人之國家也。學非其學，而欲安坐以食，則又何責於人乎？吾聞之也：「君子學道則愛人，小人學道則易使也。」使滕之人，以侯之故而知學道焉，亦何待區區執信於咫尺之石哉？滕昔爲國，今爲州。今之守，昔之侯也。孟子之説，布在方册，傳之千載，有民人社稷者，孰不得而誦之。視其所聞，有

❶「左」，原作「在」，據類稿本、四庫本改。
❷「忙」，原作「位」，據類稿本、四庫本改。

多於文公遠矣。慨想文公之爲政於斯也，孰肯爲汙暴之慢者乎？繼曹侯而來者，善擇師推明孟氏之説，以教其人於久遠之道，無大於此者。

中書省檢校官廳壁記

中書省檢校官者，至元二十八年，尚書省以户、工二部營繕出納之繁，奏設是官，以覈其程。書官二員，吏四人，其署在省之東偏。三十年，奏增爲四員，吏六人。分督省左右司六部，及架閣、倉庫，文字之稽滯乖違者而糾正之。其官吏，從東西曹閲公牘，還就署決事。後中書省，仍治宫城之北，舍因其舊，而檢校官之署闕焉，徒寓直所至之部。至順二年，中書徙治宫城東南之省，檢校官奉政大夫前進士孫士敏志道、奉直大夫楊益友直、中憲大夫王國器鼎臣、朝列大夫楊惟恭伯温以舊署隘且弊爲請，❶宰相命更作於舊署之南。爲堂三楹以居其官，旁列吏舍，庖廐，外爲門以别之。是年冬庀工，明年五月成。四君子者，既視事其間，而相與言曰：「是官之設，卅有餘年矣。而廳事適成於吾四人爲僚之日，可無識乎？且昔之居是官者，視諸掌故，蓋將百人。去而坐丞相御史府者，政事風節，歷歷可徵也，其可無述以待後之來者乎？」四君子皆與余游，故來請爲之記。夫宰相上承天子，以出令於天下，❷其屬多矣。官有其事，職有其分，不得相越也。於文史，無不得察視者，唯檢校官爲然。其於宰相有寄

❶「惟」，原作「催」，據四庫本改。
❷「下」，原作「子」，據類稿本、四庫本改。

乎耳目之明，有托於心膂之密。而望高職清，又有若賓客之優游者焉，蓋他官莫之及也。是以每難其選，而常得人焉。凡爲是官者，來升斯堂，而覽斯文，尚思其任之重，而有遠大之期也乎。

京畿都漕運使善政記

國初，運外郡之粟以實京師，數日以廣。大江以南，浮海而至者，歲以數百萬石計。公府之儲偫，官府之廪稍，宿衛之共億，至以及京城游食之民，其用至夥，而所係甚重者也。舟車之輸載，士卒之任負，數經轉輸，而至於京師者，則有京畿都漕運使司以總之。所領倉凡三十二，一倉之官，或五人，或四人、三人。概僅百員役於倉，而食禄於官者，又若干人。自流選而來爲是官者，出納之事，稍弗加謹，折閲陷失，有傾家辱身，而不足以補之者。是故朝廷常優之，始授則增其秩，終更則減其資，蓋念其重難也。然而使之無失而得善去者，則概系於司漕者之得人矣。至順二年秋，千斯倉使汪壥等來言於史官，❶求文以頌運使扎撒公、程公日新，與今運使劉公子善之德。其言曰：「扎撒公之爲使也，出令曰：『凡倉之守吏，日守其局，以謹出納，非運司必有徵召之事，毋敢至運司。』又曰：『凡運司之胥史、皂隸，不得輒至倉所。其負米於壖而入倉也，關防有法，役夫無所容弊。』故其米皆完好而不雜。其出納也，務爲均平。收支之數，有所勘會，❷止從本司揭帖、圖帳申

❶「史」，原作「安」，據類稿本、四庫本改。
❷「會」，原作「曾」，據類稿本、四庫本改。

報，無煩文也。蓋倉庾之所患者，收之已不得其精鑿。❶其支也，又疲於供應，而皂隸百色之需，挾上官而來干者，❷紛然終日。則不得不竊贏餘以應需求，日久月深，忽焉而其耗多矣。今運官絶公吏之擾，簡奔走之勞，善出納之法，列官於是者，始得以效其奉公之實，而無曠官之罪焉。扎撒公斷以定見，程公善相之，劉公善繼之。此某等數十百人所以感激不忘，❸願刻石紀事且以垂其法于後，使來者之永克有濟也。」噫！朝廷之法，詳且盡矣。其有不至者，則奉行者之過也。今京畿漕運之事，而三公克拯其弊，纔數事耳，而倉庾之受賜已如此。其經營之密，調度之大，屬吏有不得盡知者，尚多矣乎？夫萬仞之隄，或潰於螻蟻。千石之水，或涸於漏巵。❹諸公之政，乃得禁皂吏之侵漁。此所謂所治者小，而所益者大者也。爲政者，尚鑒此而慎之乎？扎撒公，蒙古人。自宿衛内廷除直省舍人，歷中政院同僉判中政院事，積官中大夫，除隆祥總管府同知。程公□□人，❺今自運使除右司郎中，又除淮東道肅政廉訪使。劉公，青州人，今在任。餘官則别列于碑陰云。

潼川王氏忠孝堂記

王公諱興，其先太原人。仕故宋，爲秦州防禦使，歷四戎司都統。生子仲，以儁勇聞，都統殁，事曹夫人有孝道。憲宗皇帝帥

❶「之」，原作「支」，據類稿本改。
❷「來」，原作「麥」，據類稿本、四庫本改。
❸「十」，原作「千」，據類稿本改。
❹「涸」，原作「洄」，據類稿本、四庫本改。
❺「□□」，類稿本作「某郡」。

大兵取蜀，仲率豪傑之士見于軍門，遂以其衆立功，授保寧等城招討使。將命招宋守將楊大淵，爲大淵所害。事聞，憲宗悼焉。召仲子仁嗣其官。仁又諭保寧，而大淵降。世祖皇帝命爲奉議大夫，潼川路總管。起保寧，長寧軍民，立潼川城。開屯田，置官署，收輯離散。又用其力，討旁近之未附者。以其有勞於兹土也，因家焉。而仁事其母夫人亦有孝道，居潼川二十餘年，殁於官。臨終，誡其子曰：「先人值國家興運，以故將家帥師立功，專城而治。維忠與孝，可以事君於久遠，而不墜世業也。」子孫頓首受教，乃終。長子世安，遂隱居不仕。而次子世英，仕爲江油簿，亦棄官事親。於是故雲南行省參政李公源道同知潼川時，名其堂曰「忠孝」。江油之子禮，以雲南省蒙古掾秩滿，調官京師，具事狀，請著堂記。是時，予方受詔脩《皇朝經世大典》，輯録祖宗功德。而憲宗下蜀之事，供奉學士、前進士宋公本實手筆焉。謹以兹記告之，而俾禮以其文，傳諸王氏於無窮焉。

王氏山南隱居記

國朝既取中原，悉求其豪傑文學之士而用之。其隱居終身者，尚多有之，史官不能録也。承平以來，殆又將百年，才能特起爲公卿牧守者，何可勝計？然尚論世德，或隱其故初矣。隱於昔而顯於今者，永平王氏之家爲可稱焉。南宫舍人從義甫之曾大父，金兩舉進士。見世亂不復仕，隱於昌黎碣石之下，學者謂之碣石先生。有文集十卷，軼於兵火。先生之子稍起從郡帥，長其幕府。當是時，軍興，事多草創。總兵權者何求不獲？而先生之子，田廬無加於先生時，然而邑居之隣，已四五易主，而王氏之居今不廢。野外之田，僅給饘粥。至今從義歷拜兩御史，爲天子郎官，甚見知遇，而亦不加多、不加少也。然則是居也，可無記乎？予在京師來最後，然亦卅有餘秋矣。忽焉而赫奕，俄焉而銷歇，名田甲第有不能以終其身者。而王氏一畝之宫，數夫之壤，傳之五世。而子孫方讀書脩行以久之，可不尚乎？是爲記。

松友記

古君子取友之道：取之一鄉，取之天下，又取之尚古之人。苟得友焉，初不以天下爲廣、一鄉爲狹，尚古爲遠，於今爲近也。概千載而得一友焉，安知其不出於一時也？概天下而得一友焉，安知其不出於一鄉也？然而不可以必得也，則假諸物以見意焉。此吾太常宋公雲舉所以命松爲友也夫。所謂友，求諸同時，而不得並也。求諸同鄉而不得，曠天下則有之，而不得偕也。而斯松也，千載有之，今亦有之，天下有之，鄉亦有之。友一松，而合千載於一日，通天下於一鄉。善哉！宋公之爲志乎？昔在太常之在翰苑也，獨居乎玉堂之署。文字之暇，賓客散去，竟日蕭然，遂以無事。乃盤桓乎松下，而有遐思焉，曰吾友在是矣，此松友之所始也。公友松乎？松友公乎？公自翰苑拜御史，出爲部使者。召拜國子司業。遷太常，屹乎獨立，不爲勢利之所移。頌詩讀書，日與聖賢相對。超舉特出，莫逆於心。所謂貫四時而不改，亢金石而不渝，公其松矣。予不敏，公以其嘗再爲僚也，命爲之記。然則余亦友乎松者乎？

可庭記

天地之覆燾，無限量也；日月之照臨，亦無限量也。人心之妙，其廣大光明，蓋亦如之。局於耳目之所接，限於識慮之所及，果能盡其心之體用者乎？方外之學，雖設教不同，而其所致力者，亦唯心而已矣。凡其比大於天地、比明於日月，豈無廓然於胸中者乎？顧嘗觀月於庭，有取一方之可，則賦詩永言。又有斂然退求自足，而無所待於外之意。是以君子有取焉，若所謂可庭者是也。羽衣之士，有劉其姓，而以學仙自名者。西遊昆侖之圃，北望大荒之野。涉黄河之流，而尋瑶池之津，其游遠矣。予意其廣漠之爲樂，而無閫域藩籬之間也，而來爲其里人龍璧求可庭之説焉。其言曰：「璧之大父無心翁，好奇博雅。故宋在臨安時，年九十餘。須眉謖謖，然游其都會，而不知倦也。及我國家混一宇内，其父之北游也，蓋至京師。北極和寧之境，以觀乎興王之勝地，以交于國人大族之豪傑，志甚壯也。今璧也，退焉里閭之近，擇高山流水之美，卜宅以奉其親。有兄弟婣族之好、師友講誦之樂。昭其祖父遠游之思，而盎然自足於户庭之間，則謂之可庭也，不亦宜乎？」予曰：善哉！學仙之言也。君子之爲道，斂之不盈一握，舒之則彌六合。求諸其心，反諸其身，行諸其家。果有得焉，則推而致之，何遠不至也？年富而能學，果知此道矣，何可量哉？

悠然亭記

郭君彦達，有亭曰悠然。取陶淵明南山東籬詩語也。予愛其引興高遠，欣然爲題。顧客有笑於座曰：「昔柴桑翁生不逢時，自放於草野之間，托此言以自見，其無所事乎當世者也。今彦達以聖天子潛邸文學之舊，以其習於朝儀也。率其屬以佐其長，執事就列，嚴恪齊整，其得爲悠然乎？」予告之曰：何傷也？亦各見其志云耳。心累於物，則窘我室廬。使適寬閑而就優逸，猶若皇皇，何心之中扃？虚明應物無迹，則垂紳正笏，不動聲氣以措天下於泰山之安。外無矜容，内無逸志，則亦何害其爲悠然也？古之君子，常以陶先生上配孔明。論者以爲至當，信之不疑。非知言而能若是乎？試以孔明論之：方其龍卧草廬，三顧之車未至，其悠然固與采菊者無異也。及其五月渡瀘，深入不毛，獎率三軍，北定中原，軍務誠勞矣。然八陣之方嚴，雜耕之整暇，羽扇指撝於從容。而山川形勝，盡在風雲之變化。子謂此時孔明，悠然乎？不悠然乎？客曰：「淵明之悠然，衆所共聞。孔明之悠然，誠未之聞也。」然則彦達上荷主知，雖進用顯要，有不足悠然者乎？客請書其説，與彦達爲亭記。

琅然亭記

夫子之言樂曰：翕如、純如、皦如、繹如，而一成之，始終可知也。若夫因其哀怒淫放之情，以爲急厲緩靡之節，極其所縱而莫能自返，風俗之變而運氣隨之，所繫至重也。凡不中律度，而遠於中和，君子蓋深憂之。而知察於斯者，蓋鮮矣。古樂之存於今，恆見御於君子者，唯琴爲然，而亦未易知也。崔君元方有得於是器也，常作亭以從事焉。取《醉翁操》首章之辭，名之曰「琅然」。予有以知其有得也明矣。夫音之所以和者，以其無相奪倫也。今夫一均之中，七律在焉。固不得越此，而他有取也。即此七者，有進退疏近之節，以盡抑揚長短之變，則有之矣。誠不可依希於近似，假借以乖違也。譬諸用兵然，百萬之衆，勇怯强弱之不侔，何啻倍蓰，不可一也。善將者，使之步則步，伐則伐，止則止，齊則齊，而不敢少違者。以其分數較著，號令嚴明，伎藝畢給，而行陳輯睦之故也。夫如是，雖使之赴湯蹈火可也，此常勝之家者也。驕不可制，懦不可作，尚足以成軍乎？吾是知爲音而能琅然，則無函胡唯阿之謬，整然法度之爲，與能軍者，蓋無異也，不亦善乎。於是而思古人，將有觀乎大舜、文王、仲尼之遺，一琅然也。有感於放臣、出子之志，亦一琅然也。有托於高山流水之趣，亦一琅然也。澹乎沖和，而不至乎寂寞。鬱乎憂思，而不墮乎凄斷。發揚蹈厲而無所陵犯，委曲條暢而無所流佚，非琅然，而能若是乎？予是以善其名亭也。元方以文雅見稱，擢在群玉之府，時稱妙選云。

思蘭亭記❶

建安陳君若虚，爲予言其居之勝也，山泉林竹，庶幾山陰之幽情焉。又嘗從故承

❶「亭」字，原作「序」，據類稿本、四庫本改。

旨吴興趙公子昂游，廿年閒，兩得其所書晉人禊序者，規爲亭貯之。公感其意，題之曰「思蘭」，而亭實未成也。泰定乙丑，亭始成而公去世久矣。俛仰陳迹，誠有足悲者，乃置序與題於亭上，以與同志者玩焉。且曰：「即吾亭而望焉，考亭雲谷，吾朱子之几舄猶儼然也。師友之相從，則又有西山蘆峰之屬，近在跬步，則吾之所謂思蘭者，有不徒在於觴詠者。」予曰：樂哉斯亭！吾安得身往游之哉？昔者，曾晳之侍夫子也，舍瑟而作，慨然有浴沂詠歸之思焉。蓋直言其志云耳，豈必身在乎沂水之濱、舞雩之下乎？今朱子之教，衣被四海，廣矣大矣。頌其詩，讀其書，想象其德容之盛，如將見之以致其企及而從之者，必有其人已乎？又孰知居之近也，地之勝也。有若陳氏之亭，可以係其思之親切者乎？仰其蒼然之崇高，而有以見其卓然之在前；俯其淵然之深長，而有以見其往禪來續之無窮也。則其得於觀感者，聲音笑貌云乎哉？言語文字云乎哉？古之善爲詩者，常托物以起興，而後得以推致其性情，而極夫詠歌舞蹈之盛。若思蘭之亭者，其諸異乎倏短之感，玩物之爲乎？凡概啓於予衷者如此，并以爲識。陳君將典教閩郡，試與其父兄子弟道之，庶乎其有以相發也。

道園學古録卷之八

道園學古録卷之九

在朝稿九

雍虞集伯生

記

慈利州天門書院記

澧之慈利州西百五十里，有山曰天門，盤結奇秀。其峰十有六，皆可以物象儗而名之，蓋勝地也。蜀人有田公著者，自其先世來居之，數傳矣。至元乙亥，王某兄弟亦蜀人也，避地至焉，開門授徒以自給。公著之父率其子弟往受教，久之，樂聞其説，請結屋以容師、弟子與其鄉人，共有聞焉。王氏善之，而未敢自遂也。大德癸卯，慈利改作州學，更爲大成殿，正配神位及十哲象，而舊象無所於寓。王某謂公著曰：「子欲成父之志，此非其幾乎？」乃請於官，欲築宫以奉舊象而祠之，部使者深偉之。既得請，公著乃度形勢，視土物，庀工擇材，陶冶並作。踰年，而禮殿、講堂、門廡、庖庫之屬俱就。益市經書，具祭器，買田二百畝以爲食，儼然學官之體備焉。提學官以聞于朝，名之曰「天門書院」。王氏、田氏，與其鄉之士民，舍采於先聖先師以落成。後五年，其州前判官周某調官京師，來爲之請記。

嗚呼！天下之名山川多矣，大抵爲浮屠老佛之宫。既竭吾民之膏血以奉之，而心術又壞於其説。千數百年以來，習熟見聞以爲當然，而莫之怪也。孰謂天門之勝，獨以僻左之故，閟其神氣於千古，以啓聖人之宫，豈偶然哉？噫！今之所謂學者，有周、程、張、朱諸君子之所發明。聖人之緼，無所不見；聖人之微，無所不著。塗轍之正大，門户之端深，固已盡聞。而邪説之多岐，則亦掊擊排抉而無餘矣。況自國都至於郡縣，無小大遠近，具有學官。則所以傳夫學者，可不謂既備已乎。然而或徒尊其説以自標置，或講其義以務文華。其反求切己，至於深得而不違者，蓋鮮能焉。此其故何也？城闕之近，習俗所移。彼其所見聞識知者，一皆物欲之所爲而已。宜乎所以自致之學，不足以勝夫居之所移也。然則安知如是之人，聲色不接於耳目，利禄不入於心胸。其質之渾朴，固不至於去道之遠；而稟氣之堅悍，或反足以資其有爲。則天門之士，豈無可望者哉？且夫山川之秀異，久鬱而始變發，而鍾爲人物者，必有可觀而無疑矣。其要在大守、部使者慎爲之，得師以養蒙造端，又省其力役，使得安於進業。而周君且去官數年，猶自執贄來見，求書院之記以遺其人焉。其知好善蓋如此，安可不爲備書之？

順德路魏文貞公宋文貞公祠堂記

至大四年七月，中山王公結自集賢直學士出守順德。明年，郡以治聞，守居無事，乃按傳記而嘆曰：「魏文貞公徵，鉅鹿人；宋文貞公璟，沙河人。今二邑隸順德，則二公皆郡人。守其土，祀其先民，禮也。」於是作宫學宫東南，考求當時衣冠之盛，肖二公儀刑而合祠焉。郡人梁□蘇，❶各以其財來助，司獄崔□、學正楊□董其役，以延祐元年二月告成。泰定元年，天子始開經筵，王公在集賢侍讀，以經從幸上都，某與在行間，以祠事語某，將篆諸石以識。某曰：治民者，常示之以好惡鄉背之正，則民志壹而事有所據，特教之疏節耳。而世猶迂之，甚矣，其不知本也。天下之患，常出於巽懦無耻。巽懦者苟且，無耻者無忌憚，苟且而無忌憚，人心始不可收，而至於無所不至，君子蓋深憂之。若二公者，誠足以表礪振起於斯人哉！唐有天下二百餘歲，莫治於貞觀，莫盛於開元之初。一時名臣衆多，近代蓋莫之及。然而尚論剛正能諫諍，有古大臣之風者，則未有踰於二公者也。夫二公之鄉，非有百里之遠也。二公之相，非有異世之隔也。邦人頌其事而知其德，豈一朝一夕之積？而合祠之禮，曠久未舉，固亦有待也耶！

昔者，仁宗皇帝在御，慨然閔俗習之弊，於文法頹壞淪靡而莫之捄。乃出獨斷以圖治，凡所揀拔，常出不次。一時作新之志，貞觀、開元不足爲也。鄉使有若二公出乎其間，則氣類之合，風節所厲，庶幾少荅聖明之萬一乎？始王公受知仁宗於東宫，及踐大統，而已在外服。其祠二公也，特因其職分之所得爲而已。邇者論經之餘，亦嘗竊取二公言事之要而陳之。辭之所達，萬不及一，徒想見其遺風餘烈之不可復作。南瞻祠宇，悠然有千載之嘆焉。噫！豈吾二人之私也哉？故作享神之詩曰：

❶「蘇」下，疑當有一闕空。

侃侃正辭，高風相望。❶恭敬不忘，有合其鄉。於昭顧懷，庶其在此。俾後民克享，世有君子。

平江路重建虹橋記

至治三年五月日，平江守臣告于江浙行中書省曰：吴郡城内外，皆鑿溝澮，納大湖之水，以容行舟。逾絶爲梁，經緯聯屬。其高庳脩縮，視水大小，與人事緩急。獨虹橋在郡閶門西，跨官河，通驛道，爲咽喉要處。水至橋下，匯爲回淵，最深廣。隨折而東行，勢用剽悍。橋舊植以木，而加甃焉。歲入腐橈，及今夏大霖雨，遂壞。水陸並阻，民吏憂駭。即日召吴縣長吏，計會修治。吏曰：「役大，懼不即成。請草具以木濟，而徐圖之。」郡人鄧文貴詣官自言，架木非經久計，改作將因循，請出家財成之，可毋煩官也。問其故。曰：「家業□□□□□世矣。❷衣食不敢有所過，積日久而食功多，幸有餘。今度足以畜子孫終其身，請悉以從事。」問所欲。曰：「心誠願焉，無所冀也。」按文貴家無田入化遷之利，郡縣甲乙貲算，在中産最下。徒以知足，能散無所爲之心，佐郡縣徇民之急，不亦善夫？請聽文貴所爲。省府下其書曰：「此有司之責，而文貴發私財，甚善其亟從，勉成之。」文貴既受命，乃引里中信義者與共事。以八月乙丑，召工畫圖，計日度財，盡撤其舊而新之。求土木鐵石必良，售物予直必平，無留券。擇匠必

❶「相望」，原漫漶不清，據類稿本、四庫本補。

❷「□□□□□」，蜀本作「版築於兹三」。

精，既稍必足。❶其志役者受傭如歸，作息有度，勤而弗病。絶水下石，欵密鍵固。纍起拱合，理緻無間。圜空漏水象月，引重過之，堅踰實地，蓋長若干，廣若干。而又帖石隄岸，容挽遡者若千尺。泰定元年十月成，凡用中統鈔拾伍萬貫。於是前侍御史曹南馮公翼，與名卿大夫既老而寓於吴者十數公咸善之。而王公都中，新領海南北憲節未上，乃使來告曰：「今日之制，自一錢以上，郡縣毋得擅用府庫。茲橋以民家親爲之，猶須十餘萬未已，踰年乃成。鄉使文書上下反復較論，詎得出經費若是數？就令從之，非一日而決，詎能成於期月耶？用不足必且汎賦，吏並緣奸利，能無侵牟椎剥乎？利盡而求速，能久堅若是乎？是誠可書，以示來者，請刻文記之。」或曰：「以一民掠有司之美，可乎？」

噫！文貴蓋有所受命矣。且夫鄭商犒牛，敵謀遄沮；卜式輸財，漢用不匱。度時酌宜，未可廢也。必律之以古昔，其常制産已乎。不然，世之兼并者，或盡民力至骨髓不饜，坐視其死亡而莫之恤者，蓋有之矣。服御擬王侯，嘻笑制官府，唯其所欲爲而莫之禁，更於斯舉不足乎。是則可書也。文貴有子業進士，予曩過吴，嘗從學者來見，予故知其人。且吴人殷盛，四方所莫及，其什伯倍蓰於鄧者甚衆。其輕財尚義，肯衈鄉里捄災患者，常多有之。故爲備載而不辭，庶幾相勸之道也。時之守令、僚吏、名氏，請列諸碑陰。

❶「稍」，四庫本作「稱」。

悦生堂記

夫天地之間，人與萬物，所以禪續息復於無窮者，生之理爲之也。是故人之生也，飲食、男女、衣服、宫室、貨財之爲，皆生生之具焉。而愚不肖者，不知察也。於是極其思慮之所可及；肆其智力之所得爲。内劇其心，外伐其形。凡所以養生者，皆足以害其生。而風寒燥濕之感，水火虎兕兵凶之遇不與焉。若是者，逐逐乎相隨，未有紀極，其卒也，可勝道哉！四明道士項君子虚，能以醫藥診夫人之所以傷，而保其所以全。用能變其呻吟呼號愁嘆之聲，以爲忻愉舞蹈順適之意。日有稱而歲有徵也。故君子名其堂曰「悦生」云。

嗚呼！人受天地之中以生，嬰少壯老，其時也。强弱盛衰，其氣也。誠能順時御氣，損有餘，益不足，以自致於無過無不及，是謂能奉天之所與，以盡其分定而無悔焉。誠哉！其可悦也。然則老子以身爲患，莊周以生爲勞者，其殆憤激之辭也夫？雖然，子虚學於老莊者也。吾聞善養生者，咀嚥太和，不在乎穀肉菜果也；品配陰陽，托象乎夫婦男女也。鄞鄂之固，舍廬之安，金玉之保，緼襲之厚，又皆有所喻焉，一不得以物命之也，此豈非悦生之大本乎哉？安而久焉，有不止於悦者，暇日，更僕論之可也。

思學齋記

予始識臨江杜伯原甫於京師也，見其博識多聞，心愛重之。間從之游問焉，沛乎其應之無窮也。而其天文、地理、律曆、卜祝、神仙、浮屠之説，往往得諸世外之士。至於因人情時物之變，論議政治之術，可指諸掌。時大臣有得其才，而薦用之者，薦上未命，而大臣者卒。事報聞，原甫漠如，壹不介意，方就客舍取《詩》《書》《易》《春秋》，悉去其傳註而繕書之。慨然有直求聖賢之遺於本書之意。未幾，去隱武夷山中。其友詹景仁氏力資之，蓋得肆志於所願學，而予不及從之矣。延祐庚申，予居憂在臨川。原甫使人來告曰：「我著書，以求皇極經世之旨，子其來共講焉。」且曰：「我以思學名齋居舊矣，子爲我記之。」明年，予免喪省墓吴中，將溯浙踰嶠，以成其約會，有召命不果。又四年，景仁來京師，每以思學之記爲説。予曰：原甫高邁絶俗，又能閒居山林，無世事之奪。其所就，殆必過人遠矣，予何足以言？予苟言之，人之所知耳，所不知，固不可言也。他日授説於原甫而執筆焉，尚未晚也。景仁曰：「不可，必有以復於原甫者。」

乃試誦所聞焉，古之所謂學者，無他學也，心學而已耳。心之本體，蓋足以同天地之量。而致用之功，又足以繼成天地之不能者焉。舍是弗學而外求焉，則亦非聖賢之學矣。然而其要也，不出於仁、義、禮、智之固有。其見諸物，雖極萬變，亦未有出乎父子、夫婦、君臣、長幼、朋友之外者也。故曰：聖人者，人倫之至而已。聖人至而我未至，故必學焉。求其所以至，則必思焉。且何以知聖人哉？于其言行而已矣。言其言也，行其行也。然而反諸心而有未盡，行諸己而有弗得，是以有思。固非茫然無所主而妄馳者也。彼其由之而弗之察，違之而不覺反，憧憧往來於客氣之感，何其多哉？乃有爲之説者，反欲絶去倫理，措心如牆壁，以待夫忽然之悟於一觸之覺，不亦殆乎？今求諸此而不得者，乃欲從事於彼，以庶幾萬一焉。反以絶學自勝，果爲善思者乎？噫！學固原於思，而善思者必有所受矣。今夫有事於思者，如火之始然而煙鬱之，泉之始達而泥汩之。草木始生，土石必軋之。逮其發也，蓋亦已艱矣。故非高明之資，未易遽徹也，而況思非其道者乎？然而嘗聞之，明睿所照者，非若考索之所至。夫至於明睿，則無所事乎思矣。無思者，幾乎聖人矣。其始乃在於完養而涵泳焉，時至而化，有非在我者，豈不盛哉？請以是質諸原甫，或有取焉，則因以爲記。

高氏貞節堂記

高母鄧夫人，蜀之臨卭人，故宋江西運管諱允績之冢婦，登仕郎諱翁彛之妻，而士貴之母也。運管既卒於官，而登仕亦相繼歿。當是時，鄧夫人年二十有九，其子四歲耳。遭時亂離，守節自誓，皎如冰霜，躬自織緝以具衣食。又撙節羸餘，以資其子從師取友。既而所居燬于火，無强近之親可依托。屏居陋巷，家徒壁立，幾無以爲生。而益厲堅苦，卒以成其子。又教養兄伯之孤子，至受室乃已。後數十年，子長家裕，然猶勤儉，晏眠晨興，以率其家人。色嚴毅，不妄言笑，内外親戚敬憚之。稍有餘，又斥以周人弗靳也。教諸孫，尤不以姑息爲愛，故粗有成立。年七十四，有以其事聞于朝省，乃旌表其門閭。於是士貴亦大其堂以奉之。其名曰「貞節」。蓋享備養者，又五年而終。士貴既免喪，猶不忍死其親，刻木象夫人置堂上。飲食必祝，出入必告，如其生時。泰定丙寅之歲，夫人殁十五年矣，乃來告某曰：「我高氏、魏氏，本同姓。而吾二氏，與子世家，相爲姻好者幾二百年。著齋忠襄公，鶴山文靖公，則我曾大父嘉定府君之弟，而子之曾大父提刑公之畏友也。從祖參政耻堂公，與子之從祖户部公，國史婚姻之弟兄也。及我祖兄，又嗣昏於名門。而吾與子年相若，情相好也。先夫人之事，子宜知之。而士貴也，未有所托于不朽，則誠有所待矣。然而歲月逾邁，恐就湮没，而吾子有位于朝，顓以文學爲職事，則吾名堂之意，非子記之，將誰屬乎？」

某再拜，受其言弗敢辭。惟先夫人之貞節，表著明白如此，其可泯而勿傳乎？乃取其事而次第之，識諸堂上。以示其子孫，以勸天下之爲人婦、爲人母者，則又告諸士貴曰：吾嘗聞之，昔嘉定府君殁，文靖公哭之曰：「才名四十年，四爲二千石，人所甚榮而公無矜色。志有不得，則循理以行，其心之所安。無苛取，無厚望。而造物者又中止之。」然則其蓄而未發者，蓋深矣。又重以夫人之貞節如此，則高氏子孫其未艾乎？丁卯正月甲子記。

德符堂記

古之仕者，不必出其國。大夫、士非有朝聘、軍旅之事，未有舍其鄉黨、親戚、墳墓而之他邦者。自侯國而入仕王庭，❶蓋可數焉。春秋之末，善用材者，稍不盡出其國，雖聖人不能不轍環於四方矣。井田廢，而士不出於農矣；封建廢，而人自達於天子矣。於是材者能者之用，不自止於郡縣矣。而士大夫始有去其鄉，不復能自歸者焉。若仁人君子之心，詎能一日而忘父母之邦乎？是故去家而見用於世，既貴而復歸故鄉，此固人情之所同欲也。然而能得之者，或鮮矣。高唐王公仁甫，從其父時，宦遊東南，聲譽日起，遍歷臺閣。及持節江南副司臬事，始得一過其家。顧瞻源泉之深長，竹樹之葱蒨，慨然從其老人昆弟，求問其大父、王大父釣遊之舊。躊躇咏歎，依依然，殆不能舍而去之。王事有程，不可留止，而中心之往來，未始一日忘也。天曆三年，自參議中書拜治書侍御史，眷遇日隆，事任益重。公亦自知其未可以遽歸也，以其未可遽歸也，故其思加切焉。因以告某曰：「里中有宅，宅中有堂。我構我成，祭祀賓客之所於也。❷然而鬱乎在望，莫之至焉。子何以表之而系吾志也？」迺爲攷諸王氏之故，取諸《三槐堂銘》，名之曰「德符堂」云。夫善言德者，必本於父兄，古之道也。今夫大山喬岳之間，滃然雲興，沛然雨作。土石發乎光潤，英華粲乎日星，豈無所自者哉？仁甫氏以令聞令望，見知天子，爲名公卿，固其符之已見者矣。古人有言：「有感於斯，應必隨之。」符之謂已。仁甫氏以學問爲術智，以政事佐化功，則所謂應者，復爲感矣。感應相乘於無窮者，豈有涯哉？王

❶「庭」，原作「廢」，據類稿本、四庫本改。

❷「於」，四庫本作「在」。

氏有賢子孫，善求其本始，而得其符之所自發，其在斯堂乎？於乎！君子之爲德也，自家而鄉，自鄉而國，自國而天下，善推其所爲而已矣。然則王氏之德之符也，其見信於斯世，豈不遠且大乎？

書隱堂記

莆陽林泉生清原，既登至順庚午進士第，即介前進士昭武黄清老子肅，來求文以記其家所謂「書隱堂」者，曰「其父録判君，將致事而佚老於此」云。始予待罪殿廬，得讀泉生所進卷，而次第之以聞。故雖老病，誠願與賢俊爲文字之驩。顧未有説，以復於二子，是以文久未克就。閏七月，得官且歸，求之益力，予其能已於言乎。君子生乎世也，不出則處，不隱則顯。行斯二者，則有其道矣。時隱則隱，時顯則顯，名以著之；當隱則隱，當顯則顯，義以裁之。固不卑隱而尚顯，亦豈以隱爲高而顯爲非哉？今林氏父子，老者既仕而歸，壯者方出而仕，何猶自托於隱之云乎？昔之記宫室者，不有基構工事之勞，則必有制作表異之故。今斯堂也，尊者治賓祭之禮，幼者脩奉養之職，皆人道之常也。常則何以言之哉？雖然，隱以書言，則或得以爲之説矣。蓋隱有潛心之義焉，匪直藏其身之謂也。世有淺之爲士者，托文辭以自售。其於聖賢語言之微，心學之懿，其得之或寡矣。況乎持不足之資，既出而仕，則睢盱以合世，好龍斷以足己欲，豈復有一息之暇回顧其所得之自乎？而林氏父子，仕而不忘隱，吏而不忘書。父兄、子弟之間，所以相激勵儆誡者，豈常人之見也哉？予於是知林氏之賢，而因以知閩士之多賢也。予嘗懷思龜山楊夫子，親承伊洛之傳，至於延平，德業盛大，上配作者。即其地里之近，風化之深，天下其孰能先之。海嶠寂莫之濱，豈無遯世長往之士，聞予言而一慨者乎？清原苟知其人，尚以告予。予將順下風而求見焉，是爲記。

興雲橋記

泰定元年秋，大同路城東，新脩石橋成，河東連率圖緜公題曰「興雲」之橋。明年，寓書京師，請于集賢王公約，以記來屬焉。按舊記：大同古平城，如渾之水，循其城東而南行，亦名曰御河。朝會轉輸，東趍京師，必踰是焉。河水本盛，遇積雨益横溢，阻行者。故自元魏以至于唐，河流分合不同，率造橋以達。歲久沿革，不能詳焉。其可知者，金天會壬子，留守高慶裔所作。不一年，以大雨震電，有怪物出，壞其十一二。後三年乙卯，居民高居安葺完之。事具宇文虚中記。後四十七年爲大定辛丑，又以大雨震電，壞其十八九。明年壬寅，留守完顔襃重作之。事具邊元忠記，今橋是也。至國朝至大三年，凡百三十年，又以水壞，官家葺焉。又十有二年，爲至治元年，又壞。郡吏考諸故府，取舊比以請，連率爲達諸朝。得給錢、市材、役民力，如章。歲終會焉，連率屬其副孫侯，諧大同路屬其判官某，縣屬其主簿某，上下以次承事。於是孫侯曰：「財不可以屬費，民不可以數勞，必究其所以壞，而求所以長久者。」工曰：「橋凡二十有七間，其西不壞者，二十有三，石柱也。東當水所趍，而柱皆木，鄉徒取其易成，而不計其易壞也。」乃採石於弘山之下，凡爲柱二十四。自上下流望之，屹然壁立。然後棧木甃石，植欄楯，表門闕，飾神祠、官舍之屬，皆以次成。始八月甲子，畢以九月甲子，凡若干日。

夫爲梁之役，有民人土地之常事也。今連率總一方，委任甚重。視民事之急，猶請于上而後行。爲之以時而民不勞，用之有度而財不費，無一不合於理者。揆諸《春秋》之法，常事不書可也，此何以書哉？噫！善爲政者當爲其所不可不爲，而不敢擅爲其所不得爲，與輕爲其所不必爲，則民力其庶幾矣！且革既壞於一日，思持久於方來。不以速成爲能，而以他日爲慮。蓋仁智之事，而斯民之所賴者也。書之者，豈徒紀其功之敏哉？謹具以告來者，俾有所考，以圖無斁焉可也。

說

尚志齋說

亦嘗觀於射乎？正鵠者，射者之所志也。於是良爾弓、直爾矢、養爾氣、畜爾力、正爾身、守爾法而臨之。挽必圓、視必審、發必決、求中乎正鵠而已矣。正鵠之不立，則無專一之趣鄉，則雖有善器彊力，茫茫然將安所施哉？況乎弛焉以嬉，慢焉以發，初無定的，亦不期於必中者，其君子絕之不與爲偶，以其無志也。善爲學者，苟知此說，其亦可以少警矣乎。夫學者之欲至於聖賢，猶射者之求中夫正鵠也。不以聖賢爲準的而學者，是不立正鵠而射者也。志無定向，則汎濫茫洋無所底止，其不爲妄人者幾希，此立志之最先者也。既有定向，則求所以至之之道焉，尤非有志者不能也。是故從師取友，讀書窮理，皆求至之事也。於是平居無事之時，此志未嘗慢也；應事接物之際，此志未嘗亂也。安逸順適，志不爲喪，患難憂戚，志不爲懾。必求達吾之欲至而後已，此立志始終不可渝者也。是故志苟立矣，雖至於聖人可也。昔人有言曰：「有志者事竟成。」又曰：「用志不分，乃凝於神。」此之謂也。志苟不立，雖細微之事，猶無可成之理，況爲學之大乎？昔者夫子以生知天縱之資，其始學也，猶必曰志，況吾黨小子之至愚極困者乎？其不可不以尚志爲至要、至急也，審矣。

今大司寇之上士浚儀黄君之善教子也，和而有制，嚴而不離。嘗遣濟也受業於予。濟也請題其齋居以自勵。因爲書「尚志」二字以贈之。他日暫還其鄉，又來求説。援筆書所欲言，不覺其煩也。濟也，尚思立志乎哉？

題王氏子五歲女弟説❶

王氏子，因哭女弟，而忽生無窮之悲。信天性之發見，而非五歲兒所能及。親每飯必拜，至於十五不變。孰謂禮自外至者乎？先王知其若是也，故有以節文之，而教生焉。嗚呼！苟有教焉，充王氏之所至，堯、舜之民矣乎！

❶「歲」下，類稿本有「哭」字。

李士弘二子字説❶

集賢學士河東李公謂集曰：「予嘗字季弟之子思謹曰『克忠』，思善曰『克敏』，而子爲之辭。今天子追賜謚，我先公寔有忠與敏二文。先公以是易名，上所賜也。予不忍令子孫同之，❷更字謹以『恭』，字善以『至』，子更爲我申命之。」集乃言曰：謹乎，謹乎。志高氣揚，不知爲謹也。神昏力弱，不足以謹也。千慮萬應，一有不謹，然猶不可，而況漫以不謹臨之，豈復有爲人之道哉？字之曰『恭』，示以謹之法矣。共之爲文，象手足也。爲文指事益密，又加之從心焉。夫執玉奉盈，手容之至謹者也。然而心不在焉，則失之矣。故曰斂其放心於執事之間，弟子之所以爲恭也。謹乎思所以從事於恭者可也。善乎，善乎。亦知善矣，非自外至者乎？性之本初，未始不善也。剢其本而失其初，善斯亡矣。君子之善復之也，非能有加於當然也。不至於其當然者則未也。至於其所當然，則無所踰也。故言明德者，言新民者，一至於至善而後止。故曰聖人，人倫之至也。愚以是知自聖人以至於庶民，皆有此善也，聖人至，而庶民弗至也。求至焉，賢者之事也。善乎，望乎子者非妄也。子求至焉，非僭也夫？其功大矣，未易言也。然而爲學而不知此，則無所學矣。故公之意，非獨爲二子言也，亦欲諸子通識之矣。於是距始命字之歲，

❶ 此題，類稿本作「李氏二子字説」。「二」，原作「三」，據類稿本、四庫本改。文中「二文」字同。

❷ 「令」，原作「今」，據類稿本、四庫本改。

六年矣。二三子亦有因予言而警悟，用力真有所至者乎！

李克畯字説

河東李公，以至大辛亥之歲，爲其子若姪七人，製名字既，嘗使集申其意而祝之。其曰思德，字克畯，公子也。後九年，乃獨來求集，益陳其義以自勉，其請至于六七而不倦。夫世之人，命其子以嘉名者，未有若李公擇言示訓之深切著明者也。爲人子者，有若克畯知尊父命而不敢忽，思有以推明其意而致力焉，或寡矣。

集雖不敏，敢不爲克畯言之乎？雖然，其説至大，有不易於言者矣。子之名字，蓋取《帝典》「克明俊德」之言而製之也。「克明俊德」者，古先聖人之盛者也。而人常易言之，由不察也。集聞之：俊、畯字通用。而《禮記》又作峻，蓋同爲高大之義。故釋者曰：「俊，大也。」而世人謂俊爲輕俊捷疾之名，則失之矣。夫所謂俊彦、俊乂、俊民、俊士者，皆以其有大德也。配英、配豪、配髦、配傑而言者，皆以其高出千萬人之上者也。然而高大之人，見理必易於常人，其才則似乎輕捷矣，而非俊之本義也，斯言得之矣。是故愚欲子爲高大之俊，而不欲子爲輕捷之俊也。然而義未周也。傳曰：「知崇禮卑。崇效天，❶卑法地。」夫言高大，莫崇於天矣。今言知崇如天，可謂極高矣，而必繼之禮卑。喻其卑，乃至於如地者何也？又嘗聞之矣，知崇者，言知識之超邁。禮卑者，言踐履之切實也。推其至，

❶「崇」，原作「知」，據《周易正義》、類稿本、四庫本改。

至於成性存存，必由於此。則是德益盛，而禮益恭者，尤聖學之至盛者也。苟欲爲超邁，而不切於實，乃爲學之大弊。善思德者不爲也。愚既論高大之爲俊，以矯輕捷之失矣。然又慮其誤以過高爲高，而不知切實之事。❶故又引《易》以明之，誠願子之有察於此也。集之不易於言，而終不敢不言者，其亦有以諒子心也夫？

書曾仲禮字説後

聖賢千言萬語，具在簡册。濂洛以來，大儒君子又發其緼奥，而辨其精微，昭如日月。條理具備，學者皆得誦而習之，皆切己之要言，入德之成法。譬諸田則可以得獸矣，茫茫原野，不即虞焉，則迷於鄉。方藥則可已疾矣，方餌滿前，不命醫則繆於對證。此答問達材之爲教，所以貴乎師友見聞者也。博文約禮之説，自顔氏率是以爲學焉，孰不知之？而善學之士，又求其説於先知先覺者，豈直爲觀美也？是故答問者，詎可不視其所至而汎應之哉？吾於臨川先生所爲仲禮字説，而竊有感焉。何其言之富而意之足也？知古書而行天理，可謂至矣。又示之以慎獨之説，啓其端而使之求之可也。而又告之曰：於人所不見之處，凡不可以對人言者，斷斷乎其不肯爲。此猶食在前，唯舉而噍之耳。然而用力與否，則在其人乎？昔劉元城問學於司馬公，得誠之一言。又問，得一辭曰：「自不妄語始入。」蓋退而隱括其所爲，凡三年後得焉，此誠楷則矣。因臨川之言，而用力於

❶「不知」，類稿本作「忽」。

慎獨焉，極其至則天道也。噫！觀美之空言乎哉！仲禮初拜御史，行臺江南，出是説求予識之。夫御史，職事要重，有巡行、糾察、斷決之勞，不得如經生學子，朝諷莫誦矣。而一事之至，一念之發，必以是求其沛然，可勝禦哉！

劉仲經字説

保定劉道傳來求字，字之曰「仲經」，又請其説。韓子曰：「是道也，何道也？堯、舜、禹、湯、文、武、周公、孔子之所傳也。」此數聖人，邈乎數千載之上，容色不可得而見矣，音聲不可得而聞矣。然而道德文章之所存，禮樂刑政之所載，百世之下如親見之者，經在焉耳。經者，何也？《易》《詩》《書》《春秋》是也。學者學乎此則爲君子，

反乎此則爲小人。爲天下國家者，法乎此則治，悖乎此則不治。載是道者，經之爲書也。傳是道者，數聖人之所以爲心也。言道傳而不本諸經，可乎？故字之曰「仲經」。經之爲文，言治絲之事。經其引而伸之者也，引而伸之者，即其常而不變，循直道而貫通之義也。仲經試思之。

道園學古録卷之九

道園學古録卷之十

在朝稿十

雍虞集伯生

題跋

皇帝聖旨特命禮部尚書哈剌拔都兒充奎章閣捧案官宜令哈剌拔都兒準此天曆二年五月日❶

禮部尚書哈剌拔都兒之先臣大傅、右丞相、楚國公，事武宗皇帝。位望隆重，榮耀赫奕。所謂不貳心之臣，足以當不世有之恩者也。當是時，尚書兄弟尚幼。及其長也，慨先世之遭逢，傷事變之不易，思忠鯁以報國家，未嘗一日忘也。聖天子撥亂反正，天下歸心。尚書參侍機謀，夙夜左右。内則執干戈以備宿衛，外則治禮樂以和神人。從容燕閒，尤秉謙慎。聖天子御奎章閣，尊德性，進儒臣，以廷問經術，修文明之治焉。閣中别置捧案官以命貴近，尚書其一也。而獨蒙聖恩，親御翰墨，作勑書以賜之。廷中大臣，非無贊書之深厚；禁中侍御，非無嘉錫之便蕃。未有身當雲漢之昭回，被文章之藻賁者。天下之至榮至幸，何以踰此？然則臣子者安敢不盡誠竭力以思報於無窮者哉？

❶ 此題，類稿本作「書哈剌拔都特授奎章閣捧案官御書後」。

題趙祕書景緯所撰知郡王公庚應墓碑後

某讀趙祕書所撰《知郡王公料院墓碑》，而深有感焉。碑中言王公從其兄，歷登諸老之門。如劉後溪、楊浩齋、張亨泉、魏鶴山其人也。是數君子，與某曾大父友誼最厚。後溪公名光祖，以龍圖閣學士歸居其鄉簡池，碩德重望，爲時師表。其家居時，曾大父守簡。會關上潰卒爲亂，❶二公保障之，郡安而亂弭。浩齋公名子謨，字伯昌，潼川人。嘗與曾大父同學《易》於滄江之上。講貫之説，學者多傳之。如所謂乾二五，皆言大人，否二五，亦言大人，時義有不同之類是也。亨泉名方，字義立。亦同《易》學，其祥刑漢中時，曾大父嘗爲之著《亨泉銘》。而鶴山公則東南之士習聞之，其文集無卷無曾大父之名，而曾大父集中亦無卷無與鶴山講學者也。鶴山曾孫起兄弟家姑胥，❷其在京師也，館於某料院。諸孫用亨家番陽，其在京師也，交好尤舊。因見其家書所述，略以所憶書其後而歸之。二百年中，後生不及前輩，聞見澌泯，撫卷慨然。

跋陸友仁所模金石款識

古人制作，見於後世者，學士大夫求之《詩》《書》《易》《春秋》，而《儀禮》《周官》，其專書也。其次，惟金石款識可見耳。❸而世不

❶「上」，原作「土」，據類稿本、四庫本改。
❷「姑」，原作「始」，據類稿本、四庫本改。
❸「款」，原作「欽」，據類稿本、四庫本改。

能多見，吴陸友仁所模藏，既博又古，時一閱之。何異見朱虎、熊羆、汝鳩、汝方、太顛、閎夭、散宜生於一日之間哉？

題孝節堂記後

皇元之取宋也，❶蜀先受兵，蜀士之以家死事若西和賈倅，蓋有之矣。天兵至南土，遂滅宋。昔者死事之子孫又死之，如西和之曾孫，何可多得哉？史館承詔，脩遼、宋、金史，此記宜上送國史。賈氏有遺孤，見育於延平陳氏，忠孝之家，天必閔之。陳氏亦德人哉！至順辛未五月七日，史官虞某書。

書王氏草韻後

六書之學，其成書之傳者，則有許叔重氏之《説文解字》，❷以類相從。而徐鼎臣兄弟，始叶以《唐韻》而録之，便檢尋也。許以文字類，徐以音聲從。後出者益趍利如此。草書之録，如《急就章》，以物類相從，志在於簡約易求之耳。今又分其字而屬諸韻，豈非簡約之尤者乎？然昔之爲草書者，結體有疏密，用筆有工拙。波磔不同，形勢亦異。譬諸人之口鼻耳目之形雖同，而神氣不一；衣冠帶履之具同制，而容止則殊。朝廷有大朝會，百官咸在。品秩同等，班序同列，而人則雜然前陳矣。善相人者，乃能於是乎有所擇焉？此輯草書韻之例也。然則王氏之書，其可少乎？

❶「宋」，原作「朱」，據類稿本、四庫本改。
❷「重」，原作「微」，今據文意改。

題宋孝宗書貞觀遺事

昔宋裕陵嘗以唐太宗問其臣王安石。安石對曰：「陛下當法堯、舜。」既南渡，國勢削弱。阜陵慨然有志於當世，其手書貞觀數事，蓋有所奮發也。患盜而推本廉耻，憂國而防乎欲盛，論政而謹於擇臣，其堯、舜之事也。本之以堯、舜之心，不其盛乎？此阜陵之意也。傳曰：「君子多識前言往行，以畜其德。」有天下國家者，所宜鑒哉！至順史臣虞集謹書。

跋御筆除丑閭太府太監

今上皇帝宸翰，命丑閭以官者也。❶國朝典故，凡命官自宰相以下，皆中書造命。其貴者，封以天子之璽而賜之。雲漢昭回，龍光爲奕，❷未有若臣丑閭之親被御書是也。夫恩之深者報必重，仕之密者事益嚴。丑閭其小心謹畏，克盡忠孝以事上，而保禄於無窮也哉！

題臨川吴先生所述劉伯宣事狀後❸

忠憲公之死，時人比之漢蕭太傅，蓋無愧焉。公之心明白如天日，彼搆禍書牘之情，亦卒不掩於天下後世。此《春秋》作而亂臣賊子所以懼乎？

❶「閭」，原作「閣」，據類稿本、四庫本改。
❷「爲」，原作「鳥」，據類稿本改。四庫本作「赫」。
❸「題」，類稿本作「書」。下「題楊將軍往復書簡後」同。

題楊將軍往復書簡後

臨安故宋行都。山川風物之美，四方未能或之過也。天下既一，朔方奇俊之士，以風致自必樂居之。而文獻之緒餘，時有可見者焉。承平既久，交游文翰之彬彬，尤他郡莫及矣。楊將軍好事有聞于時，一時諸君子莫不與之過從，此卷書尺可考也。然未四十年，卷中人無一存者，亦可慨乎？高尚書賦詩寫山水，有古人之趣。當代論書法者，北尚鮮于，南推吳興，是皆見太平之盛者。善觀者，不特於□□論也。❶將軍之子瑀持來京師，予閲之柯氏玉文堂中。閩陳衆仲、陳趙子期、太原王君實、吳陸友仁同觀。至順元年十月□日。蜀人虞某伯生甫敬書。

題心遠卷後❷

新吳興校官清菴李君，求予書「心遠堂」扁，因爲辨心遠之説以遺之。曹侯克明爲之持去久矣，君復欲題諸此。君方拜吳興之命，某因又爲之言曰：昔伊洛之學未興，漢、唐之説稍變。作人之盛，權輿於安定，非一世之豪傑，其孰能與於此乎？今伊洛之書衣被天下，經義治事，乃若岐而二之，治且非其治矣。烏乎！是誰之過哉？沈冥苟且之徒，蓋自陷於汙下，所見不少超於目前，深可慨也。見心遠者，能無躍然以喜乎？推吳興之法，以進於伊洛，校官之

❶「□□」，類稿本作「書簡」。

❷此題，類稿本作「書李清菴心遠堂卷後」。

職業，可不謂之遠乎？

題吾子行小篆卷後❶

古者器物皆有銘，三代制作，亦有損益。丹書所載，器亡文存，所尤可思者，筆書之不可復見也。處士《吾子行小篆》精妙，當代獨步。書此諸銘，尚友古人之志，蓋不止秦、唐二李間也。

書古劍銘後

吳成季父寶古劍，文理若碧，涵氣純靈。不利割，不鈍廢，有藏用之道焉。銘曰：利固職，趣世亟。群慝息，鈍乃德。

右翰林學士、湖廣行中書省參知政事清河元公復初之所作也。公與吳大宗師友善，公爲著文甚多，皆贍博奇偉。及得此劍極古，以爲非高簡則不稱，故製文十有二云。文成於大德初，元公殁於至治中。至順元年八月，予與吳大宗師看劍道舊，而亡其文，蓋三十年矣。吳大宗師追記其辭，而予書之。蜀郡虞某識。

題和林志

國家并苞宇内，封畛之廣袤，曠古所未有也。山川形勢、阸塞險要之處。奇怪物變，風俗嗜好，語言衣食，有絶異者，史不勝書也。至元中，先叔祖以少蓬被旨，掌輿地之紀，每載筆而問焉。至順元年，予在閣

❶「題」，類稿本作「書」。下「題和林志」同。

下，被旨著《經世大典》，輶軒使者之問，不敢怠忽。然而朝聘往來之使，日無虛驛。所不足者，好事善詢，諏知觀覽，考索者甚寡。是以至者或未必能言，言者未必能文。記載邈如，每爲之三慨。矧和寧祖宗興龍之故地，其可無述以傳示耶。蕭囦之北游也，乃能賦而詠之。使見者不異身履其地，何其快也。自和寧而北，而西，而東，廣輪猶不可更僕。既而征討所及，藩屏所係，氏族所聯，尚多有之。吾安得囦乘傳車稱使者，遍歷而深考，以廣異聞，而附信史於無窮乎？

跋真西山畫像

昔者弟子之於師，僚屬之於官長，門生故吏之於舉將，既得所宗，則終身以之。義之當然而常行者也。西山真先生道德文學，師表一時。游其門者，則象其威儀者，何日忘之？潛齋王公得先生遺像，觀覽詠嘆，悠然高山景行之思。誠可以敦薄俗，而示古道也。某從王公之孫纘，得見是卷。是一日而得瞻二公於百年之間也。敬書以識之。至順辛未九月九日，雍虞某書。

跋王端明畫像

劉敏叔畫故端明潛齋王公於梅雪之間，其高風勝韻如在。昔屈大夫頌橘以象伯夷，千載以爲名言。托物擬倫，君子豈偶然哉？雍虞某題。

跋大安閣圖

世祖皇帝在藩，以開平爲分地，即爲城郭、宫室。取故宋熙春閣材于汴，稍損益之以爲此閣，名曰「大安」。既登大寶，以開平爲上都。宫城之内不作正衙，此閣巋然遂爲前殿矣。❶規制尊穩秀傑，後世誠無以加也。王振鵬受知仁宗皇帝，其精藝名世，非一時僥倖之倫。此圖當時甚稱上意。觀其位置經營之意，寧無堂構之諷乎？止以藝言，則不足盡振鵬之惓惓矣。

題王忠簡公進士謝恩詩後❷

某從故宋王忠簡公曾孫纘，得見公進士謝恩詩。公之子樞密公所識並在。唐人賜進士第，禮文繁縟。宋初，已差不及。南渡後，蓋多草創。然猶彌文若是，覩之令人慨然！

題朱侯所臨智永千文

中郎《石經》遠矣，鍾、張之法，至右軍而極。右軍之法，至永禪師、永興公而後，難爲繼矣。盛唐作者變又極焉。宋人遠不相違，米元章、黄伯思皆筆不稱識。而晚宋，謂之無書可也。國朝惟吴興趙公，遂擅一代，學者瀾倒。忽見朱侯作此古法，令人執卷罔然。臨池者尚三思斯言哉！

❶「巋」，原作「歸」，據類稿本改。
❷「題」，類稿本作「書」。

題故國子司業李公挽詩後

故國子司業贈某官保定李公挽詩一卷，故翰林承旨張公幼度爲之序。賦詩者凡二十四人。故翰林承旨東平閻公、柳城姚公、廣平程公、吴興趙公、集賢大學士洺水劉公。及其姪承旨公、平章政事秦國李公、蔡國張公。集賢、翰林兩院學士陳公公望、李公伯宗、薛公公諒、王公國華、元公復初、鄧公善之、曹公子貞、貢公仲章。❶而耆舊之在，則樞密副使王公彦博、翰林承旨郭公安道、中書平章趙公子敬、翰林學士吴公幼清、侍御史張公伯高。及江西提舉柳貫道傳，與玄教吴大宗師也。詩不出於一時，要皆大人君子懷賢思德之作也。三四十年之間，朝廷文獻略備見於此。蓋先生之子端受而藏之，亦不敢不慎也。世祖皇帝建國紀元，制禮作樂，幾四十載而功成治定，以遺子孫。於乎！可謂盛矣。成宗入繼皇帝大統，克纘祖武。朝廷宗廟之禮爲重，先生時爲太常博士，草儀注朝謚。于南郊追尊裕宗皇帝，先生執筆爲誄，稱頌功德。凡千餘言，頃刻立成，情文兼備，縉紳稱之。拜監察御史，上疏論東朝建五臺寺，天子爲之改容，臺省爲之竦懼。遷國子司業，以身教多士，師道凛然。其高文卓行、大節讜誼如此。晚守一州以殁，不究其用，此諸公之所以嗟歎而永歌者也。昔唐陽城爲諫議大夫，論裴延齡陷陸贄事，欲慟哭而裂其相麻。後爲司業，守道州以殁。官職氣節，略相上下。夫泯然與草木同腐者，何可勝

❶「貢」，原作「貞」，據類稿本、四庫本改。

計？先生與亢宗相望於五百年間，顧不偉歟！張萬福武人，年八十餘，猶知賀諫官於延英門下。然則今諸君子，其能已於言乎？是可爲不朽者矣。某初受大都教授，實承先生後，與先生之子端，更遷翰林待制、國子司業。今待罪延閣之下，又得同事編摩。清苦直諒，友誼彌篤，故敢書其卷末云。

題王夫人貞節詩卷❶

天曆二年秋，河間周敬先以進士業舉于郡。薦書未報，奉其母王夫人居海上，人莫之知也。至順二年冬，予表弟賈德昭，自其鄉還京。至静海，而澤冰堅膠焉。升岸以行，見聚落數十家，有儒士廬居而哀者。問之則敬先也。居數日，見敬先讀《禮》甚謹，始就而與之語，因寬諭以慰之。乃見天曆三年進士所爲敬先詠歌者。又以知王夫人之貞節焉。蓋夫人適周氏時，才十八，生二子曰興祖五歲，紹祖一歲，而夫殁，❷王守志教子，至七十一而終。方興祖之失舉河間也，夫人命之授業京師，未及行而遭喪，今年之九月也。予弟有親在京師，冰雪不可還，興祖爲告其隣近，僦焉以歸，爲予言其事如此。敬先，興祖字也。某輒書以貽諸君子之好事者，庶有表章之，爲世道勸云。

❶「題」，類稿本作「跋」。
❷「殁王」，原誤倒，據類稿本乙正。

跋鮮于伯幾與嚴處士翰墨

大德、延祐間，漁陽、吴興、巴西翰墨擅一代，而嚴氏琴亦見稱道。年來無一存者。得此卷，則四人具在。惜乎！集之目力已病，不足窮其波磔之妙。徒諷其辭，以想見其遺音雅趣於湖波山水之間也。

題鮮于伯幾小篆❶

斂風沙裘劍之豪，爲湖山圖史之樂。翰墨軼米、薛而有餘，風流凝晉、宋而無作。❷是以吴興公運畫沙之錐，刻希世之玉。使千載之具眼，識二妙於遐邈。

跋子昂書陰符經

《陰符》，托黄帝以爲名，而實非其書，無可疑者。或曰戰國時人文字，亦未可信也。或曰只是李筌所爲，此近是哉。然褚河南已有奉勅書本，則其來亦久矣。世人忽明白簡易之言，好以詭秘不可解之説相尚，豈獨《陰符》哉？吴興公書妙一世，此卷蓋盛年所作。波瀾老成，不及暮歲。而法度整整，未容無所師匠者知之也。隆山翁吾鄉先生，博學玩世，所謂醉人語不可了了。真語耶？果醉語耶？

❶「篆」，原作「象」，據類稿本、四庫本改。

❷「怍」，原作「作」，據類稿本、四庫本改。

跋陳信仲行卷

豫章周儀之，至元十三年從其兄入覲，除縣主簿，年二十三耳。經學才華，時務典故，爲人温潤風流。前代賢公子，方今材大夫也。昔同在京師，自省、臺、翰苑皆薦之，皆欣然以爲當而用之。然輒齟齬，不克就。治獄海郡，已幾七旬矣。某在翰林，薦爲待制。事奏而報聞，遂有宿草之感，非命也夫？傅先生故宋進士，某幼時，嘗得其所爲賦讀之。泰定丁卯，陳衆仲自温陵來，知先生道德年齒之盛，嘗賦詩寄之。周既不可復見，傅又相望萬里，而一旦於《陳信仲行卷》見二人焉，能無悲喜交集乎？古之言君子者，或兼言有德有位，或專以德稱。信仲，鄉先生有傅公，仕於郡者有周公，皆諄諄爲信仲言如此。所謂魯無君子，斯焉取斯者耶？

跋陳信仲行卷

温陵傅先生，送其門人陳信仲赴廣州教官。既有序言，予已題其後。又出此卷，則送其秩滿赴選京師者也。崔丞相與僕曾大父友善，蜀、廣相望，歲常遣一介通問。今講學論政，諸書尺尚在篋笥，大父嘗取其尤要者，刻先集中，所謂《滄江先生集》者也。李公風裁，無愧崔公。蓋嘗想其遺風，而歎其不可復見。今先生舉二公，以砥礪信仲。信仲亦知先生之望其門人者，良厚不薄也耶？今爲禄仕者，苟干禄以爲貧，亦復何議哉？而爲貧之意多，遂至於無所顧忌，不復知有風節，爲士君子之常行。此天理之所由斁，而人心之所由壞也。不然，師弟子之間，豈不能汎引古人賢者爲之祝規哉？而獨及崔、李二者，❶吾故曰良厚不薄也。

跋魯祭酒試諸生聯句❷

世祖皇帝肇建國學教冑子，取成材用之，有至輔相。文治日殷，學者日衆，而取士之制密矣。古者，論造士之秀者，升之曰進士。論進士之賢者，而告于王，斯官之、爵之，今殆放此。某昔嘗承乏典樂，會先皇帝開奎章閣，引某侍書左右，未及論俊選以聞。而集賢魯先生實來，一歲之間，凡七十二試，而淹滯之士畢出，公論韙之。乃與其寮寀賡歌以樂其事，何其盛哉？先生將以其詩刻石堂上，使之來求識之。故爲序，録于左。

題湯東澗與張文子手帖❸

湯文清公清節雅望，超卓當時。風裁所厲，庸汎者無所容乎其前。今觀其與故人張君文子書，期之以科名，申之以繾綣，何其忠厚委曲也。此聖人德容所以有恂恂、侃侃之異。學士君子所當觀感慕效者歟？

題宋諸陵畫象後❹

昔者君子之觀於先王也，蓋曰：「見其禮而知其政，聞其樂而知其德。」動作威儀

❶「二」下，類稿本有「公」字。
❷「祭」上，類稿本有「子翬」二字。
❸「題」，類稿本作「跋」。
❹「題」，類稿本作「書」。

之則，庶幾如將見之。至順辛未，今天子有詔史館修《宋史》，其行事固可考見，祕閣畫象具存，雖與此或少異，猶足以得其彷彿。執筆者尚想象而求之乎？

題閬州陳彦和致樂堂記❶

某嘗觀於陳氏世家，昔康靖公守荆南，時馮夫人誨之曰：「汝父訓汝以忠孝，俾輔國家。不務仁政善化，則非先君之意也。」今彦和身歷清要，所以樂其親者，豈待外求哉？馮夫人家訓故在也。

題陳彦和魁星圖

《天官書》，北斗「平旦建者魁」，「魁枕參首」，第一星也。斗之大者曰魁，象物以爲名云耳。又曰「斗魁戴匡六星，曰文昌宮」。然則陳氏魁星之祥，非止爲進士第一，亦輔相之占耶？

題晉陽羅氏族譜圖

昔者吾蜀文獻之懿，故家大族子孫之盛，自唐歷五季至宋。大者著國史，次者州郡有載記。士大夫有文章可傳，有見聞可徵。所謂貴重氏族，推次甲乙，皆有定品。雖貴且富，非此族也不通婚姻。蓋猶有九品中正遺風，譜牒之舊法，不獨眉俗爲然也。百十年來，比及沐浴皇元之聖澤。其傷殘轉徙，千百無一二矣。今天下益以治

❶「題」，類稿本作「跋」。下「題晉陽羅氏族譜圖」、「題咬住學士孝友圖」同。

平，學士、大夫稍稍求遺軼於故老，尋金石之寄於荆榛、丘隴之間。而荒煙野燒，不可復知者，何可勝數？有能追尋上世之傳，至於八九世，又有祖父文墨之敘傳，若晉陽羅氏者，豈易得哉？故雖小有闕軼、參錯，亦其勢然也。羅氏之仲允中，以教授辟儀曹史，且還就蜀省幕府。持此卷來，因爲題而歸之三嵎。虞某題。

題咬住學士孝友卷

京城之巽隅，自門入，循城少西，有桓楹在道北，表之曰「蒙古氏咬住孝義之門」。每過而式之，求見其人不可得也。他日有事於太廟，予與執籩豆，見宫室之美而嘆焉。或告之曰：「昔英宗皇帝之廣宗廟而大之也。使人求楩、楠、豫章之材於江南。事嚴，衆莫敢當。咬住氏受命以行，以便宜從事。民商不病，而工師告充。朝廷服其智決，則植表之家也。」奉詔脩《經世大典》，得懷慶路之書曰：「郡嘗有蝗大至，守臣咬住出郡百餘里，禱於古蜡神之祠。一夕大雨，蝗盡去。」問之，則又植表之人也。故予願見而不可得，而咬住氏奉詔建寺集慶，還拜侍讀，入翰苑，得爲同官。其孝義之事，已見國子祭酒魯公所述，予又書此二事以記之。孝於親者，固可上貽於國，下及於民也歟？

書蕭氏官誥後

故宋在東都時，先儒有建議，欲取四方賢士，教之京師，學成則以分教天下州郡。此王者一道德、同風俗之法也。蕭仝所藏其大父從事君補太學生、辰州教授、關陞從事三綾告，重有感焉。從事以太學高第，同黄甲恩例，乃僅爲州學教授，是往時先儒之言，固已行之矣。我國家急於用賢，舉進士及自學舍入官者，即授之以政，有民人之寄焉。爲教官者，皆其餘材耳。夫政教相須，其及民一也。政速而教遲，政淺而教深，唯其用之如何耳？三告自寶慶至寶祐，年亦多矣。而蕭君方小改得爲令録，昔者老材而用之，爲民物慮者深矣。仝通暢善學，甚宜於時，仕於京師且久，其有以發先世之遺德矣乎？

書仁本堂記後

吴養元作堂於家而養親焉，其兄集賢待制養浩氏題之曰「仁本」，而自爲記。蓋取有子之言「孝弟也者，其爲仁之本歟」之語，勖其弟以愛親、敬兄者也。夫所謂仁本者，其義大矣。吾聞諸先儒之説曰：「孝弟，是仁中之一事也。」自性而言仁，其本也，孝弟之所從出也。而行仁者，當自孝弟始。然則謂孝弟者仁之本則不可，謂孝弟行仁之本則可。故曰爲仁，猶行仁也。養浩告其弟以孝弟，直以仁本言之以爲記。而不及於爲仁之説者，政所謂引而不發，欲其弟之躍如於斯也夫？吾又聞之先儒，嘗以事親之事，而喻事天之道焉。蓋事親之事盡，則事天之道盡。事天事親，無二事也。事天之道盡而謂之非仁，可乎？吾故曰：何其取義之大也？今石居先生，高年厚德，以集賢之貴，封爲邦君，爵第四等。自其鄉論之，古之所謂父師者歟？養浩以文學顯名于朝，而又望其弟者如此，蓋推原其所自本而有感焉。❶以爲此記，養元其勉之。

跋晦菴與蔡季通書❷

文公先生之於蔡季通氏，情義均骨肉，學問則師友。其事蹟見諸當時，講明傳乎後世，炳如也。其大者，如「河圖」、《洪範》之説，《太極經世》之旨，所以輔益於朱子者不少。名物若律歷，支餘若相地，亦非淺學後生所盡知也。此帖於出處隨時之義，藹然情至，猶可想見。蓋成德君子造次所發，無一豪無可徵者如此。

題義士卷❸

施必有報，感應之恆理也。施不求報者，君子之善用其心者也。國家視民如傷，飢而有能食之者，則官之所以報施也。出有餘以繼不足，而不以責報爲心，非君子長者，其能若是乎？有餘不足，皆天命也。不足者無可如何？在君子則固節而已耳。天使之有餘而不自私，推以及人，固天之道也，華氏其知之矣。夫國家報施以官，亦天命也。今不求諸人爵而求諸天，其報足以稱施，又何疑焉？

跋謝太傅中郎帖

右謝太傅書一十六字，申屠子迪家藏

❶「推」，原作「堆」，據類稿本、四庫本改。
❷「晦菴」，類稿本作「朱文公」。
❸「題」，類稿本作「跋」。

也。子迪言：「宋亡時，府庫悉官取北來。書盡爲兵士剔取犀玉，標軸文字委藉泥土間。」其先君忍齋御史，偶得諸棄遺中，信知神物護持耶！昔王子敬每作佳書以遺太傅，太傅輒題其後還之。敬甚懊恨，蓋太傅是右軍輩行也。襄陽米芾所謂寶晉齋者，政爲謝公書在也。某獲觀中秘甚多，乃不曾見太傅書。當是遺軼，如此者尚多也。紹興中，中原舊收法書、名畫，往往復購之，精鑒尤當，紙墨印識一一可據。子迪善寶之。

跋紹興三年召故參知政事歐陽脩之孫世興赴都堂審察省劄

大梁之社稷，丘虛矣。故家流風，民之望也。況斯文之傳，尤有以係士大夫之心也夫？

題申屠子邁畫馬圖

徐容齋先生題子邁十八時所畫馬，其言忠厚而嚴正，❶得前輩之體。吳興之言微婉，苟用其言，致力於讀書而有得焉，則自然不暇於逐末矣。清河之言正而毅，筆墨之間猶足見其掀髯之氣，而皆不可復見矣。俯仰可勝慨然！子迪以其先兄手筆甚寶藏之，藹然孝弟之意，故可與諸老之言並傳子孫也。

❶「其言」，四庫本作「言其」。

題朵來學士所藏御書後❶

天曆二年九月十二日手詔一百五字，申嚴夜啓門禁之事。先皇帝至自上都，次清河幄殿御書。今侍書學士臣朵來時以中書左司郎中充承制學士受詔，命將作院織錦成文，以宣諭兩都禁衛者也。欽惟先皇帝天縱睿聖，人文宣昭。制詔所頒，臨定詳審。親御翰墨，端重方嚴。所謂歷代寶之以爲大訓者也。先皇帝上賓之明年閏三月，臣朵來出此詔本，俾臣集識之。臣等追懷恩遇，不勝感泣之至。

抄録御書

皇帝聖旨：

大都、上都，守把城門圍宿軍官、軍人每、八剌哈赤每，根底，自今已始，夜遇緊急事情開門，出入差官將帶夜行象牙圓牌織字聖旨。門圍官員詳驗端實，方許開門出。雖有夜行象牙圓牌，如無織字聖旨，不以是何官員人等，並不許輒開城門，縱令出入。違之處死。

題御書奎章閣記後

御書《奎章閣記》，初刻石，蒙賜摹本者甚少。應賜者閣學士畫旨具成案，然後持詣榻前申稟而後予之，❷蓋慎重之至。此一

❶「題」，類稿本作「書」，「後」上有「織錦文」三字。

❷「榻」，原作「搨」，據類稿本、四庫本改。

卷，今侍書學士臣朵來以僉書樞密院事充承制學士時，所被受者也。

題蕭氏家世事狀❶

鶴野蕭君從道，自其曾大父事太祖皇帝，攻城野戰，以多功著名。爲大將，以其兵留鎮西州，四世矣。至從道，又有孝行文學，世其官又二十年。天曆初，以使司在京師。是年秋九月，天子登極改元之詔下，而晉、冀、關、陝疑沮反側，遣使或恒怯退巽。從道慨然受命往諭，閑暇如平時。以兵來鄉者，從道能率先吏士討拒逆，而填安無辜之民。六詔安阜生養最久，一旦爲亂，致煩重兵數年。天子再下明詔諭之乃定。方兵行，從道以使事冒險出入其間，外宣德意，□得其情狀以聞，❷厥績茂矣。幕府上功，文法持平，進秩三品，與所居官等。從道材略如此，行見用矣。充城先生所爲從道事實，與簡册有關。先生吾蜀耆舊，所謂儒林祭酒者也。其言不厭質事不厭詳者，避文勝之史也。某備員執筆之末，敢不録而識之以待。至順癸酉閏三月甲寅，虞某書。

題蕭從道平雲南詩卷後❸

粤若稽古帝舜，惟時有苗弗率，禹徂征，而猶逆命也。乃誕敷文德，舞干羽於兩階而苗格焉。天曆建元以來，雲南久安之境，乃以弗率聞。天子仁聖，既以親王重兵

❶「題」字，類稿本作「跋」。
❷「□」，類稿本作「備」。
❸「題」，類稿本作「書」。

臨之。相臣、大將各奏厥功。又以明詔開示，更新活全之意，卒以按堵。蕭大夫以世將使軍中，及成功也，乃以頌奏。可謂有文事者哉！

題米南宮墨蹟

米南宮書，神氣飛揚，筋骨雄毅，而晉、魏法度自整然也。漢人只知程不識用兵紀律精嚴，不知李廣之無斥候爲合作也。

題黄山谷墨迹

山谷先生，孝友純至，常於翰墨見之。所謂諸弟孝友，徇徇薰陶使然。又曰性行頗調柔，所以望其族人昆弟者，何其忠厚也？

題宋高宗書便面❶

前代端午賜扇，内廷、戚畹、至於館閣皆有之。此《諼草詩》，當時已亡，其盡徒存扇背者爾。然戒殢酒，祝以忘憂，豈黄髮爲期之意乎？

道園學古録卷之十

❶「便」，類稿本作「扇」。

道園學古録卷之十一　在朝稿十一

雍虞集伯生

跋

朱文公白鹿洞賦草跋

昔者，文公先生既重作白鹿洞書院，屬呂成公記之，而又自作此賦，豈無意於其間乎？某嘗汎彭蠡、登匡廬、升斯堂，三復於斯文矣。於所謂誠明兩進、敬義偕立，凜然有遲莫無及之歎。今夫荒間寂寞之濱，朝誦暮絃者，豈無其人哉？安知其不與愚同此感也。今此篇輯録文公全書者以冠諸首，家傳而人誦之，則固有不待皆至乎白鹿者。平章迂軒趙公之幼子，乃購得其稿本。❶觀其草具之謹、改定之精，尤足想見其意度。他日請使善工模之而勒諸石，以補洞中之闕，庶後之覽者，有所觀感，豈私玩云乎哉？

紡績圖跋❷

昔時，守令之門皆畫耕織之事，豈獨勸其人民哉？亦使爲吏者出入觀覽，而知其本，此卷豈無一二之遺乎？然而徒爲篋笥之玩，詠嘆之資，則亦末矣。爲《豳詩》者，可

❶「購」，原作「時」，據類稿本、四庫本改。
❷此題，類稿本作「題紡績圖」。

風、可雅、可頌，其推致感動，不其廣哉？

約齋跋❶

約之爲文從系，蓋束絲之文也。故凡斂束之事，舉借用之。如約束、約信、窮約之類是也。《易》所謂「納約自牖」，約，信也。孔子所謂「不可久處約」，窮約也。此以事言者也。即學而論之，孔子又謂「以約失之者鮮」，此約也，不侈然自放之意，取乎斂束者也。顔子之約禮，謂其所知既博，其要在於復禮。是約也，猶云要也。孟子謂曾子守約者，對守氣而言，猶云守義。守乎義，則所守者約。又謂反説約者，蓋以説爲言。自博而説，歸乎約耳。此數者，文義雖不大相遠，所指之地則異，亦不得比而同之。張公以約名齋，善擇言矣。而愚也莫知其所主。適而嘗見公之立朝，政事謀議，如物在權，如機應的，其所謂以約御煩者耶！或曰公晉人也，晉俗尚儉，公雖貴，不忘其土風，豈在斯乎？

王逸老草書跋

宋太宗刻秘閣法帖，晉、魏書法，後世猶得見之者，以其有此。至《大觀》，益精妙矣。學書者，始知上求古法。于後南渡，講和即安，思陵臨池之好尤篤，一時内外大小之臣，聞風而起。若王逸老草書，殊有旭、顛轉摺變態，尤爲内廷稱賞。然是後飛雲之禍雖慘，而志恢復者愈堅；禁僞學者雖嚴，而求性理者彌篤。若逸老之書，士大

❶ 此題，類稿本作「題約齋」。

夫道之者絶少，亦可念哉！當是時，吴興張謙仲亦高年，篆法甚古，隱於黄冠。龜山先生嘗敘其所爲書，故其人名尤重焉。

子昂墨竹跋❶

黄山谷云：「文湖州寫竹木，❷用筆甚妙，而作書乃不逮。以畫法作書，則孰能禦之？」吴興乃以書法寫竹，故望而知其非他人所能及者云。

安生送行詩後跋❸

古人言：「活千人者，後必有封。」平晉安氏，能保聚鄉里於屯艱之日，豈啻千人？然三傳至德卿，生遽以早孤而家廢。學成未見售，而隨以兄喪歸。此所謂感應之理，非耶？今之世家大族，常一廢而不復振者，以子孫不學無術故爾。今生乃以善學聞，且素冠之刺久興。而生獨喪兄以禮，君子有知生之必大其家矣。生嘗求爲國子生而不果。六館之士，非有一日之雅也，乃能爲歌詩以哀其情，而道其美。張公秩滿家居，而質疑之人户屨常滿。此皆有古道風化之美者，吾安得不感歎而并書之？

題劉貢父蘇子瞻兄弟鄧潤甫曾子開孔文仲兄弟賡和竹詩墨蹟❹

元祐同朝諸賢，歷官行事，月日可考知

❶ 此題，類稿本作「題吴興公墨竹」。
❷ 「木」，原作「不」，據類稿本、四庫本改。
❸ 「跋」，類稿本在「安」上。
❹ 「題」，類稿本作「跋」。

者尚多。七君子偶以倡和同在此卷，使人覽之，有無窮之悲慨者，何也？當時君子之多，近古所未有。同爲君子而爲道不同，亦古所未有。故賁然文明錯著，曾見於一日而天下尠福，卒莫睹夫久大之德業，胥爲摧敗淪喪而終不可復，皆天也耶？《泰》之初九，以「拔茅茹」爲吉，而九二，即以「朋亡」爲戒，誠有憂患者之所爲乎？昔者君子皆嘗學之矣。悲夫！

跋王贊善遺事後

太子贊善王公，受知世祖皇帝，以正道經術輔翊裕皇，有古師傅之誼。裕宗嘗問歷代治亂，公以遼、金事近接耳目，即爲區別善惡，而論著得失，深切世用。蓋二十萬言上之，藏其草於家，不以示人。國史紀述，亦未及訪也。觀其受命於世祖者，誠非徒加貴名以爲具臣也哉！世祖皇帝擇勳戚子弟學於公，師道卓然。及公從裕宗撫軍稱海，始以諸生屬許文正。名臣自是多學者，而國學之制興矣。然世言國學者，初不知肇始於公也。世祖皇帝將治曆、頒正朔天下，知公妙算術，舉以命之。公曰：「曆法可知也，非明曆理，不足與共事。」即請留許公於既退，而《授時曆》成。公曰：「合南北爲曆學者，總古今曆法四十餘家，是曆無愧矣。然必每歲測驗修改，然後不復有先後時之弊，而言曆者，知守成式而已。」今四十餘年，公之遺意，莫或識之。而遂謂公以陰陽名家，尚得爲知言也哉！予竊好論次舊事，常以爲非職守，不敢越爲之。獨思昔人之立志行事，其精微略不見白於後世，誠亦君子之所不忍者哉！及得贊善家家傳於其孫植，❶將約而志之。會植赴高唐州判官，行且有日。故不假爲也，姑爲表其當著於世，而時人不能共知道者。延祐三年三月甲子，太常博士虞某書。

順菴銘跋❷

尚書元公方著是銘，偶與予論順之義。水之行，自源徂流；木之生，自本而末，皆順者也。水激則悍，木拔則仆，所遇則然，非本不順也。人之生，何者不順哉？而所遇有富貴福澤、貧賤憂戚之不齊。於是處其變者，摧敗困折，常若逆而難。然而理當若是則安行之，未始不順也。是故忠臣有殺身之仁，孝子有底豫之道，非有所矯激勉强也。誠以如是，則乃所以爲至順故也。今李氏生當治平之世，時和歲豐，外無干戈征役之急，内無飢饉夭閼之患。而一家之間，穀禄相仍，則其所遇，已有拂逆之事，其爲順也，豈不易哉？雖然，難言也。真知理之所安，斯順之矣。無以知理之至當而安之，則昧於逆順之幾者，亦危矣哉！集嘗聞之矣，《傳》曰：「成象之謂乾，效法之謂坤。」大哉乾乎，坤之克配乎無疆者，以順爲其德也。天也者，理也。充其所以順之者，毫髮舉無違焉，豈非賢人之盛者哉？於乎艱哉！銘成，因附識其説於後云。

❶「傳」，類稿本作「藏」。
❷「跋」，類稿本在「順」上。

題趙樊川與張侯手書[1]

故樞密樊川趙公，手書七紙，皆至元十五年間，與柳城張侯者也。按張侯自著《實記》：至元六年，朝廷遣趙公使日本，張侯在行中。或告張侯曰：「趙公好權喜殺，勿與俱也。」張侯曰：「吾以誠待之耳。」及行，出入風濤之間，深歷險阻，應變倉猝，指顧合宜，慷慨激揚，卒以説下未服不測之國。趙公賴以成功，而張侯聲名一日赫然于朝著矣。此趙、張交際之事也。書凡七，手筆者亦往往一時草具，非有所矯揉撰飾之也。而勸誡之辭，子孫之托，抄書足以見其好學，而又慮其力有不足；薦舉足以見其好賢，而又自慊以爲僅能至是，何其真也。《禮》曰：「道合則服從，不合則去。」彼於君臣猶然，況僚吏於所事乎。今乃不異家人父子，則知張侯之所以得於趙公者，概可見矣。後世淺薄，蓋有朝受知遇，夕而忽忘之者，蓋有之矣。今藏其遺書，以遺子孫者，不啻若拱璧重寶，則不謂之古誼，可乎？自古豪傑之士，有爲於當世者，常因其氣禀之近，才器之所能而發揮之。其所以致用者，不必同也。然其成功卓然者，類非小智淺量者所能。然則二公之所存，或者蓋不足以盡知之。趙公行事，具在太史。張侯亡金故家，起家從諸老，非出使，則從軍，皆有壯議奇績。天下既定，歷治大都，履要宦者三十餘年。既老于家，優游子孫之奉，以觀太平之盛，時人未之或及。嗚呼！此可見世祖皇帝建元之時，人才若是其多者矣！

[1] 「題」，類稿本作「跋」。

題山谷書食時五觀❶

君子之道，坐如尸，立如齊，瞬有存，息有養，一動静，通夢覺，心無不在也。食時之觀，省察之一事也。山谷老人之示戒，密矣。苟善用之，誠脩身之良藥。彼冥然罔覺者，固無難焉。而妄談法空，謂世教爲不足行者，亦不可不以善性比丘爲戒也。

子昂臨洛神賦跋❷

柳誠懸云：「子敬《洛神賦》，人間合有數本。今世所見，唯自嬉至飛十三行耳。」蔡君謨云：「子敬放肆豪邁，與右軍差異。臨學之家，必謹其辨矣。」松雪翁一筆全文，好事者欲考王氏父子之法，此其可觀者乎？延祐中，集從公在翰林，嘗出此賦真蹟九行見示。有阜陵題字甚謹。又三行，別得之。云是賈似道購諸北方者也。計其歲，應是後此書十餘年乃得之耳。

王維輞川圖後❸

宋景文公著《唐書》列傳，文法嚴簡，其勢無由汎及散漫。而摩詰備載《華子岡》《欹湖》《竹里館》《柳溪》《茱萸沜》《辛夷塢》之目，何所不憚煩耶？君子隱居以求其志，行義以達其道，隨所寓而自得焉。必欲山水花木之勝，則其志荒矣。是故文藝絶

---

❶「題」，類稿本作「跋」，「山」下有「黄」字。
❷「跋」，類稿本在「子」上。
❸「王」上，類稿本有「題」字。「圖」下，類稿本無「後」字。

人，高韻天放，而無卓然節操者，志荒之罪也。宋公之意，其殆有儆於玩物者乎？善觀是圖者，併以是求之。

所翁龍跋❶

右二龍，陳所翁自題云「六合縣齋所作也」。士君子受民社之寄，豈以弄戲翰墨爲能事哉？其必有託興者矣。吾聞君子之治乎斯民也，作而新之，如震斯驚，時而化之，如澤斯溥，于以致雷雨滿盈之功，于以成天地變化之造。是故勇以發至仁之心，誠以通至神之迹，則善體物者矣。欲觀龍之所以爲靈，陳侯之所以妙識，以此求之也乎？

題張彬孝義手卷❷

昔者王道之行也，必使斯民幼者皆得其長，老者皆得其養，鰥寡孤獨者皆有所依，疲癃殘疾者皆有所仰。生者皆無憾於事育，死者皆無憾於祭葬。故曰：有匹夫匹婦不得自盡者，如己推而納諸溝中，皆欲如是而後已。蓋君子之學，即王者之道也。然而學者有不見用，則道有不得行。於是退而施之於家以見焉。此横渠張子欲買田畫井，以見井田之法者，此其意也。噫！天下之本在國，國之本在家，家之本在身。未有施之於其家，父兄子弟親戚骨肉之不

❶「所」上，類稿本有「題」字。「龍」下，類稿本無「跋」字。

❷「題」，類稿本作「跋」。

知恤，而能推之一國天下者也。觀乎承旨劉公所書張彬氏之事，而竊有感焉。天質之美，若張彬氏多矣。使各有以盡其理一分殊之義，相觀而善焉，則不徒頌張氏之美，而聖朝風化之盛，將不勝其歌詠矣。

金壇李氏唐誥跋❶

金壇李氏，唐大鄭王之裔也。高祖子，有鄭惠王，別爲小鄭王，此故云大。有武德以來十八世誥敕百餘卷。自宋時，官所爲驗其實，因録用其後，而復其家，事見《會要》。渡江後，以博洽考辨名家，若葉石林、周平園，皆嘗録其事。而宋末國初，卿大夫有過其門而見之，具有題詠刻石。蓋歷五代、宋至于今，七百一十餘年矣，子孫傳而寶之如一日。亂離多矣，他族未見能若此者，豈不重可貴哉？昔武王大封同姓之國，賓禮先代之後，故終周之世，八百年間，兼并絶滅之餘，存者猶可徵其世，則有國邑以居其子孫，有宗廟以統其族屬故也。唐之爲制，所以待其宗支者，設爵無土，署官不職。子孫之入仕，略不異於庶姓，傳系不多於後世，亦宜矣。而唐亡四百年，子孫僑寓一方，世次班班，遠而益著，乃有若金壇之族者，豈不異哉？且唐之功臣、蕃將，賜姓通屬籍者幾數十家。家諜不存，則或有賢子孫出乎其間，亦將無以別其所自見，則有不勝其慨歎者。鄭王之裔，較著明白若此，必有非偶然者乎？其諸孫質，舉進士京師，爲予道其詳委。且曰：昔在故宋，族中一時登科者十人，爲堂而表之曰十桂。宋亡堂廢，

❶「跋」，類稿本在「金」上。

近歲始復搆焉。求題扁於故承旨趙公子昂。公曰：寧可限以十數耶？❶因書曰千柱，而質果首登泰定丁卯進士第云。

題吴傅朋書并李唐山水跋❷

予幼過豫章，見滕王閣扁，吴傅朋公所題也。裴回顧瞻，嘆其深穩端潤，非近時怒張筋脉，屈折生柴之態。後聞宋阜陵欲易其九里松，題至十數，御筆墨而卒不能及，因使塗字以金而署之。當時固善人君之服善無我，而亦深知吴公之書之真不可及也。大抵宋人書，自蔡君謨以上，猶有前代意。其後坡、谷出，遂風靡從之，而魏、晉之法盡矣。米元章、薛紹彭、黄長睿諸公，方知古法。而長睿所書，不逮所言。紹彭最佳，而世遂不傳。米氏父子書最盛行，舉世學其奇怪，不惟江南爲然。金朝有用其法者，亦以善書得名，而流弊南方特盛。遂有于湖之險，至於即之之惡謬極矣。至元初，士大夫多學顔書，雖刻鵠不成，尚可類鶩。而宋末知張之謬者，乃多尚歐率更書，纖弱僅如編葦，亦氣運使然耶？自吴興趙公子昂出，學書者始知以晉名書。然吾父執姚先生曰：「此吴興也，而謂之晉可乎？」此言蓋深得之。予比過吴、越，見傅朋書最多，皆隨分贊嘆，且圖來者守正法云耳。此卷又以李唐山水繼之，亦好事者，蓋書、畫同一法耳。後來畫者，略無用筆，故不足觀。此書乃直如書字，❸正得古象形之意，

---

❶ 「耶」，原作「日」，據類稿本、四庫本改。

❷ 「題」，類稿本作「跋」，「水」下無「跋」字。

❸ 「此書」，類稿本作「此畫」。

甚爲可嘉。然所作隸書，乃殊不知而作，大可怪也。然當時有臨江蕭大山政作此體，時甚貴之，非此人之罪也。因劉椽執筆求題，爲坐客言如此，悉書之云。

晦翁與劉晦伯書

十二月十日，某頓首：霜寒，遠惟侍奉吉慶。武夷鄭知觀來，説賜田紐租事，欲求一言於徐丞。渠自去面懇，幸與詳度言之，亦須不礙官府事體乃佳爾。提宫丈，不敢拜書。韜仲已有新除未耶？向煩料理買山事，近又嘗託季通言之，不知竟如何？更覓一信，若十千可，就即納錢去也。因鄭君行，草草附此。歲晚珍重，以迓新祉。不宣。某再拜，晦伯知郡賢契友。

跋晦翁書後

集嘗見文公與東萊先生一帖云：福建人劉氏兄弟爚、炳，同預薦送，乃翁亦以免舉試禮部。皆欲見於門下。某新阡與其居密邇，兩年相從甚熟。知其嗜學其教，幸與之進。蓋東萊時在館閣也。此書所謂晦伯，爚也。韜仲，炳也。十千所買之山，豈即所謂新阡之近而季通之所擇乎？❶昔者野人有食芹曝暄而美者，持以獻其君。野人猶然，而况君子之於其君也，心知其善，而忍後其事而弗告哉？紹興山陵改卜之議，季通竟坐貶死。孰知君子之於君親，蓋無二致也。得於親而不得於君，其勢然也。

❶「阡」，原作「遷」，據四庫本改。類稿本作「所」。

觀買山之帖，新阡之好，豈勝慨然？文公之書，豈欲以此藝成名者？而子昂、仲章氏舉以爲言。豈子昂獨舉其所深解者而仲章贊之耶？公少年，蓋嘗學曹操書而劉共父誚之，公以時之古爲解。然則其可以書求公乎？

歐陽元公待制瀟湘八景圖跋❶

原功父得《瀟湘八景圖》於京師，曰：「蜀人所畫也。」故屬予識之。予覽之終卷，而復之原功父，曰：「今吾與子之觀於斯也，均有感焉，而不無同異之目矣。昔公家六一翁之歸田也，涼竹風，曝檐日，迴思玉堂，有如在天上之想。今吾二人者，以文學爲職業，視他官爲優暇，乃得從容圖書之間，悠然有登臨之趣。易地而觀，以彼視此，則與六一翁之意無不同者。昔在咸淳辛未，外大父侍郎楊公守衡陽，先君蜀侯以黄岡尉沿檄湖南，實在甥館。明年，集生於州治。方生時，侍郎坐睡，夢羽人來見者。予齠齓時，常夢在高山長松間。及既宦昏，又數離憂患，今老矣，遂不復夢。至元己卯，東南盡已内附。先君自海上歸葬侍郎於長沙，留滯潭、衡間數年。予時尚幼，雖已樂山水，不能往也。其後逐食走江西，遂寓臨川，忽已四十六年。中間，先君講席於長沙，❷集仕于朝，不及侍。近歲，家弟官湘鄉，數求充使，若與告，一往視之。輒不得請，卒以永隔，此予之感。而原功父以父母之邦，忻忻然指其竹樹泉石而樂之，則其異

❶「歐」上，類稿本有「題」字。「圖」下，類稿本無「跋」字。
❷「講」上，類稿本有「設」字。

者也。然而畫者通四時朝莫陰晴之景於一卷，而山川脉絡近若可尋。於是消息盈虛見於俄頃，倏忽變幻備於尋尺。慨然遂欲鍊制形魄，後天而終，以盡反復無窮之世變者。不知原功父又與予之意有同異乎？

孛术魯氏貞節跋❶

《禮》曰：「内言不出，外言不入。」是故閨門之内，雖有善可稱，非遭遇變故之事，外人無得而傳焉。然非其族姓親姻之間，有能文之筆，可信之言，則泯而弗彰者多矣。孛术魯太常公敘其姑氏貞節君之事，家世歲月，委折咸備，可徵不誣，足爲世教勸助者。以太常之文，可信也。嗚呼！秉彝在人，貞節恒有，而世不盡聞者，可信之文難能也，不亦悲乎？

書趙學士簡經筵奏議後

泰定元年春，皇帝始御經筵，皆以國語譯所説書，兩進讀，左丞相專領之，凡再進講。而駕幸上都，次北口，以講臣多高年，召王結及集執經從行。至察罕行宫，又以講事，亟召中書平章張公珪。遂皆給傳，與李家奴、燕赤等俱行。是秋將還，皆拜金紋對衣之賜。獨遣人就賜趙公簡於浙省，加白金焉，賞言功也。四年之間，以宰執與者，張公珪之後，則中書右丞許公師敬，與今趙公世延也。御史臺則中丞撒忒迷失。而任潤譯講讀之事者，翰林則承旨埜仙帖木兒、忽魯而迷失。學士吴澄幼清、阿魯威

❶ 此題，類稿本作「跋魯子翬所撰貞節敘」。

叔重、曹元用子貞、徹徹千伯瞻、❶燕赤信臣、馬祖常伯庸及某。待制彭寅亮允道、吴律伯儀。應奉許維則孝思也。集賢則大學士趙簡敬甫、學士王結儀伯、鄧文原善之也。李家奴德源、買閭仲璋，皆禮部尚書。吴忽都不花彦弘，中書參議。張起岩夢臣，中書右司郎中也。召而不至者，不及一一書。入筵前後除擢，亦不備載。或先或後，或去或留，或從或否，或久或近。❷而集與燕赤，則四歲皆在行者也。今大丞相自爰立後，每講必與左丞相同侍。而張公既歸老，猶帶知經筵事，皆盛事也。今年春，趙集賢始以建議召入侍講。一日既進書，待命殿廬，趙集賢慨然嘆曰：「於是四年矣，未聞一政事之行，一議論之出，顯有取於經筵者，將無虚文乎？」某乃言曰：「鄉者，公奏熒惑退舍事，玉音若曰，講官去歲嘗及此。又欲方册便觀覽，命西域工人搗楮爲帙，刻皮鏤金以護之，凡二十枚。專屬燕赤繕録前後所進書。以此觀之，簡在上心明矣。誠使少留淵衷，則見於德業者，何可得而名哉？且先儒有言：政不足適，人不與間，其要格心而已。然則所慮者，言不足以達聖賢之旨，誠不足以感神明之通，吾積吾誠云耳，他不敢知也。」然而集賢懇懇切至於孟子之所謂恭敬者，蓋可見焉，故併書于《奏議稿》後而歸之。四年十二月朔旦書。

高宗御書

成閔所管人，有見在蘇州者，卿可拘

❶「徹徹」，類稿本作「撒撒」。
❷「近」，原作「久」，據類稿本改。四庫本作「暫」。

收。前去恐走逸了，共及百來人，見在親隨馬，撥入背嵬軍，付俊。

跋高宗御書❶

背嵬一軍，岳飛屢以取勝。成閔亦嘗時良將。先雍公於金煬兵至江上時，請以閔師五萬，留駐江、池之間，❷果獲其用。思陵此筆，屬張俊以拘收閔所管人背嵬，❸恐其走逸。殆秦檜構死飛後，閔亦見忌之時耶？泰定丁卯十二月八日，史臣虞集記。

孟同知墓誌銘跋❹

延祐中，有旨修遼、金、宋史，至今□□年間，❺未遑有所筆録者，良以舊史多闕軼，而國家初入中原，政與金亡時事相關係，尤不可不備。然其亡幾百年矣。故老既無存焉者，而遺文野史之略無足徵，故常以爲意。遇有見聞，必謹識之。澹游爲孟氏墓銘，略足以考見燕城中統□前盛衰之迹。❻噫！使人人如孟氏有世積之善，得名公鉅筆識之，則安有放逸無聞之事乎？澹游書法甚精，而卷中⿺辶貇字，疑是懇字，將筆誤耶？別有説耶？因并識之於此。

❶「高」上，類稿本有「宋」字。
❷「留」，類稿本作「流」。
❸「背」上，類稿本有「撥入」二字。
❹「跋」，類稿本在「孟」上。
❺「今□□」，類稿本作「今十數」。
❻「統□」，類稿本作「統以」。

題諸公與曹士弘文❶

春秋時，天子諸侯之國，大夫世官，賢人君子無所於事。以夫子之聖猶抱關擊柝，至冉、仲諸子，雖季氏家臣屑爲之，蓋勢然也。國家因遼、金之舊，寄政事於文法之史，於是用世之士胥此乎出焉。故宋以儒學用士，既已士，亦無所於仕。材彦如士弘氏，蚤有譽於故朝，而尤不免從事於簿書游徼之末，以没其身而已，不亦悲乎！然博學君子，如故宋禮部尚書王公伯厚，及四明戴帥初，隆山牟成甫，徽州方回總管，與今翰林侍講學士鄧善之、袁伯長、曹子貞諸公，皆名顯於儒林，言信於當世，而人人言皆哀士弘氏之位，不稱材遠甚。噫！此固足以暴白於後世也夫？

跋葉振卿喪禮會紀後

先王既遠，禮樂崩壞。秦、漢以來，諸儒相與綴緝所傳聞而誦説之，使後世猶得稍見緒餘者，則其功也。然其億説，自爲抵捂，亦不無焉。自非真知聖人之道，不能有所決疑於其間。伊洛諸君子出，然後制作之本，蓋庶幾矣。至於朱子，「將觀於會通，以行其典禮」。故使門人輯爲《儀禮經傳通解》，其志固將有所爲也。事有弗逮，終身念之。而所謂《家禮》者，固司馬氏之説而粗加隱括，特未成書，而世已傳之。其門人楊□□氏，❷以其師之遺意，爲之記注者，蓋

❶「題」，類稿本作「跋」。

❷「□□」，蜀本作「中立」。

以補其闕也。昔者，戴氏之所記言喪禮者獨多，而楊氏之書獨喪禮尤備。豈不以人倫之大、死生之際而凶禮爲最重者乎？小子不敏，竊有意於其遺説之一二。然學未足而年已邁，而亦未獲少有發明，是以常有感於斯。而永嘉葉起振卿之來京師，出所爲《喪禮會紀》以示予。其言曰：「昔服親之喪也，或有不得於心，則疑於理有所未盡。求諸《家禮》，則又見其足以少正於今，而疑其未備合於古。乃博考經傳，以爲此書，垂十五年而後成。」振卿，時方從事府史。公退之暇，人事盡廢，畢力於斯，故其詳整如此。然猶以爲未足，又將益考其所未至者焉。於乎！其志亦可尚矣。觀振卿之恂恂原慤，嚴覈堅苦，悲世俗之衰微，求古音之廢墜，亦其有見而不能自已。殆非求知於當時，以自衒者也。顧不鄙予而俾與觀焉。予將留振卿以共成其志，而振卿授温陵幕官以出。予雖在成均，會朝廷多禮文之事，亦怱怱不暇，故略敘梗概而歸。温陵之士尚多先代之遺聞乎，可以參徵。而振卿精神不衰，益加潤色，宜必有不止於斯者，請見於他日，尚未晚也。

題程氏遺子元氏送女二詩❶

古君子將終，則有啓手足之言，非直示以神明不衰，固以垂教也。嫁女必有命戒之辭，非直情愛之鍾，固以謹禮也。河南侍御程公遺其子處士君之遺訓，遺山元先生送其女歸處士之嘉言，蓋古道也。處士君夫人，上承兩家大人之傳，以施諸子孫，

❶「題」，類稿本作「跋」。

宜其文獻淵懿之不可及也。況至元以來，縉紳先生贊述具在，考時變而懷古昔者不在茲乎？處士君夫人之孫愷，清慎端介，爲政有聲，其原本有自來矣。舉此卷示某，敬識而歸之。

題高宗臨顔魯公乞米帖❶

前代待士大夫禮意極厚，禄稱其官，不至乏絶，況其貴者乎？苟有賢者，安忍使之有食粥乞米之事於當日乎？思陵慨想河北，能無感於斯文？於乎！此自有國家者言之耳。士大夫有恆節，有不待夫重禄之勸者。涿郡盧公，以此卷表章劉君達夫之善，子孫可不知所自乎？

題董温其官誥❷

右董公温其，以鄉貢進士授禎州判官，以殿中侍御史充開封府推官，凡兩誥，通爲一卷。其後人之居廣信曰宇定者之所藏也。宋以鄉貢進士除官，蓋特恩也。科第盛行，則已罕矣。侍御史嚴貴，使治京府獄訟之事，慎之至也。咸平、天禧之間，三省諸公名署炳若，蓋人想見當時之不可及。而董氏子孫至于今，垂四百年，猶能保傳先世遺書如此，則其施於當年，垂於後世者，不亦厚乎？

❶「題」，類稿本作「跋」。
❷「題」，類稿本作「跋」。

又　題

右勑書一通，宋天禧五年夏，朝奉郎、行殿中侍御史、充開封府推官，所被受者也。真宗至仁至慎，留意獄事。雖遇暑踈決，有司恆制，而丁寧固至，雖以罪係獄者，猶加念慮，況有暴濫之失乎？此固出其天資，要亦家法然矣。董氏於宋亡後數十年，子孫猶衆多，保有先世文獻之傳如此，可不敬嘆乎？

題子山學士所藏永興公墨蹟

永興公書，接晉、魏之緒，啓盛唐之作，六七百年來，真蹟世已絶少，存者墨本。人間想望彷彿，豈復見此神妙造極者？子山公臨池之嗜，追配昔人，殆神物留之，以遺真知、真好者，非偶然也。某家學荒落，加以目昏，撫卷感歎。子山命識其後，故輒書之。

跋申屠君墓表後

善也者，生生之本也。霜雪、斧斤、馬牛之害相尋，息焉而生者不絶，其本然也。臨川先生表申屠君之墓曰善人，善求諸其質者乎？某來中朝，待罪國史，蓋嘗觀乎金亡之際，生人之類，盡留于兵，❶幸而生存，子孫有可稱述者，可僂而數也。❷間求其世，常得其存之故焉，若申屠君家其一

❶「留」，類稿本、四庫本作「劉」。
❷「數」，原作「類」，據類稿本、四庫本改。

也。夫善之大本，蓋受諸天。所貴乎人之爲人者，能存而充之云耳。於乎！聖人在上，所以教乎人，使之不至爲禽犢之歸者，蓋以此。誠如是，夫豈有生民之禍乎？今求其萌蘖之端於一二世家之故，其亦可以有感也夫！豈亦有所勸也夫？

道園學古録卷之十一

道園學古録卷之十二　在朝稿十二

雍虞集伯生

奏　疏

奏開奎章閣疏❶

臣某等言：特奉聖恩，肇開書閣，將釋萬幾而就佚，游六藝以無爲。此獨斷於睿思，而昭代之盛典也。乃俾臣等，並備閣職。感兹榮幸，輒布愚忱。欽惟皇帝陛下，以聰明不世出之資，行古今所難能之事。以言乎涉歷，則衡慮困心艱勞之日久；以言乎戡定，則撥亂反正文治之業隆。然而功成不居，位定不有。謙遜有光於堯舜，優游方儗於羲黄。集群玉於道山，植衆芳於靈囿。委懷澹泊，造道精微。若稽在昔之傳聞，孰比於今之善美。而臣等躬逢盛事，學愧前修。雖既竭於論思，懼無堪於裨補。然敢不詠歌《雅》《頌》，極襄贊之形容；探賾《圖》《書》，玩盈虚之來往。冀心神之融會，成德性之純熙。揆微志而匪能，誠至願其如此。仰祈天日，俯察芻蕘。臣某等不勝惓惓之至！

❶「奏」，類稿本在「疏」上。

表　箋

經筵謝宣表❶

臣某等言：欽奉宣命，臣等並兼經筵者。臣等伏以聖作稽古，知崇效天。開筵肆講於前經，當宁屢煩於明詔。垂憲萬世，一新經緯之文；有臣十人，並拜便蕃之賜。於昭睿斷，創始明時。臣某等誠歡誠感，頓首頓首。伏惟昔者明王，不以天縱而自聖；本之先哲，式資道揆以開人。故伏羲則畫於「河圖」，神禹錫疇於《洪範》。凡將圖治，慎在求聞。蓋帝王傳授之精，布乎方册；而古今治亂之迹，可以鑒觀。爰兹博洽之材，用廣聰明之識。然守職業者，特見諸政事之著；惟任啓沃者，先端其心術之微。故兹曠典之行，實重真儒之寄。必經業，可以發聖賢之藴；必器能，可以相禮樂之成。必養德之全，素蒙孚信；必至誠之積，可致感通。茍非其人，不稱兹選。而臣等性本固陋，學尤迂疎。守其師説之遺，僅不忘其章句；及轉國人之譯，方稍達於性情。所謂材有限而道無窮，口欲言而心不逮。猶重昔人之歎，況乎臣等之愚。是故設醴上尊，敷氈廣厦。既極詢諮於累歲，蔑聞補報於纖豪。敢謂能自得師，坐進此道。更錫官聯之重，俾兼誦説之司。雖竊恩榮，愈增憂責。兹蓋伏遇皇帝陛下，以乾坤之德爲德，以堯舜之心爲心。無一念不在於民生，無一事不遵於祖憲。遐方畢服，猶虞

❶「宣」，類稿本作「恩」。

水旱之爲灾；群賢在朝，尚恐俊良之攸伏。必合二帝三王之至盛，以登四方萬國之太平。下收支末於芻蕘，俾益涓埃於山海。臣等敢不力循古訓，恪盡微衷。非先王之法不敢言，冀必由於正路；雖末世之事不敢避，❶庶有戒於前車。尚勸九歌，用稱萬壽。臣某等下情無任，瞻天望聖，激切屏營之至。謹奉表稱謝以聞。臣某等誠歡誠感，稽首頓首。謹言。

中書省慶親祀禮成表❷

寶曆在躬，祗服祖宗之訓；太宫脩祀，於昭禮樂之文。海宇均安，人神交暢。中賀。德崇恭讓，道積寬仁。艱難具察於民勞，傒戴密繇於天授。卿雲就日，護璽綬以來歸；瑞雪宜年，洗干戈而載戢。圭衮繪龍章之盛，箾韶致鳳羽之儀。臣等備位台階，依光宸極。群工述職，贊文治之成功；萬壽膺符，受明禋之純嘏。

國子監賀親祀告成表❸

纘膺正統，脩禋祀於太宫；還坐明堂，受會朝於上日。明時盛典，率土懽心。中賀。有德以興，無爲而治。御衮衣而酌秬鬯，得寶玉以備符徵。干羽舞階，羆虎桓桓而敵愾；箾韶依律，鳳凰噦噦以來儀。越若鴻禧，光于大業。臣等遭逢景運，服守成均。造士登崇，百代先王之禮樂；採詩頌美，萬

❶「末」，原作「未」，據類稿本、四庫本改。
❷此題，類稿本作「親祀禮成中書有賀表」。
❸此題，類稿本作「親祀禮成國子監賀表」。

年天子之春秋。

即位太傅府賀表

龍庭臨御，咸推徯戴之誠；鳳詔涣頒，同仰隆平之治。慶彌中外，喜溢臣隣。中賀。盛德在躬，至仁應運。爰丕承於今緒，用克纘於武功。雷動雲興，威信著盤桓之久；天回日轉，輝光被履位之初。式符宗社之傳，允合乾坤之大。臣等恩叨三事，心戀九重。論道經邦，庶有裨於熙代；建極斂福，願永保於洪禧。

中書省賀元正表❶

陽春發育，明新若日之方中；正朔會同，溥博如天之爲大。顯承盛化，協慶昕庭。中賀。神武成功，至文備德。綜萬機而益裕，達四聰而弗違。禮樂從容，建用維皇之極；圖書宣朗，緝熙於穆之純。假郊廟以受釐，率臣民而錫福。臣等叨陪鼎鉉，式贊鈞陶。時和歲豐，願保無疆之祚；風淳俗美，永歌有道之朝。

正朔中書省賀中宮箋

玉燭調元，播陽春於萬物；褘衣承翟，奉景福於一人。懽溢宮闈，慶延宗社。中賀。柔嘉維則，博厚無疆。帝業中興，五色煉補天之石；女功内治，七襄成報日之章。膺瑤册之穠華，衍金支之奕葉。茂迎蒼曆，益介鴻禧。臣等備位外廷，稱觴前殿。二南

❶ 此題，類稿本作「元正中書省賀表」。

風化，詠《關雎》正始之音；萬年室家，保《既醉》太平之樂。

翰林國史院賀天壽聖節表❶

春回正月，律和舞鳳之庭；日浹芳旬，瑞紀流虹之渚。縟儀洊舉，治象更新。中賀。盛德在躬，至仁育物。紫微華蓋，焕乎經緯之爲章；朱草醴泉，妙與生成而合化。天開壽域，人樂熙辰。臣等弱翰無功，清光有赫。對揚休命，絲綸緯黼黻之文；❷歌頌永年，簡册載衣裳之治。

上尊號翰林國史院稱賀表

册奉鴻名，俯徇臣民之請；禮行盛日，丕昭宗社之光。道揆方隆，頌聲攸作。中賀。欽符天則，統接聖謨。致治無爲，揖讓允稱於至德；秉彝有懿，範圍總囿於誠功。誕敷經緯之文，克廣繼承之孝。備兼衆美，永福群生。臣等叨掌絲綸，幸題編簡。鏤辭白玉，焕乎日月之明；封詔紫泥，大矣乾坤之造。

賀册皇后表❸

龍飛乾位，聿觀建極之初；象著坤儀，首協承天之順。事嚴宗社，慶洽家邦。中賀。盛德在躬，至仁及物。厚人倫，美教化，王道所先；行典禮，觀會同，朝儀丕顯。益保

❶ 此題，類稿本作「天壽聖節翰林國史院賀表」。
❷ 「緯」，類稿本作「緝」。
❸ 此題，類稿本作「册皇后賀表」。

基圖之固，允宜祚胤之昌。臣某等忝列禁林，欽逢嘉會。瑟琴鍾鼓，永歌正始之風；祖考神祇，來燕守成之雅。

中書省賀皇后受册箋❶

軒星□著，❷象行麗極之初；陽月就盈，文協來嬪之□。❸慶均邦國，燕及宗祊。恭惟。 德備柔嘉，身行慈儉。肅臨中壼，佐庶政之勤勞；祗奉東朝，成一人之孝養。翬珩在御，祚胤開祥。臣等忝列鈞衡，❹欽承典則。致《關雎》《麟趾》之化，寔有本源；詠《生民》《清廟》之詩，敢伸頌禱。

監脩國史府賀皇后受册箋❺

宸極當陽，際乾坤之交泰；中闈定位，仰日月之同升。穆卜靈辰，誕膺縟典。欽惟。 柔嘉有則，恭儉夙成。鍾鼓瑟琴，善繼徽音之美；褘褕鞠展，宜占元吉之文。儼規範於六宮，孚儀刑於四海。臣等叨司合衮，兼總史廷。求賢審官，願載思於《卷耳》；厚倫美化，詠正始於《關雎》。

建儲中書省賀皇太后箋

文母思齊，公神器以保天下；太君繼體，定國本而係人心。於赫淵衷，率循舊典。聿懷多福，嘉靖維時。策定禁中，繼志

❶ 此題，類稿本作「皇后受册中書省賀箋」。
❷ 「□」，四庫本作「既」。
❸ 「□」，類稿本作「始」，四庫本作「候」。
❹ 「祥臣等」，原作「臣等祥」，據四庫本乙正。
❺ 此題，類稿本作「皇后受册監修國史府賀箋」。

重承於至德；慮周宇内，承祧仍屬於元良。固萬世之基圖，受九重之孝養。臣等叨持政柄，獲贊廟謨。太極無爲，妙乾坤之化育；前星有耀，宣日月之光華。

建儲翰林國史院賀皇太后箋

惟皇作極，迺豫建於元儲；以孝事親，式歸尊於太母。臣隣協壹，宗社底寧。欽惟。德合生成，恩隆顧復。❶鉤陳華蓋，有來萬乘之朝；❷甲觀畫堂，兼就兩宮之養。既永崇於國本，宜益重於坤儀。臣等備引詞林，遥瞻禁衛。興仁興讓，常聯棣蕚之相輝；得壽得名，克保蘿圖之永固。

賀登極表❸

鴻業啓圖，世守肇基之迹；龍庭受賀，躬膺大曆之歸。欣載云初，謳歌爲盛。欽以世祖紹統乾之運，裕皇隆出震之名，推一本之均齊，累四朝之繼及。於惟景命，監至德之無私；粤在太宗，御禎符而有慶。天心攸屬，國勢以安。欽惟陛下道合彌綸，功存綏撫。立長式遵於家法，計宜允協於輿情。車服旌旗，皆昔祖宗之舊；星辰河嶽，赫乎宇宙之新。時開泰平，人用寧壹。臣等叨承重任，適際昌期。建皇極以敷言，親

❶「隆」，原作「陰」，據類稿本、四庫本改。
❷「有」，四庫本作「聿」。
❸此題，類稿本作「登極賀表」。

揚彝訓；坐明堂而布政，永贊成能。

代中書平章政事張珪辭職表

欽承明詔，肇啓經筵；講明王道，考索前聞。以進聖學於燕閒之中，以裨致治於幾微之表。成宗祖未就之志，❶爲子孫經久之計，❷實出聖上之睿知，國家之令典，非細務也。而臣徒以家世之舊，愚戇之誠，備位宰司，首當勸講。及解機務，仍畀專官。雖竭盡於微忱，望格心於萬乙。然而自念昔從祖考，屬備戎行。其於明經，實慚寡陋。況以賤軀衰早，養病多時。先舉一二老儒，以次去國略盡；坐閱歲時之久，未彰啓沃之功。今又召還禁林，復係兹任。以此憂慮，深省周思。豈非講明有限，通譯唯艱？虛言不掩其躬行，義理不勝於私欲。或者顧望忌諱，取悦耳以爲容；僥倖瞻承，護曲説以干售。私情是徇，大體有傷。以致繆悠，不能感動。載惟重負，何以自文？惟知並進於老成，庶肯同心於陳閉。

切以周尚父授丹書之日，漢申公赴蒲輪之招。皆年期頤，爲國羽翼。蓋古者乞言之禮，必於養老之時。非徒外飾於光華，實有咨詢於故舊。平章政事致仕上柱國某，敭歷中外，承接儒先。懸車於方老之初，致壽於九袠之近。進退有道，天下服其從容；謀慮之精，君子推其練習。德以久閒而彌邵，心以久静而益明。一行一言，有恆有則。況其鄉里，去國不遠。近頒優禮，已聳具瞻。若蒙延入講帷，不致縻之職事。

❶「宗祖」，類稿本作「祖宗」。
❷「計」，類稿本作「謀」。

几舄之盛，已足表儀則。其孚感之深，不在話言之末。

翰林學士吴澄心正而量遠，氣嚴而神和。其爲學也，博考於訓詁事物之賾，而推達乎聖賢之緼；致察於思惟踐履之微，而充極乎神化之妙。正學真傳，深造自得。比夫末俗妄相標表以盜名欺世者，霄壤黑白之不同。粤自累朝，從布衣一再召用，超擢翰林學士，有識君子不以爲過。前當講説，誠剴温潤，深有古風。近以年老，告病南去。觀其所養完厚，實尚康健聰明。經學之師，當代寡二。雖蒙恩賜存撫，爲禮甚優，必合召還與講，資其問學，實非小補。

御史中丞王毅，忠厚敦篤，守道不欺。歷嘗患難，勵志彌確。其於四書六經，朝誦暮惟。不以官事廢業，不以衰老退心。實欲躬行，非徒口説。使與勸講，必蒙聽孚。❶

集賢大學士趙簡，實建初議，置立經筵。先事遠慮，其功甚著，爲此已蒙恩賜褒美。其人老成方正，深知國體。今除前職，實契公論。目即未見到任，右蒙專使趣召前來。俾與講事，必能確守直道，不事阿諛，論□正人，❷扶植事體。

前集賢侍講學士王結，非聖賢之書不讀，非正直之事不談。自信端才，不嫌忤物。先在講筵進讀，後以改除遠去。雖係煩言退閒，初於義理無歉。擬合召還，必能贊助。

翰林侍讀學士鄧文原，❸持身清慎，信古通今。先在講筵，因病遠去。今除前職，

❶「孚」，原作「字」，四庫本作「受」，據類稿本改。
❷「□」，類稿本、四庫本作「進」。
❸「鄧」，原作「酇」，據類稿本、四庫本改。

久未到任，合與趣召前來。

伏蒙聖恩，除授前職，切以制誥、國史二事，皆所以成一王之大經，爲萬世之令典。比於效一官、任一職者，其事甚重。若止因循冒昧，❶常人孰不可爲？必欲稱其職任，實深慚愧。況卑職世從軍旅，歷任省臺。學業素非所優，志慮耗於勞勩。深思逭責，其在薦賢。❷切見翰林學士吴澄，學通天人，道爲師表。其代言深如訓誥之彌文，其書事嚴於筆削之成法。蓋其脩身成德，文學猶其緒餘。❸自今《英宗實録》未經呈進，累朝嘉言善行多合紀録。採補得宜，全資學識。又有遼、宋、金史，累有聖旨脩纂。曠日引年，莫肯當筆。使前代之得失無傳，聖朝之著述不立。恐貽譏議，君子耻之。然非博洽明通，孰克爲此。今者本官雖曰年近八十，其實耳聰目明，心力清遠。及今不使身任其事，後當追念無及。近者朝廷差官優賜存問，禮意已厚。然須使當承旨之任，總裁方可成能。合行舉以自代，實爲允當。

講畢奏特加稿城董氏封贈表

自古國家功臣次序，❹各有等差。或超異以表勳業，或循常以守定品。此朝廷予奪之大權也。我朝封贈之法，自有常制。而一二勳臣之家，恩數特異，❺禮亦宜之。乃若子孫廉退，不欲有所陳請者，無以表

❶「冒」，原作「冐」，據類稿本、四庫本改。
❷「薦」，類稿本作「進」。
❸「餘」，原作「持」，據類稿本、四庫本改。
❹「次」，原作「以」，據類稿本、四庫本改。
❺「特」，原作「持」，據類稿本、四庫本改。

彰，實爲偏負。故龍虎衛上將軍董俊，首師孤軍，内附太祖。後於滅金之役，戰殁黄河之上。其子，故中書左丞文炳，受知世祖、親從伯顏，身兼省院之官，提軍討滅宋國。事載國史，昭如日星。其孫，故陝西平章士選，世篤忠貞，孤介剛毅。遍歷臺省，號稱正人。其文炳忠獻之謚，乃贈典未行之初，世皇之所特命。士選身後之賜，僅從一品常資。切照真定史氏、保定張氏，功業相望，而董氏清忠過之。且亡金武仙人之殺天倪而奪真定也，實由董氏克仙兵而納史師，張九元帥擣宋餘燼於海中也，實出董氏既克宋主，撫定閩、越之餘，疇其功庸，誠爲儁特。於斯参詳，宜依張、史二家封贈。

謚議

中書平章政事趙璧

大德三年，謚故中書平章政事趙冀公曰忠亮。延祐三年五月，有旨加贈定謚。於是國史、禮部、太常會議，改謚曰文忠。其議曰：「人臣之功勛灼然，可見於行事者，易知而可名；其有潛融密化於幾微之間者，無迹之可紀，而生民實受其賜者，君子之所當發其微而著之焉。」前議掇公之大節：若佐河南之治，使王□之師與平濟南李璮之亂，敗襄陽夏貴之兵，定高麗廢立之變，而謂之忠亮，善矣。然而未足以發明公之微也。始者國朝以馬上取天下，未有以儒術進者。公生河朔，當用武之時，已能從事學問。及見世祖皇帝於藩邸，獨以儒士見目。是時國言語未盡通中原，亦未始知有經傳之學也。自公始以國語釋《論語》《大學》《中庸》《孟子》諸書而教授焉。然後貴近之從公學者，始知聖賢脩己治人之方矣。故世祖嘗歎曰：「漢人迺能爲國語深細若此。」蓋孰察而深許之矣。於戲！此其所啓沃者，其可以淺近論哉！謚法「德美才秀曰文」，宜合舊謚而易之曰文忠矣，謹議。

兩淮轉運副使潘琚

議曰：謹按國朝初入中原，即用其豪傑以經理綱紀，妥綏人心，以致其財用。其豪傑亦知天命之所歸，思與其父兄子弟，脱顛沛而就休養。故其大者，□□奮□於智□□□爲之將相，❶其廉取者，往往不卑小官而爲用。蓋其所存者，非徒然也，其必有所見矣。矧夫中統、至元之初，制度已立，文物已著。士君子乘興運而生者，❷居一官，效一職於當時，固已隱然有高名重望，而爵禄之崇盛者，殆其所當有者也。若故淮東西轉運副使潘公琚者，年未弱冠，推擇爲吏，❸並駕群材，一時幙府號稱秀發。凡八轉，皆不離筦庫，而聲譽益著。夫筦庫，非致名之官也，而所就若此，公之材美著矣。然是時名曰筦庫，實理民之任也。公能安其人而出其財，不擾而濟事，此其材美

❶「□□奮□於智□□□」，蜀本作「特自奮發於智能以」。
❷「生」，類稿本作「出」。
❸「擇」，原作「釋」，據類稿本、四庫本改。

可見不誣哉！是故命於天子，而佐使使者，分列方州，領漕運於南北之交，蓋重地也。雖未見其全用，而其所設施，已略見於行事矣。於是儀曹、史院與禮官雜議之而定以文懿，蓋有所考哉！謚法「慈惠愛民曰文，尚能不爭曰懿」。合是二者，以易公名宜矣。謹議。

中書平章政事何榮祖

議曰：「嘗聞善相天下者，蓋必本忠厚之心，廓容受之量，明理事之識，周經營之材，極久遠之慮，躬負荷之責者，而後可庶幾焉。」是故待事有先幾，應變有餘智，持久有定力，處物有成謀，其功業始可得而論矣。若夫以狹溥之資，險忍爲術，汙陋爲習，巧佞爲伎，命與時遇，位以倖致者，充位之辱，欺世之禍，彼且無逃於天地之間，生民何賴焉。觀於至元、大德之間，以大臣贊國論，不爲近利細故所動摇，本之以祖宗之舊典，定之以禮律之微意，以成天下之務者，平章政事何公榮祖何可少耶？公爲御史中丞時，權臣用事，數爲所危陷。公守職不爲之變，終以是去位，天下之望固已在公矣。成宗皇帝在位，完澤公之威重沈毅，答剌罕公之仁明正大，實相左右。朝多正人君子，而公獨以耆老精練，彌縫條理於其間，豈漫焉嘗試者哉？卒能成太平之盛，非偶然也。然於是時，好功興利之徒，間出其間。偵國家財用之急，積慮密講，❶將有所作爲。議數上，公必正坐堂上，奮仁者之

❶「講」，四庫本作「謀」。

勇，明目張膽，❶論民命國體之所以然。發言折其謀，使不得行。耕田鑿井之民，晏然無所顧慮，以遂其生理於當時者，公存心之最著者也。歛歷臺省數十年，皆要官重任。然衣服飲食之奉，儉約不異於儒素。身死之日，賜金給用之外，略無餘貲。此其立志非常人所及，宜其所成就如此。謹按謚法「廉方公正曰忠，執心決斷曰肅」，請易公名，不亦宜乎。

陳文靖公謚議 儼❷

昔者有道之君子，内充然而有餘，無所待乎外也。未嘗求用於世，亦未嘗不求用於世也。有天下國家者，知其有道，尊敬而信用之，則爲之出。於是應之以文學、政事，隨施而見，不爲喜幸，不用則不爲變移，其志大矣。然或者假事以自售，❸已見用而無足以行也，則以偃蹇日取盛名，終身不一試，謂古今爲可誣也邪？故翰林學士陳公，方盛年時閉户讀書，未始有求用之心。及爲朝廷所用，諄諄然視其職事之所在，而謹奉之，略無厭常喜奇、高自標致之意，始終清要。蓋迫而後動，來而後應，定而後就，恆無心於其間。此其視無能而求用，避事而取名，以傲忽欺罔一時者，爲何如也？故其高文大册以華國者，皆舒遲温厚之言；横經論道以淑人者，皆文質兼備之教。論禮則欲脩一代之經，司刑則知先無訟之本。至於處己接物，温恭退讓。君子視之，

❶「膽」，原作「瞻」，據類稿本改。
❷此題，類稿本作「翰林學士陳儼謚議」。
❸「售」，原作「舊」，據類稿本、四庫本改。

則樂其雍容；小人仰之，則失其鄙暴。謂之大儒先生，斯無忝矣！謚法「道德博聞曰文，仕不躁進曰靖」，謚曰「文靖」，其合公之行也哉！

書　啓

請吴先生書

先生朝避客，連日奉候還監。今早令嗣來，始蒙垂示。留别之意，實爲驚愕。蓋進難退易，固士君子之大節，而去留之間，必有攸當。今朝廷嘉惠斯文，德意至渥。欽體近旨，則監學所係甚重。先生抱道懷德，經明行脩，係乎監學者匪輕。翩然去之，於雅志則得矣。朝廷其謂監學何，則區區之未喻也。謹遣學生某等，請乎河上，以必還爲期。惟執事留意，北棹毋阻。幸甚！

慶章盧先生初度啓❶

候鴈旋春，紱麟紀旦，恭惟歡慶。伏以有相之道，無競惟人。歷觀統緒之傳，莫若濂、伊之盛。天禮攸敘，人豪並興。伯仲作於一門，師友邁乎千載。逮至乾、淳之講學，兼資張、陸之切磨，會江漢於滄溟，輔梁棟以榱桷。是閱衆甫，謂之大成，未有如學士先生。魯殿靈光，獨立雲霄之表；禹河砥柱，旁無阿附之峰。載歌鳴鳥之聞，特見卧龍之起。金匱將垂於訓戒，蒲輪何憚於

❶「章」，蜀本作「草」。

歸來。❶穆若燕閒，齊戒以問於尚父；斐然狂簡，傳授多得於伏生。衆志之孚，不言而信；自任之重，於時極難。是以君子之嘏最純，前哲之年莫及。不扶几杖，康强非導引之私；信作鑒衡，明睿絶邊岐之異。述群經而畢究，俾百世以不迷。遂開九袠之齡，允爲一代之瑞。尚綏福履，以亢文宗。

回吴先生慶初度啓

仰蒙尊執，俯念孤生。無聞又過於十期，有賜忽來於萬里。受而思學，感彌綸經緯之純；服以飾躬，懼黼黻文章之著。拜父師之祝嘏，懷皇覽之揆初。伏念某干禄不回，索居既久。脩踐益慚於寡陋，論思何補於聖明？擢擢儒林，每踵先生之履；煌煌芝秀，亦興晚歲之歌。盍曰歸歟？稽諸作者。恭惟學士先生卓爾大雅，巋然靈光。閣具常珍，奉龜齡之維永；坐施重几，知鳳德之未衰。將車昔念於聚星，就業常容於立雪。曲加奬借，更俾久長。洛社耆英，許繼兼謨之芳躅；漢廷掌故，尚傳伏氏之本經。

賀海南將軍啓

出節少府，移鎮大邦。收部曲於久閑，俄旌旗之改觀。浮雲連海，空聞薏苡之車；明月照樓，自看夫容之劍。落落幾亡於世故，惓惓深結於主知。退然不言，遂以經歲。撫髀而嘆，能無廉頗之思；刻印以封，不在雍齒之後。偃蹇萬里之外，輝煌一

❶「輪」，原作「論」，據四庫本改。

日之間。[1]酌酒以飲樞臣，委曲道將軍之舊；爲書以授賢子，馳驅將使者之華。受弨弓而永藏，錫康爵以既醉。上恩之厚，外廷所無。某托在交游，尤深慶抃。虎皮裹甲，徒煩卧護於江湖；馬首在塗，行見來朝於魏闕。尚祈調嗇，式副頌言。

賀原功少監初度啓

壽星麗景，文運司南。紱繫懸弧，記雲開於衡岳；泥封啓事，知日近於長安。信大耐之匪遲，屬彌昌而成錫。某相知最樂，揆度云初。竹簟涼風，請避玉堂於天上；山泉釀酒，更祈仙果於海中。薄寫慶悰，尚幾體照。

除夜以獐送歐陽少監

看射殘年，野有麗麛之獲；復端嗣歲，室宜戴燕之祥。輒取具於山虞，庶少陳於時物。或充加豆，不腆承羞。朱芾斯皇，未覺爲書之誤；清酒既載，尚稱介壽之辭。

答歐陽少監餽歲

蜡賓迎虎，擊鮮俄給於來田；胞吏執牢，爲酒遂蠲於孝享。未往大夫之拜，敢嘗君子之腴。華我好春，味兹豐俎。汙邪滿載，持肩顧祝於有年；湆䔑屬饜，薦拍更均於嘉友。薄言占謝，更悉嗣陳。

[1] 「煌」，原作「蝗」，據四庫本、蜀本改。

答原功待制慶初度啓

伏承嘉貺，俯記微生。蚤億過庭，每道湖南之學；晚同載筆，每倍花底之朝。永言舊好之匪私，尚論斯文之有在。方觀水，嘆黃河之大；何賦詩，多清潁之思。我詠藿苗，願維駒於朝夕；公憐樗櫟，顧問蟪之春秋。嗟憂患之已深，奚誦褒之敢受。乃若自稱之謙甚，必祈稍改以安承。草服黃冠，還踐守居之夢；茅檐竹簟，當從歸老之遊。浩有謝忱，悉儲侍既。

回胡貢士啓

應詔公車，脩容旅次。文書銜袖，皆經義治事之餘；稱譽過情，謂承明著庭之舊。衰緒遠稽於前代，同袍爰托於斯文。乃辱先施，深慚盛意。會元先輩明經皓首，聞道紫陽。續食館人，夙勸蒲輪之駕；棄繻關吏，行分藜燭之光。獨推稷下之老成，何有洛陽之年少？薄言占謝，未究欲言。

答藺西碧餽歲啓

篤敘鄉情，特厪節物。❶四鶉駢首，❷來同祝饐之鳩；一鶚傳書，俾載迎春之燕。肅肅罝罘之獲，温温几席之懽。謹已拜嘉，詎云還贄？聊奉時哉之嗅，想蒙莞爾之留。

道園學古録卷之十二

❶「特」，原作「持」，據四庫本改。
❷「四」，原作「士」，據四庫本改。

道園學古録卷之十三　在朝稿十三

雍虞集伯生

碑銘

上都留守賀惠愍公廟碑❶

臣聞古者諸侯有國，大夫有家，得立廟以祀其祖父，有牲牢籩豆之數，歌鍾羽舞之節，賓客宗族之會，孝子順孫，得以盡其心焉。近世公卿雖貴，無井賦采地之入，烝嘗之禮，得有廟焉者蓋寡矣。必有文武忠孝之臣，功業在王室，惠澤在生民，則有廟食者，與山川之神靈同著祀典，蓋出於人心之不能自已而起義者也。故丞相留守賀公，有廟在上都國西門外，我國家禮亦宜之。□□年廟成。❷某年勑臣題其牓曰：「故丞相上都留守秦國賀公之廟。」明年七月辛卯，又有勑，命臣製文，刻其麗牲之碑。

臣奉詔，拜手稽首而言曰：昔世祖皇帝在潛藩，建牙纛廬帳於灤河之上，始作城郭宫室。以謹朝聘，出政令，來遠邇，保生聚，以控朔南之交。及乎建國定都於燕，遂以是爲上都，而治開平焉。大駕歲一巡幸，未暑而至，先寒而南。宫府侍從宿衛咸在，凡脩繕供億一責於留守之臣。然地高寒，

❶ 此題，類稿本作「賀惠敏公廟碑應制」。
❷ 「□□年」，類稿本作「天曆某年」。蜀本作「至順初年」。

鮮土著種藝之利。在野者畜牧散居，以便水草；在市者則四方之商賈，與百工之事爲多。懷柔撫綏，使薄來而厚往。然後奇貨用物，本末纖鉅，莫不畢至。充溢盛大，以稱名都焉，則存乎其人矣。官是都者，自監尹僚佐，至於府史，以時遷改。獨賀氏受命世祖之世，至于今六七十年。祖子孫世守其官，列聖相承，莫之有易也。臣嘗載筆從行，從其門人賓客與其父老，問賀氏之所以爲政者。則曰京師浩穰，公上之供，給用之目，或一事累鉅萬之費，微至一瓦一木，亦聽裁決。吏抱文書以進，或漫不之省。公一見之，隨事語吏。若某事當用物幾何，取之某所，其工當以幾日成。即上有所賜與，曰某人某人，歲幣當幾何，口授若素。計視其故，一無差者。工之病勞者，餼稟或不稱，而奇衺多重獲以傷縣官。商之弊，每與吏通，大爲姦利。而實居貨應急需以成事，迺至曠歲不與。直公明察而均平，虛實情僞，無所罔民之患。四方之餉不至則食寡，公之倉庾，出内有時，無告病者。公府之患，重在供給，不暇爲政，而公治之甚從容也。廣學校，延師儒以設教，身率而勵之。海内賢士賓客及門者，迎欵有禮。眡其民如父母之於子，勸懲有方，獄市無擾。嘗有强暴，委禽於寡婦而奪其財，則絶其婚，而不使之逞。工執藝禁中後出，而有司當以闌入，則推其無罪而奏原。時宰用事者，鬻殺人之獄，則卒竟之而無所奪，此尤民之所稱道者也。都人士所以尸而祝之而不忍忘者，其在斯乎！臣嘗攷之於《書》，昔之保釐東郊成周者，周公、君陳、畢公三君子者相繼協心，而後足以厎治。而是都也，賀氏獨以成功，豈不盛哉？西門之廟，宜乎其奕奕也。昔諸葛武侯之相漢，功德懋矣。及其殁也，國人請祀之，而其君臣直以爲不可，迺相率野祭。其後始聽祠焉。

今都人請廟祀賀氏，朝廷不奪其請，天子又加賚之。湛恩霈澤，何其忠厚寬大也哉！公曾祖諱種德，贈通奉大夫、護軍，追封雍郡公。祖諱賁，京兆路總管諸軍奥魯，贈輸忠立義功臣、銀青榮禄大夫、大司徒，追封雍國公，謚貞憲。父諱仁傑，光禄大夫、上都留守、虎賁親軍都指揮使、平章政事、商議陝西等處行中書省事，贈推誠宣力翊運功臣、太師、開府儀同三司、上柱國，追封奉元王，謚忠貞。公諱勝，開府儀同三司、上柱國、左丞相行上都留守事、兼本路都總管府達魯花赤，贈推忠宣力保德功臣、太傅、開府儀同三司、上柱國，追封秦國公，謚惠愍。子惟一，某官；惟賢，某官。孫某。臣既具書其事，又爲作迎送神詩以遺之，俾歌以詞焉。其詞曰：

帝作神都，言言其郛；時巡歲來，神靈具扶。旗纛車馬，魚魚雅雅。顧懷昔從，公其來下兮。升鼎于庖，俎有獻羞；勺藥芼之，亦有菊椒。鍾鼓既作，桐酒在酌。式歌且舞，公其胥樂兮。衮衣綉裳，劍佩鏘鏘；乘車彭彭，不馳以翔。賓客在右，僚吏在左。燕寢孔邇，公無去我兮。公有令德，在其後昆；世公世侯，保我子孫。肅肅尸祝，躋阼盛服。千秋萬禩，嘏我皇國兮。

賀丞相神道碑❶

至順三年七月辛卯，皇帝清暑上都洪禧殿之西亭，有詔賜故丞相、上都留守秦國賀惠愍公神道碑，而命臣某製刻文。臣拜手稽首而言曰：臣待罪太史，得聞賀氏遺事。及惠愍歸葬京兆，其孤惟一嘗求臣爲之銘，坎諸宮而納諸，其行事歲月略已具見。今重述焉，恐蕪陋不足以上稱旨意，請辭不可，則退而歎曰：聖天子覽都邑之形勝，觀民物之阜繁，慨然有以見夫世祖經營之初，列聖時巡之盛，而又念夫任保釐之寄。若京兆賀氏父祖子孫，世守其官，且六七十年。宮府治辦，工賈通易，人用樂業，以克成厥功，何可忘也？於是有賜碑之詔，則勸忠之道係焉，敢不執筆而書之？

公諱勝，又諱伯顏，字貞卿，一字舉安。賀其先隰州永和人，後徙居奉元鄠縣。曾祖種德，贈通奉大夫、護軍，追封雍郡公。妣郝氏，追封雍郡夫人。祖賁，京兆路總管兼諸軍奧魯，贈輸忠立義功臣、銀青榮禄大夫、大司徒，追封雍國公，謚貞憲。妣鄭氏，追封雍國夫人。❷父仁傑，光禄大夫、上都留守、虎賁親軍都指揮使、平章政事、商議陝西等處行中書省事，贈推誠宣力翊運功臣、太師、開府儀同三司、上柱國，追封奉元王，謚忠貞。妣劉氏、鄭氏，皆封雍國夫人。改封奉元王夫人。

自貞憲入事國朝，忠貞王受知世祖，以大臣留鎮開平。公年十六，在宿衛侍帷幄，

❶ 此題，類稿本作「賀忠敏公神道碑應制」。

❷ 「夫」，原作「先」，據類稿本、四庫本改。

奉宣旨意於中外。居十餘歲，拜集賢學士，領太史天官，通象緯之奏。至元三十年，拜參知政事，佐丞相完澤爲治。尋遷樞密院事，遷大都護。大德八年，忠貞歿，拜榮禄大夫、上都留守兼本路都總管、開平府尹、虎賁親軍都指揮使，仍忠貞之舊官也。至大□年，拜光禄大夫、左丞相、行上都留守事兼本路都總管府達魯花赤。延祐□年，加封開府儀同三司、上柱國。告老不許，賜小車，得乘以出入殿門。至治□年，終是官。泰定□年，贈推忠宣力保德功臣、太傅、開府儀同三司、上柱國，追封秦國公，謚惠愍。以某年月日，歸葬鄠縣之先塋。秦國夫人張氏、秦國夫人揑古真氏祔。子曰惟一，某官；惟賢，某官。女，長適中書平章政事阿里海牙；次適某官槊立虎班。孫曰也先忽都。

臣嘗以爲世祖皇帝之知人善任使，何其始終之有道也。攷諸惠愍之事而益信焉。大臣子之在宿衛者，言語之間，其教固已密矣，察之固已詳矣。然又以爲未足，又必使之知經術焉。覃懷許文正公衡，方倡道學以佐治化，一時貴游之英俊，必遣受學焉。其所成就，雖深淺不同，要各有可稱述。議者或謂孔子諸夏亡君之嘆，於今爲譏辭。上疑之以問公，公乃爲上分别立言之故。且曰：「今國家大受天命，以撫方夏，不得引此爲説，使前聖之言，蒙昧於昭代。」凡所論議，其得於經傳者，類如此。是以公之事君，克盡忠愛。至於蹈死生禍福之變，不以動其心，蓋亦有所受之也乎？上始定海内，欲見萬里如在目睫，以決其幾。公乘傳將指，遍歷吐蕃、雲南、廣海之地。往返觀察，軍旅所及，必得其情以歸報。或乃夕至而晨復出，亦不憚也。親征乃顏之役，上坐武帳，流矢及其前，內外嚴備，至使重臣只兒哈忽仗劍立轅門，自諸侯王大臣，非召不得輒入見。而公密以進退節度，指授諸將，出入無間。軍行，則擐甲擁櫜以先，勇氣百倍。事平師還，多夙駕。上春秋高，車中苦足寒，不能寐，公解衣抱持，溫以其體。上爲安寢，達次舍乃興。又嘗校獵還宮，伶人有効獸舞以迎者。駕驚，輿象莫能制，乘輿危。公方侍坐輿中，投身當其衝，衛士得絶靷去象，乘輿安而公創甚，至數月乃得愈。公於國事緩急，忘其身者又如此。是故國家之制，有軍國大謀議，自宗臣大族，非世其職者不得與聞。而上於公，不惟不聽其避去，更留使聽焉，而信用之意，於斯見矣。自古天子之職，莫大於置相，安危治亂係焉。然上意一時之所嚮，勢或有所不能奪，或有所不能入，則亦莫如之何者多矣。以上之聖明，而相哥以黷貨得幸，專政柄，爲天子斂怨於天下。天下苦之，朝廷知之，廷臣固將有言而不得其間。公獨從容爲上開其端，而言者始得顯奏而誅之。是時相哥亦知公且沮己，設事危中公父子，一月至七十奏。賴上知其故，而譖不行。論誅相哥之功，公存心致勞而迹甚危矣。至元末，上既倦勤，思得忠厚大臣可屬大事者，間以問公。公慨然曰：「人望所在，以爲詹事完澤可。」上頷之，及拜完澤丞相，遂以公參其政。卒能奉法循理，較若畫一，使天下晏然，以成大德守成之治，則公贊決之効也。及以世官留守上都，歷武宗、仁宗之世，治以日成，望以日隆，名以日信。而二宗之所以待公者，日以重矣。帖木迭兒之專政也，上數怒，欲斥去之，輒自附東宫求免。上性仁孝，每以是曲容之，而反覆睢盱益甚。公曰：「吾老臣也，寧自愛其身，弗爲國家去蠹乎？」會其家人，受富民賕變殺人之獄，乃與平章政事蕭拜住、御史中丞楊朵兒只，先後奏白其罪，專政者坐免。會仁宗崩，復得爲相，遂并譖害此三公者。朝廷爲之驚惋，天下爲之歎息，譖者以爲得志。曾不旋踵，無以亢其宗，而公直亮憤不顧身之忠，卒暴白於天下，書之信史，傳之後人，爲勛臣世家，福澤方未艾也。以天道論之，果孰得而孰失哉？世祖之於用人，審訓之，慎察之，而後信任之，若賀公者，豈不始終明著也乎？臣載筆從幸上都，見有廟，奕然在國西門之外者，其署曰「勑賜故丞相留守惠愍賀公之廟」。蓋都人之所作也，父老幼穉，歲時具牲牢醴齊，考擊鍾鼓而祭享之。依依如將見之者，蓋不可强而致之也。嗚呼！公之上得於君，下得於民，至於没世而不忘，何其盛哉！故系之以詩。其辭曰：

賀氏之先，度隰以居；聿來百年，遷是雍都。南山之下，風氣孔固；篤生偉人，克以疏附。完其鄂鄞，保其民人；索賦以朝，爲之守臣。守臣有子，入見王所；皇建大都，俾奠土宇。以撫以存，以經以營；啓是世官，寔繇忠貞。衮衣赤舄，車馬有赫；相臣來歸，即雍開國。自公而王，進而彌尊；令德不匱，寔有子孫。其子伊何，丞相留守；自其弱冠，在帝左右。入陪殿帷，出侍乘輿；不有其躬，以嬰不虞。惟帝省躬，觀天之道；太史有占，主以入告。惟帝審幾，謹是樞機；出内之間，周密不違。帝念在兹，既信既篤；一日出令，俾贊大録。惟是登庸，固將受遺；不競不絿，布政咸宜。欽若時憲，百度有秩；乃睠朔都，歸爾是職。于廬于旅，肅肅干城；勸其佚勞，日閑弗驚。工師執藝，賈售盈市；本敦末紓，胥樂女士。冒禁非罪，原之以情；于貨委禽，勿遂其成。令行以盈，民樂法守；興學以教，躬率善首。歷事四朝，既尊既安；賜車出游，衆庶聚觀。曰公老矣，如我父母；庶其壽考，錫我多祐。惟公之心，國爾忘身；昔有斂臣，我执其罬。多藏靡悔，迷國之宰；余今弗懲，天子奚賴。君子用恕，去而弗殊；孽以間興，亶其天乎。衣裳之襚，榮以加等；人心大公，追及未遠。侃侃令子，蔚爲名臣；奉孝思忠，公志其伸。公妥其阡，有松有柏；公食其廟，鼎俎有食。國家萬年，公名不隳；史有信書，石有貞詩。

趙文惠公神道碑

故中奉大夫、湖南道宣慰使趙公，既贈通奉大夫、湖廣等處行中書省參知政事、護軍，追封天水郡公，謚文惠。其子彌寬詣太史，請述神道碑銘。

按趙氏世爲臨淄人。唐末，撫州刺史霍，避地衡州。至宋，族益盛。奉議郎士庠，始居衡山之崇嶽鄉。奉議生楚國公世勣。楚公生魯國公棠。魯國弟常，生端明殿大學士、太師、衛國忠肅公方，爲魯公後。忠肅生武安軍節度使、太師、冀國忠靖公葵。公諱淇，字元德，忠靖公次子也。七歲，以郊恩補承奉郎，舉童子科，召試中書。

以大臣子，免銓試。四川宣撫大使司辟主管機宜文字。除籍田令，出通判信州，轉宣教郎，除監進奏院。遷將作監丞。□□□年，以登極恩轉奉議郎，乞補外，知興國軍，時年二十有九。明年，丁忠肅憂，除直秘閣，利路轉運司判官，不赴。服闋，改知泰州，轉朝散郎。又明年，除大理寺正，轉朝散郎，直顯文閣，知衢州，轉朝請郎。又明年，除尚書度支員外，復以軍器監出爲浙東路提點刑獄，兼知衢州，節制嚴、信二州軍馬。入爲大理卿，轉朝奉大夫，改直龍圖閣，廣南東路發運使，加右文殿脩撰，尚書刑部侍郎。又明年，自廣州節兵海上。我國家既取宋，以宋太后手書，罷諸軍之爲宋守者。師至廣州，公得書，再拜慟哭而還，是爲至元十四年也。江淮宿將既内附，數以公爲言。十五年，行省承制，署公廣東宣撫使，趣入覲。秋，見世祖皇帝於開平，拜中奉大夫、湖南道宣慰使，佩金虎符，賜衣冠鞍馬而遣之。比還，凡五錫宴，官其從者四十三人，千户五人，百户三十人，總把十人。居七年，天子思其材，命奉御察罕、集賢學士詹玉召公。足疾，不能造朝。明年，遂致其事。居二十三年，大德十一年十一月辛未，卒于長沙里第，年六十九。至大元年十二月庚午，葬寧鄉縣之原塘。翰林學士、涿郡盧摯爲之誌。又二十三年，爲至順元年，彌寛調官京師，請易公名於朝。於是有司以故事追贈官封而賜謚焉。

初，胡文定公父子，倡明伊洛之學於湖南，廣漢張子實受而傳之，與新安朱子共承絶學於百世之下。游張氏之門者，唯長沙吴獵德夫氏得其傳，而衛國事張子最久，又從朱子學，所聞不下於德夫氏，而克以學問任大事，赫然樹勛業於當時，則過之矣。至於冀國與其兄忠敏公范，並以才略世其家，而冀國即軍中拜丞相，雖終不秉國政，而歷受方面之寄，隱然爲國之長城。一時文武吏士，往往出其父子所獎拔，百年之間，亦可謂功臣世家者矣。公在髫齔，與其兄制置使溍，皆親見祖父用兵、治民、收攬豪傑之方。自擊刺攻守之法，風雲孤虚之占，與營繕戎器之事，胸中具有成策。溍既以忠義著，而公遇事亦有足表見者矣。應童子舉時，五經各問數十條，應對如響。故參政吴公淵，許妻公以女。既而與其弟故相潛，俱得罪遠竄，或勸之絶婚。公曰：「訹利害而渝成言，市人不爲也。」冀國善之，爲請於朝，而親迎焉，人以爲知禮。宋末，列郡多驕兵，守吏率儒謾談，弛不能制，徒增賞以悦之。賞不時至，輒奮挺爲亂，以嚇守吏。守吏逃去，朝廷亡奈何，則爲之罪故吏、易新守而已矣。公倅信州時，才弱冠，守少之。而財賦文書治辦，發吏贓而按以法，守大駭服。信兵有威果、武雄兩指揮，凡二千餘人。初自諸鎮選勇藝以充，久之物故，不復選。郡中無賴子弟，求主將以充數。郡守秋閲，賞不素具，軍亂，守匿求救於公。公出語衆曰：「淮上健兒，百戰有功，尤不敢恃。一日違節度，則立治以軍法。汝等敢爾耶？」叱吏捽首亂者搒之，百衆遂定。路鈐轄詹沔者，以故群盗降得官位，迫守倅，好侮儒吏，或擁卒射城中，矢及官舍，莫敢與之較。他日，見公挽彊命中，竊取其弓引之，不能寸，❶始畏服。豪猾吏數十，陰藉其聲勢，侵苦民人，資力富彊。部使者不能

❶「寸」，類稿本作「射」。

治，以屬公。公執之，無敢遁，期理掾三日，獄具，盡杖脊而黥之，錮諸圜土。明日，中朝貴人救之者書至，則皆死無及矣。治興國，兵亦横不聽守將命，或相率白晝入民家取其資以去。公至郡曰：「此素我家部曲裨校耳，何敢然？」旦日，坐府，統制官以下拜謁庭中，受命不敢違。衢州寇起，連結處、婺、信之間，勢甚張。浙東提刑牟巘行部，盗逐之。守郭淵入郡，盗又逐之。朝命以殿司兵二千，與公往定衢。公曰：「殿司名天子爪牙，而兵實不足用，反損威。撫之以道，當無他。不然，淮卒足辦之。」至境，捕得數人，問之。言詹、祝兩家争田，郡不能直，相奮怒起鬥擊，不能自已，喜亂者聞風相挻爾。公釋其縛曰：「爾還告爾黨，自新，吾亦不問。❶其三日，來納欵。不至，吾所統卒，皆素善戰，必盡殺乃已。」未幾皆自歸，寇寧。公言于朝曰：「悍卒暫服，終不可恃。募爲兵以配江上，諸軍庶少安。」公去官，而衢復亂，又還公治之，復散去。宋之將亡也，郡縣之間，盗賊軍旅之事如此。以公之世將才敏，而見用僅如此。烏乎！而不危亡也哉！朝廷撫有四方之初，民心猶有未盡定，向因其素所信服者而用之，故以公鎮湖南者七年。既致事，來涖於湖南者，以民事爲問。公懇爲言利害，便不便亦不靳也。公嘗飄然有神仙之思，作太初道院居，善藥以捄人疾苦。賓客之及其門者，與之燕樂贐遺，貧乏孤嫠者振恤之。雖重費，不復計其家之有無。使方士燒水銀、硫黄、朱砂、黄金等物爲神丹，以資服食。斲琴、度曲，爲文辭、圖畫以自樂，遂終身焉。

❶「問」，原作「聞」，據類稿本、四庫本改。

文集二十卷，名之曰《太初紀夢》，藏于家。有玉溪李簡易先生者，得道爲神仙，數訪公，授以其術。久之隱去，人或以爲不死。公思之，一日見其至，喜而固留之。李先生曰：「吾遠來甚熱，請具浴。」公命具浴，先生就浴室，久之不聞聲。日且莫，公親候之，見有光昱昱在水上，圓如初日出，不復見先生所在。李氏書藏公家，今稍稍傳人間云。天水郡夫人吴氏，先公□□年卒。子四人：彌寧、彌宷、彌審，皆前卒。彌寬，用公廕，今爲奉訓大夫、韶州路曲江縣尹。女二。孫男六人：巖、嵩、岦、崫、峕、崙。集先世勳業，與公家相先後。冀國以丞相鎮長沙，而我先大父守永州。至元中，先公歸自嶺海，道出湖湘，嘗與公往還，道故舊。某以童子侍，猶識之。今故老盡矣，而不敏待罪國史，❶得以契家執筆紀公遺事，能無感慨乎！銘曰：

惟昔世皇，既定南土；迺輯迺安，不震不怒。迺睠赤子，安其母父；任以弗疑，何間疏附。顧瞻湘流，頷頷其城；民人衆多，有財有兵。翼軫之墟，其岳維衡；有赫炎靈，祝融所營。士有膚敏，世將世相；世武世文，君子之望。命服錫馬，勞以大饗；歸撫其民，皇威孔鬯。優游鄉邦，亦既有年；既老而休，温温德言。嗟世溷濁，言思翩翩；密室凝虚，鑄金爲丹。我懷公家，問學有自；以孝以忠，著作信史。國亡史存，澤及孫子；遭時休明，亦既膴仕。故物不遺，古學亦微；援琴鼓之，繼以涕洟。松桂在山，澤有蘭蘼；不

❶「國」，原作「圖」，據類稿本、四庫本改。

亡而存，庶其在兹。

兩浙運使智公神道碑

公諱受益，字仲謙，姓智氏，鄧州南陽人。幼孤，母夫人躬自教養。是時，國家規取江南，重兵在襄、鄧間。公始以善書計從軍，稍遷行省掾，隱然已負時望。至元二十一年，擢荆湖行省都事。征交趾，轉湖廣行中書左右司郎中，行中書省改行尚書，仍爲其郎中。治行軍幕府，數涉危險，計度餽餉益精備，上功。適都漕運選材，進以爲判官。尋遷海南、海北道肅政廉訪副使，病不赴。元貞初，除江西行中書省理問官。滿秩，又遷湖廣行中書省郎中。用御史臺薦，進官，遷湖南宣慰副使。□□年，遷江西行中書省郎中。丁母夫人憂。皇慶元年，服闋，除潭州路總管。未滿，罷。又五年，除岳州路總管。甫踰歲，賜黄金虎符，拜海道運糧萬户。滿三歲，就除兩浙塩運使。至治三年正月，以年七十請致仕。三月卒。祖某，某官。父某，某官。母某氏，某封，以貞節表門。娶某氏。子幾人，某、某。泰定元年□月，葬公南陽先塋之次。太史氏虞集，以故人子，當篆其墓之石以銘。敘曰：

世祖皇帝之初，進二三大儒於左右，與之論議，以混一宇内，豪桀之士以軍事立功。天下且定，立官府，别郡縣，治租賦，有調度繕作禁令之事，士始以文法趣具，善承迎辦治爲務。而公卿大夫之選，悉自此矣。末流之弊，更爲之名，以自别於士，識者閔焉。夫孰知有用之材，常趍所急以致用。故其所樹立，有足表見於時，若智公者，固何可誣也哉？公練習事物如燭照，策數一見，即要其歸，雖他經反覆，卒如其説而後定。吏具牘，或至數千百言，不了了於情致，公涉筆立更定，不數語，粲然有文，微密周緻，皆傳經説，吏民誦焉，數被旨問。大獄累年不決者，至公皆情見無隱。更朝廷病有司慢弛，遣使四出，號曰奉使宣撫，得專決，不憚大吏。湖廣人或詣使者，言行省不如法者數十事。且言故沮持憲臬者尤不韙，同幕頗爲動。公曰：「果自吾手出，當不至是。」使者至，以此爲首事。即日集省憲主者，閉府門，列坐條問以目。舉一事，公輒對以因起及施行與憲司論議相關者云云，無一不中律令。前後月日名數，錯綜細微，傾倒詳盡。隨閲文書，不少差。盡一日，凡十數事皆如一，使者驚異，不惟不得有所何問，更贊公，而立罪言者。一時會府人人倚公爲重矣。宣慰湖南者數年，潭人素服其威信。守潭之命下，民甚悦，而豪縱者望風避去。潭，大郡也，爲守者常壓於兩使者，惴沮不得有所爲。公上之日，宣慰、廉訪兩使者，率其屬親與爲禮。持文書者，往往門人故吏，拜起不敢仰視。文書晝時刻下州縣，以遠近艱易爲期。庭無留事，千里之内，洞燭如神明。蓋其爲政，實有舉措收縱，而非冥行偶中，依稀近似以爲名。是以未數月，郡中遂以無事。有富人子，爲不法事至府。公召問，獄具。萬端求解，卒無以變公意。是時，憲府空無他官，有獨專憲事者，大爲奸利，實畏忌公。富人子夜急投之，爲請緩，公不可。多方爲牽制，因求以罔羅公者。踰月，無纖髮近似可指。會屬邑尉公事後期，當笞，以老故未即論。立請尉當有賕免罪者，尉死不肯服。乃云公喜送過客，食蒸鵝，是某庫吏所致，蓋官錢云。以此劾治，困苦之數月不解。事聞朝廷，即驛召使者。會赦，乃敢夜遁去。而公亦去位。及治岳，益有餘才。海道運輸，係國計甚重。而上江不時至，請築倉建康，以冬受淮而出之，損益以法，民不駭而事速便。兩浙塩法積弊，吏民苦之。公理事，決囚盈廷。嘗先日出，盡日入乃已。每愀然曰：「庶及期月，當少清乎？」時朝議用公爲户部尚書，未命而報卒。嗚呼！世之以時才自信，而人亦信之，而果有異於人乎哉！若夫曾無明日之慮，徒以取給自詭者，固公之所素恥者也。然則公以計時數月，積官三品，視其同人，幾不及其最下者。而憂患勞苦，死而後已，不亦悲夫！嗟乎！有之而不見用，用已而不獲盡，君子之常也。公亦何憾於斯？故爲之銘曰：

才急於需，樸樕畢輸；優游無虞，梗柟薪槱。朝服于于，名駟大車；爾臯我夔，善駝利趨。人具曰賢，己亦信然；弗顧弗疑，充顏以前。不愧旁視，有閔無恚；既勞既試，終不自致。安平在時，則亦勿思；後或當思，既遠曷追。思則考行，此有成躅；刻石載文，以慰以勖。

福州總管劉侯墓碑❶

泰定丙寅三月甲子，福州總管劉侯，因其子江浙行省鎮撫輿之上事京師也，使以其間來告曰：「元亨以祖父之緒，屬當戎行，遭時承平，四方無大征戰，不得備效用。

❶ 此題，類稿本作「管軍中千户劉侯神道碑」。

然嘗將指歷至西南諸邊，幸不辱命。粵自荒服，俾守兹郡，粗息肩於奔走，以洒濯其瘴癘。始克自思曰：先君之葬三十年矣，而神道之碑未立，蓋未遑也，其敢曰將有待也。誠懼先世之德久鬱而弗彰，將無辭於子孫後世。請篆其事於石，庶不朽焉。敢再拜使子輿請。」集禮辭不獲已，則退而思曰：昔在皇慶二年，湖廣行省驟告于朝曰：「交趾遣三將，帥兵二萬七千寇邊，請出師討之。」朝廷重用兵，而又不敢忽其事。議遣使，即閲其實而究其便宜，❶廷中未有稱其選者。元亨自浙省以軍事入見，廷臣曰：「此其人矣。」即日以聞，乃授之弓矢，馳駟至廣西兩江。先使兩帥府出文書，慰安邊人，而申飭州、縣，毋敢以使者爲名，擅有徵發。乃親至大臨、少臨、昆侖諸關，來賓、柳、邕諸郡。凡所言見殘於交兵處，緣高縋深，觸熱茹毒。犯虎豹，踐虵虺，無不至焉。當是時，非止出蠻獠不意，而吾大小邊吏亦悚愕，踰絶望外矣。於是得其情實，即負固者傳譯申諭之。既俯首聽命，乃手自爲書，反覆數百言，諭交人以逆順禍福，且示以審實致討、不輕用兵之意。交人束書辭謝，有加賄焉。元亨斥其賄，切責使者以其情之所匿。未幾，交人奉表請罪。使還，南郡不施一鏃，遂以無事。又上其事宜，皆險阨之要，控守之宜，任擇邊吏之説。由是，天子知其名，廷議言材可用者，常在元亨矣。雲南，在□□皇帝嘗親征而理之，❷諸蠻犬牙相入，負恃而强忍，爨僰尤甚，數叛以煩官兵，議者請據其腹心而制

❶「使」，原作「使」，據四庫本改。

❷「□□」，類稿本作「世祖」。

之。乃即烏蒙立一宣撫，開屯田，而蠻知顧忌矣。前後二三十年，易置官府至於再三。凡爲費鉅萬萬，吏士或亡，或衂，物故者幾數千百人，終莫能定，以爲朝廷憂。延祐五年冬，更擇行省官領其事。而佩元亨以虎符銀章，專制屯府之事。果能明賞罰，别利害，據衝要，立營壘。部伍相乘，首尾應合。近而不雜，遠而有制。繕生養以固其志，嚴譏訶以絶其奸。盡其水土之利，公有餘而足以用衆，私均贍而不敢自私。又通其醫藥、市易、禱祠、游觀之用，幾不異於中州。未及三年，而隱然不可動之勢成矣。其報政也，竊美其事而問焉。則曰：「昔者先祖命我先人曰：『予以生長兵間，不獲事學問，世且平定，子孫其無廢學乎。』是以先君之教我嚴甚。今日之事，粗識義理，通古今，幸不致曠敗者，蓋有自也。」時聞而異之，已欲聞其父祖時事，以觀其爲人而未暇也。今屬書于我，其可以不敏辭。乃按其事狀，而書之曰：

侯諱濟，字濟川，姓劉氏，世爲大名人。在金時，常顯宦，而事軼不傳。所可以名知者，義軍千户暉而已。義軍生權府恩於兵間，沉鷙善騎射。金亡，挺身歸朝。從速不臺、太赤、阿术魯三大人於軍。歲丁酉，領其郡兵八百，號千户，從其帥攻宋隋州。破一寨，獲將一人。歲辛丑，破二寨，獲將四人。歲壬寅，馳解宋圍於葉，追敗其餘衆，獲將一人，殺將二人。自是，往來江淮間。歲丙子，敗宋舟師于泗之五河口。歲戊申，守招信龜山之險，治戰具，大敗宋舟師，殺其將大小八人。歲甲寅，以功將入見□□皇帝於六盤山，授管軍千户。中統二年，始受璽書，鑄印佩之，從破光州。至元四年，從守潁州。從軍三十餘年，大小數十戰，年六十二矣。而侯年亦已二十八，以通書數計策、善戰聞於軍中，請任之襲其軍事。方是時，行省益善其父子二人，不肯偏舍，故兩用之。以侯鎮其父兵，益以懷孟、彰德之卒五百，會攻襄陽，而潁州萬户方赴息州聚議，即以其父權萬户府事，留鎮潁州。宋將夏貴，知潁帥已出，乘虚攻其北門。權府設伏敗之，遂完城以待侯。於是時從江上諸軍攻取城邑，無虚日矣。至元十二年，伯顔忠武王管兵守無爲，規取淮西。侯分地守城北，宋師水陸並至，攻北門。侯先犯矢石，獲其將二人。北門既捷，宋師遂潰。論功侯爲最。又以其軍敗鎮巢叛將，而獲宋將一人。明年，仍戍巢，決水圍之，盪舟踰濠，蹴宋兵入水死，奪其輜重，遂降鎮巢。十三年，權府謝事，而侯始以脩武校尉爲千户。十四年，擒獲焦湖僞鈔者，歸之有司，讓其賞弗受。從攻安慶府野人原、馬齒山、龍山隘、天堂寨等。或諭降，或進討，殺獲甚衆。遂盡得司空山、黄山寨、水口衝之險。案功狀既上，還軍過廬州，其帥留以自助。適黄州叛，以侯并領安慶軍，夜赴之。未至三十里，叛者聞侯先聲，遂降。十六年，以功加武略將軍，佩金符。十八年，移戍海上，所過無所犯，民甚安之。是歲，其父卒。請服喪如禮。行省執軍法，不許。二十年，選鎮饒州。饒大郡，隣壤多岩險，新附。自侯至，無敢竊發者。明年，建寧賊起，旁郡苦於過軍，獨饒以侯故，不擾。二十二年，盜起，其屬縣監郡，幾陷賊手。侯破賊，出之。二十三年，移戍他郡，饒民争詣行省，乞留之。二十四年，侯以二千人與十將之士，屯田芍陂，收穀二十餘萬。築隄三百二十里，建水門、水牐二十餘所，以備蓄泄。鑿大渠，自南塘抵正陽，凡四十餘里，以通轉輸。二十八年，加授中千户。六月，卒屯所。以某月葬。年五十二。侯娶同郡李氏，生三子：元亨其長也，今亞中大夫，福州路總管。次元英。次元真。十女。其壻曰傅鑑、陳忠、魯讓、張晦，皆士族也，陶某、張某、武某、晏某、姓某、姓某。孫幾人。輿，其長也，襲世職，今超拜奉直大夫、江浙行中書省都鎮撫，治軍有善政，聲聞略如其父云。其墓在其縣之留犢鄉長卿村。或曰長卿者，唐隋州刺史也。因以長卿字其鄉。劉氏蓋其子孫，然無可攷證者。國家既一海内，自將帥諸校，功簿在樞府，職事傳子孫。承平既久，世其禄者，往往無以自見於當世，況其安逸而罷軟不勝者乎？是故功多之跡，富貴之所因起，邈然無聞者蓋多矣。今劉氏專對授政，卓卓有可紀述，而其言必曰祖父、祖父。是其祖父之遺子孫者功多，職事云乎哉！故可銘。銘曰：

於皇世祖，撫運以興；惟其智能，大小畢升。虎賁鷹揚，大帥十百；列校衆正，咸傑俱特。伐簡爲青，武功是書；大且弗勝，細固遺餘。偉哉劉氏，以德爲勇；世領千夫，曷究於用。雖未究用，其儲則深；建材發能，後克有任。煌煌治朝，四極無際；去兵垂櫜，川净雲委。芽蘖弗齊，孰芟孰治；使將恩言，頓首自歸。大廷之問，濟濟多士；授言遠外，必爾子孫。邦君之榮，上及重親；贊書啓封，既聞既陳。桓桓武績，濯濯文藝；表其盛者，以詔來裔。

道園學古録卷之十三

道園學古録卷之十四　在朝稿十四

碑銘

雍虞集伯生

淮陽獻武王廟堂之碑❶

昔者汝南忠武王，起義兵燕南，統率豪傑，略定郡縣，聲震河朔。及歸國朝，遂以其師攻河南。既滅金，將移師取宋。乃總諸軍以鎮亳，疏積水，立城戍，開田護畊，宋人不敢北犯。其後，淮陽獻武王復統亳州軍，以成大功。故亳有張氏之廟焉。其中廟祠汝南忠武王，西廟祀王第八子蔡國忠毅公；東廟祠王第九子淮陽獻武王。忠武始封蔡國公而薨也，賜謚武康，又贈推忠宣力翊運功臣、太尉、儀同三司、上柱國。獻武之薨也，贈銀青榮禄大夫、平章政事，謚武烈，又贈推忠効節翊運功臣、太師、開府儀同三司、上柱國、齊國公，改謚忠武。皇慶元年，獻武之子珪，以中書平章政事相仁宗皇帝。於是忠武進封汝南王，改賜今謚。獻武進封淮陽王，加賜「保大」二字以益其功臣號，又改賜今謚。禮部以其事下郡縣之有王廟者。至治二年，珪復入中書，歷相英宗皇帝、今上皇帝。於是泰定元年，加賜忠武，以「開國」二字益其功臣號。是年，天子肇開經筵，珪首當勸講。明年，解機務，

❶ 此題，類稿本作「淮南獻武王廟堂碑應制」。

封蔡國公，仍知經筵，以疾告歸。未幾，三遣使趣召見。上閔其病，重煩以政事，拜翰林學士承旨，仍以蔡國侍經筵。朝有大政則就焉。有間使來告某曰：「先王之廟在亳州者，庭皆有麗牲之石，我忠武及忠毅之勳德，則既具刻而銘之矣。惟獻武之廟，我以忝預國事，不暇私顧其家，故未有刻焉。」因以王之《墓誌》《神道碑》《家傳》授某曰：「刻文，敢以屬子。」其辭不獲，則對曰：「昔嘗忝爲太史屬，固嘗知公家世、勳德。及進講内殿，又執經以從公後者三年矣。雖不敏，敢次第而書之。」

謹按：王諱弘範，字仲疇。年二十餘，其兄順天府總管弘略上計行朝，留攝其府事，吏民服其明決。時内附甫定，蒙古軍所過，輒爲暴。王曰：「國朝自有法制，我奉行之。」執暴者決以杖，入其境無敢犯者。順天者故保州，以忠武故，陞府名。後有所避，又改令名曰保定云。世祖皇帝保定初置御用局，以王爲總管。三年，李璮叛濟南，親王哈必赤、丞相史天澤帥諸軍討之，以王爲行軍總管。且行，請氊帳於忠武。忠武曰：「汝欲即安耶？」不與。乃命之曰：「璮違天必敗，汝勉之。雖然，璮劇賊也。圍城勿避險地，險則己無懈心，兵必致死。主者慮其險，苟有來犯必赴救，可以立功，汝則勉之。」及圍城，王軍城西，璮出軍突諸將，獨不向王軍。王曰：「吾固受教矣，我易受攻而彼不至，謂我弗悟也。」乃築長壘，内伏甲而外爲壕，開東門以待之。夜浚其壕加廣，璮不知也。明日，果擁飛橋來攻，橋不足踰壕，軍陷。其得陵壕者突入壘門，遇伏皆死。降兩賊將，璮讋遂敗死。論功，王最多。忠武聞之曰：「真吾子也。」或言於朝曰：「璮所以得爲亂者，盡專兵民之權故也。」以此聞諸侯，諸侯果不自安，遂罷其子弟之在官者，王亦例解總管。至元元年，弘略入宿衛，上召見其兄弟可代守順天者。因念王濟南之功，遂佩之金虎符，代爲守。二年，移守大名，未上，微服行民間，察其所患苦，見倉吏收民税，視所當輸倍蓰，民大怨言載道。明日視事，首取而治之，民大悦。是歲，大水没廬舍且盡，租税無從出，王輒免之。計相以專擅罪王，王請入見上前曰：「臣以爲爲朝廷儲小倉，不若儲大倉，非擅免也。」上曰：「何説也？」王曰：「歲以水不收，而必責之民。府倉雖實，而民死亡盡，明年租將安出？活其民，使均足於家。歲取之有恆，非陛下府庫乎？此所謂大倉也。」上曰：「知體，其勿問。」其監郡有愛魯者，先在郡任計吏不當，至使自經死。僚吏不悦於愛魯，發其事，王不與之，則愛魯無援必敗。王曰：「同官也。」力爲之解不得，而愛魯抵罪，王亦爲之免官。歸鄉里，退然閒居，不以介意。六年，大括諸道兵，益圍宋襄陽。益都、淄萊等路行軍萬户丞相伯顔，命王軍鹿門，斷糧道，絶郢、復之援。主者曰：「鹿門有張九，漢水以東無慮矣。」於是王言於丞相曰：「今規取襄陽，周於圍而緩於攻者，計待其自斃乎？然而夏貴乘江漲，送衣糧入城，我無禦之者，而江陵、歸峽，行旅休卒，道出襄陽南者相繼也，寧有自斃之時乎？若築城萬山以斷其西，立栅灌子灘以絶其東，則庶幾斃之之道也。」奏用其言，移王軍萬山，令嚴恆無懈意。一日，出東門與諸將較射，大出。敵兵猝薄城。諸將曰：「彼衆我寡，請嬰城自守。」王曰：「嘻！我與諸軍在此何事？

敵至將不戰邪？敢言退者死！」即被甲上馬横戈，立遣偏將李應當其前，他將將六百人攻其後，親率二百騎爲長陣敵之。步陣間陳而待，王下令曰：「聞鼓皆進擊。未鼓勿動。」敵麾衆入陣，我不爲動。至再，且却。王曰：「彼再進，再却，氣衰矣，鼓之。」前後奮擊，宋師大敗，得奔還者無幾。八年，築一字城，進逼襄陽，破樊城外郛。九年，命攻樊城，流矢中王肘。王束創見主帥曰：「襄在江南，樊在江北。我陸攻樊，則襄出舟師來救，終不可取。若截江道斷救兵，水陸夾攻之，則樊必破，而襄亦下矣。」從之。明日，復出，率鋭卒先登，遂拔樊，襄陽降，以宋將吕文焕入覲。上嘉之，有錦衣、白金、寶鞍之賜，將校行賞有差。十一年，丞相伯顏帥師伐宋，命王率左部諸軍，循漢江東略郢而南。十二月，攻武磯堡，取之。大兵渡江，王爲先驅。宋相賈似道，以其軍蕪湖。其帥孫虎臣，軍丁家洲。王轉戰而前，大兵繼之，宋師潰。王前行，布宣威德，所過降下，師次建康。上遣使諭丞相，毋輕敵貪進，其少駐以待。王進説曰：「聖恩待士卒誠厚甚，今敵已奪氣，亡在旦夕，過自迂緩，資敵得爲計，非策也。將軍治閫外，急緩之宜，難制以喻度，乘破竹之勢取之，無遺策矣。」丞相然之。即日自馳馹至上前，面論形勢，得旨進師。十二年，師次瓜州，分兵立栅，奪其要害守之。揚州都統姜才者，宋之名將也。所統士有部落種人，自爲一軍，勁悍善戰。至是，以二萬人出揚子橋，都元帥阿术與王當之。兩軍夾水而陳，王以十三騎絶渡衝之，陣堅不動。王引却以誘之，其驍將本回紇人，鎧仗甚異，躍馬出衆，奪大刀出，前趣王。王還轡反迎刺之,應手頓殪馬下。立陣者同口驩叫,震動天地,而敵人亦不覺失聲。遂潰走,追殺轉至城南門,斬首萬餘級。其自相蹂踐,與陷壕水溺死幾盡。比得入城,十無一矣。王素善槊,此戰衆尤服其奇雋焉。於是宋將張世傑、孫虎臣,悉其國力,率水陸軍陳於焦山南北,將致死於我。我師合擊之。兵交,王之一軍横衝其旁,宋師大敗,宋自是不復能軍矣。追奔於圌山之東,王奪其戰艦八十,俘馘以千數。上功,改亳州萬户,亳軍忠武王舊所統也,王以爲請,遂還之。忠武王之事憲宗皇帝,嘗賜名曰「拔突」,拔突者,國語勇敢無敵之名也。於是上又以賜王爲名云。是年冬,丞相伯顔次臨安之長安鎮,中書左丞董公文炳左出京口,由海道會之。王亦將兵而左,師次宋郊。丞相遣使約降宋主。宋主幼,其大臣難於削號稱臣,請以伯姪爲禮,往返未決。王將命入城,數其柄臣之罪而詰之。遂屈服,竟取降表來上。宋亡,其主遂歸朝。而十三年,浙東又叛。王力疾討之,師次台州,遣人持書往諭。守將殺使焚書。我師怒拔之,衆請屠城,王不許,誅其首禍者而已,台民至于今感之。明年,師還。迎拜鎮國上將軍、江東宣慰使。其民新脱鋒鏑,王撫安之,期月境内稱治。十五年,王入覲,請於上曰:「宋主既降,其將張世傑,奉其庶兄益王昰與弟廣王昺南犇。既立昰於閩而卒,又立昺於海上,宜致討焉。」乃拜蒙古漢軍都元帥以行。陛辭奏曰:「國朝之制,無漢人典蒙古軍者,恐乖節度,猝難成功。願得親信蒙古大臣與俱。」上曰:「爾憶而父與察罕之事乎?其破安豐也,汝父欲留兵守之,察罕不肯。師既南,而城復爲宋有。進退幾失據，汝父至不勝其悔恨也。由委任不專，今豈可使汝復有汝父之悔乎？尚能以汝父宣力國家之心爲心，則予汝嘉，今付汝大事，勖之哉！」面賜錦衣玉帶。又辭曰：「遺燼未息，延命海渚。奉詞遠征，無所事於衣帶也。苟以劍甲爲賜，則臣也得以仗國威靈，率不聽命者，則臣得其職矣。」上壯之，上方寶劍、名甲，聽自擇其善者。既拜賜，又諭之曰：「劍汝副也，有不用命者，以此處之。」且行，薦李恒爲貳，從之。至揚州，選將校發水陸之師二萬，分道南征。以弟弘正爲先鋒，戒之曰：「汝以驍勇見選，非私汝也。軍法重，我不敢以私撓公。汝慎之！」弘正所向克捷。王進攻三江寨，寨據隘乘高，不可近。乃連兵環之，寨中懼，持滿以待。王下令，下馬治朝食，若將持久者。持滿者疑不敢動，而他寨不虞也。忽揮軍連拔數寨，迴擣三江，盡拔之。至漳州，親攻其東門，命將佐攻南門、西門。敵應之，乃乘虚入其北門，破之。鮑浦寨，南瀕海。王曰：「陸攻之，必走海。」令弘正圍以騎，他將攻其南門，又拔之。海瀕之郡，若潮、若惠，皆團結盤互。王威聲所至，恩信濟之，無不内附。十六年正月庚戌，由潮陽港乘舟入海道，至甲子門，獲宋斥候將都統劉青、顧凱，乃知廣王所在。辛酉，至崖山，而他將自外省調至者，雖隸所部，然儕視不相下，有驕蹇意，幾敢違其号令。王以軍法斬其最甚者一人，衆乃懾服聽命。時宋人僑居海中，環列千餘艘碇之，建樓櫓其上，隱然堅壁也。王引舟師當之，然其地兩山，東西對立。其北淺，舟膠不可進。我師由山之東，轉而南入大洋，始得與之薄。又出騎兵，斷其汲路，燒其宮室。而宋益困蹙，無所容矣。世傑有僧韓在王軍中，三使招世傑，世傑不從。甲戌，恆自廣州至小舟，更授以二海戰船守北面。二月癸未，我師將戰，或請以砲攻之。王曰：「火起則舟散，不如戰也。」明日，四分其軍，分處其東、西、南三面。王自將一軍，相去里許，下令曰：「宋舟西艤崖山，潮至必東遁，急攻之，勿令得去。聞吾樂作乃戰。違令者斬。」先麾北軍一軍，乘潮而戰，不克。李恆等順潮退，樂作，宋人以爲且宴，少懈。王舟犯其前，南衆繼之。王命高構戰樓於舟尾，以布障之。命軍士負盾而伏，令之曰：「聞金聲，起戰。先金而外動者死。」敵矢傅我舟如蝟，伏盾者不動。舟將接，鳴金撤障，弧弩火石交作，頃刻迸破七舟，宋師大潰。宋臣以其主廣王赴水死，獲其符璽印章。張世傑北突吾軍而遁，令李恆追至大洋，不及。世傑走未至交趾，風壞舟，與將士盡溺死。於是嶺海悉平，宋無遺孽矣。磨崖山陽，紀功而還。十月入朝。錫宴内殿，慰勞良厚。王以瘴癘疾作矣，上命尚醫護視，日以狀聞。遣近侍臨議用藥，曰：「吾有國事待其謀畫，必盡伎速愈之。」敕衛士坐其門曰：「九拔都病甚矣，非必不可不見者，宣詔止之可也。」疾革，沐浴易衣冠，俾左右扶至中庭，面闕再拜。返居，酌酒作樂，與親戚賓客爲别。遺言：毋厚葬，甲一襲，刀一事足矣。明器以陶爲之。出南征時賜劍與甲，以畀嗣子珪，曰：「汝父以是立功，其佩服毋忘。」語竟，遂端坐而薨。十七年正月十日也。得年四十三。上聞之震悼，詔京尹給喪事。所過郡縣，以禮迎送。歸葬其鄉之定興縣河内里，祔葬祖墓。而嗣子佩金虎符，襲其軍萬户。

二十九年，珪入覲。上謂太師月兒魯那延曰：「此家父子相繼，自太祖皇帝以來，定中原，取江南，漢人有勞與國者，是爲最。張氏、史氏，俱稱拔都，史徒以籌議，不如張氏之百戰立功也。所以爵其子孫者，豈可與常人同哉？」遂拜樞密副使，行院江淮。自是歇歷臺省三十餘年，爲國大臣矣。王素敏悟，喜讀書，過目輒識大義，歌詩尤慷慨。身長七尺，脩髯如畫。機明氣鋭，言辯捷出，勇略絶人。輕財下士，拔於衆材，已不以爲惠。尚氣節，敦信義。與人交久而益敬。剛直自將，不爲勢位所屈，雖臨之以威，而辭氣洒落，理辯愈切。初，伯顔至建康大會諸將，出庫金行賞，而王後至。丞相曰：「祖宗之法，凡以軍事會集，罪加後。雖貴近材勇無所貸，爾何敢後？」衆錯愕。王徐進曰：「臨戰未嘗後，受賞恥居先，何爲不可？」丞相爲之俛首。其能片言解疑悟類如此。簿録宋内府金帛，行省都事夾谷士常與焉。既而多所遺失，或因以誣士常，將就考驗。王曰：「士常名士，行義有素，何可以此議之。請以本身官爵，及家帑保其必不然者。」其後誣果明。南征時，宋文丞相天祥之軍，在潮之五坡嶺。弘正掩擊獲之，縛文丞相以至，椿以戈使拜，不屈。王釋之，待以客禮。吏士或諫王曰：「敵人之相叵測，不可近。」王曰：「忠義人也，保無他求。」其族屬被俘者，悉還之。及囚京師，聞王薨，至爲之垂涕。在海上，得宋禮部侍郎鄧光薦，禮之於家塾以爲子師。嘗戒其子曰：「居官律己廉慎，則公明自生。御衆賞罰信用，則人自致力。不懷報怨之心，怨亦自釋。」此三言者，皆王所躬行者也。凡行軍，非對敵未嘗妄殺。吏卒有病者，必親視醫藥。不幸死，必轉送其家。凡上賜與，必分班士卒。麾下有功賞，或不時得，則慨然曰：「人宣力如彼，而受抑如彼。後或解體，將誰與共功乎？」甚者爲之涕泣陳説，不得請不止，故人樂爲之用。及爲元帥，雖有所刑戮，亦必爲之懇惻申諭。仁聞既著，薨之日，天下莫不傷悼痛惜焉。今蔡國公又嘗謂集曰：「先王棄世，予尚幼，不足盡知其奇謀偉績。當時之交游與老校退卒，于今略以澌盡，雖欲廣聞，不可及矣。至其昭如日星，不可泯滅者，則有信史，與王、李二公之碑在，可以參攷者。」故凡可知者，備書之而不敢略。子一人，今蔡國公也。孫六人，某官某。曾孫十一人，某官某。

集嘗觀於蜀漢矣。諸葛武侯既殁，所在求爲立廟，後主不聽，百姓私祭之道上。或曰：「宜聽立廟成都。」又不從。步兵校尉習隆、中書侍郎向充等共言曰：「周懷召伯，甘棠不伐。越思范蠡，鑄金存像。漢興以來，圖形立廟者多矣。亮之烝嘗，止於私門。廟像莫立，非所以存德念功，述追在昔者也。宜聽立廟。」沔陽親屬，以時致祭。其故吏欲奉祠者，皆限至廟，君子以爲禮亦宜之。然則亳州張氏之廟，豈徒以著勳臣之世業哉？亦足以表朝廷之盛德。凡於腹心、股肱、爪牙之臣，無所不用其至者矣。故作詩以備樂歌云。其辭曰：

維昔世皇，受命自天；四征既庭，遂開中原。越是南國，歷禩三百；德在炎燧，運往行息。百萬在師，不亟不遲；不殺而神，赫其神威。江流湯湯，談笑畢渡；木顛草偃，有仆無拒。天子曰嘻，士亦勞止；時且徂暑，其休以俟。丞相文武，受言敬共；息鋭養完，牛酒旨豐。王乃叩閤，請具爲奏；若峻阪馳，寧扼其後。面上方略，報不踰辰；往臨厥都，雷飈疾神。丞相傳言，天子聖明；以順來歸，請吏民命。主幼臣迷，勞我行人；王曰弗庸，罪在柄臣。身涉其庭，氣直辭決；稱臣上表，再拜門闕。有保其遺，奔于海涯；延喘須臾，自靖其私。王曰不可，入告天子；不極其征，臣不敢止。乃錫神劍，名甲副之；抉瘴排炎，廓爲清夷。膠舟于壑，存其餘幾；王言三進，永訖炎紀。横槊賦詩，波濤不驚；磨崖勒銘，表于鯢鱷。功則多有，壽位弗逮；榮隨哀興，業以久大。三錫彌尊，以啓王封；冕舄佩圭，盛服在躬。維兹亳人，服德以世；享嘗于廟，從王孫子。於赫世皇，濯濯靈聖；萬神景從，翼之風霆。我思淮陽，陟降在側；孰是下國，顧懷來格。言言新宮，高明深宏；中有王考，右有王兄。王之格思，庶其在此；焄蒿浮斿，孰感而致。維亳士女，具曰不然；我有井里，王爲阡陌。我有溝洫，王浚王畫；王于作邑，其城頟頟。我藝黍稷，亦有稻秔；羊豕在牢，以庖則盈。笳簫鐃鐸，享士乃作；我迎我享，是用不怍。昔我父祖，荷戈執殳；從王南征，百戰是俱。春雨既濡，秋降霜露；王其享兹，從我父祖。維時君子，顧瞻咏嗟；咨亳庶士，孰知其他。王有嗣子，相我仁廟；正言于庭，必抉其要。邃深蔽虧，群讒切膚；帝尚仁孝，寧之厥家。英宗赫赫，如日斯烈；搜奸率庸，不假毫髮。臨軒視之，命遄其軀；託之股肱，恩信渠渠。天難諶斯，難起倉猝；慮深謀達，罪人斯得。聖明繼統，車塵徐徐；亦惟世臣，謹度不渝。既寧既好，思極厥保；陳經啓心，非法不道。申申其居，侃侃其容；孚于帝衷，以世師工。王廟奕奕，視此無斁；匪毫是私，國有恒秩。

知昭州秦公神道碑

公諱仲，字山甫，姓秦氏，世爲洛陽大族。大父和，仕金，❶爲河南安撫使，既歸國朝。父安，爲河南三路提舉。公嘗從紫陽楊奂然先生學，知名，得給事裕宗皇帝潛邸。郝文忠公經之使宋也，宋人留之真、揚間。宋亡，天子嘉郝公之節，擇士得公，迓之還京師。久之，除承直郎，建康路總管府判官。季父長卿，倜儻有大節。世祖皇帝潛邸在京兆，已知其名。及即位，召任宿衛，與故御史中丞劉公宣爲友，以氣岸相高。時宰阿合馬秉政，聚斂罔上，怙權寵，常伺察言己者中以危禍。廷中相語以目，無敢論列。長卿乃上書世祖，曰：「阿合馬擅生殺，人莫敢言，爲國蓄積怨毒已甚。其鉗制左右，使不得徹上聽，情叵測似秦趙高。私家之蓄過於公家，覬覦資籍情露，似漢董卓。春秋無將，請及時論法按誅之。」上以其書下中書。阿合馬固善伺人主意，力足使侍中貴人捄解，事得寢。他日，以爲宣德鉄冶弗治，須藉能者，奏用長卿爲同知。即以折閲課額數萬緡，爲長卿罪，下吏即獄中用濕紙掩口鼻斃之。盡没入其洛陽

❶「仕」，原作「付」，據類稿本、四庫本改。

家産。人莫不冤而哀之，然終無一人敢爲長卿言者。公乃去官，不復于仕。阿合馬死，朝廷更新政事。姚文公燧手爲書，爲執政言秦仲以諸父之仇，當國恥之，閑廢至今，臺憲力言其人，貧不能起，此風厲所係，宜不待於有言者。公得所爲書藏之，不以發，今固在其家也。善乎！史官歐陽玄作《長卿傳》而論曰：「或曰，使長卿如山甫勇去，庶不及難。曰：山甫求無負其諸父，長卿求無負其君，一道也。曰：怨乎？曰：自古君子死小人手者多矣，後之君子，終不以爲悔，又慕効之。夫後者之無悔，則前者其有悔乎？是以知其無怨也。」可謂得秦氏父子之心矣。至元二十五年，用事者急聚斂，遣使天下，大括金玉、珠貨、器物贏餘，苛酷吏請盡辟知名清疆吏以任事。公雖居閑，猶被迫遣治徽廣德之會。是時公府之出納，無容復有餘羡，此直以無義而取之耳，而操竊郡縣危甚。公曰：「吾意誠知其不可，然吾受罪去，固不辭。吾去而他至，則其害將不可言。」爲物色其稍可追理者以應之，視他處固不能十一二也。更以數少責之，亦不爲變。後五年，行臺治書侍御史裴公道源，監銓廣西外選，舉公知昭州。有善政，郡治無事。每游歌竹山，賦詩爲樂，自號歌竹山人。卒於官，三十年三月也，年五十有一。初殯建康城南，某年月日，歸葬洛陽某處。永康胡長孺志其墓。夫人喬氏，繼許氏、孫氏。男子四：從龍，□□大夫、僉泰禧宗禋院事。❶從德，□□大夫、中書左司郎中。❷從某，從禮。女子六。婿馬

❶「□□大夫」，蜀本作「中憲大夫」。
❷「□□大夫」，蜀本作「榮禄大夫」。

成、❶段時中、邢師雍。其三夭。孫男幾人。惟秦氏先世行事，卓然可稱。國家脩《皇朝經世大典》，訪問遺佚，而從龍嘗夢其先人，問從王父事已報史館否，得歐陽氏所著傳，始末甚具，以上送官。昭州以子贈某官。夫人封某。於法得立碑神道，故來請銘。銘曰：

明主在上，則有直臣；憂國奮義，蹈禍亡身。公以從子，泣血慎德；豈曰避仇？實癉蟊賊。陰消陽明，君子于征；名公具言，猶保幽貞。愛民之仁，拯物之智；天不與年，百未一試。信道不回，古人所難；父子相望，風節厲完。乃睠後人，並立朝著；爲國材賢，綽有令譽。維洛泱泱，潤覃柏松；過者式之，遺直之宮。

真定蘇氏先塋碑

奉訓大夫、刑部主事蘇志道，命其子天爵，奉狀來請曰：維蘇氏，趙郡著姓。其後有自行唐徙真定者數世矣。志道不令，無敢違祖父之訓，執事無敢不謹，以獲禄於朝，先世之餘澤也。然而遺事隱德之可知者，曾大父嘗言，志道猶志之。高祖而上，家牒軼於兵難無可考。故行唐之先塋，相傳在縣西南党家原，既莫知其處。葬真定府北新市鄉新城原者，曾大父嘗言東北一丘，是始遷之墓，族人之同塋異兆而藏者，猶識其爲某親、某親。今隱然高可隱者相屬，亦莫得而名之。悲夫！今天下治平久

❶「婿」，原作「壻」，據類稿本、四庫本改。

矣，非若曩時之逃難解散也。志道又幸得立石表之，不爲踰禮。柰何忍使邈焉堙没，以遺子孫無窮之悲乎？ 謹述世次、年月、行事，願爲文刻之石，表諸墓道云。曾大父諱元老，資純厚，儀狀偉然，嘗慷慨有大志。貞祐二年，以其家從金主徙汴。汴且危，同徙者猶乘便取人美田宅。乃歎曰：「已矣！ 無可與爲者，吾歸守吾丘隴死耳。」崎嶇兵間，數瀕於死，❶期月而始達。居久之，遂以貲雄其鄉。樂周人之急，歲數飢，常存活其鄉里，施及行旅，至今人能言之。始汴亂時，倉卒失其弟，物色之終身不能得，言之輒垂涕，其天性可見已。至元十三年七月卒，得年八十六。娶孫氏，生子一人，曰誠。誠少長戎馬，尚氣節，喜施與，尤謹孝養。時郡邑新定，無知爲學者，獨能教其子爲鄉人先。諸豪觀望時勢，所爲多不軌，所至民盡室逃之。獨能留養其親，使諸豪無敢犯，或更從其化導焉。敏治生而不喜殖産業。善飲酒，不亂。然既老得酒，意氣猶見於言笑間。大德二年十二月卒，得年七十八。娶畢氏。子五人：曰榮祖、曰立、曰實、曰信、曰德順。榮祖，幼穎悟，善學。嘗從同學自鄉校夜歸甚寒，同學者將叩門，亟止之曰：「聲遽，將驚吾親。」徐待門啓而後入。祖父嘗泄利，被寢席，手掬去之而浣滌以水，兼備敬愛，鄉之達士常舉以風爲人子者焉。與諸弟均衣服飲食，❷雖一瓜，不共食不食也。教子嚴甚，或勸之曰：「君才一子，盍少寬？」必正色對曰：「豈以一子故不教之也耶？」事師尤謹，有疾，親奉之。

❶「瀕」，原作「瀨」，據類稿本、四庫本改。

❷「均」，原作「君」，據四庫本改。

與朋友期，風雨寒暑未嘗後至。嘗持白金入城府售之，道過其友家，偶隊地，其友故藏之，以觀其所爲。竟起去，顔色不爲動。其友語之曰：「吾嘗服子有量，今益信。」家藏書數百卷，手録讎校不倦。因金《大明曆》，積算爲書數篇，頗易其舊法。既而歎曰：「爲成書久亦必差。夫曆數者民事之所當先，而儒者莫之習，何哉？」凡鄉里有婚姻、喪葬，必從問期日、禮節所宜。有疾苦，必賴其飲食、醫藥之餽。有鬥者，聞一言，明是非可否之決，各解去，不復詣吏。名既著，稍起從都轉運使辟監真定税務。贏餘不入私家，以廉平稱。未幾，以親老辭去，不復仕終身。年三十七而卒，至元十二年五月也。娶吴氏。子，志道也。女三：適劉從道、賈玖、馮慶。孫，天爵也。女孫三：適勸農司大使宫天禎、真定醫學録張蒙、章佩監知事何安道。志道從弟七人：嗣道、達道，立子也。安道，實子也。師道、昌道，信子也。允道、進道，德順子也。嗣道之子五，可名者天澤。安道之子二，可名者天章。允道之子，未名也。真定蘇氏先塋者，凡其族之卒者，皆以其次爲兆葬焉，而其配從之。備書其子孫之名者，著其族也。獨詳志道之世者，志道長且貴，又爲志道志也。大德中，志道爲憲府史，從御史按事遠邊，御史或將曲撫之。志道正色曰：「小人猶有所不爲，君柰何若是？」御史義而從之，而他官輔行者，竟以賄敗。某猶是識志道，與之游。至大二年，尚書省立志道爲中書掾。中書掾見躙藉甚死灰，志道泊然守職，不變不退。後察其行事，多方直守義，心敬愛之。其自中書省檢校官，爲刑部主事，皆與集爲同朝。集爲國子師時，天爵爲生，以鄉學尤見親，故爲之表而銘之。銘曰：

蘇氏始封出司寇，秦從武節遠莫究。趙郡相望接遥胄，去之百代世職復。司刑郎吏儼冠綬，歸視高塋廣以袤。斧形馬鬣莽回伏，子後父食孫祖侑。繼宗聯支有疏茂，體魄下寧氣來就。有別蜀洵譜維舊，祖尊親著族用收。法之著銘表神道，世世子孫可長守。

道園學古録卷之十四

道園學古録卷之十五

在朝稿十五

雍虞集伯生

碑銘

嶺北等處行中書省左右司郎中蘇公墓碑

延祐七年二月壬戌，中憲大夫、嶺北等處行中書省左右司郎中蘇公志道子寧父，卒于京師。七日戊辰，子天爵以其喪歸真定。三月乙酉，葬諸縣北新市鄉新城原先塋之次。而刻石以文曰：嶺北行省治和林，國家創業實始居之，於今京師爲萬里。北邊親王帥重兵以鎮，中書省丞相出爲其省丞相。吏有優秩，兵有厚餉。重利誘商賈致穀帛用物，輕法以懷其人。數十年來，婚嫁耕植，比於土著。羊牛馬駝之屬，射獵貿易之利，自金山、稱海沿邊諸塞，蒙被涵煦，咸安樂富庶，忘戰鬥轉徙之苦久矣。丙辰之冬，關中猝有變。未兩月，遂及和林。守者不知計所從出，人大震恐，並塞奔散。會天大雪，深丈餘。車廬人畜壓没，存者無以自活。走和林，無食，或相食，或枕藉以死。日未昃，道無行人。方是時，除吏率恇怯顧慮，辭不往，獨公受命即行。曰：「豈臣子避事即安時耶？」既至，曰：「事孰急於賑饑者？」明日，告其長曰：幕府謹治文書，數實錢穀。知前遇事變，❶無甚費失，上

❶「知」字，類稿本作「如」。

下因爲姦利取且盡，徒有粟五萬耳。民間粟，石直中統鈔八百貫，安從得食？請急賑之。大人人三斗，幼小六之一。即亟請于朝曰：「倉儲無幾，民與軍俱天子赤子，賑民饑將乏軍興，謹儲之則坐視饑者之死。不得已，饑者急在旦莫，已擅發，願急募富商大家，先致開平、沙、静附近之粟，别設重購實邊。勿惜一日之費，爲經久慮，幸甚！」中書省以聞，天子爲遣使護視賑饑，且下令曰：「有能致粟和林，以三月至，石與直五伯千。四月至，石與四伯五十千。五月至，又減五十千。至皆即給直。」賈運踵至，不三年，充實如故。乃爲成法，使勾稽考覈，參伍鉗制以相承，吏守之勿敢易。於是沿邊諸王多汎索，公持法一不予。王怒，使人謂公：錢豈爾家物。公獨曰：「有司知給軍事，非軍事誠不敢擅與。且謹惜撙節，非爲己私，王幸察。」亦無以爲罪。皇子安王是之，褒以衣一襲。吴王亦知公徒行，予名馬，公受而傾橐償其價。和林禁酒法輕不能止，中書更奏重法，罪至死。令下三日，索得民家酒一缶。趙仲良等五人當坐，省府論如後奏。公持不可。曰：「酒非三日成者，犯在格前，發在格後，當用後法。論當坐，猶當用詔書，審復詳讞，乃奏決，無敢擅殺。」衆不可，公獨上其事，中書省刑部如公言，其人皆得不死。人知公有明決，争者悉詣公。公曰：「我不得治有司事。」叱遣不去，卒得一言，則皆服而退。和林既治，事日簡，乃即孔子廟，延寓士之知經者講説，率僚吏往聽，至夜分休。孔子廟故丞相、順德忠獻王所築，未成而王薨，至公始卒其工。朝廷知公功，使者往來，必撫問慰勉。監察御史按事至邊，民數百人狀公行事卓卓者數十上之，御史以聞。而公與同列多異議，代歸，百姓不忍其去。行至京師，卒。公初以吏事，爲真定守山西姚公天福所推擇。既知名，轉補山西河東道按察司書吏。用使者程公思廉薦，爲監察御史書吏。轉户部令史，歷樞密院、中書省掾。出官承直郎、中書省檢校官、刑部主事、樞密院斷事府經歷、嶺北省郎中。終始不離吏事，然皆有可稱者。在真定，從其尹決獄竟，大旱俄雨。在河東，所按問無自言冤者。在察院，從御史按事遠方，能正色感愧折事，❶令無敢失職。在户部，從禮部侍郎高公昉治白雲宗獄。浙西白雲宗强梁富人相率出厚貨，要權貴，稍依傍釋教，立官府，部署其人煽誘劫持，合其徒數萬，淩轢州縣，爲姦利不法者。能爲明其詿誤者出之。田廬資賄當没入者鉅萬，没入之良家子女數百，當還民間者還之。閱二歲，五往返京師，以具獄上。在樞密院，軍吏子孫當襲官，其貧乏者至十餘年不得調，悉舉行之。天子使大臣行邊，北方獨以公從。有弓矢、衣鞍之賜。在中書，值尚書省立，威勢赫然。中書掾多從尚書辟，公獨不赴，泊然守局如常。尚書省罷，分鞫其銓選不法者，黜奪必以理。爲檢校官，得工、户二曹濫出財物數千收之，得吏曹官資高下失當者數十事正之。在刑部，能不用上官意出故犯者，能卻時宰欲殺盗内府金而獄未具者，能出主盗吏之使盗引良民者，能删治其條例以便引用者。在樞密斷事府，能辨庶弟之誣其兄奪其官者。總計之，蓋未嘗一事苟廢其職者也。然和林之政偉矣！我國家初

❶「折」，《國朝文類》卷五十四作「所」，當是。

以干戈平定海内，所尚武力有功之臣。然錢穀轉輸期會，工作計最，❶刑賞伐閲，道里名物，非刀筆簡牘，無以記載施行。而吏始見用，固未遑以他道進仕。❷公卿將相，畢出此二者而已。事定，軍將有定秩，而爲政者，吏始專之。於是天下明敏有材智操略，志在用世之士，不繇是無以入官，非欲以是名家趍急用也。而世或專以善持長短深巧，出入文法，用術數便利爲訾病者，殆未盡也。不然，若蘇公者，其可以從吏起家少之哉！

公幼不好弄，寡言笑，不妄交。爲吏，視文書可否奉行，不待請言者。坐曹歸，即闔門，不通問謁。對妻子如嚴師友，内外肅然。好讀書，尤尊信《大學》及陸宣公《奏議》，未嘗去左右。篤於教子，餘俸輒買書遺之。子亦善學，卒以儒成名，如公志。公之先，趙之欒城人，再徙真定。曾祖元老，祖誠，考榮祖，以公貴，贈奉直大夫、同知中山府事、飛騎尉、真定縣男。妣吴氏，贈真定縣君。遺事具先塋碑。娶劉氏，封真定縣君，黑軍萬户義之孫、征行百户誠之女。子男一人，天爵也，以國子高弟，授從仕郎、大都路薊州判官，治公喪以禮，能不用浮屠者。女三人：適勸農司大使宫天禎，次適張蒙，次適承務郎、河南行省都事何安道，封恭人。孫男曰淵。於是，公之年才六十耳。雖久服官，政皆佐人，無所自遂。方鄉用，遽没，君子惜之。銘曰：

有肅蘇公，執德不回；淵嘿自持，
弗耀其材。始時群公，好善己出；孰

❶「計」，原作「討」，據類稿本、四庫本改。
❷「仕」，原作「士」，據類稿本、四庫本改。

學孰耕，匪求乃得。得不以求，氣直而昌；謇謇舒舒，何行弗臧。直道若倨，不利涉世；我篤自信，守以終始。五掾大府，位卑志行；四命于朝，彌光以亨。頷頷和城，興王攸理；控制朔易，何千萬里。國人居之，谷馬雲生；尚莫往來，矧周其情。御史有簡，徒執以書。孰害其人？據義抉除。天子德音，元戎往布；曰爾從我，弓馬錫予。再歷其方，有法有恩；其人識知，掾語孔文。狃安易撓，我際其會；以哺以繒，幙府維最。邊人方懷，公不少留；見用駸駸，而疾不瘳。❶ 炎炎弗趨，寂寂弗變；當爲而爲，當辨斯辨。退而能思，閉户深居；制行甚嚴，動本於儒。儒行吏師，庶其在此；有書滿堂，以遺其子。子能習之，亦允蹈之；豈惟宦成？勖公之私。匪源無深，匪流無長；以承以傳，在此幽宫。

牟伯成墓碑❷

隆山先生姓牟氏，諱應龍，字伯成甫，故宋朝奉郎、知彭州、贈通奉大夫桂之曾孫，資政殿學士、正奉大夫、累贈光禄大夫、謚清忠子才之孫，朝奉大夫、大理少卿巘之子也。淳祐丁未，清忠公以國學博士言事，忤時宰鄭清之去國，抵吴興寓第，而先生生。清忠公喜，字先生曰翁歸。稍長，警敏過人，日記數千言，作爲文章，志趣高邁。清忠公以直道事理宗，爲時名臣。登其門

❶「瘳」，原作「廖」，據類稿本、四庫本改。
❷ 此題，類稿本作「牟伯成先生墓碑」。

者一時人望，先生皆得而親之。丞相江公萬里、參政楊公棟、高公斯得、端明湯公漢、尚書劉公克莊，至折行輩下之，而高公薦之尤力，此先生之始年也。先生嘗以世賞奏京官，輒讓其族父諸弟。而咸淳辛未，擢進士第。時賈似道持國柄，欺上罔下，妄以伊、周自儗，衆口和附。因欲致先生，乃好謂馬相廷鸞曰：「君故與清忠游，今其孫踐世科，誠難能，幸見之，當處以高第。」先生拒之，不往見。及對，具言上下内外之情不通，國勢危急之狀。考官異之，而不敢置上第，調光州定城尉，人或惜之。先生曰：「昔吾祖對策，以直言忤史彌遠，得洪雅尉。今固當爾，無愧也。」沿海置司辟爲屬。未幾，以心疾乞告歸養，而宋亡矣。

故相留公夢炎，事世祖皇帝，爲吏部尚書，以書招先生曰：「苟至，翰林可得也。」先生不答，留尚書愧之。既而家益貧，稍起教授溧陽州，遂以上元縣主簿致仕，此先生之歷官也。先生之母鄧夫人，故太史李公心傳外孫也。先生猶及見太史，每接語終日，而先生史學端緒自此始。大理公前國亡時已退不任事，至是益不出。父子之間，討論經學，以忠孝道誼相切劘，若師友然。自大官顯人過吳興者，必求大理公拜床下，得一言而退，終身以爲榮。而先生以元子侍左右，見者感服，一以爲師表焉。其於經皆有成説，門人不能盡傳，行於世者，《五經音攷》若干卷而已。先朝文獻淵源之懿，日以曠遠，時人無能言者，或妄言以自詭，輒牽合無據。先生道其官簿、族系、月日、鄉里如指諸掌，蓋非直其强記如此，亦故家習熟見聞而然也。其爲文，沛然若江河之決，不極所至不止，時人以爲似眉山蘇氏，此先生之爲學也。先生簞瓢屢空，不以介意，門生故人或有餽，苟非義不受。與人交，樂易真實，不以矜厲爲容。談笑傾倒，援引根據，不見涯涘。居吴興三世矣，而風致猶故鄉。自號曰隆山先生，示不忘其故云。此先生之爲人也。

先生娶楊氏，奉直大夫、知邵武軍恪之女。先先生五十二年卒。再娶程氏，朝奉大夫、將作監繩翁之女。楊、程，皆眉山詩書故家也。男子五人：必遠、必大、必達、必勝、必昌。其三人早世。今必達、必勝在。勝，程出也。女三人：長適蘄州路教授陳琛，次適建寧路知事雲謙，❶次適殷天錫。先生卒於泰定甲子三月，享年七十有八歲。以是年五月乙酉，葬于湖州烏程縣三碑鄉兑山之原，此先生之終也。前先生之卒一年，某始免先太史喪，省墓吴門。先生手爲書，命其弟以其門人、鄉貢進士陳潤祖所述平生來告曰：「子之言，可信于世，盍及我時，爲我著小傳。」某承命不敢當，將詣吴興拜先生。會有國史之召，不果。泰定二年冬，程夫人之弟、江山縣尹晉輔，以先生之子必勝書來，請某爲碑銘。❷曰先生之志云。某惟家世仁壽，與先生同鄉里，門户略相望。先生少先太史一歲耳。先生幸不鄙棄，托之以言，是有以處某矣，其敢以固陋辭。雖然，僅能書所得而知先生者，庶其可信也。其不知者，固不敢言，言固不信矣。後之君子，信其所可知，則其未盡知者，可推見矣。故爲銘曰：

學孰爲博？寶藏有作，運化參

❶「雲」，類稿本作「雷」。
❷「某」，原作「兵」，據四庫本改。類稿本作「具」。

錯。掇拾偏駁，欺世之怍。文孰爲雄？江漢之東，浩浩不窮。補苴彌縫，嘻嘻粗工。有餘而藏，不足而張。我懷先生，豈私其鄉？斯文有傳，百世不誣。銘以信之，不其遠乎。

桐鄉阡碑

故贈某官封馬公某，以大德五年守光州，有惠政。後官閩中，以皇慶二年卒。囑家人曰：「光，吾桐鄉也，我死必葬諸。」其子祖常奉喪北歸，至於光葬焉，表之曰「桐鄉阡」云。

某與祖常嘗在太史，故屬某識之。按公家世、歷官、行事、月日，已具神道碑，此獨著其係光者，以示光之人焉。初，金人侵宋江南，宋踰淮設關塞，列保障。而金之窺光者，自陳州出宛丘、新息，坦途千里，無天險可恃，故光之不得寧居者，垂二百年。每兵至，郡豪輒率其衆，走保金剛山，須事定然後敢出。是以國家既盡有宋地且七八年，始知出降，而光得以成州。然畊者不足周其土，來占田籍者，皆四方之人也。仁人君子，固亦盡然重有感於斯已夫！方是時，公以有爲之才，撫新集之衆，甫及三年，而自信夫千古之託，豈偶然哉？惜乎舉措之微，有不獲盡知者矣。獨聞在郡時，有請歲税光，畝出粟十萬者，❶公力持之，卒不征。光人掇茶山中以爲飲，運司行茶法江南，歲有吏索光人，脅重賄，山谷之民尤病。公卒懲之，使不敢復至。乃立學官而躬教之。謂司馬公寔生是邦，家而奉祠，示之德

❶「畝」上，類稿本有「若千」二字。

行規以革其頑鄙。若此者，光人之所以思公，而公亦以自信者與。昔人之所謂桐鄉者，良由是。噫！計公之去光而歸葬，至于今久矣。昔爲公民者，少者壯，而壯者老矣。父兄長者，亦有以詔其昆弟子孫已乎。今天下日已治平，光爲内地。取賦有恆制，民生無與乎外事。地力完而生物敏，資用給足。然道非賓旅所通，出無車馬貨財之交，無所耗乎華靡，民之易治，益愈於昔。國家法令脩明，擇吏謹審，代公而治者，其蹟可數也。鬱乎茲阡，豈直係光人之思哉？理吾光者，可以有所覽觀矣。馬氏本西北貴族，由兵馬死事，號曰馬氏。而光之有馬氏，自公始。祖常，進士高第，爲代聞人。諸弟若子，相繼以文學入官，來者未可量也。故特著之，以俟夫考世徵德者，是亦光人之志也。

户部尚書馬公墓碑

世祖皇帝之初，拔用豪桀，恆出其望外。天下既平，思與民休息，乃定制立則，俾守其成，非積歲時習故事者不尚也。成宗皇帝數十年間，遵以勿失。故吏治無大變易，民庶宴然，可謂極盛者矣。方是時，公卿大夫往往深沈敦厚，有大山喬林之意。若尚書馬公，温恭在躬，樂善不倦，政本於學，退然若不能者，今其可得見乎？

公諱煦，字得昌，姓馬氏。大父信，贈太中大夫、輕車都尉、扶風郡伯。夫人兩薛氏，並贈扶風郡太君。父公和，磁州提領勸農官，贈正議大夫、輕車都尉、扶風郡侯。妣劉氏，贈扶風郡夫人。初，馬氏居磁之滏陽，不知世次。至勸農公，以能官見推於時。而弟天驥方治書御史府，一門之盛，已著州里。外家劉氏，菡萏有異花，或以爲瑞徵，而占之曰：「是當在其女子之子。」其後，公與其兄河南提學曙、國子助教昉，從鄉先生大鹵楊震亨學，並爲聞人，而世遂以爲傳信矣。公以至元初，補大司農史，轉辟御史臺掾。十五年，拜行臺監察御史，秩滿，僉江西提刑按察事。二十二年，除荆湖行省員外郎，改廬州同知。二十六年，除江淮行省理問官。二十八年，除江西行省郎中。元貞元年，改山南廉訪副使。二年，行泉府卿。大德三年，拜户部侍郎。四年，遷中書左司郎中。六年，出守濟寧。至大元年，移守湖州。三年，召拜刑部尚書。延祐三年，以户部尚書致仕。入官四十年，凡十四遷。自奉議大夫至正議大夫，八進秩。治績之著，不可勝紀。其尤關民事者，可書以傳焉。

在行臺時，湖廣省臣托俘虜之籍，私孥其人萬家，無所詣愬，官亦莫敢正，公按還之爲民。時軍事未盡息，江上運輸方急，督運者怙恣，輒匿粟五萬斛自入，而以風水爲解。公抉而奪之，還付吏。江西之民，吉州尤號富庶。爲吏者縱欲以求獲，民不堪命。俗尚氣，常百計求直，因得善訟之目，實由貪殘迫之，非素然也。公行部，劾治其暴横者監州一人，而親至學校，禮其耆舊，與爲賓主。進子弟而教之，風化丕革。朝廷以内附既畢，大料民，❶新版籍，自淮至於海隅不知奉行，民多驚擾。公在廬州，令其民家以紙疏丁口産業之實揭門外，爲之期，遣吏行取之。即日成書，廬民獨不知害。佐江

❶「料」，類稿本作「科」。

西幕時，值行省復爲中書，盡去尚書舊吏，獨留公一人。其所部郡，擇民甲户主倉庫，民新附，不識法，又恇怯不任事，率爲吏卒攘竊。及歲滿，必破家殺身，至其子孫不能償。每受更，有司擅爲，上下與奪。而尚書省治財急，害尤甚。公曰：「富人狃安豢，寧知官府，不敗何待？此爲患無已時。當用精强吏代之。」遂爲定式，倉庫無闕事，吏更以勞賞進用，至于今便之。時民既又以叛告大家者，長吏爲震動。而告者賄民，幸亟捕治之。公持不可，曰：「叛當有物色蹤跡，遽以一言大索，比得實，已破家，非一人之白。」❶遣所信吏往察，果妄，坐告者如法。此二者，江西人言及之，猶感公不忘也。守濟寧時，有重車過濟州橋，橋危馬逸，車下注，有婦人行不及避，死輪下。有司論御者辟。公曰：「此無殺人意。」釋之，徒責金以給葬。其在湖，富商有傭舟師至他郡者，溺死。或嗾舟師妻訟商殺其夫，冀得賄，商不與，又不賄吏，吏誣商成獄。又有二人同市飲者，後三日，其一人死。既葬，或訹死者子，訟同飲者。同飲者不賄吏，吏亦誣之成獄。公一見，皆釋遣。而豪家毆人至死，納井中，以溺聞。吏成其獄。公曰：「無溺狀。」訊之得實，遂竟之。其精敏平允，類如此。富家私田跨縣邑，貲無算，援結大官貴人如平交，氣勢出守令上遠甚。析其户役爲數十，其等在最下。賦役常不及己，而中下户反代之供輸，莫敢何問。公因買絲之役，會而均之，遂無所逃，鄰郡多法焉。胡安定先生墓，見奪於何山浮屠。公還之高原而祠之，置守冢二家。徹淫祀二百區，興

❶「之」，原作「矣」，據類稿本改。

學校，築塘濼，嚴保伍，懲豪縱，蠲煩擾，皆有成法。二郡之民，思之不減於江西矣。是故答剌罕公之爲相也，病選法之滯。公適左司，攷歷代典故白之，深爲丞相所敬重。至遣其子今平章脱完公禮之，以爲吏師。在户部時，天子遣使分道問民疾苦。公持節河東，舉措廢置，緩急先後，號爲得體。於是朝廷屬意大用公，而公益自信久矣。一總大司寇，不得行其志而去，遂終厥身，豈不惜哉？

然公於讀書，尤深於《易》《老子》，常自號觀復道人。太行之麓，有神麏山者，泉石幽勝。公既歸，遂日與門生、羽人息游其間，不以富貴往事介意。其所存，固非人所盡知者矣。不然，公之所能至，豈不足如他人哉？而時之人卒敝於世故，視神麏之樂，不能以彼易此者多矣，公又何憾焉？

公以延祐三年卒，年七十三。娶彭氏，先卒。又娶夾谷氏，皆扶風郡夫人。四子，皆早世。用從孫某爲後。用公蔭，爲某官。女一，適侍儀舍人賈某。馬氏之塋，始在郡西南陽城里，今葬屯川者，自公始。後幾年，爲泰定二年，立碑神道。賈某始來求爲銘。銘曰：

神麏之陽，滏流洋洋。有燁馬宗，世爲之望。望之儗儗，有梓有杞。桓桓勸農，侃侃御史。爰暨中書，中外踐更。宜秉國均，以究其成。善止弗蹶，亦未期耋。有緌瓊纓，臨滏以潔。軒軒乘車，没齒走趍。孰不懷鄉，存其幾餘。思表令德，勒辭比事。匪孫子是遺，用憲國士。

洛陽楊氏先塋碑

承務郎、中書刑部主事洛陽楊益謂國史虞某曰：「北邙之北，有重岡蜿蜒，隋爲袤平，曰杜村之原者，古溝四周，漲潦溢流，注合于瀍。南溝之瀦，渟涵深碧，有龍居之，歲旱不竭，鄉人禜焉。我先塋實臨之。溝外有道，車徒所經，東隴南阜，❶隱若城郭。西獨虛敞，風氣宣通。宅是奥區，二百餘年矣。曾大父仕金，爲中原酒使，金亡，酒使殁兵中。兄弟五人，逃難莫知所之，獨大父自平陽得歸奉先塋。大父之喪，先人以爲兆域雖存，世次不可考，懼昭穆失序，則無以妥先靈也。既卜地塋西，以葬大父，而别立石以表故塋，未果。先人殁祔葬大父之次，自有誌。太史其爲著故塋之銘，以成益先人之志，子孫雖散處他郡，歸而猶有考焉，則益之願也。」按中京君，諱德全。平陽君，諱儀，字子儀。諱庭實，字獻卿者，故南陽府判官，益之父也。益方正有才器，歷仕風憲，在朝爲名士，方見進用。蓋其所積者遠且厚，於此可見。故爲之銘，曰：

北邙之纍纍兮，何千百年？披榛尋丘兮，孰無故先？徙死不還兮，言遭變遷。既蕆復治兮，楊氏之阡。往者莫紀兮，知者三傳。有子立朝兮，孫曾以延。時平世遠兮，文存石堅。

國子助教李先生墓碑

東明李先生爲國子助教時，某後至，與

❶「東」，原作「東」，據類稿本、四庫本改。

先生爲同官。先生所居齋，諸生多年長豪俊之士。先生朝夕授之經，懇款有程，方重純篤，授業者知以質行爲貴。某少先生十餘歲，嘗觀其不可及以自勵。方是時，故平章政事高公昉，故翰林學士元公明善，皆先生鄉里，雅敬先生，而高氏又與先生家連姻。二公赫然用事于朝，先生歲時往來之外，未嘗有所私謁。處士張子素，好立奇行自表樹。瓠冠布衣，刺口言天下事，常傲視一坐人，亦少先生數歲。先生以鄉里，待之甚勤至，子素益加敬愛。嘗從駕上都，分教諸生之在宿衛者。比還，中道驛吏告乏馬，以牛車進。先生食已，攝衣升車無一言。驛吏更相誚以爲不當靳長者，而從者亦愧服。先生居成均五六年，有傳其子好文，所著古文數十篇。至京師，故御史中丞張公養浩，與元公皆以文學自任，一見驚異，即列薦之于朝。先生慨然曰：「斯文之事，屬諸吾兒可也。」至治末，集自江南召還，則先生已去世。而好文登進士第，歷史館、成均、奉常，復得爲同朝。集見其深靖有學，未嘗不歎先生之有子焉。好文來言於集曰：「昔先君子之在朝也，招撫府君之墓，得姚文公爲之銘。鄆城府君之墓，得閻文康公爲之銘。先君子殁，而諸老盡矣。同居成均者，惟子在焉，敢請銘。」集誠不敢附二公之後，而與先生父子厚善，其敢辭！

按李氏，世居單州。諱訪，金義軍提控。生子聚。金亡，徙大名之東明。大帥阿术魯版授軍民招撫使，生庭玉，鄆城令。先生，第三子也，諱鳳，字翔卿，一字舜儀。幼嗜學，休沐不廢，從鄉先生孫曼慶學詩。久之，曼慶謂先生曰：「詩，吾無以加子矣。其爲義理之學乎？」先生迺屏絶金末律賦舊習，而究伊洛之遺書，寒暑不懈。嘗䰞粥未熟，而臨卷有得，不知釜之焦也。初，從太史氏測景陽城，留居嵩、潁間讀書，三年而後歸，爲郡學。鄆城病，還東明，遠近學者從之，常以百數。稍遷廣平學正。大德丙午，始除國子助教。在官兩考餘，有司以常格除臨朐主簿。到官未久，即去之。延祐丁巳八月己酉，終於家。年六十有四。以好文貴，贈從仕郎、郊祀署丞，加贈奉議大夫、太常禮儀院判官、驍騎尉，追封東明縣子。夫人王氏，故太醫院使康懿公安禮之從子也。通經史，善相其夫，教其子以有成。初封宜人，加封東明縣太君。就養京師，安貧而篤於禮。至順二年十月甲子卒。年七十有七。子一人，好文也。女適王思柔。孫三人：沭、浚、潞。女孫二人，皆幼。好文奉母喪還東明，將以三年三月丁酉，合葬先生、夫人于黄頭里之先塋。先生雅好岩壑，而所居遠於山，得奇石積諸齋前以爲山，日對之吟諷。先生著書甚多，而不甚存藁。所存者有詩數百篇，曰《西林集》。西林，先生所居也。銘曰：

先生之容，鬱乎山嶽之蒼蒼。先生之懷，浩乎河海之泱泱。用位不多，斂而歸藏。子以文興，于先有光。我表西林，永思不忘。

道園學古録卷之十五

道園學古録卷之十六

在朝稿十六

雍虞集伯生

碑

御史中丞楊襄愍公神道碑❶

泰定改元，詔書以朵兒只中丞爲帖木迭而所構害，命昭雪之。三年月日，特贈思順佐理功臣、金紫光禄大夫、司徒、上柱國、夏國公，謚曰襄愍。明年月，御史臺奏用其子武備庫提點不華，僉河東山西道肅政廉訪司事。不華既拜命，乃泣而言曰：「惟先臣之死，於是七年矣。陛下幸昭雪而贈䘏之，固已釋冤憤，感德於地下。臣雖萬死，懼無以報稱。顧於法得立碑神道，願載其事於貞石，以昭陛下之明聖，敢昧死請。」明日，臺臣以聞，制曰：「可。」且命臣曰：「汝某其具書以文。」臣再拜稽首而言曰：朵而只事，具見明詔，天下咸共聞之，臣敢具終始可徵者。武宗皇帝方賓天，皇太后在興聖宫，以帖木迭而爲丞相。踰月，仁宗皇帝即位，遂相之。居兩歲，得罪斥罷。更自結興聖左右，至爲折辱宰輔，撓制中書，諷以再相。既而居位怙勢，貪虐兇穢滋甚，中外切齒，群臣不知所爲。於是，蕭拜住自御史中丞拜中書右丞，又拜平章政事，稍牽制之。而朵而只自侍御史拜中丞，慨然以糾

❶ 此題，類稿本作「楊襄愍公神道應制」。

正其罪爲己任。上都富民張弼，殺人繫獄。時宰使大奴脅留守出之。乃强以它奸利事，不能得。丞相坐都堂盛怒，以它事召留守，將罪之。留守昌言：大奴所干非法，不敢從，它實無罪。丞相語絀，得解去。而中丞已廉得時宰所受張弼賕鉅萬，大奴猶數千，使御史徐元素按得實入奏。而御史亦輩真又發其私罪二十餘事。天子震怒，有詔逮問。時宰匿興聖近侍家，有司不得捕。天子爲不御酒飲者數日，以待獄竟，盡誅其大奴同惡數人。時宰終不得，中丞持之急。興聖左右以中旨召中丞至宮門，責以違旨意者。對曰：「待罪御史，奉行祖宗法，必得罪人。非敢違太后旨。」天子仁孝，恐誠出太后意，不忍重傷，咈之，徒罷其相。而中丞亦遷集賢，天子猶數以臺事問之。對曰：「非職事臣不敢與聞。所念者：迭木帖而雖去君側，反得爲東宮師傅，在太子左右，恐售其姦，則禍有不可勝言者。」其後仁宗棄群臣，英宗皇帝猶在東宮，迭木帖而復爲丞相。乃宣太后旨，召蕭拜住、朵而只至徽政院，與徽政使失里門、御史大夫秃忒哈雜問之，責以前違太后旨之罪。對曰：「中丞之職，恨不即斬汝以謝天下。果違太后旨，汝豈有今日耶？」又引同時爲御史證成其獄。顧二人唾之曰：「汝等嘗得備風憲，故爲是犬彘事耶！」坐客皆慚俯首，即起入奏。未幾，遽稱旨，執而載諸國門之内，俱見殺。是時，風沙晦冥，都人恟懼，道路相視以目。及天子即位，詔書遂以誣罔大臣，爲之罪名焉。其勢既成，睚眦之怨無不報。太后爲之驚悔，而天子久亦覺其所譖毁皆先帝舊臣，滋不悦，未及有所論治而病死。會有天災，直言會議廷中。集賢大學士張珪、中書參議回回皆曰：「漢殺一孝婦，三年不雨。蕭、楊等死，豈直一孝婦乎？」是時，迭木帖而諸子，列在禁近，威燄猶熾，聞者失色，言終不得達。及珪拜平章政事，始入堂署事，即告丞相拜住曰：「賞罰不當，枉抑不伸，不可以爲治。若蕭、楊等冤，何可不亟昭雪也。」丞相韙之，迭木帖而之子相繼以贓敗，遂籍其家。然昭雪之事，終至治之歲，不遑暇及。今上皇帝入繼大統，詔書首以爲言。褒贈哀榮，相踵而至，幽明兩致，其感動焉。於乎！粤若我仁宗之仁孝，文物大備。英宗果鋭，法度修飭。自古帝王之有德有爲者，未能與並倫。而一迭木帖而，常因國有大故，乘間用事，以傷平明之治，天人共憤久矣。然卒保其首領以没，而忠臣直士爲所誣搆者，乃有待於久而後明焉。此其人深技奇數，亦非常之材也乎？方其盛時，宦寺固結於内，術智爲用於外，幾莫如之何者，其計亦略得矣。而能嬰其鋒者，一二正人而已。卒皆蹈死而不悔，天下後世聞其風者，固欲考見其人之行事，以表忠直之終不可泯者焉。然則若朵而只者，臣敢不敘次以塞明詔之萬一？

謹按：公名朵而只，姓楊氏，世家河西寧夏。祖失剌，贈推忠佐運功臣、太保、金紫光禄大夫、柱國，追封夏國公，謚忠定。父失剌唐兀臺，贈推忠翊戴功臣、太傅、開府儀同三司、上柱國，追封夏國公，謚康靖。公少孤，與其兄始齠齔，知自植立。語言儀觀，已如成人。兄弟相勵以勳業，當時固以大器期之。事仁宗于藩邸，甚見倚重。大德丁未，從在懷孟。聞朝廷有變，將北還。命公與李孟先之京師，與右丞相答剌罕，定議迎武宗于北藩。仁宗還京師，譏察禁衛密致警戒。仁宗感焉，至親解所服帶以賜。既佐定内難，仁宗居東宫論功，以公爲太中大夫、家令丞。日久侍側，雖休沐不至家，官事亦決于宿次，衆敬憚之。會兄卒，涕泣不勝哀。仁宗憐之，存問優渥。待寡嫂有禮。待兄子不異己子。家人化之，循循然毋敢失辭氣。進正奉大夫、延慶使。武宗聞其賢，召見之。仁宗曰：「此人誠可任大事，然剛直寡合。」上顧視之曰：「然。」然終不及用也。仁宗始統大政，執誤國者將盡按而誅之。公曰：「爲政而尚殺，非帝王治也。」上感其言，特誅其尤無良者，民大悦服。上與中書平章李孟論元從人材，孟以公爲第一。上是之，拜禮部尚書。初，尚書省改作至大銀鈔，視中統一當其二十五，又鑄錢爲至大錢。至是，議罷之。公曰：「法有便否，不當視立法人爲廢置，銀鈔固當廢，銅錢與楮幣相權而用之，昔之道也。國無棄寶，民無失利，錢未可遽廢也。」言雖不盡用，而時論是之，遷宣徽副使。御史請遷公臺司，上以宣徽膳用不會，囑公領之，未之許也。有言近臣受賄者，上怒其非所當言，將誅之。張公珪爲御史中丞，叩頭諫不聽。公言于上曰：「誅告者失刑，違諫者失誼，世無争臣久矣。張珪真中丞也。」上喜，竟用張公言。公拜侍御史。上宴閒，時群臣侍坐者，或言笑過則，上見公正色，爲之改容。有犯法，雖貴幸無所貸。而譖言與矣，賴上知公深，譖不得行。未盡八閲月，拜資德大夫、御史中丞。中書平章政事張閭以妻病，謁告歸江南，據河渡地、奪民力。公以失大臣體，劾之，張閭罷。江東、西奉使斡來不稱職，權臣匿其姦，冀不問，公劾而杖之，斡來愧死。御史納璘言事忤旨，上怒叵測，公救之，一日至八九奏曰：「臣非愛納璘，誠不願陛下有殺御史名。」上曰：「然則其左遷爲昌平令。」昌平，京邑，地近而境隘，民勞而事煩，凡期會供億，令稍非材，恆不免捶楚，以是苦之。公又言曰：「以御史宰京邑，無不可者。然以言事得左遷，恐後之來者懲創，無肯爲陛下言者。」不得請。數日，上讀《貞觀政要》，公侍側。上顧謂曰：「魏徵，古之遺直也。朕安得用之？」公對曰：「直由太宗，太宗不聽，徵雖直，焉用之。」上笑曰：「卿意在納璘耶，赦出之，成爾直名。」有上書論朝廷闕失，面觸宰相。宰相怒，取旨囚之。司寇將殺之。公曰：「詔書云：言雖不當無罪，今若此，何以示信於天下。果誅之，臣亦負其職矣。」上悟，釋之。於是特加昭文館大學士、榮禄大夫以獎之，且以重耳目之寄。時位一品者，多乘間取旨邀王爵贈先世，或謂公眷倚方重，苟言之可得也。公曰：「家世寒微，幸際遇至此，已懼弗稱，況敢求多乎。且我爲之，何以諷勵僥倖者。」遷中政院使。未幾，復爲中丞，遷集賢大學士而死。時年四十二。娶李氏，同知諸路人匠總管府事某之女，有婦道，先公卒，追封夏國夫人。子一人，不華也。後夫人劉氏，同知徽州路總管府事某之女。公死時，權臣將奪以畀人。夫人翦髮、毀容以自誓，乃免。封夏國夫人。子一人，文殊奴，亦克稱其家者。公魁偉人也。寡言笑，無鷹犬聲色之好，獎善如不及，嫉惡如仇讎。用人必當其材能，故一時風紀號爲得士。論政事必合於義理，正言無所徇麗。臨患顔色不變，凛凛乎古大臣之風焉。其墓，某處。凡公之行尚多可述者，不悉具，特書其關於國事者如此。故繫之以銘。詩曰：

河源西陲，厥風勁强；豪傑時興，爲國駿良。駿良伊何，忠亮正直；柔不爲隨，剛不爲絀。昔在仁宗，治功安成；文和武寧，詠歌太平。躬爲孝恭，以事神母；教言時來，有順無否。或闖其幾，不驩以呻；投巇膠箝，竊秉大均。天子曰嘻，誠有虓猘；彼爲無忌，我則有制。維時襄愍，執法在中；侃侃犯危，以折其衝。太母尚慈，天子尚孝；柙不防兕，稽我天討。國有大故，結憂慈闈。彼獨何心？假時逞威。朝衣載市，家憤巷哭；日莫風起，百身莫贖。人亦有言，害生于恩；忍爲凶殘，遑卹有君。君子可殺，名不可滅；天定人復，幽枉卒雪。明明天子，別于奸忠；敷言萬方，大道爲公。至榮極褒，豈止哀死？勸忠方來，禄施孫子。《春秋》之義，誅意慎微，咨示來者，尚徵臣詩。

大宗正府也可札魯火赤高昌王神道碑❶

古者，大臣有勳勞於其國，則範金爲鼎彝，而著之以銘。近古以來，凡頌德紀功者，於廟則有麗牲之石，於葬則有下窆之碑，因而刻文焉。於是推而樹表神道，則有趺首丈尺之異，以別等衰，知禮者未之有改也。我國家六合混一，人文具興，王公大人之家，率是而行之，其盛大有加於昔者矣。泰定五年春，榮禄大夫買閭來告曰：「昔我

❶ 此題，類稿本作「高昌王神道碑」。

先世，冑繇高昌。未内附以前者，事逸不可攷。自歸國朝，曾大父、大父至於我先人，歷事祖宗至于今，且百餘年。而我先人，在延祐中遂啓王封於故國，朝廷之恩德重矣。先人之歿，已二十五年。今葬諸城西三十里之田村者，法得樹碑神道。凡十有四年，而未及刻者，非敢緩也，誠願少有所建立，以報稱萬一。歲月逾邁，大懼湮没，今願有請于太史氏，賜之文而刻諸石。」❶

某嘗聞之故事：正六品以下官，中書奉勑署牒以命之。牒具中書官位，最尊者令也。署牒者，自丞相以下，而不敢以煩令。惟皇太子立，必兼中書令、樞密使。皇太子既受册，即中書。上日，獨署一牒。明日，省臣以其名聞。天子即以宣命，超拜五品官。其人自非素親近，有譽望最于群臣者不得也。仁宗皇帝既平内難，武宗皇帝即位，立仁宗爲皇太子，令中書如故事，所署勑則買閭也。内外大小之臣，咨嗟感嘆，以爲不可及焉。國家之制，受分地而建王爵者，自非宗藩大戚莫能得。元臣之有功以建國者，則或有之，亦不常見也。惟群臣得推恩先世者，五等之爵視秩爲差，即受姓之望或所居之鄉以命之。至于昔有名號，嘗以君長來服之國，有司不敢儗授焉。而買閭之父月魯哥，仁宗皇帝特詔追王其故國，且詔曰：「此異數，他人弗敢援以爲請。」嗚呼！不亦盛乎？攷諸其客傅溥所爲行狀，蓋達即拏生脱因，脱因生月魯哥，月魯哥生買閭也。延祐二年，達即拏贈金紫光禄大夫、司徒、上柱國，追封涼國公，謚康武。夫人，追封涼國夫人。脱因自贈資

❶「石」，原脱，今據類稿本補。

德大夫、中書右丞，追封薊國公，謚安定。夫人荼哥追封薊國夫人。加贈太保、儀同三司、上柱國，改封涼國公，謚安僖。夫人改封涼國夫人。月魯哥，大宗正府也。可扎魯花赤自贈榮禄大夫、平章政事、柱國，追封薊國公，謚忠靖。夫人女女哥，追封薊國夫人。加贈推誠宣義保德功臣、太傅、開府儀同三司、上柱國，追封高昌王，改謚曰莊肅。夫人改封高昌王夫人。皆學士具詔草，付主者行之，贊書具在。然則請列敘其世而刻之以文，禮也。

昔在太祖皇帝時，睿宗皇帝以皇子在藩邸。剛明英偉，赫如天人。左右僕從侍御之臣，苟非其人，不在兹選。而康武公以幼穉之年，出入幃幄宮庭之内。一服御，一食飲，事體甚重，必以屬之。治稻田者爲户三萬，所以供湯沐，俾治焉。撫其人以盡其力，斂其生以給諸用。不營一豪之私，由是邸中人甚敬畏之。是時草創，無闌入之禁，或造至帳下。自康武掌門衛，然後以事出入者，進止不敢踰分。凡宴飲，貴屬咸在。酒行，或醉失顏色，以康武執法爲監，毋敢譁。安僖公當憲宗皇帝用兵於蜀時，以宿衛子孫善騎射，得從戰，比有功。世祖皇帝在藩邸，定難於朔方，又以謀勇見任使。奉公忘私，家用不給。上聞而賜白金以兩計者三千五百，帛以車計者五。拜受至家，曰：「恩惠豈可私？」輒以頒諸族人、故舊之貧者。裕宗皇帝爲皇太子，慎擇輔翼。主金帛者於職爲要，以其廉也，特以命之。而莊肅王之生，實中統建元之歲也。宗藩乃顔起兵内嚮，世祖皇帝親征。是年，王廿有六，以扈從在行。宣力奮擊，爲上所知，從官多其父輩行，皆嘆其能自立如此。成宗皇帝之撫軍北方也，命之在行，嘗出所御服賜之。世皇賓天，成宗進紹大位。以京師之浩穰也，四民雜處，遠邇畢集。擿伏姦慝，必資隼擊。命爲大都兵馬都指揮使，賜錢六千五百緡。又以泉南之地，外接海島，飄舶互市，蠻夷交關，非慎密者不足以當其任，命以爲泉州市舶使，且僉閩海省事以重之，不拜。大宗正者，國族之事隸焉。或得罪，蒞其刑罰，蓋祖宗建國之初，官制之舊，惟此而已。遂命以爲大宗正府也可扎魯火赤。又有鷹房數百人，蓋裕皇潛邸元從之親臣也，兼命領之，而指揮之任如故。於是，内而宗親之家，外而豪傑之民，素知其威重，毋敢犯法焉。美髯長身，風度高凛，都人望之，固以畏愛之矣。或過市，小民有毆詈之訟，立馬詰得是非，雖戴雨立泥，必斷訖乃去。請託無所及，京師肅然，謂之神明。夫人尤以剛正嚴肅，助其内治。然每有恩賞，必均及微賤，故能成其家云。年四十五而卒。夫人後三年而終。子一人，買閭也。自事仁廟於東宮，歷家令、率更令、府正、典牧，凡東宮營繕虞衡之事，無不掌焉。朝廷之士，莫肅於憲臺。自監察御史、治書侍御史，無不居焉。及仁廟登極，凡留守、太醫、利用、宗正、功德之事，無不統焉。無日不在上左右，或以休沐出，必亟召。常命之爲平章政事，力辭不拜，人猶以是稱之云。大承華普慶寺者，仁廟所建佛祠也，出金穀之産以資之，豐贍無算，特命以爲都總管。仁廟賓天，奉神御於寺中，至令領焉。仁廟嘗奇其材，命爲學讀書。由是折節下士，積書萬卷。朝誦莫惟，未嘗去手，幾若儒生焉。孫曰定住達里麻、吃剌失思朵兒只、忽都帖木兒、也先帖木兒，皆就外傅，無綺紈之態，時人以爲難能。嗚呼！王家先世之積，至買閭而始發。自買閭之際遇，至先王之封益隆，豈不顯哉？我國家啓自龍漠，誕受天命，鋒旗指嚮，如風偃草。國邑之大，部落之細，强者無所用其力，知者無所施其謀，靡然内屬而臣服。於是拔其豪傑而用之，執干戈以爲爪牙，侍帷幄以爲心腹。推至誠以待之，無新舊遠邇之間，故能得其懽心，而盡其死力，以成天地涵育之大焉。然今高昌之人，内侍禁近，外布行列。語言文字之用，尤榮於他族，而其人亦多貴且賢。若王之家，又方以文學承之，蓋高昌之所鮮有者也。嗚呼！休哉。故爲銘。曰：

於皇仁宗，如日行天；下被萬物，昭蘇惠鮮。匡直輔翼，亦以振德；孰非吾臣，而不賁飭。何功無報？何德無褒？常如薄酬，不究臣勞。咨若宗正，執戈輦轂；無賤無貴，不暴以肅。慨思其先，既忠既勤；歷時孔多，是曰世臣。爾有令子，在我左右；粲其有文，以効職守。迺眷高昌，悠悠故鄉；雖不及生，往追以王。邈乎冥升，歆此異數；在爾孫子，寔受其祚。於維仁皇，風馬雲車；顧瞻下土，梵宇渠渠。牢羞膳薌，既甘既旨；率循敬共，思致先時。先皇之遺，托兹别祠；天子弗忘，永言孝思。歲遷月移，夙夜無替；惟皇累朝，臣亦四世。保功寔難，在爾後昆；赫赫王封，永思其存。

孫都思氏世勳之碑❶

至順二年四月丙辰，中書省臣言：「聖上幸念侍御史建都班，贈其祖父以官而封之，賜之金幣，俾得以勒碑先塋。其碑之文，請以命奎章閣大學士臣阿榮、侍書學士臣某等。其凡役，請以命甘肅行省屬諸郡縣有司。而攻石之工，請取諸荆王之府。」上可其奏。明日，建都班以其僚治書侍御史臣馬祖常所述家世、歲月、官簿、行事之實來告。❷臣等謹奉詔，次第而書之。維國人之貴者，有孫都思氏。昔在太祖皇帝，龍飛朔方，肇基帝業。時則有大勳勞之臣，實佐興運。最貴重者四人，時爲四傑。其次四則鎖兒罕世刺子赤老温八都兒也。初，父子俱事太祖，以忠勇見知。主以衣物相易以絺交，相謂曰「安答」，蓋永以爲好也。上嘗與召赤温戰不利，其父子率族黨夜攻之。召赤温遁，脱太祖於難。自是，凡征討之事，孫都思氏以功多著。上賜之名，而世宥之，曰「答刺罕」。國家凡宴饗，自天子至親王舉酒將釂，則相禮者贊之，爲之喝盞，非近臣不得執其政，故以命之。宿衛之士，必有其長，爲之怯薛官，亦非貴近臣不得居其職，則以命之。而赤老温八都兒之子阿刺罕，亦以恭謹事上。上嘗被創甚，阿刺罕百方療之，七日而愈，事具信史。太宗皇帝時，命太子闊端鎮河西，阿刺罕之子鎖兀都從太子，生子曰只必帖木兒王。鎖兀都夫

❶「碑」上，類稿本無「之」字；「碑」下，類稿本有「應制」二字。

❷「建」，原作「健」，據前文「御史建都班」及類稿本改，以下同。

人牟忽黎爲保母。太子薨，只必帖木兒嗣，鎮河西，❶以鎖兀都之子唐台斛領怯薛官，及所屬軍匠、保馬諸民。五十餘年，内贊府事，外著邊職。績年七十六而殁，葬於西涼州。其夫人忽都斛伯要真氏，能修婦職，以相其夫，年六十而殁，其墓在永昌府。子男凡幾人，建都班，其長子也，領王府怯連口、奴都赤、八兒赤、昔保赤、哈赤軍民諸色人匠。至治二年，授朝列大夫、永昌路總管。泰定二年，遷中順大夫，授本路達魯花赤。二年，進亞中大夫、王傅、府尉。天曆元年，❷皇帝入正大統。明年，也速也不干刑王入覲，薦其從行者五十人，備天子宿衛，建都班寔居第一人。奏對稱旨，拜奉議大夫、同僉太常禮儀院。尋參議詹事院事，俄拜監察御史、中書省左司員外郎、御史臺經歷、治書侍御史，陞侍御史。於是，制贈其曾祖父母、祖父母、父母某官封。今立碑於西涼州之先塋。臣等以爲深仁厚澤，❸其加於臣下者，可謂敦篤而不忘者矣。重念孫都思氏之先，以瑰偉傑特之材，佐帝業於方興之日。又以建都班之忠慎才美，踐歷臺省，推恩先世而寵榮之，何其盛也？然則凡在子思上之德意，安有不鞠躬盡力以報稱於萬一者哉？乃作銘詩以系之。銘曰：

天啓聖元，篤生聖神；誰其相之，有傑其臣。贊其猷謀，佐其征討；以成大業，萬世是保。名臣子孫，固多賢才；聖皇在御，乃進乃來。乃贊省議，

❶「鎮」，原作「填」，據四庫本改。
❷「曆」，原作「子」，據類稿本、四庫本改。
❸「以爲」二字，原無，據類稿本補。

乃正臺紀；從容入朝，侃侃濟濟。天子曰嘻，維臣之良；自其祖考，積德以昌。水求其源，木循其本；課忠責孝，式彰令聞。大河沄沄，有阡在焉；勒文貞珉，何千百年。

道園學古録卷之十六

道園學古録卷之十七　在朝稿十七

雍虞集伯生

碑

徽政院使張忠獻公神道碑❶

世祖皇帝既受天命，迺定國都，建號紀元。立朝廷、宗廟、社稷、官府，以君臨萬方。若稽古制，定國本以係天下之心，即其都邑，立元子爲燕王，兼中書樞府之長。未幾，册拜皇太子，是爲裕宗皇帝。初世祖盡得天下之豪傑而用之，以成大勳、建大業。而執事於東宫者，文武才能之士，彬彬可見矣。迺若身受信任委寄之重，終始宫府之事，其忠愛之心，信於朝廷，著於簡册，則未有過於魯國忠獻張公者也。公以至元二年，見裕皇於東宫，即受知遇，常侍左右。七年，以父薊州節度任官，當外補。裕皇愛其才，留不遣。後數年，伐宋，取之。盡收其府藏貢賦，輸至於内府，而析入於東宫者，儲偫充斥，司會不能舉其數。十六年，置都總管，以治其貨用。命公爲嘉議大夫、工部尚書兼領之。創法嚴整，至于今守之。十九年，丞相阿合馬方用事，妖僧高菩薩、千户王著，乘人心之不與，搆變圖殺之。時裕皇方從上北巡，賊迺結黨數百人，僞爲儀服器仗，矯稱皇太子，夜扣建德門，啓鑰而

❶「碑」下，類稿本有「應制」二字。

入，直抵太子宫西門，傳令開宫門。公方留宿禁中，遽起叱户者毋得擅啓關。使語傳令者曰：「他時殿下還宫，必以完澤、賽羊先。請見二人，則啓關矣。」賊計窮，往返數四。氣益索，知不可紿，循牆而南行。且語曰：「前門可入也。」公偵聞之，曰：「其詐明矣。」亟遣人走告守前門者，而賊已至。急呼阿合馬出，與左丞郝禎俱爲賊擊死。變起倉卒，中外不知所爲。公遣宿衛士，馳射擊討。賊敗，得詐狀，賊誅死而宫闈晏然，則公精審持重決斷之力也。樞密副使張易，素稱有權略，爲上信倚，故以宥密留京。賊之入也，傳太子令，索兵甚遽。易不能辨其僞，不敢抗，以兵與之，坐棄市。而論者以爲易知謀，請傳首郡邑。公入告裕皇曰：「張易不察賊詐，而與之兵，罪至死，宜矣。而爲其預賊謀則無也。❶大臣被罪而死，傳首則過矣。」裕皇悟，言諸上而從之。公遣士討賊，時右衛指揮使顔進，在行中矢死，而怨家指以爲賊黨，法當籍其孥。公曰：「吾寔使之討賊而死，焉可誣也？」賊起變京城中，至爲僞太子，故上與太子甚惡之。獄起，連坐者禍不測，莫敢爲言。公挺身明此二人，議獄者得致其平允云。於是上更化，相和禮霍孫，革宿弊而新之。公首薦易州何公瑋、東平徐公琰、馬公紹、獻州范公芳。裕皇次第用之。何，參議中書。徐，爲左司郎中。范，爲右司郎中。馬，爲刑部尚書。侍從以下，因公言而見用者，遍布朝著，一時號爲得人。公惟賢才是達，不以疏遠親密爲取舍，是以能若是其沛然也。是年冬十月，立詹事院，拜公詹事丞。公内

❶「爲」，四庫本作「謂」。

謹侍衛，外肅僚屬，出納緩急，思遠而慮周，得宫臣之體也。則又曰：「輔導德性，則在於老成重厚。有經術學問之士，其關系甚重也。」於是立賓客、諭德、贊善等官。召用上黨宋公道，保定處士劉公因，曹南夾谷公之奇，東平李公謙諸君子。公每假宫中閒暇時，身先後其出入，使得致其開導之説。二十二年，裕皇即世，詹事院無所受事，時議將請廢之。雖宫府舊僚不能無惑志，公抗言曰：「有皇孫在，固宗社之所屬，人心之所系也。柰何爲此言乎？」廷臣以爲當。三十年，丞相完澤薦公曰：「昔妖僧之亂，能審詐以禦變者也。」遂拜中書左丞，仍兼詹事丞。是年，世祖崩，成宗即位，追尊裕宗，册母后爲皇太后，❶即東宫爲隆福宫以奉之。改詹事院爲徽政院，公爲徽政副使，餘如故。十一月，進資德大夫、中書右丞。國史院脩世祖、裕皇《實録》，公以舊臣，在中書習知典故，預其比事之司焉。大德二年，拜平章政事。力辭機務，遂以平章之名，預中書事，徽政副使如故。元貞、大德中，皇太后母儀東朝，保佑匡正之功，天下頌稱焉。故徽政之任，重儗朝省，而公小心謹慎，通練識大體。事無鉅細，裁決可否，待公一言而後定。聞望所在，莫或比隆。五年，改授大司徒、徽政副使、領將作院事。凡宫室服御之事、土木金石絲縷采色之工，經公指授製作，精異非衆思所及。受事者若怠，且不中程，懲之無少貸。及以成功獻，必極道其善而賞賚之。故人得盡其技，而樂於趍事，蓋善用人之道也。上以公老且病，賜小車，得乘以出入殿門，諭之曰：

❶「太」，原作「后」，據類稿本、四庫本改。

「朕知卿，必以禮辭。誠念卿宮府之舊，不忍卿步履之艱也。其勿固辭。」既而又詔曰：「昔在東朝，卿於事無所違缺，朕素念之。今佐朕理天下，如詹事時，朕所望也。」且具訓於外庭，時人榮之。六年，加光禄大夫。公之事上涖官也，夙夜無懈。以家政盡屬其弟九儀，而故嘗治園於南門之外，作堂曰「遂初」。花竹水石之勝，甲於京師。常以休沐，與公卿賢大夫觴詠而樂之。治具潔豐，水陸之珍畢具。車蓋相望，衣冠偉然。從容論説古今，以達於政理，藹然太平人物之盛，于斯見之，非直爲一日之樂也。然公之心，未嘗侈然自逸。故東朝嘗又賜之別墅，或勸公可以少休乎。公曰：「不然，人臣有汗馬之勞，伐閱之積。既老而衰，得謝而樂其餘年，禮固有之。我受裕皇、皇太后知遇，致身若此。報稱之私，惟日不足。鞠躬盡瘁，死而後已。老臣之心也。」故以勤勩而終其身云。公幼有奇質，❶入鄉校讀書，識古人之意，以大器自許。既歸，不忘其初。裕皇幼冲時，世祖命儒臣勸之學，是以於儒術常留意焉。公嘗進言曰：「京師首善，宜建國學，以風示天下。」裕皇韙之。學之有宮，公實開之於先也。大都之學在南城，公曰：「昔嘗游焉，吾不敢忘也。」春秋舍奠于先聖先師，公必具牢醴，以相執事者，二十餘年不廢。又爲學舍於四邑鄉，曰：「吾先人之所居也，願與其子孫昆弟講習於斯焉。」好賢樂善，出於天性。寒俊之士四方來歸，因材而用之。宗族鄉里，疾病死喪，惸孤無以爲依，貧困無以爲生者隨周之，皆有其道。公德業之盛，

❶「奇」，原作「音」，據類稿本、四庫本改。

豈偶然哉。大德六年十二月，有大星隕于其第。二十四日，公薨。年六十一。追贈推誠翊亮功臣、開府儀同三司、太傅、上柱國、魯國公，謚忠獻。後二十九年，爲天曆三年，其子金界奴世其官，爲大都留守。天子建奎章閣，以觀圖書而敦德性，特任之爲都主管工事，日見親近。上愛其能，而思其父之忠也。賜之神道之碑，而命臣某著文以刻之。謹按：公諱九思，字子有，姓張氏。其先大都宛平縣四邑鄉人。❶曾祖贈資善大夫、中書右丞、清河郡公，謚安恭。曾祖妣贈清河郡夫人。祖贈榮禄大夫、平章政事、魯國公，謚康懿。祖妣贈魯國夫人。父滋，薊州節度使，贈銀青榮禄大夫、大司徒、魯國公，謚莊惠。妣贈魯國太夫人。公娶唐氏，翰林學士承旨脱因之女弟。世祖又賜以趙國文貞劉公秉忠之女，今皆封魯國太夫人。子三人：曰誠，蚤卒。曰椿童，承德郎、同知織染雜造人匠總管府事，亦卒。曰金界奴，嫡夫人唐氏出也。公薨時，唐夫人年三十，金界奴方七歲。家法雍睦，嚴而有教。武宗皇帝在位，母子相携持入見興聖太后，上嗟悼久之，命加恩焉。金界奴年十二，已備宿衛，甚稱旨意，事歷朝皆有功。今爲奎章閣都主管公事、❷資政大夫、大都留守、内宰隆祥總管府總管、提調織染雜造人匠都總管府事、兼領中興武功庫事。孫三人：同知之子，曰安孫，襲父職，爲同知織染雜造人匠總管府事。留守之子，曰壽童，襲出職，領隆福宿衛。次曰

❶「四」，原無，據前後文「爲學舍於四邑鄉」「張氏先塋在四邑鄉」補。

❷「公」，類稿本作「工」。

福童。張氏先塋在四邑鄉。塋隘，故遷公之墓於良鄉縣之南原。嗟夫！國家建元以來，至於今，治平七十年矣。京師貴富之家，興替消長，於歲時旬月之間，何可勝數？而公安富尊榮，豈弟壽考，而其子年在髫齔，已起而繼之。精敏脩飭，有聞於時。父子遭逢國家之盛無小間，而聖上之眷遇方未艾，不亦盛哉！臣集奉詔紀實爲銘。詩曰：

猗歟魯公，盛德有容；起事裕皇，夙夜匪躬。世祖聖神，屬國元子；國有大政，是詢是理。於穆裕皇，仁孝以承；孰佐天宮，衆賢彙興。肅肅以朝，雝雝以養；一人以寧，萬國咸亨。明堂孔陽，制度考文；秩秩春宮，亦諗多聞。時惟魯公，進見退食；輯思無遺，以究厥職。孰輔道義，國有老成；授几設醴，公爲導迎。寳藏玉府，禮在不會；公視其總，有正無悖。臣作福威，盜乘其間；不虞突來，公能識姦。群疑既亡，宮壼亦固；不軼不驚，惟公之故。文母皇皇，聖孫之將；隆福有宮，萬民所望。徽音安安，以出政紀；匡之翼之，公將其旨。相臣進賢，虛左待之；造于兩宮，有猷有爲。至元之治，於斯爲盛；民物阜康，法令脩整。耆壽俊乂，樂乎熙辰；公爲詠歌，以燕嘉賓。時之方殷，而公不待；生榮死哀，君子之慨。顧瞻其家，有木維喬；衮衣朱輪，相繼以朝。嗟此喬木，豈維在宅？南原有封，亦長松柏。松柏丸丸，垂三十年；有子孔嘉，克象其賢。珮玉垂紳，入侍天子；左有鼎彝，右有圖史。天子曰嘻，爾惟舊人；宮中府中，懷爾先臣。神道有石；可載功德；迺命太史，著文以刻。盧川沄沄，西山峨峨；山夷川湮，兹銘不磨。

宣徽院使賈公神道碑❶

國家之制：凡禁近之臣，分服御、弓矢、食飲、文史、車馬、廬帳、府庫、醫藥、卜祝之事，皆世守之。雖或以才能授任，使服官政，雖盛貴，然一日歸至内庭，則執其事如故，至於子孫無改。非甚親信者，不得預焉。祖宗以來，冠帶之家，習於國事已，出入左右，儗於國人之族者蓋甚少。而於其間，又能以直道不容，有聞於當代，若冀國賈忠隱公，豈不偉哉？公諱禿堅里不花，姓賈氏，世爲大興人。王大父以甲申之歲，自大興謁太祖皇帝於龍漠，太祖方有志於天下，從問全燕之形勢，阨塞、户口、兵實、攻取之計，論辨明敏。俾在宿衛，治饔事。賜名昔剌，命其氏族視蒙古人。從睿宗皇帝于和林，迎昭睿順聖皇后于雍吉剌之地。甲午，從太宗皇帝滅金。戊午，從憲宗皇帝伐宋，攻蜀合州，戰有功。世祖皇帝即位，賜金符，領尚食、尚藥。卒，贈嘉議大夫、聞喜郡侯，謚敬懿，加贈推忠翊運功臣、金紫光禄大夫、太保，❷追封絳國公。夫人李氏，贈聞喜郡夫人，謚孝節，加贈絳國夫人。大父丑妮子，方幼時，世祖甚愛之，每坐之席下。既長而驍勇，從征雲南，躍馬入水斫賊艦，破其軍。己未，從征鄂州，有功。卒，贈資善大夫、臨汾郡公，謚顯毅，加贈崇德効

❶ 此題，類稿本作「賈忠隱公神道碑應制」。
❷ 「大」，原作「夫」，今據四庫本改。

節功臣、儀同三司、太傅、柱國，追封絳國公。夫人毛氏，上所賜宫人也，卒，贈臨汾郡夫人，謚靖淑，加贈絳國夫人也。父忽林赤勇而有謀，能通諸國語。時阿里卜哥之役，獻馬助軍。從北狩，道值風霾，晝晦。賊乘間爲亂，擊定之有功。歸領尚食、尚藥，世職也。歷尚膳使，兼司農之長。置宣徽院，簽其院事，仍領尚膳使。卒，贈榮禄大夫、絳國公，謚忠靖。加贈推誠宣力守德功臣、太師、開府儀同三司、上柱國，追封臨汾王。夫人忽八察，安西王乳母之女也。閒習國禮，武宗皇帝逆后嫁，嘗爲女師，以姆教相之。故恩寵尤異，封絳國夫人，加封臨汾王夫人。臨汾王八子，公其第三子也。幼以世臣子，奉其祖父之職，勤敏著聞。授奉訓大夫、尚食、尚藥局提點。世祖愛好人才，於故家舊人尤所加念。常奇公所爲，以爲他日可當大任者，巡幸征戰，無不在行。親征乃顔之役，軍次亢海。敵兵突至，公馳入其陣，斬首數十級，身被十餘創，猶奮然無退志。戰功多，論賞即賜黄金一、白金二。及亢海之寇乞降，議者以爲親犯王師，理在無恕。公言於宰臣曰：「亢海吾人也。或率之以叛，豈其心哉？今來降，宜撫而存之，固仁義之道也。或竊議將殺降者，於兵法爲不祥。其可爲乎？」大臣以聞，上深納其説，益信公爲可用矣。陞中順大夫、同僉宣徽院事。自爾論政事得失，公常預焉。據理直言，其氣不懾，廷中美之。閒常命公察乎宿衛之有才能可用者論薦之。公列其名上聞，因以得官庀職者，亡慮數十，皆稱其用，而賞賚亦稱事有差，時論翕然歸之。大臣以公之敏於事也，奏陞嘉議大夫。成宗立，詔加恩舊臣。公進正議大夫。世祖在位三十七年而後崩。成宗始即位，宗親諸王皆來會於上都。蒭餼燕享之節，賜賚之數，尊卑、❶疏戚、多寡、上下之分，小失等殺，則弗當於其心，故宣徽之事爲甚難，而公在職，獨以能聞。故嘗侍上燕坐，中貴人往往指公，稱朝廷有人，而上亦甚善公。曰：「宣徽之事，任卿足矣，何待他人乎？」陞中奉大夫、同知宣徽院事。大德四年，上弗豫，召公入侍，膳飲湯液，凡太官尚醫之事，公兼視之，必親嘗然後進。及愈，賜鈔二萬五千緡，固辭。上解所服衣賜之。八年，上嘗坐輿巡游禁衛中，見衛士户陛間，意甚勤懇感戴，使人行勞之。皆進曰：「臣等幸被番直，衣賜以時，饘粥充給，誠荷陛下厚恩。然宣承有法，使臣等均受大惠者，則宣徽院能官禿堅里不花其人也。」上悦，賜貫珠衣一。駙馬闊里吉思，以酒得疾。上命公護醫，醫得盡其方，疾愈還報。上又悦，超拜宣徽使。公固辭，而感慨言於上曰：「臣之所以致身於此者，非臣之能也。自祖宗來，先臣服勤於兹者三世矣。國恩誠甚厚，而官品之隆，未嘗至此，何敢有加於先臣乎？」有詔褒贈行封，自其曾祖以下凡三等，而三世夫人皆有號謚。當是時，推恩之典未大行，獨二三世家得之，而夫人之謚尤異典也。九年，朔方乞禄倫之地，歲大風雪，畜牧亡損且盡。人乏食，其部落之長，咸來號救於朝廷。公爲之請，官市駞馬，内府出衣幣，而身往給之，全活者數萬人。還報，賜七寶笠以旌其功。十年，上病甚。公視疾之謹，如前歲而加憂焉。及大漸，公揆正義以自處，無所撓惑。武宗入繼

❶「尊」，原作「等」，據類稿本、四庫本改。

大統，深嘉其忠。進階榮禄大夫、遥授平章政事、商議宣徽院事、行金州新附軍萬户府達魯花赤。至大二年，上大賚北方軍，出内府金帛鉅萬，擇使將指，以公明習典故，知軍中事宜，又能用心，不憚勞險，有足任者。因命遼陽行省平章與之偕，即軍中，與太師月赤察兒定議而給之。公遍歷和林北金山、亢海、八兒思闊等處，恩食均布，人情胥悦無異辭。聲名溢乎北境，守邊諸侯王服其廉慎，皆累章以聞。上深善之，拜宣徽使，命章佩監卿，出兼金之帶於内藏，即其家以賜。三年，上御便殿，❶訪群臣以治道。公陳生財儉用之法，以爲治國安民之實。條目詳盡，同列皆以爲莫及，上多采用。進光禄大夫，餘如故。仁宗皇帝即位，以舊臣進階金紫光禄大夫，加贈三代，官皆一品。延祐四年，朔方又以風雪告。公復爲請如大德時，更出私家馬二百以充用。上酬其直，弗受，解御衣一以賜之。公在宣徽，以四方爲政之供，悉出民力，托恩幸以求泛賞，輒裁正之。小人固已多不悦矣，同時爲宣徽使者帖赤，私取海舶之貨。公曰：「此軍國之賦，爲數甚夥，非人臣所得擅私。」帖赤甚銜之。王廷顯亦使也，而蒙賜當買玉帶，賜其直三百定，以太官市羊之錢充之，公又執不可，而不悦滋衆矣。七年，仁宗崩，公以疾辭去位。而帖赤稔惡以累上，竟譖害公，聞者傷之。帖赤既以大逆伏誅，而公事得白，有司請贈推忠宣力守諒功臣、太傅、開府儀同三司、上柱國，追封冀國公，謚忠隱。絳國夫人脱脱灰，追封冀國夫人。王氏，追封冀國夫人。林氏，封冀國

❶「便」，原作「使」，據類稿本、四庫本改。

夫人。子四人：班卜、忽里台，皆爲監察御史。野速固，章佩監少監。忽都赤，中書客省使。賈氏之墓，在京城西之漆園里。有韓國公李公孟所著碑。而公墓今遷於某處，忽里台等之所營也。忽里台銜哀茹恤，越歷歲時，始克申其情事。天子閔焉，天曆三年三月，大司農卿哈剌八都傳勑命太史臣某，著銘刻之碑。臣觀于世家，自太祖時，已知名見用，歷仕累朝，至於公父子四世。公自奉議大夫，積官金紫，四五十年之間，常領宣徽之任，可謂世家者矣。而昆弟子孫，又方赫奕繁衍，何其盛乎？臣集謹奉詔爲之銘曰：

太祖膺命，神武載揚；顧瞻中原，紀綱萬方。于時豪傑，四面而至；有智有略，燕有奇士。裒然來朝，造膝晤言；諮詢孔周，屬之旰⿱衍食。既勤既老，嘉爾黄髮；入侍帷幄，出從征伐。享帝養賢，大亨維時；守道以官，蓋取諸頤。世祖建國，百度維作；群公受職，世臣是若。嗟嗟冀公，夙已見奇；承厥父祖，祇奉鼎彝。歷事成宗，武考仁廟；靖共于位，有正無撓。忠愛之誠，豈爲燕私？自邇及遐，振其寒飢。歲大雨雪，朔漠告病；往拯往哺，公爲之請。武皇在邊，熊貔如林；爾公爾侯，干城腹心。乃纘大統，迺有大賚；乃出金貝，泉幣裘帶。至於朔垂，宣旨勞勛；往咨大師，盛饗於軍。大車彭彭，載酒餱⿹𢦏食；部曲羅絡，均飯同醉。賢王將臣，合言來聞；曰兹虎士，感公之勤。天子賞功，命長其屬；公雖再辭，三錫逾篤。盗臣肆欺，竊取貨寶；公曰不可，是謂不道。雖能奪之，而怨已深；患失之私，實蓄厥心。❶盜之患失，於國猶忍；彼忌則憚，以搆忠藎。可殺者身，不磨者名；我忠彼姦，不係死生。忠亡姦在，是用隳敗；人之傷公，亦爲國慨。天高日清，衣冠舒舒；昆弟子孫，入朝以趍。既貴既蕃，恩舊之故；襟山帶河，公墓則固。鬱鬱公懷，文以信之；垂示後人，天子命之。

翰林學士承旨劉公神道碑

世祖皇帝既定天下，列聖承之。四方無虞，民物康阜熙洽，太平將百年于兹矣。於是乎有博雅耆俊之士，歌詠德業，贊襄討謨於其間，以賁飾一代之盛，三代以下，未之或先也。於戲！士大夫之生乎斯世，安富尊榮，自壯至老，優游以終，不亦幸乎。中統初，天子慨然思考制度，定官府，損益古今，斟酌事宜，立成憲以貽萬世。時則有若劉公肅，明乎政刑之要，習乎禮律之通，自外官召拜右三部尚書。綜覈綱紀，集成事功，通預朝政。既老而不聽其去，又以爲禮樂由乎賢者，詔誥之播，風動天下，簡册之載，規勸古今。時則有若王公磐，以亡金高科大儒，召拜學士承旨，文獻之事悉以屬之。薦舉成材，獎勵後進，則王公司其權矣。故承旨劉公賡，親尚書之孫，而師王公最久者也。故公之論文，則淳厚而不浮；論治，則平易而不紊。用能，以老成爲國著蔡，長儒林藝苑者數十年，以高壽終，豈偶然哉？公殁之後，聖天子入纘大統，作新斯文，建奎章之閣。以尊德而怡神，以問道

❶「實」，原作「寶」，據類稿本改。

而典學，而故老漸以澌盡。閣學士忽都魯都兒彌失，在翰林與公同爲承旨十餘年，慨公之不及斯時也，間爲上言之。上以爲感，制詔臣某著文，以載其行事，而刻諸神道之碑。

謹按：公諱賡，字熙載，世爲洺水人。五世祖逸，以郡吏治獄，有陰德。命其子僊治儒業，始爲儒生。深贈昭文館大學士、❶資德大夫、上護軍，追封邢國公，謚康穆。康穆生尚書肅，贈推忠贊治功臣、金紫光禄大夫、大司徒、上柱國、邢國公，謚文獻。文獻生長葛主簿慤，贈光禄大夫、柱國、大司徒、邢國公，謚孝靖。公有子五人，公其長也。至元十三年，授將仕郎、國史院編脩官。十六年，陞從事郎、應奉翰林文字。十八年，司徒府辟長史，陞承事郎，仍兼應奉翰林文字。二十年，調承務郎、同知德州事。二十四年，除太廟署丞。明年，拜承直郎、太常博士。元貞元年，拜奉訓大夫、監察御史。大德二年，除翰林直學士、朝列大夫、知制誥、同脩國史。六年，加少中大夫，以學士奉使宣撫陝西。八年，陞中大夫，爲侍講。十一年，以太中大夫，落侍講爲學士。至大二年，拜正議大夫、禮部尚書，仍兼翰林學士。明年，拜中奉大夫、侍御史。歲中，拜翰林學士承旨、資善大夫、知制誥兼脩國史。四年，除資政大夫、國子祭酒。皇慶元年，除集賢大學士、榮禄大夫兼國子祭酒。延祐改元，復入翰林爲承旨。六年，立東宮，拜太子賓客。七年，復入集賢，爲大學士。是年四月，復入翰林爲承旨。至治元年，丁外艱。泰定二年，加光禄大夫。

❶「深」，類稿本作「後」。

致和元年三月，薨于位。是年八十有一。有文集若干卷，藏于家。公娶冀氏，先卒。繼以廖氏、趙氏。冀、廖皆封邢國夫人。無子，以弟之子仔爲後。女二人：長適太史院管勾霍禮。次適侍儀司法物庫副使王德謙。是年五月十日，葬公洺水縣棲鸞鄉公孫寨先塋之次。故侍講學士王緯實誌之。建元初，命官猶皆有訓辭，簡古爾雅，皆出於翰林。常分番上直，或扈從，而史館方脩太祖皇帝以來《實録》與遼、金之遺史。故公自應奉辟司徒長史，而猶不離翰林者，其職事非冗散也。而大常方治神人脩典禮，非公莫能稱焉。始移博士。御史中丞崔公彧，承眷遇，有才略，善任事，然好盛氣待人，他御史拜謁，或平受之。至公，常以客禮見。蓋公平允篤實，有以當其心者。延祐間，衆賢聚於本朝，精采相蕩耀，意氣相雄高。而退然沉毅，略不與之較。而言語字畫之出，人寶而敬之，知其以德勝也。朝廷肇以科舉取士，公持文衡，先質行而後文，時人化之。其在成均也，晨入坐堂上，以身率先。神色端重，若不可犯，而辭氣循循然，足以厭服學者之心志。學法，凡民俊秀，以次升其名，佐貴游治業，歲中以次出補吏。既有以利訹其心，則不無争先者矣。當公時，有生貧且親老，同舍生有在前名者，因博士以告曰：「我方壯，有以爲養，請讓之。」先公大喜曰：「讓，德之恭也。」從其讓，别爲書薦其人，朝廷反先用之。自是，六館之士，皆興讓矣。公官一品，年六七十，而孝靖公亡恙。公躬奉食飲，候寒煖，晨昏不懈，怡愉順其顏意，若嬰兒然。仁宗皇帝聞之，曰：「此我國家人瑞也。」刻玉爲鳩杖以賜。日賜上尊酒，因其生日，遣大臣錫宴其家，朝臣咸集。自皇太后、皇后、皇太子，皆有賜。孝靖再拜，稱老臣，以受賜。公須鬢皓然，親扶掖之，都人相與歌詠，而圖畫之。及卒，公奉喪歸葬，略不以衰廢禮。蓋天稟素厚，有不待於勉强者。凡朝會，及與郊社宗廟之事，未嘗後至。行禮比畢事，無惰容。不以寒暑久速而少變，亦其立志之異於人也。泰定二年，權臣思文飾太平以媚主，自行在所遣使至大都，以旨意召百官老臣諸儒會廷中，議上尊號。公方服闋歸翰林，獨抗言其不可。衆默然重違公言，以其説上之，事遂已。公論事類如此，此其尤卓卓者云。臣忝國子博士，[1]從公成均；待罪直學士，又從公翰林。公之葬孝靖而還京也，一再至臣舍，語臣曰：「先世塋域，碑銘幸具，而吾老矣。將誰屬乎？」因感慨論平生，或至終日。臣至于今不忘。今奉明詔，敢作爲銘詩而刻之。銘曰：

自古在昔，國尚老成；有典有則，是程是經。百年之間，群賢並興；蔚乎其文，充乎其能。逝川弗回，繼其邈矣；白髪蒼顔，公獨壽祉。出而事君，玉珮珠履；入而奉親，榆堇瀡瀡。多士在門，有公有卿；頌《詩》讀《書》，亦有諸生。金券瑶册，鼎彝之銘；追琢其章，昭如日星。顧瞻在列，孰肅孰艾？孰爲浮夸？朝豔夕壞。孰爲疆梁？外肆中隘；衆人尤之，君子攸嘅。君子之興，有來有承；隱德之積，久而有徵。尚書制作，秩秩在廷；孝靖式穀，退若弗勝。誰云弗勝，公以文

---

[1] 「忝」，原作「泰」，據類稿本、四庫本改。

起；有祿有年，與父終始。棲鸞之鄉，公孫之里；何以表公，貞石有紀。

高魯公神道碑❶

至順二年春，有詔特加贈故中奉大夫、河南等處宣慰使、推誠協亮功臣、太傅、開府儀同三司、上柱國、魯國公，謚莊僖。而御史中丞趙公世安，又傳敕太史臣某，製文以刻諸神道之碑。臣再拜稽首受詔。退考諸傳記，而得公之遺事云。至元十九年春三月，世祖皇帝時巡上京，裕宗皇帝以皇太子從。是時，左丞相阿合馬以聚斂專政，有盜因上下人心之不與，詐稱皇太子而賊殺之者，是月之十七日也。是日，公與工部尚書張九思等，俱鎮留京宿衛，上直皇太子宮。左丞相與兩西番僧謂公等曰：「皇太子將以今夜還宮脩佛事。」公曰：「近日有上來者，不聞有此行也。」因以西番語問僧曰：「主人與國師今至何所？」僧愕眙，不知所對。即改用漢語詰之，僧色變辭窮。公曰：「是詐也。」叱衛士執付功德司訊之。左相曰：「爾自爲之，無與我事。」遂去之。是時，左相固不辨西僧誰何，而公又疑左相爲變。即率張尚書、忙兀兒尚書及大都尹鉢敦、宮衛王、顧兩指揮，申嚴衛禁，固守宮門，皆執兵以備。日且暮，聞樞密院副使張易以兵，❷公與張尚書問易曰：「此將何爲？」易曰：「夜二鼓，當自知之。」公又謂易曰：「此大事，豈得不令吾二人知？」易附耳語曰：「得密報，聞太子來誅左相，殆

❶ 此題，類稿本作「高莊僖公神道碑應制」。
❷ 「兵」下，類稿本有「來」字。

是也。」蓋易亦不察其僞也。公默計，太子必不暮還，而政府亦率百司列宫外柳林中，數遣使訝太子，略無還者，皆疑懼不知所爲。至二鼓，果聞人馬矢箙聲嘈雜自遠至。儀衛前駐傳令啓西門入。公曰：「太子果來，完澤、賽羊必先令我輩知。此必詐也。」因答之曰：「太子未嘗由此門入，入果有令，完澤、賽羊二人來，門即開。」扣門者謬曰：「汝等知所守，甚善。」乃去之南門，公曰：「此有變，無疑矣。」命九思之弟守西門，而九思急趍南門，叩門又不得入。有舉燭傳呼以名，召左相以下者。公等從門隙中，覘見已撾殺左相阿合馬及左丞郝禎矣。公與九思曰：「果賊也。」即命鉢敦與兩指揮嚴兵，彀弓矢開門出衛士射而繫之。賊散亂，棄兵仗走，獲王著問得賊狀。蓋假太子名，以賊殺左相等也，而首賊高菩薩已逸去。賊敗，終不能犯宫闕者，公與九思力也。事定，天未曙。公曰：「吾能日馳千里，報主上、太子。」比暮，得入奏上與皇太子于行在。上與皇太子甚善公所爲，即令還守宫掖。明日，至大都，有司捕治有罪者行誅，遂以無事。公之功亦大矣哉！後十餘年，成宗皇帝即位，隆福太后在東朝，宫府舊僚咸見顯用。張公日以貴重用事，致位一品。及殁，封贈亦如之。而公不及見矣。

仁宗皇帝追論其功，合封贈視張九思，會仁宗賓天，命弗果下。今上皇帝乃申前詔而命之。夫人臣有顯功，而朝廷不忘，此勸忠之道也。刻之金石，以示來世，固其宜哉。按公系出女真，以高爲氏。奎章閣藝文監丞紇石烈希元，與公同出女真，亦以高爲氏。狀公世家、歲月、子孫尤備，臣又得考而載焉。女真之地，東接高句麗。西邇燕雲之北，分族此石居□，❶各爲部落，非郡縣、無市井雜處者。故其爲氏，或以名，或以爵，或以官，或以里而稱。高氏者，曰渤海，曰女希烈，曰紇石烈，曰孛述魯，亦或爲高氏。公，蓋渤海部之高也。先塋在遼東鳳凰山，金時碑刻具在。多貴爵，位太師者一人，節度使者十人。曾大父全義，嘗爲大官，而碑闕書。大父彝，登進士第，積官潞州昭義軍節度使。潞州見金之將亡也，棄官隱居上黨。教其民之俊秀以《詩》《禮》，上黨之人化之。國朝兵至上黨，潞州與上黨人自歸太祖皇帝，上黨人先得全其父子家屬者，潞州與有力焉。潞州生守忠、守正，臣以孝聞。❷又以善射，從段真郡王取中原有功，爲千夫長。從口温不花王取宋黄岡，恃射深入，奮擊死焉。年二十九，歸葬冠州。夫人張氏，無子，卒。後夫人趙氏生中灤運糧都提舉兀魯台，次即公也。公諱觿，字彦解。幼穎異，不好弄。稍長讀書，兼習國語及西域語。風儀聳然，魁傑人也。事世祖皇帝潛藩，以慎密受知。歲甲寅，世祖城上都，公董役，有中帑金幣之賜。中統三年，上爲裕宗擇宮僚，以公掌文史監治中醖，兼領宫府門衛之禁，而長其屬焉。裕皇奇公材，國人謂黄曰「失剌」，公須黄，裕皇因賜公名失剌，以表而寵之。至元初，内庭將製御榻，取豫樟之材於高麗，公以使往宣布德意，厥貢稱用。有金綺衣之賜。三年十月，王傅撒里蠻、太子贊善王恂，以裕宗之命，復公與張九思家，凡二十有一户

❶「□」，類稿本作「之」。
❷「臣」，類稿本作「皆」。

無所與。世祖既定都于燕，作都城宮闕。公與留守野速不花、段禎董其役。功成，有白金、廐馬、宮服之賜。十八年，拜中議大夫、工部侍郎、同知五府都總府，領東宮禁衛之事如故。十九年，以守衛定變之功，有尚衣、鞶帶、鞍馬等賜。二聖益知公可大用，而公名聲赫然著於中外矣。廿二年，拜嘉議大夫、同知大都留守兼少府監。裕皇上僊，公哀慕切至，求解職事親。拜中奉大夫、河南等路宣慰使。廿七年十二月廿六日，薨于官。明年正月，葬冠州吕家原先塋之次。娶楊氏，卒。又娶葛氏，生子曰師顔。泰定□年，❶師顔佐樞府以例謂封，❷贈推誠保德功臣、正奉大夫、河南江北行中書省參知政事、魯郡公，謚貞肅。楊氏追封魯郡夫人。葛氏封魯郡夫人。贈公父守忠中順大夫、僉太常禮儀院、上騎都尉、魯郡伯。母張氏、趙氏，封魯郡君。今上特恩封楊氏，追封魯國夫人。葛氏，封魯國夫人。又贈公祖彝曰集賢大學士、榮禄大夫、大司徒、魯國公。祖母王氏，追封魯國夫人。公父守忠曰銀青榮禄大夫、大司徒、魯國公。母張氏、趙氏，追封魯國夫人。公薨時，葛夫人方盛年。師顔幼，隆福太后追念公之昔事裕皇也，驛召母子以至。葛夫人習於《詩》《禮》，通古今，常以經義爲女師宮中。太后命師顔學於國子，召其師而告之曰：「師顔，故官子，善教之以待用。」賜衣酒，而囑勉之。師顔，事母夫人如嚴君，夙夜無違無怠。延祐□年，❸有司以葛夫人真節上

❶「□」，類稿本作「三」。
❷「謂」，類稿本作「請」。
❸「口」，類稿本作「三」。

聞，有詔表其門閭。興聖太后召葛夫人講《資治通鑑》，論古今政治得失，仁宗尤念之。今上皇帝以天曆改元之十月，即自大同召師顔奉葛夫人以來。曰：「舊家老人，壼内師表，賜德輝之號，俾侍中宫，贊六宫之教焉。」師顔自樞密院斷事官，❶尋遷樞密院判官，出守大同，召還，特除同知中政院事。明年，改授太子府正。又明年，加資善大夫，中政院使。娶魏國公靳公之女。又娶故鎮陽王從孫、尚書史脩靖之女，亦卒。❷又娶李氏。女二人，長適朝列大夫、淮安路治中張謙；次適中書斷事官劉乃蠻歹。孫男五人：碩德，掌設署丞。次願天保。次願神保，皆上所賜名。次海童，次燕閭。孫女七人：長適東京李長壽，次適鞏昌汪萬家奴，次適史達兒吉，餘尚幼。嗚呼！至元中，四海混一，世祖在上，裕宗在儲，天下晏然大定。一旦盗起不測，假托太子以爲名。自中書樞密諸臣皆有智慮者，莫覺其詐，以先後就死。而公明辯勇決，以定其變於俄頃，使宗社奠安，二聖無所顧慮，非小故也。仁宗念之於三十年之後。又十餘年，而今上成之。夫功在王室，實有可紀，久而益著。僥倖一時之榮，本無其實，則隨以泯滅，何足算哉？葛夫人貞節至老，以婦儀母德，至美號崇禮，於當時他族未之有也。是皆足以傳示後世，故宜銘。其辭曰：

於赫世祖，攬收群英；以一萬方，以開治平。文武率職，出入左右；建極于中，以進者壽。乃睠聖子，繼明麗天；雝雝在宫，百度是宣。相時大僚，

❶「顔」，原作「恩」，據類稿本、四庫本改。

❷「之女」，原無，據類稿本補。

並俊咸乂；既試既庸，以遺宮邸。時維高公，始事潛藩；有藩維城，啓祚孔安。頷頷專城，辨方作室；虎躍龍驤，奠此京國。界界居庸，巍巍兩京；公維信臣，克相經營。皇簡在衷，宮城是使；腹心扞城，夙夜祇事。世祖時巡，裕皇在行；載燠載清，徒御不驚。維時大都，宗社攸在；俯臨中原，旁極南際。獷彼柄臣，聚斂善逢；神憤人嗟，速禍自躬。迺啓盜心，任俠之靡；詐名太子，幸於一濟。時相狡壬，耳目素備；天奪其魄，就斃如醉。易也本兵，素惡相奸；聞言不察，墮賊計間。夜扣宮門，儀導咸若；時匪有人，孰固其鑰。賊敗旋踵，繇不入宮；弗貽主憂，實爲雋功。天祚皇圖，生此碩彥；決疑於幾，致安於變。事著簡册，名垂鼎彝；累聖歷時，報功匪遲。桓桓魯邦，泰山爲鎮；錫以上公，食其封畛。桓圭衮裳，不及其生；肖儀廟堂，萬世之榮。夫人貞孝，克配厥德；有文有識，爲母儀則。壽豈康樂，子奉晨昏；有慈有嚴，官業是敦。天子命之，封爵之貴；上天報之，令聞不已。令聞不已，視此銘詩；百爾子孫，勿替引之。

道園學古録卷之十七

道園學古録卷之十八　在朝稿十八

雍虞集伯生

墓誌銘

賀丞相墓誌銘❶

世祖皇帝建上都於灤水之陽，控引西北，東際遼海，南面而臨制天下，形勢尤重於大都。大駕歲巡幸，中外百官咸從，而宗王藩戚之期會朝集，冠蓋相望，供億之計，壹統之留守，故爲職最要焉。自非器鉅而慮周，望乎而幹固，明習國家典要，深爲上所信嚮者，殆不足以勝其任也。自世祖時以屬諸賀氏，至於今三世矣。方奉元忠貞王爲政時，一府之中，非無國人貴姓與之共位，又有材僚佐布在行列，❷求其臨事決議之際，必得其一言而後定，則他人固不能矣。是以終至元之世，數十年間，有增秩賜金而終不可遷居他官焉。公，忠貞之子也，諱勝，字貞卿，一字舉安，小字伯顏，以小字行。幼從魯國許文正公學，通經傳大義。年十六，以大臣子備宿衛，世祖甚器重之。入則侍帷幄，出則參乘輿，無晝夜寒暑，未嘗暫去左右。故事論奏兵政機密，非國族大臣無得與聞者。時獨不避公，或更命留

❶「丞相」，類稿本作「忠貞公」。
❷「又」，類稿本作「文」。「材」，原作「林」，據類稿本、四庫本改。

聽。近侍或言《論語·八佾》之五章，若訕今日者，盍去諸。上以問公。公曰：「夫子爲當時言，距今二千餘載，豈相及哉？且國家受天命，爲天子，有天下，固當下比古之逖遠小名，而自居乎？」上然之。廿四年，乃顔叛，率其兵入寇。上親將討之，將戰之夕，唯近臣只兒哈良帶劍立寢門外，雖親王貴人不得輒至。而公直帳中，受密旨，出入指授諸將。及戰，公擐甲前導牙纛。既成列，還侍上側。王師奮擊，遂克乃顔。明日，上顧謂近侍曰：「昨者之戰，飛矢及於朕前，毅然無懾容者，唯伯顔爲然。」都人見上之親征也，頗恟懼。上欲慰安之，故亟還，夜行卧輿中，苦足寒，公解衣以身温上足，乃安寢，及旦蹕駐，始寤。他日，上自校獵還宫，伶人道迎，有被色繒綴雜旄象、獅子以爲戲者。載輿象見之驚逸，執輿者莫能制。公時侍上在輿中，即自投下，奮當其觸突，後至者始得追及，斷靷脱象，乘輿乃安。而公創已甚，上親撫之，命尚醫、尚食謹護視，蓋三月而後安。是時，天下初定，四方無遽聞者，上欲亟賜報。公方少壯，能日馳千里，又上所親信，有使事輒見遣。受命無留行，復命無後期，所區畫動合旨意。或朝至而夕復出，亦不少憚也。故六詔、西域、交廣之屬，無不至焉。概計其所歷，無慮數十萬里。上春秋已高，海内已定，每嚴畏天象以自警，司天有奏，得非時以聞。因拜公集賢學士，服一品服以領之。桑哥之爲相也，❶怒忠貞之尹京，常不下己，危中之上前，旬月之間，數十奏不止。賴上察公父子深，故免。廷臣共知其姦，無敢爲上先言

❶「桑」，原作「喪」，據類稿本、元史本傳改。

之者。公嘗啓其端，而言者繼之，始服罪。上之改尚書省爲中書省也，方卜相，顧謂公曰：「汝以爲孰當吾心者？」公再拜曰：「命相國之大政，非小臣所敢知，然求之輿望，以爲太子詹事完澤，線真子也，端重忠實，可屬大事。」上曰：「然。吾并得所以佐之者矣。」遂相完澤，而以公爲參知中書政事，時年二十八耳。參決朝議，明允通練，一時驚異焉。久之，又拜僉樞密院事。又拜大都護，典外國之來屬者。

成宗皇帝即位之十年，忠貞告老，尋歿于家。而公拜榮禄大夫、上都留守兼本路都總管、開平府尹、虎賁親軍都指揮使，服忠貞所佩虎符。至大□年，拜光禄大夫、左丞相、行都留守兼本路都總管府達魯花赤。延祐□年，拜開府儀同三司、上柱國，三進而彌尊，遂兼合司之貴，而留鑰之寄如一，蓋世官矣。上都地寒，不敏於樹藝，無土著之民，自穀粟布帛以至纖靡奇異之物，皆自遠至。宮府需用萬端，而吏得以取具無闕者，則商賈之資也。吏多並緣爲奸，一旦稱遽發所居以集事，而直不時得，人用病焉。公常閲文書按而與之，無或失其業，故來藏市者，沛然日增，以稱京師之盛。公坐府治事，謹辰、酉，吏舍肅然，具牘無敢玩，出内無敢欺。貴人大家或以上命得給賜，若營繕市易，多遣私人逼脅府史，凌辱僚吏，搒係其民人，豪横過取，無可誰何。公必畫奏抑治之，而善柔者亦必使得所當而去。吏有持上供物入宮門，迫莫不得出，所司捕得奏誅之。公曰：「此有故，非闌入也。」力争之，吏得不死。奉聖州民高氏，隷藉虎賁衛，以多貲名，身死而子幼，貴官有利其家財者，使部曲强娶其婦，公爲辨之上前，不聽娶，高氏乃得全其家。公以民之飢也，嘗便宜發廪，不待得請。以民之不知教也，始大爲學舍，禮儒師以風化之。是以吏民不識貴强之凌暴，承其教戒，仰之若神明焉。相率爲祠於西門之外，設公像而祝之。阿思罕之亂也，關陝震動。公方朝正月於大都。上曰：「上京根本之地，其速還鎮。」即日告行，都人見公至，如孤弱得慈母。時安王將兵北行，所過多侵掠。公謂之曰：「君父倚王以保民禁暴，今未出國門，而行次失律，天子或以爲問，柰何？」王悟謝之，整兵以行，民間安堵。時方隆寒，士馬凍乏，縣官芻糗衣著不時具。公以私藏足之，行者以爲感。

仁宗皇帝乃命工畫公像，勑學士爲贊識，以天子之璽而賜之，俾傳示子孫。於是公有足疾，辭不任劇，願賜骸骨歸。上曰：「祖宗以上京屬卿父子，民安化行，朝無顧慮久矣，徒卧護可也。」乃賜小車，俾乘以出入，得至禁庭焉。當是時，太師帖木迭兒爲丞相，子弟縱虐於民，公壹繩之以法。官峙宿儲，而丞相家奴擅罔市利，責高直於官，公每裁抑之。又惡其帷簿之不脩也，而貪嫉日盛，絶不與往來。都人張弼殺人，獄具。丞相受其金錢無算，爲折辱留守，脅使易辭出之。公持不可，而中書平章政事蕭拜住、御史中丞楊朶而只等，遂與公等顯奏之。天子震怒，罷且不測。賴太后仁恕以爲言，幸得罷去相位，而諸公之怨不可解矣。

英宗皇帝之即位也，帖木迭兒復爲丞相。乘間肆毒，睚眦之私無不報者。蕭、楊二公既已被害，即誣公乘賜車出迎詔書爲非禮而執之，激怒主上，遂遇害。公死之日，京師之人巷哭相聞，而士大夫憤怒，相視以目。自是，廷中不附己者，固已盡中傷之而無遺矣。久之，天子察其故，斥不得居位，遂死於家。敕仆所樹頌功碑。而言者始昌言蕭、楊及公之冤，未及有所昭雪而上崩。今上皇帝入繼大統，發明詔以慰撫天下，顧未暇它及，而首以公等之枉爲言。蓋知天人積憤之故，本由巨奸残忍以啓之也。於是奸逆忠順之辨大明，死者固已少自釋於地下，而天下之公議亦少振焉。明年，乃贈公推忠宣力保德功臣、太傅、開府儀同三司、上柱國，追封秦國公，謚惠愍。贊書哀惻，聞者感動。命下之日，都人走詣其殯，不約而至者幾萬人。而其子惟一，即拜正議大夫，同知上都留守司事。泰定四年秋，集執經講帷，從在上都，而帷一適遷陝西廉訪副使，乃來告曰：「家世荷國恩，受京師之托，父子一心，所以圖報稱於萬一者，天實臨之，列聖實鑒之。我先人遭罹奸兇，遘履危禍，此惟一泣血終身而不忍言者也。皇上聖明，灼見隱伏，不遺故舊，褒卹之典極用哀榮，又不以惟一不肖，俾嗣世職，感恩戴誼，是以未敢申其情事。期滿歲而請行，今易節以西，實過鄉里，是天所以賜惟一也。將以某年月日，奉以歸葬焉。惟先人終始，定於國是，非一家之私言也。托諸幽宫，以期不朽者，非太史氏，其何徵乎？敢以爲請，此又惟一忍死以待者也。」

集受其言而悲之，乃考諸見聞，與其客吕弼所爲狀，得祖宗付囑賀氏以上都之事，與賀氏父子之爲治者，乃并朝廷哀忠臣、❶懲往失之意而具書之。按賀氏世家平陽隰州之永和，今爲京兆鄠縣人。曾祖種德，封

❶「廷」，原作「延」，據類稿本、四庫本改。

通奉大夫、護軍、雍郡公。妣郝氏，贈雍國夫人。祖賁，京兆路總管、諸軍奥魯，贈輸忠立義功臣、銀青榮禄大夫、大司徒，封雍國公，謚貞憲。妣鄭氏，贈雍國夫人。考仁傑，光禄大夫、上都留守、虎賁親軍、都指揮使、平章政事、商議陝西等處行中書省事，贈推誠宣力翊運功臣、太師、開府儀同三司、上柱國，追封奉元王，謚忠貞。妣劉氏、鄭氏，皆封雍國夫人，改奉元王夫人。娶張氏，早卒。又娶捏古真氏，亦先公卒。皆封雍國夫人，改封秦國夫人。子男二：惟一、惟賢，爲尚衣奉御。女二：長適平章政事阿不海牙，次適搠立忽攀。公墓在鄠縣某里，從先塋也。銘曰：

巍巍神京，世祖所營；殿于漠南，治朝廣廷。有城有闕，民之攸止。大纛周廬，亦有舍次；始命董兹，國有幹楨。舉綱挈維，紀目亦程；維昔周郊，陳實繼旦。慎始和中，異體同貫；我則不然，世官尚賢。保綏成功，動循故先；公始侍中，年壯氣鋭。出入踐敭，百試無替；乃贊國均，乃佐本兵。乃斂長籌，以督畿坰；時巡至止，百用具給。清宫言還，留鑰是執；歲率其常，年與位遷。膂力則非，精思弗愆；時入禁闥，衆起咸拜。名王細侯，亦仰而慨；曰此老臣，世皇之臣。祖事孫承，矧其都人；公出視政，獄市無擾。商曰予獲，民曰予保；公田于野，徒御不囂。有警無遨，具咨公勞；公惟小心，不懈彌謹。義之有激，事在無隱；竊位爲權，彼兇滔天。我則老臣，忍從危顛；二三君子，掎角不制。不竟于斷，階此大厲；嗚呼昊天，不淑謂何？假威神明，偏爲百訛；國論素定，公則不隕。揚言孔昭，天子之聖；保終没寧，豈必謂身？身枉義伸，抑又何呻？我哀公子，知忠念孝；還葬忍緩，思報之道。奉節過家，天子命之；承志正丘，天道聽之。嗟彼都人，不歌以相；曰此有祠，公庶來享。南山峩峩，其鹿維林；公從先王，歸復自今。貞珉刻辭，作于太史；千載之徵，亡愧孫子。

中書平章政事蔡國張公墓誌銘❶

我國家有文武忠孝世勳大臣曰蔡國公張公，以泰定四年十二月甲寅，薨于保定滿城縣岡頭里第。遺命上蔡國公印，❷丞相即日以聞。上爲震悼，勑有司贈官致賻如禮。公卿大夫士相弔於朝，中外聞者莫不嗟歎，異口一辭曰：「嗚呼！正人亡矣。」其孤景武等，以明年之二月辛酉，葬公于定興縣之河内，從獻武王之兆次也。先事三日，使其孫旭，屬太史虞集書墓銘。事嚴，不敢辭。

謹按：公諱珪，字公端，故累贈太師、開府儀同三司、上柱國、蔡國武穆公諱某之曾孫；故累贈推忠宣力開國翊運功臣、太師、開府儀同三司、上柱國、汝南忠武王諱某之孫；故贈推忠効節翊運保大功臣、太師、開府儀同三司、上柱國、淮陽獻武王諱某之子也。至元十六年，獻武王平宋海上，歸奏成功，道出江淮。公年十六，行省臣察其英偉，留公攝管軍萬户。明年，真拜昭勇大將軍、管軍萬户，佩其父虎符，治所統軍

❶ 此題，類稿本作「中書平章張公墓鋕銘」。
❷ 「命」，類稿本作「表」。

鎮建康。未幾，獻武薨京師。世祖皇帝亟召公還治喪，既葬，有勑入朝，上親撫之，因得面奏曰：「臣幼，軍事重。聶禎者，從臣父祖，久歷行陳，幸以副臣。」上嘆曰：「知求老臣自副，常兒不知出此。」厚賜而遣之，偏及其從者。元領軍半戍胡廣省，命還其麾下。十九年冬，以使事入見，上賞識其成立。初，凡内宴，忠武以功，賜坐諸侯王上。至是，特勑公坐其故處。還軍，盗起蕪湖，宣、徽尤甚。皆僭號署官，掠郡縣，燒府庫，殺縣長吏。江東新附，民心易摇，應者日衆，至犯杭之昌化。行省以重兵討之，未克。報至之日，公投衣而起，率步騎嚮蕪湖。蕪湖定，乃使人言於行省曰：「宣、徽雖非我所部，盗起，我不得以彼此爲解，以其兵行。」行省因以討賊屬公，與他將會，惟公部曲所過無擾。宣部士數爲賊衂，將奔潰，公傳令止之，乃定。敗卒有殺民家豕，而併傷其主者。公曰：「此軍之所以敗也。」斬之。明日戰，三合三勝，而賊益衆困我。公曰：「日暮矣，斂兵設伏。」賊不敢動，明日復戰。公曰：「宣卒敗而怯，毋累我衆。」使持旗鼓爲聲勢，自以所部爲二隊，命之曰：「賊勇者在前，前行擊之。後立者，脅從烏合耳。」遣親將帥二十五騎衝其後，陳亂。前行奮擊，追奔數十里，得賊酋斬之，其馘三百，而自相蹂踐以死殆盡，乃遣人撫安餘民。又有賊吴道者，以妖術起兵，亦有名號。恃其妖，來往軍門，且易公年少，欲因入謁剚刃，以駭服其衆。公得其情，即執斬之麾下，其黨大讋，而他酋猶將襲公。公夜伏兵山上，令之賊至而起。明日擊賊，賊走山。伏起蹴賊墮崖死，磔其酋，宣州平。賊之寇徽者，已敗兩萬户軍。

公曰：「賊輕矣，我往必得之。」獲生口三十，縱之使歸。散語其人曰：張萬户知汝，栅居保族逃死耳，官軍不諒汝，以賊擊汝。與官軍格，非汝志也，來降，吾能活之，不然，吾擊汝立盡。明日，稍稍以牛酒來見，皆印識其衣，令兵識之，勿敢犯，漸以信服。有持金帛來者，弗受。兵弗動而安者十八九矣。獨南嵓西坑之寨尤險固，又嘗衂官軍，懼益自保不聽命。公得野人計，導勝兵百餘人，鳥道緣登其巢背。度已至，奮兵擊之。賊出戰，巢背軍下據其壁，賊回顧，已失其穴不得還，其孥由他道走。或請邀之，公不可。賊以孥得出，益懈。公曰：「可矣。」縱兵擊之，血流成川。執其酋送之行省誅之。南陵盜又起，稱天王，攻宣州，州兵不能支。公得檄，帥輕騎數十赴賊，賊並林陣，公不介而馳之，賊靡。賊見無後拒，引衆圍公，公揮矟出，入殺數十人。賊傷公脅，裹創復戰，斃其子以一矢。官軍大至，斬首數千級，賊平。郡人德公，至于今祠之。蓋自是江東之人安於耕田鑿井，以共賦税，而長子老孫矣。軍中遂以無事。得故宋禮部侍郎鄧公光薦而師事之，鄧公以相業授公，曰：「熟之，後必賴此用矣。」凡在軍十四年而復入朝，實二十九年也。是時，行樞密院江南，或曰：「天下事定矣，可無煩行院也。」而張瑄者，以淛省參知政事任海道運餉，亦以爲言。樞密副使暗伯問於公。公曰：「見上，當自言之。」遂召對，蓋張方以運餉得幸，公恐其擅利海島，因勢用衆，將非其福。故告上曰：「縱使行院可罷，亦非瑄所宜言。淛省控制甚重，而行院得制其軍事，非始計乎？」上曰：「不罷行院。」樞密院論江東功，奏公僉書江淮行樞密院事。上曰：「其命爲副使。」太師月兒魯那演言：「張珪年尚少，姑試以簽書，果可大用，請俟他日。」上曰：「不然。是家爲國家蹈金、蹙宋，盡死力者三世矣。漢人賜號拔都者，惟真定史天澤與其家耳。史徒持文墨議論，孰與其家功多，而可靳此邪？」拜鎮國上將軍、江淮等處行樞密院副使。久勞之師，新附之地，賴以鎮安焉。

成宗皇帝即位，行院罷。❶大德三年，遣使循行天下，詔公持節川陝，民之疾苦，便宜振之。如罷官府之冗無益於民者，贖探馬赤之貧而典鬻妻子者，還鞏昌民之復僉爲軍者，皆其事也。比還江南諸道行御史臺侍御史，換中奉大夫。淛西，宋之故都，民物繁庶，貢税雜藝倍蓰它鎮。貪吏豪右甘心其間，朝廷病之，以公爲肅政廉訪使。下車未數月，所部郡長吏以下，罷劾三十餘。府史胥徒，無慮數百。其贓鉅萬萬。强民有殺人，恃其貲，得不具獄，吏制官吏，持鄉里短長訟否，❷受成於其家。公按之如法，民間始知有條制焉。得鹽司姦吏事，根連上下，具有實跡，將發之。而竊位方面者内不自安，欲因以危中公，使其屬以女子、金錢賂遺近臣，用妄人言公有厭勝事，且沮鹽法。天子爲遣官數人往雜治之，得行省大小吏及鹽官欺罔狀，皆罪罷。而公召拜僉樞密院事，入見。同列言：此張九拔都之子也。故事侍宴别爲衣冠，制飾如一，國語謂之只孫。公受賜，因得數宴。見探馬赤軍之戍北者多逃歸，吏請按法誅之。公曰：「逃者聞命懼誅，將聚而爲盜。其以百

❶「行院」，原無，據類稿本補。
❷「持」，類稿本作「有」，

日許自歸，有不至者，乃誅之可也。」奏可。公雖世家，無第宅在京城。或言公僦居於上者，命買宅以賜，辭不受。拜御史中丞，行臺江南。因上疏極言天人之際，灾異之故。其目則有脩德行，廣言路，進君子，退小人，信賞必罰，減冗官，節浮費，以憲法祖宗者。是時中書大臣有因朱青、張瑄之行賄也，事敗，貶湖廣，闕節近倖求復相位，而江淛省臣之首誣公者，亦在中書。公劾之，不報。馳馹面疏論之，併及近侍之熒惑者，又不報。遂謝病歸。久之，又拜中丞，行臺陝西，不赴。武宗皇帝時，仁宗皇帝在東宮，召拜諭德。未數日，拜太子賓客，復遷詹事，辭不就。尚書省臣濫殺無辜，輕革錢幣，中外洶洶。中執法久闕人，上方圖任。仁宗曰：「必欲得真中丞，惟張珪可。苟不稱，我任其責。」上即日召拜中丞。居月餘，上不豫。三寶奴矯詔赦天下，❶赦常赦之所必不赦者。未幾上崩。仁宗命按誅之。而其黨有求脱免者，公力言諸上，雖得不死，猶杖之。仁宗將即位，廷臣用皇太后旨，行大禮於隆福宫，法駕已陳矣。公獨奏其不可。臺長止之曰：「議已定，雖百奏無益。」公曰：「未始一奏，詎知無益哉？且大位，太祖、世祖之位也。隆福，太后之宫也。舍大明弗御，天子果即何位乎？」上悟，移仗大明，遂即位。賜只孫衣二十襲，上金五十兩，使自爲帶。受衣而辭金，不允。制帶以賜之。上命道士劉志清，以其法爲醮事。近侍分其所用金幣，道士訟之臺。而近侍譖道士於上前，當殺者六人。公力辯道士無死罪。上怒曰：「汝以臺綱脅我耶？」公

❶「三寶奴」，類稿本作「宰臣」。

曰：「御史臺，陛下之臺。則臺綱，陛下之綱也。陛下柰何欲自壞其綱乎？」上怒未解，顧左右扶出。明日，復扣頭苦諫曰：「陛下必欲用譖言殺無罪，臣請先死。」上即不殺六道士，親解衣以賜公。明日，上謂近臣曰：「人言中丞，忠臣乎？張中丞，乃張忠臣，非官中丞也。」召謂之曰：「朕欲厚賜卿，非無寶玉，如非卿心何？」因以御巾拭面額，納諸公懷曰：「朕澤之所存，朕心之所存也。其服膺毋失。」皇慶元年八月，拜榮禄大夫、樞密副使。舊制中州軍士鎮江南者，踰嶺以戍，率二年而代，遭犯瘴癘，十無一還。公曰：「是徒寘之死地耳！」奏請屯置近邊，其嶺表要害，因其土人以戍。不幸前死者，官給槥傳還其家。從之。徽政院使失列門請以供城軍隷興聖宮，而已領之，以上旨移書宥府，衆恐懼承命。公曰：「宣徽省左右都衛兩軍足備工役，又欲此將何爲？」固不署，事得寢，而怨怒自此思害公矣。延祐二年，拜中書平章政事。請減煩冗還有司，以清中書之務，得專修宰相之職焉。上從之，著爲令。教坊使曹咬住拜禮部尚書。公曰：「伶人爲大宗伯，何以示後世？」上曰：「姑聽其至部而去之。」公又諫，乃止。皇太后以中書右丞相鉄木迭兒爲太師，萬户别薛參知行省政事。公曰：「太師輔上道德，鉄木迭兒非其人。萬户無功，不得爲外執政。」上深許公言。而東朝之怒滋矣。失列門等謀所以去公中書者。間車駕時巡，既度居庸。皇太后宮幄在龍虎臺，猝遣使召公宮門下，以中旨切責之，賜杖。公創甚，輿歸京師。明日，遂出國門。賢人士大夫祖餞感嘆，以爲公之身可辱，公之名不可辱。斯事也，所謂質諸鬼神而無愧者歟！公子景元，蒙上眷遇，❶掌符璽，不得一日去宿衛。至是，以父病革告，遽歸。上驚曰：「鄉別時，卿父無病。」景元頓首泣血，不敢言。上不懌，遣參議中書省事换住往賜之酒，遂拜爲大司徒。謝病家居，尋丁母憂，廬墓三年。寢苫啜粥，病腫濕。或勸之食肉，不聽。日於其間累土，墳次如臺者三。七年正月，上憶公生日，輟上尊，解御衣以賜之。蓋仁廟於公，終始之意，固將有爲，而竟奪其志。❷悲夫！至治二年，英宗皇帝召見公於易水之上曰：「四世舊臣，朕將畀卿以政。」公辭歸，遣近臣設醴候諸館。東平王拜住時爲相，問公曰：「宰相之體何先？」曰：「莫先於格君心，莫急於廣言路。」是冬，起公爲集賢大學士。而鐵木迭兒復爲丞相，遂殺平章蕭拜住、中丞楊朵兒只、上都留守賀伯顔，皆籍没其家。大小之臣，不知死所。會地震風烈，勑廷臣集議弭災之道。公以大學士當議，抗言於坐曰：「弭災，當究其所以得災者。漢殺孝婦，三年不雨。蕭、楊等冤死，非致沴之一端乎？死者固不可復生，而清議猶可昭白，毋使朝廷終失之也。」又拜中書平章政事。初，公將兵時所佩符，及歷臺省，每除必讓還，曰：「此軍符也，非他官所得佩。請上之典瑞。」自大德來，凡三上三不允。至是以聞，又不允，而公固請，竟納之。侍宴萬壽山，又特有玉帶之賜。仁廟范金爲主，盜竊之。時參知政事馬刺兼領太常禮儀使，當還左丞。公曰：「以參政遷左丞，姑曰序進。而太常奉宗祏

❶「遇」，原作「過」，據類稿本、四庫本改。

❷「奪」，類稿本作「違」。

不謹，當待罪而遷官，何以謝在天之靈？」遂格其命。時有勇暴者，厠名元從中，怙恃恩私，肆爲不法。有醫婦飾而過市，六七人要而執之，加無禮焉。有尉捕得强盜，械送府。盜有親者，方乘傳出使擊尉去。破械縱賊，有司莫得而詰。告省府，又不得請。公曰：「如是，則亂生矣。」力命捕之，皆得諸權要之家，會赦解。有售珠於内府，枚論之，一小者有直萬緡。公曰：「萬緡，中人幾家之産，會其珠，凡幾萬乎？且戰國小君，猶以得賢勝照乘，曾彼識之不若乎？」又手疏，極論法度寬弛，紀綱日壞，污穢賊虐，恬不爲怪。逆順不明於人心，禍亂之鑒不遠。惟聖明奮其乾剛，以振德之，則仁厚之澤，無黨偏矣。不報，而公病增劇，非扶掖不能行。有詔，常見免拜跪，賜小車，得乘至殿門下。上肇開經筵，講帝王之道，明古今治忽之故，命左丞相與公領之。公進翰林學士吴澄等，以備顧問。每進讀，公懇懇爲上敷説，皆義理之正，無幾微權謀術數之涉焉。自是辭位甚力，上委曲勉留而後許。然猶封蔡國公，知經筵事，別刻蔡國公印以賜，庶幾其少留也。泰定二年五月，公得旨暫歸。天下之功成名遂身退者，未有能及之者也。三年春，上遣使召公，期以必見。公力疾而謁。上曰：「卿來時，民間何如？」公曰：「臣老，寡賓客，不足遠知。真定、保定、河間，臣鄉里也，民飢甚。朝廷幸出金粟賑之，而惠未及者十五六，惟陛下念之。」上惻然，勑有司畢贍之，如公意。又一再進講，拜翰林學士承旨、知制誥、兼脩國史，國公、經筵如故。上見其誠病，謂之曰：「西山佛祠多高潔，可以頤神已疾，卿擇而處之。」駕至上都，上顧謂丞相，若曰：

「張平章安否？老人恐乏侍養，宜以時還家，得無便乎？」因遣使撫諭之，務在順適其意。於是公始成歸矣。少間，長衣幅巾，消摇泉石之間，與山僧野老，分席以相愉悦。上稍聞之，以公爲愈矣。起公商議中書省。公曰：「老臣荷國厚恩四世，而臣歷事六朝矣。一息未盡，其忍忘朝廷乎？如筋力弗勝何。」使者不敢强，閲數月，又病。上遣太醫視之，久不愈。乃移書中書曰：「病不任事，而國公月俸千緡，弗敢受。籍會之，凡爲定者三百，餘悉送還官。」上閔傷其意，留其奉皮諸府，俄而公薨。

公質本高明，又輔以學力。積世勳崇，期世其家，以經濟自任。臨事決議，侃侃正色。勇於敢言，千剉萬折，人所不堪，公志不爲少變，而氣益昌。雖貴倖臨之，姦黠侮之，公一以誠慤自處，久之而各失其所恃者多矣。究而論之，蓋古所謂社稷之臣者乎？公少能挽强命中，嘗從大帥出，林薄有虎在焉。人馬辟易，公抽一矢，直當虎。虎人立，矢洞其喉，一軍讙囂。及學書，腕力尤健。端重嚴勁，無慚筆諫之臣。讀書不尚章句，務求内聖外王之道。既而稍進方外之士，以悦生佚老焉。公初娶楊氏，繼室烏氏，又娶郭氏，並封趙國夫人，皆無子。清河郡夫人孫氏，生定遠大將軍、保定等路管軍上萬户、佩虎符、鎮武昌曰景武者，公長子也；次景魯，亞中大夫、海北廣東道肅政廉訪使；景哲，奉政大夫、僉浙東海右道肅政廉訪司事；景元，資政大夫、河南江北道肅政廉訪使；景德，未仕卒；景誠，文林郎、内政司丞。女五人：長適朝列大夫太常禮儀院判官董守慤，次適中順大夫秘書監丞趙伯忽，次繼室董守慤，次未行，次適武德將軍、保定翼管軍、上千户忽都帖木兒。孫男十一人：長曰旭，宿衛；次曰昌，明威將軍保定等路管軍、上萬户、佩金虎符；曰昆、曰昇、曰昭、曰晟、曰曜、曰旺，餘皆幼。孫女六人。銘曰：

維蔡建國，自其先公；於焉訖金，是用啓封。公子公孫，洊揚世武；追王奕奕，曰淮曰汝。顧瞻先履，頷頷有成；孰不胙土，我于其生。於皇建官，略用漢制；將軍司馬，丞相御史。三府相望，總贊國成。人登其一，已極顯榮。我以世將，典司風紀。既貳宥密，又使宅揆。公曰噫嘻，我曷致兹？于公先王，究忠百爲。人曰咈哉，德則維世；智周慮淵，乃克有濟。世皇作之，成宗渥之；穆穆武仁，心焉度之。大車既載，于行而柅；孰謂得君，衆忤構厄。既退既藏，侃侃大綱；先帝遺直，以錫嗣皇。有猷有爲，有言有烈；相時憸壬，睢盱震慴。大駕之來，法宮既清；出納咨諏，屬於老成。人亦莫間，政亦莫適；抱其遺經，積誠思格。白髪蒼顔，安車以朝；佇瞻威儀，德音孔昭。公雖言歸，公鄉近止；公疾遄已，公來覲止。公今不來，天子永懷；一鑑之亡，四國之哀。勳在王室，德施孫子；著銘玄堂，作者太史。

張隱君墓誌銘❶

張隱君，諱埴，字直翁。其先青州人，唐時有謫居吉州者，遂爲永新人。曾大父

❶「隱君」，類稿本作「直翁」。

翬，宋正議大夫、永新縣開國男。大父楀，父焕，皆不仕。隱君避兵湘中，至耒陽遂居之，今爲耒陽人。娶蕭氏，先歿。子一人，曰鈐，耒陽州副長官。女二人：長適著作郎文矩，次適陳士奎。繼室吴氏，生二男：曰和尚、曰阿虎；側室生男，曰壽孫。孫男曰善僧。孫女二人。君歿，以大德十一年秋八月十六日，年五十有五。明年冬十二月七日，葬其州之鰲山鄉瞿塘里。既葬，矩以國史院編脩官劉致中之狀，來請著隱君之行，而表諸阡云。隱君蚤孤，能自力，學習進士業有聲。既居耒陽，買田築室，將終身焉。或勸以仕，不應。大延賓客師友，課其子以學。州建孔子廟，君出私財作禮殿及東西廡，爲七十子及從祀諸儒象其中。又爲象舍鰲山，❶以來四方學者，事未集而歿，子鈐克成之。州道塗下者沮澤，高者嶔崎，君悉募治，使隆隱平夷。又浮船架梁，通續阻絶，歲躬視而葺之。民取子錢者，法三之。君又損貸者三之半。雨暘之愆，必齋戒爲之禱。有疾者，君爲之醫藥。歲饑，君賤賈發其蓋藏，或遂捐而與之，或使以木償，因以爲棺，給貧者之斂。嘗之武昌，道遇渴死者，倒囊注善劑活之。遇餓仆者，傾糗糒食之。虚行五十里，困不能自達，寧解衣易米以爨。衡武陽洞盗起，❷焚剽鄰道。君聚其囊篋，落置庭中曰：「吾於鄉鄰爲獨贍，盗至，先得吾財易，則鄉鄰免矣。」而盗卒亦不犯。他日，有十男子求見，君察其非常，揮從奴散去，獨與之語。已而偕行，度甚遠乃獨還。入室中少時，又獨出。如是

❶「象」，類稿本作「精」。
❷「洞」下，類稿本有「有」字。

者再四，妻孥莫知其所爲。後十餘年，乃與矩言及之曰：「嚮有十賊劫我，云得金若干乃出。不爾，禍且及我。語而與約，使待於野，我獨歸取畀之。重不可待，❶故至再四。彼取其半以去。曰：特試君耳，無用許也。慮家人泄語，或掩襲有弗克，且貽患，故不欲言。」然則隱君，蓋奇士也。著之以銘。曰：

卓哉隱君，制行用奇；不私其嬴，推人勇爲。佐于邦惠，先事惟敏；施不食報，高義無泯。昔疹之瘳，昔餒之充；非而兒黄，非而丱童。歲時來者，觀于鼇下；尚其勿毁，以永終古。

熊與可墓誌銘

先生諱朋來，字與可，姓熊氏，世爲豫章望族。祖父炳。父希曾，以宋淳祐丙午生先生。先生以咸淳甲戌登進士第第四人。受從士郎、寶慶府僉書判官廳公事，未上而宋亡。世祖皇帝初得江南，常以名取士，盡欲得故國之賢能而用之，尤重進士，若故相留公夢炎，固以爲内相尚書，而王龍澤亦召拜行臺監察御史。先生，名不在王御史下，然不肯表襮苟進，隱處州里，生徒受學者常百數十人。因取朱子小學書提要領以示之，學者家傳其書，幾遍天下。時來鎮豫章者多名公卿，皆以客禮見先生。先生和而不肆，介而不狷，儒者倚以爲重焉。憲使魏公初與先生從容東湖之上，先生指其北涯曰：「徐孺子故居在焉。」太守陳蕃之所表也。而里門西南出，曰桂華坊，無所

❶「待」，類稿本、四庫本作「持」。

當矣。」魏公感其意，更表爲「高士坊」。郡城外舊有「宗濂書院」，祠周子，兵興燬之。先生得郡人黄氏故居於孺子宅東，加葺焉。徙其名表之，公私争致助，儼然立爲學宫矣。劉公宣之持憲節也，尤敬先生。與先生論經義無虚日。間以政事爲問，先生愀然曰：「郡學上丁釋奠，諸生有與執事者，公固見之。而是日有盗劫傷人者，南昌賊曹執而掠之。幸儒者善柔，不能自白，誣之獄成矣。耳目所及尚有此，又何問乎？」劉公曰：「有是哉？」即日審得實，立破械出此儒。即以械械賊曹。諸公由是益知先生有用於世者，而終不敢以事溷先生也。會朝廷使治書侍御史王公搆銓外選於江西，於是行省參政徐公琰、李公世安、郎中馬公昫、憲使盧公克柔，列薦先生爲閩海提學。使者報聞。而福建、廬陵爲郡在東南，儒學之士爲最多。朝廷大興文治，加意此兩郡，特起先生連爲之教授。

先生所至，考古篆籀文字，調律吕，協歌詩，以興雅樂。制器定辭，必則古式，學者化焉。故其爲教，有不正於詞章記問云者。既歸，有司以常格調建安簿，不赴，後又以福清判官致仕，先生一視之漠如也。更自號曰「彭蠡釣徒」，而四方學者稱之曰「天慵先生」云。先生燕居，絃雅瑟而閒謌以爲樂。門人歸之者日盛，旁近舍皆滿，至不能容。先生懇懇爲説經旨文義，老益不倦。得其所指授，多爲聞人達官，舉進士者項背相望。延祐甲寅，天子獨斷，以進士科取士。進士科廢已久，官府咸不知其説，以不稱明詔爲懼。獨江西行省諮問於先生，動中軌度，因以申請，四方得遵用之。請先生爲考官，則曰：「應試者，十九及吾門，不可。」而其後舉，江南二行省皆卑詞重禮致先生主文。先生以儒事爲重，皆應之。及對大廷，先生所選士，居天下三之一焉。初，先生以《周禮》首薦鄉郡，而令制《周官》不與設科，治《戴記》者又絶不見。先生屢以爲言，後得周尚之以禮經擢第，習此經者漸廣，由先生啓之也。英宗皇帝始采用古禮，視御衮冕祠太廟。奮然制禮作樂之事，朝之大儒搢紳先生凛然恐不足以當上意，而翰林學士元公明善颺言於朝，以先生爲薦。未及召，而至治三年五月，先生卒矣。享年七十有八。先生動止有常，喜怒不形於色。接賓客，人人各得其意去。有家集三十卷，其大者，明乎禮樂之事，關於世教。其餘若天文、地理、方伎、名物、度數，靡不精究焉。先生娶袁氏，子男曰永先、象先、太古，以某年月日葬先生。太古與其門人今陝西行省左丞廉惇、前進士曾翰等，使以書來京師求銘。某受而對曰：「昔先生與我先君太史同年生，友誼甚重。某再以待制召，復入史館。道過豫章，前先生之卒數月耳。先生以其所撰《瑟賦》二篇，命某書之。蓋有所屬，某感焉，不敢不書也。先生之墓章，至是三易矣。銘其敢緩乎？」故爲之銘曰：

維昔先聖，善韶放鄭；律失音泯，莫辯其正。先生脩能，興遭宋亡；抱器永歌，教成鄉邦。於皇盛德，方被金石；沛乎述作，失此遺則。疏越朱絃，我則不聞；欲知先生，視茲刻文。

林彦栗墓誌銘

延祐五年冬，林君彦栗手書其所爲文

十餘篇以示予。予讀之，見其奇峻刻厲，三歎而起曰：「世固有致力深苦至是者乎？」意謂予之知其用心，求爲識之，逡巡未能。而彦栗遽以氣羸而卒，予雖欲有言於彦栗，而無及矣。悲夫！彦栗年七歲能屬文；十歲盡記誦六經；十二歲以書干東平徐公子方。徐公有大名，當時方按察浙西，以人材爲己任，問經義，皆條對如響。目彦栗爲神童，期之深遠。然彦栗不自足也，爲學益力。其父恐其勤苦致疾，嘗禁其夜讀，使休息。彦栗密藏火，候夜分親睡，潛起微誦，或至旦，不敢令親知。年十七喪父，哀毁過節，盛暑衰絰不去身。家素清貧，能自立不隳其所守。教其弟坦、宏、堅、宇、理以學，如父在。居吴中二十年，開門授徒以爲業。從游者皆自遠至，成業乃去。然性好山水之樂，游錢塘、靈隱、天竺諸山，動或經旬月乃一歸。聞四明雪竇尤奇，特即冒暑往游。其山中多高僧隱人，見彦栗風神高潔，愛而從之者甚衆。凡其觀覽賦詠談論，皆録而傳之。比去，猶不忍别，往往送過浙江乃還。卒之歲，年三十九。其爲人可知者如此。悲夫！而其爲文亦從可知矣。宇曰：「兄之來京師，非有仕進之事也。徒以宇在此，來撫之爾。今不幸客死，宇致之也。嗚呼，痛哉！」於是坦亦在京師，奉其柩以歸葬吴興。宇知某之哀彦栗也，故來求敘其世次，而恐遂湮没云。彦栗，諱寬，姓林氏。其先資州人。曾祖某。祖某，温州樂清令，因家樂清。考某，從仕郎，某處判官，至元中鹽官。君初仕爲湖州録事，又居吴興。妣羅氏。娶盛氏。子男三人：宗亮、宗衍、宗□，以某年月日，葬于某里。銘曰：

善乎歸全，從其先人；死生往來，友愛則均。復安幽居，包山之虛；其精者文，子孫傳諸。

項鼎墓誌銘

台州臨海項氏，系出唐丹徒尉斯。其後徙永嘉。宋寶元間，勝歸爲臨海人。臨海之族，有孝子曰璣。有至性，喪親致毁，過時猶孺慕，身負土爲塋廬。居三十年，朝夕奠如初喪。兵部侍郎商飛卿爲立傳。無子，以胡氏男爲子，曰惠。惠生駰。駰生鄉貢進士良材。良材生鼎，字用文，迪功君也。君有令姿，承世學之裔。自幼儼如成人，稍長有意氣議論。國朝取宋之師在江上，時宰拜表請出督戰，實肆溺愧怯不欲行，風所私具疏留己。鄉校試諸生，以裴度征淮西事爲問。君設對，極言時事，斥其情狀。傳讀皆相顧失色，識者偉之。初，在理宗時，胡公良由大學博士，歷著作廷，常教授小學王宫。度宗幼時，曾學焉。即位之七年，始思問胡公，則死已久。因命録其子弟，將官之。久知君在京學，實胡公兄子。有司以聞，遂得官。方以迪功郎爲浙東提刑司，準遣而國亡矣。是時，郡縣盗賊並起，君歸保宗族，無敢犯其里者。兵後大疫，君飲食醫藥其病，斂藏其死者，無一失所。大德中，常具便宜二十事，爲書數萬言，將上之。既而嘆曰：「聖明在上，何必吾言而後治乎。」因自名曰「退翁」以終其身。君篤於孝友，祀其先人，未嘗不垂泣。飲酒至數斗，不亂益莊。娶毛氏。子炯，業進士有聲。女適黄應龍、車崇君。以至大三年五月壬辰卒。得年五十七。炯以某年月日，葬君某處。以鄞縣丞周仔肩所述狀來請銘。仔肩，予弟槃同年進士也，故以信而述之。至元中，天下始一。朝廷欲盡得天下士用之，如恐失一言一藝。予觀用文在鄉校能論國事，處鄉里能應變救菑，而不得少見用於世。欲有言矣，而卒隱不發，何也？銘曰：

生代之末，微見其孽。奮未遂達，遭運惟新。盍作而振，胡懷言弗陳。前不及施，後弗及時。欝欝瑰奇，托諸銘詩。不亦悲夫！

揭志道墓誌銘

志道諱道，孫姓，揭氏，世居豫章豐城。少篤學爲文章，通陰陽、卜筮、方藥之説。親疾，常再刲股肉，和藥進之而愈。好痛飲狂歌，方醉時，視天地間無一物足攖其懷者。中乃力穡灌園，教授鄉里。晚又不飲酒，不食肉。刺血手指，寫佛書。率從弟明孫，族弟有光，出錢建壽聖報恩佛寺。歲時，合族人共祀其先祖寺中。延祐元年正月二十八日，以疾卒。年六十八。以某年月日，葬某處。娶黄氏。男二人：曰思忠、曰思永。孫男五：子木、車、德合、慧生、止生。女二人：長適黄來復，次在室。曾孫紀生。銘曰：

少也不羈，引酒爲豪；折節中年，卒佛是逃。佛則有功，揭以祀祖；從神來斯，繄志道甫。

故丹陽書院山長馬君墓碣銘

建德馬泰之之至京師也，介進士程謙

以來見，曰：「請有復焉。」集拱而聽之，❶則曰：「先君子歿六年矣，潛德闇而未彰，懼久而易泯，願求文表諸貞石。」遂再拜，致其所敘行實一通，又再拜。集拜受，起而讀之。見其家世、行事，因不固辭，而爲之書曰：君諱元椿，字景莊。其先扶風人，後遷毗陵。又遷睦。繇宋兵部侍郎大受，貴爲郡著姓，❷侍郎生漳州通守時，通守生迪功郎友諒，迪功生處士洪，君其長子也。年三十，郡太守察其孝廉，舉之外宰相，以爲丹陽書院山長。君不忍違去處士左右，不就辟。後廿年，使者行部至郡，聞馬氏故國世家，有賢父子，將就見，而處士年已八十餘，遂以賓禮見君，薦用之。君曰：「嚮也，❸吾且不可。今可一日去而從政乎？」使者高其節，不敢强。舉其子泰之茂材。君有弟元壽，爲桐川校官以卒。❹處士哀之，至累日不食。君委曲寬譬，卒爲之開釋，樂其養焉。後三年，處士以高年考終。又七年而君卒，得年六十一，泰定甲子，某月某日也。葬匯湖先塋之左。君娶賈氏，子曰泰之、申之、翼之。泰之，武昌路儒學教授；申之，信州路弋陽縣儒學教諭。孫男曰說、詵、詡、誌、詮、諮。女曰誼、訒、訢、讓。曾孫曰瑜、琰。昔侍郎之弟，禮部尚書大同，紹興甲戌進士，則我先雍公同年也。乾道辛卯，❺先公在相位。四月，進擬尚書，除國子監簿。十月，又除大理寺正兼吏部員外郎。其後，尚書帥福州，朱文公守漳州，書問甚

❶「拱」，原作「挨」，據四庫本改。
❷「著姓」，原作「等姪」，據四庫本改。
❸「嚮」，原作「享」，據四庫本改。
❹「桐」，原作「祠」，據四庫本改。
❺「道」，原作「進」，據四庫本改。

富，其家至今寶藏之。而迪功友諒，又從黄文肅公游。予既重其師友淵懿，又尚論先世之舊於二百年之後，故爲之銘。銘曰：

淳熙法從之曾孫，至元處士之賢子。執禮而好脩，志養而忘仕。樂終身而有餘，從先君而藏此。水既滙而斯衍，尚有托乎永久。

故梅隱先生吴君墓銘

國家海内混一已七十年，生民蒙被德澤，安土樂業。老子長孫，皇多有之。至若居有恒守，不出於鄉井，遡其世傳，至於十數，以年紀之，過於三百，代有變遷，而能保於悠久不墜，則亦鮮矣。況乎良材美質，生乎其間。交游爲之後先，學問爲之潤色。嘉名善行，歷歷可考。求諸百里之間，豈不可尚乎？撫金谿吴塘里吴君辰子字君明之葬也，其孤以番昜李存之狀來請銘。因得見自宋至今朝名人所爲銘誌而讀之。觀家於其鄉，觀人於其家而有嘆焉，乃爲次第而書之。初，五代時，吴氏自金陵遷廣信之弋陽。宋初，嗣自弋陽遷臨川金谿之沙岡，族且繁矣。分居吴塘者自濬始。爲養而治生，終年起家。所與游者，汪公藻、熊公彦詩諸君也。南渡之亂，東北士大夫來依吴塘以居者，凡數十家。濬生邦孚。邦孚生鄭。鄭生藤州僉判景立，友於琴山傅子雲氏。景立生堯仁。堯仁生士亨，受詩學於嚴公粲、傅君維清。士亨生登仕郎德溥，其壯時，值常平使者方作學官於郡城，南延徽菴程氏爲之師。國朝程文憲公鉅夫、吴文正公澄，皆當時弟子員，與登仕爲同舍生，是爲君明之父也。夫宋自紹興至於亡，吴氏五六世皆得與賢士大夫游。陸先生起於金谿，吴氏之族，祖子孫所從游者，多陸門之人。徽菴，明朱子之學。師友之盛，見於今者猶如此。則君明之所以有聞於時者，非一日之積矣。

君明生咸淳丁卯，未十歲而臨川内附，學者多廢。而君明亦從儒先生馮得一、傅陽鳳、謝元禮卒業而後已。居家事親，與兄弟六人處。身任門户之責，不以貽親憂。登仕君因末疾者八年，扶翼捧持，寒暖旦夕，無頃刻之懈。母余夫人，壽八十餘，尤盡敬愛。前後爲喪，無違缺。待群從子弟，有教有勉。伯氏、仲氏早没，撫其孤尤加意。與人交，樂稱善，而不忍道其過。不妄嬉以狎，不肆矜以驕。其馭家衆，無暴戾。人或不足於己，有患難，救之不爲嫌。有困乏，拯之不爲吝。婚嫁既畢，子弟分受家務爲謹。而其二子亦從良師，而就其學業焉。既老，種梅爲圃，以爲歲寒之交，人以是稱之梅隱先生云。東爲别墅以自逸，幅巾野服，無復世慮，遂終身焉。得年七十三，後至元己卯七月也。噫！亦可謂脩福之士哉！　君明娶余氏，前君十七年卒。子翼孫、畢孫。女五人，婿曰同邑劉載陽、臨川王文明、安仁倪文藻、同邑劉天鳳。孫男二人：樂賢、育賢。女二人。以至正壬午十一月廿八日丙申，葬諸大山塘。予閒居於臨川之久，州里之近，孝子慈孫，有欲著其親之善者，誠有所徵，亦不忍違也。昔在太史，執筆多矣，中州公卿大夫士家，功名爵禄之顯，非東南所可及。然歷宋、金喪亡，墟墓莽蒼，不復可紀。或一再傳，而名字已不可知，每爲之興嘆。今吴氏遭逢國家治平，遺子孫以富完安樂，方進而未已，殊可羨也，是以不厭其詳焉。銘曰：

赫赫有興，寂寂無稱，人將誰徵？族聯世延，不隨代遷，保德之全。以靖居盈，以安爲榮，壽考以寧。有美吴塘，嘉樹蒼蒼，鄉邑之望。貞珉嵯峨，刻辭不磨，昔賢已多。

道園學古録卷之十八

道園學古録卷之十九　在朝稿十九

雍虞集伯生

墓誌銘

王知州墓誌銘

昔我仁宗皇帝，天下太平，文物大備。自其在東宮時，賢能材藝之士，固已盡在其左右。文章則有翰林學士清河元公復初，發揚蹈厲，藐視秦、漢；書翰則有翰林承旨吴興趙公子昂，精審流麗，度越魏、晉。前集賢侍讀學士左山商公德符，以世家高材，游藝筆墨，偏妙山水，尤被眷遇。蓋上於繪事，天縱神識，是以一時名藝莫不見知，而永嘉王振鵬，其一人也。振鵬之學，❶妙在界畫。運筆和墨，毫分縷析。左右高下，俯仰曲折，方圓平直，曲盡其體，而神氣飛動，不爲法拘。嘗爲《大明宮圖》以獻，世稱爲絶。延祐中得官，稍遷祕書監典簿，得一遍觀古圖書，其識更進，蓋仁宗意也。累官數遷，遂佩金符，拜千户，總海運於江陰、常熟之間焉。泰定四年夏，部饟至京師。因來告曰：「昔振鵬官七品，既蒙恩贈先父曰從仕郎、樂清縣尹。母曰宜人。今位五品，又蒙恩贈先父母。如振鵬之秩，此皆仁宗皇帝之遺恩，國朝之盛典，而先世積善之效也。不有以表著之，是振鵬忽於君親，無以

❶「其一人也振鵬」，類稿本無。

昭示子孫、族人、鄉里也。幸賜之言，而勒諸石焉。」余感其言，故序次其事，而并及其世次云。

王氏始自會稽，遷永嘉。宋紹興間，其先世以武官得官，爲保義郎。數傳爲自强，生挺。挺好佛學，生由，字在之。至元二十五年卒。時年三十五。今贈奉訓大夫、温州路瑞安州知州、飛騎尉，追封永嘉縣男。配張氏，追封永嘉縣君。振鵬，其子也。振鵬之兄龍孫爲浮屠，名善。集銘曰：

偉哉王公，即家開封，繄子之功。功繇名藝，仁宗之世，積拜寵異。先朝文興，孰究孰承？慨兹其徵。

曾巽初墓誌銘

國家龍飛朔方，甫定中原。中統、至元間，始建國都，立宗廟。朝廷脩祭祀、朝會之事，而禮樂興矣。至大天子出，獨見親祠太室。而祠官儒生，言制度考文者彬彬然而來。時則有若廬陵曾君巽初，著《鹵簿圖》五卷，書五卷。《郊祀禮樂圖》五卷，書三十卷。上之江西行省，行省丞相斡赤善之。❶二年，以其書上聞。中書省下其事，太常禮部會議，皆以其書爲然。太常禮儀使田忠良等，以告中書丞相，丞相以告天子。有詔太常，以圖書與著書人入見，而巽初得對玉德殿。上曰：「禮樂之盛如此。皇帝之所以尊也，而儒士之用心亦勞矣，太常其命以官。」於是太常奏爲大樂署丞。未幾，議立圓丘、方澤，奉太祖皇帝以配天，凡從祀壇壝、玉帛、犧牲，樂與博士雜議。巽

❶「赤」，原作「直」，據類稿本及後文改。

初引援攷據，沛然有餘，有司習於禮者，咸推讓焉。是年，郊於圓丘。大大寒雪，執事者多不勝，而巽初在壇上，領群工登歌作樂，❶音節諧亮，世其藝者不能及也。明年，武宗皇帝賓天，而太常緩禮樂之議，會其兄德裕告病歸，同還西江之上。延祐元年，興瑞曹勛光禄薦爲典瑞知事，弗就。中書用御史集賢薦，除遼陽等處儒學副提舉，未上。史館留爲編脩官，編摩多暇，尤得悉心文學。著《周易治鑑》及充廣《郊祀鹵簿》舊説，繪《中道》《外仗》等圖，備極精贍。而斡赤丞相入爲翰林承旨，因入見，以其名聞。有旨召見。斡赤丞相番直，命巽初以其書待於駿龍門下。上方盥，未御膳。斡赤丞相言：「臣所薦進圖書人候進，止廷中。」傳旨召入，遍閱其圖。問人馬物色甚悉。曰：「後當有用。」勑秘府藏之，而命斡赤丞相傳旨，命巽初爲學士。巽初不敢當，力辭。遂循進奏，爲翰林應奉文字、知制誥、兼國史院編脩官。七年，英宗皇帝大駕自上都還，即親祠太室，始服衮冕。大駕之至廟也，有司倉卒。凡旗幢繖蓋之屬，就以立仗行，皆重大，率數人持一物。天子製通天冠、絳紗袍服之，而輅弗素具，遂易常服御馬而往，弗稱上意。丞相拜住、太常八昔吉思奏取秘書所藏巽初圖書，而鹵簿大興矣。於是改作太廟，凡川蜀、江南大木之美，悉致之。凡旗幟之繡繪者，作於閩、浙；人馬鎧甲被采飾者，作於江西。庀事嚴速，務極華好。方是時，治平既久，生息繁阜，一時民力畢用於此，郁乎文物之盛。然與巽初同事者，或冒其功得大官，而巽初亦不以介

❶「工」，原作「上」，據類稿本、四庫本改。

意，識者多之。有詔留守造五輅，留守召衆工謀之。皆曰：「自建都于兹，凡宫殿城池、園囿，與車、服、戈、甲、弓、矢，金木、玉石、齒革、羽毛之工，靡不精巧。老於事者，或至年七八十，皆無不更歷。獨以爲輅古禮器，誠不知其法，柰何？」省官考工殊憂之，迺曰：「必欲爲之，無如曾應奉者。」命巽初專董其事，按圖指授，動中繩墨，工人咸悦。將成，又請習馬以備駕。朝廷尤重其先慮。未幾，國有大故，事遂已。而巽初亦歸居數年。爲天曆二年，以集賢照磨召。天子大興文治，巽初因其長官，以圖書進見于奎章閣，未報。予言于朝，薦爲太常博士，亦未報。三年閏七月二十九日，巽初遽以寒疾殁，哀哉！予以故人往哭之，而纍然孤子之在側者，號曰：「歸且葬，無誌。敢請。」予不忍聞也，因爲次第其家世云。

曾氏本武城人，鄫公之裔也。據生漢末，恥事新室，始遷江左。唐御史大夫偉，始分廬陵。散騎常侍輝，居吉水。宋至和中，割吉水置永豐，而曾氏占永豐。載陽舉進士，鉞舉八行。又五世悱，融水縣簿尉。簿尉生元老，迪功郎、浙西常平主管文字、贈朝請郎。朝請生晞顔，仕宋，爲御史，爲兵部侍郎，爲江西安撫，積官朝奉大夫。歸國朝，授承務郎、湖南儒學提舉，以子德裕貴，贈某官，追封武城郡伯。母蕭氏，贈武城郡君。繼母沈氏，贈永豐縣君。巽初既貴，得贈所生母丁氏宜人。娶某氏，封宜人。子三人：如璋、如寶、國子生如瑄。女如琇、如瑗、如璟。婿周禎、何粢、蕭斗生。巽初，諱巽申，以至元十九年五月二十三日，距卒之歲，得年四十九。將以某年月日葬於某處，巽初所自卜也。❶巽初，少敏於學。事親孝，待兄弟宗族有禮，慈而愛物，兢兢然惟恐傷之。好讀書，手不釋卷。著書滿家，尤好内典。體甚清羸，終歲之間，齋居之日十九，夜半即起讀誦，至旦無曠廢。愛古器物、名書畫，購之不計其貲。嘗作武城書院於鄉，聚族黨子弟而教之。平生所著述，自上進之外，有《致美集成》三卷，《心性論》《理氣辨》《經解正訛》，合若干卷。《崇文鹵簿志》十卷、《明時類稿》若干卷，《超然集》若干卷，《韻編杜詩》十卷，《補註元遺山詩》十卷，《過聞録》二卷，藏於家。兵部初登進士第，爲連州教授，而我大父尚書實守連，嘗薦之。巽初爲撫州儒學録時，我先公參政寓崇仁，道過必來見。某也與其兄弟，先後皆同朝，而巽初尤久善，故宜銘。銘曰：

維廬陵曾氏，系本武城；分居江南，日以茂盈。恆以美德，出見於代；歲月官封，家有記載。在永豐者，昔垂文聲；逮于我朝，父子迭榮。肅肅兵部，宋名御史；風裁整峻，荷橐有煒。天命維新，濟濟來朝；迺使學事，殿于烝瀟。才名孔揚，將召將用；而不少留，辛木云拱。伯氏之來，令譽四馳；逢時制作，試於百爲。入直翰苑，出掌考功；曾未幾時，以退爲恭。文事之委，人曰季氏；季氏舒舒，弗亟弗靡。舉體清虚，奉盈弗勝；問學沛然，如川方增。治平百年，禮樂斯備；❷有圖有書，咨詢攸在。至治之歲，稍行其言；旂常載塗，法駕軒軒。方行而尼，天意

❶「卜」，原作「小」，據類稿本、四庫本改。

❷「斯」，原作「崩」，據類稿本、四庫本改。

有待；於赫今皇，文治方大。集賢之長，文憲是司；以其書聞，天子用咨。于時在廷，咸薦其美；庶聞多儀，光於前紀。鬱鬱之松，弗茂而摧；洋洋之淵，弗暢以洄。故山之麓，藏此遺志；志藏氣傳，澤在孫子。

胡彦明墓誌銘

公諱景先，字彦明，姓胡氏，彰德安陽人也。資慎愿寬厚，方幼時，以好善聞於鄉里。稍長，接事物務爲含容。以不欺爲主本，無與之忤者。或忤之，亦不以介意，而忤者至自悔責謝，待之亦不間於初。里有貸人錢者，多至十數萬，貧不能償主者，責之急，將自經。公呼而與之語曰：「錢可得，死不可復生，何遽爲此乎？」因出己金，使償之，其人得不死。既而爲券質公所，公笑而焚之。由是共服爲長者，尊之曰翁。至不敢以字稱之。兄景哲，早世。兄子亨，在襁褓，鞠育教成之，不異己子。事寡嫂岳氏有禮，内外無間言。子彝，以儒學進用，歷踐臺省，與謀議，侃侃正色，不爲俯仰。明識法令，出入經史，言於廷中，與宰相相可否，率關政事大體，爲時名臣，大抵公之教也。今年，公年八十。朝之賢士大夫，樂公之有賢子，而廷臣有高年之親也。相率爲歌詩以道之，使歌以壽公。未及遣，乃二月六日，公方與親戚高會言笑，飲食如平時，忽舉手謝客，端坐而逝。又十日，訃至京師，彝爲位哭踊。俟旦見星而行，某往弔之。彝匍匐號於某曰：「請忍死一言，彝抱痛終天，無所逭罪，敢以誌墓爲託。」某退而考行事、事狀云：

胡氏，世本河南鄢陵人。族葬之墓，有豐碑參樹，皆龜趺螭首。雖其文契漫漶，考其時，則故宋若金之顯仕者也。國家兵至河南，河南人北遷。故公之父諱某府君始來彰德，遂爲彰德人。其三弟，皆歸故鄉，而胡氏之在彰德者，自府君始。以彝推恩，贈中順大夫，禮部侍郎云。公以彝貴，初封奉議大夫，再封朝請大夫、同僉太常禮儀院事、騎都尉、安定郡伯，進封翰林直學士、亞中大夫、輕車都尉、安定郡侯。三拜而彌尊，公不以自高也。出入閭里，常卻車馬不御。與故人父老遊，子孫或具杖几，亦不扶也。是以彝爲左右司，數請歸養，不許。乞郡便養，又不許。朝廷亦知公之康强也，留彝爲工部侍郎。公娶黄氏，封安定郡夫人。勤儉克相，年近於公，精神不衰。子曰彝，其次曰規，歲貢憲府，使爲東宮典寶掾。女三人，婿曰鄭□、王□、李□。孫一人，伯敬，國子生。孫女二人，婿曰樊□、侯□。將以某年月日葬于某處，從禮部之兆次也。大德中，某與彝同爲學官京師，固已聞公之德久矣。彝爲工部主事，時來就養，某得拜於床下焉。瞻其容止之淳慤，聽其言論之篤實，未嘗不慨然自媿其涼薄，而嗟嘆其福禄之未艾也。於時南人有爲饌奉公者行炙，公食而甘之。曰：「燔不至焦，澤不至濡，何以能若是？」召庖人問之。對曰：「法以上下釜皆新鑄，置肉其内。無旁附，密其款頂，趾加火焉。」公曰：「得無損釜乎？」庖曰：「不暇計釜也。」公蹙然曰：「一釜之成，謹而用之，可數十年。今一食輒毁，吾不忍也。後勿復爲。」某於是嘆公之慎於用物者蓋如此。事雖小，可以觀德焉。故善觀人者嘗於其微，此之謂也。然則公之家，再世封君，身享榮養，而子孫多且賢，所以致之者，殆非偶然也。故爲之銘曰：

胡氏之先，冑繇神明。族于鄢陵，歷時積榮。安陽之分，則自鄢至。敦本尚質，以啓其世。質本伊何，稼穡書詩。百年廢興，❶不亟不遲。祖父孫子，具名法從。橫金拖紫，異席同寵。宗伯啓之，考工成之。蔚蔚翰林，中立勝之。既壽既考，盛德則有。有而弗宰，益以遺後。有水維漳，清流洋洋。維是固深，千載不亡。

趙曼齡墓誌銘

中議大夫、太子家丞趙君曼齡，以泰定五年正月二十一日卒于官。朝之大夫士來弔，巷隘不足容車馬。既斂，殯諸京師東南門外，執紼者相屬，行路之人頗皆咨嗟，以爲何致客之多也？踰月，相歸葬于其鄉。於是太子府正臣李某，府正簿周某，來告于某曰：「趙君之子幼，其藏也無以識諸幽，則無以示久遠，比其子長知詢問其父時事，則日既遠矣。請托銘於來世，是僚友之義也。敢成子之志。」乃求其爵里歲月，以授某而敘之。君諱某，曼齡其字也，姓趙氏。相其鄉也，自尚書工部辟知印，轉八作司提舉、翰林國史院管勾、留守司照磨、京畿運糧提舉、彰德路林州知州、户部司計覆實司提舉、典設署丞、拜監察御史、太子家丞，積官至中議大夫者，其官簿也。諱珪者，其大父。諱訥，鄉人士尚其文雅著聞，稱曰柳溪先生者，其父也。先生，贈朝散大夫、同

❶「廢」，原作「發」，據類稿本、四庫本改。

僉太常禮儀院事、騎都尉，追封澶淵郡伯。夫人李氏，追封澶淵郡君者，由曼齡貴而推恩也。娶宋氏，亦澶淵郡君。女二人，皆先卒。今在者一人，林童也。葬某鄉某里者，從先塋也。昔太常公殁，太夫人使之游京師，卒能成名，以成親之志。曼齡之孝也，加意宗族，又推其惠，以及於妻之黨。其幼稺，自我而俯育、婚嫁者若而人。及曼齡殁，哭之哀，如喪其所親焉，曼齡之義也。學無不通，而明於正術；施無不能，而宜於法律。所交游，無賢不肖，懽然以相接。而陽秋之辯，亡所顧慮，曼齡之能也。轉粟入京師，歲有定則。曼齡之任職也，善用其人，無怨無倦，歲增運者多至四十餘萬石。林鄉郡也，曼齡習知其土之鄉俗，治之得其情。寬條約以佐善良，剔蠹敝以革尨雜。糞瘠土爲沃壤，通末作以佐民用。又以其隙爲儒學，新孔子廟，爲醫學，新三皇廟。民不忍其去，具刻諸石，至今存焉。國家宗廟之外，别立神御殿于佛祠，會其成功，率其費十餘萬。及曼齡董役，工加於常，而費省其半，復以歸諸計相。於是重有賞賚以旌之。若此者，曼齡之政也。以練習推御史，由御史擢丞春坊，嚮用矣。年不踰六袠，官不過四品，而遽以卒告，此人之所以爲曼齡惜也。銘曰：

帝眷春坊，慎簡賢能；載謀載詢，家用克承。濟濟多士，孰是乏使；靖共正直，曰必御史。峩峩法冠，易其綬圭；食穀食飲，或謹攸司。書功計勞，不日以進；如何不淑，泯以澌盡。安陽之墟，有木離離；昔辭而遊，今歸以依。其依維何？永妥以固；利其後人，至于終古。

葉謙父墓誌銘

國子生鄞葉恆之奔其父之喪也，予弔諸程時叔氏之館。初，予司業成均，時叔擢進士爲僚，恆用近臣薦補入學，由時叔以見予，是以弔諸。恆去之踰年，時叔爲之請曰：「恆欲求子誌其父之墓，而不敢請也。」其父謙父，蓋嘗欲以事功見於世，而無遇於用，乃退而自脩於家。家有昏喪之事，必求諸禮法。戒恆曰「子必服儒服，行儒行，使見於世曰：葉氏儒家。」遣恆宦學京師，曰：「吾且未老，子必卒業乃歸。」蓋其志如此。今不幸没，而恆也不及視其屬纊，故其哀尤甚也。謙父諱遜，世隱不仕。生於宋景定三年四月丙申，卒於有元泰定五年正月壬午。天曆二年正月乙酉，葬諸其縣翔鳳青山之原。夫人褚氏祔。子恆、恂。恂爲謙父弟之後。女温，適陳亨；淑，適王壽朋。孫男震、女靚。銘曰：

士之制行，審歸於是。弗及於己，
又以勖子。求道習禮，足以歿世。神
相其志，克成永久。

王誠之墓誌銘

國家之政，莫重於刑獄，匹夫匹婦之冤，近起於州縣，而飛霜大旱之變，則朝廷當之。故君子之論臬事者，無問吏大小，有可書則書之，蓋慎之也。故贈奉議大夫、興和路治中、驃騎尉，追封仙靈縣子王君仲信字誠之者，今朝列大夫、陝西諸道行御史臺監察御史敏之父也。至元十四年，誠之爲遂州吏目。州之遠近，有男子一人、婦人一人，各以事相從入城。會莫投逆旅，異室以宿。夜半，男子者潛趍婦人，將私焉。而婦人已爲人所殺，流血狼籍。男子驚逸，而血在衣履。旦事覺，捕卒蹤跡得男子，吏文致之款伏。事上州，誠之察其貌，若不盡其情者。召逆旅主人問之，曰：「婦人入室前，寓者何人？」曰：「有伶人婦久居之。」曰：「伶人婦，所與往來何人乎？」曰：「州小吏實善之，既而交惡以去。」誠之密以他事召小吏至，小吏已心恐。詰之，具言狀，殺娼，而不知爲他婦人也。即日盡得其情，獄具，男子得不死。二十三年，在松州幕，李甲殺人而匿其尸。事具，五十日而尸不得，獄不可竟。誠之曰：「囚實殺人，尸久將不可驗，緩獄貰死，吏豈勝責耶？」松有山多石，疑尸在焉，率吏卒索之。時春猶寒，蟄未啓，有大蠅薨薨馬首，若導之者。誠之曰：「神其告我矣。」緩轡從蠅所之，有亂石如壘者，蠅投隙以入。命卒發石，尸果在，而李甲伏辜。至于今四十餘年，遂、松之人猶能道之。嗚呼！州吏目，位在天子命吏之下，而用心獄事神明若此，使州縣人人不以庸廢事、貪侮法，若誠之之所爲者，天下不致刑措已乎！故誠之之事，予在太史有聞，猶將書之，況其子請誌其墓，可不具諸以示來者。

誠之之先，平陽隰州永和縣屬步里人。大父定昂，仕金爲統軍，佩金虎符，行軍河西，邊人畏之。父順，以貞祐之亂，避地仙靈縣之暖泉。既內附，遂居焉。誠之年八十而卒，延祐二年六月二日也。墓在其里之西南。夫人姚氏，贈仙靈郡君。子四人，恭、讓、禮、敏。銘曰：

昔漢于公，治獄不冤；自信有報，

于其子孫。天人之會，間不容髮；彼抑克伸，我暢斯達。遂、松之郡，邇于京都；吏責之難，期會走趍。曾是岸獄，遑究遑恤；此有良吏，克盡厥職。疑似之蹤，詭伏之姦；孰死孰生，一決以天。暖泉之墟，藏器以往；優游餘年，就本斯葬。有美御史，克承厥功；食德而豐，旋吉則封。邑于仙靈，我君我長；子子孫孫，百世來享。

王公信墓誌銘

永平，古右北平之故地也。故其俗善騎射，而其秀者，則好義而能文，若王孚公信其人是矣。公信生而失其父。四歲，母又歿。然卓然能自立。稍長，獵於水濱，見大魚在水中，即下馬手搏之，挽以登岸，即大蛇也。蛇得脱，逸去。行五里許，蛇從旁道追及，開口噬公信。公信挽弓逆之，矢自口貫咽喉，蛇宛轉跳擲而死。人固已服其勇矣，然公信不以是自多，退然若不勝衣，循循然待其鄉里長者。他日行過大樹下，見石上有遺物，束以絳巾，因坐守之。自巳至未，無至者，且日暮，有婦人號而至曰：「吾死此矣。」公信問之。曰：「家有急難，從人質鈔二百五十，至而憇而遺之。既喪資，事亦無及，不死何待？」公信擲與之，不交言而去。里人多知其事，而公信亦未嘗自言也。游學洙泗之間，學益進，所至人師禮之。其子某，與鑒書博士柯九思同以說書事英宗皇帝潛邸。因柯博士來求書其父之事，而表其墓。曰：「始先父以孤子贅李氏，生三子，而某獨存。又得官至七品，而父母皆得封，亟思有以表之。先父嘗以永平爲隘，曰：隘則窮，非吾樂也，子孫亦不宜居是。京師，天子所都，吾得托魂魄於其郊，則余志也，而爾子孫亦利於進取焉。致和之兵，永平屻焉。繼以荒饉，存歿弗寧。而某奉先父於城東，有固有安，非先父之明乎？」乃爲之書曰：公信先世皆陰德，至公信，嘗及許文正公門。所與遊者，皆一時名公卿。兼通天文、卜筮、兵法。嘗用憲臺薦，教授冀州，以恩封從事郎。李氏封宜人。子三人：某，某官，早世。某，承事郎，某官。思立，蚤世。公信以泰定丁卯某月某日卒，享年七十有九。銘曰：

力可以武，而以文舉；道有遺金，義有不取。京城之東，土厚以容；馬鬣之封，永固無窮。

王宜之墓誌銘

太原王公宜之之居京師也，善教其孫，君子有聞焉。大德之末，宜之將老，而其孫守誠可學矣。宜之歎曰：「前數十年，兵事未戢，民無以安其生，士固未嘗學也。今有生聚之樂，又在京師，四方賢者來聚焉。學者不及此時，則暴棄夫天之降材矣。」乃屬家事於其子，以教孫爲己任。度館舍於所居之近，禮大儒先生以爲師，命守誠與閭里之秀共學焉。日視其饌羞，使施教受學者無或他慮。或曰：「子欲賢孫之速肖，則勿汎及，使而孫得專師焉可也。」宜之曰：「惡是何言也？聖賢之爲教也，豈有私乎？且觀感而化，朋友之功也，度吾舍所能容而已。」蓋從其招延者，故中書參知政事東平蔡公逢原、太史院使國子司業齊公伯亨，皆其人也。守誠稍長，入國學，文譽日起。宜之心喜之，而勵勉益切。至及守誠試南宮第一人登第，歷館閣清要，爲御史，而宜之已久去世不及見矣。守誠之同年進士吕思誠，鄉人也。適在史館，訪采見聞，以□□□。❶守誠曰：「若吾大父，而盛德未有所記載也。時日以遠，則事日以泯，不亦悲夫！」乃相與謀，以予嘗識宜之也，來求表其墓云。宜之，姓王氏，諱得福，其先朔州人。自諱彦府君徙應州，生伯元，仕金，爲某州管領人匠官，佩金符。生璋，娶胡氏。金亡時，避地太原之陽曲，始爲太原人。諱璋君嘗以歲三月，見太原人上塚，泫然流涕曰：「吾獨不得以杯水，洒吾先人丘墓乎？」宜之時年十四矣。立俟少間，啓曰：「大人何甚慼如是乎？」曰：「兵難中，吾家槁葬應州，二世矣。」曰：「適應州何鄉？墓在州何方？有故人親戚誰何？知殯所乎？」則具以告。明日，宜之徑走應州，物色得墓，負潰骸以歸。深得父母之心，而父母初不知其去也。鄉人共歎異期望之。父殁，與昆弟共財，薄取不競，敦讓友愛。其配韓夫人，克成其志，閨門之内，其教行焉。有二女子，方亂，適父母俱晨出，及午而飢，煮豆以食，及熟相讓，不肯先。日晡，父母歸，猶未食之也。宜之嘗病而劇，久之乃愈。取古醫經讀之，得其遺法深意，又從名醫和氏決疑，遂高於其術。至元初來京師，宰相聞其名，召之省中，主醫事。病得藥而瘥者，或酬之金。曰：「吾有奉入矣，義無兼取。」卒弗内。而貧者更稍

❶「□□□」，類稿本作「示守誠」。

與錢米，使得以爲生，以爲常。稍遷諸路官醫提舉。宜之歎曰：「吾儒者，竟以醫名乎？」遂棄官，不復仕。嘗行道中，得遺珠，固宿留道側俟之，則西域大賈所遺也。賈直鉅萬，宜之詰得直賈所遺者，即投之。賈均請以萬金爲謝，不受也。築室京師，先立祠堂，買墓田國門外。又購旁近閒田，以待親戚之無以葬者。蓄書至數千卷，居小齋，編書邵子《擊壤集》中詩以自況。持己毅以介，治家儉勤。與人交，誠懇周厚，有古君子長者之風焉。延祐二年二月廿一日卒，年八十。子男晦，御藥院大使，贈奉直大夫、禮部郎中、驍騎尉、壽陽縣男。女二，太醫劉寂、太廟署令劉益，其婿也。孫男守誠，監察御史。曾孫男射，亦向學。王氏遂爲詩書家，雅有令望，原其成教，則自宜之矣。銘曰：

猗歟王氏，世德未宣；自朔遷應，至于太原。侃侃宜之，時來京師；教其子孫，學禮學詩。燁然輝光，爲時聞士；堂封孔崇，百世茲始。

倪行簡墓誌銘

成均弟子員常五百六十人，江南之士在列者數人耳。倪居敬字行簡，永豐人，循循退讓，而人弗敢與之狎；兢兢自持，而人不得病其固。言若不出諸其口，而爲貴游講説論議，則明乎學術之辨，至地理名物人姓氏，皆究知無所敢忽。不矜以取憎，不佞以求合。氣平色温，自其師友不敢以其生之遠，而鄙夷之也。不幸，不及仕而死於道路，同館之士，聞而哀之，況其親乎？其同舍生，盱江朱禮悌，以其親之意，來求墓銘。

居敬，生至元己丑，延祐戊午游京師。又三年，始得入國學。又數年，補國子伴讀。天曆己巳，貢其名於吏部。於此又二年，❶始得注官，乃以其間歸省親。至順辛未還京師，行至滄州之長蘆，病舟中。同邑曾仲謙，醫者也。寔同舟，療之五日而卒。槁葬道次。是年，除中興路儒學教授。明年，始克歸葬其里之某處。父曰魯，母某氏，妻某氏。噫！其父母、妻子，方待其得官來歸，而以喪至。哀哉！銘曰：

離別栖遲，垂十餘年；臣學之成，甚苦且囏。得官身後，槁殯道間；傷其親心，子所爲歎。我爲墓銘，表其能賢；以慰其親，俾後有傳。

鄧伯某甫妻田夫人墓誌銘

鄧存之奔其母之喪也，其友虞某弔之。存號而言曰：「烏乎！存忍棄朝夕之養，千里來京師，從辟御史府，誠幸太夫人康强時，勵節立身，得君之禄以爲養。今不幸不然矣，抱痛終天。哀哉！亟歸葬不敢緩。墓有石當誌，存不忍言也，子幸述諸。」夫人，姓田氏，京兆藍田人。父某，母某氏。生若干年，而夫人以疾克終。伯某甫，生男存、瞿。女適安西路儒學教授趙瓛。君卒若干年，而夫人以疾終于正寢，得年五十有七，寔大德八年十月也。明年某月甲子，葬于安西咸寧縣洪固鄉，從府君之兆也。初，

❶「此」，原作「比」，據四庫本改。

存嘗爲某言：「先君生三歲而孤，祖母楊夫人，故儒家，習《詩》《禮》，惇惇涉艱險，排患難，躬教我先君，以至于有立。及田夫人歸而相先君。奉事無違禮，足以當楊夫人之心。蓋楊夫人勤苦自誓，終身不肯御酒肉也。及先君卒，田夫人治家教子，率循其故，亦誓不御酒肉，如楊夫人之志。」某是以知其爲賢母也久矣，故爲之銘。銘曰：

有賢鄧母，下而從夫；宅幽永寧，歸福厥家。

汪夫人墓誌銘❶

貴谿彭應松葬其母於所居之近，三年矣。猶日思慕，若未葬然。其言曰：「始吾父棄諸孤，吾大父、母高年亡恙，非有他子婦也。而吾大父、母樂養終身，吾母之孝也。吾兄弟之生也，力足以致乳母。母曰：『毋以己子害他人子也。』皆親育鞠之。及長，又擇明師以成其慈訓。使吾得世《詩》《書》，爲善士於鄉，吾母之教也。始吾上世傳世唯一子。今而後，子孫衆多，吾母之澤也。自吾母主吾家，家日以大，用日以廣。然而祭祀賓客之事，與凡役力、粟米、公上之共，常裕而弗匱，吾母之功也。吾舅氏貧約自處，吾母給助之，使得備甘旨以終養，吾父母功於姻戚也。歲有餘蓄別儲，見乏食者隨周焉，吾母之惠乎鄰里也。不幸，今不及養矣，又無以顯吾親。若幽德之不述，將無以示吾子孫，則不孝之大者。」迺因同郡汪叔昌述其狀，以屬諸爲墓銘者云。

敘曰：彭母，汪氏也。貴谿之田西，其

❶ 此題，類稿本作「彭母汪孺人墓誌銘」。

鄉也。華卿，其曾大父。文穆，其大父也。衍，其父也。諱英字叔華父者，其夫也。應松、應梓、應梅、應桂者，其子也。宗漢、宗海、宗澤、宗溥、宗浩、宗演、宗洵、宗濟、宗漸、宗泳、宗湜，十有一人者，其孫男。女，則四也。紹德，其曾孫。男、女亦一也。宋端平乙未，其生之年。大德丁未十有一月乙丑，其卒之日也。石之下有土，謂之王侯石者，其葬所也。葬之所有石，石有銘，爲之銘者，西州虞集也。銘曰：

嘉植維貞，特生不扶；久始充達，柯條榮敷。柯條榮敷，土德之厚；如家克繁，繇予有母。匪彭無盛，世鮮弟昆；衍自母汪，四子多孫。孫之多有，支別易遠；遠而扶踈，視此其本。子孫孫子，來省歲時；永永勿替，石具有詩。

鄭夫人墓誌銘

翰林待制袁君，喪其配鄭夫人十七年，恆獨居不更娶。君子以爲難，或問之。曰：「先妻相我事先君，無違禮。其死也前先君之卒八日，以是念之不忍亡。而桷也於先樞密、太師、越公諱韶爲曾孫。於嚴州大夫諱似道爲孫。處州大夫諱洪則孤子也。由其有子傳序爲適，是以重之。」乃告其友虞某曰：「子爲我誌其墓以銘。」

謹按：鄭氏，世爲鄞令族，太師、尚書令、魏郡忠定王清之，爲宋丞相，追贈四代，皆太師、魯國公。魯國公長子曰沖之，國學進士，贈中大夫。忠定之兄，夫人之曾祖也。娶邊氏，封太碩人。大夫生次申，中大夫、寶謨閣待制，贈正奉大夫。娶汪氏，封宜人。正奉生太原，朝請大夫、直秘閣、主管建昌軍仙都觀，娶汪氏，封宜人，實生夫人。夫人諱□□，生數歲，袁氏請昏，有成言，及長而歸之。袁氏大族，歲時廟有祭，朔望承問有禮，雖易代不廢。夫人爲冢婦，不及事其先姑，能帥娣姒以敬宗事。大德戊戌□月卒，年二十九。子璋，早夭；次瓘；次珖。女四：長適餘姚州同知趙孟貫；餘未行。葬在鄞縣桃源鄉之潘奧，某年月日也。翰林師友，前代遺老，專志一原。博極群藝，貫通精實，不涉凡陋。與之遊者，欿然各自知其不足。夫人爲之配，至使歿愈遠而敬不衰，其爲德可信矣。夫昔宋在江南，故越多功臣世家，惟史氏最貴。理宗入在藩邸，史衛王彌遠進鄭丞相，授以經，由是積恩禮義，並史氏。袁越公，由治臨安，執經十餘年。門代甲乙相次，今徵文獻于越，乃在袁氏。□□□□□鄭丞相爲之衰，及再入相，年益老，益感邊碩人，不忍舍其孫，留之左右。是時，賈似道帥荆湖，數要軍用，丞相格不下。後十年，賈相用事，遂擯不用。家居二十餘年而卒。無嗣，獨生夫人。翰林仕於朝，四遷至待制，長兼史事。❶瓘、珖方嚮學，夫人皆不及見，悲夫！銘曰：

翼翼維鄞，曄其大門；匪王若公，民則不聞。維時孫子，不顯車服；我其流流，孰往而復？居之恂恂，着之循循；❷蔚其成文，夫人來嬪。嗟德實難，民鮮克之；肅肅夫人，久甚匹之。獨嗇於天，而不有年；歸唁無所，□□□□。❸夫制其

❶「長」，類稿本作「仍」。
❷「著」，類稿本作「養」。
❸「□□□□」，蜀本作「永歎彌增」。

恆，子厚於承；氣止復升，高丘是徵。

周夫人李氏墓誌銘

番易周暾，與其弟明之游京師也。其族父、集賢司直應極實致之，得爲國子生。時制書始命有司，將以科舉取士。而貴游不治進士業，獨暾兄弟出篋中所習程文數十篇示人，皆驚喜取讀，或就問學焉。未幾，遠方獻異獸曰麒麟，暾作賦千百言上之，中書省丞相大悦，以屬參知政事察罕，使命以官。是時，陳策進書獻歌頌常數十人，無所遇，獨暾見知時宰，人人羨道暾矣。一夕，暾感異夢，旦而治歸。明曰：「兄姑留，幸有以榮吾親，明代兄歸矣。」明至家，其母果病，見明問知其兄弟在京師事，爲之喜而起。後六日乃卒，皇慶元年七月十九日也。暾聞訃日行，亟來請曰：「嗚呼，痛哉！未有以爲榮而爲感若此。惟先生辱爲之銘，用慰其地下而已。」予竊感而悲之，爲次第其語云。暾母李氏，諱清，世居邑之沙堤。其曾祖松，善爲生，以資顯祖時榮。父天驥，以文學名。適周樸，儒家也。昔者周氏以明經取高科者歲相望。樸弱冠受尚書，有能聲。及得内助，事親理家益如志。常遣暾、明從師，而無牽於愛暱，故能以卒業聞。子三人：暾、明，其幼禄。女二人，其壻程益、徐璋。斛田里之斗横山，其葬處也。銘曰：

有肅兮閨門，子森森兮孔文。案有饌兮尊有醴，不少延兮誰怨？樂兹丘兮勿諼。

史夫人墓誌銘

夫人姓虞氏，諱惠正，前承務郎、四明史君璘卿之夫人。是爲銀青光禄大夫、資政殿大學士、奉化郡公，贈開府儀同三司岩之冢婦，金紫光禄大夫、贈太師、齊國文靖公彌忠之孫婦，贈太師漸之曾孫婦也。夫人曾太父，太師雍國忠肅公某，在相位時，生第三子。孝宗皇帝賜之名沆孫，❶中奉大夫、太府寺丞，不歸居蜀、居臨安賜第。無子，以兄子爲子，諱曾，中奉大夫、軍器監丞。贈令人生子一人，曰紹雍，三歲而夭。及生夫人，最鍾愛。不幸監丞府君與史令人皆即世。舅氏取夫人鞠之，以適承務君。生子曰晉伯、咸伯。生女曰婉伯，適忠勇校尉、温州路同知瑞安州事阮申之。娩伯，❷適沿海上千户別里吉。孫曰公壽、公熙、公點、公勳、公杰、公默。孫女二。夫人内外家皆宋世臣。宋亡，世家多淪喪。夫人相夫、子，食享無遺闕。延祐二年，❸夫人得末疾，❹醫言天台有靈草生，至服之乃可矣。會阮氏壻佐州黄巖，晉伯奉夫人以往，服食踰年，方不效，乃還鄞。延祐三年六月己酉卒，葬之某處。晉伯以承務君之命，來求銘。夫人某大父再從女弟也。不敢辭，謹敘而銘之。銘曰：

夫人幼孤，舅氏焉賴；及長而嬪，遭時易代。雖於貴宗，弗與盛會；承

❶「沆」，類稿本作「沉」。
❷「娩」，原作「婉」，據類稿本改。
❸「二」，原作「三」，據後文「服食踰年方無效，乃還鄞，延祐三年六月卒」改。
❹「得末疾」，原作「相夫子」，據類稿本改。

夫鞠子，實既瘁痗。庶其晚康，而身不待；緊德厚原，何千百載？

趙夫人岳氏墓誌銘

夫人諱惟德，徽州路績溪縣主簿岳君浚之女，平江路儒學正趙君槦之妻，台州路儒學教授君辰孫之冢婦也。岳望安陽，常州宜興人。趙本蜀故家，今居杭。學正，故宋參知政事楊公棟之曾外孫。夫人，故宋參知政事姚公希得之曾外孫。是以合二家之好焉。夫人自大家嬪儒素，甚宜其夫，而得於舅姑，親族敬焉。至治二年，從學正官平江，歸寧于宜興，病。學正以舟迎之，至則夫人歸矣，道卒舟中。學正不及見，哀痛過篤。舅姑聞而憐之，命槦曰：「予買地，其以某年某月日，還葬。」夫人生以至元丁亥十二月二十四日，卒以至治壬戌四月一日。子一人，魯兒，方一歲。銘曰：

大家有子歸儒宗，材堪相配非不逢，命也不淑先罹凶。娟娟玉雪秀所鍾，保此無憾寧幽宮。

道園學古録卷之十九

道園學古録卷之二十

在朝稿二十

雍虞集伯生

墓誌銘

祝夫人墓誌銘

爲老子之法者，歲以其徒從大駕上都。丙午之秋，獨先馳還于京師者，玄衍也。玄衍行踵門而來謁，願有求焉。余見其蹙然而瘠，疑不類夫爲其道者。其鄉之士，有友於余者，爲之請曰：「玄衍之母，是饒州安仁縣周綵衣氏之裔、國賢之女、祝君泰來康叔甫之夫人也。其歸康叔也年十六，舅姑始安其養以老。康叔在宋末，嘗一起家教授鎮江，終不行，自爲精舍以居。學者賓客之屨滿户外，酒食之饌不以貧過儉，母必親之。教其長子敬中，以儒術世其家，三孫矣。教其女，以嫁于鄧椿氏，成家矣。蓋後康叔二十四年而卒，享壽七十有八年。玄衍爲道士遠遊者，母志也。母卒以正月，玄衍聞訃以六月，將葬以戊申之四月。求墓之銘于京師以歸者，兄命也。墓在崇義之荷塘山，其鄉也。康叔之舊墓，土疏而善圮，今故遷而合之也。祝氏世次，在康叔之志。玄衍之求者，其母之志、之銘也。」虞某曰：「悲夫！人之於其親也，忍百里之行於旦莫，而有待於予言也，予何爲拒之，而無以慰其瘠也。」銘曰：

玄雲渰兮將雨，鶴刓距兮抔土，有子歸兮藏母。窈窈兮碧山，坎幽兮及泉。夫子往兮二十四年，卒同歸兮從以遷。噫！靈祇兮孔阜，相禁呵兮有道，逝勿毁兮永久。

潁川夫人黄氏墓誌銘❶

撫崇仁陳君德敬之妻，曰黄夫人，諱斯崇。其先豫章人，故宋吏部尚書、諱疇若之曾孫女、巽園先生公僅之女也。其歸陳也，是爲故朝請大夫、知融州兼本管安撫諱元晉之孫婦、湖南節度推官同祖之子婦也。陳氏自安撫以進士起家，宰贛、倅長沙、守融，爲邑望族。我先從祖亡姑爲之配，封宜人。有二子，節推其長；次爲江西運幹諱懷祖，無子。節推之子，長曰將仕郎舉孫；次曰懋孫，是爲德敬，爲運幹後。德敬方弱冠，當宋始亡。陳氏故大家，不足以勝新附之重役，困迫有甚編庶。節推爲德敬求婚，猶必擇詩書令族，是以夫人歸焉。敬戒如禮，宗姻咸悦。相德敬，承節推之喪，嬰家務於搶攘之際，竭營辦以足官逋，斥簪珥以嫁孤妹。歲時祭祀，親戚慶吊，未嘗疏闊。德敬，故昇平公子，好賓客，輕貨財，不以時異事殊爲意，而家幾毁焉。夫人左右彌縫，補苴遺缺，終德敬之世。既老，益以勤儉自勵。掇拾遺餘，家用小康。生子曰宗諶，以節推遺命爲將仕後，抱從子宗紀以爲己子。一門之間，母子、兄弟藹如也。蓋夫人昔聞訓于家庭舊矣。其族自雙井分居今富州之沇溪，宗人甚衆。至尚書公貴顯，詩書文獻

❶ 此題，類稿本作「黄孺人墓誌銘」。

大聞於世。至巽園，數傳矣。遭世變，不能安其鄉，來就夫人以居。峩冠褒衣，動止嚴正。口不道非法之言，身不交凡近之友。寧受躪藉攘敓，略無争報之意。讀書以自怡，賦詩以自見，雖以慷慨係之而無悶。是以夫人爲女、爲婦，居兩大家，而有足稱道者云。其生也，以宋寶祐丁巳八月二十九日；其歸陳也，以大元至元庚辰之冬；其歿也，元統甲戌之正月初四日。仍改至元之二年、歲在丙子，十一月壬申日，宗諶等葬諸長安鄉四都貴窟，祔葬德敬之兆。德敬，用江西帥檄，爲崇仁江夏巡檢，既而棄官不復仕。宗諶之子二人，長某，次某。女五人，某。宗紀之子三人，長曰某，次曰某，幼曰某。女二人。集大父尚書、雍侯既出蜀，以宜人之歸陳也，過茲邑而因寓焉，至於今五世矣。是以宗諶等求銘焉。銘曰：

貴窟之阡，陳氏繇興。其興降升。❶夫人世家，人門寔稱。寧魄于茲，趾美來徵。

史氏程夫人墓誌銘❷

眉州青神史氏，❸有母曰程夫人者，諱念賜君之妻，❹而光之母也。夫死子幼，夫人守節自誓，以撫育其孤。會國朝以金始亡，將併力於宋，連兵入蜀。蜀人受禍慘甚，死傷殆盡，千百不存一二，謀出峽以逃生。夫人亦將携其孤，依鄰人家翁走東南，

❶「興」上、「其」下，類稿本有四個空格。
❷「氏」，類稿本作「母」。
❸「神」，類稿本作「城」，後文「神」亦作「城」。
❹「賜」，類稿本作「使」，後文「賜」亦作「使」。

取黄金囊而繫諸腰。且行，遇掠兵大至，即竄身伏林間。俱伏者，兵盡驅以出，列坐地上，擬以白刃曰：「有金者免殺。」有鄰嫗先免，過夫人，勉夫人速出金冀不死。夫人曰：「金亡，暫不死耳。吾兒無資以逃，終必偕死。吾死而金在，幸以活史氏孤。嫗歸幸語吾兒，來求尸取金。」兵從夫人求金，夫人辭無金，遂見殺。嫗求孤兒告之。明日，掠者退，鄰人父老以其孤輿櫬求得之。即斂以瘞，偶值善畫者，爲象其容貌，而題之曰：「史光母程氏，以嘉熙戊戌十月二十七日，死于兵難，年五十四。」遂負之而東，至湖州止焉。光時年十三耳。今湖州有史氏，自光始云。泰定四年三月，孫台孫來京師，以先世鄉里之舊來告曰：「史氏之有後於湖，則我先曾大母以死易之也，今九十年矣。昔大父猶有望於西還，申其情事，卒不可得。而先人當内附之後，亦未遑於紀述，顧以屬台孫焉。代易事久，日就湮没，從事於浙東帥幕，嘗以告諸國史四明袁公，幸既爲之立傳矣，而台孫之志有未盡焉。唯曾太母之喪，既不復可知其處，請刻木象神具衣裳，葬諸湖之新塋。或曰葬以藏體魄也，象而藏之，殆不可。然則立石先大夫之墓，具載夫人之事，以示子孫傳來世，或曰其可也。請徵文於子。」某感其言，爲敘其次而著之。

史氏，自唐吏部侍郎儼，從僖宗幸蜀，因家于眉州，其墓在青神再興院之里。族大，多顯人。而程亦眉之故家名族。念賜君歷官行事，生没歲月，無可考徵。而光之居湖也稍長，痛家世之禍，感母氏之志。歲時西望，輒悲痛不自勝，見者爲之垂涕。於是勇自植立，遂以武科奮，積官武翼郎、浙東兵馬都鈐轄。❶娶閔氏，❷二子：曰圭文，故宋舉進士，脩職郎、瑞安府司户參軍，至大間將教授平江之嘉定，未上而卒；曰璋文，早世。圭文之幼也，聞母之有疾痛，不忍聽，更以爔爇左右臂以代痛，母疾止乃已。後武翼嘗病累月，視藥未嘗解帶，病亟哀號，祈天願以己壽益父。夢或告己曰：「感爾孝念，予三齡。」武翼果又三年乃終。娶陳氏，子男三人：台孫歷浙閩兩帥幕，今爲某官。介後璋文，由舶司幕長，將改除。喜孫業進士。女二人，皆適令族。而孫男子六人，女二人，以次名之曰淵、源、澄、清、潤、澤、深、演，蓋有所識也。自武翼以下，墓於烏程三碑鄉之郲山，三世矣，而其表首著程夫人事云。銘曰：

郲山之原，隱何隆隆；誰其有之，自蜀來宫。一爔之微，三傳彌豐；原厥保存，有母之功。酌義就死，言何從容；知有史孤，不知有躬。體則禪續，思無終窮；精神不亡，來依來從。凡爾子孫，罔不敬共；去之千古，猶高古風。

史夫人改葬誌

史夫人虞氏之殁也，葬鄞縣翔鳳鄉鍾奥。夫人之子晉伯，以其父承務君之命，來屬某敘其家世、年月，以銘其墓。文成，故翰林學士承旨、魏國趙文敏公書其題矣。未及刻石，而晉伯之子公點、公默，相繼殁。或謂晉伯曰：「先親之體魄弗寧，

❶「鈐」，原作「鈴」，據類稿本、四庫本改。
❷「閔」，類稿本作「闕」。

則後嗣傷焉。今鍾奥之藏，深僻絶人迹。風氣弗完，神靈殆弗妥也。盍改諸？」晉伯貧未能也。會阮氏壻來宰鄞，婉伯從其夫以來，見晉伯之以是爲憂也。則曰：「先夫人於我兄弟尤鍾愛，敢不用吾情乎？」晉伯涕泣不忍言。婉伯曰：「此吾責也。吾聞高祖齊國公，與高祖妣戴夫人，在辨利寺形勝處也。吾家嘗食其澤焉，子孫爲兆以從葬於元祖，禮也。舍是弗圖，可乎？」晉伯曰：「是不肖孤之志也。」婉伯請於其夫，出財以相其凡役。伐石築亭，購旁近山林以附益之。遂以天曆己巳十二月庚寅，改葬其處。既竣事，乃以書達京師，命某書改葬之故。且曰：「昔吾母之存也，吾妹爲吾養；吾母之疾也，吾妹爲吾醫；吾母之歿也，吾妹助我克成其喪；墓處弗利而改葬也，又悉出於吾妹氏夫婦之力。晉伯不孝，齒髪日以變。而嗣息淪没，望其稍有立者，幼子公壽而已。不及此時求子一言，以識先親之終始，以表吾妹之所以相晉伯之不及者，後之人何所聞之哉？」某聞其言而悲之，故歴敘其事，俾刻墓碣之陰，且使惇於親愛者有所觀感焉。至順三年七月朔，具官虞某記。

表

王伯益墓表

皇慶癸丑二月甲子，王君伯益卒於京師客舍。治書侍御史趙敬父、翰林直學士元復初、同知彰慶使柳唐佐，皆出錢，合所與相知者之賻，授其妻之兄、冀州知事莫正己，使治其喪。五日始克斂，而殯於城南僧寺。其友楊載、杜本，訪其平生所爲詩文傳之。又爲作畫象贊，❶及著哀詩哭之。舉其孤迪，補國子生。踰月，其弟自大名走京師，謀歸其柩。將以某年月日，葬之某地，其先塋也。載、本又謂某爲文表其墓，令後人知爲吾伯益所藏云。

伯益，名執謙，大名人。生數歲入鄉校，旬月中，已能習盡群兒所讀書，問難其師。其師爲絶席，引寘坐側，群兒無敢與並。因勸其父某送詣郡學，未數月，又絀其同舍生如鄉校。及長，其父資之游京師。時中書平章卜灰木、翰林承旨唐公，有重名當世，以人材爲己任，一見伯益，皆曰奇材也，不敢以進用常秩浼伯益，將言於上，擢館閣優重地薦之。久之不得如二公志。尚方符寶典書，滿三年，當得四品官，即以伯益爲符寶典書。三年竟，不得四品官，二公相繼去世，無爲伯益言者，柳唐佐爲言於張子有平章。平章事隆福宫，最貴近。而雅好文士，禮伯益爲上客，留署其府，爲徽政院照磨。調真定録事、陵州判官，改將作院照磨，伯益皆漠如也。徒日與彰德田衍師孟、河間李京景山、濟南張養浩希孟，飲酒賦詩，爲神交。時人望見之，皆以爲古仙異人，冀一得遇待爲幸。閻承旨時在翰林，謂人曰：「吾聞伯益宜供奉翰林，苟有意，幸得見之。」伯益不屑也。後十餘年，始爲翰林應奉文字、承務郎、同知制誥兼國史院編脩官。然伯益竟止是官，年才四十八。悲哉！

❶「畫」，原作「畫」，據四庫本改。

伯益身長不過數尺，不宜騎馬，遇好友，即提杖出門，竟日去不返，顧語妻子以爲常。始來京師，用橐中金不識記數，及貲盡，益困至終身，亦不以介意。於書無不讀。於人物、治道、政術，甚明白，而未始以辯博自雄。遇人無賢不肖，皆驩然無閒，而胸中了不可混。長年京城居，而所以爲詩簡澹蕭遠，如在山林不與人接者。常謂人曰：「吾知吴、楚多瑰偉奇絶者，當委身往遊，乃稱吾意耳。」楊載曰：「然誠廣伯益以山水之勝，視陳子昂、李太白，未知何如？」蓋伯益之詩，旨意不迫於事物，而律法深穩合古作。故識者以載爲知言。伯益嘗學修金丹、求神仙。又嘗深坐默究爲禪定，雖莫竟其所至，然灼不爲外境無疑矣。❶杜本曰：「伯益，人品極高，去世人已遠，當得大徹，豈不偉歟？惜乎！年不待之也。」未卒前一夕，猶與客飲酒人家。莫歸，坐閲桉上書。夜且半，妻孥頗察其有異。召醫未至，伯益忽拊几却卧，不復言。禁鐘不盡一聲，趍喚楊載、杜本來，而復瞑。

嗚呼！若伯益者，豈非古之所謂超邁不群者耶？方伯益在斂，某往哭之。見唐佐語莫知事曰：「莫夫人何以爲生？幼女若爲得所歸？弱子若爲得所長？」感慨出涕被面，毅然以爲己事，一坐皆欷歔，不能仰視。是以莫知事治棺槨，後極堅緻，❷理其家尤備，此皆有古道，非常人所可及。嗟夫！觀伯益之得於人如此，則伯益之所存可信已。烏乎！是爲表。

❶「境」下，《國朝文類》卷五十六有「移奪」二字，當是。

❷「後」，蜀本作「固」。

行　狀

翰林學士承旨董公行狀

公諱文用，字彦材，真定路稾城縣人，元帥公第三子也。公生十年，元帥公死王事于歸德。母李夫人治家嚴。伯兄忠獻公文炳，教諸弟有法。公内承家訓，而外受學，侍其先生軸，故學問早成。弱冠，以詞賦試中真定。時以真定稾城，奉莊聖太后湯沐。歲庚戌，太后使擇邑中子弟來上。公始從忠獻公，謁太后和林城。世祖皇帝在潛藩，命公主文書講説帳中，常見許重。癸丑，世祖以憲宗皇帝命，自河西征雲南大理，忠獻公在行。公與弟壽國正獻公文忠，先在軍中督糧，具贊軍務。丁巳，世祖令授皇太子經，是爲北平王、雲南王也。又使爲使，召遺老於四方。而太師竇公默、左丞姚公樞、鶴鳴李公俊民、敬齋李公冶、玉峰魏公璠偕至。於是王府得人爲盛。己未，世祖以憲宗命取宋。公發沿邊蒙古、漢人諸軍理軍需，將攻鄂州。宋以賈似道、吕文德將兵抗我，水陸軍容甚備。九月，世祖臨江閲戰。忠獻公請曰：「宋恃江爲險，兵力厚，法當先之，奪其氣，臣請先。」公與正獻公固請偕行。世祖親科甲胄，擇大艦授之。乃率敢死士數十百人，鼓棹疾呼奮進，直薄南岸，諸軍亦争進。宋軍來赴戰，三合三敗之。公乘小舟歸報世祖。世祖方駐香爐峰，因策馬下山問戰勝狀。則扶鞍立起，竪鞭仰指曰：「天也！」即賜巵酒，使主帳下宿衛。且命傳令他帥曰：「今夕毋飲酒，毋解甲，明日將圍城。」既渡江，會憲宗崩，閏十一月，師還。庚申，世祖即皇帝位，建元中統。公持詔宣諭邊郡，且擇諸軍充侍衛。❶七月還朝。中書左丞張仲謙宣撫大名等路，奏公爲左右司郎中。二年八月，佩金符，以兵部郎中參議都元帥府事。三年，山東守臣李璮叛，據濟南。從元帥闊闊帶，統兵伐之。五月而克其城，璮伏誅，山東平。元帥卒，公還。都元帥阿术奉詔取宋，召公爲屬。公辭曰：「新制，諸侯總兵者其子弟勿復任兵事。今伯兄以經略使總重兵鎮山東，我不當行。」帥曰：「潛邸舊臣，不得引此爲説。」公病不行。

五年，改元至元之歲也。上曰：「董某安在？年始壯，不使爲國効力，今安在？」召授金符，爲西夏中興等路行省郎中。中興自渾都海之亂甫定，民間相恐動，竄匿山谷。而省臣方入奏，同僚不知所爲。公曰：「吾死不可以去此，宜鎮以静。」乃爲書置通道諭之，然後粗安。始開唐來、漢延、秦家等渠，墾中興、西涼、甘肅、瓜沙等州之土，爲水田若干。於是民之歸者，户四五萬，悉授田種，頒農具。更造舟置黄河中，受諸部落及潰叛之來降者。時近屬貴人曰只必鉄木兒者，鎮西方，其下縱横，需索旁午，不可會計。省臣不能支，公坐幕府，輒面折以國法，其徒積忿譖公。貴人怒，召使左右雜訊之，意叵測。公曰：「我天子命吏，請得與天子所遣傳貴人者辨。」天子所遣傳貴人者，中朝舊臣，嘗事莊聖太后，來詰問公不承貴人旨意状。公曰：「我漢人，生死不足計。我所恨者，仁慈寛裕如貴

❶「擇」，原作「襗」，據四庫本改。

人，以重戚鎮遠方，而其下毒虐百姓，凌暴官府，傷貴人威名，於事體不便。」因僂指其不法者數十事。詰問者驚起，去白貴人，即召公謝之曰：「非郎中我殆不知，郎中持此心事朝廷，宜勿怠。」自是譖不行，而省府事粗立。二年，入奏經略使宜還，❶以上旨行之，中興遂定。三年，行省罷，還京師。命公爲中書省左右司郎中，辭之。五年，立御史臺，授公山東東西道提刑按察副使，以仲兄右衛親軍千户文蔚卒，不及赴。

八年，立司農司，授公奉訓大夫、山東東西道巡行勸農使。十一年三月，加朝列大夫，勸農使如故。山東中更叛亂，多曠土。公巡行勸勵，無間幽僻。入登州境，見其墾闢有方，公爲詩表異，其守移剌，今刻石在州治。於是列郡咸勸，地利畢興。五年之間，政績爲天下勸農使之最。十二年，丞相安童公奏公爲中順大夫、工部侍郎，代紇石里。石里者，阿合馬私人也。其徒閒安童公罷政，即使鷹監奏曰：「自紇石里去，工部侍郎不給鷹食，鷹且瘦死矣。」上怒，趣召治之。因急逮公入見，上望見曰：「董某，顧爲爾治鷹食者耶？」置不問，别令取給有司，阿合馬知不可譖。十三年，出公爲少中大夫、衛輝路總管兼本路諸軍奥魯總管，佩金虎符。郡當要衝，民爲兵者十九，餘皆單弱貧病，不任力役。會初得江南，圖籍、金玉、財帛之運，日夜不絶于道。警衛輸輓，日役數千夫。公晝然憂之曰：「吾民弊矣，而又重妨穡事，殆不可。」迺從轉運主者言：「郡邑胥校足備用，不必重煩

❶「使」，類稿本作「便」。

吾民也。」主者曰：「公言誠然，即行公言。事萬有一不虞，罪將誰歸？」公即爲手書，具官職姓名保任之。民得以時耕，而運事亦無不具者。諸郡運江淮粟于京師，衛當運十五萬。公曰：「民籍可役者無幾，且江淮舟行，風水不時至，而先弊吾民以期會，是未運而民已憊矣。」迺爲集旁郡通議，立法驛置，民力以紓。十四年，以職事詣汴漕司，方議通沁水北東合流御河，以便漕者。公曰：「衛爲郡，地最下，大雨時行，沁輒溢出百十里間。雨更甚，水不得達于河，即浸淫及衛。今又道之使來，豈惟無衛？將無大名、長蘆矣。」會朝廷遣使相地形，上言衛州城中浮屠最高者，才與沁水平，勢不可開也，事得寢不行。爲郡多善政，民有去思，具見郡教授陶師淵所撰碑文。十六年，受代歸田里，作遐觀之亭於故丘，茅茨數椽，僅避風日。讀書賦詩，怡然燕居，自號野莊老人。裕宗在東宫，數爲臺臣言：「董某，勳舊忠良，何以不見用也？」十八年，臺臣奏，起公爲山北遼東道提刑按察使，不赴。

十九年，朝廷選用舊臣，迺召公爲太中大夫、兵部尚書。自是朝廷有大議，未嘗不與聞。二十年，江淮省臣有欲專肆而忌廉察官者，建議行臺隷行省。狀上集議，公議曰：「不可。御史臺，譬之卧虎，雖未噬人，人猶畏其爲虎也。今司憲僅在，紀綱猶不振，一旦摧抑之，則風采薾然，無可復望者矣。」又曰：「前阿合馬用事時，商賈賤役皆行賄入官。及事敗，欲盡去其人，廷議以爲不可。使阿合馬售私恩，而朝廷驟斂怨也。及使按察司劾去其不可者，然後吏有所憚，民有所赴愬。則是按察司者，國家當飭勵之，不可摧抑也。」後悉從公議。轉通議大夫、禮部尚書，遷翰林集賢學士知秘書監。時中書右丞盧世榮，本以貨利得幸權要爲貴官，陰結貪刻之黨，將錙銖掊克爲功。廼建議曰：「我立法治財，視常歲倍增，而民不擾也。」詔下會議，人無敢言者。公陽問曰：「此錢取諸右丞家耶？將取之民？取諸右丞家，則不敢知。若取諸民，則有説矣。牧羊者，歲常兩剪其毛，今牧人日剪其毛而獻之，則主者固悦其得毛之多矣。然而無以避寒熱，即死且盡，毛又可得哉！民財亦有限，取之以時，猶懼其傷殘也。今盡刻剥無遺毳，猶有百姓乎？」世榮不能對。丞相安童公謂坐中曰：「諸君，董尚書真不虚食俸禄者。」議者出，皆謝公曰：「公以一言折聚斂之臣而厚本，仁人之言，其利博哉，豈不信然！」世榮竟以是得罪，後嘗謂人曰：「我不知何事忤董尚書，每折我不遺餘力。」

二十二年，拜中奉大夫、江淮等處行中書省參知政事。公力辭上前曰：「江淮事劇，臣不敢當。」上曰：「卿家世非他人比，朕所以任卿者，不在錢穀細務也。卿當察其大者，事有不便，第言之。」公不敢辭，遂行。行省長官者，素貴倨多赦，同列莫敢仰視，跪起禀白如小吏事上官。公則坐堂上，侃侃與論是非，可否無所遷就，雖數忤之不顧也。有以上命建浮屠於亡宋故宫者，有司奉行急迫。天大雨雪，入山伐木，死者數百人，而猶欲併大建佛寺。公坐中謂其人曰：「非時役民，民不堪矣。少徐之，如何？」長官者曰：「參政柰何格上命？」公曰：「非格上命也。今日重困民力，失民心，豈上意耶？」各拂袖去。然竟得少舒其程。公在行省，政事大概如此。廿三年，將用兵海東，徵斂益急，有司爲姦日益甚。公曰：「吾力不足以口語勝矣。」迺請入奏事，大略言：疲國家可保之民力，取僻陋無用之小邦，其條目甚悉。言上，事亦罷。廿五年，拜御史中丞。公曰：「中丞不當理細務，吾當先舉按察使。」乃舉胡公祗遹、王公惲、雷公膺、荆幼紀、許楫、孔從道十餘人爲按察使。又舉徐公次、魏公初爲行臺中丞，當時以爲極選。方是時，桑葛當國用事，寵奉方熾，自近戚貴臣見桑葛，皆屏息遜避，無可誰何。以舊臣任御史，號不易爲。桑葛令人風公贊己功於上前，❶公不答。又自謂公曰：「百司皆具食丞相府，獨御史臺未具食丞相府。」公又不答。屬朔方軍興，糧糗粗備，而誅責逾急。公謂之曰：「民急矣，外難未解，而内戕其根本，丞相宜思之。」於是遠近盜賊蜂起，公持外郡所上盜賊之目謂之曰：「百姓豈不欲生養安樂哉？急法苛斂，使至此耳。」又謂之曰：「御史臺所以救政事之不及，丞相當助之，不當抑之也。御史臺不得行，則民無所赴愬，而政日亂，將不止臺事不行也。」浸忤其意蓋深，乃摭拾臺事百端，公日與辯論不爲屈。於是具奏桑葛姦狀，詔報公語密，外人不知也。桑葛日誣譖公于上曰：「在朝惟董中丞戇傲不聽令，沮撓尚書省，請痛治其罪。」上曰：「彼御史職也，何罪？且董某端謹，朕所素知。汝善視之！」當是時，雖貴近以誣譖遭斥辱者不一，公徒以區區之誠，賴天監主知而免。於是遷公通奉大夫。大司農時又欲奪民田爲屯田，公固執不可。

❶「功」，原作「公」，據四庫本改。類稿本無。

則又遷公爲翰林學士承旨。廿七年，隆福太后在東宫，以公耆舊，欲使公授皇孫以經，具奏上，以上命命之曰：「老人畏寒，須暄和。」乃一至帳中授經，内侍視饌。公每講説經旨，必傅以國朝故實，丁寧譬喻，反覆開悟。故皇孫亦特加崇禮焉。三十一年，上命公以其諸子入見。公曰：「臣蒙國厚恩，死無以報。臣之子何能爲？謹不敢以見。」命至再三，終不以見。是歲，世祖皇帝升遐，公望宫牆哀慟，幾墜馬下，同列争持扶之。及致奠喪次，群臣皆推公曰：「先帝漢人舊臣，唯公在矣。公宜前受酒行禮。」皆相對哭失聲。今上皇帝將即位於上都，太后命公從，治裝賜鈔百定以行。既即位，巡狩三不剌。公奏曰：「先帝新棄天下，陛下遠狩不以時還，無以慰安元元，宜趣還京師。且聞人君猶北辰然，居其所而衆星共之，不在勤遠略也。」上悟，即日可其奏。是行也，上每召入帳中，問先朝故事。公亦盛言先帝時虚心納賢，開國經世之務。談説或至夜半。太后亦素知公，故多所顧問。公自先帝時，每侍燕，與蒙古大臣同列。裕宗嘗就榻上賜酒，使毋下拜跪飲，皆異數也。上在東宫時，正旦受賀，於衆中見公，召使前曰：「吾鄉見至尊甚憐汝。」輒親取酒飲之。至是，眷賚至渥，賜鈔三百定。至於金衣、玉帶、紫笠、寶環之賜，皆追成先帝之業也。是年，詔脩先帝《實録》，陞資善大夫、知制誥兼脩國史。公於祖宗世系、功德戚近、將相家世勳績，皆記憶貫穿。史館有所考訂質問，公應之無所遺失。

大德元年夏四月，上章言臣老矣，請致其事。上聞之，特加資德大夫，許致仕，賜鈔二百定以歸。命一子官鄉郡，便侍養。六月戊寅，以疾薨于里第之正寢，享年七十有四。公性孝友，四時祭祖禰，輒思慕感愴，如將見之。事伯兄如事父，教子弟嚴而有禮，爲學以誠實爲主本。故其文章議論，皆質直忠厚，不爲華靡。其從政寬裕慈愛，簡於細務。至於謀大事，決大議，則剛毅正直，磊落可觀。歷事三朝，每以忠言正論爲己任。故言事上前，必引古證今，從容盡達其藴而後已。平居聞朝政有一未善，輒終夜不寐，倚壁歎恨不置。曰：「祖宗艱難成立之天下，豈可使賊臣壞之？」故每與朝議，即奮言不顧危禍，以片言折權姦、定國是者，不可勝紀，朝廷賴之。在御史臺行中書省時，所遭皆大姦劇惡，每恨公不順己計，萬方欲殺之，公一不以爲意。曰：「人臣在位，豈愛身苟容，而上負國家，下負生民乎！」公仕宦五十餘年，凡十八命。禄俸之餘，盡以買書，而家無饘粥之資，卒賣其京城之宅以償積貸。世祖嘗念其貧，每欲有所賜，使近臣記其事，然公終不一自言也。逮薨之日，惟有祭器書册而已。其好賢樂善，尤出天性。雖待下士必盡禮，至老且貴，終不倦。人有善，必推舉之。而名公大人聞公所薦，亦必曰：「出董公門，必佳士也。」故天下之士爭歸之。與人謀，至忠款。故國人有爲使遠方，若出而領兵治民者，必來受教而後行。公爲開導訓誨，足以歆動其意，至有欣然聽之，終日忘去者。而蒙古大臣見之，必曰：「此故老也。」皆改容待之。嗚呼！蓋可謂忠厚誠實君子者矣。

公先娶王氏，元帥某之女，先卒。再娶周氏，江淮都轉運使惠之次女，後公四月卒。子男八人：士貞，士亨，爲仲兄文蔚後，渡江有功，官至昭勇大將軍、侍衛親軍副都指揮使，佩金虎符，常侍裕宗東宫，先公卒。士楷，士英，士昌，士恆，承務郎、真定路總管府判官。士廉，士方。女四人：長適趙珌，次適周俶，次適齊東縣尹王良傑，次在室。孫男十六人，守約、某某。孫女十人，長適吴某，次適張繼祖，次適侍其正，次適王惟賢，餘在室。曾孫男七人，皆幼。公墓兆在縣西北高里先塋之東。公國之老臣，敭歷中外久矣。上而朝廷，下及四方賢大夫士，宜必有深知公者，尚能道其德業之詳也。謹録其歷官、行事梗概如上。伏惟立言之君子，圖其不朽者焉，謹狀。大德七年三月某日，大都路儒學教授虞集狀。

傳

王貞傳

至治癸亥八月七日夜半，赤金帖木兒、帖木兒不華稱使者扣北門入，坐中書。未明，召集百司，奪其印。八日，樞密院掾史王貞見其完顔副使於都堂後西北廡下，告之曰：「大行晏駕，丞相死，中書、樞密無至者，而二人實來。赤金者，累朝退黜不用。不華者，亦在散地，誰使之耶？兵權所在，印豈可以授人？貞職在治文書爾，然臣子之分則均，不敢不言。」副使愀然嘆曰：「大夫帖赤也！」貞因以其説，遍告樞府大臣及其幙府，請急執二使，與中書同問治之，院官親與名將急行，統山後軍擒賊，使不致有他變，别遣官吏將兵民守關隘，庶幾宥密大臣之事，不然則國事未可知，而諸君之罪大矣。聞者皆震慄，是其言而不能發也。其後事定，中書召貞爲丞相掾。貞字吉甫，保定唐邑龍華人云。

史官曰：義者天下之公，逆順之辯，人心安有不同然者哉？知覺則同，而臨事之際，隱忍巽懦，卒無以充其所明，而狃於患失，以自陷於不義者，志不足以命義，而制其欲故也。若貞之言，則發於義者勇矣。然人之立事立功，則有小位有才矣。❶有其才而無其位，有其位而無其才，皆不足以有成也。二者得矣，又必當其時之可否焉，此事之所以難也。觀貞之言，才可知矣。所論亦當其時已，而其位則不過得言之耳。故備録之，以待采擇紀載云。

李象賢傳

李象賢，諱崇德，長沙醴陵人。世以儒名家，自其父兄以上，多稱鄉先生。大德中，象賢獨以材學，辟湖南憲府史。湖南宣慰使和尚者，故丞相楚公、阿里海牙之子也。楚公取長沙有功，和尚自幼時，總父兵鎮長沙，及爲帥，頗驕肆。郡有織官，極絲縷文采之良，充貢尚服，和尚輒私取之。廉訪僉事李棟以職事將劾治之，和尚懼，使人告李棟於朝曰：「棟立券，强質醴陵民田，實不予直。」明年，責民以直取田。」又遣間激怒朝貴故人，以事聞。有詔中書省御史臺遣人雜問之。使者至，和尚召田主若證

❶「小」，類稿本作「其」，「才」上有「其」字。

佐，嚇之曰：「不如制使指意，禍且不測。」至庭，皆符告者言。棟分必死，無口可自解。象賢在證中，會遷廣東憲史，不得其辭，獄弗具。立遣遽逮至，即具對，使者徒待一語成之。象賢乃直視田主曰：「吾實見汝得錢，且汝手自閲。天其可欺邪？」制使疑且怒，稍陵辱象賢。象賢曰：「古人有言，名義至重，鬼神難欺。我終不以附會成李公死。」辭氣明辨，使者雖盛氣訊鞫，辨益明，衆色變，言益錯遻。使者乃得其情，棟不死。湖湘之間人人言象賢，而風紀之司益憎其人矣。象賢，今積官至第六品。所至嚴而能恕，寬而有制。吏畏民愛，廉不自矜。好賢者固深敬，而忮忌者亦無間言。歷官皆在州縣，未嘗有纖介吏責，又爲難能焉。

史官虞集曰：予在國史，執筆論大人君子，勳伐德業甚盛，而世有卓行奇蹟，或以微遠不見書。悲夫！棟予故人，身佐憲府，乃質所部民田，雖實與直猶非是，予不能謂棟説也。嗚呼！世之畏威顯誣，成人之罪，冤死者何限。姦虐者不足論，彼巽懦不自立，卒自陷於罔人之列。觀象賢之事，亦可以少自振乎？悲夫！

祭　文

祭袁學士文

昔在故國，寓都海邦；乃睠鄞越，視漢河陽。王公近臣，專邑列府；卿士以還，民或莫數。公生其間，不靡不矜；師友是求，問學是承。先宋既亡，文獻淪隊；遺老或慭，力接淵懿。家藏多書，侔昔石渠；下至琴弈，亦最其腴。博學洽聞，瑰偉精瑩；人無間言，公亦自信。我從草茅，或援起之；公以賞延，後先京師。于時同朝，多士濟濟；公獨我友，尚論其世。制作討論，必我與聞；或辨或同，有定無諠。公泰而舒，我蹇疐跋；三十餘年，亦多契闊。公在禁林，益躋華階；人曰孔宜，公曰足哉。歸而寄書，勖我慰我；亦喜優游，自詑其果。曰《易》《春秋》，曾與子談；將卒成書，恐老弗堪。老不廢學，唯予與爾；終訂無忌，庶其在子。言猶在耳，俄以訃來；噫天生公，乃止斯哉！儒林木萎，璧府星隕；伊邦之瘁，伊道之閔。區區深悲，莫致之託；託公鄉人，致此哀辭。公聞之乎？不聞之乎？嗚呼哀哉！尚饗。

祭潘博士文

嗚呼！惟君負奇挾剛，與俗寡諧。奮其雄辭，邁于等儕。國史編摩，歷躋顯階。成均之來，幸與子偕。正道是崇，邪説是排。學海狂瀾，浩乎靡涯。庶幾同舟，有濟無乖。如何不淑，百癘攻骸。奄然永隔，風雪蕭齋。遣車首丘，丹旐掩霾。一奠寓哀，莫既于懷。嗚呼哀哉！尚享。

謝先生誄

有簡差差，有韋貫之；有畫有章，錯具贊之。歷時聖神，誕受于天；匪私匪虛，以命我人。孰抉其奇？入遯于荒；孰迷于微？孰其徒行？誦言如何？瞽言如訛；致用則那，世則孔多。維謝仲直氏，受簡有自。以經以緯，以表以裏。以知存亡，以通變之理。相彼炎火，日熄于燬。憯予不辰，興逢于其隊。天遂降喪，國武以蹶。具曰多士，朋昏以世。蕩蕩川流，莫知其濟。防不制于潰，即淪于圮。維哲時閔，載號載倡；彼爲不聞，覆謂我狂。亟伐鼓以告予，手弗勝彼。靡旆食息，弗興弗膺。時之逝矣，既莫之逮；命之訖矣，亦莫之噫。曰予有鼎，有鼎有裁。我哭于庭，苟無墜我祀。日窮于天，靡有旦矣。川息于海，靡有畔矣。倀倀中野，曷其歸矣。煢煢有躬，曷其爲矣。有山維夷，九折其蹊。予陟降茲，釋我寤懷。素冠纚纚，屨數數兮。纍纍無容，視莫莫兮。莫昵匪親，宛其不識。孰是造艱？牽予以縶。有馬有馬，北首于風。中道舒舒，以究于心。陵隳而夷，梧不實矣。黍稷則有，鳳不食矣。嗟不終食，離不淑矣。車庫莫升，長不復矣。嗚呼哀哉！木之云撥，返復于土。夙誓定命，即終于所。生有不取，餓有不禦，妥乃瞑矣，我志卒獲。烏乎哀哉！言瞻河洛，言索其故。或建五以御，或虛九以著。或畀或否，執子之手。誕未遑于訪，天弗遺叟。烏乎哀哉！服勤終遠，有嘉弟子。謀謚孔臧，築室以祀。于父母之邦，神具寧止。嗚呼文節，亡愧於予紀。

道園學古録卷之二十

道園學古録卷之二十一　應制録一

雍虞集伯生

册文

皇后祔廟册文

伏以進承大統，奉宗廟以無私；升侑閟宮，在邦家而有制。永言徽懿，宜極尊崇。英宗皇后瓮吉剌氏，媲德英皇，相時至治。作新禮樂，親孝祀之苾芬；總覈權綱，成化功之簡易。亶資中助，丕顯前聞。故《周南》詠輔佐之勤，坤道著順承之美。鼎湖夕逝，感霜露之恫身；椒掖晨空，驚歲時之即遠。乃修縟典，式贊嘉稱。謹遣攝太尉某官臣某，奉玉册玉寶，上尊號曰莊靜懿聖皇后，升祔英宗廟室。伏惟濯赫有靈，陟降在上；歆于大饗，於萬斯年。

皇后册寶文

皇帝若曰：朕祇服祖宗之成訓，式嚴統緒之正傳。躬荷洪休，勉登大寶。揆乾坤之定位，觀日月之合明。乃睠壼闈，聿崇稱號。皇后瓮吉剌氏，專静謙抑，懿柔淑嘉。世有令儀，來相宗事。肆朕舊勞於遠外，兼夙夜以憂勤；暨予力濟於艱難，亦後先而輔佐。若昔朝廷之體，循兹典禮之常。宫府具宜，家邦興讓。今遣攝太尉某官某，持節授爾玉册寶章。以陰教乎内，備協人文；以順承乎天，永寧地道。噫！《生民》之詩作，不忘厥初；《關雎》之化行，庶幾有助。尚綏景命，克配無疆。

明宗皇帝祔廟册文

臣聞統必有宗，生嘗得以致其讓；廟必有主，没思所以尊其名。稽古考文，宜天錫誄。❶欽惟先皇帝夙秉勇智，惟時元良。體傳次之成言，避謳歌而逖出。雖身居絶域，多歷於歲年；而義動遠人，樂爲之先後。德威孔著，未堪大業之艱貞；事變匪常，猶閔生靈而慎動。庶來蘇於徯戴，爰戡定以奉迎。已謹清宫，俄虚黄屋。臣民寡祐，永遺惠澤之敷施；天日有臨，尚想神明之如在。禮嚴升祔，誠備顯揚。謹遣攝太尉某官某，奉玉册、玉寶，上尊謚曰翼獻景孝皇帝，廟號明宗。伏冀睿靈，俯回歆格。克綏丕祚，垂裕無疆。

皇太后册文

嗣皇帝臣御名。謹稽首再拜言曰：臣惟祖宗積累之勤，奄有方夏；先皇仁讓之至，全付眇沖。奉神器以持盈，仰慈恩而思報。欽惟皇后陛下，德齊睿聖，躬濟艱虞。相協成功，著坤儀於天下；彌綸大造，凝鼎命於禁中。爰尊太母之鴻名，祗若我家之盛典。式隆孝養，保祐方來。謹奉玉册、玉寶，上尊號曰皇太后。伏願上帝昭融，眷我皇國，於萬斯年，介以景福。永言思齊，祚胤千億。臣御名。誠歡誠抃，稽首再拜。謹言。

❶「誄」，類稿本作「謚」。

明宗皇帝升祔樂章

猗那皇明，世纘神武。敬天弗違，時潛時旅。龍旂在塗，言受率土。不遐有臨，永錫多嘏。

策問

會試策問

《傳》曰：「春秋教以《禮》《樂》，冬夏教以《詩》《書》。」若稽古昔，率是道也。吾夫子修《禮》正《樂》，删《詩》定《書》，贊《周易》，作《春秋》，天下萬世賴焉。漢立學官經制，博士名家之學，史具可攷。歷唐以來，定爲註疏，立教者用之。國家設科取經術之士，今十餘年矣。廓而明之，不在學者乎？夫自漢、唐至于近代，説經者多矣。或傳或否，悉論焉，則累日不能既其目。請以耳目所共及者而問焉。《易》自王輔嗣之説行，而言象數者隱。其有存者，猶當攷夫？邵子先天之學，可得而傳乎？程子之《傳》，朱子之《本義》，旨意所指，文義所當，有異同乎？《書》有今文古文之辨，傳者終不敢析而爲二，以昔人成書有未可輕意者乎？《詩》自毛傳盛行，韓傳僅見。迨朱氏《傳》出，一洒其故，其有所授乎？毛、鄭舊説猶有可論者乎？《春秋》，左氏、公、穀之傳，與經並行久矣。至于啖、趙、陸氏，始辨其不合而求諸經，君子韙之。三子之説，果盡得聖人之旨乎？❶ 劉氏權衡三傳，益密于陸，而劉傳果無餘藴乎？ 胡氏之説，其立義得無有當論者乎？ 《禮》有《儀禮》及大、小《戴記》，又有《周官》小戴記。今用之《儀禮》，其經也，可忽講乎？ 大戴之記，猶有可取者乎？ 《周官》之制，可互攷乎？ 鄭氏之註，其歸一乎？ 此固諸君子積習而素知者，其詳言之。

會試策問

昔者，神禹盡力溝洫，制其畜洩導止之方，以備水旱之虞者，其功尚矣。然其因其利而利之者，代各有人。故鄭渠鑿而秦人富，蜀堋成而陸海興。漢、唐循良之吏，所以衣食其民者，莫不以行水爲務。今畿輔東南河間諸郡，地勢下，春夏雨霖輒成沮洳；關陝之交土多燥剛，不宜於暵；河南、北平衍廣衺，旱則千里赤地，水溢則無所歸。往往上貽宵旰之憂，至發明詔修庶政、出粟與幣，分行賑貸，恩德甚厚。然思所以永相民業以稱旨意者，豈無其策乎？ 五行之材，水居其一。善用之，則灌溉之利，瘠土爲饒；不善用之，則泛溢填淤，湛潰嚙食。兹欲講究利病，使畿輔諸郡歲無墊溺之患，而樂耕桑之業，其疏通之術何先？ 使關陝、河南北高亢不乾，而下田不浸，其瀦防決引之法何在？ 江淮之交，陂塘之跡，古有而今廢者，何道可復？ 願詳陳之，以觀諸君子之學。

❶「聖人之」，類稿本作「其」。

廷試策問

洪惟太祖皇帝，受天明命，肇興景祚。列聖繼作，四征不庭。鋒旗攸指，靡不率服。迨我世祖皇帝，混一區宇。職方所載，振古未有。於是建國紀元，立官府，置郡縣，制禮樂，定貢賦。帝德王功之盛，粲然如日星之行天，四時之成歲也。六七十年之間，講之益明，治之益習，天下晏然守其盈成者，又何以加之哉？朕纘承正緒，夙夜祗懼，承我聖祖神考之心，比歲再祼太室。仰而思之，求盡其道而未能也。夫親親莫内于九族，今百世本支，繁衍盛大，則既尊位重禄矣，尚有以勸之之道乎？尊賢莫先於百姓，❶今世臣大家，勳業昭茂，則亦既富方穀矣，尚有以體之之道乎？多方内附之衆，因其俗而導之者亦既久矣，一而同之之道，尚有可充者乎？生聚教養之民，因其生而厚之者，亦既周矣，協而雍之之道，尚有可致者乎？《書》曰：「鑒于先王成憲，其永無愆。」朕之志也。子大夫咸以道藝來造于廷，其備陳之，朕將親覽焉。

廷試策問

朕聞伏羲、神農、黄帝之事，見於《易》，堯、舜、禹、湯、文、武之治，存乎《書》，皆聖人也。其號名雖殊，而治化則一。日月星辰之爲天，丘陵川澤之爲土，君臣父子夫婦長幼之爲人，三極之道，有以異乎？宗廟也，朝廷也，師旅也，禮樂也，佃漁也，耕桑

❶「姓」，類稿本作「揆」。

也，時之所尚，雖小有損益，其爲治之具，豈有易於此者乎？　然而伏羲、神農、黄帝之所以爲伏羲、神農、黄帝，堯、舜、禹、湯、文、武之所以爲堯、舜、禹、湯、文、武，可得而別歟？　伏羲之卦，文王申之；神禹之疇，武王詢之。　文無異也，道無異也。　然伏羲之作，造化備矣，何以有待於文王？武王之心，神明通矣，何以猶待於箕子？然則群聖之奥，有待於後世者，猶無窮乎？　子大夫習之於師，考之於古，得之於心，宜之於今，亦素有其説乎？　朕誠以爲非伏羲、神農、黄帝無以爲道，非堯、舜無以爲德，非禹、湯、文、武無以爲功。　心術之精微，制作之會通，子大夫其悉陳之，朕將親覽焉。

詩

題周怡臨韓幹明皇出游圖

開元盛事何人畫，玉冠夫容御天馬。從官騎步各有持，移仗華清意閒暇。宫花如錦照青春，詔許傳看思古人。不知身在瀛洲上，親奉圖書侍紫宸。

明皇出游圖

輦路風微曉霧開，華清宫裏看花來。
五王走馬誰先醉，倒着宫袍去不回。

端午賜大長公主❶

細葛迎颸，喜宮衣之初試；瑞蓮承霧，慶壽斝之方持。輒陳節物之多儀，用祝年齡之有永。併將唐律，式衍魯風。

殿閣薰風五月涼，緑荷池上度天香。扇裁團鑑飄羅雪，盌注輕冰藹玉漿。麈尾可消時晝永，綵絲宜祝壽年長。清朝共慶宮闈貴，萬歲菖蒲汎紫觴。

董元夏景山口待渡圖

董元夏山何可得？嘉木千章鐵作畫。曾巒總含雨氣潤，百谷正受川光溢。犬牙洲渚善洑洄，滄江散落碣石開。❷山田何處無耕鑿？尋源不得還徘徊。柳下行人將有適，臨流不度心爲惻。我楫孔堅舟孔安，奉子以濟諒非難。

徽宗畫梨花青禽圖

宿雨初收禁林寂，玉斧臨窗看春色。蒺藜沙上暖塵飛，何處人間作寒食？

趙千里小景

前代王孫不好武，拈筆幽窗寫汀渚。殘雲野水三百年，依舊松筠濕春雨。

❶「主」下，四庫本有「并序」二字。

❷「滄」，類稿本作「澮」。

燕文貴小景

行盡長松逕，溪頭有小舟。鑑湖如賜與，終日弄清流。

趙千里出峽圖

巨舟臨峽口，衆工志如一。各以所操濟，雖危萬無失。所憂至平曠，玩肆生縱逸。毋俾持釣翁，倚杖三太息。

蘊能羅漢圖

有寶其寶，破慳來獻。我乃回施，非見所見。月輪當空，天清海平。神光赫然，萬國永寧。

白樂天重屏圖

錦屏圍煖坐衰翁，妻子相看語笑同。翡翠鴛鴦元是畫，櫻桃楊柳詎非空？清朝優老容歸早，野寺宜閑見歲豐。兜率有天何異此？葛巾吟偈白蓮風。

陳閎畫中宗射鹿圖

昭陵石馬立殘陽，❶曾見騰驤逐鹿場。❷馳射衝波夸獲雋，故知英氣似前王。

❶「殘」，類稿本作「斜」。
❷「逐」，類稿本作「出」。

羅漢圖

神光炯炯視容直，坐展兩足手按膝。兩龍還入軍持水，風衣拂着磐陀石。深山海島非人間，碧桃花開啼鳥閒。法雲還爲等慈起，矍然飛錫無留難。

韓幹馬

開元沙苑蒺藜秋，韓幹新圖總不收。天廄真龍奇骨在，故知臣甫負驊騮。

曹霸下槽馬

櫪下長年飽豆芻，誰通馬語識踟躕？主恩深重知何報？ 或者東封駕鼓車。

韓晉公滉土星像

猗黄靈，填土中。馴伏牛，類相從。朱斿揚，招八風。乘天田，入紫宮。命司嗇，錫九農。鳴塊桴，年屢豐。

柯博士畫扇

旭日鳴幽鳥，露華在芳蘽。外廷無奏事，殿閣自微風。

胡虔取水蕃部圖

駝車度磧輒三日，老馬砲沙泉水溢。❶

---

❶「砲」，類稿本作「跑」。

槖囊盛滿不辭勞，徼外天山雪千尺。君不見，聖明天子恩澤多，旁及四海猶翕河。昆虫草木感餘潤，日獻醴泉甘露歌。

滕昌祐蘹香睡鵝圖

蒼鵝惜毛羽，宛宛卧春雨。雨餘日照沙，上有蘹香花。蘹香不自獻，夢到金鑾殿。殿池多躍魚，君主方草書。

銘

奎章閣銘

天曆二年三月吉日，天子作奎章閣。萬機之暇，觀書怡神，則恆御焉。臣奉勅而銘之。❶曰：

維皇穆清，中正無爲。翼翼其欽，聖性日熙。迺闢延閣，左圖右史。匪資燕娛，稽古之理。經緯有文，如日行天。爰刻貞玉，垂美萬年。

棋盤銘

動制勝，静保德。勇有功，仁無敵。

棋盤銘

圓周天，方畫地。握化機，發神智。

❶「臣」下，類稿本有「集」字。

贊

趙平章畫像贊

臣聞古昔帝王，所以加禮於輔相老臣者，以爲爵位之崇，錫予之厚，有不足以盡其心，則必象其體皃，而致美於形容焉。於詩「顒顒昂昂，如圭如璋」。又曰：「敬慎威儀，惟民之則。」其此之謂夫！公以勳門將胄，篤尚儒素。積學以致用，人莫知其志之所存也。出事世祖皇帝，始爲御史。風采肅然，振厲中外。歷事累朝，踐揚臺省，垂五十年。事業著簡册，勳庸書旂常。天下謂之名臣，朝廷謂之元老。當顯用而憂時愈深，嬰患難而立節彌固。夷險一致，進退以時，蓋有古君子之風焉。是以論者以爲清嚴似揚綰，淵通似李泌，周緻似姚崇，剴至似陸贄。至於以直搆禍，蹈機穽而不爲之動，則漢蕭望之殆不能及。噫！此天下之公言，非臣之私言也。至順元年五月甲子，今上皇帝念翊戴之功，俾繪其像，而命臣集爲之贊。臣少嘗從公游，今且老矣，其實知公，故承詔不辭。謹再拜稽首而獻詩曰：

肅肅魯公，泰山巖巖。剛毅直方，爲國之監。有言有猷，以定國是。衆人所難，在公則易。世祖舊臣，維公在兹。百煉之剛，遇挫弗虧。上帝者之，俾佐天子。底定綏輯，彌文以理。白髮蒼顔，正笏垂紳。凛然秋霜，煦兮陽春。國有老成，邦家之福。天子萬年，景命有僕。

趙中丞畫像贊

天曆庚午，孟夏初吉。聖天子以爲御史中丞趙公世安，元從功臣，爰置左右，踐敭省轄，表正風憲，厥績殊茂。乃命繪像，用肅具瞻。親御翰墨，書勅其上，識以寶璽，而命臣集述贊焉。臣惟公之事上也，靖恭夙夜，夷險一致。入則告以謀猷之嘉，出則宣其德意之美。惓惓焉，愛君體國之意，其見於儀形風采者，宜垂頌焉。謹拜手而述贊曰：

肅肅憲綱，國之司直；以正朝廷，百辟是式。聖皇御天，法度章程；風霆之威，日星之明。昔在世祖，最重斯職；列聖授受，精意慎擇。賢必有能，廉必有材；必信必親，庶尹則諧。惟今趙公，簡在有素；既勤其躬，亦衡其慮。天子有行，鞭弭櫜鞬；天子正統，襄贊周旋。温温其儀，侃侃其色；珮玉舒遲，前席密勿。曆階中書，時清政平；乃肅風紀，以贊國成。知無不言，言無不聽；有容有嚴，有文有政。天子萬年，大臣相之；九敘惟歌，無以尚之。

吴宗師畫像贊

游乎萬物之表，而能約己於名教；老乎朝廷之間，而不濡迹於公卿。粲若華星之麗乎河漢，浩然雲氣之出乎嵩衡。其凝也，止水之善鑑；其動也，祥風之時行。祠黄石者，蓋有遺書之託；衣白衣者，寧無辭當世之名。導冲和以輔元化，非呼吸而致長生。伊耆有巢父，軒轅有廣成。則所謂宏演博大真人者，安得不後天地，齊日月，以贊于休明者乎？

御馬五雲驦圖贊

傳曰：天用莫如龍，地用莫如馬。夫馬，上配乎龍，而乾之爲象兼焉，斯其爲貴者矣。然周穆遊乎西極，虚傳八駿之名；漢武求諸渥洼，實費貳師之出。方于今日，殆不足云。我國家肇基朔方，奄有六合。千乘萬騎，風猋電馳。武功告成，禮文畢備。百年涵煦之久，萬物生息之繁，於斯盛矣。乃若夫馬，外則駉駉而在朝，樂彼超驤；内而肅肅以居閑，均其調習。論其可以名稱者，蓋不勝紀。至順二年夏，天子時巡上京，行幸之次日閲其良。於是五雲之驦出焉，蓋神駿之尤傑者也。臨軒一顧，廓開萬里之風雲；立仗群趨，却立九重之虎豹。光逾雪練，文戴龍章。凡其游牧之生，悉備乘輿之御。此豈偶然者哉？於是命善工圖形，藏諸内閣，而俾臣贊之。臣聞驥不稱其力，稱其德也。今斯驦也，生于明時，遭逢賞鑒。不有其德，曷克臻兹。噫！一馬之善，上猶録之如此。豈有人材之出於當世，而不見知見用者哉？敢述贊曰：

房宿儲精，天馬來下；有萬其駿，莫之能侣。玄文五聚，黼黻厥身；粲若負圖，猶龍有神。聖皇在御，神物斯出；行地乘天，嘘雲耀日。爰勑繪素，對貌奇姿；德力具稱，存乎贊辭。

瑞鶴贊

至順三年三月，趙國公臣常不蘭奚、中書平章政事臣亦列赤、御史中丞臣脱盈納等，欽奉皇帝聖旨、皇后懿旨，命特進神仙大宗師臣苗道一，脩羅天大醮于大長春宫。四月朔旦，臣不蘭奚自長春以青詞入謁内廷，請署天子御名。沐以龍香之澤，封以雲錦之函。羽葆鼓吹，導自禁籞。歷于曾城，浮塵不揚，馳道清肅，風日和美，靈光發舒。將至乎仙壇，而臣道一率其屬奉迎道周。羽蓋雜華霧以繽紛，法曲繞旌霓而高亮。百官在列，萬姓聚觀。乃有青鸞白鶴飛舞太空，雅唳長鳴，去人尋丈。若群真之並駕，從□□以來迎。❶盤桓後先，及壇而止。衆目瞻覩，驚歎神異。醮禮告成，言將復命。咸曰：「苗君某，先朝舊人。老成端恪，道行嚴一。故能深達皇宸，致感玄徵，有如此者。」而臣道一乃曰：「兩宫至誠，上與天通。一念之興，如響斯答。天何言哉？示之以事。是故玄裳縞衣，羽翼乍離於三景；同鳴齊唱，音聲遥聞於九天。老臣奉詔禱祈，庶竭愚分而已。至于明應，則上帝之所以報兩宫，非老臣之所能致也。」然臣不蘭奚等，不敢隱其事，繪圖以聞。傳旨國史臣集，書以識之。蓋仙人道士之言云，太上至真，飛行虛無，不可以形迹見也。然而輟馳翔於寥廓，横四海而覽輝，則羽族有先見者焉。《書》傳有之：鳳凰來儀，神祇來格，此其類也。臣聞至元紀

❶「□□」，類稿本作「列聖」。

元，歲在甲子，實命誠明。張真人建大醮於兹宫，有瑞鶴之應焉，今七十年矣。前太常徐琰見諸贊詠，臣切思之。至元甲子，世祖皇帝在位之五年，今兹之歲，則今上皇帝之第五春也。玄徵之感，同符世祖，不亦盛乎！於乎，我聖皇敬天尊祖之誠，仁民愛物之惠，前聖後聖，其揆若一。則吾聖元宗社無疆之福，詎可量哉？敢再拜稽首，述贊曰：

明明天子，昭事上帝；肅肅在宫，齊聖無二。乃睠殊庭，神明所都；嘉徵瑞圖，此興此儲。維時神師，故舊耆老；羽衣持節，致我忱禱。緑章紫封，金龍夾扶；來自禁中，百靈與俱。倬彼雲漢，有飛者羽；如雪映掩，❶載翔載舞。乃占道書，是爲貞符；聖神鑒臨，其來舒舒。降休隕祉，爰自昔始；表而著之，億千萬禩。

道園學古録卷之二十一

❶「掩」，類稿本作「空」。

道園學古録卷之二十二　應制録二

雍虞集伯生

制　誥

封宣聖夫人制

我國家惇典禮以彌文，本閨門以成教。乃睠素王之廟，尚虚元媲之封。有其舉之，斯爲盛矣。大成至聖文宣王妻并官氏，來嬪聖室，垂裕世家。籩豆出房，因流風於殷禮；瑟琴在御，存燕樂於魯堂。功言邈若於遺聞，儀範儼乎其合德。作爾褘衣之象，稱其命鼎之銘。噫！秩秩彝倫，吾欲廣《關雎》《鵲巢》之化；皇皇文治，天其興河圖鳳鳥之祥。可特封大成至聖文宣王夫人。主者施行。

鄆安大長公主詞頭

皇家制禮，恩實重於懿親；帝女正儀，體尤隆於尊屬。肆頒異尤數，祇協彝章。公主某，慈孝夙聞，肅雝維則。翟車象服，備赫奕於先朝；鳧繹龜蒙，適奠安於樂國。爰進加於長號，又增益於大名。於戲！《詩》詠「穠華」，德彌崇於戚畹；《易》占「元吉」，世永保於藩封。

燕帖木右丞相封太平王制

朕正祖宗之統，入纘丕圖；國有社稷之臣，亶維世胄。既克戡於多難，宜超示於殊恩。具官某，沉鷙有謀，英鋭無敵。我皇考昔撫軍於龍朔，而爾父寔佐命之虎臣。賜券報功，盟書啓籥。更累朝而彌顯，識大歷之攸歸。手握兵符，力扶景祚。及清宮而迎乘，猶多壘之在郊。臨陳誓師，咸服奉辭之慷慨；揮戈決戰，衆驚用武之神明。人民懷綏輯之恩，城闕壯奠安之勢。俾兼司於將相，用修扞於邦家。韓信之輔漢皇，論定當時之攻取；子儀之在唐室，身爲天下之安危。皆真食於王封，今何慚於往轍。是用錫之位號，胙以土田。禮冠絶於百僚，名永垂於千載。嗚虖！有非常之功，則有非常之賞，朕用獎於勳勞；建太平之業，而享太平之成，爾毋忘於眷注。丕昭至意，式克欽承。

封營都王制

緬懷故舊之恩，莫如阿保；爰致褒崇之典，俾極哀榮。國有恆規，朕無私惠。具官某，恭良而愿慤，温厚而老成。卜以負之，昔被東朝之簡用；擇其可者，並居甲觀以扶持。嗟備著於勤勞，不少留於耆艾。肆予踐阼，首錫褒封。時巡來次於近郊，秋露久濡於宿草。顧兹賁典，未究深衷。迺命外廷，更申異數。於戲！五等之爵，重莫過於王封；千乘之邦，親莫先於畿甸。尚其英爽，承我休嘉。

營都王夫人

纂圖撫運，崇德報功。追念爾勞，克任保持之力；至于今日，共享安榮之時。天不假年，禮宜異數。具官某，出入禁掖，左右朕躬。安其煦育之柔，稱爾温良之懿。邦家宮府，共興故舊之思，車服土田，何愛便蕃之錫。爰頒予渥，俾相其夫。於戲！若昔諸侯王，有生至貴；封之千乘國，無憾令終。

封營國公制

國之令典，必兼恩義之隆；時維舊勛，宜錫褒崇之盛。嗟其遠矣，今俾申之。具官某，自其幼時，在朕潛邸。襁褓共其燥濕，啓處與之周旋。越在艱難，尤負勞勩。屬櫜鞬而未釋，傷雨露之逾深。□轊以歸，❶籌帷頓失。迨予纘緒，風雲千載之興；獨爾親臣，丘隴九原之閟。廓其封兆，錫以榮名。顧未究於予懷，乃增疇於大邑。於戲！萬鍾之禄，雖不及於生前；兩世之封，庶有勸於天下。

營國公夫人

盡瘁以仕，良臣有翊衛之勤；從一而終，貞婦抱純誠之懿。錫以寵數，光于幽潛。具官某，❷淑慎其身，柔嘉維則。閔《殷雷》之勤而勸義，守《柏舟》之誓而靡他。同

❶「□」，類稿本作「擁」，四庫本作「輿」。
❷「某」下，類稿本有「妻某」二字。

穴而藏，得相從于地下；疏恩以報，何不逮於生前。賁之簡書，易其湯沐。於戲！哀榮被於兩世，固申勸於舊勞；忠孝萃於一門，亦以表夫高節。

封寧朔王制

朕纂膺丕緒，聿懷舊德之臣；敭歷治朝，夙被先皇之眷。未及懸車之歲，遽聞拱木之新。爰命有司，備循彝典。具官斡赤，剛明而有守，沉毅而善謀。閑輿衛於藩垣，治軍實於幙府。自覃懷而入定内難，與贊廟謨；望龍朔而奉導前驅，仰承天表。進拜集賢之任，旋參儲極之寮。遍踐清華，具瞻台鼎。往填南服，偶逢草棘之弄兵；召使北還，猶駐襜帷而按堵。不遺憂於宵旰，真知體之股肱。久簡朕心，方將柄用。迺致憖遺之誄，寔深耆艾之思。賢子能忠，在朕左右；真王加錫，賁卿始終。並兼封贈之崇，式表哀榮之極。於乎！往哉魂魄，樂壯美之山河；宜爾子孫，輔尊安之社稷。

封寧朔王夫人

睠我大臣，既極褒崇之典；相其内助，宜同恩數之隆。俾增耀於褘褕，用齊華於圭衮。具官斡赤妻鉄理，柔嘉而端肅，恭儉而和平。克贊其夫，終始股肱之任；善儀諸子，服勤左右之方。身致康寧，家用昌熾。命錫封章之貴，養宜鼎食之珍。於戲！維此朔方，寔爾世家之舊；躋於上壽，用成賢母之名。

封遼陽王制

朕寅奉丕基，務推茂澤。迺睠廷臣之舊，昔膺柄用之勞。俾率彝章，特還卹典。具官哈散，秉資謹愿，接物寬容。始緣宿衛之勤，尋寄貨泉之任。致身省闥，蓋歷事於五朝；執政廟堂，嘗首相者數載。每規隨於畫一，克同協於和恭。均逸外藩，遠將德意。宣恩東服，備著輯綏。凡其登進之時，率在阜殷之日。久奉公於夙夜，亦良稱於股肱。弗永終譽，遽興遠嘅。秋霜在野，莫追既往之悲；旦日行封，尚服維新之渥。兹誠異數，式慰遺魂。噫！遼海非遥，姑遂懷鄉之志；子孫不隊，益推報國之忠。

封燕卜鄰知院祖明里❶

我國家教孝以勸忠，因近以及遠。德之茂者，名久而後著；恩之深者，爵加而愈隆。具官某愿而能恭，勇而知禮。始逢景運，當東征西伐之殷；先啓戎行，有左弭右鞬之助。克勤乃事，竟隕厥躬。顯融不及於當時，勳業迺興於後裔。往稽故府，宜錫嘉邦。於戲！古者專城，重地莫逾於上谷；賁諸幽壤，名王遂賜於全封。爾其有知，服我休命。

❶「里」下，類稿本有「制」字。

祖母

師武臣力，國家致興運之隆；□□□□，母子有成人之造。異恩所洎，豈曰徒然？具官某儉以飭躬，慈而逮下。相其夫子，每崇忠厚之風；宜爾家人，用啓功庸之盛。是以甫及再傳之後，並登一品之榮。五世其昌，三王並列。於戲！酬其爵邑，欲遠舉於雲中；咨爾臣工，以示勸於天下。用申顯命，以賁幽宫。

父

中興啓運，則必有帷幄之舊，不二之臣；重禄勸功，則必有茅土之封，便蕃之錫。具官某曩在宿衛，已著勤勞。王師飛渡於長江，既賈先登之勇；使節載臨於多壘，不忘命將之忠。逮其子孫，相我家國。至重者，本兵之任。至嚴者，風紀之司。而爾一家，兼兹兩府。❶故紀勳庸之盛，以彰信任之功。列以王章，著之邦典。於戲！擁雍州之地，式重師垣；申泰山之盟，聿昌世胄。益崇忠藎，用保休嘉。

趙平章加官封制

宰輔者政之根本，特疏貴爵之封；老成者國之蓍龜，爰極文儒之任。進登崇級，增重化權。具官趙某方嚴而精明，果毅而詳縝。卓以櫜鞬之胄，儼然韋布之風。始事世皇，即拜御史；多歷年所，遍踐臺司。

❶「兹」，類稿本作「備」。

閱實簡書，每先幾而扶直，作新風紀，必正色以摧姦。常依日月之光，不改冰霜之操。洊在政府，蔚爲名臣。嗟賢者之遘屯，見予家之多難。蕭望之身罹機禍，幾貽咎於當時；汲長孺面質深文，耻獨爲於君子。曁于戡定，嘉爾勤勞。審是統宗，既蹈危而奉義；至其子弟，亦見殺以成仁。方圖報之在衷，屢引年而爲説。載念紫微之務，實資黄髮之詢。是用建爾上公，保茲東魯。可優游於館閣，以勸相於國家。於戲！慎乃威儀，赤舄具瞻於几几；俾之耆艾，泰山庸作於岩岩。爾其欽哉，服我休命。

封悟理閒八制

粤有高僧，來從西域。式弘内教，爰錫嘉稱。悟理閒八歷世勤脩，一源不昧。寶月長臨於逝水，慈雲隨起於祇園。遠探夙智之因，如指其掌；廣説真如之緼，實契予心。紹隆佛種之傳，以稱國師之號。可特授智勝妙行宿慧通應圜悟佑福國師。

封鑑贊八制

象教之行，國家所尚；宜申嘉號，用表高僧。鑑贊八性本天成，世隆佛種。昔弘宣於内典，蚤有譽於諸方。物不累心，舍奉己者二萬户；事融於理，獨隱居者十餘年。既徇請而一來，宜具書於衆善。可特授宏智正悟大辯總持勝濟慧福國師。

封蔣山寶公和尚制

朕丕纂鴻圖，中興景運。致百靈之扶

翊，出庶徵之禎祥。迺睠真如，尤深簡注。寶公和尚現化身而濟世，持應器以垂機。顯密齊彰，神變著聞於當日；慈威互用，廕休行及於千年。藐在大江之南，常住道林之上。朕昔居潛邸，恆仰寶坊。萬石懸鐘，表明珠而不灼；四阿承霤，輯多寶以新成。暨余踐祚之初，首致加封之敬。若稽祀典，宜錫贊書。噫！尚鑒至誠，豈直朕躬之禱？益弘願力，俾堅兆姓之安。

封張真君制

朕惟有道之君臨治，貴無爲而民化。故先哲相承於上德，而至譽不執於常名。睠茲大歷之在予，懷昔異人之輔世。具官某似以興運，褎然來儀。咨庸方篤於睿思，晤對即符於神會。嘉謀入告，其辭如徵於蓍龜；成功不居，其志固輕於軒冕。處身於至約之地，毓物於泰和之中。酬酢事變，而先見其幾；從容朝廷，而不濡其迹。設教獨高於衆甫，傳宗最號於多賢。盛服齊明，保合天人之際；基命宥密，贊襄邦國之休。遽脱屣而弗留，每當宁而永慨。猶慮人間之爵，莫縻方外之游。俾極崇稱，以表高致。於乎！陟降左右，想陪列聖於帝庭；出入有無，恆佑萬年之皇祚。尚紆玄覽，祇若寵章。

大道教十一祖張真人制❶

朕慨觀古昔，有懷大道之淳；歷考聖神，悉尚至誠之本。緣名而設其教，論世以

❶「大」上，類稿本有「封」字。

嗣其宗。其説之興，于今玆久。張某淵乎授受，遠有師承。結宇丹臺，仍載皇人之筆；奉祠黄石，蓋由老父之書。惟神物之猶存，乃嘉名之是錫。率由其舊，眷渥維新。噫！與天下而爲公，朕用敷於至意；居域中而同大，爾毋斁於真風。

序

皇圖大訓序

《皇圖大訓》者，前榮禄大夫、中書右丞臣許師敬，因其先臣衡，以脩德爲治之事，嘗進説於世祖皇帝者而申衍之。而翰林學士承旨、榮禄大夫、知經筵事臣阿璘帖木兒，奎章閣大學士、光禄大夫、知經筵事臣忽都魯都兒迷失，潤譯以國語者也。天曆二年，天子始作奎章閣，延問道德，以熙聖學。又創藝文監，表章儒術，取其書之關繫於治教者，以次摹印而傳之。清燕之暇，偶得此編，以爲聖經賢傳有功於世道者，既各有成書，而纂言輯行會類可觀者，又盡出於前代。獨此編作於明時，文字爾雅，譯説詳明，便於國人。故首命刻之，仍敕臣集爲之序。❶臣聞古之人君能自得師者，莫先於稽古；古之人臣真知愛君者，務引於當道。後世豈無聰明之君？而無睿哲之實者，弗攷於古訓故也。爲之臣者，亦豈有不愛其君者？然而不以阿順旨意爲敬，則以承奉疏節爲忠。不知古學，以至於此。爲其君

❶「仍」，類稿本作「乃」。

者，[1]獨何利哉？今天子以天縱之聖，克尊前聞。又欲群臣遍知其説，使不至徒徇細人之愛，爲具臣之事而已也。於虖！聖心所在，如天日之昭明。得是書者，其可不深思於此也哉？

金字藏經序

蓋聞乾剛御世，必資化於坤儀；月鏡涵空，亦承輝於日象。我今上皇帝，創建大承天護聖寺。於是皇后念紹隆於祖武，祈輯福於聖躬。嘉惠生民，俾均法施。迺造金書三乘經教一大寶藏，廣啓勝緣，增崇上志。伏願光音融徹，顯密圓通。五雨十風，詠讚皇明之運；普天率土，皈依等覺之慈。常住正因，永扶景祚。

飲膳正要序

臣聞古之君子，善脩其身者，動息節宣以養生，飲食衣服以養體，威儀行義以養德。是故周公之制禮也，天子之起居、衣服、飲食，各有其官，皆統於冢宰，蓋慎之至也。今上皇帝天縱聖明，文思深遠。御延閣，閲圖書，旦莫有恆。則尊養德性，以酬酢萬幾，得内聖外王之道焉。於是臣趙國公孛蘭奚，以所領膳醫臣忽思慧所撰《飲膳正要》以進。其言曰：「昔世祖皇帝，食飲必稽於《本草》，動静必準乎法度。」是以身躋上壽，貽子孫無疆之福焉。是書也，是時尚醫之論著者云。噫！進書者可謂能執

[1] 「其」，類稿本作「之」。

其藝事，以致其忠愛者矣。而聖心溥博，又將推以及人。於是，中宮命留守臣金界奴，庀工刻梓摹印，以徧賜臣下。於呼！推一己之安，使天下之人舉安；推一己之壽，使天下之人舉壽。聖天子以天地之心爲心，而爲生民立命者，❶蓋如此。天曆三年　月　日，謹序。

承天仁惠局藥方序

欽天統聖至德誠功大文孝皇帝，以聰明叡知之資，臨御宇内。推一心之至仁，參兩儀而中立。昭宣三光，調順四時。播五行之精，御六氣之辨。協七鈞之音，通八風之化。九功既敘，盛德大業至矣哉！是以億兆萬姓，休養生息於壽域之中，而不識不知者也。而皇上至德無外，視民如傷。仁厚思恕之心，恆若不及。乃命隆祥使司，作承天仁惠藥局。俾大醫院使臣耿某，取和劑局方，御藥院方、張長沙《傷寒論》《宣明論》、端効方、朱氏《活人書》、嚴氏濟生方、楊氏方、錢氏小兒方，擇其藥之適用者，分廿六門，凡二百七十五方。又勑中書右丞臣撒迪、太禧院使臣晃忽兒不花、大司農臣張金界奴，與奎章閣大學士臣阿榮，相與詳定進上。命刻其書，而出大承天護聖寺庫金製藥開局，以施萬民之有疾苦者。十月廿二日，臣金界奴至學士院，奉宣聖旨，命臣集識而序之。臣聞古者帝王之於民也，其爲之衣食以生養之。又爲之謹禬禳、治砭焫，以救扎瘥之不測。此所謂先王有不忍人之心，斯有不忍人之政者也。今皇上

❶「民」，原無，據類稿本補。

一日萬幾，而思慮之周，至於仁惠局之設，可謂至且盡矣。傳曰：「天地之大德曰生。」生也者，所以爲我皇元億萬斯年無疆之福也哉！

記

奎章閣記 奉勑視草

大統既正，海内定一。迺稽古右文，崇德樂道。以天曆二年三月，作奎章之閣，備燕閒之居。將以淵潛遐思，緝熙典學。迺置學士員，俾頌乎祖宗之成訓，毋忘乎創業之艱難，而守成之不易也。又俾陳夫内聖外王之道，興亡得失之故，而以自儆焉。其爲閣也，因便殿之西廡，擇高明而有容，不加飾乎采斲，不重勞於土木，不過啓户牖以順清燠，樹庋閣以棲圖書而已。至於器玩之陳，非古制作中法度者，不得在列。其爲處也，跬步户庭之間，而清嚴邃密。非有朝會、祠享、時巡之事，幾無一日而不御於斯。於是宰輔有所奏請，宥密有所圖回，諍臣有所繩糾，侍從有所獻替，以次入對，從容密勿，蓋終日焉。而聲色狗馬，不軌不物者，無因而至前矣。自古聖明叡知，善於怡心養神。而培本浚原，泛應萬變而不窮者，未有易乎此者也。蓋聞天有恆運，日月之行不息矣；地有恆勢，水土之載不匱矣。人君有恆居，則天地民物有所係屬而不易矣。居是閣也，靜焉而天爲一，❶動焉而天弗違。庶乎有道之福，以保我子孫黎民於無窮

❶「天」下，類稿本有「地」字。

哉！四月日記。

五色石屏風記

聖天子在奎章閣，有獻文石者，平直如砥，厚不及寸。其陽丹碧光彩，有雲氣、人物、山川、屋邑之形狀，自然天成，非工巧所能摹擬。其陰漫理紫潤，可書可鐫。有勑命臣集記諸，而攻木製匡廓，植以爲屏焉。臣集拜手稽首而言曰：洪惟聖天子，天縱睿知，作興人文。所以命臣之意，豈徒欲夸瑰異於玩賞乎？臣嘗聞之，昔者龍馬負圖而出於河，伏羲則之，以作卦畫，而前民用。蓋二氣之實，五行之殊，蹟可見者，理無不具。俯仰遠近，皆有取焉，況乎神物之特出者哉？臣是以知天之所以徵，感於聖心之深契者矣。傳記有之，女媧氏之有天下也，鍊五色石以補天。或者疑焉，而臣獨以爲古言奇奥，蓋有所喻。五色者，五行之精英。補天者，猶言財成其道，而輔相其宜。而石者，以見夫理之堅確不移者也。今玆石，表文而裏質，陰陽之道也；華絢而象物，五行之變合也。出於明時，近御几格，豈偶然哉？箕子陳《洪範九疇》，首敘五行，中主皇極。蓋以爲五行順序，則地平天成，萬世永賴。不然，則謫見於上，變動於下矣。然其要，在於極之建不建而已。人君者，天下之主宰也。天人之際，寔在於此。是故二五之流行，而見於天者，雨暘寒燠風是也。肅乂哲謀，聖則有時。若之休狂僭豫急蒙，則有恆若之咎。此感彼應，關機之發，間不容絲，其不可揜者如此。夫石，微物也。臣願因以致其察焉，則聖天子合天心之妙，以接前聖之統，成今日之治，以垂萬世之法，不亦著乎！臣集不勝惓惓之至。天曆二年十有一月甲子，謹記。

御史臺記

天曆元年十一月壬申，御史臺臣入見内殿。皇帝若曰：以予觀於天下之治，不有臺憲之司布在中外，則何以肅綱紀、正風化、輔成朝廷之大政，而休息吾民者乎？昔我世祖皇帝即位之十年，始立御史臺，以總國憲。其憂深慮遠，使吾子孫，有以周防於隱微，禁制於暴著，其在斯乎？朕三復貽謀，究觀法意，懼無以彰皇祖創始之明、責任之重。其刻石内臺，儆有位於無窮焉。丁亥，御史大夫臣伯顔等言：謹具石，請刻詔書、制誥、❶國史。汝世延，汝集等其製文，係以御史大夫以下，至監察御史姓氏。臣世延自中丞行臺江南，臣集承詔，再拜稽首而言曰：我皇元之始受天命也，建旗龍漠，威令赫然。小大君長，無有遠邇。師征所加，或克或附。於是因俗以施政，任地以率賦，出其豪傑而用之。禁罔疏闊，包荒懷柔。故能以成其大，制作之事蓋有待也。世祖皇帝，聖繇天縱，神武不殺。智絀群策，取善無方，定天下而一之。乃攷帝王之道，酌古今之宜，建國紀元，而著令典焉。立官府，置郡縣，各有其職。而上下相承，内外相維。聯屬貫通，以通功成務。丞相治中書以統之，上承天子，出政令於天下，較若畫一，莫敢踰焉。其或任焉而非人，令焉而非法，近焉而弗察，遠焉而弗達。交修其非，以輔其所不逮，則責諸風憲。它官雖

❶「誥」，原作「詔」，據類稿本改。

貴且重不得預，況乎朝廷百執事、郡縣小大之吏，作姦犯科爲不善者乎？是故使其君子安焉以盡心，使其小人懼焉而遷善，而天下之治成矣。此其官所以不可一日闕與！今上皇帝，以武皇之親子，久勞於外，入正統緒。罪人斯得，功成不居，克讓大位。故其觀乎事變之極，而知患得患失者，必至於無所不至。察乎民庶之隱微，知其蠹弊深刻，而無所告愬。故慨然當宁興嘆，而屬意於斯者，豈偶然哉？謹按：御史臺，至元五年置，秩從二品。二十一年，陞正二品。大德十一年，陞從一品。臺有大夫一人，後增一人。中丞二人，後又增二人。隨復故。侍御史二人，治書侍御史二人，殿中侍御史二人，治朝著之事。典事二人，掌幕府文書之事。後改爲都事三人。後又以都事之長，蒙古若色目一人爲經歷。檢法二人，後廢。管勾三人，其一人兼照磨。監察御史十二人，後增至十六人，皆漢人。又增蒙古、色目人，如漢人之數。今三十人。至元十四年，既取宋，置南行臺。二十七年，專蒞江南之地，號江南諸道行御史臺，官秩如内臺，而監察御史今二十四人。西行臺，初由雲南廉訪司陞行臺。大德元年，移治陝西，號陝西諸道行御史臺。蒞陝西、甘肅、四川、雲南之地。延祐間，暫廢，隨復，其官秩如南臺。而監察御史今二十人。至元六年，初置各道提刑按察司，正三品。有使、副使、僉事、察判、經歷、知事。二十八年，改肅政廉訪司，使、副使、僉事各二人。大司農奏罷各道勸農司，以農事歸憲司，增僉事二人，經歷、知事、照磨各一人。今天下凡二十二道。始建臺時，大夫則塔察兒也。❶今六十年，繼居其官者名氏，拜、罷歲月，則有掌故在。謹記。

天心水面亭記

天曆三年春，臣集、臣洞、臣九思得侍清閒之燕，論山川形勝。臣九思曰：「濟南山水似江南，殆或過之。」臣洞之居，在大明湖上。雍土水中而爲亭，可以周覽其勝。名之曰「天心水面」，可想見其處矣。於是有勑臣集書其牓而記之。臣集再拜稽首而言曰：昔宋儒邵雍氏之詩曰：「月到天心處，風來水面時。」臣洞蓋取諸此。臣聞雍之爲道，上達乎包羲，以至於帝堯、周文、孔子之盛。其始學也，隱居百原之山，仰而思之，至忘寒暑，如是者且二十年。其制作在《皇極經世》，其性情寓於詩。程顥氏之言曰：「就其所至而論之，可謂安且成矣。」噫！非幾於古之所謂睿知者，其孰能與於此？然則臣何足以知之？雖然，竊嘗聞之，斯二言者，豈非陰陽動静之交乎？按《先天圖》，陽盡午中，而姤生焉，擬之爲月窟；陰盡子中，而復生焉，擬之爲天根。天根又曰天心，所謂天心，無改移是也。以月臨天心，非陰陽之互交者乎？巽之爲卦，陰爲主，於物爲風。坎之爲卦，陽爲主，於物爲水。以風之初，而行乎水之上，非動静之始交者乎？所謂一動一静之間，天地人之至妙。至妙者，庶於此乎可見，而臣不足以言之也。請以人事論之，月到天心，清之至也；風來水面，和之至也。今夫月未盈則不足於東，既虧則不足於西，非在天心，

❶「塔」，類稿本作「答」。

則何以見其全體？譬諸人心，有絲毫物欲之蔽，則無以爲清。墮乎空寂，則絶物，又非其至也。今夫水滔滔汩汩，一日千里。趍下而不争，渟而爲淵，注而爲海，何意於衝突。一旦有風鼓之，則横奔怒激，拂性而害物，則亦何取乎水也？必也至平之水，而遇夫方動之風，其感也微，其應也溥，涣乎至文生焉，非至和乎？譬諸人心拂嬰於物，則不能和；流而忘返，又和之過，皆非其至也。是以君子有感於清和之至，而永歌之不足焉。臣洞天資明爽，應物樂易。宜能有取於此，請以是爲記。

勑賜龍章寶閣記❶

今上皇帝改元元統之二年，御書「閑閑看雲」四大字，以賜特進上卿、玄教大宗師吴全節，受言藏之，摹勒金石。仍改至元之六年，重鋟貞木，作大閣于饒州路安仁縣雲錦山之崇文宫以庋之。九月一日，上自上都清暑還，次懷來。集賢大學士不剌失利等以其事聞，請名之曰「龍章寶閣」。而詔臣集執筆以書。臣集伏退草萊，深懼不足以奉揚一代之盛典。而明詔所臨，敢不再拜稽首而謹書其事云。臣聞我國家祖宗以來，德意深厚，嘉惠臣民。凡其報功敦族，進賢使能，興利恤患，懷遠厚往，下至一善一藝之録，慶賞德施，必稱其事。爵禄、土田、弓矢、衣服、車馬、金玉之賜，無所愛吝。若夫詔告臣庶，訓勑師旅，贊詞彌文，日盛一日，無以加矣。至於機務之暇，親御翰墨，心畫之妙，成章于天，以賜臣下者，則未

❶「勑賜」，類稿本無，「記」後有「應制」二字。

之見也。皇上天縱聖學，發自宸衷，作爲此書，度越前聖。於戲，盛哉！然而宗親戚畹之近，將相勳舊之家，內而禁衛臺閣之臣，外而雄藩巨鎮之府，未嘗有所賜也。而臣全節，獨被異恩，群臣莫及。此御史中丞臣祖常、太常臣玄所以欣抃舞蹈，奉詔謌頌詠嘆於無窮者也。然藏副于名山，嚴奉以崇構。此臣全節區區之忠，報稱於萬一，而不能自已者也夫。或謂臣曰：日月運行，次舍周矣。皇上君臨萬方，覆幬廣矣。雲錦之山，邈在東南湖江之表，何獨得此于聖明之世乎？臣對曰：景星麗天，垂光必有所注；醴泉發地，流潤必有所達。和順積久，神明來鍾，有在于是，豈常情之所可測哉？臣全節，自其先師神德真君臣留孫事世祖皇帝，爲玄教之宗，以清静寧一之説，贊乎列聖重熙累洽之治者，亦深遠矣。臣全節嗣而傳諸其徒，相爲長久。顧其師弟子父母之邦，相去百里而近，恩光之所被及，不於此而何適哉？閑閑者，臣全節自幼至今之所自名也。看雲者，臣全節言將歸隱之處也。旨意之微，豈不欲其在朝在野，隨隱隨顯，無適而不自得，是以特書以遺之也乎。臣又聞之，明有禮樂，幽有鬼神，其理一也。凡而繼玄教而有作者，尚克清慎篤敬，以率其衆，毋忘聖天子明顯之恩。守土之吏，觀風之使，仰而觀之，見龍章之在斯也，他郡莫之有焉，其興感嚴奉之意，當何如哉？川靈嶽祇，凡百有神，依乎上帝貴神之所治，呵禁衛護，毋敢厭斁。則幽顯之道，不亦交著於億萬斯年乎！至正元年五月丙寅。謹記。

勑賜玉像閣記❶

至正元年五月，臣集得集賢院文書云：去年九月一日，大學士不刺失利等奏，特進上卿玄教大宗師吴全節，嘗蒙先朝賜白玉之璞，命工琢之，擬爲太上老君説經之像，刻沉水之香以爲山而居之，奉以歸諸龍虎山上清正一宫達觀堂之閣，請名之曰「玉像」。而皇上寵賜「閑閑看雲」四大字，模以文梓，飾以雲龍，奉而置諸其閣矣。有勑：汝集其作文以記之。臣集謹沐浴齋肅，北望受命，再拜稽首而言曰：臣聞之，天不可得而知也，而聖人與天爲一，求諸聖人，則天或可得而窺矣。聖人遠矣，擬諸形容而象之，或可得而見之也與？均是人也，有一人之人，有十人之人，有百人之人，有千人之人，有萬人之人，有億人之人，有兆人之人。以一人而當兆人之人者，其惟聖人乎！聖人，猶天也。道家之言，以爲聖不足以盡之，又有至人、神人之云者，極聖人之盛，至於不可知者以爲言也。均是物也，有一物之物，有十物之物，有百物之物，有千物之物，有萬物之物，有億物之物，有兆物之物。以一物而當兆物之物者，自非天下之至剛、至純、至粹、至精、至貴、至美，其孰能與於此？可以比德於君子之盛者，其惟玉乎。傳曰乾爲天，又曰爲玉。玉，天之類也。是以禮天者用之，言可以通乎天也。道家宗老子，尊老子而謂之老君。猶以爲未足，而推之謂之太上焉。名其所不可名，而事之於天，一矣。玉象之作，其

❶「勑賜」，類稿本無，「記」下有「應制」二字。

知道者之所爲乎？上古聖神以爲天之無言也，而其所以無言者，亦不可得而名言也，則畫以示之，然後日月星辰之所以運行，風霆雨雷之所以變化，仰而觀之，天之所以爲天者，無不在是。今上皇帝按筆結字，昭宣人文。平直方圓，輝光流動。原乎性情之正，極乎神明之妙。心畫之所示，不亦高朗著見矣乎？求之天者，觀於此而有得，則於其齋明盛服之有臨，睟面盎背之可象者，必有不言而喻者矣。以此事天，豈非玄教之所以爲可宗者乎？夫上清正一宮者，道家之會歸，而嗣漢天師張君之所治也。按《龍虎山志》，宫有堂五十，以分處其徒衆，達觀，其一也。命玄教大宗師之弟子世居之，而大宗師自神德真君以來，羽翼天朝，柱石道教。朔南相望，表裏不二。繼繼繩繩之傳，方未艾也。噫！玉象之所奠，天書之所臨，非特一堂之榮也，一宮之榮也。非直一宮之榮，天下四方脩老子之學者，皆與有榮者矣。然則斯閣也，有千載之係焉。故書以爲記。至正元年閏五月己卯日。謹記。

碑　銘

大元勑賜饒州路番君廟文惠觀碑銘❶

番君之有廟于番昜，久矣。舊廟在郡治之廳事，故宋郡守范文正公遷之城西北。至國朝延祐□年，❷郡守王都中以其廟之久

❶「大元勑賜」和「銘」，類稿本無，「碑」下有「應制」二字。
❷「□」，類稿本作「五」，四庫本作「初」。

弊更新之。郡人玄教大宗師吴全節作芝山道院，以主其廟。故翰林學士元明善爲書其事，作迎送神曲以祀神焉。郡人以廟隘，弗稱所以尊敬番君者。袁仁慶之别業，在永平門外，平衍寬阜，因玄妙觀住持王仁近致諸大宗師，以爲番君廟。仍作爲宫于其側，以守視之。仍改至元之三年，自舊廟奉番君之舊像以居，仍以梅鋗將軍侑食。守將吏士各率其屬，庶士庶民後先奔走，不約而集，道迎有序。至廟具少牢醴幣，大合樂以饗之，民大悦。明年，大宗師言于朝。天子遣使者，封奩香，織金文之幣，爲之衣以賜。勑翰林院畫旨，賜文惠觀，俾有司勿敢有所撓。因命頣神凝素文教真人于有興，及朱道冲、方志遠治觀事。而太常議：番君當易名曰文惠王。文，因漢舊謚；而惠者，著其流澤故鄉之無窮也。觀以是得名。

廟有故守臣顔魯公，及范公之祠。郡人以爲故萬户齊某，世以其兵守饒，亦有别祠。前太守今浙省参政王都中，能治郡，亦畫像而事之。而施田、度弟子、甲乙治觀事者志遠也。六年九月朔旦，天子清暑上都，還次懷來。集賢大學士不剌失利等，用大宗師言新廟之宫宜勒銘。有勑以命臣集。臣謹按：番君，事見史策，世能言之。漢諸侯王，惟長沙最久。國分而微，而廟祠在番昜，千數百年不絶，得民心者，兹是其久乎？抑神明之感有所在乎？昔徐偃之得民，避穆王而去之，民祠之太末。太末之徐，皆宗偃。李唐時，徐氏子孫有守其郡者，大新其廟，韓愈嘗書其實焉。《吴泰伯世家》，春秋末，吴益大，與中國會盟，季子之賢，仲尼猶稱之。既亡，❶其後子孫散處，蓋以國爲氏。番君又以吴氏興，名最著，至德之傳，其不可以名稱如此哉！大宗師從其師，受知世祖皇帝，事列聖五十餘年，尊榮安久，卿相莫及。位特進，號曰真人。其大父、父有武宗皇帝之錫命，若曰：世祚饒國，建立爲公。於是大宗師因祖父之賜履，遠推本於宗家，再作番君之新廟，極其盛大，其亦倣於徐氏之故乎。臣集敢不拜手稽首，奉詔著銘以遺之。其詞曰：

有吴世家，於赫番君；相是有歸，克涣其群。江南之東，惟番惟大；洪源盛流，彭蠡其匯。大納有容，保和以冲；含生所資，神明來宫。額額千里，中城聽治；民之來享，出入多制。神道尚幽，人道尚明；別而理之，新宫乃成。既遷既好，歲久而弊；東門有田，萬神攸萃。自堂徂基，棟宇言言；靈之洋洋，來享來安。顧瞻故鄉，孰非吾土；隨感有見，寧滯方所。相方度新，在我曾孫；曾孫孫子，思著思存。道家之宫，以祀上帝；則具是依，曷其有替。文惠之褒，人無異辭；有煒裳衣，天子錫之。神之格思，食爾舊德；勿私爾邦，惠我四國。史臣脩詞，麗牲有碑；百神敬共，明詔在兹。

道園學古録卷之二十二

❶「亡」，原作「無」，據蜀本改。

道園學古録卷之二十三　應制録三

碑

雍虞集伯生

武衛新建先聖廟學碑

國家初建大都，迺分侍衛親軍爲列衛，布諸畿内，武衛其一也。至元廿六年始置，營在涿州，南去京師二百里。凡衛必有營，營有城郭、樓堞、門障、關禁、官治、行伍、廬舍、庫庾、衢巷、市井，而特立先聖孔子之廟，儒學在焉。衛之官有都、副指揮使，以下將帥、偏裨、什伯之長，委積、營作之署，幕府文書之史，而特設儒學教授，以教士大夫子弟焉。衛士以萬計，自非征行，則有内府修繕之役。歲巡幸，則以精鋭從，其留屯於營者三之壹。其使之長，率以近臣領之。其官治京師中，而分任屯事於營者，使或副若貳，皆三歲一更，將吏亦各以番上。獨教授常在衛治教事，此衛有學官之大概也。天曆二年，武衛都指揮使洪灝，分衛事治營中，迺曰：「今聖天子聰明睿知，文治彙興，天下莫不嚮風而興起。灝也世慎忠孝，得備戎行，少游上庠，得受教於君子矣。而吾衛廟學未立，師、弟子斆學無所於在，非闕典歟？此誠灝之責也。」時亞安方爲衛使之長，深然其言，即以建學之事上聞。上可之，迺以軍務之暇，度地於營東南，廣袤八十畝，迺基乃堂于其燥剛，觀泉審方，作新文明，經營材用，石木陶冶，工作程度，心畫指授，具有成法。明年，知樞密院闊闊台來代亞安，見儲偫之□備，❶欣然相成之，即日復以興役聞。於是經始於至順辛未之三月，作禮殿以奉先聖像，顔子、曾子、子思、孟子配，從祀十哲，分位殿中東西鄉，七十二弟子繪廡下。作講堂、齋廬、庖廩、垣墉、門術，皆如常制。凡貲用一出公帑，不以煩人，及冬而告成。是年，中書平章政事阿禮海牙公以宰相兼長衛帥，隆然舊臣，敦詩書禮樂，以佐天子之治教，尤樂其有成。爲度營旁地，得二千畝，俾耕以食學者。乃以廟學告成入請于上，命臣集記之。臣集受詔，謹具其事，迺再拜稽首而言曰：昔我太祖皇帝奮揚天威，爰啓帝祚。世祖皇帝神武不殺，遂一海内。列聖相承，功成治定。至於今上皇帝，天下晏然，兵措不用。爪牙之士，迺得優游弦歌於其間，豈非千載之盛乎？臣嘗學於孟軻氏矣，其言以爲「未有仁而遺其親，未有義而後其君者也」，又以爲壯者暇日修其孝悌忠信，則雖制梃可以勝敵。蓋言人心天理之足恃也如此。今學校之設，其教則仁義之道也；其事則孝弟忠信之行也。誠使剛强武勇之士，身衽金革而知學焉，則仁義素明於胸中，忠信不遺於平日，緩急有所用焉。知義利之辨，得違順之決。識定志堅，見危致命，以親上死長，則立功國家，名顯後世，復何疑焉？然則，學校之設，豈小補哉？敢作詩以頌之。其辭曰：

皇命建學，制自都邑；通祀先聖，中外惟則。周廬列藩，環拱中極；率

❶「□」，類稿本、四庫本作「既」。

是有作，以造成德。維時武衛，載度新宮；其帥有文，以爲己功。衆勸其來，有敏其功；相臣冠軍，曰宜有崇。既崇既完，入告天子；天子曰咨，我旅多士。戢爾干戈，安爾鞭弭；俎豆游歌，庶其在此。侃侃將帥，而父而兄；勉爾孝友，勖爾忠貞。出奮于征，歸力于耕；輯睦靖恭，勿怠勿争。有牲有醴，歲時用享；觀德于射，我祀爾相。端爾威儀，節爾飲讓；神之格思，錫爾多慶。崇墉言言，過者式之；有伉其門，來者則之。麗牲之石，史有刻辭；永言勿忘，君子之思。

黄籙普度大醮功德碑

泰定二年歲次乙丑，正月之吉，始和皇帝燕居穆清，撫時康寧，中心無爲，以守至正。踐丕承之位著，若有見於羹牆。迺召集賢院臣而告之曰：「惟天、惟祖宗委祉，錫禧式克，至于今日。海嶽寧謐，波塵不驚。《詩》曰：『於乎皇王，繼序思不忘。』予曷敢弗顧諟乎？宗廟烝嘗之事，有司具矣。然而雲蒸霧滃，予何以見其降升；天回日旋，予何以識其往來。有能爲予專志意以通神明者乎？昔在成廟，受遺世皇，睠惟儷極之賢，克相内理。然而蒼梧弗從，降靈小水。遺恨徒結，歲月云邁。且夫本支繁茂，豈無蘖芽之傷？雲漢昭回，惜有氛祲之掩。觸念豪髮，疾心丘山。有能爲予釋隱憂而滌靈爽者乎？夫有天下也，一體民物，一視宇宙。君蒿悽愴，予猶有慨於神明；幽沈抑塞，詎謂可忘於臣庶？有能爲予發晶耀而溥惠渥者乎？」皆頓首言曰：「聖慮淵微，非臣愚所敢與知。天人之間，其事甚重，非臣所得專任，請與丞相議之。」制曰：「可。」明日，入奏曰：「道家有黄籙齋科者，上可以導列聖之宸游，下可以達群生於屯昧。請以是昭塞旨意之萬一。」皇帝若曰：「俞哉，庶其在兹乎。」時則有若三十九代天師、太玄輔化體仁應道大真人臣張嗣成，親揚祖教，妙斡道樞；神仙演道大宗師、泰定虚白文逸明德真人臣孫履道，以老成敦厚之資，深符真契；特進上卿、玄教大宗師、崇文弘道玄德廣化真人臣吴全節，以聰明特達之器，參贊化機，並領玄宗，共承明詔。以二月一日，各真人率南北道士千衆，即大長春宮，陳大科法者七日，出黄籙白簡萬通。啓長夜之幽扃，暢好生之至德。於是祠曹總禮神之儀物，詞臣具册祝之文章。宣徽陳禮饌以惟共，内府發金繒而弗吝。揖拜跪起，皆西清禁近之英；奉若對揚，必黄閣臣鄰之重。有司咸在，百辟駿奔。丕休哉！在天之靈，莫不顧歆於上；溥天之澤，莫不均被於下。赫赫洋洋，洞洞煌煌。一時盛典，蔑有加焉。於是陳玄功於翰墨，留芳迹於庭除，禮也。謹按故事：昔憲宗皇帝甲寅之歲，以建國之初，方事金革，鋒鏑之下，或致夭傷。迺紓皇心，常有斯舉，於今七十有一年矣。時和歲豐，民安物阜，曾無昔日之虞，而舉今兹之祀者何哉？蓋嘗思之，聖人之心，常兢兢於方盛之時，不逸豫於未央之日。用能保鴻圖於永固，御景福於方來者，此其故與？嗚呼，盛矣！乃頌之以詩曰：

於穆聖皇，宅心至神；何幽不燭，何枯不春。百度具張，群公在位；曰此人事，未究玄懿。至人通神，出陽入陰；以成天工，實契我心。長春之宫，密邇帝所；極爾褥儀，勿制常數。飛章列符，萬神並來；奔走後先，昭假匪私。吁嗟典祀，國有常制；犧牲粢盛，既充既旨。陟降在庭，孰是孔昭；風馬雲車，於焉會朝。德音布宣，洪恩斯沛；惟爾有生，是錫是賚。下沈九泉，誰復念之；今振而興，俾承生基。茫茫八埏，同戴咸喜；向陽就明，萬億及秭。域中四大，匪異伊同；聽我詠歌，以贊皇風。

東嶽仁聖宫碑

延祐中，故開府儀同三司、上卿、玄教大宗師張留孫，買地於大都齊化門外，規以爲宫，奉祠東嶽天齊仁聖帝。仁宗皇帝聞之，給以大農之財，辭不拜，第降詔書護作，方鳩工而留孫歿。後□年，今特進上卿、玄教大宗師吴全節，大發累朝賜金，以成其先師之志。至治壬戌，作大殿，作大門，殿以祀大生帝。前作露臺，以設樂門，有衛神。明年，作東、西廡。東、西廡之間，特起如殿者四，以奉其佐神之尊貴者。列廡如官舍，各有職掌，皆肖人而位之。築館于東，以居奉祠之士。總名之曰「東嶽仁聖宫」。泰定乙丑，魯國大長公主自京師歸其食邑之全寧，道出東門，有禱於大生帝。出私錢鉅萬，俾作神寢，象帝與其妃夫人媟寺之容。天曆建元，今上皇帝即大位，遣使迎大長公主于全寧，還及國門。皇后迎母于郊，主禮神拜貺，而後即其邸。天子乃賜神寢，名曰「昭德殿」云。宫廣深若干畝，爲屋若干楹。高大弘麗，足以久遠。歲時内廷出香幣致祭，都人有禱祈，咸得至焉。有勑命臣集撰文，勒諸麗牲之碑。其辭曰：

帝奠九土，辨方秩祀；封嶽維五，咸在天子。有岧岱宗，望之東郊；雨雲來敷，曾不崇朝。有壇有宫，神師攸作；蒼龍青旂，百祇祇若。天子神聖，惠于民人；睠言度思，昭德維新。丹楹朱户，納陛登陟；青青五組，兼幣加璧。禮有舉之，祇益以因；即祠不違，天子之仁。徂徠有原，新甫有隰；樂具在廷，遠于來輯。庖盈大享，寢陳燕詩；神具樂康，以惠我私。春日載陽，帝藉于耜；以先農人，祈我穡事。我觀我稼，視邇知遠；爾煦爾澤，自我畿甸。相彼柔桑，被于沃饒；相彼玄鳥，亦集其條。濈濈流水，駕言來祓；受弓載韣，思皇朱芾。出其闉闍，士女車徒；來尸來宗，壽夭在予。佑我民庶，克修孝弟；以養以賦，以受多祉。兵祲弗驚，菑癘弗嬰；熙熙有生，以樂治平。天子萬年，成功則告；刻文登封，則有貞玉。

大都城隍廟碑

世祖聖德神功文武皇帝，至元四年，歲在丁卯，以正月丁未之吉，始城大都。立朝廷、宗廟、社稷、官府、庫庾，以居兆民。辨方正位，井井有序，以爲孫子萬世帝王之業。七年，太保臣劉秉忠、大都留守臣段貞、侍儀奉御臣忽都于思、禮部侍郎臣趙秉温言：大都城既成，宜有明神主之，請立城隍神廟。上然之。命擇地建廟，如其言。得吉兆于城西南隅，建城隍之廟，設象而祠之，封曰「祐聖王」。以道士段志祥，築宮其旁，世守護之。自内廷至於百官庶人，水旱疾疫之禱，莫不宗禮之。爾來六十有餘年，國家治平，民物繁阜，日盛一日。而神之所依亦厚矣，祀典之載，所謂有其舉之，而莫之敢廢者歟！迺天曆二年二月庚子，皇后遣内侍傳旨中政院臣，使言于上曰：「城隍神廟，世祖皇帝時所建。有禱必應，烜赫彰著。而廟久弊弗葺，無以答神明之貺，以繼世祖之意。請出内帑寶鈔五萬緡以修。」制曰：「可。」命京尹臣賈某董之。太史以諏日弗協，請俟其吉。九月，中書參知政事臣趙世安等，奉勑封神曰「護國保寧佑聖王」。其配曰「護國保寧佑聖王妃」。至順二年二月癸亥，以前所賜爲未足用，增賜寶鈔十萬緡，大修治之。平章政事臣阿禮海牙、工部尚書臣岩穆忽爾實奉詔領其事。且命之曰：「庀工而有餘資，則以賜諸廟中給恆用。」於是工部率其屬以即役，土木瓦石，金碧丹堊，既善既足，百工並作，無敢不虔，未幾而告功。於是有勑史臣集製文刻石，以垂示無窮。臣集拜手稽首而言曰：聖上受命自天，纂承大統。師武臣力，著功盟府。百靈相協，固其宜哉。聖后輔佐聖明之成功，而一神之報，亦不敢忘。可以觀德，可以致福，可以示勸於臣矣。於戲，盛哉！請系以詩曰：

維皇建國，宅中圖大；臨制萬方，式表無外。列雉四周，壯於天垣；爰立明神，以保固完。司空奉詔，慎擇吉土；作廟坤維，以祝休嘏。相維典則，有社有方；群黎萬姓，罔敢禬禳。維神孔邇，有堂有寢；曰豫則康，威怒斯凛。歲時牲牢，旨酒明粢；無有小大，士女畢來。列聖清明，歲行六十；風氣宣通，民物豐殖。相爾檐桷，丹堊弗新；何以妥之，俾佑我人。皇上至仁，思保赤子；聖后念之，命禱靈畤。天高日明，風塵不驚；大開明堂，治功告成。有祈有報，伊古之道；出財宮府，撤弊改橈。山藻孔文，既閑既安；度其王封，載加彌尊。神來燕喜，百和萃止；導天之貺，爲國之祉。室家祚胤，福禄萬年；貽及于民，生養弗愆。崇墉嚴嚴，太止之固；神永有依，斯皇多祜。

句容郡王世績碑

國家治平之業，所以尊安而久固者，禮樂刑政一本於朝廷。而執干戈以衛社稷於四境之外者，則亦必有桓毅過人之勇、直亮不回之節，以兼爪牙腹心之任。而又世世祖、父、子、孫相承一志，然後可以内爲天子之所信倚，外爲彊敵之所懾服。故處常則有不可犯之勢，遭變則建非常之功。嗚呼！其所關係，豈輕也哉？天曆元年，皇帝撥亂反正，以太平王、右丞相燕帖木兒有建謀力戰之功，思其祖父之績，乃敕史臣製文紀事，勒諸貞石，以示不朽焉。

謹按：欽察之先，武平北折連川按答罕山部族也。後遷西北，即玉黎北里之山居焉。土風剛悍，其人勇而善戰。有曲年者，乃號其國曰「欽察」，爲之主而統之。曲年生唆末納，唆末納生亦納思。太祖皇帝征乞思火都，火都奔亦納思，遣使諭取之，弗從。及我師西征，亦納思老，不能理其國。歲丁酉，亦納思之子孫忽魯速蠻，自歸於太宗。而憲宗受命帥師，已及其國。忽魯速蠻之子班都察，舉族來歸，從討蔑乞思有功。世祖皇帝西征大理，南取宋。其種人以强勇見信用，掌蒭牧之事，奉馬湩以供玉食。馬湩尚黑者，國人謂黑爲哈剌，故别號其人哈剌赤。日見親近，妻以哈納郡王之女弟納論。中統初元，討阿里卜哥之亂，班都察與其子土土哈皆有功。班都察卒，土土哈領其父事，是爲句容郡武毅王。海都之叛，皇子北平王帥諸王之師，鎮祖宗龍興之故地。至元十四年，叛王脱脱木、失列吉入寇，諸部曲見掠，先朝大武帳亡焉。土土哈王憤之，誓請決戰。三月，敗其將朶兒赤延於納蘭不剌，以所掠諸部還。四月，只兒瓦䚟構亂應昌，脱脱木以兵應之，與我軍遇，將決戰，先得其斥候數十。脱脱木懼而引去，遂滅只兒瓦䚟。六月，逐大兵於禿剌河。八月，又敗之斡歡河，得所亡大帳，還諸部之衆於北平。我師北伐，詔欽察驍騎千人以從。十五年正月，追失列吉踰金山，擒札忽台以獻。又敗寬赤哥等軍，俘獲甚衆。冬，入朝，召至榻前，親慰勞之。賜以白金百兩，金壺、盤、盂各一，白金甕一，椀十，金織衣段九，海東白鶻一。國家侍内宴者，每宴必各有衣冠，其制如一，謂之只孫，悉以賜之。且有詔曰：祖宗武帳，非人臣所得御，卿能歸之，故以與卿，軍中宴諸帥則設之。欽察人爲民户及隸諸王者，别籍之户，給鈔二千貫，歲給粟、帛。擇其材者，備禁衛。十九年，拜昭勇大將軍、同知太僕院事。明年，改同知衛尉院事、領群牧司事。給霸州文安縣田四百頃。命哈剌赤屯田，益以亡宋新附軍八百。二十一年，賜金虎符，以河南等路蒙古軍子弟四千六百隸之。又賜尚方金貂裘帽、玉帶、青鶻，近郊田二千畝，水磑一區。二十二年，拜鎮國上將軍、樞密副使。二十三年，置欽察衛，遂兼其親軍都指揮使，聽以族人將吏備官屬。六月，海都兵入寇。奉詔與大將朵兒朵懷禦之。二十四年，諸王乃顔叛於東藩，陰遣使來結也不干、勝剌哈王。獲諜者，得其情，密以聞諸朝，請召勝剌哈以離之。他日，勝剌哈爲宴會邀二大將，朵兒朵懷將往。王曰：「事不可測。」遂不往，勝剌哈計不得行。未幾，有詔召勝剌哈。王曰：「此東藩之人，由東道是其欲也，將不可制。」言於北安王，命之西行。或言也不干將反者，軍吏請奏而圖之。王曰：「不可緩也。」身爲先驅，引大兵以前，窮晝夜之力，渡秃剌河，與也不干戰，大敗之。世祖方親征聞，詔王沿河而行，盡收其餘黨以還。道遇也鉄哥，其軍萬騎，擊走之，大獲乃顔畜牧，俘叛王哈兒魯等獻之。康里、欽察之人先隸諸叛王者，悉來歸，置哈剌魯萬户府。是歲，王子創兀兒奉詔從太師月兒律在軍，戰於百搭山，有功。拜昭勇大將軍、左衛親軍都指揮使，武金虎符。❶出則被堅執鋭，以率虎羆之士。入則操刀匕以事割烹，執罍杓以進湩飲。親幸委任，已見於當時。成宗方撫軍，詔以王從。十一月，征乃顔餘黨於哈剌，誅兀達海，盡降其衆。二十五年，也只里王爲叛王火魯哈孫所攻甚急。五月，王從成宗移師援之，敗諸兀魯灰。還至哈剌温山。夜渡貴列河，敗叛王哈丹之軍，盡得遼左諸部，置東路萬户府以鎮之。也只里有女弟塔倫，遂以妻王。二十六年，海

❶「武」，類稿本作「賜」。

都犯金山，抵杭海嶺。皇孫晉王帥兵禦之，敵先據險，我師不利，王獨以其軍陷陣入戰，翼晉王出。明日，追騎大至，王伏兵而殿之。七月，世祖親巡北邊，召見王而慰之曰：「昔太祖與其臣之同患難者，飲班术河之水以記功。今日之事，何愧昔人？卿其勉之。」海都等戰既數敗，又知上親征，遂引兵去。車駕還都，大宴。上謂王曰：「朔方人來，聞海都言：戰者人人如土土哈，吾屬何所容身哉？」論功行賞，先欽察之士，以建康、廬、饒舊籍租户千，爲哈剌赤户。又以俘獲之户千七百賜之，官一子以督賦。而創兀兒在宿衛，亦帥其軍，扈從至於和林兀皁思之山，拜昭武大將軍、欽察親軍都指揮使、左衛親軍都指揮使兼太僕少卿。二十八年，王奏哈剌赤之軍數已盈萬，足以備用。詔賜珠帽、珠衣、玉帶、金帶、名鶻、細氄、縑素萬匹。帥其人北獵漢塔海，邊寇聞之，不敢動。二十九年，掠地金山，虜海都之户三千。有詔進取乞思吉思。明年春，次欠河，冰行數日，盡收其衆，留兵鎮之。奏功，拜龍虎衛上將軍，賜行樞密院印。海都聞之，領兵至欠河，又敗之，擒其將孛羅察。成宗皇帝即位，詔之曰：「邊事重，其免會朝。」賜白金五百兩、七寶金酒器、白氄帳、鈔萬緡、獨峰駞五。冬，召入朝，有加賜。則賜其軍士鈔一千二百萬。❶元貞元年春，還守北邊。二年秋，諸王從海都者皆來降。邊民驚動，王帥兵金山之玉龍海備之。資饋畢給，民用不擾，親導岳木忽等王以朝。上解御衣以賜，又賜黄金百兩，白金

❶「萬」下，類稿本有「貫」字。

千五百兩，鈔五萬，❶轎、輿各一。大德元年，拜銀青榮禄大夫、上柱國、同知樞密院事，欽察親軍都指揮使如故。還邊，二月，至宣德府，薨。年六十一。

是年，有詔創兀兒世其父官，領北征諸軍。後亦封句容郡王。王帥師踰金山，攻八隣之地。八隣之南，有大河曰「答魯忽」，其將帖良臺阻水而軍，伐木柵岸以自庇，士皆下馬跪坐以待。我軍矢不能及，馬不可進。王即命吹銅角，舉軍大呼，聲振林野。坐士不知所爲，争起就馬。王麾軍畢渡，湧水泊岸，木柵漂散。因奮師馳擊五十里而後止。盡得其人馬、廬帳。還次阿雷河，與孛伯拔都之軍相遇。孛伯拔都者，海都所遣援八隣者也。阿雷之上，有山甚高，孛伯陣焉。山高，駿馬不利於下馳，急麾軍渡河蹙之。孛伯馬下坂，多顛躓，急擊敗之，追奔三十餘里，孛伯僅以身免。二年，北邊諸王都哇、徹徹禿等，潛師急至襲我火兒哈禿之地。火兒哈禿亦有山甚高，其師來據之。王選勇而能步者，持梃刃，四面上奮擊，盡覆其軍，斂遁者無幾。三年，入朝。上解衣賜之，慰勞優渥。拜鎮國上將軍、僉樞密院事、欽察親軍都指揮使、左衛親軍都指揮使、太僕少卿，還邊。是時，武宗在潛邸，領軍朔方，軍事必諮於王。及戰，王常爲先，付托甚重。四年秋，畔王禿麥、斡魯思等犯邊，王迎敵於闊客之地。及其未陣，王以其軍直搏之。敵不能支，逐之踰金山，乃還。五年，海都之兵又越金山而南，止於鐵堅古山，因高以自保。王以其軍馳當之，既得平原，地便於戰，乃并力攻之，敵又敗績。都

❶「萬」下，類稿本有「貫」字。

哇之兵西至，與大軍相撓於兀兒秃之地。王又獨以其精鋭馳入其陣，戈甲戞擊，塵血飛濺，轉旋三周，所殺不可勝計，❶而都哇之兵幾盡。武皇親見之曰：「力戰未有如此者。」事聞，上使御史大夫秃只、知樞密院事塔剌海、也可札魯火赤秃忽魯，即赤納思之地，聚諸王軍，將問戰勝功狀。於是親王以下至於諸軍，咸以爲王功第一，無異辭。於是，安西王與王衣一、鶻一、騾二十。晉王與王衣一、金椀二、獨峰駞四。而武皇命王尚雅忽秃楚王公主察吉兒，賞以尚衣貂裘。使者以功簿奏，上出御衣，遣使臨賜之。詔曰：「邊圉事重，少留鎮之。」七年秋，入朝。上親諭之曰：「自卿在邊，累建大功，事績昭著，周飾卿身以兼金，猶不足以盡朕意。」遂賜御衣一、帽一、玉頂笠一、盤珠金衣一、履雙、珠三囊、黄金百兩、白金五百兩、鈔十萬貫、鶻一，拜驃騎衛上將軍、樞密副使、欽察親軍都指揮使、左衛親軍都指揮使、太僕少卿，賜其親軍萬人、鈔四千萬貫。九年，都哇、察八兒、明里帖木兒等諸王相聚而謀曰：「昔太祖艱難以成帝業，奄有天下，我子孫乃弗克靖，以安享其成。連年動兵，以相殘殺，是自傷祖宗之業也。今撫軍鎮邊者，吾世祖之嫡孫也。吾與誰家争哉？且前與土土哈戰，既累不勝；今與其子創兀兒戰，又無一功。惟天、惟祖宗意可見矣。不若遣使請命罷兵，通一家之好。使吾士民老者得其養，少者得其長，傷殘疲憊者得其休息焉，則亦無負太祖之所望於子孫者矣。」使至，上深然之。於是，明里帖木兒等

❶「不」，原作「下」，據類稿本、四庫本改。

罷兵入朝，時爲置驛以通往來。❶十年，拜榮禄大夫、同知樞密院事；尋拜光禄大夫、知樞密院事，欽察、左衛指揮、太僕少卿皆如故。從武皇於渾麻出之海上。成宗崩，訃至，入告武皇曰：「殿下親世祖之嫡孫，以先帝之命，居祖宗之故地，以鎮撫朔方者且十餘年矣。海都、納木忽見、明里帖木兒，自世祖時各爲叛亂，今皆來歸。前後叛亡俘虜，悉復其舊，皆殿下之威靈也。臣先父土土哈，受知世祖，恩深義重。臣之種人强勇精鋭，臣父子用之，無戰不克。殿下急宜歸定大業，以副天下之望。臣請率其衆，備驂乘之士。」武皇納其説。即日南邁，以裕宗皇帝舊服玉花衣賜之，副以玉帶一、寶珠一、海東白鶻一、常御幄殿一，服用之具咸備。行至和林，又賜鈔五萬貫、衣段百。五月，達上都。武宗皇帝即位，賜王尚服七寶笠一、大寶珠衣一、盤珠衣一、黄金五百兩，白金五千兩，鈔二十五萬貫、先帝所御大武帳一、豹一，加賜公主珍寶尤厚。秋，拜平章政事，仍兼樞密、欽察、左衛、太僕，還邊。冬，加封榮國公，授銀印，出制辭以命之，復有尚服、衣段、虎豹之賜。中宫加賚於公主者，亦俱至焉。至大元年，遣使賜金衣三十、對衣千。二年，入朝，封句容郡王，賜金印、玉手印一、七寶笠一、珠帽一、七寶帶一、玉帶一、七寶束帶一、黄金二百五十兩、白金一千五百兩、鈔一萬貫、鶻四、豹二。上曰：「世祖征大理時，所御武帳，及所服珠寶之衣，今以賜卿，其勿辭。」翌日，又以世祖所乘安輿賜王。上曰：「以卿有足疾，故賜此。」王叩頭泣涕，固辭而言

❶「時」，類稿本、四庫本作「特」。

曰：「世祖所御之帳，所服之衣，固亦非臣所敢當。而乘輿尤非所宜蒙也。貪寵過當，臣實不敢。」上顧左右曰：「他人不知辭此。」别命有司，置馬轎賜之，俾得乘至殿門下。仁宗在東宮，有衣帽金寶之賜。太后又有加賜，還邊。仁宗皇帝即位，入朝。賜尚服衣一襲、金束帶一、黄金百兩、白金千兩、鈔五十萬、❶金對衣三十、金玉馬鞍一。太后加賜夏衣二十、鈔一十萬、❷氊帳一、穹廬十。特受光禄大夫、平章政事、知樞密院事、欽察親軍都指揮使、左衛親軍都指揮使、太僕少卿。延祐元年，也先不花等諸王復叛亦忒海迷失之地，王方接戰，有敵將一人，以戟入陣刺王者，王擗其戟，揮大斧碎其首，血髓淋漓，殞於馬首。乘勢奮擊，大破之。遣使入報，有尚服之賜。二年，與也先不花之將也不干忽都帖木兒戰赤麥干之地，轉殺周匝，追出其境鉄門關。秋，又敗其大軍於札亦兒之地。上聞之，遣使賜勞有加。四年，上念王之功，而憫其老也，召之。命商議中書省事、知樞密院事。大理國進象牙金飾轎，即以賜王。每見，必賜坐，上食必賜食，待之以宗室親王之禮。王常曰：「老臣受朝廷之賜厚矣，吾子孫不以死報國，可乎？」至治二年薨。年六十三。

臣聞古之言將者，曰謀與勇。惟王父子，沈機大略固不可測，而其軍堅悍慓疾，有所攻戰，應聲而起，神變倏忽，奮無迴顧。智者不暇慮，勇者不及舉，而已敗衄無餘矣，此其所以致勝也。而又數世之傳，一軍

❶「萬」下，類稿本有「貫」字。
❷「萬」下，類稿本有「貫」字。

之士同稟忠義而不變，同赴患難而不辭。此其成大功、享大名，而膺國家之深信、異寵者歟？

謹按王世家，忽魯速蠻贈推忠効順功臣、金紫光禄大夫、大司徒、柱國、句容郡王，謚剛毅。妻帖古該，句容郡王夫人。班都察贈推誠宣力保義功臣、太尉、開府儀同三司、上柱國、句容郡王，謚忠定。妻秃倫察，句容郡王夫人。土土哈贈宣忠定遠佐運功臣、太尉、開府儀同三司、句容郡王，謚武毅。妻曰太塔你札只剌真也，曰兀買八里真也，曰囊加真瓮吉剌真也，曰阿八倫瓮吉剌真也，曰塔倫也，也只里王女弟也，皆封句容郡王夫人。子八人：長曰塔察兒，定遠大將軍、北庭元帥；次曰太不花，御位下博兒赤；三曰創兀兒；四曰別里不花，武略將軍、欽察親軍千户；五曰帖木兒不花，武德將軍、管領建康、廬、饒等處土土哈并哈剌赤户計達魯花赤；六曰歡差，武略將軍、欽察親軍千户；七曰岳里帖木兒，武德將軍、僉武衛親軍都指揮使兼大都屯田事；八曰斷古魯班，昭勇大將軍、欽察親軍都指揮使。女五人：曰曲出伯、曰完者台、曰朵兒只、曰訥倫、曰某。創兀兒之妻，察吉公主，楚王女也；曰也先帖你，塔塔兒真也；曰也先忽都魯，宗室也只里女弟；曰哈剌真，塔塔兒真也。子七人：長曰小雲失不花，武略將軍，欽察親軍千户，蚤卒；次曰燕赤不花，資德大夫、大司農卿；三曰燕帖木兒，太平王、答剌罕、右丞相；四曰撒敦，榮禄大夫、宣徽院使；五曰燕秃哈兒、闊遣少監，蚤卒；六曰答里，□□國公；❶

❶「□□」，類稿本作「封某」。

七曰潑皮罕，幼卒。女四人：長曰忙哥台，❶適失禿兒駙馬弟太忽禿魯；次曰完澤台，適相哥八剌王；三曰納只罕，適沙藍朶兒只王；四曰月魯帖你，適阿魯灰帖木兒王。臣拜手稽首而作銘曰：

維皇太祖，受天明命。龍旗建斿，神旅用振。雲雷險屯，盤桓奮興。邇伐遠攻，群方畏懲。既定大業，以遺孫子。分地有彊，羅絡森峙。維支之彊，宗于本根。孰披則離，孰固以存。赫赫世祖，大集厥成。天覆日臨，無往不庭。顧兹臣庶，嚮屬無外。天未悔禍，屬近而悖。挺爲暴强，弄兵嬉狂。弗念弗懷，勞我父兄。我無藏怒，往正迷德。維時虎臣，無禦不克。虎臣維何，欽察世家。克長克君，爲國爪牙。相厥種人，均勇同悍。爾蒐爾師，累百盈萬。牧則善芻，飲湩孔腴。祗金以居，鳴笳以趨。鳴笳咽咽，壯士心折。卷甲齊驅，千憤一泱。孰爲叛夫，于旅于廬。王先伐謀，隨以勦屠。勿敢寧止，不虞奄至。潰不暇奔，況及鬥死。父子百戰，從于宗藩。或拔或援，我圉永完。天不與畔，思禍知悔。力困于外，心服于内。來言來歸，矢辭大同。洒濯拜稽，以朝成宗。王護其來，徒御不驚。肅肅邊人，同我太平。桓桓武皇，實善將將。定策驂乘，王猷用壯。紀功則隆，論賞則豐。帝胄作嬪，五世王封。世忠世勇，列聖所使。千載之傳，國有信史。句容之墟，接于太平。

❶「台」，原作「合」，據類稿本、四庫本改。

今王之疆，天子所營。其功非常，報亦殊特。勒勳北郊，昭示萬國。

道園學古録卷之二十三

道園學古録卷之二十四

應制録四

雍虞集伯生

碑　銘

曹南王勳德碑

中書右丞相臣燕帖木兒等言：陛下入正大統，道汴梁，命山東河北蒙古軍都萬户府都萬户也速迭兒，以其兵從至京師。以功拜河南等處行中書省平章政事，❶於法，官一品，當贈三代官封。也速迭兒曾大父撥徹、大父也柳干、父阿刺罕，嘗爲大將，戰功多，又皆死王事軍中，宜追封以第一等爵。制曰：「可。」有司以詔書，議贈所當得官，按地定封。於是故贈定威佐運功臣、榮禄大夫、司徒、上柱國、曹國公，謚忠定撥徹，加贈定威佐運功臣、光禄大夫、司徒、上柱國，追封曹南王，謚如故。故蒙古漢軍都元帥，贈宣忠靖遠功臣、光禄大夫、中書右丞相、上柱國、曹國公也柳干，加贈宣忠靖遠佐運功臣、金紫光禄大夫、中書右丞相、上柱國，追封曹南王，仍謚桓毅。故光禄大夫、中書左丞相、贈協謀佐理功臣、太師、開府儀同三司、上柱國、曹國公，謚武定阿刺罕，加贈竭誠宣力定遠佐運功臣、太師、開府儀同三司、上柱國，追封曹南王，改謚忠宣。曾祖母塔拜，祖母滅烈，母脱端闊闊

❶「事」，原作「章」，據類稿本、四庫本改。

倫，皆先封曹國夫人，改封曹南王夫人。制下，有勑國史臣集其以曹南王世家、行事、歲月，著文于其神道之碑。臣集受詔。

謹按：撥徹，蒙古札剌兒台氏。太祖皇帝初起朔方，豪桀之士雲起響應而從之。爲之腹心爪牙者，必皆有深智遠識，有勇而善謀。是以東征西伐，無不如志，以成萬世之業者，天爲之生材，而聖神善用之故也。撥徹自其幼年，已在宿衛，爲火而赤。火而赤者，服御弓矢、常侍左右者也。又爲博而赤。博而赤者，親烹飪以奉上飲食者也。蓋非篤慎强敏，見知而親信任使者不得預。是以屬車所向，無不在行。數以徇戰掠地，著功受賞。太宗皇帝即位，仍以其職從征行。隴北、陝西之役，攻城壁，取郡縣，率先戰士，竟死之。也柳干繼爲火兒赤、博兒赤，膺其父之職也。以太宗之命，事岳里吉太子，爲番衛之長。歲乙未，闊出忽都禿太子出師伐金，遂侵宋。有旨出從戰，戰有功，拜萬户。方是時，察罕以太祖所拔重臣爲大將，位望崇甚。而也柳干以天下馬步禁軍都元帥，爲察罕之副。總領諸翼蒙古漢軍馬，統領屯戍大軍南面之征，最爲重兵矣。於是取陝西，掠河東，践河南。歲乙卯，擣光、壽。大帥察罕殁，憲宗皇帝命也柳干代之。拜諸翼軍馬都元帥，統大軍攻淮東、西諸城。歲戊午，帥師至揚州，數出戰，遂以戰死。阿剌罕以諸翼蒙古軍馬都元帥，統其父之軍。從世祖皇帝南伐宋。憲宗崩，世祖北還即皇帝位。從至末黎伯顔孛剌之地，阿里不哥、阿藍歹兒、渾都海興兵爲亂，不受詔。命討之。阿剌罕以其所部蒙古軍擊之。北至昔門禿之地，遂追之至河西，功成而還。中統建元之歲，賞功，賜黄金五十兩、旦耳答衣九襲。旦耳答者，西域織文之最貴者也。二年，濟南帥李璮以山東反，大發兵討之。阿剌罕總其衆，次老倉口以進戰。明年，濟南破，璮誅，山東平，師還。又明年，賞功，賜黄金虎符一、銀印一、弓一、矢百，弓矢之服，黄金飾其具；馬鞍轡一，黄金塗銀飾其具，以舊官將其軍。至元初，大軍伐宋。五年，師圍襄樊，力戰。數有功，論賞，賜白金五十兩、金織文衣九襲。十一年，取宋。大軍渡江，阿剌罕以其師取鄂州，泝江陵，下至荆口，所至郡縣，降其軍，慰撫其民人。明年，拜昭毅大將軍，統其師發建康，道溧水、溧陽，指獨松關，抵杭州上方。道與宋將吴某等戰，斬之，斬首七千級。又與宋將祝亮戰，擒亮并其裨校七十二人，斬首三千餘級。又與宋兵戰，斬首七千餘級。又斬逐其援兵退走數十里。宋將奉使吴某、都統丁某、總制趙某來逆戰，敗之。斬首三千級，擒總制谷某。又擒宋將張八其裨校，斬首二千級。六月，即軍中拜中奉大夫、行中書省參知政事。是年，宋亡。明年，伯顏丞相以宋主入覲。九月，阿剌罕帥師東渡浙，取越、明、温、台、衢、婺、處，及閩中諸郡。追宋宗室秀王某，道數戰，皆敗之。降其運使趙某、提刑趙某五百餘人。至福州，與宋軍轉戰四十餘里。斬步帥觀察使李世達等於陣，殲其軍。獲秀王及其家屬將吏百八十餘人，降其部曲淮卒三千人。於是江南悉平。十二月，有詔以中奉大夫、中書參知政事，授金虎符，行江東宣慰使。郡縣新附，民心未安，威信未孚，莫不悦服。十四年，入覲。上嘉其功，慰勞甚厚。進拜資善大夫、中書左丞，仍還宣慰江東。十六年六月，進拜資德大夫、中書右丞，仍留宣慰江東。十八年，入覲。方是時，海内悉已平定，舟車所至，莫不服從。而日本蕞爾海島之間，彌固自保，有司以致討爲言，天子從之。迺賜玉帶一、金鞍一、弓一、矢百、弓矢之服具。命爲中書左丞相，行省事，統蒙古諸翼軍馬四十餘萬，往征之。師次明州，且渡海矣，歿焉。既歿，而子也速迭兒幼。拜降，也速迭兒之兄也，襲世職，爲萬户，總其軍。後以功，僉書江淮行樞密院事，進拜江浙行省右丞、福建行省右丞、河南行省平章政事，仍領其先世萬户軍馬。既歿，也速迭兒以元貞元年世其職，授昭勇大將軍、左手蒙古軍萬户，佩金虎符。武宗皇帝在位，思勳舊將帥之家，求其子孫之有功有能者。故於也速迭兒有加賚焉。命玉工刻白玉，爲也速迭兒所署字，使以晝文書、發號令於所部，使知其爲上所尊信者。皇慶改元，賜白銀五十兩，金織文衣二襲。延祐三年，覃恩加昭毅大將軍。至治改元，賜白金五十兩，金織文衣二襲。泰定三年，進昭武大將軍，皆以萬户，總其軍如故。後二年，今上皇帝南還京師，將有大正於天下。道過汴梁，今太保伯顔公方鎮汴省。八月庚子，召也速迭兒帥其兵以行。乙巳，兵大集，士卒感激赴義，車馬器械精備，勇氣百倍。❶丁未，命爲本省參知政事，賜黄金五十兩、玉帶一、鑌鉄鐶刀一。師行。庚戌，進爲本省平章政事，仍兼山東河北蒙古軍都萬户府都萬户。賜銀印一、金三珠虎符一、黄金五十兩、白金倍之、玉帶一、海東青鶻一。至真定，賜名馬二。至新樂驛，賜黄金五十

❶「百」，原作「自」，據類稿本改。

兩、甲一襲。至慶都，賜碼碯盤杅一、綉青絨袍一。九月庚申，爲同知樞密院事，仍兼都萬户。賜寶飾鑌鉄檛一、鑌鉄寶刀一。壬申，皇帝即位大明殿，建元天暦。明日，拜知樞密院事，授以樞密院印，仍領其萬户事。甲戌，禿滿達兒自遼東引兵寇通州。賜寶劍、弓矢、鞍轡，令也速迭兒帥諸翼軍馬出禦之。丙子，王禪等之兵，軍於北皇后店。也速迭兒移兵合擊，敗之。己卯，哈剌赤渾都帖木兒、阿剌帖木兒之兵，軍於昌平縣東白浮村。帥師合擊，敗之。壬午，昔寶赤大都之兵，軍於昌平縣東北。又帥師合擊，敗之。凡來寇之兵，悉已敗衄。總兵者，或執或敗走，北面悉平。癸未，太師右丞相會諸將於龍虎臺下，奏凱於朝。有勑，命也速迭兒守居庸之北闕，壘石以爲固。十月己亥，拜榮禄大夫、知樞密院事、依前兼管都府事、統領諸翼蒙古軍馬使，出師禦寇兵之西入者。師次廣平磁州之武安縣，敗獲總兵者也先帖木兒等。而西南諸郡，以次告平。庚子，召還。辛丑，賜白金五十兩、中統鈔五千貫、❶金織文衣二襲。十一月丁亥，樞密院奉勑散諸軍行院官，還京師。明年二月，以舊官復拜山東河北蒙古軍都萬户府都萬户。三月，賜以只孫宴服。只孫者，貴臣見饗於天子則服之，今所賜絳衣也。貫大珠以飾其肩背膺間，首服亦如之。副以納赤思衣等七襲。納赤思者，縷皮傅金爲織文者也。海東青鶻一。五月，上之上都。也速迭兒仍帥其所統兵從。八月，賜白金五十兩、金織文衣一襲。十月癸卯，皇帝若曰：「也速迭兒屬櫜鞬以

❶「千」，類稿本作「十」。

備干城。恪恭職事，朕用嘉之。其以爲河南行中書省平章政事，代乞住。移乞住他鎮。」十一月丙寅，以所統兵置大都督府，命兼山東河北蒙古軍大都督。秩從二品。刻銀印賜之。己巳有封贈之命。

嗚呼！上之所以待功臣將帥，寵錫榮耀，不亦盛乎？臣嘗聞之：自昔國家所貴，有勳舊之臣者，以其君臣之契深，宗社之事諗逆順向背之道素定於見聞。而愛敬之誠，自有不能已者。故其得備戎行，氣決志憤，以能成功也。世祖皇帝既定海内，以蒙古一軍留鎮河上，與民雜耕，横亘中原。故將委忠信於國人，備非常於他日。其所以爲子孫計者，深且遠矣。今上皇帝以天縱之資，歷造昧之久，奮名義以致討夙逆，應天人而歸履大位，固歷數之所在也。若曹南王家，自開基以來，已入備禁衛、出死行陣者三世矣。今平章以其世守之舊兵，奉中興之大業，以致真王之封食。所居之邑，聲振大藩，受軍民之寄，福禄方未艾也。嗚呼，偉哉！敢再拜稽首而爲之銘。詩曰：

昔在太祖，受命自天；聖子神孫，師武用宣。世祖赫赫，一是萬國；帝臣孔多，貴有世績。忠定之興，承國肇基；迺執干戈，迺奉鼎彝。不寧方來，先後奔走；盡瘁殞身，以昌厥後。有竭桓毅，益信以崇；帝討王誅，無往不從。金氣既衰，宋亦就蹴；兼弱攻昧，我帥我督。截彼淮浦，其流湯湯；蹀血以終，厲我國殤。克繼父祖，忠宣之武；天錫之功，世皇是輔。肅肅南征，絶江擣城；左纛振旅，馳追不庭。世皇御天，於鑠如日；式圍不遺，聲教迺訖。于時出師，有專有分；江漢之間，忠宣所軍。蒙衝載兵，遡江薄海；列郡風靡，有順無悔。旋指江東，進師合攻；關柵兒嬉，孰當吾鋒。斬將連營，覆卒盈野；迺會元戎，于城之下。孌孌孱嫠，解璽入朝；掠其餘疆，曾不崇朝。既定甌越，成功來告；命以相臣，持節東道。治以歲成，位以序升；入覲天子，龍光是承。天子曰嘻，蠢彼海裔；爾相于佐，帥士以濟。臨淮揚舲，海若弭靈；天不憖遺，❶亟殞將星。忠宣所統，國人之勇；留戍羅絡，齊魯梁宋。鼓旗閒閒，武帳在中；既世其官，又世其功。今我聖皇，中興以正；錫鑾在塗，萬騎前乘。誰其將之，不二之臣：彼壘于郊，摧之爲塵。聖皇賞功，寶玉鷹馬；還長其鎮，爲國召虎。❷頟頟爾軍，何以表之；爾建大府，都督之旗。爾家于曹，有桑有土；昔公今王，三世之祜。豐碑烈功，備書三王；咨爾多士，勸忠勿忘。

高昌王世勳之碑

至順二年九月某日某甲子，皇帝若曰：「予有世臣帖睦兒補化，自其先，舉全國以歸我太祖皇帝，寔贊興運，勳在盟府，名著屬籍。世績令德，以勵相我國家。至帖睦兒補化，佐朕理天下，爲丞相，爲御史大夫。文武忠孝，厥績懋焉。昔其父葬永昌，大夫往上塚，其伐石樹碑，而命國史著

❶ 「憖」，原作「憗」，據類稿本、四庫本改。

❷ 「召」，原作「名」，據類稿本、四庫本改。

文而刻焉。」

臣某頓首受詔，退而考諸高昌王世家。蓋畏吾而之地，有和林山，二水出焉。曰禿忽剌，曰薛靈哥。一夕，有天光降于樹，在兩河之間。國人即而候之，樹生癭，若人妊身然。自是，光恒見者。越九月又十日，而癭裂，得嬰兒五，收養之。其最穉者曰卜古可罕，既壯，遂能有其民人土田，而爲之君長。傳三十餘君，是爲玉倫的斤，數與唐人相攻戰。久之，乃議和親，以息民而罷兵。於是，唐以金蓮公主妻的斤之子葛勵的斤。居和林別力跛力答，言婦所居山也。又有山曰天哥里干答哈，言天靈山也。南有石山曰胡力答哈，言福山也。唐使與相地者至其國，曰：「和林之盛强，以有此山，盍壞其山以弱之。」乃告諸的斤曰：「既爲婚姻，將有求於爾，其與之乎？福山之石，於上國無所用，而唐人願見。」遂與之。石大不能動，唐人使烈而焚之。沃以醇酢，碎石而輦去，國中鳥獸爲之悲號。後七日，玉倫的斤薨。自是，國多災異，民弗安居，傳位者數亡。乃遷居交州，今火州也。❶統別失八里之地，北至阿术河，南接酒泉，東至兀敦甲石哈，西臨西蕃。凡居是者，百七十餘載。而我太祖皇帝龍飛於朔漠。當是時，巴而术阿而忒的斤亦都護在位。亦都護者，其國王號也。知天命之有歸，舉國入朝，太祖嘉之。妻以公主曰也立安敦，待以子道，列諸第五。與者必那顔征罕，勉力鎖潭、回回等國，將部曲萬人，以先啓行。紀律嚴明，所向克捷。又從太祖征你沙卜里、征河西，皆有大功。薨，次子玉

❶「火州」，類稿本作「高昌」，後文同。

古倫赤的斤嗣爲亦都護。玉古倫赤的斤薨，子馬木剌的斤嗣爲亦都護，將探馬赤軍萬人，從憲宗皇帝伐宋合州，攻釣魚山有功。還軍火州，薨。至元三年，世祖皇帝命其子火赤哈兒的斤嗣爲亦都護。海都帖木迭兒之亂，畏吾而之民遭難解散。於是有旨，命亦都護收而撫之。其民人在宗王近戚之境者，悉遣還其部，始克安輯。十二年，都哇卜思巴等率兵十二萬圍火州，揚言曰：「阿只吉奥魯只諸王，以三十萬之衆，猶不能抗我而自潰，爾敢以孤城嬰吾鋒乎？」亦都護曰：「吾聞忠臣不事二王，且吾生以此城爲家，死以此城爲墓。終不能爾從。」城受圍六月，不解。都哇系矢以書射城中，曰：「我亦太祖皇帝諸孫，何以不歸我？且爾祖尚主矣，爾能以女歸我，我則休兵。不能，則亟攻爾。」其民相與言曰：「城中食且盡，力已困。都哇攻不止，則淪胥而亡。」亦都護曰：「吾豈惜一女而不以救民命乎？然吾終不能與之相面也。」以其女也立亦黑迷失別吉，厚載以茵，引繩墜諸城下而與之。都哇解去。其後入朝，上嘉其功，錫以重賞。妻以公主曰巴巴哈兒，定宗皇帝之女也。又賜寶鈔十二萬定，以賑其民。還鎮火州，屯於南哈密力之地，兵力尚寡。北方軍猝至，大戰力盡，遂死之。子紐林的斤方幼，詣闕請兵北征，以復父讎。上壯其志，賜金幣鉅萬，妻以公主曰不魯罕，太宗皇帝之孫女也。主薨，又尚其妹曰八卜叉公主。有旨，師出河西，俟與北征大軍齊發，遂留永昌焉。會吐蕃脱思麻作亂，詔以榮禄大夫、平章政事，領本部探馬赤等軍萬人，鎮吐蕃宣慰司，威德明信，賊用斂迹，其民以安。武宗皇帝召還，嗣爲亦都護，賜之金印。復署其部押西護司之官。仁宗皇帝始稽故實，封爲高昌王，別以金印賜之，設王傅之官。其王印行諸内郡，亦都護之印則行諸畏吾而之境。八卜叉公主薨，尚主曰兀剌真阿難答，安西王之女也。領兵火州，復立畏吾而城池。延祐五年十一月廿一日薨。子二人：長曰帖睦兒補化，次曰籛吉，皆八卜叉公主出也。帖睦而補化，大德中尚公主曰朵兒只思蠻，闊端太子孫女也。至大中，從父入備宿衛，又事皇太后於東朝，拜中奉大夫、大都護，陞資善大夫，又以資善出爲鞏昌等處都總帥達魯花赤。奔父喪於永昌，請以王爵讓其叔父欽察台，❶不允。嗣爲亦都護高昌王。至治中，與喃答失王同領甘肅諸軍，且治其部。泰定中，召還，與寬徹不花威順王、買奴宣靖王、闊不花靖安王分鎮襄陽。尋拜開府儀同三司，湖廣行省平章政事。今上皇帝歸正大統，召之至汴，以左丞相留鎮湖廣。時左轄相媢而害政，人所弗堪，至是有旨執而僇之。乃更爲申救於上曰：「是誠有罪，然不至死。」再三言之，得釋。其不念舊惡，以德量贊襄類如此。天曆元年十月，拜開府儀同三司、上柱國、録軍國重事、知樞密院事。明年正月，以舊官勳封，拜中書左丞相。三月，加太子詹事。十月，拜御史大夫。大夫之拜左相也，追念先王之遺意，❷讓其弟籛吉，嗣爲亦都護高昌王。

臣惟高昌祖之所自出，事甚神異，其子孫相傳數十代，至于今克治其土，❸豈偶然

---

❶「叔父」，類稿本作「兄」。

❷「追」，原作「迷」，「王」，原作「生」，據類稿本、四庫本改。

❸「土」，原作「上」，據類稿本、四庫本改。

哉？火赤哈兒的斤百戰以從王事，捐骨肉以救其民，後卒死之，其節義卓然如此。至其子與孫，再世三王，盛德之報也。大夫世冑貴王，清慎自持，户庭之間，動中禮法。平易以近民，正己以肅物。仁義之功沛如也。及其臨大政，決大議，❶憂深思遠，而聲容凝重若太山然。用能彌綸大經，以佐成雍熙之盛，所謂社稷之臣也哉！表其碑曰「世勳」爲宜，敢再拜系以詩曰：

維皇太祖，建極定邦；知幾先徠，偉兹高昌。列國率賦，寶玉重器；稽首受命，以表誠至。太祖曰嘻，天啓爾衷；有附匪疏，以究爾功。櫜鞬介冑，十千維旅；以從四征，斥廣疆宇。從我王事，靡鮮朝夕；邦之世臣，食其舊邑。舊邑高敞，介乎强藩；爲暴突來，虔劉以殘。保障扞城，我禦我備；敵爲弗順，我死無貳。崇墉言言，寇來寔繁；力殫守堅，責我師昏。有齊季女，出女紓難；義有絶愛，皇用咨嘆。寇退民完，天子慨之；輦帛載金，悴斯溉之。城郭室家，既還既復；庶其寧我，皇錫之福。于廬于處，狂嚚掎之；矢盡衆殲，執節死之。維時賢嗣，泣血入告；請揚天威，以報無道。天子壯之，俾軍于西；撫爾民人，授之鼓鼙。有嚚西羌，弗靖以撓；移節征治，旋就馴擾。武皇纘武，睠爾舊服；節旄印綬，仍護其屬。乃稽王封，在時仁宗；旂纛舒舒，刻章以庸。迺即永昌，幕府斯建；將星宵隕，亦既即遠。宰木陰陰，閱歷歲時；顧瞻徘徊，邦人之思。大

❶「決」，原作「抉」，據類稿本、四庫本改。

夫嗣德，克敬以讓；三命彌恭，世爵用享。珮玉瓊琚，靖共以居；躬行孝嚴，服御不渝。肅肅雝雝，有察有容；親親尊尊，允德允功。天子還歸，大義攸正；大夫在行，民信以定。既安既寧，治久告成；大夫司憲，百度孔明。衮裳赤舄，進見退思；敬于無虞，匪泰伊惕。大夫申申，明哲以字；噓欷有懷，永昌之虛。天子有詔，大夫省墓；勒文載碑，世勳是祚。維王孫子，永言思之；豈惟子孫？百辟其儀之。

大崇禧寺碑

昔在我世祖皇帝，膺上天之景命，承太祖之丕基。混一海宇，建立制度，條理綱紀，一出睿思，以爲子孫萬世之成法者，昭乎若天旋而日行也。乃若崇尚佛教，營治塔寺，亦必弘偉殊勝，足以聳神明之瞻者。曆數在躬，天之所命，孰能違之。若夫大雄妙覺之尊，以其慈威定慧，默相潛佑者，必有其徵矣。是以累聖相承，率是而行之也。今上皇帝潛邸在金陵時，於其暇日，登鍾山而觀之。見其江山之縈迴，樹藝之廣茂，民庶之熙洽，慨然興嘆。以爲我祖宗德澤之涵煦，以至于斯也。問諸邦人父老，則又以爲昔有聖僧曰寶公者，自梁以來，委靈兹山。能相我國家之神化，以覆護吾民也，水旱疾疫，凡有禱焉，隨願輒應。於是皇上感焉。鍾山之陰，有石岩中虛，下出流泉，注入功德水。乃即岩中作觀音大士象，岩前構木棧，虛容瞻禮者。既而又以爲未足，即翫珠峰之北，得高爽之福地，規置大刹，宫殿樓閣，如自天降。寶公之塔在峰上，正當其前來兹山者，仰而望之，如見天宮於林壑之表。然後聖上仁民愛物之心，所以屬諸寶公者，衆庶莫不知之，相與踴躍而贊歎矣。鍾山之舊寺，聚銅數萬斤鑄大鍾。金既在鎔，皇上以碧珠投之。及鍾成珠不壞，完好堅固，宛在鑾銑。萬目驚覩，以爲寶公之報貺焉。天曆元年九月日，臣某入見内殿，親詔之曰：「宜加寶公號曰道林真覺慧感慈應普濟。寺曰大崇禧寺。汝某其勒文以記之。」

臣某既具述其事，而竊思之曰：帝王之興也，天與之，天保之，百靈受職，符瑞交現，此其常也。金陵據東南之會，山川鬼神，翼扶翕張於吾君者，蓋凡五年而後歸正大統，皇心之注於斯乎？嗚呼！累朝佛宇之盛，皆臨御時爲民禱禜，資用功力，有司具焉。今崇禧之成，實在試難之日。出私財以具事，而雄麗若此。此固生民之所以深感乎淵衷，而寶公之所以顯著於禎符者也。嗚呼，休哉！敢再拜稽首而獻銘曰：

大江之南，鍾山龍盤；王氣潛鬱，神所保完。於皇聖明，遵養時晦；靈示奉天，竦立以待。春殷秋高，來遊來遨；旂有交龍，載雲在郊。顧瞻原隰，有稼有穡；元元之生，聖聖之澤。民亦望之，帝子寔來；不鄙我邦，庶無苦烖。維梁寶公，去之千歲；善福其民，有引弗替。皇運勃興，寶有慧知；奔走先後，克相厥時。奕奕祠宮，我營我作；我報無私，爾感無作。吉金之良，燥濕不移；萬石在簴，□□□□。❶寶

❶「□□□□」，蜀本作「投以碧珠」。

乃發祥，以肅群睟；明珠不灼，彰上之賜。飛龍在天，臨制九圍；皇心徘徊，眷兹崇禧。崇禧之宇，永殿南服；天子萬年，錫我民福。

集慶路重建太平興國禪寺碑

昔金陵有神僧曰寶誌，宋元嘉中居道林寺。歷齊至梁，數著靈異。天監十三年示寂。武帝感其遺言，瘞諸鍾山獨龍之阜。帝女永安公主，表以浮屠。因建寺曰「開善」。至宋太平興國中，太宗得誌公秘讖石中，符其國運，有神降其宫，親與之語，蓋誌公云。太宗異之，號寶公曰「道林真覺菩薩」。更名寺曰「太平興國」。賜田以食其人。熙寧中，王丞相安石守金陵，合諸小刹以附益之，寺始大。建炎燬於兵。紹興中更作，淳熙中又燬，隨更作之。每更作，輒加宏廣。日葺月累，至於我國朝，而規制之盛極矣！

至治辛酉，匡廬僧守忠應請來主之。禪學之士來者日滿其室。今上皇帝以泰定乙丑之歲正月，來至於是邦。而寺適灾，天意若曰其撤舊而作新之乎？皇上感焉，出金幣以爲民先。於是行御史臺與郡縣之吏，皆祇若上意。始忠之治寺也，時有蒲蘆之澤，前見奪於豪家。寺隷訟之，累年弗決，忠至讓而弗辨，奪者愧而歸之，人固以是信道之矣。皇上一風動之，遠邇雲集。富者効其財，貧者輸其力。工則致其巧，農則獻其食。一歲垣廡成，再歲堂室具。其可以名書者，曰方丈、曰北山閣、曰經樓、曰香積、曰水陸堂、曰白蓮堂、曰伽藍堂、曰大僧堂、曰道林堂、曰新倉院、曰耆宿之舍。

而大佛殿、鍾樓、三門未成，蓋有待也。歲在戊辰，鑄大鍾，爲金數萬斤。方在冶，上施寶珠投液中。鍾成，其款有曰「皇帝萬歲珠」，宛然在其上，若故識之，而光彩明發，不以灼毁。萬目共覩，歡歎如一時。上方别建佛祠於寺北，今賜名曰「大崇禧萬壽寺」者也。是年秋，皇帝歸膺大寶，是爲天曆元年。出詔書，布德澤於天下。即命廷臣，製寶公號曰「道林真覺惠感慈應普濟聖師」。封名曰以禮祠之。❶出黄金、白金、重幣以賜忠，俾成寺之役，蠲寺田之賦，賜守忠爲佛海普印曇芳禪師，❷住持「大崇禧萬壽寺」，兼領兹寺。未幾，加授太中大夫，以大禪寺領兩寺如故。至順元年秋，御史中丞趙世安傳勅，召忠入朝。九月九日，上御奎章閣。三藏國師、吏部尚書王某，以守忠入見。奏對稱旨。命大禧宗禋院，日給廩餼。賜金襴伽黎衣，與青鼠之裘。其弟子以教紹基等凡九人，賜各有差。十二月一日，賜設於聖恩寺，❸乃詔學士臣某至榻前，製文以記之，俾忠歸刻諸石。國師以其事示臣某如此。

臣謹具載而言曰：上於金陵新作之事二：曰「龍翔集慶」，因潛龍之舊邸也。曰「崇禧萬壽」，廣親構之新祠也。獨「太平興國」，雖曰宋、齊、梁、陳、唐、宋之遺，然盡燬而復興，實在今上龍飛之日，景運之玄契，蓋有徵焉。兹三寺者，鼎立乎一郡之間，以同贊乎聖天子億萬斯年之壽，豈不盛哉？然臣嘗竊聞陛下之意，每不欲專福于躬，而

❶「曰」，類稿本作「香」。
❷「師」，原作「帥」，據類稿本、四庫本改。
❸「設」，類稿本作「宴」。

欲溥濟均惠於天下，故敢述萬一而銘之。銘曰：

維帝受命，厥有禎符；天人合機，不占以孚。於赫聖皇，聖武之系；贊于克艱，神作司契。皇有萬方，山川幅員；釐厥下土，徒御告勤。顧瞻道林，在江之汨；翠蓋孔旂，來狩來止。道林有宫，百靈攸宗；中有神師，民所敬恭。土良泉甘，風雨時若；發祥效珍，以待聖作。聖作孔時，動而天隨；龍躍以飛，神師啓之。神師不言，而示以兆；有命方新，去故以燎。作而新之，自我聖皇；乃祓乃除，乃基乃堂。日月重明，天光旁燭；皇心載欣，萬佛降福。凡我臣民，息養以生；飽歌煖嬉，稚壯耋寧。裹兵以革，牛馬在野；至於永久，樂其休暇。蝡動孳殖，亦遂以成；幽塞苦冤，各啚而亨。聖皇之心，斯佛之力；銘以著之，以示無極。

道園學古録卷之二十四

道園學古録卷之二十五

應制録五

雍虞集伯生

碑

大龍翔集慶寺碑

欽天統聖至德誠功大文孝皇帝，自金陵入正大統，建元天曆。以金陵爲集慶路，❶使傳旨行御史臺大夫阿思蘭海牙，命以潛龍之舊，作龍翔集慶寺云。明年，召中天竺住持禪師大訢於杭州，授太中大夫，主寺事，設官隸之。畫宫爲圖，授吏部尚書王僧家奴，往董其役。❷斥廣其地，爲民居者悉出金購之。土木瓦石、丹堊金碧之需，財自内出，不涉經費。工以傭給，役弗違農。有司率職庀工，景從響應。御史中丞趙世安承禀於内，行御史中丞亦釋董阿、忽都海牙，相繼率其屬以莅之。吏敏於事，民若不知。材既具，期以明年正月甲子之吉，迺建立焉。其大殿曰大覺之殿，後殿曰無量壽佛之殿。居僧以致道者曰禪宗海會。居其師以尊道者曰傳法正宗之堂。師弟子之警發辨証者曰雷音之堂。法寶之儲曰龍藏。治食之處曰香積。鼓鍾之宣、金穀之委各有其所。繚以垣廡，闢以三門。而佛菩薩天人之象設，纓床蓋座，嚴飾之具，華

❶「路」，原作「寺」，據類稿本改。

❷「往」，原作「住」，據類稿本改。

燈香樂之奉，與凡所宜有者，精備以稱上意焉。賜姑蘇腴田，以飯其衆。上在奎章閣，親詔臣某製文勒石以誌之。

臣聞金陵之虚，自秦時望氣者嘗言有天子氣，至藏金土中以填之。其後若吴、晉、宋、齊、梁、陳、南唐之君長，據以爲都會。然皆瓜裂之餘，僅克自保，不足以當王氣之盛。夫孰知江山盤踞之固，天地藏閟之久，積千餘年，而有待於我聖天子之興也。不然，何淵潛之來處，遂飛躍之自兹，見諸禎祥行事，昭著之若此者乎？夫太陽之升麗於天，光耀熙赫。高深廣袤之區，生成動植之類，孰不受其煦燠。而其次舍之所經，知天者必仰推而志之。天子以四海爲家，莫非聖明之所臨鑒，惟帝運之所由起，天人應合之機，實在於此，其可忽諸？今天子建極于中，撫制萬國。顧懷昔居，勢隆望重。非我佛世尊無量之福，孰足以處乎此也？兹寺之成，上以承祖宗之洪庥，下以廣民庶之嘉惠。聖天子之至仁大慈，垂示乎億萬斯年者，於此可見矣。嗚呼，盛哉！敢拜手稽首，而述讚曰：

明明上天，祚我皇國。聖祖神宗，立我民極。於昭武皇，懋建丕績。憲章倐明，民用齊飭。天下爲公，仁廟受策。治極而圮，或斁彝則。乃睠明哲，是保是翼。俾久而安，弗遐以逖。祝融效靈，海若率職。更相吉土，此維與宅。吉土維何，建業舊邑。龍依崇丘，虎立磐右。昔有居者，不稱厥德。惟我聖皇，天命攸迪。川寧於波，田宜於穡。民用孝敬，神介景福。帝命不遲，師武臣力。遂開明堂，受天之曆。廟而祖饗，郊而神格。治功告成，庶物蕃息。江流湯湯，經我南服。中城有宮，皇所肇迹。惟時父老，載慕疇昔。雲來日臨，庶我心懌。皇帝曰嘻，予豈汝釋？維大覺尊，寶相金色。常以惠慈，拯汝迷溺。我即我宮，作祠奕奕。照汝净月，沐汝甘澤。汝見大雄，如我來即。馬寶象寶，貝金珠璧。凡爲汝故，我施毋惜。無菑無害，居佛之域。民庶稽首，我不知識。我願天子，聖壽萬億。與佛同體，住世有赫。一誠報恩，有永無斁。

大承天護聖寺碑

惟皇上帝，監觀萬方。爰啓聖神，俾一遐邇。時惟太祖皇帝，神武維揚，作興帝業。世有濬哲，秉鉞誓征。粤世祖皇帝，建兹民極，用輯大成。既有九有，戢兵包甲。禮脩樂宣，神祇咸若。敦一本以端統，樹群支以定分。秩序有經，萬世永賴。成宗顯承，法令較一。我武考受命撫軍，歸纘歷服。保育民物，既庶既富。豐亨豫太，如日方中。迨至延祐、至治之間，重熙累洽，物大而盛。弗虞憸壬，間斁彝憲。於是，欽天統聖至德誠功大文孝皇帝，德合天人之助，躬脩揖遜之節。武以勘定，文以宣昭。忠孝率職，姦慝擿伏。雨暘以時，年穀順成。❶寶興於山，海波不揚。嘉靖寧一，利澤長久。頌聲交作，度越古今。列聖之仁恩，神靈之景貺。布濩旁達，湛漬駢臻。於斯時也，有斂福錫民之志焉，固皇極之道也。乃託諸制作之宏、祠享之盛，于以表奉先之

❶「成」，原作「戌」，據類稿本、四庫本改。

孝，于以廣濟物之慈。同仁之化，不亦與天地合德矣乎？天曆二年，歲在己巳，春□月。❶皇帝若曰：「予承宗廟之重，君臨天下，夙夜兢懼。思所以上繼祖宗、下安民庶者，不敢少置也。矧予昔在冲幼，太皇太后躬保持而導迪之。欲報之德，亦不敢少忘也。稽諸佛氏之書：孝莫重於報親，慈莫廣於及物。而吾佛之所以陰相我國家者，豈可量哉？汝太禧宗禋使月魯不花、中書平章明理董阿、大都留守張金界奴，其爲朕度地，以作梵刹，稱朕心焉。」四月，上幸近郊，觀於玉泉之陽，謂侍臣曰：「曾岡複巘，隱隆西北。太湖之浸，汪洋渟涵。峙而東高，甕山在焉。旁薄扶輿，固祇園之地也。」使太史眎之，曰吉。秋八月晦，立隆祥總管府以領之，鑄銀爲印，秩正三品。以臣月魯不花領府事，將作臣阿麻球爲達魯花赤。國語，達魯花赤，官屬之長也。臣金界奴爲總管。上曰：「建寺而不先正其名，民將因其地而稱之，其署題曰『大承天護聖寺』。」又曰：「寺所以嚴奉祀事，而廛氓雜居，則幾乎瀆矣。」買旁近地，得十頃有奇，皆厚直以予之。分賜從臣，俾爲休沐之邸，侍祠而至則處焉。且命其總管府臣，相大田以買之。度其歲入，以爲僧食。明年，上受尊號，改元至順。十月，上命太師臣燕帖木兒，率百官詣寺所，告諸后土之神，始命大匠治木。□月，❷命中書右丞臣撒迪爲隆祥總管府達魯花赤，蓋以省臣重其事也。二年四月十六日，始作土功，治佛殿基，得古金銅之器於地中，多事佛之儀物，實有密契

❶「□」，類稿本作「正」。
❷「□」，類稿本作「十一」。

者云。寺之前殿，寘釋迦、然燈、彌勒、文殊、金剛并二大士之像。後殿，寘五智如來之像。西殿，皮金書《大藏經》，皇后之所施也。東殿，皮墨書《大藏經》，歲庚午上所施也。又像護法神王於西室，護世天王於東室。二閣在水中坻：東曰圓通，有觀音大士像；西曰壽仁，上所御也，曰神御殿，奉太皇太后睟容於中。日有獻，月有薦，時有享。器用金寶，曰壽禧殿，上齋宫也。諸宿衛之舍畢具。九月，上諭臣金界奴曰：「朕之建寺，非徼福以私朕躬也。昔者，國家有佛祠之建，金帛穀粟一出於國之經費，受役庀徒，則民與兵官府供億，並緣爲奸，非朕意也。今兹役也，工傭其直，物償其價，勿使有司因得以重困吾民。」臣金界奴頓首受詔而退，鳩工以集事，材木甓瓦，丹漆設色，必精必良。其土宜交易，得所稱事，出傭藝各奏能，施無遺巧。人樂效力，若子趍父。屬樞密、儲政兩院臣，請以所領軍就役，而給錢如民，則軍士亦被惠矣。從之。凡役軍四千三百人。留守臣言：「寺有行宫，天子之所齋也。嚴重不敢褻，請以所領匠將作，而給錢如兩院之兵。」亦從之。十月十五日，上覽而悦之。陞隆祥總管府爲隆祥使司，秩從二品。命太禧宗禋使臣晃火兒不花、臣撒迪、臣阿麻琜、大司農臣金界奴，爲之使，他官與次俱升。又作東别殿、柟木别殿，丈室、講堂、衆沙門之居、會食之所、碑亭、井亭、庖湢、庫廐、門垣、橋梁，咸稱觀美。凡規制，皆圖以獻，而上親臨定焉。皇后出大慶禮，賜白金。從户部易鈔四萬定，及割田賦之在荆襄者以資之。三年，寺大成。於是，召五臺山萬聖寺釋師惠印，特賜榮禄大夫、司徒，主教於寺。有勅，命臣祖常、臣集、臣法洪、臣惠印，製文以刻諸碑。

臣等既同奉詔，乃相與言曰：惟昔有國家者，秘祝不私其身，而思錫諸民。史臣書之，後世誦之。今聖皇之心，一出仁孝。瑣瑣之秘祝，詎可擬倫哉？且其爲役，可謂大矣。財出内帑而不傷於外府，役以傭錢而不勞於兵、農；官有專任而不煩於有司。欽惟聖上，怡神穆清，對時育物。量準天地，而一日萬幾；睿知明達，而慮周天下。至若斯寺之落成也，營度經始之勤，治辨董正之任，考圖攻位之審，其簡在帝心，又有如此者，豈非億萬世宗社生靈之福哉？敢再拜稽首而獻文曰：

於赫皇祖，聖神立極；歷世繼承，照臨維繹。維我聖皇，孝思如在；視民如傷，博施廣愛。具曰大雄，等慈能仁；導善閔惡，以捄我人。乃作大刹，于國西郊；檐屋翬翼，霧雨之交。金玉寶物，算同河沙；曰予有祈，世不謂多。飛蓋樹幢，香鬘珠網；聖靈與俱，來即來享。福我惠我，遂我煦養；子孫黎民，均視同仰。思我太母，爲世遠思；顧復之勤，孫謀是貽。肅肅徽音，邈邈令儀；眷予晤懷，庶其來兹。相彼流泉，閣于水涘；人神翊扶，天子至止。鼓鍾鼎彝，嘉樂宴喜；多壽多福，又多男子。群臣百工，侃侃獻功；民無勩勞，府乃羨充。樂石刻辭，頌言雝雝；億萬斯年，贊于皇風。

河圖仙壇之碑

今上皇帝以特進上卿吴公全節年七十，用其師故開府儀同三司神德張真君故事，命肖其像，使宰執贊之，識以明仁殿寶而寵之，賜宴於所居崇真萬壽宫。近臣、百官咸與，大合樂以饗，盡日迺已。既拜賜，公坐于承慶之堂，召門人弟子而告之曰：「吾在髫齔，志翔寥廓。稍長學道，弱冠從先師謁世祖皇帝，遂留不歸。五十年間，以天子之命，祀名山大川，東南西北，轍迹咸至。一遇泉石之勝，輒旁皇而不可得。而我父母被寵光、封鄉國，高年偕老時，優詔使歸爲壽。而我曾不能晨夕在側，吾終身之不安者也。今老矣，爲我圖地，必吾父母之塋是近，庶體魄有所依焉，則我之志也，小子識之。」於是命弟子歸饒而求之。明年，得地於安仁縣，去饒國公之墓左數百步，其山曰河圖之山，書以圖來。公嘆曰：「吾昔聞諸異人云：河圖，八卦也。今人所傳河圖，蓋五位相得，而各有合之圖也，儒家頗駭其說。然即卦以指視先天位數，吾得金吾之旨焉。❶故宋江東謝公枋得，得其説而隱去。世祖力致之，在道不食數十日，而神氣益完。❷迫授以官，迺化去。吾受其書而藏之，今得山曰河圖，告我之兆久矣。」迺命作石壇，據風氣之會，將以栖神焉。則又歎曰：「予平生以泯然無聞爲深恥。每於國家政令之得失，人才之當否，生民之利害，吉凶之先徵，苟有可言者，未嘗敢以外臣自詭而不盡心焉。而恩賚之厚，際遇之久，則有非人力所能至者矣。」其從子集賢待制善，竊知公之意，録其平生之事，略已成編。會善卒，公得其書而感焉。乃遺書江南，以告集曰：「吾蚤歲猶得見國朝諸大

❶「吾」，類稿本作「丹」。
❷「完」，類稿本作「充」。

臣及宋之遺老。逮其中年，公卿之重，士大夫之賢且仁者，無一人吾不見焉。覽觀四方，逝者如水。知心之友其文可以傳者，莫若清河元復初氏，而云亡亦已久矣。區區之迹，他日將何所托乎？人生不可期，相望數千里。子必爲我著仙壇之記，使千載之下，猶或於此乎知之，則亦故人之情也夫？」迺爲次第善之所録，以遺之云：

吴氏系出太伯，爲吴子之國，子孫散處吴、楚間，多以國爲氏。其在番者爲番君，番之吴，皆宗番君矣。其居安仁，有龍坡居士諱岳者，墓在桂溪前倉之曾源。其高大父也，世居壽櫟山，屋於磻石之上。故宋咸淳己巳，有泉出東楹之礎。潤液之脉理，直如貫繩，上升梁間，達乎西楹。迺生靈芝，光彩映日，久而不壞。是歲十一月七日，公生。丹光盈室，生七月而能言。其父抱膝上，因坐假寐。夢神人告之曰：「高仙托體君家，塵中不能留也。」四歲，能誦詩。七歲，其叔父教之，日記千言。十歲，從其兄遊乎仙巖之下，慨然有遺世之意。十三，學道信州路桂溪縣龍虎山太上清正一宮之達觀堂。堂之尊師李君宗老，嘗有異徵，得公而應焉。臨川有雷空山先生者，隱居種湖之上，深明《易》《老》，以其所學，著爲成書，公往師焉，他從學者莫之能及也。李君避舍，延至雷先生而公得以專受其業。雖休沐不出，每得新瓜果之屬，必即以歸獻其親，無有曠闕。十六，度爲道士。於其傳系，則居何君恩榮之次。國朝初得江南，嗣漢二十六代張天師宗演入朝，張公留孫在行。奉勅留禁近，始賜名。上賜其後，❶位

❶「賜」，類稿本作「卿」。

特進開府儀同三司、玄教大宗師者也。至元十四年，作崇真宫以居之。二十四年，開府徵公至京師，公辭其親，别龍坡君之墓、新墓田之舍以行。是年，得入見。二十六年，奉詔祠南嶽。二十八年，奉詔從開府遍祠嶽瀆諸山川。二十九年，賜崇真宫於浙西，公奉詔宣諭江浙行省。三十一年，成宗皇帝自朔方還纂大統。公從開府率其屬北迎。召見，賜公古琱玉蟠螭之環一。有旨設醮于上都壽寧宫五晝夜。公專主章奏。❶特勑命，公每歲侍從行幸，所司給廬帳、車馬、衣服、廪餼，著爲令。元貞元年，制授公沖素崇道法師、南嶽提點。二年，奉詔祠中嶽、淮瀆、南嶽、南海。大德元年，奉詔祠后土、西嶽、河瀆、江瀆。二年，制授沖素崇道玄德法師、大都崇真萬壽宫提點。三年，大上清正一宫災，公奉旨與近侍馳驛，命江浙省臣更作之。公請與宫之人，各以私財，佐有司之不及。四年，命有司作三清殿，及觀門、廊廡，于崇真宫設醮慶成。上齋而臨幸，賜開府及公黄金、白金、重幣有差。五年，公奉旨，召嗣漢三十八代張天師與材，過揚州，爲守臣禱旱，雨。至京師，爲答剌罕丞相、哈剌哈孫王禱旱，又雨。八年，公父母年皆七十，奉旨，降御香于江南諸名山。賜對衣、尚尊，爲其親壽于齊老之堂。九年，作崇真觀于安仁縣，賜名曰「萬壽崇真觀」。十年，制授公江淮荆襄等處道教都提點。十一年，武宗皇帝自朔方歸纂大統，制授公玄教嗣師、總攝江淮荆襄等處道教都提點、崇文弘道玄德真人。鑄銀爲印，曰「玄教嗣師之印」，視二品。封其父克己翰

❶「主」，原作「王」，據類稿本、四庫本改。

林學士，中順大夫。至大元年，以歲歉，禁民間酒，特勑光禄寺日有賜尊。❶上賜公七寶金冠、織金文之衣，爲朝真之服。仁宗皇帝在東宫，所賜冠與衣，貴重華異如上所賜。公從駕至中都。中秋錫宴，上顧其貂裘弊，改賜黑貂三百以爲衣，縷金文之錦以爲褖。二年，制授公弟子夏文泳元成文正中和真人、江淮荆襄等處道教都提點。賜銀印，視二品。三年，公奉聖旨，設醮于龍虎、閤皂、句曲三山。制贈公大父鑑昭文館大學士、資善大夫，追封饒國公，謚文靖。祖妣陳氏，封饒國夫人。父翰林學士克己，加授榮禄大夫、大司徒、饒國公。母舒氏，饒國太夫人。仍賜對衣、上尊。有旨，命公奉贊書歸鄉榮其親。因命設醮于安仁縣之崇真觀，以慶成。皇慶元年，仁宗皇帝命設大醮于大都南城長春宫。公奉旨投金龍玉簡于嵩山、濟瀆。是年，勑翰林學士元明善脩《龍虎山志》，著序進入。❷改賜崇真觀額爲「崇文宫」。❸延祐元年，公奉旨，設醮于龍虎、閤皂、句曲三山，因請歸慶其父母八十之壽，對衣、尚尊之賜如初。是年，傳旨江浙行省，促公還朝，制授公弟子毛穎達正德弘仁静一真人，嗣掌遁甲之祠事。賜銀印，視二品。四年，有旨名其鄉曰「榮禄鄉」，里曰「具慶里」。降璽書護其家。六年，饒國公之訃至上京，集賢以聞。勑翰林侍讀學士元明善著碑文，翰林學士承旨趙孟頫書字，太子詹事郭貫篆額。給傳奔喪。十一月，太夫人殁。十二月，葬父母於其縣

❶「寺」，原作「等」，據類稿本、四庫本改。

❷「著」，原作「者」，據類稿本改。

❸「宫」，原作「官」，據類稿本改。

崇德鄉之山田，作明成觀以奉祀。明年，召還京師。英宗皇帝至治元年十二月，開府張公觀化于大都崇真宮。上聞。有旨歸其喪於龍虎山，百官送諸上東門外，所過有司治辦舟車祭遣。公請歸職喪，不許。命弟子崇玄冲道明復真人陳日新、薛玄羲奉喪還。二年，制授公特進、上卿、玄教大宗師、崇文弘道玄德廣化真人，總攝江淮荆襄等處道教，知集賢院道教事。玄教大宗師玉章一，❶一品銀印一，總攝道教事二品銀印一，并授之。勑省臺百司，諭以傳宗之事，而大護其教。用開府之志，作東嶽仁聖宮於齊化門外，重脩太一延福宮。三年，太上清宮又災，公率其屬更作之。泰定元年春，長春掌教真人闕。上用公薦，以汴梁朝元宮孫公履道主之。二年，公奉旨設大醮于長春宮，又設大醮于崇真宮。護教之詔如故事。制贈饒國公、光禄大夫、大司徒，謚文康。三年，奉旨設醮于龍虎、閣皂、句曲三山。奉勑，葬開府張公于南山之月嶠，作「仁靖觀」以奉祀。四年，改造開府所建溪山真慶宮。天曆改元冬，公還自上京。明年，北迎明宗皇帝。謁見之次，賜對衣、上尊。及歸，天曆護教之詔如故事。追封故開府張公曰神德真君。勑改仁靖觀爲神德宮。至順二年，公進宋儒陸文安公九淵《語録》，世罕知陸氏之學，是以進之。有旨設醮于長春宮。公告老，請以弟子夏文泳嗣玄教。詔留公。三年，有旨設普天大醮于長春宮，又設大醮于崇真宮。元統元年，今上皇帝即位，護教之詔如故事。仍改至元之元年，京師旱，公奉勑禱之，雨。冬，無

❶「玉」，原作「三」，據類稿本、四庫本改。

雪。公奉勑禱之，雪。三年，公重建饒州芝山文惠觀於永平門外，遷番君之神以居之。四年，與神德宫明成觀，皆被璽書之賜。五年，畿内田有蟲蝗，執政請公禱之，三日盡除。而仙壇之成，則在六年矣。

皇元初有中原，五嶽之四在天子封内。既得宋而後，南嶽之神，得而禮焉。是以世祖特命開府張公領其祠，至是屬諸公矣。長沙有故宋相趙信公葵之子淇，博學多識，尤好神仙金丹之事。有宣春李先生簡易者，故玉溪李觀諸孫，遇異人得丹道，蓋以爲遇劉海蟾而得之。淇每師問焉，未盡其旨，而李先生化去。後遇之玉山道中，始得其説。既内附，命爲湖南宣慰使。輒欲棄官行其道，憂患多故，不能如其志。公爲天子使南嶽，道過長沙，趙公見而敬焉，曰：「神氣冲爽，而有福德，可以受吾道。」迺焚香密室，出其書以授之，則皆海蟾、玉溪之秘云。世祖嘗曰：「天子當禮五嶽，而朕年高不能往。」每遣近臣忠信而識察者，分道祠嶽瀆、后土，戒之曰：「神明之使，馬不至喘汗則善矣。」蓋歸而問其所聞見，人物、道里，風俗美惡，歲事豐凶，州縣得失，莫不參伍以周知疎遠之迹焉。公之連歲被命而出，每辭以爲臣不足以當大事之重。上曰：「敬慎通敏，誰如卿者。」遂行。他日，成宗遣嶽瀆使還，顧問如世祖故事。曰：「卿過郡縣，有善治民者乎？」對曰：「臣過洛陽，太守盧摯，平易無爲，而民以安靖。」上曰：「吾憶其人。」即日召拜集賢學士。公使過浙西時，故翰林學士閻公復爲按察使。老成文學，譽望甚重。公時才踰弱冠，議論明正，閻公客之不敢忽也。後閻公居翰林，益加重焉。成宗既崩，仁宗皇帝在懷孟未至。而閻公典詔令，有狂士危言以訐閻公，事罔測。公力言諸李韓公孟，仁宗意解。及武皇即位，遂以平章政事歸老高唐，如世祖待王鹿菴磐故事。朝廷得敬大臣之體，不以口語傷賢者，則公深有以維持之也。故翰林學士吴公澄，❶始用董忠宣公士選薦於朝，自布衣拜翰林應奉。召至不拜，去。後又召爲國子監丞，升司業，與時宰論不合，又去。公啓於集賢貴人曰：「吴先生大儒天下士，聽其去，非朝廷美事。」集賢貴人聽公言，超奏吴公爲直學士。吴公雖不赴，而天下韙之。至元、大德之間，重熙累洽，大臣故老心腹之臣，莫不與開府有深契焉。至於學問典故，從容禆補，有人所不能知。而外庭之君子，巍冠褒衣，以論唐、虞之治，無南、北皆主於公矣。若何公榮祖、張公思立、王公毅、高公昉、賈公鈞、郝公景文、李公孟、趙公世延、曹公鼎新、敬公儼、王公約、王公士熙、韓公從益諸執政多所諮訪。閻公復、姚公燧、盧公摯、王公構、陳公儼、劉公敏中、高公克恭、程公鉅夫、趙公孟頫、張公伯純、郭公貫、元公明善、袁公桷、鄧公文原、張公養浩、李公道源、商公琦、曹公元彬、王公都中諸君子，雅相友善，交游之賢，蓋不得盡紀也。薦引善良惟恐不及，憂患零落惟恐不盡其推轂之力。至於死生患難，經理喪具，不以恩怨異心，則尤公之所長也。公博覽群書，遍察群藝，而於道德性命之要，粹如也。嘗作環樞之堂，畫先天諸圖于壁，以玩心神明。有詩曰：「要知顔子如愚處，正是羲皇未畫前。」其所造蓋如此。故其述作光明痛快，足以見太平之盛，

❶「澄」，原作「登」，據類稿本、四庫本改。

而深存忠厚於人倫。有所感發，自幼至老，尤好吟詠。皆出其天性之自然，而非有所勉强。尤識爲政大體，是以開府每與廷臣議論，及奏對上前，及於儒者之事，必曰：「臣留孫之弟子吴全節，深知儒學，可備顧問。」是以武宗、仁宗之世，嘗欲使返初服，而置諸輔弼焉。道家醮設之事，是其職掌。故於科教之方無所遺闕，香火之費無所簡吝。然而朝廷耗費過重，則每曰：「事天以實不以文。弭災在於脩德，而禱祈特其一事爾。」全真之教，叙其祖傳，有所謂《玄風慶會録》者，大德中，嘗使人譯之，而莫達其意。有旨命公論定。公曰：「丘真人之所以告太祖皇帝者，其大概不過以取天下之要，在乎不殺；治天下之要，在乎任賢；脩身之要，在乎清心寡欲，煉神致虚，則與天地相爲長久矣。」譯者如其言奏之，上大感悦。不惟丘公之心事明白，而太祖皇帝聖學之淵微，亦從可窺其萬一，是以君子深有慨於公之言也。公之執親喪也，自奔喪至家，水漿饘粥，僅足以延息。涕泗滂沱，繼以血衄。喪葬之後，力之所得爲者，無不盡其力焉。山田之域，伐石江濱。山爲洞穴，掘泉下錮，深廣高厚。葬之日，郡守王公都中親助喪事，送葬者連數郡，車馬畢至。時方寒雨，濘淖載途。一夕北風結凍，堅冰在地，行者無苦，人以爲孝思所感也。明成觀有著存閣者，以致其嚴祀之意。方外之士感其孝思，知慎其親之存歿，自此始矣。其事開府也，先意承志，周思廣慮。所以事朝廷、尚道教，無絲毫有所違咈。開府泰然委之而不疑，確然信之而不惑，所以能有立於聖世者，非惟運數則然，而其誠心相孚，亦有以致之也。其葬開府於南山也，饒、信、撫三郡守，將以其官屬會葬。江南諸名山之主者，皆來竣事。伐石題名而退。擇卜之慎，營繕之勞，工力之博，賓客之盛，東南數十年間，未有能仿佛其萬一者。公之盡力於其師，與所以奉其親無二矣。久之作南山諸詩，沉鬱哀慕，識者讀而感焉。東南道教之事，大體已定於開府之世。而艱難險阻，不無時見於所遭。裨補扶持，彌縫其闕，使夫羽衣黄冠之士，得安其食飲於山林之間，而不知公之心力之罄多矣。公之宗系別居於達觀堂者，尊顯獨隆於他支。封真人者凡數十人，奉被璽書主宮觀者尤不可勝紀。其姓名，別有述。公平生畫像之贊，及大父母、父母與其身之所奉被贊書，及諸堂室記頌，皆一時名筆，別類爲書曰《天爵堂類編》，并其所爲詩文曰《看雲録》者，通若干卷。集賢直學士揭傒斯，奉旨作序以傳于世。皇上即位之初，親御翰墨，書「閑閑看雲」四大字。題曰「賜吴上卿」，識以明仁殿寶，勑御史中丞馬祖常、太常歐陽玄爲之贊。至元六年九月初一日，大駕自上京還，次懷來。燕坐幄殿，集賢大學士不答失利等，以上卿之言入奏曰：「御書四大字，臣全節既刻諸樂石，又模勒于文梓，爲四鉅牓。塗以黄金，周以雲龍之飾。以其二，賜崇文宮閣而庋之，請錫名曰『龍章寶閣』，又以其賜達觀堂。先朝嘗賜玉璞，命攻玉之工擬太上説經之像，刻數年而後成。請以歸之達觀閣而祠之，請錫名曰『玉像之閣』。」而御書二牓，揭諸其上矣。有勑命臣某爲之記。而文惠觀河圖仙壇，并命臣某銘之。臣某先已記仙壇之記如右。謹再拜稽首，奉詔而爲之著銘曰：

嶷乎兹山，厥名河圖；地闢天開，

孰究始初。則圖示卦，庶聖歷述；山藏無聞，傳者《周易》。《易》《老》之通，同原殊宗；或隱或彰，閟在道宫。有崇丹丘，僊壇是作；玄契夙符，龜筮從若。門人弟子，作之三年；天子致問，有賁其園。清静佐理，啓自神德；維帝外臣，歷世無斁。在今宗師，有爲有文；孝親敬師，致忠於君。寵光道家，冠代邁古；白髮蒼顔，長侍帝所。遺老故臣，沛然從游；紀德論交，金石不渝。量弘智周，用世何有；却而不居，有相其道。天子聖明，昭惠老成；龍章鳳畫，玉質金聲。有懷故鄉，有棟有宇；神明攸居，山木翬舉。盛德孔容，象其粹冲；聿嚴敬共，以報顯融。有嘉豐草，呦呦鳴鹿；天降甘露，灌濯神穀。維昔廣成，宅乎空同；千歲不衰，穆其清風。肅肅吾壇，圓方平直；奇耦參兩，俯仰有則。脩名度方，天子命之；刻詞孔貞，來者敬之。

靈惠冲虚通妙真君王侍宸記

至順三年夏，樂安縣尹蒲君汝霖以書來告曰：「在延祐庚申，汝霖同知南豐州事。六月，州境大旱，禱諸山川弗應。州人言：『有侍宸王君祠，在神龜岡，所謂妙靈觀，去州數里。侍宸，宋徽宗時歸而没於其鄉。其神至今有靈異，盍禱諸。』汝霖以雨爲己任，親往禱焉。既得卜，乞靈水於缶，登舟以還。有蜿蜒浮水而來者，紅光赫然，雲氣隨之。州吏以器迎之，即就器，蟠不動。及州門，雨垂降，至公署而大作，是歲稔。明年，又旱，吏民以汝霖前禱之應也，誘汝霖仍往，其應如去歲，歲又稔。於是歲，州之父老來告曰：『侍宸之恩，不可不報。生有道術著於時，歿又惠澤及其民。宜白朝廷，有以表異之。』南豐，下州也，而不統于郡，得專達行省。乃以侍宸事，爲文書上之。既聞於朝，事下太常博士議曰：『君故宋時已封冲虚通妙真人，宜加賜靈惠，易真人曰真君。』是時，有臨川道士唐樂真，以法術承應内廷。是年，以侍宸教法禱雨京師，有應。集賢院亦上其事，故朝廷知之，而得封甚速也。命既下，而汝霖學製錦於樂安，去南豐三百里而近。增封之命至斯所，以侈上賜，而係民心，猶汝霖之貴也。公在太史，幸爲書其事於石，汝霖以鄉人請私焉。」

按《臨川盱江志》，宣和間，有南豐人王文卿，字予道，號冲和子。生有異質，嘗爲詩告其父，有方外之志。父歿，辭母遠遊。渡揚子江，既濟，行野澤中，雨暝迷路，見若有燈火者就之。有老嫗爲逆旅者，得文書數卷，篝火讀之。雨霽，火絶，天且明。乃在大樹下，無逆旅也。其書蓋致雷電、役鬼神之説云。以是濟人甚衆，名聞江湖間。當是時，徽宗崇尚道教，嘗夢得神人，以形求之，得侍宸焉。賜見，大稱旨。拜大素大夫、凝神殿校籍。其官，道君别置道教官也。大夫、校籍，位已尊矣。賜其父承事郎，封其母曰宜人。京城有狐爲妖，人爲立狐王廟、瑶津池。又有妖，蓋黑鯉也。奉詔劾之，狐、鯉皆雷擊死。將有事於明堂，而雨不止，君禱之立霽。有詔奬諭，拜金門羽客，自校籍升侍宸，賜號冲虚通妙先生。淮南、北以無雪告，上憂麥，以告侍宸，遂大雪，麥熟，賜金帛不受。盜起山東，徒黨號巨萬，郡縣不能制，聲勢張甚。召見便殿，上以爲言。對曰：「當以神力助討。」他日，獻捷者言：「天大雷雹，賊乃潰。」而道君遂歸功於侍宸矣。而侍宸實預知天數，數數以脩政練兵爲請，不暇聽其説。乞身歸田里，求去不得。一日拂袖徑還南豐。未幾，宋南渡。紹興二十三年八月二十三日，爲酒食召鄉里飲別。書頌，翛然而逝。既殮，舉棺而葬之，甚輕，蓋尸解云。神龜岡，其墓也。其靈異之事，相傳不絶。侍宸歿，而能福其鄉之民。蒲君去他官，不忘其舊民，嘗受侍宸之賜，其仁惠皆可録。故書之，使邦人有所考焉。

予既爲前南豐倅蜀人蒲汝霖著侍宸王真君碑，後六年，爲至元庚辰十月，上清外史薛玄卿以書來告曰：有番昜胡道玄先生，人間所謂神霄野客者也。得侍宸之真傳，年二十餘，道行關陜、荆襄、江漢、淮海、閩浙之間，當己巳、庚午之旱，旬日之中，郡縣争致之。所歷，或一日，或二日，嘻笑怒駡，雷雨隨至。官吏畏，而民愛之，環四五千里之間，所至無不應者。至於妖怪之作，劾治如法，人以爲神。遇異人於武當大頂天柱峰，得修仙之道，遍游名山洞府，而歸江東、西之間，從蓬頭金公遊，甚相契許，他人莫之測也。於是收斂神異之迹，將求名地以歸隱。是以謁浮丘君於華蓋之上，道過黄茅之岡，故使予得見焉。既見，則爲余言曰：「神龜岡碑所載事，有未備者，請述之云。」若侍宸自南豐辭親，而至揚子也，所遇而得書者，火師也。火師者，蓋上古神人，而世傳爲汪氏子華者，蓋其化現爾。其囑侍宸之言，有曰：「吾身一天地，天地一陰陽。握其機者，在我而已。子當以是應玄徵，佐明主，吾待子於神霄之上矣。」侍宸退而修諸其鄉軍峰之陽，所坐磐石猶在。及事道君皇帝，位至侍宸，道官之尊貴，與文官侍從等。其後又遷冲虚大夫，賜金方符，使叩以入禁衛。加贈其父曰承議郎，母曰令人。宫中人多病者，上以問侍宸。侍宸曰：「此有物怪爾，當劾之。」坐未退，天忽晦冥，雷電交作。頃之霽，一白黿甚大，震死矣。病者皆起。揚州守臣以旱告，禱雨，不應。道君以問侍宸，對曰：「下民多罪，上帝震怒，水不可得。」道君强之，侍宸曰：「無已，惟黄河水可借二尺耳。」數日，揚州使至，奏得雨，皆泥潦。計其時，乃奏對之日也。侍宸既以國亡妖孽爲奏，不見聽而還。上思之，畫其像而親爲之贊。既居鄉，二里無水旱、疫癘、妖怪之事。千百里間，雖亂離而帖然。高宗定都江南，將二十餘年，聞侍宸猶在。命守臣物色之，有詔曰：「勑王文卿，先朝高士，退隱林泉，枕石漱流，多歷年載。兵戈之後，杳不聞音，朕甚思之。其出山一來，以副虚佇。」又敕守臣以禮津發。辭以老病，不復至闕。使人畫其像以進，亦親題贊，世人多傳之。殁既久，侍宸之從孫，以貧從商人入蜀。親見侍宸於道中，弗識也。執手江滸，多所傳授，曰：「明日渡江，某觀中可相尋也。」明日至其觀，悄然無人。一高堂中有畫像，則侍宸之祠也。始知其所遇傳授者，乃其大父也。又明日，又遇之，以幅紙與之曰：「此孫至家，上官甥以吾書盡授之。」妙濟歸告上官，上官弗信。出其書視之，上官識其手蹟，號慟仆地。❶盡以教之，際遇寧宗朝，法亦大

❶「仆」，原作「作」，據四庫本改。

顯，賜號妙濟先生，名嗣文。蓋妙濟初年不甚識字，嗣文亦侍宸江滸所命也。又有薩守堅者，亦酷好道。見侍宸於青城山，❶而盡得神秘，游東南，禱祈劾治，其神怪有過於侍宸者。游江西，入閩，過神龜岡，乃知侍宸爲數十年前人云。昔侍宸在汴京居宮觀，見爲黄冠者，多諂事權貴以自衒，惡之，故多不得其説。其在鄉既老，而得其傳者，則新城高子羽，授之臨江徐次舉，以次至金溪聶天錫。其後得其傳而最顯者，曰臨川譚悟真云。人不敢稱其名，但謂之譚五雷。内附後，譚君猶在，浮沉人間，隱顯莫測。廬陵有羅虚舟者，故宋時名士，澗谷先生之諸孫也。得五雷之傳，甚有符契。然譚君誦侍宸之戒曰：「每傳不過一二人，若廣傳之，則速死。」是以羅之弟子雖多，而自以爲得之者，惟蕭主簿雨軒，其後則有周司令立禮兩人而已。周與予有姻聯，然終日言之，未嘗及此。蕭君清文雅學，中罹憂患。然甚通至理，泊然無所累其心。予敬愛之，而亦未嘗言及之也。周之説，惟授之其子。游其門者，或得或不得，予不知也。蕭君儒者，擇人至謹。而人亦不知其有此道，獨傳之道玄胡君一人而已。神異之事，已見於前。其客於予者，頂分三髻，一劍自隨，練衣短裙，危坐終日。風雪極寒之夜，燈火不繼，而温煦滿室。目神炯然，神觀洞徹。縱横自在，物外無拘。而剛介不可犯也，此亦真修仙者乎。有侍宸手書詩一首，蓋譚、羅相傳之符契也。且曰：「吾將隱矣，當求人而付之。」必也，戒行若冰霜，立志如鐵石。胸次如水月，氣象如陽春。又雖生尊貴之

❶「青」，原作「責」，據四庫本改。

家，而世有陰德。學乎清静之門，而身有福力者，則以授之。」果爾，其亦難得也哉！雍虞集記。

道園學古録卷之二十五

道園學古録卷之二十六　應制録六

雍虞集伯生

供醮文

水陸會功德山❶

我國家聖聖相承，深仁厚澤，浹於人心。累洽重熙，多歷年所。今上皇帝濬哲文明，纂承大業。好生之德，已洋溢於萬方；恭己之誠，思貫通乎上下。海涵春育，無間幽明。雨順風調，大同遠邇。聖恩盛大，蔑以加矣。而萬幾之密，猶垂念於隱微；九有之師，或未該乎冥邈。勝脩法會，式究淵衷。乃脩水陸冥陽大齋于萬壽寺，自三月一日啓建，七日滿散。乘法寶之威光，成金心之願力。旛蓋香華，種種妙饌；齋儀梵唄，一一圓成。凡我佛子，昔自多生。歷酬定業，或以刀兵水火，或以疾難飢荒。沉迷五濁之惡塗，未返一真之本性。遇良因於今日，得勝妙之現前。渴饑並獲於清源，苦惱悉超於極樂。來生佛土，祇奉明時。回向菩提，增崇聖壽。臣等迺稽首而作偈曰：

聖上運大慈，憫諸有情等。作此大勝會，供養佛法僧。勇識妙蓮華，諸大阿羅漢，畢支迦五明，金剛大威德。護法諸龍天，凡在虛空界。敬禮等無

❶「山」下，類稿本有「文」字。

二，開闢諸方隅。光明悉照耀，迺至諸明哲。往昔善持世，四生及六道。凡在苦趣者，悉皆承佛力。來赴於道場，心花得發明，諸識轉爲智。一切現苦業，消滅無復續。魏魏大功德，❶皆由聖心起。我聞昔有人，積寶如須彌。持施得福多，恆河沙難喻。我皇勝妙因，福報不思議。視彼施寶者，千萬不及一。我等佛子衆，各生慚愧感。稽首贊吾皇，聖壽千萬歲，與佛共悠久。

水陸會緣起文

原夫一靈圓妙，本不昧於昏迷；歷劫無明，遂有淪於流轉。我佛興大憫念，開方便門。譬彼宵征遠道，冥行荊棘之林。我以慧炬照之，則前進無殊於白晝。又如往濟大川，忽遇風濤之險。我以慈航渡之，則安行無異於陸途。施平等於無方，悉□捄度；❷嗟幽沉之有苦，尤切哀矜。於是目連感定業而生悲，觀音化面燃而啓教。十方諸佛，共弘應供之名；六道四生，亦攝菩提之海。大士仰承於佛勑，道場肇建於當年。孤峰接雲海之空明，白日映江潭之澄澈。神靈交會，凡聖混融。分八位上下之殊，作萬劫圓通之施。傳流既久，證驗尤多。我今上皇帝，與佛同心，如天之覆念。生成之類，已在於鈞陶。而冥邈之蹤，尚迷於出沒。迺鑒人天之意，大脩水陸之儀。爰命國師，俾提法要。迺以三月一日，於大都萬壽寺，脩建水陸無遮法會七晝夜。上

❶「魏魏」，類稿本、四庫本作「巍巍」。
❷「□」，類稿本、四庫本作「資」。

資善逝之恩光，下拯孤魂之陰昧。香積普熏於世界，盡斷惡緣；妙蓮應現於池中，悉離苦網。咸來佛會，共沐帝恩。逍遥極樂之鄉，不墜輪迴之境。共報聖明君。❶乃説偈以贊曰：

一切衆生，皆具佛性。如摩尼珠，五色隨映。如何累劫，業識相因。無明展轉，生死根塵。我佛慈悲，施方便力。如大醫王，救彼痌疾。餓者令飽，渴者與漿。幽闇與明，熱惱與涼。況爾六道，諸苦隨業。不藉佛恩，何由自潔。聖皇在上，運大仁心。樹旛慧幢，立功德林。作此道場，期七晝夜。平等無碍，均一高下。光明圓滿，如佛現前。孤幽沉魂，懽喜慶筵。如是勝因，增崇聖壽。億千萬年，堅固悠久。

建國醮建壇青詞

荷天洪休，膺國大統。肇惟元祀，奉若明禋。殊庭修秘祝之嚴，肅拜候景光之集。伏願環紫壇之納陛，闢黄道於叢霄。天極旋樞，日星昞曜。后祇薦祉，川岳闡珍。用期泰定之民，均被豐成之賜。

朝詞

聖祚在躬，肇啓乾元之歲。道宫修禮，丕昭答貺之誠。禱以再三，鑒兹精一。伏願乾元統御，坤道順承。時對春陽，導本支

❶「共」上，類稿本有「同生人壽域」五字。

之罔達；紀增神策，保宗社之尊安。❶遂以生成，均陶動植。

三清

荷天地之洪休，晉承繼序；奉祖宗之成憲，思究彌綸。期敬達於丹誠，惟謹資於玄教。肅將蠲潔，用極依歸。伏願慶衍中朝，仁儲大本。休明佑啓，百神受職以安寧；福祚延洪，萬世奉天而長久。

昊天

入膺丕緒，有命自天；載省眇躬，無疆惟恤。啓淵衷之至實，感真貺於太虛。伏念比屬盛時，俄慨堅冰之早辯；❷永懷讓德，不忘皦日之初心。迺正誼以廓清，期與民而寧一。用發憂兢之慮，悉紓對越之恭。伏願乾御陽剛，坤成地道。祖宗陟降，同保佑於高明；家國治平，丕顯承於悠久。❸

后土

集基命於眇沖，始建初元之紀；覽幅員之廣袤，益思大業之興。祇若寶圖，誕敷金籙。伏願玄功有造，至德無爲。道致謹於順承，協成泰定；物資生於厚載，保合乾剛。

❶「尊」，四庫本作「奠」。
❷「早」，原無，據類稿本、四庫本補。
❸「承」下，原有「寧」字，據四庫本删。

醮星祝文

太陽

赫赫太陽，秉陽之精。照臨天下，達我皇明。克循克軌，永底隆平。

太歲

翼翼倉龍，集于巽維。紀綱百神，運行四時。相我君道，壽我邦祺。❶

歲后

於赫歲陽，配于陰宫。承于大君，内治之宗。以生以成，登我歲功。

金星

奕奕長庚，煌煌啓明。主我兵事，宜順其經。弗僭弗忒，邦家以寧。

太陰

明明太陰，配陽麗天。主國之刑，勿忒其躔。以順以寧，于以永年。

室宿

惟乾之維，是爲營室。炳燿定中，景命

❶「邦祺」，類稿本、四庫本作「皇基」。

有翊。廣開天門，相我無極。❶

天剛

龍角在田，帝車所持。聖人之生，次舍在斯。攝提衆星，萬壽是基。

病符

歲德所紀，主病有符。視其祲祥，傍射在隅。於赫景命，靈其祆除。❷

大耗

歲有癘神，耗之大者。集于乾隅，衝照辰舍。乃謹祆除，勿害純嘏。

土星

煌煌鎮星，位于中宫。行地無疆，承天之功。用集嘉福，懿範是崇。

小吉

鶉首之舍，月后所臨。東井洋洋，景耀昭森。扶我元懿，萬福來歆。

❶「極」，類稿本、四庫本作「斁」。

❷「祆」字，類稿本、四庫本作「祓」。以下凡同此者不再一一出校。

喪門

左挾丁符，右接坤隅。孰敢啓門，當我吉居。祈祆不祥，以寧皇輿。

金星❶

太白之精，其神孔武。憶我南西，孰祆孰禦。宜斂其芒，❷勿間多祐。

九月十四日高昌王大夫傳旨作醮星文

元辰天罡

於惟聖皇，受命于天。斗車提綱，龍見天田。萬物振羨，威信是宣。以介景福，樂只萬年。

羅睺

赫赫有威，惟天之首。日月之行，交道豐蔀。烜兮照臨，景命先復。❸克相有道，天子萬壽。❹

室宿

熒熒營室，天之玄宮。以藏以息，肅肅雝雝。乃瞻元台，惟兹是從。錫福未央，如

❶「星」，類稿本作「神」。
❷「芒」，類稿本作「祲」。
❸「復」，類稿本作「後」。
❹「天」，原作「大」，據類稿本、四庫本改。

定方中。

小吉元辰

位南以西，爰即于坤。東井洋洋，有溉其源。肅肅中宮，景命在垣。元吉之福，既昌以蕃。

太陽

赫赫太陽，曰躋于乾。順德維坤，承暉弗愆。昭光播和，若春在暄。萬福來臨，與天齊年。

參宿

載瞻參墟，明星煌煌。乃占其書，孝謹忠良。肅肅中宮，景命溥將。儷于聖明，既壽永昌。

太衝元辰❶

有嚴太衝，維震之宮。青陽載熙，木德乃通。時維聖子，❷景命是逢。導之太和，被之仁風。

太陽

日之行天，至尊以光。誰其承之，維青之陽。煇煇煌煌，繼照四方。星輝月輪，永保無疆。

❶「衝」，原作「充」，據正文和類稿本改。
❷「聖」，類稿本作「天」。

斗宿

斗爲天機，日月耀芒。酌量政事，褒進賢良。於維聖子，元台是當。錫福自天，欣欣樂康。

太陽

東望扶桑，赫乎九芒。下被萬物，麗天爲章。東賓西餞，靡朝敢忘。錫我景福，於昭輝煌。

太白

肅將金行，司天之刑。順軌出入，厥有常經。掠於軒轅，占者以告。敬恭用禜，景福來報。

軒轅

粲粲軒轅，黄龍之體。屬于内廷，占者所紀。長庚來干，非順之軌。載禜載禳，轉作多祉。

太陰

占象于坎，受陽以光。配於大明，流輝四方。天清地寧，軌道有常。介我景福，萬壽無疆。

太歲

歲維昭陽，辰在協洽。神君所臨，萬靈

來合。皇皇景祚，奉德秉法。我將我享，嘉佑斯答。

白虎

於菟耽耽，爲兑之神。爲素爲刑，莫之敢嬰。迎祭于西，爲禮孔殷。神其食之，介福來臻。

太耗

滿庭之過，神則害兮。從而虛之，孰可賴兮。占歲之行，厥有恆所。尚易其嗇，豐我多暇。

迎神

肅肅靈臺，三光下臨。旨酒牲牢，嘉幣吉金。肅將祀事，罔敢不欽。赫赫洋洋，神其來歆。

送神

靈臺有享，神具來格。其祥如雲，其近如日。嘉禮告成，景貺秩秩。相我寶祚，於萬千億。

醮星祝文

迎神

肅肅清臺，曆象是司。維□有神，❶維土有祇。爰潔牲幣，以禱以祈。蒇祀奉迎，靈其鑒之。

太陽

出乎暘谷，升乎搏桑。麗干中天，照臨下方。愛而燠煦，畏而蒼涼。戚畹有禱，降福穰穰。

太歲

煌煌明堂，歲君攸居。位于鶉首，殿乎坤闈。東井洋洋，土德之基。錫我嘉福，順我禱祈。

歲后

歲德至尊，歲后配之。黄裳元吉，象服是宜。理其内教，以佐無爲。沁園有禱，卻除病菑。

❶「□」，類稿本、四庫本作「天」。

勝光

陰之始生，實自於午。於卦爲姤，柔順斯主。皇有懿戚，元辰麗焉。是用禱祠，惠我安痊。

土星

中黃正炁，維土之神。神氣上騰，煌煌向晨。元辰有宫，其光來燭。鑒于戚邸，悉兹多福。

婁宿

維主之生，誕彌其月。遡其元胎，在魁之揭。其宿維婁，光耀燁燁。除我疾疢，安康毋越。

病符

六氣不齊，庶疾乃生。維其司之，有神孔明。執其靈符，以佐歲行。禱以嘉薦，惠我安寧。

金神

五行之中，金主肅殺。有神孔威，司是嚴伐。歲行遇之，伊怒孰遏？享我忱禱，毋敢淩越。

灾殺

沴氣所生，曰能致灾。以殺爲名，不亦

暴哉。和以嘉酳，柔以嘉脯。順而好生，永錫多祜。

喪　門

白馬素車，人寔忌之。孰啓其門？有神莅之。上帝好生，爾獨何爲？攝而憯心，安我戚闈。

五　鬼

五氣之歸，其名爲鬼。絀而弗伸，有繁厥類。載以酒漿，道以車船。既享而除，勿爲禍愆。

青　龍

星有角尾，其象維龍。蜿蜿蜒蜒，東方之宫。木德司春，爲善爲仁。永錫嘉祥，百禄是臻。

白　虎

昴畢之上，其象維虎。有虓其武，在西之滸。金德是司，爲義爲刑。尚斂其威，美疢用寧。

送　神

陽主于德，陰主于刑。刑斂德揚，陟降在庭。既享既歆，以安以順。神還應遲，福以時進。

醮星祝文

迎神

欽若昊天，觀象知儆。爰即靈臺，秩祀惟謹。大庖既享，大尊既盈。神其格思，來享克誠。

太陽

東望扶桑，赫曦來升。群陰既伏，萬國咸承。❶朝賓暘谷，彝禮斯在。齋宮告誠，綏禄萬載。

太歲

煌煌歲君，臨於端門。有烜朱方，歲德攸存。當離之明，如日斯赫。降爾嘉祥，以輔有德。

天罡

蒼龍之墟，左爲天田。神蛟應龍，❷景命所躔。斗爲帝車，惟剛是指。相我有道，來錫蘩祉。

❶「承」，類稿本作「明」。
❷「神」，類稿本作「祥」。

小吉

維鶉之首，土德是毓。是爲吉神，厚德嘉福。宫壺嚴嚴，景命所臨。徽柔懿恭，式薦其欽。

功曹

寅爲人統，其方析津。肅肅青宫，盛德惟仁。煜煜箕尾，保我景命。克長克安，以輔明聖。

歲星

盛德至仁，所主爲歲。長養生成，福禄攸系。煌煌景光，臨照有方。一人以寧，萬國彌昌。

羅睺

明離有神，維南是司。承其餘光，劍戟孔威。其威孔揚，其福亦厚。來降來享，作我嘉祐。

太陽

明兩作離，繼照四方。赫其有輝，照我青陽。青陽有煒，百福來委。俾熾俾昌，以承天子。

太衝

木德之盛，次於震方。至仁應規，以佐

青陽。迺錫嘉福，以暢元氣。帝后萬年，本支百世。

太白

長庚之精，司兵司刑。燁燁其輝，輔日而行。斂爾光芒，順爾軌度。以安以寧，佐我昌祚。

熒惑

赫赫炎炎，揚光於天。孰當其鋒？舊烈莫前。維國有道，宜順軌則。順行爲福，以相有德。

歲后

黄裳元吉，以順爲則。佐於歲君，豐阜民物。靈臺有祠，敬恭禱祈。陰陽理和，百福是宜。

青龍

東方蒼龍，至仁至靈。角尾之間，赫乎明庭。青旂蒼玉，禮祠維肅。蜿蜿蜒蜒，來降景福。

白虎

兑爲白虎，至雄至武。其德爲金，威怒孰禦？白旂素車，象德以旂。風其從之，百禄是宜。

送神

成象於天，降靈於地。國有令儀，克致禱祀。禱祀敬恭，神歸匪遲。天子萬年，福履綏之。

金籙普天大醮青詞

建齋詞

纘述丕圖，恪奉祖宗之訓；導迎景貺，永綏家國之基。冀輯福于眇躬，曁息菑于中壼。垂象每懷於示儆，祈年尤切於好生。伏願慶衍宸闈，祚隆繼嗣。乾和保合，三光全而寒暑平；坤厚順寧，五穀熟而民人育。

祈嗣密表

祇荷鴻休，肆膺神器。念祖宗之付托，思民社之依歸。重惟繼嗣之隆，實繫本根之固。敢嚴秘祝，用格高穹。伏願錫祚慶圖，申受上天之貺；儲祥寶系，益崇萬世之基。

皇后保安密表

寅奉上穹，申言中壼。克相憂勤之念，每嬰疾疢之虞。冀導嘉祥，用綏福履。伏願高晨鑒格，正氣宣通。天清地寧，保大和而合德；家齊國治，均厚福以資生。

建壇詞

奉丕基以臨萬國，于今有年；類上帝而遍群神，肇修秘祝。仰輯薄天之慶，俯將率土之誠。紫壇森列於人文，丹闕昭回於象緯。伏願天垂甘露，地發醴泉。靈風受職以周旋，道氣成章而罔達。永符至順，孚佑皇元。

第一日早朝祭皇天后土三界萬靈上資宗祧先聖凝神沖漠垂祐邦家祝延睿算保固丕圖中闈齊年本支繁衍

月律應時，卦極正陽之盛；天根開景，氣升清旦之初。通變闔於雷風，妙流行於山澤。均承主宰，咸赴禱祈。伏願聖祖神宗，陟降洋洋而在上；皇天后土，卑高秩秩以分儀。迺發禎符，用隆寶曆。延齡維永，尚期媓德之同；錫羡有渾，更應多男之祝。

午朝祭日月星宿祈日月齊明星辰順度

離爲日，坎爲月，瞻陰陽交易之機；天應星，地應潮，察上下盈虛之候。儼宸居之伊邇，望晷景之方中。敷宣蘂笈之文，朝步琅霄之境。伏願赫曦繼照，煌煌旁燭於萬方；素曜並明，肅肅順行於九道。帝車臨制，四序曦和。❶雲漢爲章，五緯咸若。副此乾乾之兢惕，錫子郁郁之嘉祥。

❶「曦和」，類稿本作「順成」、四庫本作「成功」。

晚朝祭五嶽名山祈社稷尊安宗藩輯睦風俗醇厚百辟忠貞

覩符瑞而告功，升中斯在；出雲雨而及物，望秩攸崇。巖巖民庶之具瞻，肅肅天真之下治。即秘祠而用幣，及初夕以飛章。伏願方嶽奠封，靈祇受職。宗藩輯睦，永綏磐石之安；風俗清淳，長被喬雲之覆。

第二日早朝祭聖帝明王先農后稷消禳水旱蟲蝗祈五穀豐稔民物阜康

繼天立極，亶惟上帝之聖神；開物導民，實贊無爲之化育。道秉機緘之秘，教興衣食之餘。功敘九歌，業隆萬世。藉白茅而明薦，望素履於虛皇。伏願無聲無臭以作乎，鑒此小心之昭事；不識不知而順則，密符大德之好生。民風馴致於雍熙，國祚誕膺於長久。

午朝祭風雲雷雨祈風調雨順寒暑應時

鼓以雷霆，潤以風雨。彌綸功用之神，求諸形體；原諸性情主宰，玄元之造。觀萬物散殊之迹，知兩間旁薄之仁。無爲而成，有相之道。日麗端門之景，雲開祕笈之科。伏願天德潛符，歲功咸遂。九農百穀，無旱乾水溢之虞；四海群生，享安静和平之福。庶釋憂於宵旰，用和惠於春秋。

晚朝祭四海四瀆祈山川定位海宇清寧

一元合氣，乘風澤於洞虛；百谷來王，

出淵泉於溥博。首五行而善利，潤萬物以資生。貨殖用興，舟楫以濟。稽古玄圭之錫，沈茲蒼璧之章。伏願地平天成，府修事治。玉書保運，制衡潰之洪波；寶穡宜年，動滿盈之甘澤。民安居於樂土，國養德於長源。漸被所同，旁薄無外。

第三日早朝祭三洞四輔經籙傳教宗師祈百神效職臣鄰忠孝國祚延長

太元結氣，冥思浩劫之初；妙有垂芒，朝徹延康之上。參贊化工於物始，傳流神寶於人間。保昌運以長存，握真符而不宰。將輯簡穰之福，茂陳敷落之篇。伏願乾曆開天，坤珍闡地。種民在宥，颺言清静之風；景命溥將，相協玄同之造。❶ 忠言彙進，道德彌光。

午朝祭左社右稷城隍社令祀典神祇祈民樂太平物無疵癘兵寢刑措疫癘潛銷

泰社之土五色，重嘉穀之屢豐；方澤之樂八成，致幽祇之畢出。帝命作九圍之式，神靈會萬國之封。力扶玉局之安，寅奉璇霄之降。伏願泰階昭晰，坤道順寧。物阜民康，無疵癘札瘥之害；兵寢刑措，皆生聚教養之時。以至永年，並依玄造。

晚朝祭九壘土皇幽陰主宰資度忠臣義士兵死橫亡六道四生俱登道岸

禮樂鬼神，信顯幽之一致；生成變化，

❶「造」，類稿本作「道」。

知閶闔之無私。即昭明君蒿之間，布風雨霜露之教。三光攸燭，九夜斯煌。伏願帝命下招，天陽來復。玉袍犀甲，禮余忠義之魂；瓊簡羽章，起厥幽沈之趣。群類並躋於道岸，泰和庶協於明時。

散壇❶

五時列祠，燁燁紫壇之爟火；九宮飛步，雍雍碧落之空歌。備成絳節之朝，敷散瑶華之景。玄科有誡，至敬無文。伏願陟降在兹，達玄黄之玉氣；福禄來下，生丹碧之芝英。普與群生，恭承嘉惠。

設醮詞

三清

奉承寶位，對太上之顯光；保佑眇躬，罄淵衷而忱禱。肅清璿館，修設金科。伏願元氣絪緼，真風舒𢀳。室家祚胤，膺福壽以咸宜；宗社臣民，荷禎祥而均慶。

玉帝

維天與祖宗，既全畀付；自身而家國，悉有禱祈。爰啓真科，用干洪造。伏願鑒

❶「散」字，類稿本作「解」。

觀儆懼，孚佑眇冲。保和宫壺之安，錫羡本支之盛。至于臣庶，共樂生成。

星　主

星環次舍，仰瞻天極之尊；氣斡陰陽，妙宰帝車之運。景光來下，祕祝用陳。伏願司命紫微，自中宫而錫福；❶儲祥寶系，率下土以蒙休。

天　皇

坤拱神圖，妙秉萬幾之會；坐臨華蓋，旁分六甲之司。蒇祀殊庭，承禧穹宇。伏願抱極樞而環照，皆占至順之祥；奉天一以尊居，增授泰元之筴。

后　土

奉若柔祇，配皇天而立極；統臨廣寓，宅吉土以升中。爲國有祈，維靈斯答。伏願群生成遂，九有奠安。玄乙親祠，綏保徽音之嗣；黄流用祼，燕貽翼子之謀。

至順二年十二月二十三日祭星常國公奉旨命撰祝文

迎　神

灝灝圓穹，三光昭明。四方八維，柔祇

❶「錫」，類稿本作「獲」。

利貞。蜡通百禩，歲事告成。犧尊多儀，來享克誠。

天　剛

天眷萬方，篤生聖明。受命溥將，攝提建貞。天田之上，左角所經。蒼龍致福，萬歲咸寧。

羅　睺

受天明命，百靈翊扶。旁燭有光，赤熛之餘。首乎天經，形隱弗舒。戢爾矛戟，迎祥帝居。

室　宿

河有天源，木貴天根。帝命降祉，元台爲尊。定之方中，煌煌焞焞。❶推而祀之，萬福之門。

弔　客

昊天成命，如日斯照。運行推移，載占其小。有客冠素，適據隅兆。祝而祓之，易號以笑。

❶「焞」，原作「淳」，據類稿本、四庫本改。

小吉

乾以天健，坤以地厚。鶉首之墟，土德孔阜。肅肅中宮，元命昭祐。六五黃裳，元吉之繇。

太陽

日以像君，月以像后。陰承陽輝，萬福備有。晨光熺融，晝景煥明。以壽以安，以生以成。

參宿

參墟耀靈，土德長生。台息其和，發爲滋榮。正位居體，西南利貞。培本長源，萬福來成。

金神

中宮土德，位南之西。太白流英，挾威以躋。雄毅肅嚴，戈鋋利犀。尚革而從，降福孔皆。

太衝

煜煜青陽，震雷之門。玉兔肖類，蒼龍儲恩。帝冑天錫，景命翊元。東望孔祠，扶桑載暾。

太陽

肅肅紫微，前星有輝。上承天光，仰接

日儀。煦煦爲春，明明在時。陽德粹純，品物咸熙。

斗　宿

星回于紀，斗臨漢潢。璧合珠聯，三辰齊光。震夙元台，肇此青陽。司中有神，源深流長。

白　虎

木性東榮，金行兑勝。刑德之交，史謹其徵。於菟眈眈，負隅若闖。率義從仁，祈報斯稱。

病　符

六氣之邪，孰執其契？歲行神從，臨午之位。青陽占運，適與之值。祝以移精，安和允濟。

太　陽

靈臺有祀，報本主日。仰瞻陽光，步我神睿。歲周星回，天序有秩。牲幣敬共，嘉惠申錫。

太　歲

日月次周，成我歲功。百神具來，群蜡畢通。明堂嚴嚴，盛德容容。享我報祈，以興嗣豐。

青龍

龍有天德，維木之仁。大明生東，獻歲發春。時而淵潛，時而奮申。施惠自天，至于庶民。

歲后

赫若歲陽，其配在陰。以肅内治，以保中臨。丁女癸妃，其從如林。通幽達微，鑒德以歆。

送神

神來如雲，神惠如雨。彌天映日，惠澤周普。歲行維新，秩祀咸舉。相於皇明，永作神主。

黄籙溥天大醮青詞

建壇詞

歷念先朝，悵神游之日遠；言修秘祝，導靈氣之時升。闢玄景以通誠，建紫壇而經始。伏願懸珠空境，扶玉方輿。風馬雲車，順陰陽而陟降；龍章鳳篆，舉幽顯以鈞陶。

第一朝回薦皇朝宗廟列聖神儀

肅肅在廟，永懷弓劍之遺；濯濯厥靈，

恆若羹牆之見。爰資神筴，用導英儀。伏願列聖齊臨，萬真環拱。寅賓出日，返往駕於中天；妙合迴風，發化機於厚地。

第二朝回薦扎牙篤皇帝

企仰山陵，想音容而永慕；顧瞻霜露，感時序以增哀。爰即紫壇，冀迴玄馭。伏願天健其行而無息，日窮于次而又新。神氣昭明，式慰臣民之望；景光旋復，更貽胤祚之安。

第三朝回薦皇親國戚一切靈儀

藩屏國家，實屬本支之盛；沈淪泉壤，每傷幽顯之殊。遡璇宇之流光，迴銀潢之逝水。伏願會陵絳闕，受煉朱陵。在河嶽，在星辰，還復生民之始；□□□□□□，❶永承丕祚之隆。

第四朝回薦后妃公主嬪御靈儀

禕褕在御，歷思儷極之尊；車服充庭，遍念穠華之盛。慨生存之弗永，致薦悼以惟勤。伏願施德自天，資生繇地。性靈不昧，釋然幽滯之懷；運祚無疆，仍會聖明之樂。

第五朝普薦勳臣宰輔文武官僚

追懷神聖，倏殷薦於曾霄；爰念臣鄰，

❶「□□□□□□」，類稿本作「配天地，配日月」。

□□□於厚壤。❶俾偕膺於金籙，庶仍從於瓊輿。伏願受日之光，承天之佑。圭璋濟濟，眡王國以並生；明典昭昭，秉民彝而不昧。

第六朝普度兵刑横死男女衆魂

内脩外攘，寧免兵刑之用；上征下暴，更深泉壤之悲。拯無告於重陰，寔有資於大造。伏願天光旁燭，地氣昭升。斷者續，死者生，頓釋幽關之故想；病者愈，憂者樂，永爲化國之新民。

第七朝普度普天率土兆姓群生苦爽窮魂

幽靈等衆

國家每念於生靈，則脩治道；體魄或淪於苦趣，更轉化機。啓勝會於今晨，廓迷塗之宿業。伏願陽開陰闔，天施地生。執籙把符，仰至真而得度；葆和正性，囿大化以長年。

第八朝專爲和安天地調順陰陽保國寧家

康民阜物

存順没寧，極幽明而無憾；往禪來續，妙化育於不窮。宣金籙之玄文，保蘿圖之景運。伏願乾坤毓德，日月垂光。列聖在天，共敷恩於祚胤；一人有慶，永錫福於臣民。

❶「□□□」，類稿本作「淪英魂」。

第九朝昭謝皇天后土岳瀆山川陰陽主宰

天佑邦家，總基圖於九有；日臨海宇，妙樞紐於群生。仰三景之高居，罄一忱而昭謝。伏願降年有永，錫福無疆。凡在臣鄰，咸保忠貞之節；庶幾民物，常依道德之光。

解壇詞

肅肅紫壇，既備九朝之禮；煌煌金籙，益增列聖之光。熙事告成，誠心孚格。伏願神隨天運，福被坤輿。瑞日祥雲，常麗曾霄之景；太山磐石，永隆萬世之基。

設醮詞

三清

天眷基圖，列聖繼守成之緒；時因曆數，先皇成厭代之期。敢緣追遠之初心，普致闡幽之忱禱。伏願開明三景，敷落五文。九轉成真，既備生神之妙；百靈交鬯，復還象帝之初。❶仍錫壽祺，并祈康阜。

玉帝

昔扣玄穹，導近親之神識；遄臨素幄，

❶「初」，類稿本作「先」。

致大寶於嗣君。乃陳祕籙之科，溥濟幽關之趣。伏願昭宣天德，旋復氣機。陟降帝傍，九族逍遥於金闕；經綸宇内，群生成遂於緜圖。申錫長年，永依妙道。

后　土

基圖鞏固，每資厚載之功；體魄歸藏，謹候昭升之氣。降璇宫而來享，鑒金籙之敷宣。伏願效法成能，資生有道。超神太極，齊日月於中天；合景至陽，綏子孫於下地。

東　極

先皇厭代，因軫念於幽扃；上帝好生，爰禱祈於東極；冀瑞光之遠逮，引群識以俱超。伏願甘露潤林，慈雲就日。丹畢寶蓋，並從妙道以高居；玉曆金符，永鎮生民之極樂。

風伯祝文

東朝有命，祇肅玄壇。上帝鑒臨，萬靈率職。咨爾風伯，塵路惟清。戢暴扇和，熙事用成。急急如律令。

雨師祝文

咨爾雨師，灑道是司。和陽散陰，相成祝釐。

皇后修設黄籙大齋齋意❶

言念宗親，將薦誠於既遠；遽罹大故，屬在疚之方深。肆嗣皇繼序之新，申前日籲天之實。普超幽爽，咸濟生靈。伏願道妙無方，真游如在。升九霄之神氣，衍億載之昌圖。凡囿化工，並承德施。

正薦位白文

言念先朝列聖，帝室懿親。蚤遺體魄於人間，思導神明於天上。鼎湖弓墮，俄興臣妾之悲；丹闕禮成，既得基圖之托。及燕休於長樂，申祈禱於太清。惕然霜露之寒，恍若風雲之會。龍儀虎衛，陽光照灼於朱陵；貝闕珠宫，明水激揚於東井。願金支之並濯，與玉氣以俱升。穆穆乎秉德以肅雍，洋洋乎在帝之左右。輯和九族，驩娱還若於生存；旋歷曾霄，感爽頓忘於凝滯。返至真而無外，與造化以爲徒。況王政施仁，必先無告；而大鈞播物，何間有生。更推滄海之餘波，遍及幽關之苦趣。妙機所運，道化同超。明則復爲人，亦我聖神之賜；斂而錫之福，庶乎寬大之恩。嘉與明時，共躋壽域。惟天地日月，合德合明；保子孫黎民，能安能久。

孤魂榜

生死者，晝夜之常，汝勿認昭昭靈靈之識；坎離者，乾坤之用，吾以開生生化化之

❶「設」，類稿本作「建」。

基。茲者清朝，禀承慈極。尊尊而思逮於凡下，親親而念及於幽遐。導揚列聖之法筵，普惠重泉之苦趣。如茲良會，實號希逢。汝孤魂等昔受天地之降衷，其初皆善；各累形氣而逐物，以妄爲常。貪者徇財，烈者徇名。忿則如山，慾則如澤。極沈淪而愈降，恣飄蕩以忘歸。因根接塵，隨境生解。爲寒冰，爲湯火，皆其一念之差；爲鬼蜮，爲豺狼，遂入萬殊之變。原其名數，何可歷陳。我是以廣太上之好生，推妙嚴之濟衆。酌黄華於東井，蕩爾形骸；耀丹治於南宫，陶其靈質。宿業不存於故想，化機更造於新成。不溺不焦，爾可以見本真之不昧；能流能焰，爾可以驗道氣之常行。承茲三景之開，明即詣諸天而受度。更無退轉，並樂超升。

正三門❶

華蓋北瞻天帝座，蓬萊東擁道家山。

啓玄殿

只尺天光開玉府，萬重道氣見金容。

正薦位

雙鳳駕雲開輦路，群龍環日護天香。

❶「正三門」前，有標題「門帖」二字。

總真殿

春當霄漢三台貴，朝步星辰四輔尊。

萬法宗壇門

緑章封奏通三景，絳節趍朝引萬神。

殿後西門

玉殿受鼇春意滿，竹宮拜貺景星明。

北斗殿

慶雲郁穆承天闕，景緯昭回共斗樞。

殿後東門

仙音縹緲鸞凰合，神衛森嚴虎豹閒。

景曜殿

三光合景扶元氣，五緯齊明報德星。

寥陽殿

五文結篆間天極，九氣生神象帝先。

朱陵府

九華曲蓋迎司命，七寶芳林主好生。

齋厨

金鼎蟠龍甘露溢，玉芝成象大庖盈。

齋堂

報聞千歲蟠桃熟，約取九霄飛佩來。

茇郭

莫就此間存活計，便教向上得光明。

祭風伯文

維風有神，在巽之位。地附天而不墜，持舉於中；陽旋陰而時行，扶搖直上。今則至尊有禱，上帝來臨。伏願宣靈氣於八門，穹祇翕合；卻飛塵於九地，宇宙廓清。

祭雨師文

恭承帝命，祗祀雨師。出雲氣於山川，彌綸瓊闕；濯天章於河漢，飛洒玉都。今則肇起玄壇，導迎法駕。伏願六龍調馭，順和協於陰陽；萬物潤滋，肅澄清於天地。

長春宮祈福保安齋意

上天眷佑，❶長貽宗社之隆；至道冲盈，式衍邦家之福。屬偶嬰於疾疢，爰謹事於禱祈。伏願聖鑒昭回，祥光旁燭。身逢

❶「天」，類稿本作「帝」。

康泰，暨中壺以平安；運協壽昌，與多方而寧謐。

青詞

治平之運，仰荷洪庥。疾疢之生，敢忘忱禱。爰命羽衣之士，敬敷寶笈之科。伏願五帝儲華，三光協德。身康彊而逢吉，有永壽祺；國清浄以無爲，均蒙福惠。

崇真宫祈福保安齋意

丕承付託，仰資天地之和；祇有啓居，偶感陰陽之沴。喜遄臻於康復，爰謹致於禱祈。伏願輯福上躬，錫禧中壺。前星炳焕，協家國之尊安；景貺熙明，及臣民而定壹。神明垂祐，❶丕顯隆平。福履愆和，偶嬰疾疢。敬祠琳宇，備蕆琅科。伏願景貺來臻，壽祺永錫。康强逢吉，承宗社之安；化育成功，長乾坤之造。

祭海神文

潮失故道，犯我鹽官。有司捍防，民力既殫。閲歷歲時，靡潰兹害。浙郡多下，恐就淪敗。民實何辜？不德在予。相臣來言，交修用孚。乃勑中外，悉智展力。相爾有臣，❷亦克受職。我土既固，民生底安。六府治修，報祀萬年。

❶「神明」至「之造」五十二字，類稿本另爲一文，題作「青詞」。

❷「臣」，類稿本作「神」。

祭伍子胥文

爾以忠隕，主潮于吴。潮今爲灾，吴其沼乎。爾其揚靈，具訓海若。俾安其常，毋作民虐。既止既安，民遂有生。爾作明神，永有令名。

大龍翔集慶寺正殿小上梁文

伏以龍光有赫，象教方興。式嚴前殿之崇，祇奉祇園之勝。上棟下宇，方締構於良工；細桷大宗，並具材於貞幹。成規斯在，願力維弘。伏願天相聖心，佛加神運。百重闌楯，移來天上之慈雲；萬歲山河，永鎮人間之福地。

吾殿小上梁文

兜率化宫，移來地上。梵天新刹，示現人間。坐延衆佛之臨，殿有四阿之制。鉤心鬥角，先崇締構之宜；審面飭材，已具經營之素。式觀地架，儼若天成。伏願龍象翊扶，鳳皇翔繞。丹青金碧，赫然佛日之輝；黼黻文章，永著皇風之盛。

大龍翔集慶寺正殿上梁文

伏以虎踞龍蟠，即淵潛之佳地；雲興霧滃，建梵釋之新宫。巍巍中正之居，赫赫大雄之座。欽惟欽天統聖至德誠功大文孝皇帝，惟天爲大，如日之升。經綸既正於洪規，崇信不忘於願力。美矣善矣，大成舜帝之箭詔；經之營之，匪爲文王之臺沼。我佛有護國救民之助，吾皇示報功崇德之心。黃金滿布於祇園，華構上移於兜率。式崇大殿，爰舉脩梁。相我工人，陳兹善頌。

抛梁東，日上扶桑散曙紅。鹿苑珠璣涵曉露，鐘山草木動春風。

抛梁西，石城突兀護江堤。舊遊曾見群龍舞，望幸猶聞六馬嘶。

抛梁南，蒼龍曾此卧江潭。風雲會合千峰一，山谷傳呼萬歲三。

抛梁北，瞻望帝星臨萬國。山川誰爲地東南，形勢只知天咫尺。

抛梁上，白玉毫光千萬丈。吾皇還似覺皇尊，龍象人天皆拱向。

抛梁下，亦有帡幪千萬厦。彌天法雨本無私，滿月明珠寧有價。

伏願上梁之後，皇基鞏固，紺宇尊高。紀億萬年，共祝聖神之壽。遍大千界，同沾殊妙之恩。萬歲！萬歲！萬萬歲！

吾殿上梁文

伏以浴日九淵，現禎符於鐘阜；承天八柱，建名刹於冶城。❶爰開方廣之筵，用祝周阿之殿。欽惟欽天統聖至德誠功大文孝皇帝，清明有鑠，故舊不遺。鷺起新河，萬斛綵舟之容與；鳳歸天闕，七重寶樹之檀欒。凡轍跡之所臨，宜珠光之共護。脩梁肇舉，善頌斯陳。

抛梁東，萬丈紅光接寶宮。古佛昔來龍繞座，高僧時謁錫飛空。

抛梁西，長安日近碧雲齊。但依貝

❶「刹」，原作「利」，據類稿本、四庫本改。

闕瞻龍象，即是鸞輿慰耄倪。

抛梁南，千年王氣現優曇。浴龍池水皆功德，擁日山峰盡翠嵐。

抛梁北，上意每憐江樹碧。紺宮留鎮國南門，華蓋瞻依天北極。

抛梁上，紫蓋紅雲春蕩漾。舉頭見日庶民心，思佛思君同一想。

抛梁下，慈雲恩雨均沾灑。三年以至萬斯年，長樂昇平承福嘏。

伏願上梁之後，皇風遠播，佛日同輝。四宇八荒，總被覺慈之化；億靈萬載，永歌帝力之加。萬歲！萬歲！萬萬歲！

道園學古録卷之二十六

道園學古録卷之二十七　歸田稿

雍虞集伯生

東皋賦 爲趙德莊作。

出東郭以騁望，得逶迤之方皋。窈窕脩筠之舍，盤桓嘉樹之高。秀野緑縟，長渠翠濤。界畦疃以分畫，列藩籬乎周遭。汎崇蘭於舊畹，薦幽澗之新毛。鳶魚樂兮，天光雲影之動蕩；虎豹蔚兮，山輝川媚之薰陶。結幽居以静好，不窺園以爲遨。或視明星而弋鴈，或饗朋酒而炰羔。其有棄繖屨於軒冕，託遺響於歌騷者乎！吁嗟惟麟，黍稷在畿。眇故封兮江海，悵王孫兮不歸。載耘載耔，載裳載衣。忽十世其將遠，挺三君而奮飛。奉賢書以造廷，並策名於常旂。鸞翔鳳翽，赫其有輝。值炎精之既淪，遽斂翮於熹微。於穆季侯，知德者稀。中田有廬兮種瓜，北山無蹊兮采薇。悄悄隱憂兮顧懷，懇懇菑畬兮疇依。慨膚士之不億，懼俯仰之多違。侃侃廣文，特起無儔。内有明賢之助，外嬰憂患之酬。二親高年，一身百謀。煦煦陽春，英英涼秋。屢專席於名郡，常曳裾於諸侯。觴詠不間於絲竹，旨甘頻及於交游。積累之勤，百福是遒。婉婉子孫，食德不渝。❶嗟予少時，迎于名門。揮弦飛鴻，垂綸遊鯤。老至不知，車懸身存。夕草載露，黯然銷魂。訊故老於岑隅，索履跡於崖根。秀娟娟兮既長，鬱

❶「渝」字，類稿本作「偷」。

蒼蒼兮彌尊。孰辟世於醉鄉？樂舒嘯於丘園。晨光粲其盈庭，鶴鳴聞于九天。黍稌既豐，華實載繁。俎豆衣冠，古而又文。東皋之人，其昔之桃源也邪？

芝亭永言

古詩四言

環洲詩爲蔡天璧作

溪有清流，環我中洲。雜華鮮明，芳草和柔。詠有文君，鳴有雎鳩。采采遊女，侃侃良疇。載泳載游，在我中沚。遡遡無端，沿沿無止。既采蘋藻，亦有蘭芷。觀彼嘉

魚，一日千里。彼畎彼畝，皆爲方田。分合雍丘，我流璧旋。星迴于天，雲媚于川。君子樂豈，眉壽永年。言命輕舟，言載百壺。駕我乘黃，履我雙舄。汎汎彭蠡，至于匡廬。詠歌以歸，清風載途。

冰雪相看亭

趙君有道之先，故宋南渡時，自東都徙分宜，二百年于兹矣。其大父登進士第，仕至文林郎、湖北憲司幹辦公事。其父兩舉江西轉運司進士，覃恩受官。宋亡，不復仕，城東故地，美竹萬箇，作亭其間而隱焉，名之曰「冰雪相看」。信國公之子平遠宣慰之所題也。有道信厚敦愿，衣冠容氣翩翩然，有王孫公子之遺風。敏稼穡以服徵

賦，謹詩禮以保族姓。無外騖，無妄求，弗變其父之志，以老其身，以長其子孫，是以士君子稱焉。夫元亨利貞之爲德，猶春夏秋冬以爲時也。❶君子觀乎運序以自處，則合於時措之宜而不過焉。方其以振振麟趾之賢，處富貴之極，則大亨春夏之時也。自其來南，族蕃以久，非秋之利乎。其在有道，爲冬之貞無疑矣。冰至堅而不折，雪至潔而不汙，凜然相看，不接於他物，誠得處貞之道也。予聞而善之，故爲之賦詩焉。

挺挺直筠，琴岡之陰。豈無春陽？匪今斯今。高宜於天，下蟠地深。不易其節，侃侃素心。豈無膚敏？白駒駸駸。我獨考槃，樂乎幽林。堅冰在淵，積雪在岑。獨往不迴，悠然行吟。采采紫芝，園綺是尋。還求陶生，撫我素琴。邈乎古人，副我夙欽。

竹林七賢圖

瞻彼脩竹，下臨清流。文石偃隄，華松蔭丘。植表界壤，翦茅宅幽。梁度高巘，臺隱中洲。方床讀書，異宮同休。詠歌相聞，觴豆相求。或蒔名藥，或釣游鯈。課藝嘉植，坐思遠游。濯纓微波，看雲良疇。逸而不放，儼而自脩。泰哉沮溺，邈乎巢由。按圖以觀，永宜春秋。孰若五君？遺其故儔。糟粕塵世，高踪莊周。我懷古人，遯而違憂。安得揮弦？以招湛浮。

❶「秋冬」，原作「冬秋」，據類稿本、四庫本改。

竹溪六逸圖

悠悠逝川，矯矯逸民。攜書相從，敷席水濱。支頤負暄，揮羽却塵。躡屐遠道，隱几重茵。幽響中發，虛觴載陳。投我嘉賓，含和茹醇。優哉悠哉，及茲良辰。山有鳴鳥，郊有游麟。濟濟以寧，我懷古人。

古詩五言

題汪華玉所藏蘭亭圖

衡茅負晴旭，❶有客至我門。共披會稽圖，山木盛繽紛。衆賢坐水次，飛觴汎沄沄。夷曠各有趣，高閒知右軍。幽情付後覽，陳迹感前欣。悠悠千載來，不異更旦昏。探穴問神禹，望海悲秦君。逝者皆如斯，死生固奚云。所以鼓瑟人，思從童冠群。春服沂新浴，歸歟聊永言。撫卷不知老，遐思在茲文。東南極積水，日暮多浮雲。

寄題曹元賓尚書臨流圖王繼學參政畫

昔聞適炎服，中道臨清漪。濔濔蕩荒日，悠悠動寒飈。來者何滔滔，逝者不可追。聖有川上歎，晝夜固如斯。解纓手自濯，浩蕩忘險夷。高人今摩詰，萬里同襟期。抽豪寫幽思，滯雨更題詩。三年反田里，春河釋冰澌。舟楫繫野樹，灌沐晞晨

❶「晴」，類稿本作「晨」。

曦。上堂喜懼集，艱辛謝親慈。入室換野服，登山采靈芝。庶以求年壽，❶豈惟療朝飢。開囊見舊物，感慨深係之。歲晚金石友，看雲立多時。憐我不共看，寄言令我知。來鴻春苦早，去燕秋易衰。道遠不相覿，加餐慰遐思。

玉隆留題

仙真治玆山，重阜隱延廣。沖奧元氣會，運至法靈響。與世作司命，神宇廓弘敞。及門春雨來，玄感副夙仰。摩挲晉時樹，託身何蕭爽。千載抱微息，日月共來往。欲爲黄髮期，日待紫芝長。上天垂光彩，月出江海上。故人不可待，惆悵理歸鞅。

黄堂留題

雲館息塵鞅，夜聞春雨聲。溪水傍階長，仙茅新緑生。曉氣動原野，曠分見夷平。神真昔參合，觀泉宅幽貞。儼然師弟子，歲來會秋清。遺民千載後，高宴從簫笙。因嗟蚤好道，晚歸濯冠纓。矯首望遠海，駕言羽翰成。神仙在平地，崎嶇愧凡情。太乙有移召，中洲良可營。

記夢

夢行衡廬間，千仞過蒼壁。崇高仰神明，深廣下不測。雲雨蓄盤礴，時至如欲

❶「求」，類稿本作「永」。

出。絪緼尚回旋，揮霍忽奔逸。物怪匿岩穴，慺若俟霹靂。黑波汎高樹，木葉走崩石。升身登玄間，縱觀龍變跡。俯視九州野，草木有輝澤。乃在風雨外，手畫素三尺。揮豪極動盪，落墨更沉鬱。圖成示坐人，共笑不可得。顧瞻以踟躕，恍惚增歎息。因之命肩輿，出門聊有適。大術何舒舒，白鶴從數客。略經幽澗濱，便上青松側。憑高望遠水，雙景蕩虛碧。拂石共客坐，芳草藉尻膝。忽然聞鐘聲，睡覺北窗席。

次韻陳溪山椶履❶

頗憶蜀井西，椶櫚每易討。披心割魚子，束皮充彗掃。淛工巧紉履，文織象花草。輕鬆隔沮洳，緩步得堅好。長跪獻圯下，會期後三早。知君貴賤履，陟降恆有道。憐我涉世深，垂誡不待造。兢兢歷淵冰，縮縮奉師保。時行不違矩，庶慊歲年老。

其二

解舄還上方，歸山據枯槁。禁足結僧夏，陳編謝探討。隱几或過晝，凝塵遂忘掃。行庭不見人，誰或踐生草。寔由筋力衰，無復馳走好。前年當此時，嚴召出城早。追度龍門水，賜見沙領道。❷鼎湖忽踰年，始克罷趨造。感君素履詠，幽貞可長保。番番茹芝人，長歌豈知老？

❶ 此題，類稿本作「次韻表兄陳溪山先生椶履三首」。
❷ 「領」，類稿本作「磧」。

其三

六月乃屢雨，良田不憂槁。獨念桂林戍，觸熱赴南討。道路備攘掠，所過淨於掃。縛人夜送軍，吏卒何草草？蠻獠亦人類，義利啓戎好。尋原可制亂，機要貴及早。夜來送者還，頗言暍横道。諸軍四面集，同月約皆造。誰爲飢渴謀，性命安可保？藜藿雖滿槃，對之令人老。

浮丘公吟寄赤城陳道士入山有遇爲溪山壽

浮丘生上古，形神蓋不泯。説詩秦漢間，安知非斯人。世俗苦淺迫，無能信真淳。雨雲不待族，飛光越窗塵。豈知有道者？千歲一息勻。金精歷可錬，色重無磨磷。蒼蒼紫玄峰，只尺天北辰。神明寂已定，尊高此依因。握機禀元化，同流溥無垠。所以赤城子，從師踐荆榛。三周日却中，志確神乃親。廬間玉雪相，旭陽射光新。稽首受餘啜，骨换非昔民。不遠恆在茲，睠然願知津。先生旦有聞，爲恭若逡巡。賤子請執御，端軏駕飛麟。

爲燮理普化題陳立所作龍眠山圖❶

燮侯起高科，得邑舒水上。民淳事稀簡，田野甚夷曠。戰争遺跡泯，山水良足賞。幽棲南昌尉，英爽赤壁將。古仙家白雲，美人化黄壤。岧岧龍眠山，一士獨可

❶「立」，類稿本作「宗紀」。

尚。高懷托千載，妙畫極群□。❶向來讀書處，春雨草木長。夷遊昔賢遠，瑶席共來享。彈琴坐終日，微泉散清響。來者安可期？徘徊以怊悵。畫圖記彷彿，聊以慰遐想。

和陳溪山韻

幽人愼素履，古道思獨往。瞑目登高臺，浮雲不足上。丹砂煉仙骨，沆瀣濯神爽。遠懷澄江静，❷耿若孤月朗。河漢自傾注，山川邈游想。斂跡倦飛翼，歸耕故時壤。好風從東來，空谷感遺響。詔書薦遺逸，郡府屬高仰。聊持東湖水，往助敬亭賞。

和陳溪山送蘭花韻

幽林有蘪蘭，菁菁秋不衰。憐彼采藥人，不識敷榮時。涼風動緑葉，清露生華滋。世傳神農經，圖書竟空披。深根寄連茹，藉以瓊瑰詞。同心求爲好，豈但服食宜？先民昔有言，所貴希見知。舊聞絶行仙，挽有童孺姿。❸南陽有黄華，西山多紫芝。度世未聞道，咀嚼空莖枝。湛一保沖炁，執御正不奇。靈苗無助長，無爲以熙怡。始信斷金利，終古真不移。千載同一息，敢忘君子期。

❶「□」，類稿本、四庫本作「象」。
❷「澄」，原作「登」，據類稿本、四庫本改。
❸「挽」，類稿本作「晚」。

送空岩印公還徑山

東出楞伽室，西望香爐峰。曲折披翳蘿，蕭條倚枯筇。然燈共過夜，曝日忽經冬。天山斷緣想，海國識行蹤。忘言及生滅，抽簡托踈慵。追憶塔中相，表兹雲際封。螭父謝五鳳，永護煩雙龍。

題張觀海所携虛舟竹所二毛圖

虛舟倚亭皋，脩竹相因依。水木有清華，魚鳥淡忘歸。鷺群晚色静，鶴羽傍林暉。似是鑑湖曲，幽栖掛朝衣。古道日已遠，昔人相見稀。蒼茫寫雲霧，蓬壺是耶非。

送龍翔高獨峰上人還金陵

承詔寫宮榜，馳使出丹闕。黄金射江海，光景依日月。邇來垂十載，感遇嗟白髮。神靈在雲漢，畎畝慨明發。祇園何潭潭，夙志返超忽。幽士住精舍，諸妄久息歇。浩劫鑑止水，高峰獨峭崒。觀察勝願力，知我心兀兀。清風不可執，振錫出林樾。

送海東銛上人十首 用雲霞出海曙，梅柳度江春爲韻。

積水衆鷗滅，春空藹餘雲。掩室坐脩竹，天花散繽紛。上人東海客，來去何見聞。飛錫還日下，珠宫浪沄沄。

日色出海水，千波散明霞。一杯承足來，九載不爲賒。要觀香爐峰，折蘆長風沙。微吟動林響，蒼龍送浮槎。

我昔參泰霞，東望候日出。子從日下來，海水中蕩潏。坐受龍女珠，簾垂夜光室。持還定何有？長空斷鴈一。

爲法不辭遠，遨遊歷年載。衣中得故珠，終夜動光彩。還持一支葦，歸泛萬里海。駕言乘桴行，沙際如可待。

旨蓄崇虚豆，生芻長冰署。無堪餉遠客，桑下若爲住。行囊掛屋壁，破榻夜風雨。神光發慧劍，耿射東海曙。

燕坐共禪月，行吟向孤梅。有懷匡廬山，老人岌崔嵬。洗鉢三峽水，振木東林臺。乘槎動歸思，欲去更徘徊。

山居如老禪，坐致不請友。何方簷下雲，識我門前柳。翠竹不碍山，黄花紛在手。未覺酬對難，離妄亦無取。

老胡昔東游，勝士乃西度。到岸無彼此，不憚費筏屨。要之心本空，一了不移步。龍宫解相迎，黄金已先布。

百鍊成利器，千金來海邦。清霜凝秋水，國士歎無雙。持正行正令，魔邪孰不降？觀子製名字，高風凛寒江。

止觀覓心要，律儀檢凡身。密言轉相付，海刹幾秋春？奇哉善根熟，一徹無逡巡。子來得何法？歸報日邊人。

楚石琛藏主自蔣山歸却欲就叢林閱藏同舟清江之上賦此贈之

手携北山雲，却上西江水。月明洲渚生，葉落風不起。虚舟不移棹，寒波釣金鯉。銀河轉碧落，北斗去天咫。龍吟匣中劍，虎躍弦上矢。殺機誰敢當？吹毛豈輕試？貝葉啓千函，木榻脱雙履。惟應勝壁觀，悠悠度年歲。

題東郊山房

秀挺東郊山，雲氣常覆之。林丘翳幽潛，流泉發芳滋。盤桓在中谷，良疇漾清陂。開堂直岡景，長年誦書詩。孝友夙所敦，求道遠有師。雅志尚端潔，凡近諒難知。康樂昔賜履，詠歌足遐思。啓書訪前聞，往跡無所遺。瞻彼南澗松，深根連喬枝。亭亭植高節，鬱鬱含令姿。衆木不同泯，悠哉副深期。

題蒙庵爲黄石谷賦

東南有高丘，下臨萬家邑。汪洋浹春潤，沃衍盛秋入。群山若浪波，起伏翠重襲。靈運好奇險，高平罕相及。幽人園綺間，周覽度原隰。隨山導清泉，積石拾層級。結庵以蒙名，果行信所執。良時一來游，朔月九交十。門當星斗高，隴卧風雨濕。一川燈火歸，賓從雜車笠。登高愧能賦，騰身竦山立。

爲黄氏賦大雅詩

岐山鬱嵯峨，鳴鳥昔有聞。周公盛制作，經綸以彌文。朝事接燕饗，勸勞兼賓軍。肅雝述盛德，工歌贊前勳。流蕩桑濮靡，何由返咸雲？陳肆輒有見，吴季真不群。公子有古絃，歷然宫徵分。大雅忽有作，青春日方殷。高堂以居之，樂康永欣欣。

己卯十月廿二日從宜春郡幙嚴伯威觀南軒新閣登舟有賦却寄同游者劉粹中賢良

茲郡多美泉，小大各有神。深潤浹温厚，草木何光新。披圖閲名世，顧皆仙佛人。退儉寡外騖，懷哉此良民。退之文既遠，泰伯學未醇。昔我朱與張，遺言存縉紳。東湖有新閣，下臨南澗濱。周眺忽已晚，皎然仰空旻。虹梁亘溪流，落日車馬塵。曾丘間叢祠，鍾鼓嚴昏晨。江潭嘆摇落，名邦感宜春。爲治古有道，川原隨所因。華構相爲雄，大雅竟誰陳？移舟古峽口，西望蒼嶙峋。浩蕩無與語，逝波絶垂綸。

秋　堂

秋堂者，臨川吴生文明之親舍也。生才甚清美，賦詩婉麗，無塵滓之汩，觀其同門未之及也。昔胡邦衡以詩人薦朱文公，大儒豈以玩物以成名哉？性情之正，沖和之至。發諸詠歌，自非衆人之所能，而士大夫各以其見見之耳。生未可自喜自畫也，是以爲賦《秋堂》詩云：

閭巷多囂塵，秋堂獨高深。有子能讀書，幽懷發微吟。❶天高風露下，澗泉落危

❶「微」，類稿本作「長」。

岑。神仙絶飲食，穢濁無留沉。所以聽夜誦，共愛風滿林。神清易以哀，情長恐成淫。大冶昔有作，九牧歸吉金。敖樞下五石，工成振鴻音。宣風萬物暢，神祇肅有臨。鳳鳥鳴岐山，人文示來今。候虫入床下，嗟哉苦勞心。

清風拂高堂，舊席忽已除。❶下堂具甘旨，上堂列琴書。垂紳夙夜至，再拜問起居。誦《詩》已三百，習禮少壯餘。納交君子室，執御長者車。爲樂古之道，誰能笑其迂？

題雪泉齋

長河沍凝合，微泉自温活。蛟龍依以生，抱困待春發。南雪不到地，流泉常在山。飛英散絶澗，流澌響潺湲。融結各有方，不息在無二。觀兹保深長，乃得養生理。濯尊薦寒洌，春陽向熙怡。君子遠莫致，永言以相貽。

平江開元雪窗光禪師訪予臨川山中其歸也予與賓客用一雨六月涼中宵大江滿分韻送之不足予爲繼之而予分得一字

積雪何處高？蜀山最峭崒。海東極孤絶，目送斷鴻一。徘徊桫欏樹，宴坐但空室。園果墮宿雨，當晝從定出。八月露水繁，石鉢滿華蜜。相會豈無因？分床便深密。

❶「席」，類稿本作「暑」。

賦彭氏静深堂

君子憺無欲，淵然事幽潛。貞居觀物初，天機引休恬。寂寂象愚朴，容容無斁厭。群動不知止，謀思墮鈎箝。反息不及踵，乘舟膠漸漸。豈知本湛一？不與利欲兼。圖書發聖緼，受命乎不占。戒慎保靈秀，先幾發微纖。進善取損益，閑存日惟嚴。浩浩厚有積，悠悠浸何淹。盈科以時行，小人慚屬饜。虚堂積雨霽，光風草侵簾。空洞溥龍澤，止水澄秋蟾。善學在年富，勇哉副遐瞻。

秋山行旅圖❶

春夏農務急，新涼事征游。飯饃既盈槖，治絲亦催裘。升高踐白石，降觀索輕舟。試問將何之？結客趍神州。珠光照連乘，寶劍珊瑚鈎。乘馬垂苜蓿，縱目上高丘。策名羽林郎，談笑覓封侯。大行何崔嵬？日暮摧回輈。古木多悲風，長途使人愁。羸驂見木末，足倦霜雪稠。谷口何人耕？禾麻正盈疇。出門不及里，酒饌相綢繆。壯者酣以歌，期頤醉而休。安知萬里事？有此千歲憂。

爲題馬竹所九歌圖

屈子久去國，行吟山澤秋。思君不復見，婆娑感巫謳。仰瞻貴神遠，俯慨深篁幽。衝波起浩蕩，玄雲黯綢繆。初陽翳扶

❶「秋」上，類稿本有「題」字。

桑，莽蒼蕩海漚。渺渺君夫人，遺玦在中洲。壽夭乘陰陽，孰知制命由？慨然長太息，悲歌寫離憂。想象以惝怳，開卷令人愁。

清明山房詩爲危太朴作

矯首望太清，正色蒼以玄。皦皦何歷歷？日星高轉旋。游塵雜氛氣，起滅尋丈間。容光見擾擾，孰與爲控摶？所以學仙者，凌空怡妙顔。質化入常寂，凝暉托空山。據會觀往來，生死何足患？妙哉太朴子，難爲世上言。

次韻太朴良友對何仙舟讀書山中見懷之作

得謝荷休澤，消摇在巖阿。結廬庇風雨，樊圃搴藤蘿。塞坐古人書，日夕猶詠歌。追念少壯日，玩愒亦已多。兢兢事補塞，奈此遲暮何。美人百里内，邈若隔山河。興懷貽好音，緼藉三春花。報言慎芳歲，卷石崇巍峩。

道園學古録卷之二十七

道園學古録卷之二十八　歸田稿二

雍虞集伯生

芝亭永言

古詩七言

江樓看劍歌書趙子昂劍銘後

豫章高秋宴高閣，乃出此劍相娛樂。當時冶鑄絶精英，土蝕沙沉更銷鑠。遺質所存如冷電，江光不興晝光却。神光内閟氣逾深，識察誰能動冥漠。等閒千年不一試，壯士酣歌謾揮霍。嗟予衰朽雪滿顛，空對涼風起天末。或言江中有蛟孽，當煩仙人下寥廓。吾故臨風拂其鍔，俾伏崖陰無敢作。

劉忠肅公之四世孫中書舍人諱震孫之曾孫益之題其居曰雲松巢予家與劉氏累世之契故爲書忠肅公文集之首詩三篇并賦此詩與之

丞相昔遊泰山頂，天風浩浩春晝永。玉檢微茫不可求，但覺靈霞熟丹鼎。白日人間如水流，前代衣冠成古丘。悠悠憂患何足計？直道千年横素秋。徂徠之松數千尺，東連海上莫煙碧。中書偉人如玉立，每向南風望東北。濁世公子何翩翩？却憶匡廬還謫仙。夫容出水耀初日，五色光新天爲妍。我今僑居廬阜側，西視峩眉歸未得。豈無雲錦晚相娱？月落終懷雪山白。森森喬木魯東家，河間禮樂更光華。勿忘先世舊遊處，吾秣爾馬膏其車。

吴興趙子昂十馬圖

昔在秘閣見十馬，云是韋偃之所畫。此圖位置略相似，心神偶同豈臨寫？馬種本自渥洼來，灌濯清泉更瀟洒。常恐一旦風雨至，蹙踏波濤遂神化。豪雄意氣今豈無，未見深沉如此者。君看最後臨岸驄，自是真龍無世價。

畫馬

百年升平却走馬，立仗天閑常見畫。蕭灘灘頭八十翁，却寫西來大宛者。高蹄如鐵項如鈎，風鬣蕭蕭苜蓿秋。常見貢來騎不得，長嘶要蹴崑崙丘。

題畫

連昌宫裏古牆陰，積雨過春黄竹深。老樹無枝交屈鐵，立石有書名錯金。吮豪池上寫幽鳥，承恩春日風光好。當時執戟今白頭，却對蕭森倚秋昊。

空山歌

高空之山聶公宅，稚川作圖纔數尺。秋天薄雲千仞表，春雨喬林百年物。憶昔侍郎鎮成都，將佐盈庭賓客趍。錦官城外笳鼓發，駟馬橋邊高蓋車。先廬舊在小東郭，丞相祠堂同寂寞。嚴公同訪杜陵家，退之亦到淮西幙。峩眉嵯峩久不歸，江水娱人秋日暉。坐看蓬萊變桑海，自古南城天下稀。公子親迎陳氏館，我初至撫猶弱冠。看君揮翰甚風流，豈想重逢鬢毛换？君言中間一再來，數見先公胸次開。鶯花風雨必求友，水竹園林持酒盃。嗟予晚歲始能退，寧有文章驚海内。平生不受簡書畏，故家高致君應最。圖中山色積翠濃，雖欲舍子將焉從。蜀人相如最能賦，行倚山木歌高空。

爲燮玄圃題鼇溪春曉圖

夫容山陽萬家邑，石嶺戴轍縈紆入。溪水西行夜雨深，連材桑柘春雲濕。昔因荒迥少官府，日莫狐兔作人立。自從置縣二百年，稍有衣冠更俗習。讀書進士比舍聞，潤屋黄金亦家給。山中白日浮雲多，負乘因仍足車笠。燮侯世胄國勳舊，射策君門耻沿襲。朱衣作監列星宿，遠人豈意高軒及？援琴不鼓書牒稀，彈鋏無魚賓客集。綉衣使者停車見，黄堂大夫下床揖。登高望遠送飛鴻，攬轡騣騣度原隰。人言桐鄉人愛我，我愛桐鄉重於悒。畫圖千疊山木稠，茇舍蕭條莫忘葺。

題馬竹所畫

霜清木落江海空，一棹歸來何處翁？雙松千歲如鐵石，爲爾回薄旋天風。憶昔神龍劍所化，夕卧滄波弄明月。望中冉冉雲氣生，直接銀河上瓊闕。

霍元鎮規模董北苑米南宫父子寫山水雲物殊有標致見示春江捕魚圖遂賦此

春江聚網萬魚急，漁人相讙魚相泣。負薪深山何處樵？利害相乘不相及。海鷗冥冥秋影微，黄葉江南一棹歸。人間得失兩無迹，不廢山水舍清暉。

南　岡

華蓋三峰立天表，山北山南青未了。曾看雨雲出太虚，幾送餘霞落飛鳥。岡頭春歸露未晞，梧桐鳳皇相因依。卧龍之孫思外氏，悵望輝光生翠微。

題何大夫畫馬

國朝畫手何大夫，親臨伯時閲馬圖。伯時絶憶鐵面語，放筆驊騮懷此都。此都大夫八九十，千馬萬馬在胸臆。偶然數驀落江南，捲束上箱謝槽櫪。

同開先南楚悦禪師觀息齋畫竹卷於崇仁普安寺煜公之禪室蓋煜之師一初本公所藏也因記延祐甲寅息齋奉詔寫嘉熙殿壁南楚與之同寓慶壽寺同予時爲太常博士俯仰之間已爲陳迹乃題其後云

嘉熙殿裏春日長，集賢奉詔寫蒼筤。邇來二十有五載，飄零殘墨到江鄉。匡廬高人昔同住，身見揮毫鳳鸞翥。木枯石爛是何年？脩竹森森長春雨。

題村田樂圖

尺素自是高唐物，瑩如秋水宜設色。何人畫此畎畝間，二三老人若相識。茅屋蕭條古樹下，農務未殷牛在野。或伶鸜鵒脱籠縶，或弄獮猴笑真假。老翁政自如兒嬉，高髻襁負相扶持。古時枌社祀田祖，移饌高亭隨所宜。抱甕初來未貯酒，亦有生鵞宛延首。村優競携樂真至，❶犬怪雞驚兒拍手。拄杖出門欣見賓，雜華滿庭生好春。歲時無事得如此，擊壤何必非堯民？騎驢過橋殊矍鑠，携具荒陂來赴約。定知張果千歲人，游戲人間共盃酌。

柳塘野鴨❷

江南水退秋光淺，風柳參差萬絲捲。鴛鴦在梁鳧在渚，蕩蕩扁舟去家遠。千艘轉海古長策，白粲連江動秋色。斷蒲折葦

❶「真」，四庫本作「具」。
❷「柳」上、「鴨」下，類稿本分别有「題」字、「圖」字。

野水闊，❶爛爛明星且將弋。翠盤擎露夜深寒，玉色亭亭落月殘。太液池頭黃鵠下，夢中曾見畫中看。

丙吉問牛喘圖

少陽用事春猶淺，丞相公行問牛喘。三公職事知者稀，嗟彼德微蒙策免。天子有道守四夷，中心無爲日萬幾。遠有甸服近有畿，夙夜明哲發裳衣。

江貫道江山平遠圖❷

江參去世二百年，翰墨零落多無傳。人間幾人寫山水？誰能意在揮毫前。昨見石林舊家物，春雷疊嶂初破墨。我和葉詩頗豪放，三者相望都突兀。險危易好平遠難，如此千里數尺間。高雲舒卷非散地，麗日照耀皆名山。我持美脯酒一斗，墨汁盈盤可濡首。江生精神作此山，向山呼生當至否。高秋銀漢天無雲，帷中泠然來夜分。黃茅嶺頭華蓋頂，畫我獨訪浮丘君。

爲汪華玉題所藏長江萬鴉圖

雲巢幽人愛江渚，抽思揮毫寫横素。波瀾不驚潦水盡，秋氣晶明絶煙霧。征帆去棹不相襲，岸曲洲旋總堪賦。孤村城市僅如蟻，百丈牽江直如縷。蕭蕭木葉洞庭波，歷歷晴川漢陽樹。蒹葭宿鴈天欲霜，叢葦寒鴉日云暮。就中樓觀何王宫，想見華

❶「闊」，類稿本作「閒」。
❷「江」上，類稿本有「題」字。

年貯歌舞。丹青倒景駭靈怪，粉黛含情怨幽阻。青春遊子澹忘歸，白日泠風帳中語。人間遺迹何足留？最惜精思墮塵土。郭熙平遠無散地，小米蒼茫托天趣。銛鋒鋩戟不破墨，刻畫晶熒昔誰苦？渤海細書藝文草，精絶戈波絶回互。南唐後主《萬鴉圖》，點點晨光動毛羽。昔年曾見今目昏，雖復逢之亦難睹。汪侯此卷出故家，❶相示摩挲極愁予。香奩犀軸見者稀，謾録餘情示來者。

盤車圖❷

大車轔轔牛駕軛，西望大行雪千尺。往時飛挽實長安，百兩仰關過阡陌。亂流十里九屈曲，水濺車箱沙没轂。前和後應日云暮，王事有程車下宿。旂旐央央昔臨洛，東南會期出方嶽。侯伯有位賦有差，載幣瞻迎來若若。君不見海艘百萬乘天風。京坻連雲多腐紅。天子視朝大明宫，千乘萬騎來何雄？

贈羽士費無隱

東望雲林三十六，聞有仙人結茅屋。清露零零采紫芝，白雪深深斸黄獨。國初山下苦流離，義士傾家救世危。百年孫子俱華髮，誰解燈前説舊時？聖恩深重絶征戰，猶慮寒温資瞑眩。身着黄冠寫古方，薄素細書三十卷。相從寂寞久者誰？禹穴山頭一布衣。鬟如鴉羽顔如雪，跳入壺中

❶「故」，類稿本作「世」。
❷「盤」上，類稿本有「題」字。

夜不歸。市人扣門呼不應，光影俱消聲色泯。但言解隱不言無，不道本無何所隱？我欲作丹須水金，人間無藥不堪尋。青霞如練還相覓，華蓋衝天丈室深。

題漁村圖

黄葉江南何處村？漁翁三兩坐槐根。隔溪相就一煙棹，老嫗具炊雙瓦盆。霜前漁官未竭澤，蟹中抱黄鯉昉白。已烹其瓠當晨粲，更擷寒蔬共萑席。垂竿何人無意來？晚風落葉何毰毸？了無得失動微念，況有興亡生遠哀。憶昔采芝有園綺，猶被留侯迫之起。莫將名姓落人間，隨此橫圖卷秋水。

題韓幹畫馬

韓生觀馬十二閑，時寫一二傳人間。坡翁嘗來伯時宅，見此遺迹開衰顔。前行如雲塵不動，後者追風絶飛鞚。昔人能事已可能，始覺賞識非虚諷。昔觀秘府韓絶少，得見龍眠已驚倒。使人讀詩如見畫，人中豈復生坡老？五雲之中天上奇，代産名駒天子騎。神明尚令後古見，❶莫歎韓生非畫師。

題黄都事仲綱山居溪閣圖二首

出山作官十載餘，聊托筆墨懷幽居。

❶「令」，類稿本作「留」。

連雲一一列眉黛，細雨往往逢樵漁。隣家父老每載酒，隔屋弟兄皆讀書。我久居山不待畫，獨念稚子扶犁鉏。

閣前流水秋愈深，故人東來還見尋。方舟直過彭蠡澤，把釣坐對香爐岑。雲中煙樹差可辨，江上鄉關誰與吟。我欲芳蘭寄遠者，日暮天際多輕陰。

題秦虢二夫人承召遊華清宮圖

貴人並鞚如輕鴻，承恩馳入華清宮。道途先不止行客，策蹇奔趍烏帽風。奚囊墮地何足拾？豈有篇章浪相及？畫史當時妙墨傳，光彩流動狂情急。君不見白頭拾遺徒步歸，明眸皓齒事皆非。朝天泥滑神封事，高閣雨餘宮漏稀。

方壺畫山水歌❶

方壺之山在海中，世人欲見知無從。壺中仙人閔昏濁，綵筆手開三五峰。亭亭兩箇老松樹，萬壑千崖閱今古。憶昔長從王子喬，坐聽秋風最高處。世人畫山非不多，不識真山奈若何？君看昆侖上丹穴，芝泉玉樹森婆娑。東望方壺應不遠，飛度九州如過電。便從海上問金公，莫待浮杯水清淺。

❶「方」上，類稿本有「題」字。

示冏❶

憶我蚤歲離親側，足自踆踆心惻惻。中年禄廩不及養，人羨清華已驚惕。歸來老病五年餘，閔子謀食躬犂鉏。蓬蒿羅生果蓏異，蛛網微細仍縈紆。星河江上喜非遠，況與良朋適我願。故人念我一相見，暑中尚慎柂樓轉。

律詩五言

玉隆宫所藏宋乾道宸翰雲壑二字

昔者雲歸壑，天章自九重。日華常映鳳，山氣盡成龍。俯仰遺陳迹，高深儼德容。飄然化春雨，結想在高松。

寄忽承旨

投老清江外，依山結數椽。扶藜循水竹，把筆賦雲煙。歲熟無憂食，秋清不礙眠。故人相望遠，北極在天邊。

寄三衢守馬九皋

聞道三衢守，年豐郡事稀。詩成花覆帽，酒列錦成圍。鶴髮明春雪，貂裘對夕暉。扁舟應載客，閒聽洞簫歸。

❶「冏」，類稿本作「安民」。

題朱澤民山水❶

積雪山陰道，嵯峨筆底生。雲門見童子，禹穴閟蛟精。高卧人何在？幽情幾詠成。杜陵空想象，晚飯梔樓晴。

寄題汪道士草亭

飛白妙娉婷，新題照草亭。仙遺相鶴法，客借换鵞經。霧雨歸懸黍，風雲護伏令。遥知春晝永，深坐養黄庭。

黄敬延送竹本

分得瀟湘玉，❷森森忽滿林。香爐來曉色，石檻借清陰。好共芝蘭長，毋令草蔓侵。清風月如畫，老朽要長吟。

聞鴈

樓近煖雲濕，夜深歸鴈低。聲音燈外盡，羽翮月邊迷。冉冉白榆上，悠悠黄竹西。應逢穆王駿，春草一長嘶。

錢舜舉畫

一樹花如雪，清明客未歸。坐看黄鳥並，夢作綵雲飛。翠袖寒猶薄，羊車過絶稀。相如能作賦，月下卷春衣。

❶「水」下，類稿本有「圖」字。
❷「玉」，類稿本作「竹」。

山水圖

泛舟桑落浦，望見香爐峰。野水常欹樹，山雲不礙鍾。桃源携客覓，松徑與僧逢。爲託荆關輩，添予九節笻。

丹霞觀黄知微留别

寓館隔溪津，過從厭市塵。振衣清露曉，拄笏野亭春。歸作芝田主，思存黍谷神。松華頻寄取，老去欲輕身。

題馬竹所畫❶

老樹依江岸，歸舟傍釣竿。水花看晚淨，風葉識天寒。鴈字來千里，魚羹付一餐。遠山青可隱，日下是長安。❷

題曹霸馬❸

將軍今爲庶，畫馬寄高情。聚立天風起，長嘶沙草生。飛揚萬里意，淩亂五星精。日暮太行道，悲哉長短行。

答陳溪山元日即事

積雪埃塵淨，光風宇宙新。閒來知惜日，老去善酬春。退密觀群動，憑虛集百神。真人起居法，無一是違仁。

❶「所」下，類稿本有「所藏」二字。
❷「日」，原作「目」，據類稿本、四庫本改。
❸「馬」上，類稿本有「畫」字。

送客北門晨登山木閣

晨登山木閣，❶零雨煖於春。溪水解留客，梅花偏照人。林香知酒熟，市遠覺民淳。此地堪娱老，惟愁度水頻。

次韻陳溪山

移棹避殘暑，開樽就夕陰。冥鴻聊自達，幽草若爲吟。離索連三月，棲遲共寸心。遥怜溪上晚，扶策獨臨深。

又

乘興忽忘遠，相思知幾何？未便塵事少，謾悔世縁多。朝食烹芝菌，秋衣製芰荷。平生但隨運，何地不蹉跎？

杏園詩爲黄思順賦

善藥多陰德，名花種滿園。暄風吹雪盡，暑雨綴金繁。卧護煩仙虎，分嘗任野猨。佳兒足文學，食實似桃源。

寄題棲撫山普潤禪寺

寺在撫州城南八十里，唐普潤禪師道場，師姓翁氏，元和元年二月八日坐化於潭州。有靈異，州人就肉身裝塑。後現夢撫州，太守迎歸建寺。至今遺體堅固如初，靈應尤著。

❶「木」，原作「水」，據類稿本、四庫本改。

高人出世間，未忘鄉里思。靈骨萬里還，深恩千載遺。嘉穀歲恆登，群生無癘疵。古刹抱禪悦，高丘依母慈。寺右有師母墳，名翁家林郎。師故俗家。崇構起積廢，新堂納華滋。今長老秋雲富公所建。東隣有一士，峩冠誦書詩。謂袁徵君誠夫。清秋約杖屨，千步攀松枝。寺後有山，名千步。

寄題許愿夫抗雲樓

城居苦迫隘，層闌上岧嶤。措身方丈間，千里心目超。可以抗浮雲，誰能顧塵囂。儗峴有古臺，遺碑正蕭條。子固若星斗，其魂安可招？　龐公輟耕際，頗懷見淩霄。賦詩托飛鳥，長空何寥寥？

贈劉無作

袖中殘卷在，動是十年前。逝水從前輩，傷情有妙年。博聞誰共學？　孤坐獨求禪。莫恨相知晚，文章倘爲傳。

又贈劉無作

一家俱學佛，之子更劬書。諸老交游遍，真乘究竟餘。治生惟浄業，志養足嘉蔬。爲問龐居士，成能更久如。

道園學古録卷之二十八

道園學古録卷之二十九　歸田稿三

雍虞集伯生

芝亭永言

七言律詩

與燮元溥登仙遊和李浩卿韻

老去江山已倦游，況聞風雨滿溪頭。凝尋黃鵠望松壑，聊伴白鷗經稻疇。山崦有雲堪作供，酒樽無婦可歸謀。從教賓客回車晚，留取衰翁專一丘。

陳可復爲予寫戴笠圖賦詩四首

浮雲滿空無所依，高岡獨行來者稀。仙人冉冉遺松老，鳴鹿呦呦生草肥。伐木遠聞何處谷，頃筐近得故時薇。山中雨來霧先合，此日先生戴笠歸。

南園多竹暑氣微，始來結屋相因依。掛巾石壁晝霧濕，沐髮池水朝陽晞。頻年車馬踐霜雪，六月裳衣無絺綌。鄰翁問舊坐來久，此日先生戴笠歸。

老去懸車百慮灰，西風獨愛菊花開。田家酒熟邀皆去，茅屋詩成懶更裁。欲及天清餐沆瀣，要觀日出上蓬萊。赤松有約應相待，此日先生戴笠來。

捨却鄉人駟馬車，老身全不要人扶。

雲霄一羽山頭社，風雨孤村海上蘇。薄命長鑱隨積雪，多情破帽落輕烏。莫圍玉帶垂朱紱，此是先生戴笠圖。

仙游道士余岫雲爲予從珠溪余隱士求得華山下黄茅岡一曲規作丹室喜而賦之不覺五首❶

華山東下有茅岡，云是毛公舊隱場。清露尚餘丹滿臼，白雲今許草爲堂。冬憑野燒開畬隴，❷春託山雷浄石牀。從此便爲千載計，洞天先拜紫玄章。

茅岡地主古醇儒，乞我岡頭作隱居。嶺上閒雲從管領，澗中流水聽開除。刀耕火種從兹始，雨笠風瓢便有餘。自古詩人多會合，浮丘毛氏不愁予。❸

石人屹立古仙壇，雙澗交流拱一盤。臨水種松須匼匝，就中作室要寬安。洞經即日脩真訣，玉臼逢春浴舊丹。却恐山中添故事，題詩莫與世傳看。

仙游辨得茅千束，華蓋須分屋數間。微咏玉經忘我老，謾調金鼎勝於閒。龍雷變化從舒卷，鶴露清寒自往還。何似綺園諸老者？採芝初不離南山。

茅岡初割一溪雲，玄契華陽舊隱文。謁簡自題香案吏，封章先報大茅君。種成和露桃千樹，借與摩霄鶴數群。便是宸清真洞府，不煩夢想託紛紜。

---

❶「予」，原無，據類稿本補。此題前，類稿本有題作「黄茅岡五首」。
❷「畬」，類稿本作「荒」。
❸「毛」，類稿本作「老」。

崇仁監邑阿里仁甫茉莉花盆中折竹插之而生枝葉近年翰林學士薩公謙齋作御史時亦有此瑞朝之士大夫引寇萊公故事以爲徵名其堂曰瑞竹而咏歌之薩公仕東南歷郡守部使者所至有仁政著清節美名耆壽今爲中朝老臣瑞蓋不虚發也仁甫長邑三年清介明恕孚于上下此竹之生父老庶士争走山中相告因取而觀之略寫其狀賦詩以美之❶

華盆插竹忽生根，枝葉青青向曉暾。直節有生資地力，虚心無愧荷天恩。薩公堂上今重見，萊國祠前孰更論。但得清風千古在，常扶笻杖看淇園。

撫郡天寧明極覺講主陪敬齋監郡奉祠華蓋特有高咏三讀敬嘆僕偶共清游輒復次韻衰退不工聊資笑粲❷

三峰宫殿接新橋，❸十月長齋陟翠嶤。朝步仍垂蒼玉珮，登歌還引紫瓊簫。千枝絳蠟連虹貫，五色香雲向日飄。賴有高人陪後乘，輕清詩句似參寥。

❶「所至」，原作「至所」，據類稿本、四庫本改。此題前，類稿本有題作「題瑞竹」。
❷此題，類稿本作「次韻覺明極遊華蓋山」。
❸「宫」，類稿本作「古」。

鄧公信吾契家賢弟比奉憲臺書幣存問衰朽于山中其還也無以爲餞賦此與之❶

幙府秋高寄遠情，飛鴻肅肅度江城。深慚衰朽勞人問，豈有文章與世驚？疏傅多年餘賜盡，揚雄已老《太玄》成。憑君歸致殷勤謝，擊壤田間荷聖明。

故人將命清嚴地，越陌經阡枉見存。松菊荒蕪慚重客，裳衣顛倒出柴門。老忘舊事尋書卷，喜走鄰家覓酒尊。此邑故家無幾在，更崇令德及諸孫。

安成劉雲章漢章兄弟兩秀才來訪一長書一長詩皆有志文學賦此爲别❷

步屧東行好弟兄，束書銜袖見才英。只愁困學孤來問，豈有奇聞外素誠？知道言辭無詭妄，及人事業匪縱横。名鄉自昔多君子，珍重歸來在矯輕。

壽陳溪山生日

西來羇客作南居，來往風流舊不踈。好句每容鄰曲寫，高情不解世間書。温温中夜還丹鼎，冉冉高仙畢道車。千歲相期真有約，九天風露壽尊餘。

秋日同朋游北塔山❸

縣西北塔極蕭踈，投老能來幾度餘。

❶ 此題前，類稿本有題作「與鄧公信」。
❷ 「安成」二字，類稿本作「贈」。
❸ 「山」下，類稿本有「三首」二字。

山木已隨樵斧盡，屋塵猶護醉翁書。遠懷天上多騎鶴，近愛槎頭可釣魚。九日懸匡多細菊，可能無意再巾車。

縣道蕭條北客疎，西人居者亦無餘。春尋道士松花館，秋覓山人柿葉書。太史闕文誰借馬，相君退食尚烹魚。何因得似先天叟，洛下人家總駐車。

歸田多病故人疎，好客相逢樂有餘。老去深盃那解飲，詩成大字尚能書。門生去上青驄馬，道士歸騎赤鯉魚。如此餘生多樂事，誰能七十始懸車。

送尼山廟學彭山長

尼山新作素王庭，春告成功用上丁。徂徠有松充采斲，靈光何殿效丹青。風霆形氣皆垂教，金石文章具刻銘。天子萬年綏福禄，曾孫奉若薦明馨。

游浴湖田舍❶

近郭林泉無可游，行尋田舍逐微流。春眠稍可遠鍾鼓，秋熟或能求豆區。萬里橋邊祠廟古，百花洲畔釣船幽。兒童不解憶鄉里，老夢時時還故州。

題范德機詩集後

抱膝長吟老范兄，寒岩古栢兩同清。東都高節鴻毛遠，南海真仙鶴骨成。遺稿飄零存梗概，孤兒瘦弱賴高情。若無塵外知心友，千古誰聞出世名。

❶「浴」，類稿本、四庫本作「洛」。

溪山翁所居與小雅易君相近翁與予賦詩易君之季子至善輒隨録之遂成巨帙賦此以答其美意云耳❶

横塘煙雨易東家，翠竹娟娟映白沙。綵筆遍題詩滿卷，繡簾長對樹交花。往來二老隨天分，爛熳三春感物華。却問綺園商嶺外，曾無高咏到煙霞。

題徐孟俊屏山閣

題詩遠寄屏山閣，回首人間三十年。❷西嶠依然仙子館，東湖還載隱君船。同時翰墨嗟誰在？滿屋詩書嘆獨賢。欲買一舟江海去，遠看喬木翠參天。

送易用昭❸

詩成長是倩人書，最愛東家織翠裾。遠樹斷雲春雨外，華星明月晚涼初。滿窗柿葉題都遍，短帽梅花畫不如。莫向墨池成久别，鵞群還欲謝崇虛。

和陳溪山雪中雪晴二首

柴門積雪未全開，千樹瓊林豈異哉？鉛鼎微温過半夜，玉經細咏却千灾。江南冰向川流合，天際春隨斗柄回。太華高人觀物表，詩成先寄鶴飛來。

❶此題，類稿本作「與易升」。
❷「三」，類稿本作「二」。
❸此題，類稿本作「與易晉」。

東風先散息寒威，病骨欣然解帶圍。日照瓦溝生淑氣，冰融硯沼漾晴暉。銀旛試戴花枝弱，玉鱠新嘗菜本肥。尊酒欲爲君子壽，除公誰是兩忘機？

和陳溪山立春後三日即事

夢朝金闕見明晨，滉泱窗間積玉塵。三日新春三日雪，一分深雪一分春。柳條封盡芽如粟，梅蕚飄殘實已仁。欲破鳳團銀盌凍，冬温且酌井泉新。

寄陳奉常并序

昔聞朝廷寧廟升祔，奉常陳君新甫，以世冑之貴游，博洽之高誼，特奉明詔，出使江海之上，采上金明材，擇良工絶藝，新作禮器、樂器，求在郡國之書，與通樂律之士，以備一代之盛典焉。鴻儒碩彦，感嘆其委任之隆，非尋常效一職、治一事之凡近而已。故賦相餞，奇辭瑰句，傳乎四方，何其盛哉！僕泊然老懷，未忘舊俗，亦成一章奉寄。

新廟工師謹駿奔，奉常承詔出修門。鑄金就徵楊州貢，觀樂應求季札論。功德頌成諧鳳鳥，文章篆定刻瑶琨。千年製作于今盛，擊壤猶慚荷宿恩。

集自郡城歸溪山翁寄詩并和申字韻垂教依韻再呈殊愧遲拙❶

暮春長日雨兼風，買得江船未及東。

❶ 此題，類稿本作「答陳溪山二首」。

出郭故人邀杜老，輟耕田父訝龐公。謾從脩禊忘溪曲，何用安車遍洛中。旦起紫芝行復長，詠歸先與謝崆峒。

待客花陰午過申，茶香榆火一時新。千竿嫩緑摇輕暑，數萼餘紅墜晚春。坐憶雲林行道迹，夢遊仙島意生身。連根分種如冰雪，來向清池對玉真。

謝陳溪山送蛾眉豆種

種豆南山憶故鄉，蛾眉分種喜封囊。底須飛鵠能銜子，未許蹲鴟共瀹湯。玉椀茶香分瑟瑟，瑛盤櫻顆間煌煌。燃萁煮釜催詩句，❶更約鄰翁共佛床。

己卯秋舟過清江憶范德機

歸來江上鬢如絲，所謂伊人獨繫思。千載清風東漢士，百年高興盛唐詩。離離宿草秋雲斷，采采黄花夕露滋。山水含暉無盡意，他生何處共襟期？

玉堂風日擅揮毫，海上馳驅嘆二毛。太傅竟無宣室召，拾遺空署華州曹。孤兒衣食交遊古，百世文章墓石高。車過不留應腹痛，寒泉秋菊賦《離騷》。

宜春臺晚眺

長沙王子舊層臺，古佛神龍寶殿開。

❶「萁」，原作「箕」，據類稿本改。

秋水繞渠三峽漲，春雲垂雨大溈來。萬家香火絪緼合，四面峰巒紫翠堆。最憶老藤陰覆地，空中幾見異僧迴。

廬陵歐陽德器游京以所藏先世誥勑見原功於玉堂賦此以送之

究公孫子不離鄉，❶封誥于今幾世藏？恩數重懷全盛日，標題猶是故時囊。遠從史館求同姓，未覺輶車滯一方。昭代治平多制作，討論應及漢文章。

送黃子勛❷

從師學道暫辭親，百里西來動十旬。夜讀松林堂下月，晝吟梅萼坐中春。每欣老筆蛟龍走，亦愛幽居鹿豕馴。春服蚤成還再到，永歌同向澗之濱。

書武進縣學記後

縣令之職，有社稷民人之寄，不敢以百里爲小也。有政焉，有教焉，不可以偏廢也。陳君子瑛治武進，脩學校，馮彦思記之，可以知其所系之重矣。崇仁之士觀乎其記，蓋亦有所感而不及爲者，豈非天乎？因邑士之意，賦詩以書其後云。

從容文學聖門優，惆悵吴人獨子游。百里絃歌誰濟濟，千年禮樂付悠悠。邑人此日傳新記，弟子遥知憶故侯。何事紫芝

❶「孫」字，類稿本作「族」。
❷「子勛」，類稿本作「勉」。

三秀地，空聞踈雨過新秋。

己卯臘八日雪爲魏伯亮賦

官橋柳外雪飛綿，客舍樽前急管絃。僧粥曉分驚臘日，獵圍晨出憶殘年。白頭長與青山對，華屋誰爲翠黛憐。唯有寒梅能老大，獨將清艷向江天。

漫空飛絮散輕緜，所異寒威欲折絃。縣令温存僵卧叟，詞人解頌太平年。剪雲爲葉煩相寄，種玉成田不受憐。丹鼎温温千歲熟，樂天事業在知天。

寄賀吴宗師七十壽旦

開府希年正樂康，聖恩錫宴在斯堂。歲周二十逢熙洽，年接期頤披寵光。劍珮總從仙苑集，簫韶還就洞庭張。簪花當日今誰是，試向雲籤閲舊章。

舊德高年荷聖恩，幔亭如宴武陵君。松喬能壽多深隱，園綺來朝只暫聞。千歲天邊觀鶴髮，五雲日下護龍文。山中七日陽初動，遥禮三台過夜分。

和陳溪山元日後雪

瓊妃剪水散春天，坐下先迎華嶽仙。飛步總鳴蒼玉佩，閑居能檢白雲篇。朝元閣近星辰北，獻壽盃深雨露前。白髮舊時香案吏，幾迴七日是千年。

撫郡玄都觀羽士黄一初自京師還得大宗師吴公所爲和詩三篇其一故翰林學士吴先生廿年前廬山中所賦其一則和天師所與詩其一則予在茅山羅山第一谷中送一初詩也臨行大宗師囑之云到臨川即以示予也忽復一歲一初又將北游却賦此一百六十八字託一初謝大宗師古道高誼也❶

和吴先生韻

世外神丹起積痾，窗塵坐見月明過。侯生猶識遺經草，梁甫空成鼓缶歌。柱史通家今昔少，番君分祀子孫多。凄涼遠寄懷賢詠，譜入朱絃久未和。

和天師韻

白髮高居古道山，蓬萊雲氣隱垂環。尚方遍識前朝履，特進仍先法從班。桃李成蹊春日滿，風雲繞坐晝陰閑。梅仙舊隱玄都館，紫陌紅塵有客還。

自和韻

荒陂野色帶餘曛，隴上時逢植杖耘。靈囿鳳麟千載去，玉階鵷鷺此時分。誦詩自託浮丘伯，垂問長勤大隱君。爲報黄茅岡曲舍，簷端盡日宿浮雲。

❶ 此題前，類稿本有題「寄謝吴宗師三首」。

贈武夷道士羅鑑空兼憶范德機

學道應須住武夷，青山緑水不勝思。九天清露三生夢，千古高情兩鬢絲。羽客鑑空猶有鑑，故人詩後更無詩。懸厓仙骨堅如玉，明月長歌覓紫芝。

寄題采石新造觀瀾亭

雪嶺春融萬里來，浮雲天際兩眉開。魚龍夜水星前起，風雨春潮足裏回。尊俎誰陪賢太守，文章莫媿惜英才。無邊李白登臨意，更覓遺碑步紫苔。

某與胡伯友書問疏闊稍久因楚石藏主待謁翹仰高誼賦寄此詩❶

喬木千章萬壑秋，使君清興在危樓。星沉夜水神魚化，霜落寒汀宿鴈留。紅袖烏絲酣楚客，畫屏銀燭看吴鈎。不知肯着枯藤杖，采采芙蓉涉遠洲。

贈楚石藏主謁饒心道六有先生❷

不識南塘第幾橋，翠樓華屋上岧嶢。古文獨許揚雄識，幽興誰爲杜甫邀。伐木

❶ 此題，類稿本作「寄胡伯友」。「翹」，原作「翹」，據蜀本改。

❷ 「主」，原作「王」，據類稿本、四庫本改。

春聲生澗谷，涉江秋影蕩蘭茗。散花如雨携雙履，解與高人話寂寥。

十月朔旦同監邑大用暨僚屬游北塔山

敗壁殘書五十年，重來山色尚依然。田疇稍稔農民喜，官府多閑令佐賢。黃菊不羞蓬鬢改，清尊一聽酒盃延。坐中有客天邊去，金榜春風待鴈傳。

九月與薛玄卿外史會于黃氏溪園陪坐溪山先生談玄觀古仙像

自昔簪纓盛邑東，新堂還見百年風。兩人白髮驚先老，一客玄裳喜暫同。食飲具陳先世業，耘鋤全效野人功。談玄不及紅塵事，盡日溪園樂意中。

會後將登華山按茅岡玄卿先往候予至

石斛金釵感素秋，洞懸鍾乳入山幽。扶衰不是人間藥，聞健聊爲物外遊。雲作衣裳塵不染，詩成珠玉世誰收？石人久立黃茅月，歲歲能來爲客留。

予與玄卿相遇山下別後和朱德嘉韻奉寄重厓賡和再用韻奉謝

茅岡七疊七香車，誰賦新宮蔡少霞？千歲留蹤丹井臼，諸天獻供菜羹瓜。石人雨立春衣濕，崖蜜蜂來晝樹譁。憑仗仙翁須一到，浮丘已遺鹿啣花。

和朱德嘉登華蓋山有賦韻寄薛玄卿和詩未成登山已遇玄卿下山道中足成以寄

相期秋晚命柴車，同看華峰散綵霞。農父苦留秔似雪，山人先許棗如瓜。蛟翻巨石痕猶在，鶴立危峰語不譁。邂逅不留知有意，林臺菊有未開花。

縉山張君榮字仲華來丞撫之崇仁歷兩政六年心平氣順上下相安如一日雖有遠役重勞亦無闕事甚可稱也予之閒居相愛如故舊每懷扈從東道往來縉山道中見其風土之勝民俗之美未嘗不談道以爲樂於其受代調官京師因記之以詩而與之别明年進秩南來觀舊治父老兒童相迎於東門之外又當歌此以爲一笑之歡也❶

昔從時巡出縉山，翠畦緑樹畫圖間。驅車百折龍門險，載筆千峰虎帳閑。麥粉勸嘗銀縷熟，粱炊持獻玉漿還。道傍父老

❶ 此題，類稿本作「送張仲華縣丞調官京師」。

應常好，爲説鄉風一破顔。

馬公同涉龍門道，歎似山陰及武夷。儘有千崖如罨石，但無一棹弄清漪。知君久有鄉關夢，老我能無木石思。抱甕青粱供玉食，饋漿道左野人誰？

太平縣道喜年豐，每出城南訪野翁。粗有軒窗開草木，❶謾留車馬翳蒿蓬。心寬易醉毋多酌，事簡無私亦屢空。好得公田多稼地，長年歌詠聖恩中。

集家世以文學爲業亂離顛沛憂患困苦無敢失墜然學未成而出早涉筆爲文應事而已人或以爲能自知其不足也歸田以來稍得安閑而目疾相嬰學不加進於立德立言之事無有乎爾也是以所作事過即罷不復記録至元庚辰冬臨川李伯宗黄仲律來訪山中拾殘稾於敝篋得粗可屬讀者二百餘篇而録之賦此以謝❷

冰生鐵硯不堪磨，收録殘編夜每過。老病自知才思少，應酬長愧語言多。天人理一非無學，内外篇分豈自訛？只恐玄經終寂寞，空煩彌月駐山阿。

❶「開」，類稿本作「閒」。

❷此題，類稿本作「酬李本黄鍾編文」。

答黄仲律學文之問❶

少學文章慮每周，鄉人未免是吾羞。讀書次第依先覺，下筆流行稍自由。血氣既衰尤帖帖，神明自至但休休。聖賢端緒無岐徑，篤信躬行莫妄求。

重題環翠亭爲李浩卿作

亭深環翠燭光寒，曾與詩人語夜闌。秋色相高風肅肅，露華如洗月團團。莫疑窈窕園歌舞，自愛空閒接羽翰。我憶舊書陰德事，百年應長萬琅玕。詩人謂燮元溥、觀志能也。❷

答馬竹所見示詩韻

黄茆分土勝封留，惟有松喬是匹儔。戴笠不愁山雨濕，倚笻嘗聽澗泉流。玉堂夜永空餘夢，瓦甕春生欲自浮。豈料朝雲停翠竹？能從幙府一來游。

壯氣横秋勢利輕，讀書讀律總留情。争看撤幙清風起，歸拜懸車白髮榮。馬上詩成怜我老，尊前花發爲君清。鳳池緩步春還近，莫厭虀魚斫尾赬。

❶ 此題，類稿本作「答黄鍾」。
❷ 「能」下，類稿本有「兩前進士」四字。

送吴文明❶

山雨窗寒詠《楚辭》，可人同有古人思。冰梅的的開生面，霜菊英英保令姿。詩似仙成隨世换，學如春到只心知。重來宜及東風早，華蓋茅岡長紫芝。

冬至後陳溪山旣以佳句謹用韻奉答

一陽初動反隆寒，久雨山居絶往還。彩筆曉題傳密意，緑樽春泛换衰顔。希夷睡足風雲外，安樂吟餘水竹間。共看往來閒日月，紛紛塵事不相關。

雪夜有懷華蓋山王玉玄

三峰千仞玉穹廬，石骨金筋守静孤。渺渺微陽丹建地，縣縣深息火生符。瓊林撑柱虚明兔，銀海奔吞黑赤烏。持酒相尋行迹斷，人間無鶴到蓬壺。

答盱江聶空山

老去文章不滿車，蕭條家學賴兒扶。從師授業渠能達，對客揮毫我病蘇。春雨解憐轅下犢，朝陽愛及屋頭烏。德星何日賢人聚？膝上瑤環看畫圖。

繞屋看山不命車，天寒翠袖自携扶。

❶ 此題，類稿本作「送吴彤」。

梅花照眼春常健，竹葉怡顔氣倍蘇。復有新雛娱老鶴，莫將舊事憶童烏。畫堂圍煖歌春雪，蜀錦波瀾列海圖。

寄和吴閑閑大宗師

鈞天樂徹洞庭波，野迥誰爲《擊壤歌》。筆硯煙雲塵世隔，鶯花風雨客愁多。傳書稚子空遺簡，伐木樵夫久爛柯。舊識浮丘華蓋近，相思何處看雲過？

答吴宗師壽稀年詩韻

早接雲龍晚散萍，三年交信祝脩齡。公從天上承恩宴，我向山中讀道經。老兔幸分千歲藥，高鴻還借九秋翎。蓬萊清淺人應識，柱杖過頭弁會星。

老子長年藏室居，舊聞星象動江湖。尚方别賜三公舄，維嶽恒馳六轡駒。龍馬河中先聖畫，麒麟閣上列仙圖。從游童冠俱頭白，幾度涼風咏舞雩？

能歌能辨九爲章，無恨才情屬楚襄。巫峽草生春易晚，渚宫花發日何長？玄經寫就池皆墨，國語成來目少光。把筆題詩亦聊爾，坐中何用怪韋郎？

送撫郡經歷海朝宗調官

館閣論思拜命新，風雲近接屬車塵。受釐宣室多清夜，奏賦《甘泉》是暮春。雨過落花行處少，日移高樹坐來頻。知君此日行吟思，驄馬封章又避人。

論撰西清近九天，回頭二十五華年。送人趍召迎新雨，對客停思倚暮煙。染翰朝朝裁五色，吟詩往往過群賢。故人若遇楊開府，莫説韋郎鬢颯然。

寄趙知微廉使

曾賜玄州水玉丹，南征六月海生寒。溟渤宣威辨説誰爲陸，列守文章孰是韓？不驚天蕩蕩，煙塵如洗月團團。故家文獻應催召，拭目雲霄一羽翰。

題致爽樓

易君小雅，雅士也。自其先長沙知録公，老於是邑。子孫守儒業，至于耇者又以醫藥活人。❶鄉邦稱世有善人者也。小雅與余年相近，少相好也。元統癸酉，余自京師還，小雅觴余新樓之上，望眺平遠，山川邑屋，煙雲竹樹，歷歷在目。而易氏子孫或仕或處，皆循循敏藝而敦本。小雅髮須郁然，顔貌充悦，諸子侍立若弟兄之相次也，余深嘆善焉。小雅曰：「樓未有名也，子爲我題之。」余以爲米元章最號善標置，嘗自名其軒曰「致爽」。子之樓，四面皆可觀，而西面獨遠。請用拄笏意，字之曰「致爽」。仍請賦之。

易公屋上有青山，故架層樓擁髻鬟。客至每留風燕外，詩成多在雨簾間。南階竹似兒孫長，東老身同日月閑。若道神仙平地好，便從南郭覓柴關。

❶「耇」，原作「苟」，據四庫本改。

東坡墨竹

扁舟憶上浣花溪，風雨横江萬竹低。石室歸來秋似水，峨眉相對醉如泥。春雷翻石蛟龍起，夕照穿林鳥雀栖。二老何年重會面，爲揮濃墨寫淒迷。❶

白雲間上人度夏

白雲長傍大湖飛，忽向西江度釣磯。彭澤小龍邀共飯，潮陽遷客憶留衣。笋因春雨朝朝喫，橘待秋霜顆顆肥。我自本名無所住，經函松下共柴扉。

寄龍翔寺訢笑隱

贏得歸來休便休，鶯花何處更追遊？閒雲過雨依檐宿，好雨添泉繞舍流。世上文章將底用，夢中塵業又何憂？隨身宫殿香雲裏，還見千峰百海秋。

寄魯學士

往歲樓船過太湖，珠簾翠幙護圖書。泉南五馬傳燈後，天上群龍進講餘。滿座賓朋尊有酒，盈疇秔稻食多魚。趣裝未覺曹參晚，應有賢人載後車。

❶「迷」，原作「逨」，據類稿本、四庫本改。

答甘允從寄海東白紵

海國練衣雪色明，寄將千里見高情。著隨野鶴渾相稱，行近沙鷗亦不驚。江露滿船歌醉起，爐煙携袖憶詩成。秋風遊子偏愁予，誰采芙容共晚晴？

次韻董子羽見寄

家徒壁立相如宅，森列雲山作畫屏。前日遠煩天子使，至今猶詫野夫亭。有來妙句題章草，政爾齋居讀道經。積雪滿庭誰見問，故人千里眼終青。

昔年供奉慚清切，簪筆春明近御屏。一日携書歸菊徑，幾回對雪坐茅亭？女蘿薜荔如新葺，華蓋夫容歷舊經。最憶先生天上去，皇都應見草青青。

次韻答聶空山

惠我名香海上來，講帷還憶舊親陪。微風高閣紆天步，細雨深簾對露臺。滿袖當時携馥郁，孤村此日爨蒿萊。高人雅意相期遠，未覺匆匆白髮催。

寄貞居張先生

司馬先生苦著書，久餐金液目清虛。星辰欲動含精劍，雲霧長隨畢道車。重憶仙翁千仞表，爲脩真籙百篇餘。白頭供奉黄金盡，靈笈何因到隱居？

孫宰金碧山水

昔代香山避暑宫，中天積翠立夫容。雲生金水三春柳，露滴銀床五粒松。飛瀑橋長通窈窕，斷堤人倦立從容。舊時行處今看畫，煙雨樓臺晚更濃。

甲戌四月十七日至臨川沖雲寺祝聖壽齋罷爲賦此詩

郭西寺門雙石頭，水檻相對林塘幽。白花過雨落松暝，黄鳥隔溪鳴麥秋。衰朽虚蒙宣室問，淹遲實愛小山留。爲貪佛日同僧話，滿袖天香念舊游。

蜀人鎦夢良效楊補之掀蓬圖

錦屏山下花如錦，却愛清江野水邊。放筆豈能無直幹？掀蓬方欲鬭清妍。最憐半面欹歌扇，更笑輕身障舞筵。君看上林千樹雪，繁枝何處獨娟娟？

寄吴思可廉使

歲月將題傑閣成，寄來三筆荷高情。知公比任中丞重，念我文慚吏部名。王勃當年神所助，江淹老去夢還驚。尚懷曝日茅檐下，解寫農謡詠治平。

寄南安燕信臣總管

昔同禁苑又經筵，一別于今四五年。太守政成梅嶺北，老夫吟徹野雲邊。愁來每看新題字，夢裏猶懷舊奏篇。頗欲仙茅扶病骨，想能函致到臨川。

遊仙遊山賦詩

仙遊亭子北門東，雲樹煙霞野逕通。秋淨華峰千仞表，春濃仙縣百花中。昔人黃鶴何年去？九日清尊此意同。醉插菊花歸路晚，莫令狂客惱衰翁。

方壺作仙遊山圖

身在山中底用圖，偶然點染出方壺。數株古樹雲連屋，一箇橫橋水滿湖。門外從教車馬過，鐺中不計稻粱儲。等閑真遇尋師者，指與雲間一翠渠。

答錢翼之

吴郡名書盛有唐，流傳風致到錢郎。閉門三月梨花雨，遍寫千林柿葉霜。客看舊題驚歲月，僧將新句度江鄉。莫愁茅舍淹留久，秋菊春蘭各自芳。

次韻聶空山送杏

看遍生紅雨滿林，筠籠遠致百丸金。遥知過熟心先喜，猶恐微酸齒不禁。洗琖便應催泛蟻，封囊何必共來禽？唯當種核成嘉樹，花遶春壇坐鼓琴。

和陳溪山春雪見貽

彌天春雪積塵空，花信今爲第幾風？一色瓊林無別間，九年金粟有餘豐。愁吟野徑雲俱黑，睡起東窗日已紅。幸自與公同此樂，莫辭微醉注黄中。

予少年過薊門酒樓賦此題曰連十八書郡人疑其爲吕洞賓詩也謾記于此❶

耳目聰明一丈夫，飛行八極隘寰區。劍吹白雪妖邪滅，袖拂春風槁朽蘇。氣似酒酣雙國士，情如花擁萬天姝。如今一去無消息，只有中天月影孤。

即事 四月十六日。

卧病丘園忽五年，千官此日正朝天。縣公稱壽邀相共，野老扶藜拜不前。帶拭文犀看舊賜，髮垂明鶴愧初筵。莫言小邑

❶「詩也」，原作「詩此」，據四庫本改。此題，類稿本作「題薊門酒樓」。

天光遠，朝蓋靈芝五色鮮。

目疾偶成二首❶

一任榴花五月開，看如煙霧亦悠哉。靜聽靈響空中發，坐受天香世外來。樂府好邀張籍賦，策書宜共左丘裁。太清絶點誰能畫？一瞬青蓮月滿臺。

木綿鶴袖小烏巾，百事無聞自在身。舊是玉皇香案吏，今爲華蓋洞天賓。看花謾笑如煙霧，落筆那能泣鬼神？聞有紫芝新可食，園公有約願爲隣。

柯敬仲畫古木竦篁

不見丹丘四五年，幽篁古木更蒼然。蒹葭霜露風連海，翡翠蘭苕月在川。憶昔畫圖天上作，每題詩句世間傳。前村深雪誰高卧？亦有晴虹貫夜船。

答盱江石門江秀才

石門山在盱江上，聞似金山及落星。浮石不隨春漲没，道林常見晚雲停。鳥飛空界誰能賦？龍負經函我所銘。此地卜隣多逸興，重來爲寫向幽亭。

夢吴成季真人見訪夢中作❷

竹外旌旗駐馬鞍，兒童驚喜識衣冠。青山春日何須買？高閣浮雲只共看。野

❶「偶」，原作「禑」，據類稿本改。

❷「成季真人」，類稿本作「宗師」。

簌不堪供七筯，新詩聊可助盤桓。當年赤壁扁舟夢，幾度人間玉宇寒？

嘉平幾望陳谿山自山齋還邑月下獨步有賦❶

野迴霜明月轉高，寒花踈影立亭皋。池冰下見蒼鱗鬣，雲海東迴雪羽毛。客去夜深猶倚杖，詩成春近更揮毫。茅簷數尺當晴昊，無限清歡一緼袍。

莫愁寒日經簷短，甕牖西南煖有餘。頗有襟期俱老大，略無塵滓涉清虛。飢來進火烹仙朮，定起和丹較道書。憑仗白雲封谷口，免教人跡近幽居。

題馬竹所照磨捕魚圖❷

霜寒水浄已無魚，漁者縱横罔不踈。羹食盡供晨市遠，炊煙猶待晚歸餘。已知漠漠濠梁異，豈盡洋洋鄭沼如？萬里江湖春雨闊，海鷗不去小舟虚。

李伯宗録詩❸

老去逢春祇謾吟，敢煩緑筆爲追尋。玉堂天上成塵夢，茅舍山中稱野心。萬里雲霄歸鳥盡，孤村風雨落花深。文章傳世

❶「幾」，原作「歲」，據類稿本、四庫本改。
❷「照磨」，類稿本作「所藏」。
❸「李伯宗」，類稿本作「答李本」。

知何用？空使高情慨古今。

壽陳溪山生日

風動蕭蕭白髮踈，高齋長日共清虚。輕雷過雨神功外，瑞露垂雲壽瀝餘。藜杖每期天外友，松肪更試枕中書。九秋華蓋通天極，千載相隨兩鹿車。

鶴❶

予家有薛少保《鶴》一軸，先尚書自蜀携至此邑，以爲珍玩。先參政晚歲失之，不知何在，當時極惋嘆。今二十餘年，集妻姪浚儀趙德莊，從好事者重購得之，欲集識其故，而藏諸篋笥。爲賦此。

吾家舊物薛公《鶴》，老氣峥嶸壓九皋。鐵石閣身脩足脛，雪霜依骨淺翎毛。通泉久失千年壁，杜甫空吟一世毫。老去思鄉歸未得，時時借看倚秋高。

二月雪與陳齊賢❷

江南二月長聽雨，誰見翩翩雪滿舟？病眼直驚翻玉樹，吟身渾欲覓貂裘。衝寒載酒怜佳客，把筆題詩想舊遊。得意長安各騎馬，❸山堂還憶醉翁不。

❶「鶴」上，類稿本有「畫」字。
❷此題，類稿本作「二月七日雪贈陳君章」。
❸「各」，類稿本作「却」。

閻憲克莊以故舊託文公五世孫明仲遠徵鄙文老退遺棄散逸荷伯宗用昭止善浩淵子勖至善及余表姪孫陳誼予兄子豐仲弟之婿賈熙用昭之從子大年等十餘人寒冬連旬日夜録之得五十卷亦已勞矣賦此爲謝❶

老去斯文付寂寥，寒枝枯甲一遺蜩。虛言自歎真何補？好友相求不憚遥。敗篋塵埃煩數子，破窗燈火每連宵。書成明日尋梅去，共看春風轉斗杓。

送朱明仲歸建安并簡貳憲斡克莊

道南遺緒實天存，徑寸神膠萬里渾。路遠祇憑霜履穩，歲寒更覺緼袍温。山川文物今誰在？師友淵源尚可論。弱翰不堪酬使者，遠來深愧考亭孫。

送王公輔遠游

君子之所居，雖歲月易遠，而餘風流韻不自知，其及人之不窮也。空山雷先生，隱于種湖之上，豪傑名勝，多從之游，其光顯盛大者，固已著見于代，其高尚深遯者，則有不可得而知者矣。然種湖猶有先生遺書數百卷，與平生著述，皆無恙也。湖觀之師弟子相傳而守之，其寥廓之趣，粤古之思，必有彷佛其精微者乎？至元二年丙子，正月六日大雪，道無行人。有羽士

❶ 此題，類稿本作「酬諸友編詩」。

王公輔自種湖來，袖詩一篇爲贄，觀此風致，諒非俗塵所能，固有得於君子者乎？ 問其年纔三十，喜其盛年，好讀書苦吟。 聞其將從吴越淮泗而遂至乎京師也，故作詩以送之。

春雪門前二尺深，子喬雙舄度幽岑。 欲吹藜杖同清夜，静看梅花對苦吟。 江國鶯花時冉冉，京城煙雨晚駸駸。 老來每憶登臨處，仗子芳年一一尋。

題趙師舜謝安遊東山圖

太傅東山杖屨行，總將憂患托高情。 獨尋窈窕開瑶席，雙引娉婷韻玉笙。 春雨松間殘弈泠，秋風江上莫塵生。 三分籌策頻煩甚，惆悵雲霄一羽輕。

活水源爲王欽道賦

川上嘗聞感聖衷，尋源曾見出泉蒙。 風霆流動千門闢，山澤高深一氣通。 潤物已隨時雨化，濟川猶歎昔人功。 野塘舊隱誰能住？ 一勺清泠謝太空。

夜宿周氏簡饒復心李伯宗

復心與伯宗，留宿周氏東齋。 談《易》《論語集註》至於達旦。 某以微疾，不得奉陪。 然心甚喜，雞鳴，賦此章呈二君子。

霜月高齋宿兩賢，夜深清話極幽玄。 退藏莫測神明化，通變猶聞典禮傳。 五十華年思絶學，二三良友信遺編。 選鋒若欲驅殘臘，晴昊梅英孰與先？

贈朱萬初之官建寧并序

仲春之望，建寧幕長朱君萬初之官，迂道百里，惠訪山中，存撫老病，深感古誼。得見禁林貴臣名公書報。萬初延閣機暇，得進所製新墨，甚稱旨意。中書傳問所居官，將有朝擢之喜，良爲助慶，因賦此爲別云。

墨卿玄璧進明光，玉硯雲興御榻香。內相貽書傳異賞，中朝垂問仕何方。宗家應訪金絲舊，古道相求草木荒。把筆欲題新感遇，牛衣春夢鬢蒼浪。

五言絶句

題汪華玉子昂蘭石四首❶

海內出珊瑚，枝撑碧月孤。鮫人拾翠羽，泣露得明珠。

參差不可吹，紉佩寄遠道。遂令如石心，歲晚永相好。

抱玉下天河，繞叢秋露多。天寒翠袖薄，日莫欲如何？

翠袂倚岧嶢，來尋碧玉簫。拂衣成歷劫，遺迹映寒潮。

❶「玉」下，類稿本有「所藏」二字。

題黄與可所藏錢舜舉瓜圖

秋蔓有遺實，不食庸何傷。東陵爲圃地，何曾憂雪霜？

題趙師舜光風轉蕙汎崇蘭圖

衆芳非不多，金石好兄弟。雜佩以間之，春風接襟袂。

春妍帶雪圖

玉茗深宫裏，春妍帶雪殘。可憐五色羽，相並不知寒。

江村秋晚圖

依約米家船，踈林泊暮煙。新詩吟未了，槎上釣江鯿。

題饒世英所藏錢舜舉四季花木

海　棠

睡起多情思，依稀見太真。一枝紅淚濕，似憶故宫春。

黃蜀葵

花萼立清晨，鵝黃向日新。金杯承玉露，偏醉蜀鄉人。

芙蓉

丹霞覆苑洲，公子夜來遊。終宴風露冷，折花登彩舟。

家茶

萬木老空山，花開緑萼間。素粧風雪裏，不作少年顔。

題趙師舜所藏雪竹圖❶

鳳皇臺畔竹猗猗，別出參差玉一枝。閲盡雪霜心似鐵，高風惟許歲寒知。

題饒世英所藏孤鶴圖

海風吹月憶危巢，清夜梳翎雪墮坳。仙客不知猶是畫，每聽長唳向松梢。

贈朱萬初四首

霜雪摧殘澗壑非，深根千歲斧斤違。寸心不逐飛煙化，還作玄雲繞紫微。

❶此題前，類稿本、四庫本有標題作「七言絶句」。

近世墨以油煙易松，滋媚而不深重。萬初既以墨顯，得真定劉法石刻墨法，以爲劉之精藝深心盡在於此，必無誤後世。因覃思而得之，蓋取千百年摧朽之餘，精英之不可泯者乃用之，非常松也。烏乎！孰肯舍易而求難，必求古人之成法，而後盡其心者乎？

珥貂鳴珮入明光，新墨初成進御床。
草野小臣春夢短，猶懷染翰侍君王。

天曆己巳，天下大定，中外乂安。天子始作奎章之閣于宫廷之西，日親御翰墨。時榮公存初、康里公子山，皆近侍閣下，以朱萬初所製墨進。大稱旨，得禄食藝文之館，其名藉甚。邈在草野，豈勝千古之思乎？

延閣晨趨接佩聲，又紆朱紱向江城。
丹心要似東陽水，釀作官壺徹底清。

朱萬初以藝文直長，以年勞恩賞。出佐帥幕南海，轉丞東陽。東陽，文物之邑，俗第以名酒歸之，豈其山川之望哉？韓文公譏丞不負余，余負丞。今丞，凡邑之風俗、教命、刑獄、科賦無不得言，言之當無不可行。存乎其人而已，萬初勉之。

頗愛燒香是鼻塵，不應緣覰又勞人。
方牀石鼎過清晝，一縷山雲伴老身。

深山高居，爐香不可闕。退休之久，佳品乏絶。野人爲取老松柏之根枝葉實擣治，斫楓肪和之，每焚一丸，亦足以稍助清苦，久亦不復爲。今年大雨時行，土潤溽暑特甚。萬初袖致土速數片，空齋蕭寒，遂得爲一日之供，亦可喜也。

道園學古録卷之二十九

道園學古録卷之三十

歸田稿四

雍虞集伯生

芝亭永言

七言絶句

雪後偶成

千山積雪日華明，甕牖前頭晝不成。
未有樓臺供遠眺，負暄過午聽簷聲。

曉來殘雪在陂陁，遠似羊群或似鵞。
憶踏春泥看柳色，駝裘貂帽度冰河。

自贊題白雲求陳可復所寫像

歸來江上一身輕，野服初成拄杖行。
祇好白雲相伴住，❶天台廬阜聽松聲。

築室

溪頭築室苦不多，無奈今年春雨何。
水暖白鷗渾不去，泥深田父少相過。

❶「相伴住」，類稿本作「長作伴」。

客有好仙者持唐人小遊仙詩求予書之惡其淫鄙別爲賦五首

東海轉上白玉盤，滿天風露桂花寒。
方平欲來共今夕，微聞洞簫過石壇。

偶過松間看弈棋，松枯鶴老忘歸時。
山前酒熟不中喫，自有金盤行五芝。

關關雎鳩在河洲，錦幄春温吁可愁。
六合清凝海天碧，木公金母坐優游。

衣垂煙霧冠晨暉，雪色鬢毛風外稀。
何事酒壚眠不去？　塵中醉裏或忘機。

老婦扶兒休笑儂，不肯學仙蚤已翁。
東家木公合辟穀，但汝護田祈歲豐。

子昂竹❶

憶昔吴興寫竹枝，滿堂賓客動秋思。
諸公老去風流盡，相對茶煙颺鬢絲。

子昂蘭石

汀草離離石老蒼，行吟何處樂清狂。
江中遺佩相思久，莫待明年春蕨長。

夢蟾圖

炯炯孤蟾兩目寒，莎羅臺上濯神丹。
冰容映日初無質，故許空岩夢覺看。

❶ 此題，類稿本作「吴興公墨竹」。

唐五王出遊圖

華萼樓前御柳長，春風馳道曉塵香。
龍姿鳳質多相似，黄髪爲期樂未央。

八駿圖

瑶池積雪與天平，西極空聞八駿名。
玉殿重來人世换，蕭蕭苜蓿漢宫城。

射獵圖

羽獵長年從翠華，合圍八月度龍沙。
蕭蕭徒御圖中見，猶想君庖賜滿車。
日莫推車力已疲，道逢猛虎快饞飢。
負嵎何待要馮婦，弱婦嬰兒未可欺。

題白玉蟾像

日出搏桑積雪高，海空天浄絶纖毫。
每看劍氣衝銀漢，知是吹笙詠碧桃。

題大别山栢圖

憑陵霜雪鼓風雷，此樹相傳手所栽。
想見樓頭黄鶴客，千年一度此山來。

答趙乘彝送地黄膏❶

身如老馬視茫茫，多謝銀罌致地黄。
昨日飲餘肌骨熡，解持書卷近晨光。

❶「乘」，類稿本作「秉」。

酧張用鼎

老馬尚書賓客盛，淮南淮北誦君詩。
玉堂自是歸來晚，不及觀君落筆時。

題關尹問道圖

身隱何爲更註書？區區關尹强留車。
周公制作成殘缺，嘆息何人問緒餘？

中秋前偶賦

一室簫然絶蔽虧，桂香初發自先知。
已無熱惱仍無夢，坐到空林月落時。

空林月落大如盤，雞犬無聲曉氣寒。
童子偑謀朝一食，玉盃盛得露漙漙。

一杯濃露滑如飴，灌漑清涼可療飢。
畢力石田嗟已晚，空山何處采靈芝？

采芝不覺過前山，偶答樵歌莫却還。
人影自行殘照外，雨雲先入翠微間。❶

次韻答魯子暈参政四首

山水娱人若妙顔，幾年揺落鏡中鬟？
高情誰與爲膏沐？舒卷春雲指掌間。

海風吹雨散晨曦，紈扇高堂兩鬢絲。
想見東南賓客盛，臨江釃酒看潮時。

病鶴前年下玉京，空巢聊寄一毛輕。
白雲千載悠悠外，自照寒溪野水清。

方嶽羅賢祝罔開，選掄更欲籍非才。
故人情厚慚衰朽，千里空煩重使來。

❶「間」，類稿本作「關」。

題赤城站壁

莫怪扁舟不早歸，斜風細雨濕簑衣。
天心月滿江心定，赢得閒身坐釣磯。

又和赤城壁韻

飛鴻力盡始能歸，敢向漁樵詫芰衣。
多謝相如遠相問，華星明月照寒磯。

秋夜有作

月明清露浸山河，八極無塵水絶波。
形質不應猶有礙，鼻端惟恨桂香多。

玉龍圖

貝闕澄澄海月生，水晶簾影接空明。
鮫綃剪得霓裳就，却擁冰髯上太清。

郭熙畫木

江南喬木已無多，誰畫參天鉄石柯。
記得玉堂春晝永，寒林坐對老東坡。

浙西提舉陳衆仲以其省之命請考秋試其還也賦此贈之

道誼交情志竟完，千山觸熱訪衰殘。
唯慚薄德成虚辱，故詠高風小子看。
百病消沉老病身，石田茅屋度餘春。

故人遠訪閒相對，共看流泉日日新。

合禮文章體道心，事天成物致精深。
老來更覺交游少，珍重高賢副所欽。

游楊羅李生閩土，千古斯文一綫微。
最憶相逢共紬繹，開窗東海眇煙霏。

子去聲光日已高，荒村那復重相遭。
畫屏甕牖閒欹枕，春雨秋雲見羽毛。

贈閒白雲

白雲東去又經春，每想飛鴻到水濱。
幾箇遮山松樹子，憑君洒雨洗埃塵。

無題

貝闕珠宮夜不眠，露華浩浩月娟娟。
不應又作人間夢，窈窕吹簫度碧煙。

題亡弟嘉魚大夫與眉山奴詩❶

瞻望眉山草木春，西還無計每傷神。
數家共客巴陵下，只託詩書論古親。

吾弟文章絶幻厖，只餘詩句似西江。
十年夢斷遺書在，風雨梧桐自一窗。

書蘭亭後

墨池春雨水泠泠，消得鵞群舞雪翎。
千載臨文嗟悼盡，摩挲病目看蘭亭。

❶「與」下，類稿本有「師」字；「詩」下，類稿本有「後」字。

題黃敬申虎圖❶

當時玉帳蜀雲西，坐嘯風生草木低。
傳寫餘威千載外，空山藜藿尚萋萋。

聞機杼

咿啞機杼隔林幽，夢覺江湖憶舊遊。
滿地月明涼似水，數聲柔櫓過揚州。

賦玉簪花

玉簪花發憶京城，遍閱詩篇未識名。
解道折花猶帶露，却愁香色起凡情。

面植芝蘭背植萱，高花冠玉擅中園。
小冠不厭雙蓬鬢，賴有朋簪玉露繁。

翠葉長莛出露叢，素華高潔倚微風。
方田種得新秋玉，萬斛濃香屬老翁。

天官會弁若星流，簪筆同朝八月秋。
一色尚方新切玉，舍香無語度中洲。

溪橋踏雪

萬竹孤亭積雪明，衝寒先到寄高情。
過橋不是尋常客，共聽空山裂帛聲。

奉答吴仲谷見寄兼簡許愿夫

城南謾作草堂新，過客全稀既有塵。
城闕鶯花二三月，無因藜杖伴詩人。

華蓋山前已結菴，荒陂獨往策羸驂。

❶「申」下，類稿本有「所藏」二字。

何如城北蕭閒叟？吟詠高齋從適參。

翠竹如雲百尺樓，川原錦繡出城頭。
遥知吟詠群賢老，清酒千壺薦膳羞。

賦范德機詩後❶

玉堂妙筆交游盡，投老江南隔死生。
最憶崖州相憶處，華星孤月海波清。

題文丞相詩後

大廈明非一木支，區區未忍聽傾危。
故人邂逅聊相問，矢死終天更不疑。

次韻陳溪山春日即事

日出蒼龍霧露零，郊原花柳總蘇醒。
七言内外黄庭景，歷歷東風舊所經。

河漢光微海出暾，蓬萊宫闕啓千門。
晴虚無外來相覓，塵影俱消湛若存。

蕉竹窗中舊席虚，白雲不住意何如？
欲占正叔來消息，正值包羲未畫初。

題吕洞賓見滕子京像

一杯湖水碧於天，飛劍來時月正圓。
天下儘多憂樂事，翛然來往又千年。

題魏受禪碑

華歆勸進鍾繇筆，妙畫千年不可磨。
舊有始皇金石刻，李斯文字更嵯峨。

❶「賦」字，類稿本作「題」。

崇仁邑士吴景永客授齊安寓定惠院書來報寺之海棠東坡所爲賦詩者今二百五十餘年枝蕚復盛住山明月溪增葺坡翁舊寓并録所賦爲寄偶成三章答之并呈斡公克莊部使者云❶

滿山桃李擅春風，麤俗何妨總化工。賴得土人渾不愛，故容山寺對衰翁。

江城紅蕚是鄉人，人去花飛海復塵。二百餘年還一見，雨中月下爲誰春？

昔登棧閣俯春濤，紅蕚青松翠壁高。應有故人知我在，鷓鴣春雨老江皋。

次韻東山鳳栖別墅四時詞

湖邊緑樹多年柳，島上紅雲二月花。惟有舊時雙燕子，經春仍在故人家。

雨餘飛蝶傷秋潤，江外蹲鴟喜早涼。高屐圍碁歸別墅，東山莫是謝家莊。

秋聲柿葉書連屋，日暮黄花醉短籬。每歎觀文修舊史，不違初志見新詩。

寒陰潔白分嘉玉，園果青黄貢上金。受命素心如鐵石，不知冰雪歲年深。

臨川艾蜚英茂才求書北游京師荒山久病筆墨盡廢偶有近詩二首寫寄國史侍講祭酒先生數千里外一笑契舊有同在者共一看之亦知衰朽托庇無恙也❷

鳥鳴不鳴山更幽，少學多聞今始休。

❶ 此題前，類稿本有題「答吴景永」。

❷ 此題，類稿本作「送艾蜚英遊京師并寄國史諸公」。

常年空喫人間飯，聊爲田家事牧牛。牛角掛書田裏歸，昔人行處不相違。白蘋如雪鷺飛起，耿耿銀河星宿稀。

和陳溪山韻

林園寥廓静簾攏，來往風雲盡日中。萬卷相娱嗟歲晚，一簞猶恐負時豐。幽幽直入南山路，行到水窮猶有雲。回首獨歸無一事，道傍還見丈人耘。

題樓攻媿織圖

我國家既定中原，以民久失業，置十道勸農使總於大司農。慎擇老成重厚之君子而命之，皆親歷原野安輯而教訓之。今桑麻之效遍天下，齊、魯尤盛。其後功成，省專使之任以歸憲司。憲司置四僉事，其二則勸農之所分也，至今耕桑之事，憲猶上之大農。❶天下守令皆以農事繫銜矣。前代郡縣所治，大門東西壁皆畫耕織圖，使民得而觀之，而今罕爲之者。撫圖頌詩，爲賦三章，章四句。

鄉里蠶桑勿失時，❷畫圖勸相又題詩。當時補衮應無缺，金玉餘音到璽絲。

吴越蠶桑用日多，始終吟咏極婆娑。工成繭館間琴瑟，宜薦房中備樂歌。

昔者東南杼柚空，詠歌蠶織到圖窮。勸農十道先齊魯，百世興王衣被功。

❶「農」上，類稿本有「司」字。
❷「勿」，類稿本作「不」。

送程以文兼柬揭曼碩

樸學清忠荷主知，每驚異論苦相危。
只緣自信非鄉愿，俟命從容絶妄思。
玉堂北局是秋官，健筆相遭白晝寒。
莫怪討論成諍論，御床夜索草篇看。
故人不肯宿山家，半夜驅車踏月華。
寄語傍人休大笑，詩成端的向誰誇？

西郊草堂圖爲從子豈作

故家東郭百花洲，梅柳西郊總舊游。
賢子獨知懷土念，結廬爲擬草堂幽。
早晚東吴買客船，直歸萬里畫橋邊。
寄貲儘有詩人在，忍向園中看數椽。
草堂在處即西郊，巴嶺還如雪嶺高。
但有好孫能力學，不愁老杜不春遨。
野梅官柳頗依依，酒債尋常七十稀。
莫遣錦溪賢姪覺，恐愁安樂不思歸。

至正改元辛巳寒食日示弟及諸子姪

疾風吹雨作春深，抱膝西窗獨自吟。
百世詩書千古事，只憑孫子不虚心。
江山信美非吾土，飄泊棲遲近百年。
山舍墓田同水曲，不堪夢覺聽啼鵑。

寄成都孝成姪

寒食風花高下飛，錦官城外是耶非？
百年墳墓惟孤姪，因酌寒泉薦蕨薇。

偶行幽徑豈尋春？忽見叢蘭紫茁新。
幸自林深可終日，莫將香引路行人。

山中積雪到簷端，獨對篝燈坐夜闌。
不是梅花心似鐵，如何禁得許多寒？

葵榴雙凫❶

江南春事已蕭條，只有葵榴絢日嬌。
水國不知炎暑近，雙將文羽戲清潮。

題明皇按舞圖

寢安食飽對青雲，按舞調笙不厭頻。
西内歸來還獨看，梨園弟子白頭新。

寄吴門弟姪

尚書大墳在吴門，老病西江更斷魂。
春雨滿山湖海去，扁舟强飲引諸孫。

寄子安民從子宣

兩兒逐禄廣東西，解憶荒村叫竹雞。
北返衣冠先志在，扁舟有日發端溪。

癸酉歲晚留上方觀

投老歸來山縣小，無端人事尚關情。
雲房借宿最岑寂，亦有鄰春月下聲。

燈前自了讀殘經，風入踈簾月入櫺。
坐到夜深誰是伴？數枝梅蕚一銅瓶。

❶「葵」上和「凫」下，類稿本分别有「題」字和「圖」字。

題昭君出塞圖

天下爲家百不憂，玉顔錦帳度春秋。
如何一段琵琶月？青草離離詠未休。

題陳氏遠塵樓❶

春風滿縣花開日，夜月千山雪積時。
定有扁舟來好客，倚闌溪水度雲遲。

偶成

野田閑水浸秋天，隨意行吟到水邊。
樵牧各歸魚鳥散，微風吹面鬢蕭然。

半畝秋陰近石床，倚床自炷水沉香。
新涼透骨清如水，幾箇簷筤共夜長。

鶴骨新來怯曉寒，東窗睡覺日三竿。
蒲團深坐香如縷，塵几殘經亦倦看。

桂亭

夜色澄澄海氣深，水光蕩漾入簾旌。
冰肌玉骨便清夢，不爲吹簫送月明。

璧月珠星繞四周，團團翠樹屋東頭。
黄金布地香爲國，此是山中富貴秋。

田舍

晨昏車馬亂雲煙，花下追遊亦偶然。
百舌無聲春亦去，蕭蕭田舍日高眠。

❶「氏」，類稿本作「君璋」。

題漢孝宣受貢圖

悠悠旌旆馬蕭蕭，萬里歸來氣不驕。
黄屋東邊渭水上，從官誰是霍嫖姚？

答饒心道四首

碧玉淒涼思入雲，數峰江上見湘君。
夜深霜冷絃中折，儘有遺音世未聞。

日下紫微還獨歸，陰陰夏木掩柴扉。
空傳秀句寰區滿，世外高情更絶稀。

巴水東流日夜深，先生茅屋背城陰。
東風盡日吹香草，金石臺荒想獨尋。

塞坐詩書日昃歌，陶公於此每婆娑。
匡廬雨過青如舊，只爲長松不易柯。

題約牖爲譚無咎賦❶

約牖前頭一沼開，天光倒影入蒼苔。
臨泉洗墨春雲濕，恐有神魚起蟄雷。

撿束精神不外馳，天光融徹入初曦。
飛塵不礙晴虚景，意識空從一管窺。

意識休將一管窺，斂藏深密静無私。
始終慎獨成天德，深信開天自宓羲。

酬酢紛拏窘室廬，老來漸覺就明虚。
羨君盛歲先知約，絶利尋源事廣居。

别燮玄圃後重寄

郭西山路有寒梅，想見臨行首重回。

❶「爲」下，類稿本有「表姪」二字。

夜聽雨聲知水長，滿船明月幾時開？

聞燮玄圃除御史

好風天上送春來，紫陌紅塵萬里開。
春雨春波舟一葉，題詩先到鳳皇臺。

燮玄圃除御史後寄蕭性淵巡檢

望仙亭長最清閒，日日吟詩竹樹間。
長官新峩豸冠去，誰與空山相往還？

題趙子固梅

楚王宮室賦《離騷》，不及梅花不解嘲。
留與《周南》舊公子，歲寒聊寫兩三梢。

古　檜

根到深泉石作身，踈踈香葉不知春。
海波不動天風遠，千歲寒蛟作老人。

題夢良梅

詩翁白髮對青春，看遍江邊玉雪新。
我是錦城城裏客，開圖更憶錦屏人。

留易小雅樓促陳溪山同飲

花滿横樓酒滿盃，晴光偏送好春回。
東家縱有溪山興，聽得歌聲也合來。

和陳溪山櫻桃

紫玉盤中絳雪繁，相如多渴喜清寒。
明光分賜難重得，却作金丹火齊看。

留題龍門寺

自入重山知者稀，❶默然終日坐垂衣。
山猿還笑癡頑甚，無見無聞忘却歸。
一榻東軒絶百非，浴波紅日上當扉。
輕雷谷口作飛雨，知是老龍回翠微。
舊得鵰雛短羽毛，筠籠三月未能高。
携來聽法生公石，風竹雲松任所遨。
投閑雖久尚勞生，數日山居實稱情。
香象渡河姑且置，端然聽得落花聲。

樂　府

滿　庭　芳

微雨經霄，暖煙籠晝，相尋閑步堤沙。露桃風絮，香影傍烏紗。徙倚江樓最久，綺窗迴、翠擁雙丫。輕鷗外，水村山郭，帆過泊誰家？　東華塵土夢，漢宫傳蠟，隋樹啼鴉。記當時携手，何處天涯？日暮清吟未足，聽街鼓、催發香車。山翁醉，驚雷散雹，深夜未停撾。

❶「入」，類稿本作「去」。

寄阿里仁甫❶

維舟南浦，臨流不渡，踏破城南蔬圃。故人直是不相忘，把酒看，沙頭鷗鷺。青雲得路，蘭臺烏府，早晚新承恩露。輕車切莫便乘風，先報與，山翁知取。

法曲獻仙音三疊爲陳溪山壽

秋氣至，壽斝注天香。燕坐喜看扶兩几，擊鮮何必溷諸郎？長歲接賓行。

盤石上，新晝太丘翁。扶老一枝風滿袖，凌霄千歲露垂松，不與世間同。

千歲事，何許覓松喬？急雨輕雷開道路，星河北斗轉岧嶤，相對話漁樵。

浣溪沙

江上秋風日夜生，蕭蕭兩鬢葛衣輕，芭蕉蘘竹共幽情。病骨不禁湘簟冷，夢魂猶似玉堂清，畫簷踈雨過三更。

銘

虛白齋銘爲陳玉林作

於穆聖皇，有嘉玉林；曰若積雪，日華照臨。六合無外，既清既廓；氣容明新，庶物咸作。羽衣有儀，燕見穆清；迺取虛白，

❶「寄」上，四庫本有「鵲橋仙」三字。

肇錫之名。汎景太虚，接軌貞白；先生之稱，世豈多得？天垂休光，賁于丘園；寶我谷神，守我幽玄。冥升在上，日月于邁；顧懷下土，福禄攸介。我瞻草木，我行户庭；風雲徘徊，雨露載零。齋居孔明，夙夜敬止；以祈繁釐，以報天子。沖而不盈，涅而不淄；上帝臨女，永勖遐思。

方床銘

後至元庚辰，九月二日，芝亭老人作方床于居室，銘其背曰：

晝安以恭，夕斂以息；儼然若思，順應無迹。崆峒有人，善脩其身；千二百歲，不衰而神。

几銘

方床前几，因式致敬；俯毋傲視，仰毋傾聽。必精必明，必安必定；敢曰耄至，弗慎中正。

先君硯銘

硯，先君所常用之。先君去世十有九年，硯亡而復得之。銘其陰，以示子孫。

端而温，謙彌尊；思德容，如生存。

贊

子昂畫陶淵明像贊

田園歸來，涼風吹衣；窈窕崎嶇，遐蹤遠微。帝鄉莫期，乘化以歸；哲人之思，千載不違。

劉原父遺像贊

博學洽聞，雅言通史；經殘禮軼，折衷補擬。百煉懸鑒，照物不遺；末世寡陋，肅瞻遐思。

劉貢父遺像贊

兄弟並興，博雅冠代。著書滿家，精覈之最。守道自如，不局曲迂。精神所存，天禄石渠。

先公遺像贊

至正辛巳九月九日，集理故書，得先君郡公遺像。於是，棄諸孤廿有三年矣。逮事者咸曰：「甚似。」再拜瞻對，繼以泣血，敢述前德，以示子孫。其辭曰：

孝弟之誠，仁義之學；傳宗世家，踐跡先覺。歷患難而心常定，處貧約而氣愈充；不與物忤而人自化，不與時競而道彌崇。遺我子孫者，實行之積；没世不忘者，盛德之容。恂恂與與，知者實稀；常與人俱，孰同其歸？

邵菴老人畫像自贊

世家岷峨之山，生身衡嶽之舍。詠聖神之遺言；攀仙真之軼駕。白雪晴空，春風秀野；雨雲露雷，不可繪畫。聊采靈芝，以遺遠者。

孝女贊有序

金谿縣，因金谿場之名也。唐時有銀鑛發其地，作場以冶之，曰「金谿場」。寶曆乙巳，銀絶而冶廢。宋開寶初，始置縣云。冶廢時，土不産銀久矣。有司不敢失其貢，迫諸民而取之。有葛祐者，官强之涖冶事，銀既無所從出，傾其家不足充數。吏驅祐家取土石雜烹之，本無所得，❶縛祐搒掠，不勝其苦。祐無子，獨有二女且長，不忍見其父，皆自投冶中焚死。監吏黄慷上其事，撫州刺史奏除之。里人哀二女，又感其去患害也，神而祠之。皇元至元中，郡守張國紀用獻利者言，起金銀冶屬縣，至今民病之。獨金谿以二女事聞，得不作。大德庚子，縣丞吴瑾作新祠于沙阜之地。延祐戊午，縣尹李有又新作之，民間歲時祠之。有詔，祠在祀典者，則縣長吏行事焉。元統甲戌四月朔，邑士危素請太史虞集贊之。

❶「本」字，類稿本作「卒」。

贊曰：

寶藏之興，豈爲厲階？ 叔世盡利，民生罹乖。 煢煢二女，哀其所天；力不能捄，投身毒煙。 身盡義著，苛政亦熄；民以永寧，無愧血食。

玄帝畫像贊

玄帝像，吴興趙公子昂寫其夢中所見者，而上清羽士方壺子之所臨也。青城山樵者虞集述贊之曰：

吴興趙公，前代公族；神明氣清，静處貞獨。 乃夢天人，被髮跣足；玄衣寶劍，坐臨庢谷；再拜稽首，仰視退伏。 念昔敬事，存思莊肅；敢意接對，光耀心目。 如聞教言，知子誠篤；爾善繪事，追步顧陸。 凡吾真儀，子善記録；審而傳之，與世瞻矚；傍有介士，玉板金籙。 曰帝告汝，錫爾榮禄；冉冉而升，夢亦遂覺。 明月在户，香彩遍屋；取火亟寫，神運掌握。 豪分無失，三十其幅；丹青既成，齋戒韞匵。 有當受授，先事穆卜；而其秘夢，初不以告。 晚有相師，泄其玄躅；人始得傳，錦標鈿軸。 方壺仙人，潔以薰沐；臨池擬容，識以玄玉。 有得之者，昭事毋瀆；上帝臨女，介爾景福。

宰淵微先生畫象贊

湛乎澄之而愈清，昭乎執之而有象。我自和以天倪，人乃見其神王。 納湖山於几席，運風雷於指掌。 酌沆瀣以濯鼎，御氣機之來往。 此所以身潛九淵之深，名應少微之上。 居與稚川相望，壽與廣成相長也。

子昂書忠孝二表贊

漢丞相諸葛武侯以建興五年出師伐魏所上表後，一千一百十又九年，吴興文敏趙公所書。又後三十九年，臨川饒龍得之。其太守洛陽楊侯友直審定以爲子昂真蹟。雍虞集爲之贊云：

維昔武侯，拜表出師。追感先遇，蹇蹇正辭。君子小人，興衰之辯。凡厥有邦，可以觀善。代有文臣，進思盡忠。爰致筆諫，寫爲屏風。考文取義，集思廣益。遊藝之美，傳世無斁。

蜀李密字令伯，晉武帝徵爲太子洗馬，密辭職所上表，大德九年吴興文敏趙公所書。至正三年，臨川饒龍得之。其太守洛陽楊侯友直審定以爲子昂真蹟。雍虞集爲之贊云：

侃侃郎署，蜀漢遺臣；報德王母，誓畢厥身。新服有邦，永我遐僻；懇懇陳情，以謝徵辟。誠篤之言，義命攸當；教孝教忠，百世同尚。墨妙筆精，重書其辭；載誦載瞻，寔勞我思。

道園學古録卷之三十

道園學古録卷之三十一

歸田稿五

雍虞集伯生

序

周易玩辭序

《周易玩辭》者，江陵項公安世平甫之所著也。其言以爲《大傳》曰「君子居則觀其象而玩其辭，動則觀其變而玩其占」，其道雖四，而實則二。變乃象之進退，占乃辭之吉凶。聖人因象以措辭，後學因辭而測象。是故學《易》者，舍辭何以哉？ 項公以其玩於辭而得之者，筆於書，使後之學者因其言，皆有以玩於前聖之辭而得焉，此項氏著書之意也。嗟夫！ 天不言，生聖人而代之言。故曰：「聖人之精，畫卦以示；聖人之藴，因卦以發。」微卦，聖人之藴殆不可悉得而聞。然卦象未有語言，自非明知，何以知之？ 中古聖人，以其憂患之心，因卦立言。暢於周公，究於孔子。首尾具完，皆所親定。所謂精與藴者，後世因得以推見焉。今夫生乎千載之下，而仰觀於千載之上，以凡人之資，而欲窺見天與聖人之道。苟得於聖人之一言，即爲天之命已矣。況乎三聖人之言，廣大悉備。雖歷世久遠，遭時喪亂，亘千萬古，而與所謂卦畫者，略不可有所磨滅，豈非天乎？ 後之立言，豈有加於此者？ 志於學者，誠不可下此而他求已，愚是以深歎項公之爲知言。

漢、晉以來，治《易》之師，其言猶有可見，而於三聖人之意，❶未知其何如也。及乎邵子、周子之生，《易》道蓋中興焉。邵子以先天心學著爲成書，不必麗乎經傳，而極天地之妙，通萬物之情。三聖人以降，未之或先，而學者鮮或知之。周子之圖，亦不必求同於《易》象，而理則不二。所謂《通書》者，皆所以通乎《易》者也。因卦以立辭者，如乾、損、益、家人、睽、復、无妄、蒙、艮之説僅見，如大畜等卦，當時已不得聞。獨賴河南程子親得其宗，以其成德之能事，附於三聖人之書而言之，非直傳註而已也。自其學而推之，以極其至。則天人之際，豈有間哉？蓋嘗聞之，「能盡其性者，則能盡人之性。能盡人之性，則能盡物之性」。故曰：「知其性，則知天矣。」苟知天矣，則天地之故，鬼神之跡，事物之雜，豈待於考索推測而後通之？故程子有言不盡意者，誠有望於後世學者自有得於聖人也。朱子發明象占本義，多約程子之言而精之云爾。故學《易》之士，於是得其端緒而不差焉。

項公實與朱子同時。當時則又有江西陸先生者，各以其學爲教。又有聰明文學過人之士，興於永嘉。項公嘗從而問辨咨決焉，其遺文猶有可徵者。朱、項往來之書，至六七而不止。其要旨，直以程子「涵養須用敬，進學則在致知」之説以告之。於是項公之學，上不過於高虛，下不陷於功利。而所趨所達，端有定向。然後研精覃思，作爲此書。外有以采擇諸家之博聞，內有以及乎象數之通變。奇而不鑿，深而不

❶「三」，原作「四」，據四庫本及本文「三聖人之言」「三聖人以降」等改。

迂，詳而無餘，約而無闕，庶幾精微之道焉。其書既成，而朱子殁矣。自敘其學皆出於程子，而其言則不必皆同也，是可以見其講明之指歸矣。近時學《易》君子，多有取於其說，豈徒然哉？然而爲是學者，自非深求於程、朱之説，而有所憤悱於缺塞，則亦不足以知項氏之功也。

集之壯歲，至好此書，每取其説，以與朋友講習。今淮西廉訪僉事斡君克莊，好古博雅，學道愛人。嘗以禮學貢於有司而不及奏。有旨俾居成均，勤苦數載，有人所不能堪者。文宗皇帝臨御，開延閣以待天下之士。乃特召見，得與論思之次，一時謂之得人。持節淮壖，至于江上。取是書於篋，俾齊安郡學刻而廣之，蓋歎乎學者之不多見是書也。不鄙謂集退老林下，庶乎困學之不敢忘，俾敘其説焉。嗚呼！內聖外王之學，不明於後世，而爲治者以其知力之所及而行之，不無其效。至若上下與天地同流者，則何有哉？昔邵子有言曰：學於里人，而盡里人之情；學於鄉人，而盡鄉人之情；學於國人，而盡國人之情；學於古人，而盡古人之情；學於天地，而盡天地之情。如此，則可以玩辭觀象而得之，世有斯人也哉？

戴石玉所著三禮序

《治親書》者，廬陵戴君石玉之所編也。其意以爲：記禮者有曰：聖人南面而聽天下，所宜先者五，一曰治親，故雜取《爾雅》、《儀禮》、戴氏記及先儒之言而成之。凡三篇：一曰《釋親》，二曰《宗法》，三曰《服制》。而親親之道備矣，品節之禮辨矣。予讀之而歎曰：考之於《書》，帝堯則曰「以親九族」，帝舜則曰「察於人倫」。其命契也亦曰「百姓不親，五品不遜，敬敷五教在寬」。然則治天下者，思盡人道，以成善治，豈有出於此乎？今布衣韋帶之士，坐誦書史，慨然思古聖人爲治之道，有取於聖經賢傳，著而爲書，以自見其學，其必有見也夫？夫《大學》之道，其極致在於平天下。蓋其素講者如此，又何疑也？夫親親之名立，内有其序，外有其别，禮可得而行矣。名之不立，則或昧於一本之立，迷於疏戚之辨，謬於愛敬之節，溺於鄙倍狎昵之私，此犯上好亂之所由起也。《治親》而首釋其名，可謂善矣。古者天子有天下，諸侯有國，大夫有家，故宗法可得而行焉。秦人壞封建，後世雖復建侯立國，不能如先王之制，故宗法不得行，而士無田不可以祭，則烏在其爲宗乎？爲士者猶然，況庶人乎？是故學者肄其説而傳之可也。石玉所謂君子行其意者，庶幾得之。若夫服制之説，今所敍列先王之法、時君之制、先儒之説，可謂備矣。余竊有慨焉。喪服者，所以著其哀，所以稱其情也。世俗淪降，不能三年之喪者多矣，又何緦小功之足察乎？雖然，君子之爲道也，亦教之以孝弟而已矣。五十而慕，庶幾有聞大舜之風者焉。則其立制也，常欲節其過，以勉其不及焉。則凡石玉之所序者，可考而通之，以就其可行者矣。噫！論至於此，亦不過肄其説而傳之云耳，不亦悲夫？孟子曰：「天下之本在國，國之本在家，家之本在身。」爲人上者，不有躬行心得之君子，孰能與於此哉？方今聖明在上，人文方興，必有諸侯、王、大臣能獻其書，以就一王禮樂之盛。千數百年之間，戴氏復以禮顯，不亦偉歟？

戒子通録序

愚嘗聞之，人受天之命以生，亦猶子之稟父命而行也。君子畏天命而不敢違，猶孝子之從父命而不敢悖。事天、事親，其致一也。人之事天而不求於事親，則不可以爲人；子之事親而不足以事天，則不可以爲子。是故父命即天命也，同一至仁而無私者也。然而天不能爲諄諄之誨也，知命者觀乎風雨霜露之迹、變化消息之故而得之。《詩》云：「昊天曰明，及爾出王。❶ 昊天曰旦，及爾游衍。」庶幾奉以周旋者乎。故曰：「富貴福澤，將厚吾之生也；貧賤憂戚，庸玉女於成也。」莫非惟其所命，而順受其正者也。事親之道，亦若是而已矣。夫親之於其子也，蓋無不愛焉。欲其善良，欲其賢智，欲其福澤長久；而不欲其兇惡愚不肖，不欲其困乏斷折，其心無有異者。語曰：厲人生子，夜而取火，是欲其子之善者。至於凡庸盡然，況中人以上乎？是故愛之至則慮之深，知之明則言之切。或因其材，或因其事，或抑其過，或勖其不及，或正其偏，或定其是。以啓迪其所未知，而增益其所可進。雖人品不同，而立言遠近淺深頓異，要其指歸，皆愛其子而已矣。天理之公，孰有著於此者乎？

昔靜春劉先生，輯凡爲人父者之戒其子言載書傳者，以爲《戒子通録》。意其所以謂之《通録》者，豈不以天下之爲人父

❶「王」，原作「玉」，據類稿本、四庫本及《毛詩正義》改。

者，❶各以其愛子之心而爲之戒？天下之爲人子，皆可因其所戒而省念之，❷如聞其父之命。親在，求諸容色辭氣之接而不能盡也，即此書以充其所未達；親歿，思其精神志意之微而有不及聞也，即此書以徵其所欲知。一語默動息，無非受命於其親者矣，天理寧有間斷乎？

集嘗得其書而敬愛之，服行講明，❸不敢後也。它日至臨川，劉氏之族在金溪者多賢俊，每舉其先世遺書相示。❹僕慨然問之曰：「《戒子通録》亡恙乎？」有曰儆叔熙者對曰：「是吾世守以保族者也，敢忘之乎？」集曰：「子之家顯且二三百年，豈偶然乎？蓋又聞之，孝弟之順德，視犯上作亂之惡，其間之相去甚不相似也，而有子推兩端之極於一言之間。豫章羅先生曰：『天下無不是之父母。』而陳公了翁推致之曰：『亂臣賊子之起，常始於見父母之不是。』烏乎！不受命之害，至於如此。三君子之言，所以有功於萬世名教者也。而忽焉者，不足以知其言之有功也。必有觀乎此書而用力焉，則能惕然恐懼，而所以盡心於事天事親者矣。子盍刻而廣之也。」儆曰「諾」。明年，以成書來告，因請題其說云。

六書存古辨誤韻譜序

古者以六書教小學，是童丱已通習六書矣。今有皓首而未遑究之者，何望於孺子乎？秦法，學童十七，諷籀文九千、試八

❶「者」，原作「音」，據類稿本改。
❷「戒」，原作「受」，據類稿本、四庫本改。
❸「講」，原作「之」，據類稿本、四庫本改。
❹「舉」，類稿本作「出」，四庫本作「持」。

體乃得爲吏。書不正者，至尚書舉劾之。後爲政者不復用此律，官府孰與正之哉？叔重存《説文解字》之書於漢，陽冰發義中興篆法於唐，學者蓋亦希闊矣。宋初，徐騎省兄弟能倡明其説，著爲《繫傳》，有《通釋》《部敘》等篇，許、李之舊，考辨推充，奥深衍博，可謂極矣。其後，若吴興張謙仲著《復古編》，亦號簡要。夾漈鄭漁仲，大發類例義旨於二十略之一，學者可以觸類而長焉。至永嘉戴氏父子三世所著《六書故》，六書之外，設「疑」一條，以識不可强通者，近世書法之要論也。國朝至元中，秘書少監魯人楊桓武子，善大、小篆，所著《六書統》，以詔書刻之尚方，多出己意，篇帙浩穰，刻梓在尚方，學者莫之能究觀焉。獨徐氏嘗又以爲古法背俗，秉筆操觚者要資檢閲，而偏旁奥密不可究知，尋求一字，往往終卷。乃令楚金取叔重所記，以《切韻》次之。聲韻區分，便於檢討，聊存詁訓，無恤其他，則其爲後學計，可謂詳盡。今瑞陽學官亦刊《五音韻譜》，然聲韻所協，乃偏旁之本文，學者檢尋未爲省力，則未知何爲而作也。番昜吴正道，年五十餘，世爲儒家，深好篆法。既著《六書淵源字旁辨誤》，又著《存古辨誤韻譜》。故翰林學士臨川吴公見而喜之，親作兩書兩序。噫！吴公豈輕許可者哉？蓋其《字旁辨誤》之説，既考之諸家而舉其要，用工固已深久。而《韻譜》之書，徐氏舊作直載其字而已，蓋不更加於辨誤，而張、鄭、戴之辨，又不得以《切韻》尋檢，是以正道有辨古，有存古，具見於《切韻》，相從之下，視徐氏爲後出而益詳矣。惜刊未成書，而吴公殁，無名公大儒力贊助之，故久未克完也。往者鶴山魏公嘗以篆法寓諸隸體，最爲近古，而近時豫章熊先生亦用之。吴公又直用篆法，而結體加方云耳。然學之者無所講貫，則寧無差誤，爲俗隸媚好，反病之乎？於此得正道之書，則思過半矣。且魏、晉以來，善隸書以名世，未嘗不通六書之義。不通其義則不得文字之情，制作之故。安有不通其義，不得其情，不本其故，猶得爲善書者乎？吴興趙公之書名天下，以其深究六書也。書之真贋，吾常以此辨之。世之不知六書，而效其波磔以爲媚，誠妄人矣。然則正道之書，豈直篆者有益？欲爲隸書亦必有取焉，是其不可少如此。必有博雅君子，如吴公之喜之，而助趣成之。

春秋胡氏傳纂疏序

昔之傳《春秋》者有五家，而鄒、夾先亡。學《春秋》者，據左氏以記事，以觀聖筆之所斷。而或議其浮華，與經意遠者多矣。是以公、穀據經以立義，專門之家，是以尚焉。唐啖、趙師友之間，始知求聖人之意於聖人手筆之書，宋之大儒以爲可與三傳兼治者，明其能專求於經也。然傳亡，存者惟《纂例》等書。意其傳之所發明，無出於所存之書者。清江劉氏權衡三傳，得之爲多。而其所爲傳，用意奥深，非博洽於典禮舊文者，不足以盡明之，是以知者鮮矣。蓋嘗竊求於先儒之言，以爲「直書其事，而其義自見」，斯言也，學《春秋》者始有以求聖人之意，而無傳會糾纏之失矣。程叔子所謂時措之宜爲難知者，始可以求其端焉。胡文定公之學，實本於程氏。然其生也，當宋人南渡之時，姦佞用事，大義不立，苟存偏安，智勇扼腕。内脩之未備，外攘之無策，君臣父子之間，君子思有以正其本焉。胡氏作傳之意，大抵本法於此。蓋其學問之有源，是以義理貫串，而辭旨無不通，類例無不合。想其發憤忘食，知天下之事必可以有爲，聖人之道必可以有立。上以感發人君天職之所當行，下以啓天下人心之所久蔽。區區之志，庶幾夫子處定、哀之間者乎？東南之人，賴有此書，雖不能盡如其志，誦其言而凜然，猶百十年至其國亡，志士仁人之可書，未必不出於此也。然其爲學，博極群書，文義之所引，不察者多矣。

國家設進士科以取人，治《春秋》者，三傳之外，獨以胡氏爲説，豈非以三綱九法，赫然具見於其書者乎？而治舉子業者，掇拾緒餘以應有司之格。既無以得據事直書之旨，又無以得命德討罪之嚴，無以答聖朝取士明經之意。新安汪克寬德輔，以是經舉于浙省。其歸養也，能以胡氏之説考其援引之所自出，原類例之始發，而盡究其終，謂之《胡氏傳纂疏》。其同郡同氏，前進士澤民叔志父詳敘之。夫讀一家之書，則必盡一家之意，所以爲善學也。推傳以達乎經，因賢者之言，以盡聖人之志，則吾於德輔猶有望也。至正改元辛巳，七月一日，雍虞集敘。

鄭氏毛詩序

聖門之教人，蓋以《詩》爲學矣，孔子説《烝民》之詩曰：「爲此詩者，其知道乎。故有物必有則，民之秉彝也，故好是懿德。」「戰戰兢兢，如臨深淵，如履薄冰」，曾子之所以終身也。「鳶飛戾天，魚躍于淵」，子思子之所以明道體也。「不以文害辭，不以辭害意。以意逆志，是爲得之。」孟子之所以説《詩》也。是以程子之於《詩》也，嘗點掇一兩字而誦之，使人自解。又曰：「今之學者，未見意趣，必不樂學。欲以《三百篇》教之歌舞，恐未易曉，欲别作詩，令朝夕歌之，似當有助。」其意一也。聖賢之於《詩》，將以變化其氣質，涵養其德性，優游厭飫，詠嘆淫泆，使有得焉。則所謂温柔敦厚之教，習與性成，庶幾學《詩》之道也。漢儒有保存遺經之功，而亦不無專門訓詁之失。儒先君子知豈不足以知之？而罕見於言者，豈非有得於此？則彼穿鑿纏繞之説，自有所不得行乎？諸經皆然，蓋不止於《詩》也。《齊》《魯》《韓詩》不傳，而毛氏獨存，言《詩》之家，千數百年，守此而已。至宋歐陽子，疑《詩序》之非，而著《本義》。蘇欒城亦疑而去之，不免猶存其首句。譬諸山下之泉，其初出也，壅塞底滯，而端亦微見矣。漸而清通，沛如江河，後因於先而廓之，而水之源流達矣，亦有其時也。至於朱子《詩傳》之出，然後悉屏去大、小《序》，别爲一編，存而不廢，以待攷辨。即經以求其故，自爲之説，而天下學者從之，國家定以爲是。然後其説與聖賢之言《詩》者合，而學者有所用功矣。

集之幼也，嘗從《詩》師得鄭氏經説，以爲《大序》不出於子夏，《小序》不出於毛公，蓋衛宏所爲，而康成之爲説如此，心竊異之，欲求其全書不可得。中歲備員勸誦，有阿魯灰叔仲自守泉南入朝，爲同官，始得其録本而讀之。見其説《風》《雅》《頌》之分，蓋本諸音節之異，於比、興、賦也，訓詁多不得興之説，而爲序者掇拾、傅會以愚惑乎後之人。鳥獸草木之名，天文地理之説，或踈或謬，非一端也。剖析訓詁之舊，痛快決裂，無復餘藴。向之所謂纏繞穿鑿者，幸一快焉。恨未久散去，而不得終卷也。蓋竊感夫鄭氏去朱子之鄉，❶若是其近，以年計之，不甚相遠；門人學者里閈交錯，而不能通見於一時，何哉？雖各自爲說而多同者，豈非閩多賢人、學者老於山林，嘗有其說未達於外，而兩家各有所采乎？將二氏之卓識，皆有以度越前人，不待於相謀而有合乎？世遠地廣，未之有攷也。西夏斡公克莊，常以禮經舉進士，如左榜漢生者。考官見其博贍，疑不敢取，而朝廷知其爲明經之士。其僉憲淮西也，以項氏《易玩辭》足補程、朱之遺，諗于集也，序其說而刻之。自南行臺而貳閩憲也，以爲閩在山海之間，豈無名家舊學，諮詢之暇，思有以表章之。予因及鄭氏之《詩》，即使録以來示。且曰：「果可傳也，略爲我敘之。」故著其說如此。又曰「求諸鄭氏之子孫，夾漈之手筆猶有書五十餘種。❷故御史中丞馬公伯庸，延祐末奉旨閱海貨於泉南，觀於鄭氏，得十數種以去，將刻而傳之。馬公歘歷清要，出入臺省，席不暇暖，未及如其志而歿。泰定中，故太史齊公履謙奉使宣撫治閩，亦取十餘種，將刻而傳之。太史還朝，不一二年而歿，亦不克如其志。二家皆有子弟，安知無能承其先志者乎」？吾聞閩人刻書摹印，成市成邑，散布中外，極乎四海。其間亦有謬妄未經論定，在所當禁者。觀風使者得以正之，而移其工力於博洽有用之說，❸則

❶「感」，類稿本作「惑」。
❷「有」，原作「其」，據類稿本、四庫本改。
❸「洽」，原作「治」，據類稿本、四庫本改。

在於今日矣。至正元年辛巳，十有一月十日。雍虞集序。

飛龍亭詩集序

古之言詩者，自其民庶，深感於先王之澤，而有所發焉，則謂之風。其公卿、大夫、朝廷、宗廟、賓客、軍旅，學校、稼穡、田獵、宴享，更唱迭和，以鳴太平之盛者，則謂之雅。飛龍之亭，我文宗皇帝昔游之地也，臣民咏歌，何有間乎？然而中外大小之臣，因登覽斯亭而有賦者在是。四方遊士與凡民俊秀之覽觀，而有賦者亦在乎是。大元興，萬壽宮住持勑賜虚白先生陳寶琳，既以旨意作新斯亭，又取其風、雅遍刻于亭下。所以繫千載之思者，不在斯乎？《傳》曰：「言之無文，行而不遠。」詩者文之最深，而風雅者又詩之盛者也。文皇帝成功盛德，如天地之大、日月之明，若其治化之精微，思慮之熙廣，蓋不勝紀焉。然而書諸簡册者閟，不如見於咏歌者之悠長；告於神明者嚴，不如播諸臣民者之周浹。然則所謂《飛龍亭詩集》者，山林畎畝之士，不忘其君於無窮者，其在斯乎？次第成編，而虞集爲之序。

曹文貞公文集序❶

我國家龍興朔方，金源氏將就亡絶，干戈蠭起，生民塗炭。中州豪傑起於齊、魯、燕、趙之間，據害以禦侮，❷立保障以生聚，

❶「文集」，類稿本作「漢泉漫稿」。

❷「據」下，類稿本、四庫本有「要」字。

以北嚮於王師。方是時，士大夫各趍所依以自存，若夫禮樂之器，文藝之學，人才所歸，未有過於東魯者矣。世祖皇帝建元啓祚，政事文學之科，彬彬然爲朝廷出者，東魯之人居多焉。典誥之施於朝廷，文檄之行乎軍旅，故實之講乎郊廟，赫然有耀於邦家。至元、大德之間，布在臺閣，發言盈朝。所謂如圭如璋，令聞令望，而顒顒卬卬者焉。

集東書游京師，猶獲望前輩之一二。❶而三四十年以來，求文獻於當時，邈乎遠哉！有不獲見者矣。其所存者，❷其爲文章言語之可見者乎？故魯郡曹文貞公，起于漢泉，受業於野齋李公，受知於信齋馬公，起自儒官，❸宦游東南，敭歷臺省，聲譽籍甚。每其來至京師，集嘗得與清河元公復初、汶上曹公子貞諸人，有往來之好焉。未嘗不嘆其意氣之宏達，議論之慷慨，而文物之雍容也。當文宗起故老於休致之餘，託文儒以風紀之重，集時執筆史館而歎慕焉。歸田以來，歲月逾邁，乃從其子南行臺照磨復亨，❹得中臺所命刻文貞諸詩以見示，俾識其言焉。讀其墓碑謚議，慨然千古之隔；觀乎張、歐、蘇之序言，又感乎一代之盛衰。退不敏，其何能贊一辭於其間哉？雖然，窮鄉陋邦之遠，聞天下之偉人而莫之及也，獨得其咏歌之緒餘，以觀其性情之所在，觀其敭歷之所至，而知其行事之所著。《傳》曰：「誦其詩，讀其書，不知其

❶「獲」，原作「惑」，據類稿本、後文「不獲見」改。
❷「其」，類稿本作「今」。
❸「官」，類稿本作「學」。
❹「乃從」至「盛衰」五十七字，類稿本作「近得中臺所命刻文貞諸詩，既而其子南行臺管勾復亨、復貽以見示，俾得其言焉」。

人可乎？」後之君子，將有徵於聖朝文章人物之故，其必於此而取之也夫。

楊叔能詩序

人之生也，以其父母、妻子所仰之身，以治乎居處、飲食之具。外有姻戚、州閭之好，上有公上、貢賦之供，固其常也。然而氣之所稟也有盈歉，時之所遇也有治否，而得喪、利害、休戚、吉凶有頓不相似者焉。於是處順者，則流連光景而不知返。不幸而有所嬰拂，飢寒之迫，憂患之感，死喪疾威之至，則嗟痛號呼。隨其意之所存，言之所發，蓋有不能自揜者矣。是故有知其然而思去之者，則必至於外其身以遺世。不與物接，求生息於彝倫之外，庶幾以無累焉。然其爲道，則亦人之所難者矣。蓋必若聖賢之教，有以知其大本之所自出，而脩其所當爲也。事變之來，視乎義命而安之，則憂患利澤，舉無足以動其心。則其爲言也，舒遲而澹泊，闇然而成章，是以君子貴之。予行四方，求之而未之見也。又求夫今昔之人，有詞章之傳，而合乎此者，必取而諷之，以寄予意焉，然而亦鮮矣。臨川危太樸，與其友豫章楊顯民，以其族叔父叔能所爲詩一編以示。予觀其所游，不過州郡數百里之間。觀其所慕，則千古高尚之士。澹然有餘，而不墮於空寂；悠然自適，而無或出於傷怛。迺若蟬蜕汙濁，與世略不相干。而時和氣清，即凡見聞而自足，幾乎古人君子之遺意也哉！

吾嘗以此求諸昔人之作，得四家焉，則陶處士、王右丞、韋蘇州、柳子厚其人也。蘇州學詩於憔悴之餘，子厚精思於竄謫之久。然後世慮銷歇，得發其過人之才、高世之趣於寬閑寂寞之地，蓋有懲創困絶，而後至於斯也。右丞沖澹，何愧於昔人。然而一旦患難之來，遽失所守，❶是有餘於閑逸，不足於事變，良可嘆也。必也大義所存，立志不貳，乃若所遇安乎其天。若陶處士者，其知道之言乎？雖然，言不可以僞發，人不可以徒欺。千載之下，簡翰之存，苟有一人諷咏於一日之間，則安所逃乎？是故君子尚論其本也。今有讀叔能之詩者，譬諸飫芻豢之昏，病夏畦之苦，而得一勺之清泉甘露，豈不悦乎？夫泉之所自出，露之所由降，尚善求之哉！

送危太樸序

臨川危太樸釋書山房，將有觀乎江海之上。虞集酌酒送之，而爲之言曰：夫士者，有一鄉之士，有一國之士，有天下之士。一鄉之士，鄉之人有不得而見之者矣，況一國之士乎？一國之士，一國之人有不得以見之者矣，況天下之士乎？環百井之里以爲鄉，鄉之人多矣。列千里之封以爲國，一國之境廣矣。合萬邦之士以爲天下，天下之體大矣。而士也以一鄉，以一國，以天下名，其何以知之乎？邵子曰：「有百人之人，有千人之人，有萬人之人，非其等乎？」噫！何其不常見也。彼所謂天下之士，必有所居之國矣。一國之士，必有所居之鄉矣。以天下之士，一國之士，而處乎一鄉焉。吾不待去親戚、遠墳墓而得見之，不亦幸乎！去臨川五百里而近，有一人焉。清

❶「失」，原作「夫」，據四庫本改。

文厲行，立志自信，曰范君德機者，太樸既得而從之。至臨川二百里而遠，又有一人焉，經明道立，爲人師表，曰子吴子者，太樸又得而師之矣。是豈非天下之士、一國之士之在夫一鄉者乎？而二子者歿世矣，宜乎吾子之徬徨適遠，而有所求也。

吾聞諸孟子曰：「一鄉之善士，斯友一鄉之善士。一國之善士，斯友一國之善士。天下之善士，斯友天下之善士矣。」吾子其行矣，登東山則見魯矣，登太山則見天下矣。吾子得一鄉之善士而友之，則吾子亦一鄉之善士矣。得一國之善士而友之，則吾子亦一國之善士矣。得天下之善士而友之，則吾子亦天下之善士矣。苟得天下之善士，吾請從太樸而爲之執御焉。雖然，子亦欲子之善，與孟子之言又有之矣。蓋曰：以友天下之善士爲未足，又尚論古之人。「頌其詩，讀其書，不知其人可乎？」是固求至善之道也，奈老且病，❶不足以有所適，徒將頌詩、讀書，思古人之微，以遲子之還可乎？

葛生新采蜀詩序

吾聞廬陵之文溪，生息繁夥，其俗好遠遊，不間於稚壯强艾也。特其志尚之不齊，則執業有懸絶者矣。葛生存吾獨曰：「今天下車書之同，往昔莫及。吾將歷觀都邑山川之勝，人物文章之美，使東西南北之人，得以周悉而互見焉。且夫風物之得以宣通，咏歌之易以傳習，則莫盛於詩。緣古者采詩之説而索求焉。」乃沿豫章，汎彭蠡，

❶「奈」，類稿本作「余」。

上九江，浮游湘漢之波，遂遡三峽，至于蜀都而止焉。名卿大夫文雅之士，❶居數年得詩六百餘篇。歸廬陵，將刻而傳之。吾鄉之人，知予以老病歸田，寓耒耜於江上，託生相問勞。而保寧賢帥大夫鶴野蕭侯存道，又手寫書，使予序夫六百篇者，予不敢辭也。而生抱數鉅帙欲予有所去取其間，則僕不敢也。生往反萬里而得之，且諸君之屬生厚矣，何敢有所擇乎？集之去鄉久矣，親戚故人之別，遠者二十餘年，近者亦五六年。一旦因生盡得其詞章而諷誦之，以詑其門人子弟，唯恐不足，豈肯抵玉於昆岡，棄珠於合浦者乎？生宜無憚於煩也。

烏乎！吾蜀文學之盛，自先漢至於唐、宋，備載簡册，家傳人誦，不可泯滅。宋南渡以來，蜀在斗絶一隅之地，然而文武忠孝之君子，冠蓋相望。禮樂文物之懿，德行學問之成，立功立言，卓犖亨暢。下至才藝器物之類，其見諸文辭者亦沛然，非它州之所能及矣。喪亂以還，廢軼殆盡。集雖嘗從父師聞一二於千百，蓋亦以微矣。微而後著，當在斯時。其有以鳴乎國家之盛大者乎？生之所采識者，有以見其端矣。生其亟成書，以西報諸君子乎？僕在禁林時，嘗與蜀學者史君秉文言，❷將謀築於滄江故居之上，字之曰「歸歟」。天幸不達斯意，固將與其故人父兄、昆弟，取生之編而絃歌於其堂也乎？生年甚富，天下之都會若吾蜀者，何啻八九？而兩京又在其上焉。生亟成其志勿怠，且必有遇合者矣。

❶「名」上，類稿本有「求」字。
❷「秉」，原作「乘」，據類稿本、四庫本改。

甘天民詩序

岷山導江，合衆小流，千源萬派，其水盛矣。見束於三峽，出夷陵而後得衍曼徐行，滔滔汩汩，至於海而後止，蓋自夷陵而始得志焉。今夫才智之士，懷抱利器，鬱鬱不見於用。一日如水之出夷陵，豈無其時哉？豫章甘天民，雄於文，盛於氣，中年僅得爲夷陵學正。人或病其地幽僻，而天民怡然就官，書滿而後去。是夷陵者，不特水之隘至此而伸，安知天民不如水之自夷陵而遂伸乎？長風揚瀾，一日千里。吾知天民之利涉大川也，故爲作送行詩序。昔歐陽子，小絀於夷陵，而大名在天下後世，亦余言之一驗也。郡從事有李道濟者，嘗與余同在秘閣，試以此語訊之。

臨川黄氏復姓譜序

臨川黄大明，以其高祖冒游氏，而不能自歸也，始復爲黄氏。嘗無子，以其弟爲子。後知其不可也，仍其弟之次，更以弟之子爲子，而心始安焉。自著譜以傳諸子孫，而示信於人。夫三年無改於父之道，可以爲孝。自高祖至于大明之身，其爲三年也多矣。父子、兄弟之間，心有所未安，必求其安而後已。大明其知禮也哉？夫異姓不可以爲後，弟不可以爲子，天理民彝，固當然也。是以昔者，别氏於其族者有之，蒙他人之氏者無也。有國者兄殁而弟及，有臣子之道焉，直以弟爲子者無也。而後世有是者，其始蓋出於率情徇利，而天下之争端起矣。故君子慎之，而小人弗之察也。

是故爲政者，因世之有是事也，則爲之條制而防閑之，卒亦莫之止也。若大明者，知禮之所不可，心之所未安，而能自返焉，不亦君子之道乎？

送饒則明序❶

吾聞則明之曾大父神童君，幼穎異有大名。稍長，與主一張先生洽爲友，壻於豐城范氏。明《春秋》之學，未及顯而歿。及則明之父，好史學，家藏書萬卷。内附初，散軼無存者，乃盡力購求。一二十年之間，史官之書行于世者，掇拾略備，爲閣以庋之。手疏其目，以見得書之難。則明承世業，接見聞於父兄，材可以適當世之用，故翰林學士臨川吴公曰：「吾郡世爲儒者，有婁氏、饒氏，皆有鄒、魯之質行。學術雅正，守醇謹而不變，然未甚顯於世。近年婁氏稍有仕進者，而饒氏猶遲之。其在則明，可以仕矣。」今則明除韶州儒學正，將之官。吴公之言驗，而不及見之矣。乃求贈言於予。噫！昔者，夫子嘗使漆雕開仕矣。使之仕，必可仕者也。吴公許則明以可仕，其必有所試哉！夫《春秋》道名分，實盡性之書也。分之上下弗辨，則民志不定，亂之所由生也。必君君、臣臣、父父、子子、夫夫、婦婦之分立，則王道行矣，此教之大者也。夫古今治亂之迹不攷，則無以極事理之變通，又史學之不可不講也。則明持其家學，而佐其長以爲教焉，信乎其可仕矣。窮鄉下邑，無良師畏友以相發明，君子憂之而爲

❶「明」，原作「民」，據類稿本、四庫本及正文「吾聞則明」改。

之計，則明所持以往者如此，尚何疑哉？昔唐相國曲江公實生是邦，人材之出，初無方所，則明毋忽而薄之也。今曲江宰長沙趙君，故信國諸孫，於予有世契，試出此而共詳之。

道園學古録卷之三十一

道園學古録卷之三十二

歸田稿六

雍虞集伯生

序

送太平文學黄敬則之官序❶

至元甲申之歲，集從先人始來僑臨川之崇仁。時内附未久，淄萊李忠愍公方領其軍定江右，鎮豫章。鹿泉賈公，以文臣爲使，奉詔分閫，綏撫其士民。思有以畏服衆志而安定之，起文雅通練之士，知名一時者，以慰民望。故宋進士之在崇仁者，猶十數人，衣冠甚偉，獨宗正寺簿思梅黄公，爲諸公一起爲之賓客。氣象論議，多所感發。既而河東劉公伯宣，來爲按察使。與其同列具書幣，遣使者禮延公於洪學，親聽其講説焉。劉公則許文正公高第弟子，經學節行，方正嚴重。其爲此舉也，風厲激昂，四方聳然。歲丙戌，寺簿公殁，忠愍元子龍川公，以世家仍鎮其部，歷階省府。賈公、劉公子弟之往來于洪者，皆以其先志，求寺簿之子浮山君，開館塾而禮貌之。中山趙公樸隱，持節再至，與君處，無一日之舍。而李氏之子孫至再世，皆稱門生弟子。君之生平，客授之日多於居家矣。龍川以平章留樞筦，嘗與翰林集賢薦君，而僅一拜文學之命，而君不屑也。使其子仕爲學官，則敬

❶ 此題，類稿本作「送黄敬則赴太平文學序」。

則也。敬則自浮梁改遷太平，需次者五六年，恬然以居，略無躁急之意，是以學者稱焉。仍改至元之五年孟夏之吉，敬則來告曰：「有人自太平來，趣治其學事，求一言之贈焉。」集爲席與坐而告之曰：世祖皇帝以天兵臨鄂渚之歲，歲在己未。我先尚書解組永州，道過崇仁，爲姻戚少留，始識寺簿公。寺簿公登進士第時，實寓我尚書臨安之别第。而我先參政少寺簿公十歲。甲申之來，得相從者三稔焉。我先人涪湛田野，簞瓢屢空，不計聞達。浮山君友道崇篤，每爲諸侯大夫稱誦之。趙國董忠宣公之延敬先人，則君與清河元文敏公實啓之也。及忠宣還朝，先人即歸田舍，浮山君亦漸倦游。相處東西家，講學脩行，無食頃不相求，始終無間言，人以爲有古君子之風矣。延祐己未，先人即世，浮山君年已六十，視集少有十三年，待之若稚弟焉。及集再召還朝，而君没矣。既老而歸，君已不可復見，賴敬則之家居也，時有過從之樂。今出而服官政，集得無言乎？

集嘗聞諸鄉之遺老云：敬則曾大父梅窗先生，方盛年，富文史，教授近郊之巨室。中夜有求見魯男子者，先生絶袖抉關而走，失道墮巨浸中，衣絓水柳而止。聞有人聲相呼者云「此人有子登科，謹護之」。旦乃得解而歸。家人怪問之，不答也，而館人或歎其事而泄之。後三年丙申，而寺簿公生。造物之報卓行君子，昭昭如此，可不懼乎，可不敬乎？今内附且七十年，寺簿公之名德雅望，浮山君之清才懿學，再世積累，溉被其子孫，充碩盛大，方殷而未央也，可不知所自乎？夫善必積而後成，非必一事而可責報於天也。然而一念之烈，其發之不可遏若是，此孟氏之論學，所貴乎擴而充之者也。吾敬則横經於其堂，以其祖父之所教而教人者，余豈足以盡知之？至於善端之發，確持而不變，勇行而不絀者，尚有以廣君子之澤哉！子行矣，余待子於蓬蓽之下，三年而歸，有以爲告焉。采石之上，有我先忠肅公遺廟在。故人覃懷薛公超，吾守郡時，爲起斷碑於草莽而植之，誼不可忘也。集過祠下，又已六七年，子弟之至者，亦一二年矣。敬則經行，幸爲集省其庭柏階草焉。

國朝風雅序

夫欲觀於國家聲文之盛，莫善於詩矣。類而求焉，是爲得之。昔者，延陵季子見詩與樂於中國，心會意識，如身在其時，而親見其人，蓋以此耳。梁昭明著《文選》，其詩不必出於一時之作，一人之手，徒以文辭之善，惟意所取而已。然數百年間，篇籍散軼，幸有此可觀焉。而衰陋之習，或取此以爲學，則已微矣。河汾君子有意於續經，漢、魏之詩殆必有取。然而其書不傳，蓋非偶然也。蓋嘗聞之：「《詩三百》，一言以蔽之，曰思無邪。」又曰：「王者之迹熄，而《詩》亡，《詩》亡，然後《春秋》作。」邵子亦曰：「自從删後更無詩。」蓋知聖人之意爾。昔者盛時，學道之君子德業盛大，發爲言詩，光著深遠。其小人蒙被德澤，風行草偃，變化融液，莫或間焉。此所以「一言可蔽之，曰思無邪也」。此所以「王者之迹熄，而後《詩》亡也」。此所以删後之無詩也。國朝之初，故金進士太原元好問著《中州集》於野史之亭，蓋傷夫百十年間，中州板蕩，人物凋謝，文章不概見於世。姑因録詩，傳其人之梗概，君子固有深閔其心矣。

我國家奄有萬方，三光五岳之氣全，淳古醇厚之風立。異人間出，文物粲然，雖古昔何以加焉。是以好事君子多所采拾於文章，以爲一代之偉觀者矣。然而山林之士，或不足以盡見之。百年以來，詩文之輯録，蓋多有之。然雖多不足以盡其文，或約而不足以盡其意，亦其勢然也。監察御史、前進士燕人宋褧顯夫，在史館多暇，其所會稡開國以來辭章之善，多至數十大編，自草野之所傳誦，亦皆載焉。庶幾可以爲博，而傳寫之難，四方又有不得盡見之病矣。建陽蔣易師文著《國朝風雅》三十卷，❶而以保定劉静脩先生爲之首，許文正公繼之，終之以《雜編》三卷，庶乎其有意焉。嗟夫！若劉先生之高識卓行，誠爲中州諸君子之冠。而許公佐世祖成治道，儒者之功，其可誣哉？若師文者，其可以與言詩也夫？十卷以上，諸賢皆已去世，而全集尚有可攷載。如臨川吴先生之經學，具有成書，其見於詩者，太山一豪芒也。窮鄉晚進，尚繇是而推求之乎？十一卷以下，諸君子布在中外。夫君子之爲學，苟不肯自止，則進德何可量哉？切以爲未可詎止於斯也。至於僕也，蚤持不足之資，以應世用，老而歸休，退而求其在己者，尚慊然其未能也。片言隻辭，何足以厠於諸賢之間哉？亟除而去之，則區區之幸也。至元己卯七月三日，雍虞集書。

❶「風」，原作「文」，據本篇標題改。

送墨莊劉叔熙遠游序

元統甲戌，予自史館歸僑臨川，從清江墨莊劉氏賢子孫之分居金谿者，得見其先世遺墨遺事，與群賢交游之翰墨，蓋三嘆其文獻之懿久遠，而能使人不忘也。其後叔熙氏，歲登華蓋山，必及于門。予嘗與叔熙論其家書，因及静春《戒子通録》實有助於名教，恨其書不大傳。叔熙曰：「諾，有家藏舊本，當刻而傳之。」一年而書成，宗族鄉黨受而讀之，遠近學者願得之，臺省有知其書，不遠千里使人求之。信乎！錫類之不匱也。叔熙又謂予言：族人諸父、昆弟，願合其財力，先取公是、公非兩先生之文而刻之。而公非集頗有遺脱，將訪而足成之，故緩。他日叔熙又及予門，以自清江至金谿族譜，及侍讀以來所與歐陽公、王荆公、眉山蘇公昆弟、南豐曾子固諸家之書，與劉氏相關者，及并静春與諸子所往復，備録爲凡三巨編。受言誦之，慨思古人之不可復見也。予早辭親游京師，館授以爲業，每懼夫於道未有聞也。至於古今記載、名物制度之類，又皆空疎不足以酬應。觀於昔者，斯文之盛，有歐、王、蘇、曾，度越前代。而侍讀公兄弟父子，博學洽聞，森然參著於其間，聲望略等，何其盛哉？故予每執筆茫然，博雅之士，未嘗不歎息劉氏於二百年之上也。往者承乏，事文宗皇帝於延閣，清燕之暇，曲賜延對，訪問故實，著述文字，幾無虚日。於是時也，則前日所愧於是益深。承詔讀進士對策於殿廬，得劉性粹衷、劉聞聞庭諸君之文而奏之。後知其賜官廬陵臨江，因告以其説而囑之曰：「劉氏之書，惟

《春秋意林》及《三傳權衡》刻本在學官，而所著傳尚闕，其他成書者，猶十七八種，惟《西漢書注》或附見於本書，《七經小傳》學者或傳寫讀之，其餘蓋罕傳焉。而静春氏等諸著述，未暇數也，宜訪而廣之。」二年前，聞庭刻《小傳》於臨江，粹忠刻《弟子記》於旌德，皆摹寄以屬饜予之嗜焉。因以其貳與叔熙，叔熙歸讀而告曰：「與家藏本無異也。」故家子孫，若叔熙氏之拳拳於先世，草茅俗陋，其可以小愧乎哉！

世祖皇帝時，既取江南，大臣有奏，言國可滅，其史不可滅。上甚善之，命史官修遼、宋、金史，時未遑也。至仁宗時，屢嘗以爲言。是時，予方在奉常，嘗因會議廷中，而言諸朝曰：「三史文書闕略，遼、金爲甚。故老且盡，後之賢者見聞亦且不及。不於今時爲之，恐無以稱上意。」典領大官是其言，而亦有所未建也。天曆、至順之間，屢詔史館趣爲之。而予别領書局未奏，故未及承命。間與同列議三史之不得成，蓋互以分合論正統，莫克有定。今當三家各爲書，各盡其言而覈實之，使其事不廢可也。乃若議論，則以俟來者，諸公頗以爲然。然每思史事之重，非有歐公之才識，而又得劉公之博洽以資之，蓋未易能有成也。予聞前輩言，渡江後，眉山李公仁父，就蜀置局，著《宋通鑑長編》，而北兵卒至，盡亡其書。走至東南，多追憶以成書，凡數百卷。是可以追及劉氏者歟？宋晚，禮部尚書王公伯原最彊記，而我從大父秘監公與之齊名。予不及見王公，秘監公蒙世祖特起之，任以輿地之事，今其書在秘省。予幼時得豫章布衣孫□吾，每得書，覽記之不忘，又能參錯攷定非是，每有問，必舉之終其篇。蜀人范大治亦善記，嘗言幼在蜀，從予先世得盡見六經緯，時爲予讀一篇。予時尚小，不能通其説，時范已七十餘矣。其後同朝友侍講四明袁公伯長，蓋學於王氏，得其記言之要。而泰定執政東平王公繼學，見書輒記，無復再覽。領政事省，朝省吏牘，過目無所遺，皆異材也。然今惟王公在耳，此予之所親見者也。朝廷必欲成一代之言，不有如此數君子者，其克有濟乎？戊寅春，叔熙來告别云：「將游觀乎燕、趙、齊、魯、晉、宋之郊。」予曰：善哉！子之遊乎，慎毋苟然也。觀夫山川之形勝，封域之離合，考古人之遺迹，風氣之變通，習俗之升降，文史之遺闕，皆子家學之能事也。以子之清通明敏，因以肆其問學，而資其見聞，今聖明在上，必有述作之事，如圭如璋，令聞令望，濟濟之多，詎可遺吾叔熙者乎？

送李仲永游孔林序

章甫逢掖之士視魯孔林，如支庶流裔觀於父母宗子之家，孰不以爲歸往瞻仰之地乎？國家混一以來，有欲觀夫徂徠之松，新甫之柏；瞻龜山之雲，詠沂上之風者。❶川有舟航，陸有車馬，不待贏糧計日而可至。視前代分裂隔亂之世，欲往而不可得，則其游豈不快哉？然以布衣陋巷，窮居終日，坐誦書史，安於閭里之近，無其志者有之矣。桑弧蓬矢，有四方之志，而力不足以充之者有之矣。有其志，有其力，或仰事俯育，供給公上之類，又足以累之，無其時者有之矣。予年垂七十，數經濟、泗之

❶「詠」，原作「泳」，據類稿本改。

間，每以王事有程，不獲伸闕里之敬。歸老臨川，自意無復是行。李遠仲永，視予年僅將半之，有其志，有其財，有其時，欲爲孔林之行。其行矣哉！毋因循，毋簡慢，毋退志，爲它日有予之悔者也。嗚呼！昔楊中立先生自程門歸，叔子歎曰：「吾道南矣。」既而宋失中原而南渡，然道統之傳，自楊氏爲豫章羅氏、延平李氏，乃得朱子。其傳諸胡氏者，得張宣公。是諸君子之學，宛有端緒，身不必親觀乎靈光之遺，而親聆乎金絲之音也。其望聖人於千載之上，若親炙之不可誣也。然則學者之求乎聖賢，固有在此而不在彼者乎？仲永之先侍郎公，實爲朱、張二子所稱道。議論名節，見諸文章。仲永尚論先世，其亦有所聞也乎？然則仲永歸而求諸者既如此，今往而游觀之者又如彼，予安得不快其游乎？

易南甫詩序

《詩》三百篇之後，《楚辭》出焉，西都之言賦者盛矣。自魏以降，作者代出。制作之體愈變而愈新。因唐之詩賦，有聲律對偶之巧，推其前而別之曰古賦。古賦詩有樂歌，可以被之樂府。其後也，轉爲新聲，豪於才者，放爲歌行之肆；長於情者，變爲傷淫之極。則又推其前者，而別之曰古樂府。時非一時，人非一人，古、近之體不一。今欲以一人之手，成一編之文，合備諸體而皆合作，各臻其妙，不亦難乎？

高安易君南甫，示予以賦若詩一編，盡具詩、賦諸體，不蹈流俗，有爲而作，辭不苟造。蓋聞南甫之居，則康樂之故地，謝公之所封而嘗游者也。林泉之日長，山水之興足，有得於昔人之流風餘韻，是以能然也哉！今夫江河之行，湖海之浸，或爲驚濤巨浪之壯，或爲平波漫流之閑。一窪之盈，一曲之勝，其所寓不相似，而各有可觀者焉，以水之同出一源故也。善賦之君子，又以其非常之才，有餘之興，隨所遇而有作焉，何患乎衆體之不皆妙也？固哉！予昔之言詩乎，蘇子由言其兄子瞻，平生無嗜好，以圖史爲苑囿，文章爲鼓吹。老亦棄去，顧獨好爲詩耳。嗟夫！予豈敢擬於古之人哉？會有耳目之疾，有園囿而無所游觀，有鼓吹而不能以自樂，而心思凋耗，亦不復能詩，徒使弟子誦昔賢、今人之詩以自娱焉。南甫之所以惠我者多矣。然南甫之意，豈徒然哉？予之少也，亦嘗執筆而學焉。聞諸同志曰：性其完也，情其通也，學其資也，才其能也，氣其充也，識其決也，則將與造物者同爲變化不測於無窮焉，詩賦云乎哉！斯言也，南甫以爲有可採乎？

臨川晏氏家譜序

臨川逍遥峰福勝院主僧師吉，以所脩晏元獻公家譜相示。深歎其以爲委身於釋氏，而不忍忘先世之疏闊，因其族兄某得其譜系而敍録焉。按其譜，自師吉上距於元獻八世，距尚書公六世。蓋元獻公九子，尚書則第八子之子。尚書六十三而歿，而尚書之子生三歲而孤，是以師吉之系，歷三百年而才八世云爾。宋之南渡，秦檜專政誤國，胡公邦衡慷慨一疏，當時偉之，至今讀者猶憤發有生氣。豈知尚書之疏，尤深切著明，憂思治法，無不畢備，世臣之言，固當然乎。而學者鮮得見之，然□國史有尚書之傳，今又幸於私記敘譜而見之也。君子之言，其不可泯也如此乎？

余昔待罪國史，嘗以職事求於先宋之故家遺記，得燕山竇公儼、賈公昌朝之後人，皆爲貴官於國朝，傳系可徵，而譜牒遺逸矣。最後得閬中陳丞相堯咨兄弟諸孫之留居鄭州者，子孫之分居東平曰某，爲御史，來求先塋碑，而得其譜之略。故宋盛時，若吕申公、韓魏公、富鄭公、曾魯公、司馬温公、桐木韓家子孫，南渡後仕宦功業，猶可攷見，内附以來，邈乎無所聞於四方。聞曾氏有子孫在泉南。數十年前，北方曾氏有仕於南臺者，至泉南，以世嗣求拜其家廟者，慶暦從官莆田陳氏之裔孫旅爲余云，而今亦不可攷之矣。及余歸僑臨川，郡之大族樂侍郎史，後人尚多，而未嘗見其譜。王荆公子孫，四十年前在金陵，嘗見一二人，今祠下亦有一二人耳。而晏氏之子孫，莫盛於尚書。八世之後，乃有去爲釋氏若師吉者，凜然思其宗家，緝累其家世、行事、歲月如此。賢者之傳，固當有見於後世矣。又聞王歧公子孫，有官撫州而留居者，其孫卒於外孫李氏家。又得桐木韓氏之譜於其諸孫之留居臨川者，南澗公爲之序者也。故家之子孫，數世之後，雖隆替不可知。余於晏氏之譜，有不勝感歎者矣。思古人於既往，望喬木而遐思，故書此而歸之。前史官虞集書。

葉宋英自度曲譜序❶

《詩》三百篇，皆可被之弦歌。或曰《雅》《頌》施之宗廟朝廷，《關雎》《麟趾》爲房中之樂，則是矣。桑間濮上之音，將何所用之哉？噫！「歌永言，聲依永，律和聲」。蓋未有出乎六律、五音、七均而可以成聲者。古者子生師出，皆吹律以占之。蓋其進反之間，疏數之節，細微之辨，君子審之。是故鄭、衛之音，特其發於情，措諸辭，有不善爾，聲必依律而後和，則無以異也。後世雅樂黄鐘之寸，卒無定説。今之俗樂，視夫以夾鍾爲律本者，其聲之哀怨淫蕩，又當何如哉？近世士大夫，號稱能樂府者，皆依約舊譜，倣其平仄，綴緝成章，徒諧俚耳則可，乃若文章之高者，又皆率意爲之，不可叶諸律不顧也。太常樂工，知以管定譜，而撰詞實腔又皆鄙俚，亦無足取。求如三百篇之皆可弦歌，其可得乎？臨川葉宋英，予少年時識之。觀其所自度曲，皆有傳授。音節諧婉，而其詞華，則有周邦彦、姜夔之流風餘韻，心甚愛之，蓋未及與之講也。及忝在朝列，與聞制作之事，思得宋英其人，本雅以訓俗，而去世久矣，不可復得。老歸臨川之上，因其子得見其遺書十數篇，皆有可觀者焉。俯仰疇昔，爲之增慨，序其故而歸之。

道園學古録卷之三十二

❶ 此篇，類稿本比本篇多一百六十九字，文章結構與字句多有差異。

道園學古録卷之三十三　歸田稿七

雍虞集伯生

序

廬陵劉桂隱存稿序

昔者廬陵歐陽公，秉粹美之質，生熙洽之朝，涵淳茹和，作爲文章，上接孟、韓，發揮一代之盛。英華醲郁，前後千百年，人與世相期，未有如此者也。蘇子瞻以不世之才，起於西蜀。英邁雄偉，亦前世之所未有。南豐曾子固，博考經傳，知道脩己。伊洛之學未顯于世，而道説古今，反覆世變，已不失其正，亦孰能及之哉？然蘇氏之於歐公也，則曰：「我老歸休，付子斯文。」雖無以報，不辱其門。」子固之言曰：「今未知公之難遇也。後千百世，思欲見公而不可得，然後知公之難遇也。」然則二君子之所以心悦誠服於公者，返而觀其所存，至於歐公，則闇然而無迹，淵然而有容，挹之而無盡者乎。三公之迹熄，而宋亦南渡矣。乾、淳之間，東南之文相望而起者，何啻十數？若益公之温雅，近出於廬陵。永嘉諸賢，若季宣之奇博，而有得於經；正則之明麗，而不失其正。彼功利之説，馳騁縱横其間者，其鋒亦未易嬰也。文運隨時而中興，概可見焉。然予竊觀之，朱子繼先聖之絶學，成諸儒之遺言，固不以一藝而成名。而義精理明，德盛仁熟，出諸其口者，無所擇而無不當。本治而末修，領挈而裔委，所謂立德、立言者，其此之謂乎！學者出乎其後，知所從事而有得焉，則蘇、曾二子，望歐公而不可見者，豈不安然有拱足之地、超然有造極之時乎？而宋之末年，説理者鄙薄文辭之喪志，而經學文藝判爲專門。士風頽弊於科舉之業，豈無豪傑之出？其能不浸淫汩没於其間，而馳騁凌厲以自表者，已爲難得，而宋遂亡矣。中州隔絶，困於戎馬，風聲氣習多有得於蘇氏之遺，其爲文亦曼衍而浩博矣。

國朝廣大，曠古未有。起而乘其雄渾之氣以爲文者，則有姚文公其人。其爲言不盡同於古人，而伉健雄偉，何可及也？繼而作者，豈不瞠然其後矣乎？當是時，南方新附，江鄉之間，逢掖縉紳之士，以其抱負之非常，幽遠而未見知，則折其奇傑之氣，以爲高深危險之語，視彼靡靡混混，則有間矣。然不平之鳴，能不感憤於學者乎？而一二十年，向之聞風而倣傚，亦漸休息。延祐科舉之興，表表應時而出者，豈乏其人，然亦循習成弊。至於驟廢驟復者，則亦有以致之者然與？於是執筆者膚淺則無所明於理，蹇澁則無所昌其辭，徇流俗者不知去其陳腐，强自高者惟旁竊於異端。斯文斯道，所以可爲長太息者，嘗在於此也。往年集承乏禁林，陪諸公奉詔讀進士之策。於南士，首得劉性粹中而奏之。嘗與論及此事。後十年，遇于集雲峰下，又嘗及之，而思見乎有以相發者。又後二年，以書來告曰：「我鄉先生劉桂翁氏，有學有行，文章追古作者，而年亦七十有四矣。屹然山林，其書滿家，而遠方無盡知之者，因以得先生之書焉。」集執書而歎曰：「予知之舊矣，而未獲盡與之游也。」先生之言曰：「弱冠時，猶及接故宋之遺老。既内附，猶用力於已廢不用之賦論，視儕輩無已及者。及國家以進士取人，未能忘情於斯世，乃益究乎名物度數之故，註箋訓釋之辭，以從當時之所爲。而志大言高，不爲有司識察。又十年，乃爲古學，而用意於歐陽子焉。四方之求文者，隨而應之，不知其沛然而無窮也。」此雖先生之謙辭，要其大概不我欺也。嗟夫！以文應時者，雖有古今，所取以爲文者，古今無有異也。以高才博識，專業而肆志，求諸昔之人者，五六十年，其應於今者，合否不足論也。吾故曰山林之日長，得以極其力之所至；學問之志專，則有以達其智之所及。知其背於塗轍之正者，即有所不爲；知其可以傳諸方來者，則言之而無隱。論古今成敗，無所蹈襲，而出人意表。觀乎瀧岡之麓，青原之波，不亦善於達本而遡源者乎？集故極道夫歐陽子之所未易知，而善乎先生之有以知之，而輒及於予之所欲求知於歐陽子者，而著之篇也。先生之文凡若干卷，詩若干卷已刻。雜著、記、序、銘、説等若干卷，方將刻焉。而先生耳聰目明，心識精敏，出其所新得以爲言者，猶未有止也。僕小於先生四歲，相望不遠，安敢以齒髮之不足而自棄於先生乎？姑書此附諸篇末，使觀先生之文者，或有取於區區之言，而有所感發也夫？

曹士開漢泉漫稿序

某蚤歲游京師，得見朝廷文學之士，大抵皆東魯大儒君子也。氣象舒徐而儼雅，文章豐博而蔓衍。從而詠之，不足以知其深廣；極其所至，不足以究其津涯。此豈非龜蒙、徂徠之間，元氣之充碩，以發揮一代斯文之盛者乎？老而退伏於山林，想見其風采，聽聞其謦欬，漠然其不可得者久矣。曹君復亨，以其先中丞文貞公詩文刻本，所謂《漢泉漫稿》，并《續稿》見示。「魯無君子，斯焉取斯。」能無百世之感乎？近者，又使其客危觀，以書相示曰：「是稿也，御史府請諸朝廷，而刻諸學官者也。民間未易多得，請約其篇目，小爲字而刻諸家塾，以遺子孫，而傳諸同志。」

嗟夫，爲人子弟，拳拳先世之書，自非知爲孝之道者不能也。前集之序有之，公之平生詩文，當不止此。門生故吏尚博採而附益之，蓋名言也。且夫千江之波，其水同原也；千枝之秀，其木同本也。即一波一葉，可以求水木之本原。凡水凡葉，衍沃敷腴者，皆此原、此本之所發揮，不可選也，豈得有所去取於其間哉？是以得書以來，旬日徬徨而不能對。然而初得《漫稿》《續稿》時，有從游臨川李本伯宗者，借讀而三嘆焉。以爲三百篇中，夫子獨取秉彝好德之章，以爲知道，蓋非學問，則不足以得其性情之正，未可以言詩也。其次則如唐杜子美之詩，或謂之詩史者，蓋可以觀時政而論治道也，流連光景云乎哉！於是輯其學問之所陳、政事之所繫別録之，蓋得百數十篇，取而觀之。非無意於斯文者，輒録其目以爲記。其爲說，盍亦在所取乎？姑敘其說如此云耳。至正元年辛巳四月十五日，虞某敘。

陳文肅公秋岡詩集序

大夫君子所以有譽於天下，而垂名於方來者，必有及人之政、傳世之文。是故騷人勝客，和墨濡翰，以自悦於花竹之間，欣歎怨適，留連光景，非不流傳於一時。然於治政無所關繫，於名教無所裨補，久而去之，亦遂湮没而已，何足算哉？乃若受命天子臨蒞斯民，禁姦慝，消禍暴，撫善良，紓困厄。防微杜漸於不言之先，救弊塞遺於將蠱之際。而懷恩服義者衆，卓然有聞，宜無不傳者矣。及其遠也，幼者漸壯而不及知，壯者日老而不復記，老者既往而不復追。遂使有志有爲之成績，竟墮於無聞無知，則所謂「言之不文，行而不遠」者夫？是以無長歌之紆徐，短詠之激烈，無以陳説其志意，而感動其性情。使夫人者手無可披之編，口無可吟之藝，於是聲光風彩不能使人有所欣慕，而感發於無窮者，良可惜哉！所以立行立言之不可偏廢也如此。

昔世祖皇帝，方混一東南之時，遺老昔人，建大事，出大議，功名各已成遂。故僉省尚書秋岡先生陳文肅公，自潛邸之舊，持書省户，畫諾翰屏，閲歷之久，已專城千里於河山之間矣。東南新歸版圖，名都巨邦，佳山勝水，遺宫壞苑，江花庭草，皆在所視履也。區區亡國保禦之所經營，其形勢未盡刬削消磨也。新附之人，救死扶傷於田里閭閻者，疾痛呻吟，未盡休息也。新政未孚，聚斂刻薄之説得行，而皇上之恩德未浹於遐陬也。拘曲文史，形格勢禁，而縉紳大人雅歌投壺，雍容整暇，示人以寬裕忠厚之德意者，未足以風動四方也。山川能説，升高能賦，苟無其人，則何以哉？

天子於此時，寧輟公於論思之親密，而使往來於江海之上，其旨亦深矣哉！公以政事之餘，歌詠迭作，有風、雅之義焉。公開朗豈弟，衣冠偉如，人望之如神明，已神銷而氣化矣。窮陋僻遠，有不得見者，聞其片言隻字之傳，大有所感發，所係豈輕也哉？然公平生文章之出，沛如泉源之發揮，而波瀾之無津。譬如風雲之變化，而舒卷之無跡。逸興所發，無復留稿，是以素無成編。今公之孫，廣東廉訪使允文，其副憲江東、江西，則公治郡之所在，而英節之所樹也。至若金陵、錢塘、維揚，凡公昔時惠澤風化之所及者，公孫之觀風問俗，亦皆至焉。然後公之詩文，得於門生故吏之所誦習，學士大夫之所傳寫，官寺民舍之所題識，當時名公鉅卿家倡酧、寄贈之所往來，隨所得而輯録之。得古、律五七言，及古樂府等若干篇，增益家藏之所未備，親自校讎，刻梓而藏之。故家舊人之聞孫，博雅有識，可謂知所重輕先後者矣。公孫既不以集之不肖，早嘗望公於下風，俾執筆書公遺事與神道。此編之成，又使集附註其説，使得而讀之者，庶有所發焉。廉使忠厚而簡易，清慎而剛介。所至爲治，不事苛文，有法外意。是以風操之所感發者，非庸俗固陋之所知也。然自歷中臺，久在江湖之上，今又奉宣至意，省察疲氓於炎荒之表而不辭者，豈有他哉？廉使之爲治，皆文肅之貽則，而聖天子之所以期於廉使者，其亦世祖皇帝之所以待文肅之意歟？至正元年五月甲子，虞集序。

李梅亭續類稿序

《梅亭續類稿》三十卷者，故宋中書舍人、直學士院寶章閣待制、臨川李公諱劉字公甫之文。梅亭，公自號，而穆陵書以賜之者也。先有《梅亭類稿》三十卷，其家既鋟梓而傳之，及内附國朝，公之孫畯，掇拾遺書而彙次之，又得三十卷，曰《續稿》，既成帙而歿。後三十年，畯之子積，力不及其前人，時猶欲節約次第，勉力以成其志，而求予敘其事云。若積之所爲，猶有前代惓惓文獻之餘意，蓋亦可念、可稱者矣。若夫乍起乍滅於尋丈之間，俄忽之頃者，豈復知此之爲重乎？按龍圖趙公汝騰作公墓志，公初有《語纂》《閑户録》《理語》，書成皆燬于火，然則《續稿》者，亦公既貴之所著也。夫公之在朝，兩爲中書舍人，三入翰林、直學士院。故内、外制最多，而喬行簡、李宗勉、史嵩之三相之制，尤爲世所稱道。公始入蜀，佐制司幕府。先曾大父滄江府君，時參議制司。及行邊興元，實與公偕。軍事之畫諾，文章之往來，極相愛重。二氏家集，互可考見。其再入蜀也，歷守榮、眉，進總漕事并總蜀帥、成都守、本路憲、四川都大賣茶、買馬等司，凡八印。軍府僚佐，各禀教令，條治無不得所。公之從容于政，又有如此者。當是時，公所得圖書，輒以八印識之。近時或散失民間，予猶見什百於一二。追憶吾蜀父老之言，而歎其烜赫者矣。且公之文，光采博贍。文學之士莫不欲盡見以快其心目，何待於區區末學而贊于一言乎？而不敢違積之請者，考公之遺書，而切有感焉。

嘗辨先丞相雍公采石事，以爲史書但言采石之功，虞某與焉，蓋當時繆史有所佞也，不亦欺天罔人乎？ 又云魏文靖公了翁所著《滄江府君墓誌》，言其學問行業，可爲至論，而隱德潛美，猶多逸遺。嘗欲敘次同行軍秦、隴時勝敗大概，而不及爲也。先雍公之事，著在國史，炳如丹青，千載不可誣。而滄江府君經理蜀事，有丞相之風，而卒不得志於時帥，多所遺恨。其行事雖有可考，二百年來，山川邈悠，陳迹無一可見。予嘗使涉其境，瞻望悽愴，豈復可思耶？ 緬懷故鄉，是以不能忘情於公之言也，故爲積書之如此。仍改至元之五年歲在己卯，五月甲申，雍虞某書。

送楊生序

豫章隱士楊君顯民至予舍，有麗澤之樂焉。蓋嘗相與三歎而言曰：「君子與天地同其體，充達而無外，而非固其形氣之私以貪生也；與聖人同其心，悠久而無窮，而非局於意識之鑿以執一也。故嘗觀於旦晝之存，而忽忽失於應酬之時者多矣；又嘗觀於嚮晦之息，而汩汩謬於夢寐之交者又多矣。然則此心之神明，此體之限量，烏能充達至於純一者乎？」他日其子原，自吴郡還。予問之曰：子亦有所遇乎？ 原曰：「有神醫活人，不可勝紀。原從而問焉，以爲可教，而謂之曰：吾之學，嘗於中和之交，静虚以待，知一身之氣來會，而覺其散還也。然後教之以脉絡之所經，并穴之所在，識之於己身，而無不熟。然後以之察乎人之病者，中於何經，起於何所，攻刺摩治而去之，蓋非常醫之所能也。又將往而受業焉。」予曰：善哉！子行矣。君子學聖人之道而行之，而有所弗得焉，則學乎其道者，必有所差矣。法乎天地之運，而有所弗合者，則其所以行之者，必有所不同矣。學焉而無所得，行焉而無不同。然後推吾之所有，而以治乎人，達乎天下，所謂執柯伐柯，其則不遠者也。予誦其言，略有合於予與顯民所談者，故書以示之。

楊賢可詩序

上大夫學於家，業成則國家取而用之，古之道也。然業成而未用於世，有其志而無其行事，則以其性情不思，寓諸吟咏，見諸議論而已。及出而見用，則凡行事者，即前日之吟咏、議論者也。説詩者，引古人之語，謂可以爲大夫者九事，山川能説，登高能賦，其二也。非其胸次素定，一旦起而行之，其何以哉？始予在奉常，賢可登進士第，蓋嘗見之於瓊林粉署之間。英英乎其風采也，濯濯乎其容色也，浩浩乎其神氣也，秩秩乎其經畫也。後二十年，予自禁苑歸，相見江上。時宜黄之政告成，蒼顔映照，有憂深思遠之意焉。卧痾山中，聞其佐郡臨川，以職事行縣，又得見之。卓然明斷，千里紀綱，益又以見儒者之效焉。既而乃得見其初歲及登科後諸詩稿。歎曰：非能賦能説之大夫乎？噫！仁皇帝之取士也，集嘗聞諸近臣云：「上每曰：進士中得一范仲淹，亦足副吾意。」明聖之心，於戲遠哉！首科最爲得人，御史中丞馬伯庸、侍御史張夢臣、侍講歐陽原功，與諸君子皆赫然有稱於當世。吾賢可所居位雖差若未及，然治縣佐郡，實有以及，人所至未易及也。追蹤數賢，豈晚乎哉？詩中佳句，劉養吾之讚盡之。若曰推其賦詠之磊落，而見諸行事之明敏，則引而未發，故以書其後云。

磵谷居愧稿序

《磵谷居愧稿》者，崇仁先正粹齋先生李公所著詩也。公諱進，字野翁，生宋嘉定十四年辛巳，淳祐四年甲辰留夢炎榜登進士第，仕至朝奉郎、福建運管，而宋亡。隱居縣東門之外，種瓜、植菊以終其身。題其舍曰「磵谷居」，所謂《愧稿》者，自命其詩集之名也。歲在甲申，先君自嶺海北還，至于兹邑，嘗携集拜公床下。峩冠褒衣，意度閒雅，故國之遺風儼如也。集出仕而歸省，公已去世。而磵谷之花木，猶有存者。及老而歸，宿草夕露，拱木悲風，不勝其悽然者矣。公甥游紹雅，集丱角與之游，今亦八十矣。乃出此稿相示，公所改定具在，集得而諷焉。蓋宋人尚進士業，詩道寥落，及入官又有不暇及者。而南渡以來，若陳簡齋參政、放翁陸公、誠齋楊公，擅名當世。及其季年，若曾蒼山、趙東林，蓋有追求作者之意。而公詩真率調暢，簡散深至，兼諸子之長焉。至其暮年之作，深有樂天知命、安於所遇者，可謂感慨係之矣。卷中有《送虞連州詩》，爲我大父尚書公作者也。然則尚論事契，蓋有徵焉。紹雅欲集識其後，謹識而歸諸游氏云。

送楊拱辰序 有詩

盧陵楊拱辰，自金陵歸，道過臨川之上，而告予曰：「建炎初，金兵犯建康，守臣降，我五世祖父以郡倅死之，郡人收而葬諸南門之外。明年，朝廷旌其節，贈直秘閣，又贈徽猷閣待制，❶謚忠襄。立廟墓側，官二子，賜田盧陵，子孫世守之。仍改至元之二年，始克往拜墓下。蓋自國朝以來，前代忠臣之在祀典者，有司嘗以詔書祠之。而廟旁之父老，猶能相傳其遺事稱道之，猶感憤有生氣。護戒其墓道，樵牧無敢至者。知拱辰是其曾孫，特相慰撫。顧廟貌古老，宜少加葺，規再往而經營焉。」明年春，且東行，故爲詩以送之曰：「一襟寒碧忠臣血，二百餘年翳草萊。故國丘墟遺廟在，荒城霜露遠孫來。黄鸝碧草無時盡，白日青天後死哀。亦有先祠臨采石，每曾揮淚櫂船回。」蓋予先丞相忠肅公，亦賜英烈廟于采石。廟久不存，而祠堂在廣濟寺。子孫往來江上，必省拜題壁以識。廟有兩碑，一碑斷，爲隣觀女道士所取，嘗使族人求之，不可得。一碑仆，前當塗守覃懷薛公超吾，起而樹之。其高義如此，故併及之，必有聞風而起者，拱辰其往哉。

新喻州丁士英舉遺逸序

國家舉遺逸之士，集得於見聞：若保定劉夢吉先生，數聘之至爲太子贊善，終不爲起。許州趙□□自隱士起，官至一品。

❶「贈」，類稿本作「賜」。

京兆蕭𣂏、臨川吴先生，皆至二品。其學術德業之足以樹立，有益於人之國者，士大夫知之，無所容私言於其間也。近歲，汴梁吴彦暉，起家待制，猶未肯一出。朝廷之待遺逸，遺逸之自重，蓋如此。今仕者布在班列，以千萬數計，崇卑於分寸之間，亦獨何心哉？聖天子思廣先朝之意幸，嘉惠山林，特降明詔，使有司舉遺逸。御史部使者得察而上之，其所以敦尚風節、抑僥倖，義至正，恩至渥也。愚也退在田里，游士過客不及其門，無所知於外事。伏而聽之，未聞有舉者，蓋必有之，而未之聞耳。新喻守李侯仲英，奇節之士也。周察於其鄉，得丁士英氏以應詔。吾聞丁氏於其邦，世脩進士之業，故宋科舉盛時，兄弟八人，同時六人舉進士。其二人，又特奏名，子孫世科不絶。自歸國朝，猶守其家學。士英既罷舉，教授其鄉族，而其家子弟尤能文。邦號多士，蓋難爲賢。而士英以明爽卓異見稱，誠可尚者哉！夫士君子知守經學行藝，則不必求知於人。非有高識，泛然不足，人亦何從知之？有司之吏租賦刑獄，期會文書，承奉上官，不以私意累其心者，猶不暇薦士。況念慮紛擾，患得患失於豪釐之間者，其暇念及於邑士，以答明詔於萬里之外、一州之小乎？故書之以爲序，是以喻之舉士，不可以不記。

洛陽楊氏族譜序

嘉議大夫、南雄路總管兼勸農事楊益，以書抵臨川，告諸前史官虞集曰：「昔忝同朝，俱扈從上都，嘗以洛陽先塋之碑爲請，亦既大書而深刻之矣。又慮夫子孫之南北宦游，不能以時至墓下，乃書爲譜，鋟梓摹之，子孫勝衣以上，各受簡而藏之，雖遠且久，不忘其初，而他族無以間之也。或千百里之外，數十年之間，適然相遇，各出本而求之，昭、穆、長、幼之序不亂也，一本之初不失也，請爲之序云。」洛陽之楊，由金中京酒使某。壬辰，兵北渡，没兵中。中京生某，舉家避地平陽，事定還洛，脩舊塋而定居焉。紫陽楊先生奂然，爲河南轉運使，辟爲幕官，生南陽府判官某。子四人：益、某、某、某。益，歷憲司御史、南行臺御史，除廣西憲司經歷，任奉訓大夫、護聖營繕司大使日，贈南陽公，爲奉訓大夫、禮部郎中、飛騎尉洛陽縣男，轉朝列大夫、户部員外郎，再贈朝列大夫，自禮部升秘書少監，自飛騎尉加賜騎都尉，自洛陽進封弘農郡伯。益出守南雄，官嘉議，當封二代，三贈南陽公，爲嘉議大夫、刑部尚書、上輕車都尉、弘農郡侯。而南陽之父某，贈亞中大夫、河南府路總管、輕車都尉、弘農郡侯。而昆弟子孫姓名，以次序列於譜云。按楊氏自唐叔虞爲諸侯，後世有爲大夫，食采於楊而受氏。漢初，赤泉侯喜，著見于史。及三世四公，以名節盛德，世承清白，子孫遂以衆多，而皆望華陰矣。其後族人益蕃，遂有四院之譜，所謂華陰、閩、蜀、浙者也。洛陽去華陰爲至近，或者洛陽之族，其華陰之裔乎？洛陽之族，遭時喪亂死徙北方，而卒能自歸於先塋之次，豈無天意乎？再世封弘農，而益有民社之寄，别族爲譜，自中京君始。以其所可知者而言之，所以信於其後世子孫者也。故爲書其端云。

送常伯昂序

古者仕不出其鄉，去鄉國而遠出者，其爲使於四方者乎？使事畢而還歸，無歲月之淹，父兄親戚之久違也。今則不然，薄海内、外，皆吾聖天子之疆宇，雖嶺海之極際，相去萬里，殆若户庭然。宜其腹心之所寄，耳目之所託，氣脉通貫，情意孚浹，癢痾疾痛，無不畢達。綏輯嫗煦，無不覃及。是以仕者不知其遠焉。且爲之士者，脩學於己，於用無不周。受命于天，於行無不可。彼惴惴不肯出户限，逐逐求龍斷之登者，亦豈君子之志哉？常伯昂氏，幼從其父，自中州仕於江鄉。誦詩讀書，翛然一室，不妄交接。父之仕國，衆人或不識其面，而名士大夫則識之。稍起，受郡府之推擇，治其文書。雖非所好，而守身徇道，信於上下。苟有可以及人者，從容視護，不使上有失而下有怨焉，此可望之賢也。去年，明御史知其爲人而薦之，觀風於江右者，又皆以爲然，將資用於幕府。而廣海之濱，以乏才爲請，奉檄云邁，略無不足之意，非知學者能如是乎？吾聞遠近海島之人，參錯奔走，以貨交於中國者，南海一都會，爲之喉衿焉。富庶淆雜，亦非他郡之所能及，則容有孽牙攙搶之生。治之之方，平易則足以得其心，明慎則足以察其隱。整齊法度而無所暴，則足以防其微；别白是非而無所私，則足以辨其慝。從其欲則易肆，拂其願則易狂。幾微之間，豪髮千里。權度之則，以簡御煩，豈有外於腹心耳目者乎？簡書之暇，制其變於晝諾之際，先其謀於籌思之時，推其原以捄其失，定其本以持其久。盡思廣忠，綽有可爲者，伯昂其勉之。耳目者，上下之通也。有美古者，必本於實。有高翔者，必謹於下。未見其遠且緩也，況伯昂視切於耳目之近者乎？

周氏族譜序

予嘗讀《唐風・杕杜》，而知同姓之可親，讀《小雅・黃鳥》，而知異姓之不可恃，兹族譜之不可無也。然天下同姓者，其始未必不本於一人之身。其後原遠而末益分，加以居徙之不常，隆替之不一。於是析同以爲異，合異以爲同者，無怪其然也。予以是爲譜病者久矣。予於周三月達海，❶姻婭之厚，一日往郡城訪焉。居訪間，出其族譜以相示，因囑予爲之引。觀其六世祖梅窗，系出濂溪之族也。方竊疑之，達海告曰：「兹特梅窗祖之先，遷于建康，譜系已失其傳而未正焉耳。得無有哭子儀之墓，稱閔子之後，見笑於人者乎？」予曰：噫！子之言是也。作譜者，本不欲忘其祖，今乃逮顯者以誣之，將何以訓後人乎？狄青武人，猶能不祖梁公。陳涉傭耕，猶言將相公侯之無種，而況吾儒之流乎？莫若斷自其可知者以爲始，則無誣祖之咎矣。君家遷于仁孝坊，今六世已不可勝紀，況欲追求於千百載之上乎？曷若祖梅窗爲始，而於其下，枝分派别，久則又以是爲祖譜，而家置一小譜，以小宗附于大宗之義，則愈久而愈可信矣。今君之族分派，繩繩蟄蟄，祚胤至十百指，殖産至千頃。仕者圭組蟬聯，隱者節義相尚，别姓之在撫城者，未能或之先

❶「月」，《四部備要》本作「尹」。

也。宜必有忠厚以培植之，禮義以充養之，又讀書以繼續之。故能甲第相望，佳氣相屬，而綿綿瓜瓞之盛，與眉山蘇譜、廬陵歐陽氏之譜並矣。於是，達海應之曰「唯」。遂書以爲引。

道園學古録卷之三十三

道園學古録卷之三十四　歸田稿八

雍虞集伯生

序

送李敬心之永嘉學官序

宜黄李君敬心，作石城教諭、建昌州學正、常孰州教授，皆得故翰林學士臨川吴公之言。其家居，作其邑之學，吴公又爲之記。今年，赴永嘉教授，思欲得吴先生言，邈乎遠哉！不可得而聞之矣。乃辭親戚于鄉，登家人于舟，而後東行百里，而有求於不肖者之言。嗟夫！予豈有易於吴公之言哉？然而别十有四年之遠，居相去之近，而不得一接於顔色，以觀其學行之所至，而將何以爲言哉？大抵吴公之意，以敬心天資之敏，齠齓而記誦于諸經家學之懿，既長而不流於俗學。欲其深明于聖賢之遺經，不欲其爲浮靡之文以干禄仕；欲其脩君子之行，不欲其從卑苟之術以趍勢利。其卒章也，必以「言忠信，行篤敬」而勖之。至以己之爲學者爲説，世豈復有斯言哉？稽諸其文，自丙辰至于今，二十有五年矣。吴公求其明經也，經既明矣。吴公之欲其脩行也，行既脩矣。吴公之所以望其忠信、篤敬者，當有諸其躬矣。今以是而教人，舍此將奚適乎？吾故曰：昔者求以盡乎己，今者將以推乎人，豈有易於吴公之言哉？是故天下之言學者，其端多矣，必欲求於聖賢之域，舍此二言者，雖有過人之才，超世之志，有不足與於斯文者矣。

昔朱子在時，永嘉之學方興。意氣之軒昂，言辭之雄偉，自非朱子，孰足以當其鋒哉？自是以來，以功業自許者，足以經理于當世；以詞章自許者，足以風動于斯文。至于六經之傳註，得以脱略凡近，直造精微。如薛常州《春秋》等書，實傳註之所不可及，而足以發明于遺經者也。山川文物之美，遺風流澤之傳。彬彬然，濟濟然，誠杞梓之茂林，而鳳麟之靈囿也。教之之道，無以忠信、篤敬爲庸常之言。深求吴公之意，而有以激勸之則，學者之於斯道也，豈不有可望者哉？

翰林直學士曾君小軒集序

昔在至元、大德之間，天下大定，天子方與民休息，中外晏然，可謂熙洽之至矣。武皇帝入纂大統，當富有之大業，聖明於赫，盛莫加焉。方是時也，國家豐裕，府庫充斥。封爵並建，於公孤而不攝；錫賞下逮，於暬御而不匱。而秉鈞軸者，多練事而襲故，安常而厭動，慢弛之習見焉。於是有智力過人者，欲見於有爲，以功名自許。招徠才俊，採拾論議，一言悟主，風采震動。立尚書以出朝廷之政，治天下之事。中書之署，僅同閒局。居其職者，俛焉食禄而已。於是新任事執政者，各獻其能以佐君相，不次超擢以建事功，政令日出，震耀奇偉。其大者如作中都、改楮幣、復泉布、責郡縣吏以九載黜陟之法，而考功之職興焉。武功曾君益初，自逢掖超拜翰林直學士，而專任考功一司於天官矣。明年，政歸中書，考功隨罷。益初竟歸廬陵，時年三十有九。後若干年而卒。卒之後二十有三年，其子如瓘，輯其遺文相示，以爲益初在朝時，予方爲學官，與之同朝者也，是以來徵文以序其端。

予聞益初甫四五歲，已通文字，善屬對，機敏捷出。稍長，遍涉經史。❶嘗與其弟巽初相對背誦韓退之文，竟日終卷不止。廬陵有文士，宋之既亡，習尚奇變。益初獨能不然，凡爲詩文，春容幽遠，有昔者先正之遺音焉。其擬古人表、記、賦、頌之屬，蓋以詞學自期。稍起，試有司，爲郡縣教官，用蔭調桂林録判，皆不屑也。早游京師，聲譽日起於諸公間，遂登顯仕。當至大時，封拜滂沛，故代言之在稿獨多，考績職專，故畫一之公牘具在，則所謂春夢之録者，君子不得不爲之一慨也。烏乎！武皇升天，於今蓋三十年。今聖子神孫，繼繼承承，人才輩興，治道新盛，而吾益初不及見之矣。昔集承乏於文史之間，嘗從禁近，見丞相楚公之子二人，而當時執政及諸貴臣之家，咸浹於見聞矣。近時復置考功，而予在荒野，亦不盡知其説。觀於益初遺文之有傳，亦足以見當時之事。九重清閒之燕，或有觀文學於先朝，尚有徵於斯乎哉？

曾撙齋緣督集序

《緣督集》者，故宋德慶太守曾侯丰幼

---

❶「遍」，原作「編」，據四庫本改。

度之文也。侯，撫州樂安人，登乾道己丑進士第，積官至朝散大夫，至參知政事。真公德秀幼嘗學於侯，侯殁，真公志其墓石，納竁中，不得見。而侯之孫焄，❶以蔭補官，歷鴈茶、海口兩監鎮，調平江府節度推官，則由真公念舊而推引之也。二百餘年而書亡。國朝元統初，今監察御史前進士夔理溥化，來監其邑。詢求其鄉之先生舊人，得其族譜兩卷，故翰林學士吴公之所敘也。又命侯之五世孫德安，購其遺書，得今集二十卷。將刻之，而夔君召拜御史，書未及成。後三年，德安求予敘之。

按樂安未置邑時，地屬廬陵之永豐。其先在唐末、五代時，有異人善相地者爲之葬，而子孫果蕃以盛如其占，江鄉好事者人人能道之。往觀者，至今車轍馬跡不絶於其里。其顯者，則莫盛於德慶矣。侯方未第時，自著其族譜敘，以爲遠不及温陵宣靖公家父子福德功勳之盛，近不及南豐子固兄弟文學名位之著。慨然有自憤之志，不一二年，遂策名大廷，其志亦宏矣哉！予得其所欲刻者，而有以見之。其氣剛而誼嚴，辭直而理勝，其有得於《易》之奇、《詩》之葩者乎？取譬托興，傑然不溺於風俗，山川磅礴雄偉之氣蓋有以發焉。夫物之精華，久而不滅，則有神明之助者矣。一編之書，獨發於五世諸孫之手，殆非偶然也。德安能儒、能醫。則文理之美，陰德之厚，尚有以昌其書者乎？侯登科之年，則我先忠肅公入相之歲。俯仰今昔，故爲之書。

❶「焄」，原作「⿱君心」，據類稿本、四庫本改。

范左司松溪詩集序

故宋左司豐城范公《松溪集》六卷，公子德劭以爲公所著述甚多，遭靖康、建炎兵火，所存惟此而已。并述公行事一篇附其後。其九世孫申如，以其郡士熊昶書來告曰：「郡人至順辛未進士熊爟宰番禺，令申如以《松溪集》來爲刻梓而傳之，昶爲來請略敘其始末。」公諱濬，字舜文，生元祐已巳。徽宗時，行三舍法，公自縣學升洪州學。九年，貢辟雍。政和八年戊戌改重和，上舍及第，調撫州儀曹，又調福建提學司主管文字。提學司罷，宣和四年，還官太學，以幸學恩轉文林郎。七年，授虔州儀曹，改節度推官，佐幕虔有政。金迫宋南渡，郡多兵盗，公治之有方。紹興四年，以薦者改宣教郎、知建州歐寧縣，有治迹。既滿，縣人争留之。太守魏某以聞，召見，除兵部員外郎。歷舍部、户部、樞密院檢詳、尚書右司郎中，遷左司郎中，兼中書省檢正。與時宰秦檜議不合，求去。除知南劍州，至官，乞祠二，奉□至，主管玉隆萬壽宫。紹興二十二年，丁父憂。後三年，卒。官至朝奉大夫云。

《松溪集》詩文，皆南渡後所存者，往往哀二帝之北狩，憤王業之偏安。其上致劄子、論言之要，以爲不當如三國之紛争，當如帝王之弔伐。其獻策，先内治而後用兵。以祖宗之德意，感激士大夫，去弊政之所以害國蠹民者，而一歸於仁，可謂正議也已。而《豐水舊志》及今翰林直學士郡人揭公傒斯所言，胡忠簡公論王倫劄子，蓋出公筆。而胡公以爲公親老，疏上必有危禍，而自上之，遂南遷。當是時，瀘溪王民瞻送之以詩，言頗激切，猶中危禍，使檜知出於范公之筆，則公之禍可獨免乎？而行述上之，公與檜有舊，檜乃曰：「舜文領取從官去可也，何用多言。」然公遂去國矣。檜雖未忍致害於公，而公不自安，而家居終身，君子之禍亦慘矣哉！夫食人之禄，則不敢内顧其私，此公所以奮筆而不辭。知其必墮危禍，不忍危其親。朋友之厚德，而區區以聲名禍福計較者，恐非二公之心也？孔子論殷三仁，又言伯夷、叔齊「求仁而得仁」。蓋言盡其心、盡其分，而無所計較於外者也。范公之草疏，胡公取而上之，庶幾君子之道焉，是以不可不表而論之也。至正元年辛巳九月，前史官虞集序。

送朱德嘉序

周子之教學者曰：「志伊尹之所志，學顏淵之所學。」先儒之言曰：「立志以明道，希文自期待。」明道之學，顏子之學也。希文其志伊尹之志者乎？昔者，仁廟以世祖皇帝之遺意，設進士科以取士。某嘗聞之時宰之言曰：「或謂進士取人多，而得官速，且病其無實效也。」仁皇曰：「千百人中，得一范仲淹斯足矣。」然則得希文，斯得伊尹矣。聖神之見，豈不明且遠哉？然自此科而進者，凡七舉而小輟。其爲人也，或顯或晦，或升或沉，命則有不齊者焉。今揚于王庭，尚多首科之人，精神之所感，天人之際，固如此夫。

今年，聖天子下明詔，復進士科。而乙

亥鄉貢之士，盱江朱禮德嘉，始以《詩經》舉於鄉，已而就校官之例來兹邑，秩且滿，而明詔適下。某乃爲之言曰：當始議科舉時，某承乏奉常，略聞其議論之末。有云：明道欲取天下之俊秀，聚而教之京師。其成者散之四方，以教其人，蓋一道德而同風俗之事。則無患乎異端旁説或得以出乎其間，使聖賢之傳不明，而天下不被其澤者也。是時，廷臣欲有由答德意，而患夫其道有待於悠久也，乃定取士之法。其書必曰《易》《書》《詩》《春秋》《禮記》，其道必出於堯、舜、禹、湯、文、武、周公、孔子，其學之授受，必由乎顔、曾、思、孟、周、程、張、朱，以爲論定，而不可踰越者也。然則如此而得士焉而用之，則必有以希文自期待，而達於伊尹者出焉。惜乎趍而應之者，僅以爲入仕之途。及其得之，俯首所事，不過衆人之事而已，使説者得以爲辭，豈當時之意乎？今既輟而復興，聖明特達之造，群賢贊襄之美，豈徒然哉？老病衡茆，無復聞其萬一，徒以昔之所聞，而爲德嘉言之。《易》《書》《詩》《春秋》《禮》之爲經五，儒者蓋莫不欲通焉。漢之專門名家，則亦已固矣。而先儒之説曰：「先通一經而明，則餘經可得而通也。」既而又有言曰：「《論語》《大學》《中庸》《孟子》之説通，則諸經可得而通矣。」此皆要言也。國家之制，通問四書之疑，而各明一經之義如此。而學者其於文義，固不待言，施諸有政，何可禦也？所恨者，各奏其技以應之，有司者隨其所得而取之。是以失之於昔，而不可不勉於今者也。就令有司者以虚文取之，而吾黨之士，其爲學也，則不可以苟焉也已矣。

吾見德嘉之治斯校也，旦暮坐堂上，與

諸生説經緝文，井井有序而不倦。縣長貳待以賓師之禮而不敢褻。暇日，投壺雅歌以爲樂。及觀其退處於家，父母皆高年而康寧。飲食起居有節，妻子嚴畏而和敬，果有得於所習之經也乎？觀於孔門弟子之記載，聖人之於《詩》，獨數數而言之，愛其子言之，於子貢、子夏言之。本之以「思無邪」，推至於專對，授受始末，周至沛然，孰有盛於《詩》者哉？德嘉之以是書進也，推之家人父子之常，而達諸天下國家之大。以其易直子諒之意，而行之言論詠歌之間。雍雍乎，渢渢乎，使無所迫切，而意已獨至，豈無以發揮盛德之至者乎？仍改至元之六年十月十五日，雍虞某敘。

送鄉貢進士孔元用序 有詩

歲庚午殿試後，集與閣學士阿榮存初，候見直廬。存初慨歎相語曰：「更一科，後科當輟。輟兩科而復，復則人才彬彬大出矣。」又歎曰：「榮不復得見，公猶見之。」應之曰：得士之多，誠願如存初言。方今文治興隆，未必有輟貢理。存初，國家世臣，妙於文學，在上左右，華年方殷，斯文屬望。集老且衰，見亦何補耶？又歎曰：「數當然耳？」問何以知之？弗答也。後三年，集歸田，而存初有玉樓之召。乙亥，果停貢。今歲，聖天子科詔興賢，一一如存初言。猶願此舉得人，亦如其言，則區區畎畝之愚誠也。臨川素號多士，前七舉進士者，予弟仲常，與黃養源同年。張國賓，予校藝南省所得。羅友道，予忝讀卷時所奏也。今年臨川之士預薦者六人，前此未有如此之盛者。元用闕里之系，清江三仲家之傳。曾子白，南豐之後。劉良甫，墨壯公是、公非家子孫。當汴宋極盛時，皆文學知名大家。去之三百年，而有子孫並薦於今日。徐國基之高大父，嘗爲試官，得周益公程文，題之曰：「此有公輔之器。」時以爲知人。涂自昭、張直方皆再舉，直方尤老於文學者。六君子之世業積學，豈苟然僥倖於一日者哉？予以州里耳目之近，以推其遠而未知者，則彬彬多材之出，其徵詎不可信哉？元用質粹而文高，與子白皆予素所期望者。行省將歌《鹿鳴》而勸之駕，元用亟來山中爲別，其意尤古。乃賦詩以餞之，并寄諸君子云。

明詔興賢第九春，臨川今薦六賢人。南宮入奏催廷對，硯影龍旗墨色新。

又附見二首云：

青田千仞妙高臺，天挺清明不世才。化鶴能來塵路絶，芒芒驕莠欲誰裁。

臨川經學邁前脩，摹進遺書幾驛舟。天上鴻儒多雅識，春明勸講達宸旒。

饒敬仲詩序

予歸老山中，習俗嗜好不留於胸次。獨與幽人雅士，咏詩讀書，尚未能忘情焉。四方之君子念其衰老，不鄙而枉教以飫予之欲，何其幸也！前年，饒君敬仲，遺予五言長詩凡百韻。陳義之大，論事之遠，引援於往昔聖賢之業，鋪張乎一代文章之體，縱横開合，動蕩變化，可喜可駭，可感可歎。及觀其他作，往往不異於此。而此千言者，尤足肆其馳騁云爾。問其學所從出，則嘗從乎臨川吴先生游，宜其所聞過於人也遠矣。嘗著書一編，述山水之情性，吴公亟稱之，首爲之序以傳于世。夫山之行，重峰峻嶺，奔騰起伏，勢若龍馬，亦或以廣衍平大爲勝。水之流，驚湍怒濤，吞天浴日，莫窮涯涘，而亦或以平川漫澤、紆餘清泠以爲美。不可執一而論也。蓋其脉絡貫通，首尾相映，精神所在，隨寓而見，是以能極其變焉。敬仲得此於其心，一託於吟咏之事，故能若此，何其快哉！昔李陽冰善篆書，自以爲有得於日月、風雲、山川、草木、動植之體。敬仲之詩，得於山川，亦何奇哉？然吾晚歲，足駸駸而視茫茫也。山水之間，濟勝之具頓絶，惟有端坐絶物，使善歌快誦於清風明月之際，亦足以慰吾之寂寞也乎！故爲題其篇端云。至元己卯二月朔旦，邵菴虞集序。

漁樵問對序

元統癸酉十月，集自禁林告老而歸。中表父兄，巋然獨存者，唯吾溪山翁一人而已。閒居食貧，無以爲樂。恬憺之極，賦詩以相娱。友人易濤，命其子升輯而録之。數年之間，不覺成帙。翁之子宗蕃，請題以名。集曰：翁之世大父安撫公，釣游之所曰「漁墅」。而集之故鄉人有識之者，曰：「此青城山中樵者也。」宜題曰「漁樵問對」。至元庚辰，四月十五日，虞集敍。

送吴尚志序

今年，明詔復進士科外，有司將取乙亥所貢士，而勸之駕焉。而盱兩鄉貢進士，適皆在兹邑：其一人曰朱君德嘉，其一人曰吴君尚志也。乃孟冬朔旦，予與邑大夫士，與二君登乎邑之北山而賦焉。會者十數人，莫不舉酒相屬於二君，以望其決策於大廷矣。明日，德嘉告予曰：「尚志有求贈言於子之意。」予病退於野，學日以困，何以爲子言乎？然昔者竊聞設科之意，所望於君子者甚重也。三十年間，其見用於朝廷者，固不少矣。然而一日得之，而爲禄仕焉。明經之學，不達於行事；陳策之善，皆付於虚文。區區絀徇於吏俗，此固衆人之所疑，君子之所歎，朝廷之闕望，而科目之所以有間也乎？方今聖明在上，文治大興，沛然有制禮作樂之盛。朱君以《詩》進，吴君以《禮》進，❶其必出而有合於當世也乎？且《禮》之爲經，《儀禮》十七篇，有司不以爲問。所以取士，小戴之記也。四十九篇，雖記載之文不一，而子思、曾子道學之傳在焉。是故不學乎此，則《易》《詩》《書》《春秋》未易可學也。且夫堯、舜、三代之遺説，天子、諸侯、大夫士之成制，吉凶軍賓嘉之具物，雖或殘缺參錯，然舍此幾無可求者焉。必有制作以復先王之舊，宜必有攷於興革而舉錯之者矣。是豈尚可以取應得之於一日，遂忘其事於他年者乎？

昔者，顔淵有問於夫子，而從事於視聽言動之目，亦曰「禮而已矣」。至乎爲邦，則

❶「進」，原作「簉」，據類稿本、四庫本改。

虞之樂，夏之時，殷之輅，周之冕，豈無其具乎？內聖外王，有道有器，夫豈可二之哉？吾故以爲學乎《禮》者，又當先於諸經者也。何也？以其學而脩之者，即可以舉而行之者也。然則可以付之空言乎哉？吾聞之，聖人之教其子也，學《詩》、學《禮》而已爾。集是以命弟子學《詩》於德嘉矣。然則學《禮》者，其將求之於尚志乎？子之鄉，有前進士江君學庭者，《禮》士也。謝君子順，《詩》士也。於予有文學之契焉，試以吾言而論之乎。

送李楝伯高序

臨川李氏，有活人之陰德。至其諸孫，質美而業儒，鄉人君子多稱焉。今年二月，本來居月餘，予爲著《君子堂記》以勉之。後一月，其從弟楝又來，而云將游學於四方也。夫子弟生於陰德之門，譬諸草木生乎沃壤，其所因者厚矣。然而嘉穀芳草之生，有待於人力，非若稂莠稊稗易於蕃茂也。是故閑之護之，而保養之，父兄之事也；扶之持之，以匡直之，師友之功也。故有內外之辨，而無遠近之殊矣。嗟乎！徑寸之珠，不鬻於三家之市；千里之馬，不試於山徑之蹊。楝之隘其間，❶而欲有所觀乎四方，豈非內視而有餘者哉？昔者，君子將觀於會通，以行其典禮，豈非有志者乎？楝嘗學《詩》乎？《詩》曰：「芃芃黍苗，陰雨膏之。」言欲其潤澤長養之深也。又曰：「芃芃棫樸，薪之槱之。」言有成材，人將用之，有不待己之求也。又曰：「蒹葭蒼蒼，

❶「楝」，原作「棟」，據類稿本改。

白露爲霜。」蓋言其時至而器成，則其所至亦遠也。乃書以贈之。

熊萬初舊雨集序

熊君萬初，與僕相識十餘年，始得見其《舊雨集》。觀其《與吴學士書》，問《古文尚書》，知其能守素學，不事浮靡。出真見而無苟從，端慤有規矩，新學小生未之能及也。雜著本埋而敷鬯，詩賦亦雅而不阿，皆未易及也。僕至郡，少俊之士多不鄙來見。問之，多出萬初之門，雖其後更他名師，而篤實有質行，多吾萬初所啓也。然則文豈足以盡知吾萬初哉？

醫書集成序

醫之治人疾病也，砭焫以鑽，灼其肌膚；酷毒以攻，害其腑臟。非有順適之快，甘和之美，而不愛千金重幣，以求其厲己者而甘心焉。誠以其疾苦之加，死亡之至，有甚於醫之所用故也。故曰：不得已而用之，猶國家之用兵與刑也。聖哲之爲治，豈忍使殘忍之伎，以劓刵而加諸血肉之軀。使勇悍之夫，操殺人之器，以跳梁擊刺以爲功也。固將以禁姦慝、止暴亂，以安良善，而致治平云爾。是以兵有兵書，刑有刑書。然而叔向不滿於子産，趙括一戰而亡君者，誠以執書而不知用，其害有不可勝言者也。醫之爲書，古先聖神之言，而僅存於今者，《素問》《難經》《靈樞》《甲乙》之類而已。古書奇奥世遠，不無缺鑿，難解者多矣。張長沙之書，學者重之，幾列於經。後世之説者衆，若成無已之不謬於旨要者，或寡矣。千餘年後繼而作者，其河間劉守真乎？而其言亦古奥，世俗淺俚，非儒家深於文字者，亦未易以盡通也。寥寥數千百年，天下萬方之國，生齒之繁，何可數計？而傳其學者又如此。則醫之爲道，人之爲生不亦殆乎。

且以近世論之，士之生於東南者，氣質柔弱，腠理淺踈。魚肉、菜果、粳稻之食，短味而少力。土薄水淺，炎蒸濕沮易以中襲。故其人多畏忌，而慎攻伐。是以醫者之用藥，每尚温平。至於疑似之間，依俙以嘗試，雖其謬誤，均爲殺人，然謹慎循持，猶可以漸理。故説者曰：得其道者爲治病。悞於前失者，又須治藥。病雖已失，所幸其藥勢之緩，猶或可爲也。中原至於北方，風氣堅勁，禀受雄壯，飲食充厚，膚理嚴密，大實大滿之疾，常常有之。爲河間之學而得其傳者，胗脉察證，真知邪之所在，一決而去之，可謂快意而通神者矣。而其時東垣有潔古老人，用藥至詳實。嘗以固根本爲重，非惟法當宜然，而亦可以救當時一偏之弊矣。我國家混一海宇，地氣周流，無有間隔，然而東南之民，柔脆如故。而富完安樂之久，奉養之厚，欲樂之縱，則中州北方之人，不如昔者，亦有之矣。近世乃有勦用其法以自夸，不足以深知劉君之旨，而究其法。一切從事於苦寒疏利之劑，抵掌扼腕以爲神術。今夫殺人者死，傷人抵罪，有國者莫之能易也。若而人者操殺人之具於頃刻之間，而莫之禁，亦獨何心也哉？噫！非書之罪也，譬若治平之世，或草竊生乎其間。爲政者或一夫之力治之而有餘，或千人之衆討之而可定，的知賊之所在而用吾兵焉，則賊除而國安矣。今也雖有小寇，而遽出重兵以討之。初莫知賊之所在，於是元氣傷而本勢虚，雖微賊反足以成其勢，而猖獗者有之矣。賊雖去而本勢隨之以盡者，亦有之矣。嘗有及吾門者，謂嘗治某人之疾，蓋用大黄、朴硝數斤，煮以大酒數斗而飲之，一夕疾良已。又如是者，飲之數日，疾乃已。予斥之曰：古人服重劑，疾去止後服，且分兩少於今日，權衡多矣。雖牛馬，豈能飲如此湯劑乎？予後跡其所治者皆死。古之人一汗之速，猶恐促其年，若用藥如斯人者，殘忍可勝誅哉！予閑居，病此久矣，而未有發予之論者。

會稽處士費無隱來山中，退然有不自足之意，惻然有憫世之深心。自脩若不足，而懼無以及人也，故亦好醫焉。嘗問其所爲學，則曰：「臨川之金谿，有三十六峰者，古僊真人之所游也。其下有鄧君文彪者，不樂居家，而好脩真之事。嘗去鄉里，適吴、越之郊，有聞其風者，築室山水之勝以留之。其徒苦挽之以還其鄉，乃以暇日盡攷古醫經，彙而別之三十有餘卷，命之曰《醫書集成》。數十年而後成，攟拾離合，該博參互，其用心亦勤矣。」鄧君憂醫學之失傳，而人生之不遂，蓋同於予心也。修書之事，無隱亦與聞焉。鄧君字謙伯，號無爲子，書成而化去，無隱治其喪如禮。又經紀其家，獨寶其書，以傳示諸公間。南行御史臺侍御史張公起巖，見而悦之曰：「子宜得蜀郡虞伯生氏之序，則當助子刊行矣。」後數年，始能來爲余道之。嗟夫！昔之爲方書者，先列其經絡，以見其病之所在，隨而見其治之之方。其後又有内因，外因，不内、外因之目，而條列之，而言病者無遺處矣。兹書也，乃自顛至踵，分列百骸，而以病係之。觀其病之所見，輕重大小，無不盡在。即其條而後觀其受病之經，所因之故，一經一緯，可以互見。亦著書之一法云。學不博不足以盡其藝，爲醫者尚有攷於斯文。

撫州臨汝書院興復南湖詩序

國家置官，内而朝廷，外而方伯、連帥、部使者、郡守，凡有司皆爲之設幕府，以廣咨度。擇人而居之，謂之賓客，大政小事，無不得與聞。然而得其人則理，不得其人則否。同幕之士，多者七八人，少者四三人。同心同道則理，不同心不同道則否，其大較可知也。臨川逢掖之士，詠歌幕府之賢，未若今日之盛者也。蓋臨川之學，有所謂湖堂者，堂存而湖荒，過者憫焉。前乎此者，豈無油然而嘆、慨然而動情者乎？或制於長吏，或牽於同列，或時有不得爲，或力有所不能給。而斯時也，興念於前者，既有以作興於其初；從容其中者，又有以贊其畫；而到官於後者，又有以克成其志。其簡書閒暇，上下輯睦，雨暘以時，年穀豐盛，而得肆意於兹也。昔人有記洛陽之園池者，云洛陽天下之中，四方環視焉。觀洛陽，可以知天下之盛衰。觀園池之興廢，可以知洛陽之盛衰。此有識君子觀治之法也。今吾郡之政，乃有去茅塞於積久之餘，開游詠於寬閒之野。不亟不徐，於民無所勞苦。而仰觀俯察，太平之盛，於此可見焉。且其爲地，不繫於邑屋之繁、道路之衡，無繫於貨財之交、防禁之厲，從容乎詩書之麗澤、道義之芳潤，非好賢樂善之君子，其孰能與於斯乎？

蓋其幕三君子者，皆優於文學而後仕，皆歷於風憲而後官。是以知學校之所當先，而承流宣化，移風易俗，有在於此，而不繫於彼者也。時山長張震，實克相成之。吾知臨川文化之興，不特於洛陽園池而已也。趙君名雷澤，字師舜，亳人，爽朗不煩，意氣軒偉。知事夾谷立，字可與，金源人，深静以居，不撓不逸。照磨王堅孫，字道凝，吾蜀人，文理精密，端方見稱。一時之在斯幕，於斯一事，可以推見其所以書諸、議論之宜，進而用之，以示則於四方以爲儀，於朝著安有不可者乎？郡人士美復湖之什，凡若干篇。而郡之南鄙寓農邵菴虞集，序其端如此。

撫州路經歷趙師舜祈雨有感序

天子提封千萬里，以民人、社稷，分計於遠近。大小之吏，受其任者，知職分之所在，各思不忘其憂，蒼蒼之生，其庶矣乎。自一郡而論之，大政小事，不可以數舉也。先事而爲之備，則無過甚之灾；事至而盡其謀，則無不及之失；相先以致其勞，則無苟避之患；當事而致其誠，則無不成之功。是以貴乎得君子以爲之用也。

臨川郡城，至正壬午，春夏之雨不闕。六月之旱，監郡倅貳參佐，皆以爲己憂。華山、相山，皆二百四五十里，自昔吏民之所同禱也。於是守臣之同僚，争求先行。幕府二三君子亦曰不可以勞吾長也，亦争先請行。會他郡有大獄未決，太守楊公始至旬日，行省輟公往鞫之。於是經歷趙君師舜曰：「叨長斯幕，非吾事而誰事也。」乃七月庚子朔，齋戒就道。二日，至華山之麓。以事之遽也，分遣崇仁簿馬孳詣相山，期三日之旦，各陟山巔祝告之。辭方宣，精神之敷已感，雲滃興於川谷，雨遥注於郡城。奉睨而還，雷隱隱達，晝夜不絶，清涼載途，徒御歡喜。沛澤所注，合郡内外無不告足，於是而有年可望焉。夫遇旱而禱，懼而神明念之，禱而靈雨應之，故有之已。今兹忱禱於俄頃之間，沛澤於千里之遠，若是神速而溥博者，則未始多見也。此先其事之憂，當始之謹，相先之善，積誠之感，豈不信乎？凡爲政者，舉事動念莫不由此，則天、人豈有二致乎？此報國之大者也。故郡邑之士，多爲之賦詩，而前史官虞集，書其端如此云。師舜，名雷澤，儒雅士也。自憲史歷掾陝右，來官臨川，明敏知大體。其親年六十餘，隱居勾曲之山。尊道行義，人謂之義齋先生。

送醫士吴益謙序

余幼時，好求古書而讀之。於漢，得張長沙《傷寒論》，敬之如金科玉條。殆非更師之良，則不足以知其法意而行用之。鎦河間，曠世之異人，精思而感遇，妙悟神斷，文奥法備，其書上配長沙者也。其門人用之，其效甚著。聞其風者，抵掌扼腕，❶争起而用其説，其猛浪卒暴、害不旋踵者多矣。予四方交游，有真得其傳，去病若流水者，

❶「抵」，原作「牴」，據蜀本改。

二三十稔間，❶曾不一二人，蓋亦難乎其人矣。予客臨川，先生門人袁誠夫，論儒者失道學之傳，醫者不足以知長沙、河間之法，斯人之生，亦殆已哉。而誠夫又言：郡城有章伯明者，於河間之書，審慮愼發，數奏奇效，而予未及深與之語也。

貴溪湖山夏公明道，貳郡行縣，訪予山中，亦及伯明之事。云其子嘗忽瘖，不能言，而無他苦。群醫環視，莫究其端，疑於用藥。伯明視之曰：「此熱證也，徐解之則愈。投熱劑則大害。」從之，不半日而愈。又其僕人得寒熱，醫治以常用之藥。伯明視之曰：「法當死今夕。」夏公使人舁還其家，僕起拜辭謝，登輿而去。行未至家，果及夕而斃。如此者不一。夏公之鄉，釁峰之原，有吴士恭益謙者，亦善醫也。鄉之大夫士民庶，大家細人用之甚應。益謙亦謹愼端恪，思愈人之疾，無所解怠。夏公曰：「誠得益謙與伯明，講明古人之法，則十全之缺無疑矣。」乃不遠二百里，而招益謙至郡齋，與伯明游。益謙，虛心而不忮。伯明，推誠而無隱。遂究河間之説焉，而不敢忽視妄發。夏公深喜其鄉之得人，而以爲告。使愼疾而敏學知所勸，輕謬於河間之法者，使有所懲焉，則予與夏公同一志也。故書以贈益謙云。

胡師遠詩集序❷

《離騷》出於幽憤之極，而《遠遊》一篇，欲超乎日月之上，與泰初以爲隣。陶淵明

❶「稔」，原闕，據蜀本補。

❷「胡」上，類稿本有「旴江」二字。

明乎物理，感乎世變，《讀山海經》諸作，略不道人世間事。李太白浩蕩之辭，❶蓋傷乎《大雅》不作，而自放於無可奈何之表者矣。近世詩人，❷深於怨者多工，長於情者多美，善感慨者不能知所歸，極放浪者不能有所反，是皆非得情性之正。惟嗜欲淡泊，思慮安静，最爲近之。然學有以致其道，思有以達其才，庶幾古詩人作者之能事乎？今觀師遠胡君詩集，❸外無世俗之交，内無聲色之惑，其發辭攄思，殊有飄飄凌雲之風焉。自方外之説論之，❹大若宿有仙材、❺積習不昧者。不然，何以能如秋蟬引風露，清切一緒之無間哉？夫君子之爲學，常因美質而篤焉。師遠詩思之清，可謂美矣。然至清莫如水，而水其出也必有源，其行也必有用。《易》曰：「山下出泉，蒙。君子以果行育德。」❻果行者，其操如山之固，❼而確然不可移；育德者，其涵養如水之達，而沛然無不濟。故水非徒清之謂也。予既美其詩，而又欲其有所進如此，則辭人云乎哉！

送李伯宗序❽

昔者臨川吴公之講學，無間於出處。學者之及其門，南北常數十人。❾既老，就

❶「浩」上，類稿本有「汗漫」二字，「辭」作「才」。
❷「近」，類稿本作「後」。
❸「君」，類稿本作「生」。
❹「方」，原作「分」，據類稿本改。
❺「大」，類稿本作「殆」。
❻「以」，原無，據類稿本、《周易正義》補。
❼「操」下，類稿本有「行」字。
❽此題，類稿本作「贈李本序」。
❾「數」，類稿本作「百」。

養郡庠，語其門人曰：「吾郡庶有才俊之士乎？郡之子弟，❶無不得見焉。」李本伯宗得見公時，年將三十。未一年而公没，集之歸至斯郡也，已不復見公。庶及閒暇，❷有所質問焉，則無及已。此伯宗之見予，而深歎之者也。某聞之，孔子之道，曾子、子思傳之。著爲成書，蓋憂其失傳，而使學者有所考，而學之不差也。周子、程子得不傳之緒於千五百年之後，而道學大明，論者猶病其門人或不能無少出入也。朱子與東萊呂氏，取其言以爲《近思録》，張子之言亦在焉。蓋曰窮鄉下邑，有志於學者，而無名師良友，以此而求之，則不差矣。故以此書爲入道之階，以進於聖賢之域者也。遵此途也，謹銜轡，循軌轍，庶無他歧之惑哉！士習之陋，俗學之靡，無以與乎此。才智之過，不能篤信而安行。而公遠矣，如之何哉？吾黨之士，盍亦略思於予言乎！❸

蓋聞吾伯宗之爲學也，取《論語》《孟子》《大學》《中庸集註章句》，❹句句而誦之，字字而索之，不敢有間也。其於《易》《詩》《書》《春秋》《禮記》，取先儒訓義以通之，循環誦讀，率數月一周。其後專取《程氏遺書》，晝誦夜惟，旁及諸儒之文字、言語，參攷密究，如是者又數年矣。不敢以處家之難、應事之雜而少廢也。懼夫獨學之寡聞也，求諸十室之近焉，推之百里之遠焉，猶懼夫輔己之未足也。❺今兹又將游行於四方，以觀乎都邑之大而取友焉。韓氏之言

❶「郡之」，類稿本作「鄉人」。
❷「庶」，類稿本作「幸」。
❸「盍亦略」三字，類稿本作「其試」。
❹「集註章句」，類稿本作「章句集註」。
❺「己」下，類稿本有「者」字。

曰：「業精于勤，荒于嬉。」若伯宗者，其無荒於嬉也哉！某又聞之孔子言：❶堯授舜以中，舜亦以命禹。又曰：殷因於夏禮，周因於殷禮，百世可知也。然則聖人之道，一而已矣，曰治，曰教，推之天下，均齊方一，無有異者。是以一鄉之學者，於其鄉先生，生則受其教而不可忽，❷没則思其神而不敢忘，何其忠厚之至哉？蓋其散見於四方者，其地雖殊，而其會歸於一致者，其道無間，此内聖外王之所以不可及者也。末俗紛淪，❸人自爲説，邦自爲政，可勝歎哉！雖然，則必有豪傑生乎其間矣。賢者智者之過，愚不肖之不及，是皆未折衷於聖人者也。

試以伯宗之鄉而論之，王丞相、陸先生，皆百千萬人之一人，千百世而一見者也。文公，高峻明潔，前無古人。當宋盛時，何其多君子矣。自公視之，其爲學之精，治世之要，略無足以當其心者。公之心以爲，使是君爲堯、舜之君，使是民爲堯、舜之民，其自信亦不可誣也。惟其自信之及，而不知其道之合於聖人否也。是以一時諸公之言不足，少有所移易，而明道先生從之，爲三司條例司，未嘗與之争，亦未嘗委曲而從之也。而公心服其言，無不從者。使明道久與公處，其所謂高明精潔者，智足以知之，則潛融默化，以入於聖人之域，則公之所立，必有大過人者，豈有後世之禍哉？是故程子之不得久與處者，豈直介甫之不幸，天下之不幸也。是故可以使公心

❶「某又」，類稿本作「然嘗」。
❷「可」，類稿本作「敢」。
❸「紛淪」，類稿本作「紛紛」。

服而無疑者，其惟程伯子乎！烏乎，殆哉！乃若陸先生之學，前代諸儒蓋未之有也。朱氏之起，與之相望，扶植斯文者，豈不重且遠哉？然而入德之門，容或不同，教人之方，容有小異，其皆聖人之徒也。吕伯恭氏，將欲一道德，同風俗，使學者無疑也，是以有鵞湖之會焉。雖其言卒不合而遂散去，而倡和辭氣之間，因二賢之差殊，而精攷神會焉。❶於聖人之精微，遂可推見其於發明聖道，以幸惠學者，非他郡之所有也。臨川之鄉先生有如此者，伯宗講之習矣。今天下之言二公之治之教，不無間然，❷予故於伯宗之行而及之，使欲知二公者之有攷也。嗚呼！安得起吴公於地下，而質予之斯言哉？至正二年壬午三月朔序。

朔南風雅序

至治壬戌之歲，予以次對召還，過臨川，有一士曰高萬里，以啓一通，致其所録《朔南風雅》者，而求予爲之序，未及爲之作也。元統甲戌之夏，予歸休山中，萬里又踵門以爲請，蓋近代至今日諸君子之詩也。今天下一家，四方之詩皆在，而表以「朔南」者，其殆魯史具四時，而特學《春秋》以名書之例乎？《詩》有《風》《雅》《頌》，今不言《頌》者，豈非薦帝配祖之辭，有不得傳之民間者乎？善哉！其所以命名其書者矣。夫文學知名之士，達而在上者，門人子弟其

❶「神會」，類稿本作「力索」。
❷「然」，類稿本作「焉者」。

傳之，不患不遠。而萬里猶以名録其一二者，抑將使遠方之士，得以略見其緒餘也乎？若夫山林之抱道懷藝，不得聞於當時者多矣。萬里博求而備載者，固將使有位者得見人材之盛，因觀其所學而薦引之，有新進者不出户庭，而得交賢儁於方册之上，萬里之用心厚矣。故爲之書以爲序。

朱萬初製墨序

豫章朱萬初，世儒家，敏文而善藝，得古墨法。至京師，頗試作之，相知者一二君子耳。余嘗用之，愛其沉著而無留蹟，輕清而有餘潤。其品在郭圯父子間，而縉紳博雅殊以其言爲信。聖天子御奎章閣，親翰墨，近臣以爲薦者上進，果稱旨，賜官，可謂榮遇也已。於乎！天下之所謂精藝者，世固有之，其聞不聞，係乎遇與不遇。文房之用，鬱鬱不見采者久矣。一旦際乎文明之盛，遂顯于時，而傳於來世，豈偶然哉？而或者又希其以技進，則亦甚矣。世之論玩物者，固謂是乎。故著其説，以待觀物而知者云耳。

道園學古録卷之三十四

国家出版基金项目
NATIONAL PUBLICATION FOUNDATION

國家出版基金項目

教育部哲學社會科學研究重大課題攻關項目

「十一五」國家重點圖書出版規劃項目·重大工程出版規劃
國家社會科學基金重大項目
北京大學「九八五工程」重點項目

儒藏

精華編二四七册下

集部

儒藏

精華編

北京大學《儒藏》編纂與研究中心

《儒藏》精華編第二四七册

集部

下册

道園學古録　道園遺稿（道園學古録卷之三十五—道園遺稿卷之六）〔元〕虞集 …… 801
師山先生文集〔元〕鄭玉 …… 1289

道園學古録卷之三十五

歸田稿九

雍虞集伯生

記

王文公祠堂記

至順二年冬，中順大夫撫州路總管府達魯花赤塔不台始至郡時，守以下官多闕。侯迺以民事爲己任，先事而憂，惻怛周至，平易之政，人甚宜之。雨暘稍愆，若致自己，且備且祈，得不爲菑。歲豐時和，郡邑安静，則求其所當爲者而盡心焉。明年，故翰林學士吴公澄，就養郡中。過故宋丞相、荆國王文公之舊祠，見其頽圮而歎焉。侯聞之曰：「是吾責也。」乃出俸錢，命郡吏董某、❶譚某、❷儒學直學饒約、揭車使經營焉。樂安縣達魯花赤、前進士夔理溥化，興國路經歷、前臨川縣尉張雩，與郡士之有餘力者，各以私錢來助。經始於某年某月某日，❸以某年某月某日告成。❹侯介予從子宣，傳其事于石。❺

按郡志，宋崇寧四年，郡守田登爲堂於守居之側，肖公像而祠之。淳熙十五年，郡守錢某更築祠，而象山陸公九淵爲之記。

❶「某」，類稿本作「彦誠」。
❷「某」，類稿本作「繼安」。
❸「某年某月某日」，類稿本作「元統二年三月壬子」。
❹「以某年某月某日」，類稿本作「十二月甲子」。
❺「傳」，類稿本作「來求篆」。

公故宅在城東偏塩步嶺，有祠在焉。作而新之，則侯用吴公之言也。郡人危素，將重刻公文集，吴公爲之序。既而吴公殁，侯是以徵文於予也。嗚呼！昔人之言曰：「周公殁，天下無善治。」奮乎百世之下，必欲建立法度，以堯、舜其君民，而又得君以行其志，則未有如公者也。況乎冰霜之操，日星之文，卓然命世之大才者乎！陸、吴二子之言，既足以極公志之所存，今昔不足於公者，又有以盡破其偏私之蔽。而世俗口耳相承之議，遂無復容喙於其間，雖公復生，亦將憮然於斯，可謂千載之定論矣。然則今侯新公祠，豈直爲觀美也哉？世之從政，果如陸子所謂出乎老氏之緒餘者，久已鮮矣。而波頹風靡之中，求如公之所謂因循，所謂流俗而不足與有爲者，亦且無之，安得有如公立志操行者哉？廉耻道喪，士習愈下，表而章之，使人士拜公之祠，瞻公之象，誦公之文，考公之行，以求公之志而有所感發焉。則貪者可以廉，懦者可以立矣。其於人心風俗，豈小補哉？若夫其所以爲學者，陸、吴之言備矣，學者尚有考焉。乃作迎享送神辭以遺之。其詞曰：

天高日晶，百世之師；野水秋雲，悠悠我思。澮澮荒陂，晨曦載暉；言采其芹，遲公來歸。山川出雲，無往不復；草有零露，在彼靈谷。尋窮于原，亦企于石；父母之邦，庶幾來食。盈庭之言，匪今斯今；邦人之云，式究予心。作者之興，實命自天；哀哀民生，何千萬年？

南豐曾氏新建文定公祠堂記

君子之欲行其道者，時王之制有所不得爲，則推其法意之所得爲而爲之，此聖賢所以無不可行之時也。昔者，諸侯之國，其昆弟、子孫，得以公族爲大夫，爲士，有田有禄以養之。國有宗廟，世守其祭祀。百世之子孫祭于大宗，五世之子孫祭于小宗。而祖考之神靈，蓋有所歸矣。後世貴爲公卿，而無國邑，惠澤無以徧及其族人。君子原本而充類，䀌然傷其心，是以有置義田，以待後人之冠昏喪祭者矣。宗廟不立，祭享無所。君子思賢賢尊尊親親之道，而不得有所爲焉。於其賢者，則緣夫尸而祝之於社之義而致其意，則亦庶幾而已。

南豐曾氏，自魯國公有六子，其顯者三人。文定公子固最賢，子開之文如其兄，而子宣最貴。子固之學，在孟氏既没千五百年之後，求聖賢之遺言、帝王之成法於六經之中。沛然而有餘，淵然而莫測，赫然爲時儒宗。其文章深追古作，而君子猶以特公之一事云耳。魯公没時，公弱冠未仕也。家甚貧，嫁孤妹九人，必得其所。奉母夫人至孝，老死不衰。蓋其根於天性者純明，得於經學者深至，所以行其道者，衆人固不識也。是以官爵不過於郡守，奉入無踰於常僚。然猶悉其貲力，置義田於臨川郡城之後湖，與屬邑金谿之南原，立爲規約，以惠利其族，垂三百年矣。此所謂能行其法意於可爲者乎？不然，何其能久也？今其族孫元翊，以其父正子之遺命，作公祠堂於後湖之上。使其族之人，食焉而思其本，居焉而敬其身。則公之遺意，雖去之百世，而烏有終窮者哉？烏乎！公之至元翊八世矣。於廟則已遠，於社則已疏。即其所遺田而祠之，使群情之涣者有所萃也，不亦可乎？元統癸酉，祠堂成，適予自京師歸臨川，來求文以爲記。故爲書此，俾附諸義田規約之後，而刻諸祠下云。十又一月一日，雍虞某記，并書篆。

奉元路重脩先聖廟學記❶

我國家龍飛朔方，奄有中夏。世祖皇帝既定大統，人文聿興，學校之設，爲急先務。奉元本京兆，漢、唐故都，地望尤重。是以分鎮於陝者，平章廉公某、參政商公挺、平章賽公某、僉省嚴公某，先後作成宣聖廟儒學於郡東南。有禮殿、殿門。其東西廡爲從祀之舍。後有講堂，有石經之亭，唐人石刻附焉。儀門之外有齋宫，外爲都宫，有櫺星門，此其大略也。時東平徐公琰，方爲行省左司員外郎，實記而刻諸石，則至元十三年丙子之歲也。其後，陝西行中書省、西行臺皆治奉元，有司校官治廟學無敢闕失。會歲荐飢，勿遑繕葺。仍改至元之二年，歲在丙子，贍思帖木兒不花爲行臺御史，乃建言曰：「今歲事有成，民汔小康，禮義之教，需此焉出，歲行六十，時其復矣。」以更治廟宇爲請。且其説曰：「諸賢從祀廟廡，歲時之奉，其與享焉。非請益受業，而皆繪以侍立，於俎豆之設未便，請如國子監廟制，皆塑像坐食爲宜。」臺端唯而從之。相繼以就其功者，則御史蒼間李伯述、何執禮、李中、蔡明、安達你諸君子

❶「先」字，類稿本作「宣」。

也。於是，陝西行省、西行臺，各率其屬出俸以爲之先。豫王王相府、鞏昌帥府、怯憐、屯田二總管府，下至郡邑之吏、好義之士，聞風勸助者相續。四月命工度材，各給其直。工傭之費，稍廩之給，凡爲鈔貳萬緡。如民間之通工易事，無官府之擾。是以明年八月告成，而民不知有是役也。四年二月，官又給費脩石經廊廡。五年夏，御史李中，又計學廩之嬴，修神厨、倉屋、更衣之室，及提學官廨。冬，御史蔡明、安達你更建櫺星門。是年，李御史巡行西道，得豪民所侵學田五十餘頃，刻石著其疆畔。租入之數，以畀之學官。六年，御史燮理溥化司廣，以爲學校之政既修，風紀之效爲大，使學生姜碩，以其事來徵予爲文以爲記。噫！前有徐公之文在，集何敢有所紀載於其後乎？而二君知集之先，雍人也。集其敢不爲雍之父兄子弟，頌憲臺君子之美，而紀其成績，推本關陝道學之自，以成諸君子作成人才之意乎！

集聞之，兹土也，昔者周公嘗治而教之矣，禮樂其具也。出之於宗廟朝廷之上，行之乎學校井田之間。因其秉彝好德之懿，而詠歎夫天命之不已。因夫卦畫示人之藴，而發揮乎變通之無窮。致嚴於閨門袵席之微，而推至乎天地神明之著。致察乎時物衣食之末，而究極乎輔成化育之功。耕禄之均，施之四海而無不準也。祭祀之達，傳之子孫而無不保也。三代以降，人文莫過焉。世降俗易，仲尼猶有不復夢見之歎，而況於千載之下乎？漢、唐之遺迹，無復有者，又何有於教之可言邪？昔二程子得周子之傳，而起于洛，邵子在焉。横渠張子特起於關中，其學一原也，而尤有意於制作之事焉。程子之言，有《關雎》《麟趾》之意，而後可行《周官》之法度，此周公之遺意，❶而張子之志也與？《正蒙》之書，學者受讀，訂頑之銘，推極乎事親事天之誠。而程子以爲，其脩辭之不可及，其勇知之所造，非振古之豪傑，孰能與於此？而其言曰：「貧富不均，教養無法。雖欲言治，皆苟而已。議與學者買田畫井，正其經界，不失公家之賦。而立斂法，廣儲蓄，救災恤患，厚本抑末，以見先王之遺意，而當今可行也。」又曰：「今欲以正經爲事，自古聖賢莫不由此而始。遠者大者，有所未及，而可於家庭見之。」又曰：「學者且須識禮，可以滋養德性，集義養氣，蓋有所據依。即有常業，可以見諸行事。」其端緒可見如此。方是時，關、洛相望，表裏經緯，孟子以來亦未有盛於此時者哉！其爲言也，衣被天下，後世至于今賴之。詠歌《周南》者，不亦歸求而有餘乎？世祖皇帝初年，覃懷許文正公上書，與師友講明於斯矣。去之朝廷，儒者之效，遂大見于當世。而至元、大德之間，猶有守志厲操之士，高蹈深隱於其鄉。朝廷不愛尊位顯爵，以延致之，以表式于四方，聞其風而及其門者亦多矣，未必其寂然也。夫其風氣四塞之固，土厚而水深。其生人也，質直而忠厚。❷是以文王、周公之教易行焉。仲尼所以贊諸《易》，詠諸《詩》，載之於《書》者，莫非其事。至於關、洛諸君子而大明焉，舍此無以爲教矣。學於斯者，思周公之爲治，以極于孔子之道。因横渠之學，而博通乎濂、洛之原，則化行俗美，賢

❶「遺」，類稿本作「微」。
❷「直」，原作「真」，據類稿本、四庫本改。

才衆多，豈不於吾雍學而見之乎？《詩》曰：「南山有臺，北山有萊。樂只君子，邦家之基。」不有聖賢之遺教，則斯焉取斯乎？ 請以復諸大夫君子，而與其都人士講焉。

澧州路慈利州修儒學記❶

澧州路慈利州，在春秋時爲楚地。秦置黔中郡。漢、魏以後，地總於武陵。隋開皇□年，❷始置慈利縣。我國朝□□□□年，❸升爲州。州有宣聖廟儒學，皆因其舊。大德壬寅之歲，❹邑士萬士龍請於州，出私財而作新之。禮殿、門廡、講堂、齋舍悉具，合爲都宮禮殿。有先聖及配享，皆肖象於位，冕服如其制。從祀先賢，繪事在東西廡。州郡侈其工、上其事于湖廣行省，行省言于朝。丞相用禮官議，旌其門曰「樂善向道」之門，有司作門于所居，署之如其文。廟南有道東、西出，各樹門其端，亦以「樂善向道」分題之，于今三十有餘年矣。食其食而事其事於斯者，閱歲月如流水，乏補葺之功，❺循就圮壞。仍改至元之二年十月，奉訓大夫也先海牙來監州事。始下車，以學校爲己任。嚴學職訓導之事，擇凡民之俊秀，充大、小學弟子員，而程督其弦誦課業，庶幾知教之序矣。乃謀大修其學宮，進士龍之子文綬、孫鶴，而告之曰：「爾祖、父之爲學也，朝廷知之，行省憲司上之，州郡表

❶「修儒學記」，類稿本作「重修宣聖廟學記」。
❷「□」，類稿本作「三」。
❸「□□□□年」，類稿本作「元貞丙申之歲」。
❹「大」，原作「太」，據類稿本、四庫本改。
❺「乏」，原作「之」，據類稿本、四庫本改。

之，鄉人士弗忘。乃子、乃孫，尚能修先人之業乎？」文綬、鶴頓首，承邦君之命，畢先人之志。於是，增修禮殿，新陶瓦以易敝漏，美丹漆以發昏黯。因棟宇之舊而擴闢其外，視道路之所由出入，甓以甃之。泮水有池，去汙納清，深廣相稱。樹十二戟於門，如王宮之制。先賢從祀於兩廡者，易繪以象，冕服如制。象有位，位有屏障而施帷焉，凡百有五。始作雅樂，備登歌之工、八音之器，使諸生肄焉。有祀于先聖先師，則用之。取經書子集於四方，庋于雲章之閣，以待學者之觀覽焉。於是「向道樂善」二坊門廢，亦起而更築之。明年八月，朝散大夫滎溥來治州事，實相與左右，以迄于成。卜日之吉，率僚佐人士舍菜于先聖先師而告焉。延萬氏子孫於州庭，置酒食以禮之，爲書以識之曰：「鄉里有煩役，萬氏勿有與也。」又明年戊寅三月，命其史强禮走臨川，求集記之。

集乃爲之言曰：今自天子之都，施及四海之際，凡郡縣莫不有廟學。其神，則先聖南面而坐，顔、曾、思、孟西面坐，侑食。自斯之從祀者，則孔子之門人，與先漢以來專經之士。而道統之傳，周、程以下九君子者，則我國家之制。其書則《易》《詩》《書》《春秋》《禮》《樂》，與《論語》《孟子》《大學》《中庸》。其所爲説，則周、程、張、邵之言，而朱子之所論定。而朱子又與吕成公，取周、程、張之言，作《近思録》，以爲入道之階梯。我朝自許文正公以來，定爲國是。大公至正，而莫敢有異議者也。則凡學乎此者，皆明夫君臣、父子、兄弟、夫婦、朋友之倫，而求至其至而已矣。烏乎！三代而下，至于今日，爲學之道既明且盛者如此，豈漢、唐所可望其萬一者哉？然而通都會邑之間，物欲功利之習，相與薫染者易深，文藝游末邪説，似是之類，充塞惑亂，又有甚焉。至於一鄉一曲，或各爲一説，更相祖尚。輕翾者無篤信之實，凡近者無高明之見，而吾道如天地日月之行，而學者不能以自至，則其居亦有害之者矣。吾聞慈利之爲州，遠在江湖之外，山深林密，民生不見外事，故爲浮薄之俗。壤沃而生敏，故易於從善。有賢守長知所以表勵而率先之，彬彬鄒、魯之風，豈難至哉？昔我世祖皇帝之取宋，淮南忠武王總兵而南，丞相實同受命。襄、漢、荆、楚至于交、廣，安定之澤，民至于今賴之。平章以世家子，數鎮外閫，惠政在人。監州年甫三十，膺民社之託，好學而明禮，清介而寬容。觀其脩學之舉，可以得爲治之方矣。榮侯秩序已高，專意民事，吾恐慈利有不足以留二侯者，而揚于王庭有日矣，尚有以振起其州之士民哉！萬氏祖、子、孫三世，盡力於廟學，亦宜得書以爲勸。凡州之僚佐爵里、姓名，則見諸碑陰。

新喻州重脩宣聖廟儒學記❶

臨江路新喻州，以渝水得名。轉渝爲喻，不知所自起。漢以來，已爲縣，及宋置臨江軍，新喻自宜春來隷之。其治在四大山之中，秀水淵注，是以草木深潤，文物俊異多出焉。故宋在汴時，劉侍讀敞生是鄉，稽古淵茂，有《禮》《春秋》之説，《史記》典故之舊尤習焉。與其弟若子博學洽聞，名於

❶「新」上，類稿本有「臨江路」三字。

一時，與搢紳大儒先生，蔚乎相望。自是而後，流風雅習，代有足徵者矣。其學校可知者，始宋崇寧二年，南渡後燬。紹興三年，令趙子琇始作之，給事中李公大有爲之記。紹熙二年，令曾光祖修之，工部尚書謝公諤爲之記。嘉定八年，令董壎又修之，寶謨閣學士章公穎爲之記。及内附國朝，至元二十二年乙酉，邑人以部使者真定趙公秉政之命，修學政，新大成殿，故宋太學博士廬陵劉公辰翁爲之記。三十一年甲午，縣陞爲州，而學無所改作。仍改至元之四年戊寅，朝列大夫知州事彭城李侯漢傑，始下車，謁夫子廟，慨夫五十四年之久而日敝弗葺也。乃出俸金，修職事以更飭廟學爲己任。既成，釋菜以告。其地在城東虎瞰山之上，俯臨澄潭，氣象雄固。得石泉於荊榛之中，甘潔可酌。作神厨近之，取其溉灌。覈租入之蔽虧以續廩食，蓄書籍以足誦讀。範銅爲祭器，與雅樂之器，皆各有藏。助成者，其同僚達魯花赤忽都，同知小者木牙津，判官李可道、吴子山。勸相給使者，則州人蕭燾、晏南傑、傅行簡也。七月，使前鄉貢進士丁鍔、故宋參政正肅公之裔孫遜來求記之。

於是，盡得諸先達前記而讀之，未嘗不深歎其人物之多，文章之盛也如此。嗟夫！謝、章二公以名法從爲鄉先生，❶所以致意於後來學者，皆拳拳於心術之正，其言不可不深思之也。謝公之言曰：「古之教也尚德，今之學者尚文。」❷是則欲其人之尚德也。章公之言曰：「士而不知教，此漢、

❶「二」，原作「三」，據類稿本、四庫本改。
❷「者」，類稿本作「也」。

唐之不可望乎三代者也。」望其人之脩學也至矣。集敢不申二公之意，而爲之言乎？德也者，得於天者也。知所以尊乎得於天者，則知學矣。學也者，所以爲己，非以爲人也。然而脩諸己則可以治乎人矣，此學之道也。方謝公爲此學記時，新安朱子，自漳守退歸建陽，從學者甚衆，作考亭精舍以處之。蓋是時，朱子所定四經、四書，皆有成説。周、程、張、邵之遺言，具有端緒。於是，學者趍乎聖賢之域，正大而無所惑矣。大人先生相望於數百里之間，各有以治其邑者如此。東南學問之不絶，其可誣乎？自僞學之禍興，久之而後定，及其説稍行，學者不假之以便進取，則墮於訓詁之相因，雖其書之具存，而得之者亦或微矣。昔世祖皇帝觀兵江上，得江漢趙氏，盡以朱子之書北還。魯國許文正公，首得小學之書，尊信表章，躬踐以爲教。又推致乎聖經賢傳之遺，而斯文之正緒，大明於天下。自國都之學，至于郡縣黨術，莫不尚焉。近時以進士取人，猶以難疑答問於四書爲先務，是可見其與天下爲公，而不可易也。渝學之士，思其先正，如侍讀劉公之博洽，蕭正肅公之端雅，遍觀於諸先達學記之言，而深思夫謝、章二公尚德、脩學之意。凡予之所陳者，皆所以自靖於尚德、脩學之事也，豈徒言哉？李侯世將家，以門廕入仕治民，嘗官南海上。以廉敏才略爲廉訪、宣慰兩司所知。凡州縣有闕事，輒屈之通攝，無旬日即辦。沿海有大寇，維十數舟，近在岸谷，交結豪横，私鹽僞鈔，汗漫不可收拾。復引小寇爲耳目，出入不可極，兩司憂之。不以廣州録事爲卑官，强以諉侯。不數日，領官軍將卒爲聲援，立岸上不動。親以數艖艇入其巢，擒首謀之尤姦黠者七八十人尸諸市，❶而盜平。及爲是州，緩帶從容，若無所事者，而政無不通，學宫其一也。州之士，多衣冠舊族。其次者，世守進士業，百十年有聞不衰。而近世，又有以清文介節稱於時者，惜乎亡矣！州人猶能道之，所謂有見有聞，易於入德者，其若此之類乎！爲學者言，故併及之。

撫州路重脩宣聖廟學記

太守河間袁公説之來治斯郡也，朞年政成，官府輯睦，平易不撓，民安於無事，尤以學校爲職分而究心焉。謹學計之出入，以備祭祀繕修，師弟子之養，比歲而益充。教授胡式甫至，而遽以憂去，不及有所爲，學正李輯録、周復亨攝其事。以廟學室宇敝壞告。經歷前進士河南汪英曰：「今内朝清明，外無繁令，英得於此時，晝諸簡書之暇，學校之脩，非吾事而誰事也？」使工視夫棟梁、榱桷之朽腐，瓦甓之毁缺，象設采色之黯翳者，而謀新焉。梓人度材，陶人埏埴，凡攻金攻石設色之工，各執藝以待事。自大成殿、講堂、書閣、門廡、齋舍，易以梗楠豫章之美，完以杇墁塗塈之堅。鑿石作闌，增禮殿之防；和漆於丹，侈桓楹之飾。南面之象，侑食之容，衣裳冠履，儼然繡繪之有別。凡爲米若干，爲鈔若干，則皆汪君晨至夕歸，審度傭賈，而無所隱欺。是以敏於就事，以稱其觀美者也。乃至元六年六月朔日，復亨與學訓導葉友聞，以成事來告，而請記焉。

❶「諸」，原作「者」，據類稿本、四庫本改。

集聞之，《春秋》之法，常事不書，而斯役有不得不書者。説《易》者有之，君子之善治蠱者，前事過中而將壞，則可自新以爲後事之端，而不使至於大壞。後事方始而尚新，便當致其丁寧之意，而不使至於速壞。是亦府君幕府之意，而學校諸君子所欲記之者夫。烏乎！治教之休明，豈專在於屋室之觀哉？然而簡陋不治，則無以行其典禮。今既完矣、美矣，游息於斯者，亦有所思乎？聖神如天，洋洋在上，肅然奔走，豆籩之時，至著明也。退處其私，暗室屋漏，凛然衣冠，瞻視之頃，至隱微也。幽獨之中，而致謹焉。一思慮之差，一瓦石之毁也，承事之際，而致嚴焉。一跬步之失，一棟梁之撓也，其淪胥潰敗，將有不可禦者。視彼繕完之密，而歸求反身之誠，則亦善取諸物，以爲學者哉！況乎始也，不知築室之基，而無所用其功；終也，不知洒掃之務，而卒以曠其宅。出入俯仰，亦何所事於斯乎？或者以高明爲高虚，而不知夫實究其本原；以簡易爲簡便，而不事文理之密察。則吾有所不敢知也，諸君子尚或有取於斯言哉？因書以爲記。

寧國路旌德縣重建宣聖廟學記

寧國之旌德，本漢涇縣地，唐分涇縣置太平。寶應中，又割太平之鄉，以置旌德焉。歷唐、五季、宋，以至于今，遂爲名邑。邑之先聖廟，則宋寶慶元年所作。國朝至元十三年丙子，邑之官廨民居，盡燬于兵，而廟獨存。二十七年庚寅，邑又盡燬于盜，廟仍存。元統甲戌，廬陵劉粹衷來爲之宰。顧瞻而歎曰：「百年之間，荐經兵火，而禮殿弗壞，殆非偶然也。歲時之久，物有圮毁，「吾安得無以作新之，以承天相斯文之意乎？」於是率邑士胡紹武、程廷鸞、朱克承、汪惟勤、汪德鎮而經營之。作禮殿，作殿門，門有重屋。作兩廡，及四齋舍，以居學者。其講堂，則前令所葺也。起工於仍改至元乙亥之八月，告成於明年之八月。邑教諭袁祥寓書臨川，求予爲之記。

粹衷嘗以書來告曰：「吾縣地僻而事簡，山水可樂也。民苦輸租險遠，今得計價以代之，而困瘠之餘少息矣。」夫地僻，則無誘於外；事簡，則無撓於上。美山水，則生物豐咼；困瘠息，則生養有漸矣。於斯時也，粹衷與其人士，備絃歌，具俎豆，揖讓升降於夫子之新庭，旌德之民，其無幾乎！誠不可以無記。嗟夫！人之所以爲人，以其有君臣、父子、夫婦、兄弟、朋友之倫也。有天下國家者，敘此則治，斁此則亂。其在人也，隨所處而盡分，則可以爲人。不盡其分，而又傷敗之，則失其所以爲人之道矣。然而學者知之，不學者不知也。故長民者，有教之之責焉。教之而有所不從也，故長民者又有治之之責焉。然則當何如哉？明其道以示之，正其誼以率之。相其是而斥其非，翼其所能至而勵其所不及，則其人之趍向端矣。於是崇忠信以勝媮薄，興教讓以鎮頑鄙，達和順以弭争鬥。又表其俊秀而出之，端其學而勿使之雜，勵其行而勿使之僞。使之誦聖賢之言，道古昔之事，以風動興起於其間，則不率者幾矣，是則可爲也。今仕於郡縣者，率三歲而代，其來者各以其材識之所能及而效職焉，舉措不必同也。況形勢之迫，利害之怵，又有以奪之。則夫因時制之所得爲，以盡心於其所當爲，不以成否利鈍累其中者，蓋亦已鮮矣。烏乎！是亦存乎其人而已哉！夫子之言曰：「十室之邑，必有忠信。」旌德之士，卓然自立、不溺於凡近者，亦將有感於予言矣。粹衷，名性。天曆丁卯進士，南士第一人。具官虞集爲之記。

撫州路樂安縣重脩儒學記❶

元統元年冬，前進士燮理普化，字元溥，來爲樂安縣達魯花赤。政尚清簡，民用孚化，言色不動，患除利興。大府信從而無所撓，下情安順而鮮所違。朞月之間，遂以無事，則取其邑之廢弊而修補之。若官府學校，病涉之濟，醫師之宮，凡所當爲而力可爲者，以次爲之。皆謹飭規制，善工美材，爲經久之計，以待後之人。而先聖廟學爲最重，是以尤致意焉。❷樂安始置縣於故宋紹興十九年，學亦隨建在縣治之北仁義坊。內附國朝之初，得民舍，徙置舊基之上。歲久圮壞，牽補相承而□。❸元溥以仍改至元元年乙亥歲之正月，作而新之。大脩禮殿，作殿之門若廡，以成廟制。作講堂七間，以爲師弟子執經問難，脩禮容，習樂。有司長吏率其屬，亦於此乎執事焉。作學官居室，諸生齋舍。以藏以息，小大稱事，無所苟且。都宮之南，有池水屬民間，重購而得之。浚治寬衍，而面勢益以明敞。引術自池上出，洋洋然，有遊覽風詠之興焉。畢工於明年之十二月。其同僚尹張彥輔，

❶「儒」，類稿本作「宣聖廟」。
❷「尤」，原作「大」，據類稿本、四庫本改。
❸「□」，類稿本作「已」。

簿定安，尉孔思京，典史蹇居仁。又明年，而代元溥者則太帖木兒也。今簿彭那木罕，典史熊應辰，學官熊無忌去，而羅君友代之。其士民相率出私財至貳萬緡以相其成者：劉成德、蔡可道、李朝瑞、何性可、詹景能等。而總其役者，陳克恭也。廟有麗牲之石，可因刻其修治歲月於其上矣。以予自國史歸老，寓其鄰邑，求爲執筆而書之。

予聞，昔人以崇仁、永豐之間，相距數百里，山谷脩阻，官府遼遠，民無所保息。割兩縣之地，置一縣而治詹墟，是爲樂安。二百年來，非惟其民人得所休養，而豪傑秀異之士代不乏人。自舉進士至爲執政貴官，若弟兄、父子相繼登進士第者，具可攷見。延祐年中，仁宗皇帝始以科舉取士，曠數郡或不能薦一人，而樂安獨先有登高科者，其後薦名於朝不絶。蓋其世修是業而名家者，諸父、長老率其昆弟、子孫，脩習無廢。自井邑田野，絃誦之聲相聞。是以逢掖之徒，環千里而觀之，或自以爲不及也。且其山高而水清，地固而氣盛。故其風習充然，有以自壯，足以有爲，非若巽懦之不足興起。則吾元溥之新兹學也，其有望於士民者，豈苟然哉？近時業進士，其專治者，非《易》《詩》《書》《春秋》《禮》之經乎？其所問辨者，非《論語》《大學》《中庸》《孟子》之書乎？有司得推而舉之者，非所謂孝弟聞於鄉、信義孚於友者乎？夫進士者，朝廷取材之一途耳。有志之士，固不以其廢置得失，而有所作輟也。夫儒者之事，進士而已乎哉！爲進士者，明斯經也，脩斯行也，爲道莫近焉。於是反求而自治，即此而不待於他求矣。取諸聖經賢傳之言者，舍銜鬻趍競之文，而求脩己治人之實。其所以見諸鄉黨鄰里者，不以苟逃吏議爲僥倖，不以委曲鄉原爲自喜，而求夫天性人倫之至焉。其來遊於斯學，致力於斯經斯行，朝益暮習，悉心盡悴。父兄之相教，子弟之相承，如攻進士業之勤苦，因其抗果强偉之質，而勇於爲善焉。則人才之成就，鄒、魯何愧焉？二三百年之進士云乎哉！元溥之爲治，可見者甚衆。吾觀其念邑人之去郡遠，田租之輸，勞費艱險，嘗受後時之責，力請於上，得計直而納資。雖受代，猶懇懇言之，必欲使民久遠有所依賴。其所以優其生養，使得以治其禮義，皆實意也。子游誦夫子之言曰：「君子學道則愛人，小人學道則易使。」必如斯也，庶幾元溥之心乎？具官虞集記。

袁州路分宜縣學明倫堂記

國朝仍改至元之二年，歲在丙子六月，前進士豫章徐邦憲爲分宜丞。律己以奉職，厲志以成事。其久也，有言而上之人聽之，有行而下之人從之。丞亦自信其可用，乃取其邑之繫於觀瞻者，謀於僚友而作新之。其令姓某，以他役自任。而夫子廟學之事，悉以屬諸丞。按縣學，本清源書院與安仁驛之故地。故宋咸淳庚午，令章采遷驛他處，併書院之地爲縣學。學有廟，廟後爲會食堂。而所謂講堂者，在東廡之東，用陰陽家言，面乙之位。内附國朝，令膠東劉德以爲郡縣講堂，必在廟後，撤會食堂以作明倫堂，而東面之堂不廢。然取具一時，地卑材劣，不足以久。學瀕水，水漲而堂壞，久而不可支。遂除去之，以其地爲菜圃。丞之始來，周視慨歎而言曰：「此吾之責也，將誰議乎？」乃告邑人士以脩學之意，良民大家莫不驩附。而旌儒鄉之士陳辰翁獨曰：「丞至年餘，一無取於民。而爲是義舉，何俟於衆力，請專爲之。」丞善而從其請。陳氏出其私財，使其孫德星親任其役。而縣教諭吉水李辰良董之。丞以公事之暇，朝夕程督，毋苟毋緩。壘石於岸以障水，取剛土雜石子，築堂基高三尺，拓舊基凡十尺。其邑産紫杉，良材也，脩直中度者用之，撓弱斥不取。於是爲堂廣七丈有六尺，深半之。棟之高二十有七尺，工績堅緻，弘敞偉然。其爲堂，凡三十有六柱。起工於三年之十月，堂成於明年之正月。計其材用工食之費，爲鈔萬有千餘緡。丞乃使其弟邦傑與邑諸生趙艮，來求文以爲記。

分宜本分宜春以爲縣，袁之壯邑也。昔者，袁守祖侯無擇之始建學，盱江李泰伯記之，厲其民以忠孝，足以感發於人心，儒者多誦之。後百二十五年，張侯杓作新學，其兄宣公爲之記，詔學者以唐、虞、三代建學造士之本意。而朱子記其學周、程之祠，則又以原乎道統之傳，而示之以脩己治人之大法。而兩先生之言，非止爲袁學而言也。天下後世之學者，莫不誦之，而知所以爲學者矣。況乎分宜之邑，去郡無百里。何啻耳提面命之近。章甫逢掖之士，來遊來觀，而得其説焉，歸而脩之於身，講之於友，施之於子弟，推之於閭里，豈不富哉？其爲言矣乎。若集之不敏，何敢贊一辭於其間也。雖然，丞之思有以教其人，邑人士思有以進其學，皆古之道也。何敢不伸二先生之緒餘，以爲告乎？夫國家定爲夫子之廟，肖聖人之容，南面而中居。從祀配享，儼然有序。牲殺器皿，歲有常祀。郡縣有司承詔令行事，則在乎廟矣。至於師弟子誦詩、讀書，問學、辨德，則在於斯堂也，此之謂學也乎？是以凡天下之學，皆名其堂曰「明倫」，豈惟三代共之，蓋千萬世而不可易者也。「維天之命，於穆不已」。五殊二實，來往摩盪。人得之以爲人，物得之以爲物，而生生之無窮，烏可已也。惟人也，得夫仁義禮智以爲性焉。人之爲道，則有君臣、父子、夫婦、兄弟、朋友之倫矣。孝弟本於仁也，君臣、夫婦、朋友合以義也。惟其有是禮也，故能行斯五者，有以盡其分。惟其有是智也，故能知斯五者，而有以窮其理。惟聖人爲能極其至，故曰：「聖人，人倫之至也。」賢者率循其道，以求至其至者也。推之以教夫凡民，使皆有以望其所至而自達焉。夫凡民之去聖人遠矣，而皆可以爲聖人者，蓋其有得於己者無不均，故其行於倫者皆可以極其至也。是故氣欲之交雜，或至近於禽獸，而天理之流動充滿，未嘗少有間斷欠缺。世道淪降，三綱紊而九法斁者，蓋有之矣。而窮天地，亘古今，五者之倫，何嘗一息之可廢哉？所以宣公之記，絜乎五典、四德，而使之有以知天理之所固有，而行其典之所當然也。其曰：「孔、孟之書，備有科級。惟致其知，而後可以有明；惟力其行，而後可以有至。」此示之以學之之方也。朱子之記曰：「世儒之學，内則局於章句、文辭之習，外則雜於老子、釋氏之言。私知人爲之鑿，淺陋乖離，莫適主統，所以決其岐路之差也。」其曰：「間有聞於儒先之説，則有舍近求遠，處下闚高，而不知即事窮理，以求其切於脩己治人之實者，所以端其進脩之序也。」學者即朱子之說而學焉，則宜公所謂孝悌之行，始於閨門而刑於鄉黨；忠愛之實，見於事君而推以澤民者。吾將於分宜之邑，而見其人焉，則無負於邑大夫脩學之意矣。故書以告來者。

道園學古録卷之三十五

道園學古録卷之三十六　歸田稿十

雍虞集伯生

記

袁州路儒學新建尊經閣記

宜春之爲郡，在江右上游。山川完固，神氣休明。民生其間，務本而力穡，志定而用約，商賈利欲之誘少，都會繁夥之習微。尊吏畏法，奉命受役，斂焉自保，政用不煩。昔韓文公以文學爲治，其民不忘，至今尸而祝之。迨夫故宋，盱江李氏之作學記，有以極世變之故而風厲之。及張宣公記新學，朱文公記三賢祠，大有以教其人。其君子有以成其德，其庶民有以從其化，休休乎其無斁也。然而世之相去漸已遠矣。我國朝以來，慎擇牧守，豈弟之譽相聞。前太守真定張侯宗顔在郡時，嚴君仲毅來長其幕，作而言曰：「國家恩澤至厚也，府公甚賢也，吾民甚易治也。然而鬼神禍福之説勝，而閭里之趍向易譌，豈非學校之不脩，而教之無其素也乎？仲毅職在文史，何足以知斯文之事哉？然志之所能，力之所及，作新吾民之觀瞻，以定其心志，則不敢不勉焉。如其禮樂，則有俟乎君子矣。」乃躬督學賦之入，無敢逋遺時。其師弟子執事者，廩稍之給，而節其浮冗，期年而得錢若干，將大作學宮之事。今太守廣信張侯熙祖，以成廟宿衛之舊連守名郡，以寬厚治辦聞。其來茲也，守居簡靖，❶民以寧壹。監郡、通守、別駕、幕府各思其職，咸無間言。事有宜爲，順而不撓。學校，侯職也。而所以屬諸仲毅者，益得盡其心焉。乃購巨材於故家，取良甓於遺庾，作尊經之閣於講堂之北若干步。崇基八尺，深四十尺，廣五十尺。楹之崇，如深之數。形勢規模之大，丹雘塗塈稱焉。東南學校建立之盛，莫或加矣。爲兩廡以屬諸講堂之左右，作欞星門于廟門之南，餘屋之適用者，以次而就。自一木一石，一工一役，傭估之直，親給以時，不及吏手，如治家事。晝諾之暇，日必至焉，略無風雨之間。以其涖事之嚴明，施諸斯文之崇重。是以用約而利周，敏成而固久，足以流美於方來也。舊有夫子燕居像，奉而置諸閣，移李氏學記石刻置堂中。經始於仍改至元之五年，歲在己卯四月，至八月而落成。予以過客，得從而觀覽焉。郡長吏以下，授簡俾爲之記。

集乃爲之言曰：美哉乎！尊經之名閣也，人之於天也，天下之於君也，一家之於其親也，蓋有恆尊矣。上古民淳，朝作夕息。於其所尊，無所違失，由之而不知者，蓋有焉。聖神之出，因天之所示而示之，猶未著於言也。風氣既開，人文宣朗，帝王迭作，已不能無不親不遜之憂。盛哉！巍巍乎，成功盛德之大。洋洋乎，文章禮樂之興。斯民也，自得於天理流行之中，有循於日用彝倫之則，於其所恆尊，何有少慢於恭敬奉持者哉？孔子出於群聖之後，當世變之極，王者之迹熄，斯民之禍起。生乎其世者，不知天之所與者至貴至重，而不可踰

❶「靖」，類稿本作「清」。

也。不知君君、臣臣、父父、子子之分，不可紊也。是以有憂焉，而述作興矣。則又因其行事之失，而正之以復禮之常。使萬世之下，因其典籍之所存，得以行乎治化。是以儒先君子以其功過於堯、舜，而有罔極之恩焉。然則，天下萬世之於聖人也，書之於經也，所由以知尊其所恆尊者也，可不尊乎？柰何後世之學者，誦習文義以爲工，不真知其可尊之故；異端高妙以爲勝，而謬於其所尊之實，其憂可勝道哉！是學也，有諸君子之記言在。來遊來觀於斯閣者，必有能尊其所當尊者矣。豈徒爲瑰奇詭異之觀而已乎？

南軒書院新建藏書閣記❶

袁州路南軒書院者，祠廣漢張子宣公，而列於學官者也。故宋□□時，宣公之弟杓定叟，守宜春，宣公至焉，郡人士思宣公而不敢忘也。端平丙申，郡守廬山彭方，度地於東湖之上，始創書院，又七年而後成，彭守時爲尚書兵部侍郎記之。內附國朝以來，莫之改也。近歲，水齧其北址，藏書之閣圮焉，其勢未已，講堂且危。仍改至元之三年，山長廬陵趙某始至，凜然憂之。告諸大府，請加完繕。大府聽其言，思有所屬焉。幕府之長嚴君仲毅進曰：「仲毅之在此，不可使學校有所遺缺也。」明年，前大守真定張侯宗顏去爲漕，今太守廣信張侯熙祖始來。同寅協和，民以無事，仲毅得以致其力焉。然書院之田，不足以供祭祀、廩稍之用，是以營繕有所未遑也。乃出月俸爲

❶「南」上，類稿本有「袁州路」三字。

之先，而上下應之。即書閣之舊址，斲松爲枋，沉布水厎，加曾石焉。延十有五丈，廣百步，崇二丈，畚石加土，平接講堂之址，凡若干尺，堂始無虞。是時，郡學新作尊經閣，舊閣之材尚有堅完者。以今侯之意，與書院奠諸新隄之上，復藏書之舊觀。閣凡三層，皆出飛簷，以遠風雨。奉宣公之像於閣下以爲祠。又作東西廡，以屬諸講堂。作詠歸亭，與立雪亭對大門之東，與老氏之宮接。正其界，爲亭以表之，至元五年某月某日告成。又作水櫃於上流，以防衝突之及。是役之始終，嚴君日至。而趙某、譯史鄧某、府吏胡某、直學趙某，皆勤敏覈實，克相其功，屬予記其事如此。

嗟夫！使幕府之佐其長，身任其勞而不辭，則府安有缺事哉？然予不敢徒書其土木之功也。蓋聞之，聖人既遠，周子興焉，作爲圖書，以發不傳之秘，兩程子繼之，而其道大行。龜山楊氏之歸閩，叔子固歎其道之南矣。其傳諸豫章延平者得朱子。而張子得於五峰胡氏者，生同時而學同源也。斯世斯文之所係者重矣。張子以丞相魏公之元子，天資粹美，異於常人。自其弱冠，已知求學聖人之道，及得所傳，遠有端緒。察乎幾微萌動之端，以博極乎求仁之道。玩心神明，不舍晝夜。極講明問辨之功，從容以和而不激；極舒遲温厚之意，端嚴以正而不阿。朝進暮繹，同歸一致。任重道遠，死而後已。及夫蟬蜕人欲之私，春融天理之妙，其所至盛矣哉！以之事上涖民，以之立言垂教，百世之下，學者可考焉。昔在魏公，相思陵於艱難之中，屢屈於險姦之手，大忠大義，時人比之諸葛武侯。宣公以爲，武侯王佐之才，而自比於管、樂，必不然也。取舊傳而更定之，蓋以明其父之心焉。定叟之爲弟也，才略幾有父風。治袁之日，宣公閒暇而過之，所以端其爲政之本原，以見諸行事，其民被其德而不知者多矣。當彭守時，其殘墨餘論之猶存，而今不復可見，豈不重可歎哉？❶遺像儼然，衣冠咨色之在於斯也。❷學者想見其冲和純粹之氣，洋溢充滿。反求諸己，知其所不及，以自致其變化焉，則固君子之所望也。

尼山書院記

尼山書院山長、臨川金谿彭璠歸自魯，以興復書院始末爲言，乃爲之次第其事云。

尼山，去曲阜東南六十里，今屬滕州鄒縣，在滕西北鄒縣東六十里。❸其山五峰，西峙中峰，則所謂尼山，啓聖王夫人顔氏所禱而生聖人者也。山皆石，其巔多蒼栢。諸小木皆巨葉，霜露既降，絢如渥丹。升降各途。升之谷，草木枝葉皆上起，降之谷，皆下垂，無或交戾反刺者。其東臨水崖，❹有曰坤靈之洞，洞中有聖人石像，與顔母之山對。其北則防山，聖人合葬其父母處。今書院在其中，前有智原之溪，後有中和之壑。往昔奉尼山之神而祠之，曰毓聖侯。其左有夫子之宫焉。故宋慶曆癸未，孔子四十六代孫襲文宣公，知兖州仙源縣宗愿作新宫。❺有廟，有夫子之殿，有夫人之位，有講堂，有學舍，有祭田。自是，歷宋、金至

❶「歎」，原作「數」，據類稿本、四庫本改。
❷「咨」，類稿本作「容」。
❸「北鄒縣」，原作「百縣鄒」，據類稿本改。
❹「崖」，類稿本作「際」。
❺「知」，原作「而」，據類稿本、四庫本改。

于今，蓋三百餘年矣。宮不知以何年廢。

我國家奄有中夏，崇尚孔子之道。歲月浸久，典禮斯備。至順三年歲壬申，五十四代襲封衍聖公思晦，用林廟管勾簡實理言，請復尼山祠廟，置官師奉祠，因薦瑨可用。事聞中書，送禮部議。奎章大學士康里公巎巎，❶時爲尚書，力言其事當行，議上。至元二年丙子，中書左丞王公懋德，率同列執政者白丞相，置尼山書院，以瑨爲山長。六月至官，爲芟舍山中，罄竭私橐，繼以假貸，具羊、豕，爲酒，告山之神。召近鄉父老，受神賜，告以興廢之故。明日，鄉父老各以其人至。除荆棘，撤瓦礫，得殿及門之故基。諸舍之所在，次第而見，將告諸郡縣而經營之。山東東西道肅政廉訪司，分司寧夏楊公文書訥行部率其史翟、趙、郭趣兹山，留瑨舍一日。顧瞻徘徊，以其事爲己任。命同知滕州事郝寳閭領之，首出俸以爲之先。而監州李彦博，鄒縣令張士謙，與郡邑之官屬，凡齊、魯之境與賢士鄉大夫，民之好事者，大出錢而勸成之。擇木於山，陶甓於野，傭僦致遠。率車牛，服身役，連軫載途，飲餉相望，役大而民不知勞。又得古殿遺構之成材於魯之故家，尤稱巨麗。不數月，而大殿成，殿門成，毓聖侯之祠成。學宫在廟之西，放國子監制也。作觀川亭於坤靈洞之上，相傳以爲夫子之在川上，蓋在此云。繼以塑繪聖賢之像成，樂器、祭器以次成。置弟子員，以凡民之子弟俊秀充之，皆復其力役。乃以明年之上丁，用太牢致祠告成。噫！其功可謂敏矣。夫朝廷定議於上，部使者有司宣力於下，以克有

❶「巎巎」，原作「巎」，據類稿本補。

成。聖明在上，文運宣通，於斯可徵焉。

烏乎！古初開物，天作兹山。太和氤氲，元氣融結，流形降神，篤生大聖，以立三極。位天地，育萬物，與日月四時，貫通於無窮。若夫徂徠、龜蒙，至于岱宗。雨露風霆，往作來復。前瞻後際，邈然高深，其孰可測哉？運會有時，聿奠新宇，不日之成，豈偶然與？璠也得以學官從事於兹，可謂榮矣。集老且病，舊學荒落，僅克識其梗概如此。若夫播爲聲詩，歌誦功德，式薦明享，勒之金石，則有待於方今儒林之君子也哉！

重脩張巖書院記

宜春萬載縣獲富里，有故臨江儒學教授千崖張君某世居之。嘗得山水泉石之勝於其南，作亭榭園池，廣袤數里。青山趙君文記之，言其奇偉華麗，儗於京洛、吴越，傳聞者如見繪畫。所謂張巖書院者，在山之麓。有禮殿以祠先聖。殿有門，廡有祠，以奉周、程、張、邵、司馬六君子。有樓以藏聖賢之書，有堂以尊師而講學。有四齋，以居其學者。有庖廩器具，以給凡用。此又趙君歎其誦詩、讀書之美，而擬諸廬阜、衡嶽之所有者也。千崖君殁，子孫出仕京師，弗遑于兹者且四十年。萍鄉榮君南祥，娶張氏，則千崖君之子之女子也。有子岳孫，既長而有立，稟于其親，而請諸舅氏疇，願因書院之舊而加葺之。以延師取友，率其族人、鄉黨子弟，而就學於斯也。舅氏曰：「是吾意也。」岳孫乃以元統乙亥之春，鳩工庀徒，致其繕治，易朽以堅，飾黯以華，割腴田以具食。其舅氏又資之以樵蘇之山，藝蔬之圃，不數月而成且備矣。十有二月，岳孫與巖學之士傅君任，來求文以記之。

夫南山張氏之亭館甚多，而岳孫獨先事於書院，觀其志之所存，可謂知本者矣。宜春在江右之上游，其風土淳厚，其人易與爲善。西瞻衡岳，則岳麓書院在焉。東望廬阜，則白鹿洞在焉。此昔賢之所經營，皆依乎名山大川者也。今巖學得山水之秀，故可托以久長者乎？今天下好事者，築室買田，以資講習。然一列於學官，則行有司之事，而絃誦、籩豆，殆爲文具者多矣。獨巖學違於城闕之喧囂，邈乎公府之拘制。饋餉時至，無乏絶之慮。人迹在邇，無岑寂之苦。息焉游焉，無所事乎其外。及其閒暇，可以登高眺遠，而發揮其詠歌。環千里而觀之，爲學之善地，未有過之者矣。雖然，樂順適則志易墮；乏磨礪則德每孤。前輩寥落，師友道廢。遺言之微，孰究孰擴？趍時尚者，竊緒餘以釣利禄；務高虛者，假近似以立名聲。疏鹵自欺之風，有不可深言者。宜春，文物之邦。深山茂林，豈無古學之士、經明行脩、足爲師表者？張巖之人，其力致之也乎！苟賢者之未易致也，則岳麓、白鹿洞晦菴朱子、南軒張子之成規緒論在焉，宜取而表之，相與尊信而從事焉可也。尊信則不摇於異議，從事則馴至於成功。他日衣冠之盛，彬彬然自巖學而出，則張氏、榮氏之名顯著於天下，豈直山水光華而已哉？仍改至元之元年十二月，具官虞集記。

袁州路萬載縣重脩宣聖廟學記

萬載縣尹懷孟馮士毅，縣學教諭匡廬

曹邦，來告於集曰：「學校之繫於治化大矣，風紀之司以爲職任，部使者巡行郡縣，下車即理廟學以爲先務。而士毅等備員於此，謹廟祀，繕學舍，以待教令，不敢緩也。兹邑之學，始作故宋至和中，屢遷不常。季年，始定于水西。內附國朝，因舊無改。越五十餘年，至治辛酉之歲，僉憲薩德彌失至縣，❶以其規模湫陋弗稱，而學計不足以給用，用父老言，命縣尹河南張輔，延見邑人江州榷茶大使黄璧，咨以脩學之事，璧承命以爲己任。禮殿小，不足以容祭器、樂懸之設，進退拜立之位。爲四楹之屋於殿南，深丈有八尺，廣與殿等。以兩廡之迫於左右也，移而廣之，丈有五尺。徙其門而南之，凡三丈有三尺。又移櫺星門於門之南，三丈有五尺，皆更作焉。講堂、齋舍、官廳、厨屋加葺焉，事具郡人前進士夏鎮記。又十年，爲至順辛未，❷僉憲聶公延世至，以先聖先師及從祀之像設弗嚴，知薩公之用人也審，又以咨之黄君，受命如初。不三月，而像設之冕舄裳衣，五采絳繡如章。又八年，爲仍改至元之四年，今副憲完顔公至，適殿棟撓前後簷之交承霤池壞，仍薩公、聶公之意，咨請黄君，受命亦如之。明年，陶甓材木具，作虛屋架其上以通水，飾以文瓦，建以鴟尾，而殿益高以固完矣。凡三役三使者，一以屬黄君，不資於衆人，不煩於官府。材木之直，工役之傭，一出於私帑，故無所會，是以臬司公府標以善士之目焉，敢請記之。」

蓋聞之：「舉直錯諸枉，則民服。舉枉

❶「失」，類稿本作「實公」。
❷「順」，原作「慎」，據類稿本、四庫本改。

錯諸直，則民不服。」施諸天下郡國，其道一也。又曰：「魯無君子者，斯焉取斯。」昔人以爲稱人之善，必本於父兄也。司民風者將有爲焉，❶豈乏材用之供哉？　而審人以托之，不以頻煩一士爲嫌者，誠有教行乎其間也。取諸父子、昆弟之無間言者，所以興孝弟也。取諸謹愿無干於官府者，所以別善良也。取諸樂易而無所厭者，所以敦鄙薄也。取諸敏事而不乏者，所以懲驕吝也。鄉黨州閭之衆，庶見而感焉。則驕吝鄙薄之風消，善良之類盛，孝弟之道興，而使者之教行矣，尚何憂學校之不修乎？　乃若嚴經傳之誦説以爲學，則尚廉恥敦厚，以閑士習，出其俊秀而表之。勖其所未至，簡其所未率，則有司之教，猶有可爲者焉，縣令學官勉之。仍改至元之五年秋八月，具官虞某記。

南康路都昌縣重脩儒學記❷

皇朝自國都、郡縣皆建學，學必有廟以祠先聖先師，而學所以學其學也。有司奉明詔，嚴祀典，而屬教于校官，薄海内外，莫敢不虔敬。苟有事焉，則必記其事。事無不同也，記事者因其地而各有所述，以示諷勸，此南康都昌之脩學，所以不可無記也。

昔者，孟子没而道學失其傳。周子起於千載之下而傳之程子，而斯道大明以行。聖經賢傳之旨，論説傳受之備，至朱子而蔑有加矣。而南康之爲郡也，蕞爾湖山之間，甫及百年，周子、朱子爲之守。其化民之速，

❶「司」，原作「同」，據類稿本、四庫本改。

❷「儒」，類稿本作「宣聖廟」。

入人之深，豈他郡之所可及哉？且都昌之爲邑，俗尤淳厚。黄灝、彭鳳、馮椅、曹興宗四君子者，實從朱子游。講學之懿，脩行之篤，傳諸其家，以及其鄉之人者，盡宋之季年，衣冠相望，猶有可考者。沐我皇元之治者，又七十餘年矣。今縣令豫章于友信，以爲其曾大父嘗及朱子之門。而邑教諭清江宋釗，以爲一官五年，懼無以自見於學校。相與悉力于廟學，功成之日，使來求文以記之。

按郡志，學始建于唐咸通中，宋因之。建炎之後，更作者皆有記可考。内附以來，爲大改作禮殿、講堂，取具而已。其門廡諸舍，責成衆力，是以不能堅久。其可書者，惟泰定丙寅，縣令中山段完澤，教諭宋守正，爲垣以環宫，鑄銅爲祭器、燕器，與增置水田二十七畝耳。及釗與于令先後至，以仍改至元丁丑之歲，始謀修學。謹簿書之出納，粟必至庾，錢必至庫。民無敢隱，吏無敢私，根括地利之没于民間者。而彭氏之子孫，喜學校之有興也，其割其私田貳頃，以益學賦，將有所興作，以歲歉未克。二年之間，祭祀之用，師弟子之廪稍既具。會其羨，得二百五十餘石，爲中統鈔六千餘貫，買株杉之木于旁邑。以己卯之歲七月經始，自禮殿、殿門及明倫之堂，先賢之祠，諸生講肄之舍，下至庖、庾。凡梁棟宗桷，一物之既朽，一木之不堪者，悉徹而更以良美之材。覆宇堅密，締搆高壯，冀可以經久焉。外三門撓朽，甚不稱觀美，易以桓植，築治垣墉高厚周密，❶儼然有不可踰之勢

❶「高」，原作「而」，據類稿本、四庫本改。

焉。成以其年十一月，予既爲記其事如此，❶而竊有歎焉。朱子立朝之日少，其臨民於外者，惟南康、長沙、漳州爲三耳。漳、潭皆不及朞月，獨南康幾三載，而荒政之行，都昌之民爲厚；講誦之益，都昌之士爲深。世祖皇帝時，許文正公實得朱子之書而表章之，而其言遂衣被于天下。然而，遠域窮鄉執其書，而無師友之辨。功利進取之士，竊其緒餘以干時；樂爲簡易之説者，而智不足以及其高明。姑竊其名，以文其虚誕鹵莽，而不可與入聖賢之域，則吾安得不有望於是邦、是邑邪？嗟夫！朱子之教人也，豈有他哉？其性，仁義禮智也；其倫，則君臣、父子、夫婦、兄弟、朋友也；其書，《易》《書》《詩》《春秋》也；其學，則顔、曾、思、孟之得於孔子而周子、程子起而傳之者也。於是乎識察乎問學之博，攷驗乎躬行之實。本乎心得以立言，端其統緒以致辨。論説之精詳，而不可厭也；憂患之深遠，而不可忽也。千言萬語，其在方册。所謂憂之也深，故其言之也切。其慮之也遠，故其説之也詳。其不在兹乎？所患世之學者，不能篤信其師説，而質之。凡近者，雖讀其書，而不能有所信。粗有才氣者，又務爲新奇以欺世，其亦末如之何也已哉。噫！弟子之受命，莫信於父兄。父兄之成德，莫信於師友。邑之君子，信其父兄之言，信其師友之教，以推至于聖賢之德業，必無他歧矣。邑之君子勉之哉！仍改至元之六年庚辰四月，虞某記。❷

❶「予」，原作「民」，據類稿本、四庫本改。

❷「六」，原作「五」。「庚辰」爲至元六年。

瑞昌蔡氏義學記

九江瑞昌，有作義學者，其一人蔡季霖也。季霖没，其子士仁等脩其屋室，贍其供給，延名師，進宗族、鄉黨而教之，如其父時，不敢廢。來求書其事，以示後來者。自朱文公講學白鹿洞，環匡廬山之麓，士君子聞風而起者多矣。其在德安，則有蔡元思。其在瑞昌，則有周舜弼與其從弟亨，仲孫子仿。在都昌，則有彭儀之。皆卓然爲高第弟子。而元思事文公最久，辨疑答問，必悟徹實踐而後已。文公没，心喪三年。又以事文公者事黄直卿，而卒業焉。其晚也，與其同門之友數人，每季月一集以相切磋，又如此者三十年。而鄉都州閭之間，父兄子弟相與服行其化，庶幾鄒、魯之盛矣。宋之季年，郡縣學教其士子，以科舉之業相尚，本之則無有之也。識者憂之，或即先儒之遺迹，或因山水之名勝，則爲精舍，以處學古之士焉。澹泊堅篤，無利欲之感。是以朱氏之學行於當世，而九江南康之間，如蔡、周諸君子，得以化成於其鄉也。

我國家始置進士，舉必欲學者深通朱氏《論語》《大學》《中庸》《孟子》之説，而五經之傳，一有定論，蓋將仗其人專心竭力於此焉。苟有以深嚌其味，而極造其旨，必幡然而悟，惕然而恐，思有以静存動，察如所問所知而用工焉。❶則其人有不爲聖賢之歸，而足爲世用者乎？惜乎！或假其言以儌倖一第，而遂視之不啻如筌蹄。此不惟上負國家，又負聖賢，而其日暴月弃，亦

❶「察」，原作「祭」，據類稿本、四庫本改。

已甚矣。今也，緣黨庠術序之義，建學延師於其家，父子兄弟相承而無廢。吾故知文公之爲教，元思、舜弼之流風遺俗之猶有存者，豈不盛哉？雖然，宫室不患不尊也，像設不患不嚴也，食飲居處不患不足也，必得師焉。端其所以爲教，則存乎其人而已。端之之道如何哉？因夫鄉之父兄，若元思、舜弼之所講，以達朱氏之學，遡濂洛而求之。非聖人之言不言也，非聖人之學不學也。辨似是之非，決義利之制。斷然不爲小人之歸，必趍君子之域。按其師説，循序而進，勿雜勿怠，終始而無愧焉。及其成也，舉而措之事業，❶不可勝用也。然則，堯、舜、三代之治，有不在於今日乎？

屏山書院記

建寧路新作屏山書院者，祠屏山先生劉文靖公，而始列於學官者也。先生諱子翬，字彦沖。故宋忠顯公諱韐之季子，而樞密忠肅公珙之從父。與爲友者，籍溪胡公原仲。受學於其門者，徽國朱文公也。先生居崇安之五夫里，有屏山書院，文公之所題也。國朝至大，忠肅公之五世孫請於郡，以樞密故地爲書院，取文公五夫里之題扁而揭之。第有先生之祠，以文公及其從子樞密侑食。郡人士春秋具祠不廢，而未建學立官，如書院之制也。元統初，郡守暗都剌上其事以請。貳憲李公端，以爲宜如郡

❶「措」，原作「惜」，據類稿本、四庫本改。

言，事聞朝廷。至元己卯，文書下，如其請。僉憲左公答剌失里，行部至郡，用朱炘言，取建安書院計餘賦之留郡者，爲至元鈔一百五十定，以作書院。是歲，僅以其錢五分之一，以葺先生之祠堂，他未遑也。至正元年，貳憲斡公玉倫徒之至，與郡守麻合馬、通守劉伯顏，計貲而新之。作禮殿，奉夫子燕居，先生之祠侑食者無所改。而都宫有門，凡書院之所宜，爲次第而舉之矣。前代之世家故宅，淪謝於二百年之後者，一旦焕然復爲禮樂之宫，自學者至於道塗之人，莫不感嘆而興起焉。歲十有一月告成，郡長貳爲文書，使郡人朱炘走臨川山中，致斡公之意，使集書其事如此云。

炘，文公之五世孫也。集既書其事而嘆曰：嗚呼！先生遠矣。先生之學之精微猶可得而聞者，其在文公之所敘録乎？且其遺文二十卷者，文公之所定録，而胡公之所敘也。❶誦其詩，讀其書，以求諸其爲人，其在此矣。蓋先生之言曰：「嘗卧病莆陽，與釋、老子之徒接，以爲其言是矣。反而觀乎吾書，而後有以知吾道之大，體用之全。」卓然高風遠識，何可及也。著而爲書，自堯、舜、禹、湯、文、武、周公、孔子、顔、曾、思、孟，論其所行之道，序其所傳之宗。蓋其用力積久，而真知深造以爲言者也。至於其所自得而指示學者，歷論世學之所以蔽，人心之所以晦，吾道之所以不明者，俾知其蒙之所在而發之，以求夫不遠之復，而曰不遠復者，入德之門也。嗟夫！此顔子之學也。先生以顔子之學爲學，而告諸學者亦以顔子之學爲學焉。今之學者，欲求

❶「敘」，原作「叔」，據類稿本、四庫本改。

先生之學，不以顔子之學爲學，豈先生之所以望於學者乎？蓋嘗竊彷彿其志氣神明之萬一矣。大才足以用世，而斂退無悶。登山臨水，與其師友講明授受，不厭不倦，而至於嗒然忘言，遂以終日。精明高簡，孰得而窺之？若夫終身之慕，不忘於體魄之藏；俯仰之安，不昧於死生之際。就其所存，以極其所至。吾黨小子，其何足以言之乎？嗟夫！聖賢千載不傳之緒，中興於濂洛，而世變隨之。胡氏之所得，在於籍溪楊氏之所傳，至於延平、文公，皆受而傳焉。原其爲學之端，實先生爲之根柢。不然弱冠之門人，字而祝之，即期以顔、曾之事，豈無見而然哉？而後知文公之於父師，其報均罔極矣。諸君子之遺跡，皆在此鄉也。會其通以成其業，可不推原於此堂也乎？李公端，字彦方，世保定儒家，歷御史、史館、頌臺、成均，以至正固有守。左君，當海寇犯漳，約束保障，郡縣賴之。斡公，字克莊，西夏舊族。通經制行，泊如諸生。繇禁廷遷御史，六命皆耳目之寄，於尊師崇道之誼尤篤。前郡守暗都剌，治郡十年，至今人思之。監郡馬合謨、郡守麻合馬，皆以善治聞。倅劉伯顔，文雅通敏。幕府諸耉陸文英、羅慶，協心以贊之。故斯役也，無間言而有成功，可以至於久遠矣。督工者，前鄉貢進士録事判官也先，建安書院山長申屠誠。是年十有二月十日，前奎章閣侍書學士、翰林侍講學士、通奉大夫、知制誥、同脩國史虞集記。

考亭書院重建文公祠堂記❶

國家提封之廣，前代所無。而自京師通都大府，至於海表窮鄉下邑，莫不建學立師授聖賢之書，以教乎其人。群經、四書之説，自朱子折衷論定，學者傳之。我國家尊信其學，而講誦授受，必以是爲則。而天下之學，皆朱子之書。書之所行，教之所行也。教之所行，道之所行也。今郡縣學官之外，用前代四書院之制，別立書院以居學者。因朱子而作者最多，建寧一郡，書院凡七。皆朱子之游息，或因其師友門人而立者也。考亭書院，在建陽城西五里。其始末，有熊禾之記，陳義紀事甚大而備。然而賦入不充於廪稍，而繕完不能無疏也。至正元年辛巳，通守劉侯伯顔至郡且二年矣。文雅樂善，以學校之事爲己任，知無不爲。文公之五世孫炘，以考亭之事告。通守曰：「是吾職也。」乃輟他學之羡積，得中統鈔千五百緡，以屬諸縣典史陳德敬共其事，與山長朱汝舜、直學張隆祖會邑人士，而告以侯意。咸曰：「此吾黨小子，願執事焉，第侯公府爲之先爾。」翕然趍勸，而共作新之。加葺更造，悉視其所宜，而不敢過。自堂徂基，亦既合矣。而新作文公祠堂先成，炘以部使者太守之命來求屏山書院記，遂并求考亭之書焉。

蓋聞諸炘曰：今考亭書院，昔朱子之舊宅也。其先吏部韋齋之言曰：「考亭，溪山清邃，可以卜居。」朱子不忘先君之言，蓋至於晚歲，而後能築室，以成其志而終身

❶ 「建」下，類稿本有「朱」字。

焉。於是百五十餘年矣。意其精神魂魄之往來，猶顧懷於兹者乎？子孫後進，來學於斯者，誦詩讀書，求其志氣神明之所在。嘉蔬之薦，執事有恪。高堂虛室，若有聞乎其音聲；瞻前忽後，若有見乎其儀刑。思其居處，思其嗜好，思其言語。雨露之沾濡，君蒿之升降，觀感而化之者，莫斯之爲近也。况夫鄉之遺老宿師，微言緒論，家傳人道，耳熟心存者，從容誨言以相勉勖，則有進有得而不自知其然者，將亦在於斯矣。昔者，鄒、魯之風所以見聞於天下後世，則亦密邇聖賢之居云爾，吾何幸於考亭見之。至正元年，歲辛巳十有二月，前奎章閣侍書學士、翰林侍講學士、通奉大夫、知制誥、同脩國史雍虞集記。

澧州路慈利州重建三皇廟記

國家之制，自國都至於郡邑，無有遠邇，守令有司之所在，皆得建廟，通祀三皇，而醫者主之，蓋爲生民立命之至意也。若稽在昔，世祖皇帝丕承大統，神武不殺，奄有萬邦。天下既寧，兵偃弗用，禮樂刑政，治具畢舉。以言其事，謂農桑爲衣食之本，始置勸農之使，而親勸之，厥有成績，而守令得兼其事，而總以大農。學校教化之原也，庠序之教，孝弟之義，聖賢之書，脩己治人之道，大小相承，皆命官以掌之。於是，山川之靈，神明之祠，凡可以衛吾民之生者，莫不秩祀。其於民也，愛之深而慮之遠，思之至而保之固。其復有遺策哉！❶獨念夫血氣動乎形骸之内，寒暑感乎時序之異，不能無傷沴者焉。則致意於醫者之學，又慮夫師匠不立。古學既絶，遐陬遠邑，混於一方一曲相傳之私，而不足以通其極也。推而上之，原其所自出，必至于三聖人然後止。是此三聖人之所以惠利生人者，不必以醫之一伎，而求夫爲醫之道，不上達於三聖人，則不足以盡其神聖之能事。噫！制作之盛蓋如此。而不察者，徒以文具應故事，豈足以知聖明之微意乎？慈利州達魯花赤，故丞相阿里海牙之孫。丞相親事世祖皇帝，承命南征，以不殺爲務，克成大勳。襄、漢、湖、海以來，盡乎南服。被其澤既久，是以監郡之治慈利，獨有以知國朝愛民之實。是以於其州之三皇廟，獨能深致其力焉。廟成，求予記其歲月。其廟，有殿、有廡、有門，亦有學。像設位序，皆如京師之制。而氣象宏偉，他郡所莫及也。噫！州之人士，有芷有蘭，從長史而有薦於斯也。其亦思夫去朝廷之遠，而治化之極，不異於中州。謹身於父母之所全生，順時於天地之所亭毒。修地利以給公上，循禮義以樂昇平。長吏奉宣德意，吾民熙熙然囿上之恩德，不異於伏羲、神農、黄帝之盛，豈不盛哉？是役也，前安定軍民府判官田榮孫實任之。其費，中統鈔五萬餘緡。榮孫，世有武功而好文，喜教子。本吾蜀人，去官而隱居于此州之仙人溪者，故併及之。

❶「其」，類稿本作「豈」。

撫州路樂安縣新建三皇廟記

三皇廟者，祠伏羲、神農、黄帝之神。自國都至于郡縣，皆立諸醫者之學，我國家之制也。元統癸酉之冬，前進士爕理溥化來爲撫州樂安縣達魯花赤。下車謁廟於委巷，歎其圮陋弗虔。爲政期月，簡易明恕之效，民安而信之，遂以無事。乃度縣治之所當爲者，次第爲之，民聽從無留難。卜地、擇材、庀工，以改作斯廟，其一也。既告成，進其人而告之曰：「古者，飲則祭先酒，飯則祭先食，示民不敢忘其初。開物成務，以興民用者，有祭道焉。專宫爲廟，象人而事之，則自後世矣。然而有其舉之，而莫之能廢也。上古聖神，繼夫立極，斯民生生之道，萬古賴焉。祀典之重，禮亦宜之，而不特專爲醫者之宗。夫求盡民之生養，而思捄其害之者，莫要於醫也。醫之爲學，推所自起，舍此將安所宗哉？昔人謂吾邑之地，去官府遠，無以撫鎮吾民也。置縣于兹，餘二百年，而衣被我國家之仁澤，亦六十有餘年矣。天子之命吏，代至以時，輔吾民生者無間也。今吾之來，獲承事於治教休明之日，年穀無甚菑害，上無徵調之急，外無枹鼓之警。苟有少厲於民者，上請更之，必不見違，庶乎與吾民之少休息也。斯廟之作，豈特爲觀美，而要譽乎？豈將使吾民諂事以干福、禱罪，如他淫祠之爲乎？蓋以廣我國家推本聖神之道，以道吾民之生養而已。吾民俗剛而好義，其君子强於敏學，於觀感爲易焉，吾何言哉？雖然，廟因於醫請，以醫喻爲吾民者奉其父母所生之身，而敬保焉。務本而力作，安分而定志，則得其常矣。察夫四時寒暑之變，五行争異之沴，而謹避之。又察夫嗜欲之陷溺，忿狠之觸興，矜勝之煩耗，機穽之幽刻，毋使有以害乎其中也。殘鬥壓溺，蠱亂腊毒，搏噬蠚螫，毋使有以嬰乎其外也。脩敘倫理，受業服事，以老子長孫，於聖世而無窮焉，區區之志也。」既而具以來告，請文記之，以刻諸石，以示來者。其廟之殿，崇二十有二尺，深、廣皆二十有四尺。殿門之崇，十有七尺。廡之崇，亦如之。都宮有垣、有門。其成，則仍改至元元年乙亥之冬也。

崇仁縣重建醫學三皇廟記

傳曰：「天地之大德曰生。」蓋言乎天地之心，生物而已矣。篤生聖神，代天工以前民用，開物成務，世以益備。因其人倫之常而教之，懼其不率也，則有刑威之設焉。因其生聚，而爲之井里保息。又懼其無以待凌暴也，則爲之城郭甲兵焉。爲之宮室，以蔽其風雨；爲之衣裳，以宜其燠寒；爲之食飲，以時其飢渴。猶懼夫六氣之沴害於外，七情之感傷於内，或不得以全其生也，是以有醫藥砭焫之事焉。凡所以因其事而制其變，思盡其道以遂其生物之心而已矣。自是有其德而有其位者，莫不述焉。我世祖皇帝，混一宇内。兼取古今之制，百度修明。以天地之德爲德，以聖神之能爲能。凡所以爲民物慮者，周且悉矣。若夫所謂醫學三皇廟者，蓋其一焉。天下既以治安，遐邇一家。仁德所被，兵息刑措。而萬國生聚之衆，其癢痾疾痛，不得不以爲憂。是以郡縣無間内外，皆設廟學，置師弟子員，而教以其藝。使推本其先聖先師而祀之，作伏羲、神農、黄帝之像，南面參坐，而以昔者神明之醫，與凡爲其學而著名者，以次列坐配享從祀，略如近代儒學之制。常以歲春秋季月之吉，守令具牲禮行事，著爲令。受民社之寄者，罔敢不恭。然而在官者，或不足以盡知國朝聖祖之深意，狃於故常而忽其事者，蓋有之矣。非知治體者，孰能職思其憂乎？初，崇仁縣始以制書創醫學。大德八年，得舊社壇之地於邑南東門之内。計地之直，邑之醫士，醵金上送官府，更置醫學，以祀以教，因陋就簡，三十有餘年于兹。仍改至元之二年，歲在丙子，承務郎達魯花赤阿里仁甫，始至而謁祠焉。顧瞻而歎曰：「百里之邑，天子置命吏，托以民社。而祖宗累世嘉惠民物之心，無以顯揚而宣布之微遠，小臣不敢不盡其心也。」既上事，縣政以次脩舉，風節廉厲，未數月而民信服。事或倉卒至，皆從容處之。旁邑方騷然圖回，而事已告集。均平有度，民不加病。方伯、郡守、部使者，察其能而嘉與之。乃得以其優假，以行其長民之事，出俸金以作新斯廟焉。縣令、丞、簿、尉、僚吏，克相成之無間言。於是邑士嘗爲掌醫之官者，與夫習醫以爲業，售藥以爲生，與凡有力而好施者，讙趍而輻輳，不待驅率，各効其功。經始於是年之三月，爲廟□間。❶基之崇若干尺，深若干尺，廣若干尺，屋之高若干尺，凡□楹、❷神門、兩廊稱之。其都宫有牆，前有門，廟之後有講堂，醫之師弟子講學在焉。邑之長，邑有祀事則齋焉。其像設，尊

❶「□」，類稿本作「三」。

❷「□」，類稿本作「幾」。

者像之，其次者繪之。凡屋之柱門户牖，神之室若座，有丹雘梁桷而彩飾。闌楯以石，唐皇以甃。祀享食飲，各有器。以明年丁丑之歲九月告成，而行其時事焉。邑之吏民，以予嘗待罪國史，老而歸寓於斯也，請執簡而書之。

集乃爲之言曰：所謂天地生物之心，即人心而可見矣。今吾長民者，有以知乎天地之爲德，聖神之爲能，我聖祖之爲制作，思有以遂其心焉。凡爲吾人者，何可不盡其心，以求生生之理乎？蓋嘗聞之：善養心者，莫若理義。脩其孝弟，使無逆理敗常之萌；脩其忠信，使無險薄放辟之發。則善良相薰，和氣洋溢。安分受職，幼幼老老。雖有燥濕燠寒之變，情欲事物之感，其所傷亦微矣。是以上古之世，無奇衰之疾。不待鑽灼其肌膚，苦毒其腸胃，而泰然委順，登上壽而不衰，此三皇之所以爲盛也。若夫人欲勝而天理滅，良心喪而百體隨之。内邪外害，萬竅並入。雖和、緩並生於十室，其若之何哉？此又吾賢令長之意，不徒在於宫室之美，觀瞻之崇者。集不敏，安得不爲吾邑之父老、昆弟、子孫言之哉？

袁州路分宜縣新建三皇廟記

國家置太常禮儀院，以奉天地祖宗之祭，外則山川鬼神之祀典，咸秩焉。其長、貳、參佐，十數人通領之。典故議論，屬諸博士。而郊社、宗廟，執禮、治樂器服幣，各有攸司。而審時日，庀物數，治文書以達上下中外，分隸職事者，則存乎府史矣。是故干羽舞蹈之容，律吕始終之奏，玉帛品物之節，醪醴牲殺之儀，籩豆鼎俎之實，升降進退之宜，鬼神享格之義，凡從事於斯者，莫不通習而具知焉。故其出爲外有司，以其見聞施諸行事，則有非他官所能及者。若分宜縣令周君益臣，自户部史擢爲太常掾者，數年歲滿，宰晉寧之安邑，又宰袁之分宜，所以能惓惓不忘於三皇之廟祀也。郡縣之祀，境内山川鬼神之在祀典者，有詔令則脩祀焉，有故則禱焉。其定制，通祀惟社稷與夫子。我國朝始建三皇之廟，以祀伏羲、神農、黄帝，自國都至於郡縣，通祀爲三矣。祭於春秋之季月，有司守令行事，醫諸生執禮致拜，告享倣於儒學，而器服牲幣亦視以爲法，我聖朝之制也。昔者，分宜始奉令立三皇廟，因縣簿之舊廳以爲廟，在縣治之左，今令居之右，歲久屋壞，遷神於門。既弗安，❶又寓神於他神之廢祠，朔望謁拜，與歲時祭祀，大不恭肅。守官於此者，視爲故常，謾不加省。

周令以嘗從事於太常也，獨知懼焉。而邑無他賦可以庀役，而心無一息之安也。爲政年餘，歲豐民安，粗有餘力，乃徹故祠而新之。度故祠之基，東西得一十六丈。自通術達於市，深十有二丈。作開天之殿，以奉三聖人，刻貞木以象之。容服之飾，如京廟所定。殿有開天之門，外有櫺星之門。殿前有三獻官之次，門左爲惠民藥局，右則守廟者處焉。而都宫環屬於外門矣。作於仍改至元之五年三月，告成於八月六日。嗟夫！爲國之以禮者尚矣，習於其文者，尚能有所感發如此。況乎深知其本，而得其意者乎？噫！聖人之爲斯民慮者周矣，醫之爲義，其一焉。人之生也，有形體

❶「安」，類稿本、四庫本作「妥」。

血氣之養。七情傷乎内，六氣沴乎外，與夫變異傷殘之不虞，隨而捄之者，其職也，是以我國家重之。若夫推本於三皇者，蓋欲斯民涵泳於至和之中，休休焉以安，雍雍焉以居。以樂於無爲，而永於天年也。而至於「不識不知，順帝之則」。豈非聖祖神宗設廟祀之初意乎？長民之君子，尚因是而思焉。至元五年，歲己卯九月，具官虞某記。

吉安路三皇廟田記

今天下自國都至於郡縣，得通祀者，惟社稷之神，與學之先聖先師，而醫學有伏羲、神農、黄帝之祠，居其一焉。郡縣儒學有田，以供祭祀之牲幣粢盛器皿，與師弟子之飲食。或因前代之舊，或取閑田給之，雖多寡不齊，而食與祭，可不盡取諸有司矣。醫者之學，國朝之制，始遍天下。其初，廟祭祀教養，率依倣儒學。然而歲以春秋之季脩祀事，有司取具而已。或至醵諸醫者，而師弟子之廩稍，無所從出。夫國家制爲通祀，有司之重事也。伏羲、神農、黄帝，所謂上古開天立極，其神貴且尊矣。醫者，掌民之疾病，察四時六氣之沴、五藏九竅之變。養之以食飲、氣味之宜，攻之以砭焫、膏液之毒。其係於生死甚大，而其術亦精微矣。顧無以資其爲學之具，差其全否之食。是故良有司凛然懼無以稱聖朝之意。而爲醫官而知所重輕者，恆懼不能稱其職焉。吉安之爲郡，土厚而物殷，論人材文物之盛，則必稱焉。然而醫之爲學，猶未大有所興發者，則時力有所未至耳。仍改至元之二年，其守張侯浩介其郡人醫愈郎、遼陽行省醫學提舉謝縉孫，以其修理醫學之事來告，而請書之云。

其郡始建醫學在城南，去廬陵縣獄爲近。延祐七年，郡治中朶兒赤率廬陵縣丞馮克敏，遷廟學於廬陵縣舊治。於是新學之成，十六七年矣。張侯之來，有民鄧明遠，請以其所得賞田之半，歸諸醫學以備用。狀上，侯與同官議，許之。乃命吉水州達魯花赤佛留與其學教授鄧思泰經田，定其頃畝之畔，計歲祖之入，得米一百五十石有奇。而耕者姓名，府乃爲之文書，而授諸醫學。師泰乃白諸府，以所收大脩三皇殿與門廡及其講堂，作齋舍及其庖。自是祭祀有備，師徒有居食矣。❶今郡縣有司，事無大小，必咨禀於上，無敢少得自遂也。故若醫學之田，誠在所不可闕。然因時制之宜，爲久遠之計，則必有事會之來，而後得以致其力、成其利。則張侯與其同官之志，師泰之勞，亦可見矣。是年，張侯告老去官，記未及成。今年夏，師泰又以其府官之意，來請書之。其府同僚官某人、某官也。至若三聖人南面參坐而食，配享從祀之位，祭之時日，牲牢之數，議定於國家始制廟時，此不具書。賞田之故，則存諸府史云。

道園學古録卷之三十六

❶「居」，原作「舌」，據類稿本、四庫本改。

道園學古録卷之三十七　歸田稿十一

雍虞集伯生

記

飛龍亭記❶

昔者，文宗皇帝之在潛邸，東南海岳湖江之上，車轍馬足有所至焉，則守吏民庶欣感榮幸，隨而表之，以識其愛慕之意。既登大寶，自天光日華之所，被及山川草木，與有榮耀，則必有所述，以示乎天下後世。若集慶路大元興永壽宮之飛龍亭，其一也。亭成久矣，而宫之住持道士，勑賜虚白先生臣陳寶琳始録其事，即臨川山中臣集記之。❷亭，本冶亭。宫，本玄妙觀。集慶，本建康路。皆文宗皇帝所賜名也。方在金陵時，行邸去冶亭爲近，上時遊焉。一日傳命且至，寶琳出宫門迎候。逾時從官已奉御供具及門，則知上已至冶亭久矣。引鍾山之形勝，俯城郭之佳麗，顧瞻徘徊，悠然有化育之洽焉。從臣以寶琳見，上笑曰：「道人何避客之久也。」寶琳頓首俯伏請罪。上曰：「山徑幽雅，取便而至，宜爾之不知。」上題冶亭者虞集，今何在也？」皆對曰：「今在翰林充學士。」命王僧家奴模而觀之，因藏諸篋。問寶琳何以字玉林也？則對

❶「記」下，類稿本有「應制」二字。

❷「臣」上，類稿本有「求」字。

曰：「道士燒金石爲丹汞，❶抽鼎中狀如瓊林玉樹，故取以爲名。」上曰：「當雪時，吾登此亭，目力所及，樹木皆玉也，豈不易知乎？」更謂之「雪林」。後臨御別書「雪林」字賜近臣趙伯寧。而寶琳仍字「玉林」矣。謂寶琳曰：「吾出游數勞人，不如山行之便。可作柴門，嚴扃鐍，以待余之往來。」自是數至。寶琳野人，見上之樂，而忘其微賤，或持酒引裾留上，上欣然爲留，亦不責也。天曆己巳，寶琳與其宮之住持趙嗣祺朝京師，始置先生號，以賜金陵道士之嘗得見者。嗣祺曰虛一先生。寶琳曰虛白先生。得之者，纔二三人耳，蓋異其數也。時賜新宮名，而冶亭名飛龍矣。明年之三月二十五日，臣集侍立奎章，上顧謂曰：「汝猶憶冶亭乎？亭傍松當加長茂。」臣集對曰：「集到冶亭時，未種松也。」上曰：「朕遊冶亭，見卿書，以爲繫千載之思，實慨朕懷。」因命臣集書宮亭新名以賜，而寶琳持歸，賜南御史臺錢若干新其宮。所謂冶亭者，既名飛龍，加飾楹桷，置御榻其中，重覆而謹視之。別作亭其下，仍曰冶亭，以當鍾山之秀，名之曰鍾英。宮成，行臺御史大夫、中丞以下及郡縣守吏，咸集于此，以侈天子之賜矣。

嗟夫！亭成至于今十有一年，而文宗皇帝之棄臣民，將八年矣。微臣辱在草野，未先朝露，詎能爲寶琳執筆以述恩光之萬一哉？於惟今天子仁孝純至，勛華相承，羹牆之見，無有遺思。文宗皇帝神靈在天，陟降上帝，雖曰不可度思，而日月所照，霜露所墜，顧懷下土，於萬斯年。臣民之瞻

❶「汞」，原作「永」，據類稿本、四庫本改。

仰，烏有窮已乎？臣敢不述事亭石，以昭示來者。仍改至元之五年，歲在己卯，十有一月日南至，臣虞集謹記。

榷茶運司記

昔在世祖皇帝既一江南，至元十二年，江州之人，即獻茶利。明年，收其征入中統鈔千餘錠。自是天下乂安，列聖相繼，德澤涵煦，民無重擾。生息日繁，食用滋廣，茗飲之利，衣被遠邇。至于今六十年，而課賦之增乃至二十八萬。其設官，則十七年始立江西等處榷茶都轉運使司。二十五年去榷茶字，兼領宣課。二十八年復榷茶名官，所統出茶之地，則江西、湖廣、河南、江浙四行省之所部，而其治在江州。分布提舉官，其遠者分司以涖之。臨按之司，有助無撓。郡縣奉行信約唯謹，其委任可謂專且重矣。天曆詔書省運司，而以其事分屬列郡，歲侵民困，採造懋遷，觀望疑沮，徵斂失節，公私交病。守令不勝其責，具言復立運司爲便。朝廷遣使周詢，不遺山谷。數月復命，以爲宜從所言。元統二年，復設運司於江州，總治之規，率如故事，而用人益慎重矣。於是，以脱脱木而與薛公某爲之使，萬嘉納爲同知，魏君某爲之副，某人爲判官。其幕府則經歷某，知事某，照磨某也。或以風憲清强之舊，或輟朝省侍從之貴。或以操守之素，或以材智之優。是以皆能清心而省事，奉法而循理。不亟不徐，有嚴有恕。府史僚屬，各知雅飭。外絶苛横之使，庭無誣訐之訟。期年之間，利入時足。民庶之家至於官府，頫首供億，心絶他虞，若不知有重立大府者。然治政之美，卓冠往時。而公署久弊弗治，出令受事，弗稱崇顯。文書貨幣，蓋藏疏闊，乃請于朝而更作焉。命未下，自使以次出俸金爲之。以是年某月經始，廳事、府庫具。會秦公某，自中書出守郡，多所勸相，而賜幣凡二千緡又至。得以增置吏舍、門垣，以某月某日告成。别賜鈔五萬緡，使貸收子錢，以具公膳。朝廷所以示廉靖勤敏之報也。乃爲書幣，命其史謝秀寔至臨川山中，屬予記之。

噫！集向在國史，執筆書事，故其職也。今老病才退，恐不堪事。史曰：「秀實之來，吾使命之曰：吾於公有同朝之好，必不我靳也。」然則，其何敢辭？乃具記歲月行事如上，而爲之言曰：夫有土有民，出財用以供公上，故其分也，而東南民力竭矣。今法制之講，已詳盡而無失；賦入之數，已成定而無餘。若數君子之安行無事，如期而集，所以保息吾民，以厚國家生才之根本，豈不深遠矣乎？彼以聚斂掊克爲能者，作威煽毒，黷貨殖私。上爲國家斂怨，菑逮其身而不悔，亦獨何心也哉？敢重言之以告來者，使視夫楷則，而有所警發云。

江西湖東道肅政廉訪司經歷司題名記❶

蓋嘗觀於前代傳記，自朝廷中外大小百司庶府，有博雅君子從事其間，則必因其官署所在，制其職分之所當爲，以相勉勖。書其歲月建置之繇，紀前後之居其官者，次第書其名字。凡有善政，可以爲法，又被顯用，使人有感動。其不然者，亦有所儆戒焉。于此可以觀政跡、表人物，于治道有所

❶「西湖」至「訪司」九字，類稿本作「憲」。

系，此廳壁之所以有題名記也。矧乎風紀之司，國是由定。咨諏周悉，以達民隱，職任之專，威惠之立，❶足以及人，他官莫並。乃設幕府，司其喉衿，執其輨轄。文書之詳委，出納之緩急，精審以贊畫諾，從容平易，使無過不及之失，則又司臬之要焉。是以朝廷之命是官，必極一時之選。使之省治文書，參酌議論，持平上下之間，實在於斯，其務豈不重乎？江右在乎荆、揚之交，湖、江之表，控接閩、廣，嶺、嶠界焉。風氣内寬而外固，民物繁阜。郡縣羅絡，文法出入，實有勞于聰明，視他道爲重矣。而經歷司之設，自置司至於今，五十餘年。名士相望，乃至於今日，豈無意於廳壁之題哉？夙夜在公，蓋有不遑暇及者。今經歷某郡王頤，字□□。知事某郡楊杰，字□□。照磨某郡左仲良，字□□。皆以清明敏達之資，忠厚沉潛之懿，敭歷臺省，並著雅譽。同寅協恭，盡瘁王事，以奉崇臺之信任，以承憲長之肅清。激揚無私，懲勸有道。環視數千里之間，官吏莫敢不率其職，細民無有不得其所，晏然鎮静。聖明在上，無外顧之慮，豈非得人之效哉？乃以暇日，樹石廳事。不鄙衰朽，以嘗執筆太史，使書其説焉。自王君以前，掌故者可推而録之。後三君而至者，以次書其爵里名氏歲月，以垂示無窮焉。他日三君子者，政成歸報，天子進用之，或以國事往來，行履之舊，而亦有所觀覽，亦古人之意也歟？仍改至元之四年，歲紀戊寅，三月吉日，具官虞某記。

❶「惠」下，類稿本有「之」字。

撫州路總管府推官廳壁題名記

江右諸郡，惟臨川獄訟號爲清簡，非直其俗之美然也，蓋亦係諸其人焉。昔夫子之言曰：「無情者，不得盡其辭，大畏民志。」聖人之道大矣，何敢幾及？然其言則爲政者之所當從事也。夫有生之民，其情不大相遠也。明政刑者，必有忠厚惻怛之意。始終不貳，至誠所孚，無有間雜。則足以感化其心，而争鬥之念不作矣。其次則明燭情僞，不苛不察，欺罔無所容，隱微無所匿，使僥倖奸黠無所遁情，則亦莫予侮者矣。其或柔不足以立己，剛不足以制欲，荒忽而昧於事幾，恇怯而奪於形勢，則雖太古淳朴之民，氣血所感，利害所關，安得不爲之動，至於變詐相尋於無窮乎？此所以係乎人也。至於官卑而不獲乎上，力弱而見訐於下，是則有天理存焉，是在乎誠意慎行之積，❶姑當自定耳。

予之歸老，而僑於黄洲之曲。郡推官于君公説，字夢臣。楊君景行，字賢可。歲以祁寒盛暑，行縣稍間，必造予之廬焉。于君夢臣，世稱長者，安静而涵容。治郡者，每尚威權爲操縱，而君以仁厚佐長吏，郡人有佛子之目焉。賢可，國家第一科進士，周知民事而不憚煩，嘗宰郡之宜黄。戢强暴，鋤姦黠，抑兼并，以佑善良，民至今稱之。及來茲佐郡，人已素孚之。激厲之節，雖不得盡行其志，而芻蕘道路，亦知其直道而行矣。今李君德芳，字□□，予雖未之識，然蕭規曹隨，同寅共事，不間於吏民之言，豈

❶「是」，類稿本作「亦」。

非郡府之良、而市井田野之幸乎？至正元年閏五月，公説以書告曰：「予治文書、聽兩祠之署庳且壓。去年與景行圖新之，不以煩民也。而吏舍司獄之廳亦偹。度地廳事之東，以作高亭焉。環以卉木之實，❶蔚應之暇，則小憩焉。擇於郡史，得某人董其役，❷功未訖而賢可代。代之者李君德芳，既相與共成此亭，而相謀曰：國家置郡以來，將七十年矣。居是官者無慮數十人，而姓名爵里未上，去而代遷，歲月無攷。豈無行事之善，及人之美？而人無復能道之，亦可惜哉！欲龕石於壁，詢諸故府，求其可知者録之，不可知者闕之。繼自今以往，官於此者得題名焉，求一言以敘其意。」

噫！不亦善夫。善居官者，無所苟而已矣。苟也者，因循展轉，姑度歲月，而不事事之謂也。苟之心生，則亦無所不至矣。一二君子，不惟竭力於其身，又欲上推前官之所不及爲，而有待於後人可紀而爲是也，豈非君子之用心乎？千里之内，民事之利害，久而忘之，則懲勸之意衰，而興除之政闕。使其人建立於一時者，猶不忘於他日，則斯記有所繫矣。得失之辨，人心之公，有不可泯者，亦於此乎見之。故爲之書，以爲廳壁記。至正改元辛巳歲，閏五月日，具官虞某記。

龍興路重建滕王閣記

國朝分建行中書省，其鎮乎江西者，即龍興而治焉。郡城之上，有曰滕王閣者，俯

❶「實」，類稿本作「植」。

❷「某人」，類稿本作「劉中」。

臨章江，面直西山之勝。自唐永徽至元和十五年，百七十餘年之間，其重脩而可知者，昌黎韓文公記之。後五百四十九年，當我朝之至元三十有一年，省臣以兹郡貢賦之出，隸屬東朝，乃得請隆福皇太后，賜錢而脩之。記其事者，柳城姚文公也。又四十年，今天子即位，改元元統，其明年甲戌，江南行臺御史大夫塔失帖木兒，時以丞相來鎮兹省，嘗登斯閣而問焉。追惟裕皇先后之遺德，期有以廣聖上之孝心。平章馬合睦贊之曰：「重熙累洽之餘，民力亦既紓息。名蹟弗治，將無以致執事之恪恭也。」集衆思於僚佐，請于朝而作新之。既而丞相移鎮江浙，丞轄以次，或陞或遷，平章寔克始終其事焉。厥既落成，省府使人適臨川之野，而命集記之。

集曰：噫！昔韓文公之記是閣也，猶以名列三王之次爲幸，今韓、姚兩文公之文，卓然相望於千載之上，而辱俾集繼之，能無弗稱之懼乎？且一閣之遺，見崇於今昔者如此，彼滕王何其幸歟？將命者曰：「吾相君之屬筆於子也，其咨度於上下也審矣。且子嘗從事於國史，今老而寓諸其境，於書事爲宜，宜勿辭也。」乃爲稽諸郡櫝，以是年十二月丙子，授工庀役，越明年乙亥，仍改元至元之歲，其五月之吉，柱立梁舉，又明年丙子七月竣事。閣之崇，爲尺四十有四。深如崇之度，而廣倍之。材石堅緻，位置周密，簷宇虚敞，丹刻華嚴，有加於昔焉。會其費，爲中統鈔十六萬五千餘緡。因前至元故事，給自内帑，用之有制，民不知勞，赫然足以成大藩之盛觀焉。烏乎！洪惟聖天子躬脩孝理，化成於天下，登庸宅揆之臣，承之以慶賞刑威之制。風紀之司振肅中外，自方伯連率至于郡縣，奉行教令，罔敢踰越。其規模宏遠，漸被所及，無有不至者矣。顧兹江、湖、嶺、嶠之交，至于海島，邈在南服，勢若遼遠。然而涵煦之久，保障之固，生齒數千萬，日滋以庶，無外事以奪農時。舟車畢通，無所底滯，侻然咸知畏法而安分，以服力于公上，况乎禮義文物，尚有可觀於其間者乎？于斯時也，來莅是藩者，及歲時之閑暇，而與往來之公卿大夫，觀風之使，四方之賓客，若屬吏之來受事者，相與登臨覽觀於斯閣，優游雍容以歌頌國家之盛，而發揮其尊主庇民之心，不亦偉乎？

襄陽路南平樓記

昔我國家之經營四方也，嘗以重兵戍襄樊，臨制東南。既而圍襄六年而克之，遂以取宋，南薄嶺海，莫不率服。區宇既定，徹兵以息民。其留鎮襄陽者，兩萬户之兵也。於是，其帥楊侯珪，以至元□□年，❶即故山南東道節度之牙門，作新樓於其上，戎幕治焉。姚文公名之曰「南平」，而爲之記。落成之日，作楚人之歌以相之，至于今六十有餘年矣。其爲樓也，屹然中郡而高起，風雨旋薄，歲久不支。今萬户明威將軍完者秃、懷遠大將軍楊克忠、武略將軍也先帖木兒葺而新之。則仍改至元之六年，庚辰之歲也。既成，以書抵江南，求予記之。

嗚呼！襄在荆、豫之交，水陸之會，自古形勝之國也。世祖皇帝神武制勝之迹在焉。非文公之雄文震蕩，悲歌慷慨，殆不足

❶「□□」，類稿本作「十九」。

以當其山川，而集何足以言之哉？ 今夫襄之爲城，頷頷千里。 北出方城，渡沔水，達乎周、鄭、晉、衛之郊。 東出平皋，徬徨乎陳、蔡、齊、宋之野。 大車之彭彭，駟馬之洋洋，攘攘紛紛，爲利禄而往來者，塵相及而袂相接，則昔者戈甲之所趍，芻餉之所輸也。 湯湯江、漢之流，布縷漆革，禾麻菽麥，衣被乎東南湖海之間者，則又皆昔日竭其民賦，疲於奔命以自救之徒也。「原田每每」，「十千其耦」，林樹邑屋，參伍鱗次，比隣婚姻，飽食以嬉，燕息而歌者，則皆前日深池高墉，晝戰夕備，不能一朝居之地也。嗟夫！ 天下之治平久矣。 海内一家，偏方下國，恃險阻以自固者，悉已剗削消磨，而無復遺跡。 況夫襄之爲郡，蔚爲内地，涵煦聖化，休養生息之深厚者哉！ 士大夫鞅掌王事之餘，馳驅之暇，樂其風俗之淳美，土力之完復，於是有逸居安食之思。 而四方游士賓客，以相後先，他郡蓋莫之及也。 而爲之民者，幼者壯，壯者老，老者日以盡矣。徒知其長子老孫，養生送死之樂，豈復有知祖宗經理艱難之初，師武臣力之故哉？ 想夫元戎當歲時之豐樂，軍士之休寧，與其守臣、賓佐吏士，飲酒作樂於斯樓也，憑高望遠，徘徊四顧，觀夫人民、城郭、山川草木於煙雲晻靄之間，道先世之功烈，以詔其子孫，使毋忘警戒於無虞，而世世保兹樂土，以奉國家盛德於無窮，則自三將軍始也。峴首之崇，檀溪之深，視彼異代之士，慨盡瘁於一時，使遺名於後世，而自託於兹者，則可以一慨也夫？

撫州路重建譙樓記

中順大夫、撫州路達魯花赤雲中塔不台侯，以其郡治譙樓成，屬予作文以爲記。集昔者以文學爲職業，既老而歸僑乎君侯之野。將命者，郡庾吏宣，予從子也，寔來，其敢辭乎？稽諸郡志，自刺史危全諷建府治於此，至于今四百餘年。凡守郡有興作，❶碑志略可攷，而譙樓之歲月無述焉，蓋亦已久矣。至順三年四月，大風，樓壞。明年十月，總管東平劉繼祖，與今侯相繼至郡，謀更作之。以是年十二月經始，又明年劉守致事去，無代者。侯以爲己任，其相之者，治中阿昔海牙，推官蔡裔、黄明，經歷牛某，知事康某，照磨王某也。元統三年，與侯樂斯樓之成者，同知府事木八剌，治中和尚，判官王某，推官李輔、崔中，經歷柴郁，知事蕭從龍，照磨蔡某。而始終主書計者，萬實也。而斯樓也，據地高勝，屹然有臨，其下則壘甓旁崇，廣道中闢。郡長吏帥其僚佐，奉詔令，出教條。入而聽政，出而退食，屬吏民庶之受事，使命賓客之送迎，小大莫不由之。其上則晝謹時刻，夜嚴鼓角，所以警動其民之觀聽，而時其作息之節。所係之重蓋如此，非直爲觀美、以資游覽者也。其爲役也，時其閒暇，而不厭於緩；相其時宜，而不苟於就。是以賦民度材，築構塗飾，❷越三年而後成焉。於惟今天子仁聖，垂拱無爲。朝廷大臣百執事各率其職。刑威慶賞，赫然倏舉，海内讋伏，莫不寧謐。

❶「郡」，原作「居」，據類稿本改。
❷「塗」，原作「望」，據類稿本改。

吾州地方千里，介然江湖之表。涵煦德澤，悠久深長。郡長吏與其僚佐，畏法而愛民，以謙遜豈弟相尚。水旱之禱，天格地應。原隰墳衍之藝，無有偏害。而樓之成，亦其時哉！蓋嘗聞之，人之常情，苟免於飢渴，則侈心生焉；不忍於忿激，則争心熾焉。狃侈而好争，則亡上下等威之分，而輕用其父母妻子仰望之身，極其私智功力之所能，而無所不至。於是不能以有其休養生息，君子蓋深憂之。是故善爲治者，必平心而正己。正己則無私，平心則無忤。無私無忤，而人信之。明政刑以定民之心志，崇禮義以興民之廉恥。申孝悌之教，惇忠厚之風，使吾文物之邦，欣欣然，皡皡然，保其生業，脩其貢賦以奉公上，承德化於無窮，不亦盛哉？敢具刻以告來者。

崇仁縣重脩縣治記

撫州屬縣五，崇仁其一也。邑之望，南有華蓋之山，稍西爲臨川之山，一曰巴山，又更名相山。又折而遠去西北，曰羅山。皆大山也。其境南，嘗置巴山郡。隋廢郡，置崇仁縣。歷唐、五代，至于宋末，無改焉。水出於諸山者，其流既合，縣人夾之以居。治在水之北，則羅山之東支也。前至元十二年，歲在乙亥，撫州内附，崇仁從之。朝廷始命吏治民，出貢賦兵革之餘，吏舍弗葺。二十六年，歲己丑，達魯花赤麻合謀始作之，良材巨木取足於山，曾閣崇觀徙諸故家遺構。竹木陶甓，百廢並作，頗號雄偉。繼至代往，因仍支吾，荏苒歲月，遂以弊壞，五十年于兹矣。

仍改至元之元年，今達魯花赤阿里仁甫寔來，咨其同官令丁也先，作而新之。民安其政，勸率隨應，有餘力者歡然赴功，不數月集事。梁棟榱桷易其朽腐，陶甓土石更以完壯。高而危者，下之以即安；卑而陋者，增之以改觀。丹碧輝煥，黝堊明白，儼然高堂。寬敞夷坦，内臨外仰，無所壅蔽。上官行縣，賓至如歸。凡器所需，纖悉備具。府史有受事之舍，版籍有庋藏之室。獄庾之嚴固，廄湢之細微。出而使民燕而逸勞，亦莫不有其處。周視列邑，未有整暇完美若此者矣。蓋兹邑之地，壤土平衍，無甚瘠甚沃之弊，故其民安於勞而敏於事。❶水之東出者，易盈易涸，阻爲陂塘以備旱。舟載之濟，往多而來寡，無十百之利，大賈不至。備物致用，苟不苦窳，故無過於侈靡之傷焉。方其盛時，弦誦之聲，無間於井社。衣冠文學之家，聯絡相望，退讓謙抑，習而成風。出而仕者，多繇文史，國朝以經術設科取士，屢有其人。況有大儒縉紳先生，以古道正學，作興斯文。朝廷尚之，四方從之。其所溉被，朔南遠邇，莫之或先。是以其民知愛人而易使矣。間或質之不美，弗率教令，至於輕失其天常，亦豈自容於群良衆善之間哉？然而，數十年之間，爲吏者有不暇於爲治，豈斯民之罪哉？仁甫親見其先人治郡之善，歷官天台、無錫而至於此，故能深知民隱。操守如冰雪，識事如蓍燭，憂民事如家事，待同僚如手足，理煩劇如平易。丁也先以國字入官，敦重老成，從善樂美，以成百里之功，而丞張榮、前簿尹昌，今簿舒文琰，前尉胡誠等，皆悃愊

❶ 下「於」字，原無，據類稿本補。

無華，相與輯睦，以率其屬而佐其長。數年之間，有休息而無嗟歎，豈易得邪？嘉穀屢熟於田，靈芝挺生於郊。仁甫之家，插斷竹而復生，皆瑞應也。若夫傜役之均，干謁之絶，聽訟之簡，先事之慮，禦過卒之暴掠，止躢突之徵呼，保良善如護生芻，衛細民如捍頭目，上下信之，風紀宜之，此皆後至者可視而規隨者也。予退自國史，寓老其野，故邑人請爲之書如此。是年十有二月虞集記。

羊角洞天記❶

洞天之説，蓋出於神仙家所傳記。多名山異嶺，敻絶人世，高明空洞，故以天名之。而撫州譙樓前左，有一卷石，長三四尺，高一二尺許，郡人謂之羊角洞天，不見其空洞可名天者。世俗相傳有人自青城山來，扣石暫開，得入見洞府云。所謂羊角者，蓋郡城形勢南來，東行而轉乎西，昂然若首，有石上出，進而不遂，所以有角之名乎。故宋紹興中，守王侯秬覆以小亭。後久之，守林侯某掘地而觀之，未數尺，大風起穴中，懼而止。景定癸亥，守家侯坤翁更新其亭，而爲之記。後八十五年，皇元仍改至元之三年也，監郡中順大夫塔不台侯，謀於同官僚佐，作新亭於其上。既成，使來求記。

夫府治之所在，非若荒閑寂寞之濱，而有林壑之美，神明之交也。自守將以下，有民社之寄，貢賦之事，治教之托，獄訟征繇、營繕力役之繁。承藩府司臬之蒞治，接賓

❶「羊」上，類稿本有「撫州路」三字。

客軍旅之往來。一州千里之事，日不暇給，又安有仙人道士，逍遥徜徉於無爲者乎？侯之爲此，豈非因其超世之嘉名，將以滌煩濁於休暇之餘，得幽探於跬步之近，與其僚友出門而觀之，行庭而撫之，以自託於高明之臨，清静之極者乎？ 噫！ 吾聞神仙之境，雖海嶠絶域，初不出乎六合之内。居其間者，熙熙然無外物之接，無内欲之萌。飲食淡泊，無血氣之争。長子老孫，壽年長久。若是者，洞天之所以爲勝者乎。今熙洽之世，年屢告豐，吏民相安於無事，豈徒仕於此者得以優游閑暇，超然埃壒之表？而吾百萬之民，樂至治而安其天年，不異於無懷、葛天之鄉者，是即洞天而已矣，蓋不必指羊角之一石而言之也。噫！ 結繩之俗微，三王之迹熄，有志於治者，庶幾黄老之緒餘，以息民於水火，不勝幸矣。豈若方今天下沐浴聖化，若是其盛，吾安得不慨然於洞天之説乎？

青雲亭記❶

古之大夫君子，所以有登臨覽觀之樂者，蓋以其升高能賦，山川能説，非徒爲燕游以暇逸也。昔鄭裨諶之善謀也，於野則獲，於邑則否，是猶有所彌焉。若夫能賦、能説之事，❷近不違乎喧雜，遠有得於虚曠。發謀出慮，孰有彼此之間哉？ 臨川之城，有五峰焉。山形自南而來，其第一峰最高，有亭曰「青雲」。自昔守臣與其僚佐賓客，休暇之次，則必游目騁懷於其上，或記或詠

❶「青」上，類稿本有「撫州路」三字。

❷「事」，類稿本作「士」。

者多矣，而辭多不傳。國朝仍改至元之三年，監郡中順大夫塔不台侯出俸金，帥僚屬與凡好事有力者更新之。以予昔嘗得一至於斯亭也，故求文以爲記。

按郡城之中，地高而可覽觀可名者三，若五峰之堂，則在郡治。吏舍環屬，屏樹翳塞，不足以周眺望。擬峴之臺，可以遠眺望矣。而負託城壁，出於人爲，於奇勝爲未足焉。隱然高據，總會遠邇，若挈裘而得其領焉者，莫斯亭若也。吾之有人民社稷之寄者，從容治下而來至於斯也。凡其目力之所及，皆其心思之所至也。「倬彼雲漢，昭回于天」。北瞻闕廷，如日斯近。凡所以竭力以事其上者，罔敢不盡其心焉。俯而視之，岡阜之起伏，闤闠之生聚，休養保息，寧有所未盡者乎？愁歎憂苦，寧有所未拯者乎？出令行事，寧有所未盡善者乎？環而觀之，名山靈阜，鬱乎蒼蒼，能出神明以去菑害者，吾理之得其道乎？流水之行，可以治溝洫而備水旱，通舟楫以足貨殖。田疇之廣袤，阡陌之羅絡，因荒易以察其勤怠，時生成以驗其豐凶者，吾之賦税力役之征，有以公其勸懲者乎？見之則必有所思，思之則必有所處之道矣。然則仕於斯邦，而來斯亭者，休休焉俯仰無愧於吾民，然後得遂一日之樂者，不亦難乎。安得不爲之書以待來者？

道園學古録卷之三十七

道園學古録卷之三十八　歸田稿十二

雍虞集伯生

記

大本堂記

宜春黄盅，字子中，早嘗從臨川吴公遊，往來者數年，歸而題其讀書脩學之舍曰「大本堂」。其後得壻公門，有卒業之意，而公去世已五年矣。公之遺書緒言，經手定者，皆可考信。而其門人子孫，嘗所親聞者，又可問而辨之，以自致其學。顧來求予爲之記，而不知予之不足以知此也。噫！使及公之存，因斯堂也，得一言以惠幸後學，豈不善哉？嗟何及矣，而使予執筆焉，其何以言之哉？

昔者，朱子受學於延平先生，先生嘗以其從豫章得之者，而語之曰：「但於静中看喜怒哀樂未發時氣象爲如何。」竊嘗由是思之：所謂未發者，豈非吾不睹不聞之時乎？所謂静者，豈非戒慎恐懼之至無所倚著之時？若夫氣象之説，亦云危坐澄心，而天理自見云耳。非必有模擬想像者也。其師友問答之言，傳諸學者，宜無可疑者。嗟夫！人之受命於天，與血氣俱稟而生。其爲性，本静也。知識生而情欲作，接於物而動者，紛至疊起，互爲應感，反覆相因於無窮。雖夢寐休佚之頃，其憧憧者未嘗小止而定也，❶是以一往而不復。倒行逆施，謬迷顛沛，以終其身，而莫知反其本原者多矣。彼爲佛老，亦或知此以爲憂。乃爲絶物壁立以自勝，或爲專壹内守以自固，其堅苦百倍則有之。雖或稊稗之有秋，然欲其立人極以贊化育，則與聖賢之學爲大不侔矣。今夫天道之行也，必有斂肅以啓發生之機。人之爲學，何可無所涵養，以爲動而泛應之地乎？苟自始及終，無一息之静，則隱微之間，動機之發，亦何以察其辨而致其力。況於風靡瀾倒，潰冒衝突，而後從而制之，將何及乎？吾是以深感夫延平之言，而竊以爲大本之立，庶由乎是。而區區言語文字之求，宜未有切於此者矣。若夫其後朱子之門人，或傳其師説，以爲考諸聖賢之言，進脩之實，尚有可言者，則在後學，又有以究極之。吾聞子中之居是堂也，以高潔自克，好静坐，故以所聞告之，以爲之記。

時中堂後記

皮以亨氏，故南雄使君之次子，今平江州判官昭德之弟也。嘗築别室里第之南數十步。堂成，求名於故翰林學士吴公，乃題其堂曰「時中」，又爲之辭焉。後數年，以亨氏殁。又數年，堂燬而辭亦亡。其子霖，慨然思先人之遺意，乃更卜構堂，仍其舊名，而吴公之辭不可得矣。其兄桀，爲訪諸吴氏門人子弟，亦未之有獲也。而請予以意申之。予曰：時中之義大矣。昔者吴子之言，必有以大啓夫學者之心，而使之有用力

❶「小」，類稿本作「少」。

之地矣，集何足以言之？ 雖然，桀乃予甥也，試相與私講之。 夫君子、小人對待者，出於君子，則入於小人矣；出於小人，則入於君子矣。 介然幾微之辨，其當致察也嚴矣。❶ 時中之中，吾不敢易言之。 然吾所知者，君子之時中，既爲中庸，小人之無忌憚，爲反中庸，則知無忌憚者，時中之反也。 時中未易至也，而忌憚無忌憚，吾可以用力矣。 忌則知所畏而不作，無所忌則肆而無所不爲矣。 憚者知所惡而不行，無憚則妄行而無所不至矣。 此君子、小人之辨也。 昔先儒，嘗以靜教人。 其後曰莫如待敬，❷敬之説要矣。 其後又以爲莫切於畏之一字，蓋其愈思而愈精，愈近而愈切者如此。 且中庸之道，在乎戒慎恐懼。 求時中者，舍此而奚適哉？ 吾徒言其求之之道如此耳，使歸以語其弟。 若復得吴子之言，使集與聞而從事焉，固所願也。

思本堂記

宜春黄元瑜氏，好古博雅，取所藏三代、秦、漢以來圖書、器物，居於一堂，名之曰「尚古」。 故翰林學士吴公爲之記，而告之曰：「尚論古之人，莫如《易》《書》《詩》《春秋》之爲古也。 元瑜之所尚，孰有加於此者乎？」噫！ 公之爲元瑜言者至矣。 其望於元瑜之所至者厚矣。 嗚呼！ 觀其器而知其用，觀其文而知其實。 則凡觀於古人者，皆所以成己之能也。 由是四方之君子，深有期於元瑜焉。 後二十有餘年，元瑜

❶「矣」，類稿本作「夫」。
❷「待」，類稿本作「持」。

使來告曰：「某以先世之餘慶，出而食士之禄，歸而有家於鄉，顧吾族人昆弟、子孫，其初本一人之身也。迺作思本之堂，於居室之近，聚族人之爲學者，飲食而教之。又於歲時，具酒饌、蔬果，率長幼以享乎先祖，庶乎凡吾同氣仰而望焉。各思其本之同出，而精神血氣之感，焄蒿肸蠁如在於斯，庶有以盡吾之誠乎哉！取私田五百畝之租入別儲之，以備斯堂祭與教之用，而請爲之記焉。」然後知元瑜之真有志於尚古者矣。吾聞古之爲道，莫重於祭，莫切於教。而思本之堂，爲斯二者而舉，予安得不爲之言乎？

夫古今一道也。而時王之制，有所不得行；往昔之事，有所不得爲；志之所存，有所不能自已者，取其得爲者而爲之，豈非善學古者歟？昔者先王之制，祭禮甚重且大也，粢盛、牲殺，器皿、衣服之等甚備也，求於陰陽鬼神之義甚至也。諸侯有國，大夫有家，則各有廟焉。以妥祖宗之神靈，以一子孫之心志。支庶之不祭，未嘗不得伸其敬於宗子之家。繼禰之小宗，❶未嘗不得專食於子孫之享。而有國有家之族人，幾無不祀之鬼矣。後世貴爲公卿，封不必有其地。名爲世禄，家不必有其田。於是廟無所於立，不得以行古之祭道，宜無以而屬其族人矣，而況於士庶人之家乎？先王之遺教，彝倫而已矣。其始教至於德，爲聖人極其至而已矣。自天子諸侯之國，大夫之家，黨術之間，其教一而已矣。士之仕，不出於其國；農之耕，不出於其鄉，無所事乎遠外。故鄉里親戚之情親，友助扶持之事近，至若閭巷之間，其耆老日坐於里門，其

❶「禰」，原作「稱」，據類稿本、四庫本改。

少壯旦出而誨之以所當爲，夕入篤之以所不及，則是父兄無不教其子弟者矣。後世身無以爲教，教不以其道。或工文藝以事進取，趍游末以縱利欲。遺君後親之心，舉世不怪不厭，又何責於閭里之間乎？噫！苟非真知古道之可尚者，其孰能知致力於斯二者乎？想夫斯堂也，絃歌之聲作，少長有序而不紊；籩豆之事陳，❶始終有常而無間。❷於是斂福胙而敷施之。通幽明之故，合疎戚之情。勸酬頌祝，宴樂醉飽，行之有常，久而無斁也。前三百年，宗家太史公之言曰：「冲和在此一枝也。」其殆爲善思本者發乎？然而祭與教之道，猶有可言者。吾聞元瑜子弟多好學，尚有以推明其說，而品節其事，以佐元瑜之成，能乎？

誠全堂記

前上元宰臨江黃君景雲，入仕于朝。秩滿暫還，有堂焉，名之曰「誠全」。因桃源宰簡君正禮、池陽教授吴君京，來求予爲之記。簡君爲之言曰：朱子《語録》有云：誠是天理之實然。聖人之生，禀受渾然，氣質清明純粹，全是此理。學者則須是致力學問，思辨行直，是得日用本分事無非實理，然後爲誠也。即是言而觀諸聖人，仲尼有云：「惟天爲大，惟堯則之。」《詩》云：「維天之命，於穆不已，文王之德之純。」仲尼曰：

❶「陳」，類稿本作「舉」，四庫本作「嚴」。

❷「始終有常」，類稿本作「神人交孚」，四庫本作「子孫致恭」。

「予欲無言，天何言哉？四時行焉，百物生焉，天何言哉？」如此者，豈瞻企思慮之所可及哉？觀于聖人者，觀乎天者也。觀于天者，觀乎聖人可也。人之所以爲人，其性則仁、義、禮、智。其倫則君臣、父子、夫婦、兄弟、朋友也。人而不達乎天，❶蓋盡乎斯道而已。❷故曰：聖人，人倫之至也。舜之於堯，周公之於文王，皆聖人也。孟子曰：「舜盡事親之道，而瞽瞍底豫。」「瞽瞍底豫，而天下之爲父子者定」。周公之東征也，詩人詠之曰：「公孫碩膚，赤舄几几。」君子以爲善形容周公焉。蓋天理有常，而事之所遇有變。變雖萬端，而其常也不失。故於其間，可以窺見聖人之萬一乎？顔子之於仲尼，亞聖也，去聖人一間爾。顔子不幸短命，傳仲尼之道者，曾子、子思、孟子也。學者從事於三子之言，其至不至，則甚不齊。然竊觀前乎此，有踐而充之者，其惟顔子乎？仲尼曰：「回也，其心三月不違仁。」方其不違也，於聖人之全體有以異乎？孟子曰：「顔子具體而微。」周子曰：「執焉復焉之謂賢。」蓋謂顔子也。又曰：「聖人之緼，微顔子殆不可得而見乎？」是故天不可以意見測也，聖人不可以意見知也。從之末由之際，則亦可見其微矣乎。然則，亦謂稟性渾然氣質清明純粹，其可以易言，而輕以自命乎哉？然而學者之所以爲學，人之所以爲人，非天，非聖人，則何所事乎？是故不敢以易言之，亦不敢不以此爲事也。蓋嘗聞之周子曰：「誠無爲，幾善惡。」夫誠者，理之至實，何所事於爲哉？而幾之發，

❶「達」，類稿本作「違」。
❷「蓋」，類稿本作「則」。

則有善惡之分矣。昔者，夫子於《乾》之九二曰：「閑邪存其誠。」程子釋之曰：「邪既閑，則誠自存。非别求誠於外，而存於此也。而閑邪之道，則在於動容貌，整思慮，自然生敬，敬則誠存，而於實理無所欠闕矣。」然斯言也，亦在於言信行謹之後。下學入門，蓋未能遽及乎此也。是故張子又專以禮教人，蓋君臣、父子、夫婦、兄弟、朋友之間，日用之際，莫非其事，而品節之微，知有未盡者矣。一豪之分不盡，則有一豪之闕而不實矣。然非知禮，其孰能與於此哉？故思全乎理之實者，又當致力乎此。所以人倫之至，非聖人莫能當之。集願學而未之能達也，輒誦所聞，以告三君子，而記諸黄氏屋壁。

君子堂記

臨川李本伯宗之大父，以郡史從軍，活屬縣數鄉之民。既而延鄉先生孫□履常甫，❶教二子于家。齋舍在蓮池上，履常取周子語題之曰「君子亭」。後其大父、父既殁，池上之居爲别舍，伯宗不忍忘也，因取以題其所居之堂曰「君子堂」，而求予記之。噫！子之大父有陰德，生理之息養，和氣流行。子之父受學於鄉先生，成其屬望之意。則子之誦詩讀書，脩身慎行，以君子自居，則亦有自來矣。夫人之爲人，其類大概有二：曰君子，曰小人。其幾微之初，則善惡義利之辨而已。爲義爲善，出于天性，隨

❶「□」，類稿本作「君」。

感而見。涵養深者，識察其端之自出，知擴充之，其爲君子也，孰能禦之。一念之發，起於血氣。爲惡爲利，不能察諸其微，而力克治之，則其潰冒衝突，壅底沉溺，其不可禦也，又有甚焉。是以欲爲君子者，不可不反己窮理而求其端也。古昔盛時，聖賢迭作。朝廷、鄉黨、學校之間，外而交際，内而家庭，無他教也。是以其時君子爲多焉。聖遠言湮，異端並起。《易》《書》《詩》《春秋》《禮》《樂》之文，孔孟之説，雖具在方册，而僅存於世。其學之者，固陋則不足以自奮，昌狂則不能以自反。天資之敏，才器之高，則又不屑於此而他求焉。師匠不作，無所質信；汗漫之求，没身無得。此人心所以常昧於本初，而先王之澤不被於天下，此豈小故也哉？昔者，周子特起於千載之下，上接前聖圖、書之作，天實假之，而或者猶疑其説之别出。程伯子天性之純，叔子操守之正。以張子之仁勇，猶出入於孫、吴、佛、老之説，然後卒能歸求而得之，此所謂振古之豪傑者哉！是故有高明之資，不肯安於凡近而過求之，其能自歸如張子者幾何人哉？延平李氏之言曰：「舉世紛紛曰學仁義，陷身楊墨，誰能知之？」竊意斯言也，爲學之初，稍出於自私之意，岐路之差，其失大遠，延平安得而不深歎之乎？雖然，此猶爲學道者而言也。乃若淺陋之士，求欺世欺人之名，以竊自盡之利，立志之初，已與聖賢大背而馳矣。而謂有志於君子者而爲之乎。予與伯宗游已數年，今歲留山居者踰月。察其不自安於衆人之習，真欲自致於君子。静而不滯，進而不止，有初有終，庶幾無愧於斯堂者乎？幾微之先，岐路之差，則不可以不慎也。姑記其説，而相與切磋琢磨，以求其成焉。至元戊寅，三月朔記。

德星堂記

《世説》云：陳太丘詣荀朗陵，使元方將車，季方持杖以從。既至，荀氏子弟咸在侍側。于時，太史奏：真人東行五百里，賢人聚。世人以爲美談。厥後，朱文公爲建寧陳氏作《聚星亭畫贊》，好學之士，蓋傳誦焉。大禧院判官陳君彦和，家本蜀閬中文惠公世家後，自鄭州遷汝寧，居汝寧者數世矣。昔爲御史時，與予同朝，有一日之雅。兹乃千里貽書以相告曰：「我大父輔之甫居京師咸宜坊，有堂曰德星。李公受益所名，蓋取諸聚星之義，而松巖高公書之。當是時，鹿庵王公，左山商公，静軒閻公、楊公從周，與諸名公卿朝請之暇，無日不集於斯也。今徙居寅賓坊東，亦有堂焉，仍表之曰德星，亦不忘其先也，請爲記之。」

集曰：彦和之無改於堂名也，可謂宜矣。聚星之應，視其人焉，何必古今之異也？由今人而視古人，則爲古人矣。若古人之自視於當時，則亦謂之今也。今人之自視於今，則故謂之今矣。在後世而視之，將不謂之古人乎？是故方今之時，令聞令望，如珪如璋。而顒顒昂昂，來集於斯者，又何必不如咸宜之君子乎？且夫君子之交也，以類相從，吾嘗爲彦和執筆先世之遺德矣。而彦和之美政，又有不勝其書者。今歟歷愈久，聲譽益高，則其所與遊之君子，蓋可知其人焉。昔者，文惠公與弟兄，以執政奉其父秦公於家第，❶每有客至，必擁笏垂魚，以次侍立，客爲之蹴蹜不安而起。秦公謝曰：「此兒子輩爾。」然則陳氏賓客之盛，有自來矣。方秦公時，寔當五星聚奎之後。其在朝之君子，休光盛德至于今，五尺童子皆知誦之。吾故曰：「不可以古今而異觀也。」嗟夫！予去國而適江湖之外，故已遠矣。仰而觀之，天容日華，初不違於咫尺。❷蓋嘗披衡茅，廓豐蔀，而竊窺乎勾陳太微之間，以求夫天津析木之次。其景光潤色，煌煌熠熠，亦果有如太史之占者焉。則賢人之德業，衣被萬物者著矣。而僕也得與草木禽魚以自樂於麗日祥雲之下，則區區之至願、至幸之至足者矣！

謹敕堂記

撫州府推前進士楊侯賢可，爲其從孫埍龍焕來告曰：「吾太和龍氏登者，登故宋咸淳四年進士第，仕至衡州推官，其後曰希白，克世其家，至其子良翁，則爲國朝之人矣。有志於當時，不及有所施而歿。而孫曰焕，今年二十餘，而知爲學以自立，作堂於其居之左，取馬文囦稱龍伯高之語，以扁之曰『謹敕』，請得一言，以進其學，而成其志。」

文囦，漢室名儒，智慮不私於己。然戒其子孫，不嫌於辨别時人耳目之所及，以致

❶「第」，原作「弟」，據類稿本、四庫本改。
❷「尺」，原作「天」，據類稿本、四庫本改。

輕薄謹敕之辨，何其憂之深而言之切也。馬氏之子孫，在當時者，尤當受言而行之。百世之下，龍氏之支流餘裔，觀於前言往行，有得於宗家德行之意，慨然有感於中，而思盡力焉，可不謂之知其要乎？然文囦頌伯高之德，則曰敦厚周慎，口無擇言，謙約節儉，廉公有威。効之不至者，猶爲謹敕之士。以愚觀之，果能以謹敕自勵，雖以之入聖賢之域可也，豈止於是十六言者而已哉？謹之爲道，蓋有存養之功。而敕之爲言，深有戒敕之義，蓋必有聞焉。知其得於天者，如是其大；有諸己者，如是其全。於是慎之於存養之初，不使有一毫之偏雜；戒之於臨事之際，不使有一事之差繆。如是而致其謹敕之功者，爲學之要道也。如大江之流，而諸水皆從；裘領之挈，而舉體皆順。果知所以爲謹敕之道，則所謂十六言者，皆由義理而出，一源而無間矣。而異端鄉原之流，亦不得托其似是之非，以謬迷於當時也。夫君子之爲學也，爲敦厚而不爲刻薄，爲周慎而不爲疏鹵，爲無擇言而不爲躁妄，爲謙約而不爲放肆，爲節儉而不爲奢縱，爲廉公有威而不爲私昵者，皆必謹敕而後能之。故聖賢之學，必曰由敬而入，必曰戒謹恐懼。皆謹敕之事，其可以爲易能乎哉？嗚呼！欲知謹之説乎？《板》之詩曰：「敬天之怒，無敢戲豫。敬天之渝，無敢馳驅。」朱子曰：「言天之聰明，無所不及，不可以不敬也。」欲知敕之道乎？《抑》之詩曰：「夙興夜寐，洒掃廷内，脩爾車馬，弓矢戎兵。」朱子曰：「細而寢興洒掃之常，大而車馬戎兵之變，慮無不周，備無不飭也。」謹而至於事天之大，敕而至於憂淪胥之亡，反而求諸爲學之道焉，何患乎效伯高不得者乎？書以復諸賢可，使記諸堂壁。

柏友亭記

東南多嘉樹奇材，求其挺特堅緻，膚質若金石，甚宜於其土，恒有而不褻，歷時變而不遷，見用於宫室器用，至美而能久，未有如柏之爲貴者也。今豫章之爲木，能久能大，而適於用，郡以此而得名。橘、柚之貢，專在南服，斯二者非他方之所有，莫或尚之。然而數年之前，驟遇夫堅冰甚雪之變，摧折殆盡，生息僅存。柏之爲植，同其風氣，屹然如山岳之無所動摇。則其所以受命於天，托質於水土，其必有獨異者乎？環視境土之近，耳目所及，托乎神明，歲年千百者，往往有之。穹山巨壑之間，不通人跡，無所識察於當世，乃至辱於樵牧，厄於斧斤，何可勝數？今有君子，手植兹木於户庭之間，子孫保守而封植之。内無蚍蜉蛾子之蠹，外無皮毛支末之毁。垂三百年，鬱然干霄，本固榦碩，駢峙對立，凡四其朋，若豫章魏亭胡氏之家者，宜乎詩人君子，相與詠歌之不足也。胡氏之孫棣，築亭其傍。清江范德機氏，題曰「柏友」，而遂銘之。

後十餘年，使其壻徐庸，不遠二百里，持以相視。感喬木之如斯，思故人之云遠，因書此以遺之。庸又請范君所以稱「柏友」之説。乃告之曰：君子於先世手澤之所存，瞻望以思，恭敬弗怠。故宋進士龍溪君之手植，歷四傳以至于今五世矣。世代變易，而物非其故，胡氏能世有其家，家全其柏，相與爲永久，亦希有者哉！然則棣也，觀於斯木，思其高、曾、祖、父朝夕徘徊於其下，若將見之，豈直友之云乎哉？ 雖然，昔之取友者，取於其鄉，取於其國，取於天下，取於古之人。 今胡氏之家，傳澤之久，不失儒雅，而温厚深固，有聞於其鄉。 仰而思之，俯而脩之，必有得於斯者，庶幾相須以成之道乎。 謂之友，可也。 然則，友之之道如何？ 觀其堅忍不拔，而抑其浮游之氣；觀其正直不阿，以致其貞幹之德。 觀其老成之操，而幼志不行矣；觀其久固之節，而遠慮不忽矣。 觀其立也有以蔽物，則必不肯閉吝，而能有以及人；觀其器也有適於用，則必不肯暴棄，而思有以濟乎當世。 則有取於斯柏多矣。 柏也之爲胡氏友，又將見其子孫於方來乎？ 進士君之先，自丹陽來，徙于官溪。 溪之委爲東湖，進士之子所築西園在焉。 三世以園自命，所謂小園園趣者，皆以此也。 湖之水，匯彭蠡爲大浸，今胡氏之居枕之。 亭在居室之右，多古木奇卉，而獨以柏名者，重先世之植也。 夫其地之寛厚煥澤，見諸樹木人物者如此，❶則山川之勝，必有可觀者焉。 吾或與野人釣叟，徜徉於江湖，偶一至其處，尚能援筆而賦之。

寫韻軒記

龍興紫極宮寫韻軒，高據城表，面西山之勝，俯瞰長江，間乎民居官舍之中，特爲夐絶，眺望如此者，亦或有之。 至於秋高氣清，望見上游諸郡之山，若臨江之玉笥，撫之華蓋，寸碧天際，森列户牖，此則他處之所莫及也。 西山神仙窟宅，得道往來城府，

❶「諸」，原作「誅」，據類稿本、四庫本改。

致其憫世拯俗之意，而游覽燕息於此，蓋必有之。郡人相傳，唐文簫、吴綵鸞二仙，豈其人歟？世傳吴仙嘗寫韻於此軒，以之得名。予昔在圖書之府，及好事之家，往往有其所寫《唐韻》，凡見三四本，皆硬黄書之。紙素芳潔，界畫精整，結字遒麗，神氣清明，豈凡俗之所可能者哉？要皆人間之奇玩也。登斯軒而思其風采，亦足以寄遐思也乎。而世人塵俗之想，沈溺於胸中，意謂高仙幽棲者，不異於己，而書其遇合之事，殊不經也。蓋唐之才人，於經藝道學，有見者少。徒知好爲文辭，閑暇無所用心，輒想像幽怪遇合，才情恍惚之事，作爲詩章答問之意，傳會以爲説。❶ 盍簪之次，各出行卷以相娛玩，非必真有是事，謂之傳奇。元稹、白居易猶或爲之，而況他乎？遂相傳信。雖爲其道者，若文、吴之事，亦久而莫之察，良可悲夫！蓋所謂仙者，形質化泯，神明昭融，豈復有分毫世俗之念，而有可以受謫者乎？昔陶隱居著《真誥》，載李夫人少女降楊生之事，猶言玄契遇合，真道不邪。示有偶對之名，初無弊穢之迹，從容接對，禮意森嚴，此一證也。借曰以凡念之起，見謫于天，自當恐懼脩省，一息不敢緩，而可以因循衽席之燕暇，以至十年之久乎。誣吴君也，亦已甚矣。而使庸人孺子無所知識，更得以藉口。吾黨之士，其可吮墨弄翰，揚瀾而助之波乎！因書此以遺其觀之主者余君玄谷，無重貽愧於兹軒之高明云。

❶「傳」，原作「傅」，據類稿本、四庫本改。

余氏極高明樓記

華蓋之山，在崇仁上游。據地勢之隆厚，拔起千仞，上出霄漢，日星迴旋，無所障礙。雲雨之興，漠乎在下。若有人焉，凌空倒景，高鄰日月，而後足以對之，浮游於塵壒之中，沉溺於汙穢之下，生死不出於旦暮，起滅不踰於尋丈者，烏足以觀乎此哉？其山之陽，有水曰珠溪。余氏之族世居之，不知始於何代，而未嘗有他族間之。山如城郭之環，流泉中出，隱伏磐石，委曲淵注，始達于外。而居人耕田鑿井，養生讀書，無所外慕。以其地僻而賦薄，遠去郡縣，公上之供，給事而退，人亦無所求乎其間也。晉陶淵明所謂桃源者，依俙似之。余氏之彦曰敬，以自然淳厚之姿，居風俗質朴之鄉。以其樂易之心，保其敦睦之族。舒舒然，温温然，吾聞而悦之。世以爲風氣日降，情態日趍於薄，而不復可返，豈有是耶？故翰林學士吴公之夫人，則敬之曾老姑也，故公嘗至其處。及敬作樓於其居，以瞻華蓋於咫尺，而命敬以「極高明」題之也。樓成，而公已去世。敬不得請一辭以表之。因其族父希聖，求予記之。

予嘗聞諸上蔡氏曰：孰能脱去凡近而遊高明？莫爲嬰兒之態，而有大人之器；莫爲一身之謀，而有天下之志；莫爲終身之計，而有後世之慮。不求人知，而求天知；不求同俗，而求同理者乎？必如是也，而後可以造乎高明之域矣。今夫小智自私，而自以爲高；曲見陋識，而自以爲明。輕猥以相尚，臆度以爲知。則其念慮之所興，云爲之所及，無非至卑至下之事，擬諸高明，真所謂霄壤之間矣。是故質之美者，庶幾有以得之。內顧於家，無甚不足之慮；外視於物，無甚必欲之意。則其中之所存，澹泊而虛曠，於入道爲近矣。而又有以考夫聖賢之學，踐夫古人之跡，則日趨高明，❶而推致其極者，不自此乎！秋高氣清，予將謁浮丘伯之神于山上，尚能求觀子之樓，誦吴公之言，而記其千載之思於此也。乃若《中庸》之書，所謂極高明者，吴公之門人弟子，多能記公之言，敬審問之，他日爲敬講焉。是爲記。

主静齋記

監察御史前進士趙君承禧宗吉，題其齋曰「主静」，而求予發其意焉。昔周子作《太極圖》，其説有曰「聖人定之以中正仁義」，自疏其下曰「聖人之道，仁義中正而已矣」；「而主静」，又自疏其下曰：「無欲故静。」周子承群聖之絶學，開示萬世之學者，人之所以學爲聖人，聖人所以與天爲一者，在斯而已矣。蓋聞之：太極動而生陽，静而生陰。一陰一陽，互爲其根。以是知動静相因於無窮，而太極未嘗不行乎其中也。故人之爲道，一動一静，相爲體用。而維天之命，未嘗少有間斷也。周子《圖説》，所以明乎《易》也。六畫之卦，分上下兩體。論之二五，其中也；陰陽各得其所，其正也。以重卦而言之，三四，人之位也。傳曰：「立人之道，曰仁與義。」是以人極立，而三才之道備於我矣，其中正仁義之説乎？此之所謂静者，蓋言太極也。萬事萬變，不出

❶「趨」，原作「趍」，今據四庫本改。

乎此。是之謂主學者之用功，抑亦考乎定與主之説乎？然而未易知也，未易能也。切以學者之事，擬之而言焉。夫無欲故静，静之一言，則因人道以觀天之道，最爲深著。夫耳目口鼻之接，飲食男女之際，喜怒哀樂之發，人之所不能無者也。而遽曰無欲，豈易言哉？孟子曰：「養心莫善於寡欲。」寡之云者，未能盡至於無也。周子曰：「寡焉以至於無。」是知寡欲者，學者求爲無欲之漸也。《艮》之《彖》曰：「艮其背，不獲其身。行其庭，不見其人。」釋者曰：「外物不接，内欲不萌。」此求爲無欲之道乎？二程得周子之傳，其教人直以敬之一字，而使從事焉。知主乎敬，則可以馴致於無欲矣。自學者論之，主敬則即主静之道，無疑矣。横渠張子，又以禮教人。動合乎禮，所以踐乎敬之實也。一豪之非禮，則一豪之敬失矣；一事之非禮，則一事之敬亡矣。故主静者，莫如敬。敬又莫切於知禮。禮者，天理之節文也。故切以爲學者之事，必知夫禮而不可易者，而後能有所定。此可以見聖人之道，必先有所定者乎？夫主静而無欲者，聖人之能事，學者之極功，愚何足以知之？即其所聞於父師，而困學不倦於萬一者如此。

宗吉，以文學躋高科，以才識歷華要。常人之情，固足以高視一世，夸耀一時矣。反而求諸身心之學，以極於天人之際，而取周子之至言，以名其齋，而常目在之。此其志豈可及哉？不以予之老退荒陋，而遠徵其説。且夫世俗之爲學，質朴者安於固陋，不事猷爲爲静。而浮薄者，以不踐聖賢之成迹，不考經傳之微言，罔象高虚，蓋飾疏鹵以爲静者。此皆昔賢之所深憂，而今日之所慨歎，而莫可止者也。趙君有得於己，方資進用，又有以扶其正而抑其偏焉。則此齋之設，其功豈小淺也哉？

環翠亭記

臨川城中，李氏居宅之後，有竹千百竿，作亭其中，名之曰「環翠」。其鄉先生孫君履常氏，書程伯子所賦《環翠亭詩》於其上，使其父兄子弟覽觀而諷詠焉。元統癸酉冬，予謁告歸田，而召還之使遄至，從之入城府而病復作，留居久之。李氏嘗邀予至亭，而不能往也。後五年，李氏之仲浩卿，與其從子本訪予山中，道斯亭之勝意，欲予賦之者。

嗟夫！古之大夫君子，所謂能賦者，豈必皆己作也。昔人之言，有概于衷，則永歌之，以寄其意云爾。孫君之書，蓋爲得之。且温柔敦厚之教，孰有加於程子之言哉？然程子之詩，其首章曰：「城居不見萬山重。」而臨川之爲郡，城中多岡阜，城南第一峰爲獨高。別支曼衍而西出，其止也爲羅家之山。李氏之亭，在其東麓。程子之所謂不見者，而斯亭得之，則其地似有以勝之者矣。其卒章猶有暫遊遽去之歎，而李氏之「環翠」，予乃未嘗一至焉。此又何由賦之也耶？雖然，李氏之先，有活人陰德。竹之生意，沛然似之。李氏群從子弟八九人，皆好讀書，伊吾庭户，聲若金石。其秀挺玉立，又庶幾似之。且聞其好賓客，琴書觴詠無虚日。《詩》曰：「有斐君子，如切如磋，如琢如磨。」亦有從容於猗猗之間者乎？噫！郡之城於此者，幾四百年矣。其民令數十萬家，所謂園池亭榭，富者或過侈，而貧者不能有也。至於竹樹之植久遠者，或日就翦伐而方興者，晝夜之所息，雨露之所養，亦未必遽能有此也。李氏之亭，本諸其先之陰德，續以其子孫之讀書。賓客之來於斯者，尚有以識之也哉？

廣西都元帥章公平徭記

昔在世祖皇帝，神武不殺，威加四海，際天盤地，日月所照，莫不來歸。混一以來，嘉惠遐域。慎牧守，整軍旅，隨其風俗，皆有以遂其生養之道，察其習氣之偏而齊之，使不得妄作。此至元之治，所以無間然也。地大物衆，豐豫繁息。而有司寖弛於無虞，而慢暴之漸興矣。桂林之所統，踰絶高險，外薄海島，幅員數千里，山川鬱結，瘴癘時起。朝廷寬其徭役，簡其法令。吏乎其地者，秩優而俸厚，蓋所以哀其遠，而安其生者也。而其俗之難制，則固有之。若所謂曰生徭，曰熟徭，曰撞人，曰欸人之目，皆强獷之標也。曰谿，曰洞，曰源，曰寨，曰團，曰隘之屬，皆負固自保，因以肆暴之所也。然皆有血氣之親，口體之欲，苟得所養而安其所利，其情狀可知也。撫字以其方，責厲以其義，號令以其信。堅甲利兵以臨之，則悍然不顧，勃然不遜者，或寡矣。或者欺其遠弱而無告，掊克殘忍之不厭。是非不明而舉措顛倒，以害其生，以拂其性，雖善良懦弱，尤不免於動作，況素不知教令者乎？數十年來，扇動弗息。朝廷未嘗不思所以理之，奈何執事者之弗恪。非常之賞昧於黷貨之欺，而用否之差徒足以敗事而興誚。經事酋卒所忌者，制郡縣以扼其要害，置廉吏能將以參錯其出入。因其勇黠而用之，官軍之脉絡貫通，豪壯之心力効命，陰謀無所容，妄念不敢作。又以忠信廉介之官莅其上，明耳目，公賞罰而持久焉。不知出此，而屢失良計，以勞我將帥、士大夫於奔走勞苦，可勝追悔乎！

今上皇帝即位之明年，爲元統二年。相臣樞府，用外省之列薦，以處州萬户之鎮撫州者，濟寧章公伯顔，拜鎮國上將軍、廣西宣慰使，兼都元帥，佩金虎符，以總其軍。是年冬十月，猺寇以其衆起賀州富川縣之境。入其縣，大掠其民。公整軍以出。湖廣行省右丞完澤，帥湖廣之兵來督戰。至軍而病，以軍事屬公。公軍逼賊，擊破秀峰、桃溪、新田、野猪等寨，斬首一百級。繼而右丞病卒。公以隨省某處萬户、某處萬户之軍以行。公親臨陣，射其旗頭一人，賊二人。奪其寨門，連破小溪、猺源等寨，盡克之。生擒其酋唐七二十一等六十一人，斬首八十一級。寇勢未已，據其山險，連引數百里，大掠賀之臨賀、富川，亦出道之永明、江華。公分調諸軍，攻其要害，擒、斬二千九百六十七級。復富川縣，得邊蓬寨巡檢所失印。招邑民還業。是年，潰寇又攻平樂府之攻城、静江之陽朔。三年正月，公整軍捕之。湖廣平章探馬赤至軍，公軍破寇所據月虞等一十二村，獲賊一十七人。又破涼、涇源，得賊一十一人。又破大厚、黄辛等一十二源，擒、斬一千八百九級。仍改至元元年七月，朵兒只顔以湖廣參政兼都元帥來與公會。捕破靈川縣境藍田、米落等處潰猺之復聚者，斬首三百級。而公諭其酋潘光叔、陸秀琳等來歸，得户百廿六，大小九百八口，歲願輸租三十餘石。十月十九日，擊臨桂縣慕化鄉之邊山慈洞，斬首三級，傜寇盡潰。發其巢，得僞鈔板印，旗甲戈弩及所殺命官之袍笏。得爲鄉導者龍表一等四十六人，梟首以示，斬餘寇八十餘級，得脅從者男女四百三十人，復其業。十一月，以詔書按兵而招之。得義寧、荔浦縣咸水等二十餘處酋，潘三十一等、金紫等二十一源酋，俸傅四藤之岑溪縣酋沈明等，潯賀等處酋李百七，皆詣公降。計其地，凡一百七十八處，户八百八十一，大小男女凡二千四百餘口。公引大兵屯柳州，諜報賊攻賓州。公引兵出象州，抵來賓縣。二年正月十一日，寇三千餘人據北三都。公遣千户王世英往敵之。未接戰，公帥屯兵萬户忽都答兒引兵至石橋與賊遇。道隘，賊據險，戰不得地。公引軍至五里塘成陣以待。賊分三隊圍官軍。公麾下射殺三人，忽都答兒等射殺六人，射殺突入者旗頭一人。有賊挺身奮戈出當吾陣，屯兵百户陶庭蘭識之曰：「此首賊梁四也。急擊之不可失。」官軍急擊之，遂斬梁四，及從之者六人。賊少却，保山頂，下矢石以攻我軍。公發火砲焚其寨，軍士四面搆緣以上，連戰者三。公手射者盡殪，矢箙爲空。斬首八十九級，擒其尤强悍者十七人，賊潰。二月四日，追襲至賓州，得常抗官軍者十二人，斬首七級，得上林縣尉所失印。又殺世爲傜鄉導者潘壽，撞人從賊者韋明等二十六人，皆梟之。寇北三都之餘黨，保巖洞以竄。諜知其處，擁草洞口焚之，無得出者。時暑水溢，師還静江。九月，公與省臣分道追寇。十月十日，抵慶遠。知賊出海北之境，引兵出横州，至欽之靈壁，與省陸之軍會，攻賊，賊潰。又分公軍出永淳、寧浦縣、貴州，擒六十一人，斬首三十八級。得所掠男女六十九人，還其家。十二月三日，會省臣洪水埠，渡江入慶遠、大安、定連，擊中廓屯營蘆村洞，擒其酋盧權、盧鬧，斬首三級。得所掠良民，遣還其家。十八口，攻唐妙隱峒，擒首賊唐公猛等二人、唐遜等十人。三年正月九日，公分擊中廓洞，賊乘高，墜石擊官軍。公遣兵出，從間道上，擒其酋譚公顯等七人，斬首二十五級。得所掠良民，遣還其家。鞠公顯，問海北寇酋所在。公顯云：韋千四在北江田巖洞。從其言往擊之。其山千仞壁立，不可上。寇又礧石，毒矢雨下。公購軍中作飛橋，直抵其巢，擁車積其洞口，乘風爇之。韋千四棄其衆走，捕得之。其洞火數日乃絶委積，家屬殲焉。又與省臣分擊上、下廓、蘇村、潘村等寨，日有斬獲。道險，糧運不得至，採野菜以食。與省臣引兵來賓州。二月十一日，有詔，亦以江西行省某官統某處萬户兵，平章忽都魯迷失海牙總之。湖廣之兵，平章某總之。兵既合，兩平章議擇勝兵二千萬户三人以屬公。公引兵擊古野、古晚、杳洞。擒八人，斬首三十五級。行次賓州遷江縣，得古杳之餘黨十一人，戮之。督州倅張宜子擒寇海北之餘黨潘千五等三十九人，斬首二級。三月五日，擒古杳餘黨之酋梁七等二十一人。初九日，慶遠民陳中達詣軍門言，柳州皂嶺李全甫子姪，僭稱王號，執我萬户哈剌不花，殺千户乃蠻歹，流劫鄉村，燒毁倉庫，累降復叛，投充屯撞，窺伺兵機。聞兩省合兵，彼懼而逃去，未易可得，禍未已也。公素知李之横如民言，督千户蔣元鳳誘之出，設伏擒之，并李萬盛、韋包弟。又遣萬户劉某，與答刺罕及願自効之軍，分捕其黨，擒一百二十六人，斬首三十二級。十三日，還與兩平章會，擊石山、上錦、黄峽、水碓、滑石等寨，擒一百三十一人，斬首七十四級。公與平章議，留兵守要害，而息大軍於嶺外。公之威聲久著，封部藉以少安矣。公之同爲帥者某人、某人，相繼或除，或代。數年之間，日夕軍務之勞，則惟公而已。行省以公功言于朝者凡幾章，省臣列奏公功。天子爲遣使賜對衣、尚尊以勞之。所奏立功者大小凡幾人，命官有差。仍命其子妥因佩金虎符，襲處州萬户，鎮撫州。行御史臺，用監察御史伯顔、甄囊加歹等。本道憲使郭某，副使某，僉事某某，上公實蹟凡幾章，達于朝，而朝廷信之，所部宜之。譬諸嬰兒飢飽、疾病，未可以去其父母，是以勉留之，而未亟遷也。

夫山川險要之利害，幽阻深僻，其人昔得爲保障，今怙以作亂者，形勢之所繫也。以蠻夷攻蠻夷，古之道也。藉撞人以制猺，撞强而敗。假融欵以制撞，欵盛則又助叛者，此方略之所以存乎其人也。官兵至則寇散匿，漲潦侵則乘險出不測，此又天時之所致者也。公於其所經行，一水一石之委折，無不密識之。開轅門以延見四方之士，無旦暮皆得通謁，無小大貴賤，皆得以輸其情。厚薄往來，曲盡其善。是以上下遠邇，如指諸掌。兵如烈火，玉石俱焚。重賞之下，首虜或濫。公則拳拳於被掠脅從之人而護之，歸軍簿論功，勢賄交患，一失其當，衆心解焉。公則屹然不移，惟是之用，所部歲當遷補擬注者，常數百人，皆當其任，而無所私。歲用糧三十餘萬石，而不徒費。此皆古昔良將之能事，而公優爲之，是以能致勝而持久也。初廣右之師老，益以笞剌罕之兵，勇悍驍疾，所至多克。稍失其馭，不無傷殘。則欲請於上，立部伍，定爵秩，嚴法令，明紀律，以當險要之衝焉。慶遠深入南丹，荒阻而延袤，有罪亡命之徒，潰散未絶之寇，日增月益，萃爲淵藪。又欲置官府，連營於其間以戍之，使不得動作。文書屢上，朝廷必將信用之，爲無窮之利便者，其在此矣。予與公有一日之雅，以予嘗忝國史也，數録其功多之目以相示。集歷觀國初之位置，中間之因循，今日之攻守，使後來有所規隨，故爲作《平傜記》。至正元年五月甲子，前史官虞集記。

題吴氏春暉堂記

道家之宫，有曰會仙者，在龍沙之上，得兼而名之曰「龍沙會仙宫」。宫之道士吴明德，豫章人，幼學道於西山，復其宫於既燬。宫有別室，甚幽邃，謂之「白雲深處」。明德喪其父雲卿，奉其母居之，謂之「春暉堂」。真定鄉貢進士范淳既爲之記，而又求余言焉。問之明德，❶其宫蓋與秋屏閣爲隣？余聞曾南豐先生曰：「閣之下百步爲龍沙，沙之涯爲漳水，水之西涯横出爲西山，江西之勝處也。江西之登臨，無不見西山，而閣獨得其正面焉。閣之所見，不止於西山，凡龍沙、漳水，水涯之陸陵，人家園林之屬于山者，莫不見焉。」蓋再三往游而樂之不忍去。又欲奉其親以居，而欲親之樂其樂也。後南豐兄弟皆爲大官，南豐自倅越守齊、守襄、守洪、守福、守明、守亳、守滄，皆天下勝處。常奉母以往來，未必不至洪矣。而獨眷眷於龍沙如此，而卒不能使

❶「問」，原作「間」，據《四部備要》本改。

其親之常居於此，而如其願也。今明德何脩，而能安其親於高堂，以久其親之樂乎？以南豐之不能得，而明德能得之，此余之所深慨也。則余於斯堂也，能無寒泉之思乎？吾聞學仙者，煉氣以養神，煉神以養虛。餘陰不存，純陽粹明，熙熙然其常春也，無四時之辨焉。是故雨露既濡，霜雪既降，候衣燠涼。視飲食寒暖之節，不無隨時而變者矣。使其親身安而心怡，不知歲月之久近，非學仙者殆不得此。明德其有聞於其師乎？是爲記。至正癸未，九月乙亥日，虞集記。

撫州臨汝書院復南湖記

臨川臨汝書院，在郡城西二里許。有匯澤曰南湖，延廣數百畝，受西北諸源之水，❶霖雨不溢，旱乾可瀦。其流南出，多所灌漑，而後與郡城衆流會焉。蓋屬縣樂安、崇仁、宜黄之水，皆至於郡城之南，❷與所謂臨水、汝水，俱合於盱江之水，而東北行。❸城去郡城殊遠，雖抑之趨近，卒不可得也。城郭之間，峰嶺膠葛，地勢回薄。❹自官府、民居、祠廟、閭巷，因其高下，無有虛曠。風氣隘互，❺疏通委折，則渠溝之流注而已矣。是以無以宣其堙鬱，去其壅底，以來爽塏而至清通焉。則南湖之納於郡人之休養生息，蓋有所繫焉。書院雖以臨汝名，實主於茲湖也。考諸舊誌，容其進而莫之敢堙者

❶「西北」，類稿本作「東南」。
❷「南」，類稿本作「西」。
❸「而東北」，類稿本作「北」。
❹「回」，類稿本作「鹵」。
❺「隘」，類稿本作「盤」。

舊已。故宋天聖中，修唐故事，郡置放生池，時守臣太常博士朱公正辭用詔書，即此湖爲放生之地。❶其説曰：「使魚鳥草木各遂其性，以祝人君千萬壽云。」是以有司謹治之，盛觀善與民皆者也。❷曾子固諸人皆嘗賦焉，非直道其遊觀之美而已也。及乎宋晚，儒士之在庠序，尚進士業而務爲禄仕，學道之君子有憂之。是以常平使者都昌馮公去疾即湖爲堂，率學者以從事乎爲己之學，書堂祠朱文公，而尊信服行其説焉。而兹湖也，遂爲風雩詠歸之地，郡人士耆艾童冠之至於斯也，相觀而善。是以徽菴程君以考亭之學，從郡守部使者之請，來爲之師。游其門而甚知名者，故司徒楚國程文憲公鉅夫、故翰林學士吴文正公澄其人也。蓋書院始於淳祐戊申，未三十年而内附。國朝崇尚學校，建官立師，士之效學於斯者，無敢慢焉。又數十年，而執事者弗虔，浸爲旁近堙塹殖利，鳶飛魚躍之高深，溷以汙萊之變易；川詠雲飛之閒適，限以畦町之縱横。吏民失及時之樂，士子興茅塞之歎，彼獨何心哉？吾聞古之爲田者，方里而井，井九百畝。上有阡陌，下有溝洫。夫豈不知千畝之土，溝洫之浸，皆可稼穡乎？然而聖賢之相承，謹修其制，而不敢盡者，所以爲天道地利之當然而不可易，不然何待於後之盡利者之輕廢者乎？此又君子之所當究心者矣。是以仕於斯者，豈無慨然欲復其舊乎？蓋曰力有所不及

❶「地」，類稿本作「池」。

❷「盛」上，類稿本有「而郡人常以盛春出遊於斯，將以宣濯其昏滯，以禊祓其不祥。而守史亦將率其僚佐、賓客，暢其情而敘其樂焉，此太平之」四十七字。「皆」，類稿本作「諧樂」。

者而已。

至正辛巳，蜀人王君堅孫來爲照磨，覽其舊跡而歎焉。愛蓮之名徒在，而中通外直者何見？枕流之扁雖存，而有源之活水何注？語諸其寮知事夾谷立以告監郡倅貳，請按圖籍之舊而復之，莫不稱善。是時，山長張震盡力職事，租入無弊，廩膳有常。自禮殿、講堂、門廡、齋舍，久壞而弗修者，悉致其力而新完之。土田之久侵於人者，理而復之。方委曲咨勸，以承王君之志，❶而幕老亳人趙君雷澤寔來，❷克合其志。按得其實，即備徒役，具畚鍤，除損壞，❸完隄防。沛然而清流集，淵然而止水停。生植爲之光輝，飛動爲之欣悦。而郡將處州萬户邢侯惟明始作漱石之亭，以爲之勸。而放生、風雩、枕流，皆如其舊。自始役至於成功，朝夕程督者，録事司達魯花赤和尚與震也。既而太守洛陽楊公益始下車，登斯堂也，觀斯湖也，顧而喜曰：「天將使吾民沐浴聖化，而蘇息其凋瘵乎？春水方新，秋潦既盡，予得以與文武吏士，酌芳泉以胥慶，詠太平於無涯，有不在於斯者乎？」郡幕三君，皆歷仕憲府，而至是以得時錯之宜者。以予既老，而僑於斯土也，命震率其訓導虞登，而以其府公之命，來求爲記云。❹

❶「之」上，類稿本有「復湖」二字。
❷「老」，類稿本作「長」。
❸「損」，類稿本作「積」。
❹「云」下，類稿本有「監郡朝列大夫曲薛捏，太守嘉議大夫楊益，同知中順大夫亦憐真，治中宣武將軍周德林，判官昭信校尉張克明，推官承德郎李德芳，經歷承事郎趙雷澤，知事登仕郎夾谷立，照磨王堅孫等立石」八十二字。

撫州路重修東嶽廟記

古者，諸侯祀其封内山川，蓋其形體之載，神氣之通，有感應之道焉。而方社之制，牲幣之數，品節之宜，致敬盡禮，以行其秩祀，不可加，不可誣也。今郡守受社稷人民之寄，與封國無異也。得祀其山川，春祈秋報，有水旱疵癘則禱之。揆之有其義，接之有其道。神人之間，豈有間哉？撫州有東嶽之廟，其來久矣。邈乎南邦，而泰山之雲，蓋有瞻望而弗及者。而精神流通，何所不至。則立廟貌，薦腥血，有其舉之莫敢廢也，又從而新美之，其出於憂民之意乎？夫天地，一生物之心而已。分四方而論之，東則主生。嶽也者，地之高，而山之尊者也。推其盛而及之，是以有此乎。廟舊記曰：「子城之東，有高阜林木，怪異時見，人用弗寧，廟始作焉，以勝之也。」古之聖王，鑄鼎象物。使民入山林，不逢不若。則此祠之立，其亦可哉？臨川之俗，衢巷鬼神之祠，與民居相雜，大夫君子宜有以大正之。是以存其可者，以示其不可者，則亦可矣。

至正二年三月，監郡曲薛捏，同知郡事亦憐真，治中周德林，判官張克明，推官于公説、李德芳，以時有事於廟，而屋室圮壞，於揭虔爲弗稱。五月，洛陽楊侯益來守是邦。同寅協和，郡以無事。於是，郡經歷趙雷澤，知事夾谷立，照磨王堅孫，相與言曰：「人心之所向，神明之所萃也。斯廟也，其有庇民之功乎。民以爲可以庇己，而有司弗加葺，則非郡人之意也。」上謀於府公，而府公從之；下暴於閭里之民，而民應之。三君者各出月俸，以爲之先。城居之有力者，争相施與，屬邑之人聞之，率其賦以助。郡録事之長曰和尚，居近于廟，有幹材，以是役屬之。出納必謹，朝夕必勤。材必美，工必良，未朞月而告備。上棟下宇，故弊咸革。丹青黯晦，一變炳耀。像肖之設，獰威惠慈，各當其狀，禍福驚動，稽首畏服。牲蔵醴幣，遠近狎至。其民以爲爲政者之撫己如此。噫！幽明一理也。禮樂具於此，休咎徵於彼，受斯民而牧之，其可以苟乎哉？明年十月己未，聖天子見帝于郊，升配太祖。詔書宣布，恩澤滂沛，山川神明之祀，居其一焉。郡守以下稽祀典，具牲殺、器皿、冠服，執事屬吏咸在。升降俯仰，衆樂並作，迎休導和，以稱明詔。千里之内，耄倪感嘆而言曰：「幸哉！先事而廟成，不然其何以答今日之盛哉？」❶時和歲豐，安土樂業，仰事俯畜，奉公上之供。上以知帝力之我加，次以見官政之我惠。當與神明之祀，相爲無窮，豈不盛哉？予方東遊匡廬，道過郡，趙君以爲言。至西山之麓，又使人速之，故爲之書。是歲之十二月三日也。

趙氏義齋記

愚聞之，君子之爲義也，爲之自我者當如是，則爲之盡乎己而已矣，無所與乎外也。蓋其大原本乎秉彝之實，隨感而見其端焉。知其爲義也，則擴而充之，而究極其至。豈曰假之而非有，襲之以爲名者哉？是故察之於至微，辨之精而不爲客氣之雜

❶「答」，原作「谷」，據蜀本改。

也；決之以至健，行之力而不撓於外物之誘也。以之事天，以之事親，其原同也；以之事君，以之悌兄，其分明也。行之於閨門，而妻子化之；施之諸昆弟，而家庭和之。以之治人，而人無不通；以之理物，而物無不順。如此者，其爲義之極功乎。其孑孑於一事之末者，辟諸潢汙不出於有原，則不日而竭矣。是以君子貴乎知本也。

亳之君子，有居溧水之上者曰趙君明之，扁其居曰「義齋」。其齋居也，攷諸義者，固已詳且密哉。蓋聞明之夙喪其親也，有三弟焉。長者方髫齓，幼者猶襁褓。凡所懷其幼而待其長，望其壯而勖其成，無所不用其至焉。及其授室也，其夫人經營有方，率循無怠，慈惠而習禮，親戚善之，君子美之。既而分田與三弟，三弟者辭不肯受，涕泣而言曰：「微伯氏，無以至今日，何忍別蓄私有乎？」明之曰：「此先人之業也，受而耕之。以奉公上之供，以長子老孫，則先君之志也，其勿辭。」三弟者固讓而不可得，則各以百畝爲伯氏壽。明之曰：「吾亦不敢過爲虛文，無以成吾弟辭讓之志，別爲之儲以待，可也。」一家之間，忠厚友弟之風有如此者，不亦善夫？歲侵，明之出其餘以給不足，飢者與之以食，病者捄之以藥，殣者送之以藏，孤貧不能嫁娶者有以助其成，鬥爭不能平者喻之以理而化。年且五十，以行義稱。臺府、郡國，累辟交薦，一無所受。詠詩讀書，與良朋居。善教其子，至於能仕，御史部使者用之，方伯連率進之，清慎明敏，有譽於時。而明之至于今，欣欣然樂其壽康。或曰：「此其行義之効云。」

明之之子雷澤，長幕府於臨川，及門者

以予所聞而問之，曰：「信。」則又曰：「義之爲義也，大矣。安得一言以爲吾親悦之？」乃爲之言曰：仁義禮知之爲德，行之人倫日用之間而已矣。自道學不明，以憂人之憂，急人之急，排難解紛、忘己循物以爲義者，蓋不知此道也。明之自壯至老，垂數十年。其見諸家庭者如此，豈以外爲義者乎？今夫隱居以行義，明之既得之矣。推之以及人，使無一事之不合其宜，無一物而不當其義，則有待於後之人，學以優仕者乎？

浩然樓記

臨川郡幕長趙君師舜，爲其表兄周世珍伯仲，求予記其所謂浩然樓者，予久而未有以爲言也。而其請，至於五六而不倦。師舜於其中表弟兄，思所以激昂而發揮之，其情不亦厚乎？乃爲之言曰：求之書傳，得孟子之言浩然者二：其一，則將去齊，而謂其歸志之言也。其一，則爲門弟子言，言養其氣而至於浩然者也。世珍兄弟方盛年，未爲禄仕也，未有遠遊也，其不出於歸志必矣。昔其先君從宦於閩，早歸乎鍾阜、勾曲之麓，豈識其先志？則予嘗已書諸其墓矣。今夫海内宴安，金陵爲東南之勝，才智之士懷藝抱器而待用焉。則登高望遠，俯仰今古。論説形勢成敗之蹟、人物臧否之異。四方遊士爲之賓客，浮大白以迎長風，發長歌以送皓月，而世之所謂浩然有如此者，豈不去流俗千百十一哉？

然予觀子之樓，有浩然之題，而竊有慨於予衷者矣。❶ 始予之壯也，父名之，師教

❶「慨」，原作「概」，據蜀本改。

之，名之曰集，而字之曰生。蓋孟子之言曰：「是氣也，是集義所生，非義襲而取之也。」義也者，萬事萬物之當，而無有不善者也。集之者，辨於善惡義利之幾，愼諸應事接物之際，日出而作，日入而息，不敢有一時之間也。幼而學之，壯而行之，不敢有一事之失也。於是退自省焉，酧酢萬變，無有不中。反求諸心，無所虧欠。故曰：「非義襲而取之也。」及其久也，庶幾所謂浩然者生焉。嗟夫！僕之愚陋不敏，奉遺訓于兹，五十有餘年。戰戰兢兢，而未有充乎父師之意，是以覩斯樓之名，而重有慨焉。夫將有告於人，不以其素所尊信而親切者告之，則於予心有所未盡也。或以爲迂闊於事，亦所不辭矣。是爲記。

環碧樓記

古之爲民者，士最貴，次莫重於務農。士君子竭力躬稼，以奉其親，則務農之事。誦詩讀書，以脩己而治人，則士之事。舍此無所用其力焉。此古人之道，而後賢莫之能違者。今布衣韋帶而居者，不足於奉養，則文史之業，或有所不暇。畎畝之外，掇拾錙銖，攙刻機智，生息可以饒足，而君子之行慊然。此賢哲之所憂，而近世之往往陷溺者。吾從女之夫周維翰獨不然，謹禮義之大閑，脩愛敬之恆節。以事其父母兄長，以育其妻子，斯可謂之士矣。而屋廬之外，皆田園池沼。治生之具，取給於是。穀粟絲枲，飲食服用，無妄費，無巧取。公上之供無缺，鄰里之好無間，所謂士之農者，其庶幾乎。至順庚午，鄉里告饑，人不安其居。維翰仰事俯育，靡有遺失。濟饑賑乏，樂施不倦。猶能稍存餘力，成樓居以奉親讀書，名之曰「環碧」，求予爲記之。久不暇執筆，問其所以命名。則曰：「其樓據平曠之野，四外奇峰秀嶺皆在几席，而黄仙岩之水，紆徐曲折十四五里，環注樓之前後，是以名也。」予乃爲之言曰：爲學治生之道貴精敏，而不貴急迫；尚寬衍，而不取涣慢。登斯樓也，觀乎山水之勝，可以成其業焉。近世縉紳先生有云：二事不偏廢，爲傳家之永圖。其在此乎？

道園學古録卷之三十八

道園學古録卷之三十九　歸田稿十三

雍虞集伯生

説

海樵説

幹君克莊謂余曰：「人樵於山，我樵於海。山有木，樵則取之。海無木，而我樵之者，俟於海濱，有浮槎斷梗，至乎吾前者取之。不至乎吾前者，吾漠然與之相忘也，故自命曰海樵。子素知我，願申其説以示乎人焉。」予乃爲之言曰：自生民以熟食爲養，而樵之功爲大，皆不可一日而缺者也。《易》之象，木巽火爲鼎。鼎者，烹飪之器。風自火出爲家人，風亦木也。有木以傳火而爨炊焉，則可聚人以爲家。蓋言非木不可以熟食，非樵不可以得木云耳。木出地而高升，因山而漸進，其生不可禦也，故不勝用焉。其浮于澤者則爲舟。舟則成器，而不可毁者也。木在山下曰蠱。蠱，壞也。取其材不可以他用，薪之可也。下於澤，則過而見滅也。海，澤之大者也。子欲於此而求一日不可無之物於不可必得之地，不幾於迂乎？雖然，請試言之。黍、稷、稻、粱，生乎田疇，而農夫或不得於一食。犀、象、珠、玉，不生於中國，而府藏充斥焉。然則有者未必皆得，無者未必不可得也。是故君子以爲求之有道，得之有命。無妄意於期必，而任運於自然，則樵於海，庸何傷乎？是故己之所當得者，己不可以去之，人不可以奪之。其不可以得者，竭其思慮，盡其智力，終不足以得之。其有盡心力而得之者，亦得其所當得者而已。君子知之，是以其心休休如也。然而，衆人得其所得，足以給己而已。君子而得其得，❶天下後世莫不賴焉。天地生一時之材以足一時之用，生一時之人以成天地之功。時未至而强於有爲，則扞格勉强，而無以成其能。時至而不能有所爲，則負天地之托，觖生民之望，則亦何取於有得哉？《易》曰：「公用射隼於高墉之上。」其傳曰：「君子藏器於身，以待時也。」子立乎浩蕩之虚，茫洋之表，不可必得者，忽然而得之，指窮於爲薪而已乎大烹，以養賢推之，使天下皆得其養，孰非樵之事乎？是爲《海樵説》。

孟宗魯字説

昔周公封於魯，周禮盡在焉。同姓之國宗之，見諸傳者，滕文公謂宗國魯先君是也。仲尼生於魯，其周游於天下而反魯，删《詩》、定《書》、係《周易》、作《春秋》，天下學者宗之。於是，伏羲、神農、黄帝、堯、舜、禹、湯、文、武之傳，盡在於是。然則豈唯當時同姓之國宗之，天下蓋莫不宗之。豈唯天下學者宗之，亘萬世之人莫不宗之。噫！天下萬世宗之，而莫能繼其宗。韓子曰：「周公傳之孔子，孔子傳之孟子。」其言出於卓見，而萬世不易者也。蓋仲尼之學，唯顔氏、曾氏得之。顔氏先仲尼殁，曾氏再

❶「其得」，類稿本作「其時」。

傳而得孟子。擬諸天子諸侯之族，則百世不遷之宗在是矣。是故天下萬世皆宗魯，而承周公、仲尼之宗者，惟孟子足以當之。前進士爕理溥化爲余言：鄒人孟君道源，魯公族孟孫之後，孟子之裔孫也，其字曰宗魯。年四十餘，魁梧奇偉，氣禀忠梗，不肯自安於流俗。觀其置名立字之意，所負蓋不苟也，爲求宗魯之説焉，故予得以陳其説如此。然而所説者，孟氏所以得周公、仲尼之宗，天下後世所以仰瞻乎魯而共宗者，未及謂道源言也，今請申言之。孟氏之學，在於辨義利，求放心，集義養氣。伊洛之承其宗者，其言具在方册，歸求而致其力焉，則真爲能宗魯者矣。

平心説

吴澄叔，盱之丹士也，求書「平心」二字。既從而書之，而又求爲之説。以余所聞：心之本體，虚靈不昧，無平無不平者。其有待於平者，血氣之知覺也。然人能湛其氣之本，使其發不得有所放軼縱肆，以安行其當然，則平心亦可言也，亦治身之要也。陳太丘所謂平心率物，亦謂平其氣耳。醫家亦謂心不受病，故無真心病，其病者心包絡耳，真心病則死矣。此言良足以相發明也。澄叔有丹術，請申問焉。所謂方員徑寸，混而相拘，先天地生，❶巍巍尊高者，何所擬象乎？所謂原本隱明，内照形軀

❶「天」，原作「大」，據類稿本、四庫本改。

者，何事乎？所謂上下兩弦，卯酉沐浴，非平之謂乎。

新喻蕭淮仲乂字説

蕭淮取淮沂其乂之乂，字仲乂。其從父適之求予爲之説，無以爲説也。然予北游，嘗過江淮之間，廣斥何啻千里。海濱魚塩之利，足備國用。汙澤之瀦，衍隰之接，採拾漁弋，足以爲食。歲有漲淤之積，無待於糞，蓋沃土也。而民力地利殊未盡。漢以來，屯田之舊，雖稍葺以贍軍事，其在民間者，鹵莽甚矣。麥苗之地，一鋤而種之，明年晴雨如期，則狼戾可以及衆。不捍水勢，則束手待斃散去而已。其敝在於無溝洫以時蓄泄，無隄防以衞衝冒。畊之不深，耨之不易，是以北不如齊、魯桑蚕之饒，南不及吳、楚秔稻之富，非地之罪也。予於是有感於取乂之説焉。予欲淮之觀乎淮之爲地，而致其治之之功也。蕭氏正肅公，世家七八世，二百餘年，族姓相望，文物不墜。淮也之所因藉，如其爲地之廣厚矣。居養之資，如其産物之博矣。詩書文藝之學，其溝洫也。父兄師友之教，其隄防也。至深畊易耨，發斂以時，則在子矣。嘉穀之有秋，皆自乂始。是爲仲乂説。

劉瓊彦温字説

太和劉彦温，名瓊。温，玉之德也，故以爲字，而求予申其義焉。予昔年在京師，聞極西之國，有獻其玉于朝者，使玉工視之。還報曰：「此真玉也。」緼之以纊，火弗能焦；浸之寒泉，冬不能冰，則其真也。不然，則石之似而已矣。君子曰：工之言奇，而未知尚德之說也。石之似玉者，不曰白乎，光芒之璀璨，圭角之廉厲，非所謂白也。不曰堅乎，頑确而不化，琢磨無所施，非所謂堅也。《詩》曰：「温其如玉。」温也者，豈非玉德之盛者乎？是故，以之而禮神，則爲圭、爲璧，爲琮、爲琥，爲璋、爲瓚，爲瑚璉，爲鼎彝；君子服之，爲弁、爲旒，爲環、爲玦，其用莫貴焉。其輕浮而虛躁，則不足以爲用；硜殺而闇抑，則不足以爲聲。是以温之爲貴也。善學者取則焉，動不敢有躁妄也，言不敢有匆忽也，氣不敢有忿暴也，聲不敢磯激也。退而自治其心，如臨師保，必有懲窒，惟恐其放佚顛倒。至於不火而熱，不冰而寒，則岌乎其危矣。是以温之言其真玉也哉！

鄧漢傑改漢淳字說

臨川吴先生曰：「鄧顯宗吏郡縣百十月，遇事別可否，重然諾。敏職而守法，慎行而敬身，卓然完美，未嘗罣一事之責。自國朝設科取士，已入官者，或不自廉慎，趍學世態，名敗身辱。萬一幸不敗，君子之耻多矣，是皆有愧於顯宗者也。」先生既歿，予嘗識其書後以勉之，大人君子之相許如是。子之來日方長，仕途方開，非十倍千倍加勉焉不可也。然「顯宗」二字，同漢明帝廟號。自此至今，有襲用之者，殆不可以爲名也。且其字曰漢傑，於君子歉然不自足之意，不亦缺乎？宜更曰宗顯，字漢淳。夫顯者，光明盛大之極也。内必有其實，而後外有其光，故曰篤實而光輝也。先正司馬文正公，其名從火從人，而字曰實。朱文公其名，從喜從火，而字曰晦。先哲之所爲如此，其可不則而効之乎？顔何人哉？睎之則是，勿謂擬非其倫，後學者必効先覺之所爲，固其務矣。然則，子欲子之宗必顯乎？鄧宗之顯，莫顯於漢大司馬高密侯，子之遠祖宗家大人也。史臣論其所以致勳名若是其盛者，本於内行淳備。淳有厚而不雜之義焉，備有周而無缺之義焉。而該之以内行者，蓋當反而内求，無所事乎外者。臨川先生許之也重，則教之也深。必於宗家之學，致力於内行，澆風薄俗將爲之移。天之報之者，豈特爵禄之顯而已哉？以淳得顯，其理灼然無疑矣。宗顯舊名在仕牒，選補之日，以是言諸官府而更之。若以淳之字爲可，朋友自此祝而勖之可也。

趙孟昌以順字説

浚儀趙孟昌以順，其父命其名與字久矣，他日請爲之説焉。順德者昌，其有取於三老董公之言乎？吾聞順其德也，昌其効也。德進則效斯進矣，乃爲説順之義云。順也者，子道也。傳曰：「不順乎親，不可以爲子。」而順之爲道，非直阿徇曲從之謂也。順乎理而無違，斯可以爲順已。故又曰：「順乎親有道，反諸身不誠，不順乎親矣。」誠，實也，無妄也。人之所以事天者此也，子之所以事親者此也。是故不順乎理者，皆妄也。所謂理者，何也？仁、義、禮、智之所以爲德，君臣、父子、夫婦、長幼、朋友之所以爲倫者也。不聞良師友之言，則無以開其端而啓其識；不得於聖經賢傳之旨，則無以致其力而造其成。是故明乎理，而無敢違之。無敢違之者，所以爲順也。無違，則無妄矣。無違無妄，❶則德之所致，安有不昌大者乎？記禮者曰：「嚴威儼恪，非所以事親。」先儒謂有諍者，雖所執皆是，猶爲不順，此又所以行乎順之節也。其要在於順乎理，則無所不順矣。以者能左右之謂也，夫如是，故可謂之以順，于今清門可不務乎。

趙孟誠以信字説❷

浚儀趙孟誠以信，其父亦名而字之久矣，他日亦求其字之説焉。誠難言也，而信，亦未易言也。周子曰：「誠，五常之本。」而信則五常之一焉。夫誠者惟天，惟聖人能盡之。《詩》曰：「維天之命，於穆不已。於乎不顯，文王之德之純。」天與聖人之所以爲誠者如此。然而一言有一言之誠，一事有一事之誠，學者可以致力焉。子思、孟子之相傳曰「誠之」，曰「思誠」，皆人之所以希乎天也。古之爲學者，學此而已。而世之不講者多矣。而姻親之間，有以此命其子者，予安得不爲略言之乎？夫信也者，先儒以以實釋之。傳所謂「主忠信」，所謂「言忠信」，皆求誠之之方也。孟子所謂「有諸己之謂信」。而漆雕開之答孔子曰：「吾斯之未能信。」此皆學者用力於此，而反求諸己，而有以知其至不至者也。是故誠難言也，而知以信者，其亦善學者乎？昔先正君子有教其門人以誠者，學者請曰：

❶「違」，原作「達」，據類稿本、四庫本改。

❷「説」，原作「誠」，今據四庫本改。

「誠自何入？」曰：「自不妄語入。」此雖未爲論誠之究極，而不妄語，則以信之一端也。以信之道，自不妄語推之，察之於方動之幾，謹之以行事之際，而一一皆求其所謂不妄者焉，則庶幾矣。

易晉用昭説

易晉，字用昭。蓋取《周易》晉傳之辭，所謂「自昭明德」者也。其父景原甫，求予爲之説。予嘗聞之，心之本體，虚靈不昧，未有不明者也。然而人品不齊，則其爲明者，不無大小通塞之異矣。明睿所照者，聖賢之所謂通而大者也。考索而知者，衆人之所以塞而小也。故善爲學者，求爲通者大者，而不願爲塞者小者。庶乎其本然之明，無有不盡者矣。是故，能盡其明者，然後能用其明。不能盡其明者，則不能用其明矣。其善用者，出於大公至正，則謂之明。所以用之者，如天地之大，日月之照矣。不善用者，用之於私意小志，則其所用者察察耳，非明也。譬諸舉管以窺天，鑿牖以爲室。其爲用也，亦狹矣。況乎察之愈失，而明愈背者乎？是故，欲知夫此者，學而辨之可也。試嘗即其知覺之動而求之，原夫性命之正者，擴而充之，則聖賢之明，可得而用矣。其出於形氣之私者，則克而治之，然後無所事乎考索，而所謂私意小智者，亦不復行乎其間矣。且晉之爲象，日之出乎地上，而用乎明之時也。亦知夫有不用其明之時乎？不用其明者，日在地中之時也，非無明也。不用其明也，必有静也，而後有以啓其動。必有晦也，而後可以生其明。晉也，果欲用其昭乎？勿表暴，勿浮躁，勿淺露。沈潛乎不睹不聞之地，謹畏乎闇室屋漏之中。有以存養之久，篤實之至。自此而用其明，明何可禦哉？雖然，難矣。未易言也，未易能也。予姑誦所聞，有志於昭昭者，試以此求之。

易至善字説

至善者，極粹精純美以爲言者也。❶維天之命，人受以生。有不可以名物，而擬諸形容，則贊而稱之，謂之至善。其言「止於至善」者，如曰人而能盡天之道，則極其至，而無所他之者也。斯善也，非與惡對待，而分别其是非、大小、消長、進退，而有福祥殃禍之徵也。學聖賢者，其自治也，至乎此而盡其極；施諸凡民者，其治之也，亦必至乎此而盡其極。以學聖賢者而視凡民，則不一矣。然而皆欲其止於至善者，其原諸天者一本，得諸己者均有，是以必可同至乎極而無疑也。易景原幼子，元名明德，而字之曰至善，後改名升，而字弗改。景原求至善之説焉，或曰：「以至善字其幼子，不以泰乎？」噫！學聖賢者，猶以此而望諸凡民，爲人父者，豈可不以此而望諸其子乎？雖然，無孔子之教，則己之德不知所以明；無堯、舜之治，則民之德不可得而新。求所以明之、新之者且不可得，何以止於至善乎？曾子所傳之經，千五百年，而程子表之，以授學者。朱子歷取師説，折衷補正定録，以爲成言，家傳而人誦之矣。況吾鄉大儒縉紳先生發揮尤切，其去世未遠。緒言之存，有可質問而從事焉。愚不敢以一言概

❶「粹」，原作「梓」，據類稿本、四庫本改。

之也。

書

答方仲約論春秋書

新春得歲晚所惠書，審履候清勝，深用欣懌。余兄每歸，必誦閤下所以爲教者，精神振躍，自謂得之麟經之學。遂爾西行，甚感甚喜。但喻及學《春秋》之説，似專主進取，❶而不及窮經爲己之意，區區未之敢知也。《春秋》，聖人手筆，所謂性命之書。彼泥胡傳，以爲能舍四傳以爲高者，此其人且不知學，烏取以語《春秋》耶？朝廷設科取士，正求實學。今徒以施平日之談論，固已非所謂經學。及用之場屋，又別爲一説，不亦末之又末者乎？科舉定制，雖嘗舉四傳之目，然有真學者即所出題，據四傳之言辨其是非，與聖人之意合與不合，以己所得而折中之，以見其所學。豈非明有司願得復於上者哉？大抵區區之意，切先要知聖人旨意，得其説者，可以措諸行事而無疑。應舉之時，直以所學言之。有司識不識，科舉得不得，則付之義命，庶不愧《春秋》之萬一也。託斯文之契甚深，又辱下問，不覺拙直。唯故人念之，更有以見教焉。

答張率性書

集今年三月，始得去秋陳貳憲令嗣轉

❶「主」，類稿本作「於」。

致許益之先生門人所撰行狀，及其孤所致幣。猥以集嘗執筆國史，儗諸史遷，使有所序述。世之以功名自任者易爲言，而德性道學之淵微，有非文史卜祝者之所能知也。僕與許先生年相若。而僕早忝薄禄，不能如許先生山林之日長。曾無一日之雅，徒想象其風，致其起敬。至其門人，頗見一二，問其授受之要，多所未解。及求所著之書，但略見其《詩集傳名物抄》，而愚陋又不足以盡知其爲學之所至也。是以逡巡久之，欲答諸賢之書，而不知其字，無以達鄙見，敢與率性言之。昔子程子没，叔子爲行狀。張子没，吕與叔爲行狀。表伯子之墓者，文潞公。表張子之墓者，吕門下也。是皆大臣，一言以定國是，非常人之詞。而吕公之言曰：「不敢讓。」知知，則不敢讓也。知有所未盡，安得不讓乎？朱子作延平先生行狀，而延平墓銘未聞。黄直卿、李方子作朱子行狀年譜，而朱子之墓銘未見。豈非門人之言，足以盡其師之道，可傳信於後世，而無待於他人之言乎？今益之之事，既見於諸門人之所序述，何取於不知之瞽史也？以此觀之，諸名公知先生，而舉之者甚衆，安知無文、吕其人之可求？而僕非其人也。禮幣二，敢因率性復之，而行狀所述，多所未諭。數月之間，嘗與友生門人細讀而詳閲，終莫得其統緒之會歸，以觀其成德之始終，輒亦别録而疏其下，未敢即達。或諸賢不吝賜教，當縷陳以請，則雖不作銘，亦可辨爲學之體要矣。舊歲作臨川先生行狀一通，輒此寄上。狀中言有《四書叢説》，固略無所聞，而所足成金先生之書，亦未嘗見。又聞柳道傳太常已爲許先生作得文字，刻本已傳。如集老病山林，亦莫克見。因率性得一見之，甚妙。師道立，則善人多，許先生何可得哉？鄉風不勝感慨，相望千里，彼此得以考德問業，幸甚！

答劉桂隱書

伏承遠賜手書，陳古今文學之原委，千百年如指諸掌。此足以見閤下不以鄉里古今而爲界限，博觀乎天地宇宙之間，知其有不可泯者，可謂知言者之爲言也。然引喻過當，非集所敢當，惟有皇恐。閤下以英偉之氣，不肯小出以徇世好，卓然如靈光之在魯。風雲變遷，而三光不爲之蔽虧；潢污載道，而大陸不爲之昏墊。霜降水涸，而松柏後凋；沙礫汰除，而黄金獨耀。區區蚤持不足之資以應世，退而益以衰老。求如公以伏生之年，教授齊、魯不輟，何可望其萬一也？所賜之書，驟而讀之，如雷雨既盈，千源並合；大江安流，不見涯涘；萬斛之舟，寶藏充溢；旗旄在前，簫鼓在後；賓客在列，雅歌投壺；浪波魚龍，百態異狀；形勝古迹，過目如電。快哉！快哉！是故佔畢之小子，迷瞀之有司，固無足知之，蓋不足怪也。高文大册，俾敘其説，不亦難乎？姑述謏聞，以達於大方家之側，多見其不知量矣。知之罪之，一惟所命。令嗣純厚，不隨流俗，恬然以隱居奉親爲樂，蓋今世之所難得者。集目疾之外，尚無他故。或得一執手於清江之上，豈不幸甚？當暑治答，不能詳好。伏惟鑒念不宣。集頓首再拜。

題　跋

跋濟寧李璋所刻九經四書

承直郎松江府上海縣尹李君璋，以廣東元帥宣慰王公都中書，訪集於臨川山中而相告曰：「世家濟寧之鉅野，去夫子闕里二百里而近。先大父謙齋翁，始就外傳，時出游孔林而學焉。是時干戈未寧，六經板本中原絶少，學者皆自抄寫以成書。其後朱子《論語孟子集註》《大學中庸章句》，傳至北方，學者傳授，板本至者尚寡，猶不能無事手録。及至元混一，東南書頗易致，而闕里無專本，欲刻梓焉。意將省筆札之勞，以富涵泳之日，未及如志，年九十五而卒。家君守永嘉之瑞安，蓋甚欲爲之而未克就，璋也從事江右憲幕，辟淛闔掾，得學製錦於海濱。秩滿少間，請於家君，願成大父之志。《易》《詩》《書》《禮》先就。既以北還，❶而《春秋左氏傳》及朱子四書，重至江右而後克成。四書板加厚，字加大，命子某謹繕寫不敢忽。猶慮北方風高，木善裂，取生漆加布其四端，歸諸孔廟之下，俾久於模印而無壞。願書其事。」諸經板凡若干，四書板凡若干。其大父諱從道，其父名某云。昔漢建寧中，命諸儒刊正六經，去其穿鑿謬誤，刻石東都大學門外。一時觀視摹寫者車日數千兩。甚矣，學者之好之也如此。偉哉！東魯自有李氏所刻書，以應四方之來求，將何愧於東都乎？烏乎！秦滅經

❶「北」，原作「此」，據類稿本、四庫本改。

籍，内聖外王之道，蓋以微矣。賴漢儒掇拾於散亂煨燼之餘，師生授受，蓋千有餘年，而後有周子、二程子、張子、邵子，以至於朱子出。聖賢之學，始大復明於世。若夫四書者，實道統之傳，入德之要，學者由是而學焉，則諸經可得而治矣。昔在世祖皇帝時，先正許文正公得朱子四書之説於江漢先生趙氏。深潛玩味，而得其旨。以之致君澤民，以之私淑諸人。而朱氏諸書定爲國是，學者尊信，無敢疑貳。其於天理民彝，誠非小補。所以繼絶學，開來世，文不在兹乎！有得是書而誦之者，庶幾盡心焉。豈惟李氏之望？蓋亦儒先君子之意云爾。

黄勉子勖説❶

亹亹、孟、敦、勖、釗、茂、紹、勔、勉，❷《爾雅》曰：皆勉之義也。子勖名勉，字勖，其義固同矣。懋哉懋哉，皋陶之所以勸禹者，在禹必有所勉之事。亹亹文王，文王之所以亹亹者，亦必有文王之事矣。在大聖人無待於勉，而猶有懋懋、亹亹之工，而況於學者乎？然而爲禹與文王者，❸頌詩讀書，而有以知其心之所存、道之所傳，則亦有用力之地乎？子勖之冠而字也數年矣，得於父兄之所屬者至矣。❹集何以爲子

❶「勖」下，類稿本有「字」字。
❷「紹」，類稿本作「劭」。
❸「王」，原作「學」，據類稿本改。
❹「兄」下，類稿本有「師友」二字。

勖言哉？子勖用志不雜，脩學不輟，真有勉勉之意焉。蓋勖與勉之爲言，皆用力加進，不以已得爲足，而畫於所至之地而已。是故必有其事，而後勉有所施。語曰：「百工居肆以成其事，君子學以致其道。」彼梓匠輪輿，陶冶追琢，居其業以致其精，久其藝以造於成，非勉不能也。君子之所以勉者，其在於學乎？勉於學，致於道之謂也。先王之時，道德一而風俗同，師之所傳，弟子不敢易以忽之也。❶古之所授，後人不敢輕以變之也。❷周道既衰，異説並起，孔子出，而《易》《詩》《書》之教行。至於子思，已有失傳之憂，是以著爲成書，傳之後世，所謂「建諸三王而不悖，❸質諸鬼神而無疑」者也。異端並起，高妙宏遠專門訓詁之士，不足以勝之。於是，其間聰明近道之質，非不知勉勉以爲工，❹而所勉者，不必出於天理民彝之實，久假不歸，遂終其身而自以爲得之者多矣。亦可哀哉！濂洛諸儒出，而先聖之絶學興。於是，子思子所憂者，遂有所託，而生民之類，始知有所宗，而自反於天之所與也。然傳其説者未久，君子已歎其或悖於師，蓋其知或過之弊也。於是後賢辭而闢之，廓如已。學者由是而勉之，尚何他求乎？然後知子勖之父兄師友，誠有以命之矣。大抵學者欲勉而中輟者，始不能真信聖賢之言，而易爲他説之動揺。❺或執於一偏之固，而内無所自得之實，或迷於岐路而不識其差，或久無所發明而終於自棄。

❶「易以忽之」，類稿本作「妄有所易」。
❷「輕以變之」，類稿本作「妄有所變」。
❸「建」、「悖」，類稿本作「考」、「繆」。
❹「勉勉」，類稿本作「勉之」。
❺「易」，原作「湯」，據類稿本改。

是以無以盡其勉之道也歟？先賢之立言，蓋出其已成之學，審而後言者也。篤信力行，必當無差而有得矣。或行有不得，則反身而求之，必未有不通者。然後其所勉，必如射之中的，車之合轍，任重道遠，其在於兹乎？子勖姓黄氏，家臨川云。雍虞集書。

道園學古録卷之三十九

道園學古録卷之四十　歸田稿十四

雍虞集伯生

題跋

跋劉資深墨莊後

清江劉氏墨莊之説，具在方策，著乎當時，傳之後世，學士大夫喜稱道之。及新安朱子，爲静春氏作《墨莊記》，始有以啓學問之大原，以達其期望之先志。臨川吴子，爲公非氏之八世孫自得兄弟作《墨莊後記》，以農喻士，因田之有上、中、下，以喻學之品級，以終朱子之言焉。其所以爲墨莊者富矣，而自得又欲集識其後，集復何所言哉？然得王良爲之御而車弗駕也，終不能以適遠；扁鵲爲之醫而藥弗飲焉，終不足以已疾。先世之言，二公之記，紬繹而服力焉可也。請因田而申言之：墨莊之興，至于今三百年，不待代易而耕矣。高曾至于雲仍世守之，知夫地利之宜熟矣。浚之以忠厚之源，潤之以詩書之澤，其歲有所獲者，匪今斯今矣。二公猶田官然，示之以耒耜之利者，朱子之言也。别之以嘉穀稊稗之分者，吴子之言也。善爲田者，將爲嘉穀乎？將爲稊稗乎？勉於耒耜之利乎？將不勉乎？吾知其子孫之從事於斯莊也，菑焉，播焉，其有獲也必矣。必也如二公之説，得嘉穀而種之。則其爲實，可以衣被生民，非止一身一家之利而已。

題吴先生真樂堂記後

樂，發於情者也，有中節不中節之分，而無真僞之辨。蓋雖不中節之樂，亦由其情之所感，墨丁以爲樂，❶而不待於僞爲也。惟君子以理命氣，則其樂也無妄，乃可謂之真矣。讀吴先生爲劉天爵作《真樂堂記》，慨先生之不見，感其言之如新，故書其後而歸諸天爵云。

跋艾聖傳三絶碑後

集歸耕臨川山中，道至城府，問故家舊族於郡人。聞艾氏最久遠，願見其子孫而徵世德。旦日，道孫來謁，見故宋郡守徐公霖所題如松甫墓銘後，已著其五世矣。天曆己巳故翰林學士吴公所題，則八世、九世矣。何其盛哉？明日往謝之，道孫以集升其所謂中和之堂，見其五子、十孫、二曾孫，皆循循有禮度。其居中郡，前覽夷遠，後據崇固。在昔季宋，顯官貴人邸第相望，今無存者。而艾氏之居，則曾子宣故宅也，郡人推以爲最勝處。以時考之，紹興艾氏以舉鄉貢在此，則在子宣，蓋無幾時也。道孫又言，昔東偏樓，藏書萬卷。内附後多遺失，而子孫不敢忘學也。嗚呼！此又善保其世德者乎？鄙薄之夫，驟起倏仆者，觀乎此，亦有所感發已夫？

❶「墨丁」，類稿本、四庫本作「自」。

跋程文憲公遺墨詩集

楚國文憲公，早年以功臣子入見，即受世祖皇帝知遇，歷踐文字風憲清要之任。時游廟堂，裨贊國論，起家東南者，未能或之先也。故宋之將亡，士習卑陋，以時文相尚，病其陳腐，則以奇險相高，江西尤甚，識者病之。初内附時，公之在朝，以平易正大，振文風，作士氣。變險怪爲青天白日之舒徐，易腐爛爲名山大川之浩蕩。今代古文之盛，實自公倡之。公既去世，而使吾黨小子得以淺學末技，❶濫奏於空乏之餘，殆不勝其媿也。歸來山中，猶未得盡見其家集。公孫之來尉崇仁也，乃得公持節武昌時行部近縣，親書五十日所爲詩八十九首。伏而讀之，至于再三，❷不忍去手。見其冲澹悠遠，平易近民，古人作者之風，其可及哉！而公之爲政，不大聲色以爲厲，而嚴重崇高，隱然太山巖巖之勢，又豈硜硜悻悻者之所爲哉？相望纔三四十年，而風聲氣習，邈乎遼絶，敦厚之風猶可繼耶！敬書其後而歸之。

書范左司事後

按胡公之貶，在紹興十八年。范公之請祠，相去時不遠，其父猶在。至二十二年，則范公丁父憂，蓋不獨爲其母以身許人也。其行述，秦檜有「舜文但領取，侍從去何用」兩言之語，而行述乃書除兼給事中，

❶「末」，原作「未」，據類稿本、四庫本改。
❷「于」，原作「千」，據類稿本、四庫本改。

兼權樞密副使。則是既以從官登二府矣，檜何以有此言也？當時文臣少除樞密副使，又不知左司便可兼給事中否。檢正稱三省，亦所未曉。揭公史官也，必有所考，集未之知也。

題斡羅氏世譜

集嘗待罪著廷，勳臣諸侯王世家，未嘗不得覽焉。順德忠獻王，社稷大臣，勳業尤著。又嘗親見而執筆記載其事，其族系則未之知也。其族孫燮理普化，舉進士高科，有斯文之好。其仕於江右，始得見其世譜如此。古者衆建諸侯，各有其國，傳之子孫，則有大、小宗以聯絡其族，有采地以食之，疏弱者蓋鮮矣。忠獻以王爵食順德，實未始去朝廷。父子相繼出鎮，中外倚重，未嘗就國而即安。是以一從之孫，已有困乏之嘆。❶然而物不能兩大，譬之木然，本固而封厚者，其枝之暢達，或在於彼，或在於此，豈有常乎？國家興王之初，以幾略著功，及夫危難之間，身任社稷之寄。承平之餘，天下無事，則以文學政事顯著而繼之，固其宜哉。

跋雙井黄氏家譜後

豫章黄氏，自金華來。其族分居豐城之宛岡，分寧之雙井。雙井之子孫衆多，又分居筠之上高，宜春之萬載。萬載之族，有太史文節公之從昆弟，户部郎中諱叔豹氏之七世孫，曰德榮者，持其譜相示。集受而

❶ 「乏」，原作「之」，據類稿本、四庫本改。

觀之，見其終宋之世，登進士第者相望，殆數十人。衣冠文獻，歷歷可數。求諸郡乘，莫或過之。集嘗見太史公家書，言馬鞍山事，曰沖和偶在此一支。蓋古之君子，概觀其本初，則一人之身所分也。是以宗族之間有盛大者，不啻己有之，忠厚之至也。而豫章集中諸父、昆弟、子孫，名字行業，多可考見。而太史公之孝友清節，百世之士也，其能保族於久遠也，宜哉！德榮思先世之盛，而不敢輕其身，惟其所在，以奉承其詩書之澤。江海之流，始於涓涓；松柏千仞，起於豪末。德榮，其毋自卑而慎之哉！

跋曹氏通濟倉記後

前代士大夫，忠信而篤實，於己之所當爲，分之所得爲，力之所可爲，知之所及，無不盡其心焉。非必有所爲而爲之者也。仕有世禄，民有積業。以其有餘，分諸親戚隣里之不及，亦天理人心之常，而仁人君子之事也。蓋自分田制禄之法，久不如古大夫士之家。農、工、商、隸，兼并無藝，而私財不均，始相懸絶。於是君子又因時宜，而推其惻隱之心，以行均齊之道，以救一時之急，如朱文公社倉之類是已。臨川之宜黄曹工部家，簪纓華遠，鄉里稱之，縉紳道之，二百年來門户弗墜。故翰林學士吴公，序其家世甚詳，益可以傳信矣。又從其家外孫李本，得見其出粟米濟鄉里之實事。舉族同心，慮事周悉，蓋有前所謂無所爲而爲之者，不見其有要譽於鄉黨隣里之意。慨思前代之君子，其不可及也如此夫！或曰：子孫之綿遠，殆食其報，理則固然，而非君子之所計也已。近時，偶有水旱之變，朝廷不愛一官之冗，以勸分於富室。或者又有虚濫以爲欺，速報以自衒。吾儕小人，朝不謀夕，將無過於淺乎？

跋曾氏世譜後

南豐曾氏之族，其在金溪者，以故宋南安守仕于國朝，僉福建閩海提刑按察司事，以奉議大夫致仕，諱冲子之孫元默，命其子衍，以南豐金谿《曾氏世譜》示集。受而讀之，作而歎曰：善夫！文昭公元豐七年所爲族譜敘也。文昭之言曰：「家傳舊世系，以爲温彦博、高士廉所撰，而有不敢信者。經唐末、五代之亂，又有不可考者。自其身追尋先集之遺，至其鄉石記、鐘銘之屬，得其六世之名諱，猶有不能盡知者，蓋盛之至也。」曾氏一門，若文定、文肅、文昭，一時文獻之懿，度越今古。文肅貴爲丞相，自可以見其源本之深固，而足以知其流裔長久盛大矣。世之人，曾不知古人之意，妄引名族賢者而自附焉。覬以自表，而不知誣祖之罪，其爲不孝甚大。而其官爵年代，參錯舛誤，徒貽識者之笑歎。是故，若文昭之志其族譜，所以爲君子之道，而後世之所當師法者也。且夫子孫既多，支分派别，而服盡，而親盡，而譜有不能及者，遂至如塗之人。士大夫家著譜者，嘗病之。而文肅公之言又曰：「後之續此書者，世緒既遠，並載則不勝書，彼此各書則可以互見。」此良法也，此小宗附於大宗之微意也，士大夫家作譜者之所當知者也。

曾氏，自南豐而金谿，三百年間，人門並著，譜無遺闕。而按察公兄弟三人，在故宋時並踐華要。推恩先世，至於師保。南豐三君子以來，金谿又其一興也。集嘗觀於臨川之乘，自宋初，有黄門樂侍郎、晏元獻公、王荆公之家。樂之子孫尚多，晏亦有之。而王氏之後，分居金陵，其後人特少。南城既自爲郡，南豐又别爲州。其居金溪者，復爲臨川之大族，何其盛哉？集嘗待罪國史，歴觀國家貴戚勳臣世系，承詔撰《經世大典》，必移文其家，按其文字石刻，與簡册不謬，又詢其子孫至於故老，而後謹書之，正恐他日有温、高之致疑於後世。乃若前朝之故家遺族，僅存於今時者，集亦嘗得見其人，見其譜而讀之，其不勝感慨者多矣。若曾氏者，其可感也夫！其可敬也夫！

跋劉墨莊世譜後

故宋臨川世家，莫如樂侍郎、晏、王二丞相家最貴重。南渡後，如橘園李侍郎、青田陸先生、及崇仁羅春伯樞密、月湖何同叔尚書、梅亭李公父中書，皆著姓，而有道德行藝，文學政事，卓卓有述者，及他郎官卿監以下，尚多有之。内附國朝將七十年，喬木故家，或著或微，其譜，或存或否。要必有賢者出，而後有以亢其宗而興之也。其自外來寓者，則有桐木韓氏子孫，近得見譜於郡城。俯仰今昔，伊可懷也。墨莊劉氏，自清江來金溪，遂爲其邑之望。諸孫叔熙，能以垂三百年之家世，及其文學交游之懿，輯爲三巨編，何其偹哉？噫！詩書清門，有能世其學者，則可以有譽於天下，而貽永於後來矣。

題先丞相寨屋親帖

右先丞相、雍國忠肅公五月十日《寨屋劄子》真蹟，當是故宋乾道七年，在相位時與洪公遵之書也。按家傳：是年五月丁亥，後殿進呈文字次，上曰：「洪遵近日職事甚留意。」公奏云：「遵言建康寨屋，間有木植小者，若欲覆瓦，須當抽換。臣昨因問李澤，乃知蕪湖、當塗兩寨，木植甚小，不能勝瓦。此皆太平管下縣也。故遵以爲言。」上曰：「遵朴實不欺如此。」適有中使自海上還，言馬司人至新寨，無不歎喜，皆云官家愛惜士卒，它日調發止過一水，便可接戰，免得臨時道途之勞。公奏：「士卒却知陛下聖意，朝臣喜爲紛紛之論者，聞此能無愧乎？」上曰：「然。」劄子中有紛紛之説，正與此同。故知此帖與洪公無疑，丁亥正其時也。阜陵無一念不在復其先業，丞相左右之，雖微細經畫，内外之志相通如此。尺素流傳人間，而家乘所載脗合，誠之不可揜如此夫。後百六十九年，豫章甘璋伯昂，以其家藏此帖示集。集謹考其事而書之。

曾孫集謹書。

跋朱文公先生與黄商伯書後

按此書，當是先生守漳州時，與南康黄君灝之書也。淳熙十七年庚戌四月，先生至漳州，所謂至前申省自劾未回者，當是去年十一月，改知漳州之初文字也。十月地震，并以足疾，不能赴錫宴，自劾求去。又明年始去州。商伯與先生論學，如陰陽五行、仁義禮智、物格知至，心喪等書，具見先生所答書。先生嘗有書與商伯云：所論讀《易》之説，真無欲之説，皆平正精切，非一概悠悠之論。且年亦過中，而更閲世故又已多矣，乃能切切用力於此，愈於年少新學之爲者，是可尚已。學者凋喪，古道闊希。所謂平正精切之學，歷練世變，而用力尤切者，讀之竦然。至元五年三月日，後學虞集，題于臨川城中僧舍。

跋吴先生新登譙樓詩後

至順壬申十有一月，郡新作譙樓，部使者、郡監若守，請先生觀焉。先是，先生以第三子京教授郡學，來就養焉。登樓後賦此，遂出城竟歸其鄉焉。嗚呼！先生此詩之作至於此，有不得而自已者矣。昔者，曾子著《大學》之書，言脩己治人之道，而《中庸》之書，則子思子憂道學之失其傳而作者也。後千有餘年，程子曰：「周公殁，聖人之道不行。孟子死，聖人之學不傳。道不行，百世無善治。學不傳，千載無真儒。」嗚呼！此豈有幾微、倍謬、疑惑於其間者乎？陸先生、王丞相，寥乎天地之間氣，卓乎千載之豪傑，殆非臨川山水所得而私者也。然而臨川有如是之父兄、君子也，豈他郡之所可望哉？吴先生微疢之言，蓋有慨於先哲之所深憂者矣。明年六月，先生卒。嗚呼！此集之所謂至於此而不得自已於言者乎。先生之門人袁明善，求集書此，因識其後云。至元己卯七月既望，虞集書。

重書黄子中澄陂堂記後

君子之所以大過於常人者，以其有量

也。所謂量者，容納萬事而不以爲雜，酬酢萬變而不以爲勞，世不見知而不爲之慍，時見用而不爲之厭。富貴利達、貧賤憂戚，無一足以動其心。而區區簞食豆羹，蜂蠆之螫、破釜之失而愀焉以動，執焉而不化者，又豈足以語此哉？是故斗升釜鍾之分，瓶甀甕盎之盛，一受形而不可易，器之拘也。而人也，禀天地之粹精而最靈，豈無擴充之道哉？是以昔之言量者，喻之以江海而不足，必準之以天地焉。嗟夫！常人而望賢人，賢人而望聖人，豈易至哉？然而其得於天者，無不同也。而心之限量，虛明廣大，亦無不同也。則君子之所自進也，蓋必有其道矣。故又有言曰：「識進則量進，量之狹劣，由識之不明也。識不明而謂之量者，漠然於事物之應，無町畦，無畔岸而已矣。」是故又有言曰：「考索而得之者多窒，明睿所照則廓然而大公。明睿所照，識之至也。」是以求諸聖賢之遺言，涵養省察而自靖焉，有以擴其心之所之，則庶幾矣。宜春黄氏之先，以澄陂名其堂，余嘗爲記之。其子盅，子中，自其少時受學於臨川先生之門，蓋有聞焉。於是又欲余廣澄陂之義，故爲之言如此。

乃作而歎曰：昔漢東都，世運否塞，大往小來，陽微陰盛。大夫君子不勝其忿，起而救之，名節相先，九死而不悔，❶介特而嚴固，猶懼小人之不勝也。而叔度獨有汪汪之量，爲世所咨嘆，至以顏子目之。當時諸賢信之，不以爲過；後之論者傳之，不以爲非，而略無一事之迹，可以推見於史册。其爲人也，何其高遠深微也哉？昔者，顏子

❶「九」，類稿本作「有」。

簞食豆羹，不給於陋巷，而夫子語以四代禮樂。❶孟子曰：「禹、稷、顔回同道。」此豈以其迹而論者乎？惜夫叔度之生也後，不得見夫子而親炙之，以就其所至，而論定於孔門焉。嗟夫！子謂「回也，終日不違如愚。退而省其私，亦足以發，回也不愚。」觀乎叔度澄不清而撓不濁也，誠有如愚之意焉。然而顔子之所發，當時同門之士固有未盡知之者，況於千載之下吾黨小子乎？由此觀之，叔度之所以爲量，其有所不可知也夫？其有所不可及也夫？而其可知者，孔子之於顔子，始終以好學歸之。學者學爲聖人者也。周子曰：「學顔子之學，過則聖，及則賢，不及亦不失於令名。」子中以所聞於臨川者，而盡心焉，澄陂在其中矣。

書先世手澤後

崇仁陳氏，所藏我先大父知郡開國尚書郡侯手書九幅。其一與主簿公。其八與主簿之子校勘公。先君國史、參政、郡公手書三幅，皆與校勘公者也。校勘公之子德仁，命其子宗蕃裝爲一卷，而命集識之。集謹考家乘：故宋嘉熙己亥之歲，我王姑歸于陳氏，爲安撫公之夫人。有二子：湖南節推同祖、江西運屬懷祖也。而主簿公，則安撫公之親弟也。夫人以歸陳之明年，以郊恩封安人。淳祐二年壬寅，以漁墅陞正郎，封宜人。九年己酉，安撫公没。寳祐四年丙辰，尚書公解永州郡組，將適臨安，道

❶「樂」下，原衍「孟」字，據類稿本、四庫本删。

過臨川，宜人率其二子迎伯舅至崇仁，因得項氏故居于邑南門之外，留居焉。而吾家之居崇仁，自此始。尚書公居此二年，有沿海制參之命，適行都。景定元年庚申，國朝大兵臨鄂渚，江南震懼。世祖皇帝入登大位，兵還，江上稍安。是歲，尚書公去官來崇仁。十月，宜人以疾終。而運屬先一年殁矣。明年，尚書適行都。又明年癸亥，有連州之命。歲甲子，咸淳改元，之連山。道過崇仁，小留於寓宅。秋暑之書，是其時也。其八書，則連州所遣。書中云：「請校勘公之女，暫奉運屬香火。權宜以慰存殁之情云耳。」校勘之女，後歸中書李公諸孫，而宗蕃之仲弟宗紀，爲運屬之孫矣。其欲爲校勘致一官者，深知校勘公之材器，可用於世也。其曰思梅先生，則德仁之本生父也。當是時，思梅猶未登乙丑進士第，而名譽已著於時矣。其曰蓮塘之居，即所得項氏宅也。其相託以俸餘經營者，亦可以見財用之入，無不可對人言，而親戚之忠厚相信也。二年乙丑，尚書公薨于連，先參政護喪還葬吴郡。其三書，皆自吴中作也。先宋既亡，先參政歸自海上，力不足以適吴。以至元甲申之歲，復至崇仁，猶與節推、校勘居，今五十三年矣。二公與先公，先後去世已久。虞氏，今五世。陳氏，有六世孫矣。集雖無所肖似，徒保遺書，以與德仁相從於澹泊之鄉。百年之好，庶幾無斁。後之子孫尚有攷於斯文哉。

跋柳誠懸墨蹟

余幼年來崇仁，得柳誠懸所書嵇叔夜《絶交書》石本，云是中書梅亭李公携歸蜀物。是時余未識柳公筆法，亦不知此石鐫勒之精否、摹搨之工拙也。後官成均，與鄆人曹彦禮先生同館，見其所藏柳公《易賦靈寶經》真蹟，非唯筆精墨妙，嚴勁縝密，神采飛動。至于界畫粘綴，硬黄搗練，各極其工之精者矣。留几格臨玩，僅半歲，博古好雅者以重金購諸曹氏。後雖數見，不能久矣。歸田以來，百慮消盡，時憶故物，了然心目之間，則亦不可謂全無累於塵影者矣。而諶致榮乃得《絶交書》墨跡，與石本並卷，亦云是李公蜀物也。而余目障成痼，略不能辨波磔點畫於茫渺之際。傳曰：「盲者無以與乎五色之觀。」雖有至寶，邈然不知，深爲悵惘。書其後而歸之。

跋山谷書蕭濟夫墓志後

古之君子，其擇交也尚德。生而與之游也，無愧色；殁而爲之言也，無愧辭。其山谷先生與蕭君濟父之謂歟？故其所爲文章翰墨，若有鬼神陰相之。是以好事者雖復巧取，旋亦流轉，垂三十年，終爲其諸孫昶所得。和氏之璧，不毁於秦庭；鏌鋣之劍，終歸于延津：物理固宜然也。噫！蕭君之德，黄公之文學，士大夫傳而誦之久矣。故不待於盡見其真蹟，而一筆一墨，出於先賢之手。先世之遺，在子孫當藏之，在他人不必固獲也。然能善摹而廣之，亦足以少厭好事者之心乎？

跋吴廉使可堂説後

路提學著廉使吴公可堂之説，凡經傳論可不可者，捃拾幾無餘焉，客有持以示僕者。昔在延祐中，集竊學者之禄於成均。僦居京城，與公同巷，其舍相去甚邇。親見公之事其太夫人也。是時公尚貧，甘旨新異之味，無日不具。其夫人親餁以饋。太夫人未食，公不敢出也。諸孫幼，太夫人甚愛之，每輟食以飼。每食，率先具豐膳，使足遍賜而有餘。隨以精饌進太夫人，必悦而飽焉。退而食於私室，太夫人使察之，見其甘食，謂若與已饌無二者，甚安以喜，不知其實疏糲也。舉家長幼，安行以爲常。是時，集先妣已去世。先公在江南，旦莫適公館，見其爲養如此，未嘗不刻心感嘆也。失事親之道，安有過哉？孝如曾子、孟子，猶曰可而已。吾見公之爲養者如此，而歉然猶若自以爲有未能盡者也。此吾知可堂之可以實之一也。❶公後連典東南數大郡，兩拜行省參政，以廉明數持憲節，福禄未艾，而其子方以時材爲顯官于朝，公之敭歷中外，能左右之，使無顧慮云。噫！天之報孝子也，若是乎？

題李肩吾字通序

李君肩吾，在魏文靖公之門，有師友之道焉。是以公序其《字通》，取其自隸、楷而是正於六書，又進之以學，使極變化而通神明者。魏公書後題字，則集之從祖父户部

❶「以實」，原作「之實」，據類稿本改。

府君，而魏公之壻也。魏公歷靖州七年，先户部從之學。故亦與肩吾友善，多所講明也。今隸、楷之法，亦且寂寥，又能録其文與六書合，誠切用矣。自叔重所録以來，二徐之言詳矣。至戴侗氏《六書故》盛行于世，凡爲六書之説，頗爲要論，惜乎魏公及先户部與肩吾，皆不及見之也。豫章龔觀學篆字，得李氏《字通》而善之，將刻梓以貽諸好事。集以爲必盡載魏公、虞公之言，而後可以成李氏之美。蓋前輩序言皆有關係，非若近世妄求、妄與以徇人情而已者也。

跋宋高宗親札賜岳飛❶

大元故翰林承旨、魏國公、謚文敏趙公孟頫懷古之詩曰：「南渡君臣輕社稷，中原父老望旌旗。」集承乏國史，嘗讀其詩而悲之。以爲當時遺臣志士，區區海隅，猶不忘其君父，何敢有輕之之心也哉？今見思陵賜岳飛親札，則其奏功郾城時，所被受者。觀親札所謂楊沂中、劉錡立功之事，則紹興十年七月也。是時，秦檜方定和議，而飛鋭然以恢復自任，所向有功。飛之裨將楊再興，則邦乂之子也。單騎入陣，幾殪兀朮。身被數十創，猶殺數十人而還，一時聲勢可知矣。是以郾城之役，恢復之業繫焉。飛之師乘勢薄朱仙，與兀朮戰，破汴在頃刻。而檜亟罷兵，詔飛赴行在，而沂中、劉光世、❷錡，皆以其兵南歸。自是不復出師。明年十二月，檜遂殺飛父子，而兀朮無復憂

❶「親札賜岳飛」，類稿本作「賜岳飛御書」。
❷「光」，原作「充」，據蜀本及《續資治通鑑》改。

色。洪皓區區，蠟書雖至，而中原無復餘望矣。乃知文敏之詩，其爲斯時而發也歟？

跋朱先生答陸先生書

按《朱子年譜》載：陸先生與人帖云：「朱元晦在浙東，大節殊偉。劾唐與正一事，尤快台人之心。雖士大夫議論，不免紛紜，今其是非已明白。江東之命，出於九重，特達於群疑之中，此尤可喜。」即書中所謂長者，亦不以其力辭爲過者也。又案朱子答葉公謹書云：「近日亦覺向來說話，有太支離處。反身以求，正坐自己用功亦未切爾。因此減去文字工夫，覺得氣象甚適。」又與胡季隨書云：「衰病如昔，但覺日前用工泛濫，不甚切己。方與一二學者力加鞭約，爲克己求仁之功，亦粗有得力處。」此兩書，皆同時所書，正與書中所謂「病中絕學捐書，却覺得身心頗相收管，似有少進步處。向來泛濫，真是不濟事」之語合，蓋其所謂泛濫，正坐文字太多，所以此時進學用功，實至于此也。然竊觀其反身以求之說，克己求仁之功，令學者且看孟子道性善、求放心之說，直截如此用功。蓋其平日問辨講明之說極詳，至此而切己反求之功愈切。是以於此稍却其文字之支離，深憂夫詞說之泛濫。一旦用力，而其效之至速如此，故樂爲朋友言之也。病中絕學捐書，豈是槁木死灰，❶心如牆壁以爲功者？朱子嘗歎：道學問之功多、尊德性之意少，正謂此也。噫！陸先生之學，❷傳之未久，當

❶「是」，類稿本作「如」。
❷「學」，原作「問」，據類稿本改。

時得力者已盡，而後來失其宗，而後知朱子之説，先傳後倦之有次第也。因見揭集賢無客氣之語，有慨然於予心者，故爲申其説如此云。

跋子昂所畫陶淵明像

《陶淵明集》傳于世，且千年矣。臨川吴幼清先生以爲，其詩泊然冲澹而甘無爲者，安命分也；慨然感發而欲有爲者，表志願也。蓋以擬諸屈大夫之辭云。然《楚辭》得朱子發明之，而陶之志悟者蓋鮮。又因二子而推言張子房、諸葛孔明，區區之心，欲明君臣之大義於天下，則同也。留侯、武侯事業可見，而屈、陶託諸空言，而其心之明白，天下萬世信之，何其偉歟！予嘗以斯言也，想見四君子於千載之上，恨不得爲之執御焉。幼嘗游楚，見屈大夫像於山澤之荒祠，稱其所謂憔悴枯槁者。留侯像，世或傳之，而畫者以太史公言其狀貌乃若婦人女子，不勝其志氣，乃以意而彷彿之，似否未可知也。❶歸蜀見武侯像，衣冠良是，而年代深遠，傳倣疑未必盡然。江鄉之間，傳寫陶公像最多，往往翰墨纖弱，不足以得其高風之萬一。必也誦其詩，讀其書，迹其遺事以求之，雲漢昭回，庶或在是云耳。臨川郡貳幕大梁邵宏父，得吴興趙公子昂所寫淵明像。蓋公之胸次知乎淵明者既深且遠，而筆力又足以達其精蘊，是以使人見之，可敬可慕，可感可嘆，而不忍忘若此。❷乃爲之述贊云：

❶「未」，原作「求」，據類稿本、四庫本改。

❷「若此」，類稿本作「也」。

田園歸來，涼風吹衣；窈窕崎嶇，遐蹤遠微。帝鄉莫期，乘化以歸；哲人之思，千載不違。

跋張魏公與劉和州墨帖後

昔南軒先生修《諸葛武侯傳》，以明其父之心，以爲無愧辭焉。觀魏公與劉和州之書，則亦開誠心，布公道，集衆思，廣忠益之事。按文林郎劉子厚著《和州行狀》云，❶我先雍公，以中書舍人參贊葉公軍事，❷立功采石，時和州獻平戎十二策，及防江利害三劄，極爲先公所重，即驟用之。遂能徙海陵公私之舟萬艘，焚陰沙積糧三十萬。金人之計失而氣沮，其功蓋不細也。魏公第一書，蓋指此乎？前代之史，大臣有勳勞于國家，凡文武才略之士，出而佐之者，不能别自立傳，亦牽連得書，❸則和州之事，魏公及我先公之傳，皆可附見。國家列聖，屢有脩宋史之詔，和州子孫，得上其遺事以補闕文，不亦偉乎？方采石之功既立，國勢略定，思陵起魏公於責籍，委以江淮。諸軍聞之，首頷相慶，争相効用，其區區忠本朝之心，青天白日，精誠之素乎於天人者，焉可誣也。雖李宗、趙曲之失不可掩，而其功烈亦偉矣。筆削者尚慎之，和州之孫，新隆州學正謙出此卷相示，論先契於二百年之表，故謹書以歸之。

❶「和」，原作「知」，據類稿本、四庫本改。
❷「贊」，原作「費」，據類稿本、四庫本改。
❸「牽」，原作「率」，據類稿本、四庫本改。

題臨川西原許氏族譜

許氏之譜，因荆公之文，而數百年間天下誦而知之。許氏之世德固盛矣。士大夫家，豈無許氏若者哉？郡邑之望，子孫之傳，無所遠聞者，不皆有荆公之文故也。然而四方之人，因荆公之文，而知許氏之先，不如臨川之人，見許氏之子孫，而有以信乎荆公之言也。士由文而顯，文以人而行，君子可不務乎？

跋黄思順醫説後

傳言善養民者，必曰如保赤子，心誠求之，不中不遠矣。若思順保赤子於疾疢而數中焉，不以誠求之而能若是乎？孫先生，郡之師表，既亟稱之，危太樸，勤敏忠厚好學之士也，又往從學焉。則思順世學，豈他人所可及哉？

跋張方先生傳後

史臣書事，惟戰功、文學、治迹，則易書。隱君子之爲德，則難言也。一世猶難言之，況於累世乎？《太史公書·伯夷傳》載許由之塚，《東漢書·黄叔度傳》其文雖不及於司馬，而能使後世擬叔度爲顔子，而人信而不疑，亦文章之難事□？❶張先生四世有隱德，歐陽公銘其墓，揭公爲之傳，皆能發其幽潛，以爲有志於當世，而安於不用。使彼沾沾自喜，急於人知，得微官，竊

❶「□」，類稿本、四庫本作「乎」。

寸禄，久則又以爲不足，熱中而求進，視張氏不亦有愧乎？此史官所以有關於世教也。予友人張善式先生之從子，得其家所謂《讓堂》之記者，讀之則其退然深自抑畏，通乎一族上下，高曾子孫共守之，則亦信其能隱矣。讓，不争也。不争，故能隱。有争心，則不能隱矣。然隱顯有時，而讓在己。君子求其在己者而已，可不務乎？尚彬者，吾從玄教吴大宗師識之。吴公胸量寬大，而擇賢甚密，彬之見知，非偶然也。其兄宗明，爲台州儒學正，予未識之。因善式而知其爲善士矣。前史官雍虞某書。

跋彭壽卿所藏先郡公手澤卷後

崇仁彭壽卿，以童子將命故宋宗正寺簿思梅先生之門。公自擢高科，從臨安、平江、建康、臨川大幕府，文武吏士賓客，無不納交於公者。壽卿於此時，治文史，慎應對。聞見之廣，非窮鄉陋巷草茅所能及者。既内附，推擇郡吏，不爲世俗刻薄，佐江西提舉學校，士友多稱之。佐州縣，廉無所取。既老，以歲月當赴選吏部，得調官於朝，極貧不能行。待黄氏子孫，不失門人之舊。家居將十年，有書數卷而已。嗟夫！廉吏果不可爲歟？其所藏書，有欽宗在金人圍中奏報太后手書數幅，讀者無不感泣。又有吕惠卿一書，與其私黨，深怨司馬温公者，讀者無不憤怒。大抵意在古雅，不以奇玩居貨者也。此卷，我先參政雍郡公所與之書，而集與亡弟嘉魚大夫之書附焉。蓋其好尚，猶有無所爲而爲之者，然亦無益於壽卿之貧也。感其敬愛不忘先君之意，輒書其後而歸之。

題盱江傅路手卷

盱江傅路，以其從父淵道所得范君悳機隸書，瓠山王公所爲《手植檜刻聖像記》，與公子繼學參政所爲作《大成詩六章》。王公之文雅重，德機之書清勁，皆足寶玩。而參政書清潤完整，文又宏博，東郡之士，未能或之先也。王公遠矣，德機又不可復作。繼學自海上北還，頗有末疾，書亦不能如前矣。淵道早歲脩整，客諸公間，風采藴藉，與予游幾四十年。始憲史爲塩官，路爲文送之，情誼甚古，有君子之風焉。文學之懿，其有望於方來者乎！

題蘇文忠公諸帖

臨川陳氏，自雝州府君以來，世有名族。集之祖姑，實歸雝州，家法尤整肅。我先祖尚書公，解組永州，始寓兹邑，蓋繇陳氏姑爲焉依也。陳氏舊多藏書，更代之後，散軼罕存者。從表姪宗紀，以此卷來示，蓋其家故物。而卷尾題字，則雝州之子華麓先生手筆。❶ 集視之爲表伯父矣。此卷坡書，及石湖跋，皆真無疑。

題何氏所藏蜀郡名公書翰

故宋尚書月湖何公從子、房州史君出

❶「筆」，原作「畢」，據四庫本改。

蜀時，送行詩一大軸。其中有名從方、從簡者，崇慶大守；從並、從日者，兵部郎官、直寶文閣、夔路安撫。皆集從曾大父也。我先郡公閒居崇仁，從何氏得見此卷。又按家集，得曾大父滄江提刑府君同時所賦手書以補之。蓋先丞相與尚書公相及於朝，而尚書公鎮夔時，先從曾大父嘗受其薦，其契好非至此邦而然。蓋二百年于兹，而先公所補一篇，亦三十年矣。俯仰今昔，感涕□然。❶尚書裔孫元吉舉以相示，留之十餘月，慨念故鄉先賢聲采遼遠，幾無知者。欲自趙公彥訥以下，稍爲疏其行事、爵里之一二，而集目障爲阻，久未能書。元吉從事南康，遽有行色，姑識此而歸之，餘俟他日也。

又題

仲安之子元吉，以此篇及所謂二十二篇者示集。蓋二十二篇者，皆蜀先達，集欲稍疏其人爵里以遺之。而此卷則崇仁之大夫士也。集先大夫尚書郡侯始來崇仁，而先參政郡公，內附後留此弗能去，則亦樂其文獻之懿云耳。而人亡世遠，習俗寖失。其欲集欲益求此邦前人遺事輯録，以示吾黨之小子，此故在所徵也。

題岳飛墨蹟

武寧湯盤，藏其先世文林君軍中文書，

❶「□」，類稿本、四庫本作「泫」。

岳武穆王紹興元年所署也。文林始以太學生，上書論備禦之策。崎嶇兵間，以功致文林之命。觀此牒，知文林倡忠義，擊叛潰，保鄉里，甚直而壯。噫！可以見其人心之一，士氣之盛，而其將又有若武穆者，宜其足立國於摧敗危亡之餘也。盤言武穆之死，文林上書論列，遂并受害。文丞相嘗題其家之堂曰「忠節」，遺墨故在。而張循王、劉太尉所署，別爲卷。俯仰二百年，而感慨係之矣。近年，集在館中，將纂脩遼、金、宋史。館中皆以遺書亡軼爲説，若此者可徵，尚多乎哉？

題曾歐二公帖

右歐陽公、曾公二帖，審定真蹟無疑。歐陽公著書，所以資僚友之考訂者，謙至而周悉。曾公家書，所以事其兄嫂者，忠愛而敦篤。所謂盛代之德人，文學之師表也。觀者因翰墨而想像其詞氣，因詞氣而涵泳其德業，所得不既多乎？

跋黄勉所藏醴泉銘

唐人云：「書貴瘦硬方通神。」瘦近清寒，清寒則氣易弱；硬則堅苦，堅苦則勢易危。深山道人，積精鍊神，滓穢日去，清虛日來。雖頗清羸，而冲和内融。所以能肌膚若冰雪，綽約若處子，歐陽所以可貴也。

表

謝恩表

恩頒召瑗，命以使華。賜浹上尊，宥之篚實。荷皇明之下燭，揆微賤以奚堪。中謝。伏念臣性本顓蒙，學尤迂僻。論思獻納，昔陪顧問之群儒；奔走後先，願效馳驅於今日。終匪適時之器，不逃過實之譏。炯炯丹心，每若藿、葵之向日；蕭蕭白髮，頓驚蒲、柳之先秋。福過菑生，病隨年至。尚優容其出晝，遂傴僂以循牆。三徑就荒，幾安身之無地；九門既啓，惟因夢以朝天。已甘終老於山林，敢望復還於臺閣？當冕旒之清燕，念簪履於棄遺。三公明敷奏之言，一札布允俞之旨。重煩馹騎，遠訪羈臣。此蓋伏遇皇帝陛下，學焕堯文，聖躋湯敬。繼志述事，奉文母於萬年；論道經邦，咨師臣以百揆。民物咸躋於仁壽，皇風大厎於清夷。並育群生，不忘細物。臣敢不力求藥石，思致涓埃？宣室縱還，何補聖聰之達？康衢有頌，深知帝力之加。

謝箋

大臣敷奏，仍館職以賜環；顓使至家，錫宮壺而加錦。恩霑草介，光駭里閭。中謝。伏念臣昔事先朝，徒因薄技。學雖固陋，非堯、舜之道不敢以陳；代逢聖明，謂帝王之制坦然可舉。載筆每親於黼座，紬書已納於石渠。庶幾一代之言，允作百王之法。甫終青汗，俄抱烏號。歷嗣聖之重明，陪老成之末議。深慚衰謬，有負使令。疾疢日加，不待嚴助之請告；鬼神夜問，尚思賈誼之召還。沾溉醇醲，衣彼文采。醴酒更設，遺簪載華。春陽下及於菀枯，勺水實虞於盈滿。茲蓋伏遇□□□□□，❶德隆扶日，功厚補天。憂在進賢，夙贊秉文之治；人惟求舊，思皇訪落之勤。顧通籍之腐儒，眇侍輿之故物。遂令屏棄，亦被甄收。臣質固顓蒙，心知眷遇。江湖雖遠，孰非日月之照臨？齒髮尚存，敢昧涓埃之報稱。

道園學古録卷之四十

❶「□□□□□」，類稿本作「皇太后殿下」，四庫本作「皇帝陛下」。

道園學古録卷之四十一　歸田稿十五

雍虞集伯生

碑

江西行省平章政事伯撒里公惠政碑

國家置中書省以治内，分行省以治外，其官名品秩略同。所以達遠邇，均勞佚，參錯出入，而天下萬方如指諸掌矣。是故匡衛無缺，則宵旰紓其憂顧，豪髮有間，則舉體爲之不寧，藩輔之寄，豈不重哉？江西之爲省，東接閩、浙，西連荆、蜀，北逾淮、汴，以達于京師。據嶺、海之會，斥交、廣之境，蠻服内向，島夷畢朝，提封數千里，同東南一都會之奥區，❶而龍興則其治所也。昔在至元，始置省事，於今六十有餘年。貴人大官來治於斯者，何啻十百。其有大勳勞、大論議，以宣布德意，而鎮撫其民人，利澤施於一時，聲名著於所部。或由此而遷他鎮，或自此而相朝廷，豈可以一二數哉？然而匱室之書，民間不得以多見，❷歲月之久，閭閻或至於遺忘，此豈非著作之闕文，而今昔之遺憾乎？邇者，龍興郡城耆老以爲金紫光禄大夫、中書平章政事伯撒里公之來長行省也，惠澤深厚，我民感焉。以集之嘗承乏太史也，來請紀述其事。集曰：

❶「同」，類稿本作「固」。
❷「見」，原作「地」，據類稿本、四庫本改。

吾聞平章公承天子之命，佐丞相以分治。德化者，天子之盛也；政令者，朝廷之故也，公其肯自以爲功乎。且公之爲德，忠厚而謙抑，盛名譽以極稱述，將非公之意也。且集老且病矣，敢辭。久之，耆老以告其守臣，守臣不能遏也。貳守燕琦爲之啓諸藩宣之俊良，度諸風紀之清峻，則皆曰：「平章之得民心久矣。閭閻之言也信，士民之請也宜。」於是，使其吏郭元善謀於臨川守臣袁說，而爲之請焉。乃使崇仁監邑寶童來言曰：❶「昔唐渾咸寧治河中，連理之木生於其野，野人以爲言，而史臣韓愈氏爲之頌之。今我伯公，❷自中書領行省，所治數十郡。或安於惠而不能自知，或遠於府而不能自言。龍興之民，以其居之近也而知之深；以其感之厚也而請之切。市井草野之民所請，何以異乎？」

然而是不可辭矣。乃作而言曰：昔我國家之興也，寬仁弘遠，豪傑畢出，群策並用。時則有若康里氏，來拱來翼。有以奇材在禁近，有以經學定訏謨。烜赫光顯，世載其勳。今平章公揚休山立，垂紳正笏以臨其民，儼然泰華之列嶽，華星之在垣也。執事東朝，温恭有恪。佐政省闥，寬裕有容。其分政而來也，斂妙用於無爲，而細民之信之也愈深；著成效而不宰，而君子之望之也益重。乃仍改至元之二年，寇起南海，人用震驚。適公始至，調度有方，恩意旁達。兵不告勞，民不告病，信惠所及，朞月討平。於是衆庶樂業，年穀屢豐，儲偫有恆，運輸無闕，所部善治，姦慝不作。乃

❶「言」，類稿本作「書」。
❷「伯」下，類稿本有「撒」字。

若門隸使令不以政事干官府，賈市服食不以二價虐小民。❶用人則盡同列之情而不專，議事則廣忠益之言而不惑。五年十二月，城西灾。公親率有司救之，登城望拜，即反風火息。其感動之神，又如此。明日，出私財爲糜，以賑失火家。不足，出府庾之贏糧以給之，民又大悦。然則是不可以不書已，乃使復其耆老曰：昔唐韋丹之治茲郡也，去之數十年，時王觀諸舊典，始詔有所紀述，以慰其吏民之心。仁者之惠雖久遠，而不能忘也，而又何亟乎？耆老曰：「吾儕小人，朝不及夕，願有紀述，以傳見於將來矣。」乃爲次第其説，采其歌頌而載之，庶乎觀風者有取焉。其詞曰：

於穆聖皇，顧諟南服；選於近臣，往長藩牧。南服乃疆，莫于湖江；作鎮豫章，臨制海邦。百城來總，相臣攸理；公來匪亟，赤舄几几。盜在海壖，勞我師干；宣威孔時，不動色言。執訊獲醜，以歸司寇；丞轄賓佐，定功入奏。波塵不驚，風雨時來；載瞻我民，休休以懷。遠人鄙夫，啓處食息；孰知功能，貽我帝則。顒顒卬卬，如圭如璋；春日載陽，衮衣繡裳。既安既久，成績不有；曰惟天子，上公所保。民不我欺，自我不欺；吏不我違，自我不違。嗟彼耆耋，孰知君子；知其所知，平易樂豈。載歌載謡，惠及我私；毋以公歸，天子葵之。

❶「虐」，類稿本作「累」。

建寧路崇安縣尹鄒君去思之碑

高唐鄒君伯顔從吉父之尹崇安也，去官已三年，邑之君子庶人耆老，與在邑在野之民，若僧道之流，咸有遺愛之意，願伐石以紀其政，來徵文以刻之。得其邑人文書，述郡守、中大夫譜都剌列實跡以上諸帥府憲司者，及前進士三寶住，❶邑士彭炳所爲序。兼取於學校閭里之言而觀之，未嘗不三誦而三歎也。夫德澤之在人心，傳之於久遠者，非言無以宣，智慮之精微，見諸行事者，非文無以達。因一法之善，著一時之利，尚可使後來推見，以成其餘睨乎！除郡邑通弊之積，立經久之法，守而行之，可以百世，推之州里，可以通行。不出於欺世干譽，而真使民不忘者，其可以無記載乎？

崇安之爲邑，區別其土田，名之曰都者五十。田賦之多寡，略相等也。自民産之無制，大家之田連跨數都，總爲一家以受役。升合之賦，力不能出其鄉，則受役無時而休也。五十都之田，上送官者爲糧六千石。其巨室以五十餘家，兼五千石而有餘，其細民以四百餘家，❷合千石而不足。而賦役者，常以四百之細民，配之五十之大家。貧者一日當役，而家已破。是以三年六次預定之役，常紛然不寧，而民病甚矣。君之來也，取其都之田而分計之，受役之田，不出其都。有一石之田者，當一石之役，有一斗之田者，當一斗之差。均齊方正，較若晝一。田多者，受數都之役而不可辭，田少

❶「住」，原作「仕」，據類稿本、四庫本改。

❷「四百」原無，據類稿本及後文「四百之細民」補。

者，稱其所出而無倖免。而中下無告之民，庶乎其小康矣。郡守善之，命盡致其法於諸屬邑而推行之。而建寧賦役之均，是爲四方最。嗟夫！遠方之民貧者，不能自活而等死之念生，兼并而莫之制者，驕狠以生變。一激於貪暴之吏，而生無涯之禍者，耳目之所及可知也。孰能如君爲法於其疆，又放諸旁邑，既有成效如此？使盡施之，當世民有不被其澤者乎？昔趙清獻公之治此邑也，鑿溝洫以興水利，溉民田數千畝。去之四百年，溝湮而田荒，莫有過而問焉者。公修長溝十里，繞楓樹坡，疊石以爲固。坡當大溪之衝，水溢則隄易敗。君又鑿石山數十丈，疏渠以分其勢。而溝視趙公之遺跡，無復餘患矣。邑多山田，而歲易旱。君以其公田之租，修平糴之法，而民從之，致粟且千石。而不以其道至者，雖效之百石弗受也。明年以時糴之，民忘其憂，頗得其息若干。會盜起海上，軍興所過，郡邑騷動，有不忍言者，其出入君之境也，相告勿敢有所犯。而君爲茇舍，資糧屝屨，酒胾醫藥，迎勞將送。取具於平糴之餘息，而民不知擾。是以鄰郡若信、若鉛山之民，以飢散去，而自歸於君者數百家，咸受而授之業。荒閑之濱，幾無寸土之不闢，期以三年之復。而新舊之民，交相友助而無嫌焉，此其爲治之大略也。國家立鈔法，以通天下之利，幾百年矣。朝廷憂其久而有弊，思所以救之。以其久之者莫不詳且盡。而山谷之民，愚不知法，獷而狃利，僞造者滋多，亦四方之通患也。君之未至崇安也，民有阻險以爲奸，袛利刃以拒逮，大張聲勢以恐，公私莫之勝者，或反爲之用。不測之變，幾在旦夕，蓋六七年矣。君簡弓兵，夜出其不意以捕之，執爲僞者數人，得其鈔數百定，論如法。餘黨散去，盡壞其巢穴，而一境僞造之風息焉。而他境僞濫事覺，吏人因爲奸利，輒疏富者而索之良善，至不得休息。君察其誣妄，不輕追遣。安慶得僞造者，遣卒械其賊至崇安，求所識而執之。賊與卒謀，盛服帶兵馳馬，率吏望風入人家，淫虐並作，莫敢誰何。君亟捕之，得其狀，執拘以歸諸安慶。自是，僞濫之連逮，無至崇安者，其民稍奠枕矣。連氏母告其子出不反，衆以無明驗却之。君受而察之踰月，得屍於山中，則其兄某殺之也。僧不文引黄貴清告保安僧殺其兄者，君鞠之，執不文，得汝殺人而誣他人乎？黄之兄，果爲不文所殺，而更誣保安，以奪其寺，且以脱己也。童德誣告吕十二殺其兄，君偶以他事上府，他官不察其誣，下吕獄。君歸而理出之，坐誣告者，人服其神明。遠方之俗，部使者行郡，則什百爲群，相率以訐官吏，虚實蓋未辨也。部使者之崇安，無一人言縣政不便者。適朝廷有重使，道過邑。部使者告之曰：「此邑鄒令政甚善，已爲文書薦之。使臣至朝廷，幸詳言之。」使者曰：「吾已審知之，不待君之言也。」福州郡大而事繁，獄訟不治，帥府憲司檄君權推官，多所申理。崇安人詣大府，乞歸君於邑者，千百不止，遂歸君崇安。君以某年某月某日上，某年某月某日受代。在任之歲月，與衆人同，而所立卓卓如此，亦難矣哉！明年，朝廷以例遣官，❶遷調閩海守令以下。於是行省、帥府、監察御史、憲司，咸舉君之能。時漳州寇始平，郡邑未安葺，署君爲郡判官，以綏

❶「廷」，原作「延」，據類稿本、四庫本改。

撫經理之，所謂極當時之選者矣。君之入仕也，番直禁衛，歲久得官。故御史中丞濟南張公養浩，以大儒歛歷臺省，寬大嚴正。英宗時，嘗極諫放燈事，時人比之蘇子瞻。泰定中，七徵不起。天曆初，陝西大旱，民相食，郡縣爲空。起公爲西行臺中丞，拯其民如赴水火。見飢者哀之，至於慟哭，旋以捐館。❶陝人至于今思慕之。君嘗得牧民忠告之書於公焉，蓋其所受教者深矣。其同官主簿真保，與君居未久而先去。及調安溪監縣，以君之行事爲師法，而其邑亦告治。所謂朝廷舉一而勸百，則才賢君子之效，將遍乎天下，沛乎國家之福哉！乃爲取其民之所頌言而次第之，俾得以詠歌，而不遺於方來也。其詞曰：

倀倀我民，孰父母予；哿矣富人，窶貧已瘉。歸視其家，朝不謀夕；歎盈倍蓰，蹙蹙同役。君來顧斯，以均以平；出無華車，食不鑿精。分田畫里，多寡小大；隨量以供，有正無害。事上敬共，無言不孚；從容教言，孰侮孰誣。蒭蕘有詢，寬來虛受；先民之勞，或飫之酒。姦軌沮藏，外絶不虞；析因隩夷，養恬舒舒。窮山深原，樞牖戢戢；征呼之卒，無所隳突。匹夫匹婦，飯黍豆羹；先祝而嘗，蘄君久生。君有王命，傷殘往撫；不惠我私，控告無所。孰沃而嬉，❷謹畏自持？孰勞而疲，亦無倖遺？黍稌盈疇，羊牛多碩；以享以食，繄君之錫。老者日衰，壯者日興；君之所成，民得以稱。山

❶「捐」，原作「損」，據類稿本、四庫本改。
❷「嬉」，類稿本作「逸」。

有松栢，野有豐草；雨露之濡，君子壽考。天子命吏，臨方涖州；視君之爲，莫不具脩。

崇仁縣顯應廟沖惠侯故漢欒君之碑

崇仁縣治南望七十里，有山焉。廣大高厚，嶷然其前。其顛峻而並鋭，能出雲雨，蓄神明。凡水旱灾害之禱，無不通焉。蓋邑之望，❶而吏民之所依也。謂之巴山，後易稱相山。巴山者，相傳云東漢尚書欒巴，❷字叔元，魏郡内黄人。而《神仙傳》云蜀成都人，史稱巴好道。順帝時，給事掖庭，仕至黄門令。性質直，學覽經典。雖在中禁，不與諸常侍交。擢拜郎中，遷桂陽大守，始爲桂人。定婚姻喪紀之禮，興立學校，以獎進之。雖幹吏卑末，皆課令習讀，程試殿最，隨能陞授。七年，乞骸骨。用李固薦，拜議郎、守光禄大夫，與杜喬、周舉等八人，巡行州郡。巴使徐州還，遷豫章太守。郡土多山川鬼怪，細民嘗破貲産以祈禱。巴素有道術，能役鬼神。乃悉毁壞旁祀，翦理姦巫。於是妖異自消，百姓始頗爲懼，終皆安之。是時方分豫章郡東地置臨汝縣，則今撫州之境也，而相傳以爲巴治妖民嘗至此，故民間思之，不忘以巴之名名兹山云。其後嘗置巴山郡，在縣西南四十里，遺迹猶有可考。而縣西門曰巴陵門，❸巴山至縣所從入也。則山果以巴得名久矣。巴後遷沛相，徵拜尚書。順帝之葬，有司多毁

❶「邑」，原作「巴」，據類稿本、四庫本改。

❷「尚」，原無，據類稿本補。

❸「門」，原作「間」，據類稿本改。

民間墓。巴上書切責，禁錮還家。二十餘年，用竇武、陳蕃薦，徵拜議郎。蕃、武之禍，以黨謫爲永昌太守，辭病不行。上書理蕃、武冤，下廷尉，自殺。而相傳巴有墓在山下，而立祠焉。今爲廣教僧寺，而山顛并祠南昌尉梅子真與叔元，而唐鄧、葉二道士配之，蓋出近世云。

故宋紹興二十六年，有宣教郎知縣事鄭圃孫懋爲令，以告民曰：「周人以諱事神，而名不以山川，名山曰巴，懼民久以爲未安也。洞庭有山，以洞庭君之所居而謂之君山。欒君自豫章爲沛相，獨不可謂之相山乎？」乃酌酒以告神而神悦，暴之於民而民從，遂更名相山矣。咸淳元年，縣寓公朝奉大夫知邵武軍事師得遇等，言於朝曰：「縣有漢光禄大夫欒豫章之神祠、墓存焉，其神名在史册。守郡有功，立朝有節。訟陳、竇之冤，竟以身殉。風節凛然，可以謂之神明者矣。吏民禱祈必應，而淫巫瞽史名稱鄙野，非教民事神之道。」按祀典，崇寧三年，賜東明縣栢梁橋欒巴廟曰顯應廟，大觀四年，封巴爲冲惠侯顯應廟矣。其山顛之祠，與梅子真同命，得賜妙濟靈純真人之號者，❶則用道家之言也。欒君生時，靈異甚著，人人能道之。而斯邑之民，有求輒禱，有禱輒應，千百年以來殆不勝紀。而圖志無古文字金石可徵攷，而邑民飲食必祝，則不誣也。

國朝大德丁未，予留斯邑。是年大旱，八月旦迎神至縣治，大雨連夜。嘗識其事于廟中，已而廟燬，予文亡焉。後三十四年，爲至元庚辰之歲。其旱尤甚，苗有未入

❶「真」，原作「其」，據類稿本改。

士者，民甚惶懼，乃四月三日也。承直郎達魯花赤鄄城保童，齋肅民望，遣其簿將仕佐郎豫章舒文琰，疾馳詣廟，迎神像至縣以禱拜。跽未終，爇燎方熾，而林風四起，陰雲以興。簿至祠下，悃愊之詞方伸，要迎之具未起，震雷已作於門廡，駿奔不及於焱馳。保童率其屬奉迎於西郊，祝史未及成禮，而沛澤滂沱，衣冠盡濕。隨至邑治，雨連三日夜乃止，四境以霑足告。大家細民，具牲截醪酒，大享相繼。神之冠服輿帳旌旆，煒煌一新，不待勸而自至。乃命典史豫章胡天祥，伐石於城北，使教諭新城朱禮，速予文以傳之。予曰諾。又使稅副濟南魏淵奉神像還祠，所過旄倪留恋欣感。淵乃周覽祠墓之舊迹，適山川之奇偉，而歸告得神之情焉。既而，五月又不雨。遍禱群望，神在禱中。是年，會府又郡禱皆苦，而縣六月三日雨，❶十二日雨。❷而旬日之間，雲雷並興，四郊在望者，或十里、數十里，❸或百里，或一日、或二日，❹或一時，隨地而足，稽諸旁近，最爲沾渥焉。是時，保童悉力禱祈以爲己任，齋戒兼旬而不間。嚴屠宰之禁，厲不虔之俗，家有疾苦而不顧，身受勞苦而不辭。忠翊校尉縣丞縉山張榮、與簿及典史實協心焉，必得雨而後止。爲吏者，其憂民如此，其必有以鑒其誠者乎！天祥以石具告，乃序其事而傳之。爲迎享神詞曰：❺

有敦維崇，其阻九陵；時翕時舒，與雲俱興。降丘作神，朱紱赤舄；尚

❶「六」上，類稿本有「自」字。
❷「雨」上，類稿本有「又」字。
❸「數」上，類稿本有「或」字。
❹「二日」，類稿本作「一夕」。
❺「爲」，類稿本作「又爲作」。

書邦君，司命司直。自古在昔，于我故懷；❶我識其來，嘗與雨偕。公宇斯穹，私宇斯潔；神君假思，無怒伊悦。高山峻嚴，孚與綸禋；綸禋不違，俯依我人。我人何有，有尊有俎；黍稷既阜，酒醴帷醹。捭豚爲羞，有炙有羹；❷神來顧歆，百物之精。❸神昔故鄉，父老燕娭；❹千載在斯，不醉無起。乃大乃神，碩彦乃生；爲嘉爲喬，爲棟爲楹。爲美爲英，寶藏興殖；無有遠邇，來被來澤。仰其虚矣，穹窿休明；就其奥矣，流動滿盈。時有序代，神不可極；曾孫孫子，有祀無斁。

昭毅大將軍平江路總管府達魯花赤兼管内勸農事黄頭公墓碑

元故昭毅大將軍、平江路總管府達魯花赤黄頭公唐兀氏，别名世雄。世居濮州鄄城縣，占籍于塔思火你赤萬户之軍，以某年某月某日，未上平江而卒，得年若干歲。其孤奉喪以歸，祔而葬諸鄄城縣李康保柳行村先塋之次，去鄄城四十里。國家之制：秩三品，有功德可稱者，得請謚。❺以未及請謚，墓碑未立若干年矣。其第五子保

❶「懷」，原作「壞」，據類稿本、四庫本改。
❷「炙」，原作「定」，據類稿本改。
❸「精」，原作「糈」，據類稿本、四庫本改。
❹「娭」，類稿本作「喜」。
❺「謚」，原作「溢」，據類稿本、四庫本改。

童，監邑撫之崇仁。予自國史歸老，僑居其野。保童之在太常，以奉印爲職事，嘗見予於朝。而其季弟和尚，自其兄元童所來曰：「是不可失也，宜亟請焉。」於是，使和尚覃思追憶，得其遺事，以告邑教諭、鄉貢進士朱禮，邑之隱君子陳德仁，述狀來求銘。

予按其事有可以風動于時者，故爲之書。其大父璉赤，嘗爲明威將軍、山東道宣慰司副都元帥。世祖皇帝初，山東内附而弗靖，久勞王師甫定之。事既平，列于帥府者非才勇、親信弗及也。既歿，而子阿榮襲其職。以才能選授大都西北關廂巡捕之事。有盜萬壽山廣寒殿御器金者，獲之。稱旨，授武略將軍、同知松江府事、溧陽知州、汀州總管，又同知邵武路事。披荆棘，立官府，有德政之碑。轉懷遠大將軍、德慶府總管而歿。生九子，平江公其嫡長也，以蔭讓其弟山住。從弟朵羅歹爲京畿廣衍倉使，及中更大虧，公賣其鄉之樓居，以代之償。久之又憂群弟之無室也，買舊産之歿于官者，爲券以付之，俾安於自養。又資朵羅歹使干禄焉，始從事浙西帥府，攝清流、武平二縣之長。新行至元銀鈔法，署進義副尉，濮州平準行用庫提領。至元二十七年，例革，除興國路大冶縣達魯花赤，以治辦稱。遷保義副尉、安豐路懷遠縣，兼領蒙城、懷遠秋夏之税。蒙城有濁流，北行人弗遜于常，邑人歸罪於水。公以私錢買地，溝而順之。祠神之信於民者而爲之誓，俗以變焉。鎮南王出征，道出其境，館舍供帳之具，事俻而民弗擾。王善之，解所御衣服、弓矢以賜。遷忠翊校尉，相因倉監，支納倉糧九萬石，出内惟謹，陞嘉興等處運糧千户。服紫衣，佩金符矣。居八年，改昭□校尉，❶温、台等處運糧千户，延祐元年就任。陞武德將軍、海道都漕運萬户府副萬户，親運米貳佰七十萬，遷顯武將軍，海道都漕運萬户，佩雙珠虎符。前後九度海，而海運之事無所不周知矣。初，世祖皇帝取東南之粟以實京師，以航海爲便。常苦舟不知道，並海行虞險失□，❷吴人朱、張二氏，出入海道甚習，歲擇便利，帥其私屬子弟駕海舟遠山，即深以行，風水甚便。以數千百浮數寸之木，冒不測之淵以進重利。厚爵以募之其卒也，致粟京師，歲凡三四百萬斛矣。朱、張二氏得罪，更用其人，不習其事，則多誤焉。而公以久於其官，遂進治其府，而其政有可書者。一曰：運舟募諸瀕海之家，民苦之，而貧者常以舟壞誤事。公請預以運費借之，使買木以葺舟，於是增舟之多，可運一百萬斛。二曰：海舟受雇者直甚厚，而無賴之人得錢，即糜於飲博，及期寧受責，於無可柰何。公爲之封識，時其當用而給之，事無闕失。三曰：舟行海中，愚無知者竊所載以肆欲，舟至直沽，遺失無所從補。公爲法，運官、舶主、庾卒、水工、碇手之屬，得相收伺連坐，其弊遂革。四曰：糧之登舟，自温、台上至福建，凡二十餘處，皆取客舟載之至浙西，復還浙東入海。公請移粟慶元，海舟受之，自烈港入海，無反覆之苦。五曰：温、台運舟水脚之費，歲於浙省關撥，而散之運糧千户之所治，運者各於所治受鈔，復還温、台登舟，往復不便，公請悉留錢温、台，舟人受訖以行。六曰：舟行

❶ 「□」，類稿本作「信」。
❷ 「□」，類稿本作「措」。

風水遲疾不齊，舊例至直沽以次受之，而先至食盡，久不得去。公請于朝，至則受之，民以爲便。七曰：運舟之回，恐有所掠買不法之物，樞密差官兼察之。❶比舟出海口，搜閲者因爲奸利，雖無所有，猶誣執榜掠，空其囊篋，多不能歸。公請禁止之。八曰：海運之舟，衆數十萬，薪爨之用取諸水濱，道經河間，鹽司率以鹽草爲辭，而執掠之，無所得爨。公請正鹽草之界，得取其短小於鉤斷之外，不預鹽草者。九曰：運舟冒險以出，常賴禱祠以安人心，若所謂天妃、海神、水仙等祠，凡十餘處，朝廷給牲牢、醮祭之費，歲爲中統鈔百定，而實不給也。公請假官本千封以貸人，❷收子錢以供其事，罷官給之費，而歲事豐俻。舟行以成山爲望，常苦霧起不見，而冒行以敗。公請立置成山祠以禱。朝廷從之。❸十曰：舟至直沽，則京師之人爲肆沽賣，官收其課甚夥，後以爭鬬，絶舟人之登岸，而公私大失其利。公爲嚴約束，聽民得飲食于市，而爭鬬者悉與有司辨直曲立斷之。凡此者，皆海運之要務也，故俻書之，使觀者有攷焉。

有失剌朱丁者，❹與公常同爲千户，公以都萬户至京師，而其人尤舊職也。公白于朝堂曰：「某實知斯人之才能，而久於其職，可念也。」薦以自代，時宰然之，而公以懷遠大將軍爲郴州路達魯花赤矣。秩滿，改除昭毅大將軍、平江路達魯花赤。公任海漕官於平江之日久，周知其民事，達於利害情僞之故，其民望之。而公亦期有以自見，而

❶「兼」，類稿本作「廉」。
❷「本」，原作「木」，據類稿本、四庫本改。
❸「廷」，原作「延」，據類稿本、四庫本改。
❹「朱」，類稿本作「木」。

遽以即世，不亦惜哉！

嗟夫！海運之實京師，祖宗萬世之長策也，然而東南之民力竭焉。頻歲浙西水旱，廪不充數。江淮上流三省數十郡，州、縣之吏，斗升之民，終歲勤動，越江歷湖，以助其不足，而争鬥匆戢，又有深可慮者，則有大夫君子之所不能忘其憂者也。保童之治崇仁，官不十日，即以轉輸在行。至集慶水洋，率民舟以待，而海人頗横不測，或見保童於沙際而識之。驚曰：「此吾萬户之子也。」相率羅拜，更相告而衛之，❶而所部得無失。然則公之遺愛在人可知矣。而其用不大究於時，惜哉！公之夫人朱氏、周氏，皆封陳臺夫人。子九人，長哈剌，承事郎、兖州路同知。脱脱木兒，東平等處民户總管。元童，承直郎、平江路長洲縣達魯花赤。别帖木，未仕。保童，承直郎、撫州路崇仁縣達魯花赤。乃蠻歹，早世。和尚、安童、趙安，皆未仕。女五人。孫男二十人、女十一人。銘曰：

皇有中州，東多奥區；維鄞之城，沛其來居。自公之先，克順克類；起家明威，以貳東帥。侃侃樵侯，政在刻詞；有子五人，出處各宜。公實孝友，亦有九子；身服官政，職勞不弛。淮江越閩，皆長其民；練習既優，百爲是親。相彼東南，稼穡豐茂；京坻有容，歲賡其受。航海以東，千萬其儲；九涉鯨波，無少不虞。去之幾年，人見其子；泣涕感慕，是孰之使？長洲告能，崇仁公嚴；先世其家，斯人來瞻。俾書貞珉，以告來裔；太常徵焉，行錫

❶「相」，原作「桐」，據類稿本、四庫本改。

節惠。

元故累贈集賢直學士亞中大夫追封魏郡侯張公神道碑銘有序

宜春太守張熙祖，告於前太史虞集曰：「昔先君棄孤子於延祐己未十一月二十七日，年六十有八，官爲大夫，階奉訓，爵爲男，所封縣曰玉山，勳曰飛騎尉。明年二月壬申，葬諸信州路貴溪縣長山之里，其鄉也。子爲我志而銘之，既納諸幽矣。後某某年，爲某某年，蒙恩奉被制書，位爲大夫，階亞忠，直集賢爲學士，爵爲侯，所封曰魏郡，先世之賜履也。勳爲輕車都尉，階三品，於法當樹表於神道。子爲我序而文之，以刻諸石。」集與宜春有同朝之好，不敢□□。❶其序曰：

世祖皇帝克有江南，故開府儀同三司、特進上卿、知集賢院事，贈輔成贊化保運神德真君張公留孫，以老子之道，日見尊禮。非有宿衛之劳，而常在帷幄；非有輔相之位，而常與國論。有賓師之貴，而無職守之責；居富貴之極，而不易慈儉之素。歷仕累朝，垂四十年。爲朝廷宫掖、中外所尊敬。於是，贈曾祖宏綱集賢大學士、光禄大夫、柱國、魏國公，謚安惠。祖粹夫金紫光禄大夫、司徒、上柱國、魏國公，謚康穆。父九德太中大夫、同知江東道宣慰司事，累贈開府儀同三司、大司徒、上柱國、魏國公，謚文簡。官位、勳爵皆一品。推封自開府矣。開府有弟二人，公其季也。諱廣孫，字師成。當開府盛時，天子卜相則問焉，名皇子

❶「□□」，類稿本作「辭」，四庫本作「固辭」。

則問焉，大臣進退則問焉。高爵膴仕，其所推薦者，言無不酬，布在中外。郡侯於此時，引道家之言，以太盛爲忌。退然守朴，利欲之念，不萌於胸中。而開府曰：「不可使魏國世家無傳，以報國之厚恩也。」乃以其子熙祖見成宗皇帝於便殿，得備宿衛。未幾，丞利用監，司直於翰林，僉中政院事，而公有玉山之封矣。丐外便養，倅衢及澧，進拜宣城守，而有魏郡之封矣。歷盱、宜春，三爲二千石，皆有惠政。而母魏郡太夫人，以高年受康寧之養，宗族、親戚、鄉黨稱焉。有子三人，孫五人。伐石爲表於公墓，則某年某月某日也。其銘詩曰：

昔韓文成，韓相之孫；帷幄運籌，身退名存。歆拜太守，太山之側；徙由河南，清河是宅。聞望之隆，著於清河；本支扶疎，子孫衆多。文瓘相唐，表著于史；有孫剌杭，來南之始。其後散處，于饒于歙；盱之石笱，大族之別。上磜潺湲，貴溪之原；衣冠蟬聯，歷宋至元。世有令德，亦或爲士；隱不至伏，顯不至異。乃生安惠，抱道隱居；太山高原，福慶之儲。肆及康穆，源深本固；積而未發，匪躬之故。惟文簡公，德懋以淳；懇欵鄉黨，渾渾里門。開府在朝，❶天子有錫；起家別駕，以佐邦國。于藩于宣，政成無言；乃開魏國，三世以傳。開府真君，名動海宇；道德之言，治化攸除。難弟郡侯，退焉林丘；嘉德孔脩，不競不逑。觀稼于田，觀學于塾；禮讓是教，弟子是淑。孰飢我食？孰危我安？桑梓

❶「開」，原作「閨」，據四庫本改。

敬恭，非禮弗干。駟馬高蓋，過者必式；封君之閭，歷世所積。四世三公，繼之侯封；太守之賢，進德尚豐。崑山之珉，既堅既白；其爵屢書，繼此有刻。長山之原，其來舒舒；松栢蒼蒼，緊德之符。

道園學古録卷之四十一

道園學古録卷之四十二　歸田稿十六

雍虞集伯生

碑

通議大夫簽河南江北等處行中書省事贈正議大夫吏部尚書上輕車都尉追封潁川郡侯諡文肅陳公神道碑❶

昔我世祖皇帝，纘太祖之丕緒，用宗親英賢之輔，奄有四海，底定中原。乃議禮、制度、考文，以成萬世之業。方在潛邸，已得姚公樞公茂、許公衡仲平、楊公果正卿、商公挺孟卿、王公鶚百一、竇公默子聲、王公磐文炳、徐公世隆威卿諸賢，置諸帷幄，尊禮而信任之。暨登極改元，則皆在輔相論思之列矣。時則亦有恢宏之才，勤敏之績，持文史議論，以贊成於其間，爲諸公所器重，則故河南簽省柘城陳文肅公其人也。公諱思濟，字濟民。幼知孝弟，出於天性。讀經傳隨達其理，爲書氣韻有法。弱冠，事世祖於藩邸，以才器聞。博聞積學，顧問進退，靡所闕遺。中統始建中書省以總國政，諸公在朝講論爲治之道，推明用人之法。立官府，修典章，斟酌古今，視察遠邇，群策畢獻，百廢具脩，奏稟施行，殆無虚日。公於是時，專主奏記之事於掖垣矣。天子方憂陝西地重而勢近，以平章廉公忻都忠諒

❶ 此題，類稿本作「陳文肅公神道碑」。

有爲，命以分省往鎮，辟公以行。廉公果能絶顧慮以定變，天子嘉歎。平章王文統得罪死，公從廉公還朝，仍主奏記，銓衡儀節，悉以兼攝。廉公分省東平，擢公左右司都事以從。及還，仍兼知管差除。阿合馬亦位平章，在廉公下，請立制國用使，欲侵國政。廉公常以正義折之。廉公中於譖言，阿合馬坐省堂，氣焰薰灼，掾史抱文書不敢前，公獨以其文書進。阿合馬擬署於廉公之位，以手覆其處，曰：「公不得署此。」衆愕眙，恐蹈不測，公恬然攝文書以退。首相韙其言，卒不敢擅署，時人甚以爲難。公在朝久，如朝廷以兵革初定，❶農事即廢，乃立十道勸農使，以糾治之，總於御史臺。大抵以得忠厚欵惻，醇儒循吏，以成其功。此皆十餘年中，爲政之大者，公皆執文墨而與聞焉。至元六年，置高唐州，以公積勞，命守其郡。農桑水利奏最，拜監察御史。阿合馬專政，立尚書省，中書爲虚器。公率同列魏公初太初、雷公膺上章言之。上命樞密曾公仲一召御史置對，同列皆致辭。公曰：「御史言官，爲國事，非私己。」有所辨訟，拂衣而出。九年，授奉訓大夫，知沁州。戒苛擾，務簡静，平賦徭，理冤滯。閭閻遂安，豪右屏跡。江南初内附，民未孚於新政，擢公中順大夫，同知紹興路總管府事。盗起新昌、玉山，宣慰使陳公某慶甫、馬公紹子卿，帥師往討。方立馬撫諭，民將感服，飛矢中陳公而歿。宣慰司以事聞，合兵縱擊平之。或告言城中少年將與外寇合謀爲變者。軍帥大怒，執郡中少年，得千餘人，將殺而屠其城。紹興郡僚多新附人，不

❶「如」，類稿本作「知」。

敢發一語。公謂帥曰：「千餘人無反狀，一日以無罪見殺，人心危亂，變恐不止此郡矣。請以家人百口，保其不反。」帥曰：「陳公之保其民如此。」止兵不殺，合境得生全者，皆公之惠也。公承檄讞獄浙西，多所平反。桐廬民有以輕罪久繫者，公閔其羸而釋之。明日，匍匐而前曰：「公仁恕神明，不就公決，公去而復囚，瘐死矣。」公即論而出之。除同知兩浙都轉運鹽司事。浙民甚苦私鹽，互相牽引無完家。公止坐見犯，不聽傍指，浙民以安。拜陝西漢中道提刑按察副使，丁母夫人憂。御史臺四起復之，不爲動。二十三年，陞少中大夫，同知淮東道宣慰司事。未幾，移節浙西。浙西大水，民飢無宿儲以濟，而浙東多粟。公曰：「皆天子之民也，可坐視乎？」請於上，移粟以救之，民多全活。又移江東，朝命造五軍甲，公董其事，省臣用譖，將因欲中傷之。公措置有方，未半年而成。他郡民擾而未就也，譖者乃不得志。金陵旱，公禱于鍾山，未迴車而雨。桑哥用事，奏請遍行理算錢糧，實以無義肆虐厲民，空其家財，往往妻子寒餓困辱，有不忍言者。中書右丞忻都，浙省丞相忙哥臺，奉行尤力，檄公分理浙東。公至言曰：「瀕海民貧而獷，必激變。」得寢其行。而本道承意朘剥，❶獄犴尤甚。公繩督吏卒，多所還付。朝廷以兩浙鹽法壞，擢公嘉議大夫、兩浙都轉運鹽使。禁私煎，抑權豪，弊革而利通，公私稱便。拜嶺北湖南道肅政廉訪使，改守池州，以恤民理學爲先務。行省也速達兒，威迫州郡，取淘金者三千户，僅得其半。公力言無復可充者，遂

❶「承」，原作「丞」，據類稿本改。

止。歲且終，省檄列郡横造綺段，而初不給其直。列郡取於民以應之，又不中廢，❶危迫不知所爲，公命民間有絲者，借納明年夏税，不日而絲具。召匠户并工成之，踰月而就，民不知有此役也。時又有括田之命，公令有田互相根括，增田三千頃以應命。而反覆苛横之苦，視他而少息矣。❷江水溢池，民受其害，鄱陽尤甚。公既賑池民，兼憂隣郡之害，請於省憲，借軍儲及官吏之俸三月，以救其急，徐設法而償之，公私無所病。擢江西湖東道肅政廉訪使。黜昏惰，❸擊貪冗。濫食官府者，望風而去。禁越訴，懲誣告，憲牘爲清。大德五年，授通議大夫、僉河南江北等處行中書省事。未及上，以十二月十六日，歿於池陽寓地之正寢，享年七十。贈正議大夫、吏部尚書、上輕車都尉，追封潁川郡侯。太常定謚曰文肅。

嗚呼！公美髯豐下，偉然大丈夫也。慷慨有議論，非國政民事不談。始仕内朝省府，廉慰江南諸道，皆有異政。而位不充其德，不能一還朝廷，論事廟堂之上，豈非命乎？故某官張公孔孫夢符持憲淮東時，述公爵里行事歲月如此，而墓碑未暇立也。仍改至元之五年，公之孫副憲節於江西，以集自史館歸老江上，有同朝一日之好，使爲之銘焉。大德初，董忠宣公士選自江西左丞拜江南行臺御史中丞，集以賓客從。時文肅守池，出見江館，集得謁焉。忠宣曰：「此世祖潛邸時老人，中朝之舊也。」四十年來，望其風采如在目睫，豈意得執筆以書其

❶「又」下，類稿本有「值」字。
❷「他」下，類稿本有「郡」字。
❸「黜」，原作「默」，據類稿本、四庫本改。

遺事者乎？娶王氏，追封潁川郡夫人。先公三十年卒。生子三人，彝、麟早世，誠以蔭入官，四遷，拜南行臺監察御史，尋升朝列大夫，僉廣西道肅政廉訪司事，中議大夫、中山府知府致仕。次四曰元，儒學官。次五曰楚，業儒，張出也。次六曰經，從仕郎，邵武路經歷。女：適太中大夫、寧國路總管河東李宗武；適將仕郎、德原縣主簿青人劉相；適朝列大夫、僉浙西道肅政廉訪司事、前進士梁國標。餘皆士妻。孫男三人：允文，以儒士試吏憲部，歷御史大夫、丞相掾，授承直郎、禮部主事，連拜西、南兩行臺監察御史，除西臺都事，復拜監察御史。還朝，除朝請大夫、浙東道肅政廉訪副使。今以中順大夫移副江西憲。次允武，次允中。銘曰：

天生碩才，以足世用；廟廊則高，民社斯重。維昔盛時，百取百宜；侃侃其謀，翼翼其儀。老成在前，英俊在右；佐我興運，參錯多又。惟文肅公，文學夙成；飭其脩能，從事禁庭。龍飛之初，接武諸老；造次德容，謦欬治道。肇開明堂，奏納惟勤；論功敷言，文史彌綸。出入始終，閱歷之積；忠賢我丞，姦慝我抑。列在御史，罔匪正人；立言不諭，直道以信。方州邇止，資其豈弟；嗟彼南服，未究新理。會稽遐悠，宋之遺墟；彼頑弗知，勞我兵車。大帥死忠，郡丞敷惠；有節有恩，大服民志。愛民之誠，久而彌孚；海江之間，千里奧區。三治宣閫，兩貳鹽筴；憲軺屢陞，郡紱增秩。知無不爲，動無不宜；荷紫橫金，蒼顏雪髭。烏臺鳳池，孰不來歸？江淮湯湯，而我獨遺。協恭外朝，用老伊始；殿於九華，諸尼其止。尚書履聲，竟不復聞；文肅易名，可徵者文。奕奕有子，世爲御史；至於賢孫，冠豸者四。持節泝江，舊治足來；遺風凜然，後賢寤懷。昔忝國史，書事爲職；老朽在野，豈敢有述？昔瞻公儀，又識公孫；垂遠之言，敢辭復諄。

正議大夫江南湖北道肅政廉訪使特贈宣忠効力翊戴功臣大司徒金紫光禄大夫上柱國夏國公謚襄敏楊公神道碑

維昔我朝建國之初，神武四達，方域内附，悉出其豪傑才智而用之。結之以誠，惠之以德，莫不竭股肱之力，以衛腹心，而經營訏謨，大得志於天下矣。逮我世祖皇帝，天度恢廓，聖鑒昭晰。小大遠邇，文武忠孝之臣，無不因其資性識造，位置之有道，器使之有宜，顧育之有方，所以使夫繼承大業者，得人才之用，沛然而無窮矣。西夏之歸，在祖宗時，其國人多已見用，有若式臘唐吾台者姓楊氏，自其國來見世祖皇帝，已被識察，待遇不同於衆人。國制禁衛之嚴，出入有定處，無敢違越。式臘一見之頃，即受命在左右。以門者之未素識也，❶特勑令勿有所呵。宰臣知其賢，請命以官。式臘固辭曰：「外官有奉賜爵秩之重，聖恩厚甚。然一日去帷幄，則不得日覲天顔，非臣之願也。」天子察其忠，止其命官，而使給事裕宗於東宮，益見親信。至元十□年，❷

❶「門」，類稿本作「闇」。
❷「□」，類稿本作「二」。

始大城京師於大興故城之北，中爲天子之宮，廟社朝市各以其位。而貴戚功臣，悉受分地以爲第宅。式臘公得建地和寧里，在内朝之西北，於朝謁爲近，惜乎不得年以卒。卒之日，長子教化，年六歲。次子朵而只，纔四歲耳。朵而只，即故御史中丞襄愍公，而教化所謂襄敏公也。公兄弟，幼鞠于母夫人趙氏，煢焉相顧，未有以自見。裕宗皇帝既崩，隆福太后居東宫，謂宫臣曰：「昔式臘唐吾台，事先皇最久且勞，今有子否？」對曰：「式臘殁，其妻趙氏與二幼子在耳。」乃召見之，曰：「二子明爽莊重，它日可望也。」因使公事武宗皇帝，而中丞事仁宗皇帝矣。武宗總兵朔方，鎮祖宗之故地，諸親王、諸軍，莫不聽命。内朝以玉章賜之，蓋天子之所服用，使施諸所部以爲機密符令之信。武宗顧左右忠信可任，無如公者。命公密懷之，卧起勿去肘腋，他臣弗知也。軍務纖悉，有所出命，則公以其章行焉。時西北有軍旅之事，武宗方遠征，而仁宗奉興聖太后出居懷孟。大德十年，公以軍事入奏京師。是時，上病已久，宫府不能無所觀望，北鎮歲賜不以時發。公之來也，因併請之，而太府卿某者，執其券不下，而重有所要。公不勝憤，前謂之曰：「太子躬擐介胄，蒙犯霜雪，率諸王、將帥、士大夫軍萬里外，以敵愾責不恭，給用賞功，賴此而已，無所私也。爾柰何阻之？恨不得面質爾罪於天子。」即引所持撾擊之曰：「此所以識也。」廷中咸愧而壯之。及上崩，内廷與宰臣議所立，非祖宗法，答剌罕忠獻王哈剌哈孫，持重不發，遣信使趣仁宗還鎮京師，以迎武皇帝。仁宗得報，未即就道，公適在京師，晝夜疾馳，見仁宗曰：「太子在北方尚遠，事亟矣，不於此時還京師，宗廟社稷之所係，間不容髮，尚遲回邪？」即遣李益、朵而只，乘傳以先。不數日，入朝定大難，迎武宗歸即位。方猶豫時，由公一言之決，可謂忠且勇矣。既即位，群臣以次見，至主藏吏，上顧公曰：「孰爲汝所擊者太府卿。」勑誅之，以其家賜公。公拜而言曰：「此誠罪當死，然事在新天子赦前，不可以細人失大信，請勿誅。至於以其家賜臣，臣尤不敢奉詔。」上嘉歎而從之。論定難功，超拜正議大夫、同知太府院事。至大二年秋，御史臺奏公爲江南湖北道肅政廉訪使。公將行入辭，上問曰：「官所去此幾何？」公曰：「三千里而遠。」上不悦曰：「此朕左右手，何可若是其遠耶？」即日留爲將作院使。留之居官五月，而疾作。天子遣醫，晝夜問遺不絶。竟以十一月二十六日薨，享年三十有三。上聞爲之震悼，賜鈔二萬五千緡，太后加賜萬五千緡，以恤其家。自中書以下百司，皆致賻。以延祐二年四月某日，葬宛平縣香山鄉之皇華原。

公娶李夫人，先卒。生子一人衍飭。繼室王夫人，適公時年十九，甫四月而公卒。越二十八年，爲後至元三年，歲在丁丑之正月，夫人亦卒，皆祔焉。李夫人事君姑趙夫人至孝，有疾侍湯藥不解帶。公在北方軍，夫人治家嘗如公家居然，族人咸賴之。王夫人於其孤，鞠育恩勤如己出者，勸之學尤篤。嘗曰：「吾門惟汝一人耳，不力學，何以自致。」見其能學，則以自慰。常居端莊，不妄言笑。坐茵故弊而完潔，不易恆處，凝塵不除，晏如也。朝之士大夫莫不稱其貞節，有母道焉。衍飭之幼，得見仁宗，摩其頂而歎曰：「其父忠勤，事先皇以及於朕，使今猶在，朕以何官授之？ 噫！ 其在此子矣。」出内帑鈔二十萬緡賜之，而歲賜粟給其家。 今上皇帝獨運乾綱，明於庶物，思夫逮事皇祖之故臣，有子孫可用者，得衍飭焉，拜南行臺監察御史。 清明端直，有先人之遺風，方見用云。 公弟在中臺時，大父世剌，贈推忠佐運功臣、太保、金紫光禄大夫、柱國、夏國公，謚忠定。 夫人米下氏，❶封夏國夫人。 父式臘唐吾台，贈推誠翊戴功臣、太傅、開府儀同三司、上柱國、夏國公，謚康靖。 夫人梁氏、趙氏，皆封夏國夫人。 而特贈公宣忠効力翊戴功臣、大司徒、金紫光禄大夫、上柱國、夏國公，謚襄敏。 夫人李氏，追封夏國夫人。 王氏，封夏國太夫人。 贊書純至，臣子感焉。 中丞文刘，❷其子不花佐憲河東，又死國難。 中丞之次子文殊訥，公子衍飭，受知聖明，皆起家爲御史。 一家再世有大節，前後五人皆受耳目之寄，豈他宗所可及哉？ 集往年待罪國史，嘗奉詔書中丞遺事于其神道之石。 衍飭南來，以爲集雖老退田野，筆墨荒落，而粗悉其世，求著爲銘詩，不敢辭也。 其辭曰：

維夏盛强，亢于西垂；相時來廷，世總其師。 民之多難，疾威靡壹；保族以康，令德之積。 厚本長源，有楊之宗；忠定之賢，乃啓其封。 心雄萬夫，康靖有作；一見天子，默有遐託。 雅志本朝，不樂外馳；俾事裕皇，寔由眷知。 二惠競爽，而弗及見；煢煢嫠孤，卒克有踐。 公事武皇，從軍朔方；蹇蹇中丞，弟兄相望。 大統之傳，聖武有

❶「下」，類稿本作「卜」。
❷「文刘」，類稿本作「之殁」。

訓；變生宮掖，幾失正順。宗社之危，仁廟有爲；克斷弗疑，公來贊之。大事之機，中不容界；一言之興，國事攸賴。至大清明，聖功聿成；統宗會元，爲國之經。聖子神孫，有永無斁；立言有初，具在史策。世胙鄉邦，栢圭衮裳；煒煒煌煌，有賁永藏。暫微復興，在今御史；思其先忠，以報天子。兩襄之阡，松栢桓桓；史臣有書，千載弗刊。

朝列大夫僉燕南河北道肅政廉訪司事贈中議大夫禮部侍郎上騎都尉追封天水郡伯趙公神道碑

集昔承乏國史，觀乎中州，當國家興王肇基之初，而究夫亡金喪亂之迹，以補史之闕文。而太平日久，舊聞散失，苟有可稱者無鉅細，執筆不敢忽也。得故禮部侍郎安平趙公事狀，見數事焉。公諱思恭，字仲敬，姓趙氏。先世譜牒軼□於兵，❶可知者，曾祖温，祖德。父仁，金鈞州同知。金之亡，其民顛沛奔走無底止，四民無所占其籍。徵調一起，柔彊並驅，俊乂無別。太宗皇帝思養其賢才而用之，乃擇知名之士，乘傳行郡縣，試民之秀異者，以爲士籍，而別於民，其尤異者復其家。而浮圖、老子之徒，亦有定數。然後軍旅、驛傳、工人之役，逢掖不與，得以世脩其業。而二氏之競起，亦自此始矣。是時鈞州以國亡不仕而見知朝廷，在被命試士之列，吾黨之賴其優存者多矣，其一也。金之衰，豪傑起而保其鄉

❶「□」，四庫本作「散」。

里，收其財賦以自歸於朝廷。急於税課關市之征，令長多所辟置。傷殘既多，草萊弗辟。世祖皇帝建元中統以來，深憂邦本之在兹也，始置十道勸農使，總以大農。❶爲之使者，皆取於故國老人、君子、長者，親行田里。諭以安輯，教之樹藝。而匹夫匹婦始知有養生送死之日，而天下之治自此成矣。是時勸農於河南、河北，而爲之使者，侯公爵也。❷辟仲敬以從，奉行新條，不厭不迫，而知名於時矣，其二也。桑哥專政用事，深忌御史臺不便於己，求所以沮害之者。自臺官御史以下，不得行其職，惴惴憂畏，其事多端。如立臺舊例，六部史以時抱文書詣御史府。御史閲其牘，誤者正之，犯者治之，皆有常式。而桑哥以爲户、工二部事繁，吏不暇給，奏御史携印詣部而閲之，意將以陷御史也。當是時，公與趙魯公世延俱爲御史，當閲工部卷。趙公與公議曰：「吏姦旁午，觀望首鼠。盡索之將不勝誅，而易於激怒，以傷大體。稍有疎漏，彼因得以爲我罪，宜何出乎？」公曰：「盡索之而激怒，固禍出不測；而以疎漏縱容，見及禍亦不測。不如詳覆之，寧受嚴密之禍，猶不失御史體也。」公性本寬易，於此乃檢劾搜校，無細不察，經時而後畢。桑哥果使人覆視之，思慮至到，略無可議者。趙公後歷臺省之重，思公之才不盡用，作辭以哀之，其三也。國家歲以二月八日，迎佛於城西高良河。京府盡出富民珠玉、奇玩、狗馬、器服、俳優優雜、子女百戲，眩鬻以爲樂。禁卒外衛，中宫貴人大家設幕以觀，廬

❶「農」上，類稿本有「司」字。
❷「侯公爵」，類稿本作「公侯爵」。

帳蔽野。諸王、近侍、貴臣，寶飾異服，馳駿盛氣，以相先後。國家一日之費鉅萬，而民間之費稱之。桑哥者，本大浮圖師之譯者，得見幸遇，故其事尤侈。織染提舉儲普華者，高良寺中之人也，並緣爲貪虐尤甚。公以御史，執而治之。以桑哥之令，求解不得。桑哥召而辱之。詰之曰：「女不欲爲天子求福邪？禍且不測。」公徐曰：「儲普華欺上虐下，爲天子斂怨，非求福也。」桑哥不能屈而罷。爾後，頗知國用之耗，或間歲一省，或略應故事，不復如昔之盛，其四也。因公之行事，❶而國政之可考者在焉。是皆當書以示來者，非私述矣。公生於喪亂之餘，長乎建國承平之始。讀書以知義利爲要，明習法令以副之。高公鳴，名士也。其守彰德，辟以爲史，以廉辨稱。遂佐勸農之行，奏功，轉刑部史，升大司農掾，又轉宣徽院。至元十六年，授承事郎、宣徽院照磨。明年，遷承直郎、本院主事。院陞二品，就升承德郎、本院經歷。院之所司，天子之膳羞宴饗，諸侯王大臣，軍旅賓客，廩餼牲牢，籩豆之實，酒醴之用，水陸之珍，百品咸具。皆禁近大臣，世守其官而領之。經歷主事之官，視文書出入，簿正供具之出於四方者，無所泛濫。臺除奉訓大夫、燕南河北道提刑按察司判官，召拜御史。聞山北饑，即以賑恤爲言，因命之往。勸急有方，山北之民，存活甚衆，而歸其子女易粟而爲孥者。遷奉政大夫、大司農經歷。而董公某、尚公某皆在。公條農務之當行者，二公賢而奏行之。上爲嘉納。時御史臺見屈於權臣，中丞何公榮祖、董公文用前後顯奏其罪，而

❶「因」，原作「困」，據類稿本、四庫本改。

桑哥誅。内外憲府，始得伸其職，遂改提刑按察司爲肅政廉訪司，以振起之。廢察判之官，省勸農使，以增廉司兩僉事，而拜公爲朝列大夫、僉河北河南肅政廉訪司事。三年，僉燕南河北道肅政廉訪司事。公之在憲府，所至率師弟子員，行禮學宫以爲教。而吏民之頑嚚不率者，亦不貸以法。好薦士，後多爲大官，知名當世，如郭公貫、安公祐、劉公賡其人也。歲十一月，行部大名得疾，某日卒于官舍，元貞二年也。是年十二月八日，葬于安陽聶村原之先塋。得年五十有八。公娶焦氏，金進士茂才女，後公二十五年卒，合葬公之墓次。茂才，太原元公好問之同年友也。

公平生儉約自處，初至京城，任官者皆分地以爲居。公貧且介，弗有也。外無僕役，身親賤事。夫人明詩習禮，相公以學，躬執飪爨，傍無使令，祭祀賓客，靡有闕事。公之讀書，六經之外，非有益於世教者弗觀。如程、朱之遺言，則手自編録。若夫陸宣公奏議，真文忠公《大學衍義》，許文正公文集等書，則未嘗一日不紬繹也。及卒於官，幾無以爲斂，真介然有守君子哉！以次子天綱貴，贈中議大夫、禮部侍郎，追封天水郡伯。夫人封天水郡君。子男三：侃，翰林國史院譯史，年十九先卒。天綱，舉茂異，除宿州儒學正，以御史大夫掾，見知文皇，超拜浙東廉訪司經歷、南行臺御史，進内臺御史，歷僉淮東山東廉訪司事，擢嶺南廣西道廉訪副使，改副湖南。天經，蔭獲嘉簿、冀寧録事，年二十八卒于官。女二，壻潞州屯留簿王蔚，僉江南浙西道肅政廉訪司事傅汝礪。孫五：植、構、楷、槐、楝。構，江西行省檢校官。植、槐早卒。曾孫四：炳、煇、炤、燿。天綱，副憲廣右，既得推恩封公。夫人北還至儀真，而構除官江西適至，乃命之曰：「侍郎之葬，四十七年矣。而墓碑未立，蓋有待也。今蒙上恩，官爵、勳封皆四品，亦已三年，可以表諸墓道矣。我昔在憲府，嘗識太史虞伯生氏於趙魯公之宅。魯公篤府君故舊之好，嘗言先世遺事，太史其必識之。今歸老臨川，爾至江西，其代我請銘。」其客傅若金著行狀與其書以至。集曰：嗟夫！人孰不欲使其親之有見於後世乎？其言行無所係於當世，則亦末如之何也。予觀其狀，與昔聞於魯公者，諒可信，故爲之銘。銘曰：

在昔世皇，建元命官；小大文武，雍雍桓桓。寬則易弛，容則多肆；肅而正之，乃立御史。慶賞刑威，有勸有懲；治朝清明，姦慝不興。天子仁聖，置相委政；彼黠而嚚，竊我威命。狐詐虎虓，肆爲百欺；烈日嚴霜，陰妖莫施。以争以抑，不遺餘力；峩峩惠文，撫劍莫擊。公於此時，弗亟弗徐；携印就曹，閲其文書。急則爲傷，緩則以靡；分條折縷，以極其理。鈎箝無施，反歎其能；不惡而嚴，官有恆尊。詭異之觀，君子所斥；諤諤有言，狂猘屏息。公贊大農，務植本根；卿奏其書，以孚上恩。玉食不會，庶邦畢獻；度其常供，有正無羨。繡衣舒舒，畿甸周諏；三年載遷，盡瘁以瘉。嗟當治隆，百吏樂職；我獨多艱，弗踐以陟。垂五十年，令子登崇；持節海嶽，天子所庸。遺忠遺直，父訓斯在；爰及其孫，夙有冠佩。歸視其阡，松栢如雲；伐石巖巖，來徵斯文。三加彌尊，有爵有秩；繼兹有書，觀者必式。

道園學古録卷之四十二

道園學古録卷之四十三　歸田稿十七

雍虞集伯生

墓志銘

臨川隱士孫君履常甫墓誌銘

孫君諱轍，字履常。其先自金陵來居臨川。高祖彦，居官治獄有陰德。以子貴，贈奉直大夫。曾祖次康，迪功郎。祖果，父震，妣蔡氏。君未成童而孤，以母教知警策，自樹立。臨川文物之邦，自昔有行義、文學、政術之士，相望於代。宋亡，故進士數人，衣冠偉儒，爲衆庶儀表，三四十年而後盡。君之生，後於諸公，而頌詩讀書，檢身慎行，隱然蚤有譽於州里，郡人力足以致客者，具禮幣迎君於家塾，身率子弟，受學候問，敬養如事父兄。久之，從學者日衆，始即家居而講授焉。一畝之宫，近接闤闠。樹竹數个，門庭蕭然。外齊内燕，嚴靖有恆。户外之屨常滿，與門人考德問學，以孝弟忠信爲主本，言温氣和。聞者油然而自得，虚驕暴厲之氣，忽然消沮。故雖童孺亦知所趨鄉，不違軌轍。而郡中俊彦有聲者，往往皆自以爲出其門矣。君居必端坐，出入有節，待親戚鄉里禮意周洽，言論之間，無幾微及人過失長短，而不經之瀆，非理之干，亦無自而至前矣。士子過郡者必來見，多愛慕之不忍即去。自部使者、郡長吏以下，文武吏士仁且賢者，莫不下車裴回，至於君之里。君樂易莊敬，接之以禮，言不及於官府，而豈弟愛人之説，則深致意焉。江西行省憲司聘辟，皆不就。朝廷嘗遣奉使，分道問民疾苦於天下。齊太史履謙，學者也。實來江西，以遺逸特舉君一人學官，歲時致廩餼，皆卻不受。自卿大夫至城市田野，莫不稱之曰澹軒先生云。君雖甚貧，事母至孝。母夫人性嚴，君承順甘旨不缺，常足以致其歡心。寡妹有三甥女，皆養之親側，及笄，審所宜歸而歸之。女弟有痼疾，居室無間言。母夫人年九十五而終。君時年已六十，哀慕摧毁，不敢自以爲哀，君子稱焉。君以元統甲戌十一月癸丑卒，距其生之壬戌，凡七十有三年。娶程氏，郡名士之女也，前二十年卒。無子，有女三人：適黄勳，適王瑜，皆前卒。其一未笄。君歿時，命從子繼祖之次子益爲己後。明年，君之親戚門人與爲之後者，以十二月壬申，葬諸臨川靈臺鄉高橋嶺之原。使其甥女之子李彝，來求銘。

君有文集若干卷，其門人將刻而傳之。故翰林學士、崇仁吴公伯清敘之曰：「所謂仁義之人，其言藹如也，於此可以觀其人焉。」君有近體詩曰：「自是難容力，那堪預作期。勿忘仍忽助，非速亦非遲。」可以見其學之所至矣。陸文安公生臨川之金谿，近時郡之學者益以爲慕。鄉吴公嘗喟然於私曰：「陸子之學，如青天白日，不可尚已。聞其風而悦之者，或莫究其實際，而昧其指歸，其失之遠矣，深可嘆也。」吾觀孫君，教人篤實平允、守經循理，庶幾不知者之不敢爲過高自欺之説以自詭，而今亦亡矣。噫！吾將誰與歸乎？爲之銘曰：

化俗達材，本乎君子。奕奕侯邦，

民庶來止。孰敦吾淳？孰廓吾鄙？躬行以率，人用知耻。有游有從，觀感成美。仁義之言，其著在此。銘表其鄉，以勖髦士。

故臨川處士吴仲谷甫墓誌銘

臨川有隱君子吴仲谷先生者，生故宋景定癸亥，七十七年而卒。則國家仍改至元之五年己卯之十二月也。其孤肇營葬，得地於其里長寧梅江之下保，以明年庚辰十月甲申窆焉，先事來求爲之銘。其先居金陵，南唐歸宋，即來居臨川東門。買田金谿，築室城東以居。郡故多氏吴者，别之爲東門吴氏云。世爲儒家而隱德不耀。淳熙中，金谿有大儒先生陸文安公，以卓絶之學，尚友聖賢。與新安朱子同時並起，以其學教學者，天下師尊之。而文安公實娶于吴，則諱漸府君識文安於齠齔，以其女歸之。它日，子孫祠府君于書堂，以文安公侑食，名之曰「清潤」，用晉人語也。府君生武寧主簿文盛。武寧生惠子，有書曰《易論機衡》。其弟國史校勘正子，有書曰《二禮經制》，書上送官，並免本州文解。而校勘用薦者得召對，稱旨，而著廷辟爲之屬矣，是爲先生之大父。而先生蚤喪其父瑀，鞠於伯氏。伯氏没，服伯氏之服，而喪之三年。世母朱氏，年八十六而卒。服喪，禮亦如之。先生之居是邦十世，四百年。官雖不甚顯，而清脩文雅，❶見稱於君子、公卿大夫。有過於清潤堂之門者，莫不見焉。先生以貧，而書堂不加葺，而敬者不衰，則先

❶「雅」，原作「稚」，據類稿本、四庫本改。

生得以繼之者。先生當我國家混一之盛，野無遺賢，而端居講授鄉里，自江右之伯帥、牧守、御史、部使者與文學之吏，薦辟相望，終身不爲之動。先生無妄交，而學士大夫過郡，無不求見焉。故楚國程文憲公見知於世祖皇帝，凡所薦引，起家臺閣風憲者數十人。而嘗貽書於先生曰：「臨川士友及門者，踵相接也。獨相望足下，耿耿如玉人，而不可得見。」程公好賢聞天下，而先生待之猶如此，則其爲人可知已。郡人尊德而尚世，謂諱漸府君曰東齋，謂校勘君曰石泉，二一禮君曰西泉，謂先生曰北齋，皆因所居而稱之。不以官，不以字，蓋其士風之美者乎？

先生諱定翁，字仲谷。弱不好弄，儼然如成人。自長至老，衣冠以居，寒暑不懈，讀其遺書，保其先業，以長子老孫。不求贏餘以自廣，而族人子弟，婚嫁喪葬，竭力以助之。宋亡時，有故淳安令平山曾子良，退居其鄉，先生從之游，其要以爲求聖賢樂處。崇仁甘泳中夫者，以雋邁而能隱，以其卓識高志悉寓於詩，自以爲人莫之及，而人亦信之。先生從之學詩，尤得其音節氣岸，久而造於沖雅，則其自得也。故翰林學士同郡吴公，以爲有盛唐之風。而今學士豫章揭公曼碩，引以比諸涿郡盧公摯，以爲盧公位顯而氣完，不若先生之幽茂踈澹，皆確論也。先生初與曼碩友，同郡孟均，盱江程百年、劉時習，皆其人也。然後皆出仕，或至貴顯，先生泊然自如。又有孫君履常，亦自金陵來徙者也。數十年來，與先生同爲是邦之望，而先生尤爲清苦，詩特其一學之美而已。集從先生寓是邦五十有餘年，退而閑居者八年。始哭學士吴公先生，又三年而哭孫先生，又三年而哭先生，而郡之老成盡矣。吾黨之小子學者，將何所仰乎？故不辭而爲之書。先生娶鄧氏，繼畢氏。則知韶州允升之孫，將仕郎行之之女。長子肇，有文學，象州儒學正。次端，爲伯兄後。又次載。女三人：長適饒泰來，次適張益，幼適涂禹玉。孫男四人：湜、濟、元生、還生。女五人：長適周士元，次適楊讓，又其次適陳曾，幼在室。先生平日之言曰：「士無求用於世，唯求無愧於世。」蓋名言也。其歿也，自始病至寢疾，❶飲食、服藥如其常。其將没，召子孫申誨以先世之所以久遠者，屬以輯其遺文，而不及它事。沐浴具衣冠即席，久之翛然而逝，可以見其爲學矣。銘曰：

先覺既遠，學迷其宗；危者爲崇，愿者爲恭。不足之歉，善默其容；君子憂之，孰爲汙隆。我瞻青田，卓哉獨識；陽春高秋，青天白日。孰造其原？不載以積；吾儕困學，每病其窒。皦皦先生，於學其傳；安節躬行，不矜不遷。我咏其詩，幽茂自然；梅江有藏，隱君之阡。

亡弟嘉魚大夫仲常墓誌銘

元故嘉魚大夫虞槃仲常甫，以泰定丁卯六月七日卒。明年，其孤宣，葬之撫州崇仁縣禮賢鄉廿六都之圓湖石鍾山。後十五年，其兄集歸休而老，始克敘先世，列行事，著銘刻石於其墓云。虞氏，系出虞仲，世家會稽，唐永興文懿公諱世南，陪葬昭陵，爲

❶ 「自」，原作「目」，據類稿本改。

雍人。後十一世諱□□，從禧宗入蜀，守仁壽郡，因家焉。八傳爲五世祖故宋乾道丞相，贈太師、雍國忠肅公諱允文。四世祖直秘閣、贈開府儀同三司曾大父利州路提刑、贈朝請大夫諱□□。大父故仁壽縣開國男、食邑三百户、國朝累贈嘉議大夫、禮部尚書、雍郡侯諱□□。考故國史院編脩官、累贈中奉大夫、四川等處行中書省參知政事、雍郡公諱汲，妣雍郡夫人楊氏。仲常以故宋咸淳甲戌六月十一日，生於臨安。先夫人之父、故宋給事中、工部侍郎、國子祭酒眉山楊公文仲，方拜太常卿，而仲常生於館，故小字曰常。明年，楊公出守海上，我先人從之。既而宋亡，國朝至元戊寅之歲内附。先君出海北還，仲常已五歲。干戈中旦暮不相保，無書册可携。先夫人置我兄弟於膝下，口授《論語》《孟子》《詩》《書》□。❶又二年庚辰，至長沙，始得書之摹本，而仲常已盡誦諸經，略通其義矣。蓋與集同學，而勤苦尤過之。又七年，至撫之崇仁。先君有友曰吴公澄幼清氏，先夫人曰：「此大儒，非常人比。」故我兄弟雖學於家庭，而仲常深究力攷，已爲吴公所知。二十娶潮州治中宜黄譚氏，則姑氏之女也。姑氏遺女資裝頗治，仲常不以動其心。予家甚貧，而其婦安之，仲常之身教也。其幼時，常讀柳子厚《非國語》，以爲《國語》誠可非，而柳子之説，亦非也。著《非非國語》，時人已歎其識。民間傳聞，朝廷得李斯傳國璽者，御史中丞崔彧使秘書丞楊桓辨而上之，乃著頌，極其所欲言而未始進也，時人美其才。稍從諸侯爲賓客，署湖廣行省

❶「□」，類稿本、四庫本作「等」。

龍陽州儒學正，全州清湘書院山長，除辰州路儒學教授，冀斗升以爲養。然所至論學設教，饘粥初不給也。辰州未上，而延祐科詔行，歲丁巳，以蜀遠，就試江西。明年廷試，賜同進士出身，除吉安永豊丞。丁郡公憂，不及上。仲常之家居也，無晝夜，手不釋卷。事親之暇，内接親戚，外交友朋。酬酢人事，有方有節，井井不紊。於《詩》，於《書》，考諸傳註，常病其傳襲爲説，而無以知古昔之意。皆定著其説，凡數十篇。其學尤粹於《春秋》，以爲諸傳不足以得聖人之旨，亦别著爲書，尤病左氏之夸於辭而謬於實也，遂并《史》、《漢》之謬而論之。其書具存，惜其平日慎重不發，故知之者鮮。而及其門者不足以究其學之所至，未有以傳之。每與吴公論其所學，必爲所許可。讀吴公所著諸經説，他人或未足盡知之，而仲常輒得其旨趣所在。蓋其用力精深，而有以得之，非泛然也。後之君子有得其書而讀之，始慨其人之不可得，而哀其所見於世者，僅此而已。先君之服除，集復召歸次對，而仲常除湘鄉州判官。吾二人者，雖志不在仕宦，而貧無以爲家，慟哭爲别。仲常之治湘鄉也，同官多自進士出，❶敏於爲官，而仲常信所學，頗稱癖古。有富人殺人，而使受役於己者坐之，上下莫不阿從，而坐者亦無他辭矣。仲常獨不署，而死者坐者，卒皆不冤。有巫至其州，稱神降告其人曰：「明日某方火。」即火。又曰：「某方火。」又即火。民以火告者，仲常皆赴捄，至達晝夜，告者數十，寢食盡廢。而縣長吏以下，皆迎巫至家，而厚禮之。又曰：「將有水與

❶「同」，原作「問」，據類稿本、四庫本改。

兵，且至州。」大家皆盡室以逃，幾不成州。巫大言惟虞公不信我。仲常聞之，謂其吏曰：「吾未暇耳，行當召問之。」明日，得劫火卒一人訊之，盡得巫之黨所爲狀。坐捕盜司，召巫至鞠之，無敢施鞭箠者。仲常命可告語者二人，謂之曰：「此將爲大亂，此安有神乎？」急治之，盡得其奸狀，與其黨數十人羅絡内外，果將爲變者。以告諸長官同僚，皆無敢出治，曰：「君自爲之。」仲常乃斷巫如法，并其黨各歸諸其鄉，而官府民家以安，始服儒者之爲政如此。秩滿如京師，將與集相見，而道中暑卒。幼子豈從行，殯諸桃源縣之北，而奔告于集。叔弟葉，同在京師，乃營葬費，使葉與豈歸其喪。未行，而宣已自臨川奉柩而歸諸崇仁，嘉魚令之命下，仲常不及見矣。

嗟夫！故宋衣冠之世家，百年以來，幾已盡矣。而遺經道學之傳尤鮮焉。先君、先夫人，抱先世遺教於萬死一生之餘，忍貧茹疏，❶使我兄弟得以就學。集之不肖，雖竊禄食，無以顯揚其親。以仲常之積學，立志著書，立論有可傳者，而所至止此。此皆集不誠不明，上負祖考，下負賢弟者也。是以歸來數年之間，宣等屢以斯文爲請。每一執筆興思，輒流涕而不能成章。今年已七十，疾日加甚，恐終無以盡吾情者，乃敘而銘之。子宣，次旦，次豈，皆國學生。孫：裕貺、埴椿、桂墳。女適賈熙，次適袁州路録事判官袁正。有諸經説若干卷，文集若干卷，藏于家。銘曰：

忠厚之心，純明之教；我親孔艱，保我視傚。學而自信，行而自持；乃

❶「疏」，類稿本作「蔬」。

克有爲，我親之思。同習異成，不敏在予；來先去後，我哀弗除。精神何之，託翳丘土；明復爲人，孰待來古？

皮棨維楨墓誌銘

皮棨，字維楨，臨江路清江縣崇學鄉下熝里人也。故宋參知政事龍榮之世家。紹定己丑進士、宣教郎、知平江縣事巽之曾孫。鄉貢進士、内附國朝嘉議大夫、南雄路總管、府尹兼勸農事一薦之嫡長孫。廕受忠顯校尉、前岳州路平江州判官滑之子也。母虞夫人，則故丞相、忠肅公之五世孫，國朝贈嘉議大夫、禮部尚書、雍郡侯展之孫，中奉大夫、四川等處行中書省參知政事、雍郡公汲之女，而集之長女弟也。棨以大德丁酉閏十二月初十日生。弱冠以文學稱于鄉。娶河東李氏，故集賢侍讀學士、中奉大夫倜之女也。故翰林學士、資善大夫、知制誥、同脩國史臨川吴公澄之在朝也，肇開經筵進讀，極一時之選。其告老而歸，猶拳拳以勸講爲重事、薦才爲己任，特爲書達于朝廷，使備檢討之選，未報。故集賢大學士、光禄大夫高昌岳柱，出爲江西行省平章政事，所部州郡有知名士，皆禮而延之。而棨爲之客，甚見愛重。將署置幕府，不屑也。蓋其負志甚高，而母氏先殁，李氏婦又喪其父，不樂仕州縣，屢遷官不以爲意。二知己鉅公，又先後去世，是以未能有所發也。再娶同里徐氏，蓋東漢隱君孺子之裔孫。子男一人，西。女三人：長適同里楊某，次女許適同里姓某，次幼。棨以至元丙子二月七日卒，得年三十九。後二年戊寅三月十九日，其父葬之龍興路富州奉化縣黄原，坐未向丑。集爲紀其家世歲月如此。嗚呼！前朝故家日遠而微，其起而際遇國家之盛者，其氏族不必因其舊也多矣。桀內、外家文獻庶有足徵者。桀又敏學，意氣蓋有父風，而翰墨幾乎舅氏之似矣。吾女弟止有子一人，而止於是，其可悲也夫！其可感也夫！銘曰：

金利玉輝，鼎鉉弗施，永瘞于兹。噫！

故修職郎建昌軍軍事判官雷君墓誌銘

君諱昇，字則順，姓雷氏，豫章豐城人。雷氏，自煥得寶劍於其邑，世世宗之爲望族。故宋時，有諱蔭者，自邑之會昌，遷居城溪，三傳生才。才生震。震生贈承事郎雲翔。承事郎生通直郎、監南嶽廟、賜緋魚袋璲。通直生文林郎、京西安撫司幹官、贈中大夫祁，君以爲曾大父。禮部尚書、寶章閣學士、通議大夫、廣東經略安撫使、知廣州、開國豐城宜中，君以爲大父。奉議郎、大社令、通判韶州國乘，君以爲父。君本尚書公之弟、諱憲中之第五子也。以景定辛酉九月十八日生。前三夕，尚書夢得寶鼎於狀元坊，既而君生。尚書語其弟曰：「是足當夢鼎之祥矣。我將奏之以官，必以爲吾子之子。」六歲，背誦《論語》《孟子》無遺句。稍長，嶷如成人，弱冠爲諸老所器重。會德祐改元，尚書遺進表行在所，補將仕郎以歸。時方多虞，閫臣急於用材，辟建昌軍軍事判官，出官修職郎。是歲，尚書起鎮廣州，大社從，君留居家。尚書在廣州，劾悍將，易正大，而尚書亦以言罷。出廣州，還至曲江，道梗不能還。適大社除倅韶，奉尚書將入城，國朝軍自湖南至。大社死于兵，而尚書南邁，至于馮村之地而止焉。後三年，北兵卒至尚書所居，❶傷及尚書之身。兵去，門人請療之。尚書曰：「國事去矣，吾何以生爲？」遂死。踰年，訃始至于鄉，君服喪如禮。而族人或謂尚書家遺業甚盛，將爲不利於爲之後者。君曰：「國破家亡，固其宜也。且族人固吾祖父一身之分也，何愛而不與之共乎？」即分與之有差，己取其餘而已。獨歸櫬南海，則以爲己任。每一言及，則慟哭流涕，不能寧處，求申其情事。歲在丙戌，江南之内附已十年矣。而嶺海之道始通，君辭所生父，而與之訣曰：「大社固已無可柰何，萬一尚書旅櫬不得，則兒未有還期。」遂去，至廣州，留數月。訪諸故吏黎應豐，得尚書殯處，奉柩泛海。及廣州，遇海寇洋中，隣舟人赴水死，君手銘旌大慟號，❷詣寇曰：「故尚書雷經略之棺也。」寇爲之感而問曰：「故宋雷尚書乎？」曰：「然。」「爾爲誰？」曰：「尚書孫也。」盜義而去之，乃得達。而門生故吏猶有在廣州者，迎哭哀誄，相屬于道。北還，數經險阻，身先輿役，行道之人哀之。而鄉黨宗族，咸謂尚書有孫矣。是時朝廷録用宋故官及其子孫。❸程公蜚卿歸朝，薦君爲清江丞，不就，遂終其身云。至元戊寅，尚書广山之里第燬，君奉神主、抱遺書、簪笏、誥命以避，而不及其私。居北園三十年，求聖賢於方册，與名士爲交游。前進士范登氏題其齋曰「止善」，表其爲學之志如此。

❶「北」，原作「比」，據類稿本、四庫本改。
❷「手」，類稿本作「持」。
❸「宋」下，類稿本有「之」字。

鄉人有蒙誣于官而不直者，邑大夫適見君，君爲道見誣之故，大夫從而直之。其人感君恩，懷白金爲謝，君斥去不受。大德、至大間，里中飢。至順庚午，又飢。君皆出己粟賑之，全活甚衆。里人爲之謡曰：「六十年前歲庚午，雷氏出粟活飢者，後庚午歲歲復飢，雷氏出粟如當時。雷氏子孫力爲善，文章貴重當復見。」其世澤可知矣。即广山爲居，如尚書時規制，人不以爲過也。國學進士國登者，本君之同父兄也。子泰禮，孫民傑，皆相繼歿，無後。君乃求諸伯兄將仕郎國賓之孫同康而立之，以成進士之志。資君娶同里曾氏，房州知府光之孫女也。資送充厚，而曾氏遭時艱，家遽乏，君盡歸所賫資以養之。親喪未葬者葬之。老而無子，取其從兄之子焱以繼之。教育之至成人而後已。至順癸酉十一月廿九日卒。曾夫人先十八年卒。子男二：長鑄，永新州蒙古字學正，慶遠等處安撫司教授。次濤。女四。壻曰勅授安福州巡檢王葵，胡克忠，❶曰吴廷玉，次未嫁。孫男四：永吉、終吉、逢吉、洪壽。孫女六：長適臨江路學正范復祖，次適徐理，餘未嫁。曾孫女一人。將以某年某月某日葬君于某處。范復祖，予甥之子也，是以鑄介復祖來告曰：「鑄不忍遠仕，妨朝夕之養。亟歸侍側不兩年，而先君竟棄諸孤。庶幾其遺事之傳於不朽也，敢以墓碑爲請。」集觀于故國世家，其子孫漸以陵弱者多矣。若尚書、大社皆死國難，與君歸柩之事皆可書。且其婚姻家，又皆前代簪纓之舊，亦可尚矣。故爲之銘曰：

❶「胡」上，類稿本有「曰」字。

赫赫宅里，世濟其美；尚書之孫，大社之子。奉柩海瀆，❶妥其歸魂；大社有子，尚書有孫。鍾鳴鼎食，來爾姻戚；生瞻令儀，其藏可式。

故奉訓大夫衡州路總管府判官致仕楊君墓誌銘

眉山楊氏，系出華陰漢太尉震。至唐，漢公居靖恭坊，子孫益顯。僖宗之入蜀，國子祭酒膳從之。其弟勝，爲丹稜主簿，遂家眉州。歷五代、宋，歲久族大，世有文學顯官，及其季年尤盛。參知政事諱棟，以道學事理宗。景定甲子，論彗星忤時宰，退居台州以殁。參政之父諱端仲，贈太師、中國公。而履之，其仲子也。官至□□大夫，❷淮西安撫兼知和州。文武才略，勇毅過人。武將自行伍起者皆嚴憚之。有子諱公畿，内附國朝，以嘉議大夫爲南安路總管兼府尹。軍旅之餘，江廣之間，綏撫鎮遏，恩威並著。蜀人士大夫在故鄉時，深苦兵寇之禍，故在東南者，皆走嶺海。及知世祖皇帝神武不殺，稍稍北還，而家業狼狽，僅保性命。凡道出度嶺者，南安公必出私財以周濟之，得不至顛沛。其甚不能自存者，有全室養於楊氏者矣。南安公之既老，一至杭州，盡以其田施諸族人，而還居廬陵。蓋自南安北還，止此而不能去也。子曰壯行，字伯學。倜儻好學問，喜交游，一時之名人，若故宋禮部侍郎鄧公中齋、博士劉公辰翁及鄉人江西儒學副提舉陳公黄裳，皆忘年

❶「瀆」，類稿本作「濱」。
❷「□□」，類稿本作「朝請」。

與之游。和州有先業，在杭之咸林，參政之退居，嘗聚族於斯也。南安没，伯學始得至其處，理其蕪没，以施諸族人而還。故江西平章政事淄萊李公世英，故江西參知政事東平徐公琰，知其才力，薦之仕。乃以父廕，除修武校尉、韶州路仁化縣尹，歷吉州税務提領、永新州判官，改承務郎、邵武路邵武縣尹、廣西慶遠南丹安撫司經歷。年方六十，以疾告老，授奉訓大夫、衡州路總管府判官致仕。娶王氏，廬陵人。生子昌文、彬文。昌文，資爽異，好讀書。衡州公之在仕也，服勤左右，克成父之志。其歸老也，以善事稱。屢赴江西鄉舉不偶，科舉廢，始用衡州之廕，授崇仁縣尉。以至元四年戊寅之歲七月七日上。奉其父以來，上數日即病，以八月二日卒。衡州君年七十有一，久病，聞尉之没，起撫棺大慟，遂以疾篤，後十日卒。嗟乎！人生至此，其爲厄亦酷矣哉！尉知集之自楊氏出也，其始至，即以父命來謁，求通其譜於舅氏之子者而觀之。蓋我先雍郡夫人之父，則故宋工部侍郎、國子祭酒諱某。其系則出于丹稜府君，於屬則參政其叔父也。寶祐、景定間，侍郎與參政同朝，諸父、昆弟之愛敬無間言。蓋衡州君欲與集申論此事，而不及見矣。悲夫！予始哭尉，其子樵號而以衡州君之命求志其墓喪。未行，又哭衡州君而未及書也。彬文來奔喪，又號於集而求書衡州君之事如此。邑之人聞尉父子相繼没，在殯未能去，里巷莫不嗟悼，❶而同僚亦深念之。況於集有鄉里親戚之故，其有愛於一言乎？昌文，字貫道，生至元丁亥。

❶「悼」，原作「掉」，據類稿本、四庫本改。

娶蕭氏、李氏，而二子，黄氏出也。銘曰：

西望故鄉，山川邈悠；鬱鬱青原，南安有丘。澤既再傳，而不克永；載柩江路，連發其引。喬木之家，其餘幾何；載其世官，表諸山阿。❶有學有文，則在孫子；三世之藏，尚復多祉。

袁仁仲甫墓誌銘

袁君公壽，字仁仲，其先南豐人，遷臨川之樓撫山。居八世，兄弟多至六十餘人。君之曾大父泰，其一也。大父世賢，❷父士琮，母楊氏。君以故宋寶祐甲寅之歲生。娶吴氏，鄉貢進士觧之女。子四人：長曰明善，其次三人，擇善、主善、繼善，與女一人，皆蚤卒。獨明善有子曰啓，女二。❸君以大元至大四年十一月二十九日卒，葬其里之官莊故宅基之後。地近鄰人之圃，明善懼它時耕鋤之及也，卜至元丁丑六月甲申，改葬君于陂原紀家坑先塋之後，坐丁向癸，吉時。集老病家居，延明善於家塾，使子弟執經而學焉。是以求集書其事于石，以志今墓云。君之父，有惠于鄉里，鄉人以爲長者，至子孫不忘。君八歲喪母，二十喪父。值宋之亡，寇起旁近，而官軍又狎至，不能安居而去之。鄰屋率焚蕩，衆善君父子，故其室獨全。五年寇平迺歸。又有暴客卒來犯，衆爲擊殺之。吏按其事，持爲患害，家以是益貧。君不以動心，爲學甚力。自經史、醫藥、辨方、卜日之書，靡不精究，

❶「阿」，原作「何」，據類稿本、四庫本改。

❷「大」，原作「人」，據類稿本、四庫本改。

❸「女二」，類稿本作「女曰葆真、静正」。

置書册滿座。有隙暇未嘗廢讀。鄉之子弟以束脩求誨，❶每盡心焉。其爲教，尤以「己所不欲，勿施於人」之語爲切要，懇懇爲諸生言之。又好施與，宗族親戚之家，有數喪不能葬，君爲葬之。力不足爲之葬，亦隨而助之。且殁時，有再從叔母之喪未葬，猶念念圖畢其襄事。其爲人，大概如此云。故翰林學士臨川吴公澄之言曰：「爲人子者，思有以顯其親，與其求虚文於人，孰若脩實學於己？真孝子之事也。」予文不腆，不足以塞明善之志。然而四方之士及吴公之門者多矣。若明善者，從公生時，晝有所受，夜必知思。及其殁也，日記其遺言緒論，擴先賢之所未發者，筆録而傳之，篤信而脩之，充其所至。庶幾吴公之所謂孝子顯親者乎？銘曰：

深藏之土厚温，❷天光發新子有聞。

故臨川隱士婁君太和墓誌銘

婁君志沖，字太和。其四世祖諱郝，宋嘉定參政忠簡公機之從兄弟也。始自嘉興分居臨川，生忠州文學必中。文學生建，以《詩經》貢郡，晚以特科對策，歷官至監福州閩安鎮。受知於三衢徐公霖、廣信徐公直方，而與章貢曾原一、浚儀趙崇擇、同郡林實夫、段信友六人者，皆一時之名士。閩安有四子：伯南良，與其父同年舉進士第，官至從政郎、吉州司法參軍，而宋亡；仲起南，寶祐乙卯舉鄉貢進士；叔文輔，咸淳庚

❶「束」，原作「東」，據類稿本、四庫本改。
❷「土」，類稿本作「保」。

午舉鄉貢進士；季起莘。四子者，各有子一人。今信豐縣尹志淳，司法之子，而君則寶祐貢士之子也。故翰林承旨楚國公程公鉅夫，銘咸淳進士之墓而歎曰：「予過臨川，登青雲之峰而永嘆焉。亭榭花木，巋然百年之煌煌者，今亡有矣。昔嘗見其渠渠舊，惟婁氏而已。與其兄弟游，行若思，坐若遺，言若不與世相類，而能保先世之業者，信乎忠厚之可長也夫？」信豐前主石城簿時，故翰林學士吴公澄贈之以言曰：「予以庚午舉鄉貢，與其叔父偕，視簿猶從子也。是時司法已殁。見其仲、叔、季氏鬚髮皓白，儀觀甚偉，如商山老人畫像。正至朔望，深衣巍冠，領群子弟序列家庭，接見賓友，一如司馬文正公家範。士大夫家能存承平時禮法之餘風，婁氏稱鄉邦第一。噫！何其盛也？」元統癸酉冬，予自禁林告歸，僑居臨川之外邑。明年，有旨復召還。從使者至臨川而疾作，留居城府再月。詢故家遺族，得婁氏焉。是時，信豐猶官石城，獨得見君與其弟若子，户庭肅然。其中堂曰斑衣之堂者，婁氏之先祠在焉。相禮者道予過堂下，肅揖東行，北折升君之新堂，觴豆在列，子弟序立執事。君時已得末疾且愈，猶從容相爲禮，尚如吴公所言其諸父時。稍前出其中軒，左圖右書，竹葉森爽。❶觀其安於文雅，不覺怳然而自失也。去之三年，君以仍改至元丙子之歲五月甲戌晦卒。距其生之歲乙酉，得年五十二。其孤桀等，將以明年丁丑之歲九月辛酉，葬于臨川縣招賢鄉增芳之原。信豐以其孤西行百里至予舍，求予作其墓銘。予從程、吴

❶「葉」，類稿本作「樹」。

二公之文，知婁氏家世懿行。又知信豐之治民，真有豈弟君子之意。且親嘗從君於其堂也，而嘗歎曰：「其諸子同高祖之兄弟也，而同居無別籍，循循然奉承扶持，略不見其有間。鄉里州閭之間，文獻故物澌盡，安得不爲君銘之，而著予之深感者乎？」郡有耆德君子吴君定翁，長君二十年，而述君之行甚詳。❶蓋以爲君幼知孝敬，生四年而母張氏卒，已知哀泣。事繼母楊氏，又九年而卒，能治其葬。❷郡人淳熙神童王克勤之諸孫登龍者，娶於余，賢而無子，有女一人，擇壻得君。君尚幼，女猶待年，而王氏之夫婦歿。繼立子不能喪，君以弱冠往治其喪無遺闕。又因王氏之室立祠，使王氏子得以奉之。君有姊，嘗許適舅氏之子張元哲，遠遊歲久，不能自還。君遣客賫裝以之歸，厚遺而妻之。及姊氏歿，視其奩橐略無存者，衣衾棺槨君悉爲之具。蓋君之資質，❸謹敏而持重，幼而學之，不煩程督。稍長能棄幼志，遇事如前所云者，皆能咨稟於父而行之，有成人之道焉。其閒居，儼然若思，不妄言笑。家庭之間，敦睦嚴整，居無它好，坐無雜賓，服無華靡，室無妄媵，凜然畏慎，如恐失之。以順以安，以終其身，以遺子孫。究而言之，抑亦可以爲完德嘉遯者矣。子三人：棨、彬、楫。女三人。❹孫男一人，女一人。其銘曰：

令德之門，殆難爲賢？隱君有能，著自蚤年。五十而衰，其用弗宣，

❶「述」，原作「迷」，據類稿本、四庫本改。
❷「葬」，類稿本作「喪」。
❸「質」，類稿本作「稟」。
❹「人」下，類稿本有「適甘傑、鄧文海、姜天祥」九字。

身脩於家，如玉在淵。我懷二人，論德立言；邦人信徵，刻石在阡。

劉宗道墓誌銘

宗道諱自誠，❶姓劉氏。其先臨江人，自三司磨勘贈太師式，主客郎中、贈太師立之，生公是、公非兩先生，是爲集賢學士、贈太師敞，中書舍人、贈太傅攽。太傅之孫全州史君符遷金溪，生吉州史君黽從。吉州生武岡主簿孟博。武岡生孝顯，其曾大父；鄉貢進士粹中，其大父；有傳，其父也。以至元辛巳生，元統甲戌二月十三日卒，年五十四。是年四月望，其從兄自得以其從子儆來見，請書其墓石以文。予先從自得得其家譜，知其自清江遷金溪之世次。思其先世博學大雅，而觀其子孫忠厚而衆多，蓋爲之屢書其遺事，茲又何靳乎？乃得其從叔父有容之言曰：「予於自誠，生而愛之也深，歿而哭之也哀。欲其久有聞於來世也，故屬信辭以待於傳遠之文焉。」予乃按而書之曰：宗道，幼在父母之側，容貌莊謹，而敏於事。時大父故無恙也。故家老人頌言先訓，蓋不自知其文懿之及人深也。而子孫習於見聞，脩飾静好，自有不期然而然者。況人能從師力學以自立，其所成就，豈起於一旦者所能及哉？以長子綜家務，雖身任其勞，而咨禀以時，無敢專任。内治田園之生，外應户門之務，不亟不徐，條理井井，不役役於利而用恒足。事旁午而至，處之裕然，一不以貽親憂。使其親日休休然，觴咏爲樂，故州里之所共愛慕者也。皇

❶「誠」，原作「城」，據類稿本及本文「予於自誠」改。

慶壬子，其父歿。延祐甲寅，母某氏歿。終喪無違，與其三弟居無間然也。後四年，長弟自任歿。踰年，幼弟自勉歿。自任歿時，子儆才七歲。教育如己子，親爲加冠而授之室。又十二年，仲弟自重歿。十餘年間，手足之念實鍾厥心，曾不以家督之勞爲病也。讀書之外，留意醫術，病者來告診，而與之藥輒愈，人多感之。廣先人之廬以居，務爲完美，不加雕飾。而古書名畫，佳木脩竹，有足樂者，延名師勝友與之遊。是以有可閑之亭焉，而人亦謂宗道爲可閑矣。娶周氏，子一人伾，女五人。子伾居喪，方弱冠。儆懷伯父之撫己也，佐伾治喪事惟謹，❶族人善之。是以請銘，而儆實來。墓在某處，葬以某年某月某日。先宋文學大家在江右者，歐陽、王、曾、劉相等。今劉氏子孫，獨可徵如此，盛哉！銘曰：

墨莊之遺，播于金川。有苗有秀，有實不堅。匪今斯今，幾三百年。濟濟衣冠，豈弟之士。鍾和流芳，自宗道氏。尚有紹之，以耀永世。

故臨川黄君東之墓誌銘

至順四年，予以疾得告歸臨川。明年春，有旨遣使召還。輿疾至郡城，病益甚，使者以其狀還。予乃得求郡士之工於醫者，而議所以療焉。有紅顴、白須、美眉目偉然丈夫而來者，曰游東之，年將八十矣。慷慨善論，因予疾間而言曰：「我本姓黄氏，自高祖託婚於游，而曾大父成、大父貴、父友直，世以游爲氏。而黄氏之族，昔同出

❶「喪」，原作「襄」，據類稿本改。

於一人之身者，遂爲路人。而與爲兄弟族人者，則游氏也，不亦誣其祖乎？因著譜，去游復黄。我娶危，未有子，以異母弟師孟爲子。久之，殊不安也，不敢以爲子。既老，猶無子，而師孟有二子曰自省，曰履信，取履信以爲子。履信之子禄生，而自省之子曰助勉、勣勳，具著譜，請一言以自信。予迺爲之言曰：知禮之所不可，心之所未安，而能不憚於自返焉，不亦君子之道乎？後四年，予客袁君誠夫，爲履信求銘東之墓。

誠夫，故翰林學士吴先生高第，而勉又從誠夫遊於予門者也。其言曰：東之，名大明，生宋寶祐甲寅年，二十時遭宋亡。臨川既内附，兵盜旁起未寧，其父與幼子避之它所，遇害於盜。東之守舍冒難，以其喪歸葬。既而遇方外士，得治小兒病方，用之應驗。鄉人有許文叔兄弟、子姪，皆善醫，一家之間，講明精到，各有著述，其治法非粗工所知。東之從之游，盡得其學，所療多十全。著《保嬰玉鑑》四卷，《傷寒總要》三卷，《脉法》三卷，《集驗良方》六卷，藏于家。於病家之酬，貧者無所取，粗給者量受之，力厚多貲者不復辭多。或有田二十五畝，而求學東之者，東之曰：「予學不易成，不足以爲貧，子遽失田，則無以爲業。是不得此而反失於彼也。」弗受其田。來學者衆，輒語之曰：「治予業不精，不足以活人，而易以殺人。非拒子不教也。」同郡危素，亦請學焉。東之曰：「子則可矣，古書多簡奥，意旨深遠，子沉默通博，庶幾得之。沉審不忽易，善捄而不爲利，則不輕於人命矣。」遂盡以告之。至於訓子孫，尤諄謹。且卒，又出《集驗良方》以授之，而謂之曰：「學非止於此也，小心彊力而推充之，庶乎家學之不廢矣。」卒之歲，爲仍改至元之丙子十一月二十一日。戒其子孫曰：「予自揆平生，無安醫以殺人之罪，僧道士其勿用。」嘗自擇葬地，後知其弗善，弗用也。更得里之淳湖，坐乙向辛，以明年六月甲申窆。予觀東之，氣剛而才美，禮審而善斷。耆年康彊，隱于醫以歿。利澤之遺，將克昌其後嗣也夫？爲之銘曰：

聖人有言，醫貴有恆；恆謂彝倫，弗斁弗陵。禮由人心，律亦附禮；微或不安，君子弗履。善哉東之，爲書孔多；厚生慎微，古人同科。古之爲治，尊生辨類；以此捄傷，是以足貴。

王母龔氏孺人墓志銘

臨川益塘里王氏，有九十一歲之母孺人龔氏，則故儒士諱敏學仲文氏之妻，而静孫及女適徐庭桂、適饒次劉者之母，天福、齊會及女適阮能任、適錙質、適楊好古及一在室者之祖母，泰定、安童及九女子之曾祖母，舉生及一女子之高祖母也。孺人始嫁，執婦禮。既嫠，辛苦成其家。見四世孫，以上壽終，故其子孫欲有以示後人，而於族人親戚鄉里，亦欲有聞以爲勸也。於是，□以次劉從兄宗魯之狀，來請銘。宗魯，郡名士，老而益篤於古文，□事文學，❶而嘗

❶「□」，類稿本作「從」。

□□□者也。❶乃信而述焉。仲文前娶楊氏，生一女而卒。襲故盱江太守家，愛其女，擇所歸，既長而仲文娶焉。善事其君姑，而撫其女如己出。未幾，臨川内附國朝，郡縣吏皆軍帥所署置，畏事長者，多未出，而民間大家狃習怯懦，不任力役以失其業。而仲文獨能有立。室燬於寇，更徙而新成之，皆孺人治其内以助之也。既而姑氏與仲文皆卒，即故山以營葬，而有力者占之。孺人携其孤，行哭於道，將理之有司，行路之人感焉。時法度初定，有司義之，按籍歸王氏。既葬，静孫纔五歲耳。孺人持家，内外肅然，受使令者執事毋敢怠。其與居從子之婦張與媪之老於其家者，事纖悉無所遺闕，而家以益裕。猶篤於教子，以事詩書，不墜先業爲務。静孫既受室，出文書數巨帙以授之，則自丙戌至戊申廿三年之日記也。陰晴、起居、飲食、租賦、門户之酬應，親戚之餽遺，豪髮謹審，無一日不可考見。曰：「吾爲王氏婦，庶可以無愧矣。」然於族屬子孫之匱乏者，皆留養之，親視其飢寒，而爲之衣食，令有所成立乃已。自是子婦不敢以苛煩關白。至於曾、玄，娱侍無倦。孺人乃清静以居，讀佛書而求其理。又康健者三十有餘年。或勸其事佛良苦，則告之曰：「我自樂之，不爲勞耳。且非汝等所知也。」至正辛巳二月二十一日，舉家爲壽歡甚。飲畢，行後圃，取杏核種之。顧謂衆曰：「此以遺汝等食，吾不能待矣。」歸三日感微疾，卻酒食弗御。曰：「吾清静以俟終命。」醫至，却藥弗飲。又四日，召子孫告之曰：「吾將不起，吾平生無遺憾。」遺教

❶「□□□」，類稿本作「舉遺逸」。

數十語，皆忠厚之言。問日辰所值，對曰：「某甲子。」曰「今日未佳，俟來日耳」。夜參半，命長女曰：「吾念西方佛號數十百萬，具著於圖，與數珠皆取以來。」既至，則曰：「吾往矣，無怖於心，無戀於世。」戒勿遽哭，斂衣危坐，神色不亂。久之，翛然而逝，則是月之廿九日也。其孤將以明年九月甲子，葬諸金谿之鶩塘。嗟乎！勞瘁於事，物有條理，而志常定者四十年。及其老也，寂靜專一者，又三十年。卒無怛於死生之變，真能順憂患而寧以歸者哉！壽年之高，子孫之衆，世以爲貴，而不知其不可及者此也。孺人曾大父諱□，大父諱□，父諱□。銘曰：

百歲之間，世多險艱；初逢其罹，卒獲其安。齊斬聚身，煢煢一息；載鞠載育，式克自立。更數十年，四世在庭；歲時怡愉，既休既寧。至于期頤，忘昔憂患；燕温奉輿，從以珍饌。自約其豐，幽貞是居；全歸泊然，良史罕書。壽母之阡，著此令德；來者源源，善視松栢。

同安縣主簿周君仁甫墓誌銘

集慶之屬縣上元，有九世同居者，曰横山里周氏也。其先在唐時曰惟長者，與李太白游，子孫散處江東。至宋初，有愛横山之勝，築室面横山以居者，族日以繁。及宋季年有三，以箱書薦於郡者曰霆龍，實生故同安主簿勝孫，字仁甫。宋時，亦嘗爲鄉貢進士，未及奏名而宋亡。不以代易而廢學，有聲縉紳間。朝廷以東南新附，海島荒遠，有待於綏撫。置行中書省於閩海，必用才能之人。東平嚴公□以功臣世家子僉省事，用爲屬郡文學。三年，辟爲泉州同安簿。辭官歸於上元，優游山水之間，將終身焉。然憂民之志未忘也，歲大饑，出粟千斛以助不給。有司以新令上其事，與官不就，時人高之。又以詔書舉遺逸，亦弗屑也。年六十七而没，葬之西岡十有七年矣。簿君之女弟之子趙雷澤，爲臨川郡幕長。其母族諸子告之曰：「子之仕國，有前太史僑焉，徵其文宜可得也。」遂遺書，使其客以爲請焉。嘆夫故宋之用人，必自進士起。簿君父子皆故國進士，不得成其名。簿君遊宦海表，又不得大快其志，故君子之所惜也。昔者，宋南渡，伊洛道學之傳緒，多在閩嶠。及宋既亡，而前言往行，❶遺風流俗，宜有存者。誦詩讀書，無間閭里，豈無可觀者哉？簿君在閩時，則至元廿四五間也。日月于邁，其設施泯於知聞，豈不重可感夫！數十年來，朝廷置御史行臺於兹郡，自大夫中丞至於御史，暨夫僚吏多名人。是以生乎是邦，聲聞易於達，仕進易於起。四方賓客遊士，以才器自許者，亦莫不從事於斯。而簿君之高志，退然不動其心，顯者豈不在子孫後人乎？簿君生開慶己未，没於泰定乙丑，葬於明年之丙寅。配夏氏，子四人：長文藟，卒；次文榮，次文藼，❷亦卒；次復貴。女二人：長適李杍，次適王宗禮。孫男十有二人：景誠、景純、景星、景祥、景暘、景焕、景曦，餘未名。女二人。曾孫男八人、女五人。夫爵位之不充，名聲之日遠，而書者缺焉。則是爲善者，終無可以

❶「言」，原闕，據類稿本、四庫本補。
❷「藼」，原作「榮」，據四庫本改。

爲勸也。故述所聞，而爲之銘。銘曰：

爲善之實，比諸吉金；或汩于沙，光耀弗沉。有美簿君，同居以世；居以忠厚，儼以嚴毅。身退有時，子學有師；以昌其家，源源可知。往者雖遠，來者未已；追而書之，天長地久。

道園學古録卷之四十三

道園學古録卷之四十四　歸田稿十八

雍虞集伯生

墓　表

李仲華墓表

至元十九年，宜黄縣言於撫州，有盜起仙桂鄉之南坑。郡言諸會府，得檄調兵，命監郡虎翼招討郭昂捕治之。兵至其處，迺議曰：「環賊出入之道，畫圖分其地，各以兵殲之。」行軍令史李榮，獨抗議不可：「夫造事興變，一家容有所不知。今盜起，平民已受其害，令不誅盜，而欲擅殺平民乎？脅從者，猶當貫之，況不知情者而可殺乎？切聞國家之制，有罪者父子不相及也。群盜可以名得，數十里之間口且數萬，其可濫及乎？」當是時，内附未久，守吏率欲以威服衆。軍中又利其子女金帛，往往計皆出此而莫之争。主者聞榮言，皆變色。榮又言：「此吾天子之新民也。公爲首將，不思撫綏，以稱國家懷柔之意，而欲盡勦之？脱會府有命如此，猶當申理，其可專殺乎？」兵官怒，引弓射榮。榮曰：「殺我活萬命可也。」兵官愧悟，納矢箙中，更好問曰：「然則當何如？」榮曰：「盜烏合草間，無持久之計，當按兵勿動以鎮之。吾良民豈不知逃死求生哉？吾以誠意諭之，智者効謀，勇者效力，不日而盜成擒矣。」用其策，民大感悦，牛酒交至。獲盜首四人戮之，餘散去，鄉民遂安。當是時，微榮一言，則枉死者衆，新附未安之民，疑貳反側，其禍有不勝言者。今五十三年矣，府史文書具在。

予過臨川，有諸生李本來謁，循循進退，有學者之風。從容問其家世事，則以鄉先生孫履常氏所爲述《墓田記》相示，且言其詳如此。而其祖母王氏，則宋故贈太師、謚文恭、華陽王公珪之子，中大夫、知撫州仲山五世孫女也。爲之歎而勉之。又明日，仲華之子季淵，率九子諸壻與孫來請曰：「先父南坑之事，昔者其鄉之民感之，今其子孫或忘之矣。昔者闔郡知之，今聞之者或寡矣。得一言於太史，傳信於我後之人，不勝季淵等之幸也。敢請。」如是者數至，予深有所感焉。訊之邦人，言當時與俱爲掾者，何止數十人。獨李氏有子孫衆多，而本等治儒術，與縉紳先生游，豈天之所以報之者歟？表其事于墓，足以爲世勸，固史官之事也。榮，字仲華。宋末年尚少。郡守多儒者，愛其明法律，推擇爲吏。至元以來，仍從事於郡，以嚴敏稱。連出佐其屬縣，猶慎獄事，多所平反。憲司聞其名，辟書吏。檄至而歿。樞、本、桓、桀、棣，其長子故贑州路寧都州蒙古字學正伯源之子也。棟、楹、樞、楫，季淵之子也。季淵孝於母，嘗三封股療母疾，輒愈。郡人多能言之。嗚呼！漢大儒多出名法吏家，況李氏有陰德，其後必有顯者乎？是爲表。

行　狀

故翰林學士資善大夫知制誥同脩國史臨川先生吴公行狀

本貫：撫州路崇仁縣崇仁鄉咸口里。曾祖大德，妣張氏。祖鐸，贈中奉大夫、淮東道宣慰使、護軍，追封臨川郡公。妣謝氏，追封臨川郡夫人。考樞，贈資善大夫、湖廣等處行中書省左丞、上護軍，追封臨川郡公，妣游氏，追封臨川郡夫人。

先生諱澄，字幼清，晚稱伯清，姓吴氏。其先自豫章之豐城，遷居崇仁。七世祖周，生二子：璣，將鄉兵留太平州；璿，生曄，始居咸口里，❶公之曾祖矣。自是以來，世治進士業。先生以宋淳祐九年己酉，正月十有九日生。前一夕，鄉父老見有異氣降其家，後有望氣者言：華蓋、臨川兩山之間，當有異人出。兩山之間，所謂咸口里也。三歲，穎異日發。宣慰公抱置膝上，教之古詩，隨口成誦。五歲，就外傅，日受千餘言，誦之數過，即記不忘。母夫人憂其過勤，夜節膏油之焚。常候母寢，復續火讀書達旦，不敢令母氏知。❷七歲，《論語》《孟子》五經皆成誦，能著律賦。九歲，鄉邑課試，每中前列。十歲，始得朱子《大學》等書而讀之，怳然知爲學之要。日誦《大學》二十過，如是者三年。次第讀《論語》《孟子》《中庸》，

❶「里」，原作「生」，據類稿本改。
❷「知」下，類稿本有「也」字。

專勤亦如之。晝誦夜惟，弗達弗措。十三歲，大肆力於群書。家貧，嘗從粥書者借，讀既而還之。粥書者曰：「子盡讀之乎？」先生曰：「試舉以問我。」粥者每問一篇，輒終其卷迺止。粥者遂獻其書。十四歲，丱角赴郡學補試，郡之前輩儒者皆驚其文。十五歲，知厭科舉之業，而用力聖賢之學。見朱子《訓子帖》有勤、謹二字，如得面命而服行之。作勤、謹二銘。又作《敬銘》，有曰：「把捉於中，精神心術；檢束於外，形骸肌骨。」又作《和銘》，極言周子、程伯子氣象以自勉。常自言曰：「讀《敬銘》，如臨嚴師，如在靈祠，百妄俱消，而不覺足之重、手之恭。讀《和銘》，心神怡曠，萬境皆融，熙熙然，不知手之舞、足之蹈也。」其後又作《顔冉銘》《理一箴》《自新銘》《自脩銘》《消人欲銘》《長天理銘》《克己銘》《悔過銘》《矯輕銘》《警惰銘》等。節節警策，踐履之功於斯可見矣。是歲，宣慰公赴鄉試，先生侍行。時郡守迎新安徽庵程先生若庸，以朱子之學，教授郡之臨汝書院。徽庵蓋從雙峰饒氏游，先生因鄉人謁之。徽庵未出，而外齋有揭帖片紙滿壁，皆徽庵特見以語學者之説，先生一覽而盡之。及見先生，從容進問。如曰：「先生壁間之書，以大學爲正大高明之學。然則小學乃卑小淺陋之學乎？」若此者數條。徽庵曰：「吾處此久矣，未見有如子能問者。吾有子曰仔復、族子槱之，與子年相若，可同學爲友。」槱之者，旴江程文憲公文海鉅夫舊名也。自是嘗往來徽庵之門，徽庵深知之，而同堂之人弗盡知也。咸淳元年冬，左丞公侍宣慰公之疾，久而小間。宣慰謂左丞曰：「吾察此孫，晝夜服勤，連月不懈，而精神有餘，此大器也，可善教之。」蓋宣慰自襁褓知愛先生，間形於言，而親戚鄉里以爲有譽孫之癖矣。十有二月，宣慰捐館，喪葬凡役，先生考古禮，稟於左丞而行之。十九歲，著説曰：「道之大原出於天，聖神繼之。堯、舜而上，道之原也。堯、舜而下其亨也，洙、泗、魯、鄒其利也，濂、洛、關、閩其貞也。分而言之，上古則羲皇其元，堯、舜其亨乎？禹、湯其利，文、武、周公其貞乎？中古之統，仲尼其元，顏、曾其亨，子思其利，孟子其貞乎？近古之統，周子其元也，程、張其亨也，朱子其利也，孰爲今日之貞乎？未之有也。然則可以終無所歸哉？蓋有不可得而辭者矣。」又嘗與人書曰：「天生豪傑之士，不數也。夫所謂豪傑之士，以其知之過人，度越一世，而超出等夷也。戰國之時，孔子徒黨盡矣。充塞仁義，若楊、墨之徒，又滔滔也。而孟子生乎其時，獨願學孔子，而卒得其傳。當斯時也，曠古一人而已，真豪傑之士哉！孟子没千有餘年，溺於俗儒之陋習，淫於老佛之異教，無一豪傑之士生於其間。至于周、程、張、邵一時迭出，非豪傑其孰能與於斯乎？又百年，而朱子集數子之大成，則中興之豪傑也。以紹朱子之統自任者，果有其人乎？澄之齠齔，唯大父家庭之訓是聞，以時文見知於人，而未聞道也。及知聖賢之學，而未之能學也。於是以豪傑自期，以進於聖賢之學，而又欲推之以堯、舜其君民而後已。實用其力於斯，豁然似有所見，坦然知其易行。而力小任重，固未敢自以爲是，而自料所見愈於人矣。」是時，先生方弱冠，而有志自任如此。其後，先生嘗識此二文之後曰：「其見多未定之見，其言多有病之言。然不忍棄去，録而藏之，則晚年所進，自此可考矣。」六年庚午，應撫州鄉舉，以第二十八名薦。明年，試禮部，下第歸，而纂次舊作，謂之《私録》。時宋亡之證已見，先生以其道教授鄉里，嘗作草屋數間，而題其牖曰：「抱膝《梁父吟》，浩歌《出師表》。」程文憲知其意，題之曰「草廬」。學者稱之曰草廬先生。

歲乙亥，皇元至元十二年也。撫州内附，傳檄至樂安。樂安丞蜀人黄西卿不署狀，去之窮谷。不免寒餓，猶招先生教其子，先生從之。十四年，亡宋丞相文天祥起兵廬陵，郡多應之。傍近寇起，先生奉親避地，弗寧厥居。鄉貢進士鄭松，奇士也。迎先生隱居布水谷，後人以其處爲真隱觀。十八年，纂次諸經注釋《孝經章句》成。十九年，校定《易》《書》《詩》《春秋》，修正《儀禮》、小戴、大戴記。二十年，自布水還居草廬。二十一年五月，左丞公捐館。二十三年，程文憲公奉詔起遺逸於江南。至撫州，强起先生，以母老辭。程公曰：「不欲仕可也，燕、冀、中原，可無一觀乎？」母夫人許其行，與程公同如京師。既至，程公猶薦先生，不令其知。先生覺其意，力以母老辭。二十四年歸。朝廷老成，及宋之遺士在者，皆感激賦詩餞之。故宋宗室趙文敏公孟頫，方召爲兵部郎官，獨書朱子與劉屏山所和詩三章以遺。❶ 一時風致，識者嘆之。二十五年，程文憲公言於朝曰：「吴澄不願仕，而所定《易》《詩》《書》《春秋》《儀禮》、大小戴記，得聖賢之指，可以教國子，傳之天下。」有旨，江西行省遣官繕録以進，郡縣以時敦禮。元貞元年八月，游豫章西山。

❶「遺」下，類稿本有「之」字。

憲幕長郝文仲明，迎先生入城，請學《易》，南北學者日衆。清河元文敏公明善，時行省掾，以文學自負，常屈其坐人。見先生問《春秋》大義數十條，皆領會。至語之理學，有所未契，先生使讀《程氏遺書》《近思録》。文敏素讀是書，至是，始知反覆玩味。他日見先生曰：「先生之學，程子之學也。願爲弟子，授業終其身。」城中居官之人，及諸生皆願聞先生一言，請先生至郡學。先生爲説「脩己以敬」一章，指畫口授，反覆萬餘言，聽者千百人，有嘗用力於斯者，多所感發。二年，❶董忠宣公士選任江西行省左丞，因文敏得見先生於館塾，以爲平生所見士，未有德容辭氣、援據經傳如先生者。大德元年，拜行臺御史中丞，入奏事，首以先生爲薦。及在樞府，又薦之。一日，議事中書，起立謂丞相曰：「士選所薦吴澄，經明行修，大受之器，論道經邦，可助治世。」平章軍國重事不灰木曰：❷「樞密質實，所薦天下士也。」丞相逮事世祖，親見用人之道，平章許文正公高第之得其傳者，是以知重忠宣之言。授應奉翰林文字、登仕佐郎、同知制誥兼國史院編修官。詔有司敦遣，忠宣又以手書招之。先生答書云：「朝廷用人之不次，公卿薦人之不私，布衣之受特知，蒙特恩如此，近世以來所希有也。雖木石猶當思所以報稱，而況於人乎？然夫子勸漆雕開仕，對以『吾思之未能信』，而夫子説之者，深以開之可仕不可仕，開知之，而夫子未之知也。❸閣下之舉古大臣之事，澄

❶「二」，類稿本作「三」。
❷「事」，原無，據類稿本補。
❸「之知」，類稿本作「知之」。

敢不以古賢人之所以自處者自勉。」繼以邵子之詩曰：「幸逢堯、舜爲真主，且放巢、由作外臣。澄雖不敏，願自附於前脩，成之者在閣下矣。」有司敦迫久之，先生爲一至京師，而代者上矣。方冬寒沍，京師學者奉先生而問學焉。七年春，中丞猶抗章，論朝廷失待士之禮。先生歸至楊州，時憲使趙公弘道及寓公珊、竹公玠、盧公摯、賈公鈞、趙公英、詹公士龍、元公明善等，先後留先生，身率子弟諸生受業。明年八月，除將仕郎、江西等處儒學副提舉。九年，校定邵子之書。十年十月之官。十一年正月朔，以疾辭去。留清都觀，與門人論及《老子》《莊子》《太玄》等書之本旨。因正其訛僞，而著其説。至大元年，除從仕郎，國子監丞。朝命行省敦遣。二年六月，到官。先是，世祖皇帝初命許文正公自中書出爲祭酒。文正始以所得朱子小學躬尊信之，以訓授弟子。繼之者多其門人，猶能守其法，久之寖失其舊。先生既至，深閔乎學者之日就荒唐，[1]而徒從事於利誘也，思有以作新之。於是六館諸生，知所趍嚮。先生旦秉燭堂上，諸生以次授業。晝退堂後寓舍，則執經者隨而請問。先生懇懇循循，其言明白痛切，因其才質之高下，聞見之淺深，而開導誘掖之。使其刻意研窮，以究乎精微之藴；反身克治，以踐乎進脩之實。講論不倦，每至夜分，寒暑不廢。於是，一時游觀之彦，雖不列在弟子員者，亦皆有所觀感而興起矣。時朝廷循習寬厚，好功名者，奏立尚書省，改更紛然。新執政鑄錢貨，變鈔法以爲

[1]「就」下，類稿本有「乎」字。

功，❶欲得先生助己，而恐其不可致。有士請致先生，先生卧病門生家，不可致乃歸。紿其人曰：「老儒不善騎，墮馬折臂，病矣。」四年，武皇賓天，仁宗即位。尚書省罷，先生陞司業。侍御史劉公賡拜集賢大學士、國子祭酒，召諸生語之曰：「朝廷徒以吾舊人，自臺臣遷，以重國學。司業大儒，吾猶有所質問，師不易得，時不可失，諸生勉之。」皇慶元年正月，先生使買舟通州。既行而後移文告其去。監學官愕然，貴游之士倀倀失所依，有流涕者。遣數十人追至河上，懇留不從。朝廷亦遣人追留，或尼不行。蓋先生嘗爲學者言：朱子道問學工夫多，陸子静却以尊德性爲主。問學不本於德性，則其弊偏於言語、訓釋之末，果如陸子静所言矣。今學者當以尊德性爲本，庶幾得之。議者遂以先生爲陸學，非許氏

尊信朱子之義。然爲之辭耳，初亦莫知朱、陸之爲何如也。延祐三年，先生深入宜黄山中五峰僧舍以居，六越月，修《易纂言》。四年，江西行省請考鄉試。先生出經問曰：「孟子道性善，堯、舜至於塗人一耳。而《論語》曰性相近，何也？」同官或怪其平易。先生曰：「於此有真知，則言不差。」江西貢士二十二人，而答此問不差者，先生以爲纔得三四卷耳。五年春，除集賢直學士，特陞奉議大夫。遣集賢脩撰虞集，奉詔召先生於家。行至儀真，病作不復行。渡江憩金陵門人王進德家新書塾。所至學者雲集。居數月，修《書纂言》。六年十月，泝江州，寓濂溪書院。十一月，率諸生拜周元公之墓。是年，北方學者爲多。明年，還臨

❶「鈔」，原作「紗」，據類稿本、四庫本改。

川，從之者皆北人。至治二年，《易纂言》成。三年，英宗即位。東平王拜住爲丞相，勵精爲治，黜陟臧否，朝廷赫然。超拜先生爲翰林學士、知制誥、同修國史，階太中大夫，遣直省舍人劉孛蘭奚，奉詔召先生於家。使者致君相之意甚篤，先生拜命即行。五月至京師。六月入院。時，詔學士散散，集善書者，粉黄金寫浮圖藏經。有旨自上都來，使左丞速速，詔先生爲之序。先生曰：「主上寫經之意，爲國爲民，甚重事也。但追薦冥福，臣所未知。蓋釋氏因果利益之説，人所喜聞。至言輪迴之事，彼之高者且不談，其意止爲爲善之人，死則上通高明，其極品則與日月齊光。爲惡之人，死則下淪污穢，其極下則與沙蟲同類。其徒遂爲超生薦拔之説，以蠱惑世人。今列聖之神，上同日月，何待子孫薦拔？且國初以來，凡寫經追薦之事，不知其幾。若超拔未效，是無佛法矣。若超拔已效，是誣其祖矣。撰爲文辭，不可以示後世。」左丞曰：「上命也，先生請俟駕還，❶復奏之。」會上崩，不及奏而止。泰定元年，朝廷用江浙行省左丞趙簡言，開經筵進講。平章蔡國張公珪領之，以經學屬之先生。先生言温氣和，經旨敷暢，得古人勸講之體。廷中驟見文物之盛，而先生首當其任，來者法焉。在至治末，詔作太廟。議者習見同堂異室之制，新廟作十三室，未及遷奉，而國有大故。有司疑於昭穆之次，故命集議焉。先生曰：「世祖皇帝混一天下，率攷古制而行之。古者天子七廟，廟各爲宫。太祖廟居中，左三廟爲昭，右三廟爲穆。昭穆神主，

❶「駕」，原作「爲」，據類稿本、四庫本改。

各以次遞遷。其廟之宫，❶頗如今中書省六部對列。省部之設，亦倣金、宋之典。官府尚從前代典故，豈有宗廟敘次而不攷古之典故，可乎？」七月，有旨國史院修《英宗實録》，時漢人承旨缺。先生總其事，分局纂修。既畢，先生有歸志，中書左丞奉旨賜宴，史院致勉留之意。宴畢，命小車出城，朝士追送于齊化門外，諸生送至通州。中書聞之，亟命官具驛舟，追至楊村，不及而還。是年，先生七十有七歲。十一月，至豫章。延祐經理民田時，激變贛之寧都，中外騷動。事定，詔蠲虛增之税，唯江西有郡縣舞文之吏，以減削則例爲名，增税三萬餘石者不得免。至治初，又行包銀，爲害亦甚。先生在朝，數言于執政者。泰定改元，中書會議便民之事。先生復以二事爲言，詔書始免包銀，且命體覆減削之名，而蠲除其税。有司因循未行。至是，值宣撫在江西，其副齊公履謙，嘗與同官成均，相敬如師友。先生力以告之，乃督憲司即爲除豁。十二月，抵家。中書言：吴澄國之名儒，朝之舊德。年高而歸，不忍重勞之，宜有所褒異。有詔加授資善大夫，賜鈔五千貫，金織紋錦二，皆有副。初先生與張蔡公同年告老。其再相也，力薦起先生。❷會蔡公又去，而士大夫多傳其辭，云：「欽承明詔，肇啓經筵。考論前經，講明正道。實國家之令典，其所關係非細務也。而珪以家世之舊，懃顓之誠，備位宰臣，首當勸講。及解機務，仍俾專官。自念世備戎行，所謂明經，實慚寡陋。況通譯之難，講明有限。積

❶「宫」，類稿本作「中」。

❷「先」，原作「生」，據類稿本、四庫本改。

誠未至，不能感格。惟願老成之進，庶幾陳閉之心。切以周尚父授丹書之戒，漢申公赴蒲輪之招，皆以期頤，爲國羽翼。蓋有乞言之禮，必於養老之時，非徒外飾虚文，實以諮詢治道。翰林學士吴澄，心正而量遠，氣充而神和。博考於事物之賾，而達乎聖賢之藴；致察於踐履之微，而極乎神化之妙。正學真傳，深造自得。實與末俗盗名欺世者霄壤不同。粤自布衣，一再收召。超擢學士，有識君子不以爲過。前當講説，剴切温潤，完厚康健，聰明經學之師，當代寡二。雖蒙恩賜存撫，爲禮甚優。然合召還，❶資其學問，良非小補。」未幾，復舉以自代。曰：「制誥、國史二事，所以成一王之大經，爲萬世之昭憲。比於效一官，分一職者，重輕不侔。若止因循冒昧，常人孰不可爲。當職世從軍旅，歷仕省臺。文章本非所長，志慮耗於勞勩，深思逭責，其在薦賢。翰林學士吴澄，學通天人，行足師表。書事得筆削之法，代言近典誥之文。蓋其所造甚深，文學亦其餘事。目今兩朝實録未經呈進，累朝嘉言善行多合紀録，載事修辭，全資學識。又有遼、金、宋史，先朝累有聖旨纂脩，曠日引年，未覩成效。使前代之得失無聞，聖朝之著述不見，恐貽後悔，君子耻之。然非博洽明通，孰克成此？本官雖曰年近八十，其實耳聰目明，心清力贍。今不使身任其事，後必追悔無及。近蒙朝廷差官，優賜存問，禮意誠厚。然須使當承旨之任，總裁方可成就。所合舉以自代，允協輿論。」天曆元年，《春秋纂言》成。二年，《易纂言外翼》成。游先生之門，南北之士

❶「還」，原作「遠」，據類稿本、四庫本改。

前後無慮千百人。門人袁明善言：嘗從先生論及門之士，先生悵然曰：「聞吾郡多俊秀，宜有可望者。」三年，其第三子京，爲撫州路儒學教授，迎先生至城府，學者無不得見焉。進而教之，靡間晨夕。雖偶病少間，未嘗輟其問答。居久之，則又問明善曰：「得無有未見者乎？」後數日，部使者、郡守請先生觀新譙樓。先生賦詩一章，懷王丞相、陸子静以示學者，遂登車歸其鄉矣。四年，《禮記纂言》成。六月，先生寢疾，病踰旬，屏醫藥。使門人告子孫治後事，拱手正身而卧。乙酉夜，有大星隕其舍東北隅。丙戌日正午，神氣泰然而薨。年八十有五歲，以玄端斂。娶余氏，追封臨川郡夫人。子男五：文，廕奉議大夫、同知柳州路總管府事，後先生一年卒。衮，先卒。京，以奉養先生，特受撫州路儒學教授。❶稟、亶。孫男十一：當、蕃、畬、菑、畱、奮、里、畀、畟、略、界。畬、畱，早世。孫女五：適譚觀、曾文、熊鈐、袁鎮、黄盅。曾孫男四：仝、全、仚、侖。女二。

嗚呼！孟子殁，千五百年而周子出。河南兩程子，爲得其傳。時則有若張子，精思以致其道。其逈出千古，則又有邵子焉。邵子之學，既無傳。而張子之殁，門人往往卒業於程氏。程門學者，篤信師説，各有所奮力，以張皇斯道。柰何世運衰微，民生寡佑，而亂亡隨之矣。悲夫！斯道之南，豫章、延平，高明純潔，又得朱子而屬之。百有餘年間，師弟子之言，拆衷無復遺憾。求之書，❷蓋所謂集大成者。時則有若陸子静

❶「特」，原作「持」，據類稿本、四庫本改。
❷「書」上，類稿本有「於」字。

氏，超然有得於孟子「先立乎其大者」之旨，其於斯文，互有發明。學者於焉可以見其全體、大用之盛。而二家門人，區區異同相勝之淺見，蓋無足論也。朱子以來，又將百年，爲其學者毫分縷析，日以增盛，曾不足少救俗學利欲之禍，而宋遂亡矣。先生之生，炎運垂息。自其髫齓，特異常人。得斷簡於衆遺，發新知於卓識。盛年英邁，自任以天下斯文之重，蓋不可禦也。摧折窮山，壯志莫遂。艱難避地，垂十數年。其所以自致於聖賢之道者，日就月將矣。歷觀近代進學之勇，其孰能過之？南北未一，許文正公先得朱子之書於邊境，伏讀而深信之。持其說以事世祖皇帝。而儒者之道不廢，許公實啓之。是以世祖以來，不愛名爵，以起天下之處士。雖所學所造，各有以自見，其質諸聖賢而不悖，俟乎百世而不惑者，論者尚慊然也。先生自布衣用大臣薦，出處久速，道義以之，三命益隆，遽至内相之貴。稽其立朝之日，未嘗有三年淹也。施教成均，師道尊重。勸講内廷，誠意深遠。與大議，論大事，雖可概見，而無悠久浹洽之功者，非人之所能爲也。然而先生生八十有五年，耳聰目明以終其身，得以其學肆於聖經賢傳，以辨前儒之惑，以成一家之言，天下後世之學者，可以探索玩味於無窮矣。其於《易》，學之五十餘年，其大旨宗乎周、邵，而義理則本諸程傳。❶其校定用東萊吕氏之本，而脩正其缺衍謬誤。其《纂言》則纂古人今人之言，有合於己之所自得者。大概因朱子象占之説，而益廣其精微，若項安世玩辭等説則因之，蓋致其潔靜。

❶「本」，原作「木」，據類稿本改。

至於自得之妙，有非學者所能遽知。而通其類例以求之者，則在《外翼》。《外翼》十二篇：曰《卦統》、曰《卦對》、曰《卦變》、曰《卦主》、曰《變卦》、曰《互卦》、曰《象例》、曰《占例》、曰《辭例》、曰《變例》、曰《易原》、曰《易派》。《書》校定，以伏生所傳自爲一卷，不以所謂古文者雜之。《春秋纂言》，蓋取近代儒者特見之明，以破往昔諸家傳註穿鑿之陋，決以己意而折衷之。使人知聖筆有一代之法，而是經無不通之例。既采摭群言，各麗于經。又用趙氏纂例之法分所異，合所同。纂爲總例七篇：曰《天道》、曰《人紀》、曰《嘉禮》、曰《賓禮》、曰《軍禮》、曰《凶禮》、曰《吉禮》。例之綱七，例之目八十有八。凡《春秋》之例，禮失者書，出于禮則入于法，故曰刑書也。事實辭文，善惡畢見，聖人何容心哉？蓋渾渾如天道焉。所謂例者，學者以此而求聖經云耳。《儀禮》存者十七篇，❶先生補逸經八篇者：《投壺》《奔喪》，取之小戴記。《公冠》《諸侯遷廟》《諸侯釁廟》，取之大戴記。《中霤》《禘于太廟》《王居明堂》者，篇名見諸鄭氏註，而其文則甚略矣。有傳十篇：《冠義》《昏義》《士相見義》《鄉飲酒義》《鄉射義》《燕義》《大射義》皆取之小戴記。《大射義》迺自《鄉射義》而分者，《聘義》《公食大夫義》，則用清江劉氏所補。《朝事義》，則取諸大戴記以備《覲義》。而所謂《禮記纂言》者，既取諸義附于經，又别《大學》《中庸》，别爲一書。其存者凡三十六篇：《通禮》九，《喪禮》十一，《祭禮》四，《通論》十二。篇次先後，稍變於舊。就篇之中，科分櫛剔，以類

❶「十」，原作「卜」，據類稿本、四庫本改。

相從，俾其上下文意聯屬。章之大旨，標識于左。其篇章文句，秩然有倫，先後始終，至爲精密。先王之遺制，聖賢之格言，千有餘年，其亡闕僅存而可攷者，既表而出之，各有所附。而其糾紛固泥於專門名家之手者，一旦各有條理，無復餘蘊矣。《孝經章句》最所早定，而《外傳》十卷亡矣，其餘皆存也。《詩》則以爲朱氏傳得其七八，其有餘論，則門人傳其言，未及集録。周子、程子之書，既定於朱子之手。而張子、邵子之書，先生始爲校定次第，正其訛缺。張子書挈《東西銘》於篇首，而《正蒙》次之。又以邵子爲孔子以來一人而已。蓋其於邵子之學，深有所會悟也。先生之博通妙契，有未易言者，門人衆多，浩不可遏。各以其所欲而求之，各以其所能而受之，蓋不齊也。乃著《學基》一篇，使知德性之當尊。著《學統》一篇，使知問學之當道。所謂窮鄉晚進，無良師友而有志於學者，循此而學之，庶乎其不差矣。又有《老子》《莊子》《太玄經》《樂律》《八陣圖》《郭璞葬書》等説，卓見精識，去世俗淺陋之説遠甚。而先生支餘之學，蓋不止此。其進學之途轍，首見於《私録》二卷。而心術之精微，文集具可攷見，平日議論，門人各有紀述，識者有所擇焉。嗚呼！先生往矣，其可得而見者，經學文字之傳於世者也。至若厲如秋霜，煦若春日，論説如江河之淵源，沾溉若雨雲之敷沛。親切者，如劍之就礪。薰陶者，如飲之得醇。望之而心服，即之而氣融。比之求於言語文字之微者，其感化疾矣。不幸天不憖遺，文星下墜，後死者不得有與於聲光。然而自昔賢者所可見於後世者，亦賴此而已矣。烏乎，天乎！集之先君子，長先生四歲，有交友之誼，自幼侍側，以聆其緒餘。晚仕於朝，嘗從先生之後。歸田之日，先生已去世數月，蓋深嘆其有不可得聞者。竊敘所知之萬一，以告方來之學者，謹繕寫上之國史太常，使君子有所考觀焉。❶至元改元，十有二日朔，奎章閣侍書學士、翰林侍講學士、通奉大夫、知制誥、同修國史虞集狀。

祭　文

祭吴先生文

維元統元年，歲在癸酉十二月辛卯朔三日癸巳，奎章閣侍書學士、翰林侍講學士、通奉大夫、知制誥、同修國史契家學生虞集，謹以清酌庶羞，祭于近故學士先生吴公之靈曰：

於乎！惟皇上帝，未喪斯文；篤生先生，在我聖元。肅肅先生，早勇進道；脱絶凡俗，非禮勿蹈。方員直平，步趍惟程；縷析條分，朱之治經。既即既安，體充用達；信其有爲，自比諸葛。宋熄其炎，斂而退藏；沉潛密微，歷覽無方。玩心神明，天人妙契；時行物生，獨據其會。私淑諸人，其書滿家；地負海涵，優游歲華。至元以來，聖賢繼作；屢聘益尊，麟從鳳若。君子偕來，言觀言依；誨言周詳，虚至實歸。慨然歸歟，爲世楷則；折衷群言，以究聖極。天錫眉壽，安和聰明；修

❶「焉」下，類稿本有「謹狀」二字。

辭正經，於昭具成。及門之徒，景附聲合；天不憖遺，鄉哭交怛。昔我先君，來寓玆邑；取友定交，寔尚道德。小子不敏，竊聆緒言；粗玆有聞，敢昧其原。忝位于朝，每踵先覺；承之滯留，詎曰能學。自江徂燕，厥里五千；琅琅寄詩，意速我還。屬罹多故，得歸孔後；卒業之志，竟不能究。木壞山頽，後死之悲；一觴寓哀，匪哭其私。嗚呼哀哉！尚饗。

祭孫履常文

維元統三年，歲在乙亥正月甲申朔十日癸巳，前奎章閣侍書學士、翰林侍講學士、通奉大夫、知制誥、同修國史虞集，謹遣從子國子生岦，致清茶之奠，于近故臨川隱君澹軒孫先生履常甫之靈曰：

嗚呼！前年癸酉，歸自京師。哭學士吳公于吳山之下，斯文之慟，豈爲其私？去年之春，徵使寔來。餞之城闉，負痾就醫。乃於其間，得覯君子。從容燕游，言論經史。將几奉席，衿珮鏘只。穆兮清風，來自竹間。逝川沄沄，雨雲在山。庶幾德人，易我鄙頑。爾俊爾彦，楚楚岌岌。來觀來游，永有楷式。如何不淑，天又奪之。端行雅言，忽其如遺。昔有老成，邦士環歸。濯濯儒林，摧榦披枝。一之已甚，奚再之爲。顧影懷人，孰知我思？薄奠寓哀，情見乎辭。嗚呼哀哉！尚享。

傳

陳炤小傳

陳炤，字光伯，毗陵人。少游郡庠有聲，三領鄉薦，登咸淳乙丑進士第。年已四十六，調丹陽尉。淮東帥印應雷，素知其才，辟爲壽春教，而留之幕府掌箋翰。有《進瓊花表》，文甚清麗，人甚稱之。炤以功業自許，樂仕邊郡。舉者滿數，改官知朐山縣，應雷猶留之幙府。丁母憂，歸毗陵。歲甲戌，大元大兵渡江，江東、西守者皆已降。大兵自沙武口，冒雪徭渡至馬洲，將攻常州。明年乙亥，宋命故參知政事蜀人姚希德之子訔居常起知其州，以炤知兵，起復添差通判常州以佐之。訔、炤心知常無險，去臨安近，不可守。而不敢以苟免求生，同起治郡事。❶ 率羸憊就盡之卒，以抗全盛日進之師，厲士氣以守。繕城郭，備糧糗，治甲兵。炤輸私財以給用，不敢以私喪失國事。身當矢石者四十餘日，心力罄焉。及兵至城下，擁壕而陣。城上矢盡，不降。城且破，訔死之。炤猶調兵巷戰。家人進粥，不復食。從者進馬於庭曰：「城東北門圍缺，可從常熟塘馳赴行在。」炤曰：「孤城力盡援絶而死，職分也。去此一步，無死所矣。」遣子出城求生，曰：「存吾宗之血食，勿回顧。」驅之號泣以去。兵至，炤遂死之。宋人聞之，猶詔贈朝奉大夫，直寶章閣，與一子恩澤，下有司立廟。炤死時，有僕楊立者

❶「起」，類稿本作「處」。

守之不去。北兵見而義之，縛之以歸。它日，將以畀人。立曰：「吾從子得生，願終身焉。若以畀人，則死耳。」從之至燕，得不死。往來求常州人，得僧璘者，具以炤死時事，告其子孫乃已。既罷兵，丞相軍士管爲炤孫曰：「城破時，兵至天慶觀，觀主不肯降。曰：『吾爲吾主死耳，不知其他。』遂屠其觀云。」一時節義所激如此。炤平生多文章，兵亂後略無存者。今惟有《進瓊花表》《印應雷壙志》《應進士》等文百餘篇存焉。子徒觀其文華者，不知其能節義如此也。子四人：應鳳，早卒；應黿、應麟，皆鄉貢進士；某。曾孫顯曾，今爲儒。陵陽牟獻之曰：「舍門户而守堂奥，勢已甚蹙，而峕、炤死，殆無愧於巡、遠。」炤之友邵焕有曰：「宋之亡，守藩方擐甲胄而死國難者，百不一二。儒者知兵，小臣倉卒任郡寄而死，千百人中一二耳。若炤者，不亦悲夫！」史官曰：伯顔丞相之取江南，行軍功簿，大小具在官府，可以計日而考之也，《國朝經世大典》嘗次第而書之，若炤之死事，可以參考其歲月矣。

道園學古録卷之四十四

道園學古録卷之四十五　方外稿一

雍虞集伯生

銘

龍虎山道藏銘

道家，以老子清静之言爲宗。老子本周藏室史，故其流出於史官。今道家有藏室以藏書，蓋有所因起矣。漢之時，去老子未遠，其言最用世。然著於志者，凡三十七家，九百九十三篇，而伊尹、太公、管仲之書在焉，不皆本於清静也。後世神仙祠禱，凡方伎悉繫於道家，其書概謂之經。蓋其相傳最尊者，三洞三十六部，凡萬百千篇。世徒聞其名，而陶隱居《真誥》，或著其目，多云未降於世者是也。其可知者，大抵出於老子之後，而老子至矣。今其徒尊而藏之以室，不亦宜乎。龍虎山者，嗣漢天師居之。其上清正一宫者，道家之總會也。宋慶元中，冲静先生留用光見知寧宗，使有司新其宫。而藏室之所謂經者，皆粉黄金爲泥書之，後以宫火不存。皇元大德三年，有勅重建宫。嗣漢天師留國公曰：「不可以重煩縣官也。」凡祠宇可爲者，率其徒各以其力爲之。而君見獨先生作藏室，木石堅美，締構雄麗，規制益加於舊藏。以木爲匱，置室中，高若干尺，内廣圍徑若干尺。觚其隅爲八面，面爲方格，以次受盛經之函。刻木爲天人、神仙、地靈、水官、飛龍、翥鳳之屬，附麗其上，皆塗以金。中立鉅木貫之，下施盤輪，令可關以旋轉，言象天運焉。工未畢，先生去世。弟子孫景真成之，而奉祠先生於藏室之北，不忘其功也。先生之師曰黄君復亨。復亨之師黄君崇鼎，至元中，佐天師立道教所，多所畫諾，亦有祠。復亨嘗鑄大鍾，起鍾樓，施田益宫中。先生名彦綱，字叔紀，閩人，有文章。其道行，見翰林學士元公明善所撰碑文。❶既爲藏室，亦買田食其衆，以備修葺，蓋遠計也。復亨弟子李謹修，從三十九代天師至京師，來求銘其藏室。銘曰：

粤若太始，虚皇之廷；天真文人，象氣録形。結畫神丹，出圖帝青；散芒垂角，振耀流霆。昭明三光，放落九星；縱廣自然，非有使令。變合萬億，出物宣靈；後聖有作，取以爲經。五千其文，載之兼軿；示我清静，遂我杳冥。天根之門，牝虚玄寧；配天作極，宰干化亭。胤孳緒餘，襲武承馨；法言神方，枚數以莛。要其宗歸，如器在型；上清有宫，萬神攸停。乃作瓊室，俠列幽屏；題囊篆茂，刻日雕玲。龍韜括藉，虎帶縈綎；玉氣充達，金耀晶熒。陽衛雄毅，陰官娉婷；人不敢褻，鬼不敢聽。慎爾授受，俾老復丁；寶兹萬年，合增帝齡。下土小子集，稽首述銘；勒作真符，後天不傾。

大若巖廣福靈真宫銘

臨江道士聶立仁，記大若巖曰：大若

❶「士」，原作「上」，據四庫本改。

巖者，在温州永嘉縣北百八十里，道書所書「赤水山福地」者也。其山周迴五十里，巖高十七丈，深百四十尺，廣倍之。石環中虚，容光東啓，居者如在屋室。大抵世言洞穴，多在幽闇險絶，必旁行仄入，莫窮其所至，篝火捫索，乃頗有見以爲奇，未有若是之明爽者也。有石臺高數丈，當其前若門屏然。其北，有東、西兩溪合流，道巖下匯爲龍潭，而南出至縣。其西溪，相傳有赤水時出，飲者養壽。今山下多老人百十歲，而赤水不常有也。沿溪皆奇石，稍可以物象名者，若香爐、石笋、屏霞、蓮花之屬，凡數十處。其不可名者，至多也。溪之源，有兩瀑布，皆垂百尺。一曰谷際，一曰傅巖，尤奔怒者也。晉永嘉中，有傅隱遥、王貞白者隱此洞，其弟子朱孺子，見白犬走枸杞叢下，怪之。掘得根若犬者，煮食之，身輕，登石臺仙去。故名其臺曰「飛昇臺」，而枸杞至今豐茂異常産。來遊者皆擷茹之。傅、王或云猶在，時曾有人見之。其後，陶隱居著《真誥》於此，故又名「真誥巖」。又嘗煉丹留巖中，夜晴時，或望見光煜煜然，云是丹光也。唐時，人間以水旱疾疫禱，輒應。咸通七年，恩王府參軍、知永嘉監崔玄德，始請于朝，爲立祠，度道士居之。予田四百五十畝，禁樵采一里。宋宣和三年，建三清殿巖中，賜名「廣福靈真宫」。巖中風雨不及，至今若新成者。又有兩殿、五祠、一鍾樓，皆在巖中，道館、厨庫在巖外。慶元中，道士婁□、王希皓知宫事，皆修治之。入國朝，用温州道録兼領，故其徒散理别業，宫廢不治。大德四年，曹淵龍始專居之。出私錢募人，上墾其山，下隄其溪水，除導其湮蕪，得田數十畝，益以己之私産，悉以資宫中之用。作齊堂，治凡屋之當治者，幾二十年而宫事備。天子下璽書護之，俾以其徒相傳勿敢有所易。淵龍，瑞安人，其先累世仕，故宋多至清顯，故家凋喪，乃從黄冠游。至是兩被恩命，提點宫事，蓋佳士也，其記如此。淵龍嘗言曰：「上巖後山，近一里得最高處。木石深雄，樵者至此，每聞鍾磬聲，相惑不敢動而去。」淵龍數至其處，無所聞，然尤奇勝也。蜀郡虞集曰：此子之玄應也。爲著銘曰：

巖中虚，容作室。門出震，當離日。承闕端，鎮鉅石。朱陶君，去百年。赤水隱原，木葛綿綿。曹淵龍，修其宫，學仙翁。百靈受命斥物怪，非有道者勿敢至，矧敢壞。勒以吾銘示千載。

贊

佛母贊

佛念衆生，如母憶子。怜愛同情，捄度殊智。浄梵宫中，寶月華雲。朝生王子，尊貴無倫。

辛澄蓮花菩薩像

聖具大慈者，手執妙蓮華。清浄無垢輪，威照虚空界。華與持華者，無二亦無别。我於不二門，得見見在等。爲一大士出，常住於世間。大人及我等，是故敬信禮。

維摩居士文殊像

城裏普薰香積飯，寶中同供妙天花。清涼山上千年石，猶結慈雲候翠華。

龍眠華藏變相贊

龍眠居士宿慧通，親覩華嚴法界，觀毗盧妙相好，靈智所現非幻作。諸大勇識以次來，衣冠纓絡嚴飾具。迺至諸天諸大天，福德鬼神八部等，威慈並承佛恩力，各隨因地見形勢。我思法雲頂中寶，紫金光聚超衆地。一毛孔中一切見，半月滿月諸寶玉。香雲鬘雲宫殿雲，重重單複互含攝。悲愍衆生故在世，令我愚蒙得瞻仰。願如童真法王子，彈指開門入寶閣。普現普讚盡未來，與佛常住金剛定。

瑞光塔院贊

大修行人，本覺明了。脚跟之下，十日並照。信功德母，衆聖伴繞。大寂定光，恒住佛表。

達摩象贊

萬里東來言不契，九年壁底影爲雙。等閑風信生蘆葉，雲散青天月滿江。

昆沙門天王贊

介胄以居，容擢斯赫。持器不用，填猒陰慝。攙搶在陲，帷幄何思。幽禱顯符，吁有神師。

多聞天王贊

承佛願力，以德爲威。鎮于天門，人龍弗違。我自聞聞，寧以多勝。斂鎧櫜戈，默然天定。

老子贊

上古聖神，邈若羲黄。民之識知，休乎善忘。巍巍其成，皥皥其治。猶龍之嘆，庶其在此。禮儀三百，威儀三千。不有遺老，吾何徵焉？熙兮春臺，泊兮淵水。孔德之容，是謂物始。

題陳希夷先生畫像贊

集嘗奉詔祠華陰，入雲臺觀，進至張超谷，拜先生遺象。高遠淵沖之風，變化流通之妙，猶可想見其彷佛也。昔邵氏先天之學，上遡其源，實自先生出。天作斯文，焉可誣也。而世人以神仙求之，殆因其所見而然歟？錢塘隱者薛無塵，得先生畫象。草衣蓬跣，蓋其終隱，而無復當世之意者。令集作贊，集何足以知先生哉？姑以所聞其粗者而言之。其辭曰：

風霆流形，宇宙在手。隱顯盡神，而已弗有。匠有代斵，迺反無爲。圖書之傳，百世之師。

三茅山四十五代宗師贊

第一代太師

仰瞻紫虚，巍乎祝融。飛霞成章，流響振空。日朗月輝，玉質金容。上承諸天，啓我仙宗。

第二代玄師

夷質虚閑，靈儔感玄。金宫流韻，玉樹浮煙。衆真會言，太帝錫召。手傳道書，筆精墨妙。

第三代真師

夙縁應運，世胄承祉。妙敷人文，密贊神理。塵爵外縻，何間内脩？玉晨之虚，我懷真游。

第四代宗師

紫微受書，追奔兩儀。人間如帑，久留何爲？委形虚壇，合莫太始。遺徑不忘，保之有子。

第五代宗師

天不愛道，地不愛寶。而彼尠薄，莫之能保。群真手遺，玉佩金璫。知之者希，見之者昌。

第六代宗師

維昔茅君，兄升弟及。繼兹令蹤，共保靈笈。玉書所在，萬神衛持。道以時興，匪人得私。

第七代宗師

緬游靈岳，結友匡廬。采秀黄華，濯清素蕖。手握奇文，足履輪輻。蕭館虚林，想見遺躅。

第八代宗師

百穀之精，結英中庭。人以腹實，我以虚寧。全真玉光，神文在世。青童復來，吾得攸寄。

第九代宗師

高卧白雲，晨餐絳霞。弟子如林，著書滿家。濯神九清，騰耀三景。與天爲徒，如日之炯。

第十代宗師

翩翩鳳儀，覽德不遲。或隱或來，景運有期。質化神通，不滯玄白。百廿六歲，唐仙宗伯。

十一代宗師

絶世之資，皆思友之。仙緣有定，敢縻以私。茂松清泉，亦復何須？冥心合真，樂出太虛。

十二代宗師

至神合虛，應物無迹。强名坐忘，銷爾塵質。高風華林，旭日丹臺。蓬海無師，歸求天台。

十三代宗師

公私之辨，至道名言。徒説弗從，頻煩主恩。上經十三，妙補遺闕。忝著刻銘，無愧稱絶。

十四代宗師

神馮虛生，至靈爲寶。世塵紛揚，獨静以保。時成返空，我知其歸。來無所欣，去無所悲。

十五代宗師

瞻日得道，其知甚真。柏庭之來，桃源始春。石龜五色，首動尾應。忽然亡之，妙極玄徵。

十六代宗師

食味養形，食氣養神。鼎俎傷生，忍而

害仁。我貴食母，無假于外。瞻儀有感，豈識其會？

十七代宗師

世之將危，智者去之。而彼真人，慨然興悲。深處巖洞，流潤千里。動植遂生，風雨時至。

十八代宗師

龍章鳳書，可制劫運。藏之貴虚，保之貴定。全體皆用，誰執其方？欲窮所入，弟子忘羊。

十九代宗師

旭日未升，衆星粲如。江南之都，依我僊墟。金印紫綬，於我何有？彼以爲貴，來斯順受。

二十代宗師

域中之大，惟王與道。我以虚神，彼以位寶。華陽之傳，其書孔多。以佐時功，陰陽太和。

二十一代宗師

朝遊寶林，暮宿玉池。微吟所激，籟生涼飔。玄圃之英，濯濯其羽。我翔太清，假爾飛舞。

二十二代宗師

赫陽吐芒，赤水騰光。引以神鼎，灌以靈漿。千日道成，潛躍自在。盤桓玉童，縞衣玄帶。

二十三代宗師

赤子童真，宿智冥得。凌虛有音，履水無迹。有道之朝，暖如中春。執玉振金，爲時外臣。

二十四代宗師

積金之陰，其神孔威。潛靈感符，啓我仙扉。兩扉闔開，神生懸景。丹光在林，人識餘鼎。

二十五代宗師

玉華蕩空，金英散香。群仙啓關，受契紫皇。神明之區，有相成道。襲真給傳，天地同老。

二十六代宗師

秋空塵消，春淵冰渙。美哉僊儀，皇明所贊。徒贊其儀，弗究其道。臨終之言，帝王之要。

二十七代宗師

古先聖真，鍊質返始。往來無方，聚散無體。我神甚真，故與之遇。外户何人？欲聞其語。

二十八代宗師

土木之祟，時息時興。我行無爲，彼夢有徵。峩峩象帝，玉質天粹。臨化俱返，孰執其契？

二十九代宗師

神物之還，雷電與俱。青李何來？報徵神墟。發藥群疾，泉流林注。以無盡施，待有緣者。

三十代宗師

太一好生，法容禱祠。而所福禍，則不敢私。迷國當誅，猶冀冥報。玄獄之警，亦輔名教。

三十一代宗師

流星之光，下而爲人。斂精含輝，忘言絶塵。神丹之來，道不苟授。應物泊然，是善玄守。

三十二代宗師

仙學所能，非人間書。示假豪素，何妨

乘餘？幾動於微，我感以虛。謂我預知，孰究玄樞？

三十三代宗師

於皇阜陵，躬勤孝理。爰尚清静，詢于真士。手製華巾，俾卻冠塵。疇克稱兹，玉立長身。

三十四代宗師

發書啓玄，托易著明。出日入月，道正不傾。瑞露密降，芝英自生。白鶴起飛，遂超太清。

三十五代宗師

孰謂仙真？遺世去之。受職于天，忠孝是司。地道無成，含章爲美。俾揚皇風，是用錫爾。

三十六代宗師

千萬之一，人保純德。萬億之一，純德之極。純極而仙，人化而遷。父不拾遺，仙許子爲。

三十七代宗師

冠巾裳衣，人飾其外。我髽以遊，返質非怪。桑林之憂，釋以甘沛。而不自神，曰天所溉。

三十八代宗師

得書石室，古仙所留。具釋隱言，以鎮丹丘。天門廣開，群真畢來。匪夢伊真，萬方其新。

三十九代宗師

偉乎架巖，誓遺世塵。食地徇形，寔滯昇真。處高飛危，守潔非介。飛步神京，接軌玉海。

四十代宗師

世運向微，海將塵飛。仙人知幾，暫至澨歸。山靈夜呼，芝英晝映。我保玉書，以請民命。

四十一代宗師

道之所傳，天且弗違。孰睥睨之？閒以人爲。苟可問者，斯非其道。告示真士，善守神保。

四十二代宗師

華陽之洞，壁以玄瓊。千歲一開，列見仙名。仙之爲道，有化無迹。人窮大傳，我返真極。

四十三代宗師

上清之宗，世以賢受。景運自新，仙裔乃復。嘘和吸精，保衛聖躬。翼以星斗，導之雷風。

四十四代宗師

養素以朴，通真以誠。内接玄同，外佐昇平。蜚螟伏藏，年穀成遂。少見其微，已足名世。

四十五代宗師

山岳昂藏，湖海浩湯。玄微備至，植宗華陽。承光紫闕，敷貺宋方。九老都君，錫爾寶章。

張宗師畫像贊

維大宗師，天錫耆年。雲風恆從，不以世遷。翼翼小心，赫赫盛服。出入帝所，長樂無極。

吴宗師畫像贊

列仙之儒，身爲道樞。舒卷經綸，綽乎有餘。宇宙名言，河海偉量。冠服高明，雲漢之上。

道士小象贊

曖曖曾霄，三素之雲。超乎象外，蔚然

繽紛。中有至真，獨立不群。霞屬羽裾，翼扶道君。上朝紫闕，手執玉文。

序

送昌上人詩序

爲禪學者，草食澗飲，以發明己事爲究竟。其徒相值於寂寞之濱，一言激厲，而頓有悟入，則能事畢而邈乎相忘矣，初安有綱紀衆多之法哉？自其教行中國，始有爲之深計長慮者，爲之條約，曰清規。嚴潔周密，卓然建立。數十百年，不變而彌固。用能使豪傑奇偉之士，靡然委順，而枯槁絶物者，賴有以自養而事其事。及其至也，儒先君子蓋亦嘆其有禮樂之遺意焉，此豈一日之積哉？近世奉佛，號稱極盛。而名山大刹之閒，或陰壞其法學利，彼所謂究竟己事者，倀倀幾無以存其身，而清規微矣。鄮山昌上人，歷游諸方，獨爲此懼。迺考禪宗傳流血脉之的，上遡六祖，繼明教嵩□之譜，盡以爲圖，懷以來京師，思有以振之。然知其不可而遽去，殆其數然也。且上人一身，何往而不得安處哉？而拳拳憂其法之壞若此，此其人所存可知已。嗟夫！彼其爲教，非直天下之道揆法守也，然猶一日廢，則不可以立，則大夫君子獨無所警乎哉！予竊有感焉，因書以爲送行詩敘。

會上人詩序

古者，君臣賡歌於朝，以相勸戒。頌德作樂，以薦于天地、宗廟。朝覲宴享之合，征伐勉勞之恩，建國設都之役，車馬田獵之盛，農畝艱難之業，閨門和樂之善，悉托於詩，而其用大矣。至於亡國失家，放臣逐子，嫠婦怨女之感，淫瀆譏刺之起，而其變極矣。於是，又有隱居放言之作，市井田野之歌，謡誦讖緯之文，史傳物色之詠，神仙術數之説，鬼神幽怪之語，其類尚多有之。而最善者君子之道德，有乎其身則發諸音而成文者，足以垂世立教，以成天下之務者也。上下千百年間，人品不同，所遇異時，所發異志，所感異事，極其才之所能，其可以一概觀之也哉？浮圖氏之入中國也，不以立言語文字爲宗，於詩乎何有？然以其超詣特卓之見，撙節隱括以爲辭，固有浩博宏達，大過於人者，則固詩之别出者也。而浮圖氏以詩言者，至唐爲盛。世傳寒山子之屬，音節清古，理致深遠，士君子多道之。洒若舍風雲、月露、花竹、山水、琴鶴、舟筇之外，一語不措者，就令可傳，亦何足道哉？予過吴，遇錢塘會上人。以其詩數百篇示予，蓋其平生深得禪悦之味，枯槁介特，絶不與世相嬰。凡吾前所云者，一未始與之接也。而獨得其一緒之清思，終日累月。唫哦諷詠於泉石几榻之間，其運思苦，造言精矣。至其貶駁衆人，曾不少貸。雖古尊宿，猶吹求其失而論之。故翰林學士承旨吴興趙公，嘆其詩有道味，手書十數篇，施諸屏障。又因以遺之曰：「使以示諸江湖，庶少慰其苦唫之心者。」予因爲之目曰：春冰結花，塵滓都盡。秋空卓秀，一色空青。是亦可以傳矣。而又欲予爲之序。噫！予歷觀世變與作者之能事，有概於衷者多矣，上人乃欲休予於寥寥澹泊之至者乎？故爲之序。

送吉上人序

嘗聞昔有佛學之士，坐大道場，領衆或至千人，或數百人。使之坐卧必安，食飲必時。朝夕有所事，謹慎整齊，秩然有序，不異良將帥，賢牧守。非有豪邁之才，含弘之量，厖碩之福，殆不能處此也。東南名刹，自隋、唐至宋，時有隆汙，而寺常盛。大抵主之者多得其人故也。❶近時前輩澌盡，爲其學者絶無所歸依。所謂住山者，古人或堅不肯出，或勉强應世，如甚不得已者，今皆攘臂争席者相望矣。歲又連大侵，隨處魚鼓蕭然，❷亦其教之運然歟？荆門在上流，百年前，兵所交也。地氣有所息，故今玉泉樓觀林邑田園之盛，沛然充溢，地僻無外騖，足以安禪而容衆，殊非東南所可及也。住持天巖吉公至京師，因余僚友斡君克莊見之。儀相魁偉，外樸中寛，❸爲一方之鄉仰，豈偶然哉？其還玉泉也，交游賦詩以餞之，而斡君獨欲某爲序。嗟夫！佛學大要，莫深切著明於止觀之説。兹山實智者所起也，今吉公自其師以來，凡所以爲守者，至侈極盛，無以加矣。止觀之書，天台多講焉，玉泉禪林也，必有遺其文而踐其實者也矣，則爲不負智者，吉公尚得其人以告我乎？是爲序。

道園學古録卷之四十五

❶「主」，原作「王」，據四庫本改。
❷「蕭」，四庫本作「寂」。
❸「樸」，原作「撲」，據四庫本改。

道園學古録卷之四十六

方外稿二

雍虞集伯生

序

送吴真人序

饒國吴公及夫人，偕年八十之歲，其子玄德真人，自京謁告歸省，事聞。天子賜以上尊、對衣，使爲之壽，太母有加賜焉。於是朝之公卿大夫士咸榮之曰：「人有以公夫人之居於家，仍年八十偕老而康强，其子在天子左右，甚尊顯高上，其生日又能致天子之賜，此豈惟當世之所無，亦前代之罕聞者也。」乃皆爲文章誦説其美，以聳動觀聽，而示諸久遠，可謂極其盛矣！集賢侍讀學士趙公子昂，又以爲未也。顧謂其人曰：《詩》不云乎，「緑竹猗猗」，衛人所以美武公之德也。「維石巖巖」，言民之所具瞻也。「南有樛木，葛藟纍之」，君子之所以綏福履也。乃貽絹兩大幅，❶作《古木竹石之圖》以遺之，竹並立如鐵石，枝葉交錯，深至不可測，而歷歷可數。老木參植其間，若寒蛟古虬，角刓距短，蒼然真有以共夫千歲之冰雪者。石脉縝密，八面具備，蔚乎高深而堅潤，有以見所托之固且厚者焉。而變化之妙，乃不繫於形質。蓋其翰墨法度深穩，能極古人神巧之所至而兼之，固數百年之

❶「貽」，原作「台」，據四庫本改。

寥寥者矣，此尤其心許而神完者也。而集賢侍講學士商公德符又曰：是未足以盡吾意也。夫公夫人之所以致此者，聖代涵煦覆燾之所及也，真人何可一日而忘報上之心哉？金楊秘監嘗送客盧溝，會風雨不成別，歸而作《盧溝雨別圖》以贈云。今真人之行，風雨略相似，因倣其意，爲横圖。長不滿三尺，南望則山川回互，白雲藹藹，萬里如在几席；北顧則龍飛虎伏，風淪霧合，吾君之居在焉。一橋中分，車幾兩，馬幾疋，留連前卻，行者送者幾不能以相違。蓋兩有君親之係焉，非依依離別之情也。使公從容之暇，指而向焉。相望翠華於天上，恍然思曰：「吾何以報吾君哉？其可久吾兒以温清之樂，❶而忘所以夙夜匪懈於天子者耶！必亟命之歸朝。」奇達哉！運思之深長若此。朋友相諷之義，處人君親之間，可不至矣乎！此又欲以世間筆墨論之也。夫真人家慶之美，天下所共樂聞而好誦之者，人之至情也。天子之恩寵，可聞而知也。群公之詩，可詠而傳也。獨二公之意，托於翰墨者，最爲幽遠而精微。天下之士有聞知之者，皆欲亟覽之。然而未必皆得升饒國之堂，而覩斯圖也。故爲之序以傳之，則吴氏之盛，與二公之意，可坐想而得之矣。顧不偉與？

送薛玄卿序

莊周氏以爲内聖外王之道闇而不明，而天下之各爲其所爲，以自爲方。迺歷序墨翟、禽滑釐、宋鈃、尹文、彭蒙、田駢之爲

❶「清」，原作「清」，據四庫本改。

術，而推其至極於關尹、老子而後止。太史公以紹明世，正《易傳》，繼《春秋》，本《詩》《書》《禮》《樂》之意爲己任，然論陰陽、儒、墨、名、法之要指，則必以道德爲歸。聖賢既没，是二子者，天下之奇材博識，未有能過之者也，而立言若此，豈不試而云者哉？其觀夫世變之極，存乎憂患之故，蓋亦以審矣夫。故有懷抱利器，而洽滯屯、蒙之間，托其跡以自保，晦其用以有待者，往往而然。至引其道以用世者，得失尤較著矣。然則生乎千載之下，人有悉其智慮之所達，反其不出此者亦鮮矣哉！嗚呼！可謂智也已矣。今大宗師以玄教爲上所尊禮者四十年，巍巍高顯，而世莫與之抗，物莫與之忌，聰明特達之材多出其門。慮深而識達，身約而福厚，用密而效著。世之言功利者，恝恝然以自鉥心刳形，曾莫知夫道術之所勝，而有材學者方互以方物爲彼此，至相胥於厭敗。視此，不亦悲夫？故予切感激於是，而爲玄教者吾無不得而游之。若薛玄卿氏，尤方今之彦，而得於予者也。自京師省親江南，而名勝爲之賦詩，多至數十人，皆極其文之所能，體之所至。吁！玄卿何以得乎此者哉？地大物衆，未有盛於此時者也。美材之生乎其間者，可勝慨乎？誠使之定神養生，以成治而光耀於天下，則何可及也？然委其美於不制，使終無以自返，宰物者亦何心哉？玄卿爲人清明而能静，爲學弘博，好古書法，爲詩有飄飄凌雲之風，其材固足望也。因書所欲言，以爲送行序。

送趙虛一奉祠南海序

國家嘗以歲正月，遣使者分道出，禮祠嵩高、岱、衡、華、恆、霍、會稽、吴岳、醫無閭之山，江、河、淮、濟瀆四方之海，與汾陰之后土，凡十有八處。延祐六年，祠恆、南海、會稽、縉雲者，趙君虛一也。君前奉被制書，佩五品印，治處州仙都觀。未行，且充使，别以内旨。遂禱武夷、匡廬之山，而至仙都焉。昔君去家而遠遊也，奇山幽洞，無所不探。訪師友，以究其清静寂滅之説。草衣木食，結茅武夷之顛以居，人跡近絶。自其學之者，蓋以爲古仙異人矣。庸詎知朝廷聲譽日貴，衣羽衣，持節爲天子使，神明於海岳之間乎？天子之使出，有祠事於其土，則其守令率其屬，發傳除道，迎入府舍，躬導至祠所。候使者致命畢，乃敢見使者。使者既祠，即行不敢留，蓋重事且懼勞人也。庸詎知得以遂事，優游名山之最於天下者乎？是二者，常不可兼而今兼之，斯可謂榮幸矣！比予在奉常，與今御史木君奉祠而西，君在行。跨山踰河，越隴抵蜀。予一人執御唯謹，恐奔軼不克敬共事。而君縱鞚掉策，飄飄然淩雲御風，歷窮險若平地，雖木君至今猶羨道之也。然則北、南往復，雖萬里爲專使，於是何有哉？予獨念夫所謂匡廬、武夷者，於予家，猶東、西家耳。夢寐想見其處，聚糧辭親，規往而不可得，或僅即其麓而返。見君之行，不能無慨然於中矣。雖然，好道學古之君子，必有與予同志者，深隱高蹈而不出，聞有客自京師至，且憐予之汩没忘返，將從之而招予者乎？嗟夫！長林猨鶴，不識使者之光華，或驚懼而逃逝。顧蹔辟從騎、返初服而接之，庶一遇乎？不然，不得而見之矣。此予之私禱也。乃若榮使者之出而送之者，則有諸公詩在。二月己酉，蜀虞某序。

貞一藁序

某與朱君本初相從於京師，二十有餘年矣。每見其酬應之間，即自洗滌，以讀書爲事。其書既不汎雜，讀之又有其道，某甚敬焉。至於職方之紀，尤所偏善。遇輶軒遠至，輒抽簡載管，累譯而問焉。山川險要，道徑遠近，城邑沿革，人物、土産、風俗，必參伍詢詰，會同其實。雖縻金帛費時日不厭也，不慊其心不止。其治事也，討論如儀禮，嚴介若持憲，❶立志之堅確精敏類如此。施之功業，必不苟且循習而已。然既從事道家之學，不屑於世用，乃折而托之文章，宜其過人遠矣。嘗以所著《貞一藁》示予，俾題其端。予讀而歎之曰：善哉！慎所當言，而不鼓夸浮以爲精神也；言當於是，不爲詭異以駭觀聽也。事達其情，不托蹇滯以爲奇古也；情歸乎正，不肆流蕩以失本原也。若是者，其可少乎？予嘗聞爲老子之説者曰：「欲静而不躁也，重而不輕也，要而不汎也，嗇而不豐也，容而不奇也，畏而不肆也，紓而不蹙也，節而不蕩，迫而後動，不先事而爲必也，審而後言，不强所不知，妄窮而變也。」若是者，於出而爲文何有哉？本初蓋得之矣。而某猶及之者，誠以知而未能者也。本初尚有以廣之乎？觀其書，誠以某言求之。

❶「若」，原作「君」，據四庫本改。

送丹稜史講師詩序

三百年來，史氏之族凡三處，皆甚大，爲世所稱羨。在國朝，則有鎮陽丞相家。在昔故宋，則有越上世相王封之盛。吾蜀史氏，詩書文學之士，子孫衆多，視二族無媿焉。嗟夫！勳名富貴，庸有時而銷歇，孰能高舉遠引於埃壒之外乎？且老子，故周柱下史也，世以李氏爲其後。夫因官爲氏，安知無自別於史者，千載而下，聞其風而起者乎？史復初自丹稜來，飄飄然有凌雲之思，使其餐九霞而賓三清，則所以華其宗者，豈丞相封王之足儗哉？吾青城山中，多古仙人，可與論此事，毋屑屑京塵爲也。故作是詩以送之。

有懷牡丹坪，花開大如斗。歲時誰能觀，上古有逸叟。晴雲覆其顛，雲氣繞衣袖。清露以爲漿，丹霞以爲糗。自我之不見，靈芝歲三秀。仙人史伯華，爲致千萬壽。人間無所持，紅日炫當晝。

記

潭州重建壽星觀記

古者六宗之禋，星居其一，大宗伯以實柴祀日月星辰。辰者，日月所會，十二次也，故角、亢爲壽星之祠也。秦人立祠于雍，自日月星辰以降，祠廟百數十，壽星祠在焉。說者曰：壽星，南極老人星也。在狼南北地，則參、觜之下也。古者以爲人壽命應之，恆以秋分時，見於南郊，有國者以時祠之其地焉。然則一祠也，俱謂之壽星。唐開元禮壽星壇，既祭老人星，又祭角、亢七宿，蓋兼之也。荆及衡陽之野，上應翼、軫，而潭州有壽星之觀，則以長沙一星在軫旁，而軫之餘度入辰故也。宋政和中，湖南漕臣以潭之子城西北隅，所爲明地者作之，以爲有喬松、蒼龜之瑞。方是時，人主崇尚道教，禱祀神異，四方依放，以將順其上，何可勝數？然未數十年，胥爲淪没，訖不復存，而壽星觀獨傳至于今不泯。豈非上下之應、次舍之限，真有不可誣者，而所謂淵耀光明之下屬，必將表見於斯也耶？然觀舊無田以備瓜華之奉，慶元間，自岳麓宫分餘業給之，乃見奪於勢力，不能全其有。至大己酉之燬，住持提點石以能與其徒，勸衆人出財，累輯以新之。壽星有殿，萬壽有閣，鼓鍾有樓，藏經有室。翼以兩廡，表以三門，而觀始具，可謂勞而有成者哉。表著其事，以示久遠。而竊以爲壽星者，禮誠當祠乎，宜自天子置祠官領之。法應祠在郡國乎，則爲郡國者當治之。今至使方外之士，殫其私力以爲之者何也？且今爲道家者，自玄教大宗師嗣師，爲朝廷所尊貴。予嘗見其在廷中爲公卿言有國長久之道，皆合於清浄無爲之説。其所謂祝釐上方者，意甚深遠。壽星果有係於壽命之應，必能推而明之以報乎上哉。夫論次用事鬼神之表裏，予所不得辭也。故因其有請，而爲之書焉。

四川順慶路蓬州相如縣大文昌萬壽宫記

文昌宫者，蜀梓潼縣七曲山神君之祠

也。曩蜀全盛時，俗尚禱祠，鬼神之宫相望。然多民間商賈、里巷男女、師巫所共尊信而已。獨所謂七曲神君者，學士大夫乃祀之，以爲是司禄主文治科第之神云。宋亡蜀殘，民無孑遺，鬼神之祀消歇。自科舉廢，而文昌之靈異亦寂然者餘四十年。延祐初元，天子特出睿斷，明詔天下，以科舉取士，而蜀人稍復治文昌之祠焉。是時，余在奉常充博士，適蜀省以其事來上。予議榜其廟門曰「右文開化之祠」。未幾，今翰林學士承旨雲中趙公世延方爲御史中丞，移書集賢以聞。天子爲降璽書，褒顯神君甚渥，而祠文昌者日盛矣。所謂寶華之祠者，在順慶路蓬州相如縣清泉鄉慕藺里，作之者南平綦江等處軍民長官衛君琪也。琪之言曰：「寶峰之爲山，綿亘千里，至是卓然爲寶峰。左山曰玉狗，右山曰金鷄，南山曰毛女峰，皆有古仙人遺蹟。四山之中，寬平高敞者餘十里。大溪環市曰仙城鎮，其足居神明者如此。」而衛氏之先，有曰幹者居是峰，好治祠宇，子孫世守之，至今表曰「衛幹滂」。幹三子，最幼者既死，爲神里中，里中人祠之。其孫堯輔，以朝奉大夫知隆州。隆，吾州也。堯輔之子大川，又爲祠以奉其先。時衛涇貴，實與之通譜，爲請于朝，名其祠曰「集興」，今文昌宫，即其故處也。然則琪之作此，非偶然哉。琪幼好道術，能嗣行文昌之法，事神君者多師之。始與遇京師，予使江西又見焉，以宫記爲請。於戲！聖天子赫然興科舉，未及朞月，萬里之外，巖絶之邑，已有聞風而興起者，信乎其神矣。且足以見吾蜀之文運，果非他鄉之所及。

處州路少微山紫虛觀記

今爲道家之教者，爲宮殿、樓觀、門垣，各務極其宏麗，象設其所事神明而奉祠之。其言曰：「爲天子致福延壽。」故法制無所禁，惟其意所欲爲。自京師至外郡邑，有爲是者，多以來告而求識焉。大抵侈國家宗尚賜予之盛，及其土木營繕之勞而已。❶蓋嘗執筆而嘆曰：世俗之卑隘沉溺，甚矣！安得遺世獨立奇倜之士，可以發予言哉？而縉雲道士趙虛一聞而嬉之，❷曰：「何哉？子之所欲言也。傳曰：少微，處士星也。予鄉有少微山，故郡得處名，而常有神仙道士居之。在晉時，❸葛玄嘗鍊丹於此，有遺井焉，今猶曰葛翁井，翁嘗取水而浴丹者也。若静静能、杜光庭、葉法善，皆郡人。今所謂紫虛觀者，宋治平中所賜名也。其後高宗、理宗，皆嘗親爲書賜之。故觀有雲章閣，所以藏是書也。觀之道士甲乙，度人以傳。分四院：曰東華、南臺、西真、北極，世以次居之。大元至元丁丑，燬於兵。觀之主者，即更成之，累年而畢工。蓋其地去州城數里，四山隆然，中窊若盂，觀之正殿在焉。西北兩水，合注於前而去，蓋勝地也。然歲久無爲記者，吾子寧靳於言乎？請言觀之人，若有近於子所言者，若夫葛仙翁、杜天師，世多聞其事。今所言者，保冲大師盧仲璠，遍游名山，歸終兹觀，秩秩有條理。乾道丙戌之歲，年八十一，乃召其徒

❶「土」，原作「士」，據四庫本改。
❷「嬉」，四庫本作「詢」。
❸「晉」，誤，應爲「三國」。

而告之曰：『數至九九而極矣，吾將返於數之所不及也乎？』揮手謝衆，即坐化去。何太師爲之賦詩，若曰：『予見白鶴，自斷雲中來，非予故人也耶？』又有章思廉者，名居簡，以字行，時稱思廉先生。桃源鄉通仙里人也。父景陽，故儒家，旁通方外之學。及思廉師王清烈於觀中，授《靈寶經》有得，每日望太陽吐納，遂不語不食。久之，暑行不揮汗，祁寒不襲衣。或坐立嶷然，不動者通夕。行步如奔馬而塵不驚，人各從其東西行，皆若與思廉面語。及合而即之，則一思廉耳。觀中主者，嘗書火字儆衆，思廉輒取筆改火爲水。未幾，山水大至，人固已異之，而水所過處，土去而石存，巖穴若厦屋。思廉常游戲焉，人或叩之禍福，皆懸應也，有進士從思廉，問應舉當得否？思廉不對，而與議論輒及經義。及試得題，思廉所與語者，用其説，中高等，❶故儒家者亦信之。時郡守錢竿尤敬異，守有從父，以從官家居，因竿求見思廉。思廉望見遽呼曰：『大資。』後果官至資政殿大學士。其劾治鬼物，已疾苦尤效。自達官貴人，至里巷，莫不神明之矣。亦以仲璠歿之歲歿。八日始斂，肌骨柔潤如生云。又有徐泰定先生者，名虚寂。有道人吹笛過之，授以雙筆，遂善畫山水。後十年，吹笛者復來，爲詩招之去。相傳以爲吕洞賓云。此三人者，豈不足記乎？」

予又爲之嘆曰：劉更生博學之宗，作《列仙傳》，君子傳誦之。顔清臣，忠義之士也，而好言神仙事，書之金石而不厭，世或病之。噫！是足以病顔公乎哉？古之君

❶「中」，原作「衆」，據四庫本改。

子，思欲遠游輕舉，後天而終，常托赤松、丹丘之流以自見者，其志果安在乎？予重違虚一之言，遂書以遺之。俾刻爲觀記，使知道觀之所以長久，蓋有在於此者。虚一之師曰張希微，希微之師曰吴夢楳，南臺之系也。虚一既有聲公卿間，遂以宣命管道教建康。泰定乙丑，又拜璽書，兼護其觀。今住持馬祖堉因虚一來求文云。❶

白雲觀記

雲州之西，有山曰金閣。洞明祁真人擇勝修真，得地於山之谷中，谷口在州南十餘里官道傍，宛轉深入，乃得至其處。真人之道，其宗曰全真，道行字於州里，遠邇嚮從。至元六年，故丞相忠憲王安童過雲州，問州之父老曰：「此有高道之士乎？」衆以真人對，丞相屏騎從見之。問以脩身治世之事，丞相感焉。故其相世祖皇帝，以清静忠厚爲主。既而罷相，退然若無與於世者，人以云多真人之説云爾。後復召拜丞相，丞相固辭。命益篤，將不敢咈上意，往決於真人。真人曰：「昔與子同爲相者何人？今同列何人？」丞相悟，見上，辭曰：「昔爲相，年尚少，幸不失陛下事者，丞佐皆臣師友。今事臣者循進，與臣俱臣，爲政能加於前乎。」上曰：「誰爲卿爲是言？」丞相曰：「祁真人。」上嘆異之。故丞相亦不久在相位，而真人由丞相得封號矣。既得封，當居京師。時大都新城成，真人買地以築屋，在今宜民坊白雲樓之南，纔六畝耳。其後沈某主之，始作正殿方丈。買地二畝半以種

❶「持」，原作「特」，據四庫本改。

疏。其後惠某嗣居之。塑老君與其門人四子象於殿中，作東雲堂以待學者。繼惠而居者韓德靈。泰定元年，真人苗公被召遇兹庵。庵改稱觀，韓又彩飾象設，大作供器、鍾磬之屬。三年，奉勅作鉢堂。鉢堂者，其徒列坐於堂，堂中設盎，滿注水，有盂焉。盂大容數升，竅其底作蟻漏。始坐時，置盂水中，上水滿盂，乃得起，蓋幾彌日矣。全真之教，群居以脩其道者如此。施財者某人，爲錢總若干緡。今夫道宮之盛在京師者，以國家之力爲之，宏麗者甚衆。而白雲之觀，蕭然數畝之宮，成於攻苦食淡者之手，與財者多信善之家，是以可久而足記也。泰定元年五月，予馹過雲州，道中聞異香數十里不絶，心甚異之，而莫知其説。後四年之過也，適與玄教夏真人偕，偶及之。夏真人曰：「祁真人居此山，素有道術，或者其有没而不亡者耶？」六月，自上都還，舍驛騎，步入谷，觀祁真人隱處。風雨之聲，與山木澗泉並作，凛不可久留，遂去之。天曆二年六月，被召上都，又過之，爲僚吏從者言昔事，言未既，香大至，數十人共聞。咸用嗟嘆，欲書其事於金閣未可。併識諸此，使觀者知洞明之所以能神靈者，其論道蓋有足傳者云。

蒼玉軒新記

閤皂山崇真宮中，有竹軒曰蒼玉軒者，宋淳熙中陳宗師元禮之所作也。宗師文雅名一時，凡公卿大夫士，無不與之遊。爲之賦詩者，多至三百人。其尤著者，平園周公必大、艮齊謝公諤、誠齊楊公萬里、野處洪公邁、晦庵朱公熹、樞密羅公點、待制徐公誼、尚書沈公詵、閣學蕭公逵、月湖何公異、舍人張公濤、司封田公渭、知監徐公得之、盤園任公詔、澶淵胡公思成，皆見於宗師墓銘，尚書章公潁之所撰也。江右人物，於斯爲盛。乃今於一軒之中，森然若將盡見之。其爲蒼玉也，不亦久且大乎？於戲！昔者群公道德文章之懿，非直矜一時而已者也。而元禮，乃與群公相上下而無愧也。則其材識，於蹈世用也何有，顧且游乎方之外，亦豈有求於群公者哉？然而群公之於陳君也，駢章累辭而不爲厭。陳君之從群公也，歷歲歷時而不爲諂。百年而下，猶使覽者慨慕想見而不能已。此其高風雅致，詎可以淺淺論哉？噫！盛世之楷模矣。延祐二年，玄德吴真人奉旨修祀，至其宮，憇於所謂蒼玉軒者，樂其幽勝，而深感夫昔賢之事也，勉其徒葺之，而以其事示集。集惟先公在孝宗時，嘗識天下之賢而薦用之，曰《材館録》，其書故在，若平園、艮齊、野處、晦庵皆其人，而誠齊、盤園，又門下客也。於是重有感焉，而爲之記。□□□年也，其徒□□□於宗師，爲弟□傳云。

著存閣記

玄教大宗師吴公全節，作明成觀於其親墓之近，奉其父饒國公、母饒國夫人之象於別室，使弟子治祠事。他日，於心猶以爲未慊，爲重屋以庋之。❶取《祭義》之文，名曰著存之閣，謂其友虞集曰：「子爲我言著存之義，使族人昆弟子孫，與奉祠弟子，知予意焉。」予乃爲之言曰：集聞人之生也，

❶「庋」，原作「度」，據蜀本改。

魄載魂焉。其歿也，魄淪於地，魂升於天。魄降而魂升，則末如之何也已。《詩》曰：「欲報之德，昊天罔極。」孝子之報親也，夫安有紀極乎？先王於是教之葬以寧其體魄，教之祭以盡鬼神之情。辨仁智之極致，酌禮義之至當，❶使孝子慈孫得以盡其心焉。所謂使賢者俯而就之，不肖者企而及之者，非强之也。至乎無違，則其心安矣。然而以此誨民，時猶有忽而忘之者。若吴公致其愛慤者，可不謂之厚乎？蓋嘗聞之，親之始没也，則升屋極而號焉以復之。其在行也，則升車而號焉以復之。往矣，遠矣，而弗可以復矣，則又有牲殺之祭，接之以血氣之感焉。時乎風雨霜露之變，而有毛血腥熟之薦，度諸陰陽而遍求之，曰在彼乎？在此乎？蓋無所往而不致其意也。吴公思其親冥升而不返也，則登高望遠，求諸沖漠之微，庶其往來于斯也，情之所存何其周乎！傳曰：「慎終追遠，民德歸厚。」厚在君子，歸在民也。昔之人有無怛於生死之變者，喪親沐槨，又從而歌之，聖人之徒弗與也。吴公之爲本也，所以自致於其親，而又足以矯其流弊也歟？若吴公之厚於其親者，吾深有感焉，而不敢易而少之也。

滕州新脩東岳廟記

今天下郡縣，有廟以祠東岳之神者十六七。有司以爲神於祀典爲貴重，知敬事而已矣。然亦不知地之遠也，其祀蓋有不得通者焉。滕之爲郡，嘗以東魯爲宗國。

❶ 「之」，原重，據四庫本删。

巖巖之瞻，不遠伊邇，則泰山固其望也。雲氣之所覆，雨澤之所潤，神明之所臨，生物之所用，其及於民者蓋大矣。於是，郡長吏爲其民有年穀之祈，水旱扎瘥之禱，則其致禮於神者，不亦可乎？滕城之東，有隆然而起者，曰黄山。自唐末五代時，郡嘗爲廟以祠嶽神，久之廟廢。宋大觀間，里人銀青光禄大夫、觀文殿大學士、太子太傅致仕、清河郡開國公張孝純，率其族始作廟於山麓，費錢幾百七十五萬。四年而後成。二百年來，湮廢殆盡。獨其前殿，合樂露臺之址，方廣百尺，堅緻高爽，可以推見當時之盛焉。國朝中統初，滕民方脱於兵戈塗炭之苦，喘息未定，思徼惠於神，以求休戚之福。守臣玉龍脱鱗，奉行詔書，率其人以興廢。乃以市民董琇爲能而任之，經營十餘年，始能成。建大殿五間，有東西廡，有三門，有别殿，有旁殿，規制宏壯。丹堊金碧，與凡肖象繪塑之工，則出於陳、吉兩師弟子之手，時號工巧。邑士朱璋嘗記之，而未及刻也。五十餘年，廟日不治，棟桷用摧，堂甓如圮，惟東廡與門垣略存其故爾。今曹侯來治州事，始下車，禱雨黄山。顧睠蕭條，慨然興嘆。遂與僚佐議新之。曰：「不可使神無所依也。」廼以詔書所以責長官者自任，輟己俸以先之。同官景從，吏民響應，財用不匱。❶乃求美材，擇善工，諏吉日，命廉且能者以督其成。脩大殿及門，甃露臺，起東西廡十間。周繚以垣，高以仞計。門樹屏，復增廣袤。工足於傭，役不及民。侯親爲餉以勸相，人用加勉。始於天曆己巳之春，成於明年之夏。既成，儒士王

❶「匱」，原作「匱」，據四庫本改。

淵、杜温，用王亨之言，請於官，願刻其事於石，俾前郡學正李德昭來京師，求文以記之。予聞曹侯之治郡也，清慎而樂易。爲政本於教，加意學校之事，勸命闢地三千畝，植棗果十萬餘，儲糧千七百石以備用。民之來歸者百餘家，庭無諍人，獄無留繫，民愛信之，終始如一。庶幾循吏之風乎？侯名鐸，字振文，洛陽人。官奉議大夫，政成且還朝。後之來者，知其成之不易，尚思葺之，以庇其民人於無窮焉。

道園學古録卷之四十六

道園學古録卷之四十七　方外稿三

記

雍虞集伯生

新修開元浴室院記

袁州開元浴室院者，故唐寺也。宋時，僧善相主院，有回道人者，愛其井泉甘美，時來從相飲，久之，留墨二丸與相而去。湖南轉運李甲好參訪，或語之曰：「呂洞賓在袁州浴室院，有墨寄其主僧，可徵也。」李道過求之相，相曰：「有回道人寄墨，無呂洞賓也。」出以與李，蓋黄金云。明日回至，謂相曰：「人知我矣。」遂與俱去，不知所終。自是院無居人，荷塘山僧間來視之，不能葺也。獨謐巖愿居之，久廢。弟子曰法琳。法琳，自幼參學，承事雪巖欽禪師，與入室之列。孤舟濟在崇勝，海印如在慧力，虚谷陵在仰山，皆嘗禮之，使分坐説法。皇慶初元，持鉢遊旁郡，頗以藥石濟人，歸而傾其囊，得金若干。遂以葺其院，建大屋曰毗盧法界。象佛、菩薩、天人、龍神。其中曰華嚴海會，端其徑遂，高其門閈。又有撫州判官李某，鑄銅爲浮屠。紹興塩司丞周立禮，買田施之。而琳來京師，求文以爲記。予嘗聞佛者之言曰：呂洞賓仙久既去，後見黄龍超慧禪師始究竟，今又與俱隱去，相爲人不可知，要是可與呂俱，亦異人矣。然則夫所謂非幻不滅者，果有二事哉？二人者，游戲示現，將無爲人之深心，然而卒莫能繼之，凄涼寥落百餘年，而有待於琳者，何也？ 琳遇大司空□□於燕之仰山。仰山，本廬陵人，其傳法遠祖曰青山辨，山谷黄氏之孫，本豫章人，皆江西也。故仰山爲琳開堂集衆，傳衣拂付之，俾嗣其法焉。由是，王邸戚畹貴臣之家，多知琳者。名聞天子，被璽書，住持撫州梅山廣濟禪寺。大司徒真吃剌請于帝，師加其號曰「佛慈普濟妙慧禪師」。而别出書護其院者，則僉宣政院事阿剌者怛斯之請也。故爲述偈以贊曰：

大乘浴室表清静，光明成就福德聚。神王持地不動身，寧隨世相有毁廢。外道仙人與尊者，二俱自了去不返。草深井泥古道斷，百歲來者墮空寂。琳公歷事諸古佛，慈愍因地不思議。歸運己珍若塵沙，成此毗盧妙法界。儼然宫殿彈指頃，華嚴境界種種現。集雲老人破顔笑，印爾願力堅定故。永劫不壞常現前，續佛慧命度衆生，回向當代殊勝常。

相山重脩保安觀記

撫州崇仁之南六十里，有高厚博大之山焉，曰巴山。唐名臨川山，今曰相山者也。循其麓，三百里有餘不能周。升其巔，廿餘里而後至。歧而上鋭，自郡城南出，已望見之。邑之官舍民居當陽者，莫不面對。雲如縷出山中，盤礴覆冒，膏潤充溢，衣被草木。阬谷之容，溝澮之通，堰埭之瀦，節宣蓄泄，以爲稼穡之備，其利無窮矣。是故吏民朝夕瞻仰，一食必祝。設不幸有旱溢妖沴之變，土木螟蝗之孽，無小大遠邇，奔告稽首，得所願欲乃已。巍乎高哉！穹窿嶔岑之在望也，其神明焉可誣哉！而邑之父老言：❶先漢時，地本南昌西南之境，梅君福尉南昌，有所捕治至焉。欒君巴爲豫章太守，亦有所劾治於此。二君有仙道方術，以輔其政化。辟除邪暴，禁止淫黷。使民不逢不若，離其菑害，是以德之而不忘。皆有遺迹祠宇，在山之支隴。唐鄧君紫陽，本郡人，葉君法善，縉雲人，亦曰南城人，皆常往來倏真山中。故宋時，即山顛並祠此四君者，而使道士守之。梅、欒山下之祀祭不廢，乞靈之人，以四君爲歸矣。紹興中，郡守歷陽張公孝祥，嘗刻石著其靈應，而石亡久矣，其文亦僅傳。開慶己未，用漕臣守臣言禱祈之應，封四君爲真人。端平甲午，加封真君，皆有褒稱。咸淳辛未，守臣四明黄公震，端嚴有識士也。至郡連旱，大究荒政，斥罷淫祀，獨禱於社稷山川。就郡城望拜兹山，遣吏迎四君之象，果得雨，歲乃熟。去爲祥刑使者，猶屬文道其事，刻石山中，俾後來者，知敬恭明神，而不陷昵于邪淫云。内附國朝，仍用道士主祠。天子有詔書，祀名山大川，則守令奉詔敬祠。歲侵，守令迎禱如故事。民間之禱祠，無所禁也。然山高以險，祈報嘗在夏、秋時。冬未寒，山氣已凝爲冰雪，守者非清苦，不能恆居。四方冠褐者，夤緣文書污合，苟瓜華之微利，人迹罕至，則鳥鼠散。祠宇頹圮，像設暴露，農民顧瞻傷怛，不知所出。

今監邑、承直郎唐兀保童大用，嘗奉詔書致祭，見而感焉，未暇及也。在官之明

❶「老」，原作「者」，據四庫本改。

年，爲後至元庚辰四月旱，種不入土。禱於山麓欒君之祠，其應滂沛甚異。七月又旱，合群祀而禱之，亟迎四君之象，皆至縣治，又得雨。郡吏以旱之迎禱四君者，雨亦應，而送神還山，目其荒涼，以懼以愧。究諸其故，則主祠者無固志之敝也。邑中景雲觀道士黄處和，事玄教大宗師吴公於京師。吴公命處和歸主華蓋之山。而正一三十九代張天師，已令王應真主華蓋，得度弟子以居，既有成績。乃移處和理相山，苦四至者争利而弗卹也。保童君乃爲文書，言諸主道教者，請以處和自度弟子，嗣守而葺之。未數月，張天師、吴大宗師還書，悉如保童之請。相山先有上清法師孫慶衍，受璽書領相山，而留侍上方不能至，處和遂次慶衍爲相山甲乙之始云。保童告諸近山之士民曰姓某者，各出財以施。黄處和耕石田，飯疏食，披榛刊木，躬先徒工。遂以至正辛巳歲九月，克脩四仙之祠，道衆之舍，門廡庖庫，以次而舉。監邑通敏有才器，治事有方略，久而民益信服之。是以作兹山也，不煩勞而迨其成焉。山之人，不敢昧其更始，乃相與伐石，而篆其事云。保童之同官，前令奉訓大夫，新知寧都州益都丁也先。今令承務郎鄄城任果。前丞忠顯校尉、同知寧都州縉山張榮。今丞從仕郎某郡張友諒。始終共任其事者，將仕佐郎、主簿豫章舒文琰，今尉楚國程世臣，典史豫章胡天祥，代胡者汴梁石成玉也。至正元年，歲辛巳十有一月朔旦，具官虞集記。

勅賜黄梅重建五祖禪師寺碑

禪宗第五代祖師，諱弘忍，生蘄州黄

梅。即黄梅爲道場，説法度人。傳信之衣既有所付，遂去縣二十里，入馮茂山以居。及殁，弟子奉全身塔焉。學人依歸，聚爲大刹。唐人尊之曰大滿禪師，塔曰法雨，寺曰大中東山之寺。南唐加師號曰廣化。宋景德中，改賜寺額真惠。其初，律師居之。祥符八年，戒禪師來住山，始革爲禪。歷住者十二人。演禪師來，而東山祖庭益重。宋之季年，國境日蹙，蘄以邊障受兵，州吏民奉師遺體入城求福。州果以靈贶按堵，不遘鋒鏑，而東山見燬于兵。既内附，日以安輯富庶。僧了行乃躬事土木，崇精舍于州治之東，以奉香火之留者，又入東山，汛掃寺之故基，而致工焉。塔、廟、庭宇粗立而行老。至元二十九年，僧大通繼之，成佛祖殿、僧堂、方丈、鍾樓之屬，頗稱華麗。皇慶二年，三韓萬奇上人，從瀋王奏請，還祖東山，事具義公記。至治二年，通又老。今住持法式，方爲虎溪第一坐，通率衆具禮，請主其山。是時，寺之食者衆，積弊紛拏，稱貸以給。式至，精勵自持，大作三門，黄金飾題牓。作大殿，奉祖師，作經閣、藏殿，而蒙堂、安老堂、行堂、庫堂、萬佛閣、照堂、庖湢、垣廡，次第皆成。而通公前所作，多庳下不稱，且以弊告。又撤而更新之，務極崇勝。給衆之田，有鳳源、永福、東積、復古、阮家、鉄甕等庄。或復，或創，凡二百餘頃。其屋室、器用之資，又日完以富。鍾鼓鏗訇，禪侣雲至。式致用而有文，又脩百丈舊規而行之。江漢之間，隱然一大闠闤。計其經始，至于落成，才七年爾，何其敏哉！施財者，自郡帥韓某，總管易某等，凡若干等人。其成者，則大觀惠孚希復也。式又曰：「今國家崇尚象教，古昔莫能加。今東山之成，願力所就。蓋山川之靈，實際景運，而祖師名號，非盛代所命，不其闕乎？」乃走京師，將請諸朝。中政院使李公信，家本三韓。三韓有上人曰覺元日智承運，以其事語之。李公信與其妻隴國夫人崔氏，並加敬慕，檀施必親。又齋沐聞于中宫，製金紋伽黎大衣以賜。出宫中金錢萬緡與之，俾半脩塔廟，半爲長明燈之資。而式亦賜金衣，受璽書，號曰「佛日普照大禪師」。四祖信大師，真身同在蘄，同奉入城。又同時各歸故山，故亦同有伽黎、然燈之賜焉。□□□年□月□日，三藏法師，具以奏聞。天子乃賜四祖號曰「妙智正覺禪師」，五祖號曰「妙圓普覺禪師」。而詔翰林直學士臣某爲文記之，勒諸東山之石。

臣某嘗問諸佛學之人曰：釋迦二十八傳爲達磨，入中國爲初祖。祖祖相承，至忍大師，而秀與能分南、北宗。南宗既爲六祖，弟子尤盛，可知者十餘人。而荷澤會、南岳讓、青原思最顯。思之後，分雲門、洞山、法眼三宗。會之後，圭峰密推會爲第七祖，而於南岳之傳，頗議其任心即脩爲未盡然，密不一二傳，遂不著於世。而讓之後，爲潙仰、❶爲臨濟，數百年來，衍迤盛大，多濟子孫，它宗莫及也。東山之爲禪也，實始戒。戒，雲門之系也，實盛于演。演，濟之六傳嫡孫。演在山時，從者常千人，而佛果勤、佛眼遠、佛鑑勤、南堂静、開祖寧、五祖自，皆得法於此。此六人者，出其法益張以大。而勤之後，若隆、若果，皆振世卓然之豪傑。其所警發，又多大人君子，而東南之言禪者，大抵多其後人矣，不亦盛乎？嗚

❶「潙」，原作「爲」，據四庫本改。

呼！自忍師發迹兹山，而戒、演中興之於五百年間，殆法運也。不然，心宗無門之説，不絶如綫，疑似幾微之失，將何所底止而折衷哉？兹寺之記，所以不可不重也。况式以五十年未就之規，七載畢事。天將啓其人如式、演者於是乎。故爲之銘。曰：

巍巍東山大士宅，蒼松歷見歲七百。藏真寶扃面不隔，精純稟具至陽德。真實不壞過金石，流光屬天夕芒白。有睹其瞬朝日赫，承運出見保邑國。來歸有時用無迹，素華浄於冰雪色。沉沉天宫萬寶積，上當星漢下連澤。九江匡廬在几席，鬼神與能龍獻力。諸天駿奔從帝釋，竪草立刹成勿亟。誰其作者行、通、式，臣某著銘帝所錫。咨爾法界衆神伯，持地主林各述職。祖號具足如帝勅，輔我皇元鎮無極。

大興龍普明禪寺碑

天曆元年九月庚辰，皇帝遣工部尚書臣士弘傳詔翰林命臣某，製《大興龍普明禪寺碑文》。皇帝若曰：「昔我皇考武宗皇帝，撫軍朔方，朕生之三年，歸繼大統，在位四年，而弃群臣。仁廟臨御，傳至英皇。當是時，權姦用事，遘譖離間，宗親近屬幾無所容。海南之爲地也，炎霧噴毒，往鮮生還，而使朕居焉。閱歷歲年，有安無苦。朕於是覃思以求，豈非上天垂祐，祖宗鴻休，而致然歟？乃捐金庀工，即瓊陽之勝地，以建釋氏之精藍，以答天地、祖宗之昭貺，以介福于皇帝、太皇太后，又以綏保其民人焉。創始于至治元年十月六日，締搆雄麗，嶺海之間，鬱爲奇觀。朕雖未嘗躬落其成，而想見其處，常往來于懷也。臨御之始，慨念疇昔，因賜名曰大興龍普明禪寺。其紀朕意，托諸金石，俾示悠久。」臣某拜手稽首，颺言曰：昔者大舜歷試諸難，殷王高宗，舊勞于外。蓋雖聖賢之資，猶必困心衡慮，而後膺天之大任，而成帝王之能事也。今陛下躬冒瘴癘，備嘗險阻。則其所以下悉民情，上成聖德者，夫豈一日之積哉？且夫頓挫流離之餘，人之常情，豈暇他顧？而陛下於斯時也，曾不以動其心，顧方惓惓君親之思，閔閔黎庶之苦，不惜萬金，建大佛事，以致其誠。嗚呼！君天下之量，固已見於此矣，不亦盛乎？且臣聞之，天之所以照臨萬國者，日月之明也。兹於淵潛之所，錫興龍之美名，俾普天之下咸仰觀其隆平之効。炳焕赫奕，以至於萬億年而無窮，又豈溟渤之外，獨可得而私？敢述銘而刻之。銘曰：

於惟聖皇，受命自天；本固支分，正緒有傳。天相峻德，櫛沐風露；以恬以廉，貞幹之固。旆旆龍旂，來歸孔時；臣力師武，至公何私。肅肅清宮，夙夜傒載；而猶固讓，至三至再。赫乎當陽，思舊不忘；曰我梵祠，在彼海邦。昔瞻廟朝，莫獲近只；親矚下氓，顛崖病只。言依佛乘，自我祖宗；曷既予懷，於焉作宮。惟天祖宗，錫我景貺；兹不表章，闕彼顒望。乃錫嘉名，如日之升；文臣受詔，刻石以徵。咨爾島嶼，龍君海伯；波瀾不驚，各率厥職。鏗訇鼓鍾，來儀來朝；内嚮而趨，天子匪遥。嗟嗟遠人，天子念爾；念爾艱食，鹺征用弛。天子無爲，一日萬幾；孰不勞心，而爾是思。爾有耋老，爾有婦子；均感殊眷，何間伊邇？蔚蔚斯文，金石相宜；謳歌欣愉，於萬斯年。

成都路正一宮碑

蜀之山川，高厚而深遠，故其生物也特異。文武材能，豪傑之士，世世不乏，然猶不足盡其神氣之秘緼。於是有神人仙者，□圖赤斧之流，出乎其間，而世所共知者。漢正一天師張陵遺跡幾遍西南，事最著。其興利，若鹽井之屬，至于今賴之。其後若朱桃椎、王葆和等，尤不可勝數。最近者且百年，有法師劉浩然、碧雲庵道士張仝者，高行奇術，近接耳目，里中兒女子能道之。故成都青陽、玉局諸宮，桀然以名天下者，非一日矣。延祐三年春，予在奉常，被旨修歲祀于江瀆。禮成且還，思昔之所聞而問焉。凡宮室樓殿，蒼乎其幽，黝乎其潛。萃乎巉乎，其雄傑高岸，不可測者，亦徒見夫深林茂木、清泉瑰石而已。求其人固不得彷彿而從之也。蓋爲之躊躇歎息，而不能去。四川儒學提舉□□□云：於此有曰汪君者幾近之，修漢天師張氏正一法，持戒嚴甚，❶飲食起居之堅苦，自其徒有不能堪。蜀大旱，祈禱無所應，吏民走以要汪君。君以其法致之，雨立至。大水，又以要汪君，雨立止，歲以不害。若夫疫癘鬼怪之撓吾民者，得汪君指顧，皆帖息如常。時汪君出，道見者無男女老稚皆拜伏車下，如見神人。自行中書省肅政廉訪司，凡官府郡縣，

❶「持」，原作「待」，據四庫本改。

咸信尚焉，未始少爲之屈也。成都守陝攝，度地於城中之西偏，與前守共搆室處之。遠近之民吏、軍將、商賈，送竹木瓦石，金幣米粟，與百工操其伎自獻者，四面而至矣。於是宮廣若干畝，制屋爲殿者二。一祠天帝，一祠漢正一天師。爲堂者幾，祠某神。爲圓庵，及東、西屋，以居修真者。而居汪君者，曰草堂。爲屋若干間，門廡、厨湢、庫庾悉具。經始以延祐元年二月，成於三年之八月。總凡役者，郡人徐慶原，而汪君倏然若不與知者也。既復命，予以汪君事，語玄教嗣師玄德真人吴公全節。真人曰：「此吾龍虎山中學道弟子也，西游青城十年矣。」未幾，成都守臣上其事，集賢院以聞。有敕賜名曰「正一宮」。正一者，本其法所師之號也。汪君名集虚，字太□，廣信人。今守國人元帥紐林公之孫。元帥自憲宗皇帝時，以兵取蜀，有大功。前守張氏名雋，河中人，嘗在宿衛。玄德真人曰：「子本蜀人，又嘗使過其處，宜爲銘。」銘曰：

維蜀之都，金城噩噩；靈關秦闢，文林漢作。休養自葛，殷完最唐；閱世千百，以安爲常。或伐而服，或據斯取；兵無久搆，旋按故堵。壅繁蠹疕，數丁剗除；噓曦百年，谷陵均墟。既撤而息，迺見牙蘖；承時嘉澤，更長斯洽。神帝靈仁，惠肯顧依；宰于燥淫，疵癘勿威。厥惟清静，克通神志；靡祈弗應，相我人士。人士作宫，敬報神師；有儼有臨，匪僭匪私。於皇天子，視遠如邇，郡奏朝聞，夕出封璽。曰咨遠人，孰保孰容；苟相之道，予曷弗從。伊祝何祕，于躬受福；嗟爾衆庶，視此明勑。毋邪爾思，勿貳爾心；物辨志定，正一是欽。可以安泰，可以長久；名不虛造，是用嘉爾。凡我蜀人，帝力是知；永歌萬年，新宫是詩。

開元宫碑

皇慶二年七月，使召靈妙真常崇教真人王壽衍於杭州，以弟子張嗣顯從。十月，至闕，賜見于嘉禧殿，館諸大崇真萬壽宫。真人使嗣顯來言曰：「某所領開元宫，其因革具有始末，惟不傳是懼，請記之。」按舊志，杭故有開元宫，唐開元中刺史陸彦恭用詔書所作。乾符戊戌，燬于火。後五十九年，吴越文穆王復其舊，其臣林鼎記之。宋景德丁未，勅改「景德觀」。後十六年，有以私財脩之者，進士陳戩記之。然俱不復存。嘉泰甲子，寧宗以其潛邸爲今宫，復賜名開元，并祠閟伯，命大洞法師張某主之。宫在祕書省之左，紹定辛卯，燬于火。又重作之，廣以大宗正司故基，賜田七十九頃，度道士十四人以居。大元至元十三年，行中書省杭州，即故祕書省爲署。二十八年大火，省及宫俱燬。省故隘庳，不足稱大藩之容觀，取開元地拓之。出金助開元主者董君德時及今真人，購故宋公主第以爲宫，公主親理宗女，有司護作唯恐，規制工伎甲於當時。至是易其檐桷、門陛、牓署，因加表飾，設貌位、被服，以象其天神、帝仙人之屬。隆隆然，湛湛然，真神宫殊庭矣。明年，翰林學士承旨閻公復記之。元貞二年，陳君天錫奉旨繼董君，時晉王以真人藩府之舊，請以主宫事。真人固辭。大德八年，始以宣命繼陳君，奉被璽書，加護如故事。初，賜印視五品，以重所領。領之九年，外完垣舍，内嚴臺殿，凡宮之爲制始備。又封植其花石竹樹，疏導其池渠。高梁跨雲，曲館進風，神魚靈鶴，來泳來止，所以休寧其脩真者，尤還密靚。雅樂哉！天人之君乎？曾城之内，殆莫與加矣。於是請謝宮事，未幾，俄賜號曰真人。使者即其宮命之，遂還理其宮，不敢去。及得見天子，即具疏言：「聞道家以無爲爲宗，古之言真人者，閎邈矣。今爲其道者，善傳上意，達諸神明，導況祉，存著專一，其事也。惟大宗師、大真人、嗣師、真人，久侍中，被寵遇，有號名命數，其貴視公卿侯伯，而不與其憂責，於玄教顯榮極矣。夫名者，實之賓，泰甚則忌。真人非遠臣所可得名，臣敢固辭，不敢稱真人。得還山奉祠事，以報聖朝，志願誠足矣。」

天子聞而嘉之，若曰：「爲而不有，真老子之道哉！昔人言仙者，非有求人主，人主求之耳。尚慈儉，尊退讓，以風示天下，爲國之禮則然。」延祐元年四月，因改賜號曰「弘文輔道粹德真人」。命學士爲訓辭，示褒寵，刻銀爲印，視二品，使盡護杭州諸宮觀，仍治開元宮。亦名璽，顯以璽書。而別爲璽書，給驛騎五，命遍祠江南諸名山。奉辭之日，天子見之便殿，賜坐，留與語移時，深稱上旨。因顧侍臣曰：「予早知大宗師，今年高德彌謹，嗣而傳之者，予必貴之。此其人，尤弘廓用謙以爲禮者，乃字真人而命之曰眉叟。朕知老子所爲《道德經》，開物成務者也。善學者，人人可用世，非獨道家書。先命近臣，以明示中外。爾尚敬宣至意，勿敢忘。」又賜寶冠金衣，始稱真人服章焉。於乎！開元之爲宮久矣，繇真人深自謙抑，爲上所嘉顯，其名益遂表著於天下，宜有銘。銘曰：

於皇聖世，治繇清静，惠宗道家。受釐有祠，内外相望，靡不寵嘉。煌煌我宫，殿於東南，神明之居。在昔前王，化家作之，中其國都。何因何稽，曰爲開元，厥維禎符。禎符孔明，大開元疆，神告不誣。顧民弗省，歲行六十，既燬而墟。除而圖新，爰得永宜，天人合謀。甲觀夙成，帝子攸降，巍巍渠渠。道貴因循，不貴改作，昔劬我舒。迺象貴神，赫如有臨，風馭電車。大集于成，在今真人，克恭璽書。恩言雅文，真人用謙，爲道光華。自朝旋宫，率職贊祠，思用不渝。錫福予齡，天子不有，于民是敷。維千萬年，至於億世，邈哉永圖。敢述聖德，刻以貞石，式章道樞。

玉笥山清真宫碑

玉笥山清真宫，在臨江之新淦。其《實録》以爲，本名群玉山。漢武帝授《上清籙》於此，見有光如笥下之，改今名，而以上清名宫云。元封五年，武帝行廵南郡，登灊天柱山，出尋陽，浮江過彭蠡。所過祠名山大川。今山在彭蠡上游數百里，豈嘗至而史略之？不然，則郡國望幸者，或繕其治處矣。按圖，其山起東南，稍行而南爲三峰，名赤松、漢武、魏夫人三壇；又西爲覆箱峰，特奇峻；又北爲北峰。中引小隋而下，宫在宛宛中，❶與前三峰相直，上有石壇九。避秦人孔丘明等九人上昇處，故曰送仙峰。

❶「宛宛」，四庫本作「窈窕」。

又東爲郁木坑，其東南出，與初起山相值。兩山之趾犬牙交，人緣澗水取徑，二十四曲折，始出山外，而中若環堵者矣。意者，受寬而括約，笥之所以得名者與？其所祠神君，曰九天司命，左曰洞天天王，右曰洞天仙官，蓋古之得道者云。又曰繇其三峰之崇高嚴厲，故以名□□□，❶此近是矣。其地多奇卉靈藥，又有丹井、墨池、壇洞之屬，皆托古仙神人以名之。信乎非世俗所得有者。每天高氣清，有聲出空中，如衆樂並作，莫知其名物。然一時同在者，或聞，或不聞。及夜閒寂，又如聞車馬金革之來，若神物有所劾治者。居民相傳畏忌，遠其家數十里外，獨學道之徒居是宮耳。宮之始末可知者，梁天監中，杜曇永與其門人錢文詠來居。蕭子雲以錢百萬，助成之宮，今有石刻在宮中。云是曇永所撰上清宮碑文，而文詠書。然其署官文字制作不合，疑後人所重立，有改易失真者。唐長慶中，謝修通奉母隱此山，《實録》所著也。南唐時，皮羽南受知後主，刻木爲印，使佩之以治宮事。徐公鍇爲篆上清宮額，此最可傳信者矣。宋宣和中，勅改爲清真宮。端平丙申，主宮事者李希白，故給事中大有之孫也。郡人重之，爲請于朝，使度弟子，得甲乙相次傳授。乃得涂紹禹、魯道隆，皆名家子。又有道行法術，爲時所尊敬。故能大其宮而新之，益入田租以給衆，來者日至，而宋亡矣。自是以來，相繼治其宮者，曰胡永年、曾卿肯、劉繼賢、曾季謙、張嵩老、❷涂弘道，其方來則歐陽本一、聶立仁其人也。

至元丙戌，世祖皇帝嘗召卿肯至京師，

❶「□□□」，蜀本作「以清真」。
❷「嵩」，原作「高」，據蜀本及後文「嵩老」改。

咨問稱旨，留之四年乃得還。既而宮之屋日弊，於是元貞丙申，永年作法堂。至大戊申，卿胄、嵩老又作冲妙堂。戊午，季謙又作三清殿。先後以其財來助者，郡人胡復、張日新，臨川夏□□、廬陵曾德和、曾巽申、曾如圭，姑蘇周静法也。其後繼作，日虔不懈，而宮皆新成者矣。三清殿成之明年，聶立仁方從玄教嗣宗師，以其事來告曰：「未有年而吾宮新，則昔之從事於此者多矣。然自杜君以來，姓名可考者，寥寥數人耳。則其泯而無聞者，無文字金石之托也。不可自我之世，無以示後人。子幸爲我銘。」予既聞而歎曰：山川之形勢，爲豪傑所臨依，衆庶所會通者，歷歷可見。然而忽然之間，時往物異，則感慨係之。而荒間寂寞之濱，乃有斯人據泉石之極致，以相傳長久如此。乃爲次第其説，而勒之以銘。銘曰：

太秀之山，群玉之府；廓兮有容，若笥將貯。不鍵而固，匪橐而盈；合冲納和，伸憑虛生。其神孔明，維大司命；參我左右，宰我衆正。若瞻紫垣，羅絡四周；表衛中居，旋制九州。文昌之宮，泰階之上；靈氣翕張，孰執其象？偉若降精，巋崟峙停；炳燎弗輕，食于殊庭。神君欲來，泠風與俱；樂出太空，合神于無。朝陽熙熙，夕灝肅肅；孰其迎將？孰其往復？精明粹融，潛滋密充；自然遂成，□□不逢。❶穆穆在朝，皞皞在野；我宮恆新，以詔來者。

道園學古録卷之四十七

❶「□□」，蜀本作「灾害」。

道園學古録卷之四十八

方外稿五

雍虞集伯生

碑

崇壽觀碑

大茅山之下，當華陽南洞之便門，有崇壽觀者，本晉洞天觀館主任敦故宅。宋元嘉十一年，路太后始建壇宇。太始中，廬陵太守孔嗣之重立，以奉曲阿高士華文賢。齊建元二年，勑句容王文清仍立而主之，名崇元館。武帝以太子時至焉。唐貞觀初，勑改爲崇元觀，有太極元年所樹碑，石完而文泯。可識者左拾遺孫處玄文、揚幽經書數字而已。天寶七年，李玄静先生奉勑重脩，復民百家備脩葺。寶曆三年，主者有賀思寶，則因器物銘識而考見者也。宋大中祥符七年，勑賜今名。大元至治二年，句曲外史張君嗣真始來主之。顧瞻方臺，近對南面，左峰疊玉，右引大茅之支而回合焉。定録君噯言：大茅山下有泉水，近水口處可立静舍。陶隱居云：近南大洞口，有好流水而多石，出便平比，❶有王文清居之。則此觀是矣。乃嘆曰：「山中館宇，自齊、梁、唐、宋至于今，代有增益。求諸晉人之舊，惟此與玉晨許長史宅耳。而吾所治，乃傾廢隘陋特甚，豈不在我耶？」於是度材鳩

❶「比」，蜀本作「坦」。

工，更後堂爲太元殿，以復舊規。象三茅君於中，東爲任、華、王、李、賀五君祠，西爲陶隱居祠，充前殿基爲弘道壇，自製銘其上。壇東爲玄武祠，西爲廣惠祠，後爲文賢講堂，而前爲都門。門外浚古玉津池，盡受大茅南面諸原之水。循池西南，得昭明太子讀書臺。臺東，有井曰福鄉井。福鄉者，因昭明道館名也。出諸榛莽，著文刻石，覆之以亭。而巖洞泉石之勝，近在百步内者，皆按圖表之，可以觀覽。泰定元年，上清四十五代宗師劉君大彬朝京師，授予始末，俾爲之次第焉。張君吴郡人，名天雨，内名嗣真，字伯雨，别號貞居，年二十，棄家入道，遍游天台、括蒼諸名山。吴人周大静先爲許宗師弟子，得楊、許遺書，張君從而以爲師，悉受其説。嘗從開元王君壽衍入朝，被璽書，賜驛傳，顯受教門擢任，非其志也。即自誓不希榮進，因從三茅之招，追奉任君而下五君，爲文而告之，願畢力兹宇。所著《外史山世集》三卷、《碧巖玄會録》二卷，又《尋山志》十五卷，考索極精博云。烏乎！自任君始居此，餘數百年，才五人傳焉。其自致于久遠者，果何托也。豈若後世各誘門人，系以私屬，如家人父子者哉？故寧希闊而有待。今張君無前代賜予之助，徒草衣木食以營此，而曠然思與四方之士，共爲千載之期，豈非豁落丈夫也哉？予故與君爲方外友，奇其能先予遠舉也，故系之以詩曰：

大茅南垂元氣積，陰開闔扉陽洞闢。曲穴流泉保靈宅，任君來餌黄赤石。天一召錫太元册，曲阿受養良有擇。構宫方嚴自王伯，清蹕臨止靈響格。虚林森爽化赫奕，福鄉帝子發甘液。不食何年喪遺甓，白雲□□□□□。❶開元全盛煩百役，持節旁午致纁璧。爾來蕭條世代隔，□□□文士漫畫。❷誰其啓之規古昔，句曲外史美冠舄。研書千卷視貞白，天真景隨玄系繹，玉室金堂萬無斁。

仙都山新作玉虚宫碑

縉雲縣仙都山者，道家書以爲祈僊總真洞天。相傳黄帝曾於此煉丹而仙去。唐天寶中，賜號仙都山，祠黄帝，禁樵獵三百里。李陽冰所爲題黄帝祠宇者也。宋治平三年，賜名玉虚宫。天禧中，連年勅修醮。宣和三年，燬于寇，道士游大成作之。開慶中，郡守安劉相陰陽，更定面勢，命道士陳觀定改作之。内附國朝，主宫事者，四方之人皆得爲之，而宫日廢。道士趙嗣棋世居縉雲，受業玆山，去而學仙武夷山。數年後，入京師，朝中貴人喜之。延祐元年，欽奉聖旨，主領宫事，始重新之。三年，刻銅印授之，視五品。五年，受宣命住持兼領本路諸宫觀。嗣漢三十九代天師及玄教大宗師請以宫中師弟子，甲乙相次主其宫，事聞，有旨從之，泰定二年也。嗣棋遂承詔，遍祀東南各山，歸主建康玄妙觀，得謁今上皇帝于潛邸。至順二年來見，因求歸仙都，不獲請，有旨更賜號曰教門真士玄明通道虚一先生。乃來告曰：「仙都宫成，未有記。今既未克歸，懼因循無以示久遠，幸勒文表之。」乃爲著

❶「□□□□□」，蜀本作「鄉遠簫聲閟」。
❷「□□□」，蜀本作「拾遺有」。

銘曰：

縉雲之虚，有峻其高。旁無引緣，上干雲霄。軒后神明，去世邈遼。祠宇在焉，冲融消摇。微音出空，豈其下遨？有宫有廬，有壇有時。天光昭宣，百靈萃止。疵癘不作，錫我緐祉。室有壽耇，孫曾婦子。不知不識，明粢甘醴。維昔軒后，廣成是師。千二百歲，而身不衰。究觀緒言，澹乎無爲。以修其身，民用雍熙。請以告民，萬年如斯。

勑封顯祐廟碑

至順二年夏，江西行省以文書白于朝曰：「吉安守臣言：其所統吉水州中鵠鄉，有神廟食于石鼉之里者。相傳神姓劉氏，諱焕，蓋長沙定王之裔云。舊志以爲隋時始有廟，至唐而益大，歷五代及宋，靈異甚著。建炎初，金兵蹂江南，隆祐太后入贛避之，舟行爲石所礙，有巨人翼其舟，以出於險。后物色之，則神良是也，遣人祠謝之。自是百數十年之間，歲或旱禱之，則必有雲起其東以爲雨；有蝗禱之，蝗不至其旁；近有群盗犯其境，禱之，賊恍惚有所見而散去。當是時，州固縣也，而郡守之禱之也，必具官位、姓名，謹書祝辭于版而致敬焉。勑賜其廟曰孚應廟，又封其神曰順惠侯。蓋當時之制：神靈之有功於民者，有司覈實其事以聞，始賜廟額；又有功則封之以王，其號自二字以上，累封至八字極矣。自入國朝來，凡水旱、疾疫、盗賊，有禱無弗應者，而神封猶仍前代之舊，非闕歟？聖朝懷柔百神，德意至渥。詔書每下，則有司長吏，必謹具牲幣，奉祠境内諸神之在祀典者，是以石礱之祭，歲月相望也。請更大其封，以答神庥，而以尉民人，敢以爲告。」於是中書下其事禮部。禮部移書大常，而博士議曰：宜因其舊，而更其廟號曰顯佑廟，加封神曰昭烈王。吉水州道士某、法師提點某、觀事劉學仙來請書其事而刻諸石。且曰：「爲神求封者，州民李從大也。奉成命以歸報神者，李思用、某也。新王之廟而大之者，某、某也。」學仙嘗游西北諸邊，爲宗室諸侯王客，多見神異之事。至京師，達方言於好事者，甚多有之。若至亦集乃路蹇占山北，見有烹羔桐酪祠龍湫，數皮而沈之。祝曰：「神爲我鞣而治之。」爲期日而去。至期復祠之，則得成革矣。若有鬼工，然不可測也。其地往往有人在京師者，或從質學仙言則信。蓋其人習以爲常，而又不能言諸人耳。志怪若此者，猶因學仙之言而傳，況石礱之事，書而識之何靳焉？學仙好文學，能爲歌詩，故又爲享神之辭曰：

坎坎伐鼓，石礱之下。注醪盈觴，解牲在俎。神其來思，胥樂于舞。我東曰瞻，雲來如雨。誰其從之，昆弟如侶。神固王孫，長沙伊祖。惠我孔仁，亦厲而武。是耶非耶？來即于所。神之享我，自我祖父。昔侯今王，天子之祜。裳衣有章，丹楹朱户。肅肅孔容，孰敢予侮？驅我癘鬼，去我蝨鼠。豐我大田，寧我屋宇。爾妥我依，至于終古。

銘

佛國普安大禪師塔銘

至順二年夏，上都大龍光華嚴禪寺住持僧法琳言：昔在憲宗皇帝癸丑之歲，世祖皇帝嘗命我開山温公，統釋氏於中原。後五年丙辰之歲，始城上都。又三年戊午之歲，作大龍光華嚴寺。寺於城東北隅，温公主之。温去世，而少林雪庭裕公主之。裕公去之二十年，竹齋誼公、屏岩顒公、雲松徽公，至於我先師筠軒壽公六世矣。在壽公之時，英宗皇帝念兹寺爲世祖所築，作而新之，加廣大焉。命壽公爲司徒以重其事。❶壽公以爲温公昔事世祖，豪卓瑰異，有足稱者，宜表見於兹，未及有所爲而殁。蓋自温公至于今八十年。歲月滋久，恐遂湮没，誠願伐石紀事，以成先司徒之志，而不敢自專也。乃七月二十日，上在上都，清暑於洪禧殿之便坐。侍臣有群玉内司亞尉阿兒思蘭不花，以琳之言聞。且以臣某侍書奎章閣下，在從官中，請使屬文以賜之。勑曰「可」。明日，阿兒思蘭不花傳勑至臣所。臣從琳得温公事狀云：師諱至温，字其玉，一號全一，邢州郝氏子也。幼聰敏異常，兒年六歲，其母携之至龐馬村，見寂照和尚於淨土院。寂照曰：「汝其爲釋氏乎？」師心許之。會寂照避亂去隱遼西，乃禮寂照弟子辨庵訥，而祝髮焉。無還富公主淨土，蒞衆甚嚴，師不以爲忤。庚寅之

❶「重」，蜀本作「董」。

歲，無還開法萬壽，師與十僧同往佐之。萬松某公，以青州辨公宗旨，開示法要，門庭高廣，四方尊之。師見萬松，始以才氣過人，稍不容於衆。然而博記多聞，論辨無礙，百家諸子之言多所涉獵。又善草書，有顛、素之遺法。年才十有五，爲萬松侍者，凡萬松偈頌法語，一聞輒了之，遂得法焉。常以侍者代應對，談鋒迅利不可犯，時人已深期之。故太保劉文貞公長師一歲，少時相好也。劉公厭世，故思學道，師歡之爲僧。同參西京寶勝明公，既而爲世祖知遇，侍帷幄爲謀臣。薦師可大用，得召見。與語，大悦。將授以官，弗受。曰：「天下佛法流通，臣僧之願。富貴，非所望也。」留王庭，多有贊益。居三歲，遣還。出賜金，資日用，不計其費。時憲宗命海雲主釋教，詔天下作資戒會，師持旨宣布中外而輔成之。

世祖征雲南還，劉公請承制，錫師號曰佛國普安大禪師，總攝關西五路、河南南京等路、太原府路、邢、洺、磁、懷、孟等州僧尼之事，刻印以賜。師鋭意衛教，凡僧之田廬見侵於豪富及他教者，皆力歸之。馳馹四出，周於所履，必獲其志乃已。自其門人，或勸之少憇，弗懈也。五臺山清涼勝會，凡百晝夜。既得請興廢於兵火數十年之後，師假貸以經始。既而四方雲集響應，金穀之施，與瓜果之供養，反有過承平之時。而山之真容等院，因以完實而新美，若此者，特其材略之緒餘也。師既開山龍光，又作大都之資聖、真定之安國、汾陽之開化、彰德之光天、固安之興化、三河之蓮宫，餘不能盡紀。憲宗末年，僧道士有諍，各爲違言以相危。上命聚訟於和林，剖決真僞，師從少林諸師辨之。道士義墮薙須髮者十七人，道宫之復爲僧者，以千百計。中統建元，釋教大盛，僧衆賴之，甚思師之功焉。而師遂納印辭職，每歲官賜金，修寺之外，世味泊如也。至元丁卯五月二十二日，以疾終於桓州之天宫寺，西向右脇而化。當暑，儀形如生，更有異香三日。火浴之，心、舌、牙不壞。衆庶掊其地，深數尺，猶得舍利云。壽五十一，僧臘四十。師有草書詩文傳於世，可以觀其人焉。其老也，將有所論撰，不及而歿。臣聞世祖皇帝聖度如天，善馭豪傑。自在潛邸，至於混一海内，天下之人材小大畢至，以足其任使。故其功業之盛，巍巍然，赫赫然，三代而下，帝王未有或之及也。浮圖氏以寂滅爲宗，而才器文辨如温公者，亦豈常人之流哉？敢敘而表之，以見夫興王之運，其人如此。銘曰：

維昔世皇，始理開平；作其潛藩，有宫有城。顧瞻東隅，泉甘土厚；蜿蜒來止，屬垣負阜。命建仁祠，龍光是名；權輿來尸，僧有豪英。氣如虹霓，辨若風雨；縱横凌厲，莫敢予侮。世皇有爲，群策是稽；召見從容，出其端倪。善其利器，俾反初服；報德不回，孰屹若孤鵠。林林釋徒，禀教以居；孰爲紛更？入主出奴。天子有命，存完去駁；我馳我驅，立折其角。燕趙之間，至於陜關；我田我廬，來歸匪艱。世皇御極，民用寧一；而釋之門，既振既息。時龍光師，燕居弗馳；散其緒餘，爲書爲詩。詩揚宗風，書縱逸趣；沛將有述，棄而遽去。維時名僧，至於公卿；有誄有辭，失之若驚。垂八十年，英標如在；誰知表之，嗣者七代。義舉有聞，天子喜之；史臣屬辭，以係遐思。

智覺禪師塔銘

天目之山，有獅子巖高峰，妙禪師居之。設死關以辨決，參學之士，望崖而退者或衆矣。得一人曰本公，是爲中峰和尚。師生有異徵，爲童兒嬉戲，必爲佛事。暫入鄉校，尋棄去。稍長，閱經教，然指臂，求佛甚切。晝夜彌厲，困則首觸柱以自儆，期必得乃已。及入死關，密受心要。久之，誦《金剛經》，至荷擔如來，阿耨多羅，三藐三菩提處，恍然開悟。自是説法示人，縱横該貫，如千江一源，奔注放溢，莫之能禦。從容自在，若不經思，累千百言，應問無礙。隨其根器，廣爲策勵，推以爲大辨焉。緇素及門，自以爲有得，即所聞受傳録，模印行於四方。所謂《法語》《書疏》《題唱》之屬，不可勝計。又有書五篇：曰《破胎息論妄傳》，曰《闢信心明義解》，曰《擬寒山詩》，曰《辨七徵心處》，曰《説如幻法名》，曰《一花五葉集》。虚谷凌禪師於師爲尊屬，見而歎曰：「此佛祖向上事，非下根小器所可識也。」仁宗皇帝聞而聘之，不至，製金襴袈裟賜之，曰佛慈圓照廣慧禪師。賜獅子院名曰正覺禪寺。英宗皇帝亦封香製衣，即所居而脩敬焉。駙馬大尉瀋王王璋，使人從師問法意，以爲未足。請於上，親往見之。既見，構亭巖前曰真際。表得法也。三藏法師沙津愛護持必納雅實理，遊方時，常從師參詰，及事三朝，每爲上道之。翰林承旨吴興趙公孟頫，每受師書，必焚香望拜，與師書必稱弟子。行省丞相别不花、行宣政院使張問諸達官，尤加敬愛。每徑山，虚席必以待師，師固不受，迺已。轉運使瞿霆發作大覺寺以奉師，亦不受。師踰浙絶江，渡淮溯汴，至浮舟以居，而避去之。從之者如雲，北極龍漠，東涉三韓，西域、南詔之人，遠出萬里之外，莫不至焉。所至結庵，一名幻住，信施金幣、重寶交至，一視之邈如也。師相好魁碩，見者稱嘆，皆畫象事之。南詔人有奉其象者，夜有神光燭天。其士感悦，遂篤信禪宗云。時人爲之語曰：師乘大悲願力，爲法檀度，觀時識宜，隨機應物，多諸方便。如摩尼珠，無有定色。爲未證得謂證得者，我説無悟由。爲求名聞利養者，韜晦巖谷。爲毁犯律儀者，演毗尼法。爲妄認法塵以資狂解者，導以正悟。爲圓機者，直示向上。師皆以身先之，不事夫空言也。而師方自以爲文字失於學問，參究闕於悟明，尋常好事者所稱，蓋报緣之偶然爾，翩然爲退休之計。蓋師之高邁過人遠甚，而謙抑如此，所以爲不可及也。師諱明本，宋景定癸亥歲生錢塘之新城，姓孫氏，年六十一，僧臘三十七。大元至治癸亥八月十五日，化於其山東岡之草庵，有訣別書偈，誡門人勿行世俗禮。而門人及遠近來弔者，哭師甚哀，聲動山谷。遂奉全身葬以西岡之上而塔焉。後七年，爲天曆二年正月甲子。天子使翰林學士承旨、領國子監事阿璘帖木兒，召臣集至便殿，命之若曰：「其賜師號與塔名，而汝爲之銘，俾其門人單檀密即禮，刻之山中。」臣某再拜而言曰：國家崇尚佛乘至矣！而禪宗惟東南爲盛，然專□□□席稱師者，❶豈無其人哉？至於四十餘年之間，浩然説法，其言語文字，汪

❶「□□□」，蜀本作「門設講」。

洋廣博，爲遠近信向，未有若師之盛者也。請製智覺禪師法雲塔之銘，曰：

巍巍楞伽，上極無際；大雄善喻，著無上義。達摩之東，憂言多窮；獨此不遺，曰心之宗。是故妙師，高蹈天目；右海左江，以表遐矚。師子巖巖，置死爲關；孰當吾鋒，有造無還。惟幻住叟，登中據最；示則絶學，無倚無外。千偈瀾翻，夫豈好言？昏蒙錮深，抉提孔難。如彼淫疾，勝邪並受；有大醫王，爲出一手。砭焫塗摩，擣嚼鍊烹；紛然百爲，因病以生。疾除醫已，言亦如是；得本不迷，何有一字？悲願深弘，智覺所敦；受職度人，鬱乎法雲。法雲彌天，有蔭斯普；協于皇風，永填終古。

大辨禪師寶華塔銘

達摩傳佛心法於中夏，臨濟一宗最爲得人。七傳爲楊岐白雲五祖圜悟，真所謂不立一法，根源直截者，灼有端緒，不可誣也。悟之傳，有虎丘隆、大慧果，卓然植其宗風。於故宋南渡之初，門户嚴峻，波瀾浩湯。自朝廷大臣、縉紳先生，莫不委心焉。東南道不同者，猶徘徊稱嘆，以爲不可及。而隆之傳應庵禪門之盛，未有及於斯者。華、密庵傑、破庵先，無範□演化之宏，與慧相望，至於雪巖欽公，五世矣。當宋之亡，宗門尊宿，漸向寂寞。巖公毅然自任，其導引甚方便，而鑑可極巖絶。得法於其門者十數人。遍布江湖之間，各以所至，坐大道場，宣闡法要。在大江之西者，則虛谷陵、海印如，父子、兄弟，相爲倡和，以發明斯事，諸方尊信之。

嗣巖集雲之席者，則吾陵公禪師而已。師年十九，落髮於東陽資壽院，受具戒。即謁虚舟，遠於雙林。又依東叟穎於浄慈，掌内記。石林鞏至浄慈，師亦侍者兼外記。徑山雲峰高尤敬之，諸分座説法，凛凛諸老之餘風。得師相與議論，激昂發明，咸器重之，争以得師爲重，而師曾不以此自足。迺見巖公于杭，遇諸塗，巖舉黄龍見慈明事問之。巖印其穎達，及歸大仰，而師方遊金山，遣書招之。甫至，遽請爲第一座。一日室中，巖舉臨濟在黄蘗三度喫六十拄杖，因忍向大愚肋下築拳。師云：「鈍置殺人。」巖便打，師拂袖出，至元丙戌歲也。是冬，巖將示滅，拍師肩曰：「吾以此擔累汝。」師曰：「終不向者裏活埋却。」未幾，巖果化去。衆以爲佛祖向上一機，微師莫能開示。力請師繼其席，師勉循焉。垂三語，以驗來學，曰：「三乘十二分教拈向一邊，蝦蟇口裏道將一句來。」曰：「狗子聞柱聲，因甚咬破庫堂前露柱？」曰：「獭徑橋吞却集雲峰，是第幾機？」答者罕契其意。一坐三十夏，四方學者奔湊，規範森嚴，有誘掖而無假借。裨販之流或欲得一言以自表，深謙重施以求之，卒不可得。師爲文章，清麗高古，敻絶塵俗。西江之老於文學者，往往故國之遺，傲睨一世。及見師，嗒然自失者多矣。而少俊之才由師指示，而英英脱穎於翰墨之場者，亦間有之，然則況於爲其學者乎？寺嘗有水火寇攘之厄，師隨葺隨更，若不經意，施者雲集。既敏於成，又加廣大，有非人力所能者。歲飢，師每食，必與衆僧共之。方丈之外，無私烓爨。嘗與客語過齋時，及夜，飢不自勝。侍者請取勺粟煮水以爲飲。師不可，曰：「常住物，非住持人所得私。」其清苦如此。或出山至城府，官民緇白迎拜道左，親慕愛敬，始終如一，無或間然。杭之徑山，江左望刹之最，公論願師一至其處久矣。延祐丙辰，行省稟朝旨，迎師居之。袁人士號慕遮挽，或訴有司留之，不可。扁舟所經，望塵瞻禮，以祈法施。及至徑山，開堂之日，萬口翕然，以爲不媿妙喜於二百年之外者。百廢具舉，四衆歸心。嘗與隣峰受供長者之家，食器列皆白金也。施者奉齋竟，請從者并几器收之。師目從者，只取餘齋而已。及與隣峰聯舟還，從者微哂曰：「師誤，隣峰虚行矣。」問故從者，浙人長者，重施以爲常，師不受，他師亦不取。師嘆曰：「汝奉佛遺教，固爲是見解耶？此與瓦礫何殊？而生計度心。」貴人達官，舉家奉施拜禮，師不爲動，亦不加傲，識者稱之。蓋住山七年而殁。世祖皇帝時，嘗召見説法稱旨，賜號佛鑑禪師。大德中，新作大仰山太平興國禪寺，事聞。成宗皇帝嘉之，勑翰林學士承旨程鉅夫製文勒石，加賜大圓之號。其來徑山也，仁宗皇帝又加號曰慧照。至治壬戌四月十二日，手書囑付時官，外護宗教，戒敕弟子，説偈示寂于不動軒，其徒奉全身瘞諸西峰昌浦田。師諱希陵，字西白，姓何氏，婺之義烏人也。世壽七十六，僧臘五十七。有《瀑岩集》，及語録、偈、頌，凡若干卷行于世。昌浦田者，故給事中郎公簡歸隱故處，而其塔癡絶冲照堂一荆叟珏之次。初，師在衆中，有兩蛇常於檻外朝之。仰山古有二龍，龍至今灵異，或曰二蛇即龍云。無準塔前有岩桂樹，常以歲三月準示涅槃日，開數花。及師主山之歲，花乃盈樹。師平生主二大山，幾四十年。其因緣豈偶然哉？泰定四年，徑山首座子良，徒步乞食來京師，求塔銘於某，久未克爲也。良堅忍寒苦者，數年不解。天曆二年四月二十一日，翰林學士承旨、光禄大夫阿隣帖木兒，奎章閣大學士、光禄大夫忽都魯兒迷失，奎章閣學士、參書、文林郎柯九思侍便殿，具言師之道行、良之志與文之所以未克者，有旨賜號曰大辨禪師，塔曰寶華之塔，而命臣集爲文。臣集頓首稽首而著銘曰：

先佛既遠，後佛未逢；如是中間，妙義非空。瑽瑽岩瀑，春雨時至；珠璣散落，無有量計。天上人間，海藏龍宫；各得少分，不昧心宗。而大辨師，宴坐一室；翠藤彌天，竹樹綿密。古雪在山，敻絶人蹤；略示三關，一綫之通。我觀華嚴，儒童本智；帝綱交參，珠光無二。大雄之宫，列城潭潭；雷音不興，群蒙共酣。集雲之峰，雙徑之塢；樹大法幢，鳴大法鼓。神龍來聽，天雨寶華；諸天唱言，辨才不夸。聖皇御世，尊敬法寶；千劫信願，億載之保。應期而生，師在江南；四聖具瞻，如見優曇。巍巍靈山，儼然高會；其來非來，其去非逝。無垢者月，大慈者雲；覆照無窮，贊以彌文。

道園學古録卷之四十八

道園學古録卷之四十九

方外稿四

雍虞集伯生

銘

晦機禪師塔銘

古之所謂豪傑之士者，必曠世而一遇，其不恆見於天下者何也？蓋嘗聞之，豈無其人哉？自夫世務之沉冥，俗學之纏糾，有不足以縶而留之者。於是脱然自拔於浮湛起滅之表，以求其本初之極至者焉，則漠然莫所爲乎斯世者矣。其卒爲浮屠氏之□歸者，皆其人也。予嘗誦其言而悲之，然嘗上下千百年間而求之，殆果然不誣也。大江之南，有佛智晦機禪師者，諱某，姓唐氏，世爲豫章儒家。其族父曰明公者，學佛西山明覺院，而能聚族人子弟教之。師與兄子元齡，俱從學進士業。元齡既登進士第而歸，遂從明公落髮游方，時年十九耳。其母憐之，私具白金爲裝具。明公曰：「是足喪子之志。」師即盡以歸母，不持一錢以行。至吴，一時名師，皆欲出己坐下，不顧也。聞物初觀禪師住玉几，往依之，十年無知者。偶與書記清默語，大驚異之，以告初。初召詰之，信然。留侍左右，朝夕諮問，盡發其秘，字之曰晦機，爲偈以囑焉。後至錢塘，寧退耕衍石，凡在南、北山，虚記室以待，不應。久之，勉從潁東叟之請。當時貴人多致師出世者，皆不答。一衲二十年，泊如也。至元中，楊璉真總統釋教江淮，有旨取育王塔中舍利進入，乃親詣師求記述始末，因與俱朝京師。師曰：「我有老母，兵後存亡不可知。」歸江西尋之，則元齡固以臨江通判從文丞相起兵死，獨母在耳，奉之以孝聞。種竹卓庵於鄉，曰竹所，與簡竹屋、申如翁居，往復酬唱，發揚宗旨，四方來學者數百人，至無所容。又居灊山，凡六年而棄之。洪之人請師住天寧，師以讓簡。簡殁，洪人來請師，又以讓秀祖巖。江西總統乃請師住黃龍，亦不住。元貞二年，始應百丈之請，居十三年，而百丈赫然爲天下禪宗第一。至大元年，應浄慈之請，至之日，行中書省、行宣政院之長，各率其屬拜伏迎請。中國學者，及高麗、雲南、日本之僧，前願致師而不得者皆争見，門下以千百數。居七年，乃作大佛閣。市民僦居旁近相撓雜者，撤而遷之。端門廣術，夾植松柏，皆前人以爲難者，指顧成之有餘也。於是，中書省平章政事張閭，與行省丞相下令告群寺曰：「其各以僧集冷泉亭下，惟老病守舍者勿至。」衆大驚，不知所爲。是日，集者幾萬人，以次立聽。曰：「徑山者，當卜某，若某。」衆曰「諾」。丞相親探得師名以示衆，衆曰諾，無異言。即親送師入山，不容辭。至，親爲券假食以供衆。居三月，師扶杖歸南山之下。復起之，不往也。江西學者咸思慕師，願得住大仰而依歸之。師頗聞，竟乘扁舟逃去。或告曰：「師老矣，百丈故鄉也。盍此歸乎？」師信之，返至杭大仰，人哀懇得師歸，乃已。居三年，將示寂，手書謝所與往來，作偈示衆，擲筆化去。某年月日也。

壽八十二，度弟子數百，參學者數千人。❶大仰之下，有金鷄石者，名應馬大師玄讖，故奉瘞焉。而弟子之在杭者，又建塔於浄慈之西，隱公所嘗居也。至治二年夏，集過浙江，遇師之大弟子某於報國寺，同禮師山中，從諸門人知師遺事，如因請爲之銘云。集嘗觀師於文字，蓋積思博學，非俗儒小生所能至。其大辨明慧，洞徹心要，誠一代之宗匠。四住名山，皆迫而後應，進退裕如。庵居從之者過於大刹，及其門者多特達卓異，此非所謂豪傑者乎？彼持不足之資，區區自矜，求試致敗，取訾而不恥者，視師爲何如哉？銘曰：

於皇聖元，崇佛尚祖；旁求碩師，密贊神宇。跨浙歷江，梵宇于于；師三十年，四專其居。或尚力致，我有弗有；或競于墍，我紓而久。鼓鍾振揚，人天畢來；龍象言言，孰是可欺？師住世時，言滿天下；濕慈暢宣，心泯物化。來參來歸，千百與俱；各極精明，不留固愚。今去而亡，俯仰無極；何以識之，南山之石。金鷄愔愔，慧日赫然；有覺爾冥，孰敢弗欽？

廣鑄禪師塔銘

荆門當陽玉泉景德禪寺者，智者大師道場也。智者，荆州人。自天台還止此山，相傳有神，自稱漢前將軍關羽殁而藏神於此，願佐師，遂建伽藍焉。自隋，歷唐，至宋，主之者皆名世之士。元豐中，蜀僧承皓來主之。道行孤峻，張公商英爲著《法堂

❶「千」，原作「十」，據四庫本改。

記》。及殁，又著《塔銘》，其文具在。其後大慧三弟相繼主之，赫然荆楚間，他刹莫之及也。宋季，郡當兵衝，不能有所安輯。及内附國朝，荆爲樂土，有惠珍師經理兹寺，粗能創始而化去。至大二年，珍之弟子廣鑄，應請以來，大有建立，凡廿二年而殁，藏舍利于縣之青陽坪。❶其弟子福祐，自其寺如京師，介奎章閣學士、典籤斡克莊，請用皓公故事來求塔銘。其言曰：「我佛氏家，應機致用，隨時顯蹟，非一端也。或嚴戒律以制心，或專禪定以啓悟，或妙莊嚴以生信，或廣經典以明教。一期方便，等無差别。先師一座道場，垂及兩紀，風雨不動，安如須彌。爲法爲人，熾盛圓滿，自非夙有記受，其福德詎能爾耶？」張君予鄉人，固非予所敢望。而克莊予僚友也，儒業之外，深明内典，故重其言而述焉。

師諱廣，姓黄氏，父某，母伏，蒙城人。至元丁丑歲，伏夫人夢大香象背負圓光而至，寤，即生師。稍長，不與群兒嬉戲。每聞佛經，順口依之，即能成誦。行履端嚴，如素守律。年十三，辭親入玉泉，禮藏山珍禪師，受具落髮，蓋松源岳禪師之第五傳也。年十五，游方未遠，聞珍殁而還。師嘗夢見三佛，相好殊勝，光明希有。其中尊，舒金色臂，摩其頂，呼之爲搊多者九。傍有聖僧謂師曰：「世尊命爾爲搊多，何不禮拜？」師遂具禮，恍然而悟。一時儼然在前，心源清涼，三歎奇事。指授繪者，寫其所覩，至今存焉。珍之治景德也，僅能起廢。有瑄者弗克嗣其業，日加廢敗。寺衆迎師歸繼珍席，曾未踰時，百爲具舉。至大

❶「利」，原作「弟」，據四庫本改。

二年，入見武宗皇帝，出璽書護其寺，賜香俾誦《大藏經》。滿散之日，師升座説法，天雨寶華，繽紛滿空，不至地者才及丈許，萬目驚異，嘆未曾有。皇慶元年，入見仁宗皇帝。上知師無雜食，以馬湩爲賜。泰定四年，賜號曰佛光慧日普照永福大師。帝師親爲授記，名之曰僧嘉斡節兒。授以伽黎衣，仍歸主其山。凡珍之未備者，既皆成之。别建毘盧，高十丈，以貯藏經。像華嚴五十三參於壁下。嚴兩金剛，高四丈五尺。又建萬佛閣，高十丈。上奉佛像萬軀，下爲法堂。又作鍾樓，皆高十丈。其像設嚴，悉以黄金。僧堂、行堂、兩方丈、旃檀林、庖庫之屬，其高廣，大抵與諸閣相稱。又别建關將軍廟、龍王祠於寺側，尤極宏麗。又以伏夫人故宅，爲永福報隆寺。在當陽縣中，吏民祈禱以爲首刹。凡有營建，不憚寒暑，皆身先之。建閣時，材木之鉅且脩者，水運多灣洄，莫能致。一夕水忽大漲，盡至近地。餘筏遡溪，挽者遍履田畔不絶。田主欲因夜斷引綆，至則見若於菟守之，迺悔愧以懼，更爲推致云。環寺種松、杉數萬株。增廣寺田以贍衆，先奪於豪家者復之，可購者購之。設有水旱虫蝗之菑，師默禱輒應，環寺百數十里間，未嘗有凶歲。刻《華嚴》《法華》《楞嚴》《圓覺》《楞伽》《金剛》《般若》諸經論，模印流通，前後所施，凡數萬部。度經之餘地，又廣購儒書、道書以實之。修水陸大醮一百餘會。日誦《華嚴經》兩函，禮觀音千拜。❶ 領衆説法，清規嚴整，夙興夜坐，至老不變。談辨文慧，江湖尚之。至順二年四月二十四日，師集衆敘别。衆舉座

❶「千」，原作「十」，據四庫本改。

元至吉嗣寺事，師肯之。遂跏趺而逝，空中如聞有妙樂之音，白雲覆地，山谷悲慘，南土旱炎，驟變寒慄。入龕逾夕，顔貌如生。闍維之餘，收舍利無數，惟舌根、牙齒、數珠不壞。世壽五十五，僧臘四十二。有詩、偈、語録若干卷，門人傳焉。昔智者大師立精藍三十六所，玉泉其一也。千百年中，或存或廢，或顯或微。巋然鼎盛於聖元治平之世，若兹山者，豈偶然哉？今叢林學者，知死生之大，究竟己事，豈乏其人？而依止啓發，則存乎得所宗者尚多。智者大師在時，《楞嚴》未至震旦，嘗西望踟蹰，而願見焉。今師首刻是經，庶幾智者之遺意矣。銘曰：

我聞掬多，❶於法大護；籌盈石室，不可量數。應緣出世，宿因現前；九呼其名，佛口親宣。弘教一方，起於早歲；樹大法幢，江漢之埃。前哲寥寥，鼓魚絶音；師始爲之，願力如心。宫殿樓閣，金瑰珠璧；纓絡幡蓋，充滿嚴飭。田池園林，材用所生；來獻來歸，不煩度營。百萬億佛，諸菩薩衆；聖僧法寶，攝受妙供。大威力神，忠勇之資；迺既龍君，並安厥祠。既安既成，廣大堅同；師於是時，鳴大法鼓。四衆安然，肅恭軌儀；晨香夕燈，師率先之。二十二年，常如一日；天華散隊，以贊皇錫。大乘諸經，沛然四馳；凡有見聞，自決其疑。大圓寶光，初現妙相；俄歸大寥，仍以象往。千山之陰，萬杉之林；付託有傳，龍天具欽。

❶「掬」，原作「鞠」。據四庫本和前文「掬多」改。

斷崖和尚塔銘

昔西方聖人爲一大事，出見於世，法流中土，時至緣熟。達摩之來，直指人心而已。至于大鑑，其道大行，五宗並立，枝葉扶疎。户庭雖分，惟一不二。臨濟一宗，大機大用，收攝無量，視彼孤絶，接人爲廣。自是以來，幾將千載，弘法宇内，多其子孫。其最明著者，自風穴小止，首山洊興，汾陽慈明，楊岐白雲，東山圓悟，灼有端緒。宋之南渡，國於江海之間，而慧命克昌，有隆有杲。所謂千古豪傑之士，激揚宗要，風動雷應，聲光莫盛焉。華公親承虎丘，而受妙喜衣版之付，佛照振其父風，演化相望，而應庵以來，相繼者密庵傑，破庵先，無準範，遂終宋之世矣。皇元混一海内，崇尚象教，度越前代。時則有雪巖欽公擔荷此事，一時坐大道場，説法東南，無慮千數，❶皆其法嗣。師子巖頭立死關者，高峰妙公其長子乎？能殺能活，據其正令，以接後人。寥寥曠絶之餘，環視四顧，能及之者鮮矣。是故出其門者，辨才福德，名行于世者，不無其人。至於實證實悟，正眼洞徹，縱横自在，人天罔措，則吾斷崖禪師而已。

師俗姓楊氏，父大宥，母張氏。以宋景定癸亥十一月廿三日，生師於湖州德清縣。能食，不茹葷酒。❷六歲，始能言，但從其母誦《法華經》。於人世事，懵無所知。姿貌嶷然，志若有所待。年十七，有禪者過之，誦高峰上堂語曰：「欲窮千里目，更上一層

❶「千」，原作「十」，據四庫本改。
❷「葷」，原作「暈」，據四庫本改。

樓。」師忽言曰：「此大善知識，必能爲人拔釘去楔耳，❶能與我往見之乎？」母驚異之，略具衣裝與之行，見高峰于天目山師子巖之死關，爲童子。峰謂之曰：「汝所持何多爲？」師曰：「以待寒暑。」峰曰：「學佛者不如是。」師即刻盡以散諸人，乃令提萬法歸一，一歸何處話，因名之曰從一。他日，峰爲僧舉牛過窗櫺話，師聞之，忽生大疑，參究不倦。一日，告峰曰：「上極大宫，下窮水際，盡大地一琉璃瓶。」峰曰：「莫作聖解。」他日，過鉢盂塘，見松上雪墜有省，即詣峰，呈頌曰：「不分南北與西東，大地山河一片雪。」聲未絶，峰痛棒之。❷不覺殞身崖下，懸崖壁立，人意其必絶。同學明通捫巃接磴以救之，則已出山半，無所苦也。謂通曰：「我往江西見欽公去也。」通曰：「汝辜負老漢棒矣。」力挽之還，即與通還山之西禪庵。自誓曰：「我七日不證，則決去矣。」遂直堅壁，忘廢寢食。夜則攀樹，露立達旦，未及所期，豁然大悟。馳至死關，呼曰：「老和尚，今日瞞我不得也。」呈頌曰：「大地山河一片雪，太陽一照便無蹤。自此不疑諸佛祖，更無南北與西東。」明日，峰上堂云：「我布縵天大網，打鳳羅龍，不曾遇得一鰕一蟹。今日有蟭螟虫撞入。三十年後，向孤峰絶頂，揚聲大叫。且道：叫箇甚麽。」舉拂子云：「大地山河一片雪。」師便奪峰拂子，爲衆舉揚，訶勵同學，辭不少遜。復曰：「盡大地有一人，發真歸源，從一皆知之。」峰歎其俊快。有僧參峰次，峰令見師。師曰：「驀直去。」其出言大抵如此。

❶「拔」，原作「枝」，據四庫本改。
❷「棒」，原作「捧」，據四庫本改。

久參者愧之，幾有命如懸絲之慮。遂歸德清，其母爲賣簪珥。同入武康上柏山，結茅以居。人見其渾俗，罔測其意。越五年，還山見峰。峰云：「大有人見你拖泥帶水。」師曰：「兩眼對兩眼。」遂薙落，峰改其名曰了義。元貞乙未，高峰示寂，師亦韜晦。或游禪林，頹然居下板。孤峭嚴峻，不假借人辭色。或觸其機鋒，發言如奔雷，諸方客衲，莫不驚歎。居不擇地，隨寓而休。而律範大閑，凛如冰雪。所至，四衆歸重，公侯貴人争相迎奉，無虚日。師子正宗禪寺，累請住持，若不聞召，未嘗受請立僧而咸尊之，曰義首座云。中峰本公，大揚高峰之道，烜赫昭著，法席之盛，中外罕及。至治癸亥，棄衆而化。同門布袍雍公，見地明白，提唱超卓，而去世更久。後泰定三年，師勉詢衆請，歸坐祖庭者一載，所謂正宗禪寺者也。參學之衆，輻湊而至。或示衆曰：「除却語默動静，道將一句來。」又嘗曰：「一息不來，向何處安身立命？」然或嬉笑怒駡，犓言穢語，人所不堪。或不因勸請，自肆談説。或成頌偈，不待思惟，應機而發，人所莫測。元統元年歲除日，師忽謂從者曰：「有一件事，天來大，你還委悉麽？」良久云：「明日是年朝。」正月六日，詣法塔西，指空地曰：「更好立箇無縫塔。」其晚，與禪者談笑至夜分。乃曰：「老僧明日天台去也。」禪者曰：「某甲隨師去。」師曰：「你走馬也趕我不及。」翌早，跏趺而化。世壽七十二，僧臘四十有九。後七日，藏其全身于師子巖之後雲深庵。化之日，雷砰雨射，白晝晦暝。葬之日，雪花繽紛，林木縞素。送葬者數千人，悲慟哀戀，聲撼山谷。初華公示寂，會葬齋次。師笑謂衆曰：「後十二年，更爲老僧一會。」至是十二年矣。至順二年七月，文宗皇帝聞師道行，有詔命宣政院使賫香幣入山宣問，勑有司加護。元統二年八月，中書平章政事、御史大夫撒迪，奉今上皇帝明詔，賜號佛慧圓明正覺普度大師。璽書至山，師已不及見也。前住持普慶禪寺正印，本蒙古人，歷徑山第一座，以常侍香其席，與同志以師事實來求塔銘。後二年，鄱陽張喜式從本公游，居天目最久，結輯師《生緣悟由》語録，平實可考，乃按而序之。集昔常與師相見於吴郡，忽已十七年矣。周游南北，退處空山，思欲載見如師之高明洞達者，不可復得。慨觀古昔祖席之盛，接人之的，何其宏偉卓絶哉？虚空無盡，佛法無盡，有能得是傳者，集雖老，猶將往問之。故爲之銘曰：

傳法正宗，臨濟最弘；汾陽慈明，楊岐大行。佛果二子，雙樹齊聳；區區東南，雷動海湧。密付心傳，惟證乃知；孰爲之祖？孰爲之師？巖峰之巔，師子返擲；我見其人，斷崖千尺。莖草金身，説法熾然；無當吾機，我非不言。堂堂天目，鼓鍾朝夕；龍象人天，游宴食息。前際既往，後者未來；我於其間，重關一開。天子有詔，於赫嚴護；使未及山，委席不住。山高雲深，靈骨在焉；摩尼滄海，朗月中天。

鐵牛禪師塔銘

衡州酃縣靈雲寺鐵牛禪師，去世三十六年，其弟子智涇，自吴越行乞歸茶陵，謀建禪師之塔。以天目僧惟則所述狀來求爲之著銘。集於湖海間方外之士，其學有所不能盡知。而來求者，隨分贊歎，使天下後世，有以觀夫一時人材品節之盛也。初予得鐵牛病後《普説》而觀之，歎其用工之實勤，見地之實到。其語人也，❶以其踐履經行之真實，無假借，無掇拾，無崖險以驚眩。誅茆於魑、魅、魍、魎、狐、兔、虎、狼之窮山，曾不事奔走酬應，居大刹以爲崇。其從之者，實爲死生之事以求決擇，激厲誘掖，必有實得而印之。非有所因藉推引，以爲衣食進用之計者也。予早出仕，蹤跡不得至湖南。吾師以告寂，常恨不得相見。而予亡弟前進士槃仲常父，少年宦學清湘，嘗一見師。師告之曰：「此事最好著到。」亡弟儒者也，亦於師言有所感焉。是以予甚欲知師之始末，而不能得也。今以是相囑，而則之言鑿鑿金石，凡所紀載，不待櫽括，敘而録之，無愧辭矣。

師姓王氏，諱特定，吉安太和人。故宋户部侍郎贄之九世孫也。以嘉熙庚子八月十一日生。自幼，葷血不接於喉吻，清苦剛立，而世緣頗奪之。咸淳庚午年，三十一矣，始得從肯庵勤禪師於其鄉之西峰寺，乃得剪髮如其志。既而雪巖欽公禪師，住宜春之仰山，師往事之，服頭陀行。聞巖公上堂云：「學者工夫七日夜，一念無間，眼不交睫，而無入處，則老僧爲大妄語。」師默有所領，迅厲奮發。巖請師主東浄，師爲衆僧滌廁籌。是年堂中僧多病痢下，師悉力供持，亦染其疾。居涅盤堂，醫以爲不可爲。師乃内自省，究平日所得所用，盡不得力。師取觸器於屏處，危坐其上，勺飲不入口，屹然如山。經兩晝夜不動，其三日一念無

❶「其」，原作「漢」，據蜀本改。

生，前後際斷。四日至七日，動静二相不生，至二更盡，忽見山河大地，遍界如雪天明月，乾坤包不得。久之，聞擊木聲，通身大汗而愈。見堂中然燈草，即頌之曰：「脱皮脱骨，體白如玉。未點已前，河沙遍燭。」自信踊躍不已，振衣扣方丈通悟。巖連舉公案詰之，應答如響。乃示偈曰：「昭昭靈靈是甚麽，眨得眼來已蹉過。厠邊籌子放光明，直下元來只是我。」則癸酉歲之六月二十四日也。居衆中六年，當我國朝至元十五年之戊寅，巖於卍字堂前，以衣付之。有偈云：「無相福田衣，我今付與汝。悟明心地後，如龍吐甘雨。」自是，從大僧歸堂，脇不沾席者，又六年。一日，聞上堂舉「亡僧燒了向甚處去」，自代云：「山河及大地，全露法王身。」言下疑情蕩盡，身如踴高丈許。衆退，即詣方丈曰：「適來，和尚舉揚般若，直得法堂前石獅子，笑舞不已。」巖云：「試道著。」師云：「劫外春回萬物枯，山河大地一塵無。法身超出如何舉，笑倒西天碧眼胡。」巖敲面前卓子云：「山河大地一塵無，者箇你。」師作掀倒勢。巖云：「云一采兩賽。」及入室問云：「親切處，道將一句來。」師曰：「不道。」巖云：「爲什麽不道？」師拈起手中香合子曰：「者箇得來，不直半文錢。」巖云：「多口漢。」巡堂次，師以楮衾裹身而睡。巖召至方丈，厲聲云：「我巡堂，汝打睡，道得即得，若道不得，即趕汝下山。」師隨口答曰：「鐵牛無力懶耕田，帶索和犁就雪眠。大地白銀都蓋覆，德山無處下金鞭。」巖曰：「好箇鐵牛。」遂因以爲號。二十五年戊子歲，師遊衡陽之鄢縣，有桃源山者，頗險絶，邑人嘗寨之以避兵。天兵至，招之不服，盡殲諸，其下骸胔狼藉。自是無過之者，畜聚怪毒，傍近甚畏其害。師至，衆請居焉。師與其徒數人，芟舍其間，風雨昏暮，狂獸異類，號呼環繞。師喻以迷悟因緣，且授之戒，其怪遂息。鄙素不知禪學，邑長伯顔，令程公相率入山受教。而豪强者亦來，盡禮瞻拜。邑人尹桂芳與其族人捨地，段德祥父子等創殿，割田以爲先倡。營構日盛，爲大精藍，四方禪衲踵至。寺曰靈雲者，因桃花而命之也。鍾鼓既設，大弘雪巖之道，儼然一大道場矣。行百丈清規，亦略其繁細，以爲有妨於工程也。行參坐究，以身先之。其將有覺者，則躬候其時而發之。嘗因僧病次，示之曰：「參涅槃堂禪，正是當人捨身命處。直使如虚空，不挂纖豪念，方有自由。」凡其警策，激切類如此。然勘辨之次，棒喝正令，則不輕許可矣。其得法弟子，若豫章般若之世誠，瑞州南山之智清，天臨皇慶之克紹，白鹿之師念，韶陽南華之志規，江陵資壽之福越，臨江福林之永椿，皆得法於師者。巨徒梗衆，各得其遺風焉。度弟子凡七十餘人。師之友曰陡崖惑公，魯山慧公，生同里，同時爲僧，又同得法於雪巖。而惑公開法於其鄉之六字峰，與桃源法席相望二百里近。出巖之門者，何其盛哉？師於貧病凡庸，誘而接之，皆無所遺缺。西庵之後，建普濟之塔，盡斂山之遺骨而瘞之。僧之終於其寺，與鄰近之人歿而無歸者，皆得藏焉，其用心之慈普如此。壬寅之冬，師將示寂，作長偈以屬學者。弟子正悟，結庵於茶陵曰雲居，距靈雲四十里。迎師度歲，明年正月十五日化去。遺命火葬，弟子不忍也。奉全身歸靈雲，以陶器函蓋而斂之，瘞諸西庵。越三年，啓而視之，坐如生，爪髮俱長云。泰定甲子，移葬於寺北三十里，曰沙潭，今營塔所也。是行也，涇與其徒時發俱來。予問之云：「先有鐵耶？先有牛耶？」涇曰：「先師親見仰山來。」予笑曰：「吾試與汝略模畫之。」因歎曰：師用盡平生之力，與巖翁相見，但得碧眼之胡，大發西天之笑。堂前獅子，不勝起舞之歡，果何干涉乎？噫！微笑密傳，久奉七徵者，猶有待於刹竿之倒；西來直指，通宵立雪者，曾不辭於斷臂之艱。獦獠方甘於墜石，馬駒何事於磨磚。一花五葉之分披，善巧多端之方便。然一字之關，五位之貴，心識指要，義海暗機，傳者寥寥，每興翹企。若夫大機大用，全放全收，肇開河北之原，近接汾陽之曲。乃有間關微服，跋涉殊方，化行東南，威振江海。華公虎丘之嫡子，兼揚大慧之宗風，子孫衆多，班班可考。遇風即止之歎，吾不能不慨然於近歲焉。雪巖坐禪一歲，銀山鐵壁，以無爲門。非萬全牛之力，猶恐無纖毫之分以相應也。及其門者，或得之於咳唾之間，或顯之於語言之際。竪大法幢，鳴大法鼓，豈止一人而已哉？信其七晝夜之言，行其七晝夜之事。師言不妄，表之後來，則惟吾定公也哉？噫！曳履長廊之松風，閑話方爐之夜雪。吾不敢輕於初學，亦有堅持勇進，能如定公者乎？吾所以歷敘是事，傳之方來，蓋以爲佛法初無繫綴於人，而不如是，不足以得之也。雖然，漸源覓靈骨於道吾，洪波白浪，必有爲涇言者。乃述贊以爲之銘曰：

我觀古尊宿，刻苦成佛道。勞辱病穢惱，諸不堪忍者。如牆壁木石，不着亦不礙。專一如虛空，亦無虛空相。如是七晝夜，塵勞乃真息。如師之可見，浄如雪中月。無有山河體，宇宙可包括。刹刹見法身，佛説衆生説。如是兩六年，履踐悉真實。以我真實行，所證亦真實。以真實化人，得首無虚妄。靈雲桃花海，嚴静無變異。夫人非人等，一攝一切攝。凛凛金剛王，過去不思議。右巖如楞伽，莫可至其頂。偉哉顧眄雄，一見更不疑。拈草作梵刹，帝釋之所贊。來者如密霧，一一爲法故。一一接法流，不昧其初心。分座導諸方，其法無别二。不遺勸請勤，留此窣堵波。見師真實相，無在無不在。世間文句身，贊歎不能盡。

道園學古録卷之四十九

道園學古録卷之五十

方外稿六

雍虞集伯生

碑

真太道教第八代崇玄廣化真人岳公之碑

國家混一海宇，兼進群藝，俾各得自致其功，罔或遺佚。是故禱祠禬禳之事，有屬諸道家者，其别數宗。而真大道者，以苦節危行爲要，不妄求於人，不苟侈於己，庶幾以徇世夸俗爲不敢者。昔者，金有中原，豪傑奇偉之士，往往不肯嬰世，故蹈亂離，輒草衣木食，或佯狂獨往，各立名號，以自放於山澤之間。當是時師友道喪，聖賢之學，湮泯澌盡。惟是爲道家者，多能自異於流俗，而又以去惡復善之説，以勸諸人。一時州里田野，各以其所近而從之。受其教戒者，風靡水流，散在郡縣，皆能力耕作，治廬舍，聯絡表樹，以相保守，久而未之變也。國朝之制，凡爲其教之師者，必得在禁近，號其人曰真人。給以印章，得行文書視官府。而真大道教者，則制封無憂普濟開微洞明真君，劉德仁之所立也。以弟子嗣守其業，治大都南城天寶宫。又嘗得郡置道官一人，領其徒屬，與全真、正一之流參立矣。今其第九傳掌教真人張清忠者，世家關中，其譜則横渠氏之族姓也。事親至孝，制行堅峻。嘗掌教矣，厭謁請逢迎之煩，逃去之久，無克充其任者。朝廷重其名實，遣使尋訪，給驛致之。既見，度不可辭，即舍所賜傳，徒步入京師。深居寡出，人或不識其面。著書以名其學，文多奇奧。貴人達官來見，率告病伏卧内。雖有金玉重幣之獻，漠如也。或拜伏户下良久，自牖間得一語而去，已爲幸甚過望。至於道德忠正、縉紳先生，則納屣杖策往見，不以爲難。時人高其風，至畫爲圖以相傳。翰林學士吴公嘗移疾假館于天寶宫之别業，其徒以真人道行記，請吴公之言，天下學者所尊信，因必其可書者以遺之。其徒争取以模刻諸石，遠近且十餘所。真人聞而喑之曰：「始吾學道，豈求名哉？」遽止之不能也。則來者告曰：「木則有本，水則有原矣。吾師之隱德未傳聞於世，而吾獨以吴公之文行，是既爲吾弟子先矣。惟先師之事，今吴公歸老臨川之上，念不可復以强之，請子爲之辭。」

予既思吴公知張真人事，必敬重之。乃授其事，而爲之次第曰：真大道第八代師，曰岳真人，諱德文，字□□。父曰得慶，故家絳州翼縣，娶澤州王氏。兵間，遷涿之范陽，今爲涿州人。生三子，真人其季也。將生時，其母夢老人皓鬚長身，冠劍壯偉，告之曰：「當暫寄母家矣。」明日，州人見有青氣西北起，若自天來者，奔從氣所往視之，則岳氏家也。氣止，而真人生。歲乙未之九月十九日，距今九十三年矣。生而雄渾，稍長不爲兒嬉。性不嗜酒食，肉亦絶不啖。年十六，辭親入道龍陽宫。其父，愿慤人也。事稼穡惟謹，心甚是之。而長兄興方，以才勇爲行軍百夫長，疑其惰也，驅而置之行伍之間，非其志也。是時，五代師太玄酈希成真人，居懷來水峪之太玄宫，往依焉。十八受教，被其冠服，漸領其文書穀帛之事。又主四方之來，受其戒誓者，太玄甚重之。而其父母且老，從真人於水峪，事太玄，後皆泊然委蜕，其徒稱之。太玄之化去也，密告其六代師玄通孫得福真人曰：「岳生，其八代乎？」第七代師順真李德和真人之掌教也，署爲法師，充教門諸路都提點以副己也。至元十九年十月，真人所焚香爐中有異徵，方怪之。而李師升堂集衆，以教事付真人曰：「先師之囑如此。」遂以二十一年，宣授崇玄廣化真人，掌教宗師，統轄諸路真大道教事。又賜璽書褒護之。自是，眷遇隆渥，中宫至召見，親賜袍焉。安童丞相嘗病，真人視之立差，❶時甚神之。諸王邸各以其章致書，爲崇教禮助者，多至五十餘通。而□實都而王，又爲創庫藏，脩宫宇，廣門牆，充田畝。始冠與衣，間飾金寶，極其精盛。元貞□年，加封其祖師，錫賚尤厚。使人立碑棣州冠劍所藏處。是年，奉詔修大内延春閣，下賜予遍及其徒。而真人，以大德三年二月，化去而升仙矣。始涿有童謡云：「涿有八岳。」父老莫之解也。後真人號岳祖。祖，蓋其徵云。而岳氏，由真人父子入道，自其仲兄得元以次，子孫女婦從其教數十人焉。吾聞其徒云：西出關隴，至於蜀；東望齊魯，至于海濱；南極江淮之表，皆有奉其教戒者。皆攻苦力作，嚴祀香火，朔望晨夕，望拜禮其師之爲真人者，如神明然。信非有道行福德者，多不足當其任。而真人時常使人行江南，録奉其教者已三千餘人，庵觀四百，其他可概知矣。銘曰：

❶「真」，原作「其」，據四庫本改。

道之大行，天下爲公；獨别其真，孰異於同。民之好逕，前哲攸病；盍塞多岐，以會景行。我保肫肫，補息泯泯；弗鑿弗刳，混然樸淳。萬僞日滋，莫而□止；❶故憂世者，去彼取此。深宫渠渠，千靈來居；神師教言，按筆有書。敬共奉承，徵信玄契；導和以興，涿鹿之阿。樂丘崔嵬，矧畏疵癘；鞭風駕霆，肅其能來。贊我泰定，億萬千禩；何以著之，刻石垂紀。

陳真人道行碑

善爲老子之學者，泊然而通，介然而容。燭乎幾而不作於用，適乎變而不阿其從。至自外者，漠焉不爲之動；存乎中者，淵焉不見其窮。❷冲冲乎，充充乎，執之則無方，建之則有宗者，吾得一人焉。❸崇玄冲道明復真人，陳公先生也。公弱不好弄，静居若思。昆弟三人，既喪父，伯氏以儒顯，仲氏能治家以爲養。其母某夫人知公志，❹□從師龍虎山。❺玩心希夷，爲學日約，人莫測其所至。❻而其所造，亦莫自知也。及來京師，天下英俊咸在。從而締驩者，若飲醇而飫甘。豪者靡，機者弛。有其能者，莫不慊然自失而退，若公者，非古所謂德人者耶？公始辭母出家，雖遠去，而未始頃刻忘。嘗思報親之大者而盡心焉。

❶「而□」，四庫本作「之能」。
❷「焉」，類稿本作「然」。
❸「一」，類稿本作「其」。
❹「某」，類稿本作「蔡」。
❺「□」，類稿本作「使」。
❻「至」，類稿本作「志」。

而人所見者，晚歲歸爲親壽，燕樂親戚、鄉里累日，人人感動。及歿，❶奔喪治葬，哀毀如禮。故開府儀同三司張公留孫歿，公以弟子諸孫護喪歸。❷開府朝之大人舊臣，喪所過，傾官府，走士庶，弔奠無虛日。公摧畫中情，凡役具辦，人又以爲難能。然公再罹鉅創，形氣向薾，而爲生之道傷矣。蓋還京居五年，淘煉清虛，一旦化去，隤然委順，弗撓弗怛，天曆二年四月四日也，年五十二。師友哭之慟，大夫士來弔者皆失聲。凡爲其道者，哀思之不忘，無間言。初開府公受知世祖皇帝，肇設玄教，身爲大宗師，擇可以受其傳者，非奇材異質不與也。今大宗師吴公全節，元貞大德中，爲天子禱祠名山，見公於上清正一萬壽宮，歸以告開府，❸遂召以來，深得開府心。歲從車駕行幸，嘗察罕海，❹有旨禱雨大應。故武宗皇帝、仁宗皇帝、興聖太皇太后，皆知公道術。宣授某法師提舉崇真萬壽宮，進授提點，遂封真人。兼領龍興玉隆萬壽宮，又領杭州宗陽宮。開府之師弟子，得封真人者十數人。而張公、吴公、夏公文泳，以真人居大都崇真萬壽宮，典司玄教。公之封真人也，贊書以四傳，屬之而遽止，此其命也夫？

公好讀書，而樂接世務，❺其居在宮中最幽迥處。庭中草木，無所剪治，花實時成，云以觀化。好爲詩，清麗自然，有足傳

❶「及」下，類稿本有「母」字。

❷「公以弟子護喪歸」，類稿本作「京師今特進士卿吴公全節，請于朝，乞護喪南歸，不允，命公代行，公以諸弟子從」。

❸「歸」上，類稿本有「達觀堂諸弟子之列」八字。

❹「嘗察罕海」，類稿本作「嘗至上都」。

❺「而」，類稿本作「不」。

者。□□道書，❶《丹經》《大洞》《玉訣》《靈寶》《黄籙齋科》等書，皆極精詣，其徒受而習焉。嘗道過杭，❷方旱，遍禱弗應。行省丞相答剌罕，候公以爲請。公坐爲致雨，告足，杭人至今道之。公又能論人生甲子推之，以言其禍福壽夭，奇中。人異之，公不以爲事，亦未嘗言也。❸公歿時，篋中有書數卷耳，幾無以爲斂。自附身以至於還葬，皆吴公出私財給之。奉喪歸其里者，馮瑞京、❹徐慎初。❺其墓在某處，❻葬以某年月日。❼提點舒某、□、某來求銘。舒、張、馮，❽皆公以次相傳之弟子。徐，從游者也。予與公爲方外之交者三十年，最知公，故宜銘。公諱日新，字又新，□□饒之安仁人。祖諱某，❾父諱某。❿銘曰：

真人乘鷖，忽其登天；上薄太霞，下蹴紫煙。寳化而消，名在世間；我哦其詩，琅璬相宜。秋高露零，素華娟娟；松有茯苓，石有醴泉。來食來游，待以歲年；雨入于田，雲復于山。泯泯漻漻，曷窺其玄；城郭孔固，何日一還。燕樂曾孫，有教有言；我銘在兹，百靈守虔。

❶「□□」，類稿本作「手校」。
❷「過」，原作「杭」，據類稿本改。
❸「未嘗」，類稿本作「不恆」。
❹「馮」上，類稿本有「上官與齡」四字。
❺「慎」，類稿本作「信」。
❻「某處」，類稿本作「貴溪仙巖珠幕峰之前」。
❼「葬」至「日」六字，類稿本作「藏以天曆三年正月某日」。
❽「提點」至「馮」十二字，類稿本作「舒致祥、張德隆、于有興來求銘。立石墓道者，董襲常也。上官、舒、張、馮」。
❾「諱某」，類稿本作「麗」。
❿「諱某」，類稿本作「應洪」。

九萬彭君之碑

九萬先生彭君南起者，廬陵人。六歲能記誦經史。其父携之至豫章西山。又六歲入城府，學於紫極宫，遂爲道士。稍長，游湖湘。既歸，有文名，尤長於詩。臨川崇仁西北四十里，有仙祠曰上方觀，觀之主者陳復宗見而異之，延而客之，親之譽之，使其長老友之，其卑幼事之爲父兄，時人蓋莫知其意也。故翰林學士，臨川吴公澄，搢紳儒宗，海内之彦，及其門者甚衆。方外士以清通博雅見知遇，則未有如君之無厭無倦者也。予雖寓臨川，而居家之日少，徒從君於文墨議論，不知其他。在史館時，有自江南來者，言君得神仙術。閉門修之三月，覺有氣汩汩從中起，稍引之，其動如風，其煖如火，以次周其身，如貫珠然。久之有歸，如明鏡止水，身心泰然，若與大虚爲一。或嘯咏以樂，或簡默以居，凡俗疑其爲狂病云。釋氏之宗，本卑因果之説，而其徒脩儀範爲世人求福田，滅罪業，其文甚多。君見而笑之，取其所爲《金剛供儀》者，一筆數千言，依其節奏，而開以法要，佛理粲然，凡情豁焉。予見之，固異其有所得矣。後聞其東出閩嶠，過武夷，至于海際，以爲古仙奇藥，往往在是，蓋有所訪云。

予既歸田，始得至所居，留久之，乃敢問之曰：「予聞近世有成仙者，宜春玉谿李簡易先生其人也。信國趙丞相之子淇，嘗面授其説，予偶見其書，子之游湘州，聞其説乎？」君啞然笑曰：「吾危得仙矣，不欲與世俗爲異也。文心之老，願進其方。」乃扁其室曰青城真寓，以待予來，而予未之能從也。邑中有富家，棄妻子、變居室爲道家祠宇。其教之師，采其意上聞，而請君主之，從之。居三月，忽往紫極宫留三月，與所知别，遽歸上方所居之山房，而委蜕焉。時仍改至元之元年十一月九日也。年五十有二。有詩文若干卷，道釋儀文若干卷。西去山房數十步，有支隴焉，隱然其隆，廓然其容，松、柏、楩、楠，欝乎蒼蒼，良田清水，隱映左右，蓋嘗與予采蘭於斯也。其弟子陳子靖、龔致虚，請予觀之。師尊康克明、袁用宏，以所遺冠劍藏之。其友戴衍、其從子從之學道者大年，請予書其遺事而識之。君族本出唐吉州刺史玗，君在時，嘗求予識其父墓頗詳。上方爲郡邑之望，車馬至者不絶。自得君也，聲聞日重。部使者張策，以大儒卓行自居，歷所部捄荒過之，留君舍。論民事疾苦，與政令所宜。汎論經史、古今治亂、天文地理之説，至于儒行道要，語至達旦，不能相舍去。嘆曰：「道家乃有斯人哉！」至京師，爲予誦之，則吾九萬君也。陳復宗將老，出黄金散諸弟子，皆有所囑。亦有以與君而笑曰：「惟子所爲。」復宗殁數年，君集衆而告之曰：「師鄉所與金，有客化易，致息倍蓰，具在此，其爲觀中買田以食衆，吾無用也。」然後人服復宗之知人云。戴衍曰：「公幸爲詩以招之，去之千年，必能爲其人一來也。」乃爲之賦詩。詩曰：

天之蒼蒼，其有涯耶？九萬其程，孰羽儀耶？大羅之鹿，旃峰旆旆。膏田丹井，靈氣所會。有芝有蘭，爲秋爲春。子去不來，白雲誰隣。噫後之人，善視松柏。我作新詩，永鎮玄宅。

倪文光墓碑

至順二年夏，予扈從上都，吴郡倪瑛與其弟珽，使人持張先生貞居之書，來求製兄文光真人碑銘。前十年，予從表兄臨卭魏君起客吴中，爲予言文光之善。旦日，部使者過其門而見之，表其堂曰高風，托予記之。予爲之言曰：嗟夫！士或困於窮愁放逐，力有所不得爲，則自托諸仙人道士以爲解，苟有可爲，焉知其將無不爲乎？唯德慧術智，可以有爲，而有所不爲。脱然遺世獨立，庶幾其爲高風者乎？若文光之所就，部使者廉問所至，表之敬之爲宜云。後予直翰林，聞朝廷賜文光以真人之號。歎曰：名者實之賓，文光之高風，既達矣乎！不知其未及受命而殁也。貞居脩大洞秘訣句曲山中，與予有栖道之約者也。今實以書來請，而瑛、珽又知好文學，予敢愛於言乎？

按鞏昌王仁輔狀，文光姓倪氏，系出漢御史大夫寬。宋景祐中，有諱願者，自西夏入使宋，不還，徙都梁。子孫漸多，聚族以居，其里遂名倪湖。建炎初，其曾孫益渡江至常州無錫，居梅里之祇陀，遂爲無錫人。益生伋。伋生淞。淞生將仕郎椿。椿生炳，世積陰德，族大以厚，寔生昭奎，是爲文光真人也。母邵氏，始娠文光，夢異僧持裓至其家。及生，有光夜赫然出屋上，鄉人以爲火也。操具舁水，四奏至，則知非火也。其家固已異之。稍長，入鄉校。校師常絀其問辨。爲歌詩，興趣自然，有出世之意。善相者過之，告其父兄曰：「是兒不策勳萬里，亦且標名九霄矣。」文光頗以此言自信，經史之外，凡瞿、聃之書，至於輿地象胥之説，莫不精究。及冠，雅志屏華絶欲，獨念無他兄弟備養，不忍舍其親而去耳。元貞初，東平徐公琰按察浙西，招文光議幕中，甚奇之。薦諸行省，授學道書院山長，吴人祠子由處也，因爲立學官焉。文光訓授有法，又出私錢，更作禮殿及祭器，士子畏愛之。秩滿，用薦者當遷官。文光慨然以爲不足則有務於外，吾安所不足，使吾心芒然無所主，以身從桎梏乎？謝去薰俗，以黄老爲歸。久之，二弟生且長，文光曰：「可矣。」去從金先生應新爲玄學，又從餘杭王真人壽衍游，即弓河之上，作玄文館，祠老子，而事之以二尹子、亢桑子、莊子、列子，規制弘敞。玄教大宗師張上卿偉之，召而薦諸朝，以親老弗欲出。上卿亦不之强也，署文光爲州道判，又進道正，以領祀事。州人屢以水旱，請禱之。静嘿内處，而肸蠁外應，人莫窺其際。蝗出境中，文光爲鄉錫山祝之，雲族而雨，蝗悉入具區，歲大熟。長吏列上其行業，至大元年，有旨以玄元館爲觀，賜號元素神應崇道法師，爲住持提點。二年，宣授常州路道録。延祐元年，有旨陞玄元觀爲玄元萬壽宫，仍住持提點杭州路開元宫事。明年，特賜真人號。是爲玄中文節貞白真人。命及門，而文光已遷化，則天曆元年九月十四日也。文光既服道士服，然執親之喪，亦遵程子、朱子所脩禮，用古葬法。亦不徇流俗，爲祠以奉祀。又爲永思堂於錫山，以瞻望其祖父之始來居者。母夫人且老，文光築室先廬之近，歲時歸養，親燠寒飲食之宜，得親之驩心焉。二弟尤淳，族人、里中子弟不暇教者，爲義塾教之；殁不能葬者，葬之；貧無歸者，資遣之。

大夫士相見，見其儀觀軒特，襟靈虛曠，未嘗不嘆焉。晚自號玄中子，或稱初陽真逸。别有清微館於錫山之陰，蓋將神游寥廓，又爲樓居曰棲神偉觀。又臨黄公澗，左作小蓬萊之亭，右爲天淵之亭，自擬於陶隱居之聽松風也。又卜霞步峰下爲栖神之地。築室種樹，高風堂在焉。句曲自茅氏兄弟，歷陶隱居、司馬承禎，世有傳授。今劉君大彬，奉其大洞經法，爲之宗師。文光晚乃從之遊，每一造之，彌旬乃返，神契冥感，句曲人愛慕之，而文光有遠舉之志矣。前解化數日，召二弟，屬以善守先業，事母夫人。召弟子單宗玄，屬以傳法度之事。以九月九日，會親友于清微館，登惠山絶頂，下睨五湖，揮手謝别。後五日，宴坐玄元方丈道室，翛然蟬蛻，顔貌如生，春秋五十。雖其令聞美譽，表於鄉里，達於四方，淡泊絶欲，以終其身，非所謂卓行者耶？國家崇尚玄教，其位號自法師爲真人，始自禁廷録旨，職以寶璽而賜之，其重自中書書制而命之，所謂宜也。其位望重矣。至若真人者，多在朝廷任祝釐之事，不然亦當以釐事入奏則命之。文光高居雲海之上、林泉之間，跬步不踰於户庭，而君命狎至，遂躋清顯，非名實素孚者，疇克爾耶？昔玄静先生之終也，柳識之文不加多，顔清臣之文不加少，後世並稱焉。故酌其宜，而爲文光之詩。詩曰：

錫山之原，其土阜温；麓有嘉泉，泓渟弗奔。敷潤千里，升爲雨雲；濯濯秋明，煦煦晨暾。卉木清妍，庶生並繁；含景抽英，出爲真人。抱道以居，孝友具存；真館邃嚴，金碧珠璠。雲霞蔽虧，日月吐吞；消摇庭户，高風遠聞。天書玉章，來於九門；霞衣金純，珮切瑤琨。受命于家，三接彌尊；淵潤巖輝，襲體曣㬈。稼穡有秋，桃李何言？句曲之虛，有秘洞文。攝衣來登，受道神君；飛步太霞，下卻塵紛。審于九淵，歸息天极；鬱鬱丘園，遺劍在焉。寥廓歲年，永懷孤騫。

墓誌銘

玄門掌教孫真人墓誌銘

真人道行著于天下，其最可傳信者，延祐二年夏，禮部尚書元明善，代丞相禱雨長春宮。真人曰：「明日雨徵至，須丞相上章，自言憂民報國之意，小得雨。」尚書即爲章，往白丞相。丞相病在臥內，使人取章入，署名付還。真人一見，告尚書曰：「章觸婦人手，且得罪，寧敢望雨乎？」使人問丞相門下，果然。二人恐懼，拜伏請罪久之，退齋宮俟命。夜半，真人曰：「上帝念民無辜，賜之雨三日。」果雨三日，尚書儒者盛貴人，不覺屈膝拜之。後建法主殿于宮西，朝廷命國工塑像，而元公爲之碑。五年夏，中書參知政事王公桂禱雨，亦如之。興聖宮遺重臣醮雨，長春七日正醮，雨大至。所遣重臣，❶真人曰：「勿憂也。」比祭酒，雨止，月星粲然，皆以聞。後上見真人，目迎送之曰：「真仙人也。」命圖其像，屬翰林學士承旨趙公孟頫爲贊，以璽識之。陝西行御史臺都事吳君昉，僉陝西廉訪司事張君

❶「臣」下，蜀本有「憂之」二字。

翥，在鳳鳴見真人爲李氏修醮，五色雲覆其壇，二日迺已，皆記以文。渭溢岸壞，漂廬舍，民走告真人。真人爲至水次，登壞岸，衆危之，然水立止。此皆有文書可考，歌詠以百數，若此者不可盡書也。蓋真人端静貞一，自然感化如此，非有神怪譎幻者也。故君子信而傳之。真人諱德彧，字用章，眉山書樓孫武諸孫。年六歲，造終南祖庭穆真人坐下。十一歲，爲道士，事天樂李真人，與同輩執事，未嘗忘讀書。紫陽楊公奂然見而異之。□□猶子誠明張真人，淳和王真人，洞明祁真人，□□張真人掌教時，皆親禮用之。世祖皇帝時，命真人從親王匡西服。成宗皇帝命真人分教秦、蜀間。武宗皇帝賜真人號。仁宗皇帝累加恩，命召至京師，掌道教。號曰特授神仙演道大宗師、玄門掌教輔道體仁文粹開玄真人，❶管領諸路道教所，知集賢院道教事。推恩封其師若祖于洞真爲真君，高圓明、李天樂爲真人。穆、王二師爲真人。終南山重陽宫者，全真之祖庭也，至真人居之，始大修飾，天子爲出尚服賜之鎮。其宫，甘河祖師遇仙處也。真人奉詔建橋，以寓度濟來者之意，其役甚大。又詔元公明善製碑文。七年得請于上，歸終南，優禮送之。至治元年秋，夢賦《遊仙詞》，飄飄有遺世之意。八月五日化去，壽七十九。有《希聲集》行于世。九月十二日，瘞之仙遊園。明年，其弟子任道明、張若訥、顔若退、趙道直、景若冲等來請銘。銘曰：

眉山之陽，詩書故家；篤生異人，爲國光華。於粲有文，獨以道著；號

❶「門」，原作「間」，據蜀本改。

曰真人，天子所予。真人燕居，雲間日舒；物不疵癘，容容于于。真人出游，靈風前除；塵埃廓清，百神爲驅。天子有祈，真人致之；曰雨曰暘，天亦不違。盛德之尊，豈惟玄門？紛紛鄙涼，亦皆寬敦。終南峨峨，仙游有石；我銘識之，過者必式。

黄中黄墓誌銘

黄君元吉，字希文，豫章豐城名族。父某，母吴。年十二，入玉隆萬壽宫，事清逸堂朱尊師。朱殁，其師王月航尊師而教之。王尊師，嚴潔清儉，有古人之意。善醫藥，施謝之積，粗贍即閉門，絶來求醫者。希文請授其術以爲業，王尊師不可，曰：「吾非有靳於子也，顧醫道甚精微，識慮稍不至，則人由我而死，非易事也。將以此爲利益不宜，若幸得舍此不爲，冀寡過耳，誠慮返累子，不如歸求清静以自致也。」王尊師殁。久之，西山中有劉玉真者，本質行老儒，隱居深僻，有神明之遇。曰：晉旌陽許公，千年龍沙之記，今及其時，而劉則八百仙人之首云。獨重希文以爲可託，及去世以其傳囑焉。蓋其説，以本心浄明爲要，而制行必以忠孝爲貴而已。希文事劉先生如父，事其夫人如母。苟遠去，飲食必祝之而後嘗。奉其言，如臨天地鬼神。乃即其山，作玉真、隱真、洞真三壇，以授弟子。至治三年，又以其説遊京師，公卿大夫士多禮問之，莫不歎異。明年，泰定改元，嗣漢三十九代張天師朝京師，廷臣薦希文者曰：「中黄公，剛介堅鷙，長於幹裁。」向嘗都監其宫，治衆嚴甚，人或不樂。而土田之入，廬舍之完，公而成功，昔爲忤者，更交譽之親之。其後，從玉真翁，得旌陽忠孝之教，益折節就冲淡爲達人。詎公前席，宜表異之。」乃爲書請希文爲某法師、玉隆万壽宫焚脩提點。未行，玄教大宗師留之崇真宫。期年，將以其名上聞，奏且上，有璽書之賜。而希文脩然高居，惟以發明師説爲己事。古所謂清虚日來，滓穢淨盡者，蓋庶幾焉。十二月十一日，爲書寄别其弟子陳某等。而命其從者曰：「今夜子時，當報我。」及期，從者以告。希文曰：「吾返玉真之墟矣。」明日，用人淨吾骨於城東門外，薪盡火絶，有風南來者，吾報汝也。」已而果然，從者負其遺劍，歸藏西山。希文在世五十五年，爲道士四十年。度弟子若干人，授淨明忠孝之教者人衆，不可備列。趙中山嘗與希文俱來，爲之言曰：「子爲銘其藏。」予重趙君之請。故爲銘曰：

西山之墟古仙宅，奇蹤一隱兩五百。陽晶發輝表靈赫，❶我興受書繼玄德。長生不死爲世則，忽焉去之不可測。鏘金爲音玉爲畫，表歸其土塡無極。

張宗師墓誌銘

至治元年十二月壬子，開府儀同三司、上卿、輔成贊化保運玄教大宗師、知集賢院事、領諸路道教事張公卒于京師，年七十有四。明年三月辛未，歸其喪于廣信之貴溪，將以泰定三年十二月十四日甲申，葬于南山之月嶠。其弟子吴全節，以事狀致書虞

❶ 「表」，原作「裴」，據四庫本、蜀本改。

集曰：「維玄教本始于我大宗師，今忝承嗣之重，誠不敢怠。維大宗師有道行，願刻石玄宫，以著無極。」

謹按：公諱留孫，字師漢，姓張氏。其居貴溪，自高祖戩始，上遡唐宰相文瓘十七世。公生有奇質，長七尺餘，清峻端重，廣顔美鬚髯，音吐如洪鍾。周游四方，見者異之。相師曰：「此神仙宰相也。」從伯氏聞詩，學道上清宫。江南内附，與三十六代天師宗衍入朝。世祖皇帝見而異之，召與語，稱旨。留侍左右，給廪餼供帳，從行幸，上祠幄殿。裕宗皇帝以皇太子侍，風雨暴至，衆駭懼。詔公禱之，立止。❶上幸日月山，昭睿順聖皇后病甚，詔公禱之，即有奇徵，病良愈。自宫禁邸第、大臣之家，皆事之如神明。上命公稱天師，公言：「天師，嗣漢張陵，有世系，非臣所當爲。」乃號公上卿，命尚方鑄寶劍，刻文曰：「大元皇帝賜張上卿。」兩都皆作崇真宫，賜園田，命公居之。號玄教宗師，佩銀印。用公奏，以天師宗演爲真人，掌教江南。分集賢、翰林爲兩院，以道教隸集賢，郡置道官，用五品印，宫觀各置主掌，爲其道者，復之無所與。上用言者，焚道家經。裕皇以公言入告，上爲集廷臣議，存其不當焚者，而醮祈禁祝亦不廢。岳瀆既皆在天子封内，即使近臣從公，遍祠名山大川，訪問遺逸，勑百官餞之國南門。比還，所薦論，上皆以名召用。有司議開河京城以便漕者，未決。上召問公，乃可其奏。大臣聞公論傷財害民之故，乃至躬負畚鍤，以爲民先。河成，至于今便之。公非洗沐，不得遠去帷帳。每出，輒勑衛士，載

❶「止」，原作「山」，據四庫本改。

腰輿歸公。是時，天下大定，上思與民休息。公日論黄老治身清浄，在宥天下之説，深契旨意。上將命相，召公以《周易》筮用完澤，得同人之豫。公曰：「同人柔得位，而應乎乾，君臣之合也。豫利建侯，命相之事也。願陛下勿疑。」完澤既相，遂受遺輔立身，係天下之托者，十有餘年。誠由世祖之聖，宗社之福。然與聞贊決之密，事亦重矣。是以世祖末命以公舊德，屬隆福宫。而隆福太后又以上意諭公，善事嗣君也。成宗皇帝身履太平之盛，致意天人之際，以持保其盈成，謂道家醮設事上帝甚謹。既尊信公，則命爲之如其方。終成宗之世，幾歲脩之，内在仁智殿、延春閣，外則崇真、長春兩宫。上常親祠，其上章皆親署御名，每盡七日乃罷。致白鶴翔集之應，史臣頌之。然而星孛、水旱、地震之禱，公猶以脩德省政之事，懇懇爲上言之，則非徒禱矣。於是，詔天下復用其經籙章醮，加號玄教大宗師，同知集賢院道教事。又加特賜上卿。武宗皇帝即位，公每入見，上望見，即亟召賜坐。陞大真人，知集賢院事，位大學士上，尋加特進。時太皇太后在興聖宫，仁宗皇帝在東宫，並待以優禮。武宗、仁宗之生也，公皆受命世祖，爲製名。興聖宫記其事。是以贊書及之。進講《老子》東宫，推明謙讓之道。及仁宗在御，猶恆誦其言。上嘗坐嘉禧殿，顧謂大臣近侍曰：「累朝舊德，今爲誰乎？」未及對。上曰：「無踰張上卿矣。」進開府儀同三司，加號輔成贊化保運玄教大宗師，刻玉爲印，曰「玄教大宗師印」，上手授公曰：「以此傳玄教之宗。」公年七十，上使國工畫公像。詔翰林學士承旨趙公孟頫書贊進入，上親臨視，識以皇帝之寶以賜。

公生日，是日賜宴崇真宫。内外有司各以其職供具，宰相百官咸與焉。興聖宫、中宫，皆有加賜。明日，公入謝。因奏曰：「臣以山林疏遠，遭遇列聖恩寵，顯榮於臣極矣。深懼滿盈，乞骸骨歸。」不允。今皇帝禮遇一如先朝，重賜璽書護之。公年彌高，感上知遇，未敢求去，竟卒京師。卒之日，召弟子入室，戒囑百十言，端坐而逝。三日始斂，顔色如生，手足温軟，輕若委衣。事聞，上震悼，遣使賻贈以禮。興聖宫、中宫，使者繼至，傾朝虚市來會哭，莫不悲慟。及出國門，送者填擁，接于郊畛。亭午，霏霧翳日，冷風肅然，林木野草，人馬鬚髯，車蓋衣帽，簌簌成水花，縞素如一。自京師至其鄉，水陸數千里，所過郡縣，迎送設奠，不約而集。比葬，四方弔問之使交至。自王公以下，治喪致客，未有若此盛者。

於戲！世祖皇帝既一海内，盡得其豪傑而用之。至元中，群策盡屈，用集大成，謀略商計。武勇工藝之臣，與公並立於朝者，其遺言成績之存或遠矣，而公巋然乃獨至今。於是神孫聖子，繼繼承承者五世矣，四十七年之間，大臣拜罷，親近用事者，更迭出入。其善者，固已至其子，若孫，若曾孫，彼紛紛起滅於忽焉之頃者，又何可深計。天師神明之家也，公爲奏其子孫之傳，亦既四易，況其他哉？而公以一身對之，無一日之渝改，其於斯世何如也？蓋嘗見公以高年，甚尊貴，每入朝，大官貴人，或迎拜，如事其大父。而公之接士，雖極困約者，不爲敖惰。累聖命公服，皆范金爲冠，集重寶以飾，直萬金，織金文爲衣裳，佩綬劍履，貫絡珠玉，而公常服，取具澣濯。上尊大官之餽、時至日備，而食飲不逾中人。

朝廷有大謀議，必見諮問。其救時拯物，常密斡於幾微，未嘗以爲己功。所薦用排解，皆死生榮辱之大故，而未嘗以語人。其高弟門人，多聰明特達，有識量才器，可以用世，而退然奉其教唯謹。師友之間，雍雍恂恂，如古君子家法然。則公之道德，其可窺測哉！公既貴，曾祖宏綱，累贈集賢大學士、光禄大夫、柱國，謚安惠。祖粹夫，累贈金紫光禄大夫、大司徒、上柱國，謚康穆。父九德，太中大夫、同知江東道宣慰司事，累贈開府儀同三司、大司徒、上柱國，謚文簡。皆封魏國公。公嘗以兄子榮祖，弟子熙祖備宿衛。後榮祖以邵武路同知，贈其父庚孫秘書少監。熙祖以衢州路同知，贈其父廣孫玉山縣男。而張氏稱魏國世家矣。公之祖師八人，皆贈真人。事見傳宗碑。故弟子十人，其二人爲真人，徐懋昭、陳義高也。今弟子五十四人，號真人者七，佩銀章者四，以宣命者一十六人，余以誠、何恩榮、吴全壽、王壽衍云云。公在集賢時，集嘗忝論譔其館，敢志而銘之。銘曰：

於赫世祖，受命維新；建德興能，以遺後人。何文不揚，何武不試；靡靡時邁，疇克永世。侃侃張公，玉色長身；嶷其冠衣，作帝外臣。小大有位，瘁躬課效；我則無爲，作宗玄教。日星宣明，塵波不驚；我柔百神，佑命集成。穆穆成宗，肅肅武廟；歷資保贊，仁考之詔。道維賓師，貴同孤公；彼有成虧，我無汙隆。盛德不匱，寵亦隨至；世多富榮，安尊孰儗？四十七年，坐觀物遷；譬諸逝流，其來源源。聖皇御極，一是我顧；不敢寧老，棄徒俄去。回光斂英，飄風流霆；住來承乘，陟降碩庭。列聖在天，鑒于孫子；公在左右，申錫純祉。大江南東，阜隆液融；升神返全，有識其封。皇錫篆玉，宗傳之守；尚俾來嗣，與國長久。

非非子幽室志

漢代所謂道家之言，蓋以黄老爲宗，清靜無爲爲本。其流弊以長生不死爲要，謂之金丹金表不壞，丹言純陽也。其後變爲禁祝、禱祈、章醮、符籙之類，抑末之甚矣。昔者，汴宋之將亡，而道士家之説詭幻益甚。乃有豪傑之士，佯狂玩世，志之所存，則求返其真而已，謂之全真。士有識變亂之機者，往往從之，門户頗寬弘，雜出乎其間者，亦不可勝紀。而澗飲谷食，耐辛苦寒暑，堅忍人之所不能堪，力行人之所不能守，以自致於道，頗有所述於世者，不無也。爲其學者，常推一人爲之主，自朝廷命之，勢位甚尊重。而遡其立教之初意，同不同未可知也。予在北方，數聞有爲其道者，而不可得見。如書樓、大方兩孫公之掌教，略嘗與之游。其山居者，有汝州趙先生，嘗奉詔至京師，而得見之。服羊皮大布之衣，曾不掩脛，而肌膚潔白，玉温而雪明。食飲甚寡，而其氣充然如春。與人語，辭簡而意遠。貴富盛氣多智術者見之，莫不泊然自失。予是以知爲其道者，常或有人也。歸田江上，聞有蓬頭金先生者甚高潔，接其徒極嚴峻。間嘗相聞往來武夷、聖井諸山，而不獲相見，則予貿貿塵土，歲云暮矣，能無慨然於中乎？昔人云：千里空谷，聞足音而喜，亦人之情也。

崇仁仙游山，在邑東郭門外，晉王、郭

二仙人，求其師浮丘伯之所歷也。有余岫雲師者居之，終日與人相接，而不失其介，其中毅然不可犯，而未嘗與人有競意。日使童子挈一簞入市，人家見爲岫雲僮也，輒與飯一小器。日向中，簞稍滿即還。師弟子主僕，烹水瀹而食之。而江東、西高雅之流，或道過，或徑詣，無不即岫雲之室者。分簞食共食，無愧容，無德色。山下薄有田數畝，隣人多助之耕穫，給不給亦不經意。故常往來予舍，久而不厭。問其生，則道華蓋山南谷人也。年十五，辭親入道於宜黄縣南華山昭福觀，既而歎曰：「託兄弟以養親，從師以入道，果爲何事耶？」辭其師以去，遍歷江漢、淮海。渡河循山東，游乎齊、魯，至於燕、趙之間。兩游華陰，入終南，登太白。而後還乎武當、衡岳、羅浮，出武夷，過天台，計其所見，必有異於人者矣。在温州，寓同學者之舍。州郡命方士禱旱，不應。或曰：此君不凡，當可得雨。群起之，岫雲曰：「欲雨乎？」是日雨沾足，亦不見其有所爲也。郡中先有教人學道者，出妻子，破家産乃可。岫雲曰：「非道也，復爾家室，治爾田疇。行人道之常，而不累於心可也。」及歸臨川，祥符觀道士黄執中，聞其風而悦焉。率玉清觀之人，處之仙游山，破屋數椽耳。居亡何，信嚮四至，仙殿門廡，陶甓竹石，不約而輯。有山本閣者，憑虚丈尺耳，士大夫、仙人、過客就是，以信宿而去，或至兼旬月，亦不知其缾粟之無儲也。岫雲未嘗讀書，而所言平易雅正。故翰林學士吴公之夫人余氏，岫雲之從姑也。仙游修葺略成，吴公爲之記。公嘗問，爾之爲學何如？以顔子喟然章對，始則恍惚難象，而卒見卓然自立，時至而自化爾。公曰：「佔畢終日，未有如是舉者。」蓋深許之矣。有爲作鍾樓者，岫雲來告曰：「樓成，丏一言。」予游宜春之仰山，以十一月至家，而岫雲前一月化去矣，至元五年己卯歲之十月二十七日也，得年六十。未没時，遍與所識書別，略無怛意。其弟子彭致中，瘞諸山下。予至其墓前，致中以志幽爲請。如悟鍾記，蓋自爲也。乃使求石羅山之陽，而刻斯文焉。岫雲，諱希聖，一字非非子。有偈、頌、普説等。致中，山下人，年少淳謹。今係籍玉清，亦嘗游方江南。道教之師，署爲仙游山昭清觀住持提舉云。銘曰：

六十而化藏斯丘，孰云非仙乃其游。微風落月山木秋，簞食屢空吁不留。

道園學古録卷之五十

李本跋

至正元年十有一月，閩憲斡公使文公之五世孫炘來，求記屏山書院，并徵先生文稿，以刻諸梓。本與先生之幼子翁歸及同門之友編輯之，得《在朝稿》二十卷，《應制録》六卷，《歸田稿》一十八卷，《方外稿》六卷。蓋先生在朝時，爲文多不存藳，固已十遺六七。歸田之稿，間亦放軼，今特就其所有者而録之，所謂泰山一豪芒也。先生前代世家，以道德文學，繇成均、頌臺、史館、經筵，洊歷清要，皆承平之日。其所著述，則國家之典故，功臣賢士之遺蹟在焉。歸僑臨川，塵慮消歇。日與四方之賓客門人子弟，講明道義，敷暢詳懇。以其緒餘，發而爲言，深欲闡明儒先之微，以救末流之失。先生之學，庶或於此而可見與？是年十有二月，門人李本謹識。

道園遺稿序

自昔文章家著述之盛，其集有內、外、前、後、續、別之分。蓋由其體製有同異、歲月有蚤暮，故其編纂彙次之法，各有所存。然其文之可傳者，雖片言半簡，皆不得而棄置，又復有所謂拾遺者焉。國朝一代文章家，莫盛於閣學蜀郡虞公。公之詩文，曰《道園學古録》者，其類目皆公手所編定，天下學者既已家傳而人誦之矣。然其散逸遺落者，猶不可勝計也。其從孫堪，乃爲博加討訪，積累之久，得古、律詩七百四十一篇，而吴郡金君伯祥爲鋟諸梓。是編之傳，其殆所謂拾遺者乎？予嘗獲執筆從公之後，而竊誦公之詩。以謂國朝之宗工碩生，後先林立，其於詩尤長者，如公及臨江范公，蓋不可一二數也。學者讀乎是編，則知其殘膏賸馥，所以沾丐後人者多矣。今公已不可復作，予是以三復是編而爲之永慨也。抑公平生所爲文，無慮餘萬篇。今《道園録》中所載，不啻十之三四而已。然則并加討訪而使之盡傳焉，豈非堪之志而予之所深望者乎？是故昌黎之集成於門人，河東之集託於朋友，惟廬陵歐陽公之集，其嗣人能致其力焉。若堪之汲汲於此，其亦可謂無媿於歐陽氏矣。堪，字克用，一字勝伯。好學有文，能世其家。而公之行能官伐，已具於歐陽內翰所爲碑銘，茲不著。至正二十年正月十日，❶金華黄溍序。

❶「至正二十年」有誤，黄溍至正十七年已卒。

道園遺稿序

故奎章閣侍書學士蜀郡虞公《道園學古録》，其季子翁歸與公門人之所編，今建寧板行者是也。書始一出，如景星鳳凰，士争先覩之爲快。而湖海好事者，復輯公詩另爲一編，然與《學古録》所載，時有得失。予意其蒐葺已無遺憾。近於一二士友間，每見公詩文，皆公所親筆，較之二集中多所不載。然後知公之篇章在世，不能無遺佚者。予外姪克用，公之諸孫也。好古嗜學，蚤夜不倦。聞士友間有公詩文，輒手編成帙，如是者累年。積其所得，凡七百餘篇，皆板行二集所無者，遂分類編次爲六卷，附以樂府，題曰《道園遺稿》，屢欲刊之而未能也。近克用假館于吴江之金君伯祥家，伯祥之先君子樂善公，至治間嘗識公于吴，蓋平日之所欣慕而樂道之者。克用偶出是編，伯祥亟命鋟諸梓，觀其所好，可以知其爲人矣。噫！昔虞公南來，予以總角獲拜公於錢唐時，予從叔祖母家氏博涉書史，嘗手書《蓮經》一部，一日出以示公。公不勝渭陽寒泉之思，至賦七言古詩，辭極凄愴，且手跋於後者，垂數百言。今二集既不録，而予又不能追憶以附克用集中，可勝歎哉！然觀克用所編，凡公平日之雄詞健句膾炙人口者，悉已收入。則其所遺者僅一二，而克用之用心尚未已也。予嘉克用之用心、伯祥之好事，且因其請而爲識于篇端云。至正己亥夏五望，[1]眉山後學楊椿序。

[1] 「五」下，蜀本有「月既」二字。

道園遺稿卷之一

雍虞集伯生

操

釣雪操

鑿方池兮山之曲，仰喬松兮倚脩竹。四時來兮無不足，歲之寒兮天雨玉。雨玉兮滿庭，予何思兮折芳馨。魚潛淵兮亦在藻，言將求之以忘老。鰷鱨兮鰋鯉，有酒兮多旨。霏霏兮來思，上友兮君子。

古詩四言

致樂堂詩❶

致樂堂者，集賢待制周君之所以奉母者也。蜀郡虞集爲之賦詩曰：

翼翼新堂，有闓有房。夫人來居，既安既舒。既好既寧，載燠載清。言闓于門，以寫我誠。有齊其馬，有仇其軒。❷爲子來者，允貴且賢。貴容舒遲，賢有令儀。爾因爾宗，先君之思。翕爾兄弟，具于嘉旨。我飲我食，先君之子。詩言温柔，禮言著存。

❶「詩」下，類稿本、四庫本有「并序」二字。
❷「仇」，類稿本、四庫本作「伉」。

我撫我惠，先君之孫。樂哉誰氏，維周壽母。疇克致兹，周南仲子。君子善頌，文則多有。又永歌之，以導燕喜。

萬户張公廟堂詩并序

大德辛丑，昭勇大將軍、河南征行萬户、鎮通州張公，以其兵從征緬，死之，通人作廟以祀公。三十年間，朝之公卿大夫士能爲文章者，莫不爲之有所製作。泰定丁卯，公子御史亦俾予賦之。集以爲征緬事始末，在朝諸君子則知之矣，通州僻在江海之際，其人何自知之，況久遠乎？且不著夫狂夫首禍之故。成宗皇帝聖明，卒致其罪，則公所以不肯墮其搆陷，必甲胄以死之意，亦終不白於通人之將來也。故稍原其始而道之，庶其有考也。詩曰：

於赫世皇，並用豪傑。一定宇内，櫜厥戈甲。既久既安，成宗繼之。祖功莫加，道在守持。狂夫興謀，以動相國。曰昔祖宗，咸尚戰克。萬方悉來，史皆前能。我獨無名，曷稱繼承。蠢彼西南，翳叢負固。聚落八百，各統女婦。人强善驕，馬貝競豪。豢豕于牢，黄金飾槽。取而有之，富可足用。赫乎功多，以世智勇。相臣以聞，天子曰嘻，有是言哉，汝其試之。狂謀既售，諫言不入。既賦軍實，弓鉞仍戢。餽饟啓行，萬里騷然。飢危蹈毒，未戰已捐。番番名將，天子爪士。鎮于江滸，天子所使，狂夫忌之，承制驅之。詎思國謀？徒逞厥私。將軍慨言，死我臣職。可陷者身，不陷吾直。見制鄙庸，豈我召兇？心知無還，況冀立功？與其矯誣，死彼狂手。孰與奮擊？

不喪吾守。孤旅轉戰，深入不回。殺僇既多，身卒死之。三軍失聲，萬士喪氣。孰明公心，君門萬里。裹革東歸，遥遥江壖。部曲候迎，非風旆纏，民懷其忠。士感其義，虎奮鷹揚。如見其至，卜廟得吉。東望際海，神其妥之。有永無壞，狂夫辱國。天子震怒，立呼狂豎。斬以大斧。狂罪則誅，死事奈何？褒封哀榮，百世不磨，豈惟不磨？元嗣御史。既有兄弟，又多孫子。奕奕勳門，秩秩良材。天之報忠，豈有涯哉？

栢堂詩

崇仁劉觀母熊氏有貞節，觀作堂奉之。翰林學士吴先生有記，藝文監丞揭曼碩氏作頌，朝賢多繼之。元統癸酉，集歸自京師，亦爲之賦焉。

翼翼新堂，深明高安。嘉樹在庭，維栢桓桓。霜降露濡，載寒載温。歲以序遷，我有恆歡。惟時壽母，來居來言。昔扶弱支，今撫其繁。先君之思，永矢弗捐。視此庭堅，不忘以存。肅肅令子，敬共前聞。婉婉有容，郁郁有文。宜其室家，長其子孫。爰日扶輿，涼風進軒。駕言忘憂，游息山園，閣庋淳珍，匜汎鬯芬。樂時和豐，具養無愆。孰栖爾栢，翽翽其鸞。里人瞻之，孝慈之門。君子有言，德風攸敦。敢告司藝，善培根原。

題胡徵君器之和陶軒

春木晨榮，秋華夕滋。流雲行天，逝者如斯。柴車葛巾，曷能歸來。我懷古人，徒頌其詩。有美君子，尚友先覺。靡觴不吟，無詠不屬。豈無他人，孰此追躅。優哉游哉，君子之樂。吾儕小人，力絀乃休。猶可以馳，曷其停輈。卷舒無悶，入聖寔優。敢以未成，竊方前脩。祖德之述，尚論其世。我獨何爲？夙墮羈縶。聞君贊歌，衹以生愧。既曰知非，請勖餘歲。

集讀書山中時，草屋三間，以紙糊其壁。舍弟仲常爲書邵子諸詩於東，謂之邵菴。書陶詩於西，謂之陶菴。吴先生見而歎之，以爲世内無窮之悲，世外無窮之樂也。

心遠堂詩

渺渺平湖，其際維山。飛鳥載雲，晨往夕還。平湖瀰瀰，薄于山止。雲窮于飛，目力無際。慨昔周游，山川邈悠。忽焉興懷，一息九州。千古既往，萬古方至。悠悠我思，譬彼逝水。樂哉君子，其居深深。不邀以寧，式究厥心。

題上官樵寓

青松爲關，白雲爲户。其迎無賓，其往非主。假夢得鹿，遇弈忘斧。不去不留，是曰樵寓。

東坡戴履圖

謫居荒濱，無誰與語。言從諸黎，歸在中路。風雨適至，借具田父。猖童怪隨，傳像畫者。笠以雨來，屐以泥行。匪以爲容，用適其情。朝衣軒車，固將若驚。恆服爾假，猶不予寧。含德之厚，混迹於俗。魏魏勛華，天章轉燭。幽囚野死，曾莫指目。我不自忘，的致凝矚。偉哉天人，其猶神龍。其來無迎，其去誰從。形擬猶差，矧是飾容。世無其人，神交或逢。

洞賓像

洞庭無波，明月萬里。我時見之，劍若秋水。

玉清道士魚障

春雷發聲，風雨時至。古石龍門，一躍千里。我服神丹，得爲水仙。鱗鱗媵予，飛朝九天。

墨蘭

遍游楚澤，枝訊葉辨。使讀騷者，得見真面。好風東來，其葉紛披。所不隨者，懷芳自持。歷沅跨湘，無二無雜。向一毫端，生分別法。日莫無雲，微風扇和。樹之百畝，寧愁其多。

畫魚

東人結網，西人溉鬵。滄海長往，吾獨何心？

古詩五言

次韻答袁伯長學士十首

衡門有一士，閉户守玄一。倏之三十載，深不願世述。晶光無淪降，赫赫抱靈質。終然不可揜，煦物若春日。

斗酒相勞苦，聊樂不爲怠。葅醢備百索，嘉此歲無害。馳驅廢穡事，每爲同里慨。縣官庶能念，中歲得半代。

春花好顔色，持以勸君酒。君今不識察，後竟似今不？悲歌無轉喉，拙舞不運肘。生不與世諧，死寧同世朽。

少年學爲琴，豈惜爲君撫？知音不在今，在昔或可數？遠遊竟不值，歸將托幽阻。念子獨我求，龍門作風雨。

雞鳴當知晨，草生當知春。出山復懷歸，永愧先幾人。飛蓬離本條，縱浪隨風塵。流水東入海，逝者何踆踆？

兩丘各岧嶢，荒隧下深迫。狐狸號其顛，儀、秦此幽宅。二子昔在世，往復相十百。所以學仙人，劇飲謝天厄。

跕屣鳴趙瑟，揚眉鼓秦弦。遠奔萬金室，窈窕若雲煙。安知碧草晚，飛光無復年。聲名竟不立，淪落世羞傳。

疏傅出漢廷，決去豈不偉？未能忘懷樂，日問金餘幾？陶生行乞食，何有口腹累？鄧郎臨死時，不復著簪屣。

少年頗濩落，偃蹇無所承。長大不得食，常持一半水。昔爲井中泥，今爲井上瓴。未得復故初，灌輸効微能。

梧桐失故蔭，丹鳳蓄餘戀。去之千仞

端，十載始來見。高秋竹無實，忽忽恐復遠。昆丘玉爲田，爲子採芝箭。

早起

馳騖亦已久，淹留竟何成？疇昔夢至家，屋舍還欹傾。晨思理垣墉，夕念鉏榛荆。唯恐歲年莫，惕然心爲驚。歸去非有難，納履斯遄征。永言得安居，庶無愧平生。

時運忽在秋，觸目非故先。哀蟬厲短噪，雜英綴微鮮。昔人知化育，能事本無言。翕然變時雍，皞皞同其天。斷琴具斯意，一鼓三絶絃。寥寥竟何補？戚戚徒自憐。

夜坐

露坐廣庭夕，海氣接清顥。毛髮感森爽，幽憂集中抱。寄身百年内，變化不待老。區區事形骸，所競非所寶。昧茲動静間，生理誠草草。聖言就湮没，迷散費探討。所恨精力微，何以相斯道？

溽暑多蚊蝱，起滅尋尺内。稍思出夷曠，高眠釋煩憒。凝神一無爲，消息任往徠。怡然以終古，熒熒自乘載。消摇日月上，下視眇蘇塊。如何在世間，動輒爲形礙。得見王子喬，吾將解蒼珮。

遊長春宫詩分韻得在字

神宫古城端，千里見畿内。幽闕挾北

户，連嶂瑣西黛。南樹蕩何極，東溟眇無碍。中天積紫翠，雲氣常靉靆。孰云萬有蹟？攬括固兹在。奇懷得縱觀，指顧生百慨。天風政浩蕩，春物尚茫昧。翻愁目力短，奕奕飛鳥背。永感神禹迹，願托穆王載。仙人騎黄鵠，一往不復徠。忽然會予心，雲中贈雙珮。

題張希孟凝雲石

海石不盈握，隤然如委雲。危岑集遠思，虚竇棲微熏。天高泰華斷，日出香爐分。几研襲清潤，文章互絪緼。潛雷起神谷，震驚天上聞。亟視恐無及，化爲九龍文。

題許愿夫抗雲樓

城居苦迫隘，層闌上岧嶤。措身方丈間，千里心目超。可以抗浮雲，誰能顧塵囂。擬峴有古臺，遺碑正蕭條。子固若星斗，其魂安可招？龐公輟耕際，頗懷見淩霄。賦詩托飛鳥，長空何寥寥？

次韻袁泊長贈陶心山

憶昔白雲君，高居保黄寧。夕煉黄帝鼎，晨注神農經。群真時滿坐，逸響每盈庭。寸田既無畔，幽關那有扃。飛淩萬物表，婆娑垂帶鈴。歸來塵世外，曾孫宴虚亭。所志在高遠，三峰列青冥。頹然得所止，一念三千齡。崑崙安明珠，旭日曜帝青。槃桓有童子，松根求茯苓。

送周東揚赴零陵分韻得鳥字

拂劍池水秋，理棹湘江曉。地古記載多，時清徵發少。雨洗崖石文，風作林谷窅。應上朝陽巖，東望聽啼鳥。

魏氏園亭分韻得池字

託好自故國，傾懷得新知。授館澗谷居，張筵芙蓉池。高僧攝香至，清唱入雲遲。况陪兩時彥，群從俱忘疲。仲夏乃積雨，水花各華滋。高柳尤故物，臨風緑披披。曾見百年外，飛蓋來參差。隆替與時邁，百室無一遺。盛德獨能遠，感慨更共之。西風白鶴表，落日滄江湄。二老昔並世，遺書方在茲。勖哉保傳業，子孫以相貽。

喜雨分韻得須字

下車未逾月，十日九馳驅。祇知府事殷，不聞燕寢娛。傳呼當夙興，落月啼城烏。中衢塵不動，肅肅來車徒。借問何所往，高堂集群儒。列坐多皓首，巍冠講唐虞。遂以青衿升，鼓篋何于于。是時天氣高，市童雜呼雩。風雲東南合，倏然靈雨俱。緩帶却煩劇，清涼變斯須。麗澤深有悅，群生亦昭蘇。逍遥池閣上，何必欣戚殊。

鄭同甫書帶草軒

六籍久將墜，鄭君家多書。韋編苦易絶，掇拾以蟲魚。幽草長春雨，參差在庭除。紉結可束素，垂之仍有餘。焉知廣文舍，猶如不其居。光風動交翠，汗青羅綺疏。熠燿照屋壁，煙雲隨卷舒。春夢不可長，蟾輝墮簷虚。故人舊題字，使我增欷歔。

朱秀之杞菊軒

高軒何所植，杞菊交根枝。紫實既秋熟，黄花亦晚滋。嘉名信共愛，何以療予飢。此邦號富庶，士賈志懷資。蕭條山石間，誰復見憀罄。遺脱兼并餘，椎剥無完肌。縱彼百畝受，豈得安耘耔？種此頃步内，庶無征奪思。採擷勿違節，亭芼貴有宜。三咽可千歲，逍遥奉天隨。

某游吴中，因省墓山間，頗見田野有可念，因贊高軒之樂而及之。庶觀風者之有采而知之者。

柜軒詩有序

吴郡故有金氏名章者，仕宋爲迪功郎。家饒于貲而好施予，子孫相承以孝友著稱，迄今室居尚存。五世孫在，讀書飭行，鄉里尤稱爲善人君子。嘗手植柜樹于家，其本初甚微，未幾益滋茂。因搆軒于傍，名之曰「柜軒」。某嘗登是軒，遂爲賦詩以紀其事。在，字潤甫。樂善，其自號云。

東南有嘉樹，蔭彼君子居。君子稅侯裔，積善慶有餘。俛仰二百年，猶是舊室廬。一朝種兹樹，翻然向庭除。種來能幾何，倏爾淩空虚。亭亭結根據，枝葉交扶疏。高軒搆爽塏，對此頻軒渠。芳春膏雨沐，炎夏薰風噓。君子日夷猶，澹然塵慮攄。對客共譚笑，課見事詩書。昭昭穹壤間，此樂復何如？朅來數十年，此樹高於初。信知君子德，歲久同發舒。願言繼封植，勿共荆棘鋤。庶幾魏公槐，于今復灌輿。

聽秋軒爲僧賦

道人攝袈裟，深坐滅盡定。長松結層霄，密竹生晝暝。龍吟崖石陰，鳥度池月瑩。秋從何處來？觸塵成我聽。振空林外錫，旋復室中磬。耳門證三昧，圓應普虚磬。所懷丹丘生，春夢一擊醒。等此聞性觀，素壁寫三逕。

玉壺堂詩有序

積水之極，蔚然中丘。渾侖穹隆，匡廓扶輿。就之若虚，履之若浮。人不可到也，而仙者居之。以其圜中而方外也，謂之壺焉。聞有何公真人，有依緑之園，蓋取諸水也。又有玉壺之堂，殆儗此與？會稽鄙夫曰：「先天地生，巍巍尊高。旁有垣闕，狀如篷壺。曲閣相通，可以踟躕。且玉者積陽至剛純粹之精，取類孔符哉！」看雲叟曰：「是吾師也，子爲我賦之。」乃賦曰：

真人德孔容，治生尺宅間。外質謝追琢，中虚保堅完。合璧映華蓋，懸珠隱泥丸。天地立有極，日月循無端。晨從密霧入，夕與飛景還。足履五文絲，首冠夫容丹。行厨膳琅膏，燕坐以盤桓。弟子看雲叟，疇昔爲我言。往見不可得，期之三千年。

送可無上人

五公昔講時，聽者不起坐。虚空悉銷殞，何由見人我？名字誰與安？説義話已墮。尚自無亦無，更問可不可？不見天雨華，誰能拾餘朵？

送南野真人

山中積雪盡，江南春水多。解劍還尚方，朝衣挂松蘿。城門望羽節，扁舟聞櫂歌。故園良已適，昔游將奈何？閒雲棲古樹，空壇遺落花。何時兩衰鬢？相將照江波。

次韻鄧善之游山中

杖藜入南山，却立賞奇秀。所懷玉局翁，來往絇履舊。空餘松在澗，仍作琴筑奏。徘徊龍井上，雲氣起晴晝。入門避霑灑，脱屐亂苔甃。陽岡扣雲石，陰房絶遺構。澄公愛客至，取水極幽竇。坐我薝蔔中，餘香不聞嗅。但見瓢中清，翠影落群岫。烹煎黄金芽，不取穀雨後。同來二三子，三咽不忍嗽。講堂集群彦，千鐙坐吟究。浪浪雜飛雨，沉沉度清漏。令我懷幼學，胡爲裹章綬。

題王眉叟真人溪居對月圖

長松千尺起，白石下磷磷。隱居愜素

念，燕坐見閑身。溪流宛無異，月色亦常新。悠悠宇宙内，住亭名主人。

題天台柯東谷

汎觀天台圖，始識柯東谷。草樹何蒙茸，循澗入深曲。升高雲繞身，厲淺石嚙足。桃花一千樹，隔竹映茅屋。中有學仙子，《黄庭》晝常讀。俯聽下玄鶴，遠至馴白鹿。疑是司馬君，高繼陶生躅。臨海賓出日，藝圃收種玉。除是太白來，此句方可續。

春山曉行圖

置屋雪厓陰，畊田雲洞表。積雨白霧妝，遠林翠波曉。農人告春及，扶杖驚窈窕。久與塵事違，冥鴻送孤矯。

山居避暑圖

急雨山泉落，長松激回風。靈響從天來，夜高旦彌雄。龍眠九州虚，鶴起曾霄空。羽衣者誰子？從我入雲中。

秋江待渡圖

江潭秋木落，臨流送將歸。微風蕩去楫，相近更遠違。違客從一翁，吹簫白雲飛。我乃命黄鶴，乘之待前磯。

雪嶺盤車圖

玉關積雪高，十里百盤摺。橐駞便平闊，望劍已愁絶。時平無從軍，道遠可由竭。惟應飛行仙，萬仞俯璚闕。

雲屋圖

曾山出雲氣，還自爲文章。木石共蒙被，容華生老蒼。朝來既非跡，夕往亦何藏？道人宴坐次，見之以爲常。了知不可繪，相對聊徜徉。

群鮮朝鯉圖

吾嘗觀剥象，貫魚何翩翩？其類實繁多，咸仰宗厥顛。金鱗三十六，其數陰已極。用變乃純剥，飛躍見天則。於惟君子升，大小宜畢興。雷風既動盪，雷雨方騰蒸。倦客年五十，讀《易》未知道。觀物每興懷，玩心以忘老。爾時卧田里，所願得豐年。欲占小人夢，乃爲畫者傳。

謝吴宗師送芍藥名酒

講臣不常參，寂寞奉朝請。故人得好花，持贈迺兼秉。金盤日中出，品目標禁省。一蕚重數銖，大與牡丹並。醲香實尊貴，深婉更和静。居然荷慰藉，相對空晝永。起求神農經，録在淮海境。夭夭美厥草，曾不耀朱景。上京素高寒，夏至冰在井。沙草不滿寸，苞葉成枯梗。同生非異土，榮悴何不等？此豈夫容丹？逡巡太陽鼎。灼灼天女嬪，魏魏步摇整。盈盈綃卷膚，況彼南國迥。移置諒不可，孤賞且深領。雖與名酒俱，絶飲畏停冷。頗聞好事者，采擷置充茗。刀圭果三咽，五臟化俄頃。文章麗出日，儀鳳同焕炳。言詩衆應疑，所貴仙者肯。

次韻天台張秋泉

張侯殊可人，長著百斛酒。吾來輒取醉，未晏卧甖缶。吾意適君會，斟酌愧勤厚。清濁無所嫌，但喜杯在手。不負頭上巾，每懷陶五柳。

寄青城道者

海上别妻子，山中求茯苓。白虎戲玄渚，蒼龍護黄扃。燒香招五老，行厨庖六丁。從子似非遠，丹霞粲華星。

十月十八日聽誦道書

崑崙極高大，九巖冠其顛。空洞蓄幽眇，絪緼遂迴旋。真情忽恍際，純明徹幽玄。倒景俯白日，浮氣堆紫煙。奇文妙變化，靈響合自然。降神作賢聖，理物成歲年。古書二三簡，殘缺忘所傳。中夜坐燒香，微吟思至言。身生堯、舜後，意在羲、黄前。隤然泯知識，經時雪垂肩。

陳溪山先生留山齋春日賢郎來省具酒爲樂某賦此詩

齋居愧幽寂，君子肯辱臨。怡然推夙好，曠懷明斷金。席間奉容止，朝夕副所欽。春陽汎物華，時雨流泉深。户牖啓宿莽，新衣振塵襟。諸子共來省，森如群玉林。嘉蔬薦甘旨，芳酒逮朋簪。伐木美嚶鳥，鹿鳴歌野芩。衰病晚聞道，力弱嗟弗任。詩書實世業，冠纓匪斯今。顧望羞龍斷，汙潢溢蹄涔。守約易循理，足欲資陸沉。仄聞太丘長，率物由平心。敢因先覺言，發予小人箴。豈弟勖明德，鳴鶴方在陰。

病起謝陳溪山及齋中諸友

良夜聽春雨，清晨對晴昊。沉痾適去體，行庭寫幽抱。鳴禽在嘉樹，方池接生草。扶策流水濱，灑濯悦澤好。幼稚勝犂鋤，勤菑慎相保。歸還讀我書，聖言事探討。親朋一時來，藜藿薦行潦。敬恭奉天明，松喬不知老。

送會稽宰進士夏仲善

會稽吾故鄉，今喜得廉吏。三仕彌固窮，不愧親策士。故鄉伊可懷，西去廿餘世。清流遶脩竹，可想不可至。知君垂朱紱，吟嘯了公事。還能探禹穴，莽蒼思古始。太守文字交，僚佐足風致。汎舟溪雪前，列坐惠風次。詩成可繕寫，千里以相寄。守，白也。❶達，兼善也。

送豫章熊太古兼寄蘇伯脩參政

豫章有家學，禮樂不見收。爲養不擇禄，凄涼向炎州。攬結桂樹枝，誰爲玉雪

❶「也」，四庫本作「野」。

謀？十年一再見，我老君白頭。古劍光陸離，繫以珊瑚鈎。激昂文史間，未愧班、馬儔。蘇君天下士，定價琳琅球。江漢方渺然，爲我觀素秋。長吟以相送，明月在高樓。

哀陳童子

南山有鳳雛，飛來上林樹。祇承朝陽輝，不食秋夕露。珠零海氣盡，璧毀月光曙。巫陽不能招，荔丹滿洲嶼。

答明士恭二首

王母昔賜我，一雙白玉環。懷之四萬年，恒在胸臆間。偶因朝木公，識之爲開顔。忽然化黄鶴，飲食崑崙山。漢武好神仙，多欲心不閒。所以至太液，遂從白雲還。

鵬運候風信，龍起從雲飛。神物本無待，感類相因依。高人服金丹，質化識者希。引睇貫霄漢，倏忽歷九圍。駕言清秋鶴，同承太陽輝。何期老鎩翮，素心竟成違。

書昔人出入西廣詩後

道路無險難，征人故多傷。窮愁一酌恩，感舊忘他鄉。九疑不能從，二妃在瀟湘。無以寫幽思，吹笙爲鳳凰。

宿紫極宮新樓

野人入城府，且就雲房宿。東瞻蘇翁

亭，南望孺子屋。相從總君子，寒夜對明燭。閲世如雲煙，進道貴金玉。取泉總持井，烹茶武夷曲。踈梅折高枝，蕭閒對晨旭。欲寄高軒人，修眉遠山緑。

秋江亭

白沙積高雪，有文見川交。華星垂光彩，沉璧依潛蛟。偉哉江海客，結亭在其郊。流波散席上，絶岸當空坳。靈槎八月至，垂綸向鯨鰲。清露集衣裳，嘉魚薦壺匏。賓客歌白苧，微飈激林梢。

次韻陳溪山送摇扇

念我久坐雨，貽詩遠來旬。遥知治寸田，隄防固嚴闉。憂樂無嬰懷，蕩蕩羲黄人。自信知者稀，虚名非所親。南薰待披拂，感此時物新。無由奉言笑，泥塗滯周輪。長箑豈手容？招摇遺閒身。受經浮丘伯，老矣弟子申。何以答佳貺？執御從後塵。火傳思爲薪，烹魚溉河濱。

贈喻仁本

早從中州遊，希孟實豪傑。穹窿如喬嶽，培塿謝⿰瓦几⿰瓦危。侃侃買燈疏，英主動容色。賢子瘞黄壤，感痛解朝玦。朝遊長白春，暮踏歷亭月。慨然得終身，屢召不踐轍。兵□關中飢，❶特起救焚烈。反袂傷道窮，委頓成殞絶。賦詩哭遺直，好事爲鑴碣。爾來二十年，江海鬢如雪。每興故人

❶「□」，蜀本作「後」。

思，遠道歎睽越。忽逢喻先生，江上倚舟楫。久爲濟南客，山川類能説。共言中丞舊，流水助嗚咽。更出中丞書，歲久字不滅。交誼貴久要，於焉見高節。問君將何之？束書向京國。豈無同門士？簪笏在周列。觀人以其主，論薦共持揭。敢爲禄仕勤，聊以誦明哲。古人不可期，長風起天末。

夢舊游諸友

三月三日，午後隱几，夢館閣諸舊遊，存没參坐。陳衆仲舉盃相向曰：「旅甚思公，亦知公之深思旅，但不得見爾！記得有詩六首，其末句云：『萬死起俄忽，只是一思憶。』是孟浩然作？爲是白居易？」予曰：「殆是孟詩？但不記得。」感動而覺。是年夏，聞陳亡。

隱几暮春雨，夢見舊知識。瑰奇秦、漢刻，墨本在東壁。論辯如平時，契闊增歎息。就中東海生，顔色殊不懌。停盃不成飲，執手道疇昔。苦言孟浩然，有句在胸臆。萬死起俄忽，只是一思憶。

題金溪汪尉雲松巢畫卷

喬木多悲風，卑枝安可居？興懷有巢氏，漠在邃古初。浮雲無定姿，溶溶滿空虚。脱身往從之，一起千仞餘。冉冉愁絶思，悠悠隨卷舒。白鶴千載來，徘徊向匡廬。乘蓋生紫煙，捨此將焉如？惟有南昌尉，淩風一回車。

雲林圖

雲林之高峰，可望日出海。君子居其間，旦夕餐沆瀣。三年毛骨换，九載神色改。翩然升雲去，鸞鳳翳五彩。山中有神藥，服食多所採。寄語學仙子，佇立以相待。

次韻

昔者采芳草，青春在中林。三秀不並世，日莫生重陰。霜雪日已積，萎簭日已深。持獻雖無時，豈忘事幽尋？齋房夕受釐，垂衣正思欽。霏煙散熏澤，蘼艾非所任。華英發貞本，靈占係同心。錫貢華未晚，庭實生南金。微根抱山石，薪槱本同科。曾不中構櫨，將置崇構阿。終焉荷聖恩，早休遂婆娑。雪霜之所餘，茯苓表垂蘿。時能致佳士，携壺挂寒柯。極目思遠道，含情托清歌。秋水不盈勺，白雲豈其多？結枝待幽吹，泠然送鳴珂。

紀夢二首

夢見二三子，被服皆古人。雲漢盛履舄，山河儼冠紳。言非世間辭，靈一作虚。音轉彌綸。反思昔遺遠，浩蕩不可陳。睡覺日在樹，空榻凝餘塵。

東南多名山，衰病嗟遠道。夢中躡虚空，黄鵠爲先導。穹林冠晨霞，遠水澹秋昊。似在松、喬間，未覺黄、綺老。飢渴非所憂，清露滿幽草。

足痛吟寄費無隱

足痛不履地，匡坐畏長傲。令人讀道書，聊以釋幽抱。修身身不衰，此事聞頗早。涉世得憂患，時至遂枯槁。茅簷苦聽雨，更愁妨穫稻。分當長飢吟，稚子忽吾惱。盈約固不齊，受命自玄造。東家種薯芋，健步常爲討。況聞東海上，旅生如瓜棗。食之可不死，所嗟在遠道。親往未必能？駕言亦非好。

歲寒吟

邑南有高山，隱者浮丘伯。弟子遠來求，千載奠僊宅。蒼崖接天光，旭日融五色。永言託幽貞，綿綿奉明德。南昌惜將隱，吴市遂不還。玆土獨遺跡，丹氣留空山。噓潤被草木，含滋及蜎翾。相望世云遠，雲中期妙顔。蕭蕭松間雨，夜静殊未止。青鐙照殘書，白髪隱塵几。園、綺德不孤，相持一瓢水。如何在人境，茅茨罕鄰里。

賦神蛙❶

曹南吴生，出神蛙相示。玄石光潤，其口、目、臂、足，儼然如生。脊有文點，腹若容受，蓋真蛙也。不知何自而化石焉？有博物者能辨之。

貞女望歸夫，穹窿化山骨。飛揚洞中燕，遇雨帖石窟。古時蟾蜍精，千載得仙

❶「蛙」下，四庫本有「并序」二字。

術。噓吸服元氣，綿眇值通息。形體雖尚存，性情已非昔。誤食至陰精，返此太玄魄。無乃書契初，科斗抱殘墨。猶與筆硯交，君子同几格。幽光感星宿，靈氣生倏忽。慎爾韞匵藏，勿使蛟龍得。錫圭神禹時，因之問河伯。

道園遺稿卷之一

道園遺稿卷之二

古詩七言歌行雜句類

雍虞集伯生

雪山圖爲劉伯温監憲賦

我家成都雪山東，公家張掖雪山北。吴船誰載鄭廣文，起寫崑崙半天白。張掖雪融草木長，禾生隴畝多牛羊。烽火連臺擬樓觀，江海微茫秋練光。著書東觀夜如水，太一燃藜照圖史。從游冠帶文武備，斐然四郡良家子。君不見黄河奔流百谷盈，神禹疏鑿中州平。極天鳥道雲氣盡，惟北有斗西長庚。

天涯山歌爲崞山公賦

大鹵之虚山有崞，彊晉名都古城郭。太帝親征西極還，命總師干理鄯鄂。三世專居二百年，公孫御史籌帷幕。興言諫諍國體重，抗論陵夷鄙夫怍。九衢塵土迷白晝，萬里天風飛一鶚。連山長城下平曠，孤秀嶄巖自天落。安車夷猶奉王母，咫尺天涯下磅礴。振河載華坤軸穩，捫參歷井天梯鑿。六合高窗竅空洞，日月容光陰氣薄。春鬟翡翠擁煙霧，秋水芙蓉淬鋒鍔。東游漫愛華不注，西行不到秦關崿。上方宫闕何所有，回首穹窿起龍漠。天山舊音本雄渾，孤鳳一鳴冠阿閣。蒼茫石鼓難爲聲，野水寒雲不堪酢。奉祀曾過軒轅臺，俯仰高深歎今昨。汾波横出衝黄流，長感秋歌入寥廓。卷石東南雖有聞，安得停車遍丘壑。有詔元姚自是一世豪，若比公詩少揮霍。有無容極幽賞，黄木扶胥求海若。前茅度嶺建旌纛，後吹淩波雜簫籥。馬飲清泉榕樹陰，鴈隨飛雪梅花蕚。退食委蛇幕府清，明月懸空夜城柝。横槊高吟動鬼神，轉鈞妙手隨斟酌。坐令刀劍化牛犢，夾岸鯨鯢貫蛟鱷。閶風玄圃在天外，玉振金聲爲誰作。雅歌緩帶有餘暇，直道高情無宿諾。百粤皆知白水心，群魚莫恃黄金槖。國家將相真有人，中外均勞正參錯。請開雲漢分天章，歸理咸韶奏嘉樂。老夫當與園綺徒，仰聽鈞天佇耕穫。

謝王員外贈古銅帶鈎劍琫歌

金銅帶鈎屈螭首，緑玉沈沈世稀有。古人佩劍之所遺，虚琫尚疑光射斗。腰圍老去忘縶拘，空服書紳重有餘。奇哉二物君子贈，敢與礪燧同縈紆。古者弦韋皆有托，視我斷金庶無怍。循循偃蹇長在手，神化翻愁入寥廓。劍能使我無邪心，握之在本用在鐔。利鈍行藏兩無有，一寸空閒通古今。他日東行尋禹穴，何以酬之掇明月。白雲滿地歸去來，不待傍人三奉玦。

無住和尚命俞岩隱寫予陋質予蓋簪纓家子其意亦蕭散因作山偈一首戲贈聊發住公一笑也

我欲自識面，莫如鏡中真。引鏡實有我，卻鏡見無因。俞侯乃善幻，作此意生身。旁人總言似，我亦愛其神。但恐年歲久，不知是何人？俞侯俞侯吾已老，百事無能勿復道。幸自不曾虧損他，莫將塵影瞞人好。

金人出塞圖 此詩《學古録》失傳，《翰林珠玉》已有脱句。

海風吹沙如捲濤，高爲陀磧深爲壕。築壘其上嚴周遭，名王專居氣振豪。肉食湩飲田爲遨，八月草白風颼颼。馬食草實輕骨毛，加弦試弓復置櫜。今日不樂心慅慅，什什伍伍呼其曹。銀黄兔鶻明繡袍，鶻鵃小管隨鳴鞉。背孤向虛出北皋，海東之鷙王不驕。錦韝金鏃紅絨絛，按習久畜思一超。是時晶清天翳絶，駕鵞東來雲帖帖。去地萬仞天一瞥，離婁屬望目力竭。微如聞音鷙一掣，束身直上不迴折。遂使孤飛一片雪，頃刻平蕪灑毛血。争誇得隽頓足悦，掛兔懸狼何足説。旌旗先歸向城闕，落日悲風起蕭屑。煙塵滿城鼓微咽，大酋要王具甘歡。王亦欣然沃焦熱，閼支出迎騎小驖。琵琶兩姬紅觀頰，舞歌迭進醉燭滅。穹廬斜轉氍毹月。

九歌圖

太乙神君號東皇，玉質要妙含和陽。生生烝始通微茫，綿綿蒸空神中央。浮英上羅文天章，覆冒下滿谷與阬。旁塞無間靈無方，靈來乘柔往乘剛。湘君夫人鎮相望，清温静好非淫傷。司命元老元氣昌，手執藜杖色老蒼。歷劫壽命不可量，少君之壽同其長。離無異體合有常，出入萬化終不亡。晶明發晨上搏桑，海天赫赫真金芒。質鍊不滅長垂光，河源混混流湯湯。伯也坐視無迎將，千古萬古何堂堂。彼幽爲厲爲强梁，朝貍莫豹方鴟張。精魂熠耀志意荒，招之不反巫無良。屈生作歌沈九湘，世人傳聲罕尋詳。祝融仙子調玄黄，九神出圖百怪藏，不信請視虞公章。

送吕教授還臨川并序

古者仕不出其國，五十里、百里而已，入仕王朝才千里而近，無父兄、妻子、墳墓、屋宅之别，而有禄食之羡、車服之華焉，豈不便適人情乎哉？今國家奄有宇宙，仕者視南交朔易若東西家。然則彼出入驅馳，不越乎州閭黨術之間者，不亦隘乎？吕君仲謙世居臨川之南，山木鬱茂，田毛易長。仰事其親，俯育其妻子，何嘗有意於遠游哉？一旦用薦書，得爲遼東學官，隨牒以行且萬里。冬裘不足以禦寒，蔬腸不勝其恆肉。雖志氣不變，然情能無少違乎？僕願留之館中而不可，歸其宜矣。故作詩以送之。

黄金作臺留好客，好客不留秋月白。

東風吹雪滿衣襟，却賦長歌送行客。一作色。昨朝遼東之山醫巫閭，六月五月雪不除。昨遣使降香去，五尺冰上行飛車。一作飛行車。東取知君江上慣舟楫，快馬如龍亦徒設。東取來時一卷一作東。書，還向江波對一作弄。朗月。我本蜀人隨水來，結屋與子相鄰隈。白髮京塵不歸去，臨風相送興一作空。悠哉。

三鳳行贈海東之下第南歸

海東之兄弟，三人如鳳皇。胸臆羽翮皆文章，九年三入天門翔。伯沖天，季鷟人，❶一日四海皆知名。東之之文五色雲，見者眩晃生眵昏。三進三已之，了若耳不聞。二人得之，喜未足云，東之不愠乃可尊。東書江上歸見親，❷君子之樂樂最真。君不見匡廬之山崷崒而嵯峨。左界乎豫章諸川會爲鼇番，其陰千源浩浩導岷經潛沱。❸山氣東鬱不得去，上衝爲紫蓋直與天相摩。爲雲覆八極，爲雨漲九河。海東之子能觀山以成德。❹其進蓋未易量也，偶爾小詘奈爾何？

戴和父歸越

戴先生，日飲五斗醉不得，再飲一石不肯眠。昨從桃源來，兩袖携風煙。長安市上小兒女，拍手攔道呼神仙。馬如游龍花如雨，蹴蹋春秋作朝暮。東方不作窗間戲，上帝還令海邊去。海邊玉虹夜不一作何日。

❶「鷟」，原作「鶩」，據續稿本、四庫本改。

❷「歸」，類稿本作「還」。

❸「導岷經潛沱」五字，類稿本作「干岷沱」三字。

❹「子」，類稿本作「汝」。

收，貝宮珠闕皆蛟虬。芝田玉樹久相待，天上老僊那許留。戴先生，鑑湖之水三千丈，不可以鑑可以釀。明朝亦脱錦袍去，一作歸。與爾酣歌釣船上。

題米友仁長江煙雨圖寄柯敬仲

米家自在江頭住，愛向長江寫煙雨。長江煙雨萬里餘，書畫扁舟在何處？古人翰墨今罕存，好事千金安足論？憑君寄語丹丘子，盍買山田遺子孫？

吴中女子畫花鳥歌《皇元風雅》爲人錯刊

吴中女兒顔色好，洗面看花花爲悄。調朱弄粉不自施，寫作花間雪衣鳥。緑窗沈沈春晝遲，半生心事花鳥知。花殘鳥去人不歸，細雨梅酸愁畫眉。

楊補之掀篷圖

十年騎馬燕山道，飛雪如花著烏帽。清江不復泛扁舟，況見繁枝插晴昊。楊丞拈筆寫江村，滿卷一作巻。荒寒共郊島。君不見，金盤玉一作密。露錦成團，胡蝶東家怨春早。

王侍御崆峒石

德符堂中有貞石，一握玄雲出靈碧。飛潤應能作霖雨，含光自可裁圭璧。天根萬古磨不磷，窈窕中虚藏谷神。願得微言獻天子，千二百歲勤脩身。

雪嶺駝車

七月八日山陰道，積雪平砂没深草。三日餐冰渡磧遥，重載橐駝發車早。當衡比比擁蒙茸，王庭傳令疾於風。却憐聚落在何國？可以踏歌酣馬酮。居庸關南百萬里，春雨草青平若砥。嚮非羊馬便高寒，所不懷歸如白水。

題上都崇真宫壁繼復初參政韻

故人一去宿草寒，而我幾度南屏山。琳宫素壁見題字，輒墮清淚如洄灣。文章百年世何有？如以鈍掘鐫孱顔。瞥然有感亦易散，奈此細讀多高閒。沈思不見托魂夢，何異落月留梁間？走爲麒麟飛爲鸞，黄金作玦玉作環。重來豈無造化意？我以白髮遅公還。

城南春曉圖

天台先生有山癖，卧起無山朝不食。幾年騎馬聽朝雞，磊魂諸峰拄胸臆。陳生受意不受辭，竟拈秃筆爲掃之。既安樓觀對奇石，復著梁棧横清漪。游吾舊遊釣吾釣，隔林彷佛聞幽鳥。瓊臺何處無桃花？此是城南莫春曉。夜來天子傳詔呼，先生直上鑾坡趨。盤盤迴復一萬里，無限好山并好水。如從島上見陳生，盡寫歸來畫堂裏。

天台圖

天台一萬八千丈，下視東海如一盃。金雞候鳴日欲出，吞吐澒瀁聲奔雷。白雲瀰瀰散綿絮，贔屭戴出三崔嵬。一一十十翠撑拄，千千百百璚樓臺。王生染白作莽碧，回風御氣洪濛開。古亭高卓盤石上，横舟自插煙林隈。老楓古檜立岸側，云可自此登天台。尚無鷄犬識村落，況有車馬相喧豗。我少學仙意疾得，首如蓬雪俄毰毸。臨風每憶坐忘叟，深愧失脚無由回。尋常夢游如宿到，忽見畫本興余懷。赤城仙人王志和，爾家靈寶安在哉？人間夢斷何足許？存想終日勞形骸。庭間竹葉可舟楫，羽衣生雲歸去來。

桃源圖

層巒複嶺何崔嵬？流泉委注波無迴。昔人尋源既解往，孰謂後世無能來？徐生採藥渡瀛海，生人之資悉滂沛。汎舟一去不復還，自是秦皇親爲載。商於只在咸陽南，城中日日見晴嵐。四翁採芝到頭白，何人往問窮幽探？信知桃源隨地有，自爲狂馳不回首。莫向神仙詰渺茫，且對新圖玩春晝。軒轅鄉裏真固師，果得脩身身不衰。年穀順成物不疵，玄黄衣裳從委垂。

牧牛歌贈自牧上人

學人曾是牧牛兒，細雨斜風揔不知。豐草長林情似水，懸崖絶壁命如絲。不著境兮不離境，繩杖隨身端息瞬。歷年辛苦一朝忘，贏得半川煙月冷。君不見大江東，短簑依舊隨春雨，横笛何曾别晚風？大地山河等甘露，嘉禾成熟萬方同。國泰民安謌頌起，無言可贊牧人功。老師兄，善自牧，露地當年已純熟。大千妙用一毫端，不是寂空聊自足。

澧州謝家通濟橋

澧有蘭兮沅有芷，相望涓涓隔秋水。蛟龍迴夜隱波深，虹霓乘晨駕空起。千年石尉何西東，天下有道津梁通。朝祠東皇蒼雲中，行人無忘懷謝公。

豐州李氏孝義詩

沙中枸杞已成樹，的皪丹珠飽秋露。蒲萄滿堂間鍾乳，上堂饌食有肥羜。壯者已老少者壯，蜂房各自開牖户。此是豐州孝義門，莫忘河南李家譜。

龍興黄堂隆道宫西華太姆元君飛茆詩并序

空同子竇君神清，與予賦詩于天寶宫。予有句云：一瓢春水煮仙茆。神清曰：「噫！子安得及此？我昔游黄堂，見石曼卿記，不載飛茆始末。願與同志者詠而傳之，久不暇也。神人將啓子而誘其衷乎？不然胡爲而及此也。」予應之曰：彼夫容洞中穠麗主者，宜不察苦之味也。非余孰當賦之，乃爲之吟云：

昔日飛茆渡江水，一息秋風五千里。憑虚結根土長苗，萬古黄堂咀甘美。潔清至浄服食仙，不忍獨令身不死。折瓊載卜知吉亨，連茹包之獻天子。

郎官湖李白祠

南交黎侯景高，歸朝三十餘年。自至元中，被命驅馳軍旅，勞効顯著。後賜田江漢之上以居，暇日作《安南志》若干卷，示不忘父母之邦。間嘗即郎官湖上修太白祠。皇慶初元來朝，大夫士多爲侯賦詩者。

郎官湖邊太白祠，百年毁壞誰顧之？黎侯自是南海客，寂寞湖上看明月。間關歸國故時心，馬上鬢毛今是雪。春來幾見湖水清，春去還看湖水碧。今人蕭條古人遠，黎侯此時淚沾臆。臨湖作屋祠太白，一日祠成人歎息。千年太白豈復存？惟有長庚射西極。光芒彷彿雲委蛇，黎侯起舞天爲泣。鯨魚上天終不返，黎侯惆悵坐成晚。君不來兮那可期，黎侯之心湖水知。湖水波浪湖樹葉，風來捴是迎送辭。

金馬圖人負金馬睡於馬上

賈胡自騎千金馬，解囊小憩荒城下。平原無樹起秋風，夢到陰山雪横野。太平疆宇大無外，外户連城無閉夜。不然安有獨行人？懷寶安眠如畫者。

王晉卿畫赤壁圖

黄州江上霜月白，蘇子汎舟携二客。虬龍虎豹木石間，王宇瓊樓歸未得。主家遺玦珊瑚鈎，丹青一幅千金酬。惆悵圖窮見黄鶴，白雲千載空悠悠。

趙子昂畫馬圖

憶昔從公侍書殿，天閑過目如飛電。池邊儘有吮毫人，神駿誰能誇獨擅？公今騎鯨隘九州，人間空復看騂騮。惟應馭氣可相逐，黄竹雪深千萬秋。

柯丹丘畫松竹二首

丹丘寫松臨石湖，一樹偃蹇一樹枯。長年偃蹇色深黛，枯者鐵石能相待。令人最憶寒山子，曾見松生此山裹。時來石上自閑吟，解聽天風半空起。

江心石上起煙霧，隨意琅玕寫無數。就中欲覓釣魚竿，濯足滄浪歲年莫。君不見白髮天台鄭廣文，前身畫師今更聞。請看翡翠三株樹，猶是蓬萊五色雲。

陳容畫十四龍

所翁所畫十四龍，雲海慘澹數尺中。毫端欲極龍變化，信使情狀無一同。意冥鬼神造奇迹，藝謝狗馬矜精工。徐生家藏隱溪上，氣與古劍相争雄。春雨來時屋壁潤，白晝坐對塵埃空。持之示我爲歎息，安得真見如陳公？蓋聞龍乃至陽精，無有嗜欲來羈籠。昔年高士隱弗見，矯矯衰世追冥鴻。千載神明守龍澤，如見潛德遺空濛。澤盈出水作溪碧，綿綿孫子環爲宫。石林幽洞難相識，獨倚桃竹懷高風。

孫康映雪圖

千巖萬壑明積雪，老樹長蘿掛孤月。下有老生眠破廬，穴隙窺書癡凍鶻。何如出門歷瓊田？翻身夜入通明天。手把瑶筴招飛仙，人間畫裏那能傳？

墨竹歌

南風吹雪畫成竹，北圃老人寫群玉。枯梢不逐蛟龍化，密葉終堪鳳鸞宿。數枝東出好弟兄，楚楚劍佩微聞聲。兩枝又如父携子，老者偃蹇稚者榮。我昔西游洋州驛，破緑燒粳具朝食。摧殘僅同蓬與麻，太守清貧那復得？羅山甘竹笋乃佳，移根便欲從山家。雲峰春嶺即持去，爲我更作風枝斜。

金源野人獻麞圖

紫蓋貴人何處來？西風摇落郊原開。澤虞獲鮮敢私取，下馬持獻披榛萊。韔弓服矢遽爲拜，止轡受之貌閒暇。千里獨行日云暮，熊耶羆耶在林野。君不見吁嗟麟兮人不知，卒然遇之慎爾爲。

送人游廬山

我愛江上之廬山，山止不動江不還。紫雲冠領危石古，白鷗銜雨春波閒。浩然始見潯陽浦，太白欲托雲松間。河嶽蕭條二子死，神靈恍惚千年慳。昔我尋春入幽竹，有人抱甕開深關。遂從鳥道陟高險，一窺虎跡聽潺湲。似聞餘磬開石壁，恐是入化非人寰。❶霜崖石櫃成異物，銀釵負薪多老鬟。嗟我老病難再往，羡子輳轢無留艱。沉吟攬衣步出石頭渡，解舟竟到星子灣。三月煙花碧，眺望千里楓林殷。❷猿驚鶴怨酬好語，水流花開怡妙顏。❸東帶他年事朝請，躡屐安得窮躋攀？行矣此日不再得，空山落日騎黄斑。

題虎屏

高堂白日静如水，屏間於菟伏將起。登車何用卜熊貔，鑄鼎徒聞走魑魅。耽耽仁威謝爪距，蔚蔚文章著深美。君不見旌旗不動九關閑，海晏塵清千萬里。

陳容畫龍❹

陳容生閩嶠之東，骨氣生硬如老龍。

❶「入化」，類稿本作「化入」。
❷「眺」、「殷」，類稿本作「悵」、「丹」。
❸「怡」，類稿本作「亦」。
❹「容」，類稿本作「所翁」。

每拈秃筆掃風雨，自寫其真非畫工。❶曾爲吾家作雙劍，采石波濤天下險。巴山昨夜春雨來，素壁高懸户長掩。

題劉仲明鳴鳳朝陽操

鳳凰昔來何所緣，堯、舜聖明臯、夔賢。一鳴不再三千年，孤生懸崖命由天。鬱繞霄漢纏雲煙，虞淵浴日紅滿川。海波洶洶下盤旋，聲與律吕互相宣。非度弱水遊神仙，此製不省人間傳。

題劉光遠琴泉詩卷後

長沙老人種桐梓，手斲爲琴度宫徵。彈得流泉石上聲，只有巢由能洗耳。當時誰與制此名，前朝丞相賢公子。黃金不成

白髮短，聊以高情付山水。公子飛仙老人在，目送歸鴻秋萬里。老人有子前爲壽，願翁千歲長如此。已將朱袖拂雲和，更釀清泉設重几。

玄潭觀劍歌

新年風雨晝多晦，解纜東辭白沙外。玄潭觀中有古劍，倚棹求觀鬼神會。陰崖中斷如截肪，玄水泓渟受前隘。欲令開匣猶未敢，惟恐雷霆走光怪。至神不殺跡已空，藏氣幽深欲何待？孤篷歸坐燈影微，客爲高歌聊一快。鄰舟借具知有無，擬製寒蛟斫春鱠。

❶「工」，原作「二」，據類稿本、四庫本改。

書昔人出入西廣詩後

戈船將軍昔南下，樓櫓衝波當車馬。臨流橫槊昔爲誰？遷客騷人能賦者。桂林近時蠻獠息，營帳酬功頗優暇。伏波銅柱高崖崴，路險難兮莫相嚇。

送程楚公子叔賓官海上

世皇任使無南北，楚公薦賢動江國。當年臺閣多門生，富有文華在賓客。世家貴游少者佳，祕書奉禮差可階。青衫筦庫東海上，極目天津思汎槎。豫章得君豈忘舊？引之清波一援手。鶯花三月玉堂深，共啓黄封賜來酒。

送胡士則

胡君著書昔同館，長日據床運犀管。功臣遺事動如山，小小聲名何足算。明光殿裏初進書，紫衫束帶帽正烏。君王歡喜侍臣賀，殿下風喧花蕚舒。是時親賜蒲萄酒，瀲灧玉盃先入手。承恩歸去各西東，共歎文明古稀有。胡君名冠三十人，傳詔與官顔色新。寧辭闕下向田里，得禄斗升緣爲親。頗聞山寺近官舍，吟步長廊莫騎馬。瀛洲學士如堵墻，新折琅玕待君寫。

寄謝楊友直太守送桃竹杖❶

梓潼使君今南雄，江心紫玉寄野翁。扶持恐是蛟龍化，騰躍似與猿猱同。十年乞身不待老，鄉人飲酒歌年豐。君不見太乙之精在天上，青藜滿地如蒿蓬。

寄薛玄卿

故人贈我漢時鏡，殘質剥蝕遺空明。開奩照見白鬢髮，似是採芝商嶺生。憶昔交游盡冥邈，耿耿銀河曉星落。惟有瓊臺瀟灑人，長嘯西風滿寥廓。

題表姪陳可立青山白雲圖

昔時謝傅卧東山，亦未忘情絲竹間。微風動塵車蓋合，白苧作衣團扇閑。風流一去如秋草，我思古人令人老。茂林修竹何處多，雨洗青山青更好。

溪山圖

曉日朱方得玄鶴，一直衝風上寥廓。横翔八表覽九州，下視山川間城郭。清溪縈繞千萬尋，金銀宫闕檜森森。商山紫雲何處好，惟覺蕭臺秋氣深。

❶「楊友直」，類稿本作「南雄楊」。

畫龍

所翁畫龍妙當世，神思已遠誰能繼。陳家復見海珠君，也向毫端分九似。越藤一幅瑩且完，噓雲駕雨淩春湍。不知何歲因轟掣，破卷飛上青雲端。

射虎歌

州人布矢如蒿蓬，半夜射殺南山雄。捲皮帶雪送官府，割肉大嚼千夫同。前日東家牛盡啗，犬豕無遺人落膽。不知世有李將軍，擊鼓報神聲坎坎。

刷馬歌

天馬之來大宛國，漢帝心馳渥洼域。貳師兵甲費如山，毛骨權奇不多得。世祖開基肇太平，昔日大宛俱拱北。如雲之馬西北來，飛控驚塵遍南陌。豢養年深生息蕃，即今詔刷無遺跡。椶絲絡頭千萬輩，戢戢駢頭死槽櫪。一程瘏毒一程愁，比到燕山肥者瘠。吾觀天廐十二閑，五花成隊春斑斑。監官喂養盛芻豆，年年騎去居庸關。聖朝誰信多盜賊？却慮騎氣藏凶奸。駑駘盡從天上去，驊騮豈得留人間？漢人南人窘徒步，道路相從俱厚顏。我今已是倦遊者，東家蹇驢何必借？布韈青鞋取次行，正喜不遭官長罵。鄉里健兒弓弩手，詔許征鞍常穩跨。嶺南烽火亂者誰？何事至今猶梗化？君不見漢文皇帝承平時，千里之馬將安之？又不見項王一騎烏江渡，到頭不識陰陵路。

按弓圖❶

朔風蕭蕭沙草枯，避暑南還八月初。貴人退食坐平蕪，白日皎皎寒雲除。左擎蒼鷹右韓盧，手調繁弱矢滿壺。馬驕不受轡勒拘，奚奴前執奔塵趨。小者伏兔大於菟，上馬一擊將無餘。養勇大發神氣舒，徒御遠合獲不虛。首獻上殺當氍毹，連車載槖來徐徐。大庖賜宴日未晡，肅肅笳鼓環周廬。天子萬壽臣歡娛，我昔歲從行兩都。每欲賦此嗟才踈，江村父老相携扶，數尺茅簷看畫圖。

題游弘道所藏劉伯熙畫

燕城建都將百年，喬木往往遼、金前。宮中屏帳愛奇古，每托畫手馳風煙。房山絶筆商山老，内府人家跡如掃。畫苑今惟劉伯熙，白髮承恩最偏好。西山古寺劫火餘，斧斤所赦遺殘枯。久經霜雪如鐵石，膏沐雨露還扶踈。一夕書帷侍清宴，有詔令熙寫畿縣。遍圖形勝到巖壑，直幹交柯每盈卷。游侯緣從自當時，閣下庭前屢見之。朝衣佐守南海上，袖卷龍髯雷雨垂。高堂風動海水立，江嶽驚奔鬼神泣。禁直岧嶤翠蓋高，誰識行蹤露華濕。徂徠新甫何足攀，巴丘正似青城山。人間彈指千百歲，大

❶「按」上，類稿本有「題」字。

夫與我俱蒼顔。

汪華玉所藏李息齋古木竹石圖❶

帝城佛刹西南曲，數仞高堂十尋木。亦有幽篁春笋生，顛倒横斜亂寒玉。空庭月落蛟龍舞，何閣雲閅孔鸞宿。大德年中最熙洽，四海無虞年穀熟。聖人護念如慈雲，粉金寫經五千軸。吴興先生承詔起，精横窗曲几擅清雅，寶氣龍藝東南遂空谷。我時布衣初到京，隨客來觀嗟香散芬郁。棲遲至大到延祐，墜緒遺經蒙見録。不足。聖明天子心廣大，仁孝東宫協淵穆。金殿朝回即薦賢，鳴鳳高梧麗晨旭。白頭寺主愛文學，游龍流水來相續。黄鸝遶樹鳩唤雨，晴絲入户階眠鹿。中書右府尚多暇，況復西清澹春服。薊丘李公年甚高，親書篔簹試拈秃。南風堂上住多日，好聽晨鐘赴僧粥。枯梢長葉風雨來，老可黄華俱眷屬。曹南揮毫相軋李河東，共悼房山渺江陸。蜀人仲淵老商亦有名，拂素先傾酒千斛。不會畫，側帽長吟動華屋。蹇予冷撰從諸公，兀然坐隅若鴻鵠。風雲月露不計時，聚散悲歡歲年促。汪侯何處得此圖，其長丈松檜蒼茫轉樹腰，鐵石崟岌偃餘高尺六。昔人不見今人老，空憶臨風對森矗。山腹。後來把筆誰最能，閣下丹丘嘆幽獨。令渠見此會傷神，況我茅簷揩病目。文章精彩寧復還，大上華星光煜煜。

❶「汪」上，類稿本有「題」字。

題寫生手卷贈李道山赴九江茶官

春叢何窅窕，翠竹啼幽鳥。秋實結甘酸，溪凫倚暮寒。後日歲復歲，盛年不留老將至。湖上新亭早晚成，可以供釣，可以問耕。看花食實老孫子，擊鼓撞鐘歌太平。一官黄蘆苦竹間，琵琶船外月團團。故人寫生一歲事，恐有離愁不足惜。匡廬山，好秋色。歸持濃黛作修眉，窗下連卷數峰碧。

趙伯高所藏楊補之松竹梅圖❶

卉木何情同歲寒，君子合并嗟獨難。冰霜滿地風景異，清修古節來毫端。南渡衣冠憶初合，萑葦蒹葭捴蕭颯。長身玉立古顔貌，欲選疎英變殘蠟。西都昔者畫功臣，良工健筆隨風塵。尺書黄髮共來往，誰見留侯如婦人。江上幽人有真迹，俯仰興亡寫今昔。丘園偃蹇非不多，獨想高懷淚沾臆。

鍾生清露軒

江西諸侯好賓客，彈鋏歸來無愧色。學舍如舟安足居，白髮秋風岸高幘。鏗爾舍瑟還讀書，上天繁露垂庭除。河清有頌芝有曲，爲我長歌傾玉壺。

與族姪孫從善

白頭喜見族諸孫，青門爲庶夫何言？

❶「趙」上，類稿本有「題」字。

成都桑柘日已發，儘有遺書堪討論。風花寒食江上路，墟墓興哀慚一餐。憐爾篤實可進學，竭力孝敬思生存。

律詩五言

出小東郭❶

問訊成都宅，還過萬里橋。鄰墻皂角樹，官路緑楊條。部曲都無在，茅茨忽見邀。滄江沾白雪，盡爲夢魂銷。

望巴山

巴嶺對秋屏，依稀泰華形。雙尖天際碧，一色雨餘青。牙纛穿行栢，旌幢接降靈。南昌漢時尉，招與步空庭。

次韻葉賓月山居十首

冰泮溪流碧，雲生島嶼紅。輕陰殘夢裏，遠樹亂愁中。鷗外兼晴絮，鶯邊共晚風。地偏山氣近，霏靄濕房櫳。

落日亭前水，翻風雨後荷。翠簾明薄醉，羽扇按清歌。影浄鷗千頃，涼生一作深。蟻一柯。扁舟成獨詠，詩思尚能多。

露冷天光逼，溪澄夜影圓。水花含窈窕，山吹縱清綿。爲覓洪崖侶，重尋赤壁船。翻愁孤鶴外，迴互萬山連。

歲晚冰生壑，山深雪擁扃。清齋須杞菊，甘餌足參苓。水繞階除静，杉依石室

❶「出」上，類稿本有「足舊作」三字。

青。白雲麾不去，晝影舞虚櫺。

緑瑣依松潤，緗簾亂蘚斑。吹笙花下散，飛燕雨中還。有客歸謀酒，無言卧看山。春禽忽相喚，深樹兩關關。

綺疏收《易》卷，紫盌罷分茶。日暖聊行草，風微好看花。行窩君子宅，懸榻故人家。遠勝騎官馬，聽雞趁早衙。

霜林收碩果，雨檻卧幽芳。留客山泉枕，分題玉井床。衣裘凝薄冷，户牖宿殘香。未信成都遠，風流獨草堂。

隱几風篬竹，詩成酒病蘇。楓屯雲錦陣，梅折海濤圖。翠袖開筵出，華簪折簡呼。移舟速相就，玉鱠斫生鱸。

簡册驚前夢，文章付後期。賞花時命駕，愛竹屢題詩。小草顛尤勝，深杯醉不辭。交游傾四海，風雨夜吹篪。

風日宜芳歲，煙霞樂燕居。坐深閑看弈，獨冷静脩書。臘醖紅生玉，春盤緑間蔬。但須門有客，不問食無魚。

名酒

名酒不可得，幽華誰送來。秋霜垂鬢髮，夕照在樓臺。盡日山公醉，何年庾信回。唤人吹玉笛，移席坐蒼苔。

無疑先生不遠千里訪某於寂寞之濱曾未旬日賦詩留别雖無以欵未忍從也次韻且致繾綣之私無疑先生，南劍人。

養親無復日，不忍愛遺生。一客獨高義，千山致遠情。烹魚供溉釜，秣馬束歸程。從此延津路，應將問耦耕。

酷暑秋仍熾，幽花晚自香。誰將百年

意，共付一窗涼。事業青燈舊，心期白髮長。山林儘迂闊，江海正蒼茫。

望氣秋橫劍，分光夜續鐙。寒梅不鬥雪，春水盡融冰。座與賢人對，門從稚子應。鄉祠應合樂，豪傑若爲興。

薦書慚不用，空復意憐才。共逐雙鳧去，誰飛一鶚催。鼎彝文字在，几杖見聞來。明詔求遺逸，蒲輪孰可陪。

題平遠趙公像

將相先生舊，江湖早退翁。丹砂留劍客，琴韻答天工。喬木荒煙合，幽蘭宿雨同。羅浮與衡嶽，猶想遇冥鴻。

題踈齋盧公像

持節江湖外，吟詩魏晉間。長庚垂野迴，病鶴倚秋閒。玉局謀堪弈，金鑾遂不還。春來無宿草，點點涿州山。

次吴宗師韻題朱本初藏秀樓

世傳垂裓裔，蚤作采真遊。引月池邊樹，呼雲鶴外樓。河圖留信史，洛頌載歸舟。無限吟詩興，西山對九秋。

和龔子敬竹亭詩

萬竹尚書宅，高亭表素襟。扶持自遠大，臨眺極高深。風露兼秋色，梧桐共晚陰。惟應有棲鳳，餘韻寄瑶琴。

次韻馬伯庸少監

仍歲從巡幸，山川識重臨。講帷來濟濟，馳道止駸駸。五月衣裘薄，諸生坐席深。歸耕何待老，莫問二疏金。

移蹕宫城曙，煙花繞閣重。來王俱屬籍，稱使不傳烽。賜席還親問，囊書更手封。恐煩宣室召，視日轉蒼龍。

臣甫多愁思，長歌拜杜鵑。鑿崕通閣道，積水放樓船。惆悵霜横野，栖遲雪滿顛。經行看宿草，碧色自年年。

太平知永日，漸老惜芳晨。論説慚孤學，推揚負相臣。退思常感慨，拜賜每逡巡。郊藪多閒地，餘生託鳳麟。

題趙繼清詩藁

禮樂三千字，才名二十春。緑樽清坐客，朱紱苦吟身。海日香浮樹，淮雲暖近人。同年多要地，早晚接朝紳。

題草亭

春雨夜鳴屋，曉來青草生。煖熏初舞蝶，香近更啼鶯。裁剪成書帶，搴紉結佩瓊。自非邵處士，休放小車行。

奉别阿魯威東泉學士游甌越

憶昔同經幄，春明下玉除。掛冠俄去國，連舸總盛書。筍脯嘗紅稻，蓴羹斫白魚。莫言江海遠，咫尺玉堂廬。

寄白雲閒公講師

古寺白雲閑，鐘聲竹樹間。唐詩留屋壁，蜀道憶鄉關。橘柚霜前送，袈裟雨裏還。重逢三十載，刻石玉遮山。

書趙節度建炎誥勑後

義旅趨京國，危城藉宿勳。山從官位改，世以故家聞。誥勑遺先代，圖經補闕文。淒涼寶劍贈，元自岳將軍。

讀王伯儀參政中山周氏賑粟詩感歎遂賦

不作三年畜，聊哉一日安。素封能自富，紅腐幸相完。東里難爲惠，春陵謾永歎。信知麟趾意，秩秩寓周官。

次韻劉伯温送王止善員外四首

某今春與止善員外約，三月致仕，同遊武夷。既而聞其扁舟江上，遂不及與之別。監憲學齋公，送以七言律詩一章、五言三章。遠蒙録寄，不勝慨然！蓋公之所賦，所以激清風於古道，發大雅於儒林。止善平生，遂有見於久遠，所繫亦大矣。輒次韻四篇，追寄止善，亦以頌公之盛德。拙陋不工，録呈愧悚。一笑幸甚！

故人歸去甚清華，公有新詩在小車。天外秋聲先鴈陣，雲邊清夢過蜂衙。未尋舊宅山陰竹，更憶玄都觀裏花。擬敘別懷題紙尾，目昏書字愧敧斜。

公門無俗客，相識已經年。歸有廉車送，人知國士賢。詩隨官事少，身與盛名全。省署居清切，何曾種秫田。

衣冠懷故老，翰墨送初筵。老有詩囊在，家從室磬懸。詎知清剡興，不賦武夷篇。千仞西山雪，高情獨爾賢。

携詩山寺讀，深夜接猿吟。秋水銀河影，春雲錦瑟音。尊前思北海，世外愧南金。禹穴堪尋否，涼風起夕陰。

題黃思謙所藏雪窗蘭❶

澧浦多芳草，微風翠葉長。墨雲開劍戟，香澤近衣裳。書帶垂青簡，璁珩委玉肪。同心誰可並？芝本産齋房。

手攬華鬘結，化爲樓閣雲。幽人移近坐，天女散餘芬。九畹春光動，三湘曉色分。淩波送羅襪，誰是鳳毛群。

送董生赴仙居尉

黑髮仙居尉，登高解賦詩。海邊迎日觀，花底詠風漪。臺府多先友，詩書即吏師。勤廉須自力，慰我故人思。

寄段惟德憲副

持斧雙溪上，寒梅照鬢華。臨風懷鳳閣，見雪憶龍沙。夜訪山陰竹，晨餐海上瓜。自嗟留滯久，欲繼使君車。

❶「窗」下，類稿本有「畫」字。

酬崔御史送熊掌

熊掌來東國，分甘到老夫。鸞刀寒斷節，翠釜煖柔膚。兔脱中山醢，魚藏丙穴腴。藜腸渾未厭，玉食恐時須。

題全平章所藏竹石圖

江水兼天碧，篔簹滿谷生。静和春雨重，動挾晚風清。投策看龍躍，裁笙學鳳鳴。千年倚盤石，君子表幽貞。

周彦文野泉圖

舊邑成新隱，山泉喜發蒙。涵容常不溢，挹注詎能窮。豹飾山光潤，龍眠石氣通。還應化春雨，爲澤豈言功。

遠法師圖像

地浄緣心浄，空真即性真。白華無垢足，金色化生身。幽鳥時時現，山花日日新。願同陶處士，相見過溪頻。

虎溪三笑圖

入社心無適，過橋迹謾存。自嗟機事失，空與畫圖論。白羽秋風静，黄花夕露繁。詎能隨衆笑，我亦付無言。

贈堯公開講番陽

法席初鳴鼓，龍天已滿空。花飛檐外

雨，旛動室中風。寶氣來天上，金聲振楚東。點頭無數石，應是禮生公。

用唐棊毋著作韻送誾白雲長老還吴

凌空一錫歸，幾日到禪扉。野橋陰垂户，天花影上衣。井床春露浄，檐鐸午風微。三藏都看遍，相思夢欲飛。

重用韻贈誾白雲上人

歷歷唐朝寺，松關幾易扉。花交珠樹網，苔長石人衣。秋水依空浄，浮雲暎日微。白雲無所住，此際亦歸飛。

寄吴宗師

花發上陽紅，宫袍醉晚風。題詩酬怨鶴，寫信寄飛鴻。閶闔天光上，蓬來海氣中。松聲一兩疊，時寄看雲翁。

米元暉山水

耆舊襄陽遠，新詩問水濱。苔磯垂釣久，竹院訪僧頻。書畫晴虹夜，衣冠怪石春。由來多健筆，俱不寫紅塵。

雙駿圖

真駿不受覊，衝風忽競馳。雪翻兩疋練，塵引一編絲。國士不並世，神龍難力追。故應雙劍氣，昨夜起天池。

步雪圖

白雪深無際，蒼松近有關。謝公穿屐去，陶令荷鋤還。鶴舞千瓊樹，猨吟萬玉山。若非有仙骨，誰得此清閑。

踏雪圖

送遠冰橋滑，山高雪逕深。乾坤無異色，林壑有幽尋。玉樹連雲起，風泉落澗沉。斷流無剡棹，何以識山陰。

題黄太史書老將行

因觀老將行，壯氣酒邊生。健筆淩雲起，長歌帶雨鳴。藏鶩歸浦迴，瘞鶴入江清。最憶青神應，寒泉□世情。❶

周德尚見訪

烏帽吟時側，黄花對處閑。詩成風雨外，劍動斗牛間。晝寂鸎啼樹，春深竹滿山。欣然聞好句，多病愧柴關。

城山閣

最愛臨川郡，城中自有山。雲邊開翠牖，日上擁青鬟。酌酒爲親壽，擎書待子還。仙翁重相許，可以樂高閑。

❶「□」，四庫本作「不」。

挽胡伯恭令尹

孔明雖小食，安石自高情。丸藥黄鸝曉，煎茶緑樹清。劣能勝束帶，俄復寫懸旌。絲竹東門道，淒涼忍重行。

歷歷言爲教，湛湛職有思。誰能迎刃解，真若治絲爲。閲世佳公子，持平老吏師。詔書詢守令，空復薦章馳。

昔喜文書簡，人知縣道尊。府君初在殯，巷哭欲連村。競渡哀魚鱉，安居念犬豚。小民猶識此，遺愛豈空言？

題劉昇卿崇軒

名園當郡右，峻嶺視山陰。鐘鼓清時迴，鶯花列屋深。臨池春洗馬，對雪夜鳴琴。監宅多王謝，高軒每共尋。

覺非齋

今日非昨日，始覺昨日非。龍光揮利刃，鼠穴絶餘機。德業收新效，身心發妙輝。空言成自誑，何日聖賢歸。

題南禪寺壁

南禪住北峰，林影動秋空。畫意聲塵表，吟情水觀中。幽叢收墜露，老籜下微風。不有維摩詰，誰能丈室同。

送長老住山

持衣入祖寺，彈指寶樓開。白日交蛛

綱，青山入鏡臺。散花天女下，行雨海龍回。應是翻經罷，諸天送供來。

送憲史武子宣

建鄴多名勝，前朝自汲來。車書逢盛日，簪紱見英才。撤棘秋闈散，拈花畫殿開。修能兼積孝，令譽稱烏臺。

贈簡天碧畫士

千仞青山裏，和衣坐石苔。看雲爲雨去，聽水共風來。春盡楊雄老，秋清宋玉哀。故園誰賦得，空對畫圖開。

重　贈

雲氣連山動，松聲夾雨寒。抱琴穿竹逕，留棹倚江湍。夕照歸神女，春陰帶錦官。此生舊同里，偏解寫潺湲。

新作暖閣望陳溪山不至

白雪滿虛空，春生一粟中。明窗塵帖帖，圓鼎氣濛濛。梅蕚猶緘緑，椒花欲獻紅。誰能共來往，惟有太丘翁。

正月十一夜坐

春雷晝初發，夜雨遂沈沈。❶晚得隱居趣，静知生物心。佛燈依坐近，神鼓隔林深。❷老病都無睡，詩成聊自吟。

暮春溪上作示涂振鐸

久向山中住，閒來上釣舟。携將青竹杖，撑過白蘋洲。稚子休相覓，衰翁更少留。東風吹雨起，移繫屋西頭。❸

用趙壎韻示次子延年

治生先務本，爲學必成章。念爾膺門早，無能韞匵藏。詩書家世重，師友歲年長。尚念鳴幽鶴，輕毛戒妄翔。

天藻亭壁下生二笋示幼子翁歸

舍下生春筍，兼旬丈尺高。爲開鴛瓦脊，放出鳳池毛。覆屋通雲氣，衝樓樹節旄。連年雙碧玉，聊記一揮毫。

墓田雙瑞竹，遠報謝鄉僧。江上歸無日，山中見未曾。箇材生屋壁，玉氣近書鐙。茅舍秋風捲，衝霄喜有朋。

❶「初發夜雨遂沈」，原爲缺空，據四庫本補。
❷「坐近神鼓隔林」，原爲缺空，據四庫本補。
❸「西」，類稿本作「山」。

到寺

到寺無僧住，鄰翁立暮雲。喜逢新過客，爲説故將軍。野水寒先涸，殘鐘暝不聞。欲知何代建，然竹讀碑文。

夕照

夕照散餘曛，氤氳見物群。斗杓垂野迥，空影界河分。會弁懷瞻洛，樓船憶祀汾。荒村閑草木，隨地有浮雲。

移柴門次韻薛玄卿

老寄池邊舍，新移竹外門。高人知獨樂，妙語枉相存。衣食隨年歲，文章付子孫。惟求園綺輩，白髮共清尊。

答易小雅送商陸根

商陸經年覓，春深幸見分。斸同黄獨雪，坐對白花雲。參木資芳澤，芝蘭競宿熏。道家空作脯，寧與筍蔬群。

織錦迴文詩

宛轉千蠶緒，綢繆一寸心。文章遺彷佛，情識墮幽沉。春日關雎意，秋風蟋蟀音。文園空解賦，終愧白頭吟。

題畫馬

房家千里馬，寫出渡江時。煙霧連城

起，風雲六月馳。尚方催進馭，勇士不能騎。苜蓿成秋草，空寒太液池。

贈上清高士吴霞所

秘殿辭嚴直，匡廬覓重遊。喜逢飛珮客，同上釣魚舟。圖畫龍鱗濕，衣裳鶴羽脩。松聲過溪好，爲寫素絃秋。

題春塘謝公程文

科第因時重，人材致力專。文園尋舊藁，魯壁獲殘編。青紫空遺恨，虫魚更別箋。運隨麟狩盡，宴託鹿鳴先。獨斷繇今聖，賓興放昔傳。詎聞深美意，並世一陳前。

次韻蕙畝遊何氏莊

至治初元日，高秋大有年。結廬思近竹，賜炬憶分蓮。昔有乘軒者，真能脱屣然。明時謝簪紱，晚歲事林泉。擬踐前賢跡，還從隱者旋。振衣千仞表，命鶴萬松顛。絶磴容飛步，清流任枕眠。隨緣寧擇地，知命敢違天。種樹留桃核，觀花覓藕船。詎知無勝事，可以繼高僊。

次韻貢仲章題城南書隱

南郭浮沈過，西山卧起看。雲深開徑晚，日落閉門寒。食菊收叢束，除瓜抱蔓蟠。海圖龍彷彿，山鼎翠巑岏。十載孤茅屋，三秋一弊冠。舊遊迷去駱，衰夢失迴鸞。愁絶煙銷玉，吟成月墮盤。清尊留客易，白髮向人難。未厭過從樂，時時共一簞。

題秋山圖

峰迴留深隱，天清襲素袍。棲身斷人蹟，游目送鴻毛。樹挂栖厓鷙，藤懸飲子猱。龍眠石澗泠，虎撼樹根牢。木客吟時共，山樵弈處遭。浮雲過水盡，孤月挾霜高。羽使來三島，胎僊舞九皋。左招玉斧飲，右攬赤松遨。空色收寥廓，虛聲起繹騷。彈琴遺古散，載酒棹輕舠。遂向圖中見，誰能世外逃。乘槎幾月至，一泛九秋濤。

哭熊昶之

居官常獨處，論事每平心。獄用《春秋》斷，囊無暮夜金。家園聊伏臘，江路足登臨。名酒應常得，幽人亦重尋。築堤行冉冉，脩社坐深深。環堵書連竹，空林月照琴。四年嗟契闊，千載入沈吟。陶令餘瓶粟，黔生正斂衾。孤兒承薄禄，苦節奉遺音。白髮秋多感，青山夕已陰。敦廉猶可望，虛僞庶能箴。郡乘誰傳信？來車失所欽。

道園遺稿卷之二

道園遺稿卷之三

律詩七言

雍虞集伯生

代祀西嶽答袁伯長王繼學馬伯庸三學士

紫禁沉沉曙色低，奉祠群使已班齊。承恩歸院迷煙樹，乘傳開關蹋雪泥。蹀躞共憐騎苑馬，逶迤不若聽朝雞。山川有事寧辭遠，只尺成都是國西。

棧道年年葺舊摧，已將平易履崔嵬。經行關輔圖中見，夢戀鄉山馬上來。諸葛精神明似日，相如情思冷於灰。重思親舍猶南國，願托江波去却回。

自仁壽回成都

還鄉思速去鄉遲，王事相縻敢後期。里父留看題壁字，山僧打送捨田碑。胡桃筇竹南方要，盧橘枇杷上國知。此日君親俱在望，徘徊三顧欲何之。

題王庶山水

蜀人偏愛蜀江山，圖畫蒼茫只尺間。駟馬橋邊車蓋合，百花潭上釣舟閒。亦知杜甫貧能賦，應歎楊雄老不還。花重錦官誰得見，杜鵑啼處雨班班。

張道士蜀山圖

碧玉參天是蜀山，舊曾飛度歷孱顏。試劍松風上接空歌外，蘿月長懸合景間。丹崖秋隼疾，濯纓清澗夜龍閒。君家虛靖歸來日，冉冉蓬壺爲憶還。

范文正公書伯夷頌

伏承主奉范君示先世詔，及文正公手書《伯夷頌》，令集題識。仰惟前賢争光日月，不敢妄有贊述。輒以鄙句奉謝，用表惓惓景慕之意云。

慶曆元臣細字書，清風直與伯夷俱。潞韓並識何春應，秦賈争藏實巇汙。神物護持天愛寶，子孫驚喜海還珠。敢以微塵讚喬岳，願推餘砭及頑夫。

企仰前賢歲月深，阿衡事業伯夷心。義田猶是當時禄，遺像能令百世欽。竊頌詩書求彷彿，默嗟人物轉銷沉。誰人浪漫矜家世？看取天平萬石林。

拜歐陽文忠公遺像

知公難遇已當年，況復瀧岡十世阡。金石舊藏存刼火，丹青遺廟祀鄉賢。終身未必慚韓愈，作者誰能繼馬遷？❶ 嗚鳳不聞驚歲晏，長懷清潁一茫然。

❶ 「能」，類稿本作「將」。

輓文文山丞相

徒把金戈挽落暉，南冠無奈北風吹。子房本爲韓仇出，諸葛安知漢祚移？雲暗鼎湖龍去遠，月明華表鶴歸遲。何須一作人。更上新亭飲，大不如前灑淚垂。

從兄德觀父與集同出榮州府君宋亡隱居不仕而歿集來吴門省墓從外親臨邛韓氏得兄遺蹟有云我因國破家何在君爲唇亡齒亦寒不知爲誰作也撫誦不覺流涕因是成一章併發其幽潛之意云

我因國破家何在？君爲唇亡齒亦寒。南渡豈殊唐社稷，中原不改漢衣冠。温温雨氣吞殘壁，泯泯江潮擊壞欄。萬里不歸天浩蕩，滄波隨意把漁竿。

興聖宮朝退次韻袁伯長見貽是日上加尊號禮成告謝集即東出奉祠齋宮

翠蓋重重寶扇斜，從官穿柳散慈鴉。過宮路遠紆天步，上壽杯深閣雨花。玉貫兩虹通象錦，衣成五綵鍊雲霞。奉祠東出蓬萊道，春水鳧鷖踏漢槎。

朝迴和周南翁待制韻

三十六竽吹鳳凰，九重春色絢天光。卿雲微動旌旗煖，湛露初晞草木香。貝葉神師東度嶺，金輿馴象北浮洋。小臣職在歌功德，拜手陳詩對日長。

輓歌辭

中天太白貫晴虹，頃刻龍飛返上宫。萬國共賓暘谷日，群臣忍把鼎湖弓。潛蕃回首金山遠，顧命傷心玉几空。聖主已頒哀痛詔，蒼生有淚灑西風。

和李秋谷平章小車詩

雪晴宫草隱晴沙，相國朝天試帝車。班馬晝移温室樹，鳴鸞晨度掖垣花。搴帷每命賢俱載，趣駕頻煩使至家。此日龍門誰執御？擁經正履侍金華。

送朱伴讀南歸仁卿

喜子南歸盱水上，經過爲我問臨川。幾家橘柚霜垂屋？何處蒹葭月滿船？應有交游憐遠道，試從父老説豐年。寒機早晚成春服，一一平安報日邊。

送李通甫赴湖廣行省都事

黄鶴樓前江水春，江花飛接渡江人。日長青瑣文書簡，雨過滄洲杜若新。應共庾公揮扇坐，每尋崔顥賦詩頻。三公舊掾多爲相，行見迴車載繡茵。

答周伯輝翔鳳

百酌宫壺醉曉霞，望中鴻鵠盡天涯。故園賓客千金賦，飛燕風埃百姓家。上國春深花滿眼，河陽市上果盈車。古來鍾鼎多憂思，待得人間兩鬢華。

伯輝北山堂

北山有萊中作堂，樂只君子不可忘。紫氣常占少微下，壽星今在長沙傍。佳哉競秀五男子，少者遠客諸侯王。執筆題詩嗟未敢，杜陵之祠煙樹荒。

柬鄧善之

山雨不來喧静夜，江雲猶爲護晴朝。一群青雀牆花老，幾箇黄鸝苑樹遥。何有深心期管樂？獨無高步接松喬。未能徑去成飄忽，且可相從慰寂寥。

用退朝韻奉懷伯長試院久别

藝闈群策手封斜，遍閲縱横墨濕鴉。拜賜頻酣千日酒，思歸寧惜少年花。此時吟詠齋宫曙，同是瞻承絳闕霞。想有小團分學士，好將新水試浮槎。

送高尚志下第歸江西

清霜木葉水多灣，知有荆人抱璞還。龍擁湖波迎月下，豹乘雲氣候林間。殺青汗簡三冬足，生白虚齋一日閑。會望斗牛尋寶劍，春朝佩入紫微班。❶

題李道復所作艾全真乃父□墓銘

道人何事京城中？擬託斯文壽乃翁。萬里煙塵唯兩屐，一時製作見群公。江湖所過蛟龍識，金石他年物怪通。我憶廬陵多舊事，瀧岡阡樹足秋風。

次韻柯丹丘見寄

春去林園百草生，千源流漲到池清。心期自與浮雲遠，鬢髮新如積雪明。白苧寬裁無束帶，黄冠小製不垂纓。故人相見那相憶，但聽横空鶴數聲。

丹閣岧嶤地最親，頻年染翰侍嚴宸。九疑鳳去荒煙外，三月鵑啼野水濱。日落賈生將去宅，江迎庾泛獨歸人。五湖不遠閑身在，扶杖風前詠暮春。

今代廣文真畫師，蘇州把筆更題詩。白雲遠海意蕭散，明月滿樓光陸離。積妄已空前日夢，清狂那憶少年時。老夫獨感深相慰，盛德加餐報祝規。

❶「春朝佩入紫微班」，原漫漶不清，據四庫本補。

眉菴自賦

新春名字合更新，偶託眉菴作主人。本不求妍何用妬？從來無悶豈教顰？曉對遠山煙冉冉，晚臨流水照粼粼。成都畫手應無數，憑仗他年寫得真。憶自當年學畫眉，畫成何意望人知？鑒觀水影真無媿，接對天光豈有私？獻笑詎隨桃灼灼，效顰應許柳絲絲。菴中妙用何聞見？未及東風賦紫芝。

次韻寄謝魏雄卿録事表兄

短棹移家竹樹東，曉鬟擁翠夜鐙紅。誰爲重客投邛令？徒有高堂舍蓋公。白雪上鬚無藥染，絳霞盈頰已樽空。憑君莫笑黃花冷，自有清吟與客同。

和偰世南除西臺御史

鳳池共愛十年身，一榜今爲七争臣。識字觸邪誰與敵？讀書知律自能神。關中多士遭逢盛，輦下同年聚散頻。萬里玉門歸控制，向來投筆亦儒紳。

游岡子原呈王學士

岡子原頭春色濃，小車晨出看東風。雨餘林潤人烏好，日煖沙平我馬同。西引峰巒來座上，東瞻樓閣一作觀。起天中。詠歸莫作匆匆晚，倘解相逢擊壤翁。

次韻寄元復初

木落天清悲素秋，故人何處海東頭？尊前夜月仍留户，天際浮雲重倚樓。影静梧桐餘倦鳥，眼明洲渚自輕鷗。人生會合真堪惜，長憶春風從兩騶。

黄粱夢覺人千里，白璧歸來月一缸。卧尊酒幾時忘北海？束書無路到東窗。無限心龍宛宛冰生壑，飛鶴翩翩雪灑江。期總寥落，秋風煙樹引歸幢。

次韻馬可山人見招

天意茫茫故可知，無端感慨又先之。百年開濟輪前輩，萬里登臨在此時。袖手看雲歸去晚，舉頭見日坐來遲。忽聞八月靈槎到，欲及西風理釣絲。

愛此高槐十畝陰，偶來相對理瑶琴。江湖有夢扁舟遠，風雨無人陋巷深。濁酒竟成終日醉，花枝聊學少年簪。若爲後死乘雲去，爛熳銷除感物心。

次仲章韻

日射飛塵下界昏，遥瞻積翠是君門。鳳鸞天上今何夕？鷄犬雲中第幾村？瑶草無人能遠寄，玉書有道可長存。晴虹東去連滄海，儻遇安期與試論。

深屋古仙雙碧眸，淵淵玉色象春浮。上方煙霧日千變，清晝風雲時一游。傾耳松濤惟立鶴，迴頭塵海不藏鷗。飛飛幾欲吹笙去，千歲歸來恐更愁。

無塵道人

雲霧爲衣月作裳，天壇獨自禮虚皇。龍收古劍沈秋水，鶴識神丹起夜光。金井有聲惟墜露，玉階無色乍凝霜？無端下界松風動，又欲飄然上鳳凰。

和上都華嚴長老見寄

講帷秩秩退晨朝，只尺東方寶月遥。湛露甫承天子賜，慈雲還赴梵王招。毗耶一日香薰普，瀛海群公意氣飄。白髮故人非玉局，敢將詩句答一作語。參寥。上帝曾承絳闕朝，屬車日向寶城遥。生公屢講中邊味，宋玉空吟大小招。梵網千重隨鏡現，天香八月向風飄。手開樓閣能來往，常候晨雞碧海寥。

和斷江恩上人緑松見貽之句

誰將古色伴幽悰，百尺長松對一翁。子落雨餘棋局在，影摇雲際水瓶空。倚藤老大何惆悵？覆地陰涼待鬱葱。挽著萬牛須晚歲，手開樓閣五雲東。

題了堂悟上人溪聲閣

磨衲歸來閣倚坡，池開半月引泉過。蒼龍入鉢斂風雨，白象卷湖吹浪波。宴坐不眠花寂寂，飛行無跡竹婆娑。廣長舌相何時了？未覺游人一偈多。

賦松濤齋

曾游海上聽松風，積雪千峰水接空。細若鳳簫雙嫋嫋，雄於鼉鼓萬鼕鼕。玉堂夜直蟾光裏，銀漢秋横劍氣中。欲截斷槎乘浩蕩，兩樵相對此時同。

賦雪洲

江上經年積雪多，長洲化作玉坡陀。河伯舊時射虎迷蹲石，薄暮歸漁認擁簑。作宫龍獻璧，湘靈遺珮鳳停梭。鳧鷖容與江花發，更待春來生水波。

送茅秀才歸茅山

茅君兄弟茅山裏，幾代曾孫骨尚清。傳得《玄經》還自讀，餌將蒼术不須耕。鶴隨雲氣來金闕，鳳合風聲度玉笙。爲問仙都老仙伯，書來應許學長生。

送韓伯高浙西僉憲

五月樓船過大江，海風吹雨灑船窗。雲銷虹蜺横山閣，潮落鼉鼉避石矼。闕下諫書誰第一？濟南名士舊無雙。湖陰暑退多魚鳥，應勝愁吟對怒瀧。

寄馬叔惠福建僉憲

荔子枝頭火齊紅，高堂紈扇坐薰風。湘筠簟冷魚波合，海栢梁深燕雨通。絡緯豈知秋袂薄？扊扅長憶曉餐同。禁城來看花如錦，誰道清霜解惱公？

題故太子少傅翰林承旨李野齋幽居圖

車蓋歸來托遠林，魯山崷崒魯原深。漁樵相識頻分席，賓客時過共賜金。百歲儀刑猶近古，五朝文物至于今。披圖想見登臨地，松滿徂徠起夕陰。

奉元王氏孝義詩

陰陰榆柳蔭韋村，中有烏頭孝義門。耕織事均家益贍，緦麻親盡義彌敦。蜜蜂日煖開窗户，慈竹春深長子孫。先世此邦嘗賜履，爲歌遺俗却銷魂。

賦張志甫八十

身閲昇平近百齡，顔如玉雪鬢如星。遠移湘竹堪扶老，舊種蒼松已伏苓。頻見大官躬致饋，蚤令掌故口傳經。古來名士多肥遯，遍與題詩歷下亭。

送道士危亦樂歸臨川有序

予寓居臨川三十年，而隨牒京師之日過半，愛其山水之明秀而未盡游也，喜其風俗之馴雅而未盡觀也，樂其人物之修整而未盡交也，然視臨川則爲故鄉矣。以其視之也切，其故懷之也深。故見其人則喜，遺其人則若失，亦人之情也，況爲賢者乎？驪塘危氏，臨川之望族，文學雅正之士世世而有之，故予所謂不得盡交者也。亦樂危氏之俊彦也，學道上清山中，以翹楚見稱。信乎！名家子孫，非常人所可及。往年，亦樂之從父曰：虚室君與予最相善。虚室歸江南，予嘗送之曰：落花如海思歸夜，剪燭裁詩又送君。觀乎此，其風致蓋可想見。於是，十五年矣。則亦樂之行，予獨能無言以敘其懷歸之意乎？予且歸休，將從子於江湖之上，周覽山川，而詠歌其風俗，以託諸其人焉，尚未□晚也。❶敘而系之以詩曰：

上清仙子臨川客，暫入金門即賦歸。夜月微聞雙玉佩，香塵不染五銖衣。從游玄圃暄風暢，坐讀《黄庭》墜露晞。華蓋峰前如覓我，應看白鶴向秋飛。❷

送張用鼎還鄉

張郎兄弟人皆説，二陸才華未足多。

❶「□」，蜀本作「爲」。

❷「秋」，四庫本作「西」。

騏驥西風開道路，芙蓉初日照江波。周官雅誦賓興禮，漢代偏崇茂異科。爲語州人胡處士，清時何故覓漁蓑？

題大都香山寺圖

香山蒼翠帝城西，古寺高寒北斗齊。繞屋清泉龍穩卧，對簷老樹鳳長栖。曾陪退相尋山徑，亦共幽人躡石梯。忽見畫圖驚十載，春雲秋雨不勝題。

爲馬竹所照磨題香山圖

古寺深沉壓臣鼇，畫圖重見記曾遨。曉城宫闕煙花合，夜壑風濤樹木高。雨静卧波雙劍影，天清歸路一鴻毛。東都九老名猶在，瀟灑誰同白苧袍？

端午節飲客與趙伯高

龍沙冰井夏初融，簪筆長隨避暑宫。蠟燭煙輕留賈誼，銅盤露冷賜揚雄。南村久病思求艾，北客多情問轉蓬。忽聽滿船歌白紵，翻疑昔夢倚春鴻。

用蕭性淵詩一句足成一章送常伯昂

華蓋芙蓉入座青，輕雷踈雨過虚庭。永言自愧難傳世，急就成章易滿屏。好客多情憐白髮，幽人相顧説丹經。箪瓢便了餘生事，空枉輕車到野坰。

題時録判齊山吟卷

濟南名士古來多，此地登臨孰有過？山影蘸湖春雨樹，泉流滿郡晚風荷。客生江國猶思憶，人念鄉關想詠歌。千古齊山青未了，李邕杜甫奈愁何？

王真人眉叟在京上都賜酒倡和

真人燕處自高堂，遠賜宫壺出上方。給傳許乘飛廐馬，侑樽仍有大官羊。一天雨露涼如洗，四座賓朋喜欲狂。起賦新詩誇得意，西風傳送及灤陽。

送張伯雨入茅山

獨棹扁舟入白蘋，隱居舊宅去栖真。囊懸肘後唯丹訣，書到人間稱道民。未覺白雲留住晚，也應蒼术寄來頻。手栽松上騎飛鶴，知是華陽第幾人？

隱居闃道無人蹟，麋鹿來依積雪深。每占雲氣得芝术，莫怪丹光穿樹林。茅君白騎一虎下，木客或與群猨吟。知爾此時最相憶，遲予飛屩度千岑。

次韻熊太古題金石編

上林昔見衆芳來，春雨湛涵詠有萊。何處北山留客住？未聞東閣爲君開。晝須具眼方留跡，琴有知音不用媒。多學少成嗟老我，每看精藝欲心灰。

次韻錢翼之寫大學衍義局中詩卷

貝葉西傳浄業塵，泥金萬軸等長身。清閑邃殿仍稽古，寂寞遺書亦發春。承詔外廷須老手，揮毫仙館屬才人。重觀舊事思天上，白首揚雄野水濱。

題王本齋歷官紀年畫像

歷官貴與年俱進，列畫衣冠若弟兄。出節遺風仍振海，❶生祠嘉樹各專城。丹心不改兼終始，白髮微添更老成。清夢幾時求傳説，平時蚤合識真卿。

謝僧以長送銅龜水滴

贈我銅龜盛硯水，想君久已伴題詩。斕斑隱約知千歲，❷纕藉丁寧媿妙辭。豈有文章須潤色？況能經濟屬論思。秖應六用俱忘息，❸灌沐清泉自奉持。

題静壽道人自誌後

對雪鼓琴張道士，八十二歲顏如春。世外異書聊過目，人間樂事自終身。如如常住誰爲死？擾擾相仍故是塵。知爾既

❶「振」，四庫本作「鎮」。
❷「斕斑」，四庫本作「斑斕」。
❸「秖」，原作「稆」，據四庫本改。

忘欣戚意，安排何用賦詩頻。

輓危公遠道士

翦燭裁詩憶送君，落花如海政繽紛。幾迴分別未爲老，一日音容杳不聞。珠樹露寒蟬委蜕，玉樓風急鶴離群。自吟新句成奇讖，只許人間禮白雲。

與筆生

聖明天子御奎章，翰墨昭回日月光。侍臣晝殿風微雙鳳翥，春池波煖六龍驤。借問紫毫近榻誇先得，内史開函喜自將。誰所製，發揮神化未渠央。

白雲聞上人以橘一枝見予作詩以謝

洞庭嘉實龍興種，百顆同枝重壓檐。貢餘折遺忽疑千樹盡，分嘗猶足十人兼。只欠吴姬沾賜今難得，霜後題書尚可添。圍錦幄，霏香噀霧玉纖纖。

答舒真人送牡丹❶

真人棋罷小徘徊，手剪窗前紫綺來。已令天女不嫌雲霧薄，洛神親擁髻鬟堆。莫遣巢翁老鶴婆娑舞，更注清泉潋灩盃。知勝事，詩筒日日片雲催。

曉來睡重不聞鍾，仍嘆看花似霧中。

❶「丹」下，四庫本有「二首」二字。

貪賞金盤承蜜露，不知玉樹倚春風。戰酣淮水碁應勝，雪擁藍關句更雄。欲畫新圖宜正午，須憑貍目驗芳蘗。

送胡古愚

仙館醉餘千石酒，上林吟遍百花風。拾遺徒步頭錐白，供奉歸來錦更紅。晚下紫微憐病鶴，春生緑水送冥鴻。故人江上如相見，爲借扁舟候禿翁。

游小孤及彭浪廟承學士命録以示畢推官因次韻二首

天作孤岑自幾時？高危頻見古人詩。身當委注下無底，影絶傍緣終不移。波浪秋隨天漢浄，風雲未盡海門馳。釣竿拂樹思長往，應有沙鷗已得知。

迴舟却往彭浪石，還藉枯笻得自持。外險内安居者樂，東流西洑渡來知。追隨過客應無事，迎享神君遂有詩。消得清秋好風日，經丘尋壑昔爲誰？

送柳唐佐懷孟總管

滿縣花開二月初，郡人日望柳侯車。醉翁白髮詩情在，好客清言吏事餘。河水煮魚頻入饌，柿林收葉遍留書。欲從太守借盤谷，手自搴茅結隱廬。

題李息齋竹

文翁寫竹鬢成絲，不作茭蘆與柳枝。日色分明見真本，天工端的是吾師。動摇時有禽相語，偃蹇惟餘石不移。靄靄春雲好才思，千姿萬態總相宜。

已學夷齊願息陰，如何逐日轉蕭森？持贈發揮自出形容表，摹寫誰知造化心？不堪憐苦節，卷懷無跡媿幽尋。更看月夜風塵定，著意沉沉落墨深。

題先天觀

畫來新搆先天觀，便欲工吟勝畫師。山挾風聲雷起陸，水涵天影日當池。長生有道行行到，深處無爲了了知。不是三年不題句，卷中爲有范椁詩。

次韻雲章丈欲訪德機學士故以末句相屬冀以因行致之

風雨相求越一邦，無多苗藋庶充腸。東風吹雪開梅蕚，南斗垂河避劍光。力薄薦書空汗漫，情多愁髮易蒼浪。故人范叔清秋鶴，誰共吟詩月滿堂。

予與胥翁亞仙自劍池觀山水遇客石橋吴氏訪自牧長老于昭福時寺新成方卜門向予與亞仙皆以正對大羅爲妙一時同游約齋朝輔朝佐皆吴氏之良而牧亦吴出也莫不共贊其美因爲賦詩以識之

重卓招提坐石溪，開闢更欲面羅池。西來萬派分明意，前列諸峰蒼翠姿。修竹踈松通一徑，微雲淡月立多時。千年白鶴重來晚，解向見孫話祖師。

去冬過昭福留詩□溪上牧所既而蒙半村先生與國賓茂才青雲諸名勝相繼屬和盛意不可忘也先從牧翁寄此尚需面敘區區也❶

隱居曾見繞清溪，屋上青山屋下池。老子風流宜白髮，阿戎翰墨稱雄姿。每懷高閣看雲後，投宿比鄰聽雨時。安得青藜同照夜。題詩寄惱牧牛師。

贈丹士

神仙有訣煉丹砂，服食三年鬢不華。自有錦囊收曉露，何妨玉椀泛春霞。倚松吟嘯風生袖，採藥歸來月滿沙。肘後方聞多至劑，青粘何日到山家。

題朱澤民畫

松外浮雲過眼空，前瞻無際後無終。幾番白雪經行地，數尺蒼髯俯仰中。健筆秪今韋偃老，❷吟詩誰似杜陵窮。悠悠無限滄洲興，問取騎驢傲兀翁。

題董生畫

李公昔守清江上，翰墨交游有稚川。每從遠海風雨至，共對小山松桂眠。撥鐙何處得古法？臨池忽欲無千年。嗟哉李氏孫尚幼，川翁家學子能傳。

❶「□」，蜀本作「題」。
❷「秪」，原作「秖」，據四庫本改。

羅若川畫松

暮春多雨晝冥冥，羅生畫松當素屏。老蛟化爲劍氣黑，白鶴下啄苔痕青。傳來日暮自篝火，夢入幽巖尋茯苓。不遇胡僧露雙脚，石函自了讀殘經。

又次游仙遊山詩韻

巃嵸山木小軒東，梔子花開鼻觀通。嘉節喜逢風雨外，幽懷都付笑譚中。詩成綵筆從人寫，醉後朱顔與衆同。却怕有人知此樂，枉將山水繫愚公。

董掾湖山堂

九江秀色何處好？新堂正值甘棠湖。春水初生蕩洲渚，晚風欲起散魚鳧。自公退食對脩竹，教子讀書編緑蒲。知君廉恕足陰騭，行見高門紆紫朱。

留上方道院

卜隱山中事已遲，歸來無處著幽棲。行穿深谷却車馬，借宿高齋慚黍雞。茶爲彌明分石鼎，燈從太乙借青藜。百年身世半塵土，一日林泉何足稽？

寄陳湛堂法師

月宮桂子落巖阿，想在林間閲貝多。持足地神衣拂石，獻珠天女襪凌波。香因結願留龍受，水爲烹茶唤虎馱，寄到竹西無孔笛，吹成動地太平歌。

送胡士恭

十年京國擅才華，宰相頻招載後車。太液蒼涼黄鵠羽，玄都爛熳碧桃花。三清風露仙人館，萬里煙塵野老家。拂拭舊題如隔世，華星明漢望歸槎。

送雙林西白長老用太白起句❶

峨眉山月半輪秋，我憶家鄉亦白頭。脚踏岡原流去水，身隨海岸到時舟。長空一鳥飛無迹，白雪千峰爛不收。却笑坐來銷劫石，雲興百問若爲酬。

寄白雲閒上人

龍興寺裏白雲房，不到于今二十霜，橘柚向來垂屋重，松筠此日過人長。千函祕典心源浄，百歲長齋齒頰香。若念尚書舊行履，三生石上莫忘鄉。

❶「雙」，四庫本作「霜」。

寄訢笑隱

垂手毗耶憶舊勞，諸天幢戟擁林皋。開軒坐見青松老，倚閣閒看白浪高。曉日上林隨步屧，春雲如海在揮毫。經年不得江東信，獨立長風送羽毛。

陳君璋新園池亭得煙雨横塘舊扁表之本漁墅陳氏之物我大父尚書公所書也尚書書此時已九十年而君璋之父年且九十矣故賦詩及之❶

煙雨横塘識舊題，尚書遺跡久淒迷。幾回玉樹鷺聲曉，曾見雕梁燕子泥。近水樓臺隨地起，臨堦楊柳與雲齊。小車却憶堯夫老，遍洛看花信馬蹄。

舊扁横塘墨色新，百年還屬百年人。争墩正爲名隨謝，隔世何妨姓共陳。綺席聞鸎垂故舊，金盤烹鯉亦賓親。蘭亭俯仰興懷地，莫惜流觴對暮春。

題蕭正肅公及尚書與楊誠齋書幅後

古木蕭森日月懸，六丁猶爲護遺編。一門翰墨三千牘，七世風流二百年。秋野蒼茫麟角出，春池零亂鳳毛鮮。世居鄉里如君少，西望孤城憶墓田。

❶ 此題前，類稿本有題作「題陳君璋煙雨横塘二首」。

費無隱丹室❶

碧雲雙引樹重重，❷除却仙經户牖空。一徑緑陰三日雨，❸數聲黄鳥百花風。年深不記栽桃客，夜静長留賣藥翁。幾度到來渾不語？却依秋影數冥鴻。

寫韻軒❹

翩翩仙子藥王山，明月高樓遂不還。天外修眉塵鏡掩，窗中遺墨夜燈閒。雪深黄竹歸無所，雨暗蒼梧淚更斑。何事浮雲相遇合？杳然陳跡謾人間。

楊判官春雨亭

松栢園亭雨露新，慈顔幽翳倍傷神。三年疏食心長慕，一勺寒泉淚滿巾。孝子舊遊多國士，將軍遺愛在邦人。封塋近對清江曲，世世能來有鳳麟。

揭北海山雨亭❺

周遭城郭擁坡陀，北海亭中逸興多。木落秋風知地迥，水高春雨見帆過。華簪

❶ 此題，類稿本作「費隱雙桂亭」。
❷ 「重重」，類稿本作「童童」。
❸ 「緑陰」，類稿本作「落花」。
❹ 「寫韻軒」，類稿本作「寫韻軒繼壁間昔人作」。
❺ 此題，類稿本作「題山雨亭」。

列坐驚年老，翠袖深盃爲客歌。説與蓬萊千仞石，誰能鳴鶴倚松蘿。

珉上人俯清軒

高亭直下一江清，千尺絲綸寄此情。秋水芙蓉華月上，春茗翡翠晚風輕。坐來古硯生雲氣，吟過長廊曳履聲。知有登臨無限意，高山遠水已相迎。

楊伯恭柳隱山房

細柳誰如灞上營，清江百尺坐專城。陶潛雅興還堪賦，張緒華年更有情。春日貫魚多鱮鯉，秋風飛羽總鯢鯨。錦衣玉帶催毬馬，入對長楊聽早鸎。

揭北海蓬萊亭太湖石峰❶

海上飛來第一峰，華星明月五雲中。千年持載遺神物，九仞飛騰接太空。不與興亡驚世换，長隨山澤與時通。蒼茫獨立横秋氣，未許西山得比雄。

秋屏閣

幾度秋屏真謾興，歲寒今日一凭欄。西山廬阜連天起，彭蠡番陽學海寬。久病詎能修客禮？舊游長感奉親歡。老身若借雲房宿，卧起江山正面看。

❶「揭」上，類稿本有「題」字。

王欽道活水源堂❶

川上曾聞感聖衷，尋源因見出泉蒙。風霆流動千門啓，山澤高深一氣通。潤物已從時雨化，濟川猶歎昔人功。野塘舊隱誰能住？一夕清泠謝太空。❷

題送林松礀照磨詩卷後

朱輪豪傑早知機，一日冥鴻向海飛。風雨交游無舊迹，江山幕府有清輝。秋空澹澹蒹葭浦，春晝堂堂錦繡衣。世外喬松中梁棟，澗邊莫歎故人稀。

御風亭

城陰百畝轉迴塘，喬木參天翠柳長。飛蓋曉迎花霧氣，臨池春動墨雲香。衣裳清露芙蓉浄，劍佩明河水玉涼。還向人間留妙蹟，蘭亭列坐詠流觴。

雙檜軒詩并序

檜之爲木，仲尼嘗手植於魯，天下後世莫不具瞻焉。學者之於聖人，宜無所不學。江右憲使覃懷李公重山甫，持剛方之節，秉貞固之操，乃樹雙

❶「王」上，類稿本有「題」字。
❷「夕」，類稿本作「勺」。

檜于家庭以自見，蓋將景仰先聖於萬一也。夫木之爲世用多矣。大材成大器，小材成小器。椅桐梓漆則琴瑟之儲焉，明堂清廟之棟梁，非檜莫與也。尚論聖人之所爲，識其大者，豈非君子之志乎？乃爲之賦詩曰：

素王舊植魯宫牆，雙樹新陰接太行。冰雪高寒令節操，雲雷參錯古文章。河津此地營舟楫，廊廟多年待棟梁。會與群龍近華蓋，九天朝日正蒼涼。

黄仙巖

鐵色陰崖積石屯，玉顔窈窕鎮崑崙。上池降液作靈響，左角出雲承曉暾。手抉風雲穿月窟，坐當星斗直天門。昔人政有懷仙地，爲挹清泉注一尊。

古亭詩爲張仲淵作

濟南名士古來多，誰作新亭照水波？百頃高荷秋興闊，一湖明月暮船過。南州城上登臨賦，北海尊前感慨歌。況有吹笙王子晉，清風千里接鳴珂。

觀耕詩爲王可敏賦

昔歲春耕見夢中，分軺此日歎民窮。漸帷草色經行路，輟食棠陰問土風。歸鴈相催知日近，占魚猶願報年豐。他時緩步從青瑣，寤寐毋忘稼穡功。

與熊天宇

去歲送花無處栽，至今鄰舍借園培。緣籬正要帶刺枳，並屋還須疊葉梅。桑椒牆下堪食用，桃李門前空綻開。故人一一可致此，他年相對共銜盃。

行丞相掾唐仲英事母至孝在臨川時太夫人嘗藝蘭於亭中花繁茂累歲增盛異於常植君子有以占其子孫之興也他日太夫人去世而蘭亦悴而弗華三年而忽榮如太夫人在時仲英感歎如見母之存焉都人士咸以爲瑞相率爲歌詩以頌太夫人之遺德而識天錫瑞以彰仲英之孝後數年虞某在豫章與仲英續賦一章云❶

唐氏慈親手種蘭，三年憔悴復闌干。爲懷媚眼承顔喜，豈意空帷帶淚看？手把桮棬春露重，心知佩韘暮天寒。扶疎玉樹情何極？長繞幽芳不忍看。

憲府瑞栢

憲府清巖翠栢高，香煙霏霧起亭皋。濃熏旭日新膏沐，細引春風近羽旄。黼黻成文如錦繡，丹青生色在揮毫。德星占應賢人聚，濟濟清朝見譽髦。

❶ 此題前，類稿本有題作「賦唐氏瑞蘭」。「太夫人嘗」，原作「知夫人嘗」，據類稿本、四庫本改。

書蕭母傳後❶

新喻蕭母有貞節，朝廷用魯參政子翬言，旌表其門。莆田陳旅博士爲之傳，文甚奇。子翬早學於蕭氏。陳，集友也。❷先丞相雍公與蕭正肅爲同朝，故其家來求題云。

桓桓蕭氏貞門表，猶是前朝執政家。恩詔傳言褒素履，安輿垂淚對黄華。賢孫能奉高年遠，薄俗寧知古道賒。魯氏交情陳氏筆，臨文三感一長嗟。

黄節婦詩

集昔忝館閣，四方孝子貞婦之事來上朝廷者，率求詩文以表章之。隨事發明時義，既有所諷勸，或所録未甚備者，猶推其類以著其姓。搢紳樂善成風，每盈卷軸，不以辭爲費也。今觀雷尚書之諸孫長仁，書其女弟適黄氏貞節事，皆閨門變故而始終一德。非其兄不足以知之，非能文不足以發之。集筆硯荒落，長仁之子以此卷相示，感而賦之。

貞婦初年遘百艱，每將忠厚對傷殘。死生家世心無愧，終始閨門義所安。信有高風隨地化，不營華表與時看。賢兄述德皆真實，爲報鄉人在史官。

❶「書」下，類稿本有「新喻」二字。「後」下，四庫本有「并序」二字。

❷「集」，類稿本作「予」。

送阿里仁甫舟中作

送客江邊醉似泥，漁村留宿已雞栖。風平山影摇舟檝，雨急灘聲入鼓鼙。故老别來誰尚健，新詩吟罷更重題。却因農事催歸去，卧看浮雲逆上溪。

題高彦敬竹石

踈篁幽草澗邊生，群玉參差若弟兄。更待拂雲棲紫鳳，何年臨海掣長鯨。尚書蕭散今摩詰，子墨淒涼舊客卿。風雨夜來家四壁，龍吟微應讀書聲。

南浦遐觀圖

房山避暑何王宫？古木蕭森多畫風。平生江海毫素裏，日暮鄉關魂夢中。孤雲斷處更野水，五絃揮罷又飛鴻。高情千仞一倚杖，莫怪尚書雙眼空。

古木圖

晉人筆法成中絶，奇崛縱横見米家。手畫斷崖分鐵石，意求古樹帶煙霞。龍髯解出空中雨，鴻爪能留雪裏沙。近日尚書高彦敬，高懷尤足共清華。

趙伯高所藏高彦敬吴山夜景圖

吴越蒼茫只尺間，尚書能畫夜看山。塵銷海市露初下，雪積江沙潮始還。座上賦詩誰絶唱？夢中化鶴忽臨關。高情已逐年華去，秋樹寒波愧妙顔。

東山圖

太傅東山杖屨行，總將憂患托高情。獨携窈窕開瑶席，雙引娉婷韻玉笙。春雨松間殘弈冷，秋風江上暮塵生。三分籌策煩勞甚，悵望雲霄一羽輕。

百馬圖

楊柳生煙草色薰，川原錦繡動成群。百年海宇無征戰，一幅圖書有見聞。日夕吹笳歸别部，天寒挏乳奉將軍。當時校獵誰能賦？白髮楊雄思若雲。

周昉畫

島上雲生日轉簷，海風吹雨暮寒尖。春明玉色遺薌澤，夜定珠光入鏡奩。織得鴛鴦隨緑皺，教成鸚鵡啄紅甜。試令鼓瑟應無語，目斷歸舟思未淹。

天師菴壁間墨竹

憶昔卧起修竹地，當林日日看風生。白雲時來衆仙降，皓霞如瀉孤鶴鳴。❶ 吹笛江深星斗動，釣竿樹老浪波平。何時置我北極下，獨倚高壁聽秋聲。

從子旦欽賫賜金至山中次陳溪山韻

槖金萬里來天上，舊賜新頒捧拜餘。去國棲遲慚補報，榮家歡喜度空虛。孤臣清淚三生夢，一寸春陰數葉書。更買青山可終隱，不妨投老得安居。

謝予棕雨笠

歸弄江波自濯纓，白頭徒步一身輕。蕭蕭白雨荒陂晚，恰恰黄鸝夏木清。杜甫豈於詩更瘦？遠公許以酒相迎。野僧三四同來往，此日先生戴笠行。

題毛秀發薛玄卿戴笠圖卷後

偶然戴笠過前山，天賜高人一日閒。薄有神情留卷裏，漸無名姓在人間。毛公吟罷厖眉古，薛保圖成鶴羽還。無限好懷今總得，松雲千疊爲誰關？

❶「霞」，四庫本作「露」。

止家人製衣

故人遺我布單衣，寒暑相仍服不違。地僻少塵擱瀚易，身閒遲破補紉稀。樵漁總識循常好，魚鳥相忘作念非。請看江頭木居士，雲來雲去本何依？

荒唐

齊人野語楚荒唐，野死幽囚祇謾傷。往往闕文誰復及？悠悠没世詎能忘？百年有道開新盛，千古遺言發耿光。不有鳳麟同日至，誰知信順見文章？

虚齋

誰識空中有至真？一庭芳草自生春。風雲變化閑來往，日月揮持在主賓。寶劍有神凝鑒水，金丹無質現窗塵。忘言本是吾齋事，莫負空同問道人。

真止軒

乾坤定位易行中，星共辰居象亦同。終日有言寧離此，先天無事若爲工。音聲倡和黄鍾始，水火浮沉土釜空。世法定無相比並，閑循斗柄玩東風。

石巖詩爲道童總管作

維石巖巖氣象超，俯憐培塿獨岧嶢。八風不動盤坤軸，一柱高擎切斗杓。江郡暮雲留遠樹，湖陰積翠上春潮。便應從此爲霖雨，直向中天絳節朝。

竹所詩爲馬照磨作

蕭蕭修竹倚闌干，幕府高秋獨坐看。龍化欲隨清珮響，鸞停長共碧梧寒。幾年冰雪培根節？一日雲霄見羽翰。聞道武公方壽愷，永歌淇隩報平安。

送揭子尚之京師

縣北之亭山水幽，玉堂故人懷昔遊，錦囊五色起雲霧，華袞一字驚林丘。賢才洛下共青瑣，欠客襄陽成白頭。羊公沉碑聞近出，文章垂世何悠悠？

送李伯儀

老來多病山中住，誰復能吟過客詩。賈誼豈無前席夜？終軍當有棄繻時。沉香亭北花園錦，太液池頭柳舞絲。初到長安還有賦，東湖傳看緑漪漪。

送吴志淳

古道棲遲與世違，高才誰可共襟期？揮毫妙得中郎法，倚席長吟老杜詩。澹澹春風湖水詠，蕭蕭夜雨竹枝辭。明朝何處還能賦？驄馬金溝結柳絲。

送劉仲禮游浙

于今南斗聚文星，博士空慚老復丁。杜甫文章驚四海，中郎字畫尚群經。才華酷似泉流峽，書法親傳劍出硎。欲看海門潮始壯，高風鴻鵠舉空青。

送艾友文之静江

桂林賓客舊多才，鼉鼓逢逢夜宴開。鄉里共推文學貴，轅門争識故人來。幕中草檄狼烽息，座上吟詩鴈字回。爲問伏波天柱遠，文章何日刻蒼苔？

送太原郭詵還豫章灌園精舍讀書

每思有道太原碑，復憶南州孺子祠。但得賢人千里聚，奚傷大樹一繩維。生民憔悴依高節，吾道銷沉繫遠思。誰向灌園棲隱地，下帷觀象玩微辭。

送劉元補淮南漕司書吏

江南大郡多凋瘵，三月鷽花海上城。使者自持清節重，書生遠去一舟輕。圖書雲静滄洲鴈，翰墨風生碧海鯨。幕府從來賓客盛，横琴時自寄高情。

送李仲淵雲南廉使

海上瀛洲想玉珂，繡衣今歷幾坡陀？賢人會合何其少？蓋世文章不用多。蘭楫誰迎桃葉渡？蘆笙莫奏竹枝歌。不令駟馬歸金馬，奈爾相如好賦何？

送僧歸俗

孰謂儒冠多誤身？昔年聊作小乘僧。春風花影踈踈月，夜雪松濤澹澹燈。巾帶便須歸賈島，衣盂從此付盧能。男兒今古平生事，未把丹心一寸冰。

題河東李集賢倜詩後

某與昭德别二十有餘年，❶相見清江之上，出故集賢河東李士弘學士重游舊詩，蓋李自守郡至作詩時，已二十餘年。今去李公賦詩時，又幾三十年矣。俯仰感歎，追和附卷末云。

❶「某」，類稿本作「集」。

郡人長説使君行，室有絃歌野有耕。千丈沙隄春雨漲，滿船書畫晚峰晴。重來城郭誰耆舊？遍刻文章自姓名。我亦從游今白髮，每懷冠珮望蓬瀛。

聽劉元彈琴

劉元相訪竹齋，清夜爲予援琴。作《長清》《飛佩》等調。宛然二十餘年前聞諸四明袁公伯長父子，及西巴鄧公善之之子慶長者，不勝淒感。道士張伯雨亦偏善此，相别亦二十年矣。寥寥此音，在天地間何可斷絶？賦詩寫懷，書贈元云耳。

寂寂虚堂月上遲？劉郎爲我鼓冰絲。秋聲在樹誰能賦？夕露沾衣有所思。荷蕢過門良久矣，乘桴浮海欲何之？呼童明發酬佳興，三勺清泉饋石芝。

陳立持所畫山水及酒饌來求詩法詩法無之得與齋中朋友一餉之樂

拙踈生理歎衰翁，食粥何妨甑屢空？驚見殺雞供季路，喜看載酒問楊雄。畫圖乞與千山雪，詩法傳來滿袖風。令子讀書誰得似？高閒甘旨不憂窮。

與趙伯高論詩

莫道幽人有意吟，緣情生變苦推尋。奇雲映日書成字，靈響盤空譜作音。春鳳雝雝天廣大，秋蛩唧唧雨陰沉。性情平澹隨時見，禮樂何曾繫古今？

宿周氏東齋聞饒以和李本夜話賦此

霜月高齋會二賢，夜深清話極幽玄。退藏莫測神明化，通變猶聞典禮傳。五十年華思絶學，二三良友信遺編。選鋒若欲驅殘臘，晴昊梅英孰與先？

觀王繼學參政贈臨川艾庸詩有感

世儒退相淮南使，羨爾華裾早及門。授館終年供白粲，探囊一日試黄昏。漢廷議禮諸生起，魯壁藏書幾簡存？最憶軀蒙雲氣重，舞雩新服試春温。

題陳維新詩卷

才子清華孰與群，古詩秋興浩如雲。海中夜月珊瑚樹，江上春晴錦繡紋。溧水釣魚辛少府，武夷放棹杜徵君。歷觀卷裏襟期士，鳴鳳朝陽與世聞。

題劉伯温行卷并序

監憲伯温劉公，出示館閣諸君子送行詩文兩大卷。其一自中臺出佐浙省時賦，衆仲題其端有以見朝廷選任之專、職事之難者。後一卷則自著廷持節江右之賦也。伯循跋其左，具言述作之暇，道西北形勢、古今之迹、經覽之壯。有重會講明之約、一代文物之懿，備見於斯，何其盛哉？ 某感別欣遇，❶又知監憲公深有得於大《易》「智崇禮卑」之旨。 庸述鄙懷，敬答盛意，不勝惓惓！

西極山河轍迹通，載馳江海視民風。帝王漸被知今遠，秦漢經營歎昔雄。憂國蚤聞生白髮，濟時誰識信丹衷。斯文一縷通微顯，隨地成能造化工。

題黃智仲詩卷繼燮御史黎僉事詩後

彈鋏何妨鬢漸踈，侯鯖偏食武昌魚。故人江漢浮雲盡，歸鶴城樓落木初。御史青春懷舊意，郎官白首寄來書。解囊爲說經行處，歷歷晴川畫不如。

書莊武公遺事後

莊武勳名汗簡青，贊書錫爵自明廷。時傳令德連三世，家有高年過百齡。冑嗣蒞官原問學，封邦獻禮纘儀刑。周詢還奏澄清效，衮職從容焕日星。

自題爲危太朴作

大地微塵海一漚，取之無用棄無由。日高睡覺還聞鳥，雨足歸來但牧牛。冠帶衣裳明日月，陶匏木石老春秋。何人寫此閒中意？ 獨立晴空詠未休。

❶ 「某」，類稿本作「集」。

故　人

故人爲別十餘春，夜夢相逢面目真。世外音書遺鴈羽，壁間圖畫潤龍鱗。可憐白髮寒仍短，待得黃花晚更新。誰有高才如屈宋，九歌江上樂明神。

孟　莊

孟莊同世不同風，縱使相逢亦不同。豈以高明分彼此？總於衰晚共豪雄。奇才別出義、黃上，大業難忘舜、禹功。無位無時千古逝，誦言忠辯愧愚蒙。❶

吴先生壽日

承明三召意勤渠，歸老從容問燕居。几杖雖塵無倦色，經綸不用有成書。春深雨露多沾溉，晝永風雲妙卷舒。華蓋浮丘漢儒行，千年高並翠芙蕖。

寄壽楊友直

恩詔來頒擁節旄，壽尊酬獻晝堂高。郡人傳寫登高賦，野老驚看侍宴袍。契闊舊交多老大，澄清能事屬賢勞。鳳池緩步歸猶早，鄉社耆英接譽髦。

❶「忠」，類稿本作「思」。

寄楊友直❶

山林十載便幽趣，城府連朝謝故人。前席謾言宣室事，小車且看洛陽春。舞停紈扇清樽側，❷醉插花枝白髮新。人爲村頭農務急，不辭鈴閣度江津。

寄陳衆仲

承詔摛文入禁林，一揮四問夜堂深。五人存殁風流散，十載浮沉老病侵。曳履想迂青瑣步，下帷傾聽《白頭吟》。多材政有江西客，衣錦歸時好寄音。

寄陳溪山

坦坦幽貞夏日清，高槐千尺自秋聲。華山雲外觀真逸，洛社春中憶舊英。雅論圖書酬太守，静容簪佩列諸生。丹成有道傳中表，歲把芙蓉奉壽觥。

寄楊臨川

五月新涼似鑑湖，吏民争候使君車。稻田雨足臨流喜，墨沼雲生對客書。疲瘵遠人訢獨得，文章列郡竟誰如？寓耕封内宜修敬，老病衡茅禮節疎。

❶ 此題，類稿本作「留别楊臨川」。
❷ 「側」，類稿本作「密」。

寄蒙古松巖

驛舍相逢已十霜，每懷高節倚雲蒼。星辰劍佩趨黄道，風月圖書侍玉皇。萬壑秋聲回浩蕩，九霄春夢入微茫。垂絲到地苓如玉，擬斸青冥頌久長。

寄費無隱

清朝自寫玉宸文，冠戴芙蓉著錦裙。碧落開圖垂五采，素雲引練事三熏。群真定録渾相識，上帝臨觀密自聞。書畢緑陰方數畝，長疑窗户宿春雲。

寄趙中山

清鐘徹曉轆轤乾，十載霜蟾獨自看。護法老龍思浄梵，化人孤鶴報平安。相逢歲晚頭俱雪，想見春陽氣若蘭。欲辦芒鞋求覿面，晴虚雙景共清寒。

用聶御史韻贈忻都兼寄張伯雨

尋得山泉可枕流，搴茆爲舍就中洲。故人春月多新夢，游子秋風足暮愁。楊許有書留玉洞，松喬無跡到瓊樓。亦知李白因貪酒，頭白無緣事遠遊。

次韻陳溪山

積雪柴門晝不開，行庭無跡太寥哉！深根一息先天氣，平地橫陳幾劫灰？潮候夜中隨月滿，斗杓天際挽春來。溪翁定有扁舟興，晴昊繁花問遠梅。

茆簷向曉喜雲開，積雪如雲安在哉？春澤堅冰成解液，明窗旭日動飛灰。山陰忽有移文至，松下那容喝道來。小大往來元有數，莫占消息向枯梅。

次韻陳溪山紅梅

冰雪肌膚染絳雲，歲寒林下對吟身。先天氣至渾如醉，初日光融轉更新。白髮無能酬造化，金丹有道駐長春。少年莫笑詩成處，傾倒相歡忘主賓。

春曉紅生島嶼雲，此中儘著兩閑身。不愁花笑髮鬚白，謾詑人傳句法新。曲水徘徊天上日，深杯斟酌自家春。繁英未落須頻到，翠實金盤尚及賓。

雪後孤根發暖雲，栽培本自一人身。紫薇遺意成千古，絳萼深期又一新。忠厚敢忘嘉樹賦，沖和思廣此枝春。若爲穉子猶堪教，三祝三加望大賓。

來章末句，有屬幼兒之意。先生屢言先君手植紫薇于堂前，賦詩屬望小子，時人不之許也。頫仰五十年，委身田野，莫稱先志，集感歎成賦。

次韻答楊臨川

歸興秋光晝寢高，使君詩瘦怯宮袍。

東湖微雨生顔色，西日浮雲見羽毛。橘柚園林誰共弈？蒹葭洲渚或容舠。誰家此日尊無酒？兩鶴翩翩過九皋。

舟次臨川用趙壎韻

文公經濟入精思，陸子高明自得師。投老幸依賢者國，興懷況在歲寒時。爲邦孰與從先進，擇善誰將覺後知。十載郡樓遺訣語，扁舟江上感君詩。

山行次韻❶

從來年老喜逢春，宇宙中間自在身。鬢髮還如柱下史，胸懷仍似洛中人。春雷起處耕雲外，曉雨晴時釣水濱。況復歸歟清晝永，坐聽童子詠雎麟。

次韻曹子貞

宦學三年不自歸，從人饑食復寒衣。蒼麟一出《春秋》畢，黄鶴重來城郭非。静對風雲觀變態，閑因來往玩神機。乾坤自是無今古，不用窗間惜寸暉。

舟泊安和阮宅次黄志高韻❷

十月東歸下石瀧，❸群公促膝共輕艭。蕭雲故宅多喬木，阮籍清樽對暮江。方駕肯來良馬五，尺書先寄鯉魚雙。欲求深隱

❶「山」上，類稿本有「春日」二字。
❷此題，類稿本作《飲阮謙仲宅次同行諸友韻》。
❸「十月東歸」，類稿本作「六月歸來」。

何山曲？雪竹霜筠共一窗。

舟宿湖口❶

汀沙如雪水無聲，舟倚蒹葭鴈不驚。霜氣隔篷纔數尺，斗杓插地已三更。拋書枕畔憐兒子，看劍鐙前慨友生。尚有乘桴無限意，催人摇櫓轉江城。

長年人海混潮聲，水宿荒涼却夜驚。月照空巢烏繞樹，風吹短草鴈知更。要觀此地秋濤壯，更待明年春水生。不比蜃樓多變見，綵雲初日擁層城。

次韻劉桂隱

懷哉歲暮扣重關，置我高堂俎豆間。遠道無窮緣已老，凡情不斷若爲閒。徐行歷歷皆平地，滿目青青是好山。莫怪丘園待春雨，扁舟先愧逐雲還。

謝廬陵兩劉君

扁舟已作渡江雲，回首高年憶兩君。坐客頗知韋刺史，詩人猶拜杜參軍。總看玉樹當春晝，長對青藜過夜分。他日聚星如可畫，慇懃垂白更論文。

次韻孟天曅典簿佐奉使行江西所賦

帝念蒼生不鄙夷，任賢清問載旌馳。山川舊履車書會，草木新春雨露私。十道悠悠分楚粵，四門穆穆出宣慈。舉頭見日

❶「口」下，四庫本有「二首」二字。

天光近，老去無憂託啓期。

山木閣一首送人之京❶

山木閣東初日生，梅花照溪人欲行。玉杯在手山影入，瓊精載道霜氣横。故人天上今白髮，賤子山中常倦耕。憑君問訊金闕下，群賢朝迴春日明。

送撫州推官于夢臣改除吴興别駕

撫州那得似湖州，千頃鷗波可放舟。别駕老便公館静，高門長憶故園幽。緑陰青子人家曉，古木踈篁水墨秋。幾欲暫爲江海客，百年耆舊記風流。

送陳繹思歸會稽讀書

右軍高致絶清真，況復東床玉樹春。上馬詩成誰共語？讀書鐙迴互爲賓。落花飛絮縈歸思，流水游龍接暮塵。無限當時觴詠意，尚疑身是會稽人。

送秘書也速答兒大監載書歸成都

連舸載書三十萬，雪銷春水上成都。列仙歌舞成煙霧，世將旌旗屬畫圖。定有洪儒堪設醴，豈無佳客共投壺？子雲白首歸無日，獨抱遺編隔五湖。

❶「京」下，類稿本有「師」字。

送普從昇驛史調廣東

秋露垂珠枸杞叢，海天火齊荔枝紅。飛行萬里看驄馬，指顧千夫赤羽鴻。虎帳夜傳文字密，蛟人春貢語言通。一門諸父吾親舊，待爾歸朝捷奏同。

送成彥舉奏差還湖南

莫憶并州是故鄉，江城十載簡飛霜。賓鴻不及馳車遠，語燕還迎舞袖長。下瀨未休連舸艑，觀風頻上奏書囊。雲開南嶽多來往，應有高情聽《九章》。

送人回湘用魯子翬僉院韻

東門有客上歸船，舍弟過從歎昔年。清宴翠帷明諫草，高譚羽扇動江蓮。湖南賓客今誰在？湘外蘭蓀自可仙。珍重太常臨別語，毋忘餐菊飲寒泉。

寄監郡敬齋

華蓋天風八月高，使君於此重遊遨。停雲每約松間鶴，載月同登海上鼇。人愛桐鄉留繾綣，道傳栢府薦賢勞。柴車已是輪生角，那得黃花共濁醪。

仲秋二十一日雨後聞桂香柬竹齋諸友

曉來滿國桂枝香，明歲秋闈第一場。明月當樓天廣大，疾雷破樹雨琳琅。❶鬼神幽遠驚雄辨，草木欣榮被耿光。於《易》已占觀六四，真儒不數漢文章。

訪羅元德隱居

春溪回曲抱郊墟，新見幽人水竹居。車馬不知行樂地，漁樵常近讀書餘。一川風月閒來往，終日雲雷妙卷舒。❷獨究塵編誰得似？同游爲記暮春初。

憲副孛顔帖木兒行部過訪❸

六月驅馳使者車，城南詢問野人居。韋編猶記成均舊，玉斝親分尚醞餘。師友道存風義重，山林歲久禮文踈。但期荒隴霑霖雨，課子躬耕理故書。

與易小雅

雨過横塘早擊鮮，西鄰宴罷到東園。醉吟明月花枝好，坐對涼風桂樹繁。玉雪汎甌留夕語，銀絲分椀約晨餐。壽朋總憶

❶「琳琅」，類稿本、四庫本作「淋浪」。
❷「日」，類稿本作「夕」。
❸「兒」下，類稿本有「甫」字。

城南老，每採芝苓過遠村。

憲府集後書與紀長之

歲暮賓筵坐席深，衰顔何足重爲欽？❶佇想有嚴佐史加籩豆，於粲升歌備瑟琴。虛煩求舊隱，聞風實啓好賢心。誠乎德合生民慶，往昔誰容只在今？

與陳維新

新公家在觀橋濱，茅屋蕭然不染塵。通夕跏趺光炯炯，經時神屋火匀匀。一杯秋水留仙客，半嶺春雲共野人。借問如何參絕學，破除妄想不求真。

答劉無作

南園隱者劉無作，古木陰中户不開。惡客任攜袍緼去，化人又送飯盂來。吟詩窗下猿供筆，振錫林間虎卧苔。二十七人尊宿字，夜深相對語如雷。

答毛南楚惠書

華峰迎對浮丘伯，故憶毛公共說詩。良夜挂巾松上露，微風揮麈竹邊池。近來有夢如春雪，重到何人識鬢絲？此去相望三百里，時因歸鴈問幽期。

❶「顔」，類稿本作「頽」。

答陳明復

城頭雲重鴈飛過，憶得江南夜雨多。茶樹嶺前雷破石，稻秧田裏水盈科。何時短棹鱸蓴菜，盡日長松蔦女蘿。賴有仙翁知此意，不同樵唱即漁歌。

保同監邑送桑本

樹桑親教縣庭隅，分我深根四十株。老客遂居連野緑，使君重到兩輪朱。寒窗機杼依鄰曲，春服兒童出舞雩。頗有薄田衣食計，暮年歸夢在成都。

陳幼德送竹本

竹似陳家好弟兄，清陰秀色滿林生。八龍夭矯同瑶席，雙鳳參差和玉笙。土潤已如含雨氣，夜深便可聽秋聲。他年爲作青青簡，待爾明光獻賦成。

謝董子道參政

再世門牆五十霜，扁舟風雨渡滄浪。少陵生理憑黄閣，孺子高亭歎豫章。文學舊游成寂寞，廟廷新刻更琳琅。惟應垂白江湖表，北望風雲古栢蒼。

謝馬昂夫總管

歲晏相看雨雪深，一尊春酒故人心。天上曾陪鵷鷺俱塵迹，晚托漁樵得共吟。畫圖三友鳳毛還禁直，人間鶴髮更登臨。題名字，漢隸還須老華陰。

謝陳溪山慶生朝

自笑青年説學仙，衰容那復更芳妍。有樂詩書塞坐忘謀食，風雨長齋過禁煙。高情惟是從教兒輩覺，無言可與世人傳。希夷叟，長住蒼松白鶴邊。

謝劉伯温

世外高情與道謀，欲令斷木出寒溝。生晚終身不敢窺韓子，病目誰能念左丘。未忘垂見聞慚禮樂，業荒文學感《春秋》。白從耕稼，鳴鳥高梧詠不休。

謝胡士則

舊學都忘耄日侵，故人千里忽相尋。五色坐依敗壁看蝌蚪，手撥殘編墮白蟫。群賢列坐蓬萊前日夢，一窗風雨百年心。書連屋，至樂無餘衹在今。

謝魯元起監縣

雨足時和縣事稀，彈琴學道一練衣。塵編得意常終卷，匡坐思憂只掩扉。壽母平安充一喜，古人高遠類多違。文章於世真何補？每過城南晚詠歸。

謝楊士弘爲録居山詩稿❶

少日辭章浪得名，歸歟樸學補餘生。揚雄執戟能清静，庾信淩雲愧老成。游目山川誰妙識？興懷河洛獨高情。殘編久棄知無用，爲録幽泉絶澗聲。

畫戟高門對碧岑，公孫才思在登臨。少陵不盡山林詠，❷季子偏知雅頌音。貞觀詩人同制作，太平樂府入沉吟。明年何處聽鳴鳳，春晝梧桐滿院陰。

酬吴彤暨諸友編文

知愧空言惜已衰，煌煌三秀感靈芝。山前雨過那堪記，水面風來祗自怡。遠使徵書傳盛意，良朋定録副深期。塵編盡淨遺虚几，何補斯文與世知？

贈義上人赴京

蕭灑澄江對寺門，講餘江上看朝暾。白龍起聽經函秘，紫鳳來朝佛像尊。召見天神扶履舄，還歸帝釋賜幢旛。故人十載

❶「稿」下，四庫本有「二首」二字。
❷「詠」，四庫本作「吟」。

靈芝秀，春雨山堂誰共論？

贈張元朴

黄茅岡迥少人行，目送飛鴻又晚晴。麈尾每懷張伯雨，鶯群今屬薛玄卿。天風浩蕩高眠起，夜雪空明老翮輕。黄石祠前好孫子，莫教塵世苦知名。

贈婁行所❶

三歲京華憶母歸，一丘岑蔚感春暉。瀧岡墓表非無待，溧水哀吟恐自違。疏食一箪嗟遠道，送車千兩念征衣。中間名勝多知己，屬筆何由到草扉？

江上飛花已暮春，朝中憶爾渡江人。共看傳燭分新火，更與臨流祓舊塵。使者獻書歸館閣，尚書薦士到絲綸。斗牛儘有光芒在，緩步行聞接鳳麟。

贈道士

神寶誰開自洞微？紫煙爲户玉爲扉。春容澹薄胎仙舞，夜景虚明脉望飛。繞指風雷龍睡醒，滿囊雲錦虎馱歸。猶嫌長物煩聞見，更上高臺一振衣。

贈彭致中遊廬山

手持數節羅浮竹，直到棲賢三峽橋，錦繡煙雲隨鳳起，珠璣淙瀑作龍跳。陶潛菊徑須頻往，李白松巢亦易招。我與山人俱

❶「所」下，四庫本有「二首」二字。

有約，秋風更待海門潮。

贈高文舉

志士猶思及物功，尚施仁術簡書中。江湖隨地宜秋色，❶桃李成蹊任化工。執轡幾時觀逸驥？揮弦聊復送飛鴻。塵編舊業應無厭，八月明河九萬風。

贈道士鄒雲山

一片春雲萬仞山，六鰲戴向海波間。金銀樓觀蒼龍戲，日月旌旗白鶴閒。換骨有丹宜早服，虛心如水及秋還。九重元與蓬萊近，看爾仙衣簉玉班。

舟中書贈吴彤

輕煙冉冉日曈曈，好友相從一舸同。白雪夜吟蘇武慢，清波晨動楚王雄。天寒洲渚多嘉樹，道遠江湖有暮鴻。不是新知相啓發，歸歟恐負菊花叢。

贈徐元度有序

昔時三公丞相掾，有賓客之道焉。參決論議，皆國事也。接之有禮，行之有道，是以君子信之也。國初爲丞相掾，持文書，論事可否，職事有不得不然者。其後三公官備，掾屬甚清簡，時

❶「江湖」，類稿本作「湖江」。

人尤貴之。然而禮貌輕重之間，存乎其人矣。毗陵徐君元度，方弱冠時學於吴中鄭明德氏。文藝穎出，識者有望焉。某於豫章見之，則從事師垣出掾浙省，而至於斯也，蓋二十有四年矣。雍容有文，進退以度。識大體，不汩於流俗。慎言敏行，名實孚於上下。鴻漸之羽，翺翔於天，亦維其時也哉！至正乙酉正月上吉，將爲外宰相報政於中。若夫方物之獻，貢賦之數，有司之常事也，在元度優爲之矣。明良在上，顧惠遠人，外將有問焉。群賢方以文學治道佐明時，當有知元度而進之者，賦詩以送之。

起家辟掾三公府，拄笏西山度歲年。故舊總懷天下士，風流更重幕中賢。香煙滿袖遊絲夢，春水如天上計船。三月看花鵷鷺裏，題詩還向遠人傳。

贈敬上人

二十遊方四十歸，人民城郭總依依。雲生谷口爲雷去，花滿林間作雨飛。密室爛泥成寶器，諸天劫石拂銖衣。扁舟穩泛番陽水，更問雲門莫莫機。

贈鄒生

君唱銅鞮道更優，我歌錦瑟送長游。景純廁上灰飛劫，一行門前水逆流。曾把仙翁血醫鶴，要知衙將面如猴。譚天譚到八十一，好問九州州外州。

遣　興

千梳白髮度清齋，有客柴門始一開。書爲目昏空對簡，酒因囊澁久停盃。北窗風雨長孤坐，南海音書遂不來。壠上輟耕童穉輩，强來問學慰衰頹。

爲熊曼初賦静觀

睡覺東窗鼻息微，水流不競落花稀。風旛底用生分别，塵鏡何情辨是非。春去蝶隨游子夢，秋深螢入定僧衣。可能袖手高閒者，看到行雲作雨歸。

滕王閣

高閣城頭户牖開，江中照見碧崔嵬。文章誰在三王後？雲氣長從五老來。晝角數聲南斗落，白鹽萬斛北風迴。洲前先有蛟龍窟，唯待詩成急雨催。

玉華山

何處清江擁玉華，手題名榜寄仙家。光凝石殿千年雪，影動銀河八月槎。藏藥寶函騰玉氣，説詩瑶席散天葩。奎章閣吏無能賦，得似新宫蔡少霞。

天峰道院

衆峰羅列總名山，更出岧嶤紫翠間。上直文星天一柱，中含道氣玉重環。臨池水月清秋老，繞閣煙霞白日閒。溪上墨香傳遠客，令人思與鶴飛還。

次韻寄題象外道院

至人還作采真遊，海上何妨更九州。雲氣低回依寶劍，月華臨照是瓊樓。舊家孤竹清風在，今代三茅碧澗流。凝望蕭臺環日月，不知何處問丹丘？

寄題三益亭録呈仲義參謀

公府蒼松六百尋，古梅修竹共亭陰。歲寒先覺冰霜重，春永還知雨露深。每得瓊瑰三益友，同堅金石一生心。坐令方丈凝香地，千里嘉名起自今。

題梅仙峰與彭致中

群仙山上共神宫，漢尉藏丹别有峰。日下旂旛來碧落，雨餘鐘磬出深松。蓬萊秋近雲常接，芝草春生手自封。山木閣前閒拄杖，解尋樵逕遠相從。

題新喻吴氏浩然堂

古木澄波月色新，高亭携手兩幽人。畫圖樽俎猶清夜，屋壁金絲幾暮春？白髮諸孫隨草逕，❶寒泉一掬薦溪蘋。神交何必曾親到？莫望高車一幅巾。

浙西憲郎武子宣監試秋闈

試官往往得鴻儒，可以觀瀾在此書。憲府優游從事後，貢闈閒暇校文餘。虹光西起遊湖舫，雲氣東隨問俗車。古者八元宣在五，復明還見謁宸居。

魯國趙公世延哀詩❷

西北聲名世節旄，簪紳特起擅時髦。百年憂患神明相，世務頻煩志慮勞。春雨歸舟江水定，秋天一作風。遺劍雪山高。東瞻松柏分茅重，盛德終聞有顯褒。

早歲江東接令儀，中朝晚得近論思。永懷王母傳經訓，直保孤忠結主知。經濟尚多遺策在，勤勞空復大名垂。每翻翰墨神交遠，惆悵西州鼓角一作吹。悲。

❶「草逕」，類稿本作「徑草」。
❷「詩」，類稿本作「詞二首」三字。

故贈奉議大夫太常儀禮院判官廬陵范公哀輓

名家積行子傳經，夜接風雲對大廷。一日文章驚海内，九重恩錫賁郊坰。奉常天上新題字，處士江南舊列星。何事瀧岡遲有待，翰林翠琰倚香亭。

題楊友直步鶴圖

群仙玉殿早朝迴，獨向空山步紫苔。雪色羽毛千仞下，天門風露九重開。碧梧空老人間實，瑶草元非世上材。真侶相求寥廓去，徐行更待鳳凰來。

春雲亭❶

石上春雲向晚生，隨風映日在簷楹。莓苔翡翠千年潤，芝草琅玕五色明。鶴爲迎仙香冉冉，鹿能留客露盈盈。深紅重碧長千斛，細詠清歌奉泰平。

題鄱陽胡仙伯活死人窩

大海何曾著死人，縱饒得活也逡巡。中黄土底埋焦穀，太白星前掃幻塵。銀漢槎頭成恍惚，布帆船子弄精神。太平歌裏無生滅，惟有胡笳拍拍真。

❶「亭」下，類稿本有「詩」字。

寄題鄱陽李氏適軒

豫章出地已千尋，仙李盤根接翠陰。曲水橋分雲錦麗，老人星見華堂深。衣垂五綵看春舞，劍化雙龍聽夜吟。借問高軒何所適？一門眉壽里人欽。

酬書巢送雉尾拂

一帚千金輯雉翬，巢公乞與掃塵扉。疑膏不食慚金鼎，畫采爲章憶褧衣。宫扇每開春日麗，城旌常拂曙星微。諸緣隨起隨除却，祗有無臺月鏡輝。

會宗海藏主來江西一日山雨稍涼同溥安枯石見過復有還浙之興書偈爲别并柬一關大士同發一笑

試問師歸何處尋？稽留峰下白雲深。貝葉長松正並樓臺秀，流水長交鐘磬音。貝葉幾行西域字，寶珠一片祖師心。天香桂子人間滿，擬約高秋一醉吟。

送文學隱上人

西江春漲欲浮天，擬覓何方一味禪？鉢分渡海晨鐘雲外寺，乘潮晚飯越中船。鉢分龍腦天香近，茶汎玻瓈雪乳鮮。文采已彰那可隱，芙蓉出水正華年。

送劍江復見心上人游徑山

臺山驀直勿岐差，雙徑峰前路不賒。若有劍光衝北斗，更愁帆影落誰家？曲江水暖花千樹，古道秋高月一槎。記取題詩相送處，鷺絲和雪立蘆花。

重贈復見心游浙兼簡張貞居

春雨西江漲百川，袈裟又上浙東船。行尋龍卧雲生徑，坐聽猨吟月浸泉。客裏有詩煩爲寄，山中何法可相傳。故人或者詢張拙，鼻涕垂頤雪兩肩。

賦文子方家篔簹亭竹影❶

數箇篔簹一小亭，南窗承日印寒青。水精簾裏珊瑚樹，雲母屏間翡翠翎。却愛微風動蕭瑟，翻疑薄暮倚娉婷。憑君縱有鵞溪絹，莫與空花結定形。

憶昔竹枝皆楚歌，何曾舞影見婆娑？玉山雲氣了然是，湘浦雨痕空復多。環珮因風猶錯落，旌旗拂日轉委蛇。白駒皎皎誰能縶？❷霧閣雲窗奈老何？❸

❶「影」下，四庫本有「二首」二字。此二首詩，原脱，據續稿本補。

❷「縶」，四庫本作「繫」。

❸「雲」，四庫本作「芸」。

梅庭詩爲李重山賦

高人獨愛寒梅樹，相對庭中作主人。盤谷泉甘來素履，長安日近接朱輪。❶瓊瑶比德懷新好，鐵石爲心憶老臣。傳得朝紳詩總好，揚州何遜久逡巡。

送戈伯敬東訪伯循御史就遊京師

扁舟重訪瓊花館，使者還䍐豸角冠。定有薦書天上去，豈無懷綬邸中看？宫牆隔樹聞鷺囀，朝路聽鷄上馬鞍。頻寄好音傳父老，鄉人總解望長安。

與侯頤軒

道士侯頤軒，其先本蜀人。父□，從我大父尚書府君來吴中，宋亡弗歸。頤軒乃學道于洞庭之仙壇觀。集來省墓，嘗抱先叔祖岳陽使君遺書與閒白雲來見。集不勝感歎，故贈之以詩。

洞庭高士成都客，曾是相從大父時。每抱遺書嗟往事，復貽妙句樂新知。鴛鸞影裏心元静，鷗鷺盟邊願不疑，但得閒身各安健，白頭歸共橘中碁。

❶「朱輪」，類稿本作「華纓」。

題商德符蜀山圖

每愛商公寫蜀山，蒼崕直下竹林間。錦城雨後江沙白，劍閣霜餘木葉殷。何處揚雄池盡墨？誰家杜甫月臨關？釣鼇海上天空闊，待得仙槎一往還。

道園遺稿卷之三

道園遺稿卷之四

雍虞集伯生

絶句五言

漁樵耕牧四詠

漁子正垂綸，煙江曉色新。舉頭看疊嶂，那識武陵人。

我本青城樵，偶然嬰世網。谷口夕陽收，高歌與長往。

淋漓春雨足，緑野趁歸耕。尚有泥塗者，山深獨自行。

寒林有歸牧，隱約牽黄犢。一笛晚風清，吹成太平曲。

題子昂五馬圖

虎革裹干戈，華陽春草多。天閑五龍子，隨意浴晴波。

趙大年小景❶

野老江頭住，重重落木坡。驚鴻隨雪起，獵騎晚相過。

江上稻粱熟，滿川鴻鴈來。飛鳴各自適，落日在高臺。

❶「景」下，四庫本有「二首」二字。

題黃西籠扇

石上松千尺，橋西水一灣。杖藜從此去，隨意看青山。

題柯敬仲雜畫

玉立一長身，風前倚翠顰。茂陵頭儘白，賴有李夫人。

舞影彎彎月，歌聲剪剪雲。恐隨風力去，留取翠綃裙。

江波傳雨意，山石長雲根。琴瑟分清潤，階庭列子孫。

冰解滹沱動，雲分碣石開。漁竿秋臮臮，還見渭翁來。

不見丹丘久，驚看翰墨香。永懷書閣舊，春日繡簾長。

子昂桃花馬

一匹桃花馬，飛來不動塵。銀鞍鞴教好，賜與虢夫人。

題馬學士詩後

雨露春無際，風沙盡日寒。多憂能賦客，空老采詩官。

京師秋夜

風竹撼秋聲，天寒夢不成。如何今夜月，偏照客窗明。

題雜畫二十八首

黄蜀葵

花萼立清晨，鵞黄向日新。金盃盛玉露，❶偏醉蜀鄉人。

白芍藥

金鼎和芳柔，灤京已麥秋。當堦千本玉，看不到揚州。

海棠

睡起多情思，依稀見太真。一枝紅露濕，似憶故宫春。

山茶

萬木老空山，花開緑葉間。渥丹深雪裏，不作少年顔。

芙蓉

丹霞覆苑州，公子夜來游。終宴風露冷，折花登綵舟。

荷花

澤國三千女，西風擁翠寒。誰能却高

❶「盛」，類稿本作「承」。

蓋？正面與君看。

著色竹

高節琅玕直，長梢翡翠低。東風數根笋，早晚與人齊。

著色蘭

采秀此山間，風來翠被寒。三清降瑞露，盛以紫瑛盤。

墨蘭

霜風委蔓刺，獨秀騷人國。世多色自媚，吾玄尚吾德。

玉韞不自獻，清高伴幽人。芳榮此時來，中有無邊春。

子猷訪戴

半夜輕舟發，清興豈在雪？不見主人翁，來往謾騷屑。

曹溪昔有客，無來去何速？祇緣相見後，乃爲留一宿。

蘇李泣別

落葉滿長安，秋風漢節還。裁詩寄歸鴈，三月到天山。

西子遊湖

步屧微風動，停橈落日低。夜深歌白

苧，咫尺越來溪。

蕭史鳳臺

明月在高臺，雙吹紫鳳來。天高風露冷，銀燭畫屏開。

襄王夢

夢尋巫峽雨，雲入楚王宫。何以永今夕，倏然隨曉風。

梅梢月

斜月在闌干，踈花共歲寒。同來携白鶴，不似玉堂看。

幽禽

老石爲誰媚？幽花兩清麗。春深不見人，聊爲五禽戲。

雪茶雙雀

玉茗深宫裏，春妍帶雪殘。可憐五色羽，相並不知寒。

荷葉雪姑

雪羽兩飛鳴，輕輕不自驚。荷盤滿載露，更立不成傾。

梨花靛䳄

剪水作梨花，東風日未斜。不凴青羽使，那望五雲車。

荔支山鼠

紅塵八千里，始得薦金盤。汝黠獨無畏，輕紅啄曉酸。

並鵲

雙玉報朝晴，花梢墜露清。永懷書閣舊，春日綉簾明。

天鵞

校獵上林苑，回身太液池。白雲去不返，雪影下荒陂。

鴈

戢羽横煙暮，遺音折葦秋。衡陽千頃水，汾曲一荒丘。

鷺

夜雪軍聲急，春池筆陣高。波清翻茜掌，沙浄卧霜毫。

鴨

亂啑疑將鬥，能言故不烹。秋江寒並影，春水緑同生。

煙浦釣舟

依約米家船，踈林泊暮煙。新詩吟未了，槎上釣江鯿。

荷鍤圖

天地一醉鄉，今古有誰醒？拚死劉伯倫，令人發深省。

蘭蕙圖

衆芳非不多，金石好兄弟。雜佩以問之，春風接襟袂。

題何玉泉錢塘詩卷後何精地理術

青山到海盡，神氣欲天浮。寂寞春陵叟，蒼梧雲正愁。

地寶不敢愛，人工毁天完。開闢大呼噏，生氣方盤桓。

楊友直湖亭

東湖亭子上，太守醉時歌。爲問花千樹，何如洛下多？

六　言

題江山煙雨圖

千村春水方生，萬里歸帆如羽。不知誰在層樓？卧看江南煙雨。

黼黻文章如此，慘澹經營者誰？希微那可致詰，色空不加了知。

柯博士竹樹古石

江潭木葉盡落，巫峽竹枝更長。剪取微風踈雨，橫吹殘月清霜。

石帶苔而蒼翠，竹垂雨以珠璣。藉玉五紋之組，析旌六羽之翬。

趙承旨蘭石僧日觀蒲萄

天人漱湅芳潤，野老沉吟屈蟠。南國煙生玉暖，西涼酒熟霜寒。

趙承旨畫松

灑霏煙之餘馨，見蒼龍之一體。森紫髯之如戟，激清風而直指。

題聶空山扇

客來山雨鳴澗，客去山翁醉眠。花外春雲藹藹，竹邊秋月娟娟。

道園遺稿卷之四

道園遺稿卷之五

絶句七言

雍虞集伯生

次韻竹枝歌答袁伯長❶

伯長歌竹枝，以促歸棹。且言僕故鄉與竹枝古調相近，約同賦以發它日千里命駕之意。因用其韻。

江水江花無盡期，安得同舟及此時？
燕山春鴈更北去，南人休唱鷓鴣詞。

竹枝歌奉陪諸公送舊而歸暮聞短歌江上其竹枝之遺響乎因成四章

江上婆婆作《大招》，❷行人見者爲魂銷。
使君若愛桐江住，莫道上江無暮潮。❸

銅雀臺中朝暮思，褰帷作伎望君來。
江頭只是須臾別，何處多情更有詩？

憶奉君歡伎未成，不承恩澤儘留情。
凝思却恐傷明德，不敢人前哭失聲。

使君魂魄已飄風，那復恩情更及儂。
自是人心難冷暖，不辭江水濺衣紅。

❶「長」下，四庫本有「并序」二字。
❷「婆婆」，四庫本作「娑娑」。
❸「上」、「暮」，四庫本作「長」、「夢」。

題秋日蜀棠

野棠青子來青鳥，霜日清妍欲近人。
忽見嫣然紅數萼，故鄉情思不勝春。

摘芙蓉

明月丹霞是鏡湖，緑茵隱約錦模糊。
西風滿地吴王醉，卧看樓前教戰圖。

見叔父南山翁

先君萬死抱遺書，付在諸孤手澤餘。
老眼欲枯那忍讀，春霜秋雨一菴居。
奉承家祭若持危，敢謂沖和在此枝。
館授淒涼勿惆悵，百年門户豈吾私？

眉菴自賦

家近眉山六十里，晴空長見掃脩眉。
老去思鄉歸未得，故題菴子表新詩。
幾見雙眉采石亭，如今頭白眼猶青。
昔人一去不復返，聊寫山川作畫屏。

横塘寺留題

扁舟風雨暮投僧，簑笠敲門七尺藤。
知我自來無所住，一龕留共佛前燈。

洞庭湖

楚澤吴山千里遠，丹崖碧樹九秋高。
何由身似雲間鵠？橫絶江湖一羽毛。

晚過金山

雲連山樹樹連村，數筆元輝水墨痕。吟苦不知身入畫，更添白鳥破煙昏。

趙承旨躑躅畫眉

山鳥春深不自由，曉聲併作杜鵑愁。東風絳筆都題遍，不到離鸞桂影秋。

宣和馬圖❶

凝神殿裏晏朝回，閒繫青驄照紫苔。一日長安春事老，可能無意看花來。

王朋梅東涼亭圖延祐中奉勑所作草也

灤水東流紫霧開，千門萬户起崔嵬。坡陀草色如波浪，長是鑾輿六月來。

方壺臨董元山水

雨餘千澗共潺湲，老樹横橋任往還。盡日春雲生不斷，道人共對董元山。

息齋竹❷

西清閣老薊丘翁，愛寫疎篁弄晚風。

❶ 此題，類稿本作「題宣和御馬」。
❷ 「竹」下，四庫本有「二首」二字。

玉殿不扃秋夜冷，好看棲鳳月明中。

書帷畫捲下西清，奇石幽篁步晚晴。
誰憶他年風雨外？渭川蒼玉一絲輕。

寄張伯雨

湖中春水白鷺群，長齋默朝三素君。
楊許寫經屋滿雪，人間長史冠如雲。

寄薛玄卿

碧落曾看沈侍郎，❶旋簪冠玉謁虛皇。
風流外史渾相似，澹月踈星上建章。

寄訢笑隱

無限江東日暮雲，天宮説法夢中聞。
散花得見文殊相，雪蘂玻瓈手自分。

寄恩斷江

娑羅雙樹曉森森，曾對袈裟坐緑陰。
十載雲門那得見，若耶溪水向春深。

寄王本齋

揚州何處好吹簫？海闊天空碧樹遥。
故遣湘江孤鳳去，長吟休負月明宵。

寄斡克莊僉憲

爲懷同館西河客，不寄駝囊枸杞紅。

❶「看」，四庫本作「有」。

豈想往來江海上？虚憑歸鴈問秋風。

松花拂衣清露深，長嘯他峰起巢鶴。

松風滿天山月高，躡雲一似駕海濤。

不知身是浮丘伯，細哦四言吹鳳匏。

虹玉通天閲夜章，不留榻上付仙郎。

一時誰解騎雲者，乞與龍瓢灑下方。

答幹克莊惠白氈

白氈裁成鶴氅衣，大茅山下向秋歸。

故人淮海應東望，雪影翩翩入翠微。

書蘇公帖後

蘇木空聞蜀賈舟，禨材還復望袁州。

晝叉猶是黄岡竹，細和陶詩飽即休。

坡翁謫黄州時，月用四千五百錢，日用不過百五十，而猶有餘以待賓客，蓋歲計六十千耳。今謫惠，計歲用須二百千，蓋三倍矣。日食萬錢者何人

别燮玄圃

郭西山路有寒梅，想見登臨首重回。❶

夜聽雨聲知水長，滿船明月幾時開？

恭華道院納涼❷

陳郎大扇大於箕，欲使清風四海知。

應是蓮花峰側畔，捫天仙掌舊携持。

手持道書入山館，長林無人月落半。

❶「登臨」，類稿本作「臨行」。

❷「涼」下，四庫本有「四首」二字。

哉？士君子不以窮乏累其心，而區晝亦盡人事，皆中理之所爲也。夫子在陳、蔡，以子路之賢，不能無愠見。然處約之道，君子小人之分見焉，微子路無以發聖言矣。觀蘇公此帖，思當時之爲此厲階者，爲之三歎云。

書先參政與黄浮山賦紫薇再花遺墨後

春服初成念子孫，紫薇堂上列芳樽。當時高興無人會，兄弟通家尚未存。

書晚宋諸名公題墮淚碑詩後

峴首亭高故國詩，飛一作卧。龍無復更驅馳。諸公盡向江南老，遺恨長慚墮淚碑。

題宋淵聖宸翰

倉皇内禪計全疎，貞幹其如積蠹餘。不敢身先君父死，數封慈殿問安書。

跋劉光遠湘川行稿後

白露横江木葉秋，故人相國況同舟。賡歌自是當時體，不與漁人共暮愁。

書子昂延祐間墨蹟後❶

奏伎宫中感遇深，一時千載託微吟。主家歌舞今誰在？爲疊春衣淚不禁。

❶「後」下，四庫本有「三首」二字。

細柳飛花拂曉風，步隨輕輦過橋東。
道傍石馬迷芳草，百囀流鶯入夢中。
曾學知章乞鑑湖，恩深無分得蓴鱸。
扁舟一棹頭如雪，芳草連天路欲無。

吴興公所書出師表

心許驅馳奉至難，書成揮涕試師干。
卧龍菴裏閒風月，惟有幽人字字看。

訪溉之不遇書壁

城南不逢李太白，壁間獨見蔡尋真。
方池古石浄如玉，野鶴隔窗長似人。

丁卯禮部考試次韻

先朝親擢總真儒，列坐春官席不虚。
白首子雲天禄閣，校文寧媿食無魚。
禁城鐘鐸已隆隆，把卷猶看燭影同。
願得真材充國用，庶聞質行化澆風。
憶昔坡頭接錦袍，深堂披卷効微勞。
三年重得同清夜，宫燭風簾見月高。
袍鵠鏘鏘赴曉闈，分盧陳藝别東西。
憑教紅杏休開徹，早晚開關蹋雪泥。

固陵寒雀圖

蕭條微命出蓬蒿，飛躍無踰四仞高。
阿閣鳳凰那類此，畫渠能使聖躬勞。

聞子規

花落故園聞子規，春眠未起畫簾低。常年五月居庸道，愁共行人聽亂啼。

自述

每懷衡岳讀殘書，似憶青城舊隱居。萬一天恩憐賀監，勑令何處結茅廬？

東家四時詞❶

臨流洗硯見長身，白苧寬衣短葛巾。紈扇自題新得句，水亭分送倚欄人。

摩挲舊賜碾龍團，紫磨無聲玉井寒。鸚鵡不知誰是客？學人言語近欄杆。

澄波千頃擁高鬟，手折芙蓉月下還。解憶高堂風露冷，衲衣先送碧雲山。

賀雪宫門上表歸，貂裘猶帶六花飛。海南新送收香鳥，轉覺清寒入翠帷。

絶句

城南尺五野人居，六月清陰八月如。一色琅玕三百箇，猶堪裁作殺青書。

金丹五頌

靈槎八月自天來，瞻望初陽歷斗箕。白鶴青鸞相對引，九霞光裏識真師。

手把金鍼徹夜縫，鴛鴦繡出錦機空。

❶「詞」下，四庫本有「四首」二字。

萬人如海誰親得？製箇新袍似日紅。

桔槔軋軋曉煙凝，❶破帽籠頭只自知。
重爲祖翁添註脚，可憐喫苦爲孫兒。

等閒拈取一丸泥，補破扶衰信手爲。
不因混沌擲落地，問君那得火龍騎。

海上三山一逕微，半間茅屋隔煙霏。
詩成應有題名處，月裏長懷玉雪輝。

寄金蓬頭道人

喧寂隨方接有生，豈將欣厭係高情？
一瓢玉井清泠水，霜月晴虛候履聲。道人聞步聲，知某客至。

劉正甫周孟瑄游華蓋回見訪

緱嶺吹笙月色新，玄都幾度碧桃春。
翩翩如雪雲林鶴，雙引黃茅訪野人。

贈毛拱辰

袖有題緘二十年，携看存殁重潸然。
神仙果得長生者，合是身逢某宿躔。

贈蔣子中

東州春水漾晴波，誰序新分進士科？
好種梧桐千樹碧，湖邊人識鳳曾過。

❶「凝」，原作「疑」，據四庫本改。

送夏大之教授還鄉❶

禹憂洪水稷憂飢，千古悠悠兩鬢絲。
誰與山鄰同白日？ 行雲流水赴幽期。

應物紛紛興自高，不知官服是何曹？
歸歟耆舊遺聞遠，莫憚登門弟子勞。

題黄晉卿上京道中紀行詩後

少陵入蜀路嶇崎，故有淒涼五字詩。
供奉翰林隨翠輦，□應同調不同辭。❷

題開元宮來鶴亭

群真終夜降華陽，曾聽仙音近玉床。
語罷是誰留別鶴？ 待君寥廓共馳翔。

亭前春雨長蒼苔，海上長鳴一日來。
從此琴心三疊裏，月明長見影徘徊。

題明復菴❸

玉臼擣霜月當户，竹窗映雪書滿床。
客來竟坐不交語，自撥丹火燒山香。

皎皎霜鶴立齋廚，蕭蕭風竹鳴庭除。
窗中有客自高坐，堂上真人方讀書。

清皋舊隱

春雨初收水滿田，郇郇桑柘緑生煙。

❶「鄉」下，四庫本有「二首」二字。
❷「□」，蜀本作「固」。四庫本於「應」下補「知」字。
❸「菴」下，四庫本有「二首」二字。

隱居聞在東皋上，長見沙頭呼渡船。

題贈葉梅野有序

近代楊補之作梅，自負清瘦。有持入德壽宫者，内中頗不便於逸興，謂曰村梅。補因自題曰奉勑村梅。集嘗見故家有藏徐熙墨杏花者，用筆圓潤，有篆籀法。亦恨楊不能知此也。今監書博士丹丘生忽用此法寫生，大快人意。存渾厚之意於清真，去衰陋之氣爲纖弱，所以爲佳也。譬如少陵繁花晴昊之雄壯，視昏月淺水爲如何耶？樂平鍊師葉凱翁，舊號野梅。予曰：以野摽梅未足盡梅之趣，以梅名野，庶乎廣莫之風。請更曰梅野，而以丹丘之畫冠之，永作證據。使錢唐、臨江二君，聞予此論，猶當俛首歎服也。虞集書。

昔結絲絇侍帝宸，青鞋今許向江津。
憑君先對梅花説，白髮相看意更親。

初，凱翁先欲南還，欲僕作詩送行。而僕今先有行色，故爲題此，爲他日一笑之資也。

雜　題❶

湘江風捲白蘋波，北渚雲深帝子過。
欲採瓊芳渡江去，翠衫輕薄晚雲多。
江上青山生白雲，鷓鴣啼處有湘君。
行人來截昭華琯，日暮青林玉氣分。

❶「題」下，四庫本有「二首」二字。

趙師舜所藏雪竹圖

鳳凰臺畔竹漪漪，別出參差玉一枝，閱盡雪霜心似鐵，高風惟許歲寒知。

西村山水

一段雲山一段秋，蹇驢尋壑更經丘。他年投老終南去，應向松間覓舊遊。

西湖畫景

五雲樓觀日華東，每蹋紅塵氣若虹。誰道小橋流水外？數竿煙竹弄秋風。

蒲萄葵花

蒲萄翠帳絡明珠，前列千葵旌節如。應有南柯殘夢在，一池鼓吹夜涼初。

池塘秋晚

華蓋仙人漢殿臣，厭朝朔望往來頻。上方留舄秋江畔，只有雙鳧卧白蘋。

天藻亭舍下生竹枝

堂上不合生楓樹，舍下何緣穿竹枝？人間風日不到處，長養鳳毛當及時。

青山白雲圖

獨向山中訪隱君，行窮千澗水沄沄。
仙家更在空青外，只許人間禮白雲。

僧巨然山水

晚煙横樹轉溪灣，何處漁舟罷釣還？
門外東風吹雪盡，幽人同看巨然山。

畫　竹

不見高人王右丞，岐陽石刻尚清真。❶
鳳毛染得春池雨，❷數尺新梢已過人。

題戈叔義墨竹

江頭雨裏寫娟娟，更作新梢入晚煙。
還有數竿題未遍，龍吟清夜渭溪邊。

留題龍門寺

頻採菖蒲石磵濱，住山不厭亦無嗔。
先生尚有貪生意，更憶松花問道人。
枯木寒巖絶色聲，吟詩亦足未忘情。
不須更問臨川叟，作得胡笳幾拍成？

❶「刻」，四庫本作「客」。
❷「雨」，四庫本作「水」。

題周東揚進士爲南郭園林記後

南郭名園纔隔縣，好添花竹及清時。歸來未老柴車在，百里尋春定可期。

寄謝臨川王正則録事

少陵不待草堂貲，風雪空簷話舊思。别去幾時春夜暖，五峰燈火馬争馳。

酬吴子高

諷爾宫詞十二篇，小窗風雨正蕭然。悠悠春夢無歸著，黄竹遺墟雪滿天。

題魏雄卿齋壁

晝雨瀧瀧銀燭懸，秋聲滿屋陸成川。赤髭大士譚經罷，白首尚書草《太玄》。

題畫

黄葉飄零澤國秋，煙波無盡使人愁。騷人欲賦湘妃怨，折得幽花寄遠遊。

南浦圖

魏公幕府多豪俊，文雅相從一舸中。山雨浦雲都寫遍，湖東更有灌園翁。

柯博士畫❶

拔地參天獨老蒼，幾年雨露更風霜。新篁摇動多生色，更待空庭月影長。

千年老蛟化爲石，蒼蘚枯槎角三尺。亭亭玉立好兒孫，長倚天風動秋碧。

秋江圖

欲採蘋花隔遠汀，舟横不渡倚空青。何由得似雙鷄鶒？長覽秋光共畫屏。

紅蓼雙鳧

五湖煙雨一扁舟，汎汎聊忘去國憂。最愛數枝紅蓼畔，一雙文羽伴人愁。

畢公濟掀篷梅

摘葉拈花夢不分，誰能健步覓晴雲？不須更待掀篷看，全體東風舉似君。

題王□□所藏歐陽文忠公遺墨《集古録跋尾》。

盤谷尚存初刻字，淮西無復斷碑痕。瑯琊幽谷花如錦，恐有遺書卧竹根。

雙禽圖

天上碧桃春苒苒，人間翠竹晚娟娟。雙飛不是青衣使，何處東風一信傳？

❶「畫」下，四庫本有「二首」二字。

臨王摩詰舊竹❶

岐山鳳去已千年，遺跡踈林翠羽鮮。
一段風流何處似？終南秋色晚晴天。
千枝萬葉翠交加，影落殘碑月映沙。
似是前身摩詰在，紫薇花下角巾斜。

楊補之蘭

九畹參差紫玉叢，清江健筆總春風。
大夫宗國多憂思，手把瓊瑰送斷鴻。

商德符畫

曉陪劍履上嚴宸，霜葉青紅日色新。
誰見江山煙霧起？行吟澤畔老靈均。

子昂古木

洞庭木落楚天長，澤畔行吟最斷腸。
可是曲終人不見，丹楓離立照滄浪。

子昂墨菊

落木踈籬事事幽，流傳摹刻使人愁。
滿城風雨歸來晚，真見吴興一段秋。

畫梅風雪老嫩四首

繁花千樹倚晴空，不比踈枝冷雪中。
只爲玉堂天最近，儘將才思付東風。

❶「竹」下，四庫本有「二首」二字。

老身如鐵心如水，長與空山積雪期。待得紅塵吹紫陌，群仙歸去已多時。

綽約肌膚迥出一作絶。塵，摩挲銅狄是何人？已看天上千年雪，不作人間一日春。

門户重重玉數枝，娟娟静好稱家兒。舊時東閤多能賦，説與揚州何遜知。

畫馬

魯史曾聞兩驌爽，❶開圖一見若龍驤。驕嘶飛逐落花去，沙草青青塞柳黄。

次韻王繼學題太乙❷

山木深深晝掩扉，時從高處望雲飛。幾番春雨還秋草？送盡孤鴻獨自歸。

共騎黄鵠過蕭亭，明月華星列畫屏。記得當時祠太乙，安歌疏節玉充庭。

送柴高士南遊

遍入名山採紫芝，只餐秋露已忘饑。東南際海群峰盡，欲向羅浮更覓誰？

贈傅與礪

水玉空青不易求，蘭苕翡翠擅清秋。才情豈是人間少？不到高唐夢未休。

❶「驌爽」，四庫本作「驌驦」。
❷「乙」下，四庫本有「二首」二字。

贈盧生録詩

盧生來寫老夫詩，老去深慚與世違。華蓋白雲三兩句，只堪獨詠莫傳知。

題范德機墨蹟後

凡骨蜕餘清似雪，高情起處一絲輕。玉堂只在人間世，回首蕭閒愧後生。

種　橘

庭前嘉樹種來遲，霜實經年未壓枝。寄語巴園好相待，商山更有一盤碁。

彭致中送松花

幽人歲歲送松花，指與吾人老已加。欲學彭翁年八百，鼎盛金粉養黄芽。

喜雨寄郡中諸官

仙馭東行應望霓，吏民迎拜若雲齊。到城慰滿三農意，喜雨亭成太守題。

題表姪陳可立雜畫❶

山崖巇巇澗嘈嘈，四圍芳草亂青袍。中間有箇支離木，曲折無知壽最高。

❶「畫」下，四庫本有「十首」二字。

蕭蕭翠羽動晴虛，知是南山長鳳雛。
莫道玉階風露冷，要看千尺拂雲衢。

清江江上倚扁舟，寫得琅玕一尺秋。
歷遍風霜如鐵石，世人偏識老湖州。

蠣房如山禦潮沙，鐵網珊瑚浪中出。
何處龍孫好頭角？亦玩明珠美風日。

南枝楚楚復娟娟，此樹枯槎更可憐。
石角莫令牛礪角，樵翁醉後枕渠眠。

高柳金絲積雨晴，桃花灼灼隔溪明。
尋源若是忘機者，鸂鶒鵁鶄總不驚。

百頃汀涵落日明，稻田閑水與隄平。
白頭想見荒陂去，無數鳴蜩管送迎。

江潭木落鴈初飛，已有秋聲動碧虛。
似是洞庭張樂地，微風鷺翿立疏疏。

雪滿高林水滿疇，冥鴻亦爲稻粱謀。
此時最憶江南岸，一色蘆花著釣舟。

玉色臨池靜不言，儵然翠袖共黃昏。
玉堂清冷無人到，且對江南煙雨村。

贈朱本初

霜雪摧殘凋壑非，深根千歲斧斤違。
寸心不逐飛煙化，還作玄雲繞紫微。

珥貂鳴珮入明光，新墨初成進御床。
草野小臣春夢短，猶懷染翰侍君王。

延閣晨趨接佩聲，又紆朱紱向江城。
丹心要似東陽水，釀作官壺徹底清。

頗愛燒香是鼻塵，不應緣齅又勞人。
方床石鼎過清晝，一縷山雲伴老身。

葛子熙欲往吴越售長安諸碑以危太樸書來求詩書尾餘空尚多紙佳極宜於書不忍劖絶之因題此詩贈子熙兼寄衆仲提學亦欲故人知吾得太樸也

子熙養母極艱辛，馳走東西又幾春。我欲相留田舍近，白雲不足療清貧。

漢唐妙刻出長安，誰贈茅容具曉餐。應有醉翁方集古，千金不惜買琅玕。

浙都提學三年别，我向山中每夢之。定是盡抛書卷却，緑楊红杏樂清時。

流求窈窕窗中畫，檮杌蕭條袖裏書。太白山深空積雪，蓬萊海闊自晴虚。

子熙三歲而孤，鞠於舅氏。長而爲養甚至，獨恨貧耳！然苦節亦難能也。虞集書。

寄朱環溪

賢郎肯爲諸生出，不厭闌干苜蓿盤。爲有平安花竹報，齋居日日共清歡。

高堂修祀灌園翁，白髪清樽見古風。曾得遺文窺隱德，猶今視昔後人同。

悼亡

買臣不綰會稽章，井臼終身愧孟光。縱有他年千石酒，寧如當日一盃漿。

地中代我奉慈幃，一去無由再見之。欲覓音容須夢裏，先生無睡已多時。

十載思君久别離，歸來忽作死生期。孤鐙夜雨深深坐，正似燕山恨别時。

比似燕山恨别時，鬢邊添得雪絲絲。

秖今心事真如水，可得才情更賦詩。

次陳溪山韻❶

山深松竹俱成老，溪迴蒲荷各自花。
隨分樂天無一事，擬求齊物度南華。

枝有蒼筤實有梧，何年鳴鳥下晴虚？
惟應長共希夷叟，日對朝陽浴海初。

清渭終南路窈冥，漁磯樵徑草還青。
山中雨足黄梅落，獨爲相求出户庭。

維摩文殊

城裏普熏香積飯，室中同供妙天花。
清涼山上千年石，猶結慈雲候翠華。

達磨

萬里西來言不契，九年壁底影爲雙。
等閒風信生蘆葉，雲散青天月滿江。

何奉議子路問津圖

日向雩壇詠莫春，無言可以諭天真。
堂堂正道行將去，勿傍他門别問津。

荷蓧圖❷

道上相遭荷蓧翁，殺雞留宿甚從容。

❶「韻」下，四庫本有「三首」二字。
❷「荷」上，類稿本有「題」字。

如何不及乘桴意？更待重來果不逢。

李陵別蘇武

老羝已乳鴈書傳，去住初分哭向天。
明日節髦歸漢地，將軍應是獨潸然。

羲之觀鵞

剡溪春雨曉生波，道士扁舟肯見過。
換取《黄庭》歸別館，人間長憶鳳文羅。

孟浩然❶

風雪高堂破帽温，七人圖裏一人存。
昔時耆舊那堪論！獨釣槎頭最斷魂。

和靖行吟

擁鼻微吟午夜清，心空與月合圓明，無
端却作梅花想，著影緣香夢不成。

陶穀烹雪

烹雪風流衹自娱，高情何足語家妹？
果知簡静爲真樂，列屋閒居亦不須。

醉翁亭圖❷

醉翁四十謾稱翁，賓客相隨樂意同。

❶ 此題，類稿本作「題浩然畫像」。
❷「醉」上，類稿本有「題」字。

前引朱衣垂白髮，花開山谷幾春風？

原泉圖❶

九天飛瀑下巖幽，去作江河萬古流。
倚杖不知春雨過，青山如洗暮雲收。

贈王自得

江上秋風日夜深，丹楓烏桕總堪吟。
可能阿閣承朝日，玉作參差學鳳音。

送余道士❷

憶昔遊京最少年，等閒詩句被人傳。
君今似我當時面，玉雪春風上客船。
諸老愛賢飢渴如，才華誠美豈容虚？
子當徑上蓬萊閣，遍讀人間未見書。

應有多情問故人，爲言溪上上船頻。
春來雨過清如鏡，照見蕭蕭白髮新。

延祐三年過金鴈欲訪諸公以王事不果今二十年

昔禮巖頭諸詎羅，寶香猶在石磐陀。
上人幾歲離金鴈？海月江雲弄碧波。

寄謙上人

不見謙公二十年，石橋依舊駕晴川。
定應和盡寒山集，儻許人間一句傳。

❶「原」上，類稿本有「題」字。
❷「士」下，四庫本有「三首」二字。

寄曇芳笑隱

優鉢曇華一度開，梵天帝釋自拈來。
人間讚嘆那能盡？慚媿文殊大辯才。

寄光雪窗

杪欏軒中少塵事，恩公昔共兩青藜。
只今主人相憶否，風雨扁舟覓舊題。

宿天寧寺

丈室千函貝葉書，踈篁幽鳥在庭除。
道人久不到城府，愛此渾如澗谷居。

聞白雲上人自吴中來訪表姪陳可復書其像因題之曰

遍繙寶藏晝垂簾，三載歸來白髮添。
萬斛春泉盤石坐，龍宫又擬借華嚴。

題馮九淵墨龍

曾乘雲氣九天行，振鬣揚鬐海岳驚。
變化已隨雷電遠，作成霖雨慰蒼生。

題了堂上人所藏雲屋圖

鎮日秋風草屋欹，海潮聲上接天池。
白雲捲盡青山在，衲被蒙頭總不知。

題袁誠夫所藏山水❶

十百相連底處山，雨雲時復到人間。
山中草木自寒暑，長與幽人相對閒。

海外誰云更九州？駕言從此汎扁舟。
垂綸未必悠悠者，帶雨看潮散暮愁。

墨　梅

霜月清江一棹過，誰將長影照寒波？
浮雲日暮長安遠，莫羡宫粧掃翠蛾。

孩兒桃

書樓春晝雨繽紛，一樹桃花思不群。
彈指樓開當日面，莫教童子是靈雲。

洪厓橋

澄江如練碧悠悠，一色蘆花覆遠洲。
無盡春天歸鴈急，月明寒影不曾留。

横橋携手踏谿流，無盡清流意自幽。
天外浮雲飛鳥散，柳陰猶有釣魚舟。

五絃琴詩爲劉子雨賦

海上微風動五絃，九疑蒼翠雨餘天。
仲尼昔日聞韶地，肉味都忘思惘然。

錦瑟無端五十絃，五音繁會亂春筵。
不知簡易高人意，目送歸鴻碧海天。

❶「水」下，四庫本有「二首」二字。

次書巢雜韻

北巷高齋滿硯冰，柴門誰許小童膺。
幽人自得延年術，不信昌陽是豨苓。

坐上清樽日不虚，長歌誰歎食無魚。
主人何物爲生計？ 五尺危巢萬卷書。

一檠金粟長靈芽，不待春風自放花。
收拾黛煤和玉屑，昔時眉嫵是君家。

客來相對飲無何，客去杯羹手自和。
未許旁人空笑老，誰知小屋得春多。

題畫

銀鼠爲裘著來早，八月逐兔陰山道。
衰草蕭蕭風露寒，將軍鬚鬢一時老。

畫松

天池昨夜風雷起，千尺渴蛟餐石髓。
神君叱之不敢去，影落吴松半江水。

漁樂圖

江上青青列數峰，千重樓觀楚王宫。
爲雲爲雨無朝暮，卧看常年屬釣翁。

捕魚圖

數罟臨溪晚不收，蘧廬三尺抱寒愁。
金鱗自在江湖上，煙雨重重具釣舟。

百牛圖❶

妙手精思畫百牛，古來遺事總堪求。
一牛耕罷無消息，野水閑田不見收。

畫虎

目鏡耽耽鎮坐隅，高堂白晝走睢盱。
良工不寫凡毛骨，驚世文章斂若無。

畫鶴

海風吹月憶危巢，清夜梳翎雪墮坳。
仙客不知猶是畫，每聽長唳向松梢。

息齋墨竹❷

江上秋風已滿林，玉堦夜色自蕭森。
并刀翦得瀟湘雨，獨上蒼梧學鳳吟。
秀出千林思不群，獨含春雨對江雲。
平津若有歸來劍，定化雙龍起夜分。

蘭

水生澧浦碧粼粼，沙際修叢數歲春。
莫怪山林蔬笋氣，清芳端合屬幽人。

❶「百」上，類稿本有「題」字。
❷「竹」下，四庫本有「二首」二字。

雨竹

木落湘潭江水秋，雨痕都付竹脩脩。❶
黃陵廟裏猨啼夜，何處能銷宋玉愁？

村夜上元作❷

滿城簫鼓暮相催，田父村南醉未回。
野廟殘燈燒未盡，霏霏山雨逐人來。

送艾幼清歸臨川

幼清手録唐文藝，吟誦寒鐙過夜分。
秋菊春蘭隨物轉，獨臨野水拾殘雲。

昱上人盆竹❸

霜枝一寸筍如針，亦有蒼然萬古心。
還憶道人分種日，瘦筇八尺度千岑。

我憶蠶茨萬竹叢，吴中還見小玲瓏。
居然風露千林曉，猶稱行吟白髮翁。

題夢良梅❹

夢良墨妙，近倣清江。時出晴昊之繁稍，以充潤其清苦。此卷乃又澹泊相遭之極者也，把玩久之。夢良自稱錦屏

❶「脩脩」，四庫本作「翛翛」。
❷此題，類稿本作「村中上元」。
❸「竹」下，四庫本有「二首」二字。
❹「梅」下，四庫本有「并序」二字。

山人，蓋與予皆蜀人也。歲月相望雖久，寧無故鄉之思？故爲賦此。

汀煙冉冉竹重重，老樹踈花吹曉風。壯遊燕薊今白髮，憶踏江船如夢中。

茆簷曝日歸來晚，野水荒雲誰是伴？一枝已見故人心，三尺未愁横幅短。

述懷❶

青鞋踏遍莓苔迹，萬里橋南風瑟瑟。一雙白鷺也多情，隔岸飛來如送客。

畫橋南畔行人立，蘆葦蕭蕭船去急。雲連北闕與天深，月一作秋。落西山和露白。

玉顔惆悵江波隔，夜夜流塵空寶瑟。可憐蓬鬢已驚風，好在葵心猶向日。

菱花半掩無消息，腸斷城頭秋月白。

❶ 「懷」下，四庫本有「四首」二字。

故園能隔幾長亭？羌笛一聲歸未得。

道園遺稿卷之五

先叔祖學士虞公詩文，有《道園學古録》《翰林珠玉》等編，已行于世。然竊讀之，每慮其有所遺落，凡南北士夫間輒爲蒐獵。求之累年，始得詩章七百餘首，皆章章在人耳目及得之親筆者，蓋懼其以僞亂真，故不敢不爲之審擇也。惟先叔祖鴻文鉅筆，著在天下，家傳人誦，其大篇大什諸編，蓋已得其八九。此蓋拾遺補缺，庶免有湮没之歎。方類聚成編，以便觀覽。而吾友金君伯祥，乃必用壽諸梓，以廣其傳，命其子鏐書以入刻。伯祥之施，不其永耶！外有雜文諸賦，尚有俟於他日云。至正十四年五月甲子，從孫堪百拜謹識。

道園遺稿卷之六

雍虞集伯生

樂府

燭影摇紅

淮南故將軍家有歌姬，才容自許，善自度曲。歐陽守淮陽，姬爲將軍願一見公，竟不及見而卒。客有爲公賦此曲者。

雪映虛檐，夢魂正繞陽臺近。朝來誰爲護熏籠？雲卧衣裳冷。應念蘭心蕙性，對芳年才華自信。洞房春煖，换羽移宫，珠圓絲瑩。　板壓紅牙，手痕猶在餘香泯。當時惟待醉翁來，教聽鸎啼引。❶可惜閒情未領，但雕梁塵銷霧暝。❷幾迴清夜？月轉西廂，梧桐踈影。

蝶戀花

故遼主得其臣所獻《黄菊賦》。題其後云：「昨日得卿《黄菊賦》，細剪金英題作句。袖中猶覺有餘香，冷落西風吹不去。」二月末，與楊廷鎮、陳衆仲觀杏城東。坐客有爲余誦此者，因括隱歸腔，令佐酒者歌之。

❶「教聽鸎啼引」，四庫本作「教惜聽鸎聲可引」。
❷「霧」，四庫本作「露」。

昨日得卿《黄菊賦》，細翦金英，題作多情句。冷落西風吹不去，袖中猶有餘香度。滄海塵生秋日暮。玉砌雕欄，木葉鳴踈雨。江總白頭心更苦，素琴猶寫幽蘭譜。

賀新郎

五月中，以小疾家居。陳衆仲助教言：《乳燕飛華屋》調最宜時。連度數曲，病其辭妙則聲劣，律穩者語卑。適有友人期家人到官所而弗至，賦此。

丹荔明如火，想江城薰風乍透，繡簾青瑣。寳篆香銷初睡起，葉底流鶯又過。算幾度？思歸未果。欲翦冰綃憑誰寄？恐腰圍漸減愁無那。臨岸曲，命輕舸。

涼宵冉冉銀蟾墮，望清輝千里照人，霧低雲亸。準儗雕梁栖飛燕，早晚新巢定妥。歎會少離多似我。留滯文園頭先白，念琴心，久爲芳塵鎖。將舊恨，賦江左。

風入松爲莆田壽

頻年清夜肯相過，春碧捲紅螺。畫檐幾度徘徊月？梁園迥，無復鳴珂。門外雪深三尺，窗中翠淺雙蛾。

舊家丹荔錦交柯，新玉紫峰駝。長安日近天涯遠，行雲夢，不到江波。欲度新詞爲壽，先生待教誰歌？

鳴鶴餘音

全真馮尊師，本燕趙書生，游汴，遇異人得仙學。所賦歌曲，高潔雄暢，最傳者《蘇武慢》廿篇，前十篇道遺世之樂，後十篇論修仙之事。會稽費無隱，獨善歌之，聞者有淩雲之思，無復流連光景者矣。予山居，每登高望遠，則與無隱歌而和之。無隱曰：「公當爲我更作十篇。」居兩年，得兩篇半，殊未快意也。昭陽協洽之年，嘉平之月，長兒之官羅浮，予與客清江趙伯友、臨川黄觀我、陳可立、游東叔、吴文明、平陽李平，幼子翁歸，汎舟送之。水涸轉鄱陽湖，上豫章，遇風雪十五六日，不能達三百里。清夜秉燭，危坐高唱，二三夕間，得七篇半。每一篇成，無隱即歌之。馮尊師天外有聞，能乘風爲我一來聽耶？明春，舟中又得二篇，併《無俗念》一首。後三年，仙游山彭致中取而刻之，與瓢笠高明共一笑之樂也。道園道人虞集翁生記。

蘇武慢

自笑微生，凡情不斷，輕棄舊磯垂釣。走馬長安，聽鶯上苑，空負洛陽年少。玉殿傳宣，金鑾陪宴，屢草九重丹詔。是何年，夢斷槐根？依舊一簑江表。天賜我，萬疊雲屏，五湖煙浪，無限野猨沙鳥。平明紫閣，日晏玄洲，晞髮太霞林杪。蒼龍騰海，白鶴衝霄，顛倒一時俱了。望清都，獨步高秋，風露洞天初曉。

掃盡風雲，綽開塵土，落得半丘藏拙。青松爲蓋，白石爲床，一切物情休歇。幾度蓬萊？布袍長劍，閒對海波澄澈。是誰家？酒熟仙瓢，邀我共看明月。歸去也，玉宇寥寥，銀河耿耿，鐵笛一聲山裂。三花高擁，九氣彌羅，縹緲泰清瑶闕。手把芙蓉，淩空飛步，今夜幾人朝謁？　便翻身，北斗爲杓，遍散紫甌香雪。

山月來時，海風不動，平地玉樓瓊宇。　杳杳桂子飄香，露華如水，自按洞簫如縷。　太微中，冥冥，泠泠歷歷，青鳥鮮傳芳語。　君聽取，列鸞鶴相求，盡是舊時真侶。　石女簪豹重關，鼓雷千吏，天界更多官府。　高唱微吟，花，木人勸酒，爲我此間聊住。　看空山，一色青揮毫萬丈，塵世等閒今古。

青，何意斷雲殘雨？

浩月清霜，釣舟如葉，閑渡小溪澄碧。　半幅銀漢無聲，玉虹横野，斗柄正垂天北。　問回仙，烏紗，數根華髮，一緉野鳧飛舄。　西華頂，城南老樹，能見幾何今昔？　脱屣十丈高花，九天秋露，結就翠房瑶實。　辟穀神非難，淩空何遠？　三咽雪融冰液。　笑人間，長方，餐霞真訣，一去更無消息。

住虚空，誰似一輪紅日？

放櫂滄浪，落霞殘照，聊倚岸迴山轉。　雨送乘鴈雙鳧，斷蘆漂葦，身在畫圖秋晚。　算離情，灘聲，風摇燭影，深夜尚被吟卷。　空自笑，洛何必天涯，咫尺路遥人遠。　老矣下書生，襄陽耆舊，夢底幾時曾見？　雪霽瓊浮丘，賦詩明月，千仞碧天長劍。　待雞鳴，日樓，春生瑶席，容我故山高燕。

出羅浮，飛度海波清淺。

對酒當歌，無愁可解，是个道人標格。　世上好風過耳，皓月盈懷，清淨水聲山色。　盡虚空，千年，山中七日，隨處慣曾爲客？　曾聽得，北斗南辰，此事有誰消得？　掣取碧眼胡僧，布袍滄海，直下釣絲千尺。　寒暑相鯨魚，風雷變化，不是等閑奇特。　可憐生，忘推，乾坤不用，歷劫不爲陳迹。

却高年，長伴小兒嬉劇。

憶昔坡仙，夜游赤壁，孤鶴掠舟西過。英雄消盡，身世茫然，月小水寒星大。何似漁翁？不知今古，醉傍蓼花燃火。夢相逢，羽服翩翻，未必此時非我？　誰解道？歲晚江空，風帆目力，横槊賦詩江左。清露衣裳，晚風洲渚，多少短歌長些。玉宇高寒，故人何處？　眇眇予懷無那。歎乘桴，浮海飄然，從者未知誰可？

十載燕山，十年江上，慣見半生風雪。對雪無舟，泛舟無雪，不遇並時高潔。斷港殘沙，今兹何夕？　一似剡溪歸越。但掀篷，數尺梅花，人跡鳥飛俱絶。　君不見，五老危巔，浮丘絶頂，笑我早生華髮。返老還童，易麄爲妙，定有九還丹訣。霽景浮空，天光眩海，一體本無分别。便堪稱，六一仙公，千古太虚明月。

歸去來兮，昨非今是，惆悵獨悲奚語。迷途未遠，晨景熹微，乃命導夫先路。風颺舟輕，候門童稚，此日載瞻衡宇。酒盈樽，三徑雖荒，松菊宛然如故。　聊寄傲，與世相違，舊交俱息，更復駕言焉取？　琴書情話，尋壑經丘，倦鳥岫雲容與。農人告我，有事西疇，孤櫂賦詩春雨。但樂夫，天命何疑？　乘化任渠留去。

六十歸來，今過七十，感謝聖恩嘉惠。早眠晏起，渴飲飢餐，自己了無星事。❶數卷殘書，半枚破硯，聊表秀才而已。　道先生，快寫能吟，直是去之遠矣。　没尋思，拄个青藜，靸雙芒屨，走去渡頭觀水。逝者滔滔，來之衮衮，不覺日斜風細。有一漁翁，驀然相唤，你在看他甚底？❷　便扶

❶「星」，四庫本作「心」。
❷「你」，四庫本作「爾」。

携，穿起鮮魚，博得一樽同醉。

一徑通幽，畫屏横翠，行到白雲深處。世外蟠桃，井邊佳橘，别有種萱瑶圃。檀板輕敲，素琴閑弄，奉獻鳳膏麟脯。舞翩翩，鶴髮飄飄，仍似舊時仙母。　君看取，華屋神仙，滿堂金玉，此是蟪蛄朝暮。五色蓬萊，九秋鵰鶚，别有出身之路。酒熟麻姑，雲生巫峽，稽首洞天歸去。任海波，清淺無時，何處緑窗雲户？

雲澹風輕，傍花隨柳，將謂少年行樂。高閣林間，小車城裏，千古太平西洛。瞻彼泱泱，言思君子，流水儼然如昨。但清遊，天際輕陰，未便暮愁離索。　長記得，童冠相隨，浴沂歸去，吟詠鳶飛魚躍。逝者如斯，吾衰甚矣，調理自存斟酌。清廟朱絃，舊堂金石，隱几似聞更作。農人二合。告我，有事西疇，窈窕掛書牛角。

無俗念

十年窗下，見古今成敗，幾多豪傑？誰會誰能誰不濟？故紙數行明滅。亂葉西風，遊絲春夢，轉轉無休歇。爲他憔悴，不知有甚干涉？　寥寥無住閑身，盡虚空界，一片中宵月。雲去雲來無定相，月亦本無圓缺。非色非空，非心非佛，教我如何説？不妨跬步，蟾蜍飛上銀闕。

道園遺稿卷之六終

附　録

重刊道園學古録敘（嘉靖本）

文章與時高下，昔人有見之言也。元以胡虜入據中華，大統大經已皆舛逆，則其餘政治雖善，烏能救之？況自世祖而下，就其稍優，亦無能永命者，吾無取焉，以其時則非矣。然豪傑之士無待而興，不囿於時，而能師友古人，卓然自立。若虞文靖公之在元，殆所謂文中之豪傑邪？予嘗得其《道園學古録》而讀之，博義玄辭，固非淺昧者所能盡識。然竊擬其髣髴，大抵文出於歐、曾，詩出於少陵，往往而似，駸駸乎軌或並之。雖處僭據叔季之世，而藹然有盛唐、治宋之風焉，信乎其豪於文矣。録中密表、青詞等作，似涉不經。則其國俗固然，既食其禄矣，安能違之？非其文之病也。公拯敝善俗之志，每寓諸文。其在成均，以躋禁近，亦多有論獻，竟弗獲施，是乃天將迄胡運以啓我明，非人之所能爲也。蓋公能不囿於時者文而已，其他豈可以盡責之哉？元時文集已板行，歐陽圭齋序之，極其推許。景泰間，曾刻於吴中，撫郡往亦有刻本。近燬于火，徵文獻者慨焉。乃今侍御敬齋陶先生清戎江右，按部至撫。公之世孫庠生茂輩，以重鏤爲請，遂屬其郡麥貳守瑩董之。繼而丁侯貴來綰郡符，督成惟協。工訖，徵序於予。予何足以序公之文哉？特深有所感矣。夫公生非其時，而能自奮於文，足以名世，而傳後如此。吾黨幸際昌期，沐聖化，所求以無負於時者宜何如？觀兹録文如公善矣，而豈無進於是者乎？敬齋者，以此求之，則風厲人才以裨世教，淺之意蓋有在焉。而或衹謂崇尚文事者，淺乎其爲知也已。嘉靖乙酉冬孟之朔，賜進士出身、通議大夫、順天府尹、前文選郎中進賢萬鏜序。

道園學古録提要（《四庫全書總目》）

《道園學古録》五十卷浙江巡撫採進本。

元虞集撰。集有《平猺記》，已著録。此集凡分四編：曰《在朝稿》、曰《應制稿》、曰《歸田稿》、曰《方外稿》。其中詩稿又别名《芝亭永言》，據金華黄溍序，以是集爲集手自編定。然其《天藻詩序》云：「友人臨川李本伯宗輯舊詩，謂之《芝亭永言》。」又賦謝李伯宗題云：「至元庚辰冬，臨川李伯宗、黄仲律來訪山中，拾殘稿二百餘篇録之。」而李序又云：「至正元年十有一月，閩憲韓公徵先生文稿本，與先生幼子翁歸及同門之友編輯之。得《在朝稿》二十卷、《應制稿》六卷、《歸田稿》一十八卷、《方外稿》六卷。」所言與今本正相合。又考《道園遺稿》前，有至正己亥眉山楊椿序，以爲集季子翁歸及其門人所編，與李本序合。蓋集母楊氏爲衡陽守楊文中之女，楊椿即其外家後人，其言自當無誤。亦可證黄溍所云之不足據。是編爲李所定無疑也。自元暨明，屢經刊雕。然皆從建本翻刻，亦閒有參錯不合。蓋多出後人竄改，要當以元本爲正矣。文章至南宋之末，道學一派侈談心性，江湖一派矯語山林，庸沓猥瑣，古法蕩然。理極數窮，無往不復。有元一代作者雲興，大德、延祐以還，尤爲極盛。而詞壇宿老，要必以集爲大宗。此録所收，雖不足盡集之著作，然菁華薈萃，已見大凡。迹其陶鑄群材，不減廬陵之在北宋。明人夸誕，動云元無文者，其殆未之詳檢乎。

道園遺稿序（清宣統嘉業堂叢書本《危太樸文集》卷續一）

太史蜀郡虞公之文曰《道園學古録》，建安劉氏刻於家塾。曰《道園類稿》，臨川郡學復刻焉。公自編集皆五十卷，而增損各異。從孫堪復訪求其未傳者又若干卷，俾素敘之。公唐、宋文獻之家，幼從親徙居臨川，天性精敏，而家訓甚嚴。方壯而出遊，所交多當世之俊傑，麗澤之益，月旦不同。及敭歷館閣，遂擅大名於海内。其文章之出，莫不争先而快覩，得之蓋足以爲終身之榮。暮年歸休江南，又十有六年，求爲著述者填咽於門，往往曲隨所願而泛應之。然豪家厚齎金幣，臨之以勢，竟不可得也。公貫通經史，而博涉於百氏，故犂然各盡其蘊而無所偏滯。深知公之所造者，殊未數數然耳，固未始以文人自居。或問作文，公語甲曰：「言其所當言，不可言者不言。」語乙則曰：「觀《近思録》。」語丙則曰：「讀《論語》。」又曰：「天之風雨雷霆，斯至文也。」其卒能默識心通於公意言之表者，果誰乎？素蚤事翰林學士吴先生於華蓋山中，至於論文，則必以公爲稱首。公之南歸，始獲從容奉教。觀其文，神奇變化，誠不可窺測以蠡管也。真定蘇參政伯修與素約曰：「吾二人辱虞公之知，盍各求其遺文，他日合爲全書，庶幾不至散軼，可以逭吾黨之責。」伯修既物故，素亦未遑有所銓次，堪之爲是，甚喜其承家繼後之異乎他人也。公諱集，字伯生，仕至奎章院侍書學士、翰林侍講學士、監察御史。請加褒謚，贈江西行省參知政事，追封仁壽郡公，謚文靖。

補刊道園續稿序後❶（清抄本）

有作之於前，而無踵之於後，則其傳不永。欲永其傳，必後先得人，斯可也。吴郡素稱文獻邦，而人多好義，事有可資於世者，則不惟作之者有其人，而踵之者又必有其人。若長洲陸君守道，蚤從虞堪勝伯游，受其教益居多。堪嘗裒其從祖道園先生古、律詩總七百餘首，并古樂府若干。而元金華黄公晉卿，眉山楊公子年皆序於前，金氏伯祥已爲鋟梓。迨今歲久，版多已缺，存者僅三之一，且糊糢間出。守道以其師之故，方圓補刊而易其糊糢者，奄及易簀。二子珩、瑄，念其父志，用續成之，❷徵玄序其事。於戲！先生之片言半簡，猶爲今之所重，況其詩之大篇、短章，足以垂於天下後世，使人躍然而欣睹者，二公論之悉矣，奚待後生小子玄之言哉？雖然，若是編補刊之始末與夫守道之不忘其師，珩、瑄之能繼其父，以見吾邦後先之有人，而得永其傳

❶ 蜀本作「道園遺稿序」。
❷ 「用」字，蜀本作「今」。

者，是皆可書，故爲序而不辭。❶ 至正二十三年癸酉十二月初吉，行在翰林院侍講、承德郎兼脩國史彭城劉玄序後。

道園遺稿跋❷（四庫本《道園遺稿》卷六）

右《蘇武慢》三十二首，《無俗念》一首。全真馮尊師、道園虞先生所共作也。天瑞昔刊《道園遺稿》，而先生所作已附於編。然其所謂馮尊師者，最傳者二十篇，世莫全覩。今復併類編次，以刻諸梓，庶方外高人便於通覽。惟先生道學文章，傳著天下。馮尊師仙證異論，超迴卓絶，其自有《洞源集》行於世，可考見云。時至正二十四年，歲次甲辰秋八月二日癸巳，渤海金天瑞謹識。

道園遺稿提要（《四庫全書總目》）

《道園遺稿》六卷江西巡撫採進本

元虞集撰。其從孫堪編。蓋以補《道園學古録》之遺也。凡古、律詩七百四十一首，附以樂府，刻於至正十四年。考裒録集之遺文者，别有《道園類稾》。以校此編，《類稾》所已載者僅百餘篇，《類稾》所未載者尚五百餘篇。集著作雖富，而散佚亦多。當李本編《學古録》時，已有泰山一豪芒之歎。則雲煙變滅者不知凡幾。堪續加蒐訪，輯綴成編，縱未能片楮不遺，要其名篇雋

❶「而不辭」，蜀本作「其後如此」。
❷此題爲校點者擬。

製，挂漏者亦已少矣。集中《題花鳥圖》一首，《元詩體要》作揭傒斯詩。今觀其格意，於揭爲近。或堪一時誤收，亦未可知。然《元音》及《乾坤清氣集》均載是詩，又題集作。此當從互見之例，疑以傳疑，不足以爲是書病也。

虞文靖公道園全集序（蜀本）

元吾蜀郡虞文靖公伯生，所著詩文凡四集：曰在朝、曰應制、曰歸田、曰方外，計五十卷。統名曰《道園學古録》。至正閒，公門人夏臺劉伯温校梓，歐陽玄爲之序。公從孫湛嗣，又輯編遺稿十六卷，亦越勝國嘉靖時刻本，錤則未之見也。清興，乾隆朝，江右崇仁復有梓公集者。蓋崇仁爲公寓邑，賢士大夫重公高文典策，理學經濟，故瓣香之奉，視其鄉人涪翁維謹。今案高宗皇帝《四庫全書》題詞，目公集「薈稡菁華，不減廬陵之在北宋」，揚詡至矣。而蜀中坊書，反亡其本。錤弱冠計偕北試，留滯都門，迺假鈔中祕藏書而讀之。其詩汪洋浩瀚若不逮唐鄉人李太白、宋之蘇子瞻，顧清新之思，超逸之解，篇幅已終，神味悠然不盡，使人之意也遠，固未嘗斤斤求肖先輩，而自成風氣，不愧一代大家。文則閒架結構擬於孫樵、李習之波瀾，態度似又規撫曾南豐、王半山，唯變化之功差遜。迺若於有元國家庠序興廢，吏治官方汙隆，學術人心誠僞，世宇風俗厚薄，雖常日應酬，率然弄翰，下暨鞅掌旅愁，栖遲偃仰，迷悶無聊，病眚憂患之作，靡弗三致意焉。較厥芝亭五七字，雜出於羽士玄虛，神仙縹緲，不盡根於理者，實自有閒。又其論學，端本濂洛周、程、堯夫諸賢，兆有明三百年制科取士豫符，合方今崇儒重道，推尊朱子，學者恪守傳註大訓遺意，則公特識也。他如海口屯田之議，便於民生。校官資格之非，鑒乎士習。其洞悉時務，學有本源，類如此。然則公之文章，殆天下名世文章，非迂生瞀儒所得而私也。嗟乎！世恆譏詩文人不學道，無實用，若伯生者豈不傑然大雅士哉？後踰十稔，錤攜其集反華陽，入錦官，踐層城，憑弔公故居。第見夫廣術縱橫，華屋鱗次，飛蓋軒車，星馳電瞬，衣冠異昔，坊表無存，頫仰徘徊，歎息泣下。屈指六百年來，鼎禪三朝，兵燹攸作，故家遺俗掃地盡矣。惟是沃壤繁華，耆老父兄子弟經聖清安宅休養，歷年滋多，各以工帖括干禄、取科名爲急務。一時讀書種子，講求文學，治經史，豐詞翰，固不乏人。而二三忠信聰明才智，可大副吾聖君賢相，保子孫黎民之望者，或猶漸染俗學，未能景行前代典型，崛然興起，印合文靖之用心，爲可惜也。錤不揣愚昧，故刊公遺集以風。竊幸附於西江社裏人，馨荃我公之末，庶幾詩人恭敬桑梓。且諗海内有志爲學者，誦詩讀書，尚友古人，一變至道，不其懿而。或者謂西蜀文章之祖。揚、馬、陳、李、三蘇而後，伯生實爲替人。是尚爲方隅曲學，盛自標榜其鄉先生，未足以知我公之大也。道光丁酉秋八月癸巳，岷陽之野，後學孫錤譔。

師山先生文集

〔元〕鄭玉　撰
李鳴　校點

目録

校點説明……一
師山先生文集序（程文）……一
餘力稿序（鄭玉）……二
師山先生文集卷之一……一
表……一
讓官表……一
謝賜酒箋……二
書……二
上定住丞相……二
上漢兒執政書……四
師山先生文集卷之二……五
論……五
漢高祖索羹論……五
唐太宗論……六
張華論……七
狄梁公論……九
讀歐陽公趙盾許止弑君論……一一
趙苞論……一二
李璀論……一三
漢昭烈顧命論……一四
子陵不屈光武論……一五
師山先生文集卷之三……一七
序……一七
春秋經傳闕疑序……一七
周易大傳附註序……一九
送趙典史序……二〇
送黄子厚序……二一
送徐推官序……二一
送鮑國良之官巢縣詩序……二二
送唐仲實赴鄉試序……二三
送汪仲罕主簿序……二四
王仲履先生詩集序……二四
羅鄂州小集序……二五
送鄭照磨之南安序……二六
燕耕讀堂詩序……二七

頌葉縣丞平金課時估詩序……二八
送葛子熙之武昌學録序……二九
心田道院設醮詩序……三〇
師山先生文集卷之四……三一
記……三一
淳安縣學修杏壇記……三一
小金山記……三一
燕樂堂記……三二
覆船山雲心庵記……三三
木齋記……三四
石跡山建橋記……三五
肯肯堂記……三五
雲濤軒記……三七
鄭彦昭讀書巢記……三七
静虚齋記……三八
重脩忠烈陵廟記……三九
耕讀堂記……四〇
修復任公祠記……四一
三樂堂記……四二
小母堨記……四二
邵武路泰寧縣重建三皇廟記……四三
富登釣臺記……四四
師山先生文集卷之五……四五
記……四五
績溪縣三皇廟記……四五
養晦山房記……四六
尊己堂後記……四七
向杲寺重建彌陀殿記……四八
松月齋記……四九
黄竹嶺巡檢司記……四九
聽雨舟後記……五一
黄石施水菴記……五一
王千里洪氏始祖墓記……五二
鳳亭里汪氏墓亭記……五三
重修横山路記……五四
上清靈寳道院記……五五
龍興觀修造記……五六
怪松記……五七
師山先生文集卷之六……五九
碑……五九

皇元至正勸勵賢能之碑……五九
徽泰萬户府達魯花赤珊竹公遺愛碑銘……六〇
徽州路達魯花赤合剌不花公去思碑……六二
章孝女雙廟碑……六四
休寧縣達魯花赤也先脱因公去思碑……六五

師山先生文集卷之七……六八

碑銘……六八
朱愛梅墓銘……六八
處士王君墓誌銘……六九
從弟琮墓誌銘……七〇
鮑景曾墓誌銘……七〇
有元封黟縣尹鮑先生墓誌銘……七二
洪本一先生墓誌銘……七四
故慈湖巡檢洪府君墓誌銘……七六

師山先生文集卷之八……七八

表誌狀……七八
修復先墳石表……七八
先府君休寧縣尹方村阡表……七九
鮑仲安墓表……八〇
周榮之墓表……八二

楊士奇跋……八五
師山先生遺文序（王褘）……八六

師山先生遺文卷之一……八八

序……八八
胡孟成文集序……八八
琴譜序……八九
送汪德輔赴會試序……九〇
送張伯玉北上序……九〇
方氏族譜序……九一
王居敬字序……九二
送王伯恂序……九三
送畫者邵思善遠遊序……九四
贈吴雲隱序……九五
荆山鄉飲酒序……九五
鄭氏石譜序……九六
記……九七
見梅堂記……九七
亦政堂記……九八
廟嶺磨崖記……九八
晴旭樓記……九八

題西山釣石……………………九九
黄山湯池題名……………………九九
師山先生遺文卷之二……………………一〇一
論……………………一〇一
季札論……………………一〇一
辯……………………一〇二
義田辯……………………一〇二
説……………………一〇三
朱氏鷄哺母説……………………一〇三
李進誠字説……………………一〇四
弟璉名字説……………………一〇五
洪元白字説……………………一〇六
師山先生遺文卷之三……………………一〇七
表……………………一〇七
爲丞相乞立文天祥廟表……………………一〇七
書……………………一〇八
與丞相書……………………一〇八
與汪真卿書……………………一〇九
與洪君實書……………………一一一
答童一清書……………………一一二
與鮑仲安書……………………一一三
與程以文帖……………………一一四
與逢辰拱辰……………………一一四
與族孫忠……………………一一五
屬王季温刊春秋闕疑……………………一一五
題跋……………………一一六
跋太極圖西銘解後……………………一一六
題石鼎詩卷後……………………一一六
題朱公士謙告理文公祖塋行卷……………………一一七
跋趙子昂字後……………………一一七
跋山谷字卷後……………………一一八
師山先生遺文卷之四……………………一一九
傳……………………一一九
日者堯民傳……………………一一九
猿鶴主人傳……………………一二〇
外家汪氏遺事……………………一二〇
銘……………………一二一
痙梳銘……………………一二一
唐氏硯銘……………………一二一
贊……………………一二二

汪先生小像贊……一二二
岑山釣魚像贊……一二二
自贊二首……一二二
辭……一二三
招隱辭……一二三
師山先生遺文卷之五……一二四
五言古詩……一二四
謝伯亮同子厚過……一二四
過忠顯雙廟……一二四
汪叔簡過師山不相遇留詩二首因次其韻……一二四
七言古詩……一二五
遊湖山次汪子盤韻……一二五
次韻王仲履先生……一二五
題洪氏舫軒……一二六
送府判北還……一二六
五言律詩……一二七
次韻胡叔仁廬坑道中……一二七
黟坑橋亭次以文韻……一二七
又……一二七
大人壽詩……一二七
又……一二七
送家嚴赴杭……一二八
冬暖……一二八
寄别黄子厚……一二八
南山讀書……一二八
又……一二八
題皆山樓……一二九
許益之先生挽詩……一二九
又……一二九
吕孔彰挽詩……一二九
送志道……一二九
病中寄兄弟……一二九
七言律詩……一三〇
題天目山……一三〇
慈溪觀瀑布……一三〇
婺源胡氏屏山樓……一三〇
次韻黄竹隱心田設醮……一三〇
又用韻寄之……一三一
竹隱携詩過山中不遇三用韻謝之……一三一

寄趙雲心先生……一三一
遊黄山題祥符寺……一三一
師山書樓成唐長孺先生賦詩見寄次韻……一三二
汪仲魯以詩見寄頗及道理因述鄙見以次其韻……一三二
次韻述懷……一三二
書懷……一三二
庚寅中秋諸生載酒過師山邀余賞月皆有詩因次韻……一三三
八月十四夜玩月岑山次鮑伯原韻……一三三
中秋無月次周彦明韻并懷潘大尹……一三三
用前韻寄珊竹伯堅……一三三
次韻周廉使……一三四
程仁和兄弟過師山歸而賦詩傳至山中諸生和者甚衆且多佳句因次韻二首鼓舞諸生……一三四
予還自四明留寓淳安之劍溪徐君士毅將過之爲予築書堂相延講學鮑伯原有詩因次其韻……一三五
用前韻示諸生……一三五
寄祥符諸老……一三五
次仲賢明府兄師山雨霽韻……一三五

七言絶句

七言絶句……一三六
野菊……一三六
遊覆船山宿草堂……一三六
舟中……一三六
登師山諸生有詩……一三六
覆船山樵歌……一三七
書懷寄節夫……一三七
元宵詩用仲安韻……一三七
蘇字……一三八
汪先生岫雲圖……一三八
黄山……一三八

師山先生遺文附録

師山先生遺文附録……一三九
賀鄭子美先生受詔命書(趙東山)……一三九
賀鄭子美先生被徵命啓(徐大年)……一四一
御酒師山燕諸生致語(徐大年)……一四二
送鄭徵君應詔入翰林詩序(趙東山)……一四三
與子美先生書(余忠宣公)……一四五
又(余忠宣公)……一四六
又(余忠宣公)……一四六
與子美先生帖(汪古逸)……一四七

與鄭子美先生論春秋闕疑書(徐大年)……一四七
寄鄭子美二首(唐筠軒)……一四八
題鄭子美師山精舍(唐筠軒)……一四八
鄭君子美倒騎驢圖(陳衆仲)……一四八
送子美入黄山讀書(王仲履)……一四八
次周廉使賀鄭子美徵君應詔韻(汪仲魯)……一四九
客錢唐有懷東山趙子常時徵
師山鄭先生(吴克敏)……一四九
送鄭徵君入覲(吴克敏)……一四九
呈鄭徵君(吴克敏)……一五〇
鄭待制席上同劉伯温都事燕叔義憲史
諸公賦承天觀東軒詩(吴克敏)……一五〇
渡江有感寄鄭待制(吴克敏)……一五〇
克復昱嶺關寄鄭子美待制(吴克敏)……一五〇
祭文(衛國鄧公)……一五一
又(王駙馬)……一五一
又(朱楓林)……一五一
又(天台江灝)……一五二
又(臨川黎敏)……一五三
哀辭(汪仲魯)……一五三
又(石泉周原誠)……一五四
題余青陽鄭師山二先生手札(吕德昭)……一五七
又(鄭忠)……一五八
移建師山書院引(唐仲)……一五八
謁師山先生祠(龍晉)……一五九
次韻龍侯題師山先生祠(華亭彭瑋)……一六〇
又(裔孫鯨)……一六〇
過鄭公釣臺(程敏政)……一六一
次篁墩先生韻(張駿)……一六一
又(胡燿)……一六二
又(鮑楠)……一六三
又(陸相)……一六三
又(鄭崐)……一六四
仰止亭(沈周)……一六五
書鄭公釣臺卷(張寧)……一六五
書師山先生所題黄山崖石後(鮑尚褧)……一六六
又(程篁墩)……一六六
拜朱文公祠(孫燦)……一六六

校點説明

《師山先生文集》八卷《遺文》五卷，元鄭玉撰。

鄭玉（一二九八—一三五八），字子美，號師山，徽州歙縣（今安徽歙縣）人。幼從父千齡宦遊淳安等地，敏悟嗜學，曾入黄山祥符寺及紫陽南山觀讀書。既長，兩應進士舉，不利，遂棄舉子業，求聖人之道。覃思「六經」，尤精於《易》與《春秋》。其學以朱熹之學爲旨歸，中年和會朱陸，晚年專心朱學。至順二年（一三三一）初，侍父遊京師，以工於古文爲虞集、揭傒斯、歐陽玄所稱，將薦於朝，因父病南歸。家居教授，潛心著述，受業日衆，門人鮑元康等築師山書院以處。至正十四年（一三五四），詔徵翰林國史院待制，辭疾不起。十七年，明軍入徽州，守將邀致之，玉曰：「吾豈事二姓者耶！」因被拘囚。十八年八月一日自縊死，年六十一。著有《師山先生文集》八卷、《遺文》五卷，《春秋經傳闕疑》四十五卷，今存。《周易大傳附注》、《程朱易契》，已佚。事見元汪克寬撰《師山先生鄭公行狀》、《元史》卷一九六《忠義傳》。

《師山先生文集》八卷，前有至正七年程文序，又有至正十年鄭玉自序，蓋即鄭玉所自編，惟序首標題曰《餘力稿》，序中亦稱「且名曰《餘力稿》」，則集名似出後人追改。王禕序及楊士奇跋已皆稱《師山集》，則初刻時已改名。《遺文》五卷，編者不詳，程敏政跋鄭玉《釣臺詩卷》稱「其裔孫虬裝潢成册」，張駿和程敏政詩跋亦稱「玉裔孫鯨、虬皆能詩」，或即由鄭虬等所編定。《附録》一卷，則當時酬贈詩文及後人題詠。

《師山先生文集》及《遺文》是鄭玉詩文的全集，文集中較爲充分地表達了鄭玉的理學思想和文學主張。鄭玉對朱、陸之學的共性及利弊的辨析最具特色，他説：「陸子之質高明，故好簡易；朱子之質篤實，故好邃密。所入之途有不同，及其至也，三綱五常、仁義道德，豈有不同者哉？況同是堯舜，同非桀紂，同尊周孔，同排佛老，同以天理爲公，同以人欲爲私，大本達道，無有不同者乎！」(《送葛子熙之武昌學録序》)認爲朱、陸之學各有利弊：「朱子之説，教人爲學之常也；陸子之説，高才獨得之妙也。二家之學亦各不能無弊焉。陸氏之學，其流弊也，如釋子之談空説妙，至於鹵莽滅裂，而不能盡致知之功；朱氏之學，其流弊也，如俗儒之尋行數墨，至於頹惰委靡，而無以收力行之效。」(同上)即是説朱熹的「道問學」是爲學之常規，但其弊在於支離與迂腐，以至「頹惰委靡」脱離實踐而無「力行之效」；陸九淵的「尊德性」確實有獨到高明之處，但是易流入空談，主觀武斷，嚴重脱離實際，更無「致知之功」。鄭玉上述「和會朱陸」的思想在學術史上是有一定位置的。全祖望曾説：「繼草廬(吴澄)而和會朱陸者，鄭師山也。草廬多右陸，而師山則右朱。」(《宋元學案·師山學案》)雖然鄭玉「右朱」，但對學者們的門户之見深爲不滿：「後之學者，不求其所以同，惟求其所以異……此豈善學聖賢者哉！」(《送葛子熙之武昌學録序》)「是學者自當學朱子之學，然亦不必謗象山也。」(《與汪真卿書》)主張不同學派之間應該和睦相處，取長補短。他對理學末流之弊也進行了揭示：「朱子盡取羣賢之書，析其同異，歸之至當，使吾道在宇宙，如青天白日，萬象燦然，莫不畢見。然自是以來，三尺之童即談忠恕，目未識丁亦聞性與天道，一變而爲口耳之弊。蓋古人之學，以所到之深淺爲所見之高下，所言皆實事；今人之學，所見雖遠，而皆空言。此豈朱子畢盡精微以教世之意哉？」(同上)其言洞見理學流弊之癥結，是很有見地的。與理學觀念相比，鄭玉的文學主張並不通達，甚至完全是道學化的，他認爲「(韓柳歐蘇)塗天下之耳目，置斯民於無聞見之地。然則道之不明，文章障之也；道之不行，文章尼之也」(《餘力稿序》)，觀點十分偏頗。文集中《唐太宗論》、《張華論》等史論也殊爲迂腐，不脱理學家苛於待人之痼習。總之，鄭玉的文集對於後人全面了解其思想是很有價值的。

鄭玉的文集現在可見的版本有以下幾種：一、元至正刻明修本《師山先生文集》十一卷，存九卷，缺卷五、八。二、明嘉靖本《師山先生文集》八卷,《遺文》五卷,《附録》一卷。此本又有明、清鄭氏後人修補後印本,多出《濟美録》四卷(《濟美録》爲明鄭燭於嘉靖十四年(一五三五)編,蒐録其先人元歙縣令鄭安、休寧令鄭千齡、徵授翰林待制鄭玉、歙縣令鄭璉的相關記載,人爲一卷)。三、清乾隆《四庫全書》所收《師山集》,内容全同嘉靖本,惟《附録》中多出汪克寬所撰鄭玉《行狀》及《元史》鄭玉本傳。四、清道光二十八年(一八四八)涇縣潘氏袁江節署刻《乾坤正氣集》本《師山先生文集》,九卷。

本次校點,以明嘉靖本爲底本。此本所收詩文最全,且刻工精良,絶少漫漶處。以元至正刻明修本爲參校本,簡稱「至正本」。此本有殘缺,且多漫漶不清處。另以清文淵閣《四庫全書》本爲校本,簡稱「四庫本」。本人才學譾陋,不免有錯謬之處,敬請方家不吝賜教。

校點者　李　鳴

師山先生文集序

鄭君子美初至京師，或傳其文數篇于奎章閣下，授經郎揭公讀之，驚曰：「是蓋工於古文者，嚴而有灋。」侍書學士虞公揚于坐曰：「鄭子之文，異日必負大名于天下。」藝文少監歐陽公曰：「使少加豐潤，足追古作者。」宋狀元、陳助教皆稱其能，且奇其人。將謀薦之，鄭君竟奉親南，不屑留矣。余時以筆札事諸公，親聞其言，欲一讀其文以自快而未之暇。歸江南數年，與鄭君益相親，始得博觀其前後之文累百餘篇。蓋其制行之高，見道之明，故卓然能自爲一家之言如此。古人謂文章與時高下，然亦恒發於山川之秀，本諸文獻之傳。漢之文章，莫盛於司馬相如、楊雄，而蜀世多文人。若鄭君之學，夫豈無所自來哉！余不能文，又惡知鄭君？以嘗游閣老諸公之門，姑誦所聞以爲之序。子美嘗築精舍師山，聚書以淑學者，故學者稱之「師山先生」云。至正丁亥三月望日，婺源程文以文甫書。

餘力稿序

孟子既没，學者各以己見爲學，文章爲道，故韓退之、柳子厚、歐陽永叔、蘇子瞻輩咸以此名世。作者既曰足以盡斯道之傳，後之尊之者又曰是皆所謂傳而得其宗者也。塗天下之耳目，置斯民於無聞見之地。然則道之不明，文章障之也；道之不行，文章尼之也。文章之弊，可勝言哉！

宋初，河南程氏兄弟者出，天下號爲「兩程夫子」，始知斯道之傳，不在語言文字之間，而具於吾性分之内，不在虛無高遠之際，而行乎日用常行之中。以此窮理，以此明道，以此淑身而傳後，以此解惑而覺迷。文章之作，遂一廢而爲無用之物。譬之霪雨初霽，復見天日，而無有魑魅魍魎也。至吾新安朱夫子，集諸儒之大成，論道理則必著之文章，作文章則必本於道理，昔之尼者行、障者明矣。信乎有德之必有言，文章爲貫道之器而非虛言之謂也。

余年十數歲時，蒙昧未有知識，於前言往行無所擇。獨聞人誦朱子之言，則疑其出於吾口也；聞人言朱子之道，則疑其發於吾心也。好之既深，爲之益力，不惟道理宗焉，而文章亦於是乎取正。久而浸熟，不知我之學古人，而疑古人之類我也。人有笑而問者曰：「文章宗韓、柳，道理宗朱、程，此萬世一論也。子之爲學，不亦謬乎？」余曰：「道外無文，外聖賢之道而爲文，非吾所謂文；文外無道，外六經之文而求道，非吾所謂道。吾於朱子折衷焉。」問者曰：「吾過矣，吾過矣。

子之言是也。」余懼問者之煩而應者之勞也，廼書其意而以白夫世之疑者，且名曰《餘力稿》，以見吾學之不專於文辭，而當有本也。至正庚寅三月朔，鄭玉序。

師山先生文集卷之一

表

讓官表

臣聞高祖開漢，不屈四皓之心；光武中興，終全子陵之志。夫所謂隱士者，或因忿世疾邪，或欲廉頑立懦，故以恬退爲事，高尚爲風，未必皆有康濟之才、經綸之學也。從昔賢聖之君所以特加寵異者，蓋欲養成廉耻，激勵風俗，爲天下勸耳。

臣幼以樗櫟之資，深愛山林之趣，躬耕壠畝，留情著述，初無過人之才、忘世之意也。兹者伏遇皇帝陛下以天地爲心，億兆爲念，求賢不及，從諫如流，謂臣遯跡丘園，特賜尊酒束帛，以翰林待制召。臣聞命恐悚，神識飛揚，循牆扣天，趨避無所。臣竊惟邇年以來，士大夫貪得患失，尸位素飡，廉耻日喪，風俗日壞，養成今日之禍，以致盜賊蠭起，生民塗炭，遂使陛下宵衣旰食，憂形辭色，累下哀痛之詔，布寬大之恩，而天下猶未定也。今臣復蹈前轍，貪冒恩榮，不知退避，豈惟負陛下知人之明，抑亦有妨朝廷進賢之路。非臣所以報陛下，亦非陛下所以望於臣也。蓋臣學問之淺深，德量之大小，非他人之所能知，而臣自知之，所謂「吾斯之未能信」者，豈敢炫石爲玉，以自欺其心哉！然酒與帛，天下所以奉陛下者，陛下得以私與人，臣不敢辭也；名與器，祖宗所以遺陛下，使與天下之賢者共之，陛下不得私以與人，臣不敢受也。伏望天慈，特賜俞允，收回恩命，容臣以布衣赴闕，入覲清光，攄其一得之愚，以爲涓埃之助，然後退處山林，詠歌堯舜，以樂太平，實臣之至幸也。而使者坐驛，有司臨門，迫臣就道，必欲令臣親詣辭免。臣累更憂患，素抱羸疾，道路勞役，至于海上，復感風痺，不能前進。謹奉表以聞，伏聽聖旨。臣干冒天威，下情無任激切屏營之至。

謝賜酒箋

日月重光，紹承平之正統；山林小隱，蒙徵聘之殊恩。丹陛出綸，青坊設醴。臣誠欣誠忭，叩頭叩頭。臣聞人心攸繫，實惟儲貳之尊；德業孰先，莫如繼述之重。能廣君父所行之志，必得古今達孝之名。然東帛旌賢，禮僅聞於前代；而上尊致敬，事未見於東宮。何幸微臣，親逢優渥。以巖穴孤寒之士，受朝廷稠疊之知。此蓋伏遇皇太子殿下，坤德承乾，離明出震。體聖上招臣之盛意，舉國家曠古之彌文。位居主鬯之崇，器非安與；情比賜酺之厚，澤欲普施。遂使草茅，濫沾雨露。臣顧慚淺學，無補明時。拜賜多儀，分已出於僥倖；讓還好爵，心始覺於和平。願於問安侍膳之餘，爲致辭官就召之請。仕止進退必合義，庶幾抑奔競之風；左右前後皆正人，尚益勉端本之學。臣下情無任激切屏營之至。

書

上定住丞相

昔者周公之爲輔相也，一沐三握其髮，

一飯三吐其哺，急於得賢，以共天位，故能致成周之治，爲三代之隆也。然舉賢之道，在於公天下之選，不可徇耳目聞見之偏，而墮朋黨好惡之弊也。伏惟閣下以伊、傅之才，居輔相之位，朝夕求賢，惟恐不及，其視周公，誠不多讓。然天子之職，在擇一相；宰相之職，在擇百官。主上之所以擇宰相而得閣下者，可謂得其人矣。閣下之所以擇百官者，則未聞其人也。邇者朝廷以某隱居不仕，上尊出自光禄，束帛賁于丘園。拔之深山窮谷之中，置之金馬玉堂之上。使某庸陋，濫叨寵渥，豈所謂公天下之選哉？蓋某自幼知非用世之才，又乏過人之識，故棄干禄之學，絶進取之心，投迹山林，躬畊隴畝，自食其力，無求於人。暇則誦詩讀書，以著述爲樂，非敢不仕無義，以廢人之大倫也。好事相傳，指爲隱逸，流布京師，致徹閣下之聽。閣下又不察之而以上聞。某聞命以來，揣分量才，逃避無所，仰愧俯怍，寢食不安。竊惟方今戰士暴露而賞賜不加，賢人在野而弓旌不舉。乃使某謭才陋學，謬膺恩榮，傳笑四方，爲閣下之累，貽朝廷之辱，誠非所以望於閣下也。欲乞廟堂，繳還翰林之命，俾某以布衣躬詣閣下，吐其狂愚，少攄報效。移此恩數，以之賞戰士，則士盡其力；以之招賢人，則人得其用。削平盜賊，坐致太平，然後使某得以優游斯世，美朝廷之治，頌閣下之功，播之聲詩，傳之後世，以爲億萬斯年之美談，兹實天下之望也，某之願也。以此不敢欽受。而使者敦迫，必欲令某親至京師，面自辭免。而某憂患餘生，昏耄成疾，道至海上，復感風痺，不能前進。庸是因其表章之辭，布此腹心之懇。伏望鈞慈，特爲敷奏，遂其初心，實切幸甚。

上漢兒執政書

某惟士君子之於世，固在乎人相知之深，尤在乎己自信之篤。夫以夫子之睿智，察弟子之學行，而許漆雕開以仕，其知之不爲不深矣。及至開以「吾斯之未能信」告，則夫子爲之喜悦。豈夫子之知不如開哉？顧有人己之殊，而開之不自欺爲可貴耳。

某也江東之鄙人也。幼而讀書，既乏明敏之質；長涉世故，又無幹濟之才。不敢自欺其心，投棄林壑，甘與樵牧爲伍，而不爲仕進之謀。重以邇年鄉郡累經寇盜，城郭丘墟，田畝荒落，屋廬焚毁，妻子離散，憂患驚心，遂成疾疢。兼之肢體傷殘，精神消耗，景薄桑榆，昏耄日甚。近者朝廷急於得人，不覈其實，遂以隱逸見舉，即所居拜翰林待制。某自揆匪才，不堪斯任，乞讓名爵，恭俟綸音，許以布衣赴召。而使者堅拒不允，必欲令自赴都陳懇，逼迫上道。勞苦筋骨，衝犯風露，内疢既劇，外感復深，不能前進。兹具表文，布其所以。惟三先生以中原文獻之宗，任廊廟柱石之重。蒼生之所仰望，士類之所依歸。愛人以德，不尚虚文。冒貢尺書，敷陳衷懇。幸因論道經邦之餘，達此衰朽顛連之狀，繳還翰林之命，使某得老倒山林，優游聖世。上不妨朝廷進賢之路，下不屈匹夫自信之心。雖不能有補明時之治，亦可以少息奔競之風。豈惟某之私幸，亦世道之幸也。區區干冒威嚴，下情不勝恐懼之至。

師山先生文集卷之一終

師山先生文集卷之二

論

漢高祖索羹論

以吾身而視天下，則天下爲重；以吾親而視天下，則天下爲輕。故君子之取天下，當大變之來，遇父母之難，又豈可不權其輕重而爲之進退哉？方天下亂離，生民塗炭，以吾身犯鋒鏑之險，蹈不測之淵，爲天下拯焚救溺者，天下重於吾身也。及親陷賊庭，危在頃刻，則舍天下以全吾親者，親重於天下矣。

昔者漢、楚之争，會于廣武，項羽置太公於俎上，告高祖而殺之，所謂危在頃刻者也。高祖於此，所宜卑辭請降，迎歸其父，然後以師問罪，與之决勝負於一戰，定成敗於萬全，未晚也。豈可大言無當，索父之羹，以吾親之重爲天下之一擲哉？向非項羽有婦人之仁，高祖無項伯之援，則太公烹於俎上矣。項羽既殺太公，分羹高祖，然後布告天下，謂高祖不顧其父，挾人殺之而食其羹，興師問罪，則高祖負殺父之名，此身且將無所容於天地之間，又安能與之争天下哉？項羽計不出此，反惑於「爲天下者不顧其家」之言，使太公幸而獲免，高祖因之成事。天下遂以高祖爲得計，索羹爲名言，紊綱常之義，失輕重之權矣。使後世臣子懷必勝之心，忘君親之難者，未必不自此言發之也。

桃應問：「舜爲天子，皐陶爲士，瞽叟殺人，舜如之何？」孟子曰：「舜視棄天下，猶棄弊屣也。竊負而逃，遵海濱而處，終身欣然，樂而忘天下。」高祖當以爲法。❶

唐太宗論

父有天下，傳之於子；子有天下，尊歸於父。此古今之通義，帝王之常經也。堯以天下與舜，未聞舜以瞽叟爲辭；太王以國傳季歷，未聞季歷以太伯爲解。蓋當天下離亂之際，苟德在己，則起而應天順人，救民於水火之中矣，又奚暇讓其父兄哉！

昔者隋煬暴虐無道，盈於桀紂。生民受禍，甚於塗炭；天下怨之，過於寇讎。於是盜賊蠭起，干戈林立，誅隋之師，不期而會。然皆陳勝、吴廣之徒，未有商湯、周武之比。獨太宗以聰明勇決，識量過人，見隋室方亂，陰有安天下之志，當時豪傑皆歸心焉。人之議之，則曰命世之才。太宗之心，亦必以高、光自許，是蓋湯、武之亞矣。衆人之論，固未嘗及於高祖，而高祖之志亦不足以及於是也。使太宗因天心之厭亂，順人心之思治，以天下之憂，爲一己之任。義旗一舉，豪傑雲蒸。乘以之興弔民問罪之師，行放桀伐紂之事。乘虚入關，號令天下。數煬之惡而誅其身，代煬之位而反其政。然後用漢太公故事，尊其父爲太上皇。半年之間，定天下而成帝業。身没之後，位傳于子。前免挾父之名，後免弑兄之惡。湯、武之事復見於後世，唐室之治可追於三代矣。顧乃拘拘於父子名分之

❶「以」下，四庫本有「此」字。

間，孜孜於詳度論議之細。不量其父之才，必欲强以天下之重。言之而不從，則刼其過失，訹以禍福。及其義兵既舉，大事已集，猶且自加殊禮，至于九錫。既不以征伐之事上同於湯、武，乃竊取禪授之名下同於莽、操。亦不聞太宗之有一言，何也？蓋太宗才過於德，識不逮志，卒成骨肉之禍，遂陷簒弑之名者，皆始謀之誤也。

或曰：「高祖身爲唐公，職掌兵權，非太公之比。使太宗而自舉事，則高祖必起而誅之矣。」今以史考之，太宗之初説高祖也，高祖蓋欲執而告之矣。明日復説之，則以其言爲大有理，且曰：「今日破家亡軀亦由汝，化家爲國亦由汝矣。」及裴寂問之，則曰：「事已如此，當復柰何！正須從之耳。」觀於此言，太宗舉事，高祖又豈能殺之哉？況太宗之在當時，天與之，人歸之。使其父有瞽叟之暴，頑母之助，塗廩浚井，且不能害之也，況高祖乎？不肯逆天違人而害其子也，必矣。太宗之事，千古之遺恨也。或者之言，又豈足爲太宗解哉！

張華論

嗚呼！聖人既爲經以定天下之常，復爲權以盡天下之變。於是經權相濟，若體用然，而天下事無不可爲者矣。人君者，天下之義主也。義之所在，天下共爲之主矣。苟義去之，匹夫而已，豈得爲天下之主乎？人臣之事其君，幸而遭遇明哲，固當盡職奉公，竭忠事上，守其常分，毋或凌犯。不幸遭遇昏愚，縱情暴虐，肆行禍亂，毒害生靈，傾危宗社，爲之大臣者則權之以義，而有伊、霍之事焉。人主尚爾，況母后乎？若曰君臣上下，素有定分，階級等威，不可踰越，拘俗儒之常談，守匹夫之小節，坐視禍亂，至於危亡而莫之救，則將焉用彼相矣？

吾讀《晉書》，於賈后之禍，不能不深罪於張華焉。夫華者，晉室之大臣，天下之元老。在武帝時即以文學才識，名重一時。議者謂宜爲三公，蓋朝廷取以爲法，宗社恃以爲安，四海之所屬望，萬民之所歸心。況惠帝藹騃，國家大計獨寄之大臣者乎？賈后專政，淫亂暴虐，誣元舅以謀反而殺之，廢太后爲庶人而幽之。此大逆無道，人神之所共怒，王法之所必誅。苟不能討，禍亂必矣。況賈后爲妃之時，戟擲孕妾，武帝嘗欲廢之，具有詔旨。張華苟能倡明大義，廢黜賈后，正名定分，以安反側，則太后可復，儲貳不致於動搖。國本既安，天下自定，此撥亂反正之道也。顧此不爲，而乃議曰：「太后黨於所親，爲不母於聖世，宜依漢廢趙太后故事，稱武皇后，居異宫。」此何言哉！善乎董養之言曰：「公卿處議至此，天人之理既滅，大亂將作矣。」及其弑太后而覆殯之，賈模、裴頠謀欲廢后，華尚欲使模、頠調停勸戒，謂不致大悖，則天下未亂，而己得以優游卒歲。不知何者謂大悖，何時爲大亂乎？及其謀廢太子，劉卞請因太子入朝，廢賈后於金墉城，華猶曰：「天子當陽。太子，人子也，相與行此，是無君父，而以不孝示天下也。」卒使太子幽廢以死。國本一摇，天下遂亂。孫秀之姦謀以起，趙王倫之篡逆以成。馴致骨肉相殘，五胡乘間，宗社播遷，中原不復。是果誰之罪哉？華之族滅身亡，有不足惜者矣。嗚呼，華也！昔者力贊平吴之策，何其勇也！今者力沮廢后之謀，何其怯也！蓋華本庸人，專於詩書名物之間、制度文爲之末，才不足以制變，學不足以適道，豈知天下之大義、聖人之大用哉！若華者，所謂具臣而已矣。孔子曰：「可與立，未可與權。」華且未知所謂立，安知所謂權哉！

狄梁公論

或問曰：「狄梁公，唐之社稷臣也，或者譏其事女主，此説然乎？」予曰：不然也。公山弗擾以費畔，召子，欲往，且曰：「如有用我者，吾其爲東周乎？」佛肸以中牟畔，召子，欲往，且曰：「不曰堅乎？磨而不磷。不曰白乎？涅而不淄。」此孔子所以爲聖之時也。武曌音照。以一婦人滅唐簒位，奄有天下，南面稱制，莫敢誰何，此古今所未有之大變也。革命之際，百官宗戚，百姓四夷，合辭而勸進者六萬餘人。方是時也，人心天理，蓋蕩然矣。豈復知男女内外之定位，君臣上下之大倫哉！李昭德雖有姑姪相簒之言，不過詭計以奪武承嗣之權。吉頊雖有請還廬陵王之語，不過爲二張長保富貴之策。不有梁公心在王室，志復我唐，智識足以破其姦謀，至誠足以折其詐僞，忠言讜論足以沮其邪心，婉辭曲意足以興其善念，卒還中宗，又薦張柬之等誅除姦惡，以成反正之功，則天下爲周，唐室不復，奪攘簒弑之禍興，誅討征伐之事起矣。生靈受禍，何時而已乎？唐之宗社，又豈復有二百餘年之血食哉？予嘗謂梁公事女主、復唐室一事，合於聖人之時，豈但有不可譏議而已乎？爲斯言者，多見其不知量也。

雖然，予於梁公，猶有遺憾焉。孔子爲魯司寇，攝行相事，七日而誅少正卯。孔子豈亟亟於誅戮者哉？蓋恐事機之或失而罪人之幸免也。武曌篡位至梁公薨，十有七年矣。梁公入相，亦三年矣。方帝在房州，猶懼相去懸隔，萬有不密則害爲成。今帝已還東宫，朝夕在側，左袒一呼，其有不應者乎？顧乃遷延猶豫，終于相位，必待張柬之之徒以終厥志。梁公之薨已七十一歲，所薦張柬之又年八十餘矣。使天不假之年，則不幾於失其事機乎？况梁公才識有過人者，使其自爲，誅戮之際，必有施爲，後日决無五王葅醢之患矣。抑此豈直梁公之失哉？亦由當時教化不明，綱常淪廢，不知武曌之爲賊而失誅討之義，以至於此也。傳曰：「兵出無名，事故不成。明其爲賊，敵乃可服。」又《春秋》之義，亂臣賊子，人人得而討之。❶故陳恒弑其君，孔子請討之惟恐後。夫武曌之所以貴於天下，與天下所以奉之者，以其爲唐室之后，天下之母也。今武曌改唐國號，滅唐社稷，廢唐宗廟，逐唐人主而篡其位，則是唐之賊矣，又豈得復爲天下之母乎？在廷之臣，皆嘗北面事之，但知其前日爲天下之母，不知其今日爲唐室之賊也。何以言之？武曌之遷上陽宫也，姚崇嗚咽流涕，張柬之曰：「此豈公嗚咽流涕時耶？」崇曰：「前日從諸公討姦惡，人臣之義也；今日别舊君，亦人臣之義也。」夫以姚崇之賢，猶以其爲舊君，在他人又安知其爲賊乎？使當時在廷大臣有一人之識足以及此，明其爲賊，聲罪而致討焉，綱常一明，人心自振，豪傑風起，不旋踵而誅之矣，又豈使後世復有遺憾，如今日之所云乎？近世胡氏數其九罪，恨當時不即誅之，後日不追廢之，可謂痛快的切矣，然猶未正名其爲賊也。予故

❶「討」，四庫本作「誅」。

發明胡氏之意，正名武曌之爲賊，使綱常之分大明於天下。後世母后有託以垂簾聽政，包藏禍心，謀爲不軌如武曌之爲者，其忠臣義士防微杜漸，不俟終日，當其未成也則有以沮之，若其既成也則有以誅之，庶幾篡逆之謀息而禍亂之原塞矣。故特於梁公責備焉。

讀歐陽公趙盾許止弑君論

余觀《左傳》所載，皆魯史舊文，明白可信。及丘明稍加隱括，附以議論，然後事蹟泯滅，是非乖謬，《春秋》之旨始有不可得而考者矣。及《公羊》、《穀梁》定爲義例之説，但有不合，則曰此聖人之微意也，一切舍事實而求之空言，使聖人筆削之妙，下同刻吏弄法之文，而仲尼之志亦復不可見矣。然則《春秋》之不明，三傳蔽之也。今以趙盾、許止之事觀之，經皆書「弑」，初無「不討賊」、「不嘗藥」之文也。自左氏設爲君子之言，託爲孔子之説，二傳從而和之，趙盾、許止弑君之情始晦，而諸儒議論之辭起矣。去之千載，卒未有能破其説者。至歐陽子，始評而議之，真傑論也。然歐陽子以高才偉論，不待考據本末，二人者弑君之情已不可遁矣。以常情觀之，非考驗事實，證據明白，未易輕信而不疑也。

晉靈公欲殺趙盾，盾乃謀弑靈公，遂使趙穿攻於桃園者，情也。謀既定則出奔以待其舉，事既遂則復國以成其亂者，蹟也。盾蓋主謀，穿特從之爾。故太史書曰「趙盾弑其君」，誅首惡也。盾以其非親弑，可以自掩，欲争以苟免，於是史狐對曰：「子爲正卿，亡不越境，反不討賊，非子而誰？」所以爲之辭，而證其主謀乎弒也。❶ 況趙盾反國，非惟不能討賊，既聞狐語之後，又使趙穿迎公子黑臀而立之，情蹟益彰露矣。左氏但泥其「不越境」、「不討賊」之辭，而不察其「非子而誰」之語，故謂狐直以盾不討賊而加以弒君之罪，又從而託爲孔子之説，惜其不能越境以免，二傳從之，而姦臣賊子之情跡始得以自諱而幸免矣。許悼公瘧，飲太子止之藥而卒，太子奔晉。夫飲其藥而卒，則是進毒以鴆其父矣，父死而奔，則是弒君而避討矣。苟非其弒，父死之後，居喪即位，自有常禮，豈有棄父之喪而奔他國者乎？左氏因史無弒父之文而有進藥之語，又從而推之曰：「盡心力以事君，舍藥物可也。」於是《公羊》、《穀梁》益得以肆其支離之説，而許止弒父之蹟幾泯矣。余故曰：「《春秋》之不明，三傳蔽之也。」程子曰：「以經證傳之誤，以傳補經之闕。」讀《春秋》者以是法求之，其不合者寡矣。

趙苞論

君臣者，天下之大義；母子者，一身之私親。以私親而忘大義，固不可；因大義而殺私親，豈人情也哉？此趙苞所以處其君與母之變，而莫知所適從也。夫寇之所以刼制其母者，以其子之爲太守也。太守之所以受制於寇者，以其身有守城之責而進退兩難也。當此之時，以城降寇而求生其母則爲不忠，以城拒寇而致殺其母則爲不孝。爲苞之計，唯當對寇自殺，使城守之責歸之佐貳，破其挾制之謀，絶其覬覦之念。母在寇中遂爲

❶「弒」，原作「殺」，今據至正本、四庫本改。

棄物，一老婦人殺之何益，寇必委而去之，不求生其母而母自生矣。苞之死也，豈不爲全人哉！惜乎，苞知君臣之不可相背，而不知母子之不可相殘，遂致遽戰而殺其母也。及觀苞既葬其母，即歐血而死，則當時不死而遽戰者，苞非愛其身也，特出於倉惶急迫，一時思慮之所未及，識見之所未至耳。然母既死矣而苞死之，則其死也亦徒死矣。惜哉！

李璀論

凡人處君親之間，當大變之際，既不能兩全其道，則當各盡其道而已。若李璀者，其有得於此乎？方懷光之將反也，璀陳逆順之理，盡諫諍之道。知其父之志決不可移也，則言於德宗，使爲之備，見君恩之不可背。及懷光之敗也，則自殺以殉父，見親難之不可違。觀其言曰：「臣聞君、父一也，但今日陛下未能誅臣父，而臣父足以危陛下，故不忍不言。」雖當大變之際，而粲然君臣之倫。又曰：「臣父非不愛臣，臣非不愛其父與宗族也，顧臣力竭不能迴耳。」雖在大難之中，而藹然父子之恩。及德宗問其自免之策，則對以俱死，既不背其君，又不遺其親，斯爲忠孝兩全矣。君爲臣綱，父爲子綱，豈不各盡其道哉！按免懷光一子死，使收葬，則懷光猶有後也，璀之死可無毫髮遺憾矣。致堂胡氏謂德宗欲全璀，則宜預詔馬燧，以懷光畔逆罪止其身，念嘗勤王，特宥其子，使懷光父子知之，則懷光必使璀勿死，而璀亦可以不死矣。以愚觀之，雖有德宗之詔，懷光之言，璀必死而後已，安肯託之以自免哉！縱迫於君父之言，暫焉不死，此心其肯安乎？亦必死而後安也。璀謂使臣「賣父求生，陛下亦安用之」者，蓋其本心也。李泌謂「使其不死則亦無足貴」者，得其本心矣。悲哉！

漢昭烈顧命論

五帝官天下，三王家天下，其法固不同矣。然聖人豈容毫髮置私意於其間哉？亦曰與天下公之而已。立子以適，三王不易之常經也。然爲天下得人，則兼用官天下之法焉。故太王舍太伯而立季歷，文王舍伯邑考而立武王，其欲天下乂安，宗社不廢，則一而已。

漢有天下四百餘年，桓、靈不道，僭亂四起，操、丕父子，遂篡帝位。昭烈以帝室之冑，擁益州之衆，三顧孔明於草廬之中，遂定君臣之分。相與披荆棘，犯霜露，同死生，共甘苦者，十有七年。鞠躬盡力，死而不已者，皆爲興復劉氏也。昭烈豈爲身謀？孔明，蓋社稷之臣也。今劉禪昏愚暗弱，縱使伊尹阿衡、周公輔相，亦必危亡而後已，雖百孔明如之何哉！此幸有説。既曰興復劉氏，則凡高祖之子孫皆天下之共主，何必拘拘子禪嗣位而後爲漢祀不絶哉？爲昭烈之顧命，宜曰：「朕與丞相所以經營天下者，凡爲興復劉氏也。今天奪我志，病不能興。嗣子可輔，輔之；如不可輔，則擇劉氏之賢者而立之。」孔明，王佐之才，必有以處此，而劉氏之社稷復興矣。惜乎昭烈之識不足以及此，而乃言曰：「如不可輔，卿可自取。」置孔明於嫌疑之地，欲用權而擇賢，則恐天下以昭烈之言而疑己；欲守經而不變，則苦劉禪之昏愚而不可有爲。終於天下三分，不能混一。孔明既死，劉禪卒就擒縛。及其入魏，屈辱百端，畧無愧耻。豈惟劉氏之宗社不嗣，遂使高祖、光武含羞地下，抱憾無窮。古人謂「出師未捷身先死」，非但天不假孔明以年，不克終大事，實由昭烈顧命失言，後嗣非人，遂亡其國。悲夫！

子陵不屈光武論

士有間百世而始出，屈萬乘以自高，舉世謂之有道之士，吾則曰潔身亂倫而已。昔者嚴子陵與光武同遊學，及帝即位，乃變姓名，隱身不見。帝思其賢，物色訪之，徵拜諫議大夫，不屈。後之議者皆曰：「子陵非隱者流，其不仕也，有深意焉。光武在南陽時，子陵告以克復神器，入繼漢統，其説詳矣。帝能行之，遂致中興之業。子陵雖出，無以加此。」然則堯、舜、禹、湯、文、武之治，不足法歟？光武之治，其果不可復加乎？漢止於漢，而不及唐虞三代者，子陵與有責焉。又曰：「光武，子陵故人也。不屈，所以全朋友之倫也。」然則湯之於伊尹，學焉而後臣之者，非歟？又曰：「子陵之意，實欲起東漢之名節，以勵一時之薄俗。」孟子曰：「上有好者，下必有甚焉者矣。」在位而化之以禮，教之以義，獨不可乎？若是者，子陵之出處，其果皆當理而無私心乎？光武，一代之賢君，所謂可與有爲者也。使子陵屈己事之，則伊尹、周公不得專美於前，而生靈被其澤矣。顧乃長往不反，甘爲長沮、桀溺、晨門、荷蕢之徒，豈不重可惜哉！孔子可以仕則仕，可以止則止。孟子曰：「乃所願，則學孔子。」此聖人之出處也，子陵其有合乎？光武曰「狂奴故態」，蓋知子陵爲最深者也。子陵曰：「唐堯著德，巢父洗耳。」其志蓋在是矣。今夫世之飾智巧以逐浮利者，固名教之罪人。至於子陵，道與時偶，三聘而至，道亦尊矣，志亦行矣，何苦懷其寶而迷其邦哉？故朱子於《通鑑綱目》書曰：「徵處士周黨、嚴光、王良至京師，黨、光不屈。」義亦見矣。讀者宜細玩之。

師山先生文集卷之二終

師山先生文集卷之三

序

春秋經傳闕疑序

嗚呼！夫子集群聖之大成，《春秋》見夫子之大用。蓋體天地之道而無遺，具帝王之法而有徵。其於事也，可以因則因，可以革則革；其於人也，可以褒則褒，可以貶則貶；其爲綱也，則尊王而賤霸，内夏而外夷；其爲目也，則因講信、脩睦、救災、恤患之事，而爲朝覲、聘問、會盟、侵伐之文；其主意也，則在於誅亂臣，討賊子；其成功也，則遏人欲於横流，存天理於既滅，撥亂世反之正，損益四代之制，著爲不刊之典也。故曰：「知我者，其惟《春秋》乎！罪我者，其惟《春秋》乎！」知之者，知其與天爲一；罪之者，罪其以匹夫而行天子之事。又曰：「我欲託之空言，不如見之行事之深切著明也。」故《易》、《詩》、《書》言其理，《春秋》載其事。有《易》、《詩》、《書》而無《春秋》，則皆空言而已矣。是以明之者，堯、舜、禹、湯之治可復；昧之者，桀、紂、幽、厲之禍立至。有天下國家而不知《春秋》之道，其亦何以爲天下國家也哉！

然在當時，游、夏已不能贊一辭。至於三家之傳，《左氏》雖若詳於事，其失也誇；《公》、《穀》雖或明於理，其失也鄙。及觀其著作之意，則若故爲異同之辭而非有一定不可易之説。兩漢專門名家之學，則又泥於灾祥徵應而不知經之大用。唐、宋諸儒，人自爲説，家自爲書，紛如聚訟，互有得失。程子雖得經之本旨，惜無全書。朱子間論事之是非，又無著述。爲今之計，宜博採諸儒之論，發明聖人之旨。經有殘闕則考諸傳以補其遺，傳有舛訛則稽諸經以證其謬。使經之大旨粲然復明於世，昭百王之大法，開萬世之太平，然後足以盡斯經之用。而某也，非其人也。間不自揆，嘗因朱子《通鑑綱目》之例，以經爲綱，大字揭之於上，復以傳爲目，而小字疏之于下。敘事則專於《左氏》而附以《公》、《穀》，合於經者則取之；立論則先於《公》、《穀》而參以歷代諸儒之説，合於理者則取之。其或經有脱誤，無從質證，則寧闕之，以俟知者，而不敢强爲訓解。傳有不同，無所考據，則寧兩存之，而不敢妄爲去取。至於誅討之事，尤不敢輕信傳文，曲相附會，必欲獄得其情，事盡其實，則以經之所作，由於斯也。其他常事則直書而義自見，大事須變文而義始明。蓋《春秋》有魯史之舊文，有聖人之特筆，固不可字求其義，如酷吏之刑書；亦不可謂全無其義，如史官之實録也。聖人之經，辭簡義奥，固非淺見臆説所能窺測。重以歲月滋久，殘闕惟多，又豈懸空想像所能補綴？與其强通其所不可通，以取譏於當世，孰若闕其所當闕，以俟知於後人？程子謂《春秋》大義數十，炳如日星，豈無可明之義？朱子謂起頭一句「春王正月」便不可解，固有當闕之疑。某之爲是書也，折衷二説而爲之義例，所以辭語重複、不避繁蕪者，蓋以常人之心，窺測聖人之意，反復推明，猶懼不得其旨也，况敢吝於言乎？然亦姑以便檢閲、備遺亡而已，非敢謂明經旨、傳後世也。觀者幸恕其僭。

周易大傳附註序

伏羲畫八卦而文籍生，則《易》於諸經爲首出；秦焚典籍而《易》獨存，則《易》視諸經爲全書。天地萬物之理，古今萬事之變，《易》無不具；吉凶消長之故，進退存亡之幾，《易》可前知。所以爲潔凈精微之教，而示人以開物成務之道也。《易》其可一日不講乎？

予自中年，即有志於是書。學陋識卑，不敢有所論著。至正壬辰，蘄黄紅巾攻陷吾郡，禍及先廬，累世藏書無片紙存者。求之親舊，悉皆煨燼。雖欲一《周易》白文讀誦，亦不可得。後三年乙未，被召至四明，始從友人胡伯仁氏假得《程朱傳義》。歸來山中，日誦一卦，似若有所得者，折中二先生之説，合爲一書，名曰《程朱易契》。間有一二己見，不敢附入，始有僭越論著之意，又以無書考據而止。丁酉之秋，復避亂淳安之梓桐源，出入澗谷，上下林壑，寂寥無事，心地湛然。因思天地一《易》也，古今一《易》也，人物一《易》也，而吾身亦一《易》也。自天地而歛之，以至於吾身，《易》之體無不備；自吾身而推之，以至於天地，《易》之用無不周。又以吾身而論之：心者，《易》之太極也；血氣者，《易》之陰陽也；四體者，《易》之四象也；進退出處之正與不正，吉凶存亡之所由應者，《易》之用也。如此，則近取諸身而《易》無不盡矣。雖無書可也，無畫可也，又何有於傳註乎？又何事於考據乎？況伏羲作《易》，文王繫之辭以明其卦，周公繫之辭以明其爻者，經也。孔子爲之《彖》，爲之《象》，爲之《文言》，所以釋文王之卦辭；爲之《小象》，所以釋周公之爻辭。其源委綱領之論，不可附入各卦者，則爲之總論，號《繫辭》上、下篇，其各卦義有未盡者，則發凡例於《繫辭》之中。又爲《序卦》以明其次，《説卦》以明其象，《雜卦》雜述其義者，則《易》之傳也。今人舍夫子之《易傳》而欲明文王周公之《易經》，其亦昧於明《易》之道矣。乃取文王、周公之辭以爲經而列夫子之辭以爲傳，其或夫子之傳辭義深奥，則附以註説，名曰《周易大傳附註》，庶幾三聖人之書，不費辭説而義自明矣。

嗚呼！四聖人之心，天地之心也。三聖人之書，所以發明天地之精微，乾坤之藴奥，夫豈淺見薄識所能窺其萬一？是書之作，徒見其妄誕不知分量之罪而已，何有補於《易》哉！雖然，二文之經，夫子之傳，自足相發，有不待論著而明者，則亦千古之確論也。讀者試以是求之。

送趙典史序

典史，縣幕官也。其受省檄，秩從九品下，其事則檢舉勾銷簿書，擬斷決。禄薄位卑，務繁任重，一縣之得失，百里之利害，常必由之。官所以治其民，民所以治於官，而位乎官民之間者，典史也。欲上而奉承無怠，下而撫字無虧，其爲職不亦難乎！故催科少緩，簿書失實，則長貳責我；刑政稍猛，期會太迫，則吏民責我。惟虚心待物，善則稱人，過則稱己，布長貳之德以施諸吏民，致吏民之頌以歸美于長貳，始可免焉。宣城趙顯甫，典史淳安縣，解而東歸，舉是説以贈，且書之送行詩卷之首。

送黃子厚序

星源王仲履，以明經教授諸生，文學德行在諸老中尤爲超卓。與余交甚善，嘗爲余言其里中黃君子厚之賢，而余未之識也。至治癸亥秋，余與仲履同試藝于有司，時子厚爲於潛簿，亦被檄在院。後數日，始相識於錢塘旅邸。望其氣，和而有容色；聽其語，平易而直諒。余既驗前聞之不誣，又以喜仲履之能知人也如此。越明年，余復與子厚遇於新安傳舍，一見如平生歡，相與議論古今，窮極經史，下逮名詩法帖、刑名術數，靡不談討，亹亹不倦。余又以知子厚之學爲有本，而其施之有序也。抑余聞子厚之在於潛，凡簿之所得爲者無不爲，而其所不得爲者亦無不盡心竭力以佐其長令，而務及其民。子厚之政，固賢於流俗矣。雖然，導以善，而不善者化，古之善教也；旌其能，而不能者勉，後世之善治也。於潛雖小，劉女子之遺烈、洪平齋之文獻在焉。子厚其爲我求二家之後，顧問而存卹之，將見子厚之政，不勞而治矣。他日歸以語仲履，仲履又將爲余喜也。

送徐推官序

士君子在天地間，唯出處爲一大事。故觀其出處之節，而人之賢否可知。雖然，出處之際，禍患之來，常有不可避者，君子亦曰聽其在天者而已。故觀人者不特論其得失之見於外，又必察其是非之存於中者，而後人之出處可得而論也。今自三代以上，孔子、孟子羈窮困厄，此聖賢之出處不敢説，姑即自唐以來數君子而言之。平章事陸贄敬輿，吏部侍郎韓愈退之，宋丞相司馬光君實，龍圖閣學士蘇軾子瞻，軾弟黄門侍郎轍子由，太史黄庭堅魯直，徐州教授陳師道無己，此其人皆有事業在天下，文章傳後世，爲士者所共知識。敬輿以言事忤宰相裴延齡，貴授忠州别駕。退之言迎佛骨非是，幾置之死，末減斥逐嶺南。君實以直道讜論，號爲巨德元勳，身陷誣詬，名書黨籍，禁錮之酷，及其子孫。子瞻與章惇不合，儋州安置。子由貶雷。❶魯直作《承天寺記》，議者以爲言涉訕謗，竄宜州。無己特以送别蘇公，亦坐免官。此數君子者，甚或除名削籍，顛沛流離，一至于極，而不害其爲出處之正，是豈以自外至者爲榮辱邪？

聊城徐公敏夫，以江浙行省都事來爲吾郡推官，慮獄詳讞，人不稱寃。以其暇日，進儒生講説詩書，觴酒賦詩無虚口，蓋亦君子人也。泰定元年四月，被論連坐去官。士友至有爲之流涕者，而公處之怡然，若無與於得失。予於是益有感焉。於其歸也，備述前世諸君子之出處，以解士友之憂，以頌公之行事，而復書以爲送行序云。

送鮑國良之官巢縣詩序

鮑君國良與予生同里閈，觀其平居暇日，冲默簡静，若不能言，矩步徐行，如不勝衣，父母具慶，子孫詵列，閨門之間，孝友慈愛，處己待人，咸有法度，予每敬慕焉。他日受調巢縣主簿，歸自京師，過予言别。予知鮑君以率其身者化其人，刑於家者施於政，其於巢縣之治，有不難矣。

❶「雷」下，四庫本有「州」字。

雖然，古人以治縣爲最難事，故目縣曰「縣灘」，謂人之爲縣，若舟楫之過灘瀨也。然此特指縣令而言爾。古今異制，古者縣令專制一縣之事，簿則分掌簿書而已。今之制，長令與簿共坐一堂之上，遇有獄訟，公議完署而後決遣之。矧一縣之事，自下而上，必始於簿。簿苟可否失其宜，政不平矣。故今簿之職，視古爲尤難，而責爲尤重也。鮑君是行，承上接下，必思有以盡其心，毋徒曰「棲棘非吾志也，吾苟歲月以待調耳」。吾將見鮑君爲淮右之最官，而巢民蒙其福矣。於其行也，鄉之俊彦以「蛟龍得雲雨，鵰鶚在秋天」分韻賦詩，以重其別。以予嘗從四方賢士大夫學問政焉，屬予以序，予不得辭。

送唐仲實赴鄉試序

唐仲實將隨舉試藝于有司，以其尊府君之領教分水也，先期而行，枉道省覲。臨行，從予徵言爲別。予謂科舉之設久矣，唐宋之盛，名公鉅卿胥此焉出。我國家延祐初詔行科舉，今二十年，馬伯庸爲御史中丞，許可用爲中書參政，歐陽原功爲翰林學士，張夢臣爲奎章學士，科舉之士，臺省館閣往往有之，不爲不盛矣。其取士之法，經疑、經義以觀其學之底蘊，古賦、詔誥、章表以著其文章之華藻，復策之以經史時務以考其用世之才，亦既嚴且詳矣。然朝廷不以是爲難也，必曰鄉黨稱其孝弟，朋友服其信義，然後得與是選焉。豈非以德行爲本，文義爲末乎？予與分水君爲忘年之友，辱愛最深，知仲實之才超于人人而學出乎等夷也。今將試藝于有司，又必先過其親，躬省覲之禮，盡孝弟之實，可謂知所先後矣。其言其行，必有合乎今之良有司，以無愧乎科舉之盛也。故序而送之。

送汪仲罕主簿序

稱隱汪先生，生先先君子一年，道德學問實相表裏，出處仕宦又相先後，故兩家子弟相與如骨肉，而鄉里稱二父爲鄉先生焉。先君子既没，予父事而師承之者，唯汪先生而已。每過先生，必造卧内，拜先生牀下，起而侍立，見壁間所書，無非警學者語，而於戒酒之訓尤拳拳焉，似若爲其仲子罕發也。罕工書善畫，嗜飲酒，終日陶陶，世間榮辱利害未嘗毫髮掛于心也。所至醉墨淋漓，人争取之，以爲奇玩。去年冬，姪潛來，謂罕酒戒甚嚴，予未之信。今年春，往見先生，退與罕語，且曰：「吾爲酒所困二十年，今而戒之，豈唯不致廢事，神氣清爽，於養生之道蓋有得焉，是皆吾父之教也。今將之官麗水，子於吾有兄弟之好，其何以教我？」予爲之言曰：「昔劉玄明謂傅翽作縣令，惟日飯一升，莫飲酒，此第一策。子能克守家訓，益嚴酒戒，則子之明足以燭理，勇足以任事，惠足以愛民，嚴足以御下，於從政乎何有！而又何待於予言！」罕曰：「吾行矣，請書諸紳以爲佩。」

王仲履先生詩集序

先生姓王氏，諱儀，字仲履，新安婺源人。幼穎悟，力學過人，於書無所不讀，高於古文，尤高於詩。自其少時，日課一詩，稍有未安，吟哦至夜分不睡。故其爲詩，直追古人，近世作者未見其比也。然其格律高古，用意深遠，非篤嗜古學、不淪流俗、深有得於詩之妙者，不足與論乎此也。延祐元年，科舉初行，當時未有陳腐之習，所得多山林實學之士，故先生首與焉。羈窮困苦，又十有七年，始獲爲池陽儒學教授。未幾，以外憂去官。明年，先生卒矣。後五年，徵諸其子，得詩七百六十有六篇，刻之梓以廣其傳。若夫其文之傳，尚有望於同志之士。而所刻詩，但據家藁所存，旁蒐博采，續爲外集，使無遺逸之恨，是亦同志之事也。玉於先生爲諸生弟子，先生常以伯仲視予，且謂予詩似邵康節，又似陳希夷。嗚呼！先生没今七年矣，予詩進否，安得起先生而一論之！

羅鄂州小集序

文章與天地相爲終始，視世道之升降而盛衰者也。蓋自夫天地既判，三辰順布，五行錯出，其文著矣。伏羲畫卦而人文始開，文王贊《易》而文益備矣。及夫兩漢，二馬、楊、班，或以紀事蹟著于策書，或以述頌功德刻之金石，文章之作，始濫觴矣。自是而降，一代之興必有一代之制，而文章亦由是而見焉，豈唯足以傳其事功，因以觀其治亂。故唐之盛則稱韓、柳，宋之初則有歐、蘇。南渡以來，又世道之一變也，見稱於時則有吾州二羅公焉。六朝五季，蓋寥寥乎無聞矣。

然則三代而上，聖賢迭興，其所述作，尊以爲經，不專於文章而不能不文章。兩漢而下，文人才士相與論著，流而爲史，必工於文章而後能文章。今之文章，兩漢之謂也。大羅名頌，嘗知郢州；小羅名願，嘗知鄂州。鄂州之文，尤爲縝密古雅，惜其全集不傳。今行于世者，鄂州通守劉清之子澄之所刻。蓋鄂州既終于郡，子澄因以所見裒集成書，號《鄂州小集》，視其大全，蓋什一耳。歲月既久，《小集》亦不復存。予嘗得之於藏書之家，讀而愛之，乃謀刻之梓以廣傳布。從予遊者，洪氏之兄弟，曰斌，曰杰，曰宅，鮑氏之叔姪，曰元康，曰深，樂以其資共成之，而請予爲之序。

予聞諸先生長者，南渡後，文章有先秦西漢之風，新安二羅其人，而《淳安縣社壇記》尤爲世所稱誦。以予觀之，《陶令祠堂記》、《張烈女廟碑》，理嚴辭暢，讀之如登軒陛而聞鍾呂之音。至於論成湯之慚德，則所以發千古聖賢之心，明萬世綱常之正者，爲何如哉？宜其稱於當時，傳於後世也。但朱文公常欲附名集後，卒不及有所論作。顧予何人，而序其首？此則鄂州之不幸，而予之大幸者也。因爲上下天地經史之文，古今盛衰之變，使讀者知其所自而不苟焉，是亦爲學之一助也。鄂州字端良，號存齋，乾道二年進士。

送鄭照磨之南安序

國朝之制，各路設首領官三員，總領六曹，職掌案牘，謂之賓幕，與郡侯、別駕分庭抗禮，不敢待以司屬。其官曰經歷，曰知事，曰照磨。照磨，初名提控案牘，行省版授，後改兼照磨承發架閣，乃命於朝，列第九品。今銓曹以員多，雖正從八品皆借注爲之，又兼領對同承發檢舉勾銷，與夫圖籍之所藏，案牘之所度，別有印章。其位視經歷、知事雖在下，而事加繁劇焉。令甲，凡在外諸司署牘，皆自下而上。故一路之事，必自照磨始。照磨以爲可，則署而呈之府，然後行之州縣，照磨以爲不可，則格不得行。故一郡之休戚，衆務之得失，在於照磨一署之頃。照磨署之當則一郡蒙其福，照磨署之不當則一郡受其害矣。照磨之職，可不謂重且劇哉！

同姓兄仲賢，由文學掾借注巡檢，既有武備矣，乃辟廣東帥府掾，尤長於吏事。考滿，當升八品，銓曹以無闕，借注南安照磨。行有日，親族咸在，設宴以爲餞。玉舉酒屬之曰：「不卑其官而勤其事，古人之所以爲善政也。吾兄之爲南安，一事之來，必思其當，當而後行，不當必不行。凡閱一牘，商一事，必盡其心，曰：錢糧者生民之脂膏，刑名者百姓之司命。詞訟不理則民生怨懟，銓選不公則吏不勸戒。如此，事其有不當者乎？吾將見南安之吏安恬於職，南安之民歌謡於道矣。豈特南安之幸，亦吾宗之榮也。」

燕耕讀堂詩序

余年十八九時，從胡先生緑槐氏學。明年，先生與鄉舉，余以年不及，格不得行。先生之友張子經氏實與偕行。未幾，子經自杭先歸，攜先生書過予，始得相識。書有「過元城不可不見劉忠定公」之語。今三十年矣，子經乃來鄉里橫經開講席，諸生得聞所未聞，獨余爲最故。三月七日，驟雨乍霽，天氣清明，攜酒過鮑氏耕讀堂，與子經叙故舊。是日會者，項子聞、鮑仲安與其姪伯原、以仁、伯尚，諸生得侍者鮑安、鮑葆，以「時赴鄭老同襟期」分韻賦詩，留余爲序，不得賦。余惟感今思昔，俯仰慨嘆。方余從先生遊時，年少氣鋭，勇於爲學，故先生有「元城劉忠定公」之語，所以望余者至矣。今余髮種種，年已入無聞，學問日益荒落，所以負先生者至矣。固無以見子經也，他日又何以見先生於地下乎？因爲之序，以識余之愧云。

頌葉縣丞平金課時估詩序

徽素不産金。至元間，山民淘澗谷，得金如糠粃，校所取不酬勞，事尋已。獻利者罔上病民，遂傳令，令歲入金，以錠計五十有二。郡既不産金，民無從得金，猾吏豪右貿他郡，待民急而售之，又從索費，與賈讎至倍，號「攬户」。事覺，則以其倍計臧，論罪如法。官中每月以民間所用平其直，遞申所司，謂之時估。攬户懼事之覺也，則請託吏高其估，以待覺逭罪。長令署紙尾申達，府若省漫不省以爲常。至正五年，市中金賈兩以鈔計才五錠有奇，至增以爲十。適中原飢，議者請以金折收鈔，爲救荒計。歙縣丞葉君以他事在省，知折收與金賈爭縣狀，曰：「是豈可重困吾民乎？」亟以牘聞府。會郡守合剌公、別駕王公皆賢而愛民，驚問故，求賈於市，卒改從實估，民以不害。雖二公之善政，實葉君有以致之，其用心賢矣哉！

予往留京師，見兩都和買法，凡民間直一錢物，中入縣官，即可得兩三錢，物競至而官不彊取，是以民富而國用足。江南州縣去京師遠，不知朝廷德意，惟恐虧之官，故常疲民以奉上，民困而官不卹，此豈法之罪哉！古之善爲國者，必先富民。民者，國之本也。國用乏而裒民財以足之，猶割四肢之肉充口腹之食，其能久乎？葉君嘗仕中朝，知國家大體，故能推吾君所以愛民者而愛吾民，真今之良吏也。使天下皆葉君，民其有困苦者乎？士友既爲歌詩頌之，復徵予序。

送葛子熙之武昌學録序

臨川葛君子熙將之武昌録學事，挾太史危君太樸之書過予黄山之下，留連累日，將别，徵言以爲贈。予語之曰：予家新安，朱子之鄉也。子家臨川，陸子之鄉也。請各誦其所聞，可乎？方二先生相望而起也，以倡明道學爲己任。陸氏之稱朱氏曰江東之學，朱氏之稱陸氏曰江西之學。兩家學者，各尊所聞，各行所知，今二百餘年，卒未能有同之者。以予觀之，陸子之質高明，故好簡易；朱子之質篤實，故好邃密。蓋各因其質之所近而爲學，故所入之塗有不同爾。及其至也，三綱五常、仁義道德，豈有不同者哉？况同是堯、舜，同非桀、紂，同尊周、孔，同排釋、老，同以天理爲公，同以人欲爲私，大本達道無有不同者乎？後之學者，不求其所以同，惟求其所以異。江東之指江西則曰「此怪誕之行也」，江西之指江東則曰「此支離之説也」，而其異益甚矣。此豈善學聖賢者哉？朱子之説，教人爲學之常也；陸子之説，高才獨得之妙也。二家之學，亦各不能無弊焉。陸氏之學，其流弊也，如釋子之談空説妙，至於鹵莽滅裂而不能盡夫致知之功；朱氏之學，其流弊也，如俗儒之尋行數墨，至於頹惰委靡而無以收其力行之效。然豈二先生立言垂教之罪哉？蓋後之學者之流弊云爾。嗚呼！孟子殁千四百年而後周子生焉，周子之學，親傳之於二程夫子，無不同也。及二先生出，而後道學之傳始有不同者焉。

周、程之同，以《太極圖》也；朱、陸之異，亦以《太極圖》也。一圖異同之間，二先生之學從可知矣。子之教於武昌也，其爲朱氏之説乎？抑爲陸氏之説乎？幸誦其所聞以教我。

心田道院設醮詩序

國朝之制，士大夫官至七品，皆得推恩其親，爵秩視其子。至正七年五月，新安鮑同仁以年勞升七品，受從仕郎、邵武路泰寧縣尹以歸。明年，之官泰寧，以狀請于朝，如故事。九年十一月，命下，同仁父景文先生周封從仕郎、徽州路黟縣尹，母、妻皆宜人。命下之日，先生適年八十，自思朝廷寵以爵秩，造物賦之壽考，無以報效。先是，先生預卜葬所於城南之葉有，築宫其旁，居道流以守之。正一教主天師大真人爲題曰「心田道院」。十一年二月，即其中設醮三日，既以答天貺，又以報國恩。闡事之際，雲鐓鉦鼓，聲震林谷，步虚散花，韻繞雲漢。先生盛服，入就厥位，俯伏在地，誠敬恐悚，真若上帝之臨乎前也。九朝既畢，四鼓方鳴，天地開豁，星辰明槩，乃行三祭酒之禮。醮事告周，壇壝斯徹。神人喜歡，形于歌詠。道士黄師玄首賦唐律一首，以道其事。子姓宗族，朋友交游，更唱迭和，積成巨帙。鄉里傳誦，以爲美談。師玄一日携以見過，求余序其首。此詩人天保之意而虎拜稽首之事，蓋余之喜聞而樂道者。况玉於先生爲通家子弟，執筆書之，其又何辭！

師山先生文集卷之三終

師山先生文集卷之四

記

淳安縣學修杏壇記

至治元年十二月，淳安縣尹李侯修杏壇成，教諭王君克明相屬以記。玉謂《春秋》之法，聖人示人之意微矣。凡工役之興，巨細畢書，所以重民力也。獨於僖公修泮宮，畧而不書，所以見其必當修也，不費一辭而褒美已著。如此，則李侯杏壇之舉可以不書。雖然，世衰俗薄，教化日下，所當作者，人反視爲迂闊，其不書者，人必以爲不足書。聖人之大經大法，至是有不得不變者矣，則書之亦可也。乃爲之記曰：

壇在縣學戟門外之西，其崇一丈一尺，廣稱是，深加五尺有奇。壘石爲固，前植以杏，後覆以屋，此舊制也。李侯因其弊而新之，視舊無所加損。以工計若干，以緡計若干。民不知役，吏不告勞，再越月而竣事。侯名思明，字元亮，世家睢水人。其爲是縣，外柔而内剛，視民如子，信施於人而人信之，宜其爲是爲不難也。

小金山記

予年十七八時，東游京口，登多景樓，望金山在揚子江心，屹然爲中流砥柱。念欲一躋其顛，酌中濡泉，以適平生樂事，竟坐他事不果，去今蓋七八年。及得小金山之名，而有觸焉者。

新安江自率山發源，東流三百里爲淳安縣，未至縣之十里，江心倚南少西，茲山在焉。東北江面百餘丈，西南僅僅一澗，環之如帶。大旱或可揭，四時非舟楫不能渡。古樹蕭然，出煙蒼水黄間。石色崚嶒，苔蘚如繡。上有佛寺，舊極壯麗，歲久寖就頹圮，僧徒星散，今無有存者，唯敗屋數椽，而茲山之景無改也。濟岸而南，攀援至山腰，爲石洞者三，穹然如厦屋，大可二三十人坐，中半之，小十數人餘。又有一巖，嶔嵌特甚，如浮圖氏所塑觀音像，坐石東望。西洲溪分兩派，居民廬舍，櫛比鱗輳，黄花翠竹，果木桑麻之屬，蓊欝葱蒨，無所不有。傍一石，出灘瀨中，如龜形，遡流而上，號龜石灘。西去錦沙村纔一二里，燕石巖相對峙，若樓閣飛簷出臨水上。蓋一縣山川之勝，聚焉于此，百里間無與之敵者。

嗟夫！山之爲物，一拳石之多也，其小大固不足論。至於景物之多寡，勝概之優劣，亦有不得不論者。茲山所少，中濡一泉爾。至於巖洞之幽，錦沙燕石之勝，西洲龜石之奇，金山所無有也。試約兩山之靈，相與可否，將伯仲之而忘其大小矣。予居西一舍近，有山出水中，曰「岑山」者，氣象大與茲山比，嘗欲以是名之而未果也。今乃爲其先焉，予將歸而題之曰「小焦山」云。

燕樂堂記

大倫惟五，朋友居其一焉。故雖父子之親而無責善之道，君臣之義而有際會之難。

矧兄弟怡怡，家人嗃嗃，違之則悖天性，怫之則忤人情。其自始至終，自少至老，長吾之志，成吾之才，輔吾之仁者，惟朋友是賴。人生蓋有不敢告其父母而以語其朋友者，亦有父母所不容言而朋友言之者。是朋友之倫雖非天屬，而於人之情則至近且密也，其可一日而忘耶？

劍溪徐成大，距家東五百步並溪之上，爲屋三間四楹，後翼爲軒兩楹，俾朋友之來過者舘焉。日因吾友人洪君探微徵名并記，余取詩人之意，名以「燕樂」，成大不以爲非是。則告之曰：「燕樂，朋友之情也，而有義存焉。朋友，以義合者也。求朋友之情於吾名，又求朋友之義於吾記，可也。不然，燕樂之極，必生乖離，非惟負余命名之意，抑亦有悖天倫之懿德。」乃書而授之。劍溪在淳安縣西南，由縣西雙桂源入此，凡四十五里。

覆船山雲心庵記

歙南有山特起，介乎徽、杭、建德之交，曰覆船山者，爲一方祈禱之處，神龍之所宅也。山高數千仞，其來自黄山，聯屬斷續，起伏頓挫，奇形怪狀，千百萬變，以至于此。磅礴欝積，分肢析派，而爲浙右諸山。其南出則爲建德之金紫峯，以及雲源諸山。東西兩百照，其支阜融結，而爲淳安縣。其北復爲白石巖、龍塘山，至杭之於潛、臨安，矗起而爲東西兩天目，龍飛鳳舞，始盡發其靈秀，蓋名山云。山顛有龍池，泉出其中，裂山而下，石門九鎖，對峙如峽。至山之腰，傾爲瀑布，與石相觸，澎湃激射，如噴噀狀。石後有潭，莫測其底，亦龍之别宫也。每天欲雨時，雲出其上，如戴帽笠。居人率以此占陰晴之候，無不驗者。旱則禱之，或得蜥蜴蜿蜒，雨即隨至。僧覺聖白傍近大家洪氏，得錢爲倡，募衆力結菴其下，爲祈禱藏事之地。余以「雲心」名之，復請爲記。

夫深山大澤，必有龍蛇，天降時雨，山川出雲。是山龍蛇所藏，能出雲爲風雨，法應得祀。聖苦行修持，戒律頗嚴，衣不敵寒，食常怯於饑，而勇猛精進，無退轉心如是，是可嘉已。舊有比丘尼居山中，事龍甚謹，扣多應，因并祀之。蓋亦尸而祝之之意，宜牽聯得書。菴之始，泰定元年九月某日，其成，明年某月某日。求余記者，洪氏之子斌。比丘尼，俗姓汪，山下民家子也。

木齋記

廬山之下，九江之上，有隱君子方君子玉，築室以教其子積，而名曰「木齋」。齋在居西若干步，爲屋三間四楹，間十有二尺，縱橫相稱。虚其中以待賓客。闢左右兩室，設几卓，陳枕榻，置琴書、壺矢、棊局、筆硯、瓶爐、圖畫，與凡茶酒之具，日用之器。率其子弟，或弦或誦，或投壺圍棊以爲戲，或焚香插花以爲樂，或留情翰墨，或寓意圖史。渴則烹茶酌酒，倦則休息于床。賓客過從方君坐談，子弟侍立，應對酬酢，無不適意。屋上複閣，倣古人尊閣之義，列庋先世遺書，而軒其四達，以待登臨眺望。開西窗而拄笏，則五老諸峯、開先瀑布，煙雲掩映，如在几席之上。俯東檻而寓目，則長江萬里，波濤洶湧，以入于海，而莫窮其極。閣後爲臺，而露其上，爲春夏曝書之所。屋後爲亭，扁以「聽竹」，爲晨夕遊息之地。古木修篁，繁陰數畝。此木齋之大概也。

予不識方君，識積於京師。積語如此，屬予以記。夫陶縣令之高風，李山人之逸趣，千載之下，必有聞而興起者，方君豈其人耶？何時擔囊負笈，買扁舟，過彭蠡，泛大江，抵康廬之麓，摳衣升堂，拜方君床下，與積登臨嘯詠，徜徉眺望，吊古人之陳迹，爲當日之勝遊，以窮木齋之景，是則予之願也。積歸，趨而過庭，其以予言而請。積字叔高，力行彊學，醞藉而文，爲中朝諸老所愛。

石跡山建橋記

石跡山，爲祁門最勝處。邑人胡君俊夫始建玄武之祠於山之顛。王君儒翁，廼於半山之間跨澗作橋，仰視飛瀑，俯瞰龍湫，山川軒豁，景物呈露，又爲石跡最勝處。予嘗與王君之子存善遊而樂之，時未有橋也。今橋成，而景益奇矣，予故喜爲記之。橋之建，以至順三年十二月庚申。記之作，以明年六月某日。予爲郡人鄭玉，書者胡默，篆者錢塘吴叡。

肯肯堂記

南里洪君味卿，隱居求志，政施於家，上奉慈親，下撫諸弟，閨門肅穆，族黨以和，吾鄉之稱家法者歸焉。年逾四十，即爲老計，闢地一區，高下相稱，袤廣十畝，謂其子斌曰：「吾將於斯鑿池沼，築亭榭，栽花蒔竹，藝蔬植果，以逸吾老而終天年。吾無意於斯世矣，汝其勉之！」未卒事而味卿即世。斌曰：「此吾父之志，斌之責也，其可不思所以繼之乎？」於是因其舊地，圜以崇墉，鑿池築亭，栽蒔藝植，如味卿語。而奉味卿之柩，別爲一室，殯置其中，以竢吉卜。謂其友鄭玉曰：「斌託交於公最早，公之知斌最深，曷爲名斯，以昭吾父子之志，實大惠也。」玉曰：「嗚呼！天地，一萬物也，萬物，一我也，而況父子之親乎？參贊化育，垂世立教，皆吾分内事也，而況家庭之近乎？世有厥父播，厥子不肯穫，厥父作室，厥子不肯構者，彼獨何心哉？是蓋私於一己而不能以父母之心爲心者也。若吾子者，豈唯肯構，且肯堂矣。其以『肯肯』名之。」節夫再拜謝曰：「斌之事，雖未能如公言；斌之志，敢不爲公勉！」玉曰：「未也，吾言未矣。昔者子之先君子高尚不仕，故能寄興泉石，留意池館。雖其經營布置弗底于成，而子能成之，以有肯肯之名。而玉之先君子嘗仕于時，學不盡試，才不大用，沉没下官，卒無所偶，斯爲罔極之痛。玉也樗櫟之材，於世無補，將貽先君子之辱，朝夕是懼，豈不大有愧於子之肯肯者乎？然則子之先君子，所以潛德弗耀，厚積薄發者，政所以爲子之地。玉之先君子大才小用，不盡所藴者，又豈無待於玉乎？雖然，古之學者，憂道而不憂貧，正誼而不謀利。苟其心俯仰無所愧怍，達則推以及人，窮則獨善於己，所謂天地萬物皆吾一體，以之參贊化育可也，以之垂世立教可也，豈但不辱其親乎？是則二父之志，而玉與子之所當勉者，又何必區區一園圃亭榭之間也。」節夫再拜曰：「公言至矣，請書以爲記。」

雲濤軒記

吴孟思作雲濤軒於無何之鄉烏有之所，使夷堅子志之。夷堅子曰：「予嘗遊天目山，宿獅子寺，明日微雨乍霽，曉日初升，烟霧四塞，雲氣在下。有僧進曰：『山中雲海，率三數年不一見。子有前緣，山靈效順，真若天垂地湧，鬼擢神揮。子盍起而觀之？』予於是坐玉立亭上，憑檻俯視，但見煙雲起伏，如波如瀾，上下天光，一色萬里，無有涯涘。或遠峯高矗，聳出雲外，又如蓬萊三神山，縹紗水中，舟不可近。日從東上，半在雲端，則又如出於扶桑滄海之墟，而不知其已在萬山之上也。須臾，煙收雲斂，天氣清明，乃無有一物。又嘗觀潮錢塘，見海門初白，渺渺一髮，油然若雲興於遠岫之間。已而掀天拍岸，漲海翻江，聲震乾坤，勢呑吴越，壯觀爲天下第一。此所謂雲濤者也。子居闤闠之衝，正當車馬之會，室如斗大，牖似甕懸，而所謂雲濤者安在也？」孟思笑曰：「吾眼空四海，胸呑雲夢，以天地爲籧篨，古今爲瞬息。凡宇宙間煙雲變化，風濤出没，皆吾軒中物也，又豈拘拘一室之間者乎？何嘗與子挾飛仙，乘怒翼，超軼乎埃壒之外，周旋於太虚之中，仰觀六合，俯視八荒，則天下一雲濤耳。何子言之陋也！」夷堅子於是憮然不知所云。新安鄭玉聞而壯之，遂次第其語而爲之記。

鄭彦昭讀書巢記

同姓名濳字彦昭者，居長齡里，與予家不同譜，而以叔父事予。性敏悟，志堅篤，才幹優餘，識見明遠，吾鄉子弟之千里駒也。

始予未見潛，嘗有後生無可與語之歎，及得潛，而予恨釋然矣。潛父隨宦東西，未嘗家居。母夫人專意教子。潛慷慨有大志，多與四方豪傑交，賓客過從，席無虛日。母夫人出釵珥、鬻所愛物供之，無厭倦意。以故潛得安心於學，至于有成。嘗於所居之西築樓一間，廣不盈丈，高二十尺，請予名之。予曰：「子之作是樓也，將以爲讀書之所，而狀若巢然，予名以『讀書巢』，何如？」潛拜曰：「叔父之言，蓋有在矣。夫鳥息於巢，故舉而有飛翔之樂；人居於學，故出而有行道之功。叔父之望潛者深矣，豈但以其類巢而名之乎！」予笑曰：「噫！子啓予矣。予何言焉？子其書之，以爲讀書巢記。」

静虚齋記

乾明觀故有静虚齋，兵火後屋燬，齋亦不存。元統二年，道士吴君定夫築山房以爲修煉之所，廼書舊顔揭之，屬予以記。或者曰：「此老子歸根之論也，子盍爲演其義而記之？」予謂定夫名家子，世讀聖人之書，今雖寄迹老子法中，其心必有樂乎吾儒存養省察之功、脩己治人之學，故造吾而請爾。吾又爲老子之説以告之，豈定夫之心乎？故舉所聞於父師者而告之曰：「此周子學聖法也，明通公溥之謂乎？聖人之所以異於人者，以其無欲也。無欲，則静虚而動直矣。静虚，故明而通；動直，故公而溥。此聖人之所以合天德，而學者之所當學也。」雖然，或者疑之：「定夫之名齋，静則虚矣，其如動何？」

夫静者，體也；動者，用也。豈有有其體而無其用者乎？在學者推而行之耳。若夫能静而不能動，有其體而無其用者，非吾聖人之所謂道，又何必告以聖人之學乎？定夫莞爾而笑，凝然而定，若不聞者。予蓋知其深有契於是説而難於言也，故書以爲記。

重脩忠烈陵廟記

復至元之二年冬，❶府判燕山馬侯佐治新安，官府脩明，僚采恊和。政有所未孚，事有所不便，侯輒白府罷行之。士脩其教，農安其業，差徭不擾，租賦以時，六邑晏然，官以無事。廼延見父老，詢民水旱疾疫所以致禱祀者。衆謂忠烈王自唐至今，以功勞血食，禱應如響。侯識不忘。明年春，霪雨害麥，民且憂饑年。侯白僚長，率厥官屬詣祠下，齋戒以請。翌日，天體霽然，麥遂倍收。王有陵廟，在郡北七里雲郎山中，侯往謁謝，則左傾右頹，風雨弗庇。侯喟然歎曰：「吾徒以善惡賞罰之權而教於陽，王以雨暘禍福之秉而相於陰，實一郡生靈休戚之所關繫。陵廟廢壞弗葺，吾守土者之責也。」首捐己俸以倡。凡厥在位，各以品秩出金有差。命歙縣主簿韓君世傑董其事。逾月告畢，内外一新。士民乞靈，莫不起敬。韓君過予，請文刻之石。

予惟隋之亡也，海宇如湯，歙、宣、睦、杭、婺、饒六州之民獨不識兵。當其大亂之時，如處太平之世者，皆王之力也。宜其血食千載，報祀無窮。按歙縣有古丘墓凡三。

❶「復」，四庫本作「後」。

晉新安太守程元譚墓，在予所居貞白里中，今唯雙石人可識，然沉淪土中殆盡矣。陳儀同程靈洗墓，在郡西南曰黄墩，相傳即墓爲壇，因壇爲廟，今亦不知其墓之所在。獨王以豐功鉅烈，生有濟時及物之恩，死能相其雨暘水旱之宜，故自唐至今六七百年，前廟後陵，巍巍不廢，功德茂矣。漢以秦隱王有誅秦之功，置守冢者三十家，禁其樵採。吴越錢氏當五代之亂，保有兩淛，後世亦爲立寺觀，以守其墳墓。此皆古今令典所恃以爲勸戒者。馬侯以聰明才幹，歷仕中朝，故其出佐外郡，知重民事，能及於是，是可書也。

贊是役者，前推官廬陵歐陽侯齊賢、知事東平王士鈞。馬侯名楨，字幹臣。其祖璘，嘗爲參政江淮省。父澤，廣平路總管。蓋世家云。四年二月庚午記。

耕讀堂記

鮑生深築室於所居之前，爲委積之所，予暇則弦歌其中，名以「耕讀」，請記於予。予未有以記也。客有疑鮑生者，問於予曰：「耕田，農夫野人之事。讀書，士君子之所以爲學也。鮑君欲比而同之，不亦難乎？」予曰：「噫！子之言謬矣。夫古之時，一夫受田百畝，無不耕之士。家有塾，黨有庠，術有序，無不學之人。秦廢井田，開阡陌，焚《詩》《書》，坑學士，先王之道滅矣。漢興，雖致隆平之治，卒不能以復淳古之風，而士農分矣。於是從事於學者，則不知稼穡之艱難；從事於農者，則不知禮義之所從出。後世有能晝耕夜讀以盡人道之常者，人至以爲異而稱之，其去古道益遠矣。鮑生從予游，粗知好古人之道，故能耕田以養其親，讀書以脩其身。使比屋之人皆如鮑生，皆盡耕田之力，皆有讀書之功，則人情自厚，風俗自淳，雖復三代之制，不難矣。子何疑焉？」鮑生進曰：「先生斯言，非記乎？請書而刻之屋壁。」

脩復任公祠記

新安郡城之北四十里，有寺曰任公寺者，梁太守任公彦昇之祠在焉。祠廢已久，獨羅尚書汝楫所爲碑文具存。予因暇日，與二三友生過之，乃圖興復。鮑元康仲安、元康從子深伯原、觀以仁、洪斌節夫各願出錢供費。又得里人許紹德子華身任其事，四明張久可久監税松源，力贊其成。縣令張侯聞之，爲之丁寧勉勵，使無違吾志。於是謀於寺僧曰思睦、曰誠真，皆樂聞其請。始克奉公法堂之右，復其舊貫焉。既已，事聞于郡，郡檄張侯有事祠下。父老來觀，喜而鼓舞，咸謂宜有辭刻石，以詔來世，而屬筆於予。

吾郡晉武帝太康元年以新安爲名，至今至正八年，一千六十九年。其太守見於郡志者，二百五十一人。賢而見祠於其民，祀而不廢於其後者，惟公一人而已。且祭祀之法，載在禮典。世次更易，遷祧有時。雖富貴之極亦有限制，則人之見祀於其子孫者，有時而盡。豈若公以善政被及其民，没而見祀，千載不廢。於此雖足以見公恩德之在民者深，亦可以見吾新安之民所以報事其上者無所不至，而風俗爲厚矣。若夫公德行文學，與爲政之詳，具在本傳與前碑所録，此不再書。姑記其祠之興復，使後之人嗣而葺之，不敢廢墜云耳。張侯名灝，字君用，濟寧人。

三樂堂記

余以才踈學陋，無所用於世也，退而躬耕壠畝，將以自養。間有朋游相從講學，乃築室師山之上，以爲肄習之所，使英才得以致其道焉。因取孟子之語，名其堂曰「三樂」。夫父母俱存、兄弟無故者由於天，仰不愧、俯不怍者在於己，❶樂得英才而教育之者係於人。今余也由於天者既不可必得，在於己者又不能以自盡，終將有望於人而已，則其愧怍有益甚焉，而亦何以爲樂也？雖然，學於是堂者及時盡力，加以百千之功，視余之悠悠歲月不能盡其在己者，至於老而自悔，乃有所望於人也，以爲戒也，而益勉焉，是亦師資之道，而固余之所望於後學也。

小母堨記

里人以草木投溪澗中，壓以沙土，絶流爲堰，鑿渠引水以灌田，謂之堨。小母堨者，在余居之西二里。其源發於靈山，自源至堨才十里，朝盈而暮涸者也。歲農家待雨霽備草木，及舉事，其流已竭矣，蓋未嘗霑其灌溉之利也。

後至元某年冬，從子紹謀易以石梁，圖爲永久。徵工於農，怨聲四作。人或難之，紹不爲止。乃伐巨松，列置水中，縱橫其上。布石爲底，卷石爲篷，取碎石雜置篷下，以實

❶「怍」，原作「忤」，今據明重修至正本、四庫本改。

其中。搗石之灰，苴其罅漏。梁成，横接兩岸，其平如砥。然後立木爲柱，布板爲閘。山水暴漲，則啓閘以洩其怒；溪流既平，則閉閘以障其溢。農免脩築之勞，田享灌溉之利。人始歌之，至有欲祀之者。紹又割田三畝，令收其租入以供春秋祀事及凡堨之歲費，積其餘以待脩葺。於是堨之事始備，可以傳之永久矣。

堨之音褐，吴楚之方言耳。按韻書，堨有揭、竭、遏三音，而不音褐，皆云堰也。柳子厚《袁家渴記》雖云音褐，而所用乃渴字。吾郡舊俗相傳，用韻書堨字，而音如柳子厚記。今姑從俗，庶便觀覽云。

邵武路泰寧縣重建三皇廟記

泰寧縣三皇廟，始建於縣治之西。當時草創應令，地卑屋陋，不稱尊崇明祀之意。至正二年，前令王君成吉因廢佛菴，遷之縣溪之南二里，且收菴田之入以供祀事。然規模位置，率多因菴之舊，不能如式。又溪水阻隔，往來跋涉，官民咸不以爲便。八年，今令鮑君始至，因官民之所欲，又遷之縣治之南罏峯之下。正殿三間，翼以重簷，榱桷四出。前爲門屋五間，揭以「開天之門」。又其前爲櫺星門者三。東西各一廡，廡各四楹。地位高爽，規模宏壯。既免跋涉之勞，而尊崇之意亦稱矣。走書屬予記之。

予聞諸夫子，庖犧氏始作八卦，以通神明之德，以類萬物之情。神農氏斲木爲耜，楺木爲耒，以教天下。黄帝垂衣裳而天下治之。三聖人者，開天立極，創物作則，垂之萬世。生人之類，得以相收相養，以至于今，皆其力也。凡有生于天地之間，戴髮含齒而爲人者，所宜報祀無窮，况於有土有民，法三皇之道而爲治者乎！自隋以前，此禮未舉，固爲闕典。唐天寶中，制始立三皇廟於京師，有司致祭，郡縣猶未有廟也。我國家龍興朔土，治尚簡略，淳朴之俗，隣於古初，乃始致意三皇之祀。於是郡縣皆得立廟，歲三月三日、九月九日，太守縣令各以其服行事惟謹，報本始也。鮑君此舉，可謂知所本矣。

予與鮑君同里閈，嘗相共講學，知其存於中者爲有素，未知其施於政者爲何如也。近予從兄璿歸自閩中，聞泰寧人誦其令尹之賢，謂雖風紀之司不是過也，然後益信鮑君之與予講於家者爲不誣矣。故樂爲誦其所聞，使刻之麗牲之石。鮑君名同仁，字國良，新安歙人也。予其里人鄭玉。

富登釣臺記

歙南山水最勝，浙江出焉。由浙源百餘里至縣境，曰富登渡。一石巍然出江上，勢欲飛入江中。予過妹壻吴虎臣，數往來其處。每一登臨，或坐或釣，輒徘徊不能去，人因名「鄭公釣臺石」。淮闔余公廷心篆隸妙天下，聞予之有是石也，大書「鄭公釣臺」四字以爲寄。至正十有六年秋八月，予以被召辭還，留虎臣所，始取余公所書刻之臺前，而記其所以得名之故，鐫諸後石。里人鮑棐爲予結草堂其側。虎臣字道威，棐字君茂。是月辛未記。

師山先生文集卷之四終

師山先生文集卷之五

記

績溪縣三皇廟記

國朝之制，通天下得祀者，惟三皇、社稷、孔子而已。蓋治始於三皇，學極於孔子，農之功著於后稷，祀之所以崇德報功，不忘其本也。績溪縣故有孔子廟、社稷壇壝，歲時有司行事如彝禮，三皇廟獨未置。前此縣大夫不知其闕典也，部使者數以爲言。至元元年，今達魯花赤某言於衆曰：「縣地方百里，比古公侯之國。三皇廟不建，爲之上者不知爲治之本，爲之民者不聞古昔之盛，固吾縣大夫之責，亦爾民之羞也。」衆曰：「然。」乃卜日相攸，得地於縣治之某所。鳩工度材，經始於某年某月某日。殿堂門廡，如他縣之制而雄壯有加焉。既成，以九月九日行釋奠禮。文武官屬，咸與薦祼。父老聚觀，咨嗟嘆息，相與語曰：「使我輩得聞古昔之盛，典禮之大，縣大夫之力也。其可無所紀乎？」礱石請書其事。

某惟伏羲、神農、黄帝，開天立極，創物作則，垂之萬世。天地有不能爲其所爲者，而况於人乎！况於後之聖人乎！故雖堯、舜、禹、湯、文、武之盛，亦不過因三皇之治，隨時而損益之，非有加於三皇也。其見祀於天下，享報於無窮，宜哉！朝廷之令典，縣大夫之盛心，與父老之言，皆可書也，故不讓而爲之記。

養晦山房記

木之能生於春，以其當天地閉塞、萬物藏蟄之時，乃能收華反實，聚其秀而納之根；及其天地變化，雷雨奮作，然後芽萌甲拆，生意衝突而不可遏。人之爲人，亦猶是耳。幼而學焉，壯而行焉。蓋幼而不學，則無以窮天下之理而致其知，及其壯也，不究之用，則亦何以爲學哉？未有用而不本之學，學而不究於用者。當其學時，若無所爲於世而人以爲晦，及其用也，則人以其有補於世而謂之顯。《易》以龍蛇之蟄譬之，精義入神，於言學切矣。伊尹之耕於莘，太公之釣於渭，卒輔湯、武之聖君，成商、周之大業，此始晦而終顯者也。孔子、孟子以大聖大賢而不見用於當日，然道隆天地，澤被古今，此晦於一時而顯於萬世者也。夫顯晦雖有窮達之不同，而於聖賢者無與也。此予晦之所以致養，而山房之所以得名歟？

予少時嗜讀書，號能記誦。稍長，涉獵世故，出入憂患中，益驚恐其心，勞其體，馴致健忘，藥石不能愈。思所以完神復志，因遊黄山，從祥符主僧借隙宇，加闢治，兀坐其間，盡取天下之書而讀之，以求聖賢之所謂道，潛心而勉學焉，庶幾董仲舒之不窺園，陳烈之閉户者。昔紫陽夫子之冠也，屏山劉先生祝之曰：「木晦於根，春容曄敷；人晦於身，神明内腴。」夫子能用其言，以繼往聖千載不傳之學，而爲百代宗師。嗚呼！夫子往矣，予其徒歟？

尊己堂後記

汪氏望於新安，自隋唐至今，代有聞人。七八百年，衣冠之傳，《詩》《書》之澤，不墜益振。城南隅汪氏，在宋淳熙間鄉先生曰伯舉，與其弟伯虞、伯言築堂以居，讀書其間。兄弟自爲師友，樂夫天命之貴，不假外物爲榮。故尚書金忠肅公名以「尊己」，邕州吴文肅公爲之記。朱文公嘗書「尊己堂」三大字，揭之楣間，炳如也。當時名勝，如鄂州羅公，皆有篇什，傳誦天下，膾炙人口。堂災於景定元年庚申，繼而復之者，則其孫某也。元貞元年乙未，郡城不戒于火，堂復遘災。惟時綿蕝草創，卑漏湫隘，視舊弗稱。因循苟且者二十有一年，延祐二年乙卯，五世孫晞聖，字一清，始更而大之。高明爽塏，宏麗靜深。簷桷翬飛，窻户敞達。烏聊前揖，披雲後擁。山若增而高，地若闢而廣。凡登斯堂者，心若有所感而通，目若有所豁而明，格物窮理若有所見而得，操觚命辭若有所助而成。一清則曰：「吾非敢廣室廬、侈游觀也，蓋以承先志、彰祖德耳。」屬其里人鄭玉使記之。

玉惟斯堂之建，命名題扁，作記賦詩，皆當世儒先生長者，玉得置名壁間，託以不朽，是固願也。然斯記之作，以吾文公而委重二公，謙讓不遑，則玉何人，而敢贊一辭焉！第以堂之重建不可以不記，姑記其重建而已。嗚呼！堂存則名存，名存則尊己之義存，而一清之先志爲不孤，四君子之言爲有考也。又烏俟夫記！

向杲寺重建彌陀殿記

向杲寺在新安郡城之西，寺後爲彌陀殿。歲九月之望，合四方善信作浄土會，號曰「西蓮社」，蓋一百六十年矣。歲月滋久，殿益傾圮。寺僧德新告於會之衆，得錢若干緡，以改造焉。既畢事，謁余請記。余惟先大父自宰鄉邑告老來歸，即主是會，先君子每待次家居，亦往與焉。余時以童子得奉几杖，侍立左右，見其蕆事之夕，旄倪咸至，序齒而坐，飲食之際，内外肅然。已乃結跏合掌，默誦朗宣，氣象雍容，有足觀者。此余之所喜聞而樂道也。殿起於寶慶三年丁亥，扁曰「極樂」，則里人羅永臣之所書也。泰定三年丙寅，德新乃建是議，先從父學正公諱某實始倡之，同時都會首某人等僉謀以同。衆力齊舉，會之善信、鄉之好施者咸有助焉。乃以九月庚申，撤其殿而新之。齊廳五間，則因其舊而加葺焉。

按佛書，阿彌陀國土在天竺十萬億國土之西，其民無有衆苦，故名極樂。新安爲郡，介大江之東，居萬山間，其境四塞，故無兵戈之擾，而隣里得以相保。依山爲田，素無潦溢，堰溪鑿渠，足以灌溉，故無水旱之苦，而老稚得以相守。地曠人稀，其氣清爽，故疫厲罕作，而生死得以相安。其人復以禮義自持，勤儉自處，故其風俗淳厚，家給人足，有非他處之所可及者，是即極樂國土矣，又何必天竺十萬億國土之西，而求所謂極樂國土者耶？且一百六十年間，星移物换，世異人殊，至元、德祐之交，鼎遷運改，而斯會未嘗廢輟，亦可見其土之爲極樂，而其民之無有衆苦矣。季秋之月，農事既隙，鄉黨隣里，父兄子弟，咸會于此。修設佛事之餘，因其長幼之序，語以孝悌忠信之道，則斯殿之建，豈唯足以資其冥福，而於皇極之福亦有助焉。此則余之望也，敢以爲記。

松月齋記

客有以「松月」名齋而謁記於余者。余曰：「松月之齋何如？」客曰：「吾居雲水之鄉，結廬城市之會，而有隙地焉。地有古松數本，樛屈偃蹇，蒼甲若龍，適當吾齋之前。月上東山，又在此松之外。良宵美景，吾坐齋上，推窻憑欄，輒見松月。吾是以名之。」余曰：「噫嘻！異哉，子之名齋也。今夫地有遠近，景有優劣，而月無不在焉。世有古今，人有賢否，而月無不照焉。是則古今之月一同，而遠近無以異也。自東坡以江上之清風配山間之明月，而後天下之以山月爲勝者有人也。至於月生松外，景若天成，則世未有知其妙者。堅貞夭矯，歲寒不易者，松也。清輝皎潔，容光必照者，月也。而月出滄海之上，松影窻牖之間，虛室生白，素壁如畫。此時此景，則與世間月色爲不同，而吾齋之所獨有也。此齋之所以得名與？而余未之前聞也。何時具扁舟，過太湖，訪子齋中，哦松弄月，收覽景物，爲子記之，未晚也。」客曰：「公言詎非記乎？吾請歸而書之齋壁。」客姓某氏，名某，毗陵人。

黄竹嶺巡檢司記

黄竹嶺在休寧縣之西百六十里。前至元間，江南新附，殷民未安，時多反側，乃設巡檢司，置官一人，行省版受，吏一人，兵三十人以守之。及天下既平，海宇寧謐，若無所事乎兵。黄竹在深山中，幽僻不可處，乃移治江潭。江潭去縣纔七十里，亦一墟市也。然無吏舍，僦民居以爲治，無常所。得盜賊，寄繫閭閻，情或漏泄。案牘棲藏無所，復多散逸。前承後繼，漫不之省。元統二年春，吾友程君以文以著書奎章閣借注是官，始命於朝。既至，慨然曰：「巡檢官雖卑，亦天子九品吏，涖事無所，非所以示觀瞻。」乃出錢爲倡，其隷於兵與民之好事者咸以錢助，爲若干緡，而莫宜其地。江潭舊有三官祠，地勢夷亢，山川回合，爲一方勝處。請於提控官，以緡錢貿得之。舁三官像置道士觀，以至元元年某月某日徙治其中。除舊布新，構塗甃甓，各盡其美。中爲涖事之堂，扁曰「不欲」。東西各爲一室，以待部使者與大府之客有事過吾境者而館焉。又以儀制之未備也，兩旁繚以脩牆，列樹竹木。其前因門爲樓，置鉦鼓其上，候測更點，以警民出入。其西别爲屋三間，使吏處其中。右厨左庫，案牘庋焉。

書抵京師，乞記於閣老豫章揭公。未至，以文滿且代，走書語予曰：「揭記不可得矣。子其爲我記之，使來者嗣而葺之，則子之賜也。」予念以文不卑其官，能勤其事，後之人或不能承其志也，强爲書其歲月著作之始。然觀以文此舉，豈禍福利害所能動其中者乎？斯亦可書也已。若夫求揭公之文而再刻之，則來者之任也。提控官，縣達魯花赤，名也先脱因，字仲禮，官承事郎。以文名文，婺源人。

聽雨舟後記

予既爲李文卿作《聽雨舟記》，又四年，始識文卿於京師。卿之言曰：「自吾少時，即有江湖之興，長而益篤，甚欲上龍門，訪七澤，效古人爲萬里之遊。而吾有母，朝夕以奉養爲事，安得舍吾所事以勤舟楫之勞乎？然而良晨佳夕，波濤上下，漁歌響答，江湖之樂，雖不能心賞而目識之，亦未嘗頃刻而去于懷也。此聽雨舟之所説，而子記之所以作也。今吾不幸至于大故，且除喪矣。方將駕一葉之舟，掛數尺之帆，得意於風煙之上，放情於滄海之間，遍尋名山大川，徜徉乎泉石之側，以遂平昔之志。然後歸卧此舟，以終餘生。此則吾情之所至切，而子記之所未及者。請書其逸語爲後記，如何？」予乃諾而記之。時元統二年正月二十有五日也。

黄石施水菴記

休寧縣東南三十五里，地曰黄石。是爲四通八達之衢，行旅之趨閩廣、渡淮浙者，踵相接也。齊祈寺僧某未祝髮時，在宋咸淳庚午，因里人王公竹窻父母墓兆餘地，卓菴三間。其女兄程四娘者，家饒於財，又能割其所有以成某志。夏秋設茗飲其中，以待行者，且買田園爲齋粥，計傳之永久。其徒某某某勤苦不懈，相繼興葺，又得王氏諸孫佐之，凡菴之百具始備。蓋七十年于此矣。寺僧某懼夫歲月之久，將泯没而無傳也，合其衆之辭，款門作禮，請書其事于石。昔者予以負薪之役，嘗有事于四方，見七閩兩浙佛者之徒，結屋道傍，設粥具茗，遇人輒合掌恭敬，捧盂而前，如子弟之事其父兄。及其去也，歡喜餞送，如主人之禮其賓客。濟人飢渴之苦，曾無德色於人。予賤且貧，財不足以及人，力不足以利物，心竊媿之。某之請也，故不忍辭。雖然，飢然後爲之食，渴然後爲之飲，視人之飢猶己飢之，視人之渴猶己渴之，本吾聖人事也。佛氏最後入中國，乃能得吾聖人遺意。於道路遼絶之處，天氣炎歊之時，爲糜以待餓者，爲飲以待暍者，使行旅無飢渴之患，雖吾聖人以己及人之心，亦不過推是心以往耳。記之又豈爲過乎！某，程氏子，邑之合陽人。寺在菴南五里栢山之下。其衆曰某某某某云。

王千里洪氏始祖墓記

王千里洪氏始祖府君之墓，在其所居里中葉村之上官道之傍。按譜，府君諱政，始自睦之遂安徙今居。今里中數百家，皆洪姓，蓋祖府君云。府君之墓，世次既遠，歷年滋多，蕭茅篠蕩，蒙翳其上，墓道塋域，蕪穢不治。重以埋葬侵陵，幾不可識。十七代孫斌，幼有至性，每過墓下，輒重感傷。至正六年十二月甲戌，始克伐石甃砌，列以堦級，聚土版築，繚以垣牆。立表其上，請記於予。

予惟人之於其祖宗，所以奉其祭祀，守其墳墓者，無所不用其至。苟或祭祀之不修，墳墓之不保，則亦何以子孫爲哉！且人有一金之藏，猶必謹而識之，恐忘其處，況祖宗體魄之所存乎！其於四尺之封，表而異之，當何如也？又恒見中原士大夫家遭遼、金之亂，高、曾之墓已有不可考者，而況十七世之遠乎？我輩幸生江南，承平日久，祖宗墳墓無所遺逸，子孫世守，雖百世可也，而況十七世之近乎？然則知其所在而不知所以守之，其罪將有所歸矣。若斌者，豈惟舉一家之廢墜，實流俗之軌範也。予故樂爲書之，使世之爲人子孫者，知所勸戒而益勉焉。斯記也，豈特爲洪氏設哉！斌字節夫。予爲邑人鄭某。書者婺源程文。

鳳亭里汪氏墓亭記

婺源汪匯謂予曰：「匯之先，自二十世祖徙居鳳亭里。十三世而生念四府君，至匯又八世矣。府君之配曰程氏。墓在里中鳳嶺，環嶺左右，皆其子孫之居。以其墓之近於家也，昔者歲正之朝，族人子弟會拜族長之家，然後以鼓樂前導，省謁墓下，還宴於家。明日，以次謁先世諸墓，遍而後止。故墳墓無所遺失。近年以來，省墓之禮既廢，墳墓之失隨之矣。鳳嶺之墓，或創爲宮室，或開爲道路，或犯以犂鋤，五患幾於備矣。侵陵之禍，至有不忍言者。匯之父子方謀於家，圖爲興復。族兄梓聞之曰：『是亦吾之志也。』乃合辭以告於族之長。族長首助以錢，力贊其事。然後遍告族之人。聞者以喜，侵者以愧。於是宮室以徹，道路以塞，犂鋤不敢犯，而侵疆盡復矣。又懼久而復有斯禍也，圍以垣墉，周五十丈，負土封之，累石砌之。創屋四楹，以爲拜掃之所。族人讓德又建重門焉。先生幸賜之言，使刻墓上，俾吾萬世子孫嗣而葺之，❶無或廢墜。豈惟宗祊之幸，實風教之幸也。」

予聞葬者必誠必信之道，古之人封之若堂、若坊、若夏屋、若斧者，所以表而識之，欲

❶「世」，原脱，今據四庫本補。

其既堅且固，久而不忘也。坊墓之崩，聖人爲之泫然流涕，况於侵陵驚犯乎？然非有拜掃之禮，世次既遠，不至於遺忘者幾希矣。故墓祭非古也，自近世以來莫之能廢也。然則汪氏之事，其亦可書也矣。予又聞，往年汪氏先墓有爲盜所發者，匯之祖天祐傾家以討賊。又爲人所侵敚者，梓之高祖友義竭力以陳辭。予故牽連書之，以見匯、梓此舉，其淵源有自。况善善原其世，亦古之道乎？匯之父名明初。其族長名元偉，於匯爲族曾祖云。

重修横山路記

歙東南境接杭之昌化，自昱嶺關至郡城，百里而遠，出入山谷間，無跬步夷曠者。其間自小坑口至溪子里，舊路由溪下，崎嶇坑澗中，厲揭二三十度，行者以爲病。其險絶處，高則架木爲棧，低則疊石爲塘，修葺無時，官民勞費至不可勝計。會宋岳武穆王飛提兵過郡境，至則溪水大漲，軍不可前。王命大衆伐山開道，由三嶺出，遂爲康莊，且省其程三之一焉。出其途者，咸歌舞之。蓋二百年於此矣。獨葉村之下，地曰横山，上倚懸崖，下臨深溪，號最險處。國朝至元中，討平西坑寨之亂，里人洪君聲甫雜木石爲路，取平正以通軍馬。事出臨時，不能經久。梅潦侵齧，漸致崩腐。負者側足而步，乘者執轡而趨。聲甫之孫節夫與其弟仲德、季安謀，鳩工選良，伐山取堅。層累而上，如城如堵；鱗比而成，如砥如掌。於是戴星步月，不擇地而可履矣。又於其傍築亭，以休行者，而祀武穆王其中。予按武穆王以紹興元年提兵討楊么過此，故老相傳，軍過巖寺鎮，夜宿人門外，居民無有知者。黎明啓户，見爨迹宛然，方知王兵已過矣。其持己律人，有大過人者。蓋古之忠賢，天地因之以立極，人物賴之以有生者也。開路之役，乃其餘事，然功在吾州，比之秦渠、蜀堰，歷千萬世而不可忘，豈但見甘棠而思邵伯也哉！節夫舉此於二百年之後，使王之功績因之而益著，其視世之修橋路徼果報者爲不侔矣。予懼王此遺跡國史既所不書，又復逸於郡志，歲月滋久，將遂無聞，乃併書之，使節夫刻之道上。不才名氏，亦將託王以不朽也。

上清靈寶道院記

謝君叔畊過玉言曰：「本真不天，蚤歲孤。及長，羈旅江淮閩蜀間，險阻艱辛歷萬狀。久而後獲歸，以至於此，而無有子也。昔在大德五年，嘗走龍虎山中，致謁太素凝神廣道明德大真人，是爲嗣漢三十八代天師，乞披度爲道士，願以城南居宅爲道院，節朔讚誦，如宫觀禮，隸上清正一萬壽宫，本真將終焉。事下如請，俾禮凝和宏道玄妙法師劉公立中，甲乙相傳勿墜。十一年，道院成，屋凡百餘楹。太清殿居中，前則玉皇閣，左右奉群真，後重屋以處徒衆。儀制略備，賜『上清靈寶道院』爲額。乃割己田五十一畝，歲入租以稱計者六百三十有六以供吾徒，而積其六之一有奇爲繕葺備。復命吾兄之子曰安老爲吾後，以奉先人烝嘗。所存田以畝計者六十有七耳。願記諸。」

玉惟三代以上，天下無遺材，士君子皆爲有用之學。後世高見遠識之士，或不爲世用，輒相引去山林藏遯，而人遂指以爲仙。雖以子房之賢，及其晚年，且謂欲棄人間事，從赤松子遊，蓋始顯而終隱。漢初，天下未定，曹參得蓋公之一言而齊以大治，既隱者又爲世用。是其清净合道，明哲保身，固非後人所可擬及。然其爲學，又豈必以捐絶世務而後爲高哉？今觀是舉，既不畔吾先王之法，又得以盡其師之教，是可書。謝君世居新安祁門縣，叔畊字，本真名。其先君子諱及篤，學有聲譽，與秋崖吏部方公爲同門友，嘗補太學生。叔畊今年七十一，童顔兒齒，行步如飛，蓋得於所養云。

龍興觀修造記

老子設教，清静無爲而已。秦、漢以來，乃有神仙解化飛昇之説。至於正一之宗，冠氅以爲飾，宮觀以爲居，行符水以救疾病，設齋醮以祀天。今唯其徒獨盛於天下者，以感應之機在人爲易動，禍福之語入人爲已深也。然求精修不懈，足以傳其師之教，而副世人之所祈請者，蓋亦未之見也。

不老山龍興觀，自昔高君景修，以法籙煉度爲四方所尊信，誅茅于此。逮奚君岳卿，得觀額而名之。鄉先達鄖守羅公爲之記。遭宋末造，鼎遷物改，世異事殊。重以山高氣寒，風雨侵蝕，簷頽壁壓，支柱不仆而已。至今住持提點元素冲妙真一法師陳君崇正，乃始有意興復而加充拓。十數年間，心憔力悴，銖累寸積，克底于成。內外巨細，靡不完好。三清像、玉皇像、七星十一曜像、諸天神王像，瓊章寶藏，飾以金碧，光彩相射，照耀人目。添甍易棟，而加整飾，則三清殿、藏殿、東西兩廡也。其重建者，爲法堂，爲玉皇閣。其創建者，爲東華樓，爲屋十五間，凡若干楹。合修造之費，鈔以錠計若干，米以石計若干，畚鍤斧斤之役以日計若干。出於己者十之三，化於人者七。起皇慶元年壬子，訖天曆元年戊辰。又慮其久而將不繼也，裒田積穀，置籍以稽出入，立修造之局，使其徒世守勿壞。用心勤矣。師字真空，邑西人。頎然長身，目光如漆，誠意懇懇，專事禳禬。諸公貴人争相迎致之，用是有所樹立，蓋予所謂精修不懈者。因其謁記，略敘梗概，使刻之石。若夫山川之勝，沿革之故，羅公已著者，此不復書。

怪松記

新安在萬山間，植物最繁。屬縣皆宜杉，而歙獨宜松。山顛水際，青青不彫者，皆松也。然地奥氣和，松皆直幹叢葉，不異凡木，故雖繁而不爲人所稱道。郡城東出二十里，又折而北二里，鑿渠引溪水灌田，曰豐堨頭。土人即溪上爲壇以祀社，植松其傍，爲社木，不記年數矣。今存者五株。其西四株，皺膚裂甲，擁腫攣拳，樛枝踈葉，屈曲槎牙，與他松不類。或一枝夭矯，飛入雲漢，如虬龍上騰，雲霧四起。或一枝横出，低垂掠地，如飛鷹旋野，狐兔在目，利爪方張。或蟠結如車輪，或曲折如矩尺。遠視之，則青山矗矗，翠色照眼；近視之，張蓋當逵，横縱布頂，四緣飛舞。班荆而坐，恍若箕踞巖下，谽谺上聳，藤蔓聯絡；枕石而卧，則疑偃息高堂，飛桷華榱，蔽虧天日。其東一株，枝皆下垂，蓊欝葱蒨，又如卿雲騰空，飛鸞翔集。予嘗坐卧其下，不能捨去。頃遭亂離，庭户之外即如江海，不見此松四三年矣，往來夢寐神遊而賞識之。

至正十有四年立冬之日，與友人鮑以仁

行視東莊，復過其處，相與游衍咏歌，如見故人，情不能割。語以仁曰：「此松以偃蹇不材爲世所棄，故得置身寂寞之濱，而免於斧斤之患，同於予之出處。且去吾家不一舍遠。所冀世道漸康，四方寧謐，賓客過從，或挽舟遡流，或肩輿就陸，時一過此，彈琴賦詩，酌酒釣魚，與此松結歲寒之盟，爲莫逆之友，以盡餘年之樂，實予之願也。」以仁作而言曰：「先生此舉，固斯松之幸矣。他日莊中稍有贏餘，當以其資築亭松下，門人弟子日奉几杖，來遊來歌，庶幾昔人風乎舞雩之興，又諸生之幸也。可無一語以紀其事，使之流傳以爲佳話乎？」乃誦其本末，使以仁書之。

師山先生文集卷之五終

師山先生文集卷之六

碑

皇元至正勸勵賢能之碑

至正八年三月丙寅，皇帝御興聖殿，速古兒赤臣朵兒只、雲都赤臣不顏帖木兒、殿中臣孛羅帖木兒、給事中臣買住、侍中書參政臣福壽、郎中臣帖理帖穆爾言：「徽州路達魯花赤臣哈剌不花，循良之政，恭謹之行，著聞于時。臣與丞相等議，宜賜綺帛一表裏，爲天下勸。」制曰：「可。」五月丁未，使者及郊，合郡文武官屬迎于東門之外。都鄙之民，巖穴之士，奔走來觀。塡街塞巷，踴躍鼓舞，歡聲沸騰。於是城郭生輝，山川增重。既交相慶幸，以爲太平之治正在今日，身親見之，而文字無傳，頌聲不作，何以仰答聖天子嘉惠下民之心，與播揚我侯豈弟之政？

臣玉竊惟我國家起自朔土，立國以仁，郡縣置吏，專用不擾，以安集其民人。今上皇帝潛龍嶺海，歷試諸難，謳歌獄訟，天下歸之，然後入踐大寶，故知生民休戚繫於郡縣，乃重守令之選，嚴賞罰之科，考其殿最以爲黜陟。復慮内外隔絶，民情壅遏，久任於内者必授之以州縣，久任於外者必擢置乎省臺。其法既詳且密矣。三品以上，並令陛辭，上親諭德意，餘官亦須堂參，聽宰相宣旨，德至渥也。至於簡其賢能，加以錫賚，賞一人而千萬人勸，可謂得治天下之要道者矣。拜手稽首而獻頌曰：

皇元混一海宇并，九州四裔塵坌清。大邦小邦連絡城，建侯置牧相縱横。考課黜陟法既精，賞罰孰敢紊厥程。皡皡惟我新安氓，女事麻絲男事耕。賦重役繁困科征，操刑論律宜用輕。天惠我侯知民情，政尚寬簡心至誠。我心如以石就衡，父父子子及弟兄，三年不代奏政成。於穆我皇聖且明，對衣遺賜侯是旌。僚采聯鑣出郭迎，歡呼動地春雷鳴。琢辭刻石致頌聲，爲我擊壤歌太平。

徽泰萬户府達魯花赤珊竹公遺愛碑銘

鎮守徽州路泰州萬户府達魯花赤珊竹公既致其事，郡之學士大夫與其三老俊民聚而議曰：「昔珊竹氏之未至，吾里巷之騷然，操戈之士日至乎吾門，刼虜以爲業，殺人以爲戲，吾祖父之丁是禍也慘矣。逮珊竹氏之既至，吾里巷之恬然，朝弦誦而莫燈火，耕田而食，鼓腹而嬉，享太平之福者六十年矣。矧公文武忠孝，冠于一時，號令明于六邑，涖官日久，德源日浚，令聞益彰。今而退休于家，傳襲厥子，使吾民世濟其美。始終進退有足書者，其遺愛又詎可忘乎？」礱石，召玉使書之。

玉惟國家監前代郡守專政之弊，各路設總管府以治民，萬户府以統軍，使民輸粟以贍軍，軍執兵以衛民，軍民相需以成治安，萬世之良法也。然法久必弊，弊而不更，則民受其害矣。先是，至元二十七年，郡軍政暴虐，民不堪命，起而訟之。朝廷議以徽泰萬户府兩易，而廣威將軍奚加觧實領萬夫，來鎮兹土，一視軍民而子愛之，合郡之人如去强暴而就慈母。則公之祖也。在郡六年，竟薨于位。公父脱烈，興官耆事，勤勞滋篤，不幸蚤世。時公尚幼，力學不廢，克自樹立，以世其官。總裁軍政三十有七年，申嚴厲禁，軍既不擾，民自安之。至於軍有飢寒，如己疾疢，惟恐有一軍不得其所也。故其將校士卒，臨難赴鬬又能竭力捐軀，以衛其上。前後累平大寇，皆著奇功。漳州李志甫之亂，江浙萬户集者九人。公長身虯髯，賊中號爲「黄鬍子萬户」，望其儀表，輒相引逃避，莫敢與敵。事定論功，以公爲第一，例當升閫帥，公終不自陳。班師及境，始聞其祖母雲中郡太夫人之喪，號慟屢絶，徒跣就位，人稱其孝焉。公家世貴胄，身躋顯仕，而用軍行師，能與士卒同甘苦。臨陳對敵，闗弓上馬，氣奪三軍。平居暇日，與諸儒先生論説詩書，謙恭下士，不異寒素。真國之賢臣，時之良將也。

按蒙古氏族，珊竹臺亦曰散朮觧，其先蓋與國家同出，視諸臣族爲最貴。公之高祖純直海，佐太祖皇帝取諸國，定天下，有大功。已而懷孟軍亂，又以一言全活其衆，懷孟人廟祀之。賜號宣忠協力崇仁佐運功臣，封定西王。至廣威將軍，始以瓜州等處軍民達魯花赤轉萬户府達魯花赤，用國家故事，子孫世襲。公名帖古迭兒，字元卿，初授明威將軍，累升至昭勇大將軍。系之以詩，詩曰：

皇元受命，海宇爲家。雲蒸霧滃，豪傑紛拏。惟時珊竹，撫定懷慶。俾兹殷民，罔不用命。帝曰俞哉，宜有爵秩。侯封萬户，傳爾千億。寶璽給券，明珠耀符。總師七翼，出鎮海隅。徽民籲天，扣閽告急。曰予將士，暴不吾恤。公卿廷議，惟珊竹賢。爰命珊竹，以其師遷。師既至只，無敢失律。民亦樂只，安其家室。暨昭勇公，善繼善承。歲歷世七，朝夕戰兢。允文允武，惟忠惟孝。克慎厥職，以圖報效。功成勇退，傳襲不疑。出處之節，時措之宜。旄倪一口，載頌載揚。曰惟珊竹，吾何敢忘。廼集廼議，廼伐山石。刻此銘詩，用歌世德。

徽州路達魯花赤合剌不花公去思碑

皇元奄有天下，立經陳紀，設官分職，所以爲吾民者至矣。各路設達魯花赤一員，位在守貳之上，所以總裁政務，表率僚采，監臨一郡者也。按譯言達魯花赤，漢言括囊玉也。言政之得失，係於長官，猶囊之啓閉在於玉耳。新安居江東上流，其境四塞，舟車不通，使客罕至。其官屬又無公田之入以充廩稍，斗糴市井，下同民伍。士大夫之臨是邦者，非勵廉謹之操，躬節儉之德，其不至於妄作威福、貪婪黷貨以爲民患者，鮮矣。

至正四年冬，合剌不花公以通議大夫、台州路達魯花赤移監新安。廉平自持，與民更始休息，專務以德爲化，鞭笞幾措不用。歲郡介萬山，民艱粒食，且租稅重於天下。公永豐倉受輸糧米，飛走攫攘，病民爲甚。公知其故，親臨監視，召民兒女子語之，通其利害緩急，雖有限期約束亦不爲用。曰：「法所以防姦。事苟辦集，法又可盡用乎？」積弊既除，民歡趨之，期亦不愆也。六邑詞訴，就決於途，或有誣罔，自慙而退。向之横行州縣、指麾曹案者，皆屏跡閭巷，莫敢吐氣。期年之間，遂至無事。六曹蕭然，坐嘯而已。公乃自挾方册，携一羊皮，坐於山巔水涯，歌詠終日。或進農夫野老，詢以民間疾苦、官府得失，相忘勢分，不知其孰官孰民也。公之爲政，如是而已。然視其人，無急遽之色，無疾厲之聲。視其家，無食粟之馬，無衣帛之妾。視其宇，庭無留訟，獄無寃人，吏守其職。視其野，男耕女織，父慈子孝，而民安其業。蓋公嘗與金華許謙先生遊，其爲學，專以誠意不欺爲主。故其臨政，忠厚惻怛，視民惟恐傷之，民亦戴如父母也。公既及考，代者不至，大臣考績，以公爲天下最。事聞于上，賜衣帛一襲，且布告郡國，使知所勸，然後賜環，蓋異數也。

公既去郡，深山窮谷，愚夫愚婦，莫不咨嗟太息，重公之去。於是歙父兄諸母謂其邑人之子鄭玉曰：「爾之所以得安田里，誦詩讀書，以詠歌聖賢之道者，皆侯之力也。可無文辭刻于金石，垂示子孫，以無忘侯德乎？」玉惟西都之治，度越古今，循良之吏，前後相望。及其後也，龔、黄、卓、魯，相繼出焉。原其所自，始於曹參爲相擇吏，木訥重厚長者召爲丞相史，言文深刻欲務聲名者輒斥去之，所以人人忠厚，耻言人過。公之爲政，真古循吏，學問深醇，殆又過之。昔人謂在任無赫赫之蹟者，必有去後之思。玉於公信之矣。公蒙古人，傑烈宜氏。玉既論其事如右，復爲詩系于左方，并以致吾民祝頌之意焉。詩曰：

吴楚之交，郡曰新安。牧伯之長，刑政尚寬。俗化醇厚，民以乂寧。政成考績，治以最稱。天子曰都，賜之以帛。帛匪爾私，以勸邦伯。公既代矣，民懷去思。刻詩貞石，我無愧辭。黄山蒼蒼，黟水茫茫。山增川至，福禄無疆。公享福禄，以祐我民。入作夔皐，敷對丹宸。天際海壖，均被公德。地瘠賦繁，毋忘下邑。

章孝女雙廟碑

按《新安志》，歙縣人章頂二女，與母程登山採桑，母爲虎所攫，二女呼號搏虎，虎遂棄去，母由是得免。刺史劉贊改二女所居合陽鄉爲孝女鄉，且復其家。觀察使韓滉奏贊治狀，朝廷特賜褒遷。事載唐史。今郡城之南二十里，若橋、若村、若里，皆以孝女得名，即孝女之故居也。村南五里許有山，曰二姑嶺，亦曰義姑嶺者，孝女之廟在焉。歲久廟廢，嶺仍存故名。予嘗過其所，訪問父老，猶能歷歷談孝女事。爲之徘徊太息，不能去者久之。南里洪節夫氏聞風而起，慨然以爲己任。即村傍青山菴之前軒四楹，爲孝女之祠，肖像其中，且爲買田以供香燈之費，而命章氏之孫住菴曰覺旺者掌之。予又得請於有司，令長吏歲時致祭，如我國家故事。於是書其本末，使刻廟中。

夫以二女子之微而能制猛虎之暴，豈其力之所勝哉？蓋其忠誠之所感化耳。方其母氏爲虎所攫，二女愛親之心勃然而興，發爲忿勇，震動林谷，有不期同而同者。當是之時，二女唯知母難之當救，豈知己身爲可惜？故寧陷虎口而不自顧，虎亦爲其所化而不自知。且天下之冥頑不靈者，獸也；獸之至暴不仁者，虎也。虎且化之，而况於他物乎！况於人乎！觀於二女之事，則凡人有所未信，物有所未化者，皆在我之忠誠有所未至也，豈人與物之罪哉？千載之下，想而像之，二女之英烈，猶凛凛生氣，况於當時乎！况於親見之者乎！其見褒於朝廷，得祀於鄉里，不徒然也。祠廟湮廢若此，豈人情也哉？然則二女祠廟之復，有不可已者矣。自今像設方嚴，祭祀時舉，過其祠下者，孝愛之心油然而生，婦人女子亦將觀感而化矣。其關於教化，繫於人心，豈細故乎？因爲詩三章，使歌以祀孝女，并以勵夫風俗云。詩曰：

嗟弱質兮闇闇，發至勇兮至仁。鬼神兮威動，猛獸兮服馴。

山高高兮崔嵬，水深深兮洑且洄。山高水深兮天宇開，雙鶴交飛兮孝女來。

生人兮林林，習俗兮日以沉。仰遺風兮如在，慨千載兮良心。

休寧縣達魯花赤也先脱因公去思碑

至元二年丙子冬十有一月，休寧縣達魯花赤也先脱因公既代且行，邑之人士相與攀留，不獲，餞于東門之外。父老號呼，兒童涕泣。❶退謀於其鄉先生建康府判汪公，走書旁縣鄭玉，使紀其事，刻之堅珉，立于道左，以播公之德，以慰邑人之思，爲來者勸。

休寧爲新安望縣，地大人稠，訟牒紛冗，爲之上者苟失其道，則姦宄狡獪並緣其間，益難治矣。公至之始，即召父老，宣布朝廷德意，示以法令所禁，使民知所趨避。遇有骨肉之訟，語以人心天理，無不感悟悦服。至於欺誕之辭，則折以是非曲直，如龜卜燭

❶「泣」，原作「立」，今據至正本、四庫本改。

照，洞見肺腑，訟者輒叩頭謝罪而去。其或怙終不悛，則痛繩以法，用示懲戒。前所謂姦宄狡獪者，匿影藏形之不暇，奚暇梗公之治哉？越明年，政孚於人，訟牒視舊十損八九。公知其民之可與爲善也，於是興舉學校，崇祭祀以嚴莊肅之心，葺齋廬以爲藏修之所。公退之暇，則就學宮進學者談經論史，以明爲治之本。又明年，訟牒益簡，官以無事。於是因時之制，建立伏羲、神農、黄帝之廟，❶以彰崇德報功之意，以期復古還淳之盛。及其將去，則又懼後之人或不能繼也，於是分布條教，定立規式，取甲令之期限以爲程度，使民先事賦入，而吏無催科之勞；驗民力之高下以爲差徭，使吏以時召役，而民無争糾之患。繼公而來者守而勿失，則爲公之治蓋不難矣。然則公德之在民者，何時而可既乎？宜其在官而民安之，既去而民思之也。

三代以下，吏治莫盛於漢。漢之縣令，首稱卓茂。茂爲密縣，有告亭長受其米肉遺者，茂直以兒女子語之，真若以情破法矣。然而忠厚之風，和平之政，雖三代盛時無以過此。是其著之青史，名曰循吏，政不以其發姦擿伏之爲能，而以其慈祥愷悌，與民相安於無事之爲賢也。方今之吏，頹墮委靡、貪婪敗闒者固所不論，至於表表愈偉，爲衆所稱，號爲能吏者，則强者不過生事以立聲名，弱者不免廢事以市恩惠，豈有政教並行，寬猛相濟，如公之治休寧者哉？其亦庶乎有古循吏之遺風矣。公字仲禮，畏吾兒氏，世居汴梁。祖、父皆有勳勞閥閲。其在休寧，每歲部使者行部，民遮道借留公者以千

❶「黄」，原作「皇」，今據四庫本改。

計。事上，憲臺異之，且將置以風憲之任，而公去益不可留矣。是舉也，雖曰進賢以勸善，夫豈其民之心哉？

玉既書其事，復系以詩，使其民歌舞之。詩曰：

惟邑有長，始自我朝。監臨庶務，首出衆僚。事有可不，政有否臧。民之利害，長猶之坊。斗牛之墟，海寧之邑。❶ 民比鱗居，訟如毛集。我公之來，不亟不徐。伊民之樂，如病之蘇。其庭如水，其野如春。熙熙洽洽，惟公之民。公既去只，民失慈母。疾病寒飢，孰知其苦。漸水悠悠，率山蒼蒼。山泐川竭，公德不忘。告我婦女，詔而子孫。桐鄉之祀，以報公恩。

師山先生文集卷之六終

❶「海」，四庫本作「休」。

師山先生文集卷之七

碑銘

朱愛梅墓銘

愛梅姓朱氏，名璟，字景玉，愛梅其小字也。人唯呼曰朱愛梅云。按朱氏新安之望，宋淳熙間有爲廣東經略安撫使者，於愛梅爲高祖。至父世賢，家事益落。愛梅少時讀書郡齋，郡學官有藏米元暉畫者，日張壁上。愛梅時從旁竊觀之，至撻之不肯去，久乃得其妙。及長，又愛高彦敬青山白雲之作，遂合二公之法，自成一家。得意時即爲之，然秖以自娱，不爲人所役。嘗以家貧母老，不可無禄仕，求爲績溪西坑寨吏。居三月，曰：「是豈我輩所堪爲也！」竟棄去。平居，人召之飲，輙往不辭，與之嬉游，或數日忘返。家屢絶，終日不得食，不見其有愠色。一日，天大雪，獨坐空山巔。人問之，曰：「吾將以增吾胸中之丘壑耳。」至順元年七月二日，以疾卒于家，年三十三。未娶，無子。郡人鄭玉懼其事之不傳也，乃爲銘刻之墓上。銘曰：

世有幽人，蘭芳芷馨。天胡豐於其才，而嗇於其齡？吾欲問天，而天冥冥。吾欲問人，而人不聞。姑取其孤高之行、貞潔之操，書而刻之堅珉。

處士王君墓誌銘

王氏故爲祁門宦族，方其盛時，宗親子屬聯名仕版二三十人，其最顯者曰某，官至江西提刑，直寶謨閣。往年先大夫作尉祁門，玉獲過王氏之居，曰平里，在縣南五十里。其山川舒平，地多沃壤，繞屋植禾黍。老者耕田種樹，以肥遯爲心；少者好學工文詞，用意科舉，期復先祖之烈。處士名廷珎，字子真，則老而尤賢者也。讀書見大意，謂聖賢作經，意在言表，豈拘拘註脚者所可得其本旨？要當真體實認，見之日用常行間耳。性嗜棊，與客對奕，終日忘倦，曰：「吾嘗慕諸葛忠武侯之爲人，今世承平，無以表見，胸中八陣圖法，聊以助吾手戰而已。」延祐四年，歲適大侵。先是，有司出社倉粟貸民，至是秋成，責民償官。民無以應令，皆將逃散。處士盡出所有粟代里中輸官，民乃安業。後二年，處士改築室，里中人曰：「王君嘗代我輸粟，德不可忘。」争趨之。處士復厚其餼勞，人感之益篤，稱爲長者。年甫五衰，即以家事付其子存善，日唯抱孫祖吉戲弄花下，與賓客飲酒賦詩，時事不一語挂口。元統三年三月甲午，病且死，謂存善曰：「尤昌下里之兆，吾所自卜也，死必以葬我。惟禮制之大不可違，自始死至祥禫，其一遵朱子所定《家禮》。」存善既用治命，以五月庚寅終大事，走書請銘墓上。按處士生至元十有五年閏月癸酉，享年五十有八。曾祖諱某，祖諱某，父諱某。娶同邑胡姓。銘曰：

祁山之南，閶水之上。奕奕王氏，爲民之望。吁嗟處士，遭世中微。碩果之食，家政用施。修身以德，裕後以學。

德學之報，伊農之穫。樂哉斯丘，惟君之阡。手所自築，魂氣睠焉。刻此銘詩，昭于來世。潛德之光，永永無墜。

從弟琮墓誌銘

從弟琮，字叔方，先仲父諱椿齡之子也。仲父早無子，從兄璿，本洪氏，於先祖母爲姪孫，仲父取以爲子。仲父晚生琮而死，嘗命琮父事其兄。故琮視兄猶父，兄撫之如子，友愛篤至。琮年十有五，從吾友程文先生學書法，得鍾繇筆意，一時號能書。予有山水癖，好堪輿家言，號地理學。琮從予遊，三日盡得吾意。其聰明敏捷類如此。且善幹蠱，知艱難，無子弟之過，意其必振吾宗也。至正三年癸未四月二十日，以疾卒，年二十二。某年某月某日，葬所居西南百餘步。予悲其竟夭死，將無聞於世，乃爲銘刻冢上。銘曰：

嗚呼琮乎千里駒，今其死矣天喪予，無可奈何徒長吁。

鮑景曾墓誌銘

景曾諱魯卿，姓鮑氏。幼負奇才，讀書三行並下，日記數千百言，天文地理、歷律度數，無不研究，尤精於兵法與神僊修養之說。遭世承平，無以自效，又無相知有勢力在位者相推挽以致其能，喟然嘆曰：「施於有政，是亦爲政。吾將行之於家，又何必天下乎？」乃治産積居，曰：「他日苟有贏餘，亦足以仁吾三族，賙吾鄉里。況子孫衣食給足，可以安心於學，讀書致用，以自效於世，猶吾得效也，不猶愈於己乎？」其理財也，以任人爲先，不計其輸贏得失，❶而卒享其利。其買田也，望原隰之高下，知田畝之肥瘠。嘗有瘠田，人棄不治，景曾厚價取之，曰：「異時必爲良田。」又有厥土上上，人争欲得之者，景曾棄不取，曰：「數十年後遂爲磽确矣。」已而皆然。其自病也，知脉絡之受病，曰：「某經病矣。」其飲藥也，識藥性之寒温，曰：「藥至某經矣，明日病愈。」至期而愈。嗜書如飴，雖家務叢襍，手不釋卷。其夜讀也，每至鷄鳴方就枕席，曙色才分，書聲又聞於隣壁矣。其爲學也，專以講明心法爲主，而以修飾行義爲先。其論人也，則以識見高下爲格，而不泥其成敗之迹。田過千畝，即誡其子元康曰：「田不可復買矣。賦重役繁，反爲子孫之累。供給在官，日夕不暇，又奚暇讀書明理以修其身乎？吾將效鴟夷子皮之爲矣。」景曾世居歙之唐越里，與予居相望咫尺，中有蒲亭之山。常使跛奴載酒與予坐蒲亭山上，論天下形勢、山川險易，若身履其地者。幅員之大，如指諸掌耳。及言古今治亂，自三代已下至于今日，無不提其要領而中其肯綮。使其見用於世，其所立詎可量哉！

景曾生以至元十八年二月八日，卒以後至元元年七月二十日，葬以至正九年八月八日。卒時年五十有五。曾祖諱衡。祖諱宗巖，世號長者。父諱壽孫，嘗爲徽、寶慶兩郡儒學教授。方至元之變，盗起里中，教授君與其父皆爲賊所執，父子願相代死，賊猶豫未敢殺。會風起林薄間，賊疑官軍至，皆走散，父子俱得免。人以爲慈孝之報，至今稱慈孝鮑家。娶同里程氏，丞相吉國文清公孫女。男一人，元康也。先是，景曾無恙時，嘗

❶「失」，原作「夫」，今據四庫本改。

愛平原山川之勝，歲一過之，謀卜葬所而莫宜其兆。後予與元康按行其處，指而異之。元康拜曰：「此先君子之志也。」遂舉以葬焉。且以銘請。予素善景曾，不忍使景曾無聞於世，乃使元康買石太湖之上，刻予辭以銘其墓。後有式車下馬而過者，曰：「此鮑景曾之墓也。」其或由吾銘也夫。銘曰：

平原之山，公所盤旋。平原之水，公嘗濯焉。山水之間，遂爲公阡。我作銘詩，庶或有傳，於千萬年。

有元封黟縣尹鮑先生墓誌銘

鮑先生既卒于亂兵，鄉之善人相與語曰：「天於亂離之際，善惡之報爽矣。吾儕何所恃而無懼乎？」其孤同仁泣語余曰：「先人積善以遺子孫，而不獲令終，同仁之罪大矣。萬死不足償責，尚何言哉！雖然，先人之善行不可没也。乞序而銘之，使先人之志得白於九原，則世之爲善者，尚有望於後世而無懼也。」

按鮑氏世居郡城之西門，二府君諱榮，始遷棠樾，至先生十世矣。先生諱周，字景文。曾祖諱衡。祖諱宗巖。父諱壽孫，嘗爲清泉鹽場管勾，徽、寶慶兩路儒學教授。至元初，與其父皆爲賊所執，願相代死，由是俱得免，事載《宋史》。先生早歲出爲伯父諱元孫後，所後曾祖諱術，祖諱山。先生性好謙和，每卑以自牧。居家庭間，雖子弟進拜，躬自答之。出遇童稚，相與爲揖，亦必盡恭謹，無有慢易之容。其際事物，人或以言相侵，先生若不聞，或以勢相陵，先生亦不較，已而侵者陵者自負愧。嘗有怙强駡道語及先生者，或告之，先生笑曰：「彼非狂即醉，何與吾事！」聞者服其長者。晨興，焚香危坐，取道經佛典默誦朗宣。遇朔望本命日，作伊蒲供齋僧道，出錢米施貧乏。妻父母死，無子，既收葬之，復爲置後。雅愛吟詩，尤工五七言律，所爲詩號《薌林集》，藏于家。年五十，自卜葬地於城南之葉有，築宫其傍，使道流守之，名曰心田道院。至正七年，同仁爲邵武路泰寧縣尹，法當封贈，請于朝，先生封從仕郎、徽州路黟縣尹，夫人贈宜人。九年十有一月命下，即心田道院設醮三晝夜，爲民祈福，以報國恩。時先生康强眉壽，孫曾滿前。鄉里榮之，形于歌詩，遠近傳誦。

十二年四月，紅巾賊由饒入寇，據城以守，民陷賊者五踰月，浙西道廉訪僉事合剌忽納督江浙之師自睦來討，九月，郡城乃復。十有一月，賊復寇休寧，守郡沙不丁等棄城而遁。適朝廷所差太府太監卓駐馬以所部屯湖州，取道廣德、寧國，自績溪進攻。寧國民周鎬、周銘、周鎰招集亡命，謂之民義，翼附官軍以爲聲勢。軍抵郡城，賊戰敗走。民聞賊退，相與携持，歸復故業。周氏兄弟乘民不備，分縱其徒，四出擄掠，燒民廬舍，刼民財物，牽民牛畜，殺民老病幼弱，數其耳鼻以爲功績。於是年，德如先生者亦遇害，十有二月甲子也。春秋八十有二。子男二人，長即同仁；次德臣，先先生卒。孫男三人，深、浚、淮。曾孫男二人，葆、龍保。銘曰：

天道無知，顛倒報施。非天無知，逢時亂離。嗟惟先生，曰攸好德。胡不考終，遭此惡逆。身雖遭逆，福在子孫。欲知天道，視其後昆。

洪本一先生墓誌銘

昔先君子作尉淳安，余在侍傍，得游淳安諸先生間。吴曒先生，則所師也。洪震老先生、夏溥先生，則所事而資之也。洪賾先生，則所友也。賾初字君實，名賾，後更今名，字本一。本一日所爲詩文，古雅雋永，余甚愛而慕之。本一入邑，必過余留宿止。余或思本一，輒上馬夜半扣門，相與論議連日夜，忘歸。時本一家尚裕，延師開義學，以教鄉人子弟。先世占籍水站中，疲於差役，有所需，本一輒售田園以供應。自是日就貧困。人不堪其憂，本一處之，泊如也。余既侍親歸新安，益讀朱子之書，求朱子之道，若有所得者。本一亦盡棄其舊所爲，而從事於古人爲己之學。淳安自融堂錢氏從慈湖楊氏游，而本一之族祖衢州府君夢炎亦登其門，淳安之士皆明陸氏之學。及再會于錢塘，則議論多不合，然交情益篤。後數年，余以便舟過其家，本一幅巾野服，相送錦沙之上，至今猶往來于懷也。亂後忽得其門人俞溥書，則以本一訃矣。且狀其言行，俾爲之誄以識其葬。

按本一之先，自尊睦府君任始居養材里，至本一十有一世矣。曾祖諱延宗，祖諱堅，考諱希説。本一幼穎異精敏，讀書日數千言，聲名隱然出行輩上。弱冠杜門，肆力於群書。延祐中，慕太史公之爲，將北遊幽薊，以求中原文獻之盛。涉江抵維揚，有感而尼。越人陳以道聞之，聘爲義塾師。自是稍往來杭、越之間。與之游者，周公仁榮、杜公本、柯公九思、張公翥，皆一時知名士。天曆中，柯公遇知文宗皇帝，駸駸向用，以書來招本一，曰：「行成而名不彰，朋友之罪也。先生苟能此來，從兩院舉，國子助教可得也。」本一不爲往，且曰：「嚴陵山水以子陵而顯，今數百年未有繼其躅者。吾將置扁舟，戴青披緑，釣于烟波之上，使人呼我蓑笠翁，不亦可乎？」蓋其材長於劃繁治劇而不屑小用。至正十有二年秋，平章政事月魯帖木兒總兵討紅巾賊于新安，道由淳安。將校多欲自淳安以西即屠戮，以樹威聲。本一迎拜道左，面陳脅從罔治之典，行師制勝之法。言辭慷慨，平章爲之感動，命坐與之語，且欲留以自助。會本一有疾，不果從。行數十里，猶遣人促之，不得已往營中，留一日竟歸。是年冬，元帥沙不丁退軍淳安，本一以書干之，謂：「自徽城抵淳安，一北二百里，非古人退無疾走之謂。今日之駐此，幸寇不我追爾。彼若乘勝而追，則我之退何時而已乎？」又說以單車克復徽城之策，奇而中理。聞者恇怯不能用，識者恨之。其爲學也，必要於本領端厚，不使支離曲碎破壞其心術。嘗語學者曰：「爲學當以求仁爲先。聖門言仁雖多，然皆因門弟子之問，隨其淺深高下而答之。獨《里仁》篇自首章至第七章，皆夫子之所自言，門人以其序而記之。今知記言之有序，則知求仁之有方矣。」章分句析，其說甚詳，辭多不録。又嘗裒集先世遺文，自尊睦而下謂之《内集》，尊睦而上及旁出者謂之《外集》，復叙其出處，人爲小傳，冠卷端，號《洪氏一家言》。其所自著曰《庸言藁》，凡若干卷。《四書》、《易》、《書》、《詩》則有考釋藁，皆燬於盜。十有三年五月二日，以疾卒，享年六十有四。娶同邑徐氏。子男一人，翬曾。女二人，長適何坦，次適邵英。翬曾將以某年某月日葬本一某山之原。

玉惟鶩湖之會，卒不能合朱、陸之異同，而陸子猶曰「江東也無朱元晦，江西也無陸子静」，蓋不以其學之不同而廢天下之公言也。玉於本一託交三十餘年，其所學雖若有不苟同者，銘墓之責，又安得以此而廢彼哉！姑叙其所以爲學之概，以俟後世之知者。而爲之銘曰：

道喪千載，乃生周、程。又百餘年，朱、陸並興。長江之西，大闡陸學。行不由知，理以心覺。淳安先哲，多游慈湖。先生承之，是訓是模。源高流深，若與衆異。天慳其逢，百不一試。潛德幽光，永閟兹土。我作銘詩，用詔終古。

故慈湖巡檢洪府君墓誌銘

歙之南，其山峭拔，其水湍激，其人往往魁梧龐碩，善謀能斷，其豪傑又能因時艱難，保聚鄉井，策取功名。方至元初，海宇草昧，山林盜賊竊發陸梁，殆無寧歲。二十七年，績溪山民據西坑砦爲亂，郡幾失守，至勤王師討之不克。南里洪公聲甫設布韜略，團結保甲，招降賊黨九百餘户以爲内應，幾其出入，乃於大鄣山邀絶險阻，擒其肘腋十有一人。賊勢大沮，將移據他所。公親率民義追躡其後，至淳安縣小蛇坑，大擊破之，獲其渠魁，檻送有司，西坑砦平。郡録其功，上之行省。行省擬授歙縣主簿，以聞于朝，不報，版授休寧縣黄竹嶺巡檢。未上，改授太平路當塗縣慈湖鎮巡檢，盜息而民安之。及其家居無事，恂恂儒者若不能言。公既蚤孤，事母潘夫人極孝謹。伯兄雷奮性嚴厲，公委曲將順，唯恐失兄意以傷母心。及分財，取其少；分田，取其瘠。新第既成，兄欲居之，公又舉以讓焉。公避地覆船山下，所居平田數百畝，溪流清淺，山四環之，真若太行之有盤谷焉。嘗謂所親曰：「數年之後，嫁娶既畢，吾當結廬山顛，滅景於此耳。」賫志不遂而卒，時大德六年十有二月朔也。諱雷轟。娶同邑吴氏，克配公德。子男三人，洋、復、英。復出爲從兄鈞後。孫男四人，斌、杰、宅、和。曾孫男今十人矣。先是，公既蚤世，洋兄弟又皆不壽，且惑陰陽家者言，遂不克葬。洋死，泣以語其子斌，使終大事。至正五年十有二月庚午，斌乃克奉公及吴夫人之柩葬于里西敬潭之上，於是公死四十有四年矣。斌從余遊，以余知其家世爲詳，拜且泣曰：「先大父不幸蚤世，不克以功名事業顯聞于時，其存心立行，獨無可書以傳于後者？此子孫之責也。願有文辭，刻于墓闕。」余哀其言之悲也，爲之銘曰：

覆船兮崔嵬，有美人兮山阿。嗟予誄兮長歌，寫琬琰兮不磨。

師山先生文集卷之七終

師山先生文集卷之八

表誌狀

修復先墳石表

先人嘗謂玉曰：「五世祖妣汪氏之墓，在吾居之右、西廳之前者，至元兵變屋燬于盜，墳亦湮焉。自吾父遊宦四方，歸而竟忘其處。詢之故老，無有能識之者。墳卒不復，此吾父子無窮之痛也。小子識之！」言畢，泣數行下。玉時聞命恐悚，哭不能對。明年，先人遂捐館舍矣。喪復常，乃覃精竭慮，思復先墳，以繼先志。若非掘地見槨，終成傳疑，久而道路溝渠、耕犂宮室之患蓋不能免。元統二年十有二月庚申，誓於天地，告於祖宗曰：「此墳之不復，玉不敢見乎廟、見乎日月矣。」鑿地三尺，塼槨宛然，坐癸向丁，去廳堦丈又一尺五寸。玉再拜在地，悲喜交至，感極而慟，先祖先人之志庶幾少慰矣。記禮者曰，孔子少孤，不知其墓，問於曼父之母，合葬於防。故夫子之言曰：「古者墓而不墳，今某也東西南北之人也，不可以弗識。」封之，崇四尺。則墳之於墓，自聖人然矣。乃積土其上，高及四尺，廣圍二丈四尺，羅以圓石，立表刻辭，告於後之君子與我子孫。凡有人心天理者，幸相與葺之，毋壞毋奪。後五日甲子，六世孫鄭玉百拜謹識。

先府君休寧縣尹方村阡表

先君諱千齡，字耆卿，徽州歙縣衮繡鄉人也。鄭氏相傳自睦徙，譜逸不可考。今歙縣以鄭名村者四五所，所自爲譜，不相通。先君幼從先生鮑公雲龍游，學知本原，於孝弟尤篤。長游京師，用薦者歷弦歌、延陵、美化、江寧四鎮巡檢，陞淳安、祁門兩縣尉，改從仕郎、泉州録事，未上，以承事郎、休寧縣尹致仕。先王父諱安，故從仕郎、歙縣尹，以封贈故，進徵事郎。王妣洪，追封恭人。先君爲巡檢江寧時，有合陽寺僧失財而疑其儕。儕至，以左證，輙引服。先君疑之，購賊，無所得。先君益疑非盗，欲縱之。儕懼刑，因自誣服。先君因指玉語之曰：「吾唯此一息，所欲故入人於罪者，如皦日。」因縱之。人以爲縱盗。後得盗當途境上。尉祁門，有盗牛者，時法盗牛馬皆死，先君謂以畜故殺人，非法意，故出之，盗得不死。在弦歌，建弦歌書堂，日與諸生講誦其中，盗賊自息。延陵有吴季子祠，時造祠下，示以敬慕，里俗爲化。及攝祁門縣，乃大修學校，作興士類，□至有薦名禮部者。因邑民以壻爲後，黜之，以明氏族之不可亂。因叔父歸其從子之爲僧徒者爲後，許之，以明人倫之所當重。發擿姦伏，一縣稱其政神明。至順二年四月癸亥，卒于杭州傳舍，年六十七。玉奉喪歸，以元統二年十一月壬寅，葬于里東方村先夫人之墓，去先夫人之葬五年矣。先夫人汪姓，諱妙寧，字静德，同邑永豐鄉人。配先君無遺德，教玉尤篤至。婦道母儀，可法後世，人謂女中賢聖。封宜人。延祐五年卒，年五十五。卒之歲，弟璉生，先夫人猶及名之。

先是，先君卒，學者私謚曰「貞白先生」，有司表其里門。里之人請於翰林學士揭公傒斯，爲《貞白里門碑》，刻道上，距今十六年。墓上石久未刻，蓋有待。玉今年五十，日無聞，大懼先德不揚，乃取先君歷官行事梗概刻之石。至若氣象語言之雄粹，德行問學之懿深，顧小子玉所不敢論著者，尚有望於當世之大人先生云。至正七年春正月戊午望。

鮑仲安墓表

仲安諱元康，余友鮑景曾之子也。余與景曾交時，仲安方讀書家塾，未嘗與人接。余又以負薪之役，奔走四方，不遑家居，故仲安未余識。然仲安勤於讀書，自經籍外，諸子諸史以及山經地志、岐黄醫書、孫吴兵法，與夫佛氏經典、神仙家延年長生之説，無不研究，而尤以修飭行義爲先。及余終養，優游林壑，以故人子弟來從問學。一見即曰：「前所學者皆誤也，吾今而後得聞聖賢之正學矣。」於是日從事於五經四書，而尤盡心於《易》。日讀一卦，周而復始，玩索有得，輒筆記之。且曰：「上下《繫辭》，夫子所以翼《易》。程、朱之説，嚴謹簡略，蓋引而不發。學者宜盡心玩味，使與六十四卦三百八十四爻相出入，字字有所歸宿，方爲有得。」嘗語人曰：「自吾從先生游，於體認道理，識所謂活潑潑者；於應事處變，得經權之説焉。」

景曾晚年，仲安尚在幼冲，已能出其智謀，佐其家政。及景曾大故，仲安既除喪，即曰：「先人勤苦起家，蓋欲積有餘以及人。況聚而能散，禮經之善教也。元康敢不力！」廼以其歲所入十分爲率，三分以饍老幼與凡家用；三分以供公上貢賦及官府百費；二分積蓄，以待水旱；一分賑恤族黨姻戚鄉鄰，自親及疏，各有等差；又一分貯之別所，以待親友之有患難者，隨其輕重，量力周之。遺嫁孤女，收養孤子，義之所在，知無不爲。休寧有務官，以虧課，粥二女，陷倡家，百計求贖之，使復爲良。設立社倉，時其出内，以濟里社之貧乏，弛其息不取。又嘗欲置坊局，儲善藥，以救疾病，爲不樂善者所沮。朱文公舊有祭田百畝，爲族人之無藉者所盗賣，朝廷既立文公之廟于婺源，訟之有司，數年不得決，官民交相詬病。景曾嘗語仲安曰：「他日稍有贏餘，當以其價與民，而歸其田于廟。」至是，仲安追思景曾之語，粥其材木之山，得錢爲中統鈔者一萬五千餘貫，而文公之祭田始復。其他濟人利物之事，累數之不能終。事母程夫人尤孝謹，求新鮮於山澤，取珍異於蘇、杭，時其食飲，體其温清，無不得其志焉。

至正十有二年二月，紅巾賊至饒州，仲安與鄉人集丁壯，結保甲，捐財出粟，以供費用。及賊至婺源，知官軍皆敗走，度民力不可支，乃籍鄉里之貧者，計口給粟，使携老幼入山逃避。四月，郡城陷。賊購余甚急，余將死之。仲安謀於諸生曰：「家破可以再營，先生死，世豈可復得！吾將傾家以解是難。」乃使其從子深與吾弟璉以計行賕諸賊，余始得免。九月，大軍克復。仲安與深、璉首起義兵應之，出入山谷，勞苦成疾。病且革，譫語唯云「殺賊」。十一月十日卒，年四十有四。吾邑之人，遠者奔赴，近者巷哭，皆如喪其親戚骨肉焉。余使深主喪事，是月廿日出仲安之柩于外，以待卜葬。越三日，賊復至，家遂燬焉，柩獨無恙，人以爲積善之報。

仲安天資高卓，識見過人。自其幼時，爲學已與流俗不類。及從余遊，講貫益精，踐履益篤。乃率同門爲余築師山書院，聚學者而肄習焉。余方將以講授之事屬之仲安，仲安亦將有不得辭者，而遽死也，豈天喪余乎！天喪余乎！乃叙其梗概，立表墓上，以識余之所深痛云。

周榮之墓表

泰定間，先大夫爲祁門縣尉，閉户不與人接。遇有疑獄，獨召縣史周榮之與語，至夜分不散。余嘗疑而問之，先大夫曰：「是人存心平恕，且熟於律，不肯妄入人於罪，吾故咨焉。」及先大夫不禄，而榮之亦不復任州縣，謝絶人事，不相聞問者數年。已而聞郡中有佳士曰周原誠者，且篤於操行，莫知其誰何氏之子也。及其來見，則知爲榮之之子。居無何，郡陷於賊。賊平，則榮之已死矣。原誠乃以銘誄請。

周氏，其先休寧人。榮之高祖諱尚文，始遷居郡城中，爲歙縣人。曾祖諱鳳翔，中端平二年進士第，授將仕郎、袁州司法。不樂仕進，休官治生産，家以饒。其資業幾及郡城之半，號「周半州」。祖諱元仁，父諱中大，皆執事郡庠，世號「儒先生家」。先是，榮之家事既落，又困徭役，且爲强暴所侵陵，慨然思自奮，乃起爲縣史，主文案。會歙有豪勢誣民罪者，縣具獄上之府。榮之知其情，白上下，獄以平反。御史崔公顯卿時爲推官，大驚異曰：「微子，幾失之。」由是知名。知事李公友諒薦榮之爲黄山巡吏，榮之不屑就。李公曰：「古人爲貧而仕，未嘗擇禄。」榮之笑而受之。俄二魁桀誣仇盜，榮之繫魁桀送大府，仇乃得白。部使者行部至郡，廉吏能幹者贊簿書，榮之在選中。部使者朵兒只班公一見異之，補祁門縣吏。時縣有姦猾購府檄，徵民紙倍他縣，將以射利。榮之詣府白，除二十萬，民賴以蘇。調休寧縣。令丁某專以嚴刻御下，欲使人附己。一日，引兩囚造庭下，將被無辜者罪。榮之直以大義譬曉，無所遜屈，令不爲解。未幾，獄上，郡發其姦，令始慚服。邑有僧與其徒隙，以賄購上下，誣以死罪，致榮之白金百兩。榮之叱曰：「取貨以殺人，吾不忍爲也。吾將直若事。」僧慚懼死。再調黟縣。府委主簿毛文卿讞疑獄，榮之即覈囚寃，白之，囚得不死。府推張公飛卿聞之，曰：「不意州縣簿書間而有此人！」聞其至，倒屣迎之。至正三年癸未，年五十五，喟然嘆曰：「吾年踰知命，兒子授徒足以供奉養，吾何事乎仕！」乃杜門謝親友，日以植松竹、理蔬圃爲樂，雖隣里罕見其面。十二年，避賊城南山中，手持高、曾遺像，賊見不忍害。是秋，王師克復，始歸舊業。方郡城陷賊時，賊至其居，三縱火，隣里爲之蕩盡，火及榮之屋，輒摧滅如救，見者以爲異。明年四月二日，以疾卒，享年六十五。

榮之幼穎悟清俊，不好嬉弄。長，持行尤端謹。四歲，事其大父即知畏慎。居父喪，勺水不入口者七日。待親族一以恩。從叔瑾之歿，字其孤男女四人，迄成人，畢婚嫁。當乏食時，賣簪珥、貸子錢供之，無吝色。

按《春秋》之法，微者姓名不登史册，其有賢行則特書之。國家之制，三品以上得請謚，其有學行卓異則太常特議謚焉。吾所以爲文以表榮之之墓者，蓋《春秋》特書之法，太常特謚之義，不以其人之微而没其行之善。既以使世之爲善者知勸，又以識先大夫之能知人也。

師山先生文集卷之八終

楊士奇跋

《師山集》者，元歙人鄭玉著，同郡程以文爲之序。朝廷嘗徵爲待制，以疾辭。家居，惟日著書爲事。國朝兵入徽州，守將將要致之，曰：「吾豈事二姓者！」明日，具衣冠北面再拜，自縊死。《元史·忠義傳》。此集吾得之區易允和。廬陵楊士奇跋。

師山先生遺文序

鄭子美先生所爲文，余十年前嘗得其漢唐諸論，頗疑其體制往往或出於繩墨，心未之好也。今年復獲其《師山集》，盡讀之，觀其操議持論，務辯道理、談名義，蓋汲汲焉以扶植世教自見，心歎服之，於是廼愧向之知先生之不能深也。雖然，以文求先生，非知先生者。欲論先生，當自其平生大節而觀之。初，先生隱居于鄉，教人接物，一體於風義。至正中，宰臣以名聞，詔拜翰林待制，兼有上尊名幣之賜。先生疾當世方奔競成習，將有以抑之，則抗疏控辭，其言曰：「臣問學之淺深，他人不能知，臣實自知之。所謂『吾斯之未能信』，豈敢貪冒恩榮以自欺其心！酒與幣，天下所以奉陛下，陛下得以私與人，臣不敢辭；名與器，祖宗所以遺陛下，使與天下之賢者共之，陛下不得私與人，臣不敢受。」疏聞，朝廷不之强也。居無何而干戈起，徽城陷焉。城守者將要致之，使爲用，先生厲色拒之，曰：「吾豈事二姓者耶？」因被拘囚郡中，詬辱者久而志不少變。親戚朋友攜具餉之，則從容爲之盡歡，且告以必死狀。其妻聞之，使語之曰：「君苟死，吾其相從地下矣。」先生謂曰：「若果從吾死，吾其無憾矣。」明日，衣冠北向，再拜自縊而卒。嗚呼！先生於出處死生之際，其大節表表如此。而世之以文求先生者，豈足以盡先生乎？况求之以文者不觀其所以自見，而徒徇夫言辭之末，其淺知先生矣。唐司空表聖、韓致元所爲辭章凡近，無足多者，而其處進退存亡能不失其正，節義所在，君子蓋深許之。豈可謂先生之文與行皆卓然者，世其得而朽之者乎？余懼夫人讀先生之文者，如余向者之所病，故竊志之以爲告。世有知言者，其必謂余能知人也哉！先生名玉，字子美，徽州人。洪武三年歲舍庚戌春三月朔，翰林待制、承直郎、同知制誥兼國史院編脩官，金華王禕子充書。

師山先生遺文卷之一

序

胡孟成文集序

以文章爲學，古無是也。六經皆文章也，而不以文名；堯、舜、周、孔皆文人也，而不以文聖，故所言皆文章也。春秋、戰國之際，文章之名猶未著稱。漢之興，司馬子長始以此世其家，然猶託事以紀實，不如是空言也。自是學者聞風而起，項背相望，形立而景隨，一唱而百和矣。三國、晉、宋以至隋，又無聞焉。唐之盛時，韓昌黎、柳子厚皆以文名驚動一世，而杜少陵之詩實三百篇後所未曾有。故當時同遊之士，至今傳世不朽者，至不能以一二數。蓋昌黎遂以起八代之衰，文章之作，始濫觴矣。唐亡，天下遂大亂，士氣益卑下，詩尚晚唐，文用俳體。宋初，歐陽子首表韓文，眉山蘇氏接武而起。黄魯直、陳無己咸以詩聲充塞宇宙，人至以少陵伯仲之。一時能文如曾子固、工詩如張文潛以下而家數等級，粲然森列，可以車載斗量而不可以名計。然則歐陽氏又以救五代之衰，而文體復振矣。南渡後，典雅如葉水心，豪邁如陳同甫，豐贍如洪平齋，翹傑如江古心，浩瀚如劉漫塘，跌宕如謝疊山，尖麗如方秋崖，此文士之尤也。詩人則有楊誠齋之奇特，陸放翁之雄大，范石湖之整齊，尤遂初之和平。任文章之責者非無其人，而亡國之音作矣。皇元混一，五星聚斗，文運向明，文體爲之一變。然起衰救弊如韓、歐公者，卒未見其人焉。於是學者各以其見之所及，力之所能，家自爲學，人自爲師，以鳴於世，以俟夫後之韓、歐而是正之。如吾友胡君孟成，亦其一也。孟成文奇崛而有氣，詩深遠而無瑕，善於學古者也。但奇崛者宜變而平易，深遠者當使之明白，是又在孟成種績之久，時至而骨自換也。予嘗以是語孟成。他日，其徒洪生斌手鈔孟成所爲詩文若干篇求予序，因以語孟成者語之，是亦朋友忠告之道也。生試質之孟成。

琴譜序

琴何始？始乎伏羲。琴譜何始？吾不知其始，其可知者，舜而已。要之，有琴斯有譜，其不知者，不傳耳。舜之譜，「阜財解慍」四語之外無聞焉。降而爲商、周之詩，三百篇之作，所謂「用之邦國，用之鄉人」者，即琴譜之大成也。然當是時，其士君子無不習而能之，未足爲奇也。至伯牙之徒，乃始以此鳴於一世，而其《高山》、《流水》之操，則又窮極幽遠，而不及乎民生日用之常，人倫性命之正。此古今琴譜之變也。律起於黍，音定於律，所謂同律度量權衡者，天下之一中音而已。然今之用乎琴者，有江西操，有浙操、中原操，則南北之音又不同矣。若夫合古今之譜，正南北之音，使《南風》之歌、杏壇之吟復聞於當世，政不能無望於今日能琴之君子。胡德昭，嗜琴入骨髓，❶弄之忘寢食，

❶「嗜」，原脱，今據四庫本補。

集古今人譜二三百曲爲一卷。予不能琴，爲作《琴譜序》。

送汪德輔赴會試序

新安士習，惟婺源爲盛。每三歲賓興，州縣望烟而舉，士子雲合響應。休寧次之，歙次之，績溪又次之，祁門與黟其最下者也。間有子弟稍知以讀書爲事，則衆相與聚而笑之，鄉鄰疾視如怪物然。自科舉以來，凡捷音之所向與四方之望焉者，唯在於婺源而已。去年，吾翁調官祁門，余以侍養在膝下。汪生德輔日從余遊，性敏悟而志篤，余甚奇之。今年適當大比，有司掄選，遂以充賦。生逃避，謝不敢，余勉使就行。及出院，士子之自負以爲可以必得，與儕輩之所不敢奪焉者，猶在婺源焉耳。既越月，汪生以捷聞。夫山東出相，山西出將，魯多君子，燕趙多悲歌感慨之士，風俗移人若此。至若王豹之謳，綿駒之歌，陳良之學，庚桑子之畏壘，則不惟不爲風俗所變，而又將變其風俗矣。然則變於風俗者，人情之所易；而變其風俗者，人情之所難。意者天將啓祁門以文明之盛而使生爲之兆耶？故余於是舉也，不惟爲生賀，而爲祁門之人賀。今生將上之春官，對策大廷，行有日矣，過余徵言。余爲道其所難易者如此，既爲生勉，又爲祁門之人勉。

送張伯玉北上序

張伯玉將如京師，余舉酒與告之曰：京師者，天下之都會，而四方賢士大夫之所時集也。子行壯矣。夫人之生也，豈徒然哉？必有異聞而後可以爲耳，有異見而後可以爲目，操筆弄墨而後可以爲手，跋涉道途而後可以爲足。不見王公大人，則異見何由而廣？不聞高談闊論，則異聞何由而至？不能詠歌當世之事，議論古今之得失，作爲文章，傳之後世，則雖操筆弄墨，所書者不過閨門柴米之數而已。不登名山大川，以盡天下之奇觀，雖跋涉道途，不過經營錢穀之利而已。子行矣，渡淮而北，泛黄河，足以發吾深遠之思；登太華，足以啓吾高明之見；歷漢唐之遺迹，足以激吾悲歌感慨之懷；見帝城之雄壯，足以成吾博大弘遠之器識。然後見朝之王公貴人、兩院之學士大夫，與之議論當世之事，鋪陳古人之得失，得志而歸，當不與碌碌者比。雖然，余賤且貧，未嘗至京師，其山川道里，按圖而索，固可得而言之，然更僕不能終也。至朝之名勝，未嘗盡識其人，又不得與君詳陳而重布之。獨聞燕南有澹張公，嘗爲平章政事，今致其仕而家居，蓋古社稷之臣也。子盍往見焉？則子行益壯矣。

方氏族譜序

自宗法廢，而先王所以睦族之意竟不可見，獨賴譜系之存，世數猶可考也。然非大家宦姓，聲勢足以動其鄉州、德澤足以及於後世者，則又不久而輒亡之，使其子孫服未盡而已爲途人，豈不重可嘆哉！予家來居西溪之上，今十二世，至以姓名其村，譜牒歷歷可考，墳墓無所遺失，非有達官大人之勢，豪家巨室之資，世以力田相尚，而能保守不壞如此，余嘗私自慶幸，以爲所積者深矣。及觀方氏族譜，益有感焉。

方在江南爲大族，居睦、歙間尤盛。蓋

自真應黟侯在漢和帝時以賢良方正對策爲天下第一，死而血食其地，故居其間者祖焉。以虛谷使君之博學多聞，亦自以爲實其所出，是信不誣也。方君之譜不及者，世則遠矣，而於源流行實復備録焉，所以著其始也，其亦識隆殺之等而盡親親之道者哉！予每怪世之姦人俠士，妄取前代名公卿以爲上世，自詑遥遥華冑，以誣其祖，以辱其身。如郭崇韜拜子儀之墓者，其亦可誅也已。至若以爲譜系有限，高、曾之外即不復著，而不知先王制服以情，後世著譜以考其源，二者義實不同。如蘇明允之序其族譜者，其亦隘矣。方公之譜，舉無此弊，可謂善於書法者。

抑猶有説。聿修厥德，人之所以念其祖也；全而歸之，人之所以孝其父母也。然修德以顯身而體無不全，全身以道而德無不修。蓋修德然後能全其身，全身所以爲修其德。則念其祖考，孝其父母也，亦非有二道也。方氏之先多聞人，其子孫當益進於學，求所以顯身修德，以光大其門閭，使家聲復振，斯譜之傳不墜，此則譜外意也。方氏子孫勉之！方君名紹，有行誼，於斯譜尤用心。

王居敬字序

王懷德請曰：「懷德，小字也。禮，男子二十冠而字。懷德冠矣，而未易名得字。朋友有以『若愚』見字而名之曰『奭』者，或者謂名『存善』而以『居敬』、『克明』、『復初』爲字者，願擇焉以教，庶警身而修德焉。」

余惟三代以下，學者惟不知居敬以存善，故學廢而性遠。而以「存善」名，字「居敬」，當謹繹其義。孟子曰：「性無有不善。」

程子曰：「敬者，聖學之所以成始成終。」二説皆本諸《商書》，曰「惟皇上帝，降衷于下民」，惟善之謂，《虞書》即言「欽哉」矣。是謂聖學。秦、漢、晉、唐以來，文章之士相繼而作，非無學者，而曰「孟軻死，千載無真儒」，何也？不知用力乎此，而溺於訓詁詞章之習，故雖專門名家而不足以爲學，皓首窮經而不足以知道，儒者之罪人耳。近世學者，忠恕之旨不待呼而後唯，性與天道豈必老而始聞。然出口入耳，其弊益滋，知而不行，則又秦、漢、晉、唐以來諸儒者之罪人矣。今子之於居敬也，不徒曰「主一無適」而已，必求其所爲主一無適者；於存善也，不徒曰「吾性本善」而已，必求去其惡以存善也。告人以其名則思復其性，聞人呼其字則思充其學，如此則名、字之功於子大矣。不然，人能美名，名不能美人。名、字雖美，何益？

送王伯恂序

至正八年春，朝廷合天下鄉貢之士會試于禮部。考官得新安王伯恂之卷，驚且喜曰：「此天下奇才也，宜置第一。」且庋其卷左右，以俟揭曉。未幾，同列有謂王君南人，不宜居第一。欲屈置第二，且虚第二名以待。考者曰：「吾儕較藝，以文第其高下，豈分南北耶？欲屈置第二，寧棄不取耳。」争論累日，終無定見。揭曉期迫，主文乃取他卷以足之，王君竟在不取。揭曉之日，考官自相訟責，士子交相愧嘆，曰：「王君下第，如公論何！」乃議舉王君爲宣文閣檢討，而王君已飄然南矣。

冬十二月，余過錢塘，與伯恂會於旅邸，則已循常調，受温之瑞安學正，趣裝而行矣。

顧謂余曰：「學職雖卑，微禄足養，庶幾遂吾讀書之志也。」予聞而益敬之。夫伯恂始以下第受屈，名動京師，終無怨言，安義命也。受一校官，捧檄而喜，榮養親也。其進退亦可謂合於道者矣，得失禍福豈能動其中哉！它日造詣未易量也。近世科舉之士，用心得失之間，得之則沾沾以喜，失之則戚戚以悲，至於皓首窮經，終不聞道，甚者喪心失志，亦有之矣。聞伯恂之事，寧不少愧乎？因其行也，序而送之。庶有聞其風而感悟者，是亦吾黨相勸爲善之道也。

送畫者邵思善遠遊序

休寧人邵思善，以給事其縣大夫吴興唐侯，即唐子華。日侍筆硯，於丹青蓋有得也。今將遠遊四方以廣其見，徵余言以壯其行。或謂：「新安山水窟，大好之稱著於昔代。欲知山水之妙者，舍吾新安何往哉？」余曰：「斯言之惑，邵生之所以遊也。夫天地之大，幅員之廣，四方之山川無或同也。巴蜀之山峭拔而水峻急，江漢發焉；吴楚之山秀麗而水渟滀，五湖在焉；齊魯之山多特起，衆水所歸，東海會焉；幽燕之山多綿亘，水皆支流，濼、潞夾焉。畫者，與山水寫神者也。苟非遍歷四方，盡其態度而窮其情性，則生於巴蜀者不知其秀麗渟滀，生於吴楚者不識夫峭峨峻急，其何能以盡山川之妙哉？邵生是行，收攬山川形勢，以爲胸中丘壑。他日來歸，閉門解衣盤礴，不出環堵之間而盡天下之勝，皆自此遊得之也，豈獨司馬子長之文章爲然哉！」

贈吴雲隱序 醫者

任賢使能者相之功，使貪使智、使愚使勇、使功使過者將之良也，惟醫之道則兼而有之。參苓朴术保養於平時，使邪氣不能以干其正，而元陽壯盛，萬病不生，比於任賢能而致太平之治。至於衆病交作，虚者補之，實者瀉之，巴豆、大黄，責以攻伐，官桂、附子，資其糧餉，是猶十萬之兵，雖有貪愚、智勇、功過之不同，而能使之取必勝於創殘百戰之餘，置天下如磐石之固者，則一而已。然將相之與醫，雖有貴賤之殊，而其能否又豈相遠哉！

雲隱吴君，以方外士明醫，善用藥，得保養補瀉之法，持此術濟人江海間。予體羸而氣弱，素多病，病輒問醫。問之以將相事，不愕以驚，即呀然笑曰：「是何子之迂而言之拙，擬人之不以其倫也！」他日以問雲隱，獨能應吾言，知於醫有得也。因其有請，書以贈。

荆山鄉飲酒序

古有鄉飲酒之禮，而今亡矣，俗安得知有敬讓，民安得興於孝弟乎？夫鄉飲酒者，所以教民敬讓，使之由乎孝弟者也。故孔子曰：「吾觀於鄉，而知王道之易易也。」雖然，古道邈矣，古禮廢矣，古人不可作矣。有能因其俗之所近，行之而不倍於禮，君子斯亦與之而已矣。

邑東坦頭汪氏，以每歲暮春率其鄉人子弟，携尊俎，載酒殽，會於荆山惠果之精舍。酒行既畢，分韻賦詩，且名之曰「鄉飲」焉。所以合朋友之情，講鄉里之好也。既，復介予友曹志行求予序所賦詩。予掩卷而嘆曰：鄉飲酒之禮，其廢久矣。此舉豈非因其俗之所近，行之而不倍於禮者乎？使其鄉之人知古人之爲鄉飲酒也，非專爲飲食也，賓主有揖讓之儀，樂歌有出入之度，聽政有坐立之分，籩豆有多寡之數，其義各有在也。其於酧酢之間，議論之際，尊者所以語其卑，老者所以告其少，必有以明乎敬讓之道，而發其孝弟之心，則亦庶乎其可矣。至若以飲食相夸，笑語相下，不知本乎敬讓，止乎孝弟，甚者沉酗無度，流蕩忘返，則亦世俗之所樂，君子之所當戒者，非予之所望也。曹君其試以吾言扣之。

鄭氏石譜序

鄭姓居歙，號稱繁衍，以姓名村者四五處，然村自爲譜，不能相通。按吾家譜，始遷自睦，居城北之栗村。歷數世，又遷城西之官塘。高池府君始遷今居，世以孝悌力田相遺。四傳至楓樹府君，生産益饒，遂以貲雄其鄉。國朝至元初，先大父以全城之功出宰鄉邑，歿而民思之不忘，朝廷列之明祀，號「鄭令君廟」。先君子繼武入仕，官至休寧縣令，以操行著聞，學者私謚曰「貞白先生」，有司表所居爲「貞白里」。玉也不肖無狀，重以群從單微，不足以承先烈。且見世之宗族服屬既盡，尊卑遂紊，貧富不等，利害相凌，不知其初爲一人之身也。迺取高池府君而下，至族之曾孫，凡十五世，輯爲此圖，刻之先大父墓碑之陰，使我子孫苟知遡流尋源、尊祖睦族之義者，庶幾有所攷焉。嗚呼！能以高池府君之心爲心，則一人之身而已，豈有百數十人之殊哉？豈有紊亂欺凌之患哉？

後之人尚勉旃！至正十有五年歲在乙未十有二月朔，鄭玉百拜謹識。

記

見梅堂記

唐仲敏以「見梅」名其所居之堂，而謂予曰：「吾居旁山，植梅於其麓。先大父以『梅癯』自號，著見所愛矣。火于乙未，梅亦燬焉。自是不見者三十有二年，雖屢植而弗茂也。迺泰定丁酉，所植始華。予以見之爲喜，思先祖之不可得也，因以名之。」

予謂人生於父，祖者，父之所自出也；物始於春，梅者，春功之始著也。見梅而思其祖，感於物者深矣。請更進而論之，可乎？《復》之爲象，一陽生於五陰之下，聖人之贊《復》則曰：「復，其見天地之心乎？」夫復非天地之心，而足以見天地之心者，天地以生物爲心，復者生物之始也，故足以見之。今夫一陽初動，萬物未生，未有聲臭氣味之可聞可見也，而生生之機兆矣。是非天地生物之心可見者乎？朔風號寒，同雲密布，群芳謝，千林凋，嚴凝肅殺之氣極矣。梅此時見之，是非《復》之爲象乎？故予於梅，則曰梅其見《復》之爲象也。嗚呼！觀《復》而見天地之心者，聖人之於《易》也；見梅而知《復》之爲象者，予於敏仲之堂也。良宵夜静，風清月白，濃霜既降，殘雪未消，敏仲持《周易》一卷，焚香坐堂上讀之，當見予所見。

亦政堂記

鮑觀兄弟久從予遊，孝友之譽聞于鄉里。亂後，築堂以奉其親，請名於予。予取夫子之語，名之曰「亦政」。復請予記，未暇作也。及予拘囚郡中，就死有日，觀拜且泣曰：「諸生遊先生之門，莫不獲文字之寵，他日尊所聞，行所知，猶侍左右也。觀不得一語以自警，死且不瞑，子孫將有遺憾焉。先生幸哀之！」予告之曰：「子之奉親而居是堂也，父父子子，兄兄弟弟，夫夫婦婦，刑于家而化于鄉，是亦爲政而已矣，奚必食君之禄，治民之事，而後爲爲政哉？子兄弟其勉之，斯爲不負予之教矣。」觀弟名偕。其尊府君名蕖，字君茂，蓋老友云。戊戌七月二十五日某記。

廟嶺磨崖記

歙人鄭玉，其祖、父皆爲縣令，玉獨不願仕，築室里之師山，以耕釣爲業。年四十，自卜葬地于休寧之廟嶺，營其窀，俾死則啓而瘞之。復記歲月，刻溪上云。

晴旭樓記

從兄陳壽卿，與玉同出曾祖，先叔祖以陳氏，始異姓焉。其家在城之西偏，嘗於所居之南向東山作閣，使玉請名於鄉先生王公仲履，題以「晴旭」，且爲賦詩。字與詩具藏陳氏。又嘗屬玉作記，今十年矣。吾兄已隔幽顯，記尚未作。姪禮復以爲請，予爲之感今思昔，泫然流涕，抱禮以哭曰：「吾尚忍記斯樓耶？ 晴旭，曉日也。日之初升，天地開明，萬象昭然。猶人之一身，平旦之際，事物未接，氣體清明。苟能因是以充之旦晝之間，不至梏亡，則人欲净盡，天理流行矣。此王公名樓之本意也。予聞泰山之巔有日觀焉，予嘗欲買扁舟，具杖屨，至齊魯之故墟，登泰岱之絶頂，收浩氣於清夜，覩旭日於扶桑，以廣夫平日之所見。然後歸卧樓中，讀先世之遺書，考往哲之成法，歛之於吾身，驗之於行事，以養乎平旦之氣，庶幾乎晴旭之功。而吾兄九原不可作矣，能從我者，非汝而誰？」禮拜且泣曰：「叔父有言，禮聞命矣。」遂書而授之。後至元六年庚辰歲春三月望日，鄭玉記。

題西山釣石

余素愛靈山之勝。及拘囚郡中，鮑伯原之子葆又爲言近得西山釣石，欲爲余築草堂其傍。余且就死，不暇往觀矣。乃俾刻其事石上，以遺後之好事者，使有所考焉。戊戌七月二十五日，鄭玉題。

黄山湯池題名

邑人鄭玉子美，舊嘗讀書山下寺中，後遷紫陽南阜，遂耕師山之陽，釣于岑山之陰。久而天子知名，出内府酒帛，遣使者以南，招玉爲翰林待制。玉以德凉辭辟，不獲，乃從使者至海上，以疾而返。復遊山中，訪尋舊館。時喪亂之餘，半已煨燼，獨川流山峙，不改依舊。乃浴湯泉，題名石上而去。時侍行者，吴詵、胡焱、鮑觀、鮑禧、謝真保、吴陽復。有元至正十七年春二月辛未，鄭玉題。

師山先生遺文卷之一

師山先生遺文卷之二

論

季札論

唐、虞禪，夏后、殷、周繼。《春秋》兼帝王之道，可以子則子，可以賢則賢。然與子者必先於立嫡，與賢者則在於得人。苟合其道，雖百世傳子，《春秋》不以爲私；苟有其德，雖受人之天下，《春秋》不以爲泰，貴於得宜而已。

王僚之弒，由季札之讓也。初，吴壽夢有四子，長曰諸樊，次曰餘祭，次曰夷末，次曰季札。壽夢賢季札，欲立以爲嗣。札辭不可，後立諸樊。諸樊既除喪，則致國於季子，季子又辭而去之。諸樊乃舍其子以立弟，約以次傳，必及季子。故諸樊卒而餘祭立，餘祭卒而夷末立。夷末卒，季子終不受命，辭位以逃，立夷末之子僚。僚既立，諸樊之子光曰：「先君所以不與子國而與弟者，凡爲季子爾。將從先君之命，則季子宜有國也。如不從先君之命，則我宜立，僚烏得爲君！」於是使專諸刺僚。季子始而父立之，於次爲幼，辭而不立，是蓋以天倫爲重，未爲過也。及夷末卒而復立季子，則父兄之情亦至矣，群公子之賢不肖亦明矣。以季子之賢，嗣位君吴，以成父兄之志，以靖國家之難，乃爲合於時中爾。既不能取法季歷之興周以安吴，乃附子臧之末節以亂國，斯爲過矣。至於王僚見弑，討賊之責，季子尤所當先，乃曰：「苟先君無廢祀，民人無廢主，社稷有奉，國家無傾，乃吾之願也。吾誰敢怨？哀死事生，以待天命。非我生亂，立者從之。」此亂臣賊子無君父之言也，豈可出於季子之口哉！觀光將弑，謂專諸曰「事若克，季子雖歸，不吾廢」之語，則季子爲國輕重亦可見矣。季子然問：「仲由、冉求可謂大臣歟？」子曰：「可謂具臣矣。弑父與君，亦不從也。」今季子而曰「立者從之」，曾由、求之不若，又何敢望其如孔子之沐浴請討，以正邦刑哉！然則變父兄相讓之風爲君臣相弑之禍，斯實季子之罪也。雖不與乎弑，有以成其弑矣。原其初，不過守匹夫之末節，失君子之時中爾。

先儒謂《春秋》書國以弑者，當國之大臣之罪也。吴之大臣，舍季子將誰歸乎？夫子之意，蓋罪季子也。讀者不可不知。

辯

義田辯

頃見友人洪君實《書范文正公義田記後》，謂：「再嫁者濫有三十千之予，疑出范公一時處置之未定，非斷然欲爲萬世法也。錢公輔之爲記，又不能諱其事，而必以實書。本欲彰公之盛德，反以出公之瑕疵。乃刪定其文而去此一語。」予初見之，擊節嘆賞，謂范公復生亦當服膺此論。後細思之，始知其爲不然。夫「再嫁」者，當是族人之嫁次女，故視長女有殺焉，非謂改適人者也。蓋族人之有女，多寡不同，而與之者務均一，此仁人君子之用心，而非常情之所能及也。故其文義不曰「改」，而曰「再」者，則再嫁爲嫁次女無疑矣。女人以貞一爲賢，改行易節，古所不齒，而謂范公於斯人有取乎？况公平生擬而後言，議而後動，雖流離顛沛，未嘗有差。而立朝事君，始終一節，語默動止，皆可爲人之法。義田之舉，公自微時即有志矣。及爲西川，參大政，始有禄賜之入，以終其志。是則終身所爲素定，而有謬乎？矧再嫁，人之大倫，公於小物且不遺，而謂於此有謬乎？吾故以爲再嫁是族人之嫁次女，無疑也。然則范公百世之儀表，錢君一代之名人，其必有説矣。且先儒於著書，有疑則曰某字當作某字，而不敢輒易本文。君實删定之説，恐乖古史闕文之旨。是爲《義田辯》。

說

朱氏鷄哺母説

唐州翼千户朱侯家，三鷄雛共哺其母之病而翼覆之，衆以爲異，徵説於余。余謂人物之相感有如此者，《易》謂「信及豚魚」，《書》云「百獸率舞」，豈虚言哉！雖然，慈烏反哺，羔羊跪乳，性則然矣。鷄稱五德，孝不與焉。鷄而能孝，斯其所以爲異也歟？夫董生之鷄，陳氏之犬，稟性豈獨異於群類哉？實由其主人之德薰陶浸漬，與之俱化而不自知耳。然天之所以爲此者，亦欲以爲積善禎祥之應也。侯以今上皇帝潛邸舊臣，起家爲千夫長，俸禄之入，猶及養其慈親。

入廚具甘旨，上堂問起居，真有如昔人所云者。宜其家生祥下瑞，有如此也。世之事親而能盡其道者，聞侯之事，固足以爲勸矣。事親而不能盡其道者，豈不有愧於侯之鷄乎？余也不幸，早失怙恃。及有負薪之能，已無負米之樂。履秋霜而永感，思昊天而罔極。雖欲爲侯之鷄，已不可得矣。因爲上下其義而爲之説云。

李進誠字説

盈天地間皆誠也，而不見其所以爲誠者。惟不見其所以爲誠者，故無往而非誠也。今夫昭昭者天也，而四時之行無不誠，故春生而秋殺。靈於物者人也，而四端萬善莫非誠有，故惻隱、羞惡、辭讓、是非之心，孝弟忠信之行，發而不可遏也。自是而推之，一草一木之生長，一動一静之消息，亦莫不誠。况學者之爲學，其可有一毫之自欺而不誠乎？不誠無物，誠則實有諸己，而樂莫大焉。《中庸》云：「誠者，天之道也。誠之者，人之道也。」其以天人對言之者，以爲學之次第言之也，及其成功，一也。是故聖人者，形雖同於人，而心則純乎天也。而聖人亦非有異於人也，衆人去之，而聖人獨存爾，所謂天道也；君子則求所以存之也，所謂人道也：是之謂誠。

李生友諒，字進誠，蓋取朱子《集註》語也。雖然，所謂「友諒則進於誠」云者，特爲學之一端，而誠之一事，亦猶曰「以友輔仁」云爾。必如前所云者，乃爲學之極功，而誠之全體也。但自學者而言，不因其近且小者教之，而使之識其端倪而推廣之，以求進夫是域，而遽以全體語之，則將浩瀚無涯而不知所適從矣。是教人法也，是名、字之意也。進誠其自彊不息，益加誠之之功，將親見其所以然者。是則如魚飲水，冷暖自知，又在言語之表，而非吾説之所能及也。

弟璉名字説

玉生十有五年，先君子命名以易其小字，而祝之曰：「珪、璋、瑾、瓚，各適於一用，而不能相通。玉者，璞也，將無所用而不可也。玉乎，玉乎，汝其勉之！」後十有九年而先君子即世，又三年而玉除喪。於先德無所肖似，深懼夫不能入於君子之域，而將爲小人之歸也。名其弟璉，而告之曰：「夫先君子之名予也，蓋將望予以不器也。今予齒長矣，非唯不能不器，而且將無成器矣。顧生何面以入家廟，死何辭以及黄泉乎？而尚忍名汝也耶？雖然，名者，父兄之事也。予不名汝，烏乎名汝？」迺見於廟，請于先君子而名之，且字之曰「希貢」。昔者端木氏問於孔子曰：「賜也何如？」夫子以瑚璉答之。先儒謂子貢雖未至於不器，而亦器之貴且重者歟？「予之名汝也，蓋責之以學子貢之事也。子貢之多言，不可學也；子貢之貨殖，不可學也。晚而得聞性與天道，豈復貨殖多言之子貢乎？蓋其聞一知二之資，積以歲月之久，多學識之之惑，卒歸一貫之功。故自顔子以下，一人而已。其豈無可學者乎？汝之資質遲鈍，必千百昔人之功，而使庶幾或冀其可進也。不然，負先君子之教者，非特予也，汝且不免矣。」

洪元白字説

洪生名采，先友王公仲履既字以「元白」而爲之序矣。他日予過其家，元白復請字説。廼爲之説曰：王公之説，蓋本於記禮者之言也。《記》曰：「甘受和，白受采，忠信之人，可以學禮。」夫欲學禮者，必先有忠信之質，則禮不虛。道繪畫，必先布粉素，而後可以施五采；調羹者，必先有甘甜，而後可以加五味。故甘非和也，而可以受和；白非采也，而可以受采。雖然，甘而不加之味，吾見其日流於滴而已，未見其能和也；白而不加之色，吾見其日入於緇而已，未見其能采也。忠信之人之於禮，雖有其質矣，其可恃其質之美而不加之學乎？采之本白，生固有其質矣。白之能采，豈不有待於生之學乎？此則予友之未發者，生其勉之！

師山先生遺文卷之二

師山先生遺文卷之三

表

爲丞相乞立文天祥廟表

臣竊惟綱常乃國家之大本，忠義爲人事之先猷。故武王滅商，首表比干之墓；高祖立漢，即斬丁公之姦。蓋忠邪雖在於前朝，而勸戒實關於後世也。此皆聖主賢君所以維持世教、扶植人心之要道也。伏覩至元十三年，國家渡江取宋。其君后既就臣虜，宗社已爲丘墟。獨丞相文天祥，以亡國之遺俘，立當時之人極。從容就死，慷愷不回。義膽忠肝，照耀日月。清風高節，蕩滌寰區。豈惟作軌範於一時，實可爲儀刑於千古。蓋自生民以來，一人而已。世祖皇帝天縱聖神，既不屈之於未死之前，又復惜之於已死之後。周王、趙祖之心，何以過於此哉！累朝承繼，樂舉褒封；四海觀瞻，以爲敘典。臣竊觀亡金忠臣趙愨，在世祖皇帝時已嘗敕中書傳旨翰林學士王盤撰文刻廟，以褒寵愨。其於亡宋，豈有異制？則知本非朝廷吝夫禮秩，自是臣下失於敷陳。臣比以罪戾流竄江西，所居南安，與吉安相密邇。每與父老談及此事，無不咨嗟涕洟，臣亦爲之感發興起。蓋懿德者，人心之所同好；名節者，國家之所必崇。豈有古今之殊，初無遐邇之異。茲者伏遇皇帝陛下，德如天地之大，人無不受其恩；澤如雨露之均，物無不被其化。雖臣愚魯之極，亦在陶鑄之中。赦其已往之愆，開以自新之路。召還魏闕，復置要途。每竭忠誠，圖思補報。實以此事係於綱常，欲自我朝著爲令典。如蒙特降聖旨，宣諭中書，俾吏行封，太常議謚，於吉安路立廟，長吏以時致祭。賞罰既明，綱常自定。人心以之而振，世道由是而興。天地人神，同有依賴。其於國家，豈小補哉！臣干冒天威，無任戰慄之至。謹昧死奉表以聞。

書

與丞相書

玉聞士之特立於世，必有奇節異行，夫以聳動朝廷，風示天下；又有高才碩學，夫以經綸治道，康濟斯民。然後可以爲一代偉人，百世之名士也。閣下向以危言直行得罪柄臣，遠違闕廷，久不用，遂得優游翰墨，厭飫典墳。於是二帝三王之所以爲治，周公、孔子之所以爲教，大經大法，莫不燦然明於胸中。上佐堯舜之君，致雍熙之治，下撫億兆之民，成太平之福者，聞有其具矣。蓋奇節異行既已著於立朝之時，而高才碩學又得成於閒散之日。其身雖在江湖之間，其心未嘗一日忘乎朝廷之上也。

比者聖天子勵精圖治，思用舊人，賜還南甸，復爵東曹。天下有識之士，莫不舉手加額，交相慶曰：「善人用矣，民瘼其有瘳乎！」玉所親鮑同仁及同姓姪潛謂玉曰：「方閣下在南安時，嘗謂之曰：『吾寓於此，于今數年，凡閭閻利害，官府得失，亦既粗知之矣。他日北還，得見主上，當備陳之。諸公有所見聞，毋惜裨助，庶爲斯民之福也。』」

玉以爲天下之事，有本有末；國家之政，有重有輕。舉其本而末自脩，先其重則輕自理，此爲治之要道，用力少而成功多也。何謂本？綱常是也；何謂重？忠義是也。夫朝廷既重乎綱常，臣下必盡乎忠義。忠義既盡，官得其人，人盡其職，天下不治，玉未之聞也。亡宋丞相文天祥，以亡國之遺俘，爲當時之柱石，從容就死，慷慨不回，此乃國之忠良，人之儀表。我國家承平已久，所合褒崇，以示奬勸。閣下自江西而還，言之急且大者，豈有過於此哉？玉，山林一書生也。胸中雖有忠言讜論，所處貧賤，無由自達。每因躬耕之暇，讀古人之書，見前代豪傑忠貞之士，輒想慕其風采，恨不與之同時，相與上下，以一吐胸中之所有。今幸與閣下生同盛世，姪潛又嘗以賤姓名達於左右，此而不言，則爲失人矣。故不避僭踰之罪，以其本末繕寫成文，因友人程文謁選之便，冒昧呈達，以備採擇。斯言也，惟閣下能聽之，亦惟閣下能言之。倘因顧問，獲以上聞，得賜俞允，豈惟蒼生之幸，實宗社所恃以爲億萬斯年之福也。區區拙文數首，姪潛向嘗録去，不知達否？今合近作數首，再寫奉呈，或於清議有所助焉。如蒙采覽，不勝榮幸！干冒尊嚴，無任戰慄之至！

與汪真卿書

曩歲同學時，某懵然未有知識，日用心句讀文詞之間而無有得焉。每聞吾兄之言，輒斂容起敬，自以爲非己可及。別去七八年，竟不得一見。而某優游厭飫，爲日既久，若有所得，及以前所聞者讎之，往往不合。

乃知道理在天地間，非真積力久，心融意會，不可恍惚想像，以人而遽爲去取也。

夫古之時，家家稷、契，人人臯、夔，比屋有可封之俗，所言者無非理，所行者無非道。逮德下衰，人心淪没，始以道寄聖賢。凡民雖日由之而不自知焉，甚者逆常亂倫，而不能由於是矣。况自孟子没，《詩》、《書》出秦火中，殘壞斷缺，無一完備。重以漢儒章句之習，破碎支離；唐人文章之弊，浮誇委靡。雖有董仲舒、韓愈之徒，或知理之當然，而終莫知道之所以然。故二氏之學，得以乘隙出入其間，以似是而實非之言飾空虚無爲之説，誘吾民而法之。上焉者落明心見性之場，下焉者惑禍福報應之末。而吾儒之徒，無復古人爲己之學，徒以口舌辯給，而卒不能以勝之。使天下有目如夜行，有耳如聾聵，其士者如飲而醉，如病而狂。如是者千四百年，真元會合之氣散而復聚，於是汝南周夫子出焉。因《太極圖》而使人知理氣之並行，著《易通書》而教人以明誠之並進。河南兩程夫子接踵而起，相與倡明之而益大以輝。斯道斷而復續，晦而復明。至吾新安朱子，盡取群賢之書，析其異同，歸之至當，言無不契，道無不合，號集大成，功與孔孟同科矣。使吾道在宇宙，如青天白日，萬象燦然，莫不畢見。如康衢砥道，東西南北，無不可往。如通都大邑，千門萬户，列肆洞開，富商巨賈，輪輳輻集，所求無不可見。而天地之秘，聖賢之妙，發揮無餘藴矣。

然自是以來，三尺之童即談忠恕，目未識丁亦聞性與天道，一變而爲口耳之弊。蓋古人之學，是以所到之深淺，爲所見之高下，所言皆實事。今人之學，是遊心千里之外，而此身元不離家，所見雖遠，而皆空言矣。

此豈朱子畢盡精微以教世之意哉！學者之得罪於聖門而負朱子也深矣。況《中庸》之德，過與不及，均之爲失。楊朱學義而至於爲我，墨翟學仁而至於兼愛，末流之禍，無父無君，可不畏哉！吾黨今日，但當潛心聖賢之書，視之如軍中之羽旄，如喪家之功布，進退俯仰，一隨其節，久而吾心與之爲一，自有得焉。不可先立一説，横於胸中，主爲己見，而使私意得以横起。庶幾防邪存誠，雖有小失，隨時救正，不致大謬。如此死而後已，以冀於道可入。

又近時學者，未知本領所在，先立異同。宗朱子則肆毁象山，黨陸氏則非議朱子。此等皆是學術風俗之壞，殊非好氣象也。某嘗謂陸子静高明不及明道，縝密不及晦菴，然其簡易光明之説，亦未始爲無見之言也。故其徒傳之久遠，施於政事，卓然可觀，而無頹墮不振之習。但其教盡是略下功夫，而無先後之序，而其所見又不免有知者過之之失。故以之自修雖有餘，而學之者恐有畫虎不成之弊。是學者自當學朱子之學，然亦不必謗象山也。此皆以其知而言爾。至若行之之方，以敬爲主，則不放肆而自心廣體胖；以謹獨爲要，則工夫無間斷而自强不息。雖聖人之純亦不已，皆由此進。高明以爲如何？

草草，希照不宣。

與洪君實書

所假《皇甫集》，連日細看，大抵不愜人意。其言語次敘，却是着力鋪排，往往反傷工巧，終無自然氣象。其記文中又多叶韻語，殊非大家數比。當時文人如劉禹錫，乃謂皇甫湜於文章少所許可，亦以退之之言爲然，其見推重如此。流傳至今五六百年，其不朽又如此。疑古今人文章，顯與不顯，傳與不傳，蓋有命也。亟欲造公劇論，又有社燕秋鴻之避，人生一聚會良難。豈天尚厚於斯人，未欲我輩遽議之耶？

便道因得下老泉床下之拜，亦了平生一事，但「楓落吴江冷」，令人憒憒耳。此老獨學無友，多出己見。山林間如此等人，以管窺天，以蠡測海，與草木同腐者，萬萬也。可惜！可惜！至著述之作，惟日孜孜，斃而後已，則大非吾儕可及。

出示《春秋集傳》，首論「春王正月」，以爲周時周正，且謂春者陽之首，周人以建子爲春，卯已屬夏，午即爲秋，乃陰之首。此説大謬，蓋四時之行，三代共之，如四端四德之不可易。先儒只有改正改月之異已是紛紛，今并四時亂之，益啓後人之惑。且世無此理。《書·文侯之命》已傷周之衰，《費誓》有望於魯者深矣，《秦誓》則知秦之必王也，却與鄙見相符。又《周禮》斷非周公之書，成於漢儒之手，亦恐太過。蓋皆是不□□而取决先儒，謂非聖人不能作也，但恐是周公未成之書耳。

略述一二請教，餘俟面究。不宣。

答童一清書

近如於潛，遊西天目，見子厚簿書，説深渡連日合并之樂，便令人恨當時不得參坐其間，與之論説爲快。歸途，胡孟成又言足下好學，願相見之意。及來府城，不多與人交往，獨伯亮公子日夕相追隨，不忍舍去，亦言足下字畫之妙，迫近鮮于伯機氏，益用戀戀。然則僕之知君，徒以數公之賢；君之知予，又未必不自三君子之過許也。兹者專人惠書，深慰平生。又知嘗一造南山，不得相見，悚息無已。且有歲晚來讀書之語，此意甚好。近世如此等不多得，何幸今得足下！

然足下生長東州，實士林之地。余往年嘗留淳安，見其間深山長谷，多先生長者，因就學焉，而有所得。則余之學也，亦淳安之學耳。今因執事而詳陳之。則師之矣。大之、君實，則友之者也。僕於朝陽，則師朝陽，而文字與大之相表裏，君實又往來討論，贊襄之力惟多。如是者兩三年，而後僕於學問之淵源、文字之關鍵始略識其一二。顧執事居其所而識其人，欲以學問而窺聖賢之域，文章以求古人之歸，乃不於是焉取，而於僕焉問之，是舍本根而論枝葉，不知五穀之能養人，而謂山殽海錯之利於口也。足下試歸而求之，當知余言之不妄。所寄之篇，竟不見，到後便或因録去。

與鮑仲安書

玉啓：綱常不明，人類幾滅。近世有遭妻之喪而欲與之俱死者，其親聞之，至欲先死，幸賴親戚救解而免。斷髮殘身，又其次也。此蓋知五常爲人倫之重，而不知三綱又爲五常之重也。夫以五常而言，則夫婦居其一，與之同死生可也。以三綱而言，則夫爲婦綱。婦爲夫死可也，然亦必要死得是乃可。夫爲婦死，易天地之位，失輕重之權矣。況貽親之憂，已死則親必死之，不孝之罪，又孰大焉？而夫婦之間，或發於情欲之私者乎？毫釐之差，禍流族滅，可不懼哉！此學者所當明辯而審察之也。且如遭妻之喪，幾致滅性，他日又何以居親之喪乎？大凡取友，有可交者則交之，至於無人，則上交千古，下求知於百世之後可也。又豈可以無友之故，輒與人交，不成輔我之仁、成我之德，適足以爲我之累，亦所當戒也。不識賢友以爲如何？相望既重，相責亦深，諒能察此，不多訝。玉再拜。

與程以文帖

玉再拜應奉相公以文先生尊兄：玉二月游黃山，從行者三四十人，二童子抱琴持綸，歌詩前導。玉黃冠野服，出入山水之間，真若神仙之臨乎人世。所欠者，尊兄同行耳。留寺中十餘日，題名刻石而還。此黃山前古所未有也。尊兄聞之，寧不爲之動山林之思乎？南歸之約，去冬既未得遂，得代即行之説，今冬須當如約也。會聚之樂，豈惟小弟思之，師山今兩山之神日夕望之。❶近得呂亞珉書，知尊嫂以下安好。及孟成兄來，又云招隱山房已有次第。然尊兄之歸，只留歙縣與小弟同住，却不必回婺源。蓋婺源今次凋弊特甚，又隣境時有警報，不能安居。況此間士友思慕之切，亦不容尊兄去也。吾二人者相與老此，又何不可乎？更近得上南孤山作儉德山房、賁趾齋，翰林泉作卧龍精舍，儘足優游也云云。謝仲悦便草此，不備。玉再拜。

與逢辰拱辰

我兄弟孝友終身，卒全節義。兄死報

❶「山今」，疑當作「岑」字。

國，弟生保家，此萬世法程也。逢辰、拱辰，宜守吾兄弟之志，益篤孝友之風，如浦江鄭氏，豈止吾地下之榮，實吾祖宗之榮也。勉之！勉之！戊戌七月二十五日。

與族孫忠

我之死也，所以爲天下立節義，爲萬世明綱常。應在親族，所宜自勉。爲臣盡忠，爲子盡孝。以不辱爲親爲族足矣，又何必區區悲慕邪？族孫忠，自幼相從師山講學，故特書此以遺之，使以此意告夫宗族焉。戊戌七月三十日鄭玉書。

囑王季温刊春秋闕疑

婺源王季温，初從其鄉先生程君以文遊，已而以文先生俾助教于師山。出則講授諸生，入見予，執弟子禮惟謹。相從五六年，交游同骨肉。戊戌七月，復自婺源來，且知以文先生已南還，留寓越中。適會予被擒入郡，自始拘囚，至從容就死，未嘗一日相舍去。因告之曰：「予所註《春秋闕疑》幸已脱藁，若夫梓而行之，是則諸生之責也。且予始與程先生同講學，而所見無大異者。是書之成，擬從先生質正之，而予且死，不得見矣。他日先生歸，季温幸以此告之，爲序其端，使天下後世曉然知聖人作經之旨，與予著述之意，以慰吾地下之望，是則季温之責也。」故書以遺之。是月廿五日，鄭玉書。

題跋

跋太極圖西銘解後

爲學之道，用心於枝流餘裔，而不知大本大原之所在者，吾見其能造道者鮮矣。周子《太極圖説》、張子《西銘》，其斯道之本原歟？然《太極》之説，是即理以明氣，《西銘》之作，是即氣以明理。太極之生陰陽，陰陽之生五行，豈有理外之氣？天地之塞吾其體，天地之帥吾其性，豈有氣外之理？然則天地之大，人物之繁，孰能出於理氣之外哉！二書之言雖約，而天地萬物無不備矣。

婺源胡季時，因朱子所註諸書，表二書而出之，且發明朱子之意而爲之解，其亦知爲學之本原者歟？嘗出以示予，屬予題其後。今五年矣，未有以復其命也。因閲家中故書，復見季時所著，伏讀之餘，因書所見如此，將以質於季時。

題石鼎詩卷後

齊君子和携其從子伯善《石鼎詩卷》屬余賦詩。開卷讀之，則吾友程太史之詩在焉。太史蓋衡山道士之流也。卷留山中半年，累嘗入思，每營度欲出口吻，聲鳴益悲，操筆欲書，將下復止。余蓋侯喜之不若也。喜謂願爲子弟，不敢更論詩。余又敢詩賦邪？但道士便旋，怪久不返，應在玉堂深處，安得從之游，問其解何書也？至正十一年九月十日，郡人鄭某題。

題朱公士謙告理文公祖塋行卷

先師朱文公，凡其講道蒞政之所，人猶必建立書院，百世祀之，以示不忘，況其祖乎？凡一人一物，曾經先師之所題品者，人猶稱道愛敬，以爲世重，況於其祖先之所藏乎？有人心天理，讀先師之書，行先師之道者，過其廬墓，必敬式之，況忍奪之乎？至於侵淩廢壞，芻牧不禁，雖路人亦爲之泣下，況其族之子孫乎？❶是宜百歲之後，有如士謙者復其廬舍墳墓也。然則士謙此舉，固人情所當爲，而其忍貧刻苦，志在必直，卒遂所志，則人情所甚難也。予病卧田里，士謙將又以其未得直者訴于大府，相過出示此，則鄉先生滕公序引也，故爲書其後。府推歐陽公，文章政事時流第一，使其見之，當無不得直矣。

跋趙子昂字後

書法至唐，精妙極矣。顔魯公字，天下共習之，四五百年，卒莫有得其彷彿者。往時松雪老人號能書，其夫人亦能書，其家子弟無不能書。士大夫争學之，市井紛紛相售，至數字以爲賈，然真贋莫辯矣。吾友鮑仲安，從胡默先生得松雪所書少陵《楠樹嘆》，筆意宛轉，骨肉匀停。觀於此，真贋又若不能相混也。識者必有感於吾言。至元後乙卯十月二十四日。

❶「況」，原作「兄」，今據四庫本改。

跋山谷字卷後

秦子敬好古雅，多畜名公詩帖，暇日持此示余，蓋山谷道人所書《龍會遍參歌》也。觀其融會佛書，如爐鑄鐵，而筆力遒勁，字勢飛颺，猊虎鬪争，龍蛇變化，莫測去來之迹。是殆日月星辰彰于天，山川草木形于地，而不知孰使之然也。古今人詩句字畫稱唐、宋。唐之盛，詩如李、杜，書如顏、柳，無加矣。至宋元祐、熙、豐間，乃有道人者出，不唯可以追駕古人，遂至兼取衆長，集之一己，可不謂盛乎？嗚呼！近世諸公，詩句如村店酒望，字畫如妓舘歌兒，而去古人益遠矣。吾於是卷，蓋三嘆云。

師山先生遺文卷之三

師山先生遺文卷之四

傳

日者堯民傳

予往來錢塘十年，時切切有功名志，欲從高藝術訊之，皆以堯民薦。訪之累日，不知其所。後得明慶寺側，大書揭其門，曰「堯民五星天地盤」。及門，坐問者數十輩，咸以先後進，無敢差。堯民執筆據案，洋洋如有德色，氣岸岸欲凌人，起五行躔度如常法。且曰：某可紆金紫，某死緋，某止命士耳。雖吏部銓曹及格，有所不敢必，堯民許之無難色。薄暮不得便，留八字其家，或一二日，或四三日始辦。因以吾尊幼十餘命扣之，往事亦驗七八。至治三年春，再造焉，其門寂以閉，其室闃以空。問其人，客南廣死，骨阻亂不得歸，家人徬徨無計。余出，而同行者曰：「人之從堯民者，皆欲知吉凶禍福而預爲之備也。今其人乃身亡財散，爲他鄉之鬼而不自測，豈其術之謬邪？抑其人之謬也？」前之從而問焉者皆謬也，中者偶中耳。夫吉凶禍福，有一定數，非人之所能逃者。然則柰何？亦曰居易俟命，夭壽不貳而已。嗚呼！修天要人，趨利避害者舉世皆是也。聞堯民之事，其亦可以少戒矣。堯民姓氏名字不及知，姑著所聞爲傳。

猿鶴主人傳

至順初元，予在京師，客居甚無事，欲訪故人曾澮谷于保定。雲同作雪，車馬不行，道絶人跡，竟不果往。澮谷乃以此時乘興命駕，訪予所寓，相見絶倒，劇談平生。因問其所與遊者，則曰：「有猿鶴主人，神氣飄逸，志趣清高。身不離乎泉石之間，手不釋乎花木之事。嘯歌終日，以吟詠其性情。倦則徙倚庭除，或枕臂而睡。家藏古今人名書法畫，客至玩弄以爲樂。出酒酧酢，不入夜不聽去。嘗買鶴東海之上，置之家圃。人有自雲南來者，携一猿以歸，割所愛寶玩，百計得之。拍手則鶴舞于庭，長嘯則猿呼于樹。起居飲食，蓋未嘗離乎猿鶴也。因自號猿鶴主人。子以謂其人何如？」予曰：「密邇保定，去京師不四百里，蓋長安近地，宜其人以功名爲事。乃有主人脱身於富貴利禄之場，寓情乎烟雲泉石之外，不既賢乎！」爲作《猿鶴主人傳》。主人姓李氏，字卿文，嘗仕于朝，光膺寵命，年未四十，即退去不仕。作傳者，南人鄭某。

外家汪氏遺事

外祖汪公諱淑，字德融，新安歙人。新安汪氏，自越國公華以六州歸唐，其後始蕃以大。六邑之間，號「十姓九汪」。衣冠相望，代有顯者，惟公家世不仕。公性坦率，不爲詭異態，遇人無親疎貴賤，一以尋常。好飲酒，終日陶陶，至忘寢食。每飲輒醉，醉輒醒，醒輒又飲，或一斗，或二三斗無筭。又好啗川山甲，先取其血，入酒飲之，乃食其肉。

及與其季分財，田取其瘠，屋取其痺，一無所校。人或侮慢，即走避不與競。由是益爲鄉閭所敬服，或以長者目之。外祖妣同里胡氏，柔嘉明敏，所謂「半街胡家」，實甲姓。壽至八十有一，髮漆黑，齒而完。初，先公議昏，衆論摇摇，外祖妣獨曰：「吾女賢，宜歸仕族。舍是，他安所擇？」議乃定。舅氏諱祥翁，字仁甫，善静仁柔，世其家，讀書能文，累應進士試。玉從兄某嘗遊淮西，與舅氏鄉人胡賢同旅，中夜品論其鄉人物之善稱者，且曰：「汪仁甫外無人焉。」蓋一時無心之言，千里至公之論，有如此者，亦足以見善之不可掩矣。内兄二人。長曰某，通濟有材，能處斯世者，不幸竟夭死。今唯其次懋，諸姪劣幼，隻影無儔，家道坐是亦廢。舅母鮑在堂，猶爾强健。先夫人既不可作，渭陽之思，痛切懷抱。謹摭所聞知，爲《外家汪氏遺事》。

銘

瘞梳銘

予一木梳，用之甚久，既壞，不忍棄之，乃爲埋之後園。銘曰：

亂兮汝理，執兮汝通。寒暑十易兮出處汝同，膚裂齒脱兮汝職之供。啓土瘞汝兮以慰我之衷。

唐氏硯銘

新安唐先生家藏古硯，百餘年矣。元貞乙未，郡城不戒于火，屋燬而硯獨無恙，人以爲文字之祥也。郡人鄭玉爲之銘曰：

一拳石兮爲祥，俾翰墨兮增光。出煨燼兮不壞，伊唐氏兮其昌。

贊

汪先生小像贊

觀其衣冠儼然，若拱立乎巖廊之上；容貌蕭然，若放跡乎滄海之濱。故蚤年而憂勤爲國，晚歲而恬澹安貧。意惟所適，情任其真。是之謂退密之老人。

岑山釣魚像贊

顔色憔悴，形容槁枯。昔爲西疇之牧豎，今作岑山之釣徒。出有愧於周家之尚父，處有愧於漢世之狂奴。何當持任公之巨犗，而從事於東海之上乎？

自贊二首

爾貌甚陋，爾才匪長。爾行多僻，爾性大剛。違世忤物，動輒中傷。有客過我，問爾行藏。遠志小草，爾自主張。毋貽林澗之愧，而爲一身之光也。

希孔明徒有其志，學朱子莫知其方。談天論地，都成話枋。登山臨水，遂爲膏肓。或者謂斯人之所造，其聖門之所謂狂也歟？

辭

招隱辭

呂亞珉爲程太史築室山中，余名以「招隱山房」，且爲之辭云：

羌生長兮遐陬，與鹿豕兮爲儔。陸居兮渠渠之廈屋，水行兮泛泛之楊舟。朝采白雲兮遠岫，夜釣明月兮長洲。秫炊兮玉燦，秫釀兮蛆浮。起居兮得以自適，榮辱兮不足爲憂。嗟山中之樂兮，可卒歲而優游。緊朝市兮地大人稠，擾擾終日兮進取是謀。米珠薪桂兮價莫酧，僦居斗室兮縮蝸牛。得失縈身兮如醉，利害纏身兮如囚。嗟朝市之勞苦，曾何足以淹留。

師山先生遺文卷之四

師山先生遺文卷之五

五言古詩

謝伯亮同子厚過

可人不易致，二妙胡爲來。南山此絶頂，着屐踏崔嵬。許翁不知處，遺跡惟蒼苔。去之五伯載，乃有此奇哉。風平池水静，月上山窻開。筍蕨有真味，几案無纖埃。明朝遂分手，作惡心欲摧。最苦短主簿，一葦竟東回。

過忠顯雙廟

巍巍此雙廟，皎皎兩忠魂。一朝誓節義，千古血食存。孤城日向危，羅雀供晨昏。老弱食殆盡，少壯相噬吞。攻守既有定，死生何足論。豈知有後世，但願唐室尊。死者如可作，尚須起九原。我來一瓣香，再拜祠下門。

汪叔簡過師山不相遇留詩二首因次其韻

讀《書》明執中，誦《詩》存大雅。《樂》以感神人，《禮》以嚴上下。《易》發天地藴，《春秋》誅亂者。是在天地間，神光秘欲閜。後聖相繼作，大將庭户奓。衆人拭目觀，儼立如群墮。嗟我山中人，樵歸成獨坐。六籍在几案，日夕自翻簸。劃然有所思，如得時雨灑。

風日天地和，草木江山麗。有人來幽谷，爲我發神秘。姓氏出汪芒，名字尚簡易。好事每難成，可人不易致。參商發浩嘆，何時一再詣。喜聞車馬音，却掃門前地。見我窻前草，皆是自家意。鳶飛魚躍間，無處不相值。相視竟忘言，乃是樂之至。

七言古詩

遊湖山次汪子盤韻

湖光山色相舒卷，斯遊佳興元不淺。長堤猶以蘇公名，孤山亦託逋仙顯。澗中水落石層出，塢底峯迴路千轉。好句光華動瑤草，斷碑悽愴生苔蘚。誰言泉壑少烟霞，我厭山林有鷄犬。一聲欸乃眼界寬，萬古登臨心地展。茅茨小飲莫遲留，山徑多岐不能辯。遊人争羨竹輿輕，倦客不嫌驢足蹇。遣懷細讀樂天詩，題名欲刻秦斯篆。爽鳩齊景幾何人，寒暑四時迭相餞。

次韻王仲履先生

浙江往復浮輕舸，此事先生曾共我。客中不識羈旅懷，兩月光陰彈指過。身如脱屣喜脱舟，又向沙頭問白鷗。大人堂上動喜色，稚子門前話别愁。練溪渺渺黄山碧，詩情便欲洗塵臆。屋角啾啾衆鳥鳴，樹杪瑟瑟寒風聲。老農自詫窮多藝，况是山田足秋雨。稻粱方割麥苗抽，生意循環寧有已。平生此樂自有餘，何必人間五府居。山中白酒釀初熟，未覺歸來生計疎。

題洪氏舫軒

山人愛舟屋亦舟，山中便作滄海遊。何須風帆冒險遠，東西南北窮遐陬。向來此是荆棘地，今日遂作江湖秋。門前嵐霧靄蒼翠，渾疑江上烟波浮。雲旋日動屋移影，舟行岸轉曲江頭。主人自是濟川手，坐令涉險如安流。復有佳客天下士，作記寫出清絶幽。王先生詩繼二《雅》，五字萬里争追求。徐公翰墨妙當世，夜深光采射斗牛。世間尤物自足貴，安用航海珠玉謀。誰當共此樂朝夕，窻外忘機兩白鷗。

送府判北還

君家嚴正門前土，開門望天才尺五。隣里相繼取郎官，惟我腰鎌穫南畝。君才大似璵與璠，蚤年便作青琅玕。薦之廊廟方小試，如列簠簋尊罍間。四方萬國咸混一，語言不通煩譯。君善國語能國書，奏事楓宸先百辟。宰輔鵷行立殿前，諫官執法繩過愆。至尊都俞可所請，寫作尺一天下傳。考書便合作御史，云何低回州縣裏。固知天降大任人，使察民情知治體。三年出佐此山州，相忘勢分日與遊。嗟予久不入城市，時勤馬跡臨荒丘。君今考滿當入覲，宰相賢明天子聖。九重側席待英賢，會向朝端拜新命。

五言律詩

次韻胡叔仁廬坑道中

感慨廬坑事，何情到酒盃。雨過山徑濕，風静野花開。發我臨流嘆，因君陟岵來。白雲長在望，誰與賦歸哉。

黟坑橋亭次以文韻

擢筆題高柱，披襟挹好風。剖瓜蘇渴客，採藥識仙翁。飛鳥連雲白，幽花點水紅。相從問歸路，疑悮入崆峒。

又

結屋依山麓，衣冠尚古風。醉人千日酒，扶杖百年翁。雲起山松緑，風迴野燒紅。誰云避世者，猶自在崆峒。

大人壽詩

壽相挺奇骨，精神炯兩眸。常爲官府計，不作自家謀。德政喧黄口，功名未白頭。人言晏平仲，不辦一狐裘。

又

婉容慚我養，愛子有吾親。今日逢初度，明年又六旬。功名留晚節，詩禮法前人。

無屋蔽風雨，有兒能負薪。

送家嚴赴杭

嚴父趨南省，兒曹入北山。極知憂國切，不是愛身閒。定省疎朝暮，功名費往還。無能爲代老，深自愧愚頑。

冬暖

近臈無寒氣，窮山已放梅。龍蛇忘歲晚，草木已春回。不慮衣無褐，何煩爐撥灰。彭城早逢此，當不死郊臺。

寄别黄子厚

連日過從處，清談兩不疑。山中有真樂，餘子未能知。悮在初相識，難爲去後思。幾回明月夜，起坐讀君詩。

南山讀書

愛此南山南，携來萬卷看。曉書窻紙濕，夜讀月華寒。山水心爲祟，功名興未闌。因渠三沼潔，故向此中蟠。

又

不解兒曹事，來尋數畝山。已知非隱逸，豈爲弄潺湲。城郭依稀見，烟雲欸乃間。此時看不盡，留取待予閒。

題皆山樓

萬山最深處，樓亦以山名。山遶郡如障，郡因山作城。開牕排闥入，對坐畫屏横。要識樓中趣，山青眼倍明。

許益之先生挽詩

斯文在宇宙，人道得菑畬。流水無今古，閒雲有卷舒。前言端可識，後死竟何如。鄉里多才彦，千金爲購書。

又

宗朱徧寰海，婺水獨淵源。學悟文辭陋，人知德性尊。丘原今若此，洙泗復誰論。賴有遺風在，能令薄俗敦。

吕孔彰挽詩

學行推先輩，文章淑後生。世情方軟熟，師道喜尊榮。遽謝人間事，空遺身後名。傳家幸有子，時聽讀書聲。

送志道

因君此行役，良有感吾心。兩載曾同學，三餘惜寸陰。江南春已老，渭北水方深。寒鴈來時節，相煩寄好音。

病中寄兄弟

苦熱已無計，那堪與病俱。過從無好

客，遺興有新書。世事炎涼態，人生骨肉軀。何當見伯仲，相與問何如。

七言律詩

題天目山

勢壓東南萬象低，溟濛空翠望中迷。龍飛鳳舞川原秀，地下天高日月齊。武肅百年鍾霸氣，文忠千古欠留題。客來欲問青雲路，鑿破崚嶒便作梯。

慈溪觀瀑布

路入慈溪景更幽，共傳潨水在高頭。巖前風捲珠簾細，澗底雷翻雪浪浮。林密日微堪避暑，山深雨過易爲秋。去年曾到非生客，今日題詩紀再遊。

婺源胡氏屏山樓

樓外青山列翠屏，矮牕放入眼增明。丹青花草春描畫，水墨林泉秋寫成。變化四時無俗韻，登臨千古有餘清。高人對此不容語，獨倚闌干看晚晴。

次韻黃竹隱心田設醮

簪插星冠露玉尖，新裁法服彩霞纖。五千道德開黃卷，百萬神靈在黑甜。春展緑茵明別墅，雨將銀竹入空簷。心思幽靜丹田暖，姹女嬰兒意自恬。

又用韻寄之

雨餘洗出碧岑尖，春半抽齊緑草纖。富貴視同槐下夢，清閒自得蔗根甜。門前東郊通城市，屋外南山入畫簷。肯學衆人長擾擾，焚香默坐獨安恬。

竹隱携詩過山中不遇三用韻謝之

桃李芬芳笋送尖，化工元不問洪纖。呻吟我獨爲心苦，紛擾蜂應爲口甜。客至山翁纔入市，詩來喜鵲正當簷。平生出處無機事，興盡知君意亦恬。

寄趙雲心先生

泥濘無由問起居，先生爲况近何如。窮居水北鍾聲遠，獨望江南鴈影踈。床笏已空先世物，燈牕且讀後身書。明朝風雨開晴霽，願策長笻過草廬。

遊黄山題祥符寺

十年不到此叢林，問舊堂頭嘆陸沉。石老不知蒼蘚變，山幽惟覺白雲深。藏書有室還當築，伏鼠何時爲指尋。相款尚多耆舊在，相携杖屨與登臨。

師山書樓成唐長孺先生賦詩見寄次韻

居山日夕見山容，環堵蕭然一畝宮。我喜烟雲來几上，人看樓閣出空中。夜深月色偏明朗，曉起嵐光更鬱葱。若比羊裘軒上景，臨江惟欠一絲風。

汪仲魯以詩見寄頗及道理因述鄙見以次其韻

人生學業莫參差，勇進方知得意時。義利路頭須要辯，重輕權度更宜思。好從道理求原本，莫向文辭學蔓枝。自愧平生無所得，聊將鄙語答君詩。

次韻述懷

家住江南黄葉村，繩樞甕牖席爲門。自罹盜賊人傳死，重見交游我幸存。焦土更無遺簡册，供厨惟有舊匏尊。黄巾迎拜何爲者，自愧疎庸不足論。

書懷

自愧疎庸一腐儒，贅疣天地欲何如。漁樵到處相來往，守令逢時問起居。頭白深知憂國事，身閒且復寄精廬。何時四海收兵甲，還向師山理舊書。

庚寅中秋諸生載酒過師山邀余賞月皆有詩因次韻

照人沙際晚霞明，獨上師山杖屨輕。夜後朋從如雨至，坐中議論欲風生。比來從有登臨興，老去那堪力役征。爲問嫦娥天上事，銀河波浪幾時清。

依稀河漢照溪明，皎潔蟾光着地輕。天上波濤何處起，人間光彩一時生。吹雲元獻當時樂，擲杖明皇午夜征。見説廣寒宫殿裏，霓裳歌罷不勝清。

八月十四夜玩月岑山次鮑伯原韻

夜深雲散碧天開，月影沉沉入酒盃。風露半天成灝氣，干戈滿目起塵埃。分明滄海浮雙島，隱約嚴灘見兩臺。今夕有懷須盡興，明朝無雨約重來。

中秋無月次周彦明韻并懷潘大尹

嫦娥底事苦多憂，獨掩寒門度一秋。明月自知天上好，浮雲遮斷世間愁。舉觴莫阻登臨興，秉燭聊爲賞玩遊。有約不來潘令尹，捍城方欲事吴鈎。

用前韻寄珊竹伯堅

扁舟東下解吾憂，回首歸來春復秋。每憶當時多樂事，番思相見不勝愁。此行久絶城闉夢，何日重爲林下遊。某水某丘俱在望，敲針共作釣魚鈎。

次韻周廉使

鄰封久矣慕英名，況是同爲戊戌生。此日相看成感慨，它時話舊憶澄清。法書端可爲時寶，好句當令坐客驚。能使野人增重處，繡衣扶杖共山行。

極目川原野燒青，深知聖主念生靈。干戈交戰川流血，災異頻書夜殞星。盜賊紛紜身自滅，皇明億萬德惟馨。但看八月秋風起，照夜何曾見一螢。

繡衣暇日訪師山，隱顯如何若是班。野叟相扶觀使節，山猿孤嘯震柴關。俯臨流水滄浪急，仰視飛雲自在閒。荷簣歸來明月好，白沙翠竹碧江灣。

程仁和兄弟過師山歸而賦詩傳至山中諸生和者甚衆且多佳句因次韻二首鼓舞諸生

細雨霏微濕野埃，客過林下屐穿苔。高山不用肩輿上，歸路何妨戴笠來。夜後舟師呼渡過，燈前稚子候門開。傾尊共話怡怡樂，緩緩杯行莫要催。

不踏康衢野馬埃，却來石上坐蒼苔。耕田野老牽牛去，采藥仙翁荷簣來。得句有時應自遣，好懷還復爲誰開。亂餘正苦無衣褐，怕殺床頭蟋蟀催。

予還自四明留寓淳安之劍溪徐君士毅將過之爲予築書堂相延講學鮑伯原有詩因次其韻

天遣黃華賜御衣，山人何事苦西歸。不能四海爲霖雨，還向三台作少微。得傍嚴陵徐孺宅，便同練水鄭公磯。他年學子閒來往，兩地相望草木輝。

用前韻示諸生

好風天外拂吾衣，且喜閒身得放歸。澗底水聲雷隱約，山頭霧氣雨霏微。扳緣盤嶺新開路，行到岑山舊釣磯。何日擔簦相聚處，奎躔應自發光輝。

寄祥符諸老

幾回清夢到天都，彷彿何能記有無。白鹿仙人眠不語，青蓮大士笑相呼。風聲月色山房静，澗愧林慚景物孤。唯有塘頭老尊宿，時將機語答樵蘇。

次仲賢明府兄師山雨霽韻

雨洗晴光出翠岑，雲將好月到天心。池涵燈火星明水，樹動笙簧風滿林。臺榭巍巍宜眺遠，闌干曲曲不臨深。掛冠何日歸來好，相共持竿練水陰。

七言絶句

野　菊

巖壑無人採落英，西風時爲送芳馨。只緣落寞空山裏，却是黄花真性情。

舟　中

舉頭有礙篷如壓，欹枕無眠夢不成。誰道乾坤九萬里，不能着我一書生。

遊覆船山宿草堂

眠雲石下屋三間，瀑布當簷坐卧看。怪底巖前龍忽起，夜來風雨不勝寒。

自從結屋此山隈，十載相携幾度來。寄語山公牢着屐，莫教踏破舊蒼苔。

登師山諸生有詩

城上鐘聲度遠溪，扶桑破曙海雲低。披衣欲起還欹枕，山下晨鷄四面啼。

逡巡老境入無聞，曳杖緣山自看雲。書册滿前誰料理，起予日夕正煩君。

山前村落亂高低，雲意模糊遠近迷。萬疊峯巒如畫展，黄山正在小樓西。

覆船山樵歌

行客初登半嶺間，石門深鎖路迴環。若將泉水論高下，應是東南第一山。

右小石門

路入黄茅劍斷蛇，踈籬石磡野人家。山深地冷春難老，五月巖前見落花。

右童家磡

巨靈斫斷此崔嵬，好事題名幾度來。不用碧紗籠石上，但令風雨長莓苔。

右斷巖

歷盡崎嶇上碧岑，高山流水似鳴琴。何須水樂尋幽洞，自有巖前太古音。

右響泉

常憶當年武肅王，金婆店裏月華光。山中十月桃應熟，未薦仙人不敢嘗。

右金婆店

書懷寄節夫

園林正好炫春光，一夜東風括地狂。明日風平春事在，園林依舊自芬芳。

白石巖高入眼頻，慈溪水暖易爲春。平生最愛洪文學，相視何殊骨肉親。

元宵詩用仲安韻

鬪簇鰲山十萬人，皇都今夕幾分春。六街三市渾如畫，寄語金吾莫夜巡。

神前兒女舞妖嬈，社下遊人弄管簫。到處人家説元夕，不知元夕是今宵。

貧家一盌碧琉璃，未必豐年便噬臍。行樂人生如此耳，何須富貴説征西。

元宵正欲盡吾歡，又恨尊前酒易闌。莫笑劉伶墳上土，清名留與後人看。

賞罷花燈步月歸，自將拄杖扣柴扉。回頭形影驚相吊，但覺從前百事非。

天下承平近百年，歌姬舞女出朝鮮。燕山兩度逢元夕，不見都人事管弦。

市上燈張玉井蓮，門前簫鼓更喧天。先生懶向兒童語，閉户高居但欲眠。

蘇　字

未須好古談顔柳，當代爭誇趙子昂。寫出眉山元祐脚，世人都道是踈狂。

汪先生岫雲圖六言

雲無心而作雨，人有意而作霖。觀此圖之變化，知先生之爲心。

黄　山

一片巉巖石，幾乎接着天。有時雲氣起，天與石相連。

師山先生遺文卷之五

師山先生遺文附録

賀鄭子美先生受詔命書

趙東山

汸自聞先生被詔命，即欲一見左右稱賀，病甚不能去。此月八日，輿曳至中途，見道路東行皆却走，言苗軍且至。倉卒莫知其實，輒亦引歸。一二日來，訛言甫定，而病復作。恐旬月不能亟見，故敢道其所欲言者以書，先生幸加察焉。

汸聞鄉里之論，有謂可爲先生賀者，有謂當爲吾郡賀者，有謂當受命即行者，有謂先生可毋行者。此四者，非唯不知朝廷之意，抑亦不知先生之心也。國家自世祖以來，不惜高爵顯位以起山林之賢，誠令典也。曩者如汴梁吴彦暉、閬中杜原甫，皆嘗被斯命矣。然則特謂可爲先生賀者，未爲知朝廷也。吾郡先達衆矣，以布衣召入翰林，誠未有如先生者。當四方多故，宵旰求賢如渴，豈無意哉！然則特謂可爲吾郡賀者，亦未爲知朝廷也。若愚則非唯不敢爲先生賀，亦不敢爲吾郡賀，直以謂當爲天下賀爾。前輩謂士大夫惟出處一事不可謀於人，蓋以時義不齊而士之自處者異也。自處者異，則其與人謀也，難乎其適中矣，矧可以輕議哉？然則謂先生當受命即行者，未爲知先生也。昔之以處士徵而不至者，蓋有之矣。若夫言論風旨，漠然無聞，徒使上之人謂賢者不爲世用，而弓旌爲虚器，豈君子之志哉？然則謂先生可毋行，亦未爲知先生也。若愚則非唯不敢以贊先生以必行，而亦不敢尼先生以毋行，直以謂先生當有以報朝廷爾。

夫天下之大患，莫患於下言之而上不信也。今也士大夫一言而丞相信之，丞相一言而天子信之，此先生所以有今日之命。夫以公卿大夫圖天下事而皆若此，何治平之不易而寇亂之足憂也？其可不爲天下賀哉！且士大夫言於丞相者，必曰「鄭先生唯不出爾，出則天下事可平也」。丞相言於天子亦然。天下事先生與有責矣，其可不思所以報朝廷哉？夫謂當爲天下賀，衆人之情也；謂當有報朝廷者，先生之志也。公卿大夫不計天下利害者五十餘年，是以至于今日。今其敝事雖多，以先生之明，慮之如燭照而龜卜爾。事固有難於口陳而易道者，古之君子，欲有言於上而遽數之能終其物者，未嘗不以書事之敝者幾何，其所以致敝者何也，救之之道當何如。以先生素所積蓄，出而書之，如辯蒼白、數一二爾。竊謂先生當條列治安之策，極言無隱，通爲一書。如果行也則以獻於天子，不行則上之中書。先生言之而朝廷行，天下被其賜，先生雖不仕，猶仕矣。朝廷固無負於先生矣，先生固無負於天下矣。先生言之而朝廷不爲行，而天下不被其賜，先生雖仕，猶不仕矣。先生固無負於士大夫矣，士大夫無負於君相矣。是仕不仕猶不足計也，而况於行不行哉？昔蘇明允以詔書召試不起，猶且以爲君命不可虚辱，於是有十通萬言之獻。今朝廷之所以待先生者至矣，先生其可但已乎？然則所報朝廷，莫善乎是明矣。果若是，將見先生之道，措之天下而有功，垂之百世而無窮。然則須爲先生賀可也，豈惟天下哉？須爲吾郡賀可也，豈惟先生哉？汸之所以爲先生賀者如此。雖然，非以爲先生慮，不出於此也。蓋欲探先生之志以解衆人之惑爾。若夫可行而行，可止而止，則先生固久定於胸中矣，愚誠不敢贊一辭。

書不盡言，伏惟亮察。

賀鄭子美先生被徵命啓

徐大年

横經講道，方遵白鹿洞之規；側席求賢，不意金馬門之召。光前絶後，騰實蜚聲。昔者明王，莫不以貴而下賤；古之賢士，亦皆藏器而待時。夫潔清高尚，非以釣名；仕止久速，必求合義。若稽前史，具有其人。安車蒲輪，玄纁束帛。或一徵而遂起，或屢聘而不來。周黨、嚴光，竟全高節；黄瓊、楊厚，卒立事功。所志不同，各適其可。仰昭代承平之典禮，尤隱居行義之表章。劉因蒙召於春宮，吴澄登名於翰苑。今來古往，千載一時。伏惟待制師山先生，規矩前修，範模後學。鍾白水黄山之間氣，得紫陽朱子之正傳。不暇窺園，唯思經史；未嘗入府，絶意功名。近看巖穴之成書，大究《春秋》之宗旨。溉根食實，肆外閎中。康成學貫古今，政爾化行通德；子真躬耕巖石，居然名震京師。受丹扆之深知，來白麻之寵命。置諸清要，俾紬金匱石室之藏；慎爾優游，毋尚空谷白駒之志。比之開廣文舘以延禮，與夫賜尚書禄以終身。公家前聞，於馬媲美。然出處之際，惟從容爲難。逃名遯世之節固甚高，潔身亂倫之士亦無取。嶢嶢者易缺，所貴居夷惠之間；屑屑不憚煩，詎致貽往來之誚。以先生講明之有素，必此身進退之得宜。尊生猥辱見知，曷勝贊喜。當時推轂，嘗蒙奬借之言；貢禹彈冠，遂起夤緣之想。第愧南州高士之後，尚如西家愚夫之云。敢措鄙辭，少旌誠意。君臣之義不廢，願推兼善之心；中庸之道可能，勿厲過高之行。式肩此舉，以棟斯文。

御酒師山燕諸生致語

徐大年

伏以束帛賁丘園，舉昭代求賢之典；伐木燕朋友，昭先生推己之心。承雨露於九天，接雲霄於萬里。自昔懷材而抱藝，必加苦節以清修。惟山林之日久，而道德之功深；故弦歌之聲起，而信從之士衆。築精舍以處四方之學者，考遺經而師往古之聖賢，蓋藏器所以待時，而經德非以干祿。考槃在澗，雖云其樂之弗諼；鍾鼓于宫，難免厥聲之聞外。淵源有在，名實自孚。恭惟師山先生，德業弘深，天資英邁。薰陶漸染，復還文公闕里之風；正大高明，突過康成傳註之學。即師山之佳處，建鹿洞之成規。道術天開，生徒雲集。蜀日越雪，不顧流俗之是非；蜾蠃螟蛉，率皆因材而成就。模範方行於後進，聲名遂達於朝廷。天詔丁寧，耒金馬玉堂之召；山林震動，增花屏練帶之輝。是惟盛時明揚側陋之心，夫豈諸生先後奔走之力。敢期丈席，嘉惠及門，併分天上之恩光，偏被門前之桃李。旨矣有矣，開黄封之上尊；飲之食之，宴青衿之小子。爰醉流霞之美，悉沾湛露之濃。江公請歌驪駒，誰敢輕踰於師訓；桓榮猥陳車馬，彼哉猶志於功名。爰賦致辭，用貽同志。辭曰：

勝日師山式宴新，九天分送九霞春。諸生莫忘君師賜，四座同沾德澤醇。

送鄭徵君應詔入翰林詩序

趙東山

至正十五年冬，詔以新安鄭子美先生爲翰林待制。時先生卧疾精舍，使者與郡監守致朝廷之意甚厚，先生堅辭不能拜命者久之。適憲使番陽周公在郡，親勸之駕。❶其門生子弟進而言曰：「今聖天子舉群策以清海内，大丞相集衆思以圖治功。不惜禁苑次對之職，起先生於山林，豈惟以先生業觚翰、攻文章哉？先生學通古今，以詩書禮樂爲教，於史長於治亂興衰之説，正誼直言，不忘憂世。先生不出，如朝廷何？」時先生疾良已，乃翻然曰：「欲報朝廷者，吾素志也。吾將辭官赴召，親見聖主，陳所欲言爾。」即命促裝，諏日偕使者北行。郡長貳、縣大夫與寓公縉紳之士，於郡南門之外設祖道，爲先生别。里中耆俊、文學諸生又相與作爲歌詩，以詠嘆其行。

休寧趙汸病不能陪縉紳之後，又不善爲詩，則獻言曰：先生應詔入朝，得極言天下事，此千載一時也。今爲患者，賊盗而已。自淮蔡發難，延于江湖，所在蜂起，爲禍嘗烈矣。然雄傑怙衆，有名力足以横鶩四出者亦無聞焉，視前代中世巨賊不能什一，疑若不足平者。國家以四海全盛之力，命將出師，今五六年，民力已屈而盗猶未息，何也？不舉天下大勢，以定攻守之宜，而所在浪戰；不求智勇之士真可任將兵者，而使臺省貴人與郡縣俗吏紛然群起共軍旅之權。自軒轅氏以來，用武之世，未有以是而能全師制勝者也。仗行省討賊，御史臺督視如平時，而賈

❶「勸」下，原有「爲」字，今據四庫本删。

兇嚚頑、誅求刼奪之弊，僨軍殺將、反覆壞爛之由，朝廷終無自知之。兵財兩匱，郡縣之間，繁征横斂，一切以矯假病民，而上官大吏方且拘文法，守故常，不思變通長久之道。賞罰者，用兵之大權也。賞罰不明而是非淆亂，天下之士不復以功名自期，而中世以來治安撥亂之術、行軍克敵之方，皆廢不講。吾未知其所以爲天下國家者何也？今群盜大者跨郡邑，小者據一城，植根固矣。苟不盡反前失而欲以歲月削平，安可得哉？爲國家計，欲並兩淮而南，盡江湖之間，求要害形便之地，爲五巨鎮，鎮各屯精兵二萬，選士大夫公廉有威信方略，能撫士愛民，招納降附，可爲大將者，付以一鎮之權，慎簡中外有文武才學者爲之副。凡辟士募兵，刑賞律令，訓練程式，進退節度，土功城守，禁防約束，皆自朝廷考求故事，爲法以授之。郎官博士出入覘視，以資廟謨，而事無大小，皆得專達。列鎮屯軍，屹然相望，脉絡貫通，首尾爲一。内可以尊京師之勢，外可以銷姦雄之心。鼠竊狗偷、進退無據者，將不戰而自服。其尤倔强者，四鎮出兵，掎而攻之，無不破矣。其要在得人而已。郡邑之間，皆什伍其民，以相守護，毋使散越於下。一家而三男子，則簡尤壯一人爲郡守之兵，以大户之税衣食之。郡皆選賢守，以防禦繫銜，各將其兵，以固封圉。蓋郡守必兼有軍民之權，而後緩急可望。不然，雖重其失地之罪，無益也。此制一定，則列郡有備，而民心不摇矣。夫使諸郡各制其兵，以保一郡之民，而四五大藩皆控成軍，據形勢，以掃清群盜，奠安東南，誠當今之急務也。若夫知人之明，任使之術在朝廷矣。昔漢以六萬人討西羌微族，趙充國定計，必分兵屯田以待其敝，貴萬全也。周亞夫將三十六將軍擊吴楚，終不肯與梁分兵，審於勢也。李德裕平澤潞，軍中利害，有將帥不知而廟堂輒知之，得中制外之宜也。今群盗么麽，非有漢七國、唐藩鎮之强，而充國、亞夫、德裕之故智則有今日所當師者矣。汸無謀夫策士之術也，當其間關，朝不謀夕，每恨民間利害不得上聞，以至於此，是以於鄉先生之行，竊致其畎畝之思焉。先生倘以爲然，雖言之可也。若夫本源深切，有非草茅所知。知無不言，言無不盡，在先生矣。使朝廷收得士之効於一時，而先生之功及乎天下，則雖銘彝鼎而被絃歌可也，豈惟一時一鄉之所詠歎者哉！

與子美先生書

余忠宣公

闕稽顙再拜：

去歲聞賊陷徽州，漫不知尊兄何在，日夜懸懸。後得帖元帥報，始乃下懷。不知書院如何。

去春寇迫鄉城，僕始走六合，道數遇賊，幾陷者再。客居卧病，又爲淮帥所捉，使從軍合肥。合肥氣數上下雷同，賊至即爲走計，一有言守禦者，衆輒相視如讎人。大恐淪胥以敗。尋得調戍安慶，私切自幸，以爲頗得展布矣。到鎮以來，丁賊之衰，一戰却之。往時賊月一再至，今不至者八月餘矣。諸軍且會漢鄂，九江蘄賊大窘，度不久當成擒。惟濠、壽主將未甚得人，未見涯涘耳。

僕平生以親故奔走四方，近終養，將謂可遂覊鳥故林之願，不意際此攙搶，殆命也。亂注《易説》廿餘年，不得成。頃在行間，又大病，常恐身先朝露，徒費心力。今幸不死，且粗脱藁，何時盍簪以求正其遺缺？臨風傾注。王仲温行，謹附承動静，不覺多言如此，相見當如何。餘惟自重，不次。

七月三日，闕謹啓子美聘君先生閣下。

病後有心疾，作書多錯，皇恐。

又　余忠宣公

闕拜啓子美聘君先生執事：

王仲温還自新安，領所答書，憂懸方置。聞師山書院又獨存，尤以爲喜。僕自前歲冬寇退之後即大病，不飲食者廿餘日，自以爲戰不死即病死矣。其後幸愈，而氣體覺甚衰。因念平生雖忝登仕版，而甚奇不偶，未嘗少得展布所學之一二，而《易》者五經之原，自以爲頗有所見。其説草具而未成書，遂取至軍中脩改。今友生輩録出，或者後有子雲好之，亦不徒生也。比日賊勢浸有澄清之象，賤體又頗强，尚冀可以少進，未敢示人也。寒舍書籍在莊上，亂後散失者十七八。聞舘中書籍亦然，甚可惜。徽有鶴山《易集義》，吾家有之，比歸點視，止存三五册。其版在否？若亦燬，得勸有力之家刻之爲好。以文屢有書，觀其字畫，恐亦有老態。葉景淵聞知婺源，有政聲。此人甚有治才，若益加勉，當不在人後，望時有以教之。

徽人之來舒者，時惠書爲望。旦晚洗甲，即告退，念欲南遊一番，未知得所願否？未見，自重，不具。

二月五日，闕再拜。

又　余忠宣公

闕啓：

程客還，附書并令取王仲温處大字去，此時想至左右矣。秋清，鄰壤計定，山林得安處，可以爲慰。敝邑粗守，然未見大定之日。何時釋此重負，消摇以奉清言，如雙溪時也？以文在翰林，嘗苦差遣，近除助教，可無此苦。此左右所欲聞，漫以爲報。鄉人施子有家童往婺源，□淮椒一裹奉寄。未見，千萬保重。不具。

九月四日，闕拜啓子美聘君先生執事。

與子美先生帖

汪古逸

廼者既見極不忘。念其朽槁也，而沃之孔融樽；憫其羈寒也，而眠之陳蕃榻；知其貧苦也，而贈之以孔方兄。子美於蘭交厚矣，其如彬之不足以披襟何？賦别言旋，感塞彌腔。偶值便翔，言不盡謝。

與鄭子美先生論春秋闕疑書

徐大年

承録示《春秋集傳闕疑序》，知先生所以著述之意甚公且平如此，只「闕疑」二字，所見已自過人。世儒説《春秋》，其病皆在乎不能闕疑，而欲鑿空杜撰，是以説愈巧而聖人之心愈不可見也。趙盾、許止之弑君，獨劉取左氏之實録，而剔去其浮詞，以羽翼歐陽子之説，可謂美矣。然則葬許悼公，必不得從《公》、《穀》之義。陳止齋謂悼公書葬，所以甚世子之惡。竊謂經書世子弑君者，楚商臣、蔡般、許止三人。君弑，賊不討，不書葬，《春秋》大例。蔡般、許止以世子弑君父，其惡尤甚，故特變常例而書葬，以甚其惡。後傳之説，殆不可易。楚君不葬，乃避其號而不葬之例。尊見以爲如何？

寄鄭子美二首

唐筠軒

鄭君熊虎姿，痼疾居煙霞。老夫畏奇崛，而乃斂爪牙。四大願安穩，觀妙維摩家。趨庭近朝夕，勿藥岸烏紗。但恨遊吴人，孤此雲窻茶。

中年愛巖棲，跬步不出户。誰能驅使之，乃向吴門路。平生鄭公賢，作尉歌來暮。是父生是兒，問字滿户屨。語别遽相違，悵望烟中樹。

題鄭子美師山精舍

唐筠軒

師岡有待閟脩容，恥構人間媚佛宫。十里溪光浮席上，千年道脉寓山中。巖呀徑遶栽松竹，飯白厨香剪韭葱。邑子多賢資木石，遄看講塵動清風。

鄭君子美倒騎驢圖

陳衆仲

山翁倒着白接䍦，習家池頭倒載時。襄陽小兒齊拍手，山翁沉醉都不知。江東奇士鄭子美，雪中亦把驢倒騎。此時子美不曾醉，惟有高人目送之。市兒出觀總大笑，雪風颼颼不掩扉。舉鞭左右語觀者，我不背人遭汝嗤。世間顛倒豈此爾，汝不自察嗤我爲。我不學臨淄説客主父偃，日暮倒行而逆施。

送子美入黄山讀書

王仲履

三十六峯天下無，雲彩摩刷烟花敷。靈秀中蓄物産殊，青琳瑶碧紅珊瑚。丹泉陰湧崖不枯，一浴能已瘍痱膚。異人間見仙佛徒，或傳仙鶴來天都。所未見者當代儒，鄭子特立奇丈夫。山英馳移風掃途，文豹夾轂菀前驅。兼乘載書從以奴，入山期作三年劬。出山致用裨唐虞，夫豈慕彼山澤癯。嗟爾陋學守一隅，決策用舍差智愚。謂己狡獪賢聖迂，非子傑出牢鍵樞。頹波徹底歸淪鋪，古人凛凛開前模。匡廬長白道不孤，明年尋子鞭瘦驢。荒蹊絶澗窮縈紆，子長眉青我白鬚。點頭談道相攜扶，好事畫入黄山圖。

次周廉使賀鄭子美徵君應詔韻　汪仲魯

種得師山松樹青，翩然鳳詔駭山靈。一朝大旱希霖雨，萬里蒼空動客星。正好支撑梁棟用，尚應佩服蕙蘭馨。仰看紅日中天照，枯盡籬邊腐草螢。

客錢唐有懷東山趙子常時徵師山鄭先生　吴克敏

小閣踈簾晝影移，凭闌多是獨吟時。夕陽關樹高低畫，殘雪江梅遠近詩。潭底又聞龍劍化，隴頭應怪鶴書遲。何時鄉里歊塵散，來傍清流理釣絲。

送鄭徵君入覲仲氏偕行　吴克敏

知君素志欲消兵，遠駕蒲輪上玉京。一出自當天下選，十年獨負斗南名。白衣李泌堪爲相，布被姜肱肯作卿。聖主俯從流涕策，高臺回首釣絲輕。

呈鄭徵君

吴克敏

奉表辭官慮已深，歸來依舊隱山林。總戎屢訪安邊策，處士宜輸報國心。沽玉余方求善價，援琴君獨待知音。曾聞薇省徵兵日，慷慨高談淚滿襟。

鄭待制席上同劉伯温都事燕叔義憲史諸公賦承天觀東軒詩

吴克敏

孤客憑危正惘然，江南春盡落花天。海門黑送千艘雨，城郭青炊萬竈烟。燒藥金爐猶伏火，射潮鐵箭久離絃。五員白馬今何在，幾度荒臺野鹿眠。

渡江有感寄鄭待制是月苗軍入城

吴克敏

桃花短短隔紗紅，滿眼春光涕淚中。金鼓西來蘭省震，旌旗東下柳營空。黄鬚公子虛從事，白面書生實總戎。苦憶翰林鄭待制，長江歸棹幾時同。

克復昱嶺關寄鄭子美待制

吴克敏

鼓角聲雄隊伍齊，揚兵曉戰昱關西。黄金匣動雙龍出，赤羽旗開萬馬嘶。露布不煩諸將草，詩篇還爲故人題。沙溪春酒甜如蜜，醉卧花陰聽鳥啼。

祭文

衛國鄧公

維年月日，具官某謹以薄奠致祭于前翰林待制師山先生鄭公之神曰：慷慨殺身易，從容就義難。人皆難而易，先生易而難。人道先生易，我道先生難。尚享！

又

王駙馬❶

維七年壬寅歲八月朔，雄峯王克恭百拜敬祭于前翰林待制師山先生鄭公神主曰：惟先生學成于家，德優于身。聞其風足以頑廉而懦立，攄其蘊足以尊主而庇民。卓然以道自娛，不慕乎人爵之尊榮。不可涅者堅貞之節，不可撓者剛大之氣。昔燕將下齊，王蠋就義。士之立身，各行其志。克恭來蒞茲邦，俛仰欣喟。重嘆老成，躬訪莫遂。遠持一觴，敬酹幽竁。先生其有知耶？其無知耶？尚享！

又

朱楓林

歲屠維大淵獻兮，日南斗之初躔。鄭先生葬廟嶺兮，在既殁之二年。來會葬而侍事兮，老契生金振祖。牢牲厠乎苞箭兮，清酒酹乎墳土。曰人靈於庶物兮，貴無忝於厥初。彼庸碌之待盡兮，與萬類而奚殊。緊先生之超卓兮，在童年惟好學。議論高出古人兮，太鳴警乎後覺。❷紛世榮與俗學兮，雖信美非所求。式攄槁而瞑目兮，惟世道之是

❶「王駙馬」，底本目録作「王克恭」。

❷「太」，四庫本作「大」。

憂。天不早吾柄用兮，晚幣聘焉奚補。國魚爛而棼分兮，命書返乎天府。上非有失德暴政兮，第弗振於宴安。材良愚惡而弗分兮，民生弊於貪殘。倘改轅而易絃兮，削吏文而摧豪武。詔哀痛以感人兮，庶支傾於一柱。亟趨召以前邁兮，乃道梗而無從。吐孤忠於一語兮，孰梯蹬乎九重。初忍死以僑寓兮，終逃匿之無所。天日遠而雲冥冥兮，知臣心之酸苦。美女妬予之盼倩兮，致逮捕之紛紜。豈予身之憚殃兮，尚解繫夫親隣。昔禪寂以緘辭兮，今涅槃而出世。匪感激以捐軀兮，實從容而就義。夫人心之有此仁兮，咸戟手而血泣。孰受教而讀其書兮，弗頑廉而懦立。生兩間而不怍兮，死吉壤之是歸。介弟敬乎治命兮，知魂氣之焉依。墳嵯峨於道側兮，刻文章於溪石。舟車過而瞻仰兮，垂千載之名德。嗟予少公一歲兮，公吾考之所尊。治先人之喪葬兮，隔生死而情彌敦。歷頻年之患難兮，雖異縣如千里。不能相從以終老兮，負相期之意氣。今茲會葬者幾人兮，知老生之獨悲。寫苦心而致辭兮，尚飲食而聽之。

又

天台江灝

惟公山川炳靈，中正賦性。有蔚其文，有卓其行。道德是宗，利達無競。化惡以善，矯强以正。聲華上騰，禮幣下聘。牢辭弗受，執義已定。無道則隱，用遵宣聖。寵不能驚，貧不能病。孰劫以威，老氣以勁。義不屈身，分甘殞命。名書《元史》，事載郡乘。至今鄭鄉，過者尊敬。海隅鯫生，學踈才劣。不謂衰宗，玷名儒列。承乏徽庠，位叨祿竊。功效無補，久延歲月。郡有先賢，禮當展謁。懼曠厥官，徒懷遠結。尚慮及瓜，忽焉有缺。仲秋既望，貌像是設。堂堂威儀，凜凜風烈。仰止之間，初心允愜。崇觴既清，載俎斯潔。惟公鑒誠，冀無不屑。

又

臨川黎敏

維洪武十年歲次丁巳八月丁未朔，越十有五日辛酉，學生歙縣教諭黎敏等謹以剛鬣巵酒，敢昭告敬祭于師山先生鄭公之神曰：先生高隱以求志，受聘而辭爵，身亡而節存，人所難行而先生安之。所以名登史册者，時王之明也。祔祀祖廟者，諸生之權也。茲循舊規，祇薦祀事。忠靈不昧，伏冀鑒之。尚享！

哀辭

汪仲魯

師山先生名玉，字子美，姓鄭氏。隱居講學，善爲古文。或以黃犢駕小車，人皆笑之，識者奇之。嘗構精舍于里之師山，其堂曰「三樂」。踞岡爲軒，曰「極高明」。集諸朋游討論《春秋》筆削之旨，爲之註釋，曰《春秋闕疑》。至正甲午，朝廷用大臣薦，遣使以翰林待制召。先生起而拜命，束書就道。❶中途疾作，遂還山中。適大軍駐吾新安，遭謗，捕入郡，不屈而死。卒以節義顯，名列史傳。叡素辱知愛者，每過山下，仰睇群峯，遺址如昔，草樹凄迷，豈勝悲惋！抽詞哀些，敬酹一觴。其詞曰：

❶「束」，原作「柬」，今據四庫本改。

遡練溪之寒瀨兮，睇師山之崇崇。仰三樂堂之遺址兮，森莽莽之荒叢。念昔松篁茂鬱兮，奂堂構之方新。友朋紛其來集兮，濟冠佩之如雲。緊先生之剛直兮，懼師道之莫立也。申義利之辯兮，謂聖賢可企而及也。《春秋》述而闕疑兮，《易經》傳而有成。釣岑山之深峻兮，牧西疇而耦耕。方遊息而玩樂兮，適四海之霆驚。詔倏降九重兮，徵待制于翰林。宜弭亂之有策兮，闡治教於來今。曷半途而遽疾兮，返乎吾故鄉。豈終不能以有達兮，孰若遂初心之遁藏。慨浮雲之萬變兮，亶不可測也。名匪爲身累兮，義之歸乃吾責也。情沉鬱而靡申兮，蔽而莫之白也。從容就死兮，吾心安而理得也。吁嗟先生既往兮，節義昭猶日星。名存史册而不亡兮，粤千古而彌馨。徘徊兹山兮，揉草樹之群榮。酹清觴而灑涕兮，惻林鳥之悲鳴。

又

石泉周原誠

先生姓鄭氏，字子美，歙衮繡鄉人也。性耿介，以師道自任，不妄許可。學以朱子爲根據，爲文章出入司馬遷、班固，而正大之氣，渾渾其中，不爲刻削語。讀書好居深山，時時樂遊山水涯窟，不與凡子近。少侍父承事公，宦游所至，政采風立，先生多所裨贊。承事公卒于杭，先生扶櫬，匍匐數百里歸葬。撤喪，或勸之仕，笑而不答。嘗至京師，謁館閣諸大老。翰林虞公覩其文，驚曰：「此治世之音也。」揭公曰：「吾久不見何得之先生，今子美之高風遐躅似之矣。」其見稱慕如此。一日，別揭公館下，公目送渠渠，先生方跨一蹇，因倒騎却顧之而去，舉市皆大笑。明日，西江熊大古繪爲圖，集賢陳衆仲爲賦長句，由是名滿諸公間。比歸，披短蓑釣于岑山。監察御史脱因公時監休陽，特相往來，亦時乘牛車，徑造其所。市中或大笑，先生不以爲異也。久之，講道師山，從游翕集，咸捐田助費。里人鮑元康爲之大起精廬。夫子燕居殿及講堂亭臺，咸極嚴整。山木蓊鬱，西北數百里諸山咸俯伏其下。先生顧而樂之，遂著《易》、《春秋》，日與諸生談論仁義道德之奥，而通其大用。由是學者號曰「師山先生」。郡帥珊竹鐵公素相厚善，至是率諸子執弟子禮，而時自造，資其教益，遠邇大化。至正十二年，今上以大臣薦，命賜束帛，以奉議大夫、翰林待制召。皇太子加賜上尊二。使者至山，會先生卧病。强扶先生拜已，先生固辭。部使者强先生就道。先生不獲已，拜章辭還爵命，而以布衣入見。至海上，以疾還。今年秋，有以飛語中先生者，先生方居休陽山中，報者卒至，且語親戚朋友俱已逮治榜楚。先生嘆曰：「吾即死報國足矣，何累是耶？」言未已，捕者至。先生度不得免，談笑就捕。至庭，顔色不變，隨問隨答。主者怒，語益侵。先生明目張膽，方將抗論以死。而從者遽曳先生去，且胥縻之矣。先生即拘郡中，閉門自餓，七日不死。因起，賦詩爲文自適。越二日，或謂主者欲大用先生。先生笑曰：「吾可大用耶？吾豈可事二姓耶？」乃即席毅然沐浴，正冠望北再拜，自經以死之。明日，聞者識與不識，咸唶唶曰：「男子！男子！」一二顯者亦曰：「先生果實做吾官府受其惡名耶？」先是，以書與子弟訣曰：「吾當慷慨殺身，以勵風俗。」又言於門人曰：「三仁之去就，死生不同，各盡其本心而已。吾之就死，亦盡吾之本心也。」嗚呼！若先生者，可謂篤志於道者矣。嗚呼哀哉！先生性尤篤於孝，凡祖墓無間遠邇，悉加修治，立石以識之。每過，必下車趨謁。郡人以先生祖父徵事公當歸附初，郡將李世達叛，王師至，且屠城，徵事公能盡活萬民，有功於城，城西十里築屋，尸而祝之，曰「令君祠」。又以承事公清德不可泯泯，相與私謚曰「貞白先生」。請於有司，大樹「貞白里」華表於通衢。先生過，必泫然流涕。自承事公卒，先生終身一聞諱，或其遺事，輒大哭。觀者莫能仰視。其天性蓋如此。先是，先生既愛岑山，及居師山，復往來焉。縣尹潘從善嘗候起居于是，今號「鄭公釣磯」。凡朝士之最知先生者，淮南省平章政事余闕、吏部侍郎危素、監察御史鄭潛。其自謂平生老友，則監察御史程文、婺源石丘生、胡默也。

辭曰：

惟聖哲之挺生兮，植萬古之綱常。揭日月於中天兮，著斯文之耿光。惟先生之高蹈兮，亦胡爲乎遑遑。法前烈之遺軌兮，思聖域之翺翔。秉浩氣於胸中兮，射白虹於彼蒼。吐直言而匡俗兮，置鐵石於衷腸。概清風於帝都兮，復瀟洒於江鄉。蓋曾點詠歸之至樂兮，歎鳳兮之楚狂。屹師山之精舍兮，來衿佩之鏘鏘。披陳編而立言兮，掃傳註之汪洋。惟聖皇之惠鑒兮，賁美爵之煌煌。惟儲君之加惠兮，溢宮壺之霏香。雖精神照耀而然兮，亦草木之春陽。何先生之曠邁兮，竟掉首而徜徉。謂宜佚老而優游兮，肆歌詠乎陶唐。何桑榆之慘慘兮，竟一死之可傷。嗚呼哀哉！風塵澒洞兮，海宇茫茫。紛紜糾錯兮，顛倒冠裳。人孰不死兮，白骨高岡。惟先生死而不朽兮，儼生氣之揚揚。喚人心之繆迷兮，凜烈日其嚴霜。致肝膽於廊廟兮，表麒麟而鳳凰。嗟先生亦何心於是兮，信委順之是將。惟志者跂之而不可得兮，爛銀河其未央。嗚呼！死生亦大矣兮，孰肯沉痛而自戕。惟先生之視死如歸兮，故欣欣其樂康。雖群言之兢騁兮，秖日播其粃糠。渺乎東南，後乎來者之未可以繼先生兮，吾知其□□之忠良。仰師山而一酹兮，沾余涕之浪浪。

題余青陽鄭師山二先生手札

吕德昭

軒轅山高四千仞，青陽山高勢相並。支脉聯絡蟠兩州，白雲吐吞天與近。古稱地靈人傑生，蜿蜒磅礴元氣清。兩山秀育二賢出，一死永留千古名。師山先生高世士，隱居不爲蒼生起。《春秋》著述誅奸雄，月旦評論辯賢否。青陽先生天下奇，峨冠博帶談書詩。氣吞逆虜似鼷鼠，頤指壯士如熊羆。二公初交正英妙，許身稷契登廊廟。事業出處雖殊科，文章制作皆同調。青陽戰守舒州間，砥柱屹立支狂瀾。擐甲城頭述艱苦，走書谷口傳平安。師山甘居布衣賤，死報君恩名益顯。高節不屈效兩龔，大書遺言訓諸阮。二公翰墨今猶存，烟雲滿紙秋無痕。輝輝清光耿星日，凜凜義氣横乾坤。載拜焚香讀三復，北斗南箕炫雙目。嗚呼二公名節全，力挽頹綱振流俗。青陽山對軒轅山，二公英魂相往還。晴虹貫月夜空闊，笙鶴無語松風寒。

又

鄭忠

吾聞長江之水碧如油，遥遥東注不復休。大孤小孤並屹立，勢欲壓斷長江流。師山江之南，青陽江之北，兩山之高不如屋。廼能隔斷世炎囂，清涼直透人肌肉。君不見爾時士大夫懦且頑，奈何尸其位而素其飡。遂令四海無上心，倚疊朽骨如丘山。老臣白髮三千尺，焉能繫落日。豈知浩氣塞乾坤，首碎秦庭完趙璧。戰血滿城城愈堅，三軍首離心不悛。泥塗軒冕伏大節，夷齊並駕仍争先。二孤千仞何足謂，不是人間屹天柱。師山青陽絶地維，頹波欲流流不去。高風一洗洞八荒，天下盗賊來何方。捨生取義盡若此，終古不用城與隍。二老有親筆，見之輒痛泣。低回一慟天爲昏，上帝返袂雲俱濕。肝腦塗地想當時，骨聳魂驚毛髮立。翰墨落人間，卷舒有遺失。不如模刻寄崔嵬，昭示萬古無終極。

移建師山書院引

唐仲

師山書院者，隱士鄭子美先生講學之地也。初，貞白先生任太平之絃歌鄉巡檢，而先生始生，祥光滿室，識者以爲異。比長，讀書祥符寺南山觀，振拔自勵，期以顯融。年三十餘，北遊燕趙，挈所作古文謁見翰林諸公。虞公邵菴、歐陽公圭齋、揭公曼碩，咸咨嗟獎借，互相推挽。未肯就，竟南歸。晚年學者日衆，卜築于師山，中書省顔曰「師山書院」。至正末，大臣敷奏，天子授以奉議大夫、翰林待制，馳使來召。皇太子侑以尚尊、織文。先生病辭。壬辰俶擾，土崩瓦解。丁西，徽州遂入職方氏。衛國鄧公命先生拜於庭，出言慷慨，公優容之。明日，以節死。事具載《元史》。一日，裔孫以孝曰：「師山荆棘縱横，樵牧蹂踐，不能起廢。鄭村有令君祠，隙地坦夷，未若移建數椽，庶幾存羊之意。鄉人汪自銘議已克合，先生以爲何如？」予曩時閩南會烏古孫公幹卿，除平江郡守，隱士杜青碧先生屬曰：「范文正公書院未立，兹非闕典歟？」後公除不果列諸學官。子孫之賢，如静翁寬厚長者，春秋祭祀，牲牢肥腯，有司百官，亹亹進退，不啻師弟子。鄭氏子孫之賢，豈無輕財重義以相勸者乎？余雖老，尚堪秉筆以記。洪武十三年冬十月日，里人唐仲書。

謁師山先生祠

舍生良不易，端爲植綱常。一死泰山重，千年汗簡香。乾坤全正氣，海嶽發晶光。詎若匹夫諒，真成百鍊剛。中流屹砥柱，北斗挹寒芒。國計何嗟及，精英耿不亡。遺容瞻霽月，絶筆凜秋霜。盛代風塵静，名家慶澤長。嚴嚴貞白里，欝欝鄭公鄉。喬木餘芳蔭，空山帶夕陽。九原那可作，三徑未全荒。欲範黄金像，還登白玉堂。儒林尊德義，翰苑播芬芳。撫事成惆悵，臨風思渺茫。

成化丙戌秋九月吉，因巡視溝洫，督民治莘墟堨，道經鄭村之貞白里，遂過師山先生祠堂，覩其遺像，觀其絶筆書，慨想其風采，猶凜凜有生氣。噫！人孰不死？先生一死，萬世綱常係焉，蓋可死其身而不可死其名也。彼偷生而死者，何以死哉！感嘆之餘，遂賦長律一篇，于以寓敬仰之私云。

賜進士出身、中順大夫、直隸徽州府知府，吉水龍晉題。

次韻龍侯題師山先生祠

華亭彭瑋

古歙鍾奇秀，生材夐異常。孤忠天地老，一死姓名香。百六終元運，風塵翳日光。偷生羞在位，不屈見真剛。强項若撑鐵，折躬如負芒。有心全節義，無意顧存亡。絶筆驚風雨，嚴詞凛雪霜。内言加勉切，後計共圖長。樂毅空圍畫，康成竟立鄉。蘋蘩追社食，歌些遣巫陽。義史崇昭代，清風扇八荒。師山屏故宅，黟水帶祠堂。太守躬修敬，新詩句吐芳。續貂慚小子，遐思正茫茫。

又

裔孫鯨

先生起南服，與世立綱常。秀毓乾坤氣，英騰草木香。一方濡美化，四海仰餘光。雪壁峨千仞，霜矛倔寸鋼。六經稽旨趣，❶萬理析毫芒。周孔文斯在，程朱道未亡。煙霞卧丘壑，松栢老風霜。廷政騷難理，臣才衆數長。薦章飛帝闕，束帛下山鄉。奔競悲頽俗，精神貫太陽。吐忠馳讓表，拂袖返遐荒。國運移新祚，徵羅逮隱堂。伯夷寧一死，王蠋共孤芳。青史傳忠義，清名表混茫。

❶「旨」，原作「者」，今據四庫本改。

過鄭公釣臺

相公湖邊一拳石，截斷湖光三百尺。射蛟人去今幾年，誰掃雲根看遺蹟。師山先生性愛山，偶然得此青孱顔。臨流坐釣不知晚，漁樵並載扁舟還。武威余公天下士，特與先生題篆字。良工刻入斷崖傍，遂使溪山增勝事。一朝海内風塵生，兩公死國如弟兄。平生隱顯雖異跡，竹帛同垂千載名。薰風雨過潮初落，足躡蒼苔俯幽壑。釣絲已逐野煙飛，字畫多爲古藤絡。師山之節峻且孤，武威之字人争摹。忠賢所遺衆所寶，泉石清奇何處無。

成化壬寅夏五月十二日，予謁祖廟于篁墩，裴迴湖上，觀先世忠壯公射蜃處，放舟至富登渡，思昔師山先生鄭公嘗愛富登奇石，目之爲釣臺，余忠宣公爲篆刻崖上。與客求之不獲。因艤棹崖下，犯激湍，破蒙翳，剜伐苔蝕，而「鄭公釣臺」四字宛然。遂口與七言長詩一篇。今十有二年矣。先生裔孫虬取摹本裝潢成册，請重書之，以紀一時之勝。江山如故，歲月侵尋，而學益凋落。追感舊遊，爲之憮然不能自已，題其後而歸之。弘治六年龍集癸丑春正月四日，休寧程敏政書。

次篁墩先生韻

師山先生釣臺石，紫苔溜雨青千尺。忠宣大籀蟠古蚪，野老何曾見奇蹟。玉堂學士歸故山，山中草木皆開顔。捫蘿直上最高處，斜陽倦鳥孤飛還。師山豈是尋常士，海内争傳好文字。當時垂釣不釣魚，富貴功名等閒事。余公鄭公同死生，誰爲弟也誰爲兄。臺前石頭不解語，世上人能知姓名。銀鈎鐵畫雲間落，星斗光芒照林壑。卻笑釣名射利徒，❶智網紛紛巧籠絡。立身大節真難孤，報國丹心不可摹。試問賢孫竇遺澤，傳家尚有韋編無。

文華殿直之暇，雲間張駿書于玉河東醉經閣下。

鄭公裔孫鯨、虬皆能詩，蓋有得於心聲心畫之妙者。遊余雲間，託交最久。但余家《三貞堂詩》未獲見賜。拋磚引玉，此之謂歟？ 駿拜手。

又

誰人坐釣靈山石，手抱長竿剛百尺。直鈎不釣湖中魚，秖與溪山增勝蹟。又誰大篆寄靈山，六丁鑱入山之顔。山靈守護不敢毀，浮雲飛鳥自往還。篁墩先生千古士，重訪雲根釣臺字。攀蘿捫石一洒掃，從此鄉人憐往事。兩公當日同捐生，真難爲弟真難兄。平生遺蹟此山下，荒煙野草宜同名。銀河夜半星辰落，恍惚潛蛟舞幽壑。漁笳牧笛不敢吹，山色波光共縈絡。師山武威今不孤，拳石奇踪天下摹。賡歌再拜仰前烈，託名垂後知有無。

師山先生裔孫鄭虬携先生釣臺冊至京師，乃余忠宣公題寄先生墨跡，而先生刻諸靈山者也。吾師篁墩先生嘗追尋於百年之後，以示其族子鄉人，而且爲之題跋。虬固欲余和之，余何人，而敢附斯文後哉！ 惟虬尚爲我請諸篁墩，而取其一

❶「釣」，原作「鈎」，今據四庫本改。

二語焉，是亦足以託名於不朽矣。何幸哉！丁巳七月朔，蕪湖胡燿再拜謹書。

又

富登之山多奇石，富登之水深百尺。釣臺突出山水間，中有師山舊遊蹟。師山講學居師山，鳶飛魚躍常開顔。忽然得此真絶境，風月一竿時往還。臺前古篆伊誰士，乃是忠宣手書字。殘蛟斷虺不知年，雷雨時時驚怪事。二公不獨能捐生，青陽餘力還弟兄。平生所學真不負，一遊一蹟皆可名。臺花歲歲從開落，雲水茫茫亂溪壑。舊記惟聞石上鑱，新題今見如珠絡。篁墩之題傑以孤，忠賢礌礌歸圖摹。臺名從此傳天下，直與乾坤齊有無。

楠嘗於《餘力稿》中見《釣臺記》，又嘗道過富登，欲一覽臺之勝，而草樹蒙翳，倉卒不可爲力。其表章之，實自我篁墩先生始。謹依先生韻，强吟數語，蓋景仰之深而自忘其謭陋耳。詩云乎哉？弘治戊午六月之望，棠樾鮑楠敬書于南京主客部之杞菊軒。

又

富登江邊釣臺石，勢壓洪濤幾千尺。誰其釣者鄭隱君，從此乾坤留勝蹟。先生憶昔居師山，春風滿座常鑄顔。九重纁幣不肯受，綸竿此石時往還。清風不愧羊裘士，羸得忠宣爲題字。兩公一一捐其軀，行藏雖異同心事。篁墩作歌悲先生，謂公後死如弟兄。暇日攀蘿陟幽險，崖間重覓臺之名。奇蹤復向人間落，何啻胸中有丘壑。百年苔蘚護山靈，不比禪紗爲籠絡。江山勝概真不孤，龍蛇古篆天下摹。表章賢達昔所尚，此老風流今則無。

予讀《元史》，至師山先生《忠義傳》，每歎其高節可方古人。今年冬，先生裔孫虬携先生釣臺卷示予，而篁墩學士爲是唱。蓋篁墩常得先生釣臺遺跡於埋没之餘，其所以慕先生者亦甚。今篁墩亦不復可作矣，既爲悵然，仍次其韻。弘治庚申臘月廿有二日，餘姚陸相書。

又

孝廉所至有釣石，獨愛富登高百尺。前修既遠歲月移，過此何人識先蹟。珊瑚含彩照谿山，左丞勁筆追歐顏。航淵梯峻爲尋訪，學士昔從鼇禁還。孝廉氣節東都士，天下儒紳知姓字。艱危不辱死從容，在在釣游成故事。淛江東下海潮生，嚴陵相望堪弟兄。當時仕止各有道，後世但高徵士名。臺前風景未寥落，仰止有亭臨絶壑。好事鄰翁加護持，竹樹栽培翠環絡。嗟予晚學陋且孤，厓刻珎同湘水摹。雄詞倡和多名勝，慨想諸公今亦無。

族先祖孝廉公平生酷愛泉石佳致，其釣遊之處凡四，黄山、靈山、岑山及富登渡也，各有題記。成化中，學士程公謁世忠廟于篁墩，因至富登尋釣石，覩余左丞篆刻，賦詩以紀其勝。且屬里人朱君克紹作亭臺前，榜曰「仰止」。一時名流倚而和之，積成巨帙，復得都諫方洲張公靖之之跋。於是富登釣臺始不泯於寰中矣。崐近過臺下，瞻仰之餘，弗揆庸淺，僭次原韻成此。噫！歙葦籥于金石迭作之後，其爲不倫可慚。録示同來子姪，不敢書臺石也。嘉靖壬午八月二日，崐拜手謹書。

仰止亭

徽之歙縣富登渡，有巨石巍然臨湖，鄭師山先生子美釣遊于此。余忠宣公廷心篆「鄭公釣臺」四字，刻之石上，石上作亭，扁「仰止」，以重二公之高風峻節。長洲沈周爲賦長律。

忠宣義死堂堂節，死到師山義亦明。家國兩人均患難，干戈滿地正縱横。聊因心畫通相感，未必漁竿果可旌。何處江湖無此碣，幾流標榜有高名。龍跳舊刻還堪搨，燕賀新亭又喜成。岳勢不迷人仰德，石痕固在字含貞。蕭蕭風雨鬼神泣，洶洶波濤魚鼈驚。一箇聘君孤構耳，乾坤今許作雙清。

書鄭公釣臺卷

古人論志于道德者，功名不足以累其心。夫功名道德之成著，非可惡而却去之者，君子特未嘗先意于此耳。顧天下不足以達吾志，乃欲隨世以就衆人之所謂功名，則宜懷抱退藏，自適乎巖穴，庶幾淑善有傳，不至没世無聞而已。宋社既屋，夏變爲夷，宇宙非常之故也。不幸生于其世，而又丁此末季，禍亂垂作，抬囊儉德，師山先生豈不能蚤見而預待之？此所以方在强壯，輒隱約林野間，講學授徒，無復進取之念。晚年幣聘辭受，蓋亦出于胸中素見，况忠孝之大節邪？及世故淪落，詘辱胥靡，以不仕爲義，則事必不免，以不死爲分，則心所不安。觀其喻諸生書，自以三仁爲比，則其處死之審，固不待擬議而成也。夫出處不可以群謀，當斷于衷；生死不可以勇決，要合于正。先生直以道德爲出處死生之主的，其餘亦無所先意。然其功在綱常，名在史册，不達于當時而達于萬世，真所謂自然之成著。岑山、靈山，釣磯、釣石，遂當與首陽崖谷並秀于寰中。而余忠宣題字，亦可近餘光于延陵季子之銘矣。彼箕山、富春，高虚寥遠，廉貪立懦則可矣，於聖賢中正之學何如哉？先生七世孫騰澤以釣臺題記後語見屬，敬爲之書。成化丙午春二月三日，吴興張寧識。

書師山先生所題黄山崖石後

鮑尚聚

蒼崖百尺與雲齊，徵士重來爲品題。姓字一時通漢史，文章千載並浯溪。春深莫遣莓苔没，日暖應添紫翠迷。猶憶匡廬當日事，短檠山雨五更鷄。

又

程篁墩

怪石如屯虎豹關，仙家真在白雲間。九州圖蹟誇誰勝，萬古乾坤只此山。丹臼半餘香冉冉，汞泉分出水潺潺。手摩蒼蘚看題刻，先正高風不可攀。

拜朱文公祠

孫燦

府學文公祠從祀堂上者，蔡西山、黄勉齋、陳定宇、胡雲峰及先待制師山先生，凡一十□人，皆有羽翼經傳之功。成化壬寅，提學御史婁公克讓、太守王公文明、教授陳公文、諭德程公克勤，暨郡諸生所議定也。師山先生神主書謚文貞，見工部主事范平仲文集，蓋當時士林私謚云。

理學師承不乏賢，東南鄒魯豈虚傳。步趨總克遵繩矩，祀饗端宜侑几筵。琬琰已登昭代採，汗青無愧漢儒箋。光風霽月瞻依地，謦欬如聞講席邊。

師山先生遺文附録終

鳴謝

《儒藏》精華編惠蒙善助，共襄斯文；謹列如左，用伸謝忱。

本焕法師　壹佰萬元

智海企業集團董事長　馮建新先生　壹佰萬元

NE·TIGER時裝有限公司董事長　張志峰先生　壹佰萬元

張貞書女士　壹佰萬元

北京大學《儒藏》編纂與研究中心

本册审稿人　陈新　骈宇骞

本册责任编委　张丽娟

圖書在版編目(CIP)數據

儒藏.精華編.二四七：全二册/北京大學《儒藏》編纂與研究中心編.—北京：北京大學出版社，2016.10

ISBN 978-7-301-11965-5

Ⅰ.①儒… Ⅱ.①北… Ⅲ.①儒家 Ⅳ.①B222

中國版本圖書館CIP數據核字（2016）第224883號

書　　名	儒藏（精華編二四七）（上下册） RUZANG
著作責任者	北京大學《儒藏》編纂與研究中心　編
責任編輯	魏奕元
標準書號	ISBN 978-7-301-11965-5
出版發行	北京大學出版社
地　　址	北京市海淀區成府路205號　100871
網　　址	http://www.pup.cn　　新浪微博：@北京大學出版社
電子信箱	dianjiwenhua@126.com
電　　話	郵購部62752015　發行部62750672　編輯部62756449
印 刷 者	北京中科印刷有限公司
經 銷 者	新華書店
	787毫米×1092毫米　16開本　93印張　898千字
	2016年10月第1版　2016年10月第1次印刷
定　　價	1200.00元（上下册）

ISBN 978-7-301-11965-5

定價：1200.00元
（上下册）